SCHÄFFER
POESCHEL

Manuel René Theisen / Martin Wenz (Hrsg.)

Die Europäische Aktiengesellschaft

Recht, Steuern und Betriebswirtschaft
der Societas Europaea (SE)

2., überarbeitete und erweiterte Auflage

2005
Schäffer-Poeschel Verlag Stuttgart

Herausgeber:

Univ.-Prof. Dr. Dr. Manuel René Theisen
Ludwig-Maximilians-Universität München
Lehrstuhl für ABWL, Betriebswirtschaftliche Steuerlehre und Steuerrecht
Ludwigstraße 28, 80539 München
E-Mail: theisen@bwl.uni-muenchen.de
http://www.steuern.bwl.uni-muenchen.de

Prof. Dr. Martin Wenz
Hochschule Liechtenstein
Professur für Betriebswirtschaftliche Steuerlehre,
Internationales und liechtensteinisches Steuerrecht
Fürst-Franz-Josef-Strasse, 9490 Vaduz
Fürstentum Liechtenstein
E-Mail: martin.wenz@hochschule.li
http://www.hochschule.li

Bibliografische Information Der Deutschen Bibliothek
Die Deutsche Bibliothek verzeichnet diese Publikation in der Deutschen Nationalbibliografie;
detaillierte bibliografische Daten sind im Internet über <http://dnb.ddb.de> abrufbar.

Gedruckt auf chlorfrei gebleichtem, säurefreiem und alterungsbeständigem Papier

ISBN-13: 978-3-7910-2266-6
ISBN-10: 3-7910-2266-0

Dieses Werk einschließlich aller seiner Teile ist urheberrechtlich geschützt. Jede Verwertung
außerhalb der engen Grenzen des Urheberrechtsgesetzes ist ohne Zustimmung des Verlages
unzulässig und strafbar. Das gilt insbesondere für Vervielfältigungen, Übersetzungen,
Mikroverfilmungen und die Einspeicherung und Verarbeitung in elektronischen Systemen.

© 2005 Schäffer-Poeschel Verlag für Wirtschaft · Steuern · Recht GmbH
www.schaeffer-poeschel.de
info@schaeffer-poeschel.de
Einbandgestaltung: Willy Löffelhardt
Druck und Bindung: Kösel, Krugzell · www.koeselbuch.de
Printed in Germany
November/2005

Schäffer-Poeschel Verlag Stuttgart
Ein Tochterunternehmen der Verlagsgruppe Handelsblatt

Geleitwort

Wenn Unternehmen planen, sich als Europäische Gesellschaft (SE) zu konstituieren, sind sie auf ausführliche und vollständige Informationen angewiesen. Diese wurden jetzt von den Autoren dankenswerterweise in Buchform zusammengestellt.

Mit dem Statut der SE steht nun ein einheitlicher rechtlicher Rahmen zur Verfügung, der es den Gründern einer solchen Gesellschaft gestattet, ihr Unternehmen europaweit einheitlich zu strukturieren.

Dank der Möglichkeit, mit Gesellschaften verschiedener Mitgliedstaaten zu fusionieren und ihren Sitz innerhalb des gesamten Binnenmarkts zu wechseln, verfügt die SE über ein hohes Maß an Mobilität.

Grenzübergreifende Fusionen ermöglichen nun die Umstrukturierung von Unternehmensgruppen in der Weise, dass zum Beispiel einzelne Produktlinien, Regionen oder Tätigkeitsbereiche jeweils einer eigenen SE zugeordnet werden. Das Statut der SE eröffnet auch den Königsweg für jegliche Kooperation zwischen Unternehmen verschiedener Mitgliedstaaten – man denke nur an die Realisierung aufwendiger grenzübergreifender Projekte wie Hochgeschwindigkeitsbahnstrecken, Brennertunnel und Ärmelkanaltunnel, an Allianzen im Stahlsektor (Arcelor) oder im Bankensektor (Nordea) usw.

Derartige Fusionen ermöglichen eine Senkung der Betriebskosten, zugleich aber ist die einfachere Struktur der Unternehmensgruppe kapitalmarktfreundlicher und erleichtert somit den Zugang zu privatem Kapital.

Diesen unbestreitbaren Vorteilen wird aber der Einwand entgegengestellt, dass die Mitbestimmungsregeln der SE abschreckend seien. Hier gilt jedoch der Grundsatz „nachher wie vorher": Waren die Arbeitnehmer vor der Gründung der SE in den Organen keiner der beteiligten Gesellschaften vertreten, so müssen sie auch nicht in den Organen der SE vertreten sein.

Waren die Arbeitnehmer hingegen vorher in den Organen der beteiligten Gesellschaften vertreten, so ist dieser Besitzstand geschützt, wenn sich die Mitbestimmung auf mindestens 25% (durch Verschmelzung gegründete SE) bzw. mindestens 50% (als Holding oder gemeinsame Tochter gegründete SE) der Beschäftigten der beteiligten Gesellschaften erstreckte.

Leider enthält das SE-Statut keine steuerlichen Bestimmungen. Es ist daher besonders zu begrüßen, dass das vorliegende Werk interessierten Unternehmen praxisnahe Hilfestellung zur Lösung steuerlicher Fragestellungen anbietet. Gleichzeitig hoffe ich, dass sich die Mitgliedstaaten den für die SE wichtigen Initiativen der Kommission, die das Buch ebenfalls kenntnisreich beschreibt, nicht verschließen werden.

Ich danke den Autoren für ihren Beitrag zur Schaffung eines echten Binnenmarktes für die Unternehmen.

Brüssel, im September 2005 *Frits Bolkestein*

Kommissar a. D. für Binnenmarkt, Steuern
und Zollunion der Europäischen Kommission

> „Mit der fortschreitenden wirtschaftlichen Integration werden die Anwendungsmöglichkeiten der Europäischen Aktiengesellschaft zunehmen."
> *(Pieter Sanders, Auf dem Wege zu einer europäischen Aktiengesellschaft?,* RIW/AWD, 6 (1960), S. 1 f.)

Vorwort

Am 08. Oktober 2004 ist europaweit die Verordnung über das Statut der Europäischen Aktiengesellschaft (Societas Europaea, SE) in Kraft getreten.[1] Damit hat der Europäische Gesetzgeber nach Jahrzehnten der kontroversen Diskussion die gesellschaftsrechtlichen Voraussetzungen geschaffen, um den Europäischen Binnenmarkt auch im Bereich der Rechtsformen zu vollenden[2] und den Unternehmen das „Flaggschiff des europäischen Gesellschaftsrechts"[3] zur Verfügung zu stellen, das ihnen zukünftig gemeinschaftsweit die grenzüberschreitende Mobilität und Flexibilität ermöglicht.[4] Europa erhält damit die erste gemeinsame Organisationsform für global aufgestellte Unternehmen und Konzerne. Diesem historischen Ereignis war ein über 40-jähriger Leidensweg eines der zentralen und richtungweisenden europäischen Gesetzgebungsvorhaben vorausgegangen. Dieser konnte erst nach dem völlig unerwarteten Durchbruch im Europäischen Rat von Nizza Ende 2000, dem „Wunder von Nizza"[5], durch die Verabschiedung sowohl der Verordnung über das Statut der Europäischen Aktiengesellschaft (SE-VO) als auch der dazugehörigen Richtlinie betreffend die Beteiligung der Arbeitnehmer (SE-RL) durch den Europäischen Ministerrat im Oktober 2001 beendet werden. Seither waren die 28 Mitgliedstaaten der Europäischen Union (EU) sowie des Europäischen Wirtschaftsraumes (EWR) damit beauftragt, nationale Einführungsgesetze zu erlassen, um die neue supranational-europäische Rechtsform in die nationalen Rechtsordnungen zu integrieren und dabei den Ermächtigungen und Verpflichtungen der SE-VO ebenso Rechnung zu tragen wie die Bestimmungen der SE-RL in nationales Recht zu transformieren. Speziell in Deutschland ist dies durch die Verabschiedung des Gesetzes zur Einführung der Europäischen Gesellschaft (SEEG) erfolgt, das am 23. Dezember 2004 in Kraft getreten ist und insbesondere das Gesetz zur Ausführung der SE-VO (SE-Ausführungsgesetz, SE-AG) sowie das Gesetz zur Beteiligung der Arbeitnehmer (SE-Beteiligungsgesetz, SE-BG) umfasst.

---

1   Vgl. *Maul, S. / Wenz, M.*, in: FAZ v. 06.10.2004, S. 23.
2   Vgl. *Wenz, M.*, Die Societas Europaea (SE), Berlin: Duncker & Humblot, 1993, S. 35-44.
3   *Hopt, K.J.*, Europäisches Gesellschaftsrecht, ZIP 19 (1998), S. 99.
4   Vgl. *Maul, S. / Wenz, M.*, Mobilität von Unternehmen in Europa, in: *Schröder, R.* (Hrsg.), Die GmbH im europäischen Vergleich, Berlin: Lexxion, 2005, S. 193-200.
5   *Hirte, H.*, Die Europäische Aktiengesellschaft, NZG 5 (2002), S. 1 f.

Anders als Aktiengesellschaften nationalen Rechts, die jenseits der nationalen Rechtsordnung, welche die Gründung und ihre Existenz regelt, keine Realität haben,[1] wird die Europäische Aktiengesellschaft als Rechtsform supranational-europäischen Rechts in allen Mitgliedstaaten der EU und des EWR uneingeschränkt anerkannt. Unternehmen können somit erstmals von der im EG-Vertrag sowie von der im EWR-Abkommen garantierten Niederlassungsfreiheit – wie natürliche Personen – uneingeschränkt Gebrauch machen und auch grenzüberschreitend mobil und flexibel sein, da die Europäische Aktiengesellschaft über sämtliche binnenmarktspezifischen Freiheitsgrade und somit europaweit über dieselben Entfaltungsmöglichkeiten wie nationale Rechtsformen in den jeweiligen Mitgliedstaaten verfügt. Die Einführung der Europäischen Aktiengesellschaft kann daher als zentraler Schritt angesehen werden, um die bislang primär national ausgeprägte Unternehmensrechtsordnung an die seit der Vollendung des Europäischen Binnenmarktes bestehende supranational-europäische Marktrechtsordnung anzupassen;[2] diese ist als ein Raum mit innergemeinschaftlichen Hoheitsgrenzen, aber ohne Binnengrenzen bzw. -grenzkontrollen[3] sowie einem intensiven grenzüberschreitenden Wettbewerb sowohl zwischen Unternehmen als auch zwischen Standorten und nationalen Rechtsordnungen gekennzeichnet. Damit leistet die Europäische Aktiengesellschaft auch einen wichtigen Beitrag, um nationale Unternehmensstrukturen und -kulturen, wie beispielsweise die Deutschland AG, weiter aufzubrechen und sie in europäische, im Wettbewerb entstandene und daher effiziente Strukturen (Europa Inc.) zu transformieren.

Pan-europäisch operierende Unternehmen und Konzerne können sich zukünftig in flexibler Weise über Länder- und Hoheitsgrenzen hinweg nach weitgehend einheitlichen europäischen Regeln auf Gemeinschaftsebene neu strukturieren, reorganisieren und zusammenschließen, auch, um mit amerikanischen und japanischen Unternehmen und Konzernen auf globaler Ebene zu konkurrieren; sie können zudem ihren Sitz grenzüberschreitend in andere Mitgliedstaaten identitätswahrend verlegen. Der jeweiligen Internationalisierungsstrategie sowie der Internationalisierung der operationalen Organisationsstruktur und der Stakeholder kann somit durch eine angemessene statutarische Organisationsstruktur besser Rechnung getragen werden (structure follows strategy), so dass sich zahlreiche Effizienzsteigerungen aufgrund verminderter Transaktions- und Organisations(form)kosten im Europäischen Binnenmarkt rea-

---

[1] Vgl. *EuGH*, Urteil v. 27.09.1988 (*Daily-Mail*), EuGH Slg. 1988, S. 5483; aber auch *EuGH*, Urteil v. 05.11.2002 (*Überseering*), IStR 11 (2002), S. 809; *EuGH*, Urteil v. 30.09.2003 (*Inspire Art*), BB 58 (2003), S. 2195.

[2] Vgl. *Wenz, M.*, Einsatzmöglichkeiten einer Europäischen Aktiengesellschaft in der Unternehmenspraxis aus betriebswirtschaftlicher Sicht, AG 48 (2003), S. 186 f.

[3] S. Art. 14 Abs. 2 EG-Vertrag: „Der Binnenmarkt umfasst einen Raum ohne Binnengrenzen, in dem der freie Verkehr von Waren, Personen, Dienstleistungen und Kapital ... gewährleistet ist."

lisieren lassen. Denn an die Stelle der bislang erforderlichen, sehr komplexen Strukturen können Organisationsstrukturen treten, die einfacher sind und den Rahmenbedingungen im Europäischen Binnenmarkt erheblich besser entsprechen. So besteht insbesondere die Möglichkeit, europaweit durch eine einzige SE mit rechtlich unselbstständigen Niederlassungen zu agieren. Dadurch können Entscheidungswege verkürzt und die Kosten für zahlreiche Tochtergesellschaften deutlich reduziert werden. Eine SE kann ferner zum Abbau psychologischer Hemmnisse beitragen und die Attrahierung von zusätzlichen Direktinvestitionen aus Drittstaaten fördern; somit können v. a. auch außereuropäische Unternehmen und Konzerne zukünftig im Europäischen Binnenmarkt in klar strukturierter, rechtlich weitgehend einheitlicher Form auf Gemeinschaftsebene auftreten und agieren.[1] Die SE verfügt zudem über einen rechtsformspezifischen Europäischen Corporate Goodwill und wird zur Herausbildung einer unternehmensindividuellen Europäischen Corporate Identity und Culture beitragen.[2]

Eine besondere Attraktion stellt die Möglichkeit dar, sich unabhängig von den im nationalen Recht niedergelegten Regeln für ein zwei- versus eingliedriges System der Corporate Governance entscheiden (Vorstand-/Aufsichtsrats- versus Boardmodell) und den Umfang der Beteiligung der Arbeitnehmer unternehmensindividuell aushandeln zu können. Vor dem Hintergrund der Diskussion über die Grenzen der organisatorischen Freiheit bei der Ausgestaltung der Corporate Governance deutscher Aktiengesellschaften, aber auch der bislang wenig erfolgreichen Bemühungen, die deutsche Mitbestimmung grenzüberschreitend fortzuentwickeln, um den Bedürfnissen international aufgestellter Unternehmen und Konzerne ebenso wie deren international ausgeprägten Arbeitnehmern Rechnung zu tragen, erscheinen diese Freiheitsgrade als geradezu revolutionär;[3] erstmals wird dadurch ein Wettbewerb verschiedener Systeme auch tatsächlich möglich.[4] Die Europäische Aktiengesellschaft kann daher auch dem Druck des US-amerikanischen Kapitalmarktes sowie allgemein der Amerikanisierung des internationalen Kapitalmarktumfeldes insoweit umfassend Rechnung tragen, als sich europäische Unternehmen nunmehr alternativ für ein Mo-

---

[1] Dazu in Bezug auf die europaweite Umstrukturierung von GM Europe einschließlich der Adam Opel AG vgl. *Reitz, U.*, in: WamS v. 24.10.2004, S. 25.
[2] Vgl. *Petri, S. / Wenz, M.*, Europäische Aktiengesellschaft – notwendig und zukunftsorientiert, in: Der Aufsichtsrat (2004), Heft 10, S. 3 f.
[3] Zu den damit verbundenen Herausforderungen an den deutschen Gesetzgeber vgl. *Deges, S.*, in: Rheinischer Merkur Nr. 49 v. 02.12.2004, S. 17.
[4] Zur weiteren Entwicklung des Gesellschaftsrechts in der EU und im EWR s. *Mitteilung der Kommission an den Rat und das Europäische Parlament*, Modernisierung des Gesellschaftsrechts und Verbesserung der Corporate Governance in der Europäischen Union – Aktionsplan, Brüssel, 21.05.2003, KOM(2003) 284 endgültig, in: http://europa.eu.int/eur-lex/de/com/cnc/2003/com2003_0284de01.pdf.

dell der Corporate Governance nach US-amerikanischem Muster entscheiden können oder sogar entscheiden müssen; traditionelle europäische Mitbestimmungsstandards können zudem – sofern erforderlich – unternehmensindividuell angepasst und europaweit vereinheitlicht werden.

Nach einer gewissen Zurückhaltung der Unternehmens- und Beratungspraxis gegenüber der neuen supranational-europäischen Rechtsform der Europäischen Aktiengesellschaft in den vergangenen Jahren hat das Interesse an der SE spätestens seit ihrer Einführung sowohl in Deutschland als auch in den anderen Mitgliedstaaten der EU und des EWR kontinuierlich zugenommen. Nachdem bereits am 08. Oktober 2004 die *MPIT Structured Financial Services SE* mit Sitz in Amsterdam als gemeinsame Tochtergesellschaft verschiedener Finanzdienstleistungsunternehmen als erstes Unternehmen in der neuen Rechtsform einer SE gegründet wurde, wandelte sich nur wenige Tage später die österreichische Strabag AG in eine SE um; europaweit sind seither verschiedene SE-Gründungen vorgenommen worden. Aktuell prüfen ferner zahlreiche europäische und verschiedene DAX-30-Unternehmen die Möglichkeiten, sich vollständig in eine SE umzuwandeln, ganze Konzernbereiche zu einer einzigen SE zusammenzufassen, sich zu einer SE zusammenzuschließen oder auch nur gezielte Aktivitäten fortan in einer SE zu organisieren. Jüngstes und europaweit prominentestes Beispiel, eine SE im Wege der grenzüberschreitenden Verschmelzung zu gründen, ist aber die Allianz AG.[1] Sie plant, ihre Holdinggesellschaft zusammen mit ihrer italienischen Konzerntochtergesellschaft, der RAS, in eine SE umzuwandeln. Den Presseberichten zufolge will sie dabei den Gesellschaftssitz in Deutschland und auch das deutsche Vorstands-/Aufsichtsratsmodell samt paritätischer Mitbestimmung, allerdings mit einem verkleinerten Aufsichtsrat, beibehalten. Mit der neuen Organisationsform soll u. a. der stärkeren Internationalisierung des Konzerns ebenso Rechnung getragen werden wie dem Ziel, die Komplexität der Konzernstruktur europaweit zu verringern, grenzüberschreitende Umstrukturierungen zu vereinfachen und die Vornahme neuer Akquisitionen im In- und Ausland zu erleichtern.

Ziel des vorliegenden Werkes ist es, eine umfassende interdisziplinäre Behandlung und Analyse der Europäischen Aktiengesellschaft in der im Jahr 2001 verabschiedeten Fassung unter Berücksichtigung des Ende 2004 verabschiedeten deutschen Einführungsgesetzes vorzunehmen.[2] Dadurch sollen die Anforderungen, die mit dem Einsatz dieser neuen europäischen Rechtsform in der Unternehmenspraxis verbun-

---

[1] Vgl. *Kuhr, D. / Reim, M.*, in: SZ v. 08.09.2005, S. 19; *Maier, A. / Fromme, H. / Carlo, M.*, in: FTD v. 12.09.2005, S. 18; *Flämig, M.*, in: Börsen-Zeitung v. 13.09.2005, S. 3; *Kuhr, D.*, in: SZ v. 13.09.2005, S. 27; *Fromme, H.*, in: FTD v. 14.09.2005, S. 18.

[2] Sowohl die SE-VO und die SE-RL als auch das deutsche SEEG, welches das SE-AG und das SE-BG umfasst, sind im Anhang abgedruckt.

den sind, aufgezeigt sowie Lösungsansätze für die damit einhergehenden Probleme vorgelegt werden. Der interdiziplinären Themenausrichtung entsprechend, konnten die Herausgeber ein sowohl rechtlich als auch betriebswirtschaftlich ausgewiesenes Autorenteam aus Wissenschaft und Praxis gewinnen, das sich individuell in sehr unterschiedlicher Form bereits seit vielen Jahren mit dem Gesetzfindungs- und Gesetzgebungsprozess zur Schaffung einer Europäischen Aktiengesellschaft befasst. Die jetzt vorgelegte Neuauflage bietet eine vollständige Überarbeitung, Aktualisierung und Ergänzung unter Berücksichtigung der nationalen und internationalen Diskussion in Theorie und Praxis sowie den zahlreichen Entwicklungen auf europäischer Ebene; gleichzeitig werden auch die ersten konkreten Anwendungsfälle in der deutschen und der europäischen Unternehmenspraxis einbezogen. Dadurch bietet das Werk, das bereits in erster Auflage zum Standardwerk in Deutschland avancierte und seit einem Jahr vergriffen ist, eine umfassende und konkrete Hilfe für die Unternehmens- und Beratungspraxis.

Einführend zeigen die Herausgeber den betriebswirtschaftlichen und rechtlichen Hintergrund sowie die historische Entwicklung auf, die zur Schaffung des Statuts über die Europäische Aktiengesellschaft geführt haben. Darüber hinaus werden die Grundkonzeption und die Charakteristika der SE dargestellt, indem u. a. auf das Zielsystem, das der SE zugrunde liegt, sowie ihr Einfluss auf den Wettbewerb der Rechtsformen und der nationalen Gesellschaftsrechtssysteme eingegangen wird. Die Rechtsquellen der Europäischen Aktiengesellschaft werden vorgestellt und das auf sie anzuwendende Recht identifiziert. Anschließend legt *Neun* die verschiedenen Verfahren dar, nach denen eine Europäische Aktiengesellschaft gegründet werden kann. Dabei werden die rechtliche Komplexität dieser Rechtsform und die sich daraus ergebenden Probleme der Rechtsauslegung und -anwendung deutlich; diese sind auf das Zusammenspiel der SE-VO supranational-europäischen Rechts sowie der Bestimmungen der nationalen SE-AG und des allgemeinen nationalen Rechts, insbesondere Aktiengesellschaften betreffend, zurückzuführen. Nachfolgend zeigt *Wenz* die derzeit noch bestehenden rechtlichen Hindernisse der grenzüberschreitenden Mobilität von Unternehmen im Europäischen Binnenmarkt auf. Er stellt die Grundkonzeption der SE-VO sowie die Vorgehensweise und die einzelnen Verfahrensschritte der identitätswahrenden Sitzverlegung einer Europäischen Aktiengesellschaft sowohl im Wegzugstaat als auch im Zuzugstaat detailliert dar und geht zudem auf den Umzug einer Europäischen Aktiengesellschaft im EU- oder im EWR-Ausland mit Inlandsbezug ein.

Theisen und *Hölzl* erörtern wichtige offene Fragen, die mit der Corporate Governance in der Europäischen Aktiengesellschaft in Zusammenhang stehen. Sie gehen auf das Recht der Gesellschafter einer SE ein, zwischen verschiedenen Spitzenverfassungen wählen zu können, behandeln die Aufgaben der Hauptversammlung einer SE und zeigen die konkrete Ausgestaltung der Leitung und Überwachung einer SE mit einem dualistischen versus einem monistischen System der Corporate Governance auf. Damit geben sie zugleich wichtige Hinweise an diejenigen Unternehmen, welche die Gründung einer Europäischen Aktiengesellschaft planen und sich für ein monistisches oder aber ein dualistisches System der Corporate Governance zu entscheiden haben. Die bei der Gründung und ggf. auch bei strukturellen Veränderungen einer Europäischen Aktiengesellschaft zu beachtenden Vorschriften betreffend die Mitbestimmung der Arbeitnehmer werden von *Köstler* analysiert. Er zeigt für verschiedene Gründungsalternativen die erforderlichen Verfahrensschritte auf, um eine Vereinbarung über die Beteiligung der Arbeitnehmer in den Unternehmensorganen der Europäischen Aktiengesellschaft beschließen zu können. Ergänzend stellt er den Anwendungsbereich der Auffangregelung dar; sie entfaltet Wirkung, sofern eine Vereinbarung über ein konkretes Mitbestimmungsmodell nicht zustande kommt.

Die Aspekte der Finanzierung und Kapitalausstattung einer Europäischen Aktiengesellschaft werden von *Theisen* und *Widmayer* dargelegt. Sie stellen den in der SE-VO niedergelegten rechtlichen Rahmen für die Finanzierung einer Europäischen Aktiengesellschaft vor, zeigen die verschiedenen Möglichkeiten zu deren Außen- und Innenfinanzierung auf und analysieren mögliche Finanzierungsprobleme, die sich bei typischen Einsatzgebieten dieser Rechtsform ergeben können. Nachfolgend widmen sich *Plendl* und *Niehues* dem Themenkomplex der Rechnungslegung, Prüfung und Publizität. Sie zeigen die grundlegende Bedeutung der externen Rechnungslegung für Unternehmen in der Rechtsform einer Europäischen Aktiengesellschaft auch aus Sicht des Kapitalmarktes auf und widmen sich den verschiedenen Aspekten, die bei der Aufstellung, Prüfung und Offenlegung des Einzel- und Konzernabschlusses einer Europäischen Aktiengesellschaft zu beachten sind; in diesem Zusammenhang gehen sie auch auf die Besonderheiten, die sich bei einer grenzüberschreitenden Gründung oder Sitzverlegung einer SE ergeben, ein. Ferner wird auf die Änderungen hingewiesen, die mit der verbindlichen Einführung der International Accounting Standards bzw. der International Financial Reporting Standards ab 2005 für alle europäischen Unternehmen verbunden sind, deren Wertpapiere in der EU oder im EWR zum Handel auf einem geregelten Markt zugelassen sind.

Den verschiedenen Verfahren zur Gründung einer Europäischen Aktiengesellschaft ist gemein, dass sich hieran in aller Regel mehrere Unternehmen aus verschiedenen Mitgliedstaaten beteiligen müssen. Die dadurch entstandene Europäische Aktiengesellschaft ist somit in den meisten Fällen als Konzerngesellschaft in einen Unternehmensverbund eingebunden. Dennoch enthält die SE-VO keine konzernrechtlichen Bestimmungen, da eine auch nur ansatzweise Verständigung unter den Mitgliedstaaten auf ein europäisches Konzernrecht nicht möglich war. *Maul* setzt sich daher mit den insoweit relevanten Fragen des nationalen und des internationalen Konzernrechts auseinander; dabei wird auch untersucht, inwieweit diese für die

Rechtsform der Europäischen Aktiengesellschaft zu modifizieren sind. *Thömmes* analysiert anschließend die steuerlichen Probleme, die mit der Gründung, der grenzüberschreitenden Sitzverlegung und der Umstrukturierung einer Europäischen Aktiengesellschaft verbunden sind; Aspekte der laufenden Besteuerung einer Europäischen Aktiengesellschaft werden ebenfalls behandelt. Auch insoweit enthält die SE-VO keinerlei Bestimmungen, obwohl bei der Sitzverlegung und regelmäßig auch bei der Gründung einer Europäischen Aktiengesellschaft die Besteuerungsansprüche verschiedener Steuerhoheiten zu koordinieren und abzugrenzen sind, soll der Einsatz einer Europäischen Aktiengesellschaft nicht an fiskalischen Hindernissen scheitern. Allerdings kann sowohl für die Gründung und die Sitzverlegung einer Europäischen Aktiengesellschaft auf die Bestimmungen der Fusionsrichtlinie und der dazu ergangenen Änderungsrichtlinie zurückgegriffen werden, auch wenn diese vorgabenwidrig bisher nur teilweise in das nationale Recht der Mitgliedstaaten transformiert wurden. Die zahlreichen rechtlichen Aspekte der Insolvenz sowie der Sanierung einer Europäischen Aktiengesellschaft werden von *Nolting* behandelt und analysiert. Da eine SE regelmäßig grenzüberschreitend tätig ist, ergeben sich insbesondere auch bei ihrer Insolvenz über die Grenzen des jeweiligen SE-Sitzstaats hinaus zahlreiche Auswirkungen in anderen Mitgliedstaaten. Dennoch hat der europäische Gesetzgeber in der SE-VO keine insolvenzrechtlichen Regelungen aufgenommen. Ihrer Behandlung kommt daher eine besondere Bedeutung bei, wobei insbesondere grenzüberschreitende Insolvenzverfahren und deren Anwendung auf SE-typische Fallkonstellationen und Einsatzmöglichkeiten mit einem Schwerpunkt im Bereich der Konzerninsolvenzen erörtert werden.

Mit den verschiedenen Möglichkeiten des Einsatzes einer Europäischen Aktiengesellschaft in der Unternehmenspraxis befasst sich *Wenz*. Anhand von Fallstudien werden die Unterschiede in der statutarischen Organisationsstruktur herausgestellt, die sich ergeben, wenn statt der jeweiligen nationalen Rechtsformen die Rechtsform der Europäischen Aktiengesellschaft gewählt wird. Dadurch können unterschiedliche rechtsformspezifische Vorteile aufgezeigt werden, die nicht unerheblich für den Erfolg der neuen supranational-europäischen Rechtsform sind. Anschließend erörtert *Teichmann* die Funktion des deutschen Ausführungsgesetzes zur SE-VO. Aufgrund der ergänzenden Anwendung des nationalen Aktienrechts des jeweiligen Sitzstaates einer Europäischen Aktiengesellschaft sowie der vielfältigen Verweisungen und Ermächtigungen der SE-VO an den nationalen Gesetzgeber, kommt den Ausführungsgesetzen der einzelnen Mitgliedstaaten große Bedeutung für die rechtliche Ausgestaltung der Europäischen Aktiengesellschaft zu. Für die Bereiche der Gründung, Sitzverlegung, Unternehmensverfassung, Auflösung und die behördlichen Zuständigkeiten wird aufgezeigt, wie die nationalen Gestaltungsspielräume durch den deutschen Gesetzgeber konkret ausgefüllt worden sind. Abschließend befassen sich *Schindler* und *Teichmann* mit dem Rechtsrahmen der SE in anderen Mitgliedstaaten der EU und des EWR. Aufgrund der Lückenhaftigkeit der SE-VO kommt den nationalen Gesellschaftsrechtssystemen eine besondere Bedeutung zu. Deren Unterschiede werden für verschiedene europäische Rechtskreise anhand ausgewählter Länder der alten und neuen Mitgliedstaaten der EU sowie eines Mitgliedstaates des EWR vergleichend dargestellt. Dem Leser soll dadurch eine konkrete Orientierungshilfe für die Bewältigung der zahlreichen Schnittstellen zwischen den in- und ausländischen Rechtssystemen gegeben werden, je nach dem, ob die konkret zu gründende SE ihren Sitz in Deutschland oder im Ausland haben soll.

Die Herausgeber wollen mit der Neuauflage wiederum einen attraktiven Beitrag zur Einführung der Europäischen Aktiengesellschaft in Deutschland und zur Nutzung dieser Rechtsform durch die Unternehmenspraxis leisten. Sie hoffen, damit auf ein ebenso nachhaltiges Interesse in der Unternehmens- und Beratungspraxis, aber auch in den Rechts- und Wirtschaftswissenschaften zu stoßen, wie mit der Vorauflage. Darüber hinaus wollen die Herausgeber auch dem SE-Diskussionsforum, das 2002 mit der ersten Auflage eröffnet wurde, einen neuen Impuls geben.

Kritik, Anregungen und Ergänzungen sind uns jederzeit herzlich willkommen. Gerne können Sie auch direkt mit den Herausgebern unter theisen@bwl.uni-muenchen.de oder martin.wenz@hochschule.li in Verbindung treten.

Die Herausgeber schulden vielfachen Dank, allen voran den Autoren sowie den Personen, die diese unterstützen, für Ihre Bereitschaft, sich ungeachtet ihrer beruflichen wie privaten Verpflichtungen der großen Herausforderung anzunehmen und schon ein Jahr nach dem Inkrafttreten der Verordnung über das Statut der Europäischen Aktiengesellschaft und der ergänzenden Richtlinie betreffend die Mitbestimmung der Arbeitnehmer sowie des deutschen Einführungsgesetzes die Neubearbeitung, Aktualisierung und Erweiterung dieses gemeinsamen Werkes vorzunehmen. Für den nahezu unermüdlichen Einsatz bei der Ausführung sämtlicher formeller Arbeiten danken wir in besonderer Weise den studentischen Hilfskräften Frau *Sybille Wünsche*, Frau *Elena Zapryagaeva* und Herrn *Georg Allgaier*, Ludwig-Maximilians-Universität München.

Die Diskussion über die erste wirklich europäische Organisationsform wirtschaftlichen Handelns, die Europäische Aktiengesellschaft, geht mit zunehmendem Tempo und Gewicht weiter. Nutzen Sie das über Jahre gesammelte Expertenwissen und die fundierten Kenntnisse der bewährten SE-Autoren und -Kommentatoren.

München/Vaduz, im September 2005

Manuel René Theisen
Martin Wenz

Inhaltsverzeichnis

	Seite
Geleitwort	V
Vorwort	VII
Abkürzungsverzeichnis	XIX

A. Hintergründe, historische Entwicklung und Grundkonzeption 1
    I. Betriebswirtschaftliche und rechtliche Bedeutung von Rechtsformen 13
    II. Globalisierung und Europäisierung 21
    III. Entstehungsgeschichte 27
    IV. Grundkonzeption 36
    V. Rechtsquellen 50
    VI. Einführung der Societas Europaea in den Mitgliedstaaten: EU und EWR 52
    VII. Auf dem Wege zur Anwendung der Societas Europaea 55

B. Gründung 57
    I. Allgemeines 65
    II. Gründung einer SE durch Verschmelzung 75
    III. Gründung einer Holding-SE 142
    IV. Umwandlung einer bestehenden Aktiengesellschaft in eine SE 171
    V. Gründung einer Tochter-SE 185
    VI. Ergebnis 186

C. Grenzüberschreitende Sitzverlegung 189
    I. Bedeutung der grenzüberschreitenden Sitzverlegung 200
    II. Grenzüberschreitende Mobilität von Unternehmen im Europäischen Binnenmarkt 202
    III. Grundkonzeption der SE-VO 220
    IV. Maßnahmen im Wegzugstaat 235
    V. Maßnahmen im Zuzugstaat 252
    VI. Maßnahmen bei grenzüberschreitendem Umzug im EU-/EWR-Ausland mit Inlandsbezug 262
    VII. Ergebnis 265

D. Corporate Governance 269
  I. Corporate Governance in der Diskussion 278
  II. Spitzenverfassung der SE 278
  III. Die SE in der Corporate Governance-Diskussion 312
  IV. Die SE – eine Rechtsform mit Zukunft? 327

E. Mitbestimmung 331
  I. Beteiligung der Arbeitnehmer am Entscheidungsprozess
     im Unternehmen 334
  II. „Verhandelte Beteiligung" oder Auffanglösung 337
  III. Ergebnis 375

F. Finanzierung und Kapitalausstattung 377
  I. Einführung 381
  II. Rechtlicher Rahmen für die Finanzierung einer SE 382
  III. Außenfinanzierung 384
  IV. Innenfinanzierung 392
  V. Finanzierungsaspekte bei wichtigen Einsatzbereichen der SE 396
  VI. Ergebnis 402

G. Rechnungslegung, Prüfung und Publizität 405
  I. Erwartungen an die Europäische Aktiengesellschaft 411
  II. Die Rechnungslegungsvorschriften der SE-VO 414
  III. Rechnungslegung 421
  IV. Abschlussprüfung 436
  V. Publizität 446
  VI. Ergebnis 456

H. Konzernrecht 457
  I. Einleitung 465
  II. Regelungslücke 466
  III. Faktische Unternehmensverbindungen 469
  IV. Vertragskonzerne 484
  V. Existenzvernichtender Eingriff 498
  VI. Gemeinschaftsunternehmen 502

I. Besteuerung 505
I. Steuern als Standortfaktor international mobiler Unternehmen in der Europäischen Union 516
II. Gründung 529
III. Sitzverlegung 576
IV. Umstrukturierung 587
V. Laufende Besteuerung 590
VI. SE mit Gründungsgesellschaften oder Sitz in einem EWR-EFTA-Staat 603
VII. Ergebnis 613

J. Insolvenz und Sanierung 617
I. Einführung 622
II. Rechtsgrundlagen 622
III. Grenzüberschreitende Insolvenzverfahren über das Vermögen einer SE 632
IV. Verfahren bei SE-typischen Fallkonstellationen 643
V. Überblick über Maßnahmen zur Sanierung der SE 651
VI. Ergebnis 652

K. Einsatzmöglichkeiten in der Unternehmenspraxis 655
I. Einführung 659
II. Merger SE 662
III. Acquisition SE 670
IV. Joint Venture SE 674
V. Reorganisation SE 676
VI. European Group SE 681
VII. Reengineering SE 684
VIII. Cross Border SE 686
IX. Ergebnis 688

L. Ausführungsgesetz in Deutschland 691
I. Funktion des deutschen Ausführungsgesetzes 697
II. Gründung einer SE 699
III. Minderheiten- und Gläubigerschutz bei der Sitzverlegung einer SE 719
IV. Unternehmensverfassung der SE 725
V. Auflösung der SE bei Trennung von Sitz und Hauptverwaltung 735
VI. Zuständigkeiten 737

M. Das Recht der SE in anderen Mitgliedstaaten der EU und des EWR 739
  I. Einleitung 746
  II. Regelungsrahmen der SE 747
  III. SE-Gesetzgebung in den Mitgliedstaaten der EU und des EWR 757
  IV. SE mit Sitz in Deutschland: Schnittstellen zum ausländischen Recht 761
  V. SE mit Sitz im Ausland 782
  VI. Ergebnis 791

Anhang

  Anhang I: Verordnung über Statut der Europäischen Gesellschaft (SE) 793
  Anhang II: Richtlinie zur Ergänzung des Statuts der Europäischen
              Gesellschaft hinsichtlich der Beteiligung der Arbeitnehmer 825
  Anhang III: Gesetz zur Einführung der Europäischen Gesellschaft (SEEG):
              SE-Ausführungsgesetz und SE-Beteiligungsgesetz 843

Autorenverzeichnis 881
Stichwortverzeichnis 887

Abkürzungsverzeichnis

a. A.	anderer Ansicht
aaO	am angegebenen Ort
Abb.	Abbildung
ABl.	Amtsblatt
Abs.	Absatz
Abschn.	Abschnitt
AC	Law Reports, Appeal Cases (Entscheidungssammlung)
AcP	Archiv für die civilistische Praxis (Zeitschrift)
a. F.	alte Fassung
AFTA	ASEAN Free Trade Area
AG	Aktiengesellschaft / Amtsgericht
AG	Die Aktiengesellschaft (Zeitschrift)
AIG	Auslandsinvestitionsgesetz
AktG	Aktiengesetz
ALI	American Law Institute
a. M.	anderer Meinung
AN	Arbeitnehmer
ÄndRL	Änderungsrichtlinie
Anh.	Anhang
Anm.	Anmerkung
AnSVG	Gesetz zur Verbesserung des Anlegerschutzes
AO	Abgabenordnung
APAG	Abschlussprüferaufsichtsgesetz
APEC	Asian Pacific Economic Cooperation
AR	Der Aufsichtsrat (Zeitschrift)
ArbGG	Arbeitsgerichtsgesetz
ArbVG	Arbeitsverfassungsgesetz
Art.	Artikel
ASA	Allmennaksjeselskap
ASEAN	Association of South East Asian Nations
AU	African Union
Aufl.	Auflage
AuR	Arbeit und Recht (Zeitschrift)
AWD	Außenwirtschaftsdienst des Betriebs-Beraters (Zeitschrift)
AZ / Az.	Aktenzeichen
BaFin	Bundesanstalt für Finanzdienstleistungsaufsicht
BausparkG	Gesetz über Bausparkassen
BayObLG	Bayerisches Oberstes Landesgericht
BayObLGZ	Entscheidungen des Bayerischen Obersten Landesgerichts in Zivilsachen
BB	Betriebs-Berater (Zeitschrift)
BC	Bilanzbuchhalter und Controller (Zeitschrift)

Bd.	Band
BdB	Bundesverband deutscher Banken
BdF / BMF	Bundesministerium der Finanzen
BDI	Bundesverband der Deutschen Industrie
Bearb.	Bearbeiter
Begr. RegE.	Begründung Regierungsentwurf
Beil.	Beilage
BetrVG	Betriebsverfassungsgesetz
BFH	Bundesfinanzhof
BFHE	Sammlung der Entscheidungen des Bundesfinanzhofs, hrsg. von den Mitgliedern des Bundesfinanzhofs
BFuP	Betriebswirtschaftliche Forschung und Praxis (Zeitschrift)
BGA	Bundesverband des Deutschen Groß- und Außenhandels
BGB	Bürgerliches Gesetzbuch
BGBl	Bundesgesetzblatt
BGH	Bundesgerichtshof
BGHZ	Entscheidungen des Bundesgerichtshofs in Zivilsachen
BGL	Bemessungsgrundlage
BilKoG	Bilanzkontrollgesetz
BilReG	Gesetz zur Einführung internationaler Rechnungslegungsstandards und zur Sicherung der Qualität der Abschlussprüfung (Bilanzrechtsreformgesetz)
BKR	Zeitschrift für Bank- und Kapitalmarktrecht
BMW	Bayerische Motoren Werke
BR	Bundesrat
BR-Drs.	Bundesratsdrucksache
BStBl	Bundessteuerblatt
BT	Bundestag
BT-Drs.	Bundestagsdrucksache
Buchst.	Buchstabe
Bull.	Bulletin
BV	BeslotenenVennotschap met beperkte Aansprakelijkheid
BVerfG	Bundesverfassungsgericht
BVerfGE	Entscheidungen des Bundesverfassungsgerichts
BVG	Besonderes Verhandlungsgremium / Bundesverordnungsgesetz
bzw.	beziehungsweise
ca.	circa
CAPM	Capital Asset Pricing Model
CEO	Chief Executive Officer
CFC	Controlled Foreign Company
CLJ	Cambridge Law Journal (Zeitschrift)
COM	Europäische Kommission
d.	der / des
D	Deutschland
dän.	dänisch, dänisches

DAV	Deutscher Anwaltverein
DAX	Deutscher Aktien Index
DB	Der Betrieb (Zeitschrift)
DBA	Doppelbesteuerungsabkommen
DBW	Die Betriebswirtschaft (Zeitschrift)
DCF	Discounted Cash Flow
DCGK	Deutscher Corporate Governance Kodex
ders.	derselbe
DGB	Deutscher Gewerkschaftsbund
d. h.	das heißt
dies.	dieselbe
DIHT	Deutscher Industrie- und Handelstag
DiskE	Diskussionsentwurf
Diss.	Dissertation
DK	Dänemark
DNotV	Deutscher Notarverein
DOK. KOM	Dokument der Kommission der EG
DOK. SEK	Dokument des Rates der EG
DrittbG	Drittelbeteiligungsgesetz
DRSC	Deutsches Rechnungslegungs Standards Committee e. V.
DStR	Deutsches Steuerrecht (Zeitschrift)
DStZ	Deutsche Steuer-Zeitung
Dt.	Deutsch(es)
DUV	Deutscher Universitätsverlag
DZWIR	Deutsche Zeitschrift für Wirtschafts- und Insolvenzrecht
EBLR	European Business Law Review (Zeitschrift)
EBR	Europäischer Betriebsrat
EC	European Community
ed. / eds.	edited / edition / editor/s
EFG	Entscheidungen der Finanzgerichte (Zeitschrift)
EFTA	European Free Trade Association
EG	Europäische Gemeinschaft(en)
EGBGB	Einführungsgesetz zum Bürgerlichen Gesetzbuch
EGHGB	Einführungsgesetz zum Handelsgesetzbuch
EGV	Vertrag zur Gründung der Europäischen Gemeinschaft
EHUG	Elektronisches Handelsregister und Genossenschaftsregister
Einl.	Einleitung
einschläg.	enschlägig /einschlägigen
endg.	endgültig
EStG	Einkommensteuergesetz
EStR	Einkommensteuer-Richtlinien
ET	European Taxation (Zeitschrift)
etc.	et cetera
EU	Europäische Union
EuGH	Europäischer Gerichtshof

EuInsVO	Europäische Insolvenzverordnung
EuR	Europarecht (Zeitschrift)
EURLUmsG	EU-Richtlinien-Umsetzungsgesetz
Euro-BR	Europäischer Betriebsrat
Euro-BR-Richtlinie	Euro-Betriebsratsrichtlinie
EuZW	Europäische Zeitschrift für Wirtschaftsrecht
e. V.	eingetragener Verein
evtl.	eventuell
EWG	Europäische Wirtschaftsgemeinschaft
EWGV	Vertrag zur Gründung der Europäischen Wirtschaftsgemeinschaft
EWiR	Entscheidungssammlung zum Wirtschaftsrecht
EWR	Europäischer Wirtschaftsraum
EWIV	Europäische Wirtschaftliche Interessenvereinigung
EWIV-VO	Verordnung über die Schaffung einer EWIV
EWS	Europäisches Wirtschafts- & Steuerrecht (Zeitschrift)
f. / ff.	folgende / fortfolgende
F	Frankreich
FAZ	Frankfurter Allgemeine Zeitung
FEE	Fédération des Experts Comptables Européens
FGG	Gesetz über die freiwillige Gerichtsbarkeit
Fn.	Fußnote
FR	Finanz-Rundschau (Zeitschrift)
FRL	Fusionsrichtlinie
FTAA	Free Trade Area of the Americas
FTD	Financial Times Deutschland (Zeitung)
G. A.	Gleicher Auffassung
GA	Generalanwalt
GB	Großbritannien
GbR / GBR	Gesellschaft bürgerlichen Rechts
GCCG	German Code of Corporate Governance (Berliner Initiativkreis)
GDV	Gesamtverband der Deutschen Versicherungswirtschaft
gem.	gemäß
Gen	Genossenschaft
GesRÄG	Gesellschaftsrechtsänderungsgesetz
GesRZ	Der Gesellschafter (Zeitschrift)
GewStG	Gewerbesteuergesetz
gg.	gegenüber
ggf.	gegebenenfalls
gl. A.	gleicher Auffassung
GM	General Motors
GmbH	Gesellschaft mit beschränkter Haftung
GmbHG	Gesetz betreffend die Gesellschaften mit beschränkter Haftung
GmbHR	GmbH-Rundschau (Zeitschrift)
GmbH-StB	Der GmbH-Steuerberater (Zeitschrift)
GrEStG	Grunderwerbsteuergesetz

GrS	Großer Senat
GU	Gemeinschaftsunternehmen
GVO	Verordnung über die gerichtliche Zuständigkeit und die Anerkennung und Vollstreckung von Entscheidungen in Zivil- und Handelssachen
Habil.	Habilitation
HFA	Hauptfachausschuss
HGB	Handelsgesetzbuch
h. M.	herrschende Meinung
HR	Handelsregister
hrsg. / Hrsg.	herausgegeben / Herausgeber
HS	Halbsatz
http	hypertext transfer protocol
HypBankG	Hypothekenbankgesetz
IAASB	International Auditing and Assurance Standards Board
IAPC	International Auditing Practice Committee
IAS	International Accounting Standards
IBFD	International Bureau of Fiscal Documentation
i. d. F.	in der Fassung
i. d. S.	in diesem Sinne
IDW	Institut der Wirtschaftsprüfer e. V.
IAASB	International Auditing and Assurance Standards Board
IAS	International Accounting Standards
IASB	International Accounting Standards Board
IASC	International Accounting Standards Committee
IFAC	International Federation of Accountants
IFRIC	International Financial Reporting Interpretations Committee
IFRS	International Financial Reporting Standards
Inf	Die Information über Steuer und Wirtschaft (Zeitschrift)
insbes.	insbesondere
InsO	Insolvenzordnung
Intertax	International Tax Review (Zeitschrift)
IntGesR	Internationales Gesellschaftsrecht
IPAC	International Auditing Practice Committee
IPO	Initial Public Offering
IPR	Internationales Privatrecht
IPRax	Praxis des internationalen Privat- und Verfahrensrechts (Zeitschrift)
IPRspr.	Die deutsche Rechtsprechung auf dem Gebiet des internationalen Privatrechts (Zeitschrift)
IRAP	imposta regionale sulle attività produttive (Regionalsteuer auf Produktionstätigkeiten)
IRL	Irland
ISA	International Standards on Auditing
i. S. d.	im Sinne des / der

IStR	Internationales Steuerrecht (Zeitschrift)
i. S. v.	im Sinne von
i. V. m.	in Verbindung mit
IWB	Internationale Wirtschafts-Briefe (Zeitschrift)
JbFStR / JbFfStR	Jahrbuch der Fachanwälte für Steuerrecht
J Financial Economics	Journal of Financial Economics (Zeitschrift)
Jg.	Jahrgang
J. Law & Econ.	The Journal of Law and Economics (Zeitschrift)
JuS	Juristische Schulung (Zeitschrift)
JZ	Juristenzeitung
KAGG	Gesetz über Kapitalanlagegesellschaften
KapInHaG	Kapitalmarktinformationshaftungsgesetz
KapMuG	Kapitalanleger-Musterverfahrensgesetz
KGaA	Kommanditgesellschaft auf Aktien
KOM	Veröffentlichungen der Europäischen Kommission
Kom	Kommentar
KonTraG	Gesetz zur Kontrolle und Transparenz im Unternehmensbereich
KSt	Körperschaftsteuer
KStG	Körperschaftsteuergesetz
KStSatz / KSt-Satz	Körperschaftsteuersatz
KWG	Gesetz über das Kreditwesen
Lfg.	Lieferung
LG	Landgericht
li. Sp.	linke Spalte
lit.	litera
Ltd	Private Limited Company
MA	Musterabkommen
Mass.	Massachusetts
max.	maximal
MDR	Monatsschrift für Deutsches Recht
m. Anm.	mit Anmerkungen
m. E.	meines Erachtens
mind.	mindestens
Mitb.	Mitbestimmung
MitbestErgG	Mitbestimmungsergänzungsgesetz
MitbestG	Mitbestimmungsgesetz
MontanMitbestG	Montan-Mitbestimmungsgesetz
MTRL	Mutter-Tochter-Richtlinie
m. w. N.	mit weiteren Nachweisen / Nennungen
NAFTA	North American Free Trade Association
n. F.	neue Fassung
NJW	Neue Juristische Wochenschrift (Zeitschrift)
NJW-RR	Neue Juristische Wochenschrift Rechtsprechungs-Report
NL	Niederlande
NorthULRev	Northwestern University Law Review (Zeitschrift)

Nr. / No.	Nummer
n. rkr.	nicht rechtskräftig
NZA	Neue Zeitschrift für Arbeitsrecht
NZG	Neue Zeitschrift für Gesellschaftsrecht
o.	ohne
öAktG	Österreichisches Aktiengesetz
OECD	Organization for Economic Cooperation and Development
OECD-MA	OECD-Musterabkommen zur Vermeidung der Doppelbesteuerung des Einkommens und des Vermögens
öEStG	Österreichisches Einkommensteuergesetz
OFD	Oberfinanzdirektion
öKStG	Österreichisches Körperschaftsteuergesetz
OLG	Oberlandesgericht
OGH	Oberster Gerichtshof
öOGH	Oberster Gerichtshof (Österreich)
ÖStZ	Österreichische Steuer-Zeitung
PCAOB	Public Company Accounting Oversight Board
PDG	Président d'administration générale
Pkt.	Punkt(e)
PL	Polen
PLC	Public Limited Company
poln.	polnisch, polnisches
RabelsZ	Rabels Zeitschrift für ausländisches und internationales Privatrecht
RdA	Recht der Arbeit (Zeitschrift)
Rdnr.	Randnummer
Rdnrn.	Randnummern
re. Sp.	rechte Spalte
Rev.	Revision
RiLi / RL	Richtlinie
RIW	Recht der Internationalen Wirtschaft (Zeitschrift)
Rn.	Randnummer
Rs.	Rechtssache
RWZ	Österreichische Zeitschrift für Recht und Rechnungswesen
Rz.	Randziffer / Randzahl
S.	Seite
s.	siehe
S.A.	Société Anonyme
SAS	Société par actions simplifiée
SCE	Societas Cooperativa Europaea
SE	Societas Europaea
SE-AG	SE-Ausführungsgesetz
SE-BG	SE-Beteiligungsgesetz
SEC	Securities Exchange Commission
SEEG / SEG	Gesetz zur Einführung der Europäischen Gesellschaft

SEK	Arbeitsdokument der Kommissionsdienststellen
SE-RL	Richtlinie zur Ergänzung des Statuts der Europäischen Gesellschaft hinsichtlich der Beteiligung der Arbeitnehmer
SE-VO	Verordnung über das Statut der Europäischen Gesellschaft
SE-VO-Vorschlag	Vorschlag für eine Verordnung über das Statut der Europäischen Gesellschaft
SIC	Standing Interpretations Committee
Slg.	Sammlung
SLIM	Simpler Legislation for the Internal Market
s. o.	siehe oben
SOA	Sarbanes-Oxley-Act
sog.	sogenannte
Sp.	Spalte
SpruchVerfG	Spruchverfahrensgesetz
St.	Saint / Sankt
StGB	Strafgesetzbuch
StuB	Steuern und Bilanzen (Zeitschrift)
StuW	Steuer und Wirtschaft (Zeitschrift)
SZ	Süddeutsche Zeitung
SZW / RSDA	Schweizerische Zeitschrift für Wirtschaftsrecht
TransPuG	Transparenz- und Publizitätsgesetz
Tz.	Textziffer
u. a.	und andere / unter anderem
u. E.	unseres Erachtens
ÜGA	Überwachungs- und Gerichtshofabkommen
UK	Vereinigtes Königreich von Großbritannien und Nordirland
UMAG	Gesetz zur Unternehmensintegrität und Modernisierung des Anfechtungsrechts
UmwG	Umwandlungsgesetz
UmwStG	Umwandlungssteuergesetz
UNICE	Union des Industries de la Communauté Européenne
Univ.	Universität
Unterabs.	Unterabsatz
UntStFG	Gesetz zur Fortentwicklung des Unternehmenssteuerrechts (Unternehmensteuerfortentwicklungsgesetz)
URL	Uniform Resource Locator
US	United States
USA	United States of America
US-GAAP	United States- Generally Accepted Accounting Principles
usw.	und so weiter
u. U.	unter Umständen
v.	vom / von
VAG	Versicherungsaufsichtsgesetz
Var.	Variante
Verl.	Verlag

Vfg.	Verfügung
vgl.	vergleiche
VO	Verordnung
Vol.	Volume
Vorb. / Vorbem.	Vorbemerkung
VorstOG	Vorstandsvergütungs-Offenlegungsgesetz
vs.	versus
VZ	Veranlagungszeitraum
WAZ	Westdeutsche Allgemeine Zeitung
wbl	Wirtschaftsrechtliche Blätter (Zeitschrift)
WEF	World Economic Forum
WiSt	Wirtschaftswissenschaftliches Studium (Zeitschrift)
WISU	Das Wirtschaftsstudium (Zeitschrift)
WM	Zeitschrift für Wirtschafts- und Bankrecht, Wertpapier-Mitteilungen
WP	Working Paper
WPg	Die Wirtschaftsprüfung (Zeitschrift)
WpÜG	Wertpapiererwerbs- und Übernahmegesetz
WPK	Wirtschaftsprüferkammer
WSI	Mitteilungen des Wirtschafts- und Sozialwissenschaftlichen Instituts des DGB
WTO	World Trade Organization
WWU	Wirtschafts- und Währungsunion
www	world wide web
z.B.	zum Beispiel
ZDH	Zentralverband des Deutschen Handwerks
ZEuP	Zeitschrift für Europäisches Privatrecht
ZfB	Zeitschrift für Betriebswirtschaft
zfo	Zeitschrift für Organisation
ZGR	Zeitschrift für Unternehmens- und Gesellschaftsrecht
ZHR	Zeitschrift für das gesamte Handels- und Wirtschaftsrecht
Ziff.	Ziffer
ZInsO	Zeitschrift für das gesamte Insolvenzrecht
ZIP	Zeitschrift für Wirtschaftsrecht
zit.	zitiert
ZPO	Zivilprozessordnung
z. R.	zu Recht
ZRP	Zeitschrift für Rechtspolitik
zugl.	zugleich
z. Zt.	zur Zeit

A. Hintergründe, historische Entwicklung und Grundkonzeption

Manuel R. Theisen / Martin Wenz[*]

I. Betriebswirtschaftliche und rechtliche Bedeutung von Rechtsformen 13
   1. Grundlage ökonomischen Handelns und institutionelle Erklärungsansätze 14
   2. Strategische Rechts- und Organisationsformplanung 18
   3. Neueinführung bei veränderten Rahmenbedingungen 19
II. Globalisierung und Europäisierung 21
   1. Globalisierung des Unternehmensumfeldes und Europäische Integration .. 21
   2. Strategische Neuausrichtung von Unternehmen 23
   3. Europäische Markt- und Unternehmensrechtsordnung 24
III. Entstehungsgeschichte 27
   1. Vorläufige Entwicklungen auf dem Weg zur Societas Europaea 27
   2. Forderungen nach Schaffung einer Societas Europaea 28
   3. Vorentwürfe für das Statut einer Societas Europaea 29
   4. Verordnungsvorschläge zur Schaffung des Statuts der Societas Europaea. 30
   5. Verabschiedung des Statuts der Societas Europaea 33
   6. Inkrafttreten des Statuts der Societas Europaea 35
IV. Grundkonzeption 36
   1. Vollendung des Europäischen Binnenmarktes 36
   2. Zielsystem 39
   3. Charakteristika und rechtsformspezifische Vorteile 42
   4. Wettbewerb der Rechtsformen und der Gesellschaftsrechtssysteme 45
V. Rechtsquellen 50
   1. Rechtsgrundlage der SE-VO und der SE-RL 50
   2. Struktur und Aufbau der Rechtsquellenpyramide 50
VI. Einführung der Societas Europaea in den Mitgliedstaaten: EU und EWR 52
VII. Auf dem Wege zur Anwendung der Societas Europaea 55

---

[*] *Univ.-Prof. Dr. Dr. Manuel René Theisen*, Lehrstuhl für Allgemeine Betriebswirtschaftslehre, Betriebswirtschaftliche Steuerlehre und Steuerrecht, Ludwig-Maximilians-Universität München.
Prof. Dr. Martin Wenz, Habilitand an der Ludwig-Maximilians-Universität München und Inhaber der Professur für Betriebswirtschaftliche Steuerlehre, Internationales und liechtensteinisches Steuerrecht an der Hochschule Liechtenstein, Vaduz.

Literatur

Albach, Horst / Albach, Renate, 1989: Das *Unternehmen* als Institution – Rechtlicher und gesellschaftlicher Rahmen, Wiesbaden: Gabler, 1989.

Aoki, Masahiko, 1984: The Co-operative *Game Theory* of the Firm, New York: Oxford University Press, 1984.

Auer-Rizzi, Werner / Szabo, Erna / Innreiter-Moser, Cäcilia, 2002: *Globalisierung* und ihre Auswirkungen, in: *Auer-Rizzi, Werner / Szabo, Erna / Innreiter-Moser, Cäcilia* (Hrsg.), Management in einer Welt der Globalisierung und Diversität – Europäische und nordamerikanische Sichtweisen, Festschrift für *Gerhard Reber* zum 65. Geburtstag, Stuttgart: Schäffer-Poeschel, 2002, S. 3-4.

Bamberger, Ingolf / Wrona, Thomas, 1997: *Globalisierungsbetroffenheit* und Anpassungsstrategien von Klein- und Mittelunternehmen: Ergebnisse einer empirischen Untersuchung, in: ZfB 67 (1997), S. 713-735.

Bangemann, Martin, 1992: Der Europäische *Binnenmarkt*: Rechtlicher Rahmen und Marktpotential für die Tätigkeit deutscher Unternehmen, in: *Kumar, Brij Nino / Haussmann, Helmut* (Hrsg.), Handbuch der Internationalen Unternehmenstätigkeit – Erfolgs- und Risikofaktoren – Märkte – Export – Kooperations- und Niederlassungsmanagement, München: C.H. Beck, 1992, S. 99-120.

Bartone, Roberto / Klapdor, Ralf, 2005: Die Europäische *Aktiengesellschaft* – Recht, Steuer, Betriebswirtschaft, Berlin: Erich Schmidt, 2005.

Bayer, Walter, 2003: Die EuGH-Entscheidung „Inspire Art" und die deutsche GmbH im Wettbewerb der europäischen Rechtsordnungen, in: BB 58 (2003), S. 2357-2366.

Bayer, Walter, 2004: Aktuelle Entwicklungen im Europäischen Gesellschaftsrecht, in: BB 59 (2004), S. 1-11.

Baysinger, Barry D. / Buttler, Henry N., 1985: The Role of Corporate Law in the Theory of the *Firm*, in: J. Law & Econ. 28 (1985), S. 179-191.

Bea, Franz Xaver, 2004: *Entscheidungen* des Unternehmens, in: *Bea, Franz Xaver / Friedl, Birgit / Schweitzer, Marcell* (Hrsg.), Allgemeine Betriebswirtschaftslehre, Bd. 1 Grundfragen, 9. Aufl., Stuttgart: Lucius und Lucius, 2004, S. 311-420.

Behrens, Peter, 1998: Gesellschaften sollen *Niederlassungsberechtigte* gleichen Rechts werden, in: EuZW 9 (1998), S. 353.

Bellingwout, Jaap W. / Bongard, Mark P. / van Veen, Wino J. M., 2004: De *Europese Naamloze vennotschap* (SE), Een nieuwe rechtsvorm in het Nederlands recht, The Hague: Kluwer, 2004.

Beutler, Bengt / Bieber, Roland / Pipkorn, Jörn / Streil, Jochen, 1993: Die *Europäische Union*, 4. Aufl., Baden-Baden: Nomos-Verlag, 1993.

Blanquet, Francoise, 2002: Das *Statut* der Europäischen Aktiengesellschaft (Societas Europaea „SE") – Ein Gemeinschaftsinstrument für die grenzübergreifende Zusammenarbeit im Dienste der Unternehmen, in: ZGR 31 (2002), S. 20-65.

Blaurock, Uwe, 1998: Europäisches und deutsches Gesellschaftsrecht – Bilanz und *Perspektiven* eines Anpassungsprozesses, in: ZEuP 6 (1998), S. 460-483.

Bleicher, Knut, 1994: *Normatives Management*: Politik, Verfassung und Philosophie des Unternehmens, Frankfurt am Main / New York: Campus, 1994.

Bleicher, Knut, 1996: Das Konzept *Integriertes Management*, 4. Aufl., Frankfurt am Main / New York: Campus, 1996.

Bolkestein, Frits, 2000: Taxation and competition: the realization of the *Internal Market*, in: EC Tax Review 9 (2000), S. 78-82.
Bolkestein, Frits, 2002: The future of *European tax policy*, in: EC Tax Review 11 (2002), S. 19-21.
Borrmann, Werner A., 1997: *Erfolgsfaktoren* für die Globalisierung von Unternehmen – Ergebnisse einer Studie von A.T. Kearney, in: *Macharzina, Klaus / Oesterle, Michael-Jörg* (Hrsg.), Handbuch internationales Management: Grundlagen – Instrumente – Perspektiven, Wiesbaden: Gabler, 1997, S. 809-823.
Brandt, Ulrich / Scheifele, Matthias, 2002: Die *Europäische Aktiengesellschaft* und das anwendbare Recht, in: DStR 40 (2002), S. 547-555.
Bratton Jr., William W., 1994: The New Economic Theory of the *Firm*: Critical Perspectives from History, in: *Wheeler, Sally* (ed.), A Reader of the Law of the Business Enterprise, Oxford: Oxford University Press, 1994, S. 117-179.
Brühl, Volker / Göpfert, Burkhard (Hrsg.), 2004: Unternehmensrestrukturierung: Strategien und Konzepte, Stuttgart: Schäffer-Poeschel, 2004.
Buchheim, Regine, 2001: Europäische *Aktiengesellschaft* und grenzüberschreitende Konzernverschmelzung – Der aktuelle Entwurf der Rechtsform aus betriebswirtschaftlicher Sicht, Wiesbaden: DUV / Gabler, 2001.
Bungert, Hartwin, 1994: Die (Registered) Limited Liability *Partnership* – Neueste Variante des Konzepts der Personengesellschaft in den USA, in: RIW 40 (1994), S. 117-176.
Bungert, Hartwin / Beier, Constantin H., 2002: Die Europäische *Aktiengesellschaft*, in: EWS 13 (2002), S. 1-12.
Caemmerer Ernst v., 1967: Europäische *Aktiengesellschaft*, in: *Biedenkopf, Kurt H. / Coing, Helmut / Mestmäcker, Ernst-Joachim* (Hrsg.), Das Unternehmen in der Rechtsordnung, Festgabe für *Heinrich Kronstein* aus Anlaß seines siebzigsten Geburtstages am 12. September 1967, Karlsruhe: Müller, 1967, S. 171-202.
Carney, William J., 1995: The Political Economy of *Competition* for Corporate Charters, in: *Wouters, Jan / Schneider, Hildegard* (eds.), Current Issues of Cross-Border Establishment of Companies in the European Union, Antwerpen: Malu, 1995, S. 249-285.
Cary, William Lucius, 1974: Federalism and *Corporate Law*: Reflections Upon Delaware, in: Yale Law Journal 83 (1974), S. 663-705.
Chandler, Jr., Alfred Dupont, 1977: The *Visible Hand* – The Managerial Revolution in American Business, Cambridge, Mass. / London: The Belknap Press of Harvard University Press, 1977.
Charny, David, 1991: *Competition* among Jurisdictions in Formulating Corporate Law Rules: An American Perspective on the „Race to the Bottom" in the European Communities, in: Harvard International Law Journal 32 (1991), S. 423-456.
Coase, Ronald Harry, 1937: The *Nature of the Firm*, in: Economica 4 (1937), S. 386-404.
Cole, Bill / Shears, Peter / Tiley, Jillinda, 1993: *Law in a Business Context*, London et al.: Chapman and Hall, 1993.
Cyert, Richard M. / March, James G., 1995: Eine verhaltenswissenschaftliche *Theorie der Unternehmung*, 2. Aufl., Deutsche Ausgabe, hrsg. vom Carnegie Bosch Institut, übersetzt von *Gerda Bernhardt* und *Siegfried Gagsch*, Stuttgart: Schäffer-Poeschel, 1995.
Delp, Udo Albert, 1991: Die *Stiftung* & Co. KG – Eine Unternehmensform der rechtsgestaltenden Beratungspraxis, Heidelberg: R. v. Decker's Verlag G. Schenk, 1991.

Dreher, Meinrad, 1999: *Wettbewerb* oder Vereinheitlichung der Rechtsordnungen in Europa, in: JZ 54 (1999), S. 105-112.

Duden, Konrad, 1962/63: Internationale *Aktiengesellschaften*, in: RabelsZ 27 (1962/63, S. 89-111.

Ebke, Werner F., 1998: *Unternehmensrecht* und Binnenmarkt – E pluribus unum?, in: RabelsZ 62 (1998), S. 195-242.

Ehrlicher, Werner, 1999: Ökonomische Probleme der *Globalisierung*, in: Kleineidam, Hans-Jochen (Hrsg.), Unternehmenspolitik und Internationale Besteuerung, Festschrift für *Lutz Fischer* zum 60. Geburtstag, Berlin: Erich Schmidt, 1999, S. 45-62.

Eidenmüller, Horst / Rehm, Gebhard M., 2004: Niederlassungsfreiheit versus Schutz des inländischen Rechtsverkehrs: Konturen des Europäischen Internationalen Gesellschaftsrechts – zugleich eine Besprechung der Entscheidung *Inspire Art*, EuGH NJW 2003, 3331, in: ZGR 33 (2004), S. 159-188.

Engelhardt, Werner H. / Klöter, Ralph / Schnittka, Matthias, 2000: Marketing und *Kundenorientierung*, in: Busse v. Colbe, Walther / Coenenberg, Adolf, G. / Kajüter, P. / Linnhoff, Ulrich (Hrsg.), Betriebswirtschaft für Führungskräfte, Stuttgart: Schäffer-Poeschel, 2000, S. 437-478.

Erlei, Mathias / Leschke, Martin / Sauerland Dirk, 1999: *Neue Institutionenökonomik*, Stuttgart: Schäffer-Poeschel, 1999.

Eyles, Uwe, 1990: Das *Niederlassungsrecht* der Kapitalgesellschaften in der Europäischen Gemeinschaft, Baden-Baden: Nomos, 1990.

Favero, Marc / Colombani, Jean-Louis, 2002: La *Societé Européenne*, Paris: Joly, 2002.

Fischel, Daniel R., 1982: The „*Race* to the Bottom" Revisited: Reflections on Recent Developments in Delaware's Corporation Law, in: NorthULRev 76 (1981-82), S. 913-945.

Fröhlich, Martin, 1994: *Managementfunktionen*, in: Dichtl, Erwin / Issing, Otmar, (Hrsg.), Vahlens Großes Wirtschaftslexikon, 2. Aufl., München: Vahlen / C.H. Beck / dtv, 1994, Sp. 1368-1369.

Gerum, Elmar, 2004: *Unternehmensordnung*, in: Bea, Franz Xaver / Friedl, Birgit / Schweitzer, Marcell (Hrsg.), Allgemeine Betriebswirtschaftslehre, Bd. 1 Grundfragen, 9. Aufl., Stuttgart: Lucius und Lucius, 2004, S. 224-309.

Giesel, Franz / Glaum, Martin, 1999: *Einleitung*, in: Giesel, Franz / Glaum, Martin (Hrsg.), Globalisierung: Herausforderung an die Unternehmensführung zu Beginn des 21. Jahrhunderts, Festschrift für *Ehrenfried Pausenberger*, München: C.H. Beck, 1999, S. XIII-XXIII.

Glaum, Martin, 1999: *Globalisierung* der Kapitalmärkte und Internationalisierung der deutschen Rechnungslegung, in: Giesel, Franz / Glaum, Martin (Hrsg.), Globalisierung: Herausforderung an die Unternehmensführung zu Beginn des 21. Jahrhunderts, Festschrift für *Ehrenfried Pausenberger*, München: C.H. Beck, 1999, S. 295-322.

Göbel, Elisabeth: Neue *Institutionenökonomik* – Konzeption und Betriebswirtschaftliche Anwendungen, Stuttgart: Lucius & Lucius, 2002

Gomez, Peter / Müller-Stewens, Günter, 1994: *Corporate Transformation* - Zum Management fundamentalen Wandels großer Unternehmen, in: Gomez, Peter / Hahn, Dietger / Müller-Stewens, Günter / Wunderer, Rolf (Hrsg.), Unternehmerischer Wandel – Konzepte zur organisatorischen Erneuerung, *Knut Bleicher* zum 65. Geburtstag, Wiesbaden: Gabler, 1994, S. 135-198.

Grimm-Curtius, Helgo, 1996: Betriebswirtschaftlicher *Gesamtprozeß* und konstitutiver Rahmen, in: *Bestmann, Uwe* (Hrsg.), Kompendium der Betriebswirtschaftslehre, 8. Aufl., München / Wien: Oldenbourg, 1996. S. 5-71.

Grundmann, Stefan, 2001: *Wettbewerb* der Regelgeber im Europäischen Gesellschaftsrecht – jedes Marktsegment hat seine Struktur, in: ZGR 30 (2001), S. 783-832.

Grundmann, Stefan, 2004: Die Struktur des Europäischen *Gesellschaftsrecht*s von der Krise zum Boom, in: ZIP 25 (2004), S. 2401-2412.

Hahn, Dietger, 1993: *Planung* und Kontrolle, in: *Wittmann, Waldemar* et al. (Hrsg.), Handwörterbuch der Betriebswirtschaft, 5. Aufl., Stuttgart: Schäffer-Poeschel, 1993, Sp. 3185-3200.

Hahn, Dietger / Hungenberg, Harald, 2001: *PuK* – Planung und Kontrolle, Planungs- und Kontrollsysteme, Planungs- und Kontrollrechnung – Controllingkonzepte, 6. Aufl., Wiesbaden: Gabler, 2001.

Hauschka, Christoph E., 1990: *Entwicklungslinien* und Integrationsfragen der gesellschaftsrechtlichen Akttypen des Europäischen Gemeinschaftsrechts, in: AG 35 (1990), S. 85-90.

Hauschka, Christoph E., 1990: Kontinuität und Wandel im *Statut* für die Europäische Aktiengesellschaft (SE) 1989, in: EuZW 1 (1990), S. 181-184.

Hax, Herbert, 1991: *Theorie* der Unternehmung – Information, Anreize und Vertragsgestaltung, in: *Ordelheide, Dieter / Rudolph, Bernd / Büsselmann, Elke* (Hrsg.), Betriebswirtschaftslehre und Ökonomische Theorie, Stuttgart, C. E. Poeschel, 1991, S. 51-72.

Heinen, Edmund, 1966: Die Bedeutung der *Entscheidungstheorie* für Forschung und Praxis, Wiesbaden: Gabler, 1966.

Heinen, Edmund, 1985: Einführung in die *Betriebswirtschaftslehre*, 9. Aufl., Wiesbaden: Gabler, 1985.

Heinze, Meinhard, 2002: Die Europäische *Aktiengesellschaft*, in: ZGR 31 (2002), S. 66-95.

Henzler, Herbert, 1999: *Globalisierung* und Standort Deutschland, in: *Giesel, Franz / Glaum, Martin* (Hrsg.), Globalisierung: Herausforderung an die Unternehmensführung zu Beginn des 21. Jahrhunderts, Festschrift für *Ehrenfried Pausenberger*, München: C.H. Beck, 1999, S. 1-15.

Herzig, Norbert (Hrsg.), *Besteuerung* der Europäische Aktiengesellschaft, Köln: O. Schmidt, 2004.

Hinterhuber, Hans H / Popp, Wolfgang, 1994: Der Beitrag der strategischen *Führung* zu unternehmerischen Veränderungsprozessen, in: *Gomez, Peter / Hahn, Dietger / Müller-Stewens, Günter / Wunderer, Rolf* (Hrsg.), Unternehmerischer Wandel – Konzepte zur organisatorischen Erneuerung, *Knut Bleicher* zum 65. Geburtstag, Wiesbaden: Gabler, 1994, S. 107-134.

Hirte, Heribert, 2002: Die *Europäische Aktiengesellschaft*, in: NZG 5 (2002), S. 1-10.

Hofstetter, Karl, 2000: *Globalisierung* und Wirtschaftsrecht, in: Schweizerischer Juristenverein, Referate und Mitteilungen, 134 (2000), S. 313-360.

Hommelhoff, Peter, 1990: Gesellschaftsrechtliche Fragen im *Entwurf* eines SE-Statuts, in: AG 35 (1990), S. 422-435.

Hommelhoff, Peter, 1993: *Gesellschaftsrecht* und Unternehmung, in: *Wittmann, Waldemar* et al. (Hrsg.), Handwörterbuch der Betriebswirtschaft, 5. Aufl., Stuttgart: Schäffer-Poeschel, 1993, Sp. 1433-1449.

Hommelhoff, Peter, 2001: Der *Wettbewerb* der Rechtsordnungen im Europäischen Unternehmensrecht, Vortrag anlässlich der Jahresfeier der Universität Heidelberg und der Übernahme des Rektoramts v. 20.10.2001, Pressestelle der Universität Heidelberg 2001 (http:// www.uni-heidelberg.de/presse/news/2110rektor.html).

Hommelhoff, Peter, 2001: Einige Bemerkungen zur *Organisationsverfassung* der Europäischen Aktiengesellschaft, in: AG 46 (2001), S. 279-288.

Hommelhoff, Peter, 2005: *Normenhierarchie* für die Europäischen Gesellschaft, in: *Lutter, Marcus / Hommelhoff, Peter* (Hrsg.), Die Europäische Gesellschaft: Prinzipien, Gestaltungsmöglichkeiten und Grundfragen aus der Praxis, 2005, S. 5-23.

Hommelhoff, Peter / Teichmann, Christian, 2002: Die Europäische *Aktiengesellschaft* – das Flaggschiff läuft vom Stapel, in: SZW 5 (2002), S. 1-12.

Hopt, Klaus J., 1998: Europäisches *Gesellschaftsrecht* – Krise und neue Anläufe, in: ZIP 19 (1998), S. 96-106.

Hübner, Heinz, 1980: *Recht* und Organisation, in: *Grochla. Erwin* (Hrsg.), Handwörterbuch der Organisation, 2. Aufl., Stuttgart: C. E. Poeschel, 1980, Sp. 2006-2027.

Hungenberg, Harald, 2000: Strategisches *Management* in Unternehmen, Ziele – Prozesse – Verfahren, Wiesbaden: Gabler, 2000.

Ihde, Gösta B., 1999: *Planung,* in: *Kieser, Alfred / Oechsler, Walter A.* (Hrsg.), Unternehmungspolitik, Stuttgart: Schäffer-Poeschel, 1999, S. 273-304.

Jacobs, Otto H., 2002: Unternehmensbesteuerung und *Rechtsform*: Handbuch zur Besteuerung deutscher Unternehmen, München: C.H. Beck, 2002.

Janott, Dirk / Frodermann, Jürgen (Hrsg.), 2005: Handbuch der Europäischen *Aktiengesellschaft* – Societas Europaea, Heidelberg: C.F. Müller, 2005.

Jensen, Michel C. / Meckling, William H., 1976: Theory of the *Firm*: Managerial Behaviour, Agency Costs and Ownership Structure, in: J Financial Economics 3 (1976), S. 305-360.

Jost, Peter-J. Der *Transaktionskostenansatz* im Unternehmenskontext, in: *Jost, Peter-J.* (Hrsg.): Der Transaktionskostenansatz in der Betriebswirtschaftslehre, Stuttgart: Schäffer-Poeschel, 2001, S. 9-34.

Kallmeyer, Harald, 1990: Die Europäische *Aktiengesellschaft* – Praktischer Nutzen und Mängel des Statuts, in: AG 35 (1990), S. 103-106.

Kieser, Alfred, 1999: Ziele und Zielbildungsprozess, in: *Kieser, Alfred / Oechsler, Walter A.* (Hrsg.), Unternehmungspolitik, Stuttgart: Schäffer-Poeschel, 1999, S. 91-121.

Kirchner, Christian, 1983: Ökonomische Analyse des *Unternehmensrecht*s: Ein Forschungsansatz, in: *Boettcher, Erik / Herder-Dorneich, Philipp / Schenk, Karl-Ernst* (Hrsg.) Jahrbuch für Neue Politische Ökonomie, Bd. 3, Tübingen: J.C.B. Mohr (Paul Siebeck), 1983, S. 137-160.

Knobbe-Keuk, Brigitte, 1990: Die steuerliche Behandlung der Europäischen *Aktiengesellschaft,* in: AG 35 (1990), S. 435-441.

Kohlhepp, Kay H., 1989: Die Europäische *Aktiengesellschaft,* in: RIW 35 (1989), S. 88-90.

Kolbeck, Rosemarie, 1993: *Rechtsformwahl,* in: *Wittmann, Waldemar* et al. (Hrsg.), Handwörterbuch der Betriebswirtschaft, 5. Aufl., Stuttgart: Schäffer-Poeschel, 1993, Sp. 3741-3759.

Koller, Heinrich, 2000: *Globalisierung* und Internationalisierung des Wirtschaftsrechts – Auswirkungen auf die nationale Gesetzgebung, in: Schweizerischer Juristenverein, Referate und Mitteilungen, 134 (2000), S. 313-360.

Kreikebaum, Hartmut, 1998: *Organisationsmanagement* internationaler Unternehmen: Grundlagen und neue Strukturen, Wiesbaden: Gabler, 1998.

Kübler, Friedrich, 2003: Leitungsstrukturen der *Aktiengesellschaft* und die Umsetzung des SE-Statuts, in: 167 ZHR (2003), S. 222-234.

Krüger, Wilfried, 1994: *Transformations-Management* – Grundlagen, Strategien, Anforderungen, in: *Gomez, Peter / Hahn, Dietger / Müller-Stewens, Günter / Wunderer, Rolf* (Hrsg.), Unternehmerischer Wandel – Konzepte zur organisatorischen Erneuerung, *Knut Bleicher* zum 65. Geburtstag, Wiesbaden: Gabler, 1994, S. 199-228.

Krüger, Wilfried, 1999: Konsequenzen der *Globalisierung* für Strategien, Fähigkeiten und Strukturen der Unternehmung, in: *Giesel, Franz / Glaum, Martin* (Hrsg.), Globalisierung: Herausforderung an die Unternehmensführung zu Beginn des 21. Jahrhunderts, Festschrift für *Ehrenfried Pausenberger*, München: C.H. Beck, 1999, S. 17-48.

Krüsselberg, Utz, 1993: Theorie der Unternehmung und *Institutionenökonomik* – Die Theorie der Unternehmung im Spannungsfeld zwischen neuer Institutionenökonomik, ordnungstheoretischem Institutionalismus und Marktprozeßtheorie, Heidelberg: Physica, 1993:

Kuhlmann, Carsten, 1998: *Steuerplanung* bei Direktinvestitionen in der Bundesrepublik Deutschland – Vorteilhaftigkeit der Handlungsalternativen in Abhängigkeit vom Steuersystem des Wohnsitzstaates, in: *Theisen, Manuel R.* (Hrsg.), Der Konzern im Umbruch: Organisation, Besteuerung, Finanzierung und Überwachung, Stuttgart: Schäffer-Poeschel, 1998, S. 3-31.

Kumar, Brij Nino, 1992: Einführung: Grundlagen und Problemfelder der internationalen *Unternehmenstätigkeit*, in: *Kumar, Brij Nino / Haussmann, Helmut* (Hrsg.), Handbuch der Internationalen Unternehmenstätigkeit – Erfolgs- und Risikofaktoren, Märkte, Export-, Kooperations- und Niederlassungs-Management, München: C.H. Beck, S. 1-26.

Lutter, Marcus (Hrsg.), 1976: Die *Europäische Aktiengesellschaft*: Eine Stellungnahme zur Vorlage der Kommission an den Ministerrat der Europäischen Gemeinschaften über das Statut für Europäische Aktiengesellschaften vom 30. April 1975, Köln: Heymanns, 1976.

Lutter, Marcus, 1990: Genügen die vorgeschlagenen Regelungen für eine „Europäische *Aktiengesellschaft*"?, in: AG 35 (1990), S. 413-421.

Lutter, Marcus, 1990: *Legal Forms* of German Business Organisation, in: *Grochla, Erwin / Gaugler, Eduard* (eds.), Handbook of German Business Management, Vol. 2, Stuttgart: C. E. Poeschel / Berlin et al.: Springer, 1990, Sp. 1323-1336.

Lutter, Marcus, 2002: Europäische *Aktiengesellschaft* – Rechtsfigur mit Zukunft?, in: BB 57 (2002), S. 1-7.

Lutter, Marcus / Hommelhoff, Peter, 2005: Einleitung, in: *Lutter, Marcus / Hommelhoff, Peter* (Hrsg.), 2005: Die Europäische Gesellschaft: Prinzipien, Gestaltungsmöglichkeiten und Grundfragen aus der Praxis, 2005, S. 1-3.

Macharzina, Klaus, 1993: Rahmenbedingungen und *Gestaltungsmöglichkeiten* bei Umsetzung von globalen Strategieansätzen, in: *Schmalenbach-Gesellschaft – Deutsche Gesellschaft für Betriebswirtschaft e.V.* (Hrsg.), Internationalisierung der Wirtschaft: Eine Herausforderung an Betriebswirtschaft und Unternehmenspraxis, Stuttgart: Schäffer-Poeschel, 1993, S. 29-55.

Manz, Gerhard / Mayer, Barbara / Schröder, Albert (Hrsg.), 2005: Europäische *Aktiengesellschaft* SE, Baden-Baden: Nomos, 2005.

Maul, Silja / Teichmann, Christoph / Wenz, Martin, 2003: Der Richtlinienvorschlag zur grenzüberschreitenden *Verschmelzung* von Kapitalgesellschaften, in: BB 58 (2003), S. 2633-2641.
Maul, Silja / Wenz, Martin, 2005: *Mobilität* von Unternehmen in Europa, in: *Schröder, R.* (Hrsg.), Die GmbH im europäischen Vergleich, Berlin: Lexxion, 2005, S. 193-200.
Maul, Silja / Wenz, Martin, 2005: *Einsatzmöglichkeiten* der Europäischen Gesellschaft im Konzern, in: *Lutter, Marcus / Hommelhoff, Peter* (Hrsg.), Die Europäische Gesellschaft: Prinzipien, Gestaltungsmöglichkeiten und Grundfragen aus der Praxis, 2005, S. 261-275.
Mävers, Gunther, 2002: Die *Mitbestimmung* der Arbeitnehmer in der Europäischen Aktiengesellschaft, Baden-Baden: Nomos, 2002.
McGee, Andrew / Williams, Christina, 1995: The Business of *Company Law* – An Introduction for Students, Oxford: Oxford University Press, 1995.
Merkt, Hanno, 1992: Europäische *Aktiengesellschaft*: Gesetzgebung als Selbstzweck, in: BB 47 (1992), S. 652-661.
Michel, Sandra, 2001: Besteuerung und *Organisation* – Eine intra- und intersystemische Analyse, Lohmar / Köln: Josef Eul, 2001 (zugl. Diss. oec. publ. Univ. München).
Milling, Peter / Maier, Frank, 1996: Invention, *Innovation* und Diffusion – Eine Simulationsanalyse des Managements neuer Produkte, Berlin: Duncker & Humblot, 1996.
Mirow, Michael, 1997: Entwicklung internationaler *Führungsstrukturen*, in: *Macharzina, Klaus / Oesterle, Michael-Jörg* (Hrsg.), Handbuch internationales Management: Grundlagen – Instrumente – Perspektiven, Wiesbaden: Gabler, 1997, S. 641-661.
Monti, Mario, 1997: *Statut* der Europäischen Aktiengesellschaft, in: WM 51 (1997), S. 607-608.
Müller, Stefan / Kornmeier, Martin, 1997: Motive und *Unternehmensziele* als Einflußfaktoren der einzelwirtschaftlichen Internationalisierung, in: *Macharzina, Klaus / Oesterle, Michael-Jörg* (Hrsg.), Handbuch internationales Management: Grundlagen – Instrumente – Perspektiven, Wiesbaden: Gabler, 1997, S. 71-101.
Müller-Stewens, Günter / Lechner, Christoph, 2005: *Strategisches Management*: Wie strategische Initiativen zum Wandel führen, 3. Aufl., Stuttgart: Schäffer-Poeschel, 2005.
Mussler, Werner / Streit, Manfred E., 1996: Integrationspolitische *Strategien* in der EU, in: *Ohr, Renate* (Hrsg.), Europäische Integration, Stuttgart / Berlin / Köln: Kohlhammer, 1996, S. 265-292.
Needle, David, 1991: *Business* in Context: An introduction to business and its environment, London et al.: Chapman & Hall, 1991.
Needle, David / McKenna, Eugene, 1993: *Series* foreword, in: *Cole, Bill / Shears, Peter / Tiley, Jillinda*, Law in a Business Context, London et al.: Chapman and Hall, 1993.
Netta, F., 1974: Das Recht der verbundenen *Unternehmen* im Vorschlag eines Statuts für die Societas Europaea, Diss. Univ. Bochum, 1974.
Neus, Werner, 1997: Verrechnungspreise – Rekonstruktion des *Markt*es innerhalb der Unternehmung, in: DBW 57 (1997), S. 38-47.
Neus, Werner, 2005: Einführung in die *Betriebswirtschaftslehre* aus institutionenökonomischer Sicht, 4. Aufl., Tübingen: Mohr Siebeck, 2005.
Neye, Hans-Werner, 2002: Kein Stolperstein für die Europäische *Aktiengesellschaft*, in: ZGR 31 (2002), S. 377-382.

Neye, Hans-Werner, 2005: Die Europäische *Aktiengesellschaft*, Einführung und Materialsammlung zum Gesetz zur Einführung der Europäische Gesellschaft (SEEG), München: C.H. Beck, 2005.

Parkinson, John E., 1994: *Corporate Power* and Responsibility – Issues in the Theory of Company Law, Oxford: Clarendon Press, 1994.

Pellens, Bernhard, 2001: Internationale *Rechnungslegung*, 3. Aufl., Stuttgart: Schäffer-Poeschel, 2001.

Perlitz, Manfred, 2004: Internationales *Management*, 5. Aufl., Stuttgart: Lucius und Lucius, 2004.

Petri, Stephan / Wenz, Martin, 2004: Europäische *Aktiengesellschaft* – notwendig und zukunftsorientiert, in: Der Aufsichtsrat (2004), Heft 10, S. 3-4.

Picot, Arnold, 1991: Ökonomische Theorien der *Organisation* – Ein Überblick über neuere Ansätze und deren Betriebswirtschaftliches Anwendungspotential, in: *Ordelheide, Dieter / Rudolph, Bernd / Büsselmann, Elke* (Hrsg.), Betriebswirtschaftslehre und Ökonomische Theorie, Stuttgart, C. E. Poeschel, 1991, S. 143-170.

Picot, Arnold / Dietl, Helmut / Franck, Egon, 2005: *Organisation*: eine ökonomische Perspektive, 4. Aufl., Stuttgart: Schäffer-Poeschel, 2005.

Picot, Arnold / Freudenberg, Heino, 1997: Theorie der *Unternehmung*, in: Gablers Wirtschaftslexikon, 14. Aufl., Wiesbaden: Gabler, 1997, Bd. 4, S. 3770-3777.

Pfaffmann, Eric, 1996: Die vertragstheoretische Perspektive in der Neuen *Institutionenökonomik* – Von der neoklassischen Theorie der Unternehmung zum Transaktionskostenansatz, in: WiSt 25 (1996), S. 646-648.

Posner, Richard A., 1992: *Economic Analysis* of Law, 4th ed., Boston / Toronto / London: Little, Brown and Company, 1992.

Pümpin, Cuno, 1994: *Unternehmenseigner* und Unternehmensentwicklung, in: *Gomez, Peter / Hahn, Dietger / Müller-Stewens, Günter / Wunderer, Rolf* (Hrsg.), Unternehmerischer Wandel – Konzepte zur organisatorischen Erneuerung, *Knut Bleicher* zum 65. Geburtstag, Wiesbaden: Gabler, 1994, S. 273-292.

Raiser, Thomas, 1995: 25 Jahre *Unternehmensrecht* in Deutschland, in: *Leser, Hans G. et al.* (Hrsg.), Arbeitsrecht und Zivilrecht in Entwicklung, Festschrift für *Hyung-Bae Kim*, Berlin: Duncker & Humblot, 1995, S. 167-180.

Rall, Wilhelm, 1993: Flexible Formen internationaler *Organisations-Netze*, in: *Schmalenbach-Gesellschaft – Deutsche Gesellschaft für Betriebswirtschaft e.V.* (Hrsg.), Internationalisierung der Wirtschaft: Eine Herausforderung an Betriebswirtschaft und Unternehmenspraxis, Stuttgart: Schäffer-Poeschel, 1993, S. 73-93.

Rall, Wilhelm, 1999: *Globale Organisation*: Fundament des Erfolgs im Weltmarkt, in: *Giesel, Franz / Glaum, Martin* (Hrsg.), Globalisierung: Herausforderung an die Unternehmensführung zu Beginn des 21. Jahrhunderts, Festschrift für *Ehrenfried Pausenberger*, München: C.H. Beck, 1999, S. 89-115.

Richter, Rudolf / Furubotn, Eirik G.: Neue *Institutionenökonomik* (Institutions and Economic Theory, engl.), übers. von *Monika Streissler*, 3. Aufl., Tübingen: Mohr Siebeck, 2003.

Rose, Gerd / Glorius-Rose, Cornelia, 2001: *Unternehmen*: Rechtsformen und Verbindungen – ein Überblick aus betriebswirtschaftlicher, rechtlicher und steuerlicher Sicht, 3. Aufl., Köln: O. Schmidt, 2001.

Roth, Terence, 2000: Die Geburt der *Europe Inc.*, in: HB: Europa 500, Juni 2000, S. 4.

Sanders, Pieter, 1960: Auf dem Wege zu einer Europäischen *Aktiengesellschaft,* in: RIW / AWD 6 (1960), S. 1-5.
Sanders, Pieter, 1967: *Vorentwurf* eines Statuts für europäische Aktiengesellschaften, in: *Kommission der Europäischen Gemeinschaften* (Hrsg.), Kollektion Studien, Reihe Wettbewerb, Nr. 6, Brüssel, 1967.
Sandrock, Otto / Wetzler, Christoph F. (Hrsg.), 2004: Deutsches Gesellschaftsrecht im *Wettbewerb* der Rechtsordnungen – Nach Centros, Überseering und Inspire Art, Heidelberg: Recht und Wirtschaft, 2004.
Sauter, Thomas / Wenz, Martin, 2002: The *European Company* – A new Vehicle for Doing Business in Europe?, in: CommerceGermany, Official Publication of the American Chamber of Commerce in Germany, 1/2002, S. 10.
Schanz, Günther, 2004: *Wissenschaftsprogramme* der Betriebswirtschaftslehre, in: *Bea, Franz Xaver / Dichtl, Erwin / Schweitzer, Marcell* (Hrsg.), Allgemeine Betriebswirtschaftslehre, Bd. 1 Grundfragen, 9. Aufl., Stuttgart: Lucius und Lucius, 2004, S. 83-161.
Schanze, Erich, 1993: *Rechtswissenschaft* und Betriebswirtschaftslehre, in: *Grochla, Erwin / Wittmann, Waldemar* (Hrsg.), Handwörterbuch der Betriebswirtschaft, Stuttgart: C. E. Poeschel, 1974, 1975, 1976, Sp. 3759-3774.
Schindler, Clemens Philipp, 2002: Die *Europäische Aktiengesellschaft* – Gesellschafts- und steuerrechtliche Aspekte, Wien: LexisNexis ARD Orac, 2002.
Schmidt, Karsten, 1972: Zur *Stellung* der OHG im System der Handelsgesellschaften – Eine Untersuchung des gesellschaftsrechtlichen Grundsatzes der unbeschränkten Haftung, Bonn: Ludwig Röhrscheid, 1972.
Schmidt, Karsten, 2002: *Gesellschaftsrecht,* 4. Aufl., Köln u. a.: Heymanns, 2002.
Schmidt, Reinhard H., 1996: *Betriebswirtschaftslehre* und Rechtspolitik, in: AG 41 (1996), S. 250-260.
Schneider, Dieter, 1993: *Betriebswirtschaftslehre,* Bd. 1, Grundlagen, München / Wien: Oldenbourg, 1993.
Schneider, Dieter, 1996: Unternehmenssicherung, *Unternehmensentwicklung* und Schumpeter-Thesen, in: *Elschen, Rainer* (Hrsg.), Unternehmenssicherung und Unternehmensentwicklung, Stuttgart: Schäffer-Poeschel, 1996, S. 1-17.
Schön, Wolfgang, 1996: *Mindestharmonisierung* im europäischen Gesellschaftsrecht, in: ZHR 160 (1996), S. 221-249.
Schön, Wolfgang, 2002: Aktuelle Fragen zum Steuer- und *Gesellschaftsrecht,* in: JbFfStR, hier zitiert nach Arbeitsunterlage der 53. Steuerrechtlichen Jahresarbeitstagung, Unternehmen 2002, der Arbeitsgemeinschaft der Fachanwälte für Steuerrecht, 2002.
Schumpeter, Joseph A., 1939: *Business Cycles* – A Theoretical, Historical and Statistical Analysis of the Capitalist Process, New York / London: McGraw-Hill Book Company, 1939.
Schumpeter, Joseph A., 1928: Unternehmer, in: *Elster, Ludwig / Weber, Adolf / Wieser, Friedrich* (Hrsg.), Handwörterbuch der Staatswissenschaften, 4. Aufl., Bd. 8, Jena: Gustav Fischer, 1928, S. 476-487.
Schwarz, Günter Christian, 2000: *Unternehmensrecht* im Binnenmarkt, in: EWS 11 (2000), Heft 12, S. I.
Schwarz, Günter Christian, 2001: Zum *Statut* der Europäischen Aktiengesellschaft, in: ZIP 22 (2001), S. 1847-1861.

Semler, Johannes, 1995: Vom Gesellschaftsrecht zum *Unternehmensrecht* – Versuch einer Orientierung, in: *Schmidt, Karsten / Schwark, Eberhard* (Hrsg.), Unternehmen, Recht und Wirtschaftsordnung, Festschrift für *Peter Raisch* zum 70. Geburtstag, Köln et al.: Heymanns, 1995, S. 291-308.

Skaupy, Walther, 1966: Europäisches *Gesellschaftsrecht,* in: AG 11 (1966) S. 13-24.

Staehle, Wolgang, H., 1994: *Management* – Eine verhaltenwissenschaftliche Perspektive, 7. Aufl., München: Vahlen, 1994.

Stein, Johann Heinrich, v., 1993: *Betriebswirtschaftslehre,* Gegenstand der, in: *Grochla, Erwin / Wittmann, Waldemar* (Hrsg.), Handwörterbuch der Betriebswirtschaft, Stuttgart: C. E. Poeschel, 1974, 1975, 1976, Sp. 470-482.

Stüdemann, Klaus, 1975: *Rechtsform* der Unternehmung, in: *Grochla, Erwin / Wittmann, Waldemar* (Hrsg.), Handwörterbuch der Betriebswirtschaft, Stuttgart: C. E. Poeschel, 1974, 1975, 1976, Sp. 3361-3373.

Teichmann, Christoph, 2002: Die *Einführung* der Europäischen Aktiengesellschaft – Grundlagen der Ergänzung des europäischen Statuts durch den deutschen Gesetzgeber, in: ZGR 31 (2002), S. 383-464.

Theisen, Manuel R., 2000: Der *Konzern* – Betriebswirtschaftliche und rechtliche Grundlagen der Konzernunternehmung, 2. Aufl., Stuttgart: Schäffer-Poeschel, 2000.

Theisen, Manuel R., 2000: *Rechtsformen* und Besteuerung von Unternehmen, in: *Busse v. Colbe, Walther / Coenenberg, Adolf, G. / Kajüter, Peter / Linnhoff, Ulrich* (Hrsg.), Betriebswirtschaft für Führungskräfte, Stuttgart, Schäffer-Poeschel, 2000, S. 437-478.

Thibièrge, C., 1959: Le *statut* des sociétés étrangères, 57ème Congrès des notaires de France tenu à Tours 1959, Paris 1959.

Thömmes, Otmar, 2002: Corporate Taxation in the *European Union* in the Year 2002 – A Single Currency and Fifteen Different Tax Jurisdictions, in: Intertax 30 (2002), S. 123-124.

Thomaschewski, Dieter, 1999: *Competitiveness* – Erfolgsfaktoren internationaler Unternehmungen im globalen Wettbewerb, in: *Giesel, Franz / Glaum, Martin* (Hrsg.), Globalisierung: Herausforderung an die Unternehmensführung zu Beginn des 21. Jahrhunderts, Festschrift für *Ehrenfried Pausenberger,* München: C.H. Beck, 1999, S. 167-189.

Trojan-Limmer, Ursula, 1991: Die Geänderten Vorschläge für ein Statut der Europäischen *Aktiengesellschaft* (SE), in: RIW 37 (1991), S. 1010.1017.

Vahs, Dietmar / Schäfer-Kunz, Jan, 2002: *Einführung* in die Betriebswirtschaftslehre, 3. Aufl., Stuttgart: Schäffer-Poeschel, 2002.

Van der Elst, Christoph, 2002: Economic Analysis of *Corporate Law* in Europe: an introduction, Working Paper Series, WP 2002-01, January 2002, Universität Gent 2002 (http:// system04.rug.ac.be/fli/WP/WPindex.html).

Walz, W. Rainer, 1993: *Privatautonomie* oder rechtliche Intervention bei der Ausstattung und Änderung von Gesellschaftsrechten?, in: *Ott, Claus / Schäffer, Hans-Bernd,* (Hrsg.), Ökonomische Analyse des Unternehmensrechts – Beiträge zum 3. Travemünder Symposium zur ökonomischen Analyse des Rechts, Heidelberg: Physica, 1993, S. 50-75.

Walz, W. Rainer, 1996: Ökonomische und soziologische *Unternehmensleitbilder* vor den Toren des Gesellschaftsrechts, in: AG 41 (1996), S. 161-169.

Wehlau, Andreas, 1992: The *Societas Europaea*: A Critique of the Commission's 1991 Amended Proposal, in: CMLR 29 (1992), S. 473-510.

Weizsäcker, Carl Christian v., 1999: Logik der *Globalisierung*, Göttingen: Vandenhoeck und Ruprecht, 1999.

Welge, Martin K. / Al-Laham, Andreas, 2003: Strategisches *Management*: Grundlagen – Prozess – Implementierung, 4. Aufl., Wiesbaden: Gabler, 2003.

Wenz, Martin, 1993: Die *Societas Europaea* (SE) – Analyse der geplanten Rechtsform und ihre Nutzungsmöglichkeiten für eine europäische Konzernunternehmung, Berlin: Duncker & Humblot, 1993.

Wenz, Martin, 2001: Die Vor- und Nachteile der Gründung einer *Europäischen Aktiengesellschaft* aus betriebswirtschaftlicher Sicht, Arbeitskreis Europäisierung der Arbeitsbeziehungen, Vortrag am 23.11.2001 im Literaturhaus in Frankfurt am Main (http://www.boeck ler.de/service/mbf/euroaktien/EuropAG.pdf).

Wenz, Martin, 2003: *Einsatzmöglichkeiten* einer Europäischen Aktiengesellschaft in der Unternehmenspraxis aus betriebswirtschaftlicher Sicht, in: AG 48 (2003), S. 185-196.

Wenz, Martin, 2004: More cross-border *flexibility* for companies – the SE as the flagship of European company law, in: European Trade Union Institute/Hans Böckler Foundation, The European Company – Prospects for Board-Level Representation, 2004, S. 27-38.

Wenz, Martin, 2004: The *European Company* (Societas Europaea) – Legal Concept and Tax Issues, in: ET 44 (2004), S. 4-11.

Wenz, Martin, 2004: Verhandelte *Mitbestimmung*, in: Der Aufsichtsrat (2004), Heft 10, S. 9.

Wenz, Martin, 2006: Besteuerung transnationaler *Unternehmensmischformen* – Analyse der Besteuerung einer britisch-deutschen Private Limited Company & Co. KG und einer deutsch-britischen GmbH & Co. Limited Partnership, 2. Aufl., Berlin: Duncker & Humblot, in Vorbereitung für 2006.

Werder, Axel v., 1988: *Organisation* und Recht, in: zfo 57 (1988), S. 104-110.

Werder, Axel v., 1992: *Recht* und Organisation in: *Frese, Erich* (Hrsg.), Handwörterbuch der Organisation, 3. Aufl., Stuttgart: C. E. Poeschel, 1992, Sp. 2168-2184.

Wiedemann, Herbert, 1980: *Gesellschaftsrecht* – Ein Lehrbuch des Unternehmens- und Verbandsrechts, Bd. 1: Grundlagen, München: C.H. Beck, 1980.

Wiesner, Peter M., 2001: Der Nizza-*Kompromiss* zur Europa-AG – Triumph oder Fehlschlag?, in: ZIP 22 (2001), S. 397-398.

Williamson, Oliver E., 1991: Comparative *Economic Organization* – Vergleichende ökonomische Organisationstheorie: Die Analyse direkter Strukturalternativen, in: *Ordelheide, Dieter / Rudolph, Bernd / Büsselmann, Elke* (Hrsg.), Betriebswirtschaftslehre und Ökonomische Theorie, Stuttgart, C. E. Poeschel, 1991, S. 13-49.

Williamson, Oliver E.: Why Law, *Economics* and Organization?, in: Kobe Law Review 38 (2004), S. 59-95

Wirner, Jörg, 1993: *Planungsorganisation* der Rechtsformwahl – Eine prozeßorientierte Analyse, Wiesbaden: DUV, 1993 (zugl. Diss. rer. pol. Univ. Oldenburg 1992).

Wöhe, Günther, 2002: Einführung in die allgemeine *Betriebswirtschaftslehre*, 21. Aufl., München: Vahlen, 2002.

Wymeersch, Eddy, 2001: *Company Law in Europe* and European Company Law, Universiteit Gent, Financial Law Institute, Working Paper Series, WP 2001-06, April 2001, Universität Gent, 2001 (http://system04.rug.ac.be/fli/WP/WPindex.html).

Zacker, Christian, 1989: *Binnenmarkt* und Gemeinsamer Markt, in: RIW 35 (1989), S. 489-490.

I. Betriebswirtschaftliche und rechtliche Bedeutung von Rechtsformen

Im Anschluss an den historischen, allerdings völlig unerwarteten Durchbruch im Europäischen Rat von Nizza Ende 2000, dem „Wunder von Nizza"[1], steht den Unternehmen und Konzernen in der Europäischen Union (EU) sowie auch im Europäische Wirtschaftsraum (EWR) seit dem 08. Oktober 2004 das „Flaggschiff des europäischen Gesellschaftsrechts"[2], die neue supranational-europäische Rechtsform der Europäischen Aktiengesellschaft (Societas Europaea, SE) zur Verfügung, die ihnen zukünftig die grenzüberschreitende Mobilität und Flexibilität gemeinschaftsweit ermöglicht. Zu diesem Zeitpunkt trat die Verordnung über das Statut der SE (SE-VO)[3] in Kraft. Gleichzeitig waren sowohl zahlreiche Verpflichtungen und Ermächtigungen der SE-VO von den 28 Mitgliedstaaten der EU und des EWR in nationales Recht umzusetzen sowie insbesondere auch die Richtlinie betreffend die Beteiligung der Arbeitnehmer (SE-RL)[4] in nationales Recht zu transformieren. Nach Jahrzehnten der kontroversen Diskussion, nicht zuletzt über die Frage der Mitbestimmung der Arbeitnehmer, hat der Europäische Gesetzgeber nunmehr die gesellschaftsrechtlichen Voraussetzungen zur Vollendung des Europäischen Binnenmarktes auch im Bereich der Rechtsformen geschaffen.[5] Unternehmen und Konzerne werden sich in Zukunft über Hoheits- und Ländergrenzen hinweg nach prinzipiell einheitlichen europäischen Regeln auf Gemeinschaftsebene neu strukturieren, reorganisieren und zusammenschließen sowie ihren Sitz identitätswahrend über die Grenze in andere Mitgliedstaaten verlegen können.[6] Europa erhält damit die erste gemeinsame Organisationsform für global aufgestellte Unternehmen und Konzerne.

Ziel dieses einführenden Beitrages ist es, die rechtlichen und betriebswirtschaftlichen Hintergründe, die zur Schaffung der SE geführt haben, sowie die historische Entwicklung der SE aufzuzeigen und deren Grundkonzeption, Zielsetzung, Charakteristika und Rechtsquellen sowie ihre bisherige Aufnahme in der Unternehmenspraxis vorzustellen, um einen grundlegenden Überblick über diese neue supranational-europäische Rechtsform zu geben.

---

1 *Hirte, H.*, Europäische Aktiengesellschaft, 2002, S. 1 f.
2 *Hopt, K. J.*, Gesellschaftsrecht, 1998, S. 99.
3 S. Verordnung (EG) Nr. 2157/2001 des Rates v. 8.10.2001 über das Statut der Europäischen Gesellschaft (SE), ABl. EG Nr. L 294 v. 10.11.2001, S. 1-21, abgedruckt in Anhang I.
4 S. Richtlinie 2001/86/EG des Rates zur Ergänzung des Statuts der Europäischen Gesellschaft hinsichtlich der Beteiligung der Arbeitnehmer v. 8.10.2001, ABl. EG L 294 v. 10.11.2001, S. 22-32, abgedruckt in Anhang II.
5 Vgl. *Wenz, M.*, Societas Europaea, 1993, S. 35-44.
6 Dazu vgl. *Wenz, M.*, Einsatzmöglichkeiten, 2003, S. 185-187; sowie auch *Maul, S. / Wenz, M.*, Einsatzmöglichkeiten, 2005, S. 261 f.; *Petri, S. / Wenz, M.*, Aktiengesellschaft, 2004, S. 3 f.; *Sauter, T. / Wenz, M.*, European Company, 2002, S. 10.

Nachfolgend wird daher zunächst die besondere Bedeutung von Rechtsformen sowohl für die Betriebswirtschaftslehre und die Rechtswissenschaft als auch für die Unternehmenspraxis dargelegt (vgl. Kapitel I.). Daran anschließend werden die mit der Globalisierung und Europäisierung verbundenen Entwicklungen sowie die sich dadurch verändernden Anforderungen an die Unternehmen und deren strategische Ausrichtung aufgezeigt; die grundlegenden Unterschiede zwischen der Europäischen Markt- und Unternehmensrechtsordnung werden dargestellt (vgl. Kapitel II.). Darüber hinaus wird auf die verschiedenen Schritte der über 50-jährigen Entstehungsgeschichte der SE eingegangen (vgl. Kapitel III.). Die Grundkonzeption sowie die rechtsformspezifischen Charakteristika der SE werden aufgezeigt.[1] Hierfür wird auf die Bedeutung der SE für die Vollendung des Europäischen Binnenmarktes eingegangen und das Zielsystem, das ihr zugrunde liegt, ebenso dargestellt, wie ihr Einfluss auf den Wettbewerb der Rechtsformen und der nationalen Systeme des Gesellschaftsrechts in der EU und im EWR; die spezifischen Vorteile der neuen Rechtsform für die Unternehmenspraxis werden vorgestellt (vgl. Kapitel IV.). Das System der Rechtsquellen der SE wird analysiert, um einen Überblick über die relevanten Regelungsebenen zu erhalten und v. a. das auf eine SE jeweils anzuwendende Recht identifizieren zu können (vgl. Kapitel V.). Abschließend wird auf die Einführung der SE in den Mitgliedstaaten der EU und des EWR eingegangen (vgl. Kapitel VI.) und über erste Gründungen von SE in der Unternehmenspraxis berichtet (Kapitel VII.).

1. Grundlage ökonomischen Handelns und institutionelle Erklärungsansätze

Allgemein stellen *Rechtsformen* die von der jeweiligen Rechtsordnung gestaltete rechtliche Grundlage, d. h. die rechtliche Struktur, und damit auch den rechtlich-institutionellen Rahmen jeder unternehmerischen Betätigung dar. Sie regeln die rechtlichen Beziehungen zum Unternehmensumfeld, bestimmen aber auch sämtliche rechtlichen Belange der inneren Organisation eines Unternehmens; sie determinieren somit alle wesentlichen Eigenschaften der rechtlichen Organisation von Unternehmen.[2] Als rechtliche Organisationsform oder Verfassung von Unternehmen[1] stellen

---

[1] Allgemein zur SE vgl. auch *Bartone, R. / Klapdor, R.*, Aktiengesellschaft, 2005; *Bellingwout, J. W. / Bongard, M. P. / van Veen, W. J. M.*, Europese Naamloze vennotschap, 2004; *Favero, M. / Colombani, J.-L.*, Societé Européenne, 2002; *Jannott, D. / Frodermann, J.* (Hrsg.), Aktiengesellschaft, 2005; *Lutter, M. / Hommelhoff, P.* (Hrsg.), Europäische Gesellschaft, 2005; *Manz, G. / Mayer, B. / Schröder, A.*, Aktiengesellschaft, 2005; *Schindler, C. P.*, Europäische Aktiengesellschaft, 2002; *Wenz, M.*, Societas Europaea, 1993; sowie die Sammlung sämtlicher Materialien von *Neye, H.-W.*, Aktiengesellschaft, 2005.

[2] Dazu vgl. *Albach, H. / Albach, R.*, Unternehmen, 1989, S. 2, 37, 43; *Bea, F. X.*, Entscheidungen, 2004, S. 354-397; *Cole, B. / Shears, P. / Tiley, J.*, Law in a Business Context, 1993, S. 80-84; *Hommelhoff, P.*, Gesellschaftsrecht, 1993, Sp. 1433-1435, 1448 f.; *McGee, A. / Williams, C.*, Company Law, 1995, S. 6, 311; *Rose, G. / Glorius-Rose, C.*, Unternehmen, 2001, S. 2-4, 13-21; *Theisen, M.R.*, Konzern, 2000, S. 685-692; *Theisen, M. R.*, Rechtsformen, 2000, S. 437 f.; *Vahs, D. / Schäfer-Kunz, J.*, Einführung, 2002, S. 66, 73.

sie nach den Erkenntnissen der Neuen Institutionenökonomik[2] *die* institutionelle Alternative zur Marktkoordination der Wirtschaftssubjekte und zur Allokation der Ressourcen[3] dar; Unternehmen werden daher auch als institutionelles Instrument zur Koordination von Entscheidungen und Handlungen verstanden.[4]

An die Stelle der unsichtbaren Hand der Marktkräfte tritt dabei die sichtbare Hand des Managements (Internalisierung).[5] Infolgedessen nehmen Rechtsformen eine zentrale Stellung sowohl im Bereich der Rechts- und Wirtschaftsordnung von Staaten sowie von zwischen- und überstaatlichen (supranationalen) Einrichtungen, beispielsweise der EU, als auch in den Erkenntnisobjekten der Rechts- und Wirtschaftswissenschaften[6] ein. Während sich im Bereich der Rechtswissenschaften insbesondere das Gesellschafts- und Steuerrecht mit Rechtsformfragen befasst, gehören Kenntnisse und Erkenntnisse über Rechtsformen in den Wirtschaftswissenschaften zum Lehr- und Forschungsbereich der Allgemeinen Betriebswirtschaftslehre einschließlich der Betriebswirtschaftlichen Steuerlehre sowie der Organisationstheorie; volkswirtschaftlich sind sie der Ordnungspolitik, insbesondere der Wettbewerbs- sowie der Strukturpolitik zuzuordnen.

Aufgabe insbesondere der Legislative ist es, Rechtsformen zu entwickeln und zu kodifizieren.[7] Sie kommt dieser Verpflichtung nach, indem sie den Wirtschaftssubjekten, die sich unternehmerisch betätigen, unterschiedliche *Rechtsformgrundtypen* mit jeweils spezifisch ausgeprägten Kriterien abschließend zur Verfügung stellt. Zu diesen Kriterien gehören beispielsweise die Möglichkeiten der Gründung, Umstrukturierung und Reorganisation sowie der Kooperation und Konzentration, die innerstaatliche und grenzüberschreitende Verlegung des Sitzes unter Wahrung der rechtlichen Identität, die Haftung der Gesellschafter, deren Beteiligung am Gewinn und Verlust sowie deren Geschäftsführungs-, Vertretungs- und Kontrollbefugnisse und -pflichten, die erforderliche Kapitalausstattung, die Kapitalbeschaffungs- und Finanzierungsmöglichkeiten sowie die Anforderungen an die externe Rechnungslegung,

---

1 Ausführlich zur Unternehmensverfassung vgl. *Bleicher, K.*, Normatives Management, 1994, S. 289-457.
2 Ausführlich dazu vgl. *Schanz, G.*, Wissenschaftsprogramme, 2004, S. 136-145; *Erlei, M. / Leschke, M. / Sauerland, D.*, Neue Institutionenökonomik, 1999; vgl. ferner *Kreikebaum, H.*, Organisationsmanagement, 1998, S. 23-32; *Müller-Stewens, G. / Lechner, C.*, Strategisches Management, 2005, S. 106-110; *Göbel, E.*, Institutionenökonomik, 2002; *Richter, R. / Furubotn, E. G.*, Institutionenökonomik, 2003; *Picot, A. / Dietl, H. / Franck, E.*, Organisation, 2005, S. 45-148.
3 Vgl. *Williamson, O. E.*, Economics, 2004, S. 67; *Aoki, M.*, Game Theory, 1984, S. 4, 21-24; *Chandler Jr., A. D.*, Visible Hand, 1977, S. 1; *Coase, R. H.*, Nature of the Firm, 1937, S. 388-398; *Neus, W.*, Markt, 1997, S. 39-42; *Posner, R. A.*, Economic Analysis, 1992, S. 391 f.; *Williamson, O. E.*, Economic Organization, 1991, S. 18-25.
4 Vgl. *Neus, W.*, Betriebswirtschaftslehre, 2005, S. 9-11.
5 Vgl. *Chandler Jr., A. D.*, Visible Hand, 1977, S. 1: „In many sectors of the economy the visible hand of management replaces ... the invisible hand of market forces."
6 Dazu vgl. insbesondere auch *Werder, A. v.*, Recht, 1992, Sp. 2170-2172.
7 Vgl. *Kolbeck, R.*, Rechtsformwahl, 1993, Sp. 3741 f.; *Stüdemann, K.*, Rechtsform, 1975, Sp. 3362; *Werder, A. v.*, Recht, 1992, Sp. 2170.

die Vorgaben zur betrieblichen und unternehmerischen Mitbestimmung sowie die laufende und die aperiodische Steuerbelastung.[1] Eine Neuschaffung von Rechtsformgrundtypen ist ebenfalls nur durch die Legislative, nicht aber individuell durch die Wirtschaftssubjekte selbst möglich (numerus clausus der Rechtsformen).[2]

Die aus der Privatautonomie abgeleitete Gestaltungs- und Vertragsfreiheit kann infolgedessen auch nicht primär, sondern nur sekundär im Anschluss an die zwingend vorzunehmende Wahl (Auswahlfreiheit) einer durch nationales Recht vorgeprägten und -strukturierten Rechtsform (Rechtsformzwang) ausgeübt werden. Dabei ist zu beachten, dass eine rechtsformlose unternehmerische Betätigung aus Gründen v. a. der Rechtssicherheit generell ausgeschlossen, die Wahl einer Rechtsform vielmehr stets zumindest implizit vorzunehmen ist oder ersatzweise durch Zuordnung erfolgt.[3] Zur Disposition stehen v. a. die grundsätzlich freie Ausgestaltung der jeweiligen Rechtsform nationalen Rechts (Ausgestaltungsfreiheit) sowie die rechtsformübergreifende Kombination verschiedener Rechtsformen zu rechtlich nicht einheitlich geregelten Organisationsformen,[4] sofern diesbezüglich keine Beschränkung durch Gesetz oder Rechtsprechung – beispielsweise für bestimmte Branchen oder Funktionen – besteht (Typenfreiheit versus Typenzwang[5]).[6]

Bei der grundlegenden Auswahl der verschiedenen Rechtsformgrundtypen sowie der Determinierung der typenspezifischen Kriterien hat die Legislative der damit verbundenen rechts- und wirtschaftspolitischen Bedeutung umfassend Rechnung zu tragen. Besonders zu berücksichtigen sind insoweit die disziplinären und interdisziplinären, auf interdependente rechtsformorientierte Beziehungen abstellenden Erkenntnisse der Rechtswissenschaft sowie weiterer Wissenschaften, insbesondere der Volks- und Betriebswirtschaftslehre.[7]

Neben rechts- und ordnungspolitischen sowie -dogmatischen Zielvorgaben sind ferner v. a. die Interessen der verschiedenen, vertraglich an einem Unternehmen beteiligten *Anspruchsgruppen* und die sich dadurch ggf. ergebenden Konfliktsituationen zu beachten.[8] Unternehmen werden nach der Neuen Institutionenökonomik daher

---

[1] Allgemein dazu vgl. auch *Bea, F. X.*, Entscheidungen, 2004, S. 358-393; *Jacobs, O. H.*, Rechtsform, 2002, S. 7-89; *Picot, A. / Dietl, H. / Franck, E.*, Organisation, 2005, S. 225 f.; 246-279; *Rose, G. / Glorius-Rose, C.*, Unternehmen, 2001, S. 2-21, 23-120.
[2] Dazu vgl. *Schmidt, K.*, Gesellschaftsrecht, 2002, S. 102 f.; *Wenz, M.*, Unternehmensmischformen, 2006, S. 2 f.
[3] Absorptionsfunktion des mit dem numerus clausus der Rechtsformen einhergehenden Rechtsformzwangs. Vgl. bereits *Schmidt, K.*, Stellung, 1972, S. 121-129.
[4] Zur grenzüberschreitenden Rechtsformkombination vgl. *Wenz, M.*, Unternehmensmischformen, 2006.
[5] Diese bilden die beiden verschiedenen Merkmalsausprägungen der Typengesetzlichkeit.
[6] Vgl. *Hommelhoff, P.*, Gesellschaftsrecht, 1993, Sp. 1434 f.; *Lutter, M.*, Legal Forms, 1990, Sp. 1323; *Schmidt, K.*, Gesellschaftsrecht, 2002, S. 102-127; *Wiedemann, H.*, Gesellschaftsrecht, 1980, S. 42 f., 73.
[7] Dazu vgl. allgemein insbesondere auch *Werder, A. v.*, Recht, 1992, Sp. 2169-2172.
[8] Dazu vgl. *Gerum, E.*, Unternehmensordnung, 2004, S. 226-230; und ferner *Hungenberg, H.*, Management, 2000, S. 24-28; *Müller-Stewens, G. / Lechner, C.*, Strategisches Management, 2005, S. 126-133.

auch als Netz formeller und informeller, vollständiger und unvollständiger Verträge (*nexus of contracts*[1]) zwischen einzelnen, dadurch kooperierenden Entscheidungsträgern (Ressourceneignern) und nach der verhaltenswissenschaftlichen Theorie der Unternehmung als Koalition verschiedener Anspruchsgruppen (Stakeholder) mit jeweils individuellen Interessen[2] verstanden.[3]

Aufgrund der weitgehend unbegrenzten Gestaltungsvielfalt aktueller und potenzieller Unternehmen hat die Legislative somit verschiedene Rechtsformgrundtypen auszuwählen und diesen jeweils ein Bündel typenspezifischer Merkmalsausprägungen der unterschiedlichen, für Rechtsformen insgesamt zu determinierenden Kriterien zuzuordnen. Dadurch sollen mögliche Interessengegensätze durch die Einräumung anspruchsgruppenindividueller Handlungs- und Verfügungsrechte (*property rights*)[4] typenspezifisch möglichst effizient ausgeglichen werden (Interessenausgleich).

Ferner sollen – damit verbunden – die im un- oder anders geregelten Zustand anderenfalls anfallenden *Transaktionskosten*,[5] aber auch die an deren Stelle ggf. unternehmensintern tretenden Organisationskosten (interne Transaktionskosten[6]) minimiert, zusammen aber mindestens unter denjenigen des un- oder anders geregelten Zustandes gehalten werden.[7] Aus rechtswissenschaftlicher Sicht stellt dies eine (zumindest partielle) Weiterentwicklung des Gesellschaftsrechts, das sich bislang ausschließlich auf die Verhältnisse der Gesellschafter inter se sowie zur Gesellschaft als auch auf deren Verhältnisse zu Dritten bezieht, zu einem umfassenden Unternehmensrecht dar.[8]

---

[1] Dazu vgl. *Baysinger, B. D. / Butler, H. N.*, Firm, 1985, S. 179, 190 f.; *Bratton Jr., W. W.*, Firm, 1994, S. 117 f., 122-124; *Fischel, D. R.*, Race, 1982, S. 917; *Gerum, E.*, Unternehmensordnung, 2004, S. 246-248; *Jensen, M. C. / Meckling, W. H.*, Firm, 1976, S. 311; *Parkinson, J. E.*, Corporate Power, 1994, S. 178; *Pellens, B.*, Rechnungslegung, 2001, S. 23; *Walz, W. R.*, Unternehmensleitbilder, 1996, S. 165.

[2] Dazu vgl. *Cyert, R.M. / March, J.G.*, Theorie der Unternehmung, 1995, S. 29 f.; *Picot, A. / Freudenberg, H.*, Unternehmung, 1997, S. 3773.

[3] Zur gleichberechtigten Anwendung beider Ansätze vgl. *Hax, H.*, Theorie, 1991, S. 66; *Picot, A. / Freudenberg, H.*, Unternehmung, 1997, S. 3775; *Williamson, O. E.*, Economic Organization, 1991, S. 29.

[4] Allgemein zu deren Definition vgl. *Kreikebaum, H.*, Organisationsmanagement, 1998, S. 29 f.; *Picot, A.*, Organisation, 1991, S. 145-147; *Picot, A. / Dietl, H. / Franck, E.*, Organisation, 2005, S. 46-56.

[5] Darunter sind die verschiedenen, bei der Herausbildung, Zuordnung, Übertragung und Durchsetzung von Handlungs- und Verfügungsrechten anfallenden Kosten zu verstehen. Vgl. *Kreikebaum, H.*, Organisationsmanagement, 1998, S. 23-27; *Krüsselberg, U.*, Institutionenökonomik, 1993, S. 43 f., 221 f.; *Pfaffmann, E.*, Institutionenökonomik, 1996, S. 647; *Picot, A. / Dietl, H. / Franck, E.*, Organisation, 2005, S. 56-71; *Walz, W. R.*, Unternehmensleitbilder, 1996, S. 165.

[6] Vgl. *Picot, A. / Freudenberg, H.*, Unternehmung, 1997, S. 3772 f.; ähnlich vgl. *Göbel, E.*, Institutionenökonomik, 2001, S. 131.

[7] Dazu vgl. auch *Williamson, O. E.*, Economics, 2004, S. 73-75; *Fischel, F. R.*, Race, 1982, S. 921; *Kolbeck, R.*, Rechtsformwahl, 1993, Sp. 3752 f.; *Neus, W.*, Betriebswirtschaftslehre, 2005, S. 125-137; *Picot, A.*, Organisation, 1991, S. 144, 146; *Picot, A. / Dietl, H. / Franck, E.*, Organisation, 2005, S. 246; *Wehlau, A.*, Societas Europaea, 1992, S. 500; *Jost, J.-P.*, Transaktionskostenansatz, 2001, S. 18.

[8] Dazu vgl. allgemein *Hommelhoff, P.*, Gesellschaftsrecht, 1993, Sp. 1448 f.; *Raiser, T.*, Unternehmensrecht, 1995, S. 169-180; *Semler, J.*, Unternehmensrecht, 1995, S. 291-308.

Rechtsformen können institutionenökonomisch folglich als rechtlich-institutionelle (zwingende oder dispositive) Determinierung der unterschiedlichen unternehmenskonstituierenden Vertragsbeziehungen sowie der sich dadurch ergebenden Handlungs- und Verfügungsrechte der einzelnen Anspruchsgruppen eines Unternehmens angesehen werden, um die Interessen der verschiedenen Stakeholder möglichst effizient auszugleichen (standardisiertes Rechts- bzw. Vertragsbündel); diese sind – bei gedanklich unterstellter unbeschränkter Vertragsfreiheit – grundsätzlich auch individuell am Markt aushandelbar.[1]

Im Ergebnis soll die Rechtsordnung durch die Festlegung ausgewählter Rechtsformen den gesamtwirtschaftlichen Gegebenheiten und Entwicklungen (Umfeld) sowie den einzelwirtschaftlichen Bedürfnissen unternehmerischer Betätigung hinreichend Rechnung tragen und wirtschaftlich effizientes Handeln ermöglichen.[2]

2. Strategische Rechts- und Organisationsformplanung

Aus Sicht der entscheidungsorientierten Betriebswirtschaftslehre, deren Erkenntnisobjekt die Summe aller Entscheidungen bzw. Entscheidungsprozesse in einem Unternehmen umfasst,[3] stellt die Wahl der jeweiligen Rechtsform als rechtlich-institutioneller Rahmen sowie als Grundlage jeder unternehmerischen Betätigung (Rechtsformzwang) neben der Wahl insbesondere des Standorts eine der konstitutiven Unternehmensentscheidungen dar (Metaentscheidung).[4] Sie beinhaltet insbesondere die konkrete Auswahl und Ausgestaltung der jeweiligen Rechtsform. Im Phasenverlauf des Lebenszyklusses eines Unternehmens[5] erfolgt sie zwingend im Rahmen der Gründung und fakultativ als Reaktion auf ein geändertes Unternehmensumfeld,[6] eine veränderte Unternehmenspolitik oder als Bestandteil einer abweichenden nationalen versus internationalen Ausrichtung der Unternehmensstrategie und/oder der An-

---

[1] Dazu vgl. auch *Fischel, D. R.*, Race, 1982, S. 917-921; *Kolbeck, R.*, Rechtsformwahl, 1993, Sp. 3752; *Pellens, B.*, Rechnungslegung, 2001, S. 22-26; *Posner, R. A.*, Economic Analysis, 1992, S. 393-397; *Walz, W. R.*, Privatautonomie, 1993, S. 55 f.; *Walz, W. R.*, Unternehmensleitbilder, 1996, S. 166.
[2] Dazu vgl. aus institutionenökonomischer Sicht allgemein auch *Krüsselberg, U.*, Institutionenökonomik, 1993, S. 47 f., 61 f. m. w. N., 101-110, 247.
[3] Dazu vgl. grundlegend insbesondere *Heinen, E.*, Entscheidungstheorie, 1966, S. 4-8; *Heinen, E.*, Betriebswirtschaftslehre, 1985, S. 22-28; *Stein, J. H. v.*, Betriebswirtschaftslehre, 1993, Sp. 475 f.; *Wöhe, G.*, Betriebswirtschaftslehre, 2002, S. 4 f.
[4] Vgl. *Gerum, E.*, Unternehmensordnung, 2004, S. 233 f.; *Bea, F. X.*, Entscheidungen, 2004, 354-356; *Grimm-Curtius, H.*, Gesamtprozeß, 1996, S. 17 f., 21; *Jacobs, O. H.*, Rechtsform, 2002, S. 5 f.; *Kolbeck, R.*, Rechtsformwahl, 1993, Sp. 3741 f.; *Theisen, M. R.*, Rechtsformen, 2000, S. 447-455; *Vahs, D. / Schäfer-Kunz, J.*, Einführung, 2002, S. 44-116; *Wirner, J.*, Planungsorganisation, 1993, S. 177-180.
[5] Grundlegend hierzu sowie zu den einzelnen Phasen vgl. *Albach, H. / Albach, R.*, Unternehmen, 1989, S. 86-169; *Hinterhuber, H. H. / Popp, W.*, Führung, 1994, S. 118-120; *Krüger, W.*, Transformations-Management, 1994, S. 200-204; *Gomez, P. / Müller-Stewens, G.*, Corporate Transformation, 1994, S. 138-146; *Pümpin, C.*, Unternehmenseigner, 1994, S. 287 f.
[6] Zu den Elementen des Unternehmensumfeldes vgl. insbesondere *Needle, D.*, Business, 1991, S. 1-6; *Needle, D. / McKenna, E.*, Series, 1993, S. viii f.; *Wirner, J.*, Planungsorganisation, 1993, S. 333 f.

spruchsgruppen. Die zielgerichtete Wahl der Rechtsform ist im Planungssystem eines Unternehmens ferner als Element der strategischen Organisations- und Rechtsformplanung der strategischen Planung (Zielerreichungsplanung[1]) zuzuordnen, welche zudem die Führungssystem- sowie die Geschäftsfeldplanung umfasst[2] und von weiteren strategischen Managementfunktionen vervollständigt wird.[3]

Den Ausgangspunkt für die zielgerichtete Wahl der Rechtsform eines Unternehmens im Rahmen der strategischen Organisations- und Rechtsformplanung bildet auch im Hinblick auf diesen Teilbereich der strategischen Planung die dieser übergeordnete Festlegung der generellen Ziele des Unternehmens.[4] Die konkrete Wahl der Unternehmensrechtsform ist somit unter Berücksichtigung des Oberziels sowie aller dieses konkretisierenden generellen Wert-, Sach- und Sozialziele des Unternehmens, aber auch der besonderen anspruchsgruppenspezifischen Interessen vorzunehmen.

3. Neueinführung bei veränderten Rahmenbedingungen

Insbesondere aufgrund eines veränderten unternehmerischen Umfeldes, beispielsweise in Form geänderter Marktbedingungen aufgrund einer modifizierten Marktrechtsordnung, sowie der damit ggf. einhergehenden Änderungen der strategischen Ausrichtung von Unternehmen und ihren verschiedenen Anspruchsgruppen und deren Interessen kann der Fall eintreten, dass die bislang von der Rechtsordnung zur Verfügung gestellten Rechtsformen, denen jeweils ein Bündel typenspezifischer Merkmalsausprägungen zugeordnet ist, keinen wirtschaftlich effizienten und daher sachgerechten rechtlichen Rahmen für (bestimmte) unternehmerische Betätigungen mehr darstellen. In diesem Fall hat die Legislative die gegebenen Rechtsformen den geänderten Anforderungen anzupassen oder – bei tiefgreifenden Änderungen – neue Rechtsformgrundtypen zur Verfügung zu stellen (Rechtspolitik).[5]

Rechtsformen sind folglich sowohl für die entscheidungsorientierte Betriebswirtschaftslehre als auch für die Rechtswissenschaft von grundlegender Bedeutung. Die sie betreffenden betriebswirtschaftlichen und juristischen Frage- und Problemstel-

---

[1] Dazu vgl. *Hahn, D. / Hungenberg. H.*, PuK, 2001, S. 100 f.; *Kuhlmann, C.*, Steuerplanung, 1998, S. 5.
[2] Dazu vgl. insbesondere *Hahn, D.*, Planung, 1993, Sp. 3190-3196; *Hahn, D. / Hungenberg. H.*, PuK, 2001, S. 100, 359 f.
[3] Dazu vgl. *Fröhlich, M.*, Managementfunktionen, 1994, S. 1368 f.; *Heinen, E.*, Entscheidungstheorie, 1966, S. 7; *Staehle, W. H.*, Management, 1994, 78-80.
[4] Dazu, v. a. auf den Zielbildungs- und -planungsprozess abstellend, vgl. *Hahn, D. / Hungenberg. H.*, PuK, 2001, S. 10, 97-100, 341-345 m. w. N.; sowie auch *Bleicher, K.*, Normatives Management, 1994, S. 191 f.; *Bleicher, K.*, Integriertes Management, 1996, S. 116-135; *Ihde, G. B.*, Planung, 1999, S. 273-300; *Kieser, A.*, Ziele, 1999, S. 91-117; *Welge M. K. / Al-Laham, A.*, Management, 2003, S. 111-119.
[5] Dazu vgl. grundlegend auch *Albach, H. / Albach, R.*, Unternehmen, 1989, S. 2; *Hübner, H.*, Recht, 1980, Sp. 2007; *Schmidt, K.*, Gesellschaftsrecht, 2002, S. 102 f.; *Werder, A. v.*, Recht, 1992, Sp. 2170. Aus institutionenökonomischer Sicht vgl. ferner *Picot, A.*, Organisation, 1991, S. 146, wonach „hohe Transaktionskosten ... ein Indiz für den Bedarf neuer institutioneller Lösungen sind."

lungen, die grundsätzlich für jede unternehmerische Betätigung relevant sein können, stehen sowohl im Bereich der einzelwirtschaftlichen Rechtsanwendung als auch der einzel- und gesamtwirtschaftlich bedeutsamen Rechtsgestaltung in einem mehrdimensional dependenten und interdependenten Verhältnis:

- Einzelwirtschaftlich sind die verpflichtenden rechtlichen Vorschriften und deren Auslegung, beispielsweise hinsichtlich der Auswahl und Ausgestaltung bestimmter Rechtsformen, bei der zielgerichteten Wahl der Rechts- und Organisationsform zwingend zu berücksichtigen (Rechtsnorminterpretation).
- Die durch die Rechtswissenschaft unterstützte Legislative hat die Gestaltungsempfehlungen, welche aus anwendungsorientierten sowie organisations- und institutionstheoretisch fundierten betriebswirtschaftlichen Analysen abgeleitet werden können, bei der Änderung bestehender sowie der Generierung neuer Rechtsformen zu beachten, um weiterhin allokationseffiziente Rechtsformen zur Verfügung stellen zu können (Rechtsnormanalyse).[1]

Die sich dadurch ergebende Interdisziplinarität der Frage- und Problemstellungen, die Rechtsformen betreffend, ist zu erkennen und anzuerkennen sowie einer wissenschaftsübergreifenden Integration zuzuführen. Diese hat aufgrund eines gemeinsamen Problemverständnisses die anteilig relevanten disziplinären Erkenntnisse beider Wissenschaften zu erfassen, sich vor allem aber mit den interdependenten und daher wissenschaftsübergreifenden Beziehungen interdisziplinär unter Wahrung der jeweiligen Wissenschaftsidentität zu befassen, was insgesamt zu überschneidenden Erkenntnisobjekten der beiden Wissenschaften führt.[2] Die Änderung bestehender sowie die Schaffung neuer Rechtsformen kann somit als Ergebnis eines interdisziplinären rechtlich-organisatorischen Innovationsprozesses[3] angesehen werden, der durch die Rechtsordnung oder einzelwirtschaftlich induziert sein kann und ggf. zur Reduktion von Transaktions- und Koordinationskosten führt.[4]

---

[1] Dazu vgl. auch *Hübner, H.*, Recht, 1980, Sp. 1007; *Kirchner, C.*, Unternehmensrecht, 1983, S. 137; *Schanze, E.*, Rechtswissenschaft, 1993, Sp. 3770-3772; *Schmidt, R. H.*, Betriebswirtschaftslehre, 1996, S. 252 f., 257-260; *Werder, A. v.*, Organisation, 1988, S. 104-106; *Werder, A. v.*, Recht, 1992, Sp. 2169-2172.

[2] Dazu vgl. grundlegend auch *Werder, A. v.*, Recht, 1992, Sp. 2169, 2172. Speziell zur diesbezüglich grundlegenden Bedeutung der Neuen Institutionenökonomik, insbesondere der Theorie der Verfügungsrechte (*property rights*), vgl. *Picot, A.*, Organisation, 1991, S. 154.

[3] Grundlegend zu den Phasen eines Innovationsprozesses, der Invention, Innovation und Diffusion, vgl. *Milling, P. / Maier, F.*, Innovation, 1996, S. 17-22; *Schumpeter, J. A.*, Business Cycles, 1939, S. 84-86.

[4] Allgemein zur Schaffung neuer Rechts- und Organisationsformen (rechtlich-organisatorischer Innovationen) vgl. auch *Schneider, D.*, Betriebswirtschaftslehre, 1993, S. 36-38; *Schneider, D.*, Unternehmensentwicklung, 1996, S. 6 f.; *Schumpeter, J. A.*, Unternehmer, 1928, S. 483; und ferner *Delp, U. A.*, Stiftung, 1991, S. 18, die sich allerdings ausschließlich auf einzelwirtschaftliche Neukreationen, wie Rechtsformvermischungen, beziehen, welche als Ausfluss der Ausübung von Unternehmerfunktionen angesehen werden können. Zur innovativen Neuschaffung von Rechtsformen durch die Rechtsordnung, speziell des *US*-amerikanischen Gesellschaftsrechts, vgl. *Bungert, H.*, Partnership, 1994, S. 360.

Diese Überlegungen treffen in besonderer Weise auch auf die neu geschaffene supranational-europäische Rechtsforminnovation[1] der Europäischen Aktiengesellschaft zu. Sie soll u. a. den tiefgreifenden Änderungen des unternehmerischen Umfeldes als Folge sowohl der Globalisierung als auch der Europäisierung grundlegend Rechnung tragen,[2] in dem sie die insoweit ggf. erforderliche strategische Neuausrichtung der Unternehmen anforderungsgerecht unterstützt[3] und im Vergleich zu alternativ einsetzbaren nationalen Rechtsformen und komplexen grenzüberschreitenden Organisationsstrukturen zudem auch transaktions- und koordinationskostenminimal umsetzt.[4]

II. Globalisierung und Europäisierung

1. Globalisierung des Unternehmensumfeldes und Europäische Integration

Sowohl die Globalisierung als auch die damit in Zusammenhang stehende Europäische Integration (Europäisierung) haben zu tiefgreifenden Änderungen des gesamten Umfeldes von Unternehmen geführt.[5] Von besonderer Bedeutung speziell für die Globalisierung, verstanden als Entwicklung, die zu einer „immer stärkeren globalen wirtschaftlichen Verflechtung"[6] führt, sind v. a. die folgenden Veränderungen der sog. *Globalisierungstreiber*:[7]

- Konvergenz der Kundenbedürfnisse,[8]
- Konvergenz der rechtlichen Rahmenbedingungen,
- Konvergenz und Öffnung der nationalen Volkswirtschaften,
- Konvergenz der politischen Rahmenbedingungen,
- Konvergenz der gesellschaftlichen Rahmenbedingungen und
- Konvergenz der technologischen Rahmenbedingungen.

---

1   Ebenso vgl. auch *Wymeersch, E.*, Company Law, 2001, S. 44.
2   Im Einzelnen vgl. Kapitel II.
3   S. Erwägungsgründe Nr. 1-8 SE-VO.
4   Dazu vgl. Kapitel III., IV.
5   Vgl. *Borrmann, W. A.*, Erfolgsfaktoren, 1997, S. 811-813; *Hofstetter, K.*, Globalisierung, 2000, S. 365 f.; *Koller, H.*, Globalisierung, 2000, 317-322; *Perlitz, M.*, Management, 2004, S. 1 f.
6   *Weizsäcker, C. C. v.*, Globalisierung, 1999, S. 47. Zum Begriff der Globalisierung vgl. auch *Auer-Rizzi, W. / Szabo, E. / Innreiter-Moser, C.*, Globalisierung, 2002, S. 3; *Koller, H.*, Globalisierung, 2000, S. 317.
7   Dazu vgl. auch *Borrmann, W. A.*, Erfolgsfaktoren, 1997, S. 813-816.
8   Speziell dazu vgl. *Giesel, F. / Glaum, M.*, Einleitung, 1999, S. XIII f.; *Henzler, H.*, Globalisierung, 1999, S. 2.

Diese Entwicklung der Globalisierungstreiber führt ferner auch zu grundlegenden Veränderungen in den Rahmenbedingungen wirtschaftlichen Handelns, die selbst wiederum verstärkend auf die Globalisierungstreiber wirken können. Im Einzelnen lassen sich insbesondere folgende Änderungen feststellen:

- Nationale Absatz- und Beschaffungs-, Personal- sowie Finanz- und Kapitalmärkte wachsen in unterschiedlicher Intensität jeweils zu einem integrierten, offenen und homogenen Weltmarkt zusammen;[1] Kennzeichen hiervon sind:
  - eine globale Allokation von Kapital und anderen mobilen Ressourcen, die den Grad der internationalen Arbeitsteilung sowie die Intensität des Wettbewerbs grundlegend und umfassend erhöhen,[2]
  - der verstärkte Druck auf die Unternehmen, economies of scale, scope und speed zu erzielen,[3]
  - informations- und kommunikationstechnologische Veränderungen, die aufgrund der damit verbundenen Virtualisierung zu einer umfassenden Transparenz der marktwirtschaftlichen sowie auch der nationalstaatlichen Handlungen bei erheblich reduzierten Transaktionskosten führen.[4]

- Nationalstaaten verändern sich durch Deregulierungen, Liberalisierungen und Privatisierungen, vereinbaren Regeln globalen Handels, schließen sich zu Wirtschafts-, Währungs- und politischen Räumen zusammen und integrieren ihre nationalen Volkswirtschaften.[5] Dies führt zur Entstehung:
  - einer Organisation für wirtschaftliche Zusammenarbeit und Entwicklung: OECD,
  - einer globalen Welthandelsordnung: WTO,
  - von überregionalen Gemeinschaftsräumen: AFTA, APEC, ASEAN, AU, EFTA, EU, EWR, FTAA, Mercosur, NAFTA,
  - von unterschiedlich integrierten Wirtschaftsräumen: Freihandelszonen, Europäischer Binnenmarkt, Europäische Währungsunion sowie
  - der Europäischen Marktrechtsordnung.[6]

---

[1] Vgl. *Ehrlicher, W.*, Globalisierung, 1999, S. 48-62; *Giesel, F. / Glaum, M.*, Einleitung, 1999, S. XIV; *Glaum, M.*, Globalisierung, 1999, S. 307-312.
[2] Vgl. *Krüger, W.*, Globalisierung, 1999, S. 19 f.
[3] Vgl. *Krüger, W.*, Globalisierung, 1999, S. 22-24; *Mirow, M.*, Führungsstrukturen, 1997, S. 643, 646 f.
[4] Vgl. *Giesel, F. / Glaum, M.*, Einleitung, 1999, S. XIII f.; *Henzler, H.*, Globalisierung, 1999, S. 4 f.
[5] Dazu vgl. auch *Kumar, B. N.*, Unternehmenstätigkeit, 1992, S. 3.
[6] Zu diesen Ausführungen insgesamt vgl. *Bamberger, I. / Wrona, T.*, Globalisierungsbetroffenheit, 1997, S. 714 f.; *Borrmann, W. A.*, Erfolgsfaktoren, 1997, S. 813-815; *Hofstetter, K.*, Globalisierung, 2000, S. 365-288; *Macharzina, K.*, Gestaltungsmöglichkeiten, 1993, S. 31; *Mirow, M.*, Führungsstrukturen, 1997, S. 643 f.; *Perlitz, M.*, Management, 2004, S. 1 f.; *Rall, W.*, Organisations-Netze, 1993, S. 74-78.

2. Strategische Neuausrichtung von Unternehmen

Um diesen durch die Globalisierung und – bezogen auf den Europäischen Binnenmarkt – die Europäisierung bedingten Veränderungen in den Rahmenbedingungen wirtschaftlichen Handelns Rechnung zu tragen, müssen sich Unternehmen im *strategischen Dreieck* (Unternehmen – Markt / Kunden – Wettbewerb / Konkurrenten)[1] ggf. neu ausrichten. Nur dadurch können sie die globalen, insbesondere aber auch die lokalen, speziell europäischen Marktchancen uneingeschränkt nutzen, um auch zukünftig eine erfolgreiche Wettbewerbsposition einzunehmen und die Entstehung strategischer Lücken im Bereich der Zielerreichung zu vermeiden.[2]

Die ggf. erforderliche strategische Neuausrichtung von Unternehmen hat insbesondere folgende Aspekte zu berücksichtigen:

- Entwicklung einer integrierten, sowohl globalen als auch lokalen, insbesondere europäischen Konzeption,[3]

- Ausrichtung der Unternehmensstrategie auf die Globalisierungstreiber mit entsprechender Ausgestaltung der Internationalisierungsstrategie zur Nutzung der Globalisierungs- und Lokalisierungsvorteile, aber auch um den Lokalisierungserfordernissen Rechnung zu tragen,[4]

- Anpassung der Rechtsform und der Organisationsstruktur zur anforderungsgerechten sowie transaktions- und koordinationskostenminimalen Unterstützung und Umsetzung einer zukunftsorientierten Unternehmens- sowie der Internationalisierungsstrategie.[5]

Die Veränderungen der Rahmenbedingungen wirtschaftlichen Handelns aufgrund der Globalisierung sowie der damit ebenfalls verbundenen Europäisierung sind somit auch bei der Ausgestaltung und Anpassung der *operationalen* sowie der *statutarischen Organisationsstruktur* eines Unternehmens zu berücksichtigen, um die unternehmerische Wettbewerbsfähigkeit langfristig zu sichern und zu stärken und einen positiven Beitrag zur Erreichung der Unternehmensziele zu leisten (Organisationsmanagement).[6] Eine Erkenntnis, die seit den ersten Vorläufern der Europäischen Aktiengesellschaft als einer der wesentlichen Gründe für deren Schaffung angesehen

---

[1] Dazu vgl. *Engelhardt, W. H. / Klöter, P. / Schnittka, M.*, Kundenorientierung, 2000, S. 394; *Hungenberg, H.*, Management, 2000, S. 67.
[2] Dazu vgl. *Thomaschewski, D.*, Competitiveness, 1999, S. 174-176.
[3] Dazu vgl. *Borrmann, W. A.*, Erfolgsfaktoren, 1997, S. 816 f.
[4] Dazu vgl. *Müller, S. / Kornmeier, M.*, Unternehmensziele, 1997, S. 77 f.; *Thomaschewski, D.*, Competitiveness, 1999, S. 181.
[5] Dazu vgl. *Borrmann, W. A.*, Erfolgsfaktoren, 1999, S. 818-820; *Rall, W.*, Organisations-Netze, 1993, S. 77-93.
[6] Dazu vgl. auch *Kreikebaum, H.*, Organisationsmanagement, 1998, S. 3-5, 81-92; *Perlitz, M.*, Management, 2004, S. 613-615; *Rall, W.*, Globale Organisation, 1999, S. 90-113.

wird.¹ Vor dem Hintergrund der Verwirklichung des Europäischen Binnenmarktes und der Vollendung der Europäischen Währungsunion sowie der damit verbundenen, umfassenden wirtschaftlichen Integration mit weitgehend binnenmarktähnlichen Verhältnissen hat diese Erkenntnis nicht zuletzt aufgrund der Erweiterung der EU auf nunmehr 25 Mitgliedstaaten nichts an Aktualität verloren.

Der Flexibilität und Anpassungsfähigkeit der Organisationsstruktur kommt in diesem Zusammenhang insoweit eine besondere Bedeutung zu, als sich die Umfeldbedingungen, die strategischen Anforderungen sowie die internen Strukturen von Organisationen ständig wandeln können und müssen. Die gewählte operationale Organisationsstruktur sollte daher ebenso flexibel wie schnell an veränderte Rahmenbedingungen und Umfeldzustände angepasst werden können.²

Das gilt in vergleichbarer Weise auch für die Ausgestaltung der statutarischen Organisationsstruktur.³ Nur wenn auch der rechtlich-institutionelle Rahmen die strategische Neuausrichtung der Unternehmen (einschließlich deren operationale Organisationsstruktur) ermöglicht und unterstützt, können diese bei grundlegend veränderten Rahmenbedingungen weiterhin wirtschaftlich effizient handeln und die sich insoweit ergebenden Chancen nutzen.⁴ Dies gilt in besonderem Maße für den Europäischen Binnenmarkt, der einen Raum ohne Binnengrenzen darstellen soll.⁵

3. Europäische Markt- und Unternehmensrechtsordnung

Die Verwirklichung des Europäischen Binnenmarktes, die Liberalisierung des grenzüberschreitenden Kapitalverkehrs und die Vollendung der Europäischen Währungsunion haben zu einer umfassenden wirtschaftlichen Integration mit weitgehend binnenmarktähnlichen Verhältnissen in Europa geführt.⁶ Die Grundfreiheiten des EG-Vertrages⁷ und des EWR-Abkommens,⁸ die den Europäischen Binnenmarkt legal definieren und als binnenmarktspezifische Freiheitsgrade verstanden werden können, gewährleisten einen „freien Verkehr von Waren, Personen, Dienstleistungen und Kapital"⁹ zwischen den nunmehr 28 Mitgliedstaaten der EU und des EWR. Da-

---

1 S. Erwägungsgründe Nr. 1-8 SE-VO. Dazu vgl. auch Kapitel III.
2 Dazu vgl. auch *Brühl, V. / Göpfert, B.* (Hrsg.), Unternehmensrestrukturierung, 2004; *Kreikebaum, H.*, Organisationsmanagement, 1998, S. 102 f.; *Perlitz, M.*, Management, 2004, S. 614 f.
3 Allgemein dazu vgl. auch *Rose, G. / Glorius-Rose, C.*, Unternehmen, 2001, S. 128.
4 S. Erwägungsgründe Nr. 1-8 SE-VO. Dazu vgl. auch Kapitel IV. Allgemein dazu vgl. auch *Michel, S.*, Organisation, 2001, S. 77-79, 88-97, m. w. N.; sowie *Buchheim, R.*, Aktiengesellschaft, 2001, S. 27 f.
5 S. Art. 14 Abs. 2 EG-Vertrag.
6 Dazu vgl. *Bolkestein, F.*, European tax policy, 2002, S. 19-21; *Bolkestein, F.*, Internal Market, 2000, S. 78 f.; *Thömmes, O.*, European Union, 2002, S. 123.
7 S. Art. 17-69, 294 EG-Vertrag.
8 S. Art. 8-52 EWR-Abkommen.
9 Art. 14 Abs. 2 EG-Vertrag.

mit verbunden ist die Schaffung einer *Europäischen Marktrechtsordnung*, die – primär zur Realisierung von Effizienzsteigerungen – durch einen intensiven grenzüberschreitenden Wettbewerb sowohl zwischen einzelnen Unternehmen als auch zwischen Standorten, mithin der verschiedenen nationalen Rechtsordnungen und -systeme gekennzeichnet ist (Integration durch Wettbewerb).[1]

Im Bereich der Rechtsformen bedarf die vollständige Gewährung der Grundfreiheiten, namentlich der Niederlassungsfreiheit, nach der derzeit noch geltenden, mittlerweile aber bereits stark liberalisierten Rechtslage allerdings einer weitergehenden Harmonisierung und Koordinierung der bestehenden nationalen Gesellschaftsrechtssysteme, der Verabschiedung entsprechender Übereinkommen oder aber der Schaffung weitgehend einheitlicher supranational-europäischer Rechtsformen.[2]

Unternehmen können daher bislang nur eingeschränkt grenzüberschreitend flexibel und mobil sein und sich auf Gemeinschaftsebene über mitgliedstaatliche Länder- und Hoheitsgrenzen hinweg strukturieren, reorganisieren oder zusammenschließen sowie ihren Sitz identitätswahrend verlegen.[3] Anders als im Bereich des grenzüberschreitenden Waren-, Kapital- und Dienstleistungsaustauschs sowie der Freizügigkeit von natürlichen Personen, gewährt die bestehende *Unternehmensrechtsordnung* den Unternehmen somit nicht die uneingeschränkte Wahrnehmung der zugegebenermaßen weitreichenden binnenmarktspezifischen Freiheitsgrade. Die ihnen zugrunde liegenden Rechtsformen sind vielmehr durch ihre nationale Rechtsordnung, nach der sie gegründet wurden, beschränkt[4] und haben daher jenseits dieser Rechtsordnung grundsätzlich keine Realität.[5]

Dieser Zustand ist in dieser extremen Form weder wünschenswert noch hinnehmbar, noch entspricht er der im EG-Vertrag sowie auch im EWR-Abkommen niedergelegten Konzeption der Grundfreiheiten oder des Binnenmarktes. Während über 450

---

[1] Dazu vgl. insbesondere auch *Bangemann, M.*, Binnenmarkt, 1992, S. 102-105; *Mussler, W. / Streit, M. E.*, Strategien, 1996, S. 266-280; *Wenz, M.*, Unternehmensmischformen, 2006, S. 23.

[2] Dazu vgl. auch *EuGH*, Urteil v. 10.7.1986 (*Seegers*), EuGH Slg. 1986, S. 2382-2390, S. 2385-2390; *EuGH*, Urteil v. 27.9.1988 (*Daily-Mail*), EuGH Slg. 1988, S. 5505-5514, S. 5511; *EuGH*, Urteil v. 9.3.1999 (*Centros*), EuGH Slg. 1999, S. 1459-1498, S. 1487-1498; *EuGH*, Urteil v. 05.11.2002 (*Überseering*), IStR 11 (2002), S. 809; *EuGH*, Urteil v. 30.09.2003 (*Inspire Art*), BB 58 (2003), S. 2195; und ferner *Bayer, W.*, Inspire Art, 2003, S. 2357-2366; *Behrens, P.*, Niederlassungsberechtigte, 1998, S. 353; *Blaurock, U.*, Perspektiven, 1998, S. 460-463, aber auch S. 480-483; *Ebke, W. F.*, Unternehmensrecht, 1998, S. 195-213, 220-224; *Eidenmüller, H. / Rehm, G.*, Inspire Art, 2004, S. 159-188; *Schön, W.*, Mindestharmonisierung, 1996, S. 238-249; *Schön, W.*, Gesellschaftsrecht, 2002, S. 1-4.

[3] Vgl. *Grundmann, S.*, Wettbewerb, 2001, S. 820-824 m. w. N.; *Maul, S. / Wenz, M.*, Mobilität, 2005, S. 191-193; *Sauter, T. / Wenz, M.*, European Company, 2002, S. 10.

[4] Dazu vgl. auch *Hommelhoff, P. / Teichmann, C.*, Aktiengesellschaft, 2002, S. 1 f.; und ferner *Van der Elst, C.*, Corporate Law, 2002, S. 4: „Companies can only exist and perform within a legal framework."

[5] Dazu vgl. *EuGH*, Urteil v. 27.9.1988 (*Daily-Mail*), EuGH Slg. 1988, S. 5505-5514, S. 5510; aber auch *EuGH*, Urteil v. 05.11.2002 (*Überseering*), IStR 11 (2002), S. 809; *EuGH*, Urteil v. 30.09.2003 (*Inspire Art*), BB 58 (2003), S. 2195; und ferner den Beitrag von *Schindler* und *Teichmann* in diesem Band.

Millionen Menschen als Marktteilnehmer nahezu ungehindert von der Integration des Europäischen Binnenmarktes Gebrauch machen und sich auch grenzüberschreitend weitgehend frei bewegen und niederlassen können sowie zumindest die meisten von ihnen auch über eine einheitliche Währung verfügen, stellt sich die Situation für die 16 Millionen Unternehmen[1] grundlegend anders dar. Sie unterliegen mit ihrer jeweiligen Rechtsform ausschließlich dem Recht ihres Sitzstaates und können sich in anderen Mitgliedstaaten stets nur nach den dort geltenden Bestimmungen, zumeist in Form von Tochtergesellschaften, organisieren und wirtschaftlich betätigen.[2] Eine weitergehende grenzüberschreitende Mobilität und Freizügigkeit bleibt den Unternehmen in zahlreichen Mitgliedstaaten, die über ein grenzüberschreitend weniger liberales Gesellschaftsrecht verfügen, auch unter Berücksichtigung der neueren Rechtsprechung des Europäischen Gerichtshofes dagegen verwehrt, da sie – von bestimmten Ausnahmen abgesehen – z. B. weder ihren effektiven Verwaltungssitz (Hauptverwaltung), ihren Satzungssitz noch beide gemeinsam identitätswahrend über die Grenze verlegen können.

Anders als die Europäische Markrechtsordnung gewährt die gegenwärtige Unternehmensrechtsordnung den Unternehmen somit nur in sehr eingeschränktem Maße, von den binnenmarktspezifischen Freiheitsgraden Gebrauch zu machen. Ursache hierfür ist u. a., dass sich die bisherige Harmonisierung des Gesellschaftsrechts der Mitgliedstaaten nur in Ausnahmefällen auf die Angleichung der Bestimmungen über *grenzüberschreitende* Sachverhalte bezog.[3]

Hier setzt das Vorhaben zur Schaffung des Statuts einer Europäischen Aktiengesellschaft in besonderer Weise an. Danach sollen Unternehmen in der Rechtsform einer SE im Europäischen Binnenmarkt grundsätzlich über dieselben wirtschaftlichen und v. a. auch rechtlichen Entfaltungsmöglichkeiten und damit über sämtliche binnenmarktspezifischen Freiheitsgrade verfügen, wie die bestehenden Rechtsformen nationalen Rechts in den jeweiligen Mitgliedstaaten.[4] Im Ergebnis soll die bislang durch die nationalen Länder- und Hoheitsgrenzen beschränkte Unternehmensrechtsordnung an die Europäische Marktrechtsordnung angepasst und dadurch der Europäische Binnenmarkt auch im Bereich der Rechtsformen vollendet werden.[5]

---

1 Vgl. *Schwarz, G. C.*, Unternehmensrecht, 2000, S. I.
2 Vgl. *Maul, S. / Wenz, M.*, Mobilität, 2005, S. 186-193.
3 Ebenso vgl. *Wymeersch, E.*, Company Law, 2001, S. 21. Zu neueren Entwicklungen betreffend die grenzüberschreitende Verschmelzung und Sitzverlegung vgl. *Maul, S. / Teichmann, C. / Wenz, M.*, Verschmelzung, 2003, S. 2633-2641; *Maul, S. / Wenz, M.*, Mobilität, 2005, S. 202-206.
4 Grundlegend dazu vgl. *Wenz, M.*, Societas Europaea, 1993, S. 5 f.; *Wenz, M.*, Einsatzmöglichkeiten, 2003, S. 185-188.
5 S. *Europäische Kommission*, Aktionsplan für den Binnenmarkt, CSE(97)1 v. 4.6.1997, S. 2, 8, und Aktionsplan für den Finanzbinnenmarkt, COM(1999)232 v. 11.5.1999, S. 8, 24. Dazu vgl. auch Kapitel IV.

III. Entstehungsgeschichte

Die lange Geschichte zur Entstehung der Europäischen Aktiengesellschaft ist zunächst von sehr unterschiedlichen Anregungen und Vorläufern geprägt, die ihren Ausgangspunkt bereits Anfang des letzten Jahrhunderts hatten. Konkrete Forderungen nach Schaffung einer Europäischen Aktiengesellschaft wurden dagegen erst nach der Unterzeichnung der Römischen Verträge zur Schaffung einer Europäischen Wirtschaftsgemeinschaft (EWG)[1] geäußert. Teilweise euphorisch mündeten diese in diverse Vorentwürfe, auf deren Grundlage die Europäische Kommission ihre verschiedenen Verordnungs- und später auch Richtlinienvorschläge über das Statut der Europäischen Aktiengesellschaft sowie die Mitbestimmung der Arbeitnehmer entwickelte. Die sehr unterschiedlich ansetzenden und ausgeprägten Vorschläge wurden über Jahrzehnte hinweg in dem durch Erweiterungen der EWG und später der EG mehrmals vergrößerten Ministerrat kontrovers diskutiert ohne eine Einigung über die Struktur der Organe, das Konzern- und Steuerrecht sowie v. a. in der Frage der Mitbestimmung der Arbeitnehmer einer SE zu erzielen.

Erst die Einbeziehung von nationalem, teilweise harmonisiertem Sitzstaatsrecht der betreffenden SE, die Entwicklung neuer sowie vermittelnder Lösungsansätze, denen nach und nach immer mehr Mitgliedstaaten zustimmten, sowie die Gewährung eines partiellen Opting-out für *Spanien* im Bereich der Mitbestimmung, ermöglichten es, im Dezember 2000 in Nizza den historischen Durchbruch im Europäischen Rat zu erzielen und die Verordnung über das Statut der Europäischen Aktiengesellschaft sowie die Richtlinie betreffend die Mitbestimmung der Arbeitnehmer am 08. Oktober 2001 zu verabschieden. Ungeachtet der dreijährigen Frist der Mitgliedstaaten zur Umsetzung der SE-RL in nationales Recht und zur Verabschiedung nationaler Ausführungsgesetze zur SE-VO, die nur von wenigen Mitgliedstaaten eingehalten wurde, können die Unternehmen in den 28 Mitgliedstaaten der EU und des EWR dennoch planmäßig seit dem 08. Oktober 2004 von der neuen Rechtsform einer SE Gebrauch machen; denn als unmittelbar in allen Mitgliedstaaten geltender Rechtsakt hat die SE-VO exakt zu diesem Zeitpunkt europaweit einheitlich Gültigkeit erlangt.

1. Vorläufige Entwicklungen auf dem Weg zur Societas Europaea

Den Ausgangspunkt der rechtlichen Überlegungen zur Schaffung des Statuts einer SE bilden speziell in *Deutschland* die Vorüberlegungen und Anregungen anlässlich des 34. Deutschen Juristentages 1926 in *Köln*.[2] Auf Antrag *Karl Geilers* wurde die Bildung einer überstaatlichen kapitalistischen Organisationsform in der Form einer internationalen Handelsgesellschaft, die optional zu den Rechtsformen nationaler

---

[1] S. Vertrag zur Gründung der Europäischen Wirtschaftsgemeinschaft v. 25.3.1957, BGBl II 1957, S. 766.
[2] S. *Verhandlungen des 34. Deutschen Juristentages zu Köln*, Band 2, Berlin / Leipzig, 1927; sowie auch *Netta, F.*, Unternehmen, 1974, S. 1.

Rechts gewählt werden kann, angeregt. Während diese Anregung unerfüllt blieb,[1] unterbreitete der 1949 in *London* gegründete Europarat in den Jahren 1949 und 1952 zwei Entwürfe, die als Vorläufer für eine europäische Gesellschaftsform angesehen werden können, obwohl sie nur für öffentliche Zwecke bzw. behördlich genehmigte Unternehmen gedacht waren; die Vorschläge wurden wegen einer befürchteten Diskriminierung nationaler Gesellschaften nicht weiterverfolgt.[2] Für bestimmte Einzelzwecke wurden dagegen bereits wiederholt spezielle internationale Gesellschaften auf der Grundlage von Staatsverträgen gegründet, wie z. B. die Bank für Internationalen Zahlungsausgleich 1930 und die Gesellschaft für die Finanzierung von Eisenbahnmaterial (Eurofima) 1955, beide mit Sitz in *Basel*.[3]

Jahr	Ereignis auf dem Weg zur Societas Europaea
1926	Vorüberlegungen und Anregung zur Schaffung einer internationalen Handelsgesellschaft auf dem 34. Deutschen Juristentag in Köln auf Antrag *Karl Geilers*
1929 / 1930	Gründung internationaler Gesellschaften für bestimmte Einzelzwecke durch Staatsverträge (Bank für Internationalen Zahlungsausgleich, Basel)
1949 / 1952	Vorlage von zwei Entwürfen für eine europäische Gesellschaftsform durch den Europarat als Vorläufer der SE
1955 / 1959	Gründung internationaler Gesellschaften für bestimmte Einzelzwecke durch Staatsverträge innerhalb Europas (Gesellschaft für die Finanzierung von Eisenbahnmaterial, Basel)

Abb. 1: Chronologie der SE Teil I: Vorläufige Entwicklungen auf dem Weg zur Societas Europaea

2. Forderungen nach Schaffung einer Societas Europaea

Erst 1959, also zweieinhalb Jahre nach der Unterzeichnung des Vertrages zur Gründung der Europäischen Wirtschaftsgemeinschaft in Rom, entstand die konkrete Forderung nach Schaffung einer Aktiengesellschaft europäischen Typs bzw. Rechts, als Ergänzung des nationalen Aktienrechts, formuliert zunächst durch den französischen Notar *Thibièrge*[4] und anschließend durch den niederländischen Rechtswissenschaftler, Professor *Pieter Sanders*.[5] Die Europäische Kommission[6] sah in diesem Grund-

---

[1] Vgl. *Duden, K.*, Aktiengesellschaften, 1962/63, S. 90 f.

[2] Dazu vgl. *Caemmerer, E. v.*, Aktiengesellschaft, 1967, S. 176; *Heinze, M.*, Aktiengesellschaft, 2002, S. 66; *Sanders, P.*, Aktiengesellschaft, 1960, S. 1 f.

[3] Hierzu und zu weiteren internationalen Gesellschaften vgl. *Duden, K.*, Aktiengesellschaften, 1962/63, S. 96 f.; *Sanders, P.*, Aktiengesellschaft, 1960, S. 1 f.; *Wenz, M.*, Societas Europaea, 1993, S. 10 f. m. w. N.

[4] Vgl. *Thibièrge*, C., statut, 1959, S. 270 ff., 352, 360 ff. Dazu vgl. auch *Lutter, M.*, Aktiengesellschaft, 2002, S. 1; *Lutter, M. / Hommelhoff, P.*, Einleitung, 2005, S. 1.

[5] Vgl. *Sanders, P.*, Aktiengesellschaft, 1960, S. 1-5, S. 3: „Was europäisch gedacht ist, kann sich auch europäisch konstituieren und braucht sich für die juristische Form nicht in ein nationales Mäntelchen zu stecken." Dazu vgl. auch *Blanquet, F.*, Statut, 2002, S. 21.

[6] S. *Kommission der Europäischen Gemeinschaften*, Stellungnahme, ABl. EG Nr. 65 v. 19.12.1959, S. 1272. Dazu vgl. auch *Wenz, M.*, Societas Europaea, 1993, S. 12 m. w. N.

gedanken einen wertvollen Beitrag in der verstärkt einsetzenden Diskussion um die Schaffung einer europäischen Gesellschaftsform.

Jahr	Ereignis auf dem Weg zur Societas Europaea
1957	Unterzeichnung der Römischen Verträge zur Gründung der Europäischen Wirtschaftsgemeinschaft (EWG)
1959	Vorschlag zur Schaffung einer Aktiengesellschaft europäischen Typs auf dem 57. Kongress der Notare Frankreichs durch den französischen Notar *Thibièrge*
	Forderung nach Schaffung einer europäischen Aktiengesellschaft durch den niederländischen Rechtswissenschaftler, Professor *Pieter Sanders*
1959	Positive Reaktion der Europäischen Kommission auf die Forderungen nach Schaffung einer europäischen Gesellschaftsform

Abb. 2:   Chronologie der SE Teil II: Forderungen nach Schaffung einer Societas Europaea

3. Vorentwürfe für das Statut einer Societas Europaea

Die Idee einer europäischen Gesellschaftsform wurde zunächst v. a. in *Frankreich* durch den 1962 vorgelegten Entwurf eines Statuts für europäische Gesellschaften des französischen Industrieverbandes[1] sowie durch den 1965 formulierten Vorschlag der französischen Regierung[2] an den Europäischen Rat voran gebracht. Darin regte die Regierung in *Paris* den Abschluss eines Staatsvertrages unter den Mitgliedstaaten über die Schaffung einer Europäischen Handelsgesellschaft durch Einführung gleichlautender Gesetze in den Mitgliedstaaten an.[3] Die Kommission nahm diesen Vorschlag 1966 in einer Denkschrift auf, in der sie die Schaffung europäischer Handelsgesellschaften als Bestandteil zur Verwirklichung des *Gemeinsamen Marktes* herausstellte.[4] Ferner beauftragte die Kommission eine Sachverständigengruppe unter dem Vorsitz von *Pieter Sanders*[5] mit der Ausarbeitung eines ersten Vorentwurfes für das Statut einer einheitlich geregelten Europäischen Aktiengesellschaft, die neben die Gesellschaftsformen nationalen Rechts treten sollte.[6] Da die Rechtsform der Aktiengesellschaft in allen Mitgliedstaaten bekannt war, bezog sich die Schaffung einer Societas Europaea ausschließlich auf die Schaffung einer Europäischen *Aktien*gesellschaft;[7] zudem sollte dadurch der Zugang der SE zum Kapitalmarkt sicher-

---

[1] Dieser bestand aus 194 Artikeln. Umfassend dazu vgl. *Skaupy, W.*, Gesellschaftsrecht, 1966, S. 21-23.
[2] Dazu vgl. *Caemmerer, E. v.*, Aktiengesellschaft, 1967, S. 177 f.
[3] Vgl. *Wenz, M.*, Societas Europaea, 1993, S. 12; sowie auch *Hauschka, C. E.*, Statut, 1990, S. 181 f.
[4] S. *Kommission der Europäischen Wirtschaftsgemeinschaft*, Denkschrift über die Schaffung einer europäischen Handelsgesellschaft, SEK(66) 1250 v. 22.4.1966, S. 1, 6.
[5] Zu weiteren Mitgliedern dieser Sachverständigengruppe vgl. *Wymeersch, E.*, Company Law, 2001, S. 5.
[6] S. *Kommission der Europäischen Wirtschaftsgemeinschaft*, Vorwort, in: *Sanders, P.*, Vorentwurf, 1967, S. 5.
[7] Dessen ungeachtet spricht auch die SE-VO von der Europäischen Gesellschaft, der Societas Europaea (SE), wenngleich sich dahinter ausschließlich die Europäische *Aktien*gesellschaft verbirgt. Zur Termino-

gestellt werden, da dies für die zukünftige Rechtsform europäischer Konzerne und Gemeinschaftsunternehmen für erforderlich gehalten wurde.[1] Schließlich legte *Sanders* und die von ihm geleitete Sachverständigengruppe noch im Jahr 1966 den Vorentwurf für das Statut einer Europäischen Aktiengesellschaft vor, dessen Rechtsgrundlage ein Staatsvertrag zwischen den Mitgliedstaaten bilden sollte.[2]

Jahr	Ereignis auf dem Weg zur Societas Europaea
1962	Entwurf eines Statuts für eine europäische Gesellschaftsform durch den französischen Industrieverband
1965	Vorschlag der französischen Regierung an den Europäischen Rat zur Schaffung einer Europäischen Handelsgesellschaft durch Abschluss eines Staatsvertrages über die Einführung gleichlautender Gesetze in den Mitgliedstaaten
1966	Europäische Kommission erklärt in einer Denkschrift die Schaffung europäischer Handelsgesellschaften als Bestandteil zur Verwirklichung des Gemeinsamen Marktes
1966	Europäische Kommission beauftragt eine Sachverständigengruppe unter dem Vorsitz des niederländischen Professors *Pieter Sanders* mir der Ausarbeitung eines ersten Vorentwurfes für das Statut einer Europäischen Aktiengesellschaft
1966	Vorentwurf für das Statut einer Europäischen Aktiengesellschaft auf der Grundlage eines Staatsvertrages zwischen den Mitgliedstaaten durch die Sachverständigengruppe unter dem Vorsitz von Professor *Pieter Sanders*

Abb. 3: Chronologie der SE Teil III: Vorentwürfe für das Statut einer Societas Europaea

4. Verordnungsvorschläge zur Schaffung des Statuts der Societas Europaea

Der Vorentwurf der Sachverständigengruppe unter der Leitung von *Pieter Sanders* diente als Basis für den ersten Verordnungsvorschlag über das Statut der einheitlich geregelten, supranational-europäischen Rechtsform der Societas Europaea, den die Kommission dem Ministerrat im Jahre 1970 vorlegte;[3] der Verordnungsvorschlag bestand aus 284 Artikeln sowie einem Anhang. Nach umfangreichen Stellungnahmen des Europäischen Parlaments und des Wirtschafts- und Sozialausschusses unterbreitete die Kommission 1975 eine geänderte Fassung mit über 400 Artikeln als Ergänzung zu den Aktiengesellschaften nationalen Rechts.[4] Im Ministerrat konnte

---

logie der SE in den SE-VO-Vorschlägen sowie auch in der SE-VO vgl. insbesondere auch *Neye, H.-W.*, Aktiengesellschaft, 2002, S. 377.

[1] Vgl. *Wenz, M.*, Societas Europaea, 1993, S. 13; *Caemmerer, E. v.*, Aktiengesellschaft, 1967, S. 182.

[2] Vgl. *Sanders, P.*, Vorentwurf, 1967, S. 7, 13-15. Dazu vgl. auch *Wehlau, A.*, Societas Europaea, 1992, S. 475 m. w. N.

[3] S. *Kommission der Europäischen Gemeinschaften*, Verordnungsvorschlag über das Statut einer Societas Europaea, ABl. EG Nr. C 124 v. 10.10.1970, S. 1-55.

[4] S. *Kommission der Europäischen Gemeinschaften*, Vorschlag einer Verordnung des Rates über das Statut für Europäische Aktiengesellschaften, Bulletin der EG, Beilage 4/1975, S. 1-200. Umfassend dazu vgl. *Lutter, M.* (Hrsg.), Europäische Aktiengesellschaft, 1976.

A.III. Entstehungsgeschichte

allerdings keine Einigung über die Struktur der Organe, das Konzern- und Steuerrecht sowie die Fragen der Mitbestimmung der Arbeitnehmer in der Europäischen Aktiengesellschaft erreicht werden.[1] 1982 wurden die Beratungen im Ministerrat daher ausgesetzt; u. a. wollte man die Vorschläge der Kommission zur Harmonisierung des Konzernrechts abwarten,[2] um den Anspruch auf eine *einheitlich geregelte* supranational-europäische Rechtsform als Bestandteil zur Verwirklichung des *Gemeinsamen Marktes* (noch) nicht aufzugeben.

Erst im Rahmen des Weißbuchs über die Vollendung des Europäischen Binnenmarktes wies die Kommission im Jahre 1985 auf das Erfordernis hin, die vorgeschlagene Rechtsform der Europäischen Aktiengesellschaft wie alle anderen Maßnahmen zur Vollendung des *Europäischen Binnenmarktes* bis Ende 1992 zu beschließen.[3] 1987 forderte der Europäische Rat die Kommission auf, „die Anpassung des Gesellschaftsrechts mit dem Ziel der Schaffung einer Gesellschaft europäischen Rechts rasch voranzutreiben."[4] Während die Kommission in ihrem Grundsatzpapier zur Unternehmenspolitik 1988[5] noch an ihrem Verordnungsvorschlag über das einheitlich geregelte Statut der Societas Europaea von 1975 festhielt, deutete sie bereits in ihrem Memorandum von 1988[6] auf einen wesentlich geänderten Vorschlag über das Statut der Europäischen Aktiengesellschaft auf der Grundlage einer neuen Konzeption[7] hin.

Im Jahre 1989 verabschiedete die Kommission einen im Umfang erheblich reduzierten, aus zwei Teilen bestehenden Vorschlag: einen Verordnungsvorschlag mit 137 Artikeln über das Statut einer SE und einen Richtlinienvorschlag hinsichtlich der Stellung der Arbeitnehmer.[8] In einer weiteren, erneut geänderten Fassung von 1991[1]

---

[1] Vgl. *Wenz, M.*, Societas Europaea, 1993, S. 13; sowie auch *Blanquet, F.*, Statut, 2002, S. 23.

[2] S. *Kommission der Europäischen Gemeinschaften*, Statut der Europäischen Aktiengesellschaft, Bulletin der EG, Beilage 5/1989, S. 28.

[3] S. *Kommission der Europäischen Gemeinschaften*, Vollendung des Binnenmarktes, Weißbuch an den Europäischen Rat, KOM(85) 310 endg. v. 14.6.1985, S. 34, Rdnr. 134.

[4] *Kommission der Europäischen Gemeinschaften*, Zweiter geänderter Vorschlag einer Verordnung über das Statut der Europäischen Aktiengesellschaft, KOM(89) 268 endg. – SYN 218 v. 25.8.1989, S. 1. Dazu vgl. auch *Wenz, M.*, Societas Europaea, 1993, S. 14.

[5] S. *Kommission der Europäischen Gemeinschaften*, Mitteilung, Eine Unternehmenspolitik für die Gemeinschaft, KOM(88) 241/2 endg. v. 10.5.1988, S. 19.

[6] S. *Kommission der Europäischen Gemeinschaften*, Memorandum an das Parlament, den Rat und die Sozialpartner, Binnenmarkt und industrielle Zusammenarbeit – Statut für die Europäische Aktiengesellschaft – Weißbuch für die Vollendung des Binnenmarktes, Rdnr. 137, KOM(88) 320 endg. v. 15.7.1988, S. 2, 16-20. Grundlegend dazu vgl. auch *Kohlhepp, K. H.*, Aktiengesellschaft, 1989, S. 88-90.

[7] Dazu vgl. Kapitel IV.1.

[8] S. *Kommission der Europäischen Gemeinschaften*, Zweiter geänderter Vorschlag einer Verordnung über das Statut der Europäischen Aktiengesellschaft, KOM(89) 268 endg. – SYN 218 v. 25.8.1989, Vorschlag einer Richtlinie zur Ergänzung des SE-Statuts hinsichtlich der Stellung der Arbeitnehmer, KOM(89) 268 endg. – SYN 219, v. 25.8.1989. Dazu vgl. *Hommelhoff, P.*, Entwurf, 1990, S. 422-435; *Knobbe-Keuk, B.*, Aktiengesellschaft, 1990, S. 435-441; *Lutter, M.*, Aktiengesellschaft, 1990, S. 413-421.

mit nunmehr nur noch etwas über 100 Artikeln und zahlreichen Verweisungen auf das zumindest teilweise harmonisierte nationale Recht des Sitzstaates der betreffenden SE[2] fanden nach dem Verfahren der Zusammenarbeit die Änderungsanträge des Europäischen Parlaments und des Wirtschafts- und Sozialausschusses Eingang;[3] von einem *einheitlichen* Statut konnte insoweit allerdings nicht mehr die Rede sein.[4]

Jahr	Ereignis auf dem Weg zur Societas Europaea
1970	Verordnungsvorschlag der Europäischen Kommission über das Statut der Europäischen Aktiengesellschaft
1975	Geänderter Verordnungsvorschlag der Europäischen Kommission über das Statut der Europäischen Aktiengesellschaft
1982	Aussetzung der Beratungen im Ministerrat über den Verordnungsvorschlag über das Statut der Europäischen Aktiengesellschaft
1985	Weißbuch über die Vollendung des Europäischen Binnenmarktes der Europäischen Kommission mit der Forderung nach Verabschiedung des Statuts der Europäischen Aktiengesellschaft bis Ende 1992 zur Vollendung des Europäischen Binnenmarktes
1987	Aufforderung des Europäischen Rates an die Europäische Kommission die Schaffung einer Gesellschaft europäischen Rechts rasch voranzutreiben
1988	Europäische Kommission hält in Grundsatzpapier zur Unternehmenspolitik noch am geänderten Verordnungsvorschlag über das Statut der Europäischen Aktiengesellschaft von 1975 fest
1988	Ankündigung der Änderung des Verordnungsvorschlags über das Statut der Europäischen Aktiengesellschaft von 1975 in einem Memorandum durch die Europäische Kommission
1989	Zweiter geänderter Verordnungsvorschlag der Europäischen Kommission über das Statut der Europäischen Aktiengesellschaft mit einer separaten Richtlinie betreffend die Mitbestimmung der Arbeitnehmer
1991	Dritter geänderter Verordnungsvorschlag der Europäischen Kommission über das Statut der Europäischen Aktiengesellschaft mit einer separaten Richtlinie betreffend die Mitbestimmung der Arbeitnehmer
1993	Inkrafttreten des Europäischen Binnenmarktes
1993	Erneute Aussetzung der Beratungen im Ministerrat über den Verordnungsvorschlag über das Statut der Europäischen Aktiengesellschaft

Abb. 4: Chronologie der SE Teil IV: Verordnungsvorschläge zur Schaffung des Statuts der Societas Europaea

---

[1] S. *Kommission der Europäischen Gemeinschaften*, Geänderter Vorschlag einer Verordnung (EWG) des Rates über das Statut der Europäischen Aktiengesellschaft, ABl. EG Nr. C 176 v. 8.7.1991, S. 1-68, Geänderter Vorschlag einer Richtlinie des Rates zur Ergänzung des SE-Statuts hinsichtlich der Stellung der Arbeitnehmer, ABl. EG Nr. C 138 v. 29.5.1991, S. 8-17. Dazu vgl. *Wenz, M.*, Societas Europaea, 1993.

[2] *Lutter, M.*, Aktiengesellschaft, 2002, S. 2, spricht insoweit davon, dass die „Kommission .. die (schlechten) Erfahrungen mit dem (guten) Entwurf von 1975 intensiv berücksichtigt" hat.

[3] Dazu vgl. *Wenz, M.*, Societas Europaea, 1993, S. 15-17.

[4] *Lutter, M.*, Aktiengesellschaft, 1990, S. 414, 420, spricht von einem „Torso" und von „12 oder 24 oder 48 verschiedenen SEs", während *Blanquet, F.*, Statut, 2002, S. 24, auf den hybriden Charakter infolge „einer Kreuzung aus Gemeinschaftsrecht und .. diversen einzelstaatlichen Rechtsordnungen" verweist.

Grundsätzliche Meinungsverschiedenheiten in der Frage der Mitbestimmung führten 1993 erneut zur Aussetzung der Beratungen,[1] während für die in den Jahrzehnten zuvor ebenfalls umstrittenen Regelungsbereiche zur Organstruktur, zum Konzern- und Steuerrecht nahezu keine Bestimmungen mehr enthalten waren;[2] insoweit konnte allerdings auch nicht auf erfolgreich harmonisierte nationale Vorschriften verwiesen und damit auch die 1982 noch geäußerte Hoffnung nicht erfüllt werden. Das Inkrafttreten des Europäischen Binnenmarktes am 01.01.1993 fand schließlich ohne die im Bereich der Rechtsformen erforderliche Einführung der SE statt.

5. Verabschiedung des Statuts der Societas Europaea

1995 schätzte eine Beratergruppe unter dem Vorsitz von *Carlo Ciampi* im sog. *Ciampi*-Bericht[3] das jährliche *Einsparpotenzial* durch die Europäische Aktiengesellschaft, ohne die der *Europäische Binnenmarkt* auch weiterhin unvollendet bleibt, auf € 30 Milliarden. Ein Anlass für die Europäische Kommission, in einer Mitteilung erneut die Schaffung einer optional einsetzbaren Societas Europaea zu fordern; derartige Stimmen waren zuvor auch von Seiten der Unternehmenspraxis deutlich vernehmbar.[4] Eine von der Kommission eingesetzte Expertengruppe unter dem Vorsitz von *Etienne Davignon* zur Überwindung der tiefgreifenden, bislang nicht konsensfähigen Meinungsverschiedenheiten unter den Mitgliedstaaten in der Frage der Mitbestimmung, legte 1997 ihren mutigen Abschlussbericht vor. Dieser sah eine Verhandlungslösung mit einer Auffangregelung anstelle von vermeintlich gleichwertigen Mitbestimmungsmodellen[5] vor;[6] eine Vorgehensweise, die bereits bei der Richtlinie über Europäische Betriebsräte[7] erfolgreich war.[8] Die Vorschläge des *Davignon*-Berichts ermöglichten letzten Endes 1998 die Wiederaufnahme der Beratungen über das Statut der SE; im Nachhinein können sie als entscheidender Schritt auf dem Weg zu dessen Verabschiedung angesehen werden.

---

[1] Vgl. *Blanquet, F.*, Statut, 2002, S. 27; *Lutter, M.*, Aktiengesellschaft, 2002, S. 2.
[2] Anders als diese Regelungebereiche konnte die Frage der Mitbestimmung nicht ungeregelt bleiben, da die unterschiedlichen Besitzstände in den Mitgliedstaaten zu groß waren und v. a. auch aktiv verteidigt wurden.
[3] S. *Competitiveness Advisory Group*, Enhancing European Competitiveness – First Report, Luxembourg, 1995, S. 9. Zu Recht kritisch zu den Berechnungsgrundlagen vgl. *Buchheim, R.*, Aktiengesellschaft, 2001, S. 111.
[4] Vgl. *Blanquet, F.*, Statut, 2002, S. 29.
[5] Dazu hinsichtlich der im SE-RL-Vorschlag 1991 enthaltenen unterschiedlichen Mitbestimmungsmodelle vgl. *Mävers, G.*, Mitbestimmung, 2002, S. 254-262; *Wenz, M.*, Societas Europaea, 1993, S. 159-169.
[6] S. Sachverständigengruppe „European Systems of Worker Involvement", Abschlußbericht, Luxemburg, 1997. Dazu vgl. auch *Heinze, M.*, Aktiengesellschaft, 2002, S. 70-72; *Mävers, G.*, Mitbestimmung, 2002, S. 294-312.
[7] S. Richtlinie 94/45/EG über die Einsetzung eines Europäischen Betriebsrats oder die Schaffung eines Verfahrens zur Unterrichtung und Anhörung der Arbeitnehmer in gemeinschaftsweit operierenden Unternehmen und Unternehmensgruppen v. 22.9.1994, ABl. EG Nr. L 254 v. 30.9.1994, S. 64 ff.
[8] Vgl. *Lutter, M.*, Aktiengesellschaft, 2002, S. 2 f.

Im selben Jahr wurde durch den britischen Ratsvorsitz in der EU die sog. Vorher-Nachher-Lösung zur Mitbestimmung der Arbeitnehmer sowie die Festlegung eines Schwellenwertes für deren Anwendung vorgeschlagen, um das bisherige Mitbestimmungsniveau der Gründungsunternehmen ggf. auch auf Ebene der SE fortzuführen; 14 der damals 15 Mitgliedstaaten stimmten zu, nur *Spanien* blockierte weiterhin.[1]

Jahr	Ereignis auf dem Weg zur Societas Europaea
1995	Schätzung des jährlichen Einsparpotenzials durch die Europäische Aktiengesellschaft auf € 30 Milliarden im *Ciampi*-Bericht
1995	Europäische Kommission fordert in einer Mitteilung erneut die Schaffung der Europäischen Aktiengesellschaft
1997	Abschlussbericht zur Lösung des Streits über die Mitbestimmung der Arbeitnehmer in der Europäischen Aktiengesellschaft (Verhandlungslösung mit Auffangregelung) durch eine Expertengruppe um den ehemaligen Vizepräsidenten der Europäischen Kommission *Etienne Davignon*
1998	Wiederaufnahme der Beratungen im Ministerrat über den Verordnungsvorschlag über das Statut der Europäischen Aktiengesellschaft
1998	Vorschlag einer Vorher-Nachher-Lösung zur Sicherung der Mitbestimmung der Arbeitnehmer in der Europäischen Aktiengesellschaft durch den britischen Ratsvorsitz, dem 14 von 15 Mitgliedstaaten zustimmen
1998	Vorschlag für bestimmte Schwellenwerte zur Anwendung der Vorher-Nachher-Lösung zur Sicherung der Mitbestimmung der Arbeitnehmer in der Europäischen Aktiengesellschaft, dem wiederum 14 von 15 Mitgliedstaaten zustimmen
2000	Europäischer Rat von Nizza stellt Einigung auch in der umstrittenen Frage der Mitbestimmung der Arbeitnehmer in einer Europäischen Aktiengesellschaft durch Gewährung eines Opting-out an *Spanien* fest und fordert den Ministerrat zum Abschluss der Texte betreffend die Europäische Aktiengesellschaft auf
2000	Verordnungsvorschlag über das Statut der Europäischen Aktiengesellschaft mit separater Richtlinie betreffend die Mitbestimmung der Arbeitnehmer wird vom Ministerrat zum Abschluss gebracht
2001	Erlass der Verordnung über das Statut der Europäischen Aktiengesellschaft und der separaten Richtlinie betreffend die Mitbestimmung der Arbeitnehmer durch den Ministerrat
2001 / 2002	Erwägung des Europäischen Parlaments auf Klageerhebung infolge der Verabschiedung der Verordnung über das Statut der Europäischen Aktiengesellschaft auf einer seiner Ansicht nach fragwürdigen Rechtsgrundlage – auf Klageeinreichung wird aber verzichtet
2002	Übernahme der Verordnung über das Statut der Europäischen Aktiengesellschaft durch den Gemeinsamen Ausschuss des EWR in den Rechtsbestand des Abkommens über den Europäischen Wirtschaftsraum

Abb. 5: *Chronologie der SE Teil V: Verabschiedung des Statuts der Societas Europaea*

Eine Einigung auch mit *Spanien* konnte erst im Europäischen Rat von Nizza erzielt werden, in dem *Spanien* neben anderweitigen politischen Zugeständnissen (und al-

---

[1] Vgl. *Blanquet, F.*, Statut, 2002, S. 28-32; *Heinze, M.*, Aktiengesellschaft, 2002, S. 70-76.

len anderen Mitgliedstaaten) ein Opting-out von der Auffangregelung bei der Gründung einer SE im Wege der grenzüberschreitenden Verschmelzung zugestanden wurde.[1] Daraufhin forderte der Europäische Rat von Nizza den Ministerrat zum Abschluss der Texte betreffend die Schaffung des Statuts der SE noch vor dem Ende des Jahres 2000 auf; deren Abschluss erfolgte am 20. Dezember 2000.

Nach der über 50 Jahre währenden Entstehungsgeschichte der Europäischen Aktiengesellschaft wurden sowohl die SE-VO als auch die SE-RL am 08. Oktober 2001 vom Europäischen Ministerrat verabschiedet. Auf die vom Europäischen Parlament zunächst erwogene Einreichung einer Klage auf Anfechtung der SE-VO infolge fragwürdiger Rechtsgrundlage[2] wurde – auch auf erhebliches Drängen des europäischen Industrieverbandes – unmittelbar vor Ablauf der Klagefrist verzichtet,[3] um die europaweite Einführung der Europäischen Aktiengesellschaft nicht zu gefährden. Im Anschluss daran hat auch der Gemeinsame Ausschuss des EWR am 25. Juni 2002 beschlossen,[4] die SE-VO und die SE-RL in den Rechtsbestand des EWR-Abkommens zu übernehmen.[5] Auch die drei EWR-Staaten (genauer: EWR-EFTA-Staaten) *Island, Liechtenstein* und *Norwegen* waren daher verpflichtet, bis zum 08. Oktober 2004 die jeweilige nationale Begleitgesetzgebung zur SE-VO und zur SE-RL zu erlassen.

6. Inkrafttreten des Statuts der Societas Europaea

Nach der über 50-jährigen Entstehungsgeschichte steht die erste wirklich supranational-europäische Rechtsform einer SE sowohl den Unternehmen in den Mitgliedstaaten der EU als auch des EWR seit dem 08. Oktober 2004 europaweit zur Verfügung; dem Tag, an dem die SE-VO in Kraft getreten ist[6] und bis zu dem die Mitgliedstaaten zur Einführung der erforderlichen nationalen Ausführungsgesetze zur SE-VO sowie der nationalen Transformationsgesetze zur SE-RL verpflichtet waren.[7] Ungeachtet dieser Frist, die punktgenau nur von wenigen Mitgliedstaaten eingehalten wurde, konnten die Unternehmen dennoch unmittelbar ab dem 08. Oktober 2004 von der Rechtsform einer SE in ganz Europa Gebrauch machen, da die SE-VO exakt

---

[1] Dabei ist allerdings zu beachten, dass die Gründung einer SE im Wege der grenzüberschreitenden Verschmelzung unter Beteiligung einer spanischen Gründungsgesellschaft nur dann möglich sein wird, sofern auch die weiteren Gründungsgesellschaften nicht der Mitbestimmung unterlegen haben oder eine Vereinbarung über die Beteiligung der Arbeitnehmer in der SE beschlossen wurde (s. Art. 12 Abs. 2 SE-VO). Im Einzelnen dazu vgl. auch den Beitrag von *Köstler* in diesem Band.
[2] Zur Rechtsgrundlage der SE-VO und der SE-RL vgl. Kapitel V.1.
[3] Dazu vgl. *Neye, H.-W.*, Aktiengesellschaft, 2002, S. 377.
[4] S. *Beschluss des Gemeinsamen EWR-Ausschusses* Nr. 93/2002 v. 25.06.2002 zur Änderung des Anhangs XXII (Gesellschaftsrecht) des EWR-Abkommens.
[5] S. EWR-Abkommen, Anhang XXII, Nr. 10a.01 (32001 R 2157).
[6] S. Art. 70 SE-VO.
[7] S. Art. 14 Abs. 1 SE-RL.

seit diesem Zeitpunkt als unmittelbar in allen Mitgliedstaaten geltender Rechtsakt europaweit Gültigkeit hat. Mittlerweile wurde in den meisten Mitgliedstaaten der EU und des EWR eine SE-spezifische Begleitgesetzgebung erlassen.[1] Gegenwärtig steht diese nur noch in *Griechenland, Irland, Liechtenstein, Luxemburg, Spanien* und *Slowenien* aus, wobei speziell in *Liechtenstein* das nationale Gesetzgebungsverfahren bis Ende 2005 abgeschlossen sein soll.[2]

Jahr	Ereignis auf dem Weg zur Societas Europaea
2004	Inkrafttreten der Verordnung über das Statut der Europäischen Aktiengesellschaft
2004	Frist zur Umsetzung der Richtlinie betreffend die Mitbestimmung der Arbeitnehmer in der Europäischen Aktiengesellschaft – Zeitpunkt, bis zu dem die nationalen Ausführungsgesetze verabschiedet sein müssen
2004/2005	Verabschiedung nationaler Ausführungsgesetze zur Verordnung über das Statut der Europäischen Aktiengesellschaft und nationaler Transformationsgesetze zur Richtlinie betreffend die Mitbestimmung der Arbeitnehmer in der Europäischen Aktiengesellschaft

Abb. 6: Chronologie der SE Teil VI: Inkrafttreten des Statuts der Societas Europaea

IV. Grundkonzeption

1. Vollendung des Europäischen Binnenmarktes

Die Schaffung der Rechtsform einer Europäischen Aktiengesellschaft steht in unmittelbarem Zusammenhang mit den Zielsetzungen des EG-Vertrages, namentlich der Verwirklichung des *Gemeinsamen Marktes* sowie der Vollendung des *Europäischen Binnenmarktes*;[3] für die Konkretisierung der übergeordneten Zielsetzung der SE müssen allerdings auch die *Unterschiede* zwischen den beiden Konzeptionen zur wirtschaftlichen Integration in der EU beachtet werden.

Der *Europäische Binnenmarkt*[4] wird insbesondere durch die Grundfreiheiten des EG-Vertrages[5] und – dem entsprechend – auch des EWR-Abkommens,[6] die auch als binnenmarktspezifische Freiheitsgrade verstanden werden können, legal definiert und gewährleistet. Er kann entsprechend der damit in Zusammenhang stehenden

---

[1] Ausführlich dazu vgl. den Beitrag von *Schindler* und *Teichmann* in diesem Band.
[2] S. *Regierung des Fürstentums Liechtenstein*, Vernehmlassungsbericht betreffend die Schaffung eines Ausführungsgesetzes und eines Beteiligungsgesetzes zur Europäischen Gesellschaft, April 2005, abrufbar unter www.llv.li/pdf-llv-rk-vernehml_2005_europgesell-2.pdf.
[3] S. Art. 2-4 EG-Vertrag.
[4] S. Art. 14 Abs. 2 EG-Vertrag: „Der Binnenmarkt umfasst einen Raum ohne Binnengrenzen, in dem der freie Verkehr von Waren, Personen, Dienstleistungen und Kapital ... gewährleistet ist."
[5] S. Art. 17-69, 294 EG-Vertrag.
[6] S. Art. 8-52 EWR-Abkommen.

Europäischen Marktrechtsordnung durch einen intensiven grenzüberschreitenden Wettbewerb sowohl zwischen einzelnen Unternehmen als auch zwischen Standorten, mithin der verschiedenen nationalen Rechtsordnungen und -systeme gekennzeichnet werden (Integration durch Wettbewerb). Dagegen ist der *Gemeinsame Markt* darüber hinaus auch durch die Verschmelzung der nationalen Märkte zu einem einheitlichen Markt ohne jegliche v. a. staatsinduzierte Wettbewerbsverzerrungen gekennzeichnet und setzt insoweit auch die gemeinschaftliche Koordination der einzelstaatlichen Wirtschafts- und Steuerpolitik der Mitgliedstaaten voraus (Integration durch Wettbewerb *und* Intervention).[1]

Während die SE-VO-Vorschläge 1970 und 1975 noch davon ausgingen, dass die Schaffung der SE einen Bestandteil zur Verwirklichung des *Gemeinsamen Marktes* darstellt,[2] sind die SE-VO-Vorschläge 1989 und 1991 als rechtspolitische Maßnahme zur Vollendung des *Europäischen Binnenmarktes* zu verstehen.[3] Die SE war zunächst also dafür gedacht, den *einheitlichen* Gemeinsamen Markt durch eine ebenfalls *einheitliche* europäische Rechtsform auf der Grundlage eines vollständig eigenständigen europäischen Aktiengesetzes zu verwirklichen.[4] Wie zuvor dargestellt, scheiterte dieses Vorhaben aber daran, dass sich die Mitgliedstaaten nicht von ihren nationalen Aktienrechtstraditionen lösen und auf ein davon unabhängiges Statut mit national bislang unbekannten Bestimmungen und Konzeptionen einigen konnten.

Durch die Wiederbelebungsversuche des SE-Projekts in Zusammenhang mit dem Inkrafttreten des Europäischen Binnenmarktes änderte sich dementsprechend auch die Zielsetzung des EG-Vertrages, die der Schaffung einer SE zugrunde liegt. Fortan war sie (nur noch) als supranational-europäische Rechtsform zur Vollendung des *Europäischen Binnenmarktes*, die dementsprechend über sämtliche binnenmarktspezifischen Freiheitsgrade verfügen soll, konzipiert,[5] u. a. um dadurch auch die Unternehmens- an die Europäische Marktrechtsordnung anzupassen.[6]

Der entscheidende *Unterschied* besteht folglich darin, dass die SE-VO per se *kein einheitliches Regelungsstatut* mehr darstellt, sondern sowohl der Bezugnahme auf die Vorschriften des jeweiligen (harmonisierten) nationalen Rechts, insbesondere des Sitzstaats der SE, als auch der verstärkten Verankerung von Wettbewerbselementen z. B. durch die Gewährung von rechtsformspezifischen Unternehmenswahl-

---

[1] Grundlegend dazu vgl. insbesondere *Eyles, U.*, Niederlassungsrecht, 1990, S. 15-19; *Mussler, W. / Streit, M.*, Strategien, 1996, S. 266-280; *Zacker, C.*, Binnenmarkt, 1989, S. 489 f.
[2] S. *Kommission der Europäischen Wirtschaftsgemeinschaft*, Denkschrift über die Schaffung einer europäischen Handelsgesellschaft, SEK(66) 1250 v. 22.4.1966, S. 1, 6. Dazu vgl. auch Kapitel III.3., III.4.
[3] S. Erwägungsgrund Nr. 1 SE-VO-Vorschlag 1991. Dazu vgl. *Wenz, M.* European Company, 2004, S. 6; und ferner Kapitel III.4., III.5.
[4] Vgl. *Lutter, M.*, Aktiengesellschaft, 2002, S. 1; *Lutter, M. / Hommelhoff, P.*, Einleitung, 2005, S. 1 f.; *Wenz, M.*, Societas Europaea, 1993, S. 27, 35 f.
[5] S. Erwägungsgründe Nr. 1-5 SE-VO-Vorschlag 1991; Erwägungsgründe Nr. 1-4, 6 SE-VO.
[6] Zum gesamten Zielsystem der SE vgl. Kapitel IV.2.

rechten offen gegenüber steht.¹ Dieser Ansatz nimmt somit Bezug auf die bislang erreichten Fortschritte in der Harmonisierung nationalen Rechts, akzeptiert die gegenseitige Anerkennung der bestehenden gesellschaftsrechtlichen Standards in den Mitgliedstaaten und stellt auf mehr Eigenverantwortlichkeit und Regelungsautonomie,² mithin auf mehr Vielheit statt Einheit ab.³ Nur dort, wo eine einheitliche supranational-europäische Regelung zwingend erforderlich ist, um die Kernbereiche der SE zu bestimmen und v. a. deren grenzüberschreitende Einsatz- und Anwendungsmöglichkeiten gemeinschaftsweit zu gewährleisten, bleiben weitgehend einheitliche Regelungen der SE-VO vorbehalten⁴ (Ausfluss des Subsidiaritätsprinzips).⁵

Dieser *Paradigmenwechsel* in der übergeordneten Zielsetzung der SE ist bis heute nicht hinreichend gewürdigt und erkannt worden,⁶ stellt aber eine der Grundvoraussetzungen für das Verständnis der spezifischen Charakteristika der SE entsprechend der nunmehr verabschiedeten Fassung der SE-VO dar.⁷ *Entscheidend* ist somit, dass die SE insbesondere über sämtliche binnenmarktspezifischen Freiheitsgrade verfügt und dadurch die bestehenden Hindernisse für grenzüberschreitende Aktivitäten von Unternehmen im Europäischen Binnenmarkt überwunden werden können, welche die Effizienz und Wettbewerbsfähigkeit wirtschaftlichen Handelns in Europa seit Jahrzehnten hinsichtlich der Ausgestaltung der statutarischen Organisationsstruktur von Unternehmen beeinträchtigen;⁸ diesem konzeptionellen Verständnis der SE entsprechend ist es dagegen irrelevant, ob es mit der Einführung der SE in „Wahrheit" 28 oder – aufgrund verschiedener Corporate Governance-Systeme – 56 verschiedene SE-Formen geben wird. Dadurch und durch die Verankerung von Wettbewerbselementen in der SE-VO eröffnet die SE ferner auch einen Wettbewerb der nationalen Gesellschaftsrechtssysteme sowie der Rechtsformen.⁹

---

1   Dazu s. Erwägungsgründe Nr. 9, 14 SE-VO.
2   Dazu vgl. auch *Wehlau, A.*, Societas Europaea, 1992, S. 477, 505; *Grundmann, S.*, Wettbewerb, 2001, S. 801 f.; *Hommelhoff, P.*, Wettbewerb, 2001, S. 4; *Hauschka, C. E.*, Entwicklungslinien, 1990, S. 96-103.
3   Vgl. *Grundmann, S.*, Gesellschaftsrecht, 2004, S. 2402-2406.
4   *Lutter* und *Hommelhoff* gehen daher davon aus, dass höchstens 40% des auf eine SE anwendbaren Rechts europäisch sind. Vgl. *Lutter, M. / Hommelhoff, P.*, Einleitung, 2005, S. 2.
5   S. Art. 5 EG-Vertrag; Erwägungsgrund Nr. 29 SE-VO.
6   Dazu mit verschiedenen Schwerpunkten vgl. z. B. *Heinze, M.*, Aktiengesellschaft, 1997, S. 297; *Hommelhoff, P.*, Organisationsverfassung, 2001, S. 285; *Kallmeyer, H.*, Aktiengesellschaft, 1990, S. 103-106; *Lutter, M.*, Aktiengesellschaft, 1990, S. 414, 420 f.; *Merkt, H.*, Aktiengesellschaft, 1992, S. 652, 660 f.; *Trojan-Limmer, U.*, Aktiengesellschaft, 1991, S. 1012 f.; *Wiesner, P. M.*, Kompromiss, 2001, S. 397 f.
7   Dazu vgl. auch *Wehlau, A.*, Societas Europaea, 1992, S. 477 f., 505 f.; *Wenz, M.* European Company, 2004, S. 6. Zumindest auf das Ergebnis Bezug nehmend vgl. *Lutter, M. / Hommelhoff, P.*, Einleitung, 2005, S. 1 f.
8   Speziell dazu vgl. auch *Wymeersch, E.*, Company Law, 2001, S. 21, 44.
9   Dazu vgl. auch *Lutter, M. / Hommelhoff, P.*, Einleitung, 2005, S. 2. Allgemein zu den Voraussetzungen eines Wettbewerbs der Systeme, insbesondere der nationalen Rechtsordnungen, vgl. *Dreher, M.*, Wettbewerb, 1999, S. 108 f. Dazu vgl. Kapitel VI.4.

A.IV. Grundkonzeption

Im Ergebnis kann durch die SE folglich die Europäische Unternehmensrechtsordnung an die Europäische Marktrechtsordnung angepasst und insoweit auch die Zielsetzung des EG-Vertrages, die *Vollendung des Europäischen Binnenmarktes* im Bereich der Rechtsformen, sowohl anwendungs- bzw. faktorbezogen als auch institutionell bzw. wettbewerbsbezogen erreicht werden. Über die positiv zu beantwortende Frage, inwieweit die Einheitlichkeit der SE-VO zudem wünschenswert ist, und welche Anwendungsprobleme sich bei einer nicht einheitlich geregelten SE ergeben können, ist dadurch aber noch nichts gesagt.

2. Zielsystem

Ausgehend von den *Zielen des EG-Vertrages* liegt der Schaffung der Europäischen Aktiengesellschaft das *Ziel der Vollendung des Europäischen Binnenmarktes* auch im Bereich der Rechtsformen[1] zur *Realisierung von Effizienzsteigerungen* aufgrund verminderter Transaktions- und Organisations(form)kosten zugrunde. Unternehmen und Konzerne, die im Europäischen Binnenmarkt gemeinschaftsweit agieren, sollen sich eines angemessenen rechtlich-institutionellen Rahmens bedienen können, um wirklich europäische Unternehmen herausbilden und die nationalen Hoheits- und Ländergrenzen überwinden, aber auch um mit amerikanischen und japanischen Unternehmen und Konzernen auf globaler Ebene konkurrieren und entsprechende Größenvorteile (economies of scale, scope and speed)[2] erzielen zu können.[3]

Damit verbunden ist folgendes komplexes *Zielsystem* der SE (vgl. auch die nachstehende Abbildung 7, S. 40[4]):

---

[1] S. Art. 14 Abs. 2 EG-Vertrag, Erwägungsgründe Nr. 1, 4, 8 SE-VO. Dazu vgl. auch *Blanquet, F.*, Statut, 2002, S. 29 f., 33, 62; *Maul, S. / Wenz, M.*, Einsatzmöglichkeiten, 2005, S. 261; *Wenz, M.*, Societas Europaea, 1993, S. 35 f.; *Wenz, M.*, Einsatzmöglichkeiten, 2003, S. 186 f.; *Wenz, M.* European Company, 2004, S. 4-6; *Wymeersch, E.*, Company Law, 2001, S. 27; sowie auch den *Ciampi*-Bericht: *Competitiveness Advisory Group*, Enhancing European Competitiveness – First Report, Luxembourg, 1995, S. 9.

[2] Dazu vgl. Kapitel II.1.

[3] Grundlegend dazu vgl. *Wenz, M.*, Einsatzmöglichkeiten, 2003, S. 186; sowie auch *Blanquet, F.*, Statut, 2002, S. 24, 28, 30; *Wehlau, A.*, Societas Europaea, 1992, S. 473, 476; *Wenz, M.*, Societas Europaea, 1993, S. 39 f.

[4] Überarbeitete Version aus *Wenz, M.*, Societas Europaea, 1993, S. 44. Auf die Urversion abstellend vgl. beispielsweise *Bleicher, K.*, Normatives Management, 1994, S. 329-333; *Buchheim, R.*, Aktiengesellschaft, 2001, S. 116-122.

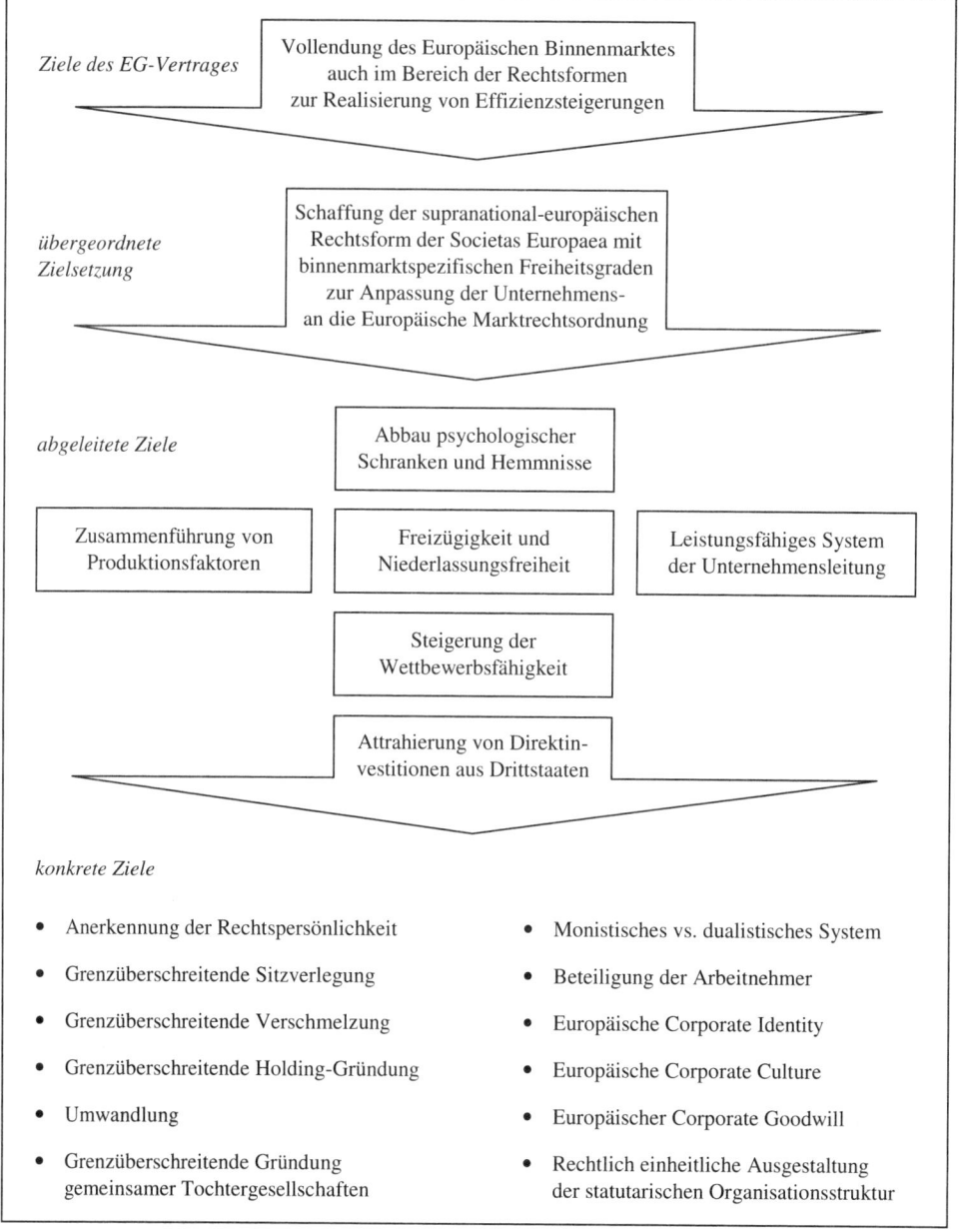

Abb. 7: Zielsystem der Societas Europaea

Die *übergeordnete Zielsetzung* der SE besteht in der Schaffung einer supranational-europäischen Rechtsform der Europäischen Aktiengesellschaft, die über sämtliche

A.IV. Grundkonzeption

binnenmarktspezifischen Freiheitsgrade verfügt und dadurch zur Anpassung der Unternehmens- an die Europäische Marktrechtsordnung führt.[1] Den Unternehmen im Binnenmarkt soll folglich eine Rechtsform zur Verfügung gestellt werden, die zum Abbau psychologischer Schranken und Hemmnisse beiträgt und über die gleiche Freizügigkeit und Niederlassungsfreiheit sowie dieselben Möglichkeiten der Zusammenführung von Produktionsfaktoren verfügt, wie Rechtsformen nationalen Rechts im jeweiligen nationalen Markt;[2] die Rechtsform einer SE soll darüber hinaus auch über ein leistungsfähiges System der Unternehmensleitung verfügen[3] und die Möglichkeit zur Attrahierung von Direktinvestitionen aus Drittstaaten besitzen[4] (*abgeleitete Zielsetzung*). Um diese abgeleiteten Ziele zu erreichen, hat die SE eine Vielzahl von *konkreten Zielsetzungen* zu erfüllen:

- Uneingeschränkte *Anerkennung der Rechtspersönlichkeit* der SE in allen 28 Mitgliedstaaten der EU und des EWR,[5]
- Identitätswahrende *grenzüberschreitende Sitzverlegung* der SE,[6]
- *Grenzüberschreitende Verschmelzung* von Aktiengesellschaften nationalen Rechts zu einer SE,[7]
- *Grenzüberschreitende Errichtung einer Holding*-SE durch Aktiengesellschaften und Gesellschaften mit beschränkter Haftung nationalen Rechts,[8]
- *Umwandlung* von Aktiengesellschaften nationalen Rechts in eine SE,[9]
- *Grenzüberschreitende Gründung gemeinsamer Tochtergesellschaften* in der Rechtsform einer SE durch Gesellschaften des bürgerlichen und des Handelsrechts sowie juristische Personen des öffentlichen oder privaten Rechts,[10]
- *Gründung* von *Tochtergesellschaften* in der Rechtsform einer SE durch bestehende *SE*,

---

[1] S. auch Erwägungsgründe Nr. 4, 6 SE-VO. Dazu vgl. auch *Wenz, M.*, Einsatzmöglichkeiten, 2003, S. 186 f.; *Wenz, M.* European Company, 2004, S. 6.
[2] S. Erwägungsgründe Nr. 1-8 SE-VO. Dazu vgl. auch *Wenz, M.*, Einsatzmöglichkeiten, 2003, S. 187; *Wymeersch, E.*, Company Law, 2001, S. 17, 39.
[3] S. Erwägungsgrund Nr. 14 SE-VO. Dazu vgl. auch *Wenz, M.*, Einsatzmöglichkeiten, 2003, S. 187; sowie den Beitrag von *Theisen* und *Hölzl* in diesem Band.
[4] Dazu vgl. *Wehlau, A.*, Societas Europaea, 1992, S. 507 f. m. w. N.; *Wenz, M.* European Company, 2004, S. 6; sowie auch *Blanquet, F.*, Statut, 2002, S. 64.
[5] S. auch Erwägungsgründe Nr. 1-6 SE-VO. Dazu vgl. auch *Wenz, M.*, Societas Europaea, 1993, S. 36.
[6] S. Erwägungsgründe Nr. 5, 24 SE-VO. Dazu vgl. auch *Wehlau, A.*, Societas Europaea, 1992, S. 506.
[7] S. Erwägungsgrund Nr. 10 SE-VO. Dazu vgl. auch *Blanquet, F.*, Statut, 2002, S. 25.
[8] S. Erwägungsgrund Nr. 10 SE-VO. Dazu vgl. auch *Buchheim, R.*, Aktiengesellschaft, 2001, S. 121.
[9] S. Erwägungsgrund Nr. 11 SE-VO. Dazu vgl. auch *Teichmann, C.*, Einführung, 2002, S. 439-441.
[10] S. Erwägungsgrund Nr. 10 SE-VO. Dazu vgl. auch *Wenz, M.*, Societas Europaea, 1993, S. 39-41.

- *Rechtlich einheitliche Ausgestaltung der statutarischen Organisationsstruktur* von gemeinschaftsweit tätigen Unternehmen mit unselbstständigen Niederlassungen in anderen Mitgliedstaaten,[1]
- *Auswahlfreiheit zwischen dualistischem und monistischem System* der Unternehmensleitung, die u. a. auch den Bedürfnissen und Anforderungen des Kapitalmarktes entspricht,[2]
- *Beteiligung der Arbeitnehmer* an Entscheidungen, die den Geschäftsverlauf der SE betreffen,[3]
- Entwicklung einer *Europäischen Corporate Identity*, einer *Europäischen Corporate Culture* und eines *Europäischen Corporate Goodwill* der SE.[4]

Ausgehend von den konkreten Zielen, die mit der Schaffung der Europäischen Aktiengesellschaft verbunden und von dieser – wie in den verschiedenen Beiträgen dieses Werkes im Einzelnen dargelegt und analysiert wird – auch grundsätzlich erfüllt werden können, kann der SE in der verabschiedeten Fassung konstatiert werden, dass sie insoweit auch die abgeleiteten Ziele, die mit ihrer Einführung verbunden sind, erfüllen kann. Ungeachtet ihrer rechtlichen Komplexität aufgrund des Zusammenwirkens von einheitlichem Recht der SE-VO, nationalen SE-AG und differenziertem, zumindest teilweise harmonisiertem Recht der einzelnen Mitgliedstaaten,[5] kann die SE, die über sämtliche binnenmarktspezifischen Freiheitsgrade verfügt, den Europäischen Binnenmarkt im Bereich der Rechtsformen vollenden und insoweit auch die Europäische Unternehmens- an die Europäische Marktrechtsordnung anpassen: Erfüllung der übergeordneten Zielsetzung und derjenigen des EG-Vertrages.

3. Charakteristika und rechtsformspezifische Vorteile

Die Societas Europaea stellt in der am 08. Oktober 2001 verabschiedeten Fassung die erste supranational-europäische Organisationsform wirtschaftlichen Handelns im Europäischen Binnenmarkt dar, die den Unternehmen alternativ zu den Rechtsformen nationalen Rechts zur Verfügung steht. Sie ist eine Gesellschaft europäischen Rechts mit eigener Rechtspersönlichkeit,[6] die in das jeweilige Register ihres Sitz-

---

[1] S. Erwägungsgrund Nr. 4 SE-VO. Vgl. auch *Petri, S. / Wenz, M.*, Aktiengesellschaft, 2004, S. 3 f.; *Maul, S. / Wenz, M.*, Einsatzmöglichkeiten, 2005, S. 261, 264.
[2] S. Erwägungsgrund Nr. 14 SE-VO. Vgl. *Hommelhoff, P.*, Organisationsverfassung, 2001, S. 282-284; *Maul, S. / Wenz, M.*, Einsatzmöglichkeiten, 2005, S. 264.
[3] S. Erwägungsgründe Nr. 19, 21 SE-VO. Dazu vgl. auch *Hommelhoff, P. / Teichmann, C.*, Aktiengesellschaft, 2002, S. 6 f.
[4] S. auch Erwägungsgrund Nr. 3 SE-VO. Dazu vgl. auch *Buchheim, R.*, Aktiengesellschaft, 2001, S. 242-245; *Wehlau, A.*, Societas Europaea, 1992, S. 507.
[5] Dazu vgl. Kapitel V.2.
[6] S. Art. 1 SE-VO.

A.IV. Grundkonzeption

staates, an dem sich auch ihre Hauptverwaltung befinden muss, einzutragen ist,[1] deren Kapital in Aktien zerlegt ist und deren Grundkapital mindestens € 120.000,- zu betragen hat.[2] Eine SE kann nur nach bestimmten Gründungsformen von Unternehmen mit einer bestimmten Rechtsform sowie unter Berücksichtigung räumlich und zeitlich genau festgelegter Aspekte der Mehrstaatlichkeit errichtet werden (numerus clausus);[3] sie verfügt entweder über ein monistisches oder dualistisches System der Unternehmensleitung und -überwachung (Corporate Governance)[4] und kann erst eingetragen werden, wenn insbesondere eine unternehmensindividuelle Vereinbarung über die Beteiligung der Arbeitnehmer entsprechend den Vorgaben der SE-RL getroffen wurde.[5] Ihrer Firmenbezeichnung ist der Zusatz „SE" voran- oder nachzustellen.[6]

In ihren Grundzügen ist die SE in einer EG-Verordnung (SE-VO) geregelt, die aus 70 Artikeln besteht, in allen Mitgliedstaaten unmittelbar anwendbar und am 08. Oktober 2004 in Kraft getreten ist. Aufgrund der verschiedenen Verweisungen und Ermächtigungen in der SE-VO, die insbesondere auf die Bestimmungen des nationalen Aktienrechts des Sitzstaats der SE verweisen, sowie der Notwendigkeit, die SE in die gegebene Rechtsordnung der Mitgliedstaaten zu integrieren, war darüber hinaus die Verabschiedung von nationalen Ausführungsgesetzen in den einzelnen Mitgliedstaaten bis zum 08. Oktober 2004 erforderlich.[7] Ferner musste die EG-Richtlinie (SE-RL), welche die Regelungen zur Mitbestimmung der Arbeitnehmer beinhaltet, bis zu diesem Tag in nationales Recht transformiert sein.[8]

Besonders hervorzuheben ist, dass es den Unternehmen durch die Einführung der Rechtsform einer SE nunmehr erstmals auf der Grundlage eines europarechtlich abgesicherten Verfahrens möglich sein wird, sich grenzüberschreitend zu verschmelzen[9] sowie ihren Sitz über die Grenze von einem Mitgliedstaat der EU oder des EWR in einen anderen identitätswahrend zu verlegen.[10] Dadurch können sich die Unternehmen im gesamten Europäischen Binnenmarkt nunmehr auch grenzüberschreitend neu strukturieren, reorganisieren und zusammenschließen. An die Stelle der ersatzweise bislang erforderlichen, teilweise äußerst komplexen rechtlichen

---

[1] S. Art. 7, 12 SE-VO.
[2] S. Art. 1, 4 SE-VO. Insofern wird sie auch als Rechtsform für Großunternehmen angesehen. Dazu vgl. *Hommelhoff, P. / Teichmann, C.*, Aktiengesellschaft, 2001, S. 3; *Teichmann, C.*, Einführung, 2002, S. 388 f.
[3] S. Art. 2-3 SE-VO.
[4] S. Art. 38 SE-VO.
[5] S. Art. 12 SE-VO.
[6] S. Art. 11 Abs. 1 SE-VO.
[7] S. auch Art. 68 Abs. 1 SE-VO.
[8] Zum Gang des Gesetzgebungsverfahrens speziell in *Deutschland* vgl. *Neye, H.-W.*, Aktiengesellschaft, 2005, S. 1-4.
[9] Speziell dazu vgl. den Beitrag von *Neun* in diesem Band.
[10] Speziell dazu vgl. den Beitrag von *Wenz* in diesem Band.

Strukturen, können Organisationsstrukturen treten, die wesentlich einfacher sind und den geänderten Rahmenbedingungen im Europäischen Binnenmarkt Rechnung tragen sowie mit geringeren Transaktions- und Organisations(form)kosten einhergehen.[1]

Auch bestehende Unternehmen und Konzerne können zukünftig in einer klar strukturierten, auch *rechtlich einheitlichen Organisationsstruktur* durch eine einzige SE mit rechtlich unselbstständigen Niederlassungen in den anderen Mitgliedstaaten europaweit agieren. Dadurch können nicht nur Entscheidungswege verkürzt, sondern insbesondere auch die Organisations- und Verwaltungskosten für zahlreiche Tochtergesellschaften und deren jeweilige Organisation, Verwaltung, Führung, Überwachung, Rechnungslegung, Prüfung, Publizität und Hauptversammlung etc. eingespart oder zumindest erheblich reduziert werden.[2] Diese Möglichkeit ist insbesondere für gemeinschaftsweit über Länder- und Hoheitsgrenzen hinweg *zentral* organisierte Unternehmen, beispielsweise auch aus Drittstaaten, von Interesse, da sie insoweit auch ihre statutarische Organisationsstruktur an die gewählte strategische Ausrichtung europaweit anpassen können.[3]

Als geradezu revolutionär kann zudem die Einführung von Wettbewerbselementen in die SE-VO[4] angesehen werden, die über die Rechtsform der SE auch in die Mitgliedstaaten diffundieren werden.[5] Zu nennen sind über die Möglichkeiten der grenzüberschreitenden Restrukturierung und Sitzverlegung hinaus v. a. die Auswahlfreiheit zwischen einem dualistischen und einem monistischen System der Unternehmensleitung und -überwachung, aber auch die zumindest im Grundsatz eigenverantwortlich verhandelbare sowie europaweit einheitliche ausgestaltbare Beteiligung der Arbeitnehmer an den Entscheidungsprozessen in der SE.

Darüber hinaus verfügt die SE über einen rechtsformspezifischen Europäischen Corporate Goodwill und kann zur Herausbildung einer unternehmensindividuellen Europäischen Corporate Identity und Culture beitragen.[6] Bei einem Zusammenschluss bislang eigenständiger Unternehmen und Konzerne können dadurch im In-

---

[1] S. *Europäische Kommission*, Aktionsplan für den Finanzbinnenmarkt, COM(1999)232 v. 11.5.1999, S. 8. Vgl. ferner auch *Teichmann, C.*, Einführung, 2002, S. 385; *Monti, M.*, Statut, 1997, S. 607 f.; *Wehlau, A.*, Societas Europaea, 1992, S. 502, 507. Zu den Einsatzmöglichkeiten der SE vgl. den Beitrag von *Wenz* in diesem Band.
[2] Dazu vgl. *Wenz, M.*, Einsatzmöglichkeiten, 2003, S. 187; sowie auch *Blanquet, F.*, Statut, 2002, S. 64; *Bungert, H. / Beier, C. H.*, Europäische Aktiengesellschaft, 2002, S. 9; *Maul, S. / Wenz, M.*, Einsatzmöglichkeiten, 2005, S. 264; und ferner *Wymeersch, E.*, Company Law, 2001, S. 17.
[3] Dazu vgl. auch Kapitel II.2. Zu konkreten Anwendungsmöglichkeiten vgl. den Beitrag von *Wenz* in diesem Band.
[4] Dazu vgl. auch *Hommelhoff, P.*, Wettbewerb, 2001, S. 2 f.; und ferner zu dem durch die SE induzierten Wettbewerb der Rechtsordnungen *Teichmann, C.*, Einführung, 2002, S. 400-402.
[5] Dazu vgl. auch Kapitel IV.4.
[6] Dazu vgl. *Buchheim, R.*, Aktiengesellschaft, 2001, S. 242-245; *Kallmeyer, H.*, Optionen, 2003, S. 200.

nenverhältnis vielfältige psychologische Schranken und Hemmnisse sowie Nationalitätseffekte vermieden oder zumindest erheblich reduziert, gemeinsame Ziele und Wertvorstellungen auf europäischer Ebene neu bestimmt und soziale Integrationseffekte ohne „Gewinner" und „Verlierer" erzielt werden. Im Außenverhältnis kann die neu entstandene Unternehmensverbindung nicht nur an den Kapital-, Absatz-, Arbeits- und Beschaffungsmärkten, sondern allgemein in der gesamten öffentlichen Wahrnehmung einheitlich und integriert als europäisches Unternehmen mit einem nationenübergreifenden europäischen Unternehmensimage auftreten.[1]

Aus Sicht der internationalen Steuerplanung kann die Rechtsform einer SE dazu beitragen, die statutarische Organisationsstruktur europäischer Unternehmen und Konzerne derart auszugestalten, um im grenzüberschreitenden Verhältnis beispielsweise Quellensteuern auf Dividenden, Zinsen und Lizenzen, 5%-ige Pauschalbesteuerungen auf repatriierte in- und ausländische (konzerninterne) Dividenden sowie Beschränkungen der konzerninternen Gesellschafter-Fremdfinanzierung zu vermeiden sowie – in Abhängigkeit des Sitzstaates der SE – ggf. auch Gewinne mit Verlusten grenzüberschreitend zu verrechnen und die Anwendung außensteuergesetzlicher Bestimmungen (CFC-Regime) zu verhindern.[2] Speziell durch die Wahl des Sitzstaates der SE kann zudem ggf. ein größeres Netz an Doppelbesteuerungsabkommen angewendet, die Steuerbelastung auf zukünftig erwirtschaftete Gewinne reduziert, die steuerliche Befreiung von Veräußerungsgewinnen auf Beteiligungen unabhängig von ideologisch motivierten Gesetzesänderungen sichergestellt, Gewinne mit Verlusten ggf. grenzüberschreitend verrechnet sowie auch die Anwendung außensteuergesetzlicher Bestimmungen vermieden werden.[3]

4. Wettbewerb der Rechtsformen und der Gesellschaftsrechtssysteme

Anders als dies in den SE-VO-Vorschlägen 1970 und 1975 noch vorgesehen war, stellt die SE entsprechend der verabschiedeten Fassung der SE-VO keine einheitliche Rechtsform auf der Grundlage eines eigenständigen europäischen Aktiengesetzes dar; vielmehr bezieht sich die lückenhafte SE-VO in vielfältiger Weise auf die bislang erreichten Harmonisierungsfortschritte der nationalen Gesellschaftsrechtsordnungen, akzeptiert die gegenseitige Anerkennung der bestehenden gesellschaftsrechtlichen Standards in den Mitgliedstaaten und stellt auf mehr Eigenverantwortlichkeit und Regelungsautonomie auf Ebene der SE ab.[4] Darüber hinaus verfügt eine

---

[1] Dazu vgl. auch *Petri, S. / Wenz, M.*, Aktiengesellschaft, 2004, S. 3 f.; *Wenz, M.*, Einsatzmöglichkeiten, 2003, S. 190.
[2] Dazu vgl. *Wenz, M.*, European Company, 2004, S. 10.
[3] Dazu vgl. *Wenz, M.*, European Company, 2004, S. 10.
[4] Dazu vgl. auch *Wehlau, A.*, Societas Europaea, 1992, S. 477, 505; *Hommelhoff, P.*, Wettbewerb, 2001, S. 4; *Hauschka, C. E.*, Entwicklungslinien, 1990, S. 96-103; sowie den Beitrag von *Schindler* und *Teichmann* in diesem Band.

SE auch deshalb über sämtliche binnenmarktspezifischen Freiheitsgrade, da die SE-VO nicht nur die rechtsformspezifischen Kernbereiche der SE bestimmt, sondern ihr auch diejenigen einheitlich zu gestaltenden Bestimmungen vorbehalten bleiben, die für die Gewährleistung der grenzüberscheitenden Gründungs- und Einsatzmöglichkeiten der SE erforderlich sind:[1] Wettbewerbstreiber.

Die Schaffung der Rechtsform einer SE ist dementsprechend auch durch eine weitreichende Einführung verschiedener Wettbewerbselemente gekennzeichnet, da der Europäische Gesetzgeber der SE insbesondere folgende Merkmalsausprägungen rechtsformspezifisch zugeordnet hat:

- Verweis auf die Bestimmungen des teilweise harmonisierten nationalen Rechts der Mitgliedstaaten, insbesondere des jeweilgen Sitzstaates der SE,[2]
- Möglichkeit der grenzüberschreitenden Restrukturierung mit freier Sitzwahl der SE, die im Wege der Verschmelzung, der Umwandlung,[3] in der Form einer (gemeinsamen) Tochtergesellschaft oder als Holding gegründet werden kann,[4]
- Möglichkeit der grenzüberschreitenden Sitzverlegung einer SE unter Wahrung ihrer Identität und Aufrechterhaltung ihrer Rechtspersönlichkeit,[5]
- Hiervon abgeleitete Möglichkeit, die SE als Instrument der organisationsformbedingten und/oder der sitzstaatsbedingten internationalen und europäischen Steuerplanung einzusetzen,[6]
- Zuordnung eines Europäischen Corporate Goodwill und die Möglichkeit, zu einer Europäischen Corporate Identity und Culture eines Unternehmens beizutragen,[7]
- Auswahlfreiheit der SE zwischen monistischem und dualistischem System der Unternehmensleitung,[8]
- Unternehmensindividuelle Vereinbarung des Umfangs an Mitbestimmung der Arbeitnehmer in einer SE mit Auffanglösung,[9]

Dadurch kann erstmals in Europa ein umfassender Wettbewerb zwischen verschiedenen Rechtsformen sowie Gesellschaftsrechtssystemen und damit auch Standorten

---

[1] Dazu vgl. auch Kapitel IV.1.
[2] S. Art. 9 Abs. 1 Buchst. c SE-VO. Dazu vgl. auch Kapitel V.2.
[3] Insoweit kann eine freie Sitzwahl allerdings erst im Anschluss an den Formwechsel vorgenommen werden. S. Art. 37 Abs. 3 SE-VO.
[4] S. Art. 2-3 SE-VO. Dazu vgl. auch den Beitrag von *Neun* in diesem Band.
[5] S. Art. 8 SE-VO. Dazu vgl. auch den Beitrag von *Wenz* in diesem Band.
[6] Dazu vgl. *Wenz, M.*, European Company, 2004, S. 10.
[7] Dazu vgl. *Wenz, M.*, flexibility, 2004, S. 28.
[8] S. Art. 38 SE-VO. Dazu vgl. auch den Beitrag von *Theisen* und *Hölzl* in diesem Band.
[9] S. Art. 3-7 SE-RL. Dazu vgl. auch den Beitrag von *Köstler* in diesem Band.

A.IV. Grundkonzeption

entstehen, der für den Europäischen Binnenmarkt im Bereich der Rechtsformen und damit auch für die Europäische Unternehmensrechtsordnung ebenfalls kennzeichnend ist (Integration durch Wettbewerb[1]). Im Einzelnen können insbesondere folgende Wettbewerbssituationen unterschieden und wie folgt gekennzeichnet werden:

- Wettbewerb der SE verschiedener Mitgliedstaaten (Wettbewerb der Gesellschaftsrechtssysteme: Standortwettbewerb),
- Eingeschränkter Wettbewerb der Aktiengesellschaften nationalen Rechts verschiedener Mitgliedstaaten (Wettbewerb der Gesellschaftsrechtssysteme: Standortwettbewerb),
- Wettbewerb der SE im Vergleich zu Aktiengesellschaften nationalen Rechts des jeweils selben Sitz-Mitgliedstaates (Rechtsformwettbewerb),
- Wettbewerb der SE unabhängig von ihrem Sitzstaat (Systemwettbewerb).

Die SE-VO ermöglicht es den Unternehmen in der Rechtsform einer SE, ihren Sitz sowohl grenzüberschreitend unter Wahrung ihrer Identität und Rechtspersönlichkeit zu verlegen als auch diesen bereits bei der Gründung einer SE europaweit frei zu bestimmen. Dadurch kann eine SE im Vergleich zu einer Aktiengesellschaft nationalen Rechts, die jenseits ihrer nationalen Rechtsordnung grundsätzlich keine Realität hat,[2] nicht nur von den binnenmarktspezifischen Freiheitsgraden, sondern insbesondere auch von den bestehenden Unterschieden in den nationalen Gesellschaftsrechtssystemen sowie in den sonstigen Standortbedingungen umfassend Gebrauch machen; aufgrund der vielfachen Verweisungen der SE-VO auf die nationalen Bestimmungen v. a. des Sitzstaates der SE, kann sich die betreffende SE durch die Wahl ihres Sitzes gezielt für eine – ergänzend anwendbare – nationale Rechtsordnung entscheiden, die über bestimmte Wettbewerbsvorteile im Vergleich zu anderen Rechtsordnungen verfügt.[3]

Die Gesetzgeber der nationalen Ausführungsgesetze konnten diesen Wettbewerb der Gesellschaftsrechtssysteme über die derzeit bestehenden Unterschiede hinaus allerdings nur insoweit durch ein besonderes *nationales Aktienrecht der SE*[4] rechtsformspezifisch beeinflussen, als sich die Verweisungen der SE-VO ausnahmsweise *nicht* auf die Bestimmungen des bereits geltenden Aktienrechts des jeweiligen Sitzstaates

---

[1] Vgl. Kapitel II.3., IV.1. Allgemein dazu vgl. *Grundmann, S.*, Wettbewerb, 2001, S. 783 ff.
[2] Vgl. *EuGH*, Urteil v. 27.9.1988 (*Daily-Mail*), EuGH Slg. 1988, S. 5504-5514, S. 5511; aber auch *EuGH*, Urteil v. 9.3.1999 (*Centros*), EuGH Slg. 1999, S. 1459-1498, S. 1487-1498; *EuGH*, Urteil v. 05.11.2002 (*Überseering*), IStR 11 (2002), S. 809; *EuGH*, Urteil v. 30.09.2003 (*Inspire Art*), BB 58 (2003), S. 2195.
[3] Dazu vgl. auch *Teichmann, C.*, Einführung, 2002, S. 400; *Hommelhoff, P.*, Wettbewerb, 2001, S. 2; *Lutter, M. / Hommelhoff, P.*, Einleitung, 2005, S, 2. Allgemein dazu vgl. auch *Sandrock, O. / Wetzler, C. F.*, Wettbewerb, 2004.
[4] Dazu vgl. auch *Lutter, M.*, Aktiengesellschaft, 2002, S. 6.

beziehen.[1] In *Deutschland* ist dies neben grenzüberschreitenden und daher bislang ungeregelten Sachverhalten insbesondere hinsichtlich der ergänzend anzuwendenden Bestimmungen zur Ausgestaltung des monistischen, nicht aber des dualistischen Systems der Unternehmensleitung und -überwachung einer SE der Fall. Allerdings können die nationalen Gesetzgeber ihre insoweit selbst eingeschränkte Handlungsautonomie durch grundlegende Änderungen und Reformmaßnahmen des nationalen Aktienrechts zurückgewinnen; diese beziehen sich folglich sowohl auf Aktiengesellschaften nationalen als auch supranational-europäischen Rechts desselben Mitgliedstaates. Insofern ermöglicht die Schaffung der SE nicht nur den Wettbewerb der SE verschiedener Mitgliedstaaten, sondern eröffnet zudem auch einen davon abgeleiteten Wettbewerb der Aktiengesellschaften nationalen Rechts verschiedener Mitgliedstaaten: Standortwettbewerb.

Inwieweit die Rechtsform der SE in der Unternehmens- und Konzernpraxis in Bezug auf das jeweils ergänzend anwendbare nationale Recht ihres Sitzstaates somit wirtschaftlich effizient ausgestaltet werden kann (climb to the top[2]) oder ihre Schaffung zu einem Wettlauf um die Generierung des managerfreundlichsten und v. a. laxesten Gesellschaftsrechts in Europa führt (race to the bottom[3]), bleibt abzuwarten. Dies gilt um so mehr, als sich sowohl der Satzungs- und Verwaltungssitz einer SE in demselben Mitgliedstaat befinden müssen[4] als auch die SE-VO einen regulativen, zwingend zu beachtenden Mindeststandard darstellt[5] und damit ein uneingeschränkter, insbesondere schädlicher Wettbewerb um Gesellschaftsgründungen auch in der Rechtsform einer SE (market for incorporation[6]) zumindest stark eingeschränkt ist. In jedem Fall aber erhöht die Schaffung der SE den Druck auf die nationalen Gesetzgeber, die Gesellschaftsrechtssysteme aufgrund der bislang nur ansatzweise erfolgten Harmonisierung weiter einander anzugleichen und grenzüberschreitend zu öffnen.[7]

Durch die Einführung der SE wird darüber hinaus auch ein Wettbewerb zwischen Aktiengesellschaften supranational-europäischen und nationalen Rechts des jeweils selben Sitz-Mitgliedstaates entstehen (Rechtsformwettbewerb). Denn einerseits ordnet der europäische Gesetzgeber einer SE und der jeweils nationale Gesetzgeber ei-

---

[1] Vgl. *Neye, H.-W.*, Aktiengesellschaft, 2002, S. 381 f.; *Teichmann, C.*, Einführung, 2002, S. 399-401.
[2] Dazu vgl. *Cary, W. L.*, Corporate Law, 1974, S. 666, 705; *Charny, D.*, Competition, 1991, S. 423, 430. *Wymeersch, E.*, Company Law, 2001, S. 25, spricht insoweit von einem „race for excellence".
[3] Dazu vgl. *Fischel, D. R.*, Race, 1982, S. 920; *Wymeersch, E.*, Company Law, 2001, S. 24 f. m. w. N.
[4] S. Art. 7, 64 Abs. 1-2 SE-VO. Hinsichtlich dieser Verpflichtung zur mitgliedstaatlichen Identität von Satzungs- und Verwaltungssitz hat die Kommission bis spätestens 8.10.2009 einen Bericht zu erstellen und darin zu erörtern, ob es zweckmäßig ist, zuzulassen, dass sich der Satzungs- und der Verwaltungssitz in unterschiedlichen Mitgliedstaaten befinden. S. Art. 69 Buchst. a SE-VO.
[5] Dazu vgl. auch *Wehlau, A.*, Societas Europaea, 1992, S. 502.
[6] Dazu vgl. *Carney, W. J.*, Competition, 1995, S. 255-285; *Charny, D.*, Competition, 1991, S. 427-435.
[7] Dazu vgl. auch *Wymeersch, E.*, Company Law, 2001, S. 24-26, S. 26: „The more mandated harmonisation, the less competition, the more effective competition, the more harmonisation through the market."

A.IV. Grundkonzeption

ner Aktiengesellschaft rechtsformspezifisch unterschiedliche Merkmalsausprägungen zu; andererseits liegt beiden aufgrund der umfangreichen Verweisungen der SE-VO auf das nationale Aktienrecht des Sitzstaates der betreffenden SE insoweit auch dieselbe Gesellschaftsrechtsordnung zugrunde, sofern sachliche Gründe keine Differenzierung im nationalen Ausführungsgesetz zur SE-VO rechtfertigen.[1] Daher verfügt eine SE im Vergleich zu einer Aktiengesellschaft nationalen Rechts im Ergebnis über bestimmte, v. a. binnenmarktspezifische Charakteristika, die ihre Ursache in der europäischen Ausrichtung der SE haben und ihr bestimmte Wettbewerbsvorteile sichern. Im Einzelnen gehören hierzu nicht nur die Möglichkeiten der grenzüberschreitenden Restrukturierung und Sitzverlegung, sondern auch die Auswahlfreiheit einer SE zwischen monistischem und dualistischem System der Unternehmensleitung und -überwachung sowie die Möglichkeit, die Mitbestimmung der Arbeitnehmer unternehmensindividuell zu vereinbaren. Auch in diesem Fall erhöht die Schaffung der SE den Druck auf die nationalen Gesetzgeber, die nationalen Gesellschaftsrechtssysteme aufgrund der bislang nur ansatzweise erfolgten Harmonisierung weiter einander anzugleichen, insbesondere aber auch zur Bewältigung grenzüberschreitender Sachverhalte zu ergänzen.[2]

Auf europäischer Ebene eröffnet die SE-VO und die in nationales Recht zu transformierende SE-RL insbesondere auch einen Wettbewerb der Systeme.[3] Denn jede SE kann unabhängig vom Rechtssystem ihres jeweiligen Sitzstaates einerseits zwischen dem monistischen und dem dualistischen System der Unternehmensleitung und -überwachung wählen und insoweit auch den Bedürfnissen ihrer strategischen Ausrichtung sowie derjenigen ihrer Stakeholder Rechnung tragen; andererseits kann die konkret anzuwendende Form der Mitbestimmung von jeder SE mit den Verhandlungsführern der Arbeitnehmer grundsätzlich frei ausgehandelt werden. Beide Systeme sind somit nicht unveränderlich vorgegeben, sondern zumindest in ihren Grundzügen frei ausgestaltbar. Dadurch wird es den Unternehmen in der Rechtsform einer SE ermöglicht, den Bedürfnissen des Marktes Rechnung zu tragen. Das standardisierte Rechts- bzw. Vertragsbündel der SE ist somit durch eine verstärkte Eigenverantwortlichkeit und Regelungsautonomie (Freiheitsgrade) gekennzeichnet, mit dem Ziel, wirtschaftlich effizientes Handeln im Europäischen Binnenmarkt auch und gerade auf Gemeinschaftsebene zu ermöglichen.

---

[1] S. Erwägungsgrund Nr. 5 SE-VO. Dazu vgl. auch *Teichmann, C.*, Einführung, 2002, S. 401. Eine Diskriminierung der SE gegenüber Aktiengesellschaften nationalen Rechts ist dagegen grundsätzlich ausgeschlossen. S. Art. 10 SE-VO.

[2] Dazu vgl. auch *Bungert, H. / Baier, C. H.*, Europäische Aktiengesellschaft, 2002, S. 2, welche die Einführung eines monistischen Systems der Unternehmensleitung in *Deutschland* optional in Erwägung ziehen und das UmwG auch für grenzüberschreitende Fälle öffnen wollen.

[3] Vgl. auch *Hommelhoff, P.*, Wettbewerb, 2001, S. 2; *Wehlau, A.*, Societas Europaea, 1992, S. 500-502.

V. Rechtsquellen

1. Rechtsgrundlage der SE-VO und der SE-RL

Die SE-VO wie auch die SE-RL wurden beide auf Vorschlag der Kommission am 08. Oktober 2001 im Europäischen Ministerrat nach Art. 308 EG-Vertrag, einer subsidiär anzuwendenden Kompetenznorm, verabschiedet; von dieser Rechtsgrundlage wird Gebrauch gemacht, wenn es nicht um die Angleichung nationalen Rechts, sondern um dessen Ergänzung durch Gemeinschaftsrecht geht.[1] Dem Europäischen Parlament wurde danach nur ein Recht auf Anhörung, nicht aber auf Mitentscheidung gewährt.[2]

2. Struktur und Aufbau der Rechtsquellenpyramide

Anders als dies in den SE-VO-Vorschlägen 1970 und 1975 noch vorgesehen war, liegt der SE nicht nur ein einheitlich geregeltes europäisches Aktienrecht zugrunde; vielmehr verweist die SE-VO in umfassender Weise auf die Bestimmungen insbesondere des jeweiligen Sitzstaates der SE. Daher stellt sich die teilweise komplexe Frage, wie das auf eine SE anwendbare Recht zu bestimmen ist.[3] Dies gilt umso mehr, als es nicht nur um eine klare Abgrenzung von Europäischem Gemeinschaftsrecht und nationalem Sitzstaatsrecht, sondern v. a. auch um die Verzahnung der beiden Rechtsebenen geht. Die zentrale Norm hierfür stellt Art. 9 Abs. 1 SE-VO dar, die zusammen mit den speziellen Verweisungsnormen der SE-VO[4] „eine kunstvoll aufgeschichtete Rechtsquellenpyramide aus Gemeinschaftsrecht, mitgliedstaatlichem Nationalrecht und .. individuellem Satzungsrecht"[5] der SE definiert (vgl. nachstehende Abbildung 8 auf S. 51).

Danach sind auf eine SE primär die Bestimmungen der SE-VO und ergänzend, neben Richtlinien, auf welche die SE-VO unmittelbar verweist, die nach der SE-VO ausdrücklich zulässigen Satzungsbestimmungen der jeweiligen SE anzuwenden (Prinzip der Satzungsstrenge I).[6] Für die vielen von der SE-VO nicht oder nur teilweise geregelten Bereiche sind darüber hinaus die Bestimmungen des Sitzstaates der

---

[1] Dazu vgl. *Neye, H.-W.*, Aktiengesellschaft, 2002, S. 377; *Wenz, M.*, Societas Europaea, 1993, S. 19-26.
[2] Zur erwogenen Einreichung einer Klage auf Anfechtung der SE-VO infolge fragwürdiger Rechtsgrundlage vgl. Kapitel III.5.
[3] Umfassend hierzu vgl. *Brandt, U. / Scheifele, M.*, Aktiengesellschaft, 2002, S. 547-555; *Schwarz, G. C.*, Statut, 2001, S. 1849; *Teichmann, C.*, Einführung, 2002, S. 395-409.
[4] *Brandt, U. / Scheifele, M.*, Aktiengesellschaft, 2002, S. 547, zählen in den 70 Artikeln der SE-VO insgesamt 84 Verweisungsvorschriften!
[5] *Hommelhoff, P.*, Organisationsverfassung, 2001, S. 285.
[6] Vgl. *Hommelhoff, P.*, Normenhierarchie, 2005, S. 5-23; *Lutter, M.*, Aktiengesellschaft, 2002, S. 4; sowie auch *Kübler, F.*, Aktiengesellschaft, 2003, S. 224 f., der insgesamt 9 Regelungsebenen unterscheidet.

A.V. Rechtsquellen

SE zu beachten, die speziell für die Rechtsform der SE erlassen wurden (SE-AG); ergänzend sind die Vorschriften, die auf Aktiengesellschaften nationalen Rechts Anwendung finden und ggf. unter den Mitgliedstaaten harmonisiert wurden, von Bedeutung (harmonisiertes versus autonomes nationales Aktienrecht). Abschließend sind die Bestimmungen der Satzung der SE zu beachten, die nach dem nationalen Aktienrecht des Sitzstaates der SE dort aufgenommen werden dürfen (Prinzip der Satzungsstrenge II versus Satzungsfreiheit).[1]

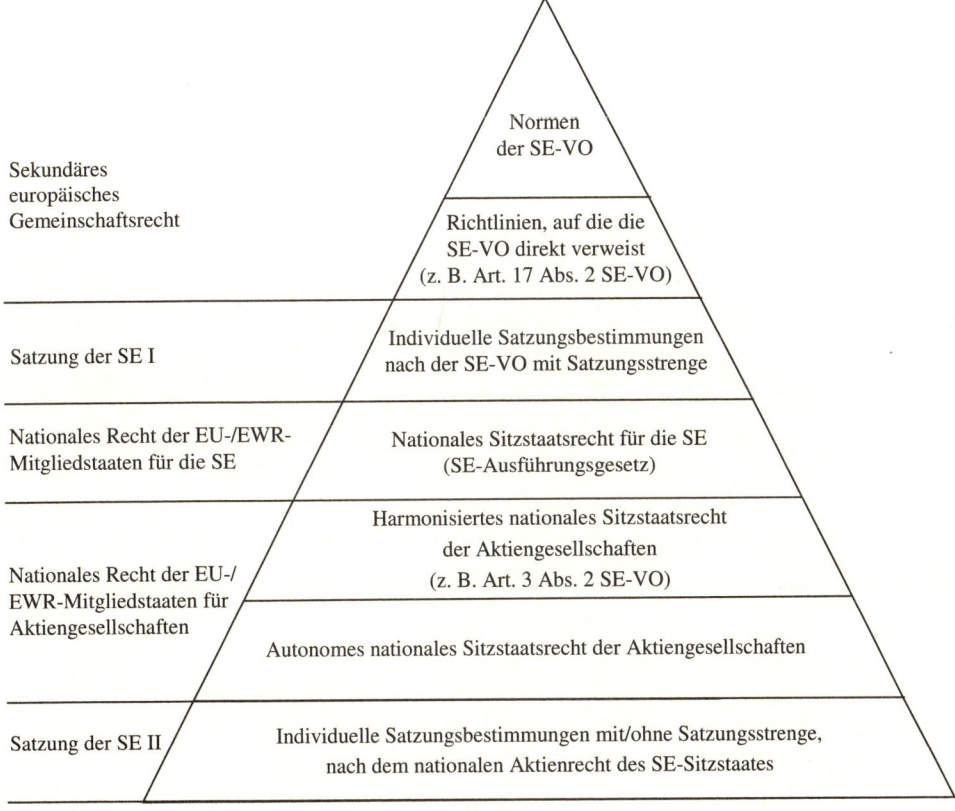

Abb. 8: *Rechtsquellenpyramide der Societas Europaea*

Darüber hinaus enthält die SE-VO eine Vielzahl von weiteren speziellen Vorschriften, die auf die Bestimmungen des (harmonisierten) nationalen Rechts v. a. des Sitzstaates der SE verweisen oder Verpflichtungen und Ermächtigungen beinhalten, durch welche die nationalen Gesetzgeber zu aktivem gesetzgeberischem Tätigwer-

---

[1] In *Deutschland* nach dem Prinzip der Satzungsstrenge. Vgl. *Lutter, M.*, Aktiengesellschaft, 2002, S. 4.

den im Rahmen der nationalen Ausführungsgesetze verpflichtet[1] oder zumindest ermächtigt[2] wurden. In Bezug auf die weiteren Verweisungsnormen bestimmt sich ihre Anwendungsreihenfolge untereinander nach dem Spezialitätsprinzip[3] sowie der in Art. 9 Abs. 1 SE-VO selbst verankerten Normhierarchie.[4]

VI. Einführung der Societas Europaea in den Mitgliedstaaten: EU und EWR

Am 08. Oktober 2004 ist das Flaggschiff des europäischen Gesellschaftsrechts, die Societas Europaea, nach über fünfzig Jahren Entstehungsgeschichte europaweit vom Stapel gelaufen und steht den Unternehmen in den 28 Mitgliedstaaten der EU und des EWR seither zur Verfügung. Auch wenn dadurch kein vollständiges einheitliches europäisches Aktienrecht – wie ursprünglich vorgesehen – geschaffen werden konnte, ist die Verabschiedung des Statuts der SE dennoch als historisches Ereignis ausdrücklich und nachhaltig zu begrüßen.[5]

Als Rechtsform supranational-europäischen Rechts, auf die ergänzend infolge der Lückenhaftigkeit der SE-VO insbesondere die Bestimmungen des nationalen SE-AG sowie des allgemeinen nationalen Gesellschaftsrechts des jeweiligen Sitzstaates Anwendung finden, stellt die SE zusammenfassend eine Art rechtlich-organisatorische *Plattform* für Unternehmen und Konzerne im Europäischen Binnenmarkt dar,[6] um:

- sich grenzüberschreitend zu strukturieren, zu reorganisieren und zusammen zu schließen, zur gemeinschaftsweiten Zusammenführung und Neuausrichtung der Produktionsfaktoren,

- die verschiedenen, bei grenzüberschreitenden Unternehmenszusammenschlüssen bislang weiter bestehenden Aktionärskreise mit divergierenden Interessen nunmehr vollständig zusammenzuführen,

- nationale Hoheits- und Ländergrenzen sowie Mobilitätshindernisse durch eine identitätswahrende Sitzverlegung über die Grenze zu überwinden und die Freizügigkeit und Niederlassungsfreiheit sicherzustellen,

---

[1] S. beispielsweise Art. 19 Unterabs. 2 S. 2, Art. 64 Abs. 1-3 S. 1, Art. 68 Abs. 1-2 SE-VO.
[2] S. beispielsweise Art. 2 Abs. 5, Art. 8 Abs. 5, 7 Unterabs. 2, Abs. 14 Unterabs. 1, Art. 12 Abs. 4 Unterabs. 1, Art. 19 Unterabs. 1, Art. 21, Art. 24 Abs. 2, Art. 31 Abs. 2 Unterabs. 2 SE-VO.
[3] Dazu vgl. *Beutler, B. / Bieber, R. / Pipkorn, J. / Streil, J.*, Europäische Union, 1993, S. 206.
[4] Dazu vgl. *Brandt, U. / Scheifele, M.*, Aktiengesellschaft, 2002, S. 553, wonach die SE in erster Linie den „Bestimmungen der Verordnung" (s. Art. 9 Abs. 1 Buchst. a SE-VO) unterliegt, worunter neben den Sachnormen insbesondere auch die in der Verordnung enthaltenen Spezialverweisungen gehören.
[5] Dazu vgl. auch *Lutter, M. / Hommelhoff, P.*, Einleitung, 2005, S. 1-3; *Maul, S. / Wenz, M.*, Mobilität, 2005, S. Mobilität, 2005, S. 193-200; *Petri, S. / Wenz, M.*, Aktiengesellschaft, 2004, S. 3 f.
[6] Dazu vgl. auch *Wenz, M.*, flexibility, 2004, S. 38; *Petri, S. / Wenz, M.*, Aktiengesellschaft, 2004, S. 3 f.

- wirklich europäische Unternehmen herauszubilden und so die strategische Ausrichtung der Unternehmen und Konzerne zu unterstützen und transaktions- und koordinationskostenminimal umzusetzen,

- über dieselben wirtschaftlichen und rechtlichen Entfaltungsmöglichkeiten im Europäischen Binnenmarkt wie bislang im nationalen Markt zu verfügen,

- rechtlich einfache und europaweit einheitliche Organisationsstrukturen durch eine SE mit rechtlich unselbstständigen Niederlassungen in anderen Mitgliedstaaten herauszubilden, die im Vergleich zu den bislang angewendeten, komplexen Strukturen zu deutlich geringeren Transaktions- und Organisations(form)kosten führen,[1]

- die Wettbewerbsfähigkeit europäischer Unternehmen zu steigern und dadurch mit amerikanischen und japanischen Unternehmen auf globaler Ebene konkurrieren sowie entsprechende Größenvorteile insbesondere im Europäischen Binnenmarkt realisieren zu können,

- Restrukturierungen beispielsweise durch die Umhängung von Beteiligungen auch grenzüberschreitend einfach vornehmen zu können,

- nach den Bedürfnissen des Marktes ein leistungsfähiges, monistisches oder dualistisches System der Unternehmensleitung und -überwachung zu bestimmen und eine unternehmensspezifische Form der Mitbestimmung der Arbeitnehmer auszuhandeln,

- zusätzliche Direktinvestitionen aus Drittstaaten attrahieren zu können,

- eine Europäische Corporate Identity, eine Europäische Corporate Culture und einen Europäischen Corporate Goodwill zu entwickeln und dadurch europaweit einheitlich aufzutreten, als europäisches Unternehmen akzeptiert zu werden, ein europäisches Unternehmensimage zu bilden sowie einen rechtsformspezifischen europäischen Goodwill zu entfalten und

- die Steuerbelastung grenzüberschreitend tätiger Unternehmen und Konzerne rechtsformspezifisch durch die flexible Ausgestaltung der Organisationsstruktur und/oder die Wahl des Sitzstaates zu optimieren.[2]

Darüber hinaus entsteht mit der Schaffung der SE in Europa erstmals ein umfassender Wettbewerb zwischen Rechtsformen und Gesellschaftsrechtssystemen, der zur

---

[1] Denn die SE ermöglicht es den Unternehmen im Binnenmarkt nicht nur in Form von Tochtergesellschaften, sondern auch gemeinschaftsweit in einer rechtlich weitgehend einheitlichen Form aufzutreten und in allen Mitgliedstaaten unmittelbar anhand von Niederlassungen zu agieren. Dazu vgl. auch *Wymeersch, E.*, Company Law, 2001, S. 17.

[2] Insgesamt dazu vgl. auch *Wenz, M.*, Europäische Aktiengesellschaft, 2001, S. 83 f.; *Wenz, M.*, Einsatzmöglichkeiten, 2003, S. 185-196; *Wenz, M.*, flexibility, 2004, S. 28-38; *Petri, S. / Wenz, M.*, Aktiengesellschaft, 2004, S. 3 f.

weiteren Integration im Europäischen Binnenmarkt beiträgt. Damit leistet die SE auch einen wichtigen Beitrag, um nationale Unternehmensstrukturen und -kulturen, wie z. B. die Deutschland AG, weiter aufzubrechen und in europäische, im Wettbewerb entstandene und daher effiziente Strukturen (Europe Inc.)[1] zu transformieren.

Im Ergebnis kann die SE als europäische Rechtsforminnovation angesehen werden, die grenzüberschreitend flexibel und mobil ist und damit über sämtliche binnenmarktspezifischen Freiheitsgrade verfügt, den Europäischen Binnenmarkt im Bereich der Rechtsformen sowohl aus *anwendungs-* bzw. *faktorbezogener* als auch aus *institutioneller* bzw. *wettbewerbsbezogener Sicht* vollendet und die Unternehmens an die Europäische Marktrechtsordnung anpasst. Die Rechtsform der SE stellt damit einen zentralen Entwicklungsschritt hin zu einem modernen und leistungsfähigen Gesellschafts- und Unternehmensrecht in Europa dar,[2] nicht zuletzt um das mittlerweile modifizierte strategische Ziel der EU sowie des EWR erreichen zu können, die Gemeinschaft zu einem wettbewerbsfähigen und dynamischen Wirtschaftsraum der Welt[3] zu machen.

Aufgabe der 28 nationalen Gesetzgeber in den vergangenen Jahren war es in diesem Zusammenhang, die jeweiligen nationalen SE-AG zu verabschieden und auch die Transformation der SE-RL in nationales Recht vorzunehmen. Die Unternehmen hatten ebenfalls Zeit, um bis zum 08. Oktober 2004 ihre Planungen voranzutreiben oder sogar abzuschließen und v. a. die mit einem zeitlichen Vorlauf von bis zu zwei Jahren einhergehenden rechtlichen und wirtschaftlichen Voraussetzungen zur Gründung einer SE zu erfüllen, um von diesem Tage an Segel zu setzen und als erste Flaggschiffe des Europäischen Gesellschaftsrechts von zahlreichen europäischen Hafen aus in See zu stechen.

Unabhängig davon, dass die meisten Mitgliedstaaten der EU und des EWR die erforderliche Begleitgesetzgebung zur SE-VO und zur SE-RL mittlerweile erlassen haben, kommt ihnen aktuell weiterhin die Aufgabe zu, auch die erforderlichen steuerlichen Rahmenbedingungen für grenzüberschreitend flexible und mobile Unternehmen in der Rechtsform einer SE zu schaffen bzw. zu vervollständigen. In diesem Zusammenhang kommt insbesondere der Umsetzung des Richtlinienvorschlags zur Änderung der steuerlichen Fusionsrichtlinie als auch der Umsetzung der – in verschiedenen EU-Mitgliedstaaten seit über 13 Jahren nicht vollständig transformierten – steuerlichen Fusionsrichtlinie in das nationale Recht der Mitgliedstaaten eine besondere Bedeutung zu, damit die insbesondere gesellschaftsrechtlich bedingten Vor-

---

[1] Dazu vgl. *Roth, T.*, Europe Inc., 2000, S. 4.
[2] Zu dessen weiteren Entwicklung s. *Mitteilung der Kommission an den Rat und das Europäische Parlament*, Modernisierung des Gesellschaftsrechts und Verbesserung der Corporate Governance in der Europäischen Union – Aktionsplan, Brüssel, 21.05.2003, KOM(2003) 284 endgültig, in: europa.eu.int/eurlex/de/com/cnc/2003/com2003_0284de01.pdf; vgl. ferner *Bayer, W.*, Gesellschaftsrecht, 2004, S. 1-11.
[3] *Europäischer Rat* v. Lissabon, Schlussfolgerungen v. 23. / 24.3.2000, S. 2.

teile der SE nicht aufgrund unzureichender oder fehlender steuerrechtlicher Bestimmungen verhindert oder mit prohibitiven Auflagen verbunden werden.[1]

VII. Auf dem Wege zur Anwendung der Societas Europaea

Nach einer gewissen Zurückhaltung der Unternehmens- und Beratungspraxis gegenüber der neuen supranational-europäischen Rechtsform der Europäischen Aktiengesellschaft in den vergangenen Jahren hat das Interesse an der SE spätestens seit ihrer Einführung sowohl in *Deutschland* als auch in den anderen Mitgliedstaaten der EU und des EWR kontinuierlich zugenommen. Nachdem bereits am 08. Oktober 2004 als erstes Unternehmen in der neuen Rechtsform einer SE die *MPIT Structured Financial Services SE* mit Sitz in Amsterdam als gemeinsame Tochtergesellschaft verschiedener Finanzdienstleistungsunternehmen grenzüberschreitend gegründet wurde, wandelte sich nur wenige Tage später die österreichische *Strabag AG* in die *Strabag SE* um;[2] Ziel war es hierbei, sich durch die Gründung einer SE oder die Umwandlung in eine SE eine europaweit einheitliche Identität zu geben und sich sowohl betriebswirtschaftlich als auch rechtlich gemeinschaftsweit einheitlich aufstellen zu können.

Europaweit sind seither verschiedene SE-Gründungen vorgenommen worden oder werden derzeit nach den verschiedenen Gründungsverfahren vorbereitet:[3]

- Grenzüberschreitende Verschmelzung: *Brenner Basistunnel BBT SE*, Innsbruck; *Alfred Berg SE*, Stockholm; *Nordea Bank Gruppe SE*, Stockholm (jeweils konzerninterne Verschmelzung verschiedener Tochtergesellschaften auf die Muttergesellschaft: up-stream merger),

- Gemeinsame Tochtergesellschaft: *Go-East Invest SE*, Berlin; *Schering-Plough Clinical Trials SE*, Großbritannien; *Zoll Pool Hafen Hamburg SE*, Hamburg (grenzüberschreitende Zusammenfassung verschiedener Unternehmen oder gemeinsames grenzüberschreitendes Engagement verschiedener Unternehmen),

- Formwechselnde Umwandlung: *Elcoteq Network Corporation*, Helsinki (europaweit einheitliche Aufstellung mit europäischer Identität); *Neumann Partners SE*, Österreich.

Aktuell prüfen ferner zahlreiche europäische und verschiedene DAX-30-Unternehmen die Möglichkeiten, sich vollständig in eine SE umzuwandeln, ganze Konzernbereiche zu einer einzigen SE zusammenzufassen, sich zu einer SE zusammenzu-

---

[1] Zur Besteuerung der SE vgl. *Herzig, N.* (Hrsg.), Besteuerung, 2004; sowie den Beitrag von *Thömmes* in diesem Band
[2] Vgl. *Strabag SE* (www.strabag.at/CMSCache/160008.pdf).
[3] Zu den verschiedenen Einsatzmöglichkeiten der SE vgl. den Beitrag von *Wenz* in diesem Band.

schließen oder auch nur gezielte Aktivitäten fortan in einer SE zu organisieren. Jüngstes und europaweit prominentestes Beispiel, eine SE im Wege der grenzüberschreitenden Verschmelzung zu gründen, ist aber die *Allianz AG*.[1] Sie plant, ihre Holdinggesellschaft zusammen mit ihrer italienischen Konzerntochtergesellschaft, der *RAS*, in eine SE umzuwandeln. Den Presse- und Unternehmensberichten zufolge will sie dabei den Gesellschaftssitz in *Deutschland* und auch das deutsche Vorstands-/Aufsichtsratsmodell samt paritätischer Mitbestimmung, allerdings mit einem auf 12 verkleinerten Personen Aufsichtsrat, beibehalten. Mit der neuen Organisationsform soll u. a. der stärkeren Internationalisierung des Konzerns ebenso Rechnung getragen werden wie dem Ziel, die Komplexität der rechtlichen Konzernstruktur europaweit erheblich zu verringern, grenzüberschreitende Umstrukturierungen zu vereinfachen und die Vornahme neuer Akquisitionen im In- und Ausland zu erleichtern. Daher wird angestrebt, sich als vollständig sowohl wirtschaftlich als auch rechtlich integrierte Unternehmensgruppe aufzustellen sowie die Effizienz des operativen Geschäfts und damit auch des Kapitals nicht zuletzt durch die Anwendung einheitlicher Regelungen im Europäischen Binnenmarkt zu steigern.

Vergleichbare Überlegungen zur Errichtung einer europaweit möglichst einheitlichen Organisationsstruktur werden auch bei *General Motors Europe* sowie der deutschen *Adam Opel AG* angestrengt, um unnötige, aber kostenintensive Organisationsstrukturen abzubauen. Dadurch soll der europäische Teil des global agierenden Konzerns zukünftig erheblich klarer sowie gesamteuropäisch beispielsweise durch die Errichtung einer *GM Europe SE* im Wege der grenzüberschreitenden Verschmelzung durch die mehr als 100 europäischen GM-Tochtergesellschaften aufgestellt werden. Ferner soll die Beteiligung der Arbeitnehmer nicht mehr nach Mitgliedstaaten differenziert, sondern sowohl europaweit und gleichberechtigt erfolgen als auch insbesondere auf Ebene derjenigen Gesellschaft (*GM Europe SE*) lokalisiert werden, bei der die zentralen europäischen Entscheidungen des Konzerns getroffen werden.[2]

Im Ergebnis haben somit bereits zahlreiche Unternehmen und Konzerne das besondere Potenzial der neuen supranational-europäischen Rechtsform der SE erkannt und prüfen derzeit die Möglichkeiten, dieses unternehmensindividuell zu nutzen. Sowohl die Beratungspraxis als auch die Wissenschaft bleibt dabei gefordert, diesen europaweit einzigartigen Prozess auf dem Wege zur Anwendung der SE nachhaltig zu fördern und zu unterstützen und dabei die bestehenden Chancen, aber auch die damit ggf. verbundenen Risiken ausgewogen darzustellen und zu analysieren.

---

[1] Vgl. *Kuhr, D. / Reim, M.*, in: SZ v. 08.09.2005, S. 19; *Maier, A. / Fromme, H. / Carlo, M.*, in: FTD v. 12.09.2005, S. 18; *Flämig, M.*, in: Börsen-Zeitung v. 13.09.2005, S. 3; *Kuhr, D.*, in: SZ v. 13.09.2005, S. 27; *Fromme, H.*, in: FTD v. 14.09.2005, S. 18.
[2] Vgl. *Reitz, U.*, in: WamS v. 24.10.2004, S. 25.

B. Gründung

Josef Neun[*]

I. Allgemeines 65
   1. Gründungsarten 65
   2. Obligatorische Mehrstaatlichkeit 66
      a. Allgemeine Anforderungen und Umgehungsproblematik 66
      b. Der zeitliche Aspekt der Mehrstaatlichkeit 68
      c. Der Begriff der Tochtergesellschaft 68
   3. Beteiligung von Unternehmen außerhalb der Gemeinschaft 69
   4. Das Gründungsrecht der SE 70
      a. Konzeptionelle Grundlagen 70
      b. Verschmelzung 72
      c. Holding 73
      d. Umwandlung 74
      e. Tochter-SE 74
II. Gründung einer SE durch Verschmelzung 75
   1. Allgemeines 75
      a. Die Bedeutung der SE-Verschmelzung 75
      b. Arten der Verschmelzung 75
      c. Grundlage, Wirksamkeit und Folgen der Verschmelzung 76
   2. Das Verschmelzungsverfahren 77
      a. Planungs-/Vorbereitungsphase 77
         aa. Überblick und die Besonderheiten der Konzernverschmelzung 77
         ab. Aufstellung und ggf. Prüfung der Schlussbilanzen der beteiligten
             Rechtsträger 80
         ac. Bewertung der beteiligten Aktiengesellschaften 81
         ad. Erarbeitung des Verschmelzungsplans 84
             ada. Inhaltliche Identität der Verschmelzungspläne 84
             adb. Abschließender Regelungsgehalt 84
             adc. Identität von Verschmelzungsplan und -vertrag? 85

---

[*] Dr. *Josef Neun*, Rechtsanwalt, München.

		add.	Mindestinhalt des Verschmelzungsplans 86
			(1) Firma und Sitz der Gesellschaften 87
			(2) Umtauschverhältnis, Ausgleichsleistungen 87
			(3) Übertragung der Aktien der SE 88
			(4) Beginn des Dividendenrechts 89
			(5) Verschmelzungsstichtag 90
			(6) Sonderrechte 91
			(7) Gewährung besonderer Vorteile 92
			(8) Satzung der SE 93
			(9) Beteiligung der Arbeitnehmer 94
		ade.	Formerfordernisse des Verschmelzungsplans 95
			(1) Notarielle Beurkundung 95
			(2) Auslandsbeurkundungen 97
	ae.	Erstellung des Verschmelzungsberichts 98
		aea.	Adressat der Berichtspflicht 100
		aeb.	Form 101
		aec.	Inhalt 101
			(1) Verschmelzung 101
			(2) Verschmelzungsplan 103
			(3) Umtauschverhältnis 104
			(4) Besondere Bewertungsschwierigkeiten 107
	af.	Verschmelzungsprüfung 108
		afa.	Prüferbestellung 109
		afb.	Prüfungsgegenstand 109
		afc.	Prüfungsbericht 110
		afd.	Prüferbefähigung und Bestellungsverbote 112
			(1) Allgemeines 112
			(2) Arten der Inkompatibilität 113
		afe.	Auskunftsrecht und Verantwortlichkeit der Prüfer 115
	ag.	Prüfung etwaiger Barabfindungen durch wirtschaftliche Sachverständige 116
	ah.	Anmeldung bei den zuständigen Kartellbehörden 117
	ai.	Beschlussfassung des Aufsichtsrats 118
	aj.	Ggf. Erstellung einer Zwischenbilanz 118
	ak.	Nachgründungsprüfung 118
	al.	Berücksichtigung der Prüfungsergebnisse 119
	am.	Zuleitung an den Betriebsrat 120
	an.	Offenlegung des Verschmelzungsplans und sonstiger Angaben 120
	ao.	Beteiligung der Arbeitnehmer 122
		aoa.	Das Besondere Verhandlungsgremium (BVG) 122
			(1) Zusammensetzung des BVG 123
			(2) Wahl der BVG-Mitglieder 125

B. Gründung (*Neun*)

	aob.	Die Verhandlungslösung	125
		(1) Sog. Nulllösung:	126
		(2) Einvernehmliche Regelung der Arbeitnehmerbeteiligung	126
		(3) Auffangregelung	127
		(31) Mitbestimmung	127
		(32) Unterrichtung und Anhörung	128
	ap.	Vorbereitung einer Kapitalerhöhung	129
	aq.	Einberufung der Hauptversammlungen	130
b.	Beschlussphase		131
	ba.	Durchführung der Hauptversammlung	131
	bb.	Kapitalerhöhungsbeschluss der aufnehmenden Gesellschaft	131
	bc.	Zustimmungsbeschluss Verschmelzung	132
	bd.	Zustimmungsvorbehalt Arbeitnehmerbeteiligung	132
	be.	Anerkennung etwaiger Spruchverfahren	133
	bf.	Bestellung der Leitungsorgane und des Abschlussprüfers	133
c.	Vollzugsphase		135
	ca.	Pflichtangebot nach § 35 Abs. 2 WpÜG	135
	cb.	Interne Gründungsprüfung	136
	cc.	Anpassung der Satzung an die Vereinbarung über die Arbeitnehmerbeteiligung	137
	cd.	Rechtmäßigkeitskontrolle	138
		cda. Rechtmäßigkeitsprüfung erster Stufe	138
		(1) Allgemeines	138
		(2) Anfechtungsklagen als Bestandteil der Rechtmäßigkeitskontrolle	139
		cdb. Rechtmäßigkeitsprüfung zweiter Stufe	140
III. Gründung einer Holding-SE			142
1. Allgemeines			142
2. Gründungsverfahren			142
a. Planungs-/Vorbereitungsphase			142
	aa.	Unternehmensbewertung	143
	ab.	Erstellung des Gründungsplans	143
	ac.	Holdingbericht	145
		aca. Zweckmäßigkeit der Holdinggründung	147
		acb. Erläuterung des Gründungsplans	149
		acc. Erläuterung des Umtauschverhältnisses	149
	ad.	Holdingprüfung	150
		ada. Prüferbestellung und -befähigung	151
		adb. Prüfungsgegenstand	151
		adc. Prüfungsbericht	152
	ae.	Prüfung etwaiger Barabfindungen durch wirtschaftliche Sachverständige	153

   af. Offenlegung des Gründungsplans 154
   ag. Beteiligung der Arbeitnehmer 155
   ah. Einberufung der Hauptversammlung/Gesellschafterversammlung 156
  b. Beschlussphase 157
   ba. Durchführung der Haupt-/Gesellschafterversammlung 157
   bb. Zustimmung zum Gründungsplan 157
    bba. Beschlussgegenstand und Form 157
    bbb. Beschlussmehrheit 158
    bbc. Zustimmungsvorbehalt Arbeitnehmerbeteiligung 158
    bbd. Anerkennung etwaiger Spruchverfahren für deutsche
       Gründungsgesellschaften/SE 159
   bc. Bestellung der Leitungsorgane und des Abschlussprüfers 160
  c. Vollzugsphase 161
   ca. Einbringung der Anteile 162
    caa. Gründungsvoraussetzung 162
    cab. Anteilseinbringung nach Gründung 163
   cb. Pflichtangebot nach § 35 Abs. 2 WpÜG 164
   cc. Gründungsbericht/-prüfung 166
    cca. Gründungsbericht 166
     (1) Adressat der Berichtspflicht 166
     (2) Berichtsinhalt 167
    ccb. Gründungsprüfung 168
     (1) Adressat der Prüfung 168
     (2) Prüfungsumfang 169
   cd. Rechtmäßigkeitsprüfung der Gründung 170
IV. Umwandlung einer bestehenden Aktiengesellschaft in eine SE 171
 1. Allgemeines 171
 2. Gründungsverfahren 173
  a. Planungs-/Vorbereitungsphase 173
   aa. Aufstellung eines Umwandlungsplans 174
   ab. Umwandlungsbericht 175
    aba. Zweckmäßigkeit der Umwandlung 176
    abb. Auswirkungen auf die Aktionärsrechte 177
    abc. Verzichtsmöglichkeiten 177
   ac. Werthaltigkeitsprüfung 178
   ad. Offenlegung des Umwandlungsplans und sonstiger Dokumente 178
   ae. Beteiligung der Arbeitnehmer 179
   af. Einberufung der Hauptversammlung 179
  b. Beschlussphase 180
   ba. Durchführung der Hauptversammlung 180
   bb. Zustimmungsbeschluss zur Umwandlung 180
   bc. Bestellung der Leitungsorgane und des Abschlussprüfers 181

B. Gründung (Neun)

      c. Vollzugsphase 182
          ca. Gründungsbericht/-prüfung 182
          cb. Rechtmäßigkeitskontrolle.. 184
          cc. Spruchverfahren/Minderheitenschutz.. 185
  V. Gründung einer Tochter-SE 185
  VI. Ergebnis.. 186

Literatur

Bayer, Walter, 1988: *Informationsrechte* bei der Verschmelzung von Aktiengesellschaften, in: AG 33 (1988), S. 323-331.

Bermel, Arno, 1996, in: *Goutier, Klaus / Knopf, Rüdiger / Tulloch, Anthony* (Hrsg.), Kommentar zum Umwandlungsrecht: Umwandlungsgesetz – Umwandlungssteuergesetz, Heidelberg: Verlag Recht und Wirtschaft, 1996.

Blanquet, Francoise, 2002: Das Statut der Europäischen Aktiengesellschaft (*Societas Europaea* „SE"), in: ZGR 31 (2002), S. 20-65.

Bork, Reinhard, 2000: Kommentierung zu §§ 14-19, 316 UmwG, in: *Lutter, Marcus* (Hrsg.), Umwandlungsgesetz, Kommentar, 2. Aufl., Köln: O. Schmidt, 2000.

Brandt, Ulrich / Scheifele, Matthias, 2002: Die *Europäische Aktiengesellschaft* und das anwendbare Recht, in: DStR 40 (2002), S. 547-555.

Bungert, Hartwin / Beier, Constantin H., 2002: Die *Europäische Aktiengesellschaft*: Das Statut und seine Umsetzung, in: EWS 13 (2002), S. 1-12.

Decher, Christian E., 2000: *Kommentierung zu §§ 190-213 UmwG*, in: *Lutter, Marcus* (Hrsg.), Umwandlungsgesetz, Kommentar, 2. Aufl., Köln: O. Schmidt, 2000.

Ganske, Joachim, 1981: Änderungen des *Verschmelzungsrecht*s, in: DB 34 (1981), S. 1551-1559.

Goette, Wulf, 1996: *Auslandsbeurkundungen* im Kapitalgesellschaftsrecht, in: DStR 34 (1996), S. 709-713.

Grunewald, Barbara, 1993: Kommentierung zu § 340 a, in: *Gessler, Ernst / Hefermehl, Wolfgang / Eckardt, Ulrich / Kropff, Bruno* (Hrsg.) Aktiengesetz, Kommentar, Band 6, München: Vahlen, 1993.

Grunewald, Barbara, 2000: *Kommentierung zu §§ 20-23, 25-38, 60-78 UmwG*, in: *Lutter, Marcus* (Hrsg.), Umwandlungsgesetz, Kommentar, 2. Aufl., Köln: O. Schmidt, 2000.

Hannappel, Hans-Albrecht, 1996, in: *Goutier, Klaus / Knopf, Rüdiger / Tulloch, Anthony* (Hrsg.), Kommentar zum Umwandlungsrecht: Umwandlungsgesetz – Umwandlungssteuergesetz, Heidelberg: Verlag Recht und Wirtschaft, 1996.

Hirte, Heribert, 2002: Die *Europäische Aktiengesellschaft*, in: NZG 5 (2002), S. 1-10.

Hoffman, Jochen, 1999: Die Bildung der *Aventis S. A.* – ein Lehrstück des europäischen Gesellschaftsrechts, in: NZG 2 (1999), S. 1077-1085.

Hoffmann-Becking, Michael, 1988: Das neue *Verschmelzungsrecht* in der Praxis, in: *Goerdeler, Reinhard* u. a. (Hrsg.), Festschrift für *Hans-Joachim Fleck* zum 70. Geburtstag am 30. Januar 1988, Berlin / New York: De Gruyter, 1988, S. 105-124.

Hommelhoff, Peter, 2001: Einige Bemerkungen zur *Organisationsverfassung* der Europäischen Aktiengesellschaft, in: AG 46 (2001), S. 279-288.

Hopt, Klaus Jürgen, 1998: *Europäisches Gesellschaftsrecht* – Krise und neue Anläufe, in: ZIP 19 (1998), S. 96-106.

Hörtnagl, Robert, 2001, in: *Schmitt, Joachim / Hörtnagl, Robert / Stratz, Rolf-Christian*, Umwandlungsgesetz / Umwandlungssteuergesetz, Kommentar, 3. Aufl., München: C.H. Beck, 2001.

Hüffer, Uwe, 1997: Die gesetzliche Schriftform bei Berichten des Vorstands gegenüber der *Hauptversammlung*, in: *Mertens, Klaus-Peter / Westermann, Harm Peter / Zöllner, Wolfgang* (Hrsg.), Festschrift für *Carsten Peter Claussen* zum 70. Geburtstag, Köln u. a.: Heymanns, 1997, S. 171-186.

Hüffer, Uwe, 2002: *Aktiengesetz*, Kommentar, 5. Aufl., München: C.H. Beck, 2002.

Kallmeyer, Harald, 2003: *Das monistische System* in der SE mit Sitz in Deutschland, in: ZIP 24 (2003), S. 1531-1536.

Keil, Tilo, 1990: Der *Verschmelzungsbericht* nach § 340a AktG, Köln: O. Schmidt, 1990.

Kersting, Christian, 2001: *Societas Europaea*: Gründung und Vorgesellschaft, in: DB 54 (2001), S. 2079-2086.

Kiem, Roger, 1999: Die schwebende *Umwandlung*, in: ZIP 20 (1999), S. 173-181.

Kindler, Peter, 1999: *Internationales Handels- und Gesellschaftsrecht*, in: *Rebmann, Kurt / Säcker, Franz Jürgen / Rixecker, Roland* (Hrsg.), Münchener Kommentar zum Bürgerlichen Gesetzbuch, Band 11, 3. Aufl. München: C.H. Beck, 1999.

Kleindiek, Detlef, 2002: *Funktion* und Geltungsanspruch des Pflichtangebots nach dem WpÜG, in: ZGR 31 (2002), S. 546–578.

Kraft, Alfons, 1990: *Kommentierung zu §§1-11, 13, 14, 23-53, 262-277, 339-361 AktG*, in: *Zöllner, Wolfgang* (Hrsg.), Kölner Kommentar zum Aktiengesetz, Band 7 (§§ 291-410 AktG), 1. Lfg. (§§ 339-361 AktG), Köln u. a.: Heymanns, 1990.

Lenz, Jürgen / Linke, Ulf, 2002: Die *Handhabung* des WpÜG in der aufsichtsrechtlichen Praxis, in: AG 47 (2002), S. 361–369.

Lutter, Marcus, 2000: *Einleitung A., Kommentierung zu §§ 1-13, 318 UmwG*, in: *Lutter, Marcus* (Hrsg.), Umwandlungsgesetz, Kommentar, 2. Aufl., Köln: O. Schmidt, 2000.

Lutter, Marcus, 2002: *Europäische Aktiengesellschaft* – Rechtsfigur mit Zukunft?, in: BB 57 (2002), S. 1-7.

Mayer, Dieter, 2002, in: *Widmann, Siegfried / Mayer, Dieter* (Hrsg.), Umwandlungsrecht, Kommentar, Bonn / Berlin: Stollfuß Verlag, 2002 (Stand: 64. Ergänzungslieferung).

Merkt, Hanno, 2003: Die *monistische Unternehmensverfassung* für die Europäische Aktiengesellschaft aus deutscher Sicht, in: ZGR 32 (2003), S. 650-678.

Mertens, Hans-Joachim, 1990: Die Gestaltung von Verschmelzungs- und *Verschmelzungsprüfungsbericht*, in: AG 35 (1990), S. 20-32.

Meyer zu Lösebeck, Heiner, 1989: Zur *Verschmelzungsprüfung*, in: WPg 42 (1989), S. 499-501.

Müller, Welf, 2001: Kommentierung zu § 30, in: *Kallmeyer, Harald* (Hrsg.), Umwandlungsgesetz, Kommentar, 2 Aufl., Köln: O. Schmidt, 2001.

Neun, Josef, 2000: Berichts- und Prüfungspflichten bei Abschluss und Änderung von *Unternehmensverträge*n, Frankfurt u. a.: Peter Lang, 2000.

Neye, Hans-Werner / Teichmann Christoph, 2003: Der *Entwurf* für das Ausführungsgesetz zur Europäischen Aktiengesellschaft, in: AG 48 (2003), S. 169–179.

Oppermann, Thomas, 2000: *Europarecht*, 2. Aufl., München: C.H. Beck, 2000.

Piltz, Detlev Jürgen, 1994: Die *Unternehmensbewertung* in der Rechtsprechung, 3. Aufl., Düsseldorf: IDW-Verlag, 1994.

Pluskat, Sorika, 2001: Die neuen Vorschläge für die *Europäische Aktiengesellschaft*, in: EuZW 12 (2001), S. 524-528.

Priester, Hans-Joachim, 1983: Das neue *Verschmelzungsrecht*, in: NJW 36 (1983), S. 1459-1467.

Priester, Hans-Joachim, 1990: *Strukturänderungen* – Beschlussvorbereitung und Beschlussfassung, in: ZGR 19 (1990), S. 420 446.

Priester, Hans-Joachim, 1992: Bilanzierung bei schwebender *Verschmelzung*, in: BB 47 (1992), S. 1594-1598.

Rieger, Norbert, 2002: Kommentierung zu §§ 60-78, 141-146, 161-167, 197, 238-248, 250 UmwG, in: *Widmann, Siegfried / Mayer, Dieter* (Hrsg.), Umwandlungsrecht, Kommentar, Bonn / Berlin: Stollfuß Verlag, 2002 (Stand: 64. Ergänzungslieferung).

Schulz, Andreas / Geismar, Bernhard, 2001: Die *Europäische Aktiengesellschaft*, in: DStR 39 (2001), S. 1078-1086.

Schwarz, Günter Christian, 2000: *Europäisches Gesellschaftsrecht*, Baden-Baden: Nomos, 2000.

Schwarz, Günter Christian, 2001: Zum *Statut* der Europäischen Aktiengesellschaft, in: ZIP 22 (2001), S. 1847-1861.

Siepe, Günter, 1998: *Unternehmensbewertung*, in: *Institut der Wirtschaftsprüfer in Deutschland e.V.* (Hrsg.), Wirtschaftsprüfer-Handbuch 1998, Band II, 11. Aufl., Düsseldorf: IDW-Verlag, 1998, S. 1-142.

Spellenberg, Ulrich, 1998: Internationales Privatrecht, Kommentierung zu Art. 11-12, 31-32 EGBGB, in: *Rebmann, Kurt / Säcker, Franz Jürgen / Rixecker, Roland* (Hrsg.), Münchener Kommentar zum Bürgerlichen Gesetzbuch, Band 10, 3. Aufl., München: C.H. Beck, 1998.

Stratz, Rolf-Christian, 2001, in: *Schmitt, Joachim / Hörtnagl, Robert / Stratz, Rolf-Christian*, Umwandlungsgesetz / Umwandlungssteuergesetz, Kommentar, 3. Aufl., München: C.H. Beck, 2001.

Teichmann, Christoph, 2001: Corporate Governance in Europa, in: ZGR 30 (2001), S. 645-679.

Teichmann, Christoph, 2002: Die *Einführung* der Europäischen Aktiengesellschaft – Grundlagen der Ergänzung des europäischen Statuts durch den deutschen Gesetzgeber, in: ZGR 31 (2002), S. 383-464.

Teichmann, Christoph, 2003: *Minderheitenschutz* bei Gründung und Sitzverlegung der SE, in: ZGR 32 (2003), S. 367–401.

Teichmann, Christoph, 2004: *Gestaltungsfreiheit* im monistischen Leitungssystem der Europäischen Aktiengesellschaft, in: BB 59 (2004), S. 53–60.

Teichmann, Christoph, 2004: *Austrittsrecht* und Pflichtangebot bei Gründung einer Europäischen Aktiengesellschaft, in: AG 49 (2004), S. 67–83.

Trojan-Limmer, Ursula, 1991: Die geänderten Vorschläge für ein *Statut* der Europäischen Aktiengesellschaft (SE), in: RIW 37 (1991), S. 1010-1016.

Tröger, Tobias, 2001: Vorbereitung von Zustimmungsbeschlüssen bei *Strukturmaßnahmen*, in: ZIP 22 (2001), S. 2029-2042.

Wagner, Jens, 2002, Die *Bestimmung* des auf die SE anwendbaren Rechts, in: NZG 5 (2002), S. 985-991.

Wenz, Martin, 1993: Die *Societas Europaea* – Analyse der geplanten Rechtsform und ihre Nutzungsmöglichkeiten für eine europäische Konzernunternehmung, Berlin: Duncker & Humblot, 1993.

Westermann, Harm Peter, 1993: Die Zweckmäßigkeit der *Verschmelzung* als Gegenstand des Verschmelzungsberichts, der Aktionärsentscheidung und der Anfechtungsklage, in: *Bierich, Marcus / Hommelhoff, Peter / Kropff, Bruno* (Hrsg.), Unternehmen und Unternehmungsführung im Recht: Festschrift für *Johannes Semler* zum 70. Geburtstag am 28. April 1993, Berlin / New York: De Gruyter, 1993, S. 651-670.

I. Allgemeines

1. Gründungsarten

Die SE-VO enthält in Art. 2 Abs. 1 bis 4 insgesamt vier *Gründungsmöglichkeiten* einer SE bereit:

- die grenzüberschreitende Verschmelzung von mindestens zwei nationalen Aktiengesellschaften zu einer SE,[1]
- die Gründung einer gemeinsamen Holding-SE durch mindestens zwei nationale Kapitalgesellschaften,[2]
- die Gründung einer gemeinsamen Tochter-SE durch mindestens zwei nationale Gesellschaften nach Art. 48 Abs. 2 EG-Vertrag oder juristische Personen des öffentlichen oder privaten Rechts der Mitgliedstaaten[3] und
- die Umwandlung einer nationalen Aktiengesellschaft in eine SE.[4]

Zu diesen vier Formen einer unmittelbaren (oder primären) SE-Gründung tritt noch eine weitere, in der Literatur als „abgeleitete"[5], „derivative"[6] oder „sekundäre"[7] Gründung bezeichnete, Gründungsmöglichkeit hinzu, die Tochter-SE, die von einer Mutter-SE gegründet wird.[8] Weitere Gründungsmöglichkeiten stehen nicht zur Verfügung.

Die Folge ist eine Einschränkung der gesellschaftsrechtlichen Gründungsfreiheit. So können natürliche Personen ebenso wie Personengesellschaften nicht als Alleingründer einer SE auftreten;[9] sie können allenfalls zu einem von den vorgesehenen Gründungsgesellschaftern betriebenen Gründungsgeschäft hinzutreten. Aber selbst den Kapitalgesellschaftsformen stehen nicht sämtliche Gründungsformen zur Verfügung. Während sich nämlich an der Gründung einer Holding-SE und an der einer Gemein-

---

[1] S. Art. 2 Abs. 1 i. V. m. Anhang I zur SE-VO, Art. 17-31 SE-VO (SE-VO abgedruckt in Anhang I).
[2] S. Art. 2 Abs. 2 i. V. m. Anhang II zur SE-VO, Art. 32-34 SE-VO.
[3] S. Art. 2 Abs. 3, 35, 36 SE-VO.
[4] S. Art. 2 Abs. 4, 37 SE-VO.
[5] *Hommelhoff, P.*, Organisationsverfassung, 2001, S. 279, 280.
[6] *Pluskat, S.*, Europäische Aktiengesellschaft, 2001, S. 524, 527, Fn. 31.
[7] *Lutter, M.*, Europäische Aktiengesellschaft, 2002, S. 1, 4; *Schwarz, G. C.*, Statut, 2001, S. 1847, 1853.
[8] Art. 3 Abs. 2 SE-VO. Zu den verschiedenen Gründungsformen einer SE vgl. unter Bezugnahme auf den SE-VO-Vorschlag 1991 auch bereits *Wenz, M.*, Societas Europaea, 1993, S. 51-68.
[9] Eine Ausnahme gilt für die Gründung einer Tochter-SE, da auch Personengesellschaften zu den Gesellschaften i. S. d. Art. 48 Abs. 2 EG-Vertrag gehören; dazu vgl. *Hirte, H.*, Europäische Aktiengesellschaft, 2002, S. 1, 3.

schafts-SE sowohl eine GmbH als auch eine AG beteiligen können, sind namentlich die Verschmelzungs- und die Umwandlungs-SE allein der AG zugänglich.[1] Diese Einschränkungen erschweren zweifellos die Gründung einer SE, da im Einzelfall eine mehrstufige Gründung vorgenommen werden muss, d. h. es muss zunächst nach den nationalen Rechtsordnungen eine für die SE-Gründung passende Rechtsform geschaffen werden. Dieser *numerus clausus der Gründungsarten* ist gerade für den deutschen Mittelstand mit der beliebten Form der GmbH ärgerlich, da ein Formwechsel in eine SE zunächst den Umweg über eine deutsche AG erfordert.

2. Obligatorische Mehrstaatlichkeit

a. Allgemeine Anforderungen und Umgehungsproblematik

Eine weitere Einschränkung der Gründungsmöglichkeiten besteht aufgrund des *Mehrstaatlichkeitsprinzips*. Abgesehen von der Gründung einer Tochter-SE durch eine bereits bestehende SE[2] müssen alle anderen Gründungsformen mindestens zwei Mitgliedstaaten berühren. Dabei fällt auf, dass die Anforderungen an die Mehrstaatlichkeit für die einzelnen in Art. 2 Abs. 1 bis 4 SE-VO vorgesehenen Gründungsarten schrittweise sinken: Während bei der Verschmelzung noch mindestens zwei Gründungsgesellschaften dem Recht verschiedener Mitgliedstaaten unterliegen müssen, genügt für die Holding-SE und die Tochter-SE bereits, wenn mindestens zwei Gründungsgesellschaften seit mindestens zwei Jahren eine dem Recht eines anderen Mitgliedstaats unterliegende Tochtergesellschaft oder eine Zweigniederlassung in einem anderen Mitgliedstaat haben. Die Umwandlung in eine SE steht sogar einer einzelnen Aktiengesellschaft offen, sofern sie nur seit mindestens zwei Jahren eine dem Recht eines anderen Mitgliedstaats unterliegende Tochtergesellschaft aufweisen kann.

Diese unterschiedlichen Anforderungen an die Mehrstaatlichkeit der Gründungsgesellschaften haben die Literatur dazu animiert, über die möglichen Folgen einer solchen Abstufung der Gründungsanforderungen nachzudenken. Dabei sind es vor allem zwei Aspekte, die zur Diskussion gestellt werden:

- Zum einen geht es darum, ob man aus der in Art. 2 Abs. 1 bis 4 SE-VO vorgenommenen Reduzierung der *Gründungsvoraussetzungen* den Grundgedanken ableiten kann, dass es für das Kriterium der Mehrstaatlichkeit ausreichen muss,

---

[1] Dabei gilt eine bereits gegründete SE für Zwecke der Gründungsalternativen Verschmelzung, Holding und Tochter-SE nach Art. 3 Abs. 1 SE-VO selbst als Aktiengesellschaft, die dem Recht des Sitzmitgliedstaats unterliegt.
[2] S. Art. 3 Abs. 2 SE-VO.

wenn zumindest eine der beteiligten Gründungsgesellschaften einen Auslandsbezug aufweist.[1] Die Folge wäre, dass es für die Gründungsformen der Holding-SE und der Tochter-SE letztlich doch ausreichen würde, wenn nur eine der beteiligten Gründungsgesellschaften einen Auslandsbezug durch Tochtergesellschaft oder Zweigniederlassung in einem anderen Mitgliedstaat vorweisen kann.[2]

- Zum anderen stehen die sich aus den unterschiedlichen Anforderungen ergebenden *Umgehungsmöglichkeiten* im Mittelpunkt der Betrachtung. So können die strengen Anforderungen an die Holding-SE und der Tochter-SE relativ leicht durch Vorschaltung einer Umwandlung umgangen werden. Die Verschmelzung durch Aufnahme könnte eingesetzt werden, um die für eine Umwandlung erforderliche Zwei-Jahres-Frist für die Beteiligung an einer Tochtergesellschaft im Ausland zu umgehen, indem einfach die ausländische Tochter auf ihre deutsche Mutter verschmolzen wird und die Mutter dabei die Form der SE annimmt.[3] Hier stellt sich die Frage, ob man die Gründungsformen der SE-VO in einem derart strengen Sinne auslegen darf, dass eine an sich gegebene Gründungsform allein deshalb versagt bleibt, weil sie dazu beiträgt, die Voraussetzungen der anderen zu vermeiden.

Beide Überlegungen sind im Ergebnis zu verwerfen. Speziell für die Frage der Mehrstaatlichkeit bei der Holding-SE und der Tochter-SE spricht der Wortlaut eine eindeutige Sprache, da die Voraussetzungen bei „mindestens zwei von ihnen" vorliegen müssen.[4] Zwingende systematische Aspekte, die den von Art. 2 Abs. 2 und 3 SE-VO gewählten Plural bedeutungslos machen würden, sind nicht ersichtlich. Für die Frage der Umgehungsmöglichkeiten durch Konzernverschmelzungen ist Art. 31 SE-VO zu akzeptieren, der die Konzernverschmelzung gerade vorsieht.

Für beide Überlegungen gilt, dass nicht angenommen werden kann, die unterschiedliche Ausgestaltung der Gründungsalternativen sei rein zufällig zustande gekommen. Vielmehr ist davon auszugehen, dass der Verordnungsgeber sich bewusst für einen numerus clausus der Gründungsarten entschieden hat und jede Gründungsart als in sich geschlossenes Konzept gestaltet ist. Dies wird man schlicht hinnehmen müssen, auch wenn damit Umgehungsmöglichkeiten nicht ausgeschlossen werden können.[5] Zudem verlangt auch die Rechts- und damit auch die Planungssicherheit Zurückhal-

---

[1] In diesem Sinne vgl. *Hommelhoff, P.*, Organisationsverfassung, 2001, S. 279, 281, Fn. 15.
[2] So *Hommelhoff, P.*, Organisationsverfassung, 2001, S. 279, 281.
[3] Aus diesem Grund gegen die Möglichkeit einer Konzernverschmelzung vgl. *Hirte, H.*, Europäische Aktiengesellschaft, 2002, S. 1, 3.
[4] So zutreffend vgl. *Schwarz, G. C.*, Statut, 2001 S. 1847, 1850; zweifelnd hingegen *Hommelhoff, P.*, Organisationsverfassung, 2001, S. 279, 281, für den der Wortlaut nicht eindeutig ist.
[5] Im Ergebnis ebenso vgl. *Teichmann, C.*, Einführung, 2002, S. 383, 411.

tung bei vermeintlich zutreffenden Korrekturen der SE-VO. Wann nämlich wird eine Gründungsart tatsächlich an Stelle einer anderen Gründungsart gewählt, um gerade deren Voraussetzungen zu umgehen? Man sollte hier die Flexibilität der SE-Gründung nicht leichtfertig aufs Spiel setzen, nachdem endlich eine gemeinschaftsrechtliche Grundlage für grenzüberschreitende Restrukturierungen geschaffen wurde. Aus diesem Grund ist auch hinsichtlich einer Korrektur der SE-VO unter Berufung auf den Minderheiten- und Gläubigerschutz[1] Zurückhaltung angebracht.

b. Der zeitliche Aspekt der Mehrstaatlichkeit

Art. 2 Abs. 2 bis 4 SE-VO setzt vor die Gründungsmöglichkeit eine zweijährige Frist, während der die Kriterien der Mehrstaatlichkeit erfüllt sein müssen. Zur entscheidenden Frage jedoch, bis zu welchem Zeitpunkt des Gründungsverfahrens diese Frist abgelaufen sein muss, schweigt die SE-VO. Ist daher der Zeitpunkt der Eintragung der Gründung, der Anmeldung zur Eintragung, des Hauptversammlungsbeschlusses oder der Zeitpunkt der erstmaligen Kontaktaufnahme der Gründungsgesellschaften maßgebend? Hier bietet es sich an, auf das jeweilige Gründungsgeschäft abzustellen, wie es sich aus der SE-VO ergibt. Dies ist bei der Holding und der Umwandlung jeweils der Hauptversammlungsbeschluss der jeweiligen Gründungsgesellschaft;[2] bei der Tochter-SE ist das jeweils nationale Recht maßgebend,[3] d. h. für eine deutsche Tochter-SE der Zeitpunkt der Feststellung der Satzung und die Übernahme der Aktien.[4]

c. Der Begriff der Tochtergesellschaft

Der Begriff *Tochtergesellschaft* ist in der SE-VO selbst nicht definiert; Verweisungen auf nationale Begriffsbestimmungen fehlen ebenfalls. Der Begriff kann daher nur auf Ebene der SE selbst entwickelt werden. Hierfür bietet sich zum einen ein Rückgriff auf Art. 2 Buchst. c der SE-RL an, wonach eine Tochtergesellschaft einer Gesellschaft ein Unternehmen ist, auf das die betreffende Gesellschaft einen beherrschenden Einfluss im Sinne des Art. 3 Abs. 2 bis 7 der Richtlinie über den Europäischen Betriebsrat[5] ausüben kann. Eine Tochtergesellschaft setzt danach entweder die Mehrheit des gezeichneten Kapitals oder die Möglichkeit der Bestellung von mehr als der Hälfte der Mitglieder des Verwaltungs-, Leitungs- oder Aufsichtsorgans des

---

[1] Offen für derartige Korrekturen vgl. etwa *Teichmann, C.*, Einführung, 2002, S. 383, 413.
[2] S. Art. 32 Abs. 6 und Art. 37 Abs. 7 SE-VO.
[3] S. Art. 15, 36 SE-VO.
[4] S. §§ 23 Abs. 1, 29 AktG.
[5] S. Richtlinie 94/45/EG des Rates v. 22.9.1994, ABl. EG Nr. L 254 v. 30.9.1994, S. 64 ff.

anderen Unternehmens voraus. Alternativ könnte man aber auch an Art. 3 Abs. 1 Buchst. b der Mutter-Tochter-Richtlinie[1] denken. Damit wäre eine Tochtergesellschaft immer dann gegeben, wenn mindestens eine Beteiligung von 25% besteht. Vorzugswürdiger ist allerdings ersteres, da damit ein Gleichlauf innerhalb der Rechtsordnung der SE hergestellt werden kann und zudem das Prinzip der Mehrstaatlichkeit gestärkt wird.

3. Beteiligung von Unternehmen außerhalb der Gemeinschaft

Die SE als europäische Rechtsform ist auch dadurch gekennzeichnet, dass die Gründungsalternativen des Art. 2 Abs. 1 bis 4 SE-VO nur Gesellschaften zur Verfügung stehen, die nach dem Recht eines Mitgliedstaats der Gemeinschaft gegründet sind und ihren satzungsmäßigen Sitz ebenso wie die Hauptverwaltung in der Gemeinschaft haben. Gesellschaften außerhalb der *EU* ist damit der unmittelbare Weg zu einer SE grundsätzlich verbaut. Die missliche Folge besteht darin, dass eine unmittelbare Gründung einer SE als Europazentrale ebenso ausscheidet wie eine unmittelbare Beteiligung an der Gründung eines europäischen Gemeinschaftsunternehmens in der Form einer SE. Beides ist nur über europäische Tochtergesellschaften möglich, welche die Voraussetzungen der jeweiligen Gründungsalternative erfüllen.

Anderes gilt nur für Mitgliedstaaten, die von dem Wahlrecht des Art. 2 Abs. 5 SE-VO Gebrauch gemacht haben. Danach besteht die Möglichkeit, vorzusehen, dass sich eine Gesellschaft, die ihre Hauptverwaltung nicht in der Gemeinschaft hat, an der Gründung einer SE beteiligen kann, sofern sie nach dem Recht eines Mitgliedstaats gegründet wurde, ihren (satzungsmäßigen) Sitz in diesem Mitgliedstaat hat und mit der Wirtschaft eines Mitgliedstaats in tatsächlicher und dauerhafter Verbindung steht.[2] Der deutsche Gesetzgeber jedenfalls hat von dieser Option keinen Gebrauch gemacht[3].

---

[1] S. Richtlinie 90/435/EWG des Rates v. 23.7.1990, ABl. EG Nr. L 225 v. 20.8.1990, S. 6 ff.
[2] Sowohl *Hommelhoff, P.*, Organisationsverfassung, 2001, S. 279, 281, Fn. 17; als auch *Teichmann, C.*, Einführung, 2002, S. 383, 414, Fn. 145, gehen zutreffend davon aus, dass zwar nach dem Wortlaut die wirtschaftliche Affinität nicht zwingend zum Sitzstaat bestehen muss, dies aber daraus abzuleiten ist, da nicht angenommen werden kann, dass einem Mitgliedstaat die Regelungskompetenz für einen Sachverhalt außerhalb seiner Landesgrenzen übertragen wird.
[3] Zu den Gründen des Gesetzgebers siehe *Neye H.-W. / Teichmann C.*, Entwurf, 2003, S. 169, 170 f., vgl. auch *Teichmann, C.*, Einführung, 2002, S. 383, 413 f.

4. Das Gründungsrecht der SE

a. Konzeptionelle Grundlagen

Eine umfassende Ausgestaltung des Gründungsverfahrens enthält die SE-VO mit ihren 70 Artikeln, von denen sich etwa die Hälfte mit der Gründung einer SE beschäftigen,[1] nicht. Darin reflektiert sich die methodische Kehrtwende, die der Verordnungsgeber im Laufe der Zeit vollzogen hat: Von dem einst angestrebten umfassenden europarechtlichen Statut mit stolzen 400 Artikeln ist nur noch ein Rechtsquellen-durchmischtes Regelungskonzept verblieben, das - ganz nach Art des rechtspolitischen Kompromisses in Europa - streitige Fragen ausklammert und mit Verweisungen auf das nationale (Aktien)recht arbeitet.[2] So enthält die SE-VO selbst nur noch eine verhältnismäßig geringe Zahl sachrechtlicher Regelungen, die sich im Wesentlichen auf einzelne Fragen der Gründung und der Leitung der SE beschränken.

Das ursprünglich angestrebte Konzept einer weitgehend aus europäischem Recht lebenden Aktiengesellschaft wurde damit verlassen. Um nun gleichwohl ein vollständiges und funktionsfähiges Gesellschaftsrecht der SE zu gewährleisten, werden die Sachnormen durch Verweisungsnormen ergänzt. Erst in Verbindung mit dem über die Verweisungsnormen anwendbaren nationalen Recht der Mitgliedstaaten kommt es zu einer alle Bereiche und Aspekte des Gesellschaftsrechts umfassenden Regelung der SE.[3]

Neben dem Verweis auf nationales Recht spricht die SE-VO in einzelnen Fällen ausdrücklich den nationalen Gesetzgeber an und ermächtigt ihn, bestimmte Rege-

---

[1] Die SE-VO ist in einen allgemeinen Teil (Art. 1 bis 16) und in besondere Abschnitte unterteilt, wobei die Gründung in Titel II (Art. 15 bis 37) geregelt ist. Der Gründungsteil wiederum ist in vier Abschnitte untergliedert, den allgemeinen Teil (Art. 15, 16), die Verschmelzung (Art. 17 bis 31), die Gründung einer Holding (Art. 32 bis 35), die Gründung einer Tochter-SE (Art. 35, 36) und die Umwandlung (Art. 37).

[2] So sind Kapitalaufbringung und -erhaltung (Art 5 SE-VO), Rechnungslegung und Publizität (Art. 61 f. SE-VO), Auflösung, Liquidation, Zahlungsunfähigkeit und Zahlungseinstellung (Art. 63 SE-VO) vollständig der Regelung des nationalen Gesetzgebers der einzelnen Mitgliedstaaten überantwortet; Organisation und Ablauf der Hauptversammlung (Art. 53 SE-VO) sind weitgehend dem nationalen Aktienrecht überlassen. Nach *Brandt, U. / Scheifele, M.*, Europäische Aktiengesellschaft, 2002, S. 547, enthalten die 70 Artikel der SE-VO 84 Verweisungsvorschriften.

[3] Ausführlich zur Bestimmung des auf die SE anwendbaren Rechts vgl. *Brandt, U. / Scheifele, M.*, Europäische Aktiengesellschaft, 2002, S. 547; *Wagner, J.*, Bestimmung, 2002, S. 985.

B.I. Allgemeines

lungsbereiche speziell für die SE zu regeln.[1] Einen Rechtsanwendungsbefehl sprechen die Ermächtigungen nicht aus, solange der nationale Gesetzgeber keine entsprechenden Vorschriften erlassen hat. Wenn der nationale Gesetzgeber aber von einer Ermächtigung Gebrauch macht, dann setzt sich die Ermächtigungsnorm als Verweisungsnorm fort.[2]

Bei den Verweisungsnormen des SE-Statuts handelt es sich nicht um kollisionsrechtliche Regelungen im Sinne des IPR, sondern um einseitige und zwingende Rechtsanwendungsregeln, welche die Anwendung nationalen Rechts auf einen europäischer Regelungskompetenz unterliegenden Sachverhalt anordnen,[3] maßgebend ist das mitgliedstaatliche Recht in seiner jeweils gültigen Fassung, einschließlich des *nationalen Richterrechts*[4] *(sog. dynamische Verweisungen).*

Geht es um einen Regelungsbereich einer bereits gegründeten SE, verweist die SE-VO grundsätzlich auf nationales Recht unter Ausschluss des IPR, da nur so hinreichend dem Interesse Rechnung getragen werden kann, auf eine supranationale Rechtsform in allen relevanten Rechtsfragen dasselbe nationale Recht anzuwenden.[5] Für die Gründungsphase hingegen erfolgen die Verweisungen grundsätzlich unter Einschluss des IPR, sofern nicht die Verweisungsnorm selbst eine eindeutige Anknüpfung vorgibt,[6] z.B. Art. 15 SE-VO mit dem Sitz der künftigen SE.[7] Diese Differenzierung der SE-VO verwundert nicht, denn die SE-VO strebt die juristische Einheitlichkeit lediglich für die SE selbst an, nicht dagegen für die an ihrer Gründung beteiligten Rechtsträger.

---

[1] Ermächtigungen, die das Gründungsverfahren betreffen, finden sich in Art. 12 Abs. 4 S. 2, 19 S. 1, 24 Abs. 2, 31 Abs. 2, 34, 37 Abs. 8, die der deutsche Gesetzgeber zum Teil, insbesondere zum Minderheitenschutz, in Anspruch genommen hat. Die speziellen Ermächtigungsnormen zeigen, dass der Verordnungsgeber dem nationalen Gesetzgeber offenbar nicht das Recht einräumen wollte, für die SE ein eigenes Aktienrecht zu schaffen. Speziell für die SE geschaffene Normen bedürfen daher einer konkreten Ermächtigungsgrundlage im Gemeinschaftsrecht.

[2] Vgl. *Teichmann, C.*, Einführung, 2002, S. 383, 399; *Wagner, J.*, Bestimmung, 2002, S. 985, 986.

[3] Zur Frage der Qualifizierung der Verweisungsnormen als sog. „Rangkollisionsrecht" und zur „internationalprivatrechtlichen Funktion" vgl. *Teichmann, C.*, Einführung, 2002, S. 383, 395 ff.

[4] Befürwortend vgl. *Brandt, U. / Scheifele, M.*, Europäische Aktiengesellschaft, 2002, S. 547, 553; *Teichmann, C.*, Einführung, 2002, S. 383, 398 f.

[5] Vgl. *Schwarz, G. C.*, Europäisches Gesellschaftsrecht, 2000, S. 640 ff.; a.A. *Teichmann, C.*, Einführung, 2002, S. 383, 395 ff.: Interesse wird durch den von Art. 7 Abs. 1 SE-VO erzwungenen Gleichlauf der für die IPR-rechtliche Bestimmung der anwendbaren Rechtsordnung maßgebenden Anknüpfungspunkte Registersitz (Gründungstheorie) und Hauptverwaltung (Sitztheorie) berücksichtigt.

[6] Allgemeine Ansicht, statt aller vgl. *Wagner, J.*, Bestimmung, 2002, S. 985, 990.

[7] In der Terminologie des IPR handelt es sich also bei den Verweisungen zur Bestimmung des Rechts einer gegründeten SE um Sachnormverweisungen, bei der Bestimmung des Gründungsrechts hingegen um Gesamtnormverweisungen.

Verbleiben nach Auslegung der Sachnormen der SE-VO selbst[1] und unter Berücksichtigung der nach den verschiedenen Verweisungsnormen anwendbaren nationalen Regelungen noch Regelungslücken,[2] wird man auch auf die richterliche Rechtsfortbildung zurückgreifen dürfen, wenngleich sehr behutsam, da im europäischen Sekundärrecht der Rechtsfortbildung zugängliche Regelungslücken eher selten anzutreffen sind. Hier gilt die Vermutung, dass der europäische Gesetzgeber etwaige Lücken bewusst offen gelassen hat und daher die nationalen Rechtsordnungen ohne weiteres zur Anwendung gelangen. Speziell für die SE kommt aber eine Rechtsfortbildung auf supranationaler Ebene dann in Betracht, wenn diese für die Funktionsfähigkeit der SE als supranationale Rechtsform erforderlich ist.[3] Gelingt es dabei Wissenschaft und Rechtsprechung, ungeschriebene Grundsätze des europäischen Gesellschaftsrechts zu entwickeln, so steht deren Anwendung auf die SE nichts im Wege.[4]

b. Verschmelzung

Das Gründungsverfahren der Verschmelzung lässt sich nach der Regelungssystematik der SE-VO im Grundsatz relativ unproblematisch ermitteln. Neben den unmittelbaren Regelungen der SE-VO selbst, bestimmen die Verweisungsnormen der Art. 15, 18 SE-VO, ergänzt um die Art. 25, 26 SE-VO die zu beachtenden Verfahrensschritte. Dieser Regelungsmechanismus der SE-VO führt zu einer *Zweistufigkeit* des anwendbaren Rechts. Nach Art. 18 SE-VO gelten für das Verfahren in den sich verschmelzenden Gesellschaften grundsätzlich die Rechtsvorschriften des Mitgliedstaates, dessen Recht die einzelne Gesellschaft unterworfen ist. Sieht die SE-VO in einzelnen Punkten des Verschmelzungsverfahrens eigene Regelungen vor, gelten diese vorrangig für jede der sich verschmelzenden Gesellschaften; dazu gehören etwa die Regelungen über den Inhalt des Verschmelzungsplans (Art. 20 SE-VO), die Wirkungen der Verschmelzung (Art. 12 SE-VO) und dem Zeitpunkt der Rechtsfähigkeit der SE (Art. 16 SE-VO). Soweit darüber hinaus Fragen der Gründung offen bleiben, gilt der Verweis des Art. 15 SE-VO auf das Recht des Sitzstaates der künftigen SE.[5] Da Art. 15 SE-VO allgemein auf das für Aktiengesellschaften geltende Recht und

---

1 Allgemein zur Methodik der autonomen Auslegung europäischen Rechts vgl. *Oppermann, T.*, Europarecht, 1999, S. 253 ff.; und bezogen auf das SE-Statut *Teichmann, C.*, Einführung, 2002, S. 383, 402 ff.
2 Zum Begriff der Regelungslücken bei der SE-VO und deren Ausfüllung vgl. *Brandt, U. / Scheifele, M.*, Europäische Aktiengesellschaft, 2002, S. 547, 551 ff.
3 Ausführlich hierzu vgl. *Teichmann, C.*, Einführung, 2002, S. 383, 406 ff.
4 So zutreffend vgl. *Teichmann, C.*, Einführung, 2002, S. 383, 409.
5 Hierin liegt ein wesentlicher Unterschied zur parallelen Regelung des Art. 2 Abs. 1 EWIV-VO, zu der die Ansicht vorherrschend ist, der Verweis auf das Recht des Sitzstaates gelte erst ab Eintragung der Gesellschaft. Zu den tragenden Unterschieden zwischen Art. 15 SE-VO und Art. 2 Abs. 1 EWIV-VO vgl. *Kersting, C.*, Societas Europaea, 2001, S. 2079 f.; *Teichmann, C.*, Einführung, 2002, S. 383, 414 f.

nicht nur auf das als Aktienrecht ausgestaltete Gründungsrecht verweist, können nach dem Wortlaut durchaus auch gründungsrelevante Normen in anderen Gesetzen, etwa dem deutschen UmwG, herangezogen werden, sofern sich die Spezialnormen mit der konkreten Gründungsart befassen.

Das vor allem durch Art. 15, 18 SE-VO vorgegebene zweistufige Gründungsverfahren entspricht weitgehend der im IPR herrschenden Vereinigungstheorie, nach der bei einer transnationalen Verschmelzung zwischen den Voraussetzungen, dem Verfahren und den Wirkungen zu unterscheiden und gesondert anzuknüpfen ist. Für die beiden ersten Punkte gilt das Personalstatut der einzelnen sich verschmelzenden Gesellschaften, für die Wirkungen gelten die beteiligten Personalstatute kumulativ.[1] Die SE-VO schafft nun gerade für diejenigen Rechtsfragen, für die bisher zwei Rechtsordnungen kumulativ galten, ein einheitliches Regelungskonzept.

c. Holding

Das auf die Holding-Gründung anwendbare Recht zu bestimmen, fällt schwerer als bei der Verschmelzung, da ein Art. 18 SE-VO entsprechender Verweis auf nationales Recht der Gründungsgesellschaften fehlt und somit nur die sachrechtlichen Regelungen in der SE-VO selbst und ergänzend das über Art. 15 SE-VO anwendbare (Aktien)Recht des künftigen Sitzstaates der SE zur Verfügung steht. Die Verweisung des Art. 15 SE-VO hilft jedoch nicht recht weiter, wenn es um die in der SE-VO ungeregelten Fragen des vorgeschalteten Verfahrens in den Gründungsgesellschaften selbst geht. Wollte man diese Norm bereits auf diesen Regelungskomplex anwenden, müsste – mangels Regelungen der Einberufung und Durchführung der Gesellschafterversammlung in der SE-VO selbst – eine *deutsche GmbH*, die eine Holding-SE mit Sitz in Italien gründen will, ihre Gesellschafterversammlung nach dem Recht für *italienische Aktiengesellschaften* einberufen und abhalten – ein offenbar unsinniges Ergebnis. Es liegt daher nahe, eine der Verschmelzung vergleichbare Trennung vorzunehmen und das Verfahren in den Gründungsgesellschaften dem nach allgemeinen Grundsätzen zu bestimmenden nationalen Recht, dem die Gründungsgesellschaften unterliegen, zu überlassen. Hierfür spricht auch die Entstehungsgeschichte und die systematische Parallele zum Verschmelzungsverfahren, die sich im Vorschlag 1970 noch in teilweise wortgleichen Regelungen besonders deutlich zeigte. Erst mit dem methodischen Wechsel vom Vollstatut zur Verweisungstechnik wurde die Parallele zunehmend verwischt, wobei der Vorschlag 1991 für die Beschlussfassung noch ei-

---

[1] Zur IPR-rechtlichen Situation einer transnationalen Verschmelzung vgl. ausführlich *Kindler, P.*, in: Münchener Kommentar zum Bürgerlichen Gesetzbuch, 1999, Rdnr. 643 ff., insbesondere zur Vereinigungstheorie, Rdnr. 661 ff.

ne Verweisung auf das nationale Verschmelzungsrecht enthielt. Erst als nach 1991 mit Art. 18 SE-VO die Einzelverweisungen im Verschmelzungsrecht gleichsam vor die Klammer gezogen wurden, entstand durch die redaktionelle Änderung des Statuts die heute bestehende Lücke.[1] Dies wird man bei der Frage des anwendbaren Rechts und einer eventuellen Lückenfüllung zu beachten haben.

d. Umwandlung

Auch für die Umwandlung findet sich keine dem Art. 18 SE-VO entsprechende Verweisungsnorm. Dies ist hier – anders als bei der Holdinggründung – wenig problematisch. Denn der Sitz der Gesellschaft darf anlässlich der Umwandlung nicht gem. Art. 8 SE-VO in einen anderen Mitgliedstaat verlegt werden.[2] Damit ist sichergestellt, dass die SE der gleichen Jurisdiktion unterliegt wie die umzuwandelnde Aktiengesellschaft. Für ungeregelte Aspekte des vorgelagerten Verfahrens in der umzuwandelnden Gesellschaft kann daher über Art. 15 SE-VO keine von dem bisherigen Heimatrecht dieser Gesellschaft abweichende Jurisdiktion in Betracht kommen.

e. Tochter-SE

Für die Gründung einer Tochter-SE enthält die SE-VO keine eigenen Verfahrensregeln. Das Gründungsrecht ergibt sich daher aus den Verweisungen des Art. 36 und 15 SE-VO. Gemäß Art. 36 SE-VO findet auf die an der Gründung beteiligten Gesellschaften deren nationales Recht Anwendung. Das der eigentlichen Gründung vorgeschaltete Verfahren in den Gründungsgesellschaften richtet sich also nach dem nach allgemeinen Grundsätzen zu bestimmende Recht der Gründungsgesellschaften. Ansonsten gilt nach Art. 15 SE-VO das für Aktiengesellschaften geltende Recht des künftigen Sitzstaates der SE.

---

[1] Ausführlich zu den historisch und systematischen Aspekten *Teichmann, C.*, Minderheitenschutz, 2003, S. 367, 388 f.
[2] S. Art. 37 Abs. 3 SE-VO.

II. Gründung einer SE durch Verschmelzung

1. Allgemeines

a. Die Bedeutung der SE-Verschmelzung

Von den Gründungsformen kommt – gerade aus deutscher Perspektive – der *Verschmelzungs-SE* eine besondere Bedeutung zu. War bisher in *Deutschland* umstritten, ob durch § 1 Abs. 1, 2 UmwG eine *transnationale Verschmelzung* unter Beteiligung einer deutschen Gesellschaft möglich ist,[1] so ist diese Frage nunmehr zumindest für Verschmelzungen von Aktiengesellschaften mit Sitz und Hauptverwaltung in der *EU* eindeutig geklärt. Zukünftig sind damit rechtlich äußerst aufwendige Gestaltungen zur Zusammenführung von Unternehmen, die unterschiedlichen Jurisdiktionen unterliegen, nicht mehr erforderlich, zumal diese Alternativlösungen die angestrebte Einheit der Unternehmen nur begrenzt sicherstellen können.[2] Denn nur die Verschmelzung ermöglicht durch die Vereinigung der Vermögen mehrerer Rechtsträger durch Gesamtrechtsnachfolge die rechtliche und wirtschaftliche Zusammenführung verschiedener Unternehmen. Keine andere Gründungsform ist in gleicher Weise geeignet, eine gemeinschaftsweite Reorganisation von Produktionsfaktoren herbeizuführen, weshalb auch die Gründungsalternative der Verschmelzung – gemessen an der Zielsetzung der SE – das Kernstück der SE-VO darstellt.

b. Arten der Verschmelzung

Die SE-VO stellt zwei Arten der Verschmelzung zur Verfügung, die *Verschmelzung durch Aufnahme*[3] gemäß Art. 3 Abs. 1 Verschmelzungsrichtlinie[4] und die *Verschmelzung durch Neugründung*[5] gemäß Art. 4 Abs. 1 der genannten Richtlinie. Während bei Ersterer die Übertragung des Vermögens auf eine bereits bestehende Gesellschaft erfolgt, die bei der Verschmelzung die Form einer SE annimmt, wird

---

[1] Hierzu vgl. *Kindler, P.*, in: Münchener Kommentar zum Bürgerlichen Gesetzbuch, 1999, Rdnr. 655 ff.; *Lutter, M.*, in: Umwandlungsgesetz, Kommentar, 2000, § 1, Rdnr. 6 ff.
[2] Als bekanntestes Beispiel kann hier die Zusammenführung der *Hoechst AG* und *Rhône-Poulenc S. A.* zur *Aventis S. A.* genannt werden; zur Vorgehensweise sowie den rechtlichen und wirtschaftlichen Problemen dieses Zusammenschlusses vgl. *Hoffmann, J.*, Aventis S. A., 1999, S. 1077.
[3] S. Art. 17 Abs. 2 S. 1 Buchst. a, 29 Abs. 1 SE-VO.
[4] S. Richtlinie 78/855/EWG v. 9.10.1978, ABl. EG Nr. L 295 v. 20.10.1978, S. 36 ff.
[5] S. Art. 17 Abs. 2 S. 1 Buchst. b, 29 Abs. 2 SE-VO.

bei Letzterer der aufnehmende Rechtsträger erst durch die Verschmelzung gegründet und zwar unmittelbar in der Form der SE.[1]

c. Grundlage, Wirksamkeit und Folgen der Verschmelzung

Grundlage der Verschmelzung ist der sog. *Verschmelzungsplan*, dessen inhaltliche Anforderungen an Art. 20 Abs. 1 SE-VO auszurichten sind und der zur Zustimmung der Hauptversammlungen der beteiligten Gründungsgesellschaften gestellt ist.[2]

Wirksam wird die Verschmelzung und damit gleichzeitig auch die Gründung der SE in beiden Alternativen mit Eintragung der SE in das jeweils von den nationalen Rechtsordnungen für zuständig erklärte Register des Sitzstaates der SE.[3]

Die durch Eintragung vollzogene Verschmelzung bewirkt ipso jure:

- den Übergang des gesamten Aktiv- und Passivvermögens von den übertragenden Gesellschaften auf die übernehmende Gesellschaft[4] bzw. von den verschmelzenden Gesellschaften auf die SE,[5]
- den Aktienerwerb der Aktionäre der übertragenden Gesellschaft an der übernehmenden Gesellschaft[6] bzw. der Aktionäre der verschmelzenden Gesellschaft an der SE,[7]
- das Erlöschen der übertragenden bzw. verschmelzenden Gesellschaften,[8]
- bei der Verschmelzung durch Aufnahme die Annahme der Rechtsform der SE durch die übernehmende Gesellschaft.[9]

Nach Eintragung in das zuständige Register kann die SE nicht mehr für nichtig erklärt werden, d. h. Mängel des Verschmelzungsverfahrens werden durch die Eintragung geheilt.[10] Diese Rechtsfolge ist hinnehmbar, da vor die Eintragung von den Art. 25 und 26 SE-VO die Hürde der Rechtmäßigkeitskontrolle der Verschmelzung ge-

---

[1] S. Art. 17 Abs. 2 S. 2 und 3, 29 SE-VO.
[2] S. Art. 23 Abs. 1 SE-VO.
[3] S. Art. 27 i. V. m. Art. 12 SE-VO.
[4] S. Art. 29 Abs. 1 Buchst. a SE-VO (Verschmelzung durch Aufnahme).
[5] S. Art. 29 Abs. 2 Buchst. a SE-VO (Verschmelzung durch Neugründung).
[6] S. Art. 29 Abs. 1 Buchst. b SE-VO (Verschmelzung durch Aufnahme).
[7] S. Art. 29 Abs. 2 Buchst. b SE-VO (Verschmelzung durch Neugründung).
[8] S. Art. 29 Abs. 1 Buchst. c, Abs. 2 Buchst. c SE-VO.
[9] S. Art. 29 Abs. 1 Buchst. d SE-VO.
[10] S. Art. 30 S. 1 SE-VO.

setzt wurde. Unterbleibt eine solche Prüfung, so kann dies einen Grund für die Auflösung der SE darstellen.[1]

Zusätzlich zur zwingend vorgeschriebenen Rechtmäßigkeitskontrolle haben die Mitgliedstaaten die Möglichkeit vorzusehen, dass Gesellschaften, die ihrer jeweiligen Rechtsordnung unterliegen, sich im Falle des Einspruchs einer bestimmten Behörde nicht an der Gründung einer SE durch Verschmelzung beteiligen dürfen.[2] Für eine deutsche Gründungsgesellschaft ist insoweit kein Regelungsbedarf ersichtlich; die Ermächtigung beruht vielmehr auf Besonderheiten des englischen Rechts.[3] Von der Ermächtigung hat der deutsche Gesetzgeber daher zu Recht keinen Gebrauch gemacht.

2. Das Verschmelzungsverfahren

Der Ablauf einer Verschmelzung zu einer SE vollzieht sich ebenso wie rein nationale Verschmelzungen in mehreren Phasen. Im Einzelnen lassen sich Planungs-, Vorbereitungs-, Beschluss- und Vollzugsphase unterscheiden.

a. Planungs-/Vorbereitungsphase

aa. Überblick und die Besonderheiten der Konzernverschmelzung

In der *Planungs-/Vorbereitungsphase* haben sich die Vertretungsorgane der beteiligten Aktiengesellschaften zunächst auf eine Verschmelzungsart zu einigen.[4] Sodann ist erforderlich, sich – möglichst unter Einbeziehung der Berater, Wirtschaftsprüfer und Notare – eine Übersicht über die notwendigen Maßnahmen zu verschaffen und einen Zeitplan für den Ablauf der Verschmelzung aufzustellen.

Grundlage jeder Zeitplanung ist dabei neben der Bestimmung der erforderlichen Rechtshandlungen vor allem die Kenntnis zwingend einzuhaltender Fristen, innerhalb derer die einzelnen Handlungen vorzunehmen sind. Insoweit enthält die SE-VO

---

[1] S. Art. 30 S. 2 SE-VO.
[2] S. Art. 19 S. 1 SE-VO.
[3] Vgl. *Teichmann, C.*, Einführung, 2002, S. 383, 432.
[4] Entscheidungskriterien sind hier vor allem die Vermeidung von Grunderwerbsteuer und die Reduzierung von Anfechtungsmöglichkeiten. In der deutschen Verschmelzungspraxis von Aktiengesellschaften spielt gerade letzteres eine entscheidende Rolle, weshalb wegen des Anfechtungsausschlusses nach Art. 14 Abs. 2 UmwG häufig die Alternative der Neugründung gewählt wird, obwohl dadurch im Einzelfall ein erheblicher Betrag an Grunderwerbsteuer anfallen kann.

lediglich mit der in Art. 26 Abs. 2 SE-VO vorgegebenen Sechs-Monatsfrist[1] eine einzige Planungsvorgabe, die es zu beachten gilt. Weitere zwingende Fristen können sich daher nur über die Verweisung des Art. 15 oder 18 SE-VO ergeben. Hier ist bei Beteiligung einer deutschen Aktiengesellschaft vor allem an die Regelungen des § 17 Abs. 2 S. 1 und 4 UmwG zu denken. So bestimmt § 17 Abs. 2 S. 1 UmwG als Anlage der Anmeldung zum Handelsregister des Sitzes jeder der übertragenden Rechtsträger eine gesetzlich definierte *Schlussbilanz* einzureichen. § 17 Abs. 2 S. 4 UmwG fügt hinzu, dass die Verschmelzung nur eingetragen werden darf, wenn der Stichtag dieser Bilanz höchstens acht Monate vor dem Zeitpunkt der Anmeldung liegt.

Neben der Ermittlung einzuhaltender Fristen steht in der Planungs-/Vorbereitungsphase im Fokus der Bemühungen, sämtliche für die Vorbereitung und Durchführung der Hauptversammlung erforderlichen Maßnahmen zu bestimmen und abzuarbeiten. Im Einzelnen handelt es sich dabei um folgende Handlungen:

(1) Aufstellung und ggf. Prüfung der Schlussbilanzen der beteiligten deutschen Aktiengesellschaften,

(2) Unternehmensbewertung der beteiligten Aktiengesellschaften,

(3) Aufstellung des Verschmelzungsplans,

(4) Erstellen des Verschmelzungsberichts,

(5) Durchführung der Verschmelzungsprüfung,

(6) Prüfung etwaiger Barabfindungen durch wirtschaftliche Sachverständige,

(7) Ggf. Anmeldung der Verschmelzung bei den zuständigen Kartellbehörden,

(8) Beschlussfassung des Aufsichtsrats,

(9) Ggf. Erstellung einer Zwischenbilanz,

(10) Ggf. Nachgründungsprüfung,

(11) Ggf. Korrektur des Verschmelzungsplans aufgrund der Prüfungsergebnisse,

(12) Zuleitung des Verschmelzungsplans an die Betriebsräte,

---

[1] Nach Art. 26 Abs. 2 SE-VO hat jede der sich verschmelzenden Gesellschaften der für die Rechtmäßigkeitsprüfung im Sitzstaat der SE zuständigen Behörde die nach Art. 25 Abs. 2 SE-VO erteilte Rechtmäßigkeitsbescheinigung binnen sechs Monaten nach ihrer Ausstellung sowie eine Ausfertigung des Verschmelzungsplans, dem sie zugestimmt hat, vorzulegen.

(13)   Offenlegung des Verschmelzungsplans und sonstiger Angaben,

(14)   Verhandlung der Arbeitnehmerbeteiligung,

(15)   Ggf. Vorbereitung einer Kapitalerhöhung beim aufnehmenden Rechtsträger,

(16)   Einberufung der Hauptversammlung.

Wird die Verschmelzung durch Aufnahme innerhalb eines Konzerns vollzogen, finden einige der vorstehend aufgeführten Verfahrensschritte keine Anwendung.[1]

Betroffen sind davon zum einen Verschmelzungen auf eine Gesellschaft, die *sämtliche Stimmrechte* in der Hauptversammlung der anderen Gesellschaft hält.[2] Hier bedarf es keiner Bewertung der beteiligten Gesellschaften, da eine Anteilsgewährung im Rahmen der Verschmelzung nicht zu erfolgen hat. Entsprechend entfallen die Angaben zum Umtauschverhältnis und zur Anteilsübertragung im Gründungsplan.[3] Ferner sind der Verschmelzungsbericht und die Verschmelzungsprüfung entbehrlich.

Ob Gleiches auch für den Beschluss der Hauptversammlung einer aufnehmenden deutschen Gesellschaft unter den Voraussetzungen des § 62 Abs. 1 und 2 UmwG gilt, ist fraglich. Der Verweis der SE-VO ist diesbezüglich unscharf, denn er bezieht sich nur auf Art. 24 der Verschmelzungsrichtlinie, während der Verzicht auf die Hauptversammlung in Art. 25 der Verschmelzungsrichtlinie angesprochen ist. Die Anwendung des § 62 Abs. 1 und 2 UmwG kommt also nur in Betracht, wenn die Nennung von Art. 24 so gemeint ist, dass für die in Art. 24 der Richtlinie beschriebenen Fälle der Konzernverschmelzung das – richtlinienkonforme – nationale Recht gelten soll, wozu im deutschen Recht auch § 62 UmwG gehören würde;[4] dies ist jedoch zweifelhaft. Für die Praxis ist hier äußerste Vorsicht angebracht.

Für eine Verschmelzung durch Aufnahme, bei der mindestens 90%, nicht aber alle Stimmrechte in Händen der aufnehmenden Gesellschaft sind, verweist Art. 31 Abs. 2 SE-VO bezüglich der Notwendigkeit von Verschmelzungsbericht, Verschmelzungsprüfung und die zur Kontrolle erforderlichen Unterlagen auf die Verfahrensregeln des nationalen Rechts der beteiligten Gesellschaften. Auch hier können sich je nach nationaler Regelung Verfahrensvereinfachungen ergeben.

---

1   S. Art. 31 SE-VO.
2   S. Art. 31 Abs. 1 SE-VO.
3   S. Art. 31 Abs. 1 S. 1 SE-VO wonach Art. 20 Abs. 1 lit. b, c und d SE-VO keine Anwendung finden.
4   So *Teichmann, C.*, Einführung, 2002, S. 383, 431.

ab. Aufstellung und ggf. Prüfung der Schlussbilanzen der beteiligten Rechtsträger

Die SE-VO selbst enthält keinerlei Regelungen über die *Bilanzen*, die der Verschmelzung zugrunde liegen. Entsprechend sind die jeweiligen nationalen Regelungen über Art. 15 oder Art. 18 SE-VO zur Anwendung berufen, abhängig davon, ob die Regelungen die übertragenden Gesellschaften oder die spätere SE betreffen.

Im Falle einer deutschen Aktiengesellschaft als übertragende Gesellschaft bedeutet dies, dass für die nach § 17 Abs. 2 S. 1 UmwG der Anmeldung zur Rechtmäßigkeitsprüfung[1] beizufügende Schlussbilanz[2] die Vorschriften über die Jahresbilanz und deren Prüfung entsprechend gelten[3] und sie nicht bekannt gemacht werden muss.[4] Eine eigenständige Prüfungspflicht für die Schlussbilanz besteht demzufolge nicht; sie ist nur dann zu prüfen, wenn auch die Jahresbilanz bzw. der Jahresabschluss insgesamt prüfungspflichtig ist oder wäre.[5] In der Praxis wird als *Schlussbilanz* meist die Jahresbilanz des letzten regulären Jahresabschlusses verwendet. Zwingend ist dies indes nicht, da grundsätzlich jeder beliebige Stichtag innerhalb des von § 17 Abs. 2 S. 4 UmwG vorgegebenen Zeitrahmens von acht Monaten (Rückrechnung vom Zeitpunkt der Anmeldung) für die Schlussbilanz gewählt werden kann.[6]

---

[1] Bei der SE-Verschmelzung tritt an die Stelle der Anmeldung zur Eintragung die Anmeldung zur Rechtmäßigkeitsprüfung nach Art. 25 SE-VO.

[2] Nach dem klaren Wortlaut von § 17 Abs. 2 S. 1 UmwG ist als Anlage lediglich eine Bilanz beizufügen. Auch aus sonstigen Gründen sowie dem Sinn und Zweck der Vorschrift lässt sich nicht ableiten, dass ein Jahresabschluss, mithin auch eine Gewinn- und Verlustrechnung und ggf. ein Anhang einzureichen sind; so zumindest die h. M., vgl. statt aller *Hörtnagl, R.*, in: Umwandlungsgesetz / Umwandlungssteuergesetz, Kommentar, 2001, § 17, Rdnr. 14 m. w. N.

[3] S. § 17 Abs. 2 S. 2 UmwG.

[4] S. § 17 Abs. 2 S. 3 UmwG.

[5] Vgl. *Bork, R.*, in: Umwandlungsgesetz, Kommentar, 2000, § 17, Rdnr. 5.

[6] Die einzige Restriktion für eine solche Wahl besteht nach ganz herrschender und zutreffender Ansicht darin, dass der Stichtag der Schlussbilanz zwingend dem im Verschmelzungsvertrag bestimmten Übergang der Rechnungslegung (Verschmelzungsstichtag) unmittelbar vorgeht; vgl. statt aller *Lutter, M.,* in: Umwandlungsgesetz, Kommentar, 2000, § 5, Rdnr. 31. Eine unmittelbare Abhängigkeit vom Zeitpunkt gewisser, für die Umwandlung notwendiger Rechtshandlungen (Fassung erforderlicher Zustimmungsbeschlüsse etc.) besteht hingegen nicht.

ac. Bewertung der beteiligten Aktiengesellschaften

Sind im Rahmen der Verschmelzung den Aktionären der übertragenden Gesellschaft(en) Aktien an der SE zu gewähren,[1] so ist die Bewertung der an der Verschmelzung beteiligten Rechtsträger eines der zentralen Aspekte der SE-Gründung. Sie ist notwendig, um das Umtauschverhältnis festlegen zu können, das zwingender Mindestbestandteil des Verschmelzungsplans ist.[2] Für die Bestimmung des *Umtauschverhältnisses* kommt es nämlich auf die Wertrelation zwischen übertragendem und übernehmendem Rechtsträger an, was zwingend eine Bewertung der beteiligten Gesellschaften erfordert.

Die *Unternehmensbewertung* gewinnt zudem Bedeutung in Zusammenhang mit anderen Regelungen, für die das Umtauschverhältnis von Bedeutung ist. So ist dieses im Verschmelzungsbericht rechtlich und wirtschaftlich zu erläutern und zu begründen,[3] und vor allem der Prüfungsbericht der Verschmelzungsprüfer ist mit einer Erklärung darüber abzuschließen, ob das Umtauschverhältnis angemessen ist und wie es berechnet wurde.[4] Gerade das geforderte Testat der Verschmelzungsprüfer bedarf bei einer Bewertung von Unternehmen aus unterschiedlichen Jurisdiktionen einer frühzeitigen Koordination und Abstimmung. Dies gilt vor allem bei Beteiligung von deutschen Gesellschaften, da hier stets die Acht-Monatsfrist des § 17 Abs. 2 S. 4 UmwG im Auge zu behalten ist. Zu klären ist,

- welches Verhältnis nach den jeweiligen Jurisdiktionen der an der Verschmelzung beteiligten Gesellschaften zwischen dem durch Unternehmensbewertung ermittelten Unternehmenswert und einem vorhandenen Börsenwert besteht (z.B. grundsätzliche Maßgeblichkeit eines vorhandenen Börsenkurses deutscher Gesellschaften[5]),

- welche Bewertungsmethodik (z.B. Ertragswertverfahren, DCF-Verfahren in den verschiedenen Spielarten) für die Wertermittlung der an der Verschmelzung be-

---

[1] Eine Anteilsgewährungspflicht entfällt, wenn eine 100%ige Tochtergesellschaft auf ihre Muttergesellschaft verschmolzen wird und diese sodann die Rechtsform der SE annimmt, S. Art. 31 Abs. 1 S. 1 SE-VO.
[2] S. Art. 20 Abs. 1 Buchst. b SE-VO.
[3] S. Art. 18 SE-VO, § 8 Abs. 1 UmwG.
[4] S. Art. 18 SE-VO, § 12 Abs. 2 UmwG.
[5] Vgl. *BVerfG*, Beschluss v. 27.4.1999, DB 52 (1999), S. 1693; *BVerfG*, Beschluss v. 8.9.1999, DB 52 (1999), S. 2049; *BGH*, Beschluss v. 12.3.2001, AG 46 (2001), S. 417: Maßgebend ist grundsätzlich ein Referenzkurs, der – unter Ausschluss außergewöhnlicher Tagesausschläge oder kurzfristiger sich nicht verfestigender sprunghafter Entwicklungen – aus dem Mittel der Börsenkurse der letzten drei Monate vor dem Stichtag gebildet wird. Auf den durch Unternehmensbewertung ermittelten Schätzwert kann nur ausnahmsweise bei Vorliegen bestimmter Voraussetzungen ausgewichen werden.

teiligten Unternehmen angewandt werden soll (keine gesetzlich vorgesehene Maßgeblichkeit einer Bewertungsmethodik auf nationaler deutscher,[1] noch auf europäischer Ebene[2]) und

- welcher Bewertungsstichtag dabei zugrunde zu legen ist; weder die Verschmelzungsrichtlinie noch das Umwandlungsgesetz als Ausführungsgesetz enthalten eine nähere Bestimmung hierzu. Für Deutschland geht die h. M. davon aus, der Stichtag könne mangels gesetzlicher Vorgaben von den Parteien bestimmt werden, allerdings mit einer Einschränkung: Der Stichtag muss vor dem Zeitpunkt der Beschlussfassung durch die Anteilseigner liegen, da andernfalls keine gesicherte Basis für die Beschlussfassung vorhanden wäre.[3]

Mangels gesetzlicher Vorgaben der Bewertungsmethodik könnte theoretisch jedes Verfahren zur Unternehmensbewertung zur Bestimmung der Verschmelzungswertrelation herangezogen werden. In praxi werden aber nur zukunftswertorientierte *Kapitalwertmethoden* (Ertragswertmethode, DCF-Methode in den verschiedenen Spielarten) zur Anwendung gelangen. Aufgrund ihrer konzeptionellen Gemeinsamkeiten haben derartige Verfahren auch gemeinsame Grundprobleme, die sich – wenn auch nicht überschneidungsfrei – vier Schwierigkeitskomplexen zuordnen lassen:[4]

- Definition der künftigen finanziellen Überschüsse,
- Prognose der künftigen finanziellen Überschüsse,
- Bemessung des Kapitalisierungszinssatzes sowie
- Berücksichtigung (unterschiedlicher) subjektiver Wertvorstellungen und damit die Bestimmung des maßgebenden Unternehmenswertes.

Damit bedarf es nicht nur einer Abstimmung hinsichtlich der Bewertungsmethode als solcher, sondern auch und vor allem hinsichtlich der Bewältigung der einzelnen Schwierigkeitskomplexe. Zu denken ist dabei etwa an die Bemessung des *Kapitalisierungszinssatzes*. Als Ausgangsgröße wird nämlich typisierenderweise die Rendite

---

[1] Nach Ansicht des deutschen Gesetzgebers können die Berücksichtigung und die Gewichtung der verschiedenen Methoden je nach Natur und Gegenstand des Unternehmens durchaus verschieden sein, S. Begr.RegE. zu § 30 UmwG, BT-Drs. 12/6699, S. 94 re. Sp.

[2] Gerade die Ausgestaltung des Prüfungsberichts bei einer Verschmelzung in Art. 10 Abs. 2 Verschmelzungsrichtlinie ist darauf zurückzuführen, dass der Richtliniengeber im Hinblick auf die fortschreitende Entwicklung der betriebswirtschaftlichen Bewertungslehre keine ausdrückliche Festlegung auf eine Bewertungsmethode vornehmen wollte und sich stattdessen auf die Verpflichtung zur Offenlegung der konkret angewandten Methode beschränkt hat, vgl. *Ganske, J.*, Verschmelzungsrecht, 1981, S. 1551, Fn 25.

[3] Statt aller vgl. *Lutter, M.*, in: Umwandlungsgesetz, Kommentar, 2. Aufl., 2000, § 5, Rdnr. 21 m. w. N.

[4] Hierzu vgl. die vom *IdW* aufgestellten Grundsätze zur Durchführung von Unternehmensbewertungen, IDW S 1, WPg 53 (2000), S. 825.

B.II. Gründung einer SE durch Verschmelzung

einer langfristigen Anlage am Kapitalmarkt als sog. landesüblicher Zinssatz unterstellt. Sind aber mehrere Länder beteiligt, so ist zu klären, welcher Zinssatz letztlich als Basiszinssatz zu verwenden ist und welche Modifikationen vorzunehmen sind.

Die in der Bewertungspraxis üblichen Modifikationen in Form eines Risikozuschlags und eines Inflations[1]- bzw. Wachstumsabschlags[2] sind bereits bei rein nationalen Unternehmensbewertungen mit erheblichen Problemen behaftet. Diese liegen aber zumeist im tatsächlichen Bereich, während das grundsätzliche Vorgehen unstreitig ist. Bei den anstehenden Bewertungen der transnationalen Verschmelzung hingegen ist es ratsam, vorab eine Klärung hinsichtlich des grundsätzlichen Vorgehens vorzunehmen. Zu denken ist hier etwa an die Frage, ob für die Höhe des Risikozuschlags zwischen speziellen und allgemeinen Unsicherheitsfaktoren zu differenzieren ist,[3] und ob auch eine marktgestützte Ermittlung des Risikozuschlags nach den Grundsätzen des Kapitalmarktpreisbildungsmodells (Capital Asset Pricing Model, CAPM)[4] vorgenommen werden kann.[5]

---

[1] Dieser war bisher in Deutschland gängige Praxis, wobei für dessen Höhe darauf abgestellt wird, in welchem Umfang es dem Unternehmen gelingt, Preissteigerungen (auf den Beschaffungsmärkten) auf die Absatzmärkte zu übertragen, und es damit in der Lage ist, eine reale Erfolgserhaltung zu erreichen; vgl. etwa *OLG Düsseldorf*, Beschluss v. 16.10.1990, AG 36 (1991), S. 106, 107; *OLG Düsseldorf*, Beschluss v. 12.2.1992, DB 45 (1992), S. 1034, 1037; *BayObLG*, Beschluss v. 19.10.1995, DB 48 (1995), S. 2590, 2592; *BayObLG*, Beschluss v. 11.12.1995, AG 41 (1996), S. 176, 179; *LG Dortmund*, Beschluss v. 14.2.1996, AG 41 (1996), S. 278, 280.

[2] Nach *IdW*, Grundsätze zur Durchführung von Unternehmensbewertungen, IDW S 1 Pkt. 6.4., WPg 53 (2000), S. 825, 834 f., tritt dieser an die Stelle des Inflationsabschlags; zur Bedeutung des Wachstumsabschlags vgl. ausführlich *Siepe, G.*, Unternehmensbewertung, 1998, S. 71 ff.

[3] So die Rechtsprechung in *Deutschland*, basierend auf *IdW*, Stellungnahme HFA 2/1983, Abschn. B.3., WPg 36 (1983), S. 468, 472; dabei wird im Zinssatz nur das allgemeine Unternehmerrisiko als berücksichtigungsfähig gehalten, vgl. *OLG Celle*, Beschluss v. 31.7.1998, NZG 1 (1998), S. 987, 989; *BayObLG*, Beschluss v. 11.12.1995, AG 41 (1996), S. 176, 179; *BayObLG*, Beschluss v. 19.10.1995, DB 48 (1995), S. 2590, 2592; *OLG Zweibrücken*, Beschluss v. 9.3.1995, DB 48 (1995), S. 866; *OLG Düsseldorf*, Beschluss v. 16.10.1990, AG 36 (1991), S. 106; *OLG Düsseldorf*, Beschluss v. 12.2.1992, DB 45 (1992), S. 1034. Gegen eine Differenzierung neuerdings *IdW*, Grundsätze zur Durchführung von Unternehmensbewertungen, IDW S 1, Pkt. 6.2., Abs. 96, WPg 53 (2000), S. 825, 834.

[4] Das CAPM unterscheidet nicht zwischen speziellem und generellem Risiko, sondern zwischen systematischem und unsystematischem Risiko. Der Risikozuschlag ermittelt sich hier als Produkt aus dem Marktpreis für die Risikoübernahme auf dem Kapitalmarkt (Marktrisikoprämie) und der unternehmensindividuellen Risikohöhe (sog. Beta-Faktor).

[5] Hierfür vgl. *IdW*, Grundsätze zur Durchführung von Unternehmensbewertungen, IDW S 1, Pkt. 6.2., Abs. 98, WPg 53 (2000), S. 825, 834.

ad. Erarbeitung des Verschmelzungsplans

ada. Inhaltliche Identität der Verschmelzungspläne

Grundlage der Verschmelzung ist ein *Verschmelzungsplan*, der von den Leitungs- oder Verwaltungsorganen der sich verschmelzenden Gesellschaften zu erstellen und dessen zwingender Mindestinhalt von Art. 20 Abs. 1 SE-VO festgelegt ist. Den verschmelzenden Gesellschaften steht es dabei frei, weitere Punkte hinzuzufügen, wie Art. 20 Abs. 2 SE-VO ausdrücklich hervorhebt.

Ob dabei jede beteiligte Gesellschaft für sich einen Verschmelzungsplan aufzustellen hat, kann letztlich dahingestellt bleiben.[1] Entscheidend ist nämlich allein, ob der (jeweilige) Verschmelzungsplan inhaltlich übereinstimmen muss, wie dies Art. 32 Abs. 2 S. 1 SE-VO für den Gründungsplan einer Holding ausdrücklich vorschreibt. Dass Gleiches für die Verschmelzung in Art. 20 SE-VO nicht vorgesehen ist, dürfte nur ein redaktionelles Versehen sein, wie ein Blick auf Art. 26 Abs. 3 SE-VO zeigt. Wenn nämlich im Rahmen der Rechtmäßigkeitskontrolle die SE-VO ausdrücklich fordert zu prüfen, ob die sich verschmelzenden Gesellschaften einem gleich lautenden Verschmelzungsplan zugestimmt haben, so kann nicht ernsthaft in Zweifel stehen, dass den Hauptversammlungen ein gleich lautender Verschmelzungsplan vorzulegen ist.[2] In jedem Fall ist daher zwischen den Gründungsgesellschaften eine Abstimmung über den Inhalt des Verschmelzungsplans erforderlich.

adb. Abschließender Regelungsgehalt

Die in Art. 20 Abs. 2 SE-VO den Gründungsgesellschaften explizit eingeräumte Befugnis zur inhaltlichen Erweiterung des Verschmelzungsplans legt die Vermutung nahe, die Regelung des Art. 20 Abs. 1 SE-VO sei abschließender Natur, so dass Abweichungen von den dort enthaltenen Vorgaben einer ausdrücklichen Befugnis in der SE-VO selbst bedürfen. Hierfür spricht auch, dass bei einer transnationalen Veranstaltung zumindest in den Bereichen, in denen ein gemeinsames Handeln gefordert ist, auch einheitliche Vorgaben existieren müssen, an denen sich die einzelnen Beteiligten orientieren können. Und deshalb bedarf gerade der Verschmelzungsplan als gemeinsame Grundlage der Verschmelzung für alle Gründungsgesellschaften eines einheitlichen Standards. Dies spricht dafür, in Art. 20 Abs. 1 SE-VO eine abschließende Regelung zu sehen, die nationale Abweichungen nicht zulässt und damit einen einheitlichen supranationalen Standard in den Kernbereichen der Verschmelzung si-

---

[1] Für eine jeweilige Aufstellung vgl. *Teichmann, C.*, Einführung, 2002, S. 383, 417, unter Hinweis auf den Wortlaut des Art. 20 Abs. 1 S. 1 SE-VO.
[2] Im Ergebnis ebenso vgl. *Teichmann, C.*, Einführung, 2002, S. 383, 417.

cherstellt.[1] Damit aber kann nach Art. 18 SE-VO auch darüber hinausgehendes deutsches Verschmelzungsrecht nicht zur Anwendung berufen sein. Dies gilt zweifellos für die von § 5 Abs. 1 Nr. 9 UmwG für den Verschmelzungsvertrag geforderten Angaben zu den Folgen der Verschmelzung für die Arbeitnehmer und ihre Vertretungen sowie die insoweit vorgesehenen Maßnahmen.

adc. Identität von Verschmelzungsplan und -vertrag?

Ob der *Verschmelzungsvertrag*, der im deutschen Recht Grundlage jedes Verschmelzungsvorhabens ist, mit dem Verschmelzungsplan identisch ist, oder ob der Verschmelzungsvertrag in seinen rechtlichen Wirkungen über die eines Verschmelzungsplans hinausgeht, ist noch nicht endgültig geklärt.

Für ersteren ist nun anerkannt, dass er primär gesellschaftsrechtlicher Organisationsakt, daneben aber auch schuldrechtlicher Vertrag ist.[2] Dingliche Wirkung hingegen kommt ihm nicht zu, da die Verschmelzungswirkungen erst mit Eintragung herbeigeführt werden.[3]

Letzteres gilt auch für den Verschmelzungsplan, da die Wirkungen der SE-Verschmelzung ebenfalls erst mit Eintragung im Sitzstaat der SE entfaltet werden.[4] Wenig problematisch ist zudem, dass der Verschmelzungsplan als gesellschaftsrechtlicher Organisationsakt angesehen werden kann. Ob ihm allerdings auch schuldrechtliche Elemente entnommen werden können, ist nicht ohne weiteres zu beantworten; einiges spricht gegen eine solche Annahme.[5] Andererseits deutet aber gerade die den Parteien eingeräumte Befugnis zur inhaltlichen Erweiterung des Verschmelzungsplans darauf hin, dass dieser schuldrechtlichen Elementen durchaus zugänglich ist.

Terminologisch jedenfalls ist bei der SE-Verschmelzung ein Verschmelzungsplan und nicht ein Verschmelzungsvertrag zugrunde zu legen. Ob sich darüber hinaus etwaige Unterschiede zwischen Verschmelzungsplan und -vertrag auch auf das Verschmelzungsverfahren einer deutschen Gesellschaft auswirken können, wird bei den einzelnen Gründungsschritten, bei denen ein Unterschied Bedeutung gewinnen könnte, abzuklären sein.

---

1   Im Ergebnis ebenso vgl. *Teichmann, C.*, Einführung, 2002, S. 383, 418 ff., mit weiteren Argumenten.
2   Vgl. *Lutter, M.,* in: Umwandlungsgesetz, Kommentar, 2000, § 4, Rdnr. 3 ff.
3   S. § 20 UmwG.
4   S. Art. 29, 16 Abs. 1, 12 SE-VO.
5   Vgl. hierzu auch die Überlegungen von *Teichmann, C.*, Einführung, 2002, S. 383, 418 f.

add. Mindestinhalt des Verschmelzungsplans

Der *Verschmelzungsplan* muss nach Art. 20 Abs. 1 SE-VO folgende Angaben enthalten:

(1) die Firma und den Sitz der sich verschmelzenden Gesellschaften sowie die für die SE vorgesehene Firma und ihren geplanten Sitz,[1]

(2) das Umtauschverhältnis der Aktien und ggf. die Höhe der Ausgleichsleistung,[2]

(3) die Einzelheiten hinsichtlich der Übertragung der Aktien der SE,[3]

(4) den Zeitpunkt, von dem an diese Aktien das Recht auf Beteiligung am Gewinn gewähren, sowie alle Besonderheiten in Bezug auf dieses Recht,[4]

(5) den Zeitpunkt, von dem an die Handlungen der sich verschmelzenden Gesellschaften unter dem Gesichtspunkt der Rechnungslegung als für Rechnung der SE vorgenommen gelten,[5]

(6) die Rechte, welche die SE den mit Sonderrechten ausgestatteten Aktionären der Gründungsgesellschaften und den Inhabern anderer Wertpapiere als Aktien gewährt, oder die für diese Personen vorgeschlagenen Maßnahmen,[6]

(7) jede Vergünstigung, die den Sachverständigen, welche den Verschmelzungsplan prüfen, oder den Mitgliedern der Verwaltungs-, Leitungs-, Aufsichts- oder Kontrollorgane der sich verschmelzenden Gesellschaften gewährt wird,[7]

(8) die Satzung der SE,[8]

(9) Angaben zu dem Verfahren, nach dem die Vereinbarung über die Beteiligung der Arbeitnehmer gemäß der SE-RL geschlossen wird.[9]

Bei der Verschmelzungsalternative zur Aufnahme entfallen bei einer Verschmelzung einer 100%igen Tochter auf die Muttergesellschaft die Angaben zum Umtauschver-

---

[1] S. Art. 20 Abs. 1 Buchst. a SE-VO.
[2] S. Art. 20 Abs. 1 Buchst. b SE-VO.
[3] S. Art. 20 Abs. 1 Buchst. c SE-VO.
[4] S. Art. 20 Abs. 1 Buchst. d SE-VO.
[5] S. Art. 20 Abs. 1 Buchst. e SE-VO.
[6] S. Art. 20 Abs. 1 Buchst. f SE-VO.
[7] S. Art. 20 Abs. 1 Buchst. g SE-VO.
[8] S. Art. 20 Abs. 1 Buchst. h SE-VO.
[9] S. Art. 20 Abs. 1 Buchst. i SE-VO.

hältnis und zu den Ausgleichszahlungen, den Einzelheiten für die Anteilsübertragung und zum Beginn des Dividendenrechts.[1]

Speziell im Falle einer deutschen Gründungsgesellschaft ist der Verschmelzungsplan um eine weitere Pflichtangabe zu erweitern, wenn die Gründung einer SE mit Sitz im Ausland angestrebt wird. In diesem Fall muss die deutsche Gründungsgesellschaft im Verschmelzungsplan oder dessen Entwurf jedem Aktionär, der gegen den Verschmelzungsbeschluss der Gesellschaft Widerspruch zur Niederschrift erklärt, den Erwerb seiner Aktien gegen eine *angemessene Barabfindung* anbieten.[2] Diese Verpflichtung ist durch die Ermächtigung des Art. 24 Abs. 2 SE-VO gedeckt, so dass keine unzulässige Erweiterung der Pflichtangaben des Art. 20 Abs. 1 SE-VO vorliegt.

Zu den einzelnen Pflichtangaben des Art. 20 Abs. 1 SE-VO ist folgendes anzumerken:

(1) Firma und Sitz der Gesellschaften

Hinsichtlich der Anforderungen an den *Sitz der SE* bestimmt Art. 7 S. 1 der VO, dass der Sitz der SE in der Gemeinschaft liegen muss, und zwar in dem Mitgliedstaat, in dem sich die Hauptverwaltung der SE befindet. Hier können die Mitgliedstaaten bestimmen, dass statutarischer und tatsächlicher Sitz zusammenfallen müssen, wie die SE-VO in ihrem Art. 7 S. 2 ausdrücklich betont. Der deutsche Gesetzgeber hat diese Ermächtigung umgesetzt und bestimmt, dass die Satzung der SE als Sitz den Ort zu bestimmen hat, wo die Verwaltung geführt wird.[3]

Die Vorgaben an die *Firma der SE* erschöpfen sich darin, dass nach Art. 11 Abs. 1 SE-VO der Zusatz „SE" dem Namen der Gesellschaft voran- oder nachgestellt werden muss. Hierin ist jedoch keine abschließende Regelung des Firmenrechts für die SE zu sehen; vielmehr sind über Art. 15 SE-VO die Bestimmungen des nationalen Rechts zu beachten. Bei einer deutschen SE hat sich die Firmierung an den §§ 4 AktG, 18 Abs. 2 HGB und den dazu von der Rechtsprechung im Verkehrsschutzinteresse entwickelten Grundsätzen zu orientieren.

(2) Umtauschverhältnis, Ausgleichsleistungen

Die Angabe des *Umtauschverhältnisses* ist für die Aktionäre der beteiligten Gesellschaften von besonderer Bedeutung, da hier die vermögensrechtliche Seite der Betei-

---

[1] S. Art. 31 Abs. 1 SE-VO.
[2] S. § 7 Abs. 1 S. 1 SE-AG.
[3] S. § 2 SE-AG.

ligung direkt betroffen ist. Demgemäß stellen diese Angaben auch bei der inhaltsgleichen Regelung des § 5 Abs. 1 Nr. 3 UmwG meist das Zentralproblem der Verhandlungen dar. Letztlich werden hier die aus der Unternehmensbewertung und der Verschmelzungsprüfung gewonnenen Wertverhältnisse der beteiligten Gesellschaften fixiert.

Nur ausnahmsweise können neben den Anteilen auch *Ausgleichsleistungen* durch bare Zuzahlungen geleistet werden. In welchem Umfang die Ausgleichsleistung gewährt werden darf, ist in der SE-VO selbst nicht geregelt. Der zulässige Anteil kann sich daher nur über die Verweisung des Art. 15 SE-VO aus der Rechtsordnung des Sitzstaates der SE ergeben. Art. 18 SE-VO als Verweisungsvorschrift scheidet aus, da die Gewährung der Ausgleichsleistung bereits der SE zuzurechnen ist. Im Falle einer deutschen SE darf somit der Anteil der baren Zuzahlungen den zehnten Teil des auf die gewährten Aktien der übernehmenden Gesellschaft entfallenden anteiligen Betrags ihres Grundkapitals nicht übersteigen.[1]

(3)   Übertragung der Aktien der SE

Inwieweit Regelungen in Bezug auf die *Übertragung von Aktien* der SE zu treffen sind, hängt unter anderem davon ab, ob das nationale Verschmelzungsrecht der beteiligten Aktiengesellschaften Bestimmungen bereithält, die über Art. 18 oder Art. 15 SE-VO zu beachten sind. In *Deutschland* kommt insoweit die Vorschrift des § 71 UmwG in Betracht. Danach hat jeder übertragende Rechtsträger für den Empfang der zu gewährenden Aktien und der baren Zuzahlung einen Treuhänder zu bestellen. Der Treuhänder kann dabei natürliche oder juristische Person sein; eine besondere Qualifikation ist nicht erforderlich.[2] Zu den Aufgaben des Treuhänders gehört es, die den Anteilsinhabern der übertragenden Rechtsträger vom übernehmenden Rechtsträger zu gewährenden Aktien und die nach dem Verschmelzungsvertrag geschuldeten baren Zuzahlungen in Empfang zu nehmen; mit Wirksamkeit der Verschmelzung hat er die Aktienurkunden und die baren Zuzahlungen an die berechtigten Anteilsinhaber oder deren Rechtsnachfolger weiterzugeben.[3] Der Treuhänder übt damit eine Doppelstellung aus: Für die Anteilsinhaber der übertragenden Rechtsträger stellt er die Sicherheit dar, dass sie umgehend die Aktien der übernehmenden Aktiengesellschaft erhalten; umgekehrt ist im Interesse der übernehmenden Aktiengesellschaft gewährleistet, dass die neuen Aktien erst nach Wirksamwerden der Verschmelzung ausgehändigt werden. Es liegt daher nahe, § 71 UmwG sowohl den Vorschriften zu-

---

[1]   S. Art. 15 SE-VO i. V. m. § 68 Abs. 3 UmwG (Verschmelzung durch Aufnahme) und Art. 15 SE-VO i. V. m. §§ 73, 68 Abs. 3 UmwG (Verschmelzung durch Neugründung).

[2]   Vgl. *Grunewald, B.*, in: Umwandlungsgesetz, Kommentar, 2000, § 71, Rdnr. 4.

[3]   Ausführlich hierzu vgl. *Grunewald, B.*, in: Umwandlungsgesetz, Kommentar, 2000, § 71, Rdnr. 7 ff.

zuordnen, die den Verfahrensabschnitt der übertragenden Gesellschaften betreffen und über Art. 18 SE-VO zur Anwendung berufen sind, als auch zu den Gründungsvorschriften i. S. d. Art. 15 SE-VO. Zutreffender erscheint jedoch, in der Schutzwirkung für die aufnehmende Aktiengesellschaft lediglich eine Reflexwirkung zu sehen und daher die Norm des § 71 UmwG nicht zu den von Art. 15 SE-VO vorausgesetzten Gründungsvorschriften zu zählen. Maßgebend sind die Vorgaben des § 71 UmwG damit über Art. 18 SE-VO nur für eine übertragende deutsche Gesellschaft.

(4) Beginn des Dividendenrechts

Der im Verschmelzungsplan festzulegende *Zeitpunkt der Gewinnberechtigung* der im Rahmen der Verschmelzung zu gewährenden Aktien kann von den Parteien frei festgelegt werden. Bei einer rein deutschen Verschmelzung wird üblicherweise die Gewinnberechtigung auf den Beginn des Geschäftsjahres des übernehmenden Rechtsträgers gelegt, das auf den Stichtag der letzten Jahresbilanz des übertragenden Rechtsträgers folgt. Dies hat den Vorteil, dass die Gewinnberechtigung aus den neuen Anteilen direkt an das Ende der Gewinnberechtigung aus den Anteilen am alten Rechtsträger anschließt. Voraussetzung hierfür ist allerdings, dass die Verschmelzung auch in dem Geschäftsjahr wirksam wird, zu dessen Beginn die Gewinnteilhabe festgelegt wurde. Andernfalls führt eine solche feste Stichtagsregelung zu Abstimmungsproblemen bei der Dividendenberechtigung, da die neuen Aktien, aus denen die Dividende gezahlt werden soll, noch nicht existieren, während bei der fortbestehenden alten Gesellschaft aufgrund der Vertragsregelungen regelmäßig die Grundlage für eine Dividendenzahlung fehlt.[1] Zu Recht wird daher die Vereinbarung eines variablen Stichtags empfohlen, wenn mit Komplikationen bei der Eintragung der Verschmelzung zu rechnen ist, etwa mit Anfechtungsklagen von Minderheitsaktionären.[2]

Gerade bei der SE-Verschmelzung ist ein *variabler Stichtag* dringend zu empfehlen, da anders als bei einer rein nationalen deutschen Verschmelzung bei der Gründung einer SE das Problem der sog. schwebenden Verschmelzung aufgrund verzögerter, aber für die Entstehung der SE notwendiger Eintragung in das zuständige Register bereits im Gründungsverfahren angelegt ist: Nach dem deutschen Verschmelzungsrecht wird der Verschmelzungsvertrag mit der Zustimmung der Hauptversammlung

---

[1] Ausführlich zu den Problemen der sog. schwebenden Verschmelzung vgl. *Kiem, R.*, Umwandlung, 1999, S. 173.

[2] Vgl. statt aller *Lutter, M.*, in: Umwandlungsgesetz, Kommentar, 2000, § 5, Rdnr. 30; zu den Grenzen der Flexibilisierung der umwandlungsrechtlichen Stichtagsregelungen vgl. *Kiem, R.*, Umwandlung, 1999, S. 173, 179 ff.

wirksam,¹ die Verschmelzung als solche mit der Eintragung ins Handelsregister der übernehmenden Gesellschaft.² Zwischen dem Hauptversammlungsbeschluss und der Eintragung sieht das Umwandlungsrecht nur noch die Anmeldung zur Eintragung vor.

Bei der SE-Gründung hingegen, die ebenfalls erst mit Eintragung in ein Register wirksam wird,³ ist zwischen Hauptversammlungsbeschluss und Eintragung noch die Mitarbeiterbeteiligung zu verhandeln.⁴ Zudem kann sich die Hauptversammlung vorbehalten, nochmals über das Ergebnis der Verhandlungen zu entscheiden.⁵ Letzteres führt nicht nur zu Verzögerungen, sondern lässt bei negativem Votum sogar die Verschmelzung endgültig scheitern, da die konstitutiv wirkende Eintragung der SE in das jeweils zuständige Register nicht erfolgen kann.

(5) Verschmelzungsstichtag

Während der Stichtag für die Dividendenberechtigung das Innenverhältnis der Anteilsinhaber der jeweils beteiligten Rechtsträger betrifft, hat der Zeitpunkt der *Überleitung der Rechnungslegung*, im deutschen Umwandlungsgesetz als *Verschmelzungsstichtag* bezeichnet,⁶ das Innenverhältnis der beteiligten Rechtsträger zum Gegenstand. Auch er kann frei bestimmt werden, wobei er regelmäßig, aber nicht zwingend mit dem Tag übereinstimmen wird, an dem die Gewinnberechtigung der Anteilsinhaber des übertragenden Rechtsträgers beim übernehmenden Rechtsträger beginnt.

Bei der Festlegung dieses Termins muss in jedem Fall sichergestellt werden, dass eine Rechnungslegung des übertragenden Rechtsträgers noch so lange erfolgt, wie die Anteilseigner an ihm gewinnberechtigt sind. Er muss ferner mit dem Stichtag der Schlussbilanz des übertragenden Rechtsträgers, die der Verschmelzung zugrunde ge-

---

1   S. § 13 Abs. 1 UmwG.
2   S. § 20 UmwG.
3   S. Art. 27 Abs. 1, 12 SE-VO.
4   Die Verhandlungsschritte sind nach Offenlegung des Verschmelzungsplans und damit mindestens einen Monat vor der Hauptversammlung (s. Art. 18 SE-VO, § 61 S. 1 UmwG) durch Information der Arbeitnehmer einzuleiten (s. Art. 3 Abs. 1 SE-RL). Die Verhandlungen beginnen mit Einsetzung des sog. Verhandlungsgremiums und können bis zu sechs Monate dauern (s. Art. 5 Abs. 1 SE-RL); bei einvernehmlichem Beschluss der Parteien können die Verhandlungen bis zu insgesamt einem Jahr fortgeführt werden (s. Art. 5 Abs. 2 SE-RL). SE-RL abgedruckt in Anhang II.
5   S. Art. 23 Abs. 2 SE-VO.
6   Klammerdefinition des § 5 Abs. 1 Nr. 6 UmwG.

legt wird, übereinstimmen, weil der Termin im Innenverhältnis der Rechtsträger gerade die Überleitung der Rechnungslegung betrifft.[1]

Hinsichtlich der Einhaltung des Termins ergeben sich dieselben Schwierigkeiten wie bei der Terminierung der Gewinnberechtigung. Ebenso wie dort führt eine Verzögerung der Eintragung der Verschmelzung zu Unstimmigkeiten, wenn ein fester Verschmelzungsstichtag gewählt wurde.[2] Es empfiehlt sich also auch insoweit eine *variable Stichtagsregelung* vorzunehmen, die mit der Gewinnberechtigung abzustimmen ist.[3]

In *Deutschland* ist für eine nationale Verschmelzung nach ganz herrschender Ansicht auch die Möglichkeit eröffnet, bei der Beteiligung mehrerer übertragender Rechtsträger *unterschiedliche Verschmelzungsstichtage* festzulegen.[4] Gründe, warum bei der SE-Verschmelzung anderes gelten sollte, sind nicht ersichtlich. Für die Praxis allerdings gilt: Für jede Rechtsordnung der beteiligten Gründungsgesellschaften ist genauestens abzuklären, ob auch dort unterschiedliche Verschmelzungsstichtage zulässig sind.[5]

(6) Sonderrechte

Ferner muss der Verschmelzungsplan die Rechte enthalten, welche die SE den mit *Sonderrechten* ausgestatteten Aktionären der Gründungsgesellschaften und den Inhabern anderer Wertpapiere als Aktien gewährt, oder die für diese Personen vorgeschlagenen Maßnahmen. Der Wortlaut des Art. 20 Abs. 1 S. 2 Buchst. f. SE-VO beschränkt sich dabei nicht auf die Rechte oder Rechtspositionen, die „anlässlich der Verschmelzung" gewährt werden, sondern verlangt eine generelle Angabe derartiger Rechte oder Rechtspositionen. Die Bestimmung will nämlich sicherstellen, dass die den Inhabern der genannten Rechte oder Papiere eingeräumten materiellen Vergünstigungen so frühzeitig offen gelegt werden, dass den anderen nicht begünstigten Anteilsinhabern ermöglicht wird, die Gleichbehandlung im Verhältnis zu Sonderrechts-

---

[1] So auch die herrschende Ansicht zum Verschmelzungsstichtag nach § 5 Abs. 1 Nr. 6 UmwG; statt aller vgl. *Lutter, M.,* in: Umwandlungsgesetz, Kommentar, 2000, § 5, Rdnr. 31.

[2] Zur Bilanzierung bei schwebender Verschmelzung vgl. *Priester, H.-J.,* Verschmelzung, 1992, S. 1594; *IdW,* Stellungnahme HFA 2/1997.

[3] Durch die automatische Verschiebung des Umwandlungsstichtags und der Dividendenberechtigung um ein Jahr, wenn die Umwandlung nicht bis zu einem bestimmten Zeitpunkt wirksam geworden ist, wird gewährleistet, dass bei der übertragenden Gesellschaft ein an die Aktionäre ausschüttungsfähiger Gewinn entstehen kann.

[4] Vgl. statt aller *Stratz, R.-C.,* in: Umwandlungsgesetz / Umwandlungssteuergesetz, Kommentar, 2001, § 5, Rdnr. 37.

[5] Streitigkeiten über diese Frage sind letztlich vom *EuGH* zu klären.

inhabern zu prüfen.[1] Daher müssen auch nur die einzelnen (also nicht allen) Anteilsinhabern eingeräumten Vorteile genannt werden.

Inhaltlich bezieht sich die Angabepflicht – ebenso wie bei § 5 Abs. 1 Nr. 7 UmwG[2] – auf jede Form gesellschaftsrechtlicher Sonderrechte oder sonstiger gegenüber der SE eingeräumter schuldrechtlicher Sondervorteile (also etwa auch Optionsrechte auf Aktien, Wandelschuldverschreibungen usw.); die Sonderstellung kann in vermögensrechtlicher (z. B. Vorzugsrechte auf Gewinn oder Liquidationserlös) wie auch mitverwaltungsrechtlicher Hinsicht bestehen (z. B. Sonderstimmrechte; Bestellungs- und Entsenderechte oder Vorerwerbsrechte). Anzugeben ist nach dem Zweck der Vorschrift auch die Gewährung von Vorzugsaktien an Aktionäre, die schon in einer übertragenden Gesellschaft Vorzugsaktien besaßen. Nicht erfasst werden hingegen zwischen den einzelnen Anteilsinhabern vereinbarte schuldrechtliche Sonderstellungen, wie z. B. Optionen oder Stimmrechtsvereinbarungen.

(7)   Gewährung besonderer Vorteile

Der Verschmelzungsplan muss auch jede *Vergünstigung*, die den Sachverständigen, welche den Verschmelzungsplan prüfen, oder den Mitgliedern der Verwaltungs-, Leitungs-, Aufsichts- oder Kontrollorgane der sich verschmelzenden Gesellschaften gewährt wird, aufzeigen. Dadurch sollen die Aktionäre befähigt werden, zu beurteilen, in welchem Umfang Personen aus dem vorgenannten Kreis von der Verschmelzung profitieren und deshalb unter Umständen in ihrer Objektivität beeinträchtigt sind.[3]

Die Vereinbarung von Sondervorteilen mit Organmitgliedern ist durchaus nicht ungewöhnlich, da durch die Verschmelzung bei den übertragenden Rechtsträgern die jeweiligen Organfunktionen mit dem Erlöschen der Gesellschaft wegfallen. Oftmals wird ein Ausgleich für den Verlust der entsprechenden Stellung vereinbart. Praktisch besonders bedeutsam wird dies in den Fällen werden, in denen mehrere übertragende Aktiengesellschaften zu einer SE verschmelzen wollen, weil dies naturgemäß zu einem Überangebot an potenziellen Organmitgliedern führt.

---

[1]   Dies entspricht dem Zweck des § 5 Abs. 1 Nr. 7 UmwG; hierzu vgl. *Lutter, M.,* in: Umwandlungsgesetz, Kommentar, 2000, § 5, Rdnr. 33.
[2]   Zur Vorschrift des § 5 Abs. 1 Nr. 7 UmwG vgl. *Lutter, M.,* in: Umwandlungsgesetz, Kommentar, 2000, § 5, Rdnr. 33 ff.
[3]   So für § 5 Abs. 1 Nr. 8 UmwG vgl. *Lutter, M.,* in: Umwandlungsgesetz, Kommentar, 2000, § 5, Rdnr. 36.

(8) Satzung der SE

Wie jede Kapitalgesellschaft braucht auch jede SE ihre „persönliche" Grundordnung, ihre *Satzung*. Und diese Satzung enthält alle sie individualisierenden Einzelheiten wie ihre Firma, ihren Sitz und Gegenstand, die Höhe ihres Kapitals;[1] Nennbetrag und Art ihrer Aktien (die vollständig dem Recht des Sitzstaates unterliegen, in *Deutschland* also Inhaber- oder Namensaktien), Einzelheiten zum Ort, zur Einberufung und zur Durchführung der Hauptversammlung, zum bedingten oder genehmigten Kapital (nationales Recht!) etc.

Der Satzungsinhalt im Einzelnen wird als Bestandteil des Verschmelzungsplans von den Leitungsorganen der sich verschmelzenden Rechtsträger festgelegt, wobei der Gestaltungsfreiheit enge Grenzen gesetzt sind: In den von der SE-VO selbst geregelten Bereichen ist eine satzungsautonome Regelung nur dort möglich, wo die SE-VO dies ausdrücklich zulässt.[2] In den Bereichen, die den nationalen Rechtsordnungen überlassen sind, bestimmt auch das nationale Recht über die *Satzungsautonomie*.[3]

Eine SE mit Sitz in *Deutschland* unterliegt also mit den von der SE-VO geregelten Teilen Art. 9 SE-VO und mit den Teilen des nationalen Rechts § 23 Abs. 5 AktG; es existiert somit kein noch so kleines Zeichen von Liberalität.[4] Entsprechend ist der Satzungsinhalt an den im SE-Statut selbst zwingend vorgegebenen Bereichen und ergänzend an den Vorgaben des § 23 Abs. 5 AktG auszurichten. Zu beachten sind zudem die von Art. 15 SE-VO zur Anwendung berufenen Normen der §§ 23 ff. AktG und § 74 UmwG. Dabei ist bei der SE-Verschmelzung gegenüber der nationalen Verschmelzung eine Besonderheit festzuhalten: Während nämlich bei letzterer der Verschmelzungsvertrag nur bei der Alternative „Neugründung" eine Satzung zu enthalten hat,[5] verzichtet Art. 20 SE-VO auf diese Differenzierung. Bezüglich der Satzung werden also bei der SE-Verschmelzung beide Gründungsarten gleich behandelt, was letztlich konsequent ist, da im Ergebnis bei beiden Verschmelzungsalternativen eine Gründung der SE erfolgt. Dies kann bei der Verweisungswirkung des Art. 15 SE-VO nicht unberücksichtigt bleiben. Bestimmungen über den geforderten Inhalt der Satzung, die bei nationalen Verschmelzungen allein für die *Alternative der Neugründung* gelten, sind bei der SE-Verschmelzung auch auf *die Alternative der Aufnahme* anzuwenden.

---

[1] Das gezeichnete Kapital einer SE muss mindestens € 120.000,- betragen (s. Art. 4 Abs. 2 SE-VO).
[2] S. Art. 9 Abs. 1 Buchst. b SE-VO.
[3] S. Art. 9 Abs. 1 Buchst. c (iii) SE-VO.
[4] Im Einzelnen hierzu vgl. *Lutter, M.*, Europäische Aktiengesellschaft, 2002, S. 1, 3 f.
[5] S. § 37 UmwG.

(9) Beteiligung der Arbeitnehmer

Die *Beteiligung der Arbeitnehmer* ist aus dem SE-Statut herausgelöst und in der SE-RL geregelt.[1] Angestrebt ist dabei, die konkreten Verfahren der grenzüberschreitenden Unterrichtung und Anhörung sowie ggf. der Mitbestimmung, die für die einzelnen SE gelten sollen, vorrangig durch Vereinbarung zwischen den betroffenen Parteien festzulegen, hilfsweise – mangels Vereinbarung – durch Auffangregelungen.[2]

Das Verhandlungsverfahren selbst ist zur Ausgestaltung der einzelnen Mitgliedstaaten gestellt,[3] sofern die SE-RL keine eigene Regelung trifft. Anwendbar ist letztlich das Verfahren des Mitgliedstaates, in dem die SE ihren Sitz haben wird.[4] Zudem haben die einzelnen Mitgliedstaaten für den Fall, dass eine Verhandlungslösung nicht zustande kommt, entweder eine Auffangregelung zur Beteiligung der Arbeitnehmer einzuführen, die den im Anhang zur SE-RL niedergelegten Bestimmungen genügen muss, oder die Auffangregelungen für nicht anwendbar zu erklären.[5] Die Voraussetzungen, unter denen die Auffangregelung letztlich greift, sind in Art. 7 Abs. 1 Buchst. a und b und in Abs. 2 SE-RL fixiert.[6] Je nach geplantem Sitz der SE können daher völlig unterschiedliche Verhandlungsverfahren sowie auch durchaus differierende Auffanglösungen zur Anwendung gelangen.

Durch die geforderte Angabe zu dem *Verfahren*, nach dem die Vereinbarung über die *Beteiligung der Arbeitnehmer* gemäß der SE-RL geschlossen wird, soll das konkrete Verfahren zur Kenntnis der Aktionäre gebracht werden. Dabei legt der Wortlaut („Verfahren, nach dem die Vereinbarung ... geschlossen wird") auf den ersten Blick allein Angaben zu dem Besonderen Verhandlungsgremium und dem Verhandlungsverfahren i. S. d. Art. 6 SE-RL nahe, nicht hingegen Aussagen zu den anwendbaren Auffangregelungen. Zutreffend ist ein solches Verständnis aber nur, wenn von den Termini „Vereinbarung" und „geschlossen" ausschließlich die einvernehmlich im Wege der Verhandlung getroffene Beteiligung der Arbeitnehmer umfasst wird. Das Gegenteil ist jedoch der Fall, wie bereits ein Blick in den Anhang zu Art. 7 SE-RL zeigt. So ist dort davon die Rede, dass im Falle fehlender Mitbestimmung vor der Eintragung der SE diese „nicht verpflichtet ist, eine Vereinbarung über die Mitbestimmung der Arbeitnehmer einzuführen". Hier wird also der Begriff „Vereinba-

---

[1] Ausführlich dazu vgl. den Beitrag von *Köstler* in diesem Band.
[2] S. Erwägungsgrund Nr. 8 der SE-RL. Entscheidendes Grundprinzip und erklärtes Ziel der SE-RL ist dabei der Schutz erworbener Rechte der Arbeitnehmer durch das sog. „Vorher-Nachher-Prinzip".
[3] Das Verhandlungsverfahren ist in Deutschland in den §§ 11 bis 19 SE-BG geregelt.
[4] S. Art. 6 SE-RL.
[5] S. Art 7 Abs. 3 SE-RL.
[6] In Deutschland findet sich die Auffangregelung für die Arbeitnehmerbeteiligung in Form der Unterrichtung und Anhörung in den §§ 22 bis 33, für die Mitbestimmung in den §§ 34 bis 38 SE-BG.

rung" auch für die Auffanglösung verwendet und zwar aus gutem Grunde: Die Auffangregelung kann nämlich ohne entsprechenden Willen der Verhandlungspartner nicht zur Anwendung gelangen. Dies ist vielmehr davon abhängig, dass

- die Parteien dies vereinbaren oder
- bis zum Ende des in Art. 5 SE-RL genannten Zeitraums keine Vereinbarung zustande gekommen ist und
  - das zuständige Organ jeder der beteiligten Gesellschaften der Anwendung der Auffangregelung auf die SE zugestimmt und
  - das Besondere Verhandlungsgremium keinen Beschluss über die Nichtanwendbarkeit gefasst hat.

Der Begriff der Vereinbarung ist daher als Ausdruck des Einverständnisses zur konkreten Arbeitnehmerbeteiligung, sei es auch über die Auffangregelung, und als Gegenteil einer zwangsweisen Anwendung zu interpretieren. Von dem Terminus „Vereinbarung" sind daher sowohl die einvernehmliche Beteiligungslösung als auch die Auffangregelungen umfasst. Nur ein solches Verständnis macht auch mit Blick auf den Vorbehalt des Art. 23 Abs. 2 SE-VO einen Sinn. Auch dort wird auf die geschlossene Vereinbarung abgestellt und es wäre schon seltsam, wenn den Aktionären nur hinsichtlich der einvernehmlich vereinbarten Arbeitnehmerbeteiligung eine endgültige Entscheidung vorbehalten sein sollte. Auch und gerade im Falle einer Auffanglösung kann die SE mit der bei einer der beteiligten Gesellschaften vorhandenen Mitbestimmung überzogen werden, welche die Mehrheit ihrer Anteilseigner gerade nicht will. In beiden Fällen besteht daher das gleiche Bedürfnis an einer endgültigen Entscheidung über die Arbeitnehmerbeteiligung.

Die von Art. 20 Abs. 1 S. 2 Buchst. i SE-VO geforderten Angaben können sich auf die wesentlichen Grundzüge beschränken, da es nicht Aufgabe des *Verschmelzungsplans* ist, den Aktionären eine ausführliche Information über die Arbeitnehmerbeteiligung zu verschaffen. Diese Aufgabe kommt vielmehr dem *Verschmelzungsbericht* zu.

ade. Formerfordernisse des Verschmelzungsplans

(1) Notarielle Beurkundung

Die Regelung des Art. 18 Abs. 2 SE-VO-Vorschlag 1991, nach welcher der *Verschmelzungsplan* der *öffentlichen Beurkundung* bedarf, sofern dies eine auf die Gründungsgesellschaft anwendbare Rechtsvorschrift vorsieht, ist weggefallen. Dies hat dazu geführt, dass in der Literatur eine Beurkundungspflicht unter Berufung auf die abschließende Regelung des Art. 20 SE-VO abgelehnt wird.[1] Dies mag jedoch bereits deshalb nicht zu überzeugen, da Art. 20 SE-VO allein den Inhalt des Verschmelzungsplans betrifft, jedoch keinerlei Wertung hinsichtlich der Form desselben vornimmt. Maßgeblich ist vielmehr die Verweisungswirkung des Art. 18 SE-VO und damit das jeweils nationale Verschmelzungsrecht. Im deutschen Verschmelzungsrecht ist nun in § 6 UmwG ein Beurkundungserfordernis vorgesehen, das sich jedoch auf den „Verschmelzungsvertrag", der dort Grundlage jedes Verschmelzungsvorhabens ist, bezieht, während der Terminus „Verschmelzungsplan" im deutschen Umwandlungsgesetz nicht zu finden ist. Anzunehmen ist daher, dass das Beurkundungserfordernis gemäß § 6 UmwG nur dann zum Zuge kommt, wenn die Begriffe „Verschmelzungsplan" und „Verschmelzungsvertrag" aus der Perspektive der deutschen Rechtsordnung für Zwecke der Beurkundung gleichzusetzen sind.

Dieser Gleichstellung könnte allein eine unterschiedliche Rechtsnatur von Verschmelzungsplan und Verschmelzungsvertrag entgegenstehen. Aber selbst wenn der Verschmelzungsvertrag gegenüber dem Verschmelzungsplan eine weiter reichende schuldrechtliche Komponente beinhalten würde,[2] wäre dies nicht ausreichend, um eine Beurkundungspflicht abzulehnen. Dies könnte nämlich nur befürwortet werden, wenn die Beurkundungspflicht gerade auf diesem schuldrechtlichen Teil basieren würde, was nicht angenommen werden kann. Nach Art. 18 SE-VO, § 6 UmwG ergibt sich damit für eine deutsche Gründungsgesellschaft die Beurkundungspflicht des Verschmelzungsplans.[3] Erst mit erfolgter Beurkundung entfaltet der Verschmelzungsplan seine volle rechtliche Wirkung; vor diesem Zeitpunkt handelt es sich lediglich um einen Entwurf.[4]

Dabei geht der deutsche Gesetzgeber offensichtlich davon aus, dass auch für die SE-Verschmelzung die für nationale Verschmelzungen anerkannte Praxis zur Verfügung steht, wonach zur Vermeidung kostenaufwendiger Nachbeurkundungen den Hauptversammlungen statt eines Verschmelzungsvertrags zunächst nur ein Vertragsentwurf zur Entschließung vorgelegt werden kann, mit dessen Inhalt sodann nach der Beschlussfassung der eigentliche Vertrag abgeschlossen und notariell beurkundet wird. Denn der Gesetzgeber hat in § 7 Abs. 1 SE-AG nicht nur den Verschmelzungsplan vorgesehen, sondern in Anlehnung an § 5 UmwG auch dessen Entwurf

---

[1] Vgl. *Schulz, A. / Geismar, B.*, Europäische Aktiengesellschaft, 2001, S. 1078, 1080.
[2] Hierzu vgl. die Überlegungen von *Teichmann, C.*, Einführung, 2002, S. 383, 419.
[3] Im Ergebnis ebenso vgl. *Teichmann, C.*, Einführung, 2002, S. 383, 420 f., mit weiteren Argumenten; von einer Beurkundungspflicht geht auch der deutsche Gesetzgeber aus, hierzu vgl. Begründung zu 7 SE-AG.
[4] Vgl. Begründung zu § 7 SE-AG.

aufgenommen.¹ Dies ist zu begrüßen, da auch der Entwurf in gleicher Weise wie der endgültige Plan die diesem zukommende Informationsfunktion auszuüben vermag und die Gesellschaften keinem unnötigen Kostenrisiko ausgesetzt sind.

(2)   Auslandsbeurkundungen

Ist nun bei der Verschmelzung zur SE der Verschmelzungsplan bei Beteiligung einer deutschen Gesellschaft nach Art. 18 SE-VO, § 6 UmwG zu beurkunden, so stellt sich die Frage, wie die Beurkundungspflicht auszufüllen ist. Reicht für die Beurkundungspflicht eine *Beurkundung im Ausland* aus? Bei rein nationalen Verschmelzungen wird diese Möglichkeit von der herrschenden Ansicht abgelehnt. Argumentiert wird damit, dass Art. 11 Abs. 1 EGBGB auf die Verschmelzung als gesellschaftsrechtlichem Vorgang, der die Verfassung der Gesellschaft betrifft, nicht anwendbar ist und daher das Ortsstatut ausscheidet. Damit verbleibt allein das Gesellschaftsstatut, und es ergibt sich zwingend eine Beurkundungspflicht nach § 6 UmwG.²

Ob diese nun von einem ausländischen Notar erfüllt werden kann, hängt von der *Substitutionsfähigkeit* der deutschen durch die *ausländische Beurkundung* ab, was voraussetzt, dass die Auslandsbeurkundung der deutschen Form gleichwertig ist.³ Betrifft nun die zu beurkundende Rechtshandlung die Verfassung der Gesellschaft, so bezweckt nach h. M. im Kapitalgesellschaftsrecht die Formvorschrift auch die materielle Richtigkeit des Beurkundeten zu gewährleisten.⁴ Dies aber kann der ausländische Notar mangels hinreichender Kenntnis der deutschen Rechtslage nicht leisten, weshalb auch die Vergleichbarkeit der Beurkundungen ausscheidet.⁵ Ergo: Nur ein deutscher Notar kann beurkunden.

Legt man diesen Ansatz der h. M. zugrunde, so kann eine Auslandsbeurkundung auch für die SE nur dann zulässig sein, wenn entweder die Verweisung des Art. 18 SE-VO zu einer SE-spezifischen Veränderung der Zwecksetzung der Beurkundungspflicht führt oder die Substitutionsfähigkeit doch bejaht werden kann. Dabei liegt zunächst der Gedanke nahe, die Verweisung des Art. 18 SE-VO zumindest insoweit *SE-spezifisch auszulegen, dass* bei Beurkundungspflicht in mehreren Ländern eine Beurkundung in einem dieser Länder ausreichend ist und nicht in jedem Land eine gesonderte Beurkundung stattzufinden hat.⁶ Außer dem (für die Praxis äußerst

---

1   Vgl. Begründung zu § 7 SE-AG.
2   Zum Meinungsstand vgl. *Goette, W.*, Auslandsbeurkundungen, 1996, S. 709 ff.
3   Ausführlich zur Frage der Gleichartigkeit vgl. *Spellenberg, U.*, in: Münchener Kommentar zum Bürgerlichen Gesetzbuch, Art. 11 EGBGB, Rdnr. S. 47 ff.
4   Ausführlich hierzu vgl. *Goette, W.*, Auslandsbeurkundungen, 1996, S. 709, 712 ff.
5   Vgl. zu der Frage der Auslandsbeurkundung *Goette, W.*, Auslandsbeurkundungen, 1996, S. 709.
6   So *Brandt, U. / Scheifele, M.*, Europäische Aktiengesellschaft, 2002, S. 547, 554.

relevanten) Gedanken, Mehrfachbeurkundungen zu sparen, spricht aber nichts für eine SE-spezifische Verweisungswirkung. Zeigt doch im Gegenteil die sich in Art. 15 und 18 SE-VO widerspiegelnde Regelungssystematik die hohe Priorität, die das SE-Statut gerade für das Verschmelzungsverfahren der Gründungsgesellschaften den nationalen Rechtsordnungen zuerkennt, zumal auch die Rechtmäßigkontrolle nach Art. 25 SE-VO den nationalen Rechtsordnungen zu entnehmen ist. Eine Veränderung des Beurkundungszwecks durch die Verweisung des Art. 18 SE-VO erscheint daher unzutreffend.

Verbleibt somit nur noch die Frage der *Substitutionsfähigkeit*. Dabei ist zu bedenken, dass die Grundlagen der Verschmelzung in der SE-VO und damit auf supranationaler Ebene fixiert sind. Dies ist ein wesentlicher Unterschied zu der bisher rein nationalen deutschen Verschmelzung und legt zumindest für die Mitgliedstaaten der *EU* den Schluss nahe, dass auch ausländische Beurkundungspersonen die materielle Richtigkeit des Verschmelzungsplans überprüfen und über die Folgen einer Verschmelzung aufklären können, sofern sie über eine entsprechende Ausbildung verfügen und die Prüfungspflicht zu ihren Aufgaben gehört. Für die Praxis allerdings ist davon auszugehen, dass vor allem Registergerichte zunächst unreflektiert der h. M. zur Auslandsbeurkundung folgen werden.

Will man daher eine Inlandsbeurkundung vermeiden, so ist aus Sicherheitsgründen zunächst zu versuchen, eine Abstimmung mit dem zuständigen Registergericht zu erreichen; notfalls ist eine Beurkundung durch einen deutschen Notar vorzunehmen, will man nicht langwierige gerichtliche Auseinandersetzungen in Kauf nehmen.

ae. Erstellung des Verschmelzungsberichts

Eine Pflicht zur Erstellung eines Berichts zur *Erläuterung des Verschmelzungsplans*[1] ist in der SE-VO nicht mehr vorgesehen. Daraus kann aber keinesfalls der Schluss gezogen werden, eine schriftliche Vorabinformation sei im Falle der SE-Verschmelzung nicht erforderlich.[2] Das Gegenteil ist vielmehr der Fall. Über die Verweisungswirkung des Art. 18 SE-VO findet die jeweilige in Ausführung von Art. 9 Verschmelzungsrichtlinie getroffene nationale Regelung der Berichtspflicht Anwendung. Für eine deutsche Aktiengesellschaft als Gründungsgesellschaft gelten daher über die Verweisung des Art. 18 SE-VO die Vorgaben des § 8 UmwG.

---

[1] S. noch Art. 20 SE-VO-Vorschlag 1991.
[2] Vgl. *Schwarz, G. C.*, Statut, 2001, S. 1847, 1851, der sie wegen des Wegfalls von Art. 20 SE-VO-Vorschlag 1991 offenbar für nicht mehr erforderlich hält, während *Bungert, H. / Beier, C. H.*, Europäische Aktiengesellschaft, 2002, S. 1, 7, diese Frage bewusst offen lassen.

B.II. Gründung einer SE durch Verschmelzung

Die Berichtspflicht entfällt im Falle der Verschmelzung durch Aufnahme ipso jure, wenn eine 100%ige Tochter auf ihre Muttergesellschaft verschmolzen wird.[1] Hält die Mutter weniger als 100%, aber mehr als 90% der Stimmrechte, so ist eine Berichterstattung nur geboten, wenn dies entweder in den einzelstaatlichen Rechtsvorschriften, denen die übernehmende Gesellschaft unterliegt, oder in den für die übertragende Gesellschaft maßgeblichen einzelstaatlichen Rechtsvorschriften vorgesehen ist.[2] Speziell für eine deutsche Gründungsgesellschaft ist hier zu beachten, dass die Berichtspflicht ipso jure nur dann entfällt, wenn sämtliche Anteile von der aufnehmenden Gesellschaft gehalten werden, im Übrigen nur, wenn sämtliche Anteilseigner auf die Berichterstattung verzichten[3]. Diese Anforderung ist aber auf nationale Sachverhalte zugeschnitten und auf eine SE-Verschmelzung nicht ohne weiteres zu übertragen. Hier ist zu beachten, dass es sich bei § 1 Abs. 1 UmwG um eine sog. selbstbeschränkende Sachnorm handelt, die ihren räumlich-persönlichen Anwendungsbereich eigenständig festlegt und eine Selbstbeschränkung auf Rechtsträger mit Sitz im Inland vornimmt.[4] Der Schutz der ausländischen Gesellschaften und deren Aktionäre ist also durch das Umwandlungsgesetz nicht bezweckt und daher auch nicht umfasst. Eine Erweiterung des Regelungsgehalts ergibt sich hier durch die Verweisung des Art. 18 SE-VO nicht. Es genügt somit, wenn die Aktionäre der deutschen Gesellschaften verzichten.[5] Andererseits beschränkt sich die Wirkung des Verzichts aber auch auf die deutschen Gesellschaften.

In der Verschmelzungspraxis erfordert der *Verschmelzungsbericht* einen nicht zu unterschätzenden Zeitaufwand, da wegen der Anfechtungsrelevanz von Informationsmängeln große Sorgfalt auf die Berichterstattung zu legen ist. Stets aber darf die Acht-Monatsfrist des § 17 Abs. 2 S. 4 UmwG nicht aus den Augen verloren werden, weshalb eine frühzeitige Planung und laufende Kontrolle der einzelnen Berichtsschritte dringend anzuraten ist. Dies gilt vor allem dann, wenn von der Möglichkeit einer gemeinsamen Berichterstattung der beteiligten Gesellschaften Gebrauch gemacht wird.[6] Hier gilt es, die nationalen Anforderungen in Einklang zu bringen und

---

[1] S. Art. 31 Abs. 1 SE-VO, Art. 24 Richtlinie 78/855/EWG des Rates v. 9.10.1978, ABl. EG Nr. L 295 v. 20.10.1978, S. 36 ff. (Verschmelzungsrichtlinie); speziell für eine deutsche Gründungsgesellschaft S. Art. 18 SE-VO, § 8 Abs. 3 S. 1 2. Alt. UmwG.
[2] S. Art. 31 Abs. 2 SE-VO.
[3] S. § 8 Abs. 3 S. 1 UmwG.
[4] Vgl. *Kindler, P.*, in: Münchener Kommentar zum Bürgerlichen Gesetzbuch, 1999, Rdnr. 655.
[5] Die Verzichtserklärungen sind nach Art. 18 SE-VO, § 8 Abs. 3 S. 2 UmwG notariell zu beurkunden.
[6] § 8 Abs. 1 S. 1, 2. HS UmwG sieht eine solche Möglichkeit für deutsche Gesellschaften vor. Da jedoch Art. 9 Verschmelzungsrichtlinie – im Gegensatz zu Art. 10 Abs. 1 Verschmelzungsrichtlinie für die gemeinsame Verschmelzungsprüfung – eine gemeinsame Berichterstattung nicht anspricht, ist diese Möglichkeit für jede Rechtsordnung der beteiligten Gesellschaften zu prüfen. S. Richtlinie 78/855/EWG des Rates v. 9.10.1978, ABl. EG Nr. L 295 v. 20.10.1978, S. 36 ff.

die jeweils den Aktionären bei Informationsmängeln zur Verfügung stehenden Rechtsmittel abzuklären. Dabei werden in den einzelnen Mitgliedstaaten durchaus erhebliche Unterschiede hinsichtlich der Berichtsanforderungen bestehen, abhängig von der Häufigkeit, mit der eine vorgenommene Berichterstattung für nationale Verschmelzungen zur gerichtlichen Überprüfung gestanden hat. Gerade in *Deutschland* kann hier auf eine beachtliche Vielfalt von Entscheidungen und Literaturbeiträgen zurückgegriffen werden. Dies und die praktische Relevanz des Verschmelzungsberichts für die Verschmelzung von Aktiengesellschaften, zumal wenn börsennotiert, legt es nahe, die in *Deutschland* entwickelten Anforderungen an den Verschmelzungsbericht etwas ausführlicher zu betrachten.

aea. Adressat der Berichtspflicht

Adressat der Berichtspflicht ist nach dem Gesetzeswortlaut der Vorstand als (Leitungs-)Organ der Aktiengesellschaft in seiner Gesamtheit, nicht hingegen die einzelnen Vorstandsmitglieder.[1] Diese sind jedoch insoweit verpflichtet, als sie an dem Zustandekommen des Berichts seitens des Gesamtvorstands sowohl aufgrund ihrer organschaftlichen Stellung als auch ihres Anstellungsvertrages mitzuwirken haben.[2] Andererseits haben die Vorstandsmitglieder aber auch das Recht, an der Erfüllung der Berichtsaufgabe teilzuhaben.[3] Dieser Aspekt gewinnt an Bedeutung, wenn zwischen den einzelnen Vorstandsmitgliedern keine Übereinstimmung hinsichtlich der Verschmelzung erzielt werden kann. Da es sich bei der Berichterstattung um eine Maßnahme der Geschäftsführung handelt, muss der Vorstand gemäß § 77 AktG darüber beschließen.[4] Danach kann aufgrund der Satzung oder der Geschäftsordnung des Vorstands ein Mehrheitsentscheid zulässig sein. Gleichwohl wird man auch in diesem Fall einem dissentierenden Vorstandsmitglied die Möglichkeit einzuräumen haben, seine abweichende Meinung im Bericht ausdrücken zu können, da anderenfalls nicht gewährleistet wäre, dass der Verschmelzungsbericht vom Vorstand in seiner Gesamtheit erstattet wird und das dissentierende Vorstandsmitglied seine Berechtigung, an der Erfüllung der Berichtsaufgabe teilzuhaben, auch tatsächlich ausüben kann.[5]

---

[1] Vgl. *Lutter, M.,* in: Umwandlungsgesetz, Kommentar, 2000, § 8, Rdnr. 9.
[2] Vgl. *Bermel, A.,* in: Umwandlungsrecht, Kommentar, 1996, § 8, Rdnr. 3.
[3] Vgl. *Keil, T.,* Verschmelzungsbericht, 1990, S. 31.
[4] Vgl. *Keil, T.,* Verschmelzungsbericht, 1990, S. 31.
[5] Vgl. *Keil, T.,* Verschmelzungsbericht, 1990, S. 31.

aeb. Form

§ 8 Abs. 1 S. 1 UmwG ordnet für die Berichterstattung ausdrücklich die *Schriftform* an. Aus Art. 18 SE-VO, § 126 Abs. 1 BGB ergibt sich damit die Notwendigkeit, dass der Bericht jeweils von sämtlichen Vorstandsmitgliedern eigenhändig durch Namensunterschrift oder mittels notariell beglaubigten Handzeichens zu unterzeichnen ist.[1] Da es sich bei der Berichterstattung um die Abgabe einer Wissenserklärung und nicht um die einer Willenserklärung handelt, scheidet für die Zeichnung des Berichts eine rechtsgeschäftliche Bevollmächtigung[2] seitens oder rechtsgeschäftliche Vertretung[3] der Vorstandsmitglieder aus.[4] Fehlt es an einer den Erfordernissen des § 126 BGB entsprechenden Zeichnung des Berichts, so muss dies wegen § 125 BGB so angesehen werden, als sei kein Bericht erstattet worden.

aec. Inhalt

Inhaltlich hat sich der Bericht nach § 8 Abs. 1 S. 1 1. HS UmwG ausführlich mit der rechtlichen und wirtschaftlichen Erläuterung sowie der Begründung der Verschmelzung an sich, dem Verschmelzungsvertrag oder dessen Entwurf und dem Umtauschverhältnis zu befassen. Die Anteilsinhaber der jeweiligen Rechtsträger als die eigentlichen Entscheidungs- und Vermögensträger sollen damit in die Lage versetzt werden, ihre Zustimmung zur oder Ablehnung der Verschmelzung in Kenntnis aller wesentlichen Umstände abgeben zu können.[5]

(1) Verschmelzung

Zunächst ist die *Verschmelzung als solche* in ihren rechtlichen und wirtschaftlichen Auswirkungen darzustellen. Hier sind den Aktionären sämtliche für eine sachgerechte Entscheidung über die Durchführung der Verschmelzung erforderlichen Informationen zu erteilen, so dass bloße Behauptungen, nichts aussagende Angaben oder formelhafte Formulierungen ebenso unzureichend sind wie eine allgemeine Bezugnahme auf generelle Motive von Verschmelzungen.[6] Gefordert ist, die entscheidenden wirtschaftlichen und rechtlichen Aspekte der Verschmelzung in einer verständli-

---

[1] Vgl. *Bermel, A.,* in: Umwandlungsrecht, Kommentar, 1996, § 8, Rdnr. 4; *Lutter, M.,* in: Umwandlungsgesetz, Kommentar, 2000, § 8, Rdnr. 9.
[2] S. § 167 BGB.
[3] S. § 164 BGB.
[4] Vgl. *Mayer, D.,* in: Umwandlungsrecht, Kommentar, 2002, § 8, Rdnr. 14; *Lutter, M.,* in: Umwandlungsgesetz, Kommentar, 2000, § 8, Rdnr. 9; zur Möglichkeit eines sog. Erklärungsvertreters, der kein eigenes, sondern durch Organbeschluss festgelegtes fremdes Wissen mitteilt, vgl. *Hüffer, U.,* Hauptversammlung, 1997, S. 171-186, insbesondere S. 176 ff.
[5] Grundlegend vgl. *BGH,* Urteil v. 22.5.1989, BGHZ 107, S. 296, 304 ff.
[6] Vgl. *LG München,* Beschluss v. 5.8.1999, AG 45 (2000), S. 87, 88.

chen Art und Weise zumindest so weit offen zulegen, dass die Entscheidung der Vorstände für die Verschmelzung auch für die Aktionäre – in einer Art Parallelwertung in der Laiensphäre – nachvollziehbar wird.[1] Zu fragen ist, welche Tatsachen ein vernünftig denkender Aktionär als Entscheidungsgrundlage für sein Abstimmungsverhalten für erforderlich halten darf.[2]

Zunächst ist daher über die wirtschaftliche Ausgangslage der beteiligten Unternehmen zu berichten, damit sich die Gesellschafter von dem potenziellen Partner ein Bild machen können.[3] Zu berichten ist insoweit über deren Umsatz, Tätigkeitsfeld, Marktanteil, wesentliche Beteiligungen, Mitarbeiter sowie Kapital- und Gesellschafterstruktur.[4]

In einem zweiten Schritt sind die rechtlichen und wirtschaftlichen Gründe sowie die Auswirkungen der Verschmelzung zu erläutern. Anzusprechen sind hier auch die künftigen Rechte und Pflichten des Aktionärs, wie sie sich aus den für die SE geltenden nationalen Vorschriften des Sitzstaates und dem künftigen Organisationsstatut ergeben. Gefordert sind aber auch Ausführungen zur Übertragbarkeit des Anteils, zur Werthaltigkeit im Rechtsverkehr (Beleihbarkeit, Möglichkeit der Unterbeteiligung) und schließlich zur Besteuerung.

In einem dritten und letzten Schritt sind schließlich die im Verschmelzungsbericht seitens der Vorstände dargelegten Vor- und Nachteile der beabsichtigten Verschmelzung gegeneinander abzuwägen: Es ist darzulegen, warum aus der Sicht des Vorstandes die Vorteile gegenüber den Nachteilen überwiegen und die Verschmelzung als das geeignete Mittel zur Verfolgung des Unternehmenszweckes erscheinen lassen und warum die Aktionäre dieser zustimmen sollten.[5] Auch die für das von dem Vorstand mit der Verschmelzung beabsichtigte unternehmerische Konzept in Betracht kommenden Alternativen sind dabei anzusprechen und deren Auswirkungen sind aufzuzeigen;[6] der Aktionär soll letztlich dazu befähigt werden, die konkreten Auswirkungen der Verschmelzung mit denen anderer gesellschaftsrechtlicher Strukturmaßnahmen zu vergleichen und gegeneinander abzuwägen.[7] Dabei ist eine Trennung zwischen Tatsachendarstellung und deren Bewertung seitens der Vorstände

---

[1] So zutreffend vgl. vor allem *Westermann, H. P.*, Verschmelzung, 1993, S. 651, 655; im Ergebnis ebenso vgl. *Mayer, D.,* in: Umwandlungsrecht, Kommentar, 2002, § 8, Rdnr. 17; *OLG Karlsruhe*, Urteil v. 30.6.1989, ZIP 10 (1989), S. 988, 990.
[2] Vgl. *Lutter, M.,* in: Umwandlungsgesetz, Kommentar, 2000, § 8, Rdnr. 14.
[3] Vgl. *Lutter, M.,* in: Umwandlungsgesetz, Kommentar, 2000, § 8, Rdnr. 16.
[4] Vgl. *Lutter, M.,* in: Umwandlungsgesetz, Kommentar, 2000, § 8, Rdnr. 16.
[5] Vgl. *Lutter, M.,* in: Umwandlungsgesetz, Kommentar, 2000, § 8, Rdnr. 18.
[6] Vgl. *Bermel, A.,* in: Umwandlungsrecht, Kommentar, 1996, § 8, Rdnr. 14.
[7] Vgl. *LG München*, Urteil v. 31.8.1999, AG 45 (2000), S. 86.

vorzunehmen, da sich nur aus einer Gesamtschau von mitgeteilten Fakten und der hieraus durch den Vorstand gezogenen Wertungen der wirtschaftliche Sinn der Verschmelzung erschließt.[1]

(2) Verschmelzungsplan

§ 8 UmwG fordert die ausführliche *Erläuterung und Begründung des Verschmelzungsvertrags*. Übertragen auf die SE-Verschmelzung bedeutet dies eine entsprechende inhaltliche Aufbereitung des *Verschmelzungsplans*, gleichviel, ob nun der Begriff des Verschmelzungsplans dem des Verschmelzungsvertrags vollinhaltlich entspricht oder nicht.[2] Entscheidend ist nämlich, dass hier wie dort die jeweils geforderten Mindestbestandteile durch die beteiligten Gesellschaften ausgefüllt werden müssen und jeweils auch weitere Abreden zwischen den Gesellschaften hinzugefügt werden können. Und gerade dem juristisch nicht vorgebildeten Aktionär das Verständnis der vereinbarten, oft sehr „technisch" formulierten Klauseln zu ermöglichen, ist Aufgabe des Verschmelzungsberichts.[3]

Was nun die inhaltlichen Anforderungen an die Berichterstattung betrifft, so ist darauf abzustellen, ob mit den Regelungen rechtliche und wirtschaftliche Aspekte verbunden sind, die für eine eigenverantwortliche Entscheidungsfindung der Aktionäre von Bedeutung sind und sich einem durchschnittlichen Aktionär nicht bereits aus dem Regelungstext erschließen.[4] Ist letzteres der Fall, so verlangt der durch § 8 UmwG angestrebte Aktionärsschutz keinesfalls dessen Wiedergabe, so dass sich der Bericht auf die Dinge beschränken kann, die aus Sicht des Laien erläuterungsbedürftig sind.[5] Dies gilt auch für die inhaltliche Erläuterung der Satzung als Bestandteil des Verschmelzungsplans. Darzulegen ist hier vor allem ein Systemwechsel in der Binnenstruktur der Aktiengesellschaften. Nähere Ausführungen sind auch zur Vereinbarung von variablen Stichtagen und zur Arbeitnehmerbeteiligung geboten. Auf letzteres ist mit Blick auf den Hauptversammlungsvorbehalt bezüglich der vereinbarten Arbeitnehmerbeteiligung[6] besonderes Augenmerk zu legen. Den Aktionären sind die Informationen zu geben, die erforderlich sind, um die mögliche Arbeitnehmerbeteiligung selbstständig beurteilen zu können. Nur so kann der Vorbehalt auch sinn-

---

[1] So zutreffend für den Verschmelzungsbericht vgl. *Kraft, A.*, in: Aktiengesetz, Kommentar, 1990, § 340 a, Rdnr. 11.
[2] Hierzu vgl. die Überlegung von *Teichmann, C.*, Einführung, 2002, S. 383, 418 ff.
[3] Vgl. *Lutter, M.*, in: Umwandlungsgesetz, Kommentar, 2000, § 8, Rdnr. 19.
[4] Vgl. *Mayer, D.*, in: Umwandlungsrecht, Kommentar, 2002, § 8, Rdnr. 23; *Lutter, M.*, in: Umwandlungsgesetz, Kommentar, 2000, § 8, Rdnr. 19.
[5] Vgl. *Lutter, M.*, in: Umwandlungsgesetz, Kommentar, 2000, § 8, Rdnr. 19.
[6] S. Art. 23 Abs. 2 SE-VO.

voll ausgeübt werden. Selbstverständlichkeiten hingegen brauchen nicht noch einmal mit anderen Worten wiedergegeben werden.[1]

(3)   Umtauschverhältnis

Das *Umtauschverhältnis der Aktien* ergibt sich aus den Wertrelationen der an der Verschmelzung beteiligten Rechtsträger. Entsprechend geht es hier um die Erläuterung und Begründung der *Unternehmenswerte*, die entweder aus einem vorhandenen *Börsenkurs* abgeleitet oder durch *Unternehmensbewertung* ermittelt wurden. Während die Erläuterung des Börsenkurses wenige Probleme bereitet, liegen die Dinge bei einer vorhandenen Unternehmensbewertung anders. Hier ist zu entscheiden, welche Informationen aus dem komplexen Ablauf einer Unternehmensbewertung letztlich erteilt werden müssen. Diese Frage ist nicht ohne weiteres zu beantworten und eröffnete daher eine bei Aktionären beliebte Möglichkeit für Anfechtungsklagen. Den bisherigen Endpunkt hat dabei der *BGH*[2] mit dem zu §§ 210, 212 UmwG entwickelten Anfechtungsausschluss von abfindungswertbezogenen Informationsmängeln gesetzt.

Daraus aber nun den Schluss zu ziehen, die Erläuterung und Begründung des Umtauschverhältnisses sei für die SE-Verschmelzung ohne praktische Relevanz, kann sich sehr schnell als ein folgenreicher Fehler erweisen. Denn ob die Rechtsprechung des *BGH* auch hier herangezogen werden kann, hängt unter anderem davon ab, ob die Aktionäre der Gründungsgesellschaften die Anwendung des deutschen Spruchverfahrens akzeptieren. Sollte dies nicht der Fall sein, so gewinnt die Erläuterung des Umtauschverhältnisses an erheblicher Anfechtungsrelevanz. Da aber der Verschmelzungsbericht vor der Entscheidung der Aktionäre erstellt sein muss, gilt es gerade für deutsche Gesellschaften, besondere Sorgfalt bei der Erläuterung und Begründung des Umtauschverhältnisses walten zu lassen. Insoweit gilt:

Zunächst hat sich der Bericht zur *Methodenwahl* zu äußern. Wurde für die Bewertung eine den jeweiligen nationalen Fachgremien[3] entsprechende Bewertungsmethode[4] gewählt, so genügt es, dies den Aktionären zur Kenntnis zu bringen;[5] anderen-

---

[1]   Vgl. *Lutter, M.,* in: Umwandlungsgesetz, Kommentar, 2000, § 8, Rdnr. 19.
[2]   Vgl. *BGH*, Urteil v. 18.12.2000, BGHZ 146, S. 180-190; *BGH*, Urteil v. 29.1.2001, BGHZ 146, S. 342-361.
[3]   In *Deutschland* sind insoweit die Vorgaben des Instituts der Wirtschaftsprüfer maßgebend, mithin die Vorgaben des *IdW*, Grundsätze zur Durchführung von Unternehmensbewertungen, IDW S 1, WPg 53 (2000), S. 825-842.
[4]   Etwa das analytische Ertragswertverfahren oder die verschiedenen Spielarten der DCF-Methode.
[5]   Allgemeine Ansicht für den Verschmelzungsbericht, vgl. statt aller *Mayer, D.,* in: Umwandlungsrecht, Kommentar, 2002, § 8, Rdnr. 26.

falls unterliegt der Vorstand gegenüber den Aktionären einem Begründungszwang.[1] Sodann beginnt die eigentliche Arbeit der Berichterstattung, nämlich die Aufbereitung der *Bewertungsmethodik*. Hier ist in *Deutschland* heute allgemein anerkannt, dass die bloße Angabe der Verschmelzungswertrelation unter abstrakter Darlegung der Grundsätze, nach denen diese ermittelt wurde, keinesfalls ausreichend ist.[2] Dem Aktionär ist aber andererseits auch keine derartige Tatsachenvielfalt zu unterbreiten, die es ihm erlauben würde, kraft eigener Sachkunde oder unter Heranziehung eines Sachverständigen ein Gutachten über die zugrunde gelegten Unternehmenswerte erstellen zu lassen.[3] Die Berichterstattung ist vielmehr auf eine Plausibilitätsprüfung der Verschmelzungswertrelation seitens der Aktionäre auszurichten.[4] Erforderlich, aber auch ausreichend, ist daher, wenn – unter Verzicht auf die Detaildarstellung – zusammenfassend die Bewertungsfaktoren, die der Bewertung der Gesellschaftsvermögen zugrunde gelegt wurden, mitgeteilt werden.[5]

Anzugeben sind daher zunächst die *Unternehmenswerte* als Ergebnis der *Bewertungsoperationen*.[6] Sodann ist mit der Erläuterung der gewonnenen *Plandaten* zu beginnen. Hier ist den Aktionären zur Kenntnis zu bringen, ob und warum der Ableitung der Plandaten schlicht eine Fortschreibung der Vergangenheitswerte zugrunde liegt, oder ob und warum ein verändertes Ertragspotenzial angenommen wurde.[7] Vorgenommene Bereinigungen der Vergangenheitsergebnisse von verzerrenden Sondereinflüssen, die in diese Ergebnisse eingeflossen sind, und zukünftig nicht mehr zur Verfügung stehenden Erfolgsfaktoren sind zu erläutern und zu begründen.[8] Dabei ist eine detaillierte Zahlenangabe nicht erforderlich; ausreichend für einen schlüssigen Nachvollzug sind vielmehr Aussagen über die Gründe, die Methoden und Prinzipien der Bereinigung.[9]

---

[1] Vgl. *Lutter, M.,* in: Umwandlungsgesetz, Kommentar, 2000, § 8, Rdnr. 21.
[2] Vgl. *BGH*, Urteil v. 22.5.1989, BGHZ 107, S. 296; *BGH*, Urteil v. 18.12.1989, AG 35 (1990), S. 259; *OLG Hamm*, Urteil v. 20.6.1988, AG 34 (1989), S. 31; *OLG Köln*, Urteil v. 21.9.1988, DB 41 (1988), S. 2449; *OLG Karlsruhe*, Urteil v. 30.6.1989, ZIP 10 (1989), S. 988.
[3] Vgl. *OLG Karlsruhe*, Urteil v. 30.6.1989, ZIP 10 (1989), S. 988, 990.
[4] Aus der neueren Rechtsprechung vgl. *LG München*, Urteil v. 31.8.1999, AG 45 (2000), S. 86; *OLG Düsseldorf*, Beschluss v. 15.3.1999, AG 44 (1999), S. 418; *OLG Hamm*, Beschluss v. 4.3.1999, AG 44 (1999), S. 422; aus der Literatur vgl. *Lutter, M.,* in: Umwandlungsgesetz, Kommentar, 2000, § 8, Rdnr. 20 ff.; *Mayer, D.,* in: Umwandlungsrecht, Kommentar, 2002, § 8, Rdnr. 24 ff.
[5] Vgl. *OLG Hamm*, Urteil v. 20.6.1988, AG 34 (1989), S. 31, 33.
[6] Vgl. *Mayer, D.,* in: Umwandlungsrecht, Kommentar, 2002, § 8, Rdnr. 38.2.
[7] Vgl. *Lutter, M.,* in: Umwandlungsgesetz, Kommentar, 2000, § 8, Rdnr. 23.
[8] Vgl. *Lutter, M.,* in: Umwandlungsgesetz, Kommentar, 2000, § 8, Rdnr. 22; a. A. *Keil, T.,* Verschmelzungsbericht, 1990, S. 92.
[9] Vgl. *Mayer, D.,* in: Umwandlungsrecht, Kommentar, 2002, § 8, Rdnr. 32.

Die in der Vergangenheit erzielten Erträge sind jedoch mitzuteilen, sofern diese Ausgangspunkt für die Ertragswertermittlung sind.[1] Dabei ist die Angabe von Jahresergebnissen grundsätzlich ausreichend. Die Offenlegung von Ergebnissen kürzerer Zeitabschnitte, bestimmter Sparten oder für einzelne betriebsnotwendige Vermögensgegenstände ist allenfalls dann geboten, wenn sie für die Berechnung der zukünftigen Ertragskraft in spezifischer Weise ins Gewicht fallen.[2]

Mitzuteilen ist auch, auf welcher Grundlage und unter welchen Annahmen die Ableitung der Erträge und Aufwendungen vorgenommen wurde.[3] Erforderlich sind hier Informationen über die *Erwartungen*, auf denen die *Prognosen* der *Erträge* und *Aufwendungen* beruhen, und welche *Fakten* in deren *Planung* eingegangen sind.[4] Dabei sind die den Plandaten zugrunde liegenden Annahmen derart zum Gegenstand der Berichterstattung zu machen, dass auch insoweit eine *Plausibilitätsprüfung* durch die Anteilsinhaber erfolgen kann. Dies gilt insbesondere, wenn die Zukunftsprognosen im Rahmen der Ertragswertberechnung im Gegensatz zu den bisherigen Erträgen stehen, etwa wenn bisher Verluste erzielt wurden, gleichwohl aber ein positiver Ertragswert prognostiziert wird.[5]

Andererseits ist aber völlig unstreitig, dass weder die Interna der Planungsrechnungen offen zu legen sind (Investitions-, Finanz,- Personalplanungen, Planungsrechnungen für einzelne Unternehmensbereiche oder Produkte);[6] noch das Zahlenmaterial der Betriebsbuchhaltung und ihrer Untergliederungen (betriebliche Statistik, Kostenarten- und Kostenstellenrechnung, Betriebsergebnisrechnung und Planungsrechnungen) im Einzelnen aufzubereiten ist.[7]

Neben der Erläuterung der Bewertungsmethodik ist auch die *Angabe von Plandaten* gefordert. Insoweit hat sich als Ergebnis herauskristallisiert, dass die Angabe von aggregierten Jahreswerten ausreichend ist, während eine Aufschlüsselung nach kürzeren Perioden oder einzelnen Produkten grundsätzlich nicht verlangt werden kann.[8]

---

[1] Vgl. *LG München*, Beschluss v. 5.8.1999, AG 45 (2000), S. 87; *Lutter, M.,* in: Umwandlungsgesetz, Kommentar, 2000, § 8, Rdnr. 22.

[2] Vgl. *Mayer, D.,* in: Umwandlungsrecht, Kommentar, 2002, § 8, Rdnr. 32; *Bermel, A.,* in: Umwandlungsrecht, Kommentar, 1996, § 8, Rdnr. 18.

[3] Vgl. *Lutter, M.,* in: Umwandlungsgesetz, Kommentar, 2000, § 8, Rdnr. 23.

[4] Vgl. *LG Frankenthal*, Urteil v. 5.10.1989, ZIP 11 (1990), S. 232, 234; *Bermel, A.,* in: Umwandlungsrecht, Kommentar, 1996, § 8, Rdnr. 20.

[5] Vgl. *Mayer, D.,* in: Umwandlungsrecht, Kommentar, 2002, § 8, Rdnr. 35; dieser Ansicht zuneigend *OLG Hamm*, Beschluss v. 4.3.1999, AG 44 (1999), S. 422; a. A. *OLG Düsseldorf*, Beschluss v. 15.3.1999, AG 44 (1999), S. 418.

[6] Vgl. *Bermel, A.,* in: Umwandlungsrecht, Kommentar, 1996, § 8, Rdnr. 20.

[7] Vgl. *OLG Karlsruhe*, Urteil v. 30.6.1989, ZIP 10 (1989), S. 988, 990 f.

[8] Vgl. *Lutter, M.,* in: Umwandlungsgesetz, Kommentar, 2000, § 8, Rdnr. 23.

Letztlich geht es um die Kundgabe der zu Jahreswerten aggregierten Positionen der konkret für die Ableitung des Betriebsergebnisses verwendeten Plangewinn- und Planverlustrechnung.[1] Zu erläutern ist vor allem auch der Diskontierungszinssatz. Zu nennen sind insbesondere der Basiszins, der Risikozuschlag und ein verwendeter Geldentwertungsabschlag.[2] Offen zu legen sind auch die Gründe für den Ansatz des Risikozuschlags bzw. des Geldentwertungs-/Wachstumsabschlags.[3] Wird der Risikozuschlag anhand des Kapitalmarktpreisbildungsmodells (CAPM) bestimmt, so ist näher auf die Marktrisikoprämie und den verwendeten Beta-Faktor einzugehen.

Neben dem Ertragswert stellt das nicht betriebsnotwendige Vermögen den zweiten Bestandteil des Unternehmenswertes dar. Sofern es daher für den Unternehmenswert nicht völlig belanglos ist, ist eine Angabe dieses Wertes für den erforderlichen Nachvollzug der Unternehmensbewertung erforderlich.[4] Eine Aufschlüsselung dieses Wertes in seine einzelnen Bestandteile hingegen ist nicht veranlasst.[5]

(4)   Besondere Bewertungsschwierigkeiten

Durch die Forderung, dass nur *besondere Bewertungsschwierigkeiten* zu erläutern sind,[6] ergibt sich, dass die der konkret angewandten Bewertungsmethode inhärenten Bewertungsschwierigkeiten nicht erläuterungsbedürftig sind.[7] Gefordert sind lediglich Angaben über Probleme, die über die *allgemeinen Bewertungsschwierigkeiten* hinausgehen. Liegen solche Probleme vor, so ergibt sich andererseits, dass diese konkret anzugeben sind und deren Lösung darzustellen ist, mithin ein allgemeiner Hinweis auf die Schwierigkeiten jeder Unternehmensbewertung in diesem Falle nicht ausreichend ist.[8] Die Vertretungsorgane haben vielmehr darzulegen, wie trotz der besonderen Bewertungsschwierigkeiten das Umtauschverhältnis gleichwohl zutreffend ermittelt werden konnte.[9]

---

[1]   Ausführlich hierzu vgl. *Mayer, D.*, in: Umwandlungsrecht, Kommentar, 2002, § 8, Rdnr. 34; *Lutter, M.*, in: Umwandlungsgesetz, Kommentar, 2000, § 8, Rdnr. 23.
[2]   Vgl. *Mayer, D.*, in: Umwandlungsrecht, Kommentar, 2002, § 8, Rdnr. 36; *Bermel, A.*, in: Umwandlungsrecht, Kommentar, 1996, § 8, Rdnr. 22.
[3]   Vgl. *Lutter, M.*, in: Umwandlungsgesetz, Kommentar, 2000, § 8, Rdnr. 27.
[4]   Vgl. *OLG Karlsruhe*, Urteil v. 30.6.1989, ZIP 10 (1989), S. 988, 990; *LG Mannheim*, Urteil v. 3.3.1988, AG 33 (1988), S. 248, 249; *Mayer, D.*, in: Umwandlungsrecht, Kommentar, 2002, § 8, Rdnr. 38; *Lutter, M.*, in: Umwandlungsgesetz, Kommentar, 2000, § 8, Rdnr. 26.
[5]   Vgl. *Lutter, M.*, in: Umwandlungsgesetz, Kommentar, 2000, § 8, Rdnr. 26; *Keil, T.*, Verschmelzungsbericht, 1990, S. 91, 95.
[6]   S. Art. 18 SE-VO, § 8 Abs. 1 S. 2 UmwG.
[7]   Vgl. *Mayer, D.*, in: Umwandlungsrecht, Kommentar, 2002, § 8, Rdnr. 42.
[8]   Vgl. *Mayer, D.*, in: Umwandlungsrecht, Kommentar, 2002, § 8, Rdnr. 42.
[9]   Vgl. *Mayer, D.*, in: Umwandlungsrecht, Kommentar, 2002, § 8, Rdnr. 42.

af. Verschmelzungsprüfung

Neben dem Verschmelzungsbericht ist die *Verschmelzungsprüfung* das zweite Instrumentarium des *a-priori-Schutzes* der Anteilsinhaber. Die SE-VO selbst enthält diesbezüglich lediglich in Art. 22 eine Regelung für die Prüferbestellung und deren Auskunftsrecht. Zu den inhaltlichen Anforderungen an den Verschmelzungsbericht äußert sich die SE-VO im Gegensatz zu Art. 21 SE-VO-Vorschlag 1991 nicht mehr. Die Vorschrift zeigt aber deutlich, dass auch eine Verschmelzungsprüfung über die Verweisungswirkung des Art. 18 SE-VO durchzuführen ist.

Lediglich bei der Verschmelzungsalternative durch Aufnahme ist eine Prüfung *nicht erforderlich*, wenn eine 100%ige Tochter auf die Muttergesellschaft verschmolzen wird.[1] Hält die Mutter weniger als 100%, aber mehr als 90% der Stimmrechte, so ist eine Prüfung nur geboten, wenn dies entweder in den einzelstaatlichen Rechtsvorschriften, denen die übernehmende Gesellschaft unterliegt, oder in den für die übertragende Gesellschaft maßgeblichen einzelstaatlichen Rechtsvorschriften vorgesehen ist.[2] Bei Beteiligung einer deutschen Gesellschaft ist insoweit zu beachten, dass für Aktiengesellschaften die in § 9 Abs. 1 UmwG geforderte Verschmelzungsprüfung grundsätzlich zwingend durchzuführen ist[3] und ipso jure nur dann entfällt, wenn sich alle Aktien des übertragenden Rechtsträgers in der Hand des aufnehmenden befinden,[4] ansonsten nur durch Verzicht sämtlicher Anteilseigner aller beteiligten Rechtsträger.[5] Diese Anforderung ist jedoch auf nationale Sachverhalte zugeschnitten und auf die SE-Verschmelzung nicht ohne weiteres zu übernehmen. Hier ist zu beachten, dass es sich bei § 1 Abs. 1 UmwG um eine sog. selbstbeschränkende Sachnorm handelt, die ihren räumlich-persönlichen Anwendungsbereich eigenständig festlegt und eine Selbstbeschränkung auf Rechtsträger mit Sitz im Inland vornimmt.[6] Der Schutz der ausländischen Gesellschaften und deren Aktionäre ist also durch das Umwandlungsgesetz nicht bezweckt und daher auch nicht umfasst. Eine inhaltliche Erweiterung des Regelungsbereichs erfolgt hier über die Verweisung des Art. 18 SE-VO nicht. Es genügt daher, wenn die Aktionäre der deutschen Gesellschaften verzichten.[7] Andererseits ist dieser Verzicht aber auch auf die deutschen Gesellschaften beschränkt.

---

[1] S. Art. 31 Abs. 1 SE-VO, Art. 24 Verschmelzungsrichtlinie.
[2] S. Art. 31 Abs. 2 SE-VO.
[3] S. § 60 UmwG.
[4] S. § 9 Abs. 2 UmwG.
[5] S. §§ 60 Abs. 1, 9 Abs. 3, 8 Abs. 3 S. 2 UmwG.
[6] Vgl. *Kindler, P.*, in: Münchener Kommentar zum Bürgerlichen Gesetzbuch, 1999, Rdnr. 655.
[7] Die Verzichtserklärungen sind nach Art. 18 SE-VO, § 8 Abs. 3 S. 2 UmwG notariell zu beurkunden.

afa. Prüferbestellung

Wie bereits aus der Verschmelzungsrichtlinie bekannt, besteht auch für die SE die Möglichkeit, zwischen einer *getrennten Prüfung* für jede der beteiligten Gesellschaften durch einen oder mehrere Prüfer und einer *gemeinsamen Prüfung* für alle Gesellschaften durch einen gemeinsam tätigen Prüfer zu wählen. Art. 22 Abs. 1 SE-VO fixiert diese bereits in Art. 10 Abs. 1 S. 2 und 3 Verschmelzungsrichtlinie vorhandene Wahlmöglichkeit[1] nunmehr auch auf Ebene der SE. Die *gemeinsame Prüferbestellung* erfolgt auf gemeinsamen Antrag der Gesellschaften von einem Gericht oder einer Verwaltungsbehörde des Mitgliedstaates, dessen Recht eine der sich verschmelzenden Gesellschaften oder die künftige SE unterliegt.[2] Die *getrennte Prüferbestellung* hingegen richtet sich über Art. 18 SE-VO nach den jeweiligen nationalen Rechtsordnungen. In *Deutschland* wird damit der Prüfer nach der mit Wirkung vom 1.9.2003 geänderten Fassung des § 10 Abs. 1 S. 1 UmwG nicht mehr vom Vorstand, sondern ebenfalls auf Antrag der Vertretungsorgane vom Gericht ausgewählt und bestellt.

afb. Prüfungsgegenstand

Nach dem eindeutigen Wortlaut des § 9 Abs. 1 UmwG ist der Verschmelzungsvertrag oder sein Entwurf *Gegenstand der Verschmelzungsprüfung*. Übertragen auf die SE-Verschmelzung ist über Art. 18 SE-VO der Verschmelzungsplan Prüfungsgegenstand.

Die im älteren juristischen Schrifttum vertretene Auffassung, der Vorstandsbericht sei, mit Ausnahme der Bewertung der *Zweckmäßigkeit der Verschmelzung*, in die Prüfung einzubeziehen[3] oder zumindest hinsichtlich der Richtigkeit der in ihm enthaltenen Angaben zu prüfen,[4] hat sich zu Recht nicht durchzusetzen vermocht. Dem Bericht kommt lediglich die Funktion einer Informationsquelle für die Verschmelzungsprüfung zu.[5]

---

1   Die Möglichkeit der gemeinsamen Prüferbestellung in der Verschmelzungsrichtlinie ist auf die Initiative der deutschen Delegation zurückzuführen, während die als Grundsatzregel vorgesehene Sachverständigenbestellung für jede Gesellschaft dem romanischem Vorbild folgt; s. Begr.RegE. zu § 340b a. F. AktG, BT-Drs. 9/1065, S. 16 li. Sp.
2   S. Art. 22 SE-VO.
3   Vgl. *Ganske, J.*, Verschmelzungsrecht, 1981, S. 1551, 1553; *Priester, H.-J.*, Verschmelzungsrecht, 1983, S. 1459, 1462; *Bayer, W.*, Informationsrechte, 1988, S. 323, 328.
4   Vgl. *Hoffmann-Becking, M.*, Verschmelzungsrecht, 1988, S. 105, 122; *Priester, H.-J.*, Strukturänderungen, 1990, S. 420, 430.
5   Vgl. *IdW*, Stellungnahme HFA 6/1988, WPg 42 (1989), S. 42; aus der Literatur vgl statt aller *Lutter, M.*, in: Umwandlungsgesetz, Kommentar, 2000, § 9, Rdnr. 12 m. w. N.

Die Verschmelzungsprüfung umfasst die Kontrolle der *Vollständigkeit* des Verschmelzungsplans und die Richtigkeit der in ihm enthaltenen Angaben.[1] Die *Vollständigkeitsprüfung* ist nun aber nicht an den Vorgaben des § 5 UmwG, sondern an Art. 20 Abs. 1 SE-VO auszurichten.

Der wesentliche Kern der Prüfung ist jedoch die *Angemessenheitsprüfung* des vorgeschlagenen *Umtauschverhältnisses* und etwaiger *barer Zuzahlungen*, wie sich aus der Berichterstattungspflicht des § 12 UmwG entnehmen lässt.

Völlig unstreitig ist, dass eine *Zweckmäßigkeitsprüfung* nicht zu erfolgen hat, da es nicht zu den Pflichten der Prüfer gehört, die wirtschaftliche Zweckmäßigkeit der Fusion selbst zu beurteilen und sich dazu zu äußern, inwieweit die Interessen der Aktionäre gewahrt sind.[2]

afc. Prüfungsbericht

Der *Prüfungsbericht* muss schriftlich abgefasst werden, § 12 Abs. 1 S. 1 UmwG. Wegen Art. 18 SE-VO, § 126 Abs. 1 BGB folgt daraus, dass die Vertragsprüfer ihren Bericht zu unterzeichnen haben. Der Bericht ist dem Vorstand vorzulegen, und zwar auch dann, wenn der Vertragsprüfer vom Gericht bestellt wurde, da nur dieser die Pflichten zur Auslegung nach Art. 18 SE-VO, § 60 Abs. 1 UmwG erfüllen und die Erteilung von Abschriften gemäß Art. 18 SE-VO, § 63 Abs. 3 UmwG veranlassen kann. Ein bestimmter Aufbau und Inhalt des Prüfungsberichts ist gesetzlich nicht vorgeschrieben. Üblicherweise unterteilt man den Inhalt in einen formellen und einen materiellen Teil. Ersterer betrifft die Vollständigkeits- und Richtigkeitskontrolle. Letzterer bezieht sich auf die für das Angemessenheitstestat des Umtauschverhältnisses erforderlichen Ausführungen. Insoweit schreibt § 12 Abs. 2 S. 2 UmwG einen *Mindestinhalt* vor. Es ist anzugeben,

- nach welchen Methoden Ausgleich und Abfindung ermittelt worden sind,
- aus welchen Gründen die Anwendung dieser Methoden angemessen ist,
- welcher Ausgleich oder welche Abfindung sich bei der Anwendung verschiedener Methoden, sofern mehrere angewandt worden sind, jeweils ergeben würde; zugleich ist darzulegen, welches Gewicht den verschiedenen Methoden bei der Bestimmung des vorgeschlagenen Ausgleichs oder der vorgeschlagenen Abfindung und der ihnen zugrunde liegenden Werte beigemessen worden ist und welche besonderen Schwierigkeiten bei der Bewertung der vertragsschließenden Unternehmen aufgetreten sind.

---

[1] S. Begr.RegE. zu § 340b a. F. AktG, BT-Drs. 9/1065, S. 16, li. Sp.
[2] Statt aller vgl. *Mayer, D.,* in: Umwandlungsrecht, Kommentar, 2002, § 9, Rdnr. 22.

Der *Begriff der Methode* wird in der deutschen Literatur nicht einheitlich ausgelegt. Während manche Autoren unter dem Begriff der Methode lediglich die angewandten Bewertungsmethoden zur Bestimmung von Wertkategorien (Ertragswertverfahren, DCF-Verfahren, Substanzwertmethode) verstehen,[1] umfasst nach anderer Ansicht der Methodenbegriff auch die Vorgehensweisen zur Bestimmung von Wertfaktoren für die Ableitung der jeweiligen Wertkategorie.[2] Eine dritte Ansicht hingegen sieht die bloße Angabe des Bewertungsverfahrens als unzureichend an, fordert aber andererseits keine Darlegung der einzelnen Bewertungsschritte. Für die Berichtsintensität wird, mit Unterschieden im Einzelnen, auf das konkret angewandte Bewertungsverfahren abgestellt.

Im Falle des Ertragswertverfahrens wird zunächst von einigen Autoren die Angabe, nach welchem Verfahren und unter Einbeziehung welcher Wertangaben der Ertragswert bestimmt worden sei, für erforderlich gehalten.[3] Entspricht das Ertragswertverfahren den vom *IdW* vorgegebenen Bewertungsgrundsätzen, so wird es für die Erläuterung der Verfahrenstechnik als überwiegend ausreichend erachtet, dass auf die entsprechende Stellungnahme über die Grundsätze zur Durchführung von Unternehmensbewertungen Bezug genommen wird, während ein sonstiges Bewertungsverfahren näher zu erläutern sei, wofür bei einem von den *IdW*-Grundsätzen abweichendem Ertragswertverfahren die Abweichungen für erläuterungsbedürftig gehalten werden.[4]

Wiederum andere Autoren halten auch im Falle des *IdW*-Verfahrens zumindest eine Beschreibung der Grundzüge dieses Verfahrens für erforderlich.[5] Besondere Beachtung ist dem Methodenbegriff zuzuwenden, wenn ein gemeinsamer Bericht erstellt wird. Hier ist sicherzustellen, dass sämtliche sich aus den beteiligten Jurisdiktionen ergebenden Anforderungen erfüllt werden.

Nach in *Deutschland* herrschender Auffassung muss der Prüfungsbericht über die gesetzlich geforderten *Mindestangaben* keine Mitteilungen darüber enthalten, aufgrund welcher tatsächlicher von den Prüfern getroffener Feststellungen sie zu der

---

[1] Vgl. *Meyer zu Lösebeck, H.*, Verschmelzungsprüfung, 1989, S. 499, 500.
[2] Vgl. *Hannappel, H.-A.*, in: Kommentar zum Umwandlungsrecht, § 12, Rdnr. 13 ff.
[3] Vgl. *Mertens, H.-J.*, Gestaltung, 1990, S. 20, 32.
[4] Vgl. *Lutter, M.*, in: Umwandlungsgesetz, Kommentar, 2000, § 12, Rdnr. 7 m w. N.
[5] Vgl. *Mayer, D.*, in: Umwandlungsrecht, Kommentar, 2002, § 12, Rdnr. 18.

Überzeugung gelangt sind, dass das Umtauschverhältnis angemessen sei.[1] Auf europäischer Ebene ist diese Auffassung mit Vorsicht zu genießen, wie bereits ein Blick auf das benachbarte Österreich zeigt. Anders als § 12 Abs. 2 S. 2 UmwG bestimmt § 220b Abs. 4 S. 4 des österreichischen Aktiengesetzes für die Berichterstattung der Prüfer, dass die vorgenannten Angaben „insbesondere" zu machen sind.

Nach deutschem Recht wird die Berichtspflicht durch den *Geheimschutz* der Gesellschaft begrenzt.[2] Auch hier ist für jede Rechtsordnung eine gesonderte Prüfung anzustellen.

afd. Prüferbefähigung und Bestellungsverbote

(1) Allgemeines

Art. 22 SE-VO beschäftigt sich mit der Frage der *Prüferbestellung* und deren Auskunftsrecht. *Prüferbefähigung* und *Bestellungsverbote* können der Vorschrift allenfalls nur indirekt entnommen werden. Der Wortlaut des Art. 22 SE-VO kann dabei nicht gerade als geglückt bezeichnet werden. So liest man voller Erstaunen „von Sachverständigen, die für Rechnung jeder der sich verschmelzenden Gesellschaften tätig sind" und von einem oder mehreren unabhängigen Sachverständigen i. S. d. Art. 10 Verschmelzungsrichtlinie, die zudem als Alternative zur Heranziehung der für Rechnung der Gesellschaften tätigen Sachverständigen dienen sollen.

Hier drängt sich auf den ersten Blick das seltsame Ergebnis auf, dass nunmehr abhängige Sachverständige zur Prüfung herangezogen werden können.[3] Ein solches Ergebnis darf jedoch nicht ohne nähere Betrachtung hingenommen werden, steht es doch gerade in Widerspruch zu der Regelung der Verschmelzungsrichtlinie.[4]

---

[1] Vgl. *BGH*, Urteil v. 18.12.1989, AG 35 (1990), S. 259, 261; *OLG Hamm*, Urteil v. 20.6.1988, AG 34 (1989), S. 31, 33; *LG Frankfurt*, Beschluss v. 15.1.1990, WM 44 (1990), S. 592, 594 re. Sp.; *LG Mannheim*, Urteil v. 3.3.1988, AG 33 (1988), S. 248, 251; aus der Literatur vgl. statt aller *Mayer, D.,* in: Umwandlungsrecht, Kommentar, 2002, § 12, Rdnr. 14; für weitergehende Erläuterungspflichten vgl. hingegen *OLG Karlsruhe*, Urteil v. 30.6.1989, ZIP 10 (1989), S. 988, 992; *Bayer, W.,* Informationsrechte, 1988, S. 323, 328; zuneigend vgl. *LG Frankenthal*, Urteil v. 5.10.1989, AG 35 (1990), S. 549, 550 f.; *Hannappel, H.-A.,* in: Umwandlungsrecht, Kommentar, § 12, Rdnr. 16.

[2] S. Art. 18 SE-VO, §§ 12 Abs. 3, 8 Abs. 2 UmwG.

[3] Im Umkehrschluss zu Unterabs. 1 gelangt *Schwarz, G. C.,* Statut, 2001, S. 1847, 1851, tatsächlich zu dem Ergebnis, dass auch abhängige Sachverständige als Prüfer in Betracht kommen.

[4] Art. 10 Verschmelzungsrichtlinie schreibt ausdrücklich die Prüfung von unabhängigen Prüfern vor.

Ein Vergleich mit früheren Fassungen[1] jedenfalls deutet darauf hin, dass die Sprachfassung auf das Alternativenpaar „gemeinsame/gesonderte Prüfung" pro Gesellschaft bezogen ist.[2]

Zudem zeigt ein Blick auf die anderen Gründungsarten, dass dem Verordnungsgeber in Art. 22 SE-VO eher eine sprachliche Ungenauigkeit unterlaufen ist.[3] Auch die Konzernregelung des Art. 31 Abs. 2 SE-VO spricht für unabhängige Prüfer, da dort nur von diesen die Rede ist und es schwer einsichtig ist, dass gerade die Prüfung durch abhängige Prüfer stets erfolgen müsste. Zusammenfassend kann daher festgehalten werden, dass auch bei der SE-Verschmelzung nur unabhängige Prüfer in Betracht kommen.[4]

Für die Frage der Prüferbefähigung und den Bestellungsverboten ist daher Art. 22 SE-VO unergiebig. Folglich ist über Art. 18 SE-VO das jeweilige nationale Recht maßgebend. Diese Verweisungswirkung ist unproblematisch für den Fall, dass für jede Gesellschaft ein Prüfer bestellt wird. Was aber ist, wenn ein gemeinsamer Prüfer tätig werden soll? Welche nationale Rechtsordnung ist dann zur Anwendung berufen? Hier sollte ein Gleichklang mit der Bestellungskompetenz erreicht werden, so dass Befähigung und Bestellungsverbote nach dem Recht desjenigen Staates zu beurteilen sind, dessen Gericht den Prüfer bestellt.

(2) Arten der Inkompatibilität

Für *Deutschland* beurteilt sich die *Befähigung zur Verschmelzungsprüfung* und die *Bestellungsverbote* aufgrund der Verweisung des Art. 18 SE-VO i. V. m. § 11 Abs. 1 UmwG nach § 319 Abs. 1-3 HGB. *Verschmelzungsprüfer* können daher nach § 319 Abs. 1 S. 1 HGB nur *Wirtschaftsprüfer* oder *Wirtschaftsprüfungsgesellschaften* sein. Speziell die Verweisung auf § 319 Abs. 2 und 3 HGB soll dabei sicherstellen, dass der Verschmelzungsprüfer (ebenso wie der Abschlussprüfer) seine Tätigkeit in Unabhängigkeit durchführen wird und somit ein objektives Vorgehen des Prüfers gewährleistet ist.[5] Die Ausschlussgründe gelten daher gegenüber sämtlichen an der Verschmelzung beteiligten Gesellschaften, weil der Verschmelzungsprüfer gegenüber sämtlichen Parteien des Verschmelzungsvertrages unbefangen zu sein hat.[6]

---

[1] S. Art. 21 Abs. 1 SE-VO-Vorschlag 1991.
[2] Zur Wortlautanalyse vgl. *Teichmann, C.*, Einführung, 2002, S. 383, 423.
[3] Art. 32 Abs. 4 SE-VO schreibt für die Prüfung im Rahmen einer Holdinggründung ausdrücklich unabhängige Sachverständige vor.
[4] Im Ergebnis ebenso vgl. *Teichmann, C.*, Einführung, 2002, S. 383, 423.
[5] Vgl. *Mayer, D.*, in: Umwandlungsrecht, Kommentar, 2002, § 11, Rdnr. 11 ff.
[6] S. Begr.RegE. zu § 340b a. F. AktG, BT-Drs. 9/1065, S. 16 re. Sp.

Die *Bestellungsverbote* im Einzelnen richten sich nach § 319 Abs. 2 HGB bzw. für Prüfungsgesellschaften nach § 319 Abs. 3 HGB und lassen sich zu einer institutionellen,[1] einer tätigkeitsbedingten[2] und einer vermögensbezogenen[3] Inkompatibilität zusammenfassen.

Von besonderer Bedeutung ist dabei die tätigkeitsbedingte Inkompatibilität. Durch § 319 Abs. 2 Nr. 5 HGB soll nach allgemeinem Verständnis verhindert werden, dass der Abschlussprüfer einen Sachverhalt beurteilt, an dessen Zustandekommen er selbst maßgeblich mitgewirkt hat.[4] Speziell für die Verschmelzungsprüfung bedeutet dies, dass die Prüfung des Verschmelzungsvertrages und hier vor allem die festgelegte Verschmelzungswertrelation nicht von demselben Personenkreis geprüft werden darf, der an der Erarbeitung des Vertrages, insbesondere an der Bestimmung der Verschmelzungswertrelation beteiligt war. Ein Prüfer ist daher von der Prüfung ausgeschlossen, wenn er an der Aufstellung des Verschmelzungsvertrages oder des Entwurfs über die Prüfertätigkeit hinaus maßgeblich mitgewirkt hat.[5]

Unbedenklich ist es dabei, wenn der Prüfer im Rahmen der Prüfung Mängel des Verschmelzungsvertrages feststellt und mit Abhilfevorschlägen auf deren Beseitigung hinwirkt, um das Testat erteilen zu können.[6] Ist ein Prüfer als Berater oder Gutachter für das Unternehmen tätig geworden, so führt dies grundsätzlich nicht zum Ausschluss von der Prüfung,[7] es sei denn, die Beratung erfolgt im Zusammenhang mit der Verschmelzung oder der Erstellung des Bewertungsgutachtens für die Ermittlung der Verschmelzungswertrelation.[8] Auch die Tätigkeit als Abschlussprüfer bei einem der beteiligten Rechtsträger stellt keinen Ausschlussgrund für die Bestellung als Verschmelzungsprüfer dar.[9]

---

[1] S. § 11 Abs. 1 UmwG i. V. m. § 319 Abs. 2 Nr. 1-4, 7 HGB.
[2] S. § 11 Abs. 1 UmwG i. V. m. § 319 Abs. 2 Nr. 5 HGB.
[3] S. § 11 Abs. 1 UmwG i. V. m. § 319 Abs. 2 Nr. 8 HGB.
[4] Hinsichtlich der Zwecksetzung des § 323 Abs. 2 Nr. 5 HGB vgl. *BGH*, Urteil v. 30.4.1992, WM 46 (1992), S. 1148; Verlautbarung des Vorstands der Wirtschaftsprüferkammer zur Abgrenzung von Prüfung und Erstellung, WPK 35 (1996), S. 196.
[5] Vgl. *Mayer, D.*, in: Umwandlungsrecht, Kommentar, 2002, § 11, Rdnr. 17.
[6] Vgl. *Mayer, D.*, in: Umwandlungsrecht, Kommentar, 2002, § 11, Rdnr. 17.
[7] Vgl. *BayObLG*, Beschluss v. 17.9.1987, DB 40 (1987), S. 2400; *Mayer, D.*, in: Umwandlungsrecht, Kommentar, 2002, § 11, Rdnr. 18.
[8] Vgl. *Mayer, D.*, in: Umwandlungsrecht, Kommentar, 2002, § 11, Rdnr. 18; *Meyer zu Lösebeck, H.*, Verschmelzungsprüfung, 1989, S. 499.
[9] Vgl. *BayObLG*, Beschluss v. 17.9.1987, DB 40 (1987), S. 2400; *Mayer, D.*, in: Umwandlungsrecht, Kommentar, 2002, § 11, Rdnr. 18.

afe. Auskunftsrecht und Verantwortlichkeit der Prüfer

Die *Verschmelzungsprüfung* kann nur dann sinnvoll durchgeführt werden, wenn den Prüfern auch die Möglichkeit an die Hand gegeben wird, die für eine Prüfung erforderlichen Informationen anzufordern oder notfalls sich selbst zu verschaffen. Art. 22 Unterabs. 2 SE-VO bestimmt hierzu, dass die Sachverständigen das Recht haben, von jeder der sich verschmelzenden Gesellschaften alle Auskünfte zu verlangen, die sie zur Erfüllung ihrer Aufgabe für erforderlich halten. Nach Art. 10 Abs. 3 Verschmelzungsrichtlinie hingegen hat jeder Sachverständige das Recht, bei den sich verschmelzenden Gesellschaften alle zweckdienlichen Auskünfte und Unterlagen zu erhalten und alle erforderlichen Nachprüfungen vorzunehmen. Anders als in Art. 10 Verschmelzungsrichtlinie fehlt also für die SE die ausdrückliche Regelung, dass die Prüfer auch Unterlagen anfordern und selbst Nachprüfungen vornehmen dürfen.

Daraus aber ein gegenüber der Verschmelzungsrichtlinie reduziertes *Auskunftsrecht* abzuleiten,[1] vermag nicht zu überzeugen.[2] Entscheidend ist dabei die von Art. 22 SE-VO vorgenommene Verknüpfung von Auskunftsrecht und Prüfungsaufgabe. Daraus ergibt sich, dass die Prüfer alle Möglichkeiten ausschöpfen können, die sie für die ihnen auferlegte Prüfungspflicht für erforderlich halten. Der Ausdruck „Auskünfte" kann daher als Zusammenfassung der in der Verschmelzungsrichtlinie verwendeten Begriffe „Auskünfte", „Unterlagen" und „Nachprüfungen" verstanden werden. Denn auch die Anforderung von Unterlagen und selbst die Vornahme von Nachprüfungen sind letztlich nichts anderes als das Abverlangen von Auskünften; speziell bei der Nachprüfung werden die erteilten Auskünfte eben nochmals selbstständig von Sachverständigen beurteilt, sofern dies die Prüfungsaufgabe erfordert. Ein anderes Ergebnis wäre auch nicht einsichtig, da die SE-Verschmelzung in ein europäisches System der Umstrukturierungen eingebettet ist und gleich gelagerte Rechtsregeln nicht ohne Not unterschiedlich ausgelegt werden sollten.[3]

Die *Verantwortlichkeit der Verschmelzungsprüfer* richtet sich – mangels einer Sonderregelung in der SE-VO – gemäß Art. 18 SE-VO nach den nationalen Rechtsordnungen der Gründungsgesellschaften. Für die Prüfung einer deutschen Gesellschaft ist damit für die zivilrechtliche Verantwortlichkeit nach Art. 18 SE-VO, § 11 Abs. 2 S. 1 UmwG auf die Vorgaben des § 323 HGB abzustellen. Dies gilt sowohl für die Haftungsvoraussetzungen[4] als auch für die Möglichkeit der Haftungsbegrenzung.[5]

---

[1] So *Schwarz, G. C.*, Statut, 2001, S. 1847, 1851.
[2] Im Ergebnis ebenso vgl. *Teichmann, C.*, Einführung, 2002, S. 383, 424 f.
[3] So zutreffend vgl. *Teichmann, C.*, Einführung, 2002, S. 383, 424 f.
[4] S. § 323 Abs. 1 HGB.
[5] S. § 323 Abs. 2, 4 HGB.

Die Verjährung von Haftungsansprüchen regelt sich nach der allgemeinen Vorschrift des § 195 BGB.[1] Die strafrechtliche Verantwortlichkeit richtet sich gemäß Art. 18 SE-VO nach den Bestimmungen der §§ 314, 315 UmwG.

§ 11 Abs. 2 S. 1 UmwG, der die Verantwortlichkeit gegenüber den an der Verschmelzung beteiligten Rechtsträgern und deren Anteilsinhabern erweitert, findet aufgrund von § 1 Abs. 1 UmwG nur insoweit Anwendung, als die beteiligten Rechtsträger Aktiengesellschaften deutschen Rechts sind. Anderes kann nur im Falle einer von Art. 22 SE-VO vorgesehenen gemeinsamen Verschmelzungsprüfung gelten, wenn der bzw. die Verschmelzungsprüfer durch ein deutsches Gericht bestellt wird bzw. werden. Hier könnte man daran denken, über eine SE-spezifische Auslegung der Verweisungswirkung des Art. 18 SE-VO das Ergebnis zu gewinnen, die Verantwortung bestehe gegenüber sämtlichen an der Verschmelzung beteiligten Rechtsträgern und deren Aktionären.

ag. Prüfung etwaiger Barabfindungen durch wirtschaftliche Sachverständige

Art. 24 SE-VO ermächtigt die Mitgliedstaaten in Bezug auf die sich verschmelzenden Gesellschaften, die ihrem Recht unterliegen, Vorschriften zu erlassen, um einen angemessenen Schutz der Minderheitsaktionäre, die sich gegen die Verschmelzung ausgesprochen haben, zu gewährleisten. In Ausübung dieser Ermächtigung hat der deutsche Gesetzgeber vorgesehen, dass bei einer Gründung einer SE, die ihren Sitz im Ausland haben soll, im Verschmelzungsplan oder in seinem Entwurf jedem Aktionär, der gegen den Verschmelzungsbeschluss der Gesellschaft Widerspruch zur Niederschrift erklärt, den Erwerb seiner Aktien gegen eine *angemessene Barabfindung* anzubieten ist.[2] Die Angemessenheit einer anzubietenden *Barabfindung* ist stets durch Verschmelzungsprüfer zu prüfen, wobei die §§ 10 bis 12 UmwG entsprechend anzuwenden sind,[3]

Zum Zeitpunkt der Prüfung trifft § 7 SE-AG keine Aussage. Der Verweis auf die Verschmelzungsprüfung kann aber wohl so verstanden werden, dass auch die Überprüfung der Barabfindung vor der Beschlussfassung über die Verschmelzung zu erfolgen hat, zumal § 7 Abs. 3 SE-AG dem § 30 Abs. 2 UmwG entspricht und dies

---

[1] Zur Übergangsregelung siehe Art. 55 EGHGB.
[2] S. § 7 Abs. 1 S. 1 SE-AG; ausführlich zu den Aspekten des dadurch gewährten Austrittsrechts *Teichmann, C.*, Austrittsrecht, 2004, S. 67.
[3] S. § 7 Abs. 3 S. 1 und 2 SE-AG. Maßgebend ist die durch Art. 8 Abs. 1 Nr. 1 BilReG geänderte Fassung der §§ 10 bis 12.

dort allgemein anerkannt ist.[1] Entsprechend wird man auch verlangen müssen, dass die zu erstellenden Prüfungsberichte zur Vorbereitung auf die Hauptversammlung zur Verfügung stehen. Zweckmäßigerweise erfolgt die Angemessenheitsprüfung im Rahmen der Verschmelzungsprüfung, da es hier wie dort um die Überprüfung der vorgenommenen Unternehmensbewertung der übertragenden Gesellschaft geht[2] und die Bewertung hinsichtlich Methodik und Grundlagen weitgehend identisch ist. Allein hinsichtlich des maßgebenden Bewertungsstichtags ergeben sich Unterschiede: Bei der Verschmelzungswertrelation grundsätzlich freie Vereinbarung durch die Gründungsgesellschaften, jedoch vor dem Zeitpunkt der Beschlussfassung; bei der Barabfindung nach § 7 Abs. 1 SE-AG hingegen der Zeitpunkt der Beschlussfassung.[3]

Nach § 7 Abs. 3 S. 3 können die Berechtigten auf die Prüfung oder den Prüfungsbericht verzichten; die Verzichtserklärungen sind notariell zu beurkunden.[4] Eine nähere Bestimmung der „Berechtigten" enthält § 7 SE-AG nicht. Da jedoch diese Regelung § 30 Abs. 2 S. 3 UmwG entnommen ist, kann für die Begriffsbestimmung auf die zu dieser Norm gewonnen Erkenntnisse zurückgegriffen werden. Berechtigt zur Verzichtserklärung sind danach diejenigen Aktionäre, die gegen Barabfindung aus der Gesellschaft ausscheiden wollen, also diejenigen, die Widerspruch zur Niederschrift nach 7 Abs. 1 S. 1 SE-AG erklärt haben. Dies leuchtet hier wie dort ein, da die anderen Aktionäre von dem Abfindungsangebot nicht oder jedenfalls kaum betroffen sind. Da jedoch die Angemessenheitsprüfung vor der Beschlussfassung zu erfolgen hat, aber erst nach der Abstimmung feststeht, wer auszuscheiden gedenkt und daher Berechtigter ist, läuft die Verzichtsmöglichkeit weitgehend leer. Denn entweder man lässt sämtliche Aktionäre verzichten oder man geht das Risiko von Anfechtungsklagen ein.

ah. Anmeldung bei den zuständigen Kartellbehörden

Das *Wettbewerbsrecht* wird von der SE-VO nicht berührt.[5] Entsprechend ist für die Verschmelzung das europäische und nationale Fusionsrecht zu beachten. Hat somit

---

[1] Vgl. *Müller, W.*, in: Umwandlungsgesetz, Kommentar, 2001, § 30, Rn. 14; *Grunewald, B.*, in: Umwandlungsgesetz, Kommentar, 2000, § 30, Rn. 6.
[2] Die Bewertung der übertragenden Gesellschaft ist für die Bestimmung der Verschmelzungswertrelation erforderlich und daher nach Art. 18 SE-VO i. V. m. §§ 9, 12 Abs. 2 UmwG Gegenstand der Verschmelzungsprüfung.
[3] S. § 7 Abs. 2 S. 1 SE-AG.
[4] S. § 7 Abs. 3 S. 3 SE-AG.
[5] Erwägungsgrund Nr. 20 SE-VO führt ausdrücklich aus, dass das Wettbewerbsrecht nicht von der SE-VO erfasst wird.

die Verschmelzung gemeinschaftsweite Bedeutung i. S. d. Art. 1 Abs. 2 Fusionskontrollverordnung,[1] so ist die Verschmelzung nach den Regelungen dieser Verordnung zu beurteilen,[2] anderenfalls kommt nur noch eine Kontrolle nach den jeweiligen nationalen Vorschriften in Betracht.

ai. Beschlussfassung des Aufsichtsrats

Die Verschmelzung ist eine wesentliche Grundlagenentscheidung für die beteiligten Gründungsgesellschaften. Entsprechend ist darauf zu achten, ob die nationalen Rechtsordnungen dem jeweiligen *Aufsichtsorgan* der Gründungsgesellschaften die Möglichkeit einräumen, über die Verschmelzung zu beschließen. Für deutsche Gesellschaften ist hier an die Vorschrift des § 111 Abs. 4 S. 2 AktG zu denken, wonach die Satzung der Aktiengesellschaft oder der Aufsichtsrat selbst bestimmen können, dass bestimmte Arten von Geschäften nur mit Zustimmung des Aufsichtsrats vorgenommen werden dürfen.[3]

aj. Ggf. Erstellung einer Zwischenbilanz

Sofern zwischen dem Stichtag des letzten Jahresabschlusses und dem Zeitpunkt des Abschlusses des Verschmelzungsvertrages bzw. der Aufstellung des Entwurfs mehr als sechs Monate verstrichen sind,[4] muss nach § 63 Abs. 1 Nr. 3 UmwG eine *Zwischenbilanz* aufgestellt werden, deren Stichtag nicht vor dem ersten Tag des dritten Monats liegen darf, welcher dem Abschluss oder der Aufstellung vorausgeht. Diese Verpflichtung ist über Art. 18 SE-VO auch für die SE-Verschmelzung zu beachten, wobei dort auf die Aufstellung des Verschmelzungsplans abzustellen ist.

ak. Nachgründungsprüfung

Beabsichtigen die Gründungsgesellschaften eine SE mit Sitz in *Deutschland* durch Verschmelzung zu gründen, so ist über Art. 15 SE-VO das nationale deutsche *Gründungsrecht* für Aktiengesellschaften zu beachten, zu dem auch gründungsspezifische Regelungen des UmwG gehören.

---

[1] S. Verordnung (EWG) Nr. 4064/89 v. 21.12.1989, ABl. EG Nr. L 257 v. 21.9.1990, S. 14 ff., geändert durch Verordnung (EG) Nr. 1310/97 v. 30.6.1997, ABl. EG Nr. L 180 v. 9.7.1997, S. 1 ff.
[2] Nach Art. 21 Abs. 2 Unterabs. 1 der Verordnung wenden die Mitgliedstaaten ihr innerstaatliches Wettbewerbsrecht nicht auf Zusammenschlüsse von gemeinschaftsweiter Bedeutung an.
[3] Hierzu vgl. *Hüffer, U.,* in: Aktiengesetz, Kommentar, 2002, § 111, Rdnr. 16 ff.
[4] Zur Fristberechnung vgl. *Rieger, N.*, in: Umwandlungsrecht, Kommentar, 2002, § 63, Rdnr. 17.

Dort bestimmt § 67 S. 1 UmwG die entsprechende Anwendung des § 52 Abs. 3, 4, 7 bis 9 AktG über die *Nachgründung*, sofern der Verschmelzungsvertrag in den ersten zwei Jahren seit Eintragung der übernehmenden Gesellschaften in das Handelsregister geschlossen wird. Voraussetzung ist also nach dem eindeutigen Wortlaut des § 67 S. 1 UmwG der Abschluss des Verschmelzungsvertrages, d. h. der Tag der notariellen Beurkundung nach § 6 UmwG.[1] Übertragen auf die SE-Verschmelzung ist dies der Tag der Beurkundung des Verschmelzungsplans.[2]

Dies ermöglicht entsprechende Gestaltungen, die eine Nachgründungsprüfung fast immer zu vermeiden helfen. Zudem ist eine derartige Prüfung nicht erforderlich, wenn auf die zu gewährenden Aktien nicht mehr als der zehnte Teil des Grundkapitals der aufnehmenden Gesellschaft entfällt. Wird zur Durchführung der Verschmelzung das Grundkapital erhöht, so ist der Berechnung das erhöhte Grundkapital zugrunde zu legen. Die Verweisung auf § 52 Abs. 9 AktG hingegen, wonach eine Prüfung nicht erforderlich ist, wenn der Erwerb der Vermögensgegenstände im Rahmen der laufenden Geschäfte der Gesellschaft, in der Zwangsvollstreckung oder an der Börse erfolgt, dürfte für die Verschmelzung regelmäßig ohne Bedeutung sein.[3] Insgesamt gesehen kommt der Nachgründungsprüfung bei der SE-Verschmelzung keine praktische Bedeutung zu, so dass auf die Einzelheiten hier verzichtet werden kann.[4]

al. Berücksichtigung der Prüfungsergebnisse

Die endgültige Angabe der *Verschmelzungswertrelation* im Verschmelzungsvertrag bzw. dessen Entwurf erfolgt erst nach Vorlage der sich aus der Verschmelzungsprüfung ergebenden Erkenntnisse über die ermittelten Unternehmenswerte. Hier kann sich im Einzelfall ein durchaus erhebliches Konfliktpotenzial zwischen den Gründungsgesellschaften bzw. deren Leitungsorgane ergeben, wenn sich die zu Beginn der Verhandlungen vorhandenen Vorstellungen von den Wertverhältnissen der Gesellschaften als unzutreffend herausstellen. Wie die Praxis immer wieder zeigt, kann dies durchaus zum Scheitern der Verschmelzungsverhandlungen führen.

---

[1] Vgl. *Grunewald, B.*, in: Umwandlungsgesetz, Kommentar, 2000, § 67, Rdnr. 4 m. w. N.
[2] Zur Beurkundungspflicht des Beurkundungsplans vgl. die Ausführungen oben.
[3] Zur Auslegung der Tatbestände im Rahmen der Verschmelzung vgl. *Stratz, R.-C.*, in: Umwandlungsgesetz / Umwandlungssteuergesetz, Kommentar, 2001, § 67, Rdnr. 8.
[4] Hierzu vgl. etwa *Stratz, R.-C.*, in: Umwandlungsgesetz / Umwandlungssteuergesetz, Kommentar, 2001, § 67, Rdnr. 9 ff.

am. Zuleitung an den Betriebsrat

Über Art. 15 SE-VO wird man auch § 5 Abs. 3 UmwG für anwendbar halten müssen, da insoweit der SE-VO keine anderweitige Regelung zu entnehmen ist.[1] Die auf Ebene der SE vorgesehene Verhandlungslösung der Arbeitnehmermitbestimmung jedenfalls wird man nicht als eine ausschließende Bestimmung i. S. d. Art. 15 Abs. 1 SE-VO interpretieren können. Damit ist für eine deutsche Gründungsgesellschaft der *Verschmelzungsplan* spätestens einen Monat vor der Hauptversammlung dem zuständigen *Betriebsrat* zuzuleiten. Ob diese Regelung für eine SE-Verschmelzung allerdings sinnvoll ist, darf bezweifelt werden. Denn auch für eine deutsche Gesellschaft ergibt sich aus der für die SE-Verschmelzung vorgesehenen Verhandlungslösung gegenüber § 5 Abs. 3 UmwG eine erhebliche Steigerung der Mitwirkungsmöglichkeiten der Arbeitnehmer, da die Zuleitung nach § 5 Abs. 3 UmwG allein der Information der Betriebsräte dient und diesen keinerlei Einflussmöglichkeiten eröffnet.

an. Offenlegung des Verschmelzungsplans und sonstiger Angaben

Die in Art. 21 SE-VO geregelte *Publizität* bestimmter Angaben ist im Vergleich zu Art. 19 SE-VO-Vorschlag 1991 etwas abgeändert worden. So ist die *Bekanntmachung* des *Verschmelzungsplans* in der SE-VO selbst nicht mehr geregelt; entfallen ist die Verweisung auf die Publizitätsrichtlinie[2] sowie die Fristsetzung für die Bekanntmachung („mindestens einen Monat vor Zusammentreten der Hauptversammlung"). Das gleiche Ergebnis wird nunmehr über die Verweisung des Art. 18 SE-VO auf das richtlinienkonforme Verschmelzungsrecht der Mitgliedstaaten erreicht. Die Bekanntmachung des Verschmelzungsplans richtet sich damit in *Deutschland* nach § 61 S. 1 UmwG. Dieser ist vor der Einberufung der Hauptversammlung, die über die Zustimmung beschließen soll, zum Handelsregister einzureichen. Das Gericht hat in den für die Bekanntmachung seiner Eintragungen bestimmten Blättern[3] einen Hinweis darauf bekannt zu machen, dass der Verschmelzungsplan beim Handelsregister eingereicht worden ist.[4]

Zusätzlich bestimmt die SE-VO nunmehr in Art. 21, dass für jede der sich verschmelzenden Gesellschaften – vorbehaltlich weiterer Auflagen seitens des Mitgliedstaates, dessen Recht die betreffende Gesellschaft unterliegt – im Amtsblatt dieses Mitgliedstaats nachstehende Angaben bekannt zu machen sind:

---

[1] Ebenso vgl. *Teichmann, C.*, Einführung, 2002, S. 383, 421.
[2] S. Richtlinie 68/151/EWG des Rates v. 9.3.1968, ABl. EG Nr. L 65 v. 14.3.1968, S. 8 ff.
[3] S. § 10 HGB.
[4] S. § 61 S. 2 UmwG.

- Rechtsform, Firma und Sitz der sich verschmelzenden Gesellschaften,
- das Register, bei dem die in Art. 3 Abs. 2 Publizitätsrichtlinie genannten Urkunden für jede der sich verschmelzenden Gesellschaften hinterlegt worden sind, sowie die Nummer der Eintragung in das Register,
- einen Hinweis auf die Modalitäten für die Ausübung der Rechte der Gläubiger bzw. der Minderheitsgesellschafter der betreffenden Gesellschaft gemäß Art. 24 sowie die Anschrift, unter der erschöpfende Auskünfte über diese Modalitäten kostenlos eingeholt werden können,
- die für die SE vorgesehene Firma und ihr künftiger Sitz.

Die Vorschrift stellt einen hinreichenden Schutz der Gläubiger und Minderheitsgesellschafter durch Information sicher, so dass kein Bedürfnis für zusätzliche Sicherungsmaßnahmen besteht. Zu Recht hat daher der deutsche Gesetzgeber von der Möglichkeit weiterer Auflagen abgesehen.

Über den Zeitpunkt und das Verfahren der Veröffentlichung der geforderten Angaben hüllt sich Art. 21 SE-VO in Schweigen. Für eine deutsche Gründungsgesellschaft findet sich insoweit in § 5 SE-AG eine klarstellende Regelung. Danach sind die Angaben dem Register bei Einreichung des Verschmelzungsplans mitzuteilen. Das Gericht hat diese Angaben zusammen mit dem nach § 61 S. 2 UmwG vorgeschriebenen Hinweis bekannt zu machen.

Die materiell-rechtliche Vorschrift, die als *Grundlage der Publizitätspflichten* den Schutz der Gläubiger, Anleihegläubiger, Inhaber von Sonderrechten und Minderheitsaktionären sicherstellt, ist zunächst Art. 24 Abs. 1 SE-VO. Danach findet das Recht des Mitgliedstaates, das jeweils für die sich verschmelzenden Gesellschaften gilt, wie bei einer Verschmelzung von Aktiengesellschaften unter Berücksichtigung des grenzüberschreitenden Charakters der Verschmelzung Anwendung zum Schutz der Interessen

- der Gläubiger der sich verschmelzenden Gesellschaften,
- der Anleihegläubiger der sich verschmelzenden Gesellschaften und
- der Inhaber von mit Sonderrechten gegenüber den sich verschmelzenden Gesellschaften ausgestatteten Wertpapieren mit Ausnahme von Aktien.

Bezug genommen wird hier auf Art. 13 (Gläubiger), Art. 14 (Anleihegläubiger) und Art. 15 (Inhaber von Wertpapieren, die mit Sonderrechten verbunden sind) Verschmelzungsrichtlinie und die entsprechenden nationalen Ausführungsgesetze, z. B.

in *Deutschland* speziell für den Gläubigerschutz einer übertragenden deutschen Gründungsgesellschaft § 8 SE-AG i.V.m. § 13 Abs. 1 und 2 SE-AG.[1] Letzteres hat auch Bedeutung für die Rechtmäßigkeitsprüfung nach Art. 25 Abs. 2 SE-VO, da die Rechtmäßigkeitsbescheinigung nur dann auszustellen ist, wenn die Vorstandsmitglieder einer übertragenden Gesellschaft die Versicherung abgeben, dass allen Gläubigern, die nach § 8 Abs. 1 SE-AG i.V.m. § 13 Abs. 1 und 2 SE-AG einen Anspruch auf Sicherheitsleistung haben, eine angemessene Sicherheit geleistet wurde.[2]

Speziell für die Länder, die wie *Deutschland*,[3] von der Ermächtigung des Art. 24 Abs. 2 SE-VO zum angemessen Schutz widersprechender Minderheitsaktionäre Gebrauch gemacht haben, kommen die entsprechenden nationalen Regelungen hinzu. Gerade für eine deutsche Gründungsgesellschaft ist hier mit Blick auf das von § 7 SE-AG geregelte Barabfindungsangebot besondere Sorgfalt hinsichtlich der Veröffentlichungspflichten geboten. So bestimmt § 7 Abs. 1 S. 3 SE-AG, dass die Bekanntmachung des Verschmelzungsplans als Gegenstand der Beschlussfassung den Wortlaut dieses Angebots zu enthalten hat. Gemeint ist damit die Bekanntmachung zur Vorbereitung der Hauptversammlung nach § 124 Abs. 2 S. 2 AktG,[4] nicht hingegen die Bekanntmachungspflicht nach Art. 21 SE-VO. Diese kann durch den nationalen Gesetzgeber inhaltlich nicht weiter ausgestaltet werden. Art. 21 SE-VO erfordert also nicht die Veröffentlichung des genauen Wortlauts, sondern lediglich einen Hinweis auf die Barabfindungsregelung.

ao. Beteiligung der Arbeitnehmer

aoa. Das Besondere Verhandlungsgremium (BVG)

Nach Offenlegung des Verschmelzungsplans haben die Leitungs- oder Verwaltungsorgane der beteiligten Gesellschaften so rasch wie möglich für die Einsetzung des sog. *Besonderen Verhandlungsgremium* (BVG) zu sorgen und mit diesem in die

---

[1] § 8 SE-AG i. V. m. § 13 Abs. 1 und 2 SE-AG tritt für die SE-Verschmelzung an die Stelle des § 22 UmwG, wenn der künftige Sitz der SE im Ausland liegt, vgl. Begründung zu § 8 SE-AG. Danach ist den Gläubigern der sich auf eine ausländische SE verschmelzenden deutschen Gründungsgesellschaft Sicherheit zu leisten, wenn sie binnen zwei Monaten nach dem Tag, an dem der Verschmelzungsplan offen gelegt worden ist, ihren Anspruch nach Grund und Höhe schriftlich anmelden (bei rein nationalen Verschmelzungen hingegen ist der maßgebliche Stichtag nach § 22 Abs. 1 UmwG der Tag der Handelsregistereintragung, die Meldefrist sechs Monate). Voraussetzung ist allerdings dass sie glaubhaft machen, dass durch die Verschmelzung die Erfüllung ihrer Forderungen gefährdet wird.
[2] S. § 8 S. 2 SE-AG.
[3] S. § 6 Abs. 2 SE-AG (bare Zuzahlung bei Unangemessenheit des Umtauschverhältnisses), § 7 Abs. 1 (Erwerb der Aktien gegen angemessene Barabfindung).
[4] Gesetzesbegründung zu § 7 SE-AG.

Verhandlungen zur Arbeitnehmerbeteiligung einzutreten. Speziell für Deutschland gilt insoweit, dass die Leitungen unaufgefordert und unverzüglich nach Offenlegung des Verschmelzungsplans die Arbeitnehmervertretungen über das Gründungsvorhaben zu informieren haben.[1] Besteht keine Arbeitnehmervertretung, erfolgt die Information gegenüber den Arbeitnehmern. Der Informationszeitpunkt ist zum einen für die Ermittlung der Zahl der Arbeitnehmer zur Bestimmung der Mitglieder des BVG maßgebend. Zum anderen soll die Wahl oder Bestellung der Mitglieder des BVG innerhalb von zehn Wochen nach der Information über die Gründungsabsicht einer SE erfolgen,[2] die Bestellung des Gremiums ist erst mit der konstitutiven Sitzung abgeschlossen.[3]

(1) Zusammensetzung des BVG

Die Ausgestaltung des Verfahrens für die Wahl oder die Bestellung der Mitglieder des BVG obliegt den einzelnen Mitgliedstaaten. Dabei ist für eine möglichst gleichmäßige Repräsentation aller Arbeitnehmer aus den verschiedenen Staaten zu sorgen.[4] Ausgangspunkt für die Zusammensetzung ist das Prinzip, dass jedes Land, in dem die beteiligten Gesellschaften Beschäftigte haben, mit mindestens einem Vertreter im BVG vertreten ist. Dies setzt eine zweistufige Bildung voraus: Zunächst ist zu ermitteln, wie viele Sitze aus jedem Mitgliedstaat zu besetzen sind.[5] Danach ist zu entscheiden, welche Personen die Sitze aus dem einzelnen Mitgliedstaat einnehmen.[6] Für ersteres gelten folgende Schritte:

- Ermittlung der Gesamtzahl der Beschäftigten in der zukünftigen SE/dem SE-Konzern,
- Gründungsfälle außer Verschmelzung: Für jeweils 10% oder einem Bruchteil dieser Tranche besteht Anspruch auf einen Sitz pro Mitgliedstaat,
- Verschmelzungsfall:
  - Es kommen so viele weitere Mitglieder hinzu, wie erforderlich ist, damit die beteiligten Gesellschaften die durch Eintragung der SE erlöschen durch mindestens 1 Mitglied vertreten sind,
  - Obergrenze aber 20% der „regulären" Mitglieder und dies darf nicht zu einer

---

[1] S. § 4 Abs. 2 und 3 SE-AG.
[2] S. § 11 Abs. 1 SE-AG
[3] S. § 12 Abs. 1 SE-AG, Begründung zu § 12 SE-AG.
[4] S. Art. 3 Abs. 2 Buchst. a SE-RL, in Deutschland findet sich die entsprechende Regelung in § 5 SE-BG.
[5] Diese Verteilung auf die Mitgliedstaaten regelt für Deutschland § 5 SE-BG.
[6] Hiermit beschäftigen sich für Deutschland die §§ 6, 7 SE-BG.

Doppelvertretung der betroffenen Arbeitnehmer führen. Kann danach nicht jede an sich besonders zu berücksichtigende Gesellschaft durch ein zusätzliches Mitglied im BVG vertreten werden, so werden diese Gesellschaften in absteigender Reihenfolge der Zahl der bei ihnen beschäftigten Arbeitnehmer berücksichtigt. Dabei ist zu gewährleisten, dass ein Mitgliedstaat nicht mehrere zusätzliche Sitze erhält, solange nicht alle anderen Mitgliedstaaten, aus denen die besonders zu berücksichtigenden Gesellschaften stammen, einen Sitz erhalten haben.

Die persönlichen Voraussetzungen der Mitglieder des BVG richten sich nach den jeweiligen nationalen Bestimmungen der Mitgliedstaaten, in denen sie gewählt oder bestellt werden. Speziell für Deutschland gilt, dass Arbeitnehmer der Gesellschaften und Betriebe sowie Gewerkschaftsvertreter gewählt werden können. Frauen und Männer sollen entsprechend ihrem zahlenmäßigen Verhältnis gewählt werden.[1] Gehören dem BVG

- mehr als zwei Mitglieder aus dem Inland an, ist jedes dritte Mitglied ein Vertreter einer Gewerkschaft, die in einem an der Gründung der SE beteiligten Unternehmen vertreten ist.[2]

- mehr als sechs Mitglieder aus dem Inland an, ist mindestens jedes siebte Mitglied ein leitender Angestellter.[3]

Für die Verteilung der auf das Inland entfallenden Sitze des BVG gilt:[4]

- Alle an der Gründung der SE beteiligten Gesellschaften mit Sitz im Inland, die Arbeitnehmer beschäftigen, sollen durch mindestens ein Mitglied vertreten sein.

- Reicht die Anzahl der inländischen BVG-Mitglieder nicht aus, um alle inländischen Gesellschaften zu repräsentieren, so erhalten die Gesellschaften in absteigender Reihenfolge der Zahl der Arbeitnehmer jeweils einen Sitz.

- Ergeben sich für das Inland mehr Mitglieder im BVG als inländische Gesellschaften vorhanden sind, sind die nach erfolgter Zuteilung auf die Gesellschaften noch verbleibenden Sitze nach dem d'Hondtschen Höchstzahlenverfahren auf die beteiligten Gesellschaften zu verteilen.

---

[1] S. § 6 Abs. 2 SE-BG.
[2] S. § 6 Abs. 3 SE-BG.
[3] S. § 6 Abs. 4 SE-BG.
[4] S. § 7 SE-BG.

- Sind keine Gesellschaften mit Sitz im Inland an der Gründung der SE beteiligt, sondern von ihr nur Betriebe ausländischer Gesellschaften betroffen, gelten vorstehende Ausführungen entsprechend.

(2) Wahl der BVG-Mitglieder

Die auf Deutschland entfallenden Mitglieder des BVG sind durch ein *sog. Wahlgremium* in geheimer und unmittelbarer Wahl mit einfacher Mehrheit der abgegebenen Stimmen zu wählen, wobei bei der Wahl mindestens zwei Drittel der Mitglieder des Wahlgremiums, die mindestens zwei Drittel der Arbeitnehmer vertreten, anwesend sein müssen. Die Mitglieder des Wahlgremiums haben jeweils so viele Stimmen, wie sie Arbeitnehmer vertreten.[1] Die Zusammensetzung des Wahlgremiums hängt nach § 8 SEBG unter anderem davon ab, ob aus dem Inland nur eine Unternehmensgruppe, ein Unternehmen oder ein Betrieb von der Gründung der SE betroffen sind und ob jeweils entsprechende Vertretungsorgane der Arbeitnehmer vorhanden sind. Die Mitglieder des Wahlgremiums rekrutieren sich grundsätzlich aus dem jeweils auf höchster Vertretungsebene vorhandenen Vertretungsorgan. Besteht keine Arbeitnehmervertretung, wählen die Arbeitnehmer selbst die Mitglieder des BVG in geheimer und unmittelbarer Wahl. Die Wahl wird von einem Wahlvorstand eingeleitet und durchgeführt, der in einer Versammlung der Arbeitnehmer gewählt wird, zu der die inländische Konzernleitung, Unternehmensleitung oder Betriebsleitung einlädt. Das Wahlgremium besteht aus höchstens 40 Mitgliedern.[2] Würde diese Höchstzahl überschritten, ist die Anzahl der Mitglieder in dem Wahlgremium entsprechend ihrem zahlenmäßigen Verhältnis nach dem d`Hontschen Höchstzahlverfahren zu verringern.

aob. Die Verhandlungslösung

Die Verhandlungen selbst beginnen mit der Einsetzung des Besonderen Verhandlungsgremiums und können bis zu sechs Monaten dauern; eine einvernehmliche Verlängerung bis zu einem Jahr ist möglich.[3] Das Verhandlungsverfahren selbst ist wiederum zur Ausgestaltung der einzelnen Mitgliedstaaten gestellt[4], sofern die SE-RL keine eigene Regelung trifft. Anwendbar ist letztlich das Verfahren des Mitgliedstaates, in dem die SE ihren Sitz haben wird.[5] Als Ergebnis des Verhandlungsverfahrens kommen verschiedene Möglichkeiten in Betracht.

---

1 S. im Einzelnen § 10 SE-BG.
2 S. § 6 Abs. 6 SE-BG.
3 S. Art. 5 Abs. 1 und 2 SE-RL.
4 Das Verhandlungsverfahren ist in *Deutschland* in den §§ 11 bis 19 SE-BG geregelt.
5 S. Art. 6 SE-RL.

(1) Sog. Nulllösung

Das BVG beschließt keine Verhandlungen aufzunehmen oder bereits aufgenommene Verhandlungen abzubrechen. Voraussetzung ist ein Beschluss mit einer Mehrheit von zwei Dritteln der Stimmen der Mitglieder, die

- mindestens zwei Drittel der Arbeitnehmer vertreten und
- Arbeitnehmer in mindestens zwei Staaten vertreten.

Folge:

- Es gelten die Rechtsvorschriften zum Europäischen Betriebsrat.
- Das Eintragungsverfahren der SE kann unproblematisch weitergeführt werden.[1]

(2) Einvernehmliche Regelung der Arbeitnehmerbeteiligung

Es gilt für die Verschmelzung der Grundsatz der Parteiautonomie. Haben die Verhandlungen jedoch eine Minderung der Mitbestimmungsrechte[2] zur Folge, so ist für einen Beschluss zur Billigung einer solchen Vereinbarung eine Mehrheit von zwei Drittel der Stimmen der Mitglieder des BVG erforderlich, die

- mindestens zwei Drittel der Arbeitnehmer vertreten,
- Arbeitnehmer in mindestens zwei Mitgliedstaaten vertreten,

sofern sich die Mitbestimmung auf mindestens 25% der Gesamtzahl der Arbeitnehmer der beteiligten Gesellschaften erstreckt.[3]

Ansonsten zählt § 21 Abs. 1 bzw. Abs. 2 SEBG[4] auf, was die Vereinbarung hinsichtlich der Anhörung und Unterrichtung enthalten muss.[5] Für den Fall, dass die Parteien ebenfalls eine Vereinbarung über die Mitbestimmung treffen, ist deren Inhalt festzulegen, insbesondere Folgendes zu vereinbaren:

---

[1] S. § 16 SE-BG.
[2] Minderung der Mitbestimmungsrechte bedeutet, dass der Anteil der Mitglieder der Organe der SE geringer ist, als der höchste in den beteiligten Gesellschaften geltende Anteil.
[3] S. § 15 Abs. 3 SE-BG.
[4] S. auch Art. 4 Abs. 2 SE-RL.
[5] Festzulegen sind insbesondere der Zeitpunkt des Inkrafttretens der Vereinbarung und ihre Laufzeit sowie der Geltungsbereich, die Zusammensetzung des SE-Betriebsrats, dessen Befugnisse und das Verfahren zu dessen Unterrichtung und Anhörung, die Häufigkeit der Sitzungen und die für den SE-Betriebsrat bereitzustellenden finanziellen und materiellen Mittel. Ferner sind die Fälle, in denen die Vereinbarung neu ausgehandelt werden soll und das dabei anzuwendende Verfahren festzulegen.

- die Zahl der Mitglieder des Aufsichts- oder Verwaltungsorgans der SE, welche die Arbeitnehmer wählen oder bestellen können oder deren Bestellung sie empfehlen oder ablehnen können;
- das Verfahren, nach dem die Arbeitnehmer diese Mitglieder wählen oder bestellen oder deren Bestellung empfehlen oder ablehnen können und
- die Rechte dieser Mitglieder.[1]

In der Vereinbarung soll ferner festgelegt werden, dass auch vor strukturellen Änderungen der SE Verhandlungen über die Beteiligung der Arbeitnehmer in der SE aufgenommen werden. Die Parteien können das dabei anzuwendende Verfahren regeln.[2]

(3)   Auffangregelung

Die Auffangregelung findet Anwendung, wenn

- die Parteien dies vereinbaren,
- das BVG keinen Verhandlungsabbruch beschließt, aber
  – bis zum Ende des Verhandlungszeitraums keine Vereinbarung zustande kommt und
  – das zuständige Organ jeder der beteiligten Gesellschaften stimmt der Anwendung der Auffangregelung auf die SE und damit der Fortsetzung des Verfahrens zur Eintragung zu.[3]

Wenn nicht alle Gesellschaften zustimmen ist die Gründung der SE gescheitert.

(31)   Mitbestimmung

Die Auffangregelung für die Mitbestimmung findet bei einer Verschmelzung nur Anwendung, wenn

- vor der Eintragung bereits Mitbestimmung bestand und sich auf mindestens 25% der Arbeitnehmer erstreckte oder
- vor der Eintragung Mitbestimmung bestand und sich auf weniger als 25% erstreckte und das BVG einen entsprechenden Beschuss fasst.[4]

---

[1] S. § 21 Abs. 3 SE-BG.
[2] S. § 21 Abs. 4 SE-BG.
[3] S. im Einzelnen §§ 22 ff. SE-BG.
[4] S. § 34 Abs. 1 Nr. 2 SE-BG.

Ferner ist zu beachten, dass es den einzelnen Mitgliedstaaten freisteht, für den Fall der Verschmelzung die Auffangregelungen für nicht anwendbar zu erklären (sog. Opting Out).[1] Macht ein Mitgliedstatt von dieser Möglichkeit Gebrauch und soll der Sitz der SE in diesem Land liegen, kommt den Verhandlungen besondere Bedeutung zu, wenn eine der beteiligten Gesellschaften der Mitbestimmung unterliegt. Gelingt es in dieser Fallkonstellation den Parteien nämlich nicht, eine Mitbestimmung der Arbeitnehmer zu vereinbaren, so scheidet dieser Mitgliedstaat als Sitzstaat aus, da dort keine Eintragung der SE vorgenommen werden kann.[2]

Bestanden im Falle der Verschmelzung mehr als eine Form der Mitbestimmung in den verschiedenen beteiligten Gesellschaften, so entscheidet das BVG, welche von ihnen in der SE eingeführt wird.[3] Wird ein solcher Beschluss nicht gefasst, regelt § 34 Abs. 2 SEBG die Art der Mitbestimmung.

Für den Umfang der Mitbestimmung selbst gilt: Die Arbeitnehmer der SE, ihrer Tochtergesellschaften und Betriebe oder ihr Vertretungsorgan haben das Recht, einen Teil der Mitglieder des Aufsichts- oder Verwaltungsorgans der SE zu wählen oder zu bestellen oder deren Bestellung zu empfehlen oder abzulehnen. Die Zahl dieser Arbeitnehmervertreter im Aufsicht- oder Verwaltungsorgan der SE bemisst sich nach dem höchsten Anteil der Arbeitnehmervertretern, der in den Organen der beteiligten Gesellschaften vor der Eintragung der SE bestanden hat.[4]

(32)   Unterrichtung und Anhörung

Kommt es zur Auffanglösung, ist zur Sicherung des Rechts auf Unterrichtung und Anhörung in der SE ein SE-Betriebsrat zu errichten. Dieser setzt sich aus den Arbeitnehmern der SE, ihrer Tochtergesellschaften und Betriebe zusammen.[5]

Die Zuständigkeit des SE-Betriebsrats ist praktisch als Konzernzuständigkeit formuliert, denn es geht um Angelegenheiten, die die SE selbst oder eine ihrer Tochtergesellschaften oder einen ihrer Betriebe in einem anderen Mitgliedstaat betreffen oder über die Befugnisse der Entscheidungsorgane auf der Ebene des einzelnen Mitgliedstaats hinausgehen.[6]

---

1   S. Art. 7 Abs. 3 SE-RL.
2   Umkehrschluss aus Art. 12 Abs. 3 SE-VO.
3   S. § 34 Abs. 2 S. 1 SE-BG.
4   S. § 35 Abs. 2 SE-BG.
5   S. im Einzelnen § 23 SE-BG.
6   S. § 27 SE-BG. Zu den Einzelheiten der Informationspflichten siehe §§ 28, 29 SE-BG.

ap. Vorbereitung einer Kapitalerhöhung

Wird von den Gesellschaften die *Verschmelzungsalternative durch Aufnahme* gewählt, so bedarf es regelmäßig zur Durchführung der Verschmelzung einer *Kapitalerhöhung* bei der aufnehmenden Gesellschaft. Nur so können (zusätzlich zu bereits vorhandenen eigenen Aktien) die Anteile geschaffen werden, die den Aktionären der übertragenden Gesellschaften gleichsam als Gegenleistung für die im Wege der Gesamtrechtsnachfolge stattfindende Übertragung des Vermögens ihrer Gesellschaften auf die aufnehmende Gesellschaft zu gewähren sind.[1] Die Kapitalerhöhung ist dabei als eine bereits der SE zurechenbare Maßnahme i. S. d. Art. 15 SE-VO anzusehen, so dass die hierfür im jeweiligen nationalen Verschmelzungsrecht der Mitgliedstaaten vorgesehenen Regelungen zur Anwendung berufen sind.

Für eine deutsche Aktiengesellschaft als übernehmender Rechtsträger greifen daher die in § 69 Abs. 1 UmwG vorgesehenen Erleichterungen ebenso wie die in § 68 Abs. 1 UmwG vorgegebenen Beschränkungen der Kapitalerhöhung. So darf etwa zur Durchführung der Verschmelzung das Grundkapital nicht erhöht werden, soweit die aufnehmende Gesellschaft Anteile eines übertragenden Rechtsträgers innehat oder ein übertragender Rechtsträger über eigene Anteile verfügt oder Aktien an der aufnehmenden Gesellschaft besitzt, auf die der Ausgabebetrag nicht voll geleistet ist. Eine Kapitalerhöhung hingegen braucht nicht vorgenommen zu werden, wenn die aufnehmende Gesellschaft eigene Aktien hält oder ein übertragender Rechtsträger Aktien an dieser Gesellschaft besitzt, auf die der Ausgabebetrag bereits voll geleistet ist. Steht eine Kapitalerhöhung zur Disposition des aufnehmenden Rechtsträgers, so sorgt § 69 Abs. 1 UmwG für erhebliche Erleichterungen. So sind etwa die Regelungen über ausstehende Einlagen und Zeichnung neuer Aktien ebenso wenig anzuwenden wie die Vorschriften über das Bezugsrecht, selbst wenn für die Kapitalerhöhung auf ein genehmigtes Kapital zurückgegriffen werden soll.

Steht letzteres nicht (ausreichend) zur Verfügung, so bedarf es eines *Kapitalerhöhungsbeschlusses* mit mindestens drei Viertel des bei der Beschlussfassung vertretenen Grundkapitals,[2] bei mehreren Gattungen von stimmberechtigten Aktien eines Beschlusses der Aktionäre jeder dieser Gattungen.[3]

---

[1] Eine Anteilsgewährung unterbleibt im Falle der Verschmelzung einer 100%igen Tochtergesellschaft auf ihre Muttergesellschaft, vgl. Art. 31 Abs. 1 SE-VO.
[2] S. § 181 Abs. 1 AktG.
[3] S. § 181 Abs. 2 AktG.

aq. Einberufung der Hauptversammlungen

Regelungen über die *Einberufung der Hauptversammlungen* der verschmelzenden Gesellschaften fehlen in der SE-VO, so dass über Art. 18 SE-VO die nationalen Verschmelzungsrechte der Gründungsgesellschaften zu bemühen sind, zu denen im weitesten Sinne auch die Vorschriften über die Einberufung der Hauptversammlung zu rechnen sind. Dementsprechend ist auf Seiten einer deutschen Aktiengesellschaft die Hauptversammlung nach den §§ 121 ff. AktG einzuberufen. Im Einzelnen hat die Einberufung durch den Vorstand[1] und mindestens einen Monat vor dem Tag der Versammlung[2] zu erfolgen. Sie ist im Bundesanzeiger nebst Tagesordnung, insbesondere des wesentlichen Inhalts des Verschmelzungsplans, bekannt zu machen.[3] Dabei ist zu beachten, dass nach § 7 Abs. 2 S. 3 SE-AG der Wortlaut des Barabfindungsangebots nach § 7 Abs. 1 SE-AG zwingend in der Bekanntmachung des Verschmelzungsplans als Gegenstand der Beschlussfassung enthalten sein muss.[4]

Ferner sind über die Verweisung des Art. 18 SE-VO bestimmte Dokumente einen Monat vor dem Tag der Hauptversammlung am Sitz der Gesellschaft (in *Deutschland* in dem Geschäftsraum der Gesellschaft zur Einsicht der Aktionäre) offen zu legen, und zwar nach § 63 Abs. 1 UmwG:

- der Verschmelzungsplan,
- die Jahresabschlüsse und die Lageberichte der an der Verschmelzung beteiligten Rechtsträger für die letzten drei Geschäftsjahre,
- ggf. ein Zwischenabschluss,
- die Verschmelzungsberichte,
- die Prüfungsberichte der Verschmelzungsprüfer.

Nach Art. 18 SE-VO i. V. m. § 63 Abs. 3 UmwG ist auf Verlangen jedem Aktionär unverzüglich und kostenlos eine *Abschrift* dieser Unterlagen zu erteilen.

Zusätzlich ist der sich nach § 7 Abs. 3 SE-AG ergebende Prüfungsbericht über die Angemessenheit der Barabfindung auszulegen.[5] Auch hier wird man den Aktionären das Recht zubilligen müssen, auf Verlangen unverzüglich und kostenlos eine Abschrift zu erhalten.

---

[1] S. § 121 Abs. 2 S. 1 AktG.
[2] S. § 123 Abs. 1 AktG.
[3] S. §§ 25, 121 Abs. 3 S. 1, 124 Abs. 1 S. 1 und Abs. 2 S. 2 AktG.
[4] Vgl. Gesetzesbegründung zu § 7 SE-AG.
[5] Zum erforderlichen Zeitpunkt der Prüfung siehe oben.

b. Beschlussphase

In die Beschlussphase fallen folgende Maßnahmen:

- Durchführung der Hauptversammlung,
- ggf. Kapitalerhöhungsbeschluss bei Verschmelzung durch Aufnahme,
- Zustimmungsbeschluss zum Verschmelzungsplan,
- Entscheidungsvorbehalt Arbeitnehmerbeteiligung,
- Anerkennung etwaiger Spruchstellenverfahren,
- Bestellung der Leitungsorgane und des Abschlussprüfers.

ba. Durchführung der Hauptversammlung

Regelungen über die *Durchführung der Hauptversammlung* fehlen in der SE-VO ebenfalls, so dass über Art. 18 SE-VO das jeweilige nationale Verschmelzungsrecht maßgebend ist, zu dem im weitesten Sinne auch die Durchführung der Hauptversammlung gehört. Was dabei das deutsche Umwandlungsrecht betrifft, so finden sich hier nur vereinzelte Sonderregelungen für die Verschmelzung; im Übrigen gelten die allgemeinen Vorschriften des Aktienrechts. So sind nach § 64 Abs. 1 UmwG i. V. m. § 63 Abs. 1 UmwG in der Hauptversammlung folgende Unterlagen auszulegen:

- der Verschmelzungsvertrag oder sein Entwurf (Verschmelzungsplan laut Verschmelzungsrichtlinie),
- die Jahresabschlüsse und die Lageberichte der an der Verschmelzung beteiligten Rechtsträger für die letzten drei Geschäftsjahre,
- ggf. eine Zwischenbilanz,
- die Verschmelzungsberichte,
- die Prüfungsberichte der Verschmelzungsprüfer.

Nach § 64 Abs. 1 UmwG hat der Vorstand den Verschmelzungsvertrag oder dessen Entwurf zu Beginn der Verhandlung mündlich zu erläutern. § 64 Abs. 2 UmwG erweitert dabei das *Auskunftsrecht der Aktionäre* auf alle für die Verschmelzung wesentlichen Angelegenheiten der anderen beteiligten Rechtsträger.

bb. Kapitalerhöhungsbeschluss der aufnehmenden Gesellschaft

Sollte bei der *Verschmelzungsalternative zur Aufnahme* eine *Kapitalerhöhung* erforderlich sein, so ist hierüber ein Beschluss der Hauptversammlung herbeizuführen.

Gefordert ist dabei eine Mehrheit von mindestens drei Viertel des bei der Beschlussfassung vertretenen Grundkapitals.[1] Bei mehreren Gattungen von stimmberechtigten Aktien bedarf es ferner eines Beschlusses der Aktionäre jeder dieser Gattungen.[2]

bc. Zustimmungsbeschluss Verschmelzung

Art. 23 Abs. 1 SE-VO normiert die *Zustimmungspflicht der Hauptversammlungen* zur Durchführung der Verschmelzung, lässt jedoch die für einen wirksamen Beschluss erforderliche Mehrheit offen. Damit gelten über Art. 18 SE-VO die jeweiligen nationalen Vorschriften, für *Deutschland* § 65 Abs. 1 UmwG. Erforderlich ist damit eine Zustimmung von mindestens drei Viertel des bei der Beschlussfassung vertretenen Grundkapitals, und zwar für beide Verschmelzungsarten. Ferner ergibt sich über Art. 18 SE-VO, § 13 Abs. 3 S. 1 UmwG die Beurkundungspflicht des Verschmelzungsbeschlusses. Der Verschmelzungsplan oder sein Entwurf ist dem Beschluss als Anlage beizufügen.[3] Auf Verlangen hat die deutsche Gründungsgesellschaft jedem Aktionär auf dessen Kosten unverzüglich eine Abschrift des Plans oder seines Entwurfs und der Niederschrift des Beschlusses zu erteilen.[4]

bd. Zustimmungsvorbehalt Arbeitnehmerbeteiligung

Die Hauptversammlung jeder der sich verschmelzenden Gesellschaften kann sich das Recht vorbehalten, die Eintragung der SE davon abhängig zu machen, dass die geschlossene Vereinbarung zur Beteiligung der Arbeitnehmer von ihr ausdrücklich genehmigt wird.[5] Nach dem eindeutigen Gesetzesbefehl betrifft der *Zustimmungsvorbehalt* allein die Frage der Eintragungsmöglichkeit der SE und nicht die Wirksamkeit des Zustimmungsbeschlusses. Der Beschluss wird also mit dem gefassten Inhalt wirksam und kann bei Ablehnung der Genehmigung nicht durch Eintragung vollzogen werden; die Gründung einer SE durch Verschmelzung ist damit gescheitert.

Für eine deutsche Aktiengesellschaft könnte daran gedacht werden, die endgültige *Entscheidungsbefugnis* über die Arbeitnehmerbeteiligung auf den *Aufsichtsrat* zu delegieren.[6] Die dadurch angestrebte Beschleunigung des Verschmelzungsverfahrens ist damit aber keineswegs gewährleistet. Im Gegenteil: Es ist der SE-VO nicht ein-

---

[1] S. § 181 Abs. 1 AktG.
[2] S. § 181 Abs. 2 AktG.
[3] S. Art. 18 SE-VO, § 13 Abs. 3 S. 2 UmwG.
[4] S. Art. 18 SE-VO, § 13 Abs. 3 S. 3 UmwG.
[5] S. Art. 23 Abs. 2 S. 2 SE-VO.
[6] S. § 111 Abs. 4 S. 2 AktG. So *Teichmann, C.*, Einführung, 2002, S. 383, 403.

deutig zu entnehmen, ob eine nach nationalen Regelungen mögliche Verlagerung der Entscheidungskompetenz auch für Art. 23 Abs. 2 S. 2 SE-VO zulässig ist, respektive welche inhaltlichen Anforderungen an eine solche Delegation zu stellen sind. Eine Übertragung der Zustimmungskompetenz eröffnet damit für dissentierende Minderheitsgesellschafter eine nicht ohne weiteres abzuschneidende Angriffsmöglichkeit gegen die Rechtmäßigkeit der Verschmelzung, die das Verschmelzungsverfahren für eine ganz erhebliche Zeit zum Ruhen bringen könnte.

be. Anerkennung etwaiger Spruchverfahren

Ferner können die Aktionäre bei der Zustimmung zum Verschmelzungsplan entscheiden, ob sie die *Anwendung mitgliedstaatlicher Verfahren* akzeptieren, die eine *Kontrolle oder Änderung des Umtauschverhältnisses* bzw. die *Abfindung von Minderheitsaktionären* zum Gegenstand haben.[1] Diese Möglichkeit ist als Reaktion auf Art. 24 Abs. 2 SE-VO zu sehen, wonach jedem Mitgliedstaat freisteht, in Bezug auf die sich verschmelzenden Gesellschaften, die seinem Recht unterliegen, Vorschriften zu erlassen, um einen angemessenen Schutz der Minderheitsaktionäre, die sich gegen die Verschmelzung ausgesprochen haben, zu gewährleisten. Der Minderheitenschutz soll also durch den nationalen Gesetzgeber ausgestaltet werden können, aber grundsätzlich auch in seinen Wirkungen auf die nationalen Gesellschaften und deren Aktionäre beschränkt sein.

Schutzmechanismen wie das deutsche Spruchstellenverfahren[2], die unmittelbare oder auch nur mittelbare Auswirkungen auf die Aktionäre anderer Gründungsgesellschaften haben können, bedürfen also zur ihrer Anwendbarkeit des Einverständnisses der möglicherweise betroffenen Aktionäre. Ist dieses Einverständnis erteilt, so sorgt Art. 25 Abs. 3 S. 4 SE-VO für die notwendige Umsetzung nationaler Gerichtsentscheidungen auf Ebene der SE, indem die Entscheidung für die übernehmende Gesellschaft und ihre Aktionäre für bindend erklärt wird.

bf. Bestellung der Leitungsorgane und des Abschlussprüfers

Da es bei der SE-Verschmelzung um die Gründung einer SE geht, bedarf es *der Bestellung* der *Gesellschaftsorgane*. Gleiches gilt bei einer rein deutschen Verschmelzung für die Verschmelzungsart der Neugründung. Dort werden die Mitglieder des Aufsichtsrats, soweit § 31 AktG für sie gilt,[3] mit Fassung der Zustimmungsbeschlüs-

---

[1] S. Art. 25 Abs. 3 S. 1 SE-VO i. V. m. Art. 23 Abs. 1 SE-VO.
[2] S. § 1 Nr. 4 letzter Teilsatz SpruchVerfG.
[3] Zur Frage, ob § 30 AktG oder § 31 AktG anzuwenden ist, vgl. *Stratz, R.-C.*, in: Umwandlungsgesetz / Umwandlungssteuergesetz, Kommentar, 2001, § 73, Rdnr. 13.

se bestellt.[1] Der Aufsichtsrat bestellt sodann nach § 30 Abs. 4 AktG den Vorstand. Der erste Abschlussprüfer wird, sofern erforderlich,[2] von den Gründern – also nach § 36 Abs. 2 S. 2 UmwG von den sich verschmelzenden Rechtsträgern – bestellt,[3] und zwar in notarieller Urkunde.

Ein ähnliches Bestellungsverfahren ergibt sich auch für die SE. Dort erlaubt das Statut die erstmalige Bestellung der Mitglieder des Aufsichtsorgans (dualistisches System)[4] bzw. der Mitglieder des Verwaltungsorgans (monistisches System)[5] durch die Satzung,[6] d.h. in der Gründungsurkunde.[7] Damit können die Mitglieder des Aufsichts-/Verwaltungsorgans grundsätzlich bereits im Verschmelzungsplan vorgesehen und damit noch zur Entscheidung der Hauptversammlungen der übertragenden Gesellschaften gestellt werden. Ist die Bestellung erfolgt, können im Falle des dualistischen Systems sodann die Mitglieder des Leitungsorgans vom Aufsichtsorgan bestellt werden.[8]

Regelungen über die *Bestellung der Abschlussprüfer* fehlen im SE-Statut. Damit findet für eine SE mit Sitz in *Deutschland* über Art. 15 SE-VO das nationale deutsche Recht Anwendung. Der erste Abschlussprüfer wird somit, sofern erforderlich,[9] von den Gründern – also nach Art. 15 SE-VO, § 36 Abs. 2 S. 2 UmwG von den sich ver-

---

[1] S. § 76 Abs. 2 S. 2 UmwG.
[2] S. § 267 Abs. 1 HGB.
[3] S. § 30 Abs. 1 AktG.
[4] S. Art. 40 Abs. 2 S. 2 SE-VO.
[5] S. Art. 43 Abs. 3 S. 2 SE-VO. Bei einer SE mit Sitz in Deutschland und monistischer Struktur ist jedoch zu beachten, dass der Verwaltungsrat nicht zur Vertretung der SE berufen ist, dies vielmehr den geschäftsführenden Direktoren obliegt (§ 41 Abs. 1 SE-AG), wobei grundsätzlich auch Mitglieder des Verwaltungsrats zu geschäftsführenden Direktoren bestellt werden können (§ 40 Abs. 1 S. 1 SE-AG). Entsprechend ist die SE auch bei Gericht von allen Gründern, Mitgliedern des Verwaltungsrats und geschäftsführenden Direktoren zur Eintragung in das Handelsregister anzumelden (§ 21 Abs. 1 SE-AG). Neben der Bestellung der Verwaltungsratmitglieder bedarf es also im Rahmen der Gründung auch der Bestellung mindestens eines geschäftsführenden Direktors, was nur vom Verwaltungsrat vorgenommen werden kann (§ 40 Abs. 1 SE-AG).
[6] Einzelstaatliche Rechtsvorschriften, die auch einer Minderheit von Aktionären oder anderen Personen oder Stellen die Bestellung eines Teils der Organmitglieder erlauben, bleiben von dieser Art der Bestellungsmöglichkeit ebenso unberührt wie geschlossene Vereinbarungen über die Arbeitnehmerbeteiligung; s. Art. 40 Abs. 2 S. 2 und 3, Art. 43 Abs. 3 S. 2 und 3, Art. 47 Abs. 4 SE-VO.
[7] Nach Art. 6 SE-VO bezeichnet der Ausdruck „Satzung der SE" zugleich die Gründungsurkunde und, falls sie Gegenstand einer getrennten Urkunde ist, die Satzung der SE im eigentlichen Sinne.
[8] S. Art. 39 Abs. 2 Unterabs. 1 SE-VO.
[9] S. § 267 Abs. 1 HGB. Nach Art. 61 SE-VO unterliegt die SE grundsätzlich hinsichtlich der Aufstellung ihres Jahresabschlusses und ggf. ihres konsolidierten Abschlusses einschließlich des jeweils dazugehörigen Lageberichts sowie der Prüfung und Offenlegung dieser Abschlüsse den Vorschriften, die für im Sitzstaat der SE ansässige Aktiengesellschaften gelten.

schmelzenden Rechtsträgern – bestellt,[1] und zwar in notarieller Urkunde; zweckmäßigerweise erfolgt dies bereits im Verschmelzungsplan, da dieser zu beurkunden ist.

c. Vollzugsphase

ca. Pflichtangebot nach § 35 Abs. 2 WpÜG

Wird eine SE mit Sitz in Deutschland durch Verschmelzung zur Aufnahme gegründet, kann aufgrund der Anteilsgewährungspflicht der Fall eintreten, dass ein Aktionär der aufnehmenden Gesellschaft vor der Verschmelzung weniger als 30% der Aktien hält, nach der Verschmelzung hingegen diese Anteilsgrenze an der SE überschreitet. Ist nun die aufnehmende Gesellschaft/SE börsennotiert, so ist die für ein Pflichtangebot nach § 35 Abs. 2 WpÜG erforderliche Beteiligungshöhe erreicht.[2]

Für rein nationale Verschmelzungen ist in diesen Fällen in der Literatur umstritten, ob neben den gesellschaftsrechtlichen Schutzmechanismen auch der spezifisch kapitalmarktrechtliche Minderheitenschutz des WpÜG Anwendung findet, wozu auch und gerade das Pflichtangebot gehört. Die überwiegende Ansicht[3] bejaht dies zutreffender weise unter Berufung auf die unterschiedlichen Zielsetzungen von Übernahme- und Gesellschaftsrecht[4] und der nicht völlig deckungsgleichen Ausgestaltung des Minderheitenschutzes.

Da die SE-VO für das Übernahmerecht keine Aussagen treffen wollte und daher die sich hier ergebenden Fragen auch nicht vom Regelungsbereich der SE-VO erfasst sind, kommt das jeweilige nationale Kapitalmarktrecht zur Anwendung.[5] Damit stellt sich auch für eine SE mit Sitz in Deutschland die Problematik des Pflichtangebots,

---

[1] S. § 30 Abs. 1 AktG.
[2] Die Pflicht, ein Angebot nach dem WpÜG abzugeben, wird ausgelöst durch die Erlangung der Kontrolle (S. § 35 Abs. 1 S. 1 Abs. 2 WpÜG), die als das Halten von mindestens 30% der Stimmrechte an einer inländischen börsennotierten Aktiengesellschaft definiert ist (S. § 29 Abs. 2 i. V. m. § 2 Abs. 3 WpÜG), wozu auch eine SE mit Sitz in Deutschland zu rechnen ist. Unerheblich ist, ob die Gesellschaft zuvor „kontrollfrei" war oder nur der kontrollierende Aktionär wechselt. Dem Wortlaut nach ist § 35 Abs. 1 S. 1 WpÜG für jede Art der Kontrollerlangung offen, also auch für eine Verschmelzung vgl. hierzu *Teichmann, C.*, Austrittsrecht, 2004, S. 67, 77, m. W. N. aus der Literatur.
[3] Statt aller vgl. *Teichmann, C.*, Austrittsrecht, 2004, S. 67, 77 ff. mit umfangreichen Nachweisen der verschiedenen Auffassungen.
[4] Hierzu vgl. *Kleindiek, D.*, Funktion, 2002, S. 546, 554 ff., 568 f.
[5] Vgl. *Teichmann, C.*, Austrittsrecht, 2004, S. 67, 78.

zumal hier eine Begrenzung der Anwendbarkeit des WpÜG auf grenzüberschreitende Sachverhalte nicht vorliegt.[1]

Und für die Praxis – und damit auch für die SE-Gründung – ist nun von Bedeutung, dass die BaFin in einem Verschmelzungsfall die Anwendbarkeit des WpÜG in einem Befreiungsverfahren nach § 37 Abs. 1 WpÜG angenommen hat. Noch bedeutsamer ist, dass eine Befreiung nach § 37 Abs. 1 WpÜG wegen der „Art der Kontrollerlangung" nicht erteilt wurde.[2] Gleiches dürfte auch im Falle einer SE-Verschmelzung eintreten, da die BaFin bei ihrer Entscheidung über die Befreiung nach pflichtgemäßen Ermessen zwischen dem Interesse des Antragstellers an einer Befreiung und den Interessen der Minderheitsaktionäre an einem Pflichtangebot abzuwägen hat. Fehlt es aber an der Möglichkeit über gesellschaftsrechtlich zur Verfügung gestellte Barabfindungsangebote aus der Gesellschaft auszuscheiden[3], dürfte die Abwägung stets zu Gunsten der Minderheitsaktionäre ausfallen. Ob durch die Rechtsprechung insoweit eine Änderung eintreten wird, bleibt abzuwarten.

Ob auch in Fällen, in denen eine Verschmelzung auf eine bereits kontrollierte Gesellschaft ein Pflichtangebot gegenüber den Aktionären der übertragenden Gesellschaft über eine analoge Anwendung des § 35 Abs. 2 WpÜG anzubieten ist, wird in der Literatur kontrovers diskutiert und ist für die Praxis ungeklärt. Gleiches gilt für die Fallgestaltung der Verschmelzung einer börsennotierten auf eine nicht börsennotierte Gesellschaft.[4]

cb. Interne Gründungsprüfung

Beabsichtigen die Gründungsgesellschaften eine SE mit Sitz in *Deutschland* zu gründen, so ist über Art. 15 SE-VO das nationale deutsche *Gründungsrecht* für Aktiengesellschaften maßgebend. Grundsätzlich ist daher ein Gründungsbericht und eine -prüfung in entsprechender Anwendung der §§ 32 ff. AktG erforderlich. Zu beachten ist jedoch, dass über die Verweisung des Art. 15 SE-VO auch die Vorschrift des § 75 Abs. 2 UmwG zur Anwendung berufen ist[5]. Danach ist ein *Gründungsbericht* und

---

[1] Mangels Regelung in der SE-VO bestimmt sich die Anwendung des WpÜG bei grenzüberschreitenden Sachverhalten nach den Regeln des Internationalen Privatrechts. Aus § 1 i. V. m. § 2 Abs. 3 und Abs. 7 WpÜG ergibt sich die Anwendbarkeit auf Gesellschaften mit Sitz im Inland, deren Anteile zum Handel an einer Börse im Europäischen Wirtschaftsraum zugelassen sind. Demgegenüber ist es unerheblich, wo der Kontrollinhaber seinen Sitz hat.
[2] Vgl. Bericht von *Lenz, J. / Linke, U.*, Handhabung, 2002, S. 361, 367.
[3] Das in § 7 Abs. 1 SE-AG vorgesehene Barabfindungsangebot greift jedenfalls nicht, da nur für den Fall einer SE mit Sitz im Ausland vorgesehen.
[4] Hierzu vgl. etwa *Kleindiek, D.*, Funktion, 2002, S. 546, 570 ff.
[5] Zur Anwendbarkeit von Regelungen des UmwG für die Gründungsart der Verschmelzung siehe oben.

eine *Gründungsprüfung* durch *externe Gründungsprüfer* (§ 33 Abs. 2 AktG) nicht erforderlich, soweit eine Kapitalgesellschaft oder eine eingetragene Genossenschaft übertragender Rechtsträger ist.[1] Dies legt es nahe, im Falle einer SE-Verschmelzung auf einen Gründungsbericht und eine externe Gründungsprüfung zu verzichten. Die interne Prüfung der Gründung i.S.d. § 33 Abs. 1 AktG ist hingegen auch bei der SE-Gründung vorzunehmen und zwar durch den Vorstand / Aufsichtsrat im dualistischen System und durch den Verwaltungsrat im monistischen System. Ein schriftlicher Bericht über diese Prüfung ist der Anmeldung der SE zum Handelsregister beizufügen.[2] Inhaltlich hat sich der Bericht nicht nur an die Vorgaben des § 32 AktG zu orientieren, sondern über Art. 15 SE-VO auch an § 75 Abs. 1 UmwG. Darzustellen sind daher auch der Geschäftsverlauf und die Lage der übertragenden Rechtsträger. Für die insoweit zu leistenden Angaben ist danach zu fragen, welche Informationen über die geschäftliche Situation der übertragenden Rechtsträger aus Sicht der Gläubiger und der zukünftigen Aktionäre, für die der Gründungsbericht in erster Linie erstellt wird, relevant sind.

cc. Anpassung der Satzung an die Vereinbarung über die Arbeitnehmerbeteiligung

Die *Satzung* der SE darf zu keinem Zeitpunkt im *Widerspruch* zu der ausgehandelten Vereinbarung über die *Arbeitnehmerbeteiligung* stehen.[3] Da die Satzung als zwingender Bestandteil des Verschmelzungsplans bereits vor Abschluss der Verhandlungen über die Arbeitnehmerbeteiligung aufgestellt werden muss, kann bereits vor der Eintragung der SE ein Widerspruch zwischen Satzungsregelung und Vereinbarung auftreten, der zwingend durch Anpassung der Satzung zu beheben ist.[4] Offen ist dabei, ob diese Anpassung zwingend bereits vor Eintragung der SE zu beheben ist, so dass andernfalls ein Eintragungshindernis vorliegt. Der Wortlaut des Art. 12 Abs. 4 Unterabs. 1 S. 1 SE-VO jedenfalls spricht für ein solches Ergebnis. Um daher die Gefahr zusätzlicher Verfahrensschritte möglichst zu vermeiden, sollte bei Abfassung der Satzung besonders sorgfältig auf diesen Aspekt geachtet werden.

---

[1] Grund hierfür ist, dass durch das jeweilige Organisationsrecht die Kapitalsicherung gewährleistet ist und daher ein Gründungsbericht und eine Gründungsprüfung nicht erforderlich sind; hierzu vgl. *Stratz, R.-C.*, in: Umwandlungsgesetz / Umwandlungssteuergesetz, Kommentar, 2001, § 75, Rdnr. 1.

[2] Für die Prüfung durch Vorstand / Aufsichtsrat gem. § 37 Abs. 4 Nr. 4 AktG i. V. m. § 38 Abs. 2 AktG; für die Prüfung durch den Verwaltungsrat gem. § 21 Abs. 2 S. 3 SE-AG i. V. m. § 21 Abs. 3 SE-AG i. V. m. § 38 Abs. 2 AktG.

[3] S. Art. 12 Abs. 4 Unterabs. 1 S. 1 SE-VO.

[4] S. Art. 12 Abs. 4 Unterabs. 1 S. 2 SE-VO.

cd. Rechtmäßigkeitskontrolle

Die SE-Verschmelzung ist durch ein zweistufiges *Rechtmäßigkeitskontrollverfahren* gekennzeichnet, das den Vorschriften des Art. 25 und 26 SE-VO zu entnehmen ist. Während sich Art. 25 auf das sich aus der SE-VO und den jeweiligen nationalen Verschmelzungsrechten ergebende Verschmelzungsverfahren der Gründungsgesellschaften bezieht, umfasst Art. 26 das gesamte Verschmelzungsverfahren und das für die SE maßgebende Gründungsrecht. Ergeben sich auf beiden Prüfungsstufen keine Beanstandungen, so erfolgt die *Eintragung* im Sitzstaat der SE und diese gelangt zur Entstehung.[1] Erst dann wird die *Verschmelzung* in den jeweiligen Heimatstaaten der verschmelzenden Gesellschaften *publiziert*.[2]

Dieses Prüfungs- und Publizitätsverfahren weist Gemeinsamkeiten, aber auch Unterschiede zum deutschen Verschmelzungsverfahren auf. Auch dort wird die Verschmelzung mit Eintragung in das Handelsregister der übernehmenden Gesellschaft wirksam, und es ist dieser Eintragung eine Rechtmäßigkeitsprüfung durch die für die verschmelzenden Gesellschaften jeweils zuständigen Registergerichte vorgeschaltet.[3] Anders als bei der SE-Verschmelzung hat aber bei der nationalen Verschmelzung zunächst eine Eintragung der Verschmelzung in das Handelsregister der übertragenden Gesellschaften zu erfolgen, erst dann kann die Eintragung im Register der übernehmenden Gesellschaft vorgenommen werden.[4] Während also bei der deutschen Verschmelzung die Eintragung bei den übertragenden Gesellschaften nicht nur der Publizität dient, sondern auch Wirksamkeitsvoraussetzung ist, beschränkt sich die Eintragung bei den übertragenden Rechtsträgern für die SE-Verschmelzung allein auf die Publizitätswirkung.

cda. Rechtmäßigkeitsprüfung erster Stufe

(1) Allgemeines

In einem ersten Schritt ist eine *Prüfung* der die einzelnen sich *verschmelzenden Gesellschaften* betreffenden *Verfahrensabschnitte* vorzunehmen.[5] Die *Rechtmäßigkeit* ist dabei nach den für die Verschmelzung von Aktiengesellschaften geltenden Rechtsvorschriften des Mitgliedstaats zu kontrollieren, dessen Recht die jeweilige verschmelzende Gesellschaft unterliegt.[6] Sind die nationalen Anforderungen an das

---

1 S. Art. 27, 12 SE-VO.
2 S. Art. 28 SE-VO.
3 S. § 20 Abs. 1 UmwG.
4 S. § 19 Abs. 1 UmwG.
5 S. Art. 25 SE-VO.
6 S. Art. 25 Abs. 1 SE-VO.

Verschmelzungsverfahren erfüllt, so stellt die zuständige Behörde eine *Rechtmäßigkeitsbescheinigung* aus.[1] Ebenso wie für das Gründungsrecht in Art. 18 SE-VO wird also auch für die Prüfung des Gründungsverfahrens auf die jeweiligen nationalen Regelungen verwiesen. Dieser Gleichlauf von Gründungs- und Prüfungsrecht ist sicherlich sinnvoll, da nur die für die nationale Verschmelzung zuständigen Stellen auch die Einhaltung des nationalen Verschmelzungsverfahrens in ihren Einzelheiten kontrollieren können.

Für eine deutsche Gründungsgesellschaft hat der Gesetzgeber in Ausübung der durch Art. 68 Abs. 2 SE-VO eröffneten Regelungsbefugnis sinnvoller weise das Amtsgericht als Registergericht zur zuständigen Behörde i.S.d. Art 25 Abs. 2 SE-VO bestimmt.[2] Die Ausstellung der Rechtmäßigkeitsbescheinigung ist damit eine Handelsregistersache; dies macht der Verweis auf § 125 FGG deutlich. Für das deutsche Recht läuft das Verfahren daher nach FGG und Handelsregisterverordnung ab; zu berücksichtigen sind die nationalen Normen zur Verschmelzung von Aktiengesellschaften[3], zu denen auch Sonderregelungen des deutschen UmwG und des SE-AG gehören. Anzuwenden sind daher unter anderem die in den §§ 16 und 17 UmwG enthaltenen Regelungen; zu beachten ist die in § 8 S. 2 SE-AG angeordnete Versicherungspflicht der Vorstandsmitglieder.[4] Die in § 17 UmwG aufgeführten Anlagen sind gleichzeitig mit der Anmeldung beim Registergericht einzureichen; geschieht dies nicht, kann der Mangel noch behoben werden. Das Registergericht hat unter Fristsetzung zur Nachreichung aufzufordern. Dabei hat es auch für die SE-Verschmelzung zu beachten, dass die Anmeldung als Verfahrenshandlung so auszulegen ist, dass sie im Ergebnis Erfolg haben kann.[5]

(2) Anfechtungsklagen als Bestandteil der Rechtmäßigkeitskontrolle

Für eine deutsche Gründungsgesellschaft ist besonders das *Verhältnis* von *registerrechtlicher Kontrolle* zum *Anfechtungsverfahren* zu beachten. Denn auch bei einer SE-Verschmelzung steht den Aktionären einer deutschen Gesellschaft die Möglichkeit offen, die *Rechtmäßigkeit* des *Verschmelzungsbeschlusses* im Rahmen einer Anfechtungsklage überprüfen zu lassen, wie sich ohne weiteres auch aus dem Anfechtungsausschluss in § 6 Abs. 1, 7 Abs. 5 SE-AG ergibt. Sind aber Anfechtungsklagen

---

[1] S. Art. 25 Abs. 2 SE-VO.
[2] § 4 SE-AG i. V. m. § 125 Abs. 1 und 2 FGG.
[3] S. Art. 25 Abs. 1 SE-VO.
[4] Nach § 8 S. 2 SE-AG ist die Rechtmäßigkeitsbescheinigung nach Art. 25 Abs. 2 SE-VO nur dann auszustellen, wenn die Vorstandsmitglieder einer übertragenden Gesellschaft die Versicherung abgeben, dass allen Gläubigern, die nach § 8 S. 1 SE-AG (SE mit Sitz im Ausland) einen Anspruch auf Sicherheitsleistung haben, eine angemessene Sicherheit geleistet wurde.
[5] Vgl. *BayObLG*, Beschluss v. 16.2.2000, DB 53 (2000), S. 811.

anhängig, kann eine *Rechtmäßigkeitsbescheinigung* nicht ausgestellt werden, es sei denn eine Entscheidung im Rahmen des summarischen Verfahrens nach § 16 Abs. 3 UmwG gibt dem Vollzugsinteresse den Vorzug. Verfahrensrechtlich wird die Kenntnis des Registerrichters über den Status quo der Anfechtungsmöglichkeiten und etwaiger Anfechtungsklagen durch § 16 Abs. 2 UmwG sichergestellt.

Nach deutschem Aktienrecht greift die Anfechtungsklage grundsätzlich dann, wenn nicht unwesentliche Informationsdefizite vorliegen, wobei der vom *BGH*[1] zu §§ 210, 212 UmwG entwickelte Anfechtungsausschluss von abfindungswertbezogenen Informationsmängeln auch und gerade für eine Verschmelzung zu einer erheblichen Einschränkung der anfechtungsrelevanten Berichtsbereiche geführt hat. So kann neben einer unzureichenden Erläuterung einer angebotenen Barabfindung auch eine unzureichende Erläuterung der Verschmelzungswertrelation regelmäßig nicht mehr erfolgreich mit der Anfechtungsklage geltend gemacht werden.

Besonderheiten ergeben sich jedoch bei der SE-Verschmelzung, wenn die Hauptversammlungen der an der Verschmelzung beteiligten Rechtsträger von ihrem Recht zum *Ausschluss des Spruchverfahrens* Gebrauch machen: Der deutsche Gesetzgeber hat den Anfechtungsausschluss wegen der Rüge eines unangemessenen Umtauschverhältnisses auf die Fälle beschränkt, in denen das Spruchstellenverfahren aufgrund der Zustimmung der Aktionäre nach Art. 25 Abs. 3 S. 1 SE-VO Anwendung findet. Ist dies nicht der Fall, verbleibt es bei der Anfechtungsmöglichkeit wegen unzureichendem Umtauschverhältnis[2]; Gleiches muss für die Anfechtungsmöglichkeit wegen verschmelzungs- und abfindungswertrelevanter Informationsmängel gelten.[3]

cdb. Rechtmäßigkeitsprüfung zweiter Stufe

An die Rechtmäßigkeitsprüfung für die Gründungsgesellschaften schließt sich die im Sitzstaat der SE vorzunehmende *Kontrolle* des gesamten sich aus der SE-VO selbst und den sich aufgrund der Verweisungen auf nationales Recht, vornehmlich über

---

[1] Vgl. *BGH*, Urteil v. 18.12.2000, BGHZ 146, S. 180-190; *BGH*, Urteil v. 29.1.2001, BGHZ 146, S. 342-361.
[2] Vgl. Begründung zu § 6 SE-AG.
[3] Vgl. hierzu die Urteile des *BGH* zu dem vergleichbaren Fall der §§ 210, 212 UmwG, *BGH*, Urteil v. 18.12.2000, BGHZ 146, S. 180-190; *BGH*, Urteil v. 29.1.2001, BGHZ 146, S. 342-361: Ausschluss der Anfechtungsmöglichkeiten in ein Gesamtkonzept eingebettet, das die gerichtliche Überprüfung der Angemessenheit der angebotenen Leistung implizit voraussetzt. Zum grundgesetzlich, Art. 14 GG, geforderten Minderheitenschutz entweder durch gerichtliche Prüfung angebotener Abfindungen oder alternativ durch Anfechtungsmöglichkeiten vgl. auch den zur übertragenden Umwandlung ergangenen Beschluss des *BverfG*, Beschluss v. 23.8.2000, AG 46 (2001), S. 42.

Art. 15, 18 SE-VO, ergebenden *Verfahrensabschnitt* der *Verschmelzungsdurchführung* und der Gründung der SE an.[1]

Die Prüfung der Verfahrensabschnitte der Gründungsgesellschaften reduziert sich dabei de facto auf die Kenntnisnahme der *Rechtmäßigkeitskontrolle* des jeweiligen Heimatstaates der Gründungsgesellschaften, die diese binnen sechs Monate nach ihrer Ausstellung zusammen mit einer Ausfertigung des Verschmelzungsplans, dem sie zugestimmt haben, vorzulegen haben.[2]

Allein das von der aufnehmenden Gesellschaft über Art. 15 SE-VO zu beachtende nationale Verschmelzungs- und Gründungsrecht sowie die insoweit vorhandenen Vorgaben des SE-Statuts werden einer tatsächlichen Kontrolle unterworfen. Dabei gibt das SE-Statut selbst wesentliche *Prüfungsgegenstände* vor. Zu prüfen ist insbesondere, ob die sich verschmelzenden Gesellschaften einem gleich lautenden Verschmelzungsplan zugestimmt haben, ob eine Vereinbarung über die Beteiligung der Arbeitnehmer gemäß der SE-RL geschlossen wurde[3] und ob die in der SE-VO selbst enthaltenen Bestimmungen für die Gründung einer SE und das auf die Gründung einer Aktiengesellschaft anwendbare Recht des Sitzstaates der SE eingehalten wurden.[4] Zu beachten ist auch der Hauptversammlungsvorbehalt des Art. 23 Abs. 2 SE-VO, da dort ausdrücklich auf die Eintragung Bezug genommen wird. Aus diesen inhaltlichen Vorgaben sind ferner die insoweit einzureichenden Unterlagen und Nachweise abzuleiten. So ist neben den von Art. 26 Abs. 2 SE-VO geforderten Unterlagen (Rechtmäßigkeitsbescheinigung, Verschmelzungsplan) auch ein Nachweis über die Vereinbarung der Arbeitnehmerbeteiligung und der Entscheidung der Hauptversammlung über einen Vorbehalt nach Art. 23 Abs. 2 SE-VO zu erbringen; zusätzlich sind die vom nationalen Recht jeweils für die Gründung vorgesehenen Unterlagen einzureichen.

Wer im Einzelnen die Kontrolle durchzuführen hat, überlässt das SE-Statut den jeweiligen Regelungen der Mitgliedstaaten.[5] Für eine SE mit Sitz in *Deutschland* obliegt die Prüfung dem Amtsgericht als Registergericht.[6] Auch hier ist die Rechtmäßigkeitsprüfung eine Handelsregistersache; dies macht der Verweis auf § 125 FGG deutlich. Für das deutsche Recht läuft das Verfahren daher nach FGG und Handelsregisterverordnung ab.

---

[1] S. Art. 26 SE-VO.
[2] S. Art. 26 Abs. 2 SE-VO.
[3] Im Einzelnen sind für die Arbeitnehmerbeteiligung die in Art. 12 Abs. 2 und 3 SE-VO enthaltenen Vorgaben für die Eintragung zu beachten.
[4] S. Art. 26 Abs. 4 i. V. m. Art. 15 SE-VO.
[5] S. Art. 68 Abs. 2 SE-VO.
[6] § 4 SE-AG i. V. m. § 125 Abs. 1 und 2 FGG.

III. Gründung einer Holding-SE

1. Allgemeines

Die Vorschriften zur Gründung einer *Holding-SE* stellen eine erstmalige Kodifikation dieser Organisationsstruktur in *Deutschland* dar. Diesbezüglich gibt die SE-VO in den Art. 32 und 33 SE-VO das (rudimentäre) Grundmuster eines Ablaufplanes eines Zusammenschlusses in der Form einer übergeordneten Konzernspitze oder in der Funktion einer Finanzholding wieder, das keine Verweisungen in divergierende nationale Rechtssysteme enthält, sondern nur gelegentlich auf vereinheitlichtes Gesellschaftsrecht (Verschmelzungsrichtlinie) Bezug nimmt. Dabei fällt besonders auf, dass diese Gründungsart – obwohl es entgegen dem Verschmelzungsrecht oft keine nationalen Regelungen und erst recht keine originären *EU*-weiten Vereinheitlichungen gibt – im Vergleich zur Gründung einer Verschmelzungs-SE mit nur zwei Grundnormen auskommen soll, ergänzt um Art. 15 SE-VO.

2. Gründungsverfahren

a. Planungs-/Vorbereitungsphase

In der Planungsphase haben sich die Vertretungsorgane der beteiligten Gründungsgesellschaften, möglichst unter Einbeziehung der Berater, Wirtschaftsprüfer und Notare, eine Übersicht über die notwendigen Maßnahmen zu verschaffen und einen Zeitplan für den Ablauf der Holdinggründung aufzustellen.

In diese Phase fallen folgende Maßnahmen:

- Unternehmensbewertung,
- Erstellung des Gründungsplans,
- Erstellen des Holdingberichts,
- Durchführung der Holdingprüfung,
- Prüfung etwaiger Barabfindungen durch wirtschaftliche Sachverständige
- Offenlegung des Gründungsplans und sonstiger Dokumente,
- Beteiligung der Arbeitnehmer,
- Einladung zur Hauptversammlung/Gesellschafterversammlung.

aa. Unternehmensbewertung

Wie bei der Verschmelzung ist auch bei der *Holdinggründung* eine *Bewertung* der beteiligten *Gesellschaften* notwendig, um die Grundlage für den erforderlichen Aktientausch zu schaffen. Das aus den Wertverhältnissen der Gesellschaften berechnete Umtauschverhältnis ist zwingender Bestandteil des Gründungsplans[1] und unterliegt ferner auch der Prüfung durch Sachverständige.[2] Auch hier ist daher eine Abstimmung hinsichtlich der Methodik der Bewertung vorzunehmen, um einen reibungslosen Ablauf der Gründung gewährleisten zu können. Die Ausführungen zur Verschmelzung gelten hier sinngemäß. Speziell für den Bewertungsstichtag ist anzumerken, dass die SE-VO insoweit keine Vorgaben enthält. Ebenso wie bei der Verschmelzung wird man daher den Vertragsparteien das Recht einräumen müssen, den Bewertungsstichtag selbst zu wählen, allerdings ebenso wie bei der Verschmelzung mit einer Beschränkung: Der Stichtag muss vor dem Zeitpunkt der Beschlussfassung durch die Anteilseigner liegen, da andernfalls keine gesicherte Basis für die Beschlussfassung vorhanden wäre.

ab. Erstellung des Gründungsplans

Grundlage dieser Gründungsform ist ein gleich lautender *Gründungsplan*, der von den Leitungs- oder Verwaltungsorganen der die Gründung anstrebenden Gesellschaften zu erstellen ist und sich nach dem Gesetzesbefehl des Art. 32 Abs. 2 S. 2 und 3 SE-VO aus zwei unterschiedlichen Elementen zusammensetzt: Zum einen hat der Plan einen *Bericht* zu enthalten, der die Gründung aus rechtlicher und wirtschaftlicher Sicht erläutert, begründet sowie darlegt, welche Auswirkungen der Übergang zur Rechtsform einer SE für die Aktionäre und für die Arbeitnehmer hat. Dieser Teil des Gründungsplans entspricht dem *Verschmelzungsbericht*.

Zum anderen sind gesetzlich vorgegebene *Mindestangaben* erforderlich, für die Art. 32 Abs. 2 S. 3 SE-VO auf Art. 20 Abs. 1 Buchst. a, b, c, f, g, h und i SE-VO verweist und zusätzlich vorsieht, dass von jeder die Gründung anstrebenden Gesellschaft der Mindestprozentsatz der Aktien oder sonstigen Anteile festgesetzt wird, der von den Aktionären eingebracht werden muss, damit die SE gegründet werden kann. Dieser Prozentsatz muss mehr als 50% der durch die Aktien verliehenen ständigen Stimmrechte betragen. Anzugeben sind daher:

- die Firma und der Sitz der die Gründung anstrebenden Gesellschaften sowie die für die SE vorgesehene Firma und ihr geplanter Sitz,

---

[1] S. Art. 32 Abs. 2 S. 3 i. V. m. Art. 20 Abs. 1 Buchst. b SE-VO.
[2] S. Art. 32 Abs. 4 SE-VO.

- das Umtauschverhältnis der Aktien und ggf. die Höhe der Ausgleichsleistung,
- die Einzelheiten hinsichtlich der Übertragung der Aktien der SE,
- die Rechte, welche die SE den mit Sonderrechten ausgestatteten Aktionären der Gründungsgesellschaften und den Inhabern anderer Wertpapiere als Aktien gewährt, oder die für diese Personen vorgeschlagenen Maßnahmen,
- jede Vergünstigung, welche den Sachverständigen, die den Gründungsplan prüfen, oder den Mitgliedern der Verwaltungs-, Leitungs-, Aufsichts- oder Kontrollorgane der die Gründung anstrebenden Gesellschaften gewährt wird,
- die Satzung der SE,
- Angaben zu dem Verfahren, nach dem die Vereinbarung über die Beteiligung der Arbeitnehmer gemäß der SE-RL geschlossen wird,
- der für eine SE-Gründung erforderliche Mindestprozentsatz der einzubringenden Aktien oder Anteile an den Gründungsgesellschaften.

Dieser Teil des Gründungsplans entspricht dem Verschmelzungsplan und ist mit diesem hinsichtlich der geforderten Mindestangaben weitgehend identisch. Allein die für die Verschmelzung noch erforderlichen Angaben über den Beginn der Dividendenberechtigung und des Wechsels der Rechnungslegung sind für den Gründungsplan nicht gefordert.[1]

Da es sich bei den nach Art. 32 Abs. 2 S. 3 SE-VO erforderlichen Angaben nur um gesetzlich vorgegebene Mindestangaben handelt, wird man die Parteien als berechtigt ansehen können, zusätzliche Regelungen in den Umwandlungsplan aufzunehmen, obwohl eine Verweisung auf Art. 20 Abs. 2 SE-VO fehlt. Den nationalen Gesetzgebern hingegen ist eine Erweiterung der vom SE-Statut verlangten Mindestangaben grundsätzlich verwehrt, da es sich insoweit – wie bei der Verschmelzung, auf die in Art. 32 Abs. 2 S. 3 SE-VO Bezug genommen wird – um eine abschließende Regelung handelt.[2] Nur soweit sich daher aus der SE-VO selbst etwas anderes ergibt, ist eine Erweiterung der geforderten Mindestangaben durch den nationalen Gesetzgeber zulässig. Zu denken ist hier etwa an die Ermächtigungsnorm des Art. 24 Abs. 2 SE-VO, auf der die deutsche Regelung des § 9 Abs. 1 S.1 SE-AG (Angabe des Barabfindungsangebots) beruht.

---

[1] Diese Angaben sind Spezifika der Verschmelzung aufgrund der dort stattfindenden Vermögensübertragung der Gründungsgesellschaften mit anschließender Auflösung dieser Gesellschaften.
[2] Ausführlich zur Verschmelzung vgl. Kapitel B.II.

Speziell im Falle einer deutschen Aktiengesellschaft als Gründungsgesellschaft sind daher die Mindestangaben des Gründungsplans um eine weitere Pflichtangabe zu erweitern, wenn

- die Gründung einer SE mit Sitz im Ausland angestrebt wird oder
- die SE zwar ihren Sitz in Deutschland hat, aber ihrerseits abhängig im Sinne des § 17 AktG ist.

In diesen Fallgestaltungen muss die deutsche Gründungsgesellschaft im Gründungsplan oder dessen Entwurf jedem Aktionär, der gegen den Zustimmungsbeschluss zur Holdinggründung Widerspruch zur Niederschrift erklärt, den Erwerb seiner Aktien gegen eine angemessene Barabfindung anbieten.[1]

Soweit über Art. 32 Abs. 2 S. 3 SE-VO die für den Verschmelzungsplan geforderten Angaben auch für den Gründungsplan zu übernehmen sind, besteht hinsichtlich der inhaltlichen Anforderungen der geforderten Angaben weitgehende Übereinstimmung. Dies gilt insbesondere für die Angaben zur Arbeitnehmerbeteiligung. Auch hier ist von dem Terminus „Vereinbarung" sowohl die einvernehmliche Beteiligungslösung als auch die Auffangregelung umfasst.[2] Besonderheiten sind aus deutscher Sicht lediglich bei der Höhe möglicher Ausgleichszahlungen und den Einzelheiten bei der Aktienübertragung einer SE zu beachten. Da die Organisationsform der Holding im deutschen Gesellschaftsrecht nicht näher ausgestaltet ist, fehlen hier im Gegensatz zur Verschmelzung gesellschaftsrechtliche Vorgaben. Dies führt dazu, dass einerseits nach deutschem Recht keinerlei Begrenzungen der baren Zuzahlungen zu berücksichtigen sind,[3] während andererseits auch nicht auf Vorgaben für die Übertragung der Aktien zurückgegriffen werden kann. Da die SE-VO lediglich den Aktientausch anordnet,[4] aber sowohl Zeitpunkt als auch Einzelheiten hierzu offen lässt, obliegt es den Parteien selbst, die Erwerbsmodalitäten im Gründungsplan festzulegen.

ac. Holdingbericht

Auch bei der Holdinggründung ist der *a-priori-Schutz* der Anteilseigner durch *schriftliche Vorabinformation* gesichert. Hier ist die schriftliche Berichterstattung

---

[1] § 9 Abs. 1 S. 1 SE-AG.
[2] Ausführlich zu dem Begriff „Vereinbarung" siehe oben.
[3] Für die Verschmelzung ergeben sich hier Begrenzungen nach Art. 15 SE-VO i. V. m. § 68 Abs. 3 UmwG (Verschmelzung durch Aufnahme) und Art. 15 SE-VO i. V. m. §§ 73, 68 Abs. 3 UmwG (Verschmelzung durch Neugründung).
[4] S. Art. 33 Abs. 4 SE-VO.

der Leitungsorgane jedoch im Gegensatz zu den Bestimmungen zur Verschmelzung, wo der Verschmelzungsbericht ungeregelt blieb und die Verweisung des Art. 18 SE-VO auf § 8 UmwG notwendig ist, ein Teil des Gründungsplans selbst. Nimmt man dabei den Wortlaut des Art. 32 Abs. 1 S. 1 SE-VO ernst, der einen gleich lautenden Gründungsplan fordert, so bedarf es hinsichtlich der Berichtsangaben zwingend einer Abstimmung zwischen den verschiedenen Leitungsorganen. Im Ergebnis läuft dies auf eine gemeinsame Berichterstattung hinaus.

Eine Möglichkeit auf die Berichterstattung zu verzichten, sieht die SE-VO nicht vor. Es stellt sich daher die Frage, ob auf die Berichterstattung (ggf. einstimmig) verzichtet werden kann. Dies müsste dann ausscheiden, wenn die SE-VO durch ihr Schweigen eine zwingende Regelung dahingehend treffen würde, dass es nur eine Entscheidung von Aktionären akzeptiert, denen die notwendigen Informationen über das geplante Vorhaben der SE-Gründung zugänglich sind.[1] Eine solche Reichweite wird man aber der fehlenden Verzichtsregelung in der SE-VO nicht zuschreiben müssen. Eine Berichterstattung durch die Leitungsorgane einer Gründungsgesellschaft ist also dann nicht notwendig, wenn alle Anteilseigner einer Gründungsgesellschaft verzichten. Ein Verzicht durch sämtliche Anteilseigner aller beteiligten Gesellschaft hingegen wird man nicht für erforderlich halten müssen.

Inhaltlich hat der Bericht die Gründung aus rechtlicher und wirtschaftlicher Sicht zu erläutern und zu begründen sowie die Auswirkungen des Übergangs zur SE für die Aktionäre und Arbeitnehmer darzulegen. Anders als in § 8 UmwG betreffend den Verschmelzungsbericht fehlt damit im Gesetzesbefehl zum einen die ausdrückliche Verpflichtung zur Erläuterung und Begründung des Umtauschverhältnisses sowie des Inhalts des Gründungsplans und zum anderen die Vorgabe einer „ausführlichen" Berichterstattung. Unterschiedliche Anforderungen an die inhaltliche Aufbereitung der Berichterstattung ergeben sich daraus gleichwohl nicht: Die schriftliche Vorabinformation dient bei beiden Gründungsarten dazu, die Aktionäre/Gesellschafter in die Lage zu versetzen, die ihnen zugedachte Entscheidung über die vorgeschlagene Strukturmaßnahme auch tatsächlich eigenständig ausüben zu können.[2] Entsprechend sind den Aktionären/Gesellschaftern sämtliche für eine sachgerechte Entscheidung über die Holdinggründung erforderlichen Informationen zu erteilen. Und hier stehen vor allem Fragen der Zweckmäßigkeit der Strukturmaßnahme und der Wahrung der Aktionärs-/Gesellschafterrechte im Mittelpunkt des Informationsinteresses, wobei

---

[1] Auch unter der Geltung des § 340 a AktG wurde die Ansicht vertreten, ein Verzicht auf den Verschmelzungsbericht sei mangels gesetzlicher Regelung nicht zulässig, *Grunewald, B.,* in: Aktiengesetz, Kommentar, § 340 a, Rdnr. 2.

[2] Grundlegend zum Verschmelzungsbericht vgl. *BGH,* Urteil v. 22.5.1989, BGHZ 107, S. 296, 304 ff.

bei Letzterem zwischen der mitverwaltungsrechtlichen und der vermögensrechtlichen Seite der Beteiligung differenziert werden kann.

Neben der *Zweckmäßigkeit der Holdinggründung* ist somit auch das *Umtauschverhältnis* der Anteile zu erläutern und zu begründen, da gerade dies dem vermögensrechtlichen Schutz der Anteilseigner dient. Und auch der *Inhalt des Gründungsplans* wird zweifellos von einer Berichterstattung erfasst, von der die rechtliche Erläuterung und Begründung der angestrebten Strukturmaßnahme gefordert ist. Ebenso wie bei der Verschmelzung ergeben sich also auch für die Holding mit der Holdinggründung als solcher, dem Gründungsplan und dem Umtauschverhältnis drei *Berichtsschwerpunkte*. Aufgrund der gemeinsamen Berichtsfunktion kann dabei auf die für den Verschmelzungsbericht durch Rechtsprechung und Literatur herausgearbeiteten Anforderungen zurückgegriffen werden.

aca. Zweckmäßigkeit der Holdinggründung

Zunächst ist die Gründungsform der *Holding* als solche in ihren *rechtlichen* und *wirtschaftlichen Auswirkungen* darzustellen. Hier sind den Aktionären / Gesellschaftern sämtliche für eine sachgerechte Entscheidung über die Durchführung der Gründung erforderlichen Informationen zu erteilen, so dass die entscheidenden wirtschaftlichen und rechtlichen Aspekte und Auswirkungen der Holding-SE in einer verständlichen Art und Weise zumindest so weit offen zu legen sind, dass die Entscheidung der Leitungsorgane für die angestrebte Gründung auch für die Aktionäre – in einer Art Parallelwertung in der Laiensphäre – nachvollziehbar wird.[1] Zu fragen ist, welche Tatsachen ein vernünftig denkender Aktionär/Gesellschafter als Entscheidungsgrundlage für sein Abstimmungsverhalten für erforderlich halten darf.[2]

Zunächst ist daher ebenso wie bei der Verschmelzung über die wirtschaftliche Ausgangslage der beteiligten Unternehmen zu berichten, damit sich die Gesellschafter von dem potenziellen Partner ein Bild machen können.[3] Zu berichten ist insoweit über deren Umsatz, Tätigkeitsfeld, Marktanteil, wesentliche Beteiligungen, Mitarbeiter sowie Kapital- und Gesellschafterstruktur.[4]

---

[1] So zutreffend für den Verschmelzungsbericht vgl. vor allem *Westermann, H. P.*, Verschmelzung, 1993, S. 651, 655; im Ergebnis ebenso *Mayer, D.*, in: Umwandlungsrecht, Kommentar, 2002, § 8, Rdnr. 17; sowie *OLG Karlsruhe*, Urteil v. 30.6.1989, ZIP 9 (1988), S. 988, 990.

[2] Vgl. *Lutter, M.*, in: Umwandlungsgesetz, Kommentar, 2000, § 8, Rdnr. 14.

[3] Für den Verschmelzungsbericht vgl. *Lutter, M.*, in: Umwandlungsgesetz, Kommentar, 2000, § 8, Rdnr. 16.

[4] Für den Verschmelzungsbericht vgl. *Lutter, M.*, in: Umwandlungsgesetz, Kommentar, 2000, § 8, Rdnr. 16.

In einem zweiten Schritt sind die rechtlichen und wirtschaftlichen Gründe und Auswirkungen der Holdinggründung zu erläutern. Hier ist auf die unterschiedlichen Mitverwaltungsrechte bei den bestehenden Anteilen an den Gründungsgesellschaften einerseits und den sich aus den als Gegenleistung für die Einbringung der Anteile vorgesehenen Aktien an der SE andererseits einzugehen. Zu denken ist etwa an die Unterschiede, die zwischen einer Beteiligung an einer deutschen GmbH gegenüber den konkret vorgesehenen Aktien einer SE mit Sitz in *England* bestehen. Gefordert sind hierbei Ausführungen zu künftigen Rechten und Pflichten des Aktionärs, wie sie sich aus den für die SE geltenden nationalen Vorschriften und dem künftigen Organisationsstatut ergeben, zur Übertragbarkeit des Anteils, zur Werthaltigkeit im Rechtsverkehr (Beleihbarkeit, Möglichkeit der Unterbeteiligung) und schließlich zur Besteuerung.

Näher einzugehen ist auch auf die Arbeitnehmerbeteiligung in der Holding-SE, wobei mit Blick auf den Hauptversammlungs- / Gesellschafterversammlungsvorbehalt[1] den Aktionären/Gesellschaftern sämtliche für eine selbstständige Beurteilung der Arbeitnehmerbeteiligung und ihre Folgen erforderlichen Informationen zu geben sind. Nicht ohne Grund fordert Art. 32 Abs. 2 S. 2 SE-VO, dass die Auswirkungen des Übergangs zur Rechtsform einer SE auf die Arbeitnehmer darzulegen sind.

In einem dritten und letzten Schritt sind schließlich die im Bericht seitens der Vorstände/Geschäftsführer dargelegten Vor- und Nachteile der beabsichtigten Holding gegeneinander abzuwägen: Es ist darzulegen, warum aus der Sicht des Vorstands/der Geschäftsführer die Vorteile gegenüber den Nachteilen überwiegen und die Holdinggründung als das geeignete Mittel zur Verfolgung des Unternehmenszweckes erscheinen lassen und warum die Aktionäre/Gesellschafter dieser zustimmen sollten.[2] Auch die für das von dem Vorstand mit der Holdinggründung beabsichtigte unternehmerische Konzept in Betracht kommenden Alternativen sind dabei anzusprechen und deren Auswirkungen aufzuzeigen;[3] der Aktionär/Gesellschafter soll letztlich dazu befähigt werden, die konkreten Auswirkungen der Holdinggründung mit den anderen gesellschaftsrechtlichen Strukturmaßnahmen zu vergleichen und gegeneinander abzuwägen.[4] Dabei ist eine Trennung zwischen Tatsachendarstellung und

---

[1] Die Hauptversammlung jeder der die Gründung anstrebenden Gesellschaften kann sich nach Art. 32 Abs. 6 Unterabs. 2 S. 2 SE-VO das Recht vorbehalten, die Eintragung der SE von der ausdrücklichen Genehmigung der geschlossenen Vereinbarung über die Arbeitnehmerbeteiligung abhängig zu machen. Gleiches gilt nach Art. 32 Abs. 7 SE-VO für die GmbH.
[2] Für den Verschmelzungsbericht im Ergebnis ebenso vgl. *Lutter, M.,* in: Umwandlungsgesetz, Kommentar, 2000, § 8, Rdnr. 18.
[3] Für den Verschmelzungsbericht vgl. *Bermel, A.,* in: Umwandlungsrecht, Kommentar, 1996, § 8, Rdnr. 14.
[4] Für den Verschmelzungsbericht vgl. *LG München,* Urteil v. 31.8.1999, AG 45 (2000), S. 86.

Bewertung seitens der Vorstände/Geschäftsführer vorzunehmen, da sich nur aus einer Gesamtschau von mitgeteilten Fakten sowie auch der hieraus durch den Vorstand/Geschäftsführer gezogenen Wertungen der wirtschaftliche Sinn der Holding erschließt.[1]

acb. Erläuterung des Gründungsplans

Die *Erläuterung* und *Begründung* des *Gründungsplans* zielt darauf, dem juristisch nicht vorgebildeten Aktionär/Gesellschafter das Verständnis der vereinbarten, oft sehr „technisch" formulierten Klauseln zu ermöglichen. Für die Berichterstattung ist im Einzelnen darauf abzustellen, ob mit den Regelungen rechtliche und wirtschaftliche Aspekte verbunden sind, die für eine eigenverantwortliche Entscheidungsfindung der Aktionäre/Gesellschafter von Bedeutung sind und sich einem durchschnittlichen Aktionär/Gesellschafter nicht bereits aus dem Regelungstext erschließen;[2] zu berichten ist nur über Dinge, die aus Sicht des Laien erläuterungsbedürftig sind.[3] Dies gilt auch für die inhaltliche Erläuterung der Satzung als Bestandteil des Gründungsplans. Darzulegen ist hier vor allem ein Systemwechsel in der Binnenstruktur der Aktiengesellschaften oder der Wechsel von der Binnenstruktur einer GmbH zu einer SE. Nähere Ausführungen sind auch zur Arbeitnehmerbeteiligung geboten, sofern dies nicht bereits bei der Erläuterung der Holding als solcher vorgenommen wurde. Einzugehen ist ebenfalls auf die für die Gründung erforderliche Einbringung von Anteilen an den Gründungsgesellschaften; dabei ist den Aktionären/Gesellschaftern der Unterschied zwischen der Einbringung als Gründungsvoraussetzung (Einbringung erster Stufe) und der weiteren Einbringungsmöglichkeit nach Abschluss des Gründungsgeschäfts (Einbringung zweiter Stufe) offen zu legen.[4]

acc. Erläuterung des Umtauschverhältnisses

Ebenso wie bei der Verschmelzung ist auch bei der Holding das *Umtauschverhältnis* der Anteile näher zu erläutern. Dabei sind hier wie dort Ausführungen zur *Methodenwahl* und zum *Methodeninhalt* der Wertermittlung gefordert. Was Ersteres betrifft, so ist den Aktionären offen zu legen, ob eine den jeweiligen nationalen Fach-

---

[1] So zutreffend für den Verschmelzungsbericht vgl. *Kraft, A.*, in: Aktiengesetz, Kommentar, § 340 a, Rdnr. 11.
[2] Vgl. *Mayer, D.*, in: Umwandlungsrecht, Kommentar, 2002, § 8, Rdnr. 23; *Lutter, M.*, in: Umwandlungsgesetz, Kommentar, 2000, § 8, Rdnr. 19.
[3] Vgl. *Lutter, M.*, in: Umwandlungsgesetz, Kommentar, 2000, § 8, Rdnr. 19.
[4] Zur Anteilseinbringung siehe oben.

gremien[1] entsprechende Bewertungsmethode[2] gewählt wurde. Ist dies der Fall, so genügt es mitzuteilen, dass die Methode den fachlichen Vorgaben entspricht und allgemein als sachgerecht anerkannt ist;[3] anderenfalls unterliegt der Vorstand gegenüber den Aktionären einem Begründungszwang.[4]

Was die Erläuterung der *Bewertungsmethodik* betrifft, so ist die bloße Angabe der Verschmelzungswertrelation unter abstrakter Darlegung der Grundsätze, nach denen dieses ermittelt wurde, keinesfalls ausreichend.[5] Dem Aktionär/Gesellschafter ist aber andererseits auch keine derartige Tatsachenvielfalt zu unterbreiten, die es ihm erlauben würde, kraft eigener Sachkunde oder unter Heranziehung eines Sachverständigen ein Gutachten über die zugrunde gelegten Unternehmenswerte erstellen zu lassen.[6] Die Berichterstattung ist vielmehr auf eine Plausibilitätsprüfung der Verschmelzungswertrelation seitens der Aktionäre/Gesellschafter auszurichten.[7] Erforderlich, aber auch ausreichend, ist daher, wenn – unter Verzicht auf die Detaildarstellung – zusammenfassend die Bewertungsfaktoren, die der Bewertung der Gesellschaftsvermögen zugrunde gelegt wurden, mitgeteilt werden.[8]

ad. Holdingprüfung

Nach Art. 32 Abs. 4 SE-VO ist der Gründungsplan durch unabhängige Sachverständige zu prüfen, die über das Prüfungsergebnis schriftlich zu berichten haben. Ebenso wie bei der Verschmelzung wird also auch bei der Holding-Gründung die schriftliche Berichterstattung der Leitungsorgane durch die Sachverständigenprüfung flankiert und so ein umfassender *a-priori-Schutz durch Information* sichergestellt. Eine Verzichtsmöglichkeit der Aktionäre auf die Holdingprüfung sieht die SE-VO nicht vor. Dass insoweit eine unbewusste Regelungslücke vorliegt, ist nicht anzunehmen.

---

[1] In *Deutschland* sind insoweit die Vorgaben des Instituts der Wirtschaftsprüfer maßgebend, mithin die Vorgaben des *IdW*, Grundsätze zur Durchführung von Unternehmensbewertungen, IDW S 1, WPg 53 (2000), S. 825.

[2] Etwa das analytische Ertragswertverfahren oder die verschiedenen Spielarten der DCF-Methode.

[3] Allgemeine Ansicht für den Verschmelzungsbericht; vgl. statt aller *Lutter, M.,* in: Umwandlungsgesetz, Kommentar, 2000, § 8, Rdnr. 21.

[4] Vgl. *Lutter, M.,* in: Umwandlungsgesetz, Kommentar, 2000, § 8, Rdnr. 21.

[5] Vgl. *BGH*, Urteil v. 22.5.1989, BGHZ 107, S. 296; *BGH*, Urteil v. 18.12.1989, AG 35 (1990), S. 259; *OLG Hamm*, Urteil v. 20.6.1988, AG 34 (1989), S. 31; *OLG Köln*, Urteil v. 21.9.1988, DB 41 (1988), S. 2449; *OLG Karlsruhe*, Urteil v. 30.6.1989, ZIP 10 (1989), S. 988.

[6] Vgl. *OLG Karlsruhe*, Urteil v. 30.6.1989, ZIP 10 (1989), S. 988, 990.

[7] Aus der neueren Rechtsprechung vgl. *LG München*, Urteil v. 31.8.1999, AG 45 (2000), S. 86; *OLG Düsseldorf*, Beschluss v. 15.3.1999, AG 44 (1999), S. 418; *OLG Hamm*, Beschluss v. 4.3.1999, AG 44 (1999), S. 422; aus der Literatur vgl. statt aller *Lutter, M.,* in: Umwandlungsgesetz, Kommentar, 2000, § 8, Rdnr. 20 ff. m. w. N.

[8] Vgl. *OLG Hamm*, Urteil v. 20.6.1988, AG 34 (1989), S. 31, 33.

Dagegen spricht die für die Verschmelzungsprüfung ausdrücklich geregelte Konzernklausel in § 31 Abs. 2 SE-VO. Vielmehr ist davon auszugehen, dass es sich um eine abschließende Regelung handeln soll. Die Aktionäre können also nicht, auch nicht einstimmig, auf die Holdingprüfung verzichten.

ada. Prüferbestellung und -befähigung

Mit der Frage der *Prüferbestellung und -befähigung* beschäftigt sich Art. 32 Abs. 4 SE-VO.

Ebenso wie bei der Verschmelzung ist neben der Grundform der *getrennten Prüfung* für jede Gründungsgesellschaft[1] auch die Alternative der *gemeinsamen Prüfung* durch einen oder mehrere unabhängige Sachverständige[2] vorgesehen. Anders als bei der Verschmelzung erfordert aber die gemeinsame Prüferbestellung nicht die Bestellung durch ein Gericht oder eine Verwaltungsbehörde, sondern setzt das Einvernehmen der die Gründung anstrebenden Gesellschaften voraus.[3] Die Bestellung durch die Leitungsorgane ist damit ausreichend.

Als *Holdingprüfer* können dabei nur unabhängige Prüfer bestellt werden, was Art. 32 Abs. 4 SE-VO unmissverständlich zum Ausdruck bringt. Durch die Verweisung auf die Verschmelzungsrichtlinie zeigt Art. 32 Abs. 4 SE-VO zudem, dass nur diejenigen Sachverständigen eine Prüfung durchführen können, die nach dem richtlinienkonformen nationalen Verschmelzungsrecht auch Verschmelzungsprüfer sein können. Damit gelten für die *Prüferbefähigung* und *Bestellungsverbote* die Ausführungen zur Verschmelzung sinngemäß.

adb. Prüfungsgegenstand

Der erforderliche *Prüfungsumfang* ist in Art. 32 Abs. 4 und Abs. 5 SE-VO angesprochen.

Nach dem eindeutigen Gesetzesbefehl des Art. 32 Abs. 4 S. 1 SE-VO sind sämtliche von Art. 32 Abs. 2 SE-VO geforderten *Bestandteile des Gründungsplans* einer Prüfung zu unterziehen. Damit ist der von Art. 32 Abs. 2 S. 2 SE-VO geforderte *Bericht der Leitungsorgane* als Bestandteil des Gründungsplans ebenso zu prüfen wie die von Art. 32 Abs. 2 S. 3 SE-VO geforderten *Mindestangaben*. Letzteres entspricht dabei der Prüfung des Verschmelzungsvertrages, so dass auf die dort gewonnenen Erkenntnisse zurückgegriffen werden kann. Entsprechend ist die erforderliche Prü-

---

[1] S. Art. 32 Abs. 4 S. 1 SE-VO.
[2] S. Art. 32 Abs. 4 S. 2 SE-VO.
[3] S. Art. 32 Abs. 4 S. 2 SE-VO.

fung der gesetzlichen Mindestangaben auf die Richtigkeit und Vollständigkeit der insoweit im Gründungsplan geleisteten Angaben auszurichten.[1]

Die Prüfung der Berichterstattung der Leitungsorgane hingegen ist dem Verschmelzungsrecht fremd, so dass hier die Prüfungsanforderungen eigenständig zu entwickeln sind. Wenig problematisch ist dabei eine Richtigkeitskontrolle der enthaltenen Berichtsangaben, während eine Vollständigkeitskontrolle derselben mit erheblichen Problemen verbunden ist. Mangels konkret und abschließend vorgegebener Mindestbestandteile des Holdingberichts, vergleichbar den Vorgaben des Art. 32 Abs. 2 S. 3 SE-VO, müssten die Prüfer eigenständig beurteilen, ob die für eine Plausibilitätsprüfung des Gründungsvorhabens seitens der Aktionäre erforderlichen Angaben geleistet wurden. Dies aber würde im Ergebnis auf eine Rechtmäßigkeitsprüfung hinauslaufen, die nur den Gerichten zusteht und daher von den Prüfern nicht geleistet werden kann. Die Prüfung des Holdingberichts ist daher nur auf die Richtigkeit der enthaltenen Angaben zu beschränken.

Kernstück der Prüfung ist aber weder die Prüfung der Mindestangaben noch die Prüfung des Holdingberichts; von besonderer Bedeutung ist vielmehr die *Angemessenheitsprüfung* des vorgeschlagenen *Umtauschverhältnisses* und etwaiger *barer Zuzahlungen*, wie sich aus der Berichterstattungspflicht des Art. 32 Abs. 5 SE-VO ohne weiteres entnehmen lässt.

Nicht zu prüfen ist hingegen die *Zweckmäßigkeit der Holdinggründung*, da es nicht zu den Pflichten der Prüfer gehört, die wirtschaftliche Zweckmäßigkeit der Holding selbst zu beurteilen und sich dazu zu äußern, inwieweit die Interessen der Aktionäre gewahrt sind.[2] Die Zweckmäßigkeitskontrolle kommt allein den Anteilsinhabern der Gründungsgesellschaften zu.

adc. Prüfungsbericht

Über das Ergebnis der Prüfung ist schriftlich zu berichten. Für eine deutsche Gründungsgesellschaft folgt wegen § 126 Abs. 1 BGB daraus, dass die Holdingprüfer ihren Bericht zu unterzeichnen haben. Der Bericht ist dem Vorstand vorzulegen, bei gemeinsamer Prüfung für alle Gesellschaften dem jeweiligen Vorstand, da nur diese die Möglichkeit haben, die vorgeschriebenen Auslegungspflichten zu erfüllen. Ein bestimmter *Aufbau und Inhalt des Prüfungsberichts* ist durch die SE-VO nicht vorgeschrieben. Hier bietet sich ein Rückgriff auf die Praxis der Verschmelzungsprüfung an. Dort unterteilt man den Inhalt des Prüfungsberichtes üblicherweise in einen

---

[1] S. für die Verschmelzungsprüfung Begr.RegE. zu § 340 b AktG a. F., BT-Drs. 9/1065, S. 16, li. Sp.
[2] Für die Verschmelzungsprüfung allgemeine Ansicht; statt aller vgl. *Mayer, D.*, in: Umwandlungsrecht, Kommentar, 2002, § 9, Rdnr. 22.

formellen und einen materiellen Teil. Ersterer betrifft die Vollständigkeits- und Richtigkeitskontrolle; letzterer bezieht sich auf die für das Angemessenheitstestat des Umtauschverhältnisses erforderlichen Ausführungen. Insoweit schreibt Art. 32 Abs. 5 SE-VO einen Mindestinhalt vor. Der Bericht muss auf *besondere Bewertungsschwierigkeiten* hinweisen und erklären, ob das Umtauschverhältnis der Aktien oder Anteile angemessen ist, sowie angeben, nach welchen *Methoden* es bestimmt worden ist und ob diese Methoden im vorliegenden Fall angemessen sind. Die Vorgaben entsprechen hier inhaltlich weitgehend denen des § 12 Abs. 2 S. 2 UmwG, so dass auf die dort entwickelten Anforderungen an die Berichterstattung zurückgegriffen werden kann.

ae. Prüfung etwaiger Barabfindungen durch wirtschaftliche Sachverständige

Art. 34 SE-VO ermächtigt die Mitgliedstaaten für die eine Gründung anstrebenden Gesellschaften Vorschriften zum Schutz der die Gründung ablehnenden Minderheitsgesellschafter, der Gläubiger und der Arbeitnehmer zu erlassen. In Ausübung dieser Ermächtigung hat der deutsche Gesetzgeber vorgesehen, dass eine die Gründung einer SE anstrebende deutsche Aktiengesellschaft im Gründungsplan jedem Aktionär, der gegen den Zustimmungsbeschluss dieser Gesellschaft zum Gründungsplan Widerspruch zur Niederschrift erklärt, den Erwerb seiner Anteile gegen eine angemessene Barabfindung anzubieten hat,[1] wenn

- die SE ihren Sitz im Ausland haben soll oder
- die SE ihrerseits abhängig im Sinne des § 17 AktG ist.

Die Angemessenheit einer anzubietenden Barabfindung ist stets durch Verschmelzungsprüfer zu prüfen, wobei die §§ 10 bis 12 UmwG entsprechend anzuwenden sind.[2]

Zum Zeitpunkt der Prüfung treffen aber weder § 9 Abs. 2, noch § 7 SE-AG eine Aussage. Der Verweis auf die Verschmelzungsprüfung kann aber wohl so verstanden werden, dass auch die Überprüfung des Barangebots vor der Beschlussfassung über die Verschmelzung zu erfolgen hat, zumal die Prüfungspflicht dem § 30 Abs. 2 UmwG entspricht und dort für die rein nationale Verschmelzung allgemein aner-

---

[1] § 9 Abs. 1 S. 1 SE-AG; ausführlich zu den Aspekten des dadurch gewährten Austrittsrechts vgl. *Teichmann, C.*, Austrittsrecht, 2004, S. 67, 69 ff.

[2] § 9 Abs. 2 i. V. m. § 7 Abs. 3 S. 1 und 2 SE-AG. Maßgebend ist die durch Art. 8 Abs. 1 Nr. 1 BilReG geänderte Fassung der §§ 10 bis 12.

kannt ist, dass die Prüfung vor der Beschlussfassung zu erfolgen hat.[1] Entsprechend wird man auch verlangen müssen, dass die zu erstattenden Prüfungsberichte zur Vorbereitung auf die Hauptversammlung zur Verfügung stehen. Zweckmäßigerweise erfolgt die Angemessenheitsprüfung im Rahmen der Holdingprüfung, da es hier wie dort um die Überprüfung der vorgenommen Unternehmensbewertung der Gründungsgesellschaft geht[2] und die Bewertung hinsichtlich Methodik und Grundlagen weitgehend identisch sind. Allein hinsichtlich des maßgebenden Bewertungsstichtags ergeben sich Unterschiede: Bei dem Umtauschverhältnis grundsätzlich freie Vereinbarung durch die Gründungsgesellschaften, jedoch vor dem Zeitpunkt der Beschlussfassung; bei der Barabfindung nach § 9 Abs. 1 SE-AG hingegen der Zeitpunkt der Beschlussfassung.[3]

Nach § 9 Abs. 2 SE-AG i. V. m. § 7 Abs. 3 S. 3 SE-AG können die Berechtigten auf die Prüfung oder den Prüfungsbericht verzichten; die Verzichtserklärungen sind notariell zu beurkunden.[4] Eine nähere Bestimmung der „Berechtigten" enthält § 7 SE-AG ebenso wenig wie § 9 Abs. 2 SE-AG. Da jedoch die Verzichtsmöglichkeit § 30 Abs. 2 S. 3 UmwG entnommen ist, kann für die Begriffsbestimmung auf die zu dieser Norm gewonnen Erkenntnisse zurückgegriffen werden. Berechtigt zur Verzichtserklärung sind danach die diejenigen Aktionäre, die gegen Barabfindung aus der Gesellschaft ausscheiden wollen, also diejenigen, die Widerspruch zur Niederschrift nach 9 Abs. 1 S. 1 SE-AG erklärt haben. Dies leuchtet hier wie dort ein, da die anderen Aktionäre von dem Abfindungsangebot nicht oder jedenfalls kaum betroffen sind. Da jedoch die Angemessenheitsprüfung vor der Beschlussfassung zu erfolgen hat, aber erst nach der Abstimmung feststeht, wer auszuscheiden gedenkt und daher Berechtigter ist, läuft die Verzichtsmöglichkeit weitgehend leer. Denn entweder man lässt sämtliche Aktionäre verzichten oder man geht das Risiko von Anfechtungsklagen ein.

af.   Offenlegung des Gründungsplans

Der *Gründungsplan* ist mindestens einen Monat vor der Hauptversammlung für jede der die Gründung anstrebenden Gesellschaften nach den in den Rechtsvorschriften der einzelnen Mitgliedstaaten gemäß Art. 3 Publizitätsrichtlinie vorgesehenen Ver-

---

[1]   Vgl. *Müller, W.,* in: Umwandlungsgesetz, Kommentar, 2001, § 30, Rdnr. 14; *Grunewald, B.,* in: Umwandlungsgesetz, Kommentar, 2000, § 30, Rdnr. 6.
[2]   Die Bewertung der Gründungsgesellschaften ist für die Bestimmung des Umtauschverhältnisses erforderlich und unterliegt nach Art. 33 Abs. 4 und Abs. 5 SE-VO der Holdingprüfung.
[3]   § 9 Abs. 2 i. V. m. § 7 Abs. 2 S. 1 SE-AG.
[4]   § 9 Abs. 2 i. V. m. § 7 Abs. 3 S. 3 SE-AG.

fahren *offen zu legen*.¹ Dies erfordert die Hinterlegung des Gründungsplans beim zuständigen Register sowie die Bekanntmachung der Hinterlegung in einem Amtsblatt.² Für eine deutsche Gründungsgesellschaft ist hier das Handelsregister zuständig. Dabei ist zu beachten, dass auch der *Holdingbericht* als Teil des Gründungsplans der Offenlegungsnorm des Art. 32 Abs. 3 SE-VO unterliegt, mag darin auch eine Unachtsamkeit des Verordnungsgebers liegen.³

Der nach Art. 32 Abs. 4 SE-VO *obligatorische Sachverständigenbericht* hingegen bedarf keiner Veröffentlichung im Handelsregister. Das SE-Statut sieht eine solche Verpflichtung nicht ausdrücklich vor; für die Annahme einer durch Rechtsfortbildung zu schließenden Regelungslücke gibt es keine Anhaltspunkte.

ag. Beteiligung der Arbeitnehmer

Art. 32 Abs. 6 Unterabschn. 2 S. 1 SE-VO bestimmt ausdrücklich, dass die *Beteiligung der Arbeitnehmer* gemäß der SE-RL festgelegt wird. Damit sind die Arbeitnehmervertreter mit Offenlegung der Gründung zu beteiligen. Hierfür gelten die Ausführungen zur Verschmelzung sinngemäß. Eine Abweichung zur Verschmelzung ergibt sich lediglich:

- bei der einvernehmlichen Verhandlungslösung, wenn diese eine Minderung der Mitbestimmungsrechte zur Folge hätte. Hier ist ein Beschluss mit einer Mehrheit von zwei Drittel der Mitglieder des BVG, die mindestens zwei Drittel der Arbeitnehmer in mindestens zwei Mitgliedstaaten vertreten, nur dann erforderlich, wenn sich die Mitbestimmung auf mindestens 50% der Gesamtzahl der Arbeitnehmer der beteiligten Gesellschaften und der betroffenen Tochtergesellschaften erstreckt (lediglich 25% bei der Verschmelzung).⁴

- Bei der Auffangregelung zur Mitbestimmung. Diese findet hier nur Anwendung, wenn
  - vor der Eintragung bereits Mitbestimmung bestand und sich auf mindestens 50% der Arbeitnehmer (bei Verschmelzung lediglich 25%) erstreckte oder

---

[1] S. Art. 32 Abs. 3 SE-VO.
[2] S. Art. 3 Abs. 2 und 4 Richtlinie 68/151/EWG des Rates v. 9.3.1968, Abl. EG Nr. L 065 v. 14.03.1968, S. 8 (Publizitätsrichtlinie).
[3] Hierfür spricht jedenfalls die Ähnlichkeit mit Art. 6 Verschmelzungsrichtlinie, der ebenfalls den Begriff des Verschmelzungsplans verwendet, dort allerdings den Verschmelzungsbericht nicht umfasst.
[4] S. § 15 Abs. 3 SE-BG.

– vor der Eintragung Mitbestimmung bestand und sich auf weniger als 50% der Arbeitnehmer erstreckte und das BVG einen entsprechenden Beschluss fasst.[1]

ah. Einberufung der Hauptversammlung/Gesellschafterversammlung

Ist der Gründungsplan erstellt, die Berichterstattung und Prüfung erfolgt, so steht die Gründung zur Entscheidung der Hauptversammlung jeder der die Gründung anstrebenden Gesellschaften.[2] Wie jedoch die *Hauptversammlung/Gesellschafterversammlung* zunächst *vorzubereiten* und *einzuberufen* ist, bestimmt die SE-VO nicht. Auch fehlt eine dem Art. 18 SE-VO entsprechende Verweisungsnorm ins nationale Recht. Art. 15 SE-VO scheidet aus, da es um Verfahrensschritte der Gründungsgesellschaften geht. Bereits aus der Funktion von Gründungsplan, einschließlich der schriftlichen Berichterstattung der Leitungsorgane, und Sachverständigenprüfung ergibt sich jedoch, dass Gründungsplan und Sachverständigenbericht den Aktionären / Gesellschaftern vor der Hauptversammlung zugänglich zu machen sind, da ansonsten der angestrebte a-priori-Schutz durch Information nicht erreicht werden kann. Zu klären ist also nur, zu welchem genauen Zeitpunkt und wie dies zu erfolgen hat. Dabei bietet sich zum einen eine *Analogie* zu Art. 18 SE-VO mit einer Verweisung auf das nationale Verschmelzungsrecht an.[3] Alternativ könnte man auch an die Anwendung der dem vereinheitlichten *europäischen Gesellschaftsrecht* zu entnehmenden *Grundsätze* denken.[4]

In beiden Fällen sind für eine deutsche Gründungsgesellschaft in entsprechender Anwendung des § 63 UmwG der Gründungsplan, einschließlich der schriftlichen Berichterstattung der Leitungsorgane, und der Sachverständigenbericht einen Monat vor dem Tag der Hauptversammlung am Sitz der Gesellschaft (in *Deutschland* in dem Geschäftsraum der Gesellschaft zur Einsicht der Aktionäre) bereitzustellen; auf Verlangen ist jedem Aktionär unverzüglich und kostenlos eine Abschrift der vorstehenden Unterlagen zu erteilen.[5] Auszulegen sind ebenfalls die Prüfungsberichte über die im Gründungsplan anzubietende Barabfindung; auch hier sind kostenlos Ab-

---

[1] S. § 34 Abs. 1 Nr. 3 SE-BG.
[2] S. Art. 32 Abs. 6 Unterabs. 1 SE-VO.
[3] Die analoge Anwendung des Art. 18 SE-VO darf nicht mit der von *Teichmann, C.*, Einführung, 2002, S. 383, 434, angedachten Analogie zum deutschen Umwandlungsrecht verwechselt werden. Da ersteres eine Rechtsfortbildung auf Ebene der SE darstellt, kommt die Sperrwirkung des § 1 Abs. 2 UmwG nicht zum Tragen.
[4] So *Teichmann, C.*, Einführung, 2002, S. 383, 434 f.
[5] Bei Rückgriff auf die allgemeinen Grundsätze des europäischen Gesellschaftsrechts entsprechend Art. 11 Abs. 1 Verschmelzungsrichtlinie und Art. 9 Abs. 1 Spaltungsrichtlinie (s. Richtlinie 82/891/EWG des Rates v. 17.12.1982, ABl. EG Nr. L 378 v. 31.12.1982, S. 47 ff.).

schriften zu erteilen. Gleiches gilt auch für eine deutsche GmbH als Gründungsgesellschaft, da unterschiedliche Informationsstandards zwischen GmbH und Aktiengesellschaft nicht zu rechtfertigen wären, gleichviel, ob man Art. 18 SE-VO analog anwendet oder sich auf die Grundsätze des vereinheitlichten europäischen Gesellschaftsrechts beruft.[1] Im Übrigen gilt für die Einladung zur Haupt-/Gesellschafterversammlung das jeweils nationale Aktien-/GmbH-Recht. Dementsprechend ist auf Seiten einer deutschen Aktiengesellschaft die Hauptversammlung nach den §§ 121 ff. AktG einzuberufen. Im Einzelnen hat die Einberufung durch den Vorstand[2] und mindestens einen Monat vor dem Tag der Versammlung[3] zu erfolgen. Sie ist im Bundesanzeiger nebst Tagesordnung, insbesondere des wesentlichen Inhalts des Verschmelzungsplans, bekannt zu machen.[4] Dabei ist zu beachten, dass nach § 7 Abs. 2 S. 3 SE-AG der Wortlaut des Barabfindungsangebots (§ 7 Abs. 1 SE-AG) zwingend in der Bekanntmachung des Verschmelzungsplans als Gegenstand der Beschlussfassung enthalten sein muss.[5]

b. Beschlussphase

ba. Durchführung der Haupt-/Gesellschafterversammlung

Regelungen über die *Durchführung der Haupt-/Gesellschafterversammlung* sind der SE-VO nicht zu entnehmen. Hier spricht vieles für eine bewusst lückenhafte Regelung durch den Verordnungsgeber in der Vorstellung, die Lücke werde durch nationales Recht geschlossen. Denn im europäischen Gesellschaftsrecht, namentlich der Verschmelzungs- und der Spaltungsrichtlinie, ist die Durchführung der Hauptversammlung stets zur Ausgestaltung durch den nationalen Gesetzgeber gestellt.

bb. Zustimmung zum Gründungsplan

bba. Beschlussgegenstand und Form

Nach Art. 32 Abs. 6 1. Unterabs. SE-VO stimmt die Hauptversammlung jeder der die Gründung anstrebenden Gesellschaften dem *Gründungsplan* zu. Über Art. 32 Abs. 7 SE-VO gilt Entsprechendes für die Gesellschafterversammlung der GmbH. Berücksichtigt man nun, dass nach Art. 32 Abs. 2 S. 2 SE-VO der Gründungsplan

---

[1] Im Ergebnis ebenso vgl. *Teichmann, C.*, Einführung, 2002, S. 383, 434 f.
[2] S. § 121 Abs. 2 S. 1 AktG.
[3] S. § 123 Abs. 1 AktG.
[4] S. §§ 25, 121 Abs. 3 S. 1, 124 Abs. 1 S. 1 und Abs. 2 S. 2 AktG.
[5] Vgl. Gesetzesbegründung zu § 7 SE-AG.

auch den *Holdingbericht* umfasst, so unterliegt nach dem Wortlaut des Art. 32 Abs. 6 SE-VO auch dieser der Zustimmung durch die Hauptversammlung. Dieses Ergebnis vermag aber nicht recht zu überzeugen. Dient doch gerade der Holdingbericht als Vorabinformation der Aktionäre/Gesellschafter auf die Vorbereitung der Haupt-/Gesellschafterversammlung und damit auf die Entscheidung über die Durchführung der Restrukturierungsmaßnahme. Zumindest hier wird man davon ausgehen können, dass der Begriff des Gründungsplans lediglich den von Art. 32 Abs. 2 S. 3 SE-VO fixierten Bestandteil des Gründungsplans umfasst.

Eine besondere Form sieht die SE-VO für den Zustimmungsbeschluss nicht vor. Es gelten daher die jeweiligen nationalen Vorschriften für Gesellschafterbeschlüsse. Speziell für Deutschland ist anzumerken, dass auch im Falle einer GmbH als Gründungsgesellschaft keine notarielle Beurkundung erforderlich ist, da durch den Gesellschafterbeschluss keine Verpflichtung zur Übertragung von GmbH-Anteilen begründet wird.

bbb. Beschlussmehrheit

Erstaunlicherweise enthält die SE-VO keine Angaben, welcher Mehrheit der von Art. 32 Abs. 6 1. Unterabs. Art. 32 Abs. 7 SE-VO jeweils geforderte Zustimmungsbeschluss bedarf. Dies erscheint ein Versehen des Verordnungsgebers zu sein. Die dadurch entstandene Lücke hat der deutsche Gesetzgeber im SE-Ausführungsgesetz für deutsche Gründungsgesellschaften geschlossen. Nach § 10 SE-AG bedarf der Zustimmungsbeschluss gemäß Art. 36 Abs. 6 SE-VO einer Mehrheit, die bei einer Aktiengesellschaft mindestens drei Viertel des bei der Beschlussfassung vertretenen Grundkapitals und bei einer Gesellschaft mit beschränkter Haftung mindestens drei Viertel der abgegebenen Stimmen umfasst. Für diese Mehrheitsanforderung kann sich der deutsche Gesetzgeber auf die für die Verschmelzung[1] und den Formwechsel[2] durch die SE-VO selbst vorgegebenen Mehrheitsquoten berufen. Zudem hat der SE-Vorschlag 1991 noch ausdrücklich auf die gemäß Art. 7 Verschmelzungsrichtlinie erlassenen nationalen Vorschriften verwiesen und damit selbst eine qualifizierte Mehrheit vorgesehen.

bbc. Zustimmungsvorbehalt Arbeitnehmerbeteiligung

Jede Haupt-/Gesellschafterversammlung kann sich das Recht vorbehalten, die Eintragung der SE davon abhängig zu machen, dass die geschlossene Vereinbarung über

---

[1] Art. 18 SE-VO i. V. m. den jeweiligen Regelungen der nationalen Verschmelzungsrechte und damit letztlich i. V. m. Art. 7 Verschmelzungsrichtlinie.

[2] Art. 37 Abs. 7 S. 2 i. V. m. den einzelstaatlichen Durchführungsbestimmungen zu Art. 7 der Richtlinie 78/855/EWG (Verschmelzungsrichtlinie).

die *Arbeitnehmerbeteiligung* von ihr ausdrücklich genehmigt wird.[1] Nach dem eindeutigen Gesetzesbefehl betrifft der Zustimmungsvorbehalt allein die Frage der Eintragungsmöglichkeit der SE und nicht die Wirksamkeit des Zustimmungsbeschlusses.[2]

Für eine deutsche Aktiengesellschaft könnte daran gedacht werden, die endgültige Entscheidungsbefugnis über die Arbeitnehmerbeteiligung auf den *Aufsichtsrat* zu delegieren.[3] Die dadurch angestrebte Beschleunigung des Gründungsverfahrens ist damit aber keineswegs gewährleistet. Im Gegenteil: Es ist der SE-VO nicht eindeutig zu entnehmen, ob eine nach nationalen Regelungen mögliche Verlagerung der Entscheidungskompetenz auch für Art. 32 Abs. 6 Unterabs. 2 S. 2 SE-VO zulässig ist, respektive welche inhaltlichen Anforderungen an eine solche Delegation zu stellen sind. Eine Übertragung der Zustimmungskompetenz eröffnet damit für dissentierende Minderheitsgesellschafter eine nicht ohne weiteres abzuschneidende Angriffsmöglichkeit gegen die Rechtmäßigkeit der Verschmelzung, die das Verschmelzungsverfahren für eine ganz erhebliche Zeit zum Ruhen bringen könnte.

bbd. Anerkennung etwaiger Spruchverfahren für deutsche Gründungsgesellschaften/SE

Der deutsche Gesetzgeber hat zum einen dissentierenden Minderheitsaktionären[4] die Möglichkeit des Ausscheidens aus der Gesellschaft gegen Barabfindung zur Verfügung gestellt[5] und zum anderen den zukünftigen Aktionäre einer deutschen SE die Möglichkeit eröffnet, die Verbesserung eines unangemessenen Umtauschverhältnisses durch bare Zuzahlungen zu erreichen.[6] Die Angemessenheitsprüfung der Barabfindung als auch des Umtauschverhältnisses obliegt dem Spruchverfahren.[7]

Voraussetzung ist jedoch jeweils, dass die Aktionäre bzw. Gesellschafter der übrigen Gründungsgesellschaften dieses Verfahren im Zustimmungsbeschluss ihrer jeweiligen Gesellschaften anerkennen.[8]

---

[1] S. Art. 32 Abs. 6 Unterabs. 2 S. 2, Abs. 7 SE-VO.
[2] Zur gleich gelagerten Regelung des Art. 23 Abs. 2 S. 2 SE-VO für die Verschmelzung siehe oben.
[3] S. § 111 Abs. 4 S. 2 AktG. So für die Verschmelzung vgl. *Teichmann, C.*, Einführung, 2002, S. 383, 403.
[4] Im Falle einer GmbH als Gründungsgesellschaft besteht für dissentierende Minderheiten keine gesetzliche Möglichkeit gegen Barabfindung auszuscheiden; zu den Gründen vgl. Gesetzesbegründung zu § 8 SE-AG.
[5] S. § 8 SE-AG.
[6] S. § 11 SE-AG.
[7] § 8 Abs. 2 SE-AG i. V. m. § 7 Abs. 7 SE-AG; § 1 Nr. 5 SpruchVerfG; § 11 Abs. 2 SE-AG.
[8] § 9 Abs. 2 SE-AG i. V. m. § 7 Abs. 7 SE-AG; § 11 Abs. 2 SE-AG i. V. m. § 6 Abs. 4 SE-AG.

Ausweislich der Gesetzesbegründung soll hier eine analoge Anwendung des § 25 Abs. 3 SE-VO deshalb vorgesehen werden, weil die Möglichkeit der Einleitung eines Spruchverfahrens mit der Folge des Ausschlusses der Anfechtbarkeit von der Zustimmung der Gesellschafter der ausländischen Gründungsgesellschaft als angemessene Lösung erscheint.[1] Diese Lösung ist aber nicht nur angemessen, sondern dient vor allem auch der Rechtssicherheit.

Denn erstaunlicherweise fehlt in der SE-VO für die Holding eine dem Art. 25 Abs. 3 S. 1 SE-VO (Verschmelzung) entsprechende Regelung, die den Aktionären der ausländischen Gründungsgesellschaften ein Vetorecht bezüglich der Anwendbarkeit von Spruchstellenverfahren an die Hand geben würde. Dies überrascht umso mehr, da hier wie dort die Interessenlage der von einer *Revision des Umtauschverhältnisses / Barabfindung* betroffenen Aktionäre/Gesellschafter dieselbe ist. Da die Vorschriften zum Minderheitenschutz erst in der letzten Version der SE-VO auftauchen, liegt die Vermutung nahe, der systematische Zusammenhang zwischen Minderheitenschutz und Vetorecht samt den entsprechenden Verknüpfungen bei der Verschmelzung wurde einfach übersehen. Die Folge kann nur sein, die unbewusst entstandene Lücke durch eine Analogie zu Art. 25 Abs. 3 SE-VO zu schließen.[2] Da es sich hierbei um eine Analogie auf Ebene der SE-VO selbst handelt, besteht für den nationalen Gesetzgeber auch nicht die Möglichkeit von dieser Regelung abzuweichen.

bc. Bestellung der Leitungsorgane und des Abschlussprüfers

Wie bei jeder Gründung einer Kapitalgesellschaft bedarf es auch bei der Gründungsalternative Holding einer *Bestellung* der *Gesellschaftsorgane*. Dabei erlaubt das Statut die erstmalige Bestellung der Mitglieder des Aufsichtsorgans (dualistisches System)[3] bzw. der Mitglieder des Verwaltungsorgans (monistisches System)[4] durch die

---

[1] Vgl. Gesetzesbegründung zu § 11 SE-AG.
[2] So zutreffend vgl. *Teichmann, C.*, Einführung, 2002, S. 383, 437.
[3] S. Art. 40 Abs. 2 S. 2 SE-VO.
[4] S. Art. 43 Abs. 3 S. 2 SE-VO. Bei einer SE mit Sitz in Deutschland und monistischer Struktur ist jedoch zu beachten, dass der Verwaltungsrat nicht zur Vertretung der SE berufen ist, dies vielmehr den geschäftsführenden Direktoren obliegt (§ 41 Abs. 1 SE-AG), wobei grundsätzlich auch Mitglieder des Verwaltungsrats zu geschäftsführenden Direktoren bestellt werden können (§ 40 Abs. 1 S. 1 SE-AG). Entsprechend ist die SE bei Gericht von allen Gründern, Mitgliedern des Verwaltungsrats und geschäftsführenden Direktoren zur Eintragung in das Handelsregister anzumelden (§ 21 Abs. 1 SE-AG). Neben der Bestellung der Verwaltungsratmitglieder bedarf es also im Rahmen der Gründung auch der Bestellung mindestens eines geschäftsführenden Direktors, was nur durch den Verwaltungsrat erfolgen kann (§ 40 Abs. 1 SE-AG).

Satzung,[1] d. h. in der Gründungsurkunde.[2] Damit können die Mitglieder des Aufsichts-/Verwaltungsorgans grundsätzlich bereits im Gründungsplan vorgesehen und damit noch zur Entscheidung der Hauptversammlungen der übertragenden Gesellschaften gestellt werden. Ist die Bestellung erfolgt, können im Falle des dualistischen Systems sodann die Mitglieder des Leitungsorgans vom Aufsichtsorgan bestellt werden.[3]

Für die *Bestellung* des *Abschlussprüfers* gilt über Art. 15 SE-VO die Regelung des § 30 Abs. 1 AktG, so dass die Bestellung durch die Gründer der Holding zu erfolgen hat, und zwar in notarieller Urkunde. Dabei spricht einiges dafür, die Gründungsgesellschaften als Gründer i. S. d. § 30 AktG zu betrachten.[4] Zum einen bestimmen nach der Konzeption der SE-VO nämlich nicht die einzelnen, gründungswilligen Anteilseigner, sondern die Hauptversammlung/Gesellschafterversammlung als Organ der die Gründung anstrebenden Aktiengesellschaft/GmbH über den Gründungsplan und damit auch die Satzung als Bestandteil dieses Plans.[5] Zum anderen kommt nach dem durch Art. 32 SE-VO gesetzlich ausgeformten Gründungsvorgang nicht den Aktionären/Gesellschaftern, sondern den Gründungsgesellschaften die dominante Rolle im Gründungsverfahren zu.

c. Vollzugsphase

In diese Phase fallen folgende Maßnahmen,

- Einbringung der Anteile an den Gründungsgesellschaften in die Holding,
- Pflichtangebot nach § 35 Abs. 2 WpÜG
- Erstellung des Gründungsberichts,
- Durchführung der Gründungsprüfung,
- Anmeldung zur Eintragung und Rechtmäßigkeitsprüfung/Eintragung.

---

[1] Einzelstaatliche Rechtsvorschriften, die auch einer Minderheit von Aktionären oder anderen Personen oder Stellen die Bestellung eines Teils der Organmitglieder erlauben, bleiben von dieser Art der Bestellungsmöglichkeit ebenso unberührt wie geschlossene Vereinbarungen über die Arbeitnehmerbeteiligung; s. Art. 40 Abs. 2 S. 2 und 3, 43 Abs. 3 S. 2 und 3, Art. 47 Abs. 4 SE-VO.
[2] Nach Art. 6 SE-VO bezeichnet der Ausdruck „Satzung der SE" zugleich die Gründungsurkunde und, falls sie Gegenstand einer getrennten Urkunde ist, die Satzung der SE im eigentlichen Sinne.
[3] S. Art. 39 Abs. 2 Unterabs. 1 SE-VO.
[4] So bereits *Tronjan-Limmer, U.*, Statut, 1991, S. 1010, 1014 zum SE-VO-Vorschlag 1991.
[5] S. Art. 32 Abs. 6 Unterabs. 1, Abs. 7 SE-VO.

ca. Einbringung der Anteile

caa. Gründungsvoraussetzung

Die für die Gründung einer Holding erforderliche *Anteilseinbringung* erfolgt in *zwei Stufen*. In der *ersten Stufe* haben die Gesellschafter der Gründungsgesellschaften die Möglichkeit, innerhalb einer Frist von drei Monaten mitzuteilen, ob sie beabsichtigen, ihre Gesellschaftsanteile bei der Gründung der SE einzubringen.[1] Nur wenn innerhalb der Drei-Monats-Frist die Gesellschafter der Gründungsgesellschaften den im Gründungsplan festgelegten Mindestprozentsatz der Gesellschaftsanteile tatsächlich eingebracht haben und alle übrigen Bedingungen erfüllt sind, ist die SE gegründet.[2] Die Einbringungsfrist beginnt dabei nach Art. 33 Abs. 1 S. 2 SE-VO mit dem Zeitpunkt, zu dem der Gründungsplan der SE gemäß Art. 32 SE-VO „endgültig festgelegt" worden ist. Dies ist unzweifelhaft der Zeitpunkt der Hauptversammlung, wenn die Aktionäre von dem fakultativen Hauptversammlungsvorbehalt des Art. 36 Abs. 6 Unterabs. 2 SE-VO keinen Gebrauch machen.[3]

Wie verhält es sich aber, wenn die Aktionäre über die endgültige Vereinbarung der Arbeitnehmerbeteiligung abzustimmen gedenken? Auch hier legt der Wortlaut die Maßgeblichkeit des erstmaligen Hauptversammlungsbeschlusses nahe. Denn der Gründungsplan wird mit der erstmaligen Zustimmung der Hauptversammlung nicht nur wirksam,[4] sondern er erhält auch seine endgültige Fassung. Andererseits stellt sich die Frage, warum in Art. 31a Abs. 1 SE-VO-Vorschlag 1991 noch ausdrücklich die Zustimmung der Hauptversammlung als maßgeblicher Zeitpunkt vorgesehen war und zeitgleich mit der Neueinführung des Zustimmungsvorbehalts geändert wurde. Dies legt die Vermutung nahe, der Verordnungsgeber will die Ausübung des Vorbehalts bei der Einbringungsfrist berücksichtigt wissen. Die Folge ist: Für den Fristbeginn ist grundsätzlich auf den Zeitpunkt des Hauptversammlungsbeschlusses über die Gründung abzustellen. Hat sich jedoch die Hauptversammlung die Zustimmung zur Vereinbarung über die Arbeitnehmerbeteiligung vorbehalten, so gilt Anderes.

---

[1] S. Art. 33 Abs. 1 S. 1 SE-VO.

[2] S. Art. 33 Abs. 2 SE-VO.

[3] Aus diesen Vorgaben für eine wirksame Holdinggründung lässt sich durchaus ableiten, dass es sich bei der von den Anteilseignern geforderten Mitteilung nicht nur um eine bloße Absichtserklärung („... beabsichtigen ... einzubringen") handelt, sondern vielmehr eine rechtsverbindliche Erklärung über den Anteilstausch vorliegt. Nur letzteres kann nämlich eine tragfähige Grundlage für die von Art. 33 Abs. 2 SE-VO geforderte Einbringung als Gründungsvoraussetzung der Holding sein. Im Ergebnis ebenso vgl. *Teichmann, C.*, Einführung, 2002, S. 383, 436.

[4] Der Vorbehalt bezieht sich ausdrücklich nur auf die Eintragung der Gründung und lässt somit die Wirksamkeit des Gründungsplans unberührt.

Hier beginnt die Frist erst mit der endgültigen Zustimmung zur Arbeitnehmerbeteiligung.¹

cab. Anteilseinbringung nach Gründung

Wurde ein hinreichender Prozentsatz von Anteilen zum Umtausch angemeldet und sind alle sonstigen Bedingungen für die Gründung der SE erfüllt, so ist diese Information gemäß den nach Art. 3 Publizitätsrichtlinie erlassenen Vorschriften des einzelstaatlichen Rechts, dem die jeweilige Gründungsgesellschaft unterliegt, offen zu legen.² Anschließend erhalten die verbleibenden Gesellschafter einen weiteren Monat Zeit, sich für einen *Umtausch* ihrer *Anteile* zu entscheiden.³

In der Literatur bestehen nun Irritationen darüber, wann diese Monatsfrist letztlich zur Verfügung steht, vor⁴ oder nach⁵ der Eintragung der SE? Würde sich die Publizitätsverpflichtung des Art. 33 Abs. 2 SE-VO auf die SE und nicht auf die Gründungsgesellschaften beziehen, so wäre zweifellos letzteres zutreffend. So allerdings kann es allein darauf ankommen, ob zu den in Art. 33 Abs. 3 und Abs. 2 SE-VO angesprochenen Bedingungen für die Gründung auch die Eintragung der SE gehört. Hiergegen spricht, dass im Gesellschaftsrecht für die Gründung einer Kapitalgesellschaft allgemein zwischen dem Vollzug des Gründungsgeschäfts einerseits und der vollständigen Errichtung durch Eintragung in ein Register andererseits differenziert wird. Und gleiches gilt auch für die Gründung einer SE, da diese erst mit Eintragung in das zuständige Register die Rechtspersönlichkeit erhält⁶ und die SE-VO bereits vor diesem Zeitpunkt von der Existenz eines Rechtsgebildes ausgeht, wie die Handelndenhaftung des Art. 16 Abs. 2 SE-VO zeigt.⁷

Art. 33 Abs. 3 SE-VO bezieht sich somit auf die Voraussetzungen des Gründungsgeschäfts und damit auf einen Zeitpunkt vor der Eintragung der SE. Klar ist dabei, dass die erneute Einbringungsfrist keine Gründungsvoraussetzung darstellt, da Art. 33 Abs. 5 SE-VO als solcher allein die Formalitäten gemäß Art. 32 SE-VO und die in Art. 33 Abs. 2 SE-VO genannten Voraussetzungen bezeichnet. Dies hat zum einen Auswirkungen für die Gründungshaftung, die hier entfällt.⁸ Und zum anderen kann

---

1   Ebenso im Ergebnis vgl. *Teichmann, C.*, Einführung, 2002, S. 383, 436.
2   S. Art. 33 Abs. 3 Unterabs. 1 SE-VO.
3   S. Art. 33 Abs. 3 Unterabs. 2 SE-VO.
4   So *Teichmann, C.*, Einführung, 2002, S. 383, 437.
5   So *Kersting, C.*, Societas Europaea, 2001, S. 2079, 2084.
6   S. Art. 16 Abs. 1 SE-VO.
7   Zur Handelndenhaftung bei der SE vgl. *Kersting, C.*, Societas Europaea, 2001, S. 2079.
8   Im Ergebnis ebenso vgl. *Kersting, C.*, Societas Europaea, 2001, S. 2079, 2084, der allerdings die erneute Einbringungsfrist erst nach Eintragung der SE für eröffnet sieht.

die Eintragung der Gründung bereits während der einmonatigen Frist betrieben werden.[1]

cb. Pflichtangebot nach § 35 Abs. 2 WpÜG

Bei der erfolgreichen Gründung einer *Holding-SE* erwirbt die SE die Mehrheit der Anteile an den die Gründung betreibenden Gesellschaften. Ist dabei eine deutsche Gründungsgesellschaft börsennotiert, so ist die für ein Pflichtangebot nach § 35 Abs. 2 WpÜG erforderliche Beteiligungshöhe erreicht.[2] Es stellt sich daher die Frage, ob neben den gesellschaftsrechtlichen Instrumentarien des Minderheitenschutzes auch der spezifisch kapitalmarktrechtliche Minderheitenschutz, wozu insbesondere das Pflichtangebot nach § 35 Abs. 2 WpÜG zählt, Anwendung findet.

Der internationale Anwendungsbereich des WpÜG begrenzt die Anwendbarkeit jedenfalls nicht, da die SE-VO für das Übernahmerecht keine Aussagen treffen wollte und somit die sich hier ergebenden Fragen auch nicht vom Regelungsbereich der SE-VO erfasst sind.[3] Die Anwendung bei grenzüberschreitenden Sachverhalten bestimmt sich daher nach den Regeln des Internationalen Privatrechts. Das WpÜG ist danach auf eine deutsche Gesellschaft, die ihren Sitz im Inland hat und deren Aktien an einer Börse im Europäischen Wirtschaftsraum zum Handel zugelassen sind, auch dann anwendbar, wenn die neu entstehende SE ihren Sitz im Ausland hat.[4]

Die Literatur tendiert nun überwiegend zu der Ansicht, Übernahme- und Gesellschaftsrecht seien *kumulativ* anzuwenden.[5] Hierfür lassen sich in der Tat die unterschiedlichen Zielsetzungen von Übernahme- und Gesellschaftsrecht anführen;[6] hinzukommt auch für die Holdinggründung, trotz des gesellschaftsrechtlich bestehen-

---

[1] Art. 33 Abs. 5 SE-VO bezieht sich bei den Eintragungsvoraussetzungen nur auf die Einbringung erster Stufe, nämlich auf die Formalitäten gemäß Art. 32 SE-VO sowie auf die in Art. 33 Abs. 2 SE-VO genannten Voraussetzungen.

[2] Die Pflicht, ein Angebot nach dem WpÜG abzugeben, wird ausgelöst durch die Erlangung der Kontrolle (S. § 35 Abs. 1 S. 1 Abs. 2 WpÜG), die als das Halten von mindestens 30% der Stimmrechte an einer inländischen börsennotierten Aktiengesellschaft definiert ist (S. § 29 Abs. 2 i. V. m. § 2 Abs. 3 WpÜG), wozu auch eine SE mit Sitz in Deutschland zu rechnen ist. Unerheblich ist, ob die Gesellschaft zuvor „kontrollfrei" war oder nur der kontrollierende Aktionär wechselt. Dem Wortlaut nach ist § 35 Abs. 1 S. 1 WpÜG für jede Art der Kontrollerlangung offen, also auch für eine Verschmelzung vgl. hierzu *Teichmann, C.*, Austrittsrecht, 2004, S. 67, 77, m. w. N. aus der Literatur.

[3] vgl. hierzu *Teichmann, C.*, Austrittsrecht, 2004, S. 67, 78.

[4] S. § 1 i. V. m. § 2 Abs. 3 und Abs. 7; vgl. hierzu *Teichmann, C.*, Austrittsrecht, 2004, S. 67, 78.

[5] Statt aller vgl. *Teichmann, C.*, Austrittsrecht, 2004, S. 67, 77 ff. mit umfangreichen Nachweisen der verschiedenen Auffassungen.

[6] Hierzu vgl. *Kleindiek, D.*, Funktion, 2002, S. 546, 554 ff., 568 f.

B.III. Gründung einer Holding-SE   165

den Austrittsrechts durch Barabfindung,[1] die nicht völlig deckungsgleiche Ausgestaltung des Minderheitenschutzes. Während nämlich das Gesellschaftsrecht mit dem Spruchverfahren einen individuellen Rechtsschutz gewährt, der im Übernahmerecht fehlt,[2] kann das Übernahmerecht seinerseits auf Eigenheiten der Preisbildung nicht verzichten, die im Gesellschaftsrecht nicht in vollem Umfang zur Geltung gelangen.[3]

Für die Praxis – und damit auch für die SE-Gründung – jedenfalls ist von Bedeutung, dass auch die BaFin zur kumulativen Anwendung von Gesellschafts- und Übernahmerecht neigt.[4]

Speziell im Falle der Holdinggründung ist damit aber noch nicht gesagt, dass stets ein Pflichtangebot erforderlich ist. Eine Befreiung ist denkbar, wenn der vom WpÜG angestrebte Schutz im konkreten Fall in gleicher Weise durch das Gesellschaftsrecht gewährt werden kann. Einschlägig wäre die Fallgruppe des § 37 Abs. 1 WpÜG, wonach die Befreiung im Hinblick auf die „Art der Erlangung" der Kontrolle gerechtfertigt ist. Da das Pflichtangebot mit Erlangung der Kontrolle ausgelöst wird, löst erst das Wirksamwerden der gesellschaftsrechtlichen Strukturmaßnahme die übernahmerechtlichen Mechanismen aus. Die BaFin hat in diesem Stadium die Möglichkeit, in die Entscheidung über eine Befreiung auch das gesellschaftsrechtliche Austrittsrecht einzubeziehen und zu prüfen, ob es in der Wertfestsetzung und hinsichtlich der vorbereitenden Information der Aktionäre den Anforderungen des WpÜG gerecht wird. Bei ihrer Entscheidung hat sie nach pflichtgemäßem Ermessen zwischen dem Interesse des Antragstellers an einer Befreiung und den Interessen der Minderheitsaktionäre an einem Pflichtangebot abzuwägen. Werden die Interessen der Minderheit durch ein gesellschaftsrechtliches Austrittsrecht hinreichend geschützt, tendiert das Ermessen gegen Null, und die Befreiung ist zu erteilen.[5] Denkbar sind dabei Nebenbestimmungen (Befristungen, Bedingungen, Widerrufsvorbehalte, Auflagen) im Hinblick auf Konstellationen, in denen das Gesellschaftsrecht dem kapitalmarkrechtlich angestrebten Schutz nicht vollständig erreicht. Die Praxis

---

[1] S. § 9 SE-AG.

[2] Die Prüfung des Pflichtangebots obliegt von Amts wegen der BaFin; ein Recht auf Hinzuziehung oder Akteneinsicht eines Aktionärs besteht grundsätzlich nicht, vgl. *OLG Frankfurt a. M.*, Beschluss v. 27.5.2003, BKR 3 (2003), S. 597, bestätigt durch *OLG Frankfurt a.M.*, Beschluss v. 9.10.2003, NZG 7 (2004), S. 243; Zu den Unterschieden im Rechtsschutz vgl. auch *Teichmann, C.*, Austrittsrecht, 2004, S. 67, 81 f.

[3] Gesellschafts- und Übernahmerecht ziehen grundsätzlich für die Wertermittlung den durchschnittlichen Börsenkurs heran; darüber hinaus kennt das WpÜG jedoch als zweite Untergrenze noch den Preis für einen eventuellen Vorerwerb, den dass Gesellschaftsrecht im Regelfall nicht berücksichtigt, vgl. hierzu ausführlich *Teichmann, C.*, Austrittsrecht, 2004, S. 67, 79 ff.

[4] Vgl. Bericht von *Lenz, J. / Linke, U.*, Handhabung, 2002, S. 361, 367.

[5] Ausführlich zur Auflösung des Konkurrenzverhältnisses zwischen Übernahme- und Gesellschaftsrecht durch die Befreiung nach § 37 WpÜG vgl. *Teichmann, C.*, Austrittsrecht, 2004, S. 67, 82 f.

hat es somit weitgehend selbst in der Hand, auf eine Befreiung hinzuarbeiten, indem sie bereits die Information im Verfahren der Holdinggründung (insbesondere im Holdingbericht) auf die Anforderungen des WpÜG abstimmt und auf Parallelkäufe oberhalb des Börsenkurses verzichtet.

cc. Gründungsbericht/-prüfung

Bei der Holdinggründung geht es um die Einbringung von Anteilen an nationalen Aktiengesellschaften/GmbH in eine SE gegen Gewährung von Anteilen derselben und damit um eine Sachgründung der SE. Über die Verweisung des Art. 15 SE-VO sind die nationalen Vorschriften für *Sachgründungen* von Aktiengesellschaften zu beachten. Darunter fällt auch die Verpflichtung zu einem *Gründungsbericht*[1] und zu einer *Gründungsprüfung*.[2] Der zudem geforderte Holdingbericht und die Holdingprüfung lassen die Verpflichtung zum Gründungsbericht sowie zur Gründungsprüfung nicht entfallen, da jeweils unterschiedliche Zwecke verfolgt werden. Während nämlich erstere dem a-priori-Schutz der Aktionäre dienen, sollen letztere einen Beitrag zur Sicherung einer ordnungsgemäßen Gründung leisten. Von der grundsätzlichen Anwendbarkeit der §§ 32 ff. AktG geht auch der deutsche Gesetzgeber aus, wie sich aus § 21 Abs. 2 S. 3 SE-AG und § 21 Abs. 3 SE-AG ergibt. Denn nach § 21 Abs. 3 SE-AG kann das Gericht die Anmeldung zur Eintragung ablehnen, wenn für den Prüfungsbericht der Mitglieder des Verwaltungsrats die Voraussetzungen des § 38 Abs. 2 AktG gegeben sind (Prüfungsbericht ist unrichtig oder unvollständig oder entspricht nicht den gesetzlichen Vorschriften).

cca. Gründungsbericht

(1) Adressat der Berichtspflicht

Bei der Holding-Gründung spricht einiges dafür, die Gründungsgesellschaften als *Gründer* i. S. d. aktienrechtlichen Gründungsvorschriften zu betrachten.[3] Zum einen bestimmen nämlich nach der Konzeption der SE-VO nicht die einzelnen, gründungswilligen Anteilseigner, sondern die Hauptversammlung/Gesellschafterversammlung als Organ der die Gründung anstrebenden Aktiengesellschaft/GmbH über den Gründungsplan und damit auch über die Satzung als Bestandteil dieses Plans.[4] Zum anderen kommt nach dem durch Art. 32 SE-VO gesetzlich ausgeformten Gründungsvorgang nicht den Aktionären/Gesellschaftern, sondern den Gründungsgesell-

---

[1] S. § 32 AktG.
[2] S. § 33 ff. AktG.
[3] So bereits *Tronjan-Limmer, U.*, Statut, 1991, S. 1010, 1014 zum SE-VO-Vorschlag 1991.
[4] S. Art. 32 Abs. 6 Unterabs. 1, Abs. 7 SE-VO.

schaften die dominante Rolle im Gründungsverfahren zu. Konsequenterweise sollten diese Gesellschaften als Gründer angesehen und zur Berichterstattung verpflichtet werden; denn im Grunde sollte derjenige die Berichterstattung vornehmen, der auch das Gründungsgeschäft betrieben hat.

(2) Berichtsinhalt

Der *Gründungsbericht* hat sich entsprechend der Anordnung in § 32 Abs. 1 AktG zunächst mit dem *Hergang der Holdinggründung* zu befassen. Hier hat der Bericht zunächst alle rechtlich relevanten Vorgänge anzugeben. Er hat deshalb in erster Linie Angaben

- zur Vorbereitung der Gründung,
- zum Gründungsbeschluss,
- zum Tausch der Gesellschaftsanteile,
- zur neuen Firma sowie
- zur Bestellung der Organe für die SE zu enthalten.

Sodann hat sich der Bericht entsprechend den Vorgaben des § 32 Abs. 2 S. 1 AktG zu den wesentlichen Umständen zu äußern, von denen die *Angemessenheit* der *Leistungen* für *Sacheinlagen* abhängt. Hier geht es darum, aufzuzeigen, dass der Wert der Sacheinlagen dem Ausgabebetrag der zu gewährenden Aktien entspricht, denn dann ist sichergestellt, dass das Grundkapital tatsächlich aufgebracht ist. Übertragen auf die Holding-SE bedeutet dies, Ausführungen über die Wertverhältnisse der eingebrachten Aktien/Geschäftsanteile und der dafür gewährten Aktien der SE zu machen.

Konkretisiert wird die Angemessenheitsdarstellung durch die in § 32 Abs. 2 S. 2 Nr. 1 bis 3 AktG aufgeführten Angaben, die nach allgemeiner Ansicht stets erforderlich sind und ggf. durch Fehlanzeigen ausdrücklich zu verneinen sind.[1] Dabei bereiten die in § 32 Abs. 2 S. 2 Nr. 1 und 3 AktG angesprochenen Angaben wenig Probleme; ersteres scheidet aus, da kein auf den Erwerb durch die SE hinzielendes Rechtsgeschäft der Gründung vorangeht,[2] letzteres mangels Einbringung eines Unternehmens.

Praktische Schwierigkeiten hingegen bereitet die von § 32 Abs. 2 S. 2 Nr. 2 AktG geforderte Angabe der Anschaffungs- und Herstellungskosten des Einlagegegen-

---

1 Vgl. *Hüffer, U.*, in: Aktiengesetz, Kommentar, 2002, § 32, Rdnr. 5.
2 Zum Begriff des vorausgegangenen Rechtsgeschäfts vgl. *Hüffer, U.*, in: Aktiengesetz, Kommentar, 2002, § 32, Rdnr. 5.

standes aus den letzten beiden Jahren vor der Einlage, wenn Publikumsgesellschaften mit weltweit verstreuten Aktionären als Gründungsgesellschaften beteiligt sind. Die von der Vorschrift angestrebte Feststellung von Differenzen zwischen den Aufwendungen des Einlegers und der Gegenleistung der Aktiengesellschaft[1] kann hier keinen wirklichen Beitrag zur Sicherung der Kapitalaufbringung leisten, allenfalls den, dass die Gründung mangels Durchführbarkeit entfällt. Hier kann vernünftigerweise keine Angabe von Anschaffungskosten gefordert werden. Die von § 32 Abs. 2 S. 2 Nr. 1 bis 3 AktG geforderten Angaben über eine SE-spezifische Auslegung der Verweisungswirkung des Art. 15 SE-VO schlechterdings auszuschalten, würde allerdings verkennen, dass auch bei der Holding-Gründung die von diesen Angaben vorausgesetzte Konfliktsituation gegeben sein kann, wenn nur wenige Aktionäre bei den Gründungsgesellschaften vorhanden sind. Als Mittelweg könnte daran gedacht werden, die Angaben nur für personalistisch strukturierte Gründungsgesellschaften für erforderlich zu halten.

Im Bericht über die Gründung ist nach § 32 Abs. 3 AktG schließlich anzugeben, ob und in welchem Umfang bei der Gründung für Rechnung eines Mitglieds des Vorstands oder des Aufsichtsrats Aktien übernommen worden sind.[2] Erforderlich sind weiter Angaben zu Sondervorteilen und Entschädigungen oder Vergütungen (Belohnungen), die den Organmitgliedern im Rahmen der Holdinggründung gewährt oder zugesagt worden sind.

ccb. Gründungsprüfung

(1) Adressat der Prüfung

Den Gründern einer SE steht es frei, darüber zu entscheiden, ob die SE durch ein dualistisches Leitungssystem Vorstand/Aufsichtsrat oder ein monistisches Systems des Verwaltungsrats geführt werden soll. Wird das dualistische System gewählt, ist der Hergang der Gründung nach § 33 Abs. 1 AktG durch den Vorstand und den Aufsichtsrat der „gegründeten" Gesellschaft zu prüfen, im Falle des monistischen Systems durch die Mitglieder des Verwaltungsrats.[3]

Da bei der Holdinggründung eine Gründung mit Sacheinlagen vorliegt, ist nach § 33 Abs. 2 Nr. 4 AktG auch eine Prüfung durch einen oder mehrere Prüfer (Gründungsprüfer) vorzunehmen. Die Prüfer sind nach Anhörung der Industrie- und Handels-

---

[1] Vgl. *Hüffer, U.*, in: Aktiengesetz, Kommentar, 2002, § 32, Rdnr. 5.
[2] Für das monistische System sind hier Aussagen über die Mitglieder des Verwaltungsorgans zu treffen.
[3] Hier ist der auf das dualistische Leitungssystem Vorstand / Aufsichtsrat zugeschnittene Wortlaut des § 33 Abs. 1 AktG über die Verweisung des Art. 15 SE-VO SE spezifisch auszulegen.

kammer vom Gericht zu bestellen.[1] Als Prüfer kommen dabei nur Personen oder Prüfungsgesellschaften in Betracht, die über eine ausreichende Vorbildung und Erfahrung in der Buchführung verfügen.[2] Ferner gelten auch für den Gründungsprüfer die Bestellungsverbote der §§ 319 Abs. 2 und 3 HGB.[3] Zudem sind auch Prüfer oder Prüfungsgesellschaften ausgeschlossen, auf die bzw. deren Geschäftsführung die Gründer oder Personen, für deren Rechnung die Gründer Aktien übernommen haben, maßgebenden Einfluss haben.[4]

Über ihre Prüfung haben Vorstand und Aufsichtsrat bzw. der Verwaltungsrat sowie der oder die Prüfer jeweils nach § 34 Abs. 2 S. 1 AktG einen schriftlichen *Prüfungsbericht* zu erstatten. Die entsprechenden Prüfungsberichte sind der Anmeldung zum Handelsregister beizufügen,[5] der Prüfungsbericht der externen Gründungsprüfer (§ 32 Abs. 2 AktG) ist zudem bei der Geschäftsführung der SE einzureichen.[6]

Da es bei der Holding mit der Einbringung der Aktien/Gesellschaftsanteile um eine Sachgründung geht, sind die Vorgaben des § 34 Abs. 2 S. 2 AktG zu beachten, wonach in dem Bericht der Gegenstand der Sacheinlage zu beschreiben ist und die für die Wertermittlung angewandten Bewertungsmethoden anzugeben sind. Übertragen auf die Holding folgt hieraus die Beschreibung der eingebrachten Aktien/Gesellschaftsanteile und die Angabe der für die Bestimmung der Umtauschrelation angewandten Bewertungsmethode.

(2)   Prüfungsumfang

Wesentliche Einzelaspekte der Gründungsprüfung sind in § 34 Abs. 1 AktG angesprochen, ohne dass damit eine abschließende Regelung des Prüfungsumfangs verbunden wäre. Dieser ist daher aus dem Zweck der Prüfung abzuleiten, eine ordnungsgemäße Errichtung einer Aktiengesellschaft sicherzustellen, die im Interesse der künftigen Gläubiger und Aktionäre die notwendigen Sicherungen erfüllt.[7] An diesen Zwecken hat sich auch bei der Holdinggründung der Umfang der Gründungsprüfung zu orientieren, weshalb alle tatsächlichen und rechtlichen Vorgänge, die mit

---

[1]   S. § 33 Abs. 3 S. 1 AktG.
[2]   S. § 33 Abs. 4 AktG.
[3]   § 33 Abs. 5 S. 1 AktG verweist auf § 143 Abs. 2 AktG (Sonderprüfer), der seinerseits auf § 319 Abs. 2 und 3 HGB Bezug nimmt.
[4]   S. § 33 Abs. 5 S. 2 AktG; im Einzelnen vgl. *Hüffer, U.*, in: Aktiengesetz, Kommentar, 2002, § 33, Rdnr. 7.
[5]   S. § 34 Abs. 3 S. 1, § 37 Abs. 3 Nr. 4 AktG; § 21 Abs. 2 S. 3 SE-AG.
[6]   S. § 34 Abs. 3 S. 1 AktG.
[7]   Vgl. *Hüffer, U.*, in: Aktiengesetz, Kommentar, 2002, § 33, Rdnr. 1.

der Gründung zusammenhängen, zu prüfen sind.[1] Geht es nach den Vorgaben des § 34 Abs. 1 Nr. 1 AktG, so ist dabei namentlich auf die Festsetzungen nach §§ 26 oder 27 AktG und den Angaben zur Einbringung der Aktien / Geschäftsanteile der Gründungsgesellschaften gegen Erhalt von Aktien der SE einzugehen. Die Sondervorteile i. S. d. § 26 Abs. 1 AktG dürften aber bei einer Finanzholding kaum auftreten[2] und § 27 Abs. 1 AktG läuft bei der Holdinggründung ins Leere.

§ 27 Abs. 1 AktG fordert nämlich bei einer Sacheinlage bestimmte Angaben in der Satzung (Gegenstand der Sacheinlage, Person des Einlegers, bei Nennbetragsaktien der Nennbetrag, bei Stückaktien die Zahl der im Gegenzug zu gewährenden Aktien), die bei der Holdinggründung nicht geleistet werden können. Die Satzung ist nämlich zwingender Bestandteil des Gründungsplans.[3] Dieser wiederum ist zwingend vor der Hauptversammlung aufzustellen. Zu diesem Zeitpunkt aber steht bei der Holding noch nicht fest, ob die Gründung überhaupt stattfindet und wer ggf. die Anteile einbringt und damit auch Anteile erhält. Entsprechende Angaben sind daher in der Satzung ebenfalls nicht aufzunehmen.

cd. Rechtmäßigkeitsprüfung der Gründung

Anders als für die Verschmelzung in Art. 25 und 26 SE-VO ist für die Holdinggründung keine zweistufige Prüfung des Gründungsverfahrens vorgesehen. Stattdessen beschränkt sich das SE-Statut darauf, in Art. 33 Abs. 5 SE-VO einen eindeutigen Prüfungsauftrag an die für die konstitutive Eintragung zuständige Stelle zu formulieren: Die SE darf erst dann eingetragen werden, wenn die Formalitäten gemäß Art. 32 SE-VO und die in Art. 33 Abs. 2 SE-VO genannten Voraussetzungen nachweislich erfüllt sind.

Zu prüfen ist also, ob der Gründungsplan die erforderlichen Bestandteile enthält, die Holdingprüfung samt schriftlicher Berichterstattung vorgenommen wurde und die jeweiligen Hauptversammlungen der Gründung zugestimmt haben; bei einem Vorbehalt über die Arbeitnehmerbeteiligung ist auch zu prüfen, ob die getroffene Vereinbarung von den Aktionären/Gesellschaftern endgültig abgesegnet wurde. Schließlich hat sich die für die Eintragung zuständige Stelle davon zu überzeugen, dass die im Gründungsplan festgesetzte Mindesteinbringungsquote innerhalb der vorgesehenen Frist erreicht wurde. Die hierfür erforderlichen Dokumente und Auskünfte sind von den Gründungsgesellschaften beizubringen. Wie dies im Einzelnen zu erfolgen hat, richtet sich dabei über Art. 15 SE-VO nach dem geltenden Recht des Sitzstaates

---

[1] Vgl. *Hüffer, U.*, in: Aktiengesetz, Kommentar, 2002, § 34, Rdnr. 2.
[2] Zum Begriff des Sondervorteils vgl. *Hüffer, U.*, in: Aktiengesetz, Kommentar, 2002, § 26, Rdnr. 2 f.
[3] S. Art. 32 Abs. 2 S. 3 i. V. m. Art. 20 Abs. 1 Buchst. h SE-VO.

der SE, da auch und gerade das Eintragungsverfahren zum dort angesprochenen Gründungsrecht zu zählen ist. Eine Sonderregelung findet sich hierbei für eine SE mit Sitz in Deutschland in § 10 Abs. 2 SE-AG, der dem § 16 Abs. 2 UmwG nachgebildet ist: Bei der Anmeldung der Holding-SE haben die Vertretungsorgane zu erklären, dass eine Klage gegen die Wirksamkeit der Zustimmungsbeschlüsse gemäß Art. 32 Abs. 6 SE-VO nicht oder nicht fristgemäß erhoben oder eine solche Klage rechtskräftig abgewiesen oder zurückgenommen worden ist.[1]

Über die Verweisung des Art. 15 SE-VO ist auch wenig problematisch, dass die im jeweiligen Recht des Sitzstaates speziell für die Sachgründung einer Aktiengesellschaft vorgesehenen Kontrollmechanismen einzuhalten sind. Für *Deutschland* als Sitzstaat ist daher auch an die registergerichtliche Prüfung nach § 38 AktG zu denken, was § 21 Abs. 3 SE-AG für das monistische System nochmals deutlich hervorhebt. Denn nach § 21 Abs. 3 SE-AG kann das Gericht die Anmeldung zur Eintragung ablehnen, wenn für den Prüfungsbericht der Mitglieder des Verwaltungsrats die Voraussetzungen des § 38 Abs. 2 AktG gegeben sind (Prüfungsbericht ist unrichtig oder unvollständig oder entspricht nicht den gesetzlichen Vorschriften).

IV. Umwandlung einer bestehenden Aktiengesellschaft in eine SE

1. Allgemeines

Eine Aktiengesellschaft, die nach dem Recht eines Mitgliedstaats gegründet wurde und ihren Sitz sowie ihre Hauptverwaltung in der Gemeinschaft hat, kann in eine SE umgewandelt werden, wenn sie seit mindestens zwei Jahren eine dem Recht eines anderen Mitgliedstaats unterliegende Tochtergesellschaft hat. Unbeschadet des Art. 12 SE-VO führt die Umwandlung einer Aktiengesellschaft in eine SE weder zu einer Auflösung der Gesellschaft noch zur Gründung einer neuen juristischen Person.[2] Im Ergebnis bleibt die umzuwandelnde Gesellschaft in ihrer rechtlichen Identität erhal-

---

[1] Art. 33 Abs. 5 SE-VO ist nicht zu entnehmen, ob auch eine Kontrolle der Gründungsbeschlüsse von der *Rechtmäßigkeitsprüfung* der *Holdinggründung* mit umfasst wird. Eigenständige Regelungen des Aktionärs- / Gesellschafterschutzes enthält die SE-VO speziell für die Beschlussfassung nicht. Dass aber ausgerechnet bei der SE-Gründung eine Überprüfung der Gründungsbeschlüsse nicht stattfinden soll, ist kaum anzunehmen. Vielmehr gilt, dass die SE-VO die eigentliche Kontrolle der Beschlüsse nicht regeln, sondern den jeweiligen nationalen Rechtsordnungen der Gründungsgesellschaften überantworten will. Darauf hat sich das Gründungsverfahren einzustellen und Eintragungen zu verhindern, solange nach den nationalen Rechtsordnungen der Gründungsgesellschaften noch die Möglichkeit besteht, die Beschlüsse für nichtig zu erklären.

[2] S. Art. 37 Abs. 2 SE-VO.

ten und erhält lediglich ein neues Rechtskleid. Trotz des fehlenden Rechtsträgerwechsels bestimmt Art. 37 Abs. 9 SE-VO, dass die zum Zeitpunkt der Eintragung aufgrund der einzelstaatlichen Rechtsvorschriften und Gepflogenheiten sowie aufgrund individueller Arbeitsverträge oder Arbeitsverhältnisse bestehenden Rechte und Pflichten der umzuwandelnden Gesellschaft hinsichtlich der Beschäftigungsbedingungen mit der Eintragung der SE auf diese übergehen. Auch diese Regelung ist Ausdruck des unverkennbaren Bemühens, den Arbeitnehmerschutz bei der SE-Gründung hinreichend zu berücksichtigen.

Der Sitz der Gesellschaft darf anlässlich der Umwandlung nicht gem. Art. 8 SE-VO in einen anderen Mitgliedstaat verlegt werden.[1] Damit ist sichergestellt, dass die SE der gleichen Jurisdiktion unterliegt wie die umzuwandelnde Aktiengesellschaft. Dies zeigt deutlich den rein nationalen Charakter der Umwandlung und legt die von *Hommelhoff*[2] geäußerte Vermutung nahe, dass speziell diese Gründungsform eine Vielzahl von Aktiengesellschaften in den Mitgliedstaaten der Union zur ersten Prüfung veranlassen wird, ob sie aus ihrer nationalen Rechtsform in die neue supranationale Rechtsform des Gemeinschaftsrechts überwechseln sollten. Dabei dürfte vor allem ein Aspekt im Mittelpunkt der Überlegungen stehen: die Flexibilisierung der Binnenstruktur.

Der deutsche Gesetzgeber hat hier die Möglichkeit genutzt, neben dem bisher bestehenden dualistischen System ein gegenüber diesem System sehr viel flexibleres monistisches Leitungssystem zu implementieren.[3] Kennzeichnend für dieses System ist die strategische Oberleitung der Gesellschaft durch ein einziges Organ, dem sog. Verwaltungsrat.[4] Dies erlaubt es die strategischen Entscheidungen zu bündeln und lediglich die Ausführung der Entscheidungen zu delegieren. Dies kommt gerade der Leitungsstruktur in kleinen und mittleren Unternehmen und in untergeordneten Konzerngesellschaften entgegen.[5] Der Funktionstrennung zwischen strategischer Unternehmensführung und laufender Geschäftsführung dient ebenfalls die Einführung eines sog. geschäftsführenden Direktors, der mit der laufenden Geschäftsführung betraut sein soll.[6] Entsprechend verfügt er auch im Außenverhältnis über die unbe-

---

[1] S. Art. 37 Abs. 3 SE-VO.
[2] Vgl. *Hommelhoff, P.*, Organisationsverfassung, 2001, S. 279, 282.
[3] Ausführlich zum monistischen System, *Kallmeyer, H.*, Das monistische System, 2003, S. 1531; *Merkt, H.*, Monstische Unternehmensverfassung, 2003, S. 650; zur Gestaltungsfreiheit im monistischen Leitungssystem, *Teichmann, C.*, Gestaltungsfreiheit, 2004, S. 53.
[4] S. § 22 SE-AG.
[5] Zur damit verbundenen Zielsetzung der Öffnung der SE für kleinere und mittlere Unternehmen vgl. *Neye, H.-W. / Teichmann, C.*, Entwurf, S. 169, 177 ff.
[6] S. § 40 SE-AG.

schränkte Vertretungsbefugnis der Gesellschaft,[1] während er – anders als der Vorstand gegenüber dem Aufsichtsrat im dualistischen System – im Innenverhältnis an die Weisungen und Beschränkungen seitens des Verwaltungsrats gebunden ist.[2] Die personelle und sachliche Unterstellung des geschäftsführenden Direktors unter dem Verwaltungsrat zeigt sich auch darin, dass er vom Verwaltungsrat bestellt wird[3] und auch jederzeit von diesem wieder abberufen werden kann.[4] Die Stellung eines geschäftsführenden Direktors ist somit der Stellung eines GmbH-Geschäftsführers angelehnt. Auch damit soll die SE für mittelständische Unternehmen an Attraktivität gewinnen.[5] Ein weiterer – gerade für kleinere und Anteilseigner geführte Unternehmen – wichtiger Aspekt besteht darin, dass auch ein Mitglied des Verwaltungsrats zum geschäftsführenden Direktor bestellt werden kann. Allerdings besteht hier eine Grenze darin, dass die Zahl der nicht geschäftsführenden Mitglieder im Verwaltungsrat diejenige der geschäftsführenden übersteigen muss.[6] Die Möglichkeit einer Gesellschaft mit einem Verwaltungsratsmitglied, das zugleich geschäftsführender Direktor ist, scheidet damit aus; eine vollständige Angleichung an das GmbH-Recht wurde also nicht vorgenommen. Gleichwohl bietet die monistische Struktur für mittelständische Unternehmer die Gelegenheit die gegenüber der GmbH größere Vielfalt von Finanzierungsinstrumentarien der Aktiengesellschaft zu nutzen, ohne auf bekannte Strukturen und Einflussmöglichkeiten einer GmbH völlig zu verzichten.

2. Gründungsverfahren

Auch der Ablauf einer Umwandlung zu einer SE vollzieht sich in mehreren Phasen, die sich in eine Planungs-, Vorbereitungs-, Beschluss- und Vollzugsphase einteilen lassen.

a. Planungs-/Vorbereitungsphase

In der Planungs-/Vorbereitungsphase haben sich die Mitglieder des Vertretungsorgans, möglichst unter Einbeziehung der Berater, Wirtschaftsprüfer und Notare, eine Übersicht über die notwendigen Maßnahmen zu verschaffen und einen Zeitplan für den Ablauf der Umwandlung aufzustellen.

---

1   S. § 41 SE-AG.
2   S. § 44 SE-AG.
3   S. § 40 Abs. 1 SE-AG.
4   S. § 40 Abs. 5 SE-AG.
5   Vgl. *Neye, H.-W. / Teichmann, C.*, Entwurf, S. 169, 179.
6   S. § 40 Abs. 1 S. 2 SE-AG.

In diese Phase fallen folgende Maßnahmen:
- Aufstellung eines Umwandlungsplans,
- Erstellung des Umwandlungsberichts,
- Durchführung einer Werthaltigkeitsprüfung,
- Offenlegung des Umwandlungsplans und sonstiger Dokumente,
- Beteiligung der Arbeitnehmer,
- Einladung zur Hauptversammlung.

aa. Aufstellung eines Umwandlungsplans

Grundlage des Formwechsels ist der sog. *Umwandlungsplan*,[1] für den das SE-Statut erstaunlicherweise keinerlei Mindestvorgaben enthält. Was sind die Gründe für eine solche Abstinenz? Zu denken ist zunächst an den zwischen Verschmelzung und Holding einerseits und Umwandlung andererseits bestehenden Unterschied hinsichtlich der Anzahl der beteiligten Rechtsträger. Während es nämlich bei den erstgenannten Arten jeweils mehrere beteiligte Gesellschaften gibt, bezieht sich letztere naturgemäß nur auf einen Rechtsträger. Rechtliche Beziehungen zwischen beteiligten Rechtsträgern können daher nur bei den erstgenannten Arten auftreten.[2] Die Folge ist, dass es bei der Umwandlung die Anteilseigner selbst in der Hand haben, wie die Umwandlung gestaltet werden soll. Sie können noch während der Beschlussfassung den Inhalt des Beschlusses korrigieren, weil damit keine Änderung eines Rechtsverhältnisses zwischen Dritten verbunden ist.

Der Beschluss ist somit Entscheidung der Anteilsinhaber über die Durchführung des Formwechsels und legt zugleich dessen Einzelheiten fest. Eine inhaltliche Vorgabe von Mindestbestandteilen ist daher grundsätzlich nicht erforderlich. Der notwendige Inhalt des Umwandlungsbeschlusses ergibt sich vielmehr aus der Änderung des Rechtskleides und den damit zwingend verbundenen Änderungen, etwa für den Rechtsformwechsel erforderliche Änderungen der Satzung. Und hier geht die SE-VO in Art. 37 Abs. 7 davon aus, dass für die SE ohnehin eine neue Satzung erarbeitet und zur Genehmigung der Aktionäre gestellt wird.

Darüber hinaus könnte die Zurückhaltung des Verordnungsgebers aber auch eine bewusste *Entscheidung gegen* eine abschließende Regelung von *Mindestbestandtei-*

---

[1] S. Art. 37 Abs. 4 SE-VO.
[2] Terminologisch und sachlich zutreffender wäre es daher, nicht von der Aufstellung eines Umwandlungsplans, sondern von der Vorbereitung des Umwandlungsbeschlusses zu sprechen.

len sein. Im Gegensatz zur Verschmelzung und Holdinggründung, wo jeweils zwingende und zugleich für die einzelnen Mitgliedstaaten abschließende Mindestvorgaben im SE-Statut enthalten sind, handelt es sich nämlich bei der Umwandlung um eine rein nationale Veranstaltung. Warum aber sollte dann mehr als notwendig in die Regelungskompetenz der einzelnen Mitgliedstaaten eingegriffen werden? Zumal durch einen Eingriff die Möglichkeit abgeschnitten würde, ein bereits vorhandenes und ausdifferenziertes Gründungssystem für nationale Aktiengesellschaften durch Umwandlung auch der SE zur Verfügung zu stellen, obwohl gerade der in Art. 10 SE-VO enthaltene Gedanke der Gleichbehandlung dafür streiten würde. All dies spricht dafür, in Art. 37 Abs. 4 SE-VO keine abschließende Regelung für den Umwandlungsplan zu sehen.

Sind damit aber nicht bereits bestehende nationale Regelungen für Umwandlungen in Aktiengesellschaften über Art. 15 SE-VO zur Anwendung berufen, zumindest soweit es um Normen geht, die ohne größere Schwierigkeiten auf die Umwandlung einer Aktiengesellschaft in eine SE angewandt werden könnten? Für eine deutsche Aktiengesellschaft ist hier vor allem an die für einen Formwechsel national vorgeschriebenen Mindestangaben des Umwandlungsbeschlusses zu denken.[1] Trotz des dem Art. 10 SE-VO zu entnehmenden Gleichbehandlungsgebots zwischen SE und nationalen Aktiengesellschaften darf dies aber durchaus bezweifelt werden. Für die Praxis allerdings gilt es sich zunächst - zur Vermeidung unnötiger Komplikationen mit dem Registergericht - für die Vorbereitung des Umwandlungsbeschlusses an den Vorgaben des § 194 Abs. 1 UmwG zu orientieren.

ab. Umwandlungsbericht

Ebenso wie bei der Verschmelzung[2] und der Holding-Gründung[3] hat auch bei der Umwandlung in eine SE eine schriftliche Vorabinformation über die geplante Strukturmaßnahme zu erfolgen.[4] Der Gesetzesbefehl ist dabei an die Vorgaben des Holdingberichts angelehnt. So hat der Bericht nach Art. 37 Abs. 4 SE-VO die rechtlichen und wirtschaftlichen Aspekte der Umwandlung zu erläutern und zu begründen sowie die Auswirkungen, die der Übergang zur Rechtsform einer SE für Aktionäre und Arbeitnehmer mit sich bringt, darzulegen. In allen drei Gründungsarten dient die schriftliche Vorabinformation dazu, die Aktionäre in die Lage zu versetzen, die ih-

---

[1] S. § 194 Abs. 1 UmwG.
[2] Dort ist die Berichterstattung in der SE-VO selbst nicht geregelt; maßgebend sind über die Verweisung des Art. 18 SE-VO die Anforderungen des § 8 UmwG.
[3] Dort ist die schriftliche Berichterstattung ein Bestandteil des Gründungsplans (s. Art. 32 Abs. 2 S. 2 SE-VO).
[4] S. Art. 37 Abs. 4 SE-VO.

nen zugedachte Entscheidung über die vorgeschlagene Strukturmaßnahme auch tatsächlich eigenständig ausüben zu können.[1] Ebenso wie im Falle der Holding kann daher auch hier auf die für den Verschmelzungsbericht durch Rechtsprechung und Literatur herausgearbeiteten Anforderungen zurückgegriffen werden.

aba. Zweckmäßigkeit der Umwandlung

Zunächst sind die Aktionäre in die Lage zu versetzen, die *Zweckmäßigkeit* der zur Abstimmung stehenden Strukturmaßnahme eigenständig beurteilen zu können. Gefordert ist daher, die entscheidenden *wirtschaftlichen und rechtlichen Aspekte* der Umwandlung in einer verständlichen Art und Weise zumindest so weit offen zu legen, dass die Entscheidung der Vorstände für die Umwandlung auch für die Aktionäre – in einer Art Parallelwertung in der Laiensphäre – nachvollziehbar wird.[2] Zu fragen ist, welche Tatsachen ein vernünftig denkender Aktionär als Entscheidungsgrundlage für sein Abstimmungsverhalten hinsichtlich der Strukturmaßnahme für erforderlich halten darf.[3]

In einem ersten Schritt sind somit die rechtlichen und wirtschaftlichen Gründe und Auswirkungen der Umwandlung zu erläutern.[4] In einem zweiten und letzten Schritt sind die im Umwandlungsbericht seitens der Vorstände dargelegten Vor- und Nachteile der beabsichtigten Umwandlung gegeneinander abzuwägen: Es ist darzulegen, warum aus der Sicht des Vorstands die Vorteile gegenüber den Nachteilen überwiegen und die Umwandlung als das geeignete Mittel zur Verfolgung des Unternehmenszweckes erscheinen lassen und die Aktionäre der Strukturmaßnahme deshalb zustimmen sollten.[5] Auch die für das vom Vorstand mit der Umwandlung beabsichtigte unternehmerische Konzept in Betracht kommenden Alternativen sind dabei anzusprechen und deren Auswirkungen aufzuzeigen;[6] der Aktionär soll letzt-

---

[1] Grundlegend zum Zweck des Verschmelzungsberichts vgl. *BGH*, Urteil v. 22.5.1989, BGHZ 107, S. 296, 304 ff.

[2] So zutreffend für den Verschmelzungsbericht vgl. vor allem *Westermann, H. P.*, Verschmelzung, 1993, S. 651, 655. Im Ergebnis ebenso vgl. *Mayer, D.*, in: Umwandlungsrecht, Kommentar, 2002, § 8, Rdnr. 17; *OLG Karlsruhe*, Urteil v. 30.6.1989, ZIP 10 (1989), S. 988, 990.

[3] Für den Verschmelzungsbericht vgl. *Lutter, M.*, in: Umwandlungsgesetz, Kommentar, 2000, § 8, Rdnr. 14.

[4] Bei Verschmelzung und Holdinggründung sind in einem ersten Schritt die beteiligten Unternehmen vorzustellen. Dieser Teil der Berichterstattung kann bei einer Umwandlung entfallen, da hier nur ein einziger Rechtsträger vorhanden ist und die Kenntnis der eigenen Gesellschaft durch die Aktionäre vorausgesetzt werden kann.

[5] Für den Verschmelzungsbericht vgl. im Ergebnis ebenso *Lutter, M.*, in: Umwandlungsgesetz, Kommentar, 2000, § 8, Rdnr. 18.

[6] Ebenso für den Verschmelzungsbericht vgl. *Bermel, A.*, in: Umwandlungsrecht, Kommentar, 1996, § 8, Rdnr. 14.

lich dazu befähigt werden, die konkreten Auswirkungen der Umwandlung mit denen anderer gesellschaftsrechtlicher Strukturmaßnahmen zu vergleichen und gegeneinander abzuwägen.[1] Dabei ist eine Trennung zwischen Tatsachendarstellung und Bewertung seitens der Vorstände vorzunehmen, da sich nur aus einer Gesamtschau von mitgeteilten Fakten und der hieraus durch den Vorstand gezogenen Wertungen der wirtschaftliche Sinn der Umwandlung erschließt.[2]

abb. Auswirkungen auf die Aktionärsrechte

Neben der Zweckmäßigkeit der Umwandlung ist für eine eigenständige Entscheidung der Aktionäre vor allem die Frage von Bedeutung, ob und wie ihre Rechte hierbei gewahrt werden. *Zentraler Bestandteil* des *Umwandlungsberichts* ist damit die rechtliche sowie die wirtschaftliche Erläuterung der künftigen Beteiligung der Anteilsinhaber an dem Rechtsträger in neuer Rechtsform. Beim Formwechsel kommt es nicht zum „Anteilstausch" im eigentlichen Sinne, gleichwohl wird dadurch eine Umqualifizierung der bisherigen Anteile am formwechselnden Rechtsträger bewirkt. Wenn also – Normalfall beim Formwechsel – eine wertmäßige Veränderung des Anteils vor und nach der Durchführung des Formwechsels nicht stattfindet, genügt es, den Anteilsinhabern die neue Qualität ihrer Anteile näher zu bringen. Gefordert sind hierbei Ausführungen zu künftigen Rechten und Pflichten des Anteilsinhabers (unter Einbeziehung der für die neue Rechtsform geltenden Vorschriften und des künftigen Organisationsstatuts), zur Übertragbarkeit des Anteils, zur Werthaltigkeit im Rechtsverkehr (Beleihbarkeit, Möglichkeit der Unterbeteiligung) und schließlich zur Besteuerung. Wird das Wertverhältnis der Beteiligung durch den Formwechsel ausnahmsweise verschoben, ist im Bericht detailliert zu Art und Ausmaß der Wertveränderung und zum Grund hierfür Stellung zu beziehen. Dem Anteilsinhaber ist – ähnlich wie beim Umtauschverhältnis im Rahmen einer Verschmelzung – eine Plausibilitätskontrolle zu ermöglichen.[3]

abc. Verzichtsmöglichkeiten

Eine Verzichtsmöglichkeit auf den Umwandlungsbericht sieht die SE-VO – anders als etwa das deutsche Umwandlungsrecht – nicht vor. Es stellt sich daher die Frage, ob auf die Berichterstattung (ggf. einstimmig) verzichtet werden kann. Dies müsste dann ausscheiden, wenn die SE-VO durch ihr Schweigen eine zwingende Regelung dahingehend treffen würde, dass es nur eine Entscheidung von Aktionären akzep-

---

[1] Für den Verschmelzungsbericht vgl. *LG München*, Urteil v. 31.8.1999, AG 45 (2000), S. 86.
[2] So zutreffend für den Verschmelzungsbericht vgl. *Kraft, A.*, in: Aktiengesetz, Kommentar, 1990, § 340 a, Rdnr. 11.
[3] Zur Erläuterung des Umtauschverhältnisses siehe oben.

tiert, denen die notwendigen Informationen über das geplante Vorhaben der SE-Gründung zugänglich sind.[1] Eine solche Reichweite wird man aber der fehlenden Verzichtsregelung in der SE-VO nicht zuschreiben müssen. Eine Berichterstattung durch die Leitungsorgane ist also dann nicht notwendig, wenn alle Anteilseigner einer Gründungsgesellschaft verzichten.

ac. Werthaltigkeitsprüfung

Zusätzlich ist vor der Hauptversammlung von einem oder mehreren unabhängigen *Sachverständigen* gemäß der Kapitalrichtlinie sinngemäß zu bescheinigen, dass die Gesellschaft über Nettovermögen mindestens in Höhe des Kapitals zuzüglich der kraft Gesetzes oder Statuts[2] nicht ausschüttungsfähigen Rücklagen verfügt.

Anders als bei der Verschmelzung und der Holdinggründung ist hier also keine Prüfung des Umtauschverhältnisses gefordert, sondern eine *Werthaltigkeitsprüfung* zur Sicherung der *Reinvermögensdeckung*. Dies entspricht der gegenüber Verschmelzung und Holdinggründung unterschiedlichen Ausgangslage der Umwandlung, da hier kein Anteilstausch im eigentlichen Sinne erfolgt. Da die Werthaltigkeitsprüfung die Kapitalaufbringung sicherstellen soll, ist auch ein Verzicht seitens der Aktionäre nicht möglich.

Für die Prüfung kommen nur Sachverständige in Betracht, die nach dem richtlinienkonformen nationalen Verschmelzungsrecht auch Verschmelzungsprüfer sein können, wie sich aus dem Verweis des Art. 37 Abs. 6 SE-VO auf Art. 10 Verschmelzungsrichtlinie deutlich ergibt. Für die *Prüferbefähigung* und die *Bestellungsverbote* sind daher die Regelungen des § 319 Abs. 1 bis 3 HGB maßgebend.[3]

ad. Offenlegung des Umwandlungsplans und sonstiger Dokumente

Der *Umwandlungsplan* ist nach den in den Rechtsvorschriften der einzelnen Mitgliedstaaten gemäß Art. 3 Publizitätsrichtlinie vorgesehenen Verfahren *offen zu legen*, und zwar mindestens einen Monat vor dem Tag der Hauptversammlung.[4] Für eine deutsche Aktiengesellschaft ist daher der Umwandlungsplan zur Veröffentlichung in das Handelsregister einzureichen.

---

[1] Auch unter der Geltung des § 340 a AktG wurde die Ansicht vertreten, ein Verzicht auf den Verschmelzungsbericht sei mangels gesetzlicher Regelung nicht zulässig, Grunewald, B.,, in: Aktiengesetz, Kommentar, § 340 a, Rdnr. 2.
[2] Gemeint sein kann hier nur die Satzung der SE.
[3] Ausführlich hierzu vgl. Kapitel B.II.
[4] S. Art. 32 Abs. 4 SE-VO.

Für den obligatorischen *Umwandlungsbericht* und die obligatorische *Sachverständigenprüfung* hingegen sieht das SE-Statut keine entsprechende Veröffentlichungspflicht vor; eine durch Rechtsfortbildung zu schließende Regelungslücke ist nicht anzunehmen.

ae. Beteiligung der Arbeitnehmer

Auch im Falle der Umwandlung ist das *Verhandlungsverfahren* zur Vereinbarung der *Arbeitnehmerbeteiligung* durchzuführen. Dies ergibt sich ohne weiteres aus Art. 3 Abs. 1 SE-RL. Grundsätzlich gelten auch hier die Ausführungen zur Verschmelzung. Gegenüber den anderen Gründungsarten ist jedoch die Arbeitnehmerbeteiligung besonders abgesichert:

- Eine sog. Nullregelung scheidet aus.[1]
- Im Falle einer einvernehmlichen Verhandlungslösung muss in der Vereinbarung in Bezug auf alle Komponenten der Arbeitnehmerbeteiligung zumindest das gleiche Ausmaß gewährleistet werden, das in der Gesellschaft besteht, die in eine SE umgewandelt werden soll.[2]
- Kommt es mangels einvernehmlicher Regelung zur Anwendung der Auffangregelung, so bleiben die Regelungen zur Mitbestimmung erhalten, die in der Gesellschaft vor der Umwandlung bestanden haben.[3]

Von der in Art. 37 Abs. 8 SE-VO enthaltenen Ermächtigung der Mitgliedstaaten, die Umwandlung davon abhängig zu machen, dass das Organ, in dem die Mitbestimmung der Arbeitnehmer vorgesehen ist, der Umwandlung mit qualifizierter Mehrheit oder einstimmig zustimmt, hat der deutsche Gesetzgeber keinen Gebrauch gemacht.

af. Einberufung der Hauptversammlung

Für die Umwandlung fehlen in der SE-VO jegliche Regelungen für *Vorbereitung* und *Einberufung der Hauptversammlung*. Auch fehlt eine dem Art. 18 SE-VO entsprechende Verweisungsnorm ins nationale Recht. Art. 15 SE-VO scheidet aus, da es hier um Verfahrensschritte der Gründungsgesellschaften geht. Teile der Literatur sehen hier eine bewusst lückenhafte Regelung, die in der Vorstellung vorgenommen wurde, die Lücke werde durch nationales Recht geschlossen.[4] Für eine deutsche Ge-

---

[1] S. Art. 3 Abs. 6 Unterabs. 3 SE-RL; § 15 Abs. 5 SE-BG.
[2] S. § 21 Abs. 6 SE-BG.
[3] S. §§ 34 Abs. 1 lit. a, 35 Abs. 1 SE-BG.
[4] Vgl. *Teichmann, C.*, Einführung, 2002, S. 383, 440.

sellschaft würde dies zur Anwendung der §§ 121 ff. AktG führen, ergänzt um den Grundsatz, dass über Strukturentscheidungen nur abgestimmt werden kann, wenn die dazu von der Unternehmensleitung erstellten Pläne und Berichte zuvor den Aktionären zugänglich gemacht wurden.[1] Im Ergebnis ist dieser Ansicht zuzustimmen.

Allerdings ergibt sich bereits aus der SE-VO selbst die Verpflichtung, den erstellten *Umwandlungsplan* und die *Leitungs- und Sachverständigenberichte* den Aktionären zugänglich zu machen, da ansonsten der dadurch verfolgte *a-priori-Schutz* durch Information nicht erreicht werden kann. Hinsichtlich Zeitpunkt sowie Art und Weise der Bereitstellung sollte auf die allgemeinen Grundsätze des europäischen Gesellschaftsrechts zurückgegriffen werden. Damit sind Umwandlungsplan und die erstellten Berichte einen Monat vor dem Tag der Hauptversammlung am Sitz der Gesellschaft (in *Deutschland* in dem Geschäftsraum der Gesellschaft) zur Einsicht der Aktionäre offen zu legen; auf Verlangen ist jedem Aktionär unverzüglich und kostenlos eine Abschrift der vorstehend bezeichneten Unterlagen zu erteilen.[2]

b. Beschlussphase

ba. Durchführung der Hauptversammlung

Die *Durchführung der Hauptversammlung* ist ebenfalls nicht in der SE-VO geregelt und entspricht insoweit der Tradition des vereinheitlichten europäischen Gesellschaftsrechts, namentlich der Verschmelzungs- und Spaltungsrichtlinie. Es kann somit auch für die SE-VO von einer bewusst lückenhaften Regelung ausgegangen werden, die in der Vorstellung vorgenommen wurde, die Lücke werde durch nationales Recht gefüllt.[3]

bb. Zustimmungsbeschluss zur Umwandlung

Die *Beschlussfassung* erfolgt nach Maßgabe der einzelstaatlichen Durchführungsbestimmungen zu Art. 7 Verschmelzungsrichtlinie. In *Deutschland* sind damit die Regelungen des Umwandlungsgesetzes maßgebend, und zwar § 65 UmwG.

Danach bedarf der Beschluss einer *Mehrheit*, die mindestens drei Viertel des bei der Beschlussfassung vertretenen Grundkapitals umfasst.[4] Die Satzung kann eine größe-

---

[1] Vgl. *Teichmann, C.*, Einführung, 2002, S. 383, 440.
[2] Entsprechend Art. 11 Abs. 1 Verschmelzungsrichtlinie und Art. 9 Abs. 1 Spaltungsrichtlinie.
[3] Im Ergebnis ebenso vgl. *Teichmann, C.*, Einführung, 2002, S. 383, 440.
[4] S. § 65 Abs. 1 S. 1 UmwG.

re Kapitalmehrheit und weitere Erfordernisse bestimmen.[1] Sind mehrere Gattungen von Aktien vorhanden, so bedarf der Beschluss der Hauptversammlung zu seiner Wirksamkeit der Zustimmung der stimmberechtigten Aktionäre jeder Gattung.[2] Durch das Abstellen auf die Stimmberechtigung wird klargestellt, dass ein Sonderbeschluss der Inhaber stimmrechtsloser Vorzugsaktien nicht erforderlich ist, es sei denn, das Stimmrecht ist nach § 140 Abs. 2 AktG wieder aufgelebt.[3]

Der *Beschluss* bedarf nach § 13 Abs. 3 S. 1 UmwG ebenso wie der Verschmelzungsbeschluss der *notariellen Beurkundung*, da auch dieses Formerfordernis zu den einzelstaatlichen Durchführungsbestimmungen zu rechnen ist. Anders als bei der Verschmelzung und der Holdinggründung fehlt bei der Umwandlung jedoch die *Vorbehaltsmöglichkeit* der Hauptversammlung über die vereinbarte *Arbeitnehmerbeteiligung*. Hierin liegt keine unbewusste Lücke, da im Falle der Umwandlung der Verordnungsgeber selbst für die Konservierung einer bestehenden Mitbestimmung gesorgt hat.

bc. Bestellung der Leitungsorgane und des Abschlussprüfers

Auch für die Umwandlung einer Aktiengesellschaft in eine SE bedarf es der *Bestellung* der *Gesellschaftsorgane* der SE. Dabei erlaubt das Statut die erstmalige Bestellung der Mitglieder des Aufsichtsorgans (dualistisches System)[4] bzw. der Mitglieder des Verwaltungsorgans (monistisches System)[5] durch die Satzung,[6] d. h. in der Gründungsurkunde.[7]

---

[1] S. § 65 Abs. 1 S. 2 UmwG.

[2] S. § 65 Abs. 2 S. 1 UmwG.

[3] Vgl. *Grunewald, B.,* in: Umwandlungsgesetz, Kommentar, 2000, § 65, Rdnr. 8.

[4] S. Art. 40 Abs. 2 S. 2 SE-VO.

[5] S. Art. 43 Abs. 3 S. 2 SE-VO. Bei einer SE mit Sitz in Deutschland und monistischer Struktur ist jedoch zu beachten, dass der Verwaltungsrat nicht zur Vertretung der SE berufen ist, dies vielmehr den geschäftsführenden Direktoren obliegt (§ 41 Abs. 1 SE-AG), wobei grundsätzlich auch Mitglieder des Verwaltungsrats zu geschäftsführenden Direktoren bestellt werden können (§ 40 Abs. 1 S. 1 SE-AG). Entsprechend ist die SE auch bei Gericht von allen Gründern, Mitgliedern des Verwaltungsrats und geschäftsführenden Direktoren zur Eintragung in das Handelsregister anzumelden (§ 21 Abs. 1 SE-AG). Neben der Bestellung der Verwaltungsratmitglieder bedarf es also im Rahmen der Gründung auch der Bestellung mindestens eines geschäftsführenden Direktors, was nur vom Verwaltungsrat vorgenommen werden kann (§ 40 Abs. 1 SE-AG).

[6] Einzelstaatliche Rechtsvorschriften, die auch einer Minderheit von Aktionären oder anderen Personen oder Stellen die Bestellung eines Teils der Organmitglieder erlauben, bleiben von dieser Art der Bestellungsmöglichkeit ebenso unberührt wie geschlossene Vereinbarungen über die Arbeitnehmerbeteiligung; s. Art. 40 Abs. 2 S. 2 und 3, 43 Abs. 3 S. 2 und 3, Art. 47 Abs. 4 SE-VO.

[7] Nach Art. 6 SE-VO bezeichnet der Ausdruck „Satzung der SE" zugleich die Gründungsurkunde und, falls sie Gegenstand einer getrennten Urkunde ist, die Satzung der SE im eigentlichen Sinne.

Damit können die Mitglieder des Aufsichts-/Verwaltungsorgans grundsätzlich bereits im Verschmelzungsplan vorgesehen und damit noch zur Entscheidung der Hauptversammlungen der übertragenden Gesellschaften gestellt werden. Ist die Bestellung erfolgt, können im Falle des dualistischen Systems sodann die Mitglieder des Leitungsorgans vom Aufsichtsorgan bestellt werden.[1]

Trotz identitätswahrender Umwandlung wird man davon ausgehen können, dass das Amt der bisherigen Aufsichtsratsmitglieder der Aktiengesellschaft mit Wirksamwerden der Umwandlung endet, selbst wenn für die SE ein dualistisches System gewählt werden sollte.

Die Bestellung des Abschlussprüfers richtet sich mangels Regelung in der SE-VO über Art. 15 SE-VO nach den nationalen Regelungen, in *Deutschland* somit nach § 30 AktG. Der erste *Abschlussprüfer* wird somit, sofern erforderlich,[2] von den Gründern bestellt,[3] und zwar in notarieller Urkunde. Als *Gründer* i. S. d. § 30 Abs. 1 AktG wird man dabei – in entsprechender Anwendung des § 28 AktG – die Aktionäre der umzuwandelnden Aktiengesellschaft betrachten können, die für die Umwandlung gestimmt haben.[4]

c. Vollzugsphase

In die Vollzugsphase fallen sämtliche Maßnahmen, die für die Vornahme der konstitutiven Eintragung der SE erforderlich sind. Im Einzelnen sind dies:

- Gründungsbericht/Gründungsprüfung?
- Anmeldung der Umwandlung/Rechtmäßigkeitsprüfung/Eintragung.
- Spruchstellenverfahren/Minderheitenschutz?

ca. Gründungsbericht/-prüfung

Auch beim Formwechsel geht es um die Gründung einer SE, so dass über Art. 15 SE-VO die aktienrechtlichen *Gründungsvorschriften* zu beachten sind, wozu grund-

---

[1] S. Art. 39 Abs. 2 Unterabs. 1 SE-VO.
[2] S. § 267 Abs. 1 HGB. Nach Art. 61 SE-VO unterliegt die SE grundsätzlich hinsichtlich der Aufstellung ihres Jahresabschlusses und ggf. auch ihres konsolidierten Abschlusses einschließlich des jeweils dazugehörigen Lageberichts sowie der Prüfung und Offenlegung dieser Abschlüsse den Vorschriften, die für Aktiengesellschaften des Sitzstaates der SE gelten.
[3] S. § 30 Abs. 1 AktG.
[4] Für den nationalen Formwechsel einer GmbH in eine Aktiengesellschaft bestimmt § 245 Abs. 1 UmwG ausdrücklich, dass an die Stelle der Gründer die Gesellschafter treten, die für den Formwechsel gestimmt haben.

sätzlich auch die §§ 32 ff. AktG gehören. Dabei ist zu befürchten, dass die Praxis der Registergerichte die Umwandlung ebenso wie den nationalen Formwechsel in Bezug auf die Sicherung der Kapitalaufbringung wie eine Sachgründung behandeln werden. Und gerade im Rahmen einer Umwandlung neigt die Praxis der Registergerichte bisweilen zu einer extensiven Anwendung der Sachgründungsvorschriften für die Aktiengesellschaft.[1]

Aufgrund der für die Umwandlung erforderlichen Werthaltigkeitsprüfung stellt sich jedoch die Frage, ob ein *Gründungsbericht* und eine *Gründungsprüfung* überhaupt noch erforderlich sind. Gerade die Werthaltigkeitsprüfung stellt einen wesentlichen Unterschied zur Verschmelzung und zur Holding da. Die dort jeweils vorhandenen Prüfungspflichten dienen im Wesentlichen dem a-priori-Schutz der Anteilsinhaber durch eine frühzeitige Information über die Angemessenheit des Umtauschverhältnisses und nicht in erster Linie der Sicherung der Kapitalaufbringung.

Da die SE-VO lediglich für die Umwandlung einen speziellen Schutz der Kapitalaufbringung enthält, ist davon auszugehen, dass es sich hier um eine bewusst abschließende Regelung auf Ebene der SE-VO selbst handeln soll. Die Folge ist, dass weitergehende Anforderungen der nationalen Rechtsordnungen nicht über Art. 15 SE-VO zur Anwendung berufen sein können. Die §§ 32 ff. AktG können also nur dann und insoweit angewandt werden als ihnen neben dem Schutz der ordnungsgemäßen Kapitalaufbringung noch weitere Funktionen zugedacht sind. Insoweit könnte man nun anführen, dass die §§ 32 ff. AktG neben dem Schutz der unzulänglichen Gründungen auch der Erleichterung der gerichtlichen Prüfung nach § 38 AktG und der Information der Öffentlichkeit dienen und damit der Zweck der §§ 32 ff. AktG mehr als nur die bloße Sicherung der ordnungsgemäßen Kapitalaufbringung umfasst, den diese ist nur ein - wenn auch gewichtiger - Aspekt einer ordnungsgemäßen Gründung. Will man nun aber die §§ 32 ff. AktG unbesehen übernehmen, ergeben sich erhebliche praktische Probleme. Denn als Gründer i. S. d. aktienrechtlichen Gründungsvorschriften wird man die für die Umwandlung stimmenden Aktionäre anzusehen haben,[2] was gerade bei großen Publikumsgesellschaften auf eine faktische Umwandlungssperre hinauslaufen kann.[3] Es fragt sich deshalb, ob zumindest auf den

---

[1] Zu den Problemen bei nationalen Formwechseln vgl. *Decher, C. E.*, in: Umwandlungsgesetz, Kommentar, 2000, § 197, Rdnr. 4.

[2] Für den nationalen Formwechsel einer GmbH in eine Aktiengesellschaft bestimmt § 245 Abs. 1 UmwG ausdrücklich, dass an die Stelle der Gründer die Gesellschafter treten, die für den Formwechsel gestimmt haben.

[3] Eine vergleichbare Problematik ergibt sich für nationale Umwandlungen nicht, da bei einem Formwechsel einer AG in eine GmbH ein Sachgründungsbericht nicht erforderlich ist und bei Wechsel einer AG in eine KGaA und umgekehrt jeweils die persönlich haftenden Gesellschafter an die Stelle der Gründer treten, s. § 245 UmwG.

Gründungsbericht und die externe Gründungsprüfung verzichtet werden kann, wie dies bei der SE-Verschmelzung der Fall ist.[1] Hier ist nun zum einen zu berücksichtigen, dass die Regelungen des nationalen Rechts SE-spezifisch so auszulegen sind, dass diese eine Gründung der SE nicht unnötigerweise komplizieren, ja geradezu entgegenstehen. Und zum anderen sind Wertungswidersprüche zu berücksichtigen, die sich ergeben, wenn man für die Umwandlung neben einer internen Gründungsprüfung auch einen Gründungsbericht und eine externe Gründungsprüfung verlangt, obwohl für die Verschmelzung nur eine interne Gründungsprüfung gefordert ist. Denn anders als bei der Verschmelzung sieht die SE-VO mit der Werthaltigkeitsprüfung selbst eine hinreichende Sicherung der Kapitalaufbringung vor. All dies spricht dafür, für die Umwandlung nur eine interne Gründungsprüfung zu verlangen, die im Falle eines dualistischen Leitungssystems der SE durch den Vorstand und den Aufsichtsrat vorzunehmen ist, im Falle des monistischen Systems durch die Mitglieder des Verwaltungsrats.[2] Die entsprechenden Prüfungsberichte sind der Anmeldung zum Handelsregister beizufügen.[3]

cb. Rechtmäßigkeitskontrolle

Anders als für die Verschmelzung in Art. 25 und 26 SE-VO und für die Holding in Art. 33 Abs. 5 SE-VO enthält das SE-Statut für die konstitutive *Eintragung* der Umwandlung keinerlei Vorgaben, insbesondere ist hier keine *Rechtmäßigkeitskontrolle* vorgesehen. Möglichkeiten der Aktionäre, sich gegen einen aus ihrer Sicht fehlerhaften Hauptversammlungsbeschluss zu wehren, sind dem SE-Statut ebenfalls nicht zu entnehmen. Beide Aspekte bedurften für die Umwandlung als rein nationale Veranstaltung auch keinerlei Sonderregelungen. Über Art. 15 SE-VO ist ohnehin für Anmeldungsvoraussetzungen und Prüfungsumfang auf die jeweiligen nationalen Rechtsordnungen zurückzugreifen. Die *Anfechtungsmöglichkeiten* des Umwandlungsbeschlusses richten sich nach der aus den Art. 15 und 18 SE-VO abzuleitenden Regelungssystematik grundsätzlich nach der nationalen Rechtsordnung der Gründungsgesellschaft, die im Falle der Umwandlung mit der Rechtsordnung der zukünftigen SE übereinstimmt. Über § 15 SE-VO wird man auch die Vorschrift des § 16 Abs. 3 UmwG für anwendbar halten dürfen.

---

[1] S. Art. 18 SE-VO i. V. m. § 75 Abs. 2 UmwG.
[2] Hier ist der auf das dualistische Leitungssystem Vorstand / Aufsichtsrat zugeschnittene Wortlaut des § 33 Abs. 1 AktG über die Verweisung des Art. 15 SE-VO SE spezifisch auszulegen.
[3] S. § 37 Abs. 3 Nr. 4 AktG, § 21 Abs. 2 S. 3 SE-AG.

cc. Spruchverfahren/Minderheitenschutz

Das SE-Statut selbst enthält keinerlei Regelungen für dissentierende Minderheiten und sieht – anders als bei Verschmelzung und Holding – für die Umwandlung auch keine Ermächtigung des nationalen Gesetzgebers zur Gestaltung des *Minderheitenschutzes* vor. Angesichts der ausdrücklichen Regelungen für Verschmelzung und Holding, wird man hierbei nicht von einer unbewussten Regelungslücke ausgehen können. Vielmehr offenbart sich in der fehlenden Regelung die Vorstellung des Verordnungsgebers, dass der Wechsel von der nationalen Aktiengesellschaft in die SE keinen derart gravierenden Einschnitt darstellt, dass die Gesellschafter eine Möglichkeit zum Austritt aus der Gesellschaft erhalten müssen. Der Grund hierfür ist darin zu sehen, dass die SE durch die geringe Anzahl sachrechtlicher Regelungen in der SE-VO selbst und den mannigfaltigen Verweisungen auf das nationale Recht weiterhin stark vom nationalen Aktienrecht geprägt sein wird und Art. 10 SE-VO auch die Gleichbehandlungspflicht zwischen SE und nationaler Aktiengesellschaft postuliert. Fehlt es aber an einer unbewussten Regelungslücke, ist auch über Art. 15 SE-VO ein Rückgriff auf nationalen Vorschriften des Minderheitenschutzes, wie etwa § 207 UmwG, ausgeschlossen. Selbst wenn man dies anderes sehen möchte, scheidet jedenfalls die Anwendung des § 207 AktG aus, da die Norm ihrem Grundgedanken nach den Wechsel in eine andere Rechtsform mit entsprechend geänderten rechtlichen Rahmenbedingungen unterstellt, was im Falle der Umwandlung einer Aktiengesellschaft in eine SE schwer zu begründen sein dürfte.

V. Gründung einer Tochter-SE

Die Gründungsalternative der Tochter-SE ist die einzige Gründungsform, die nicht nur Aktiengesellschaften und GmbH zur Verfügung steht, sondern grundsätzlich sämtlichen juristischen Personen des öffentlichen oder privaten Rechts der Mitgliedstaaten und zudem den Gesellschaften nach Art. 48 Abs. 2 EG-Vertrag;[1] damit ist diese Gründungsform auch Personengesellschaften zugänglich.[2]

Anders als bei den anderen Gründungsformen enthält die SE-VO selbst keinerlei Vorgaben für das *Gründungsverfahren*. Weder ist ein *Gründungsplan* vorgeschrieben, noch sieht die SE-VO die *Beteiligung* der *Hauptversammlung* der Gründungsgesellschaften vor.[3] Stattdessen beschränkt sich Art. 36 SE-VO darauf, zu erklären,

---

[1] S. Art. 2 Abs. 3, 35, 36 SE-VO.

[2] Personengesellschaften gehören zu den Gesellschaften i. S. d. Art. 48 Abs. 2 EG-Vertrag; vgl. *Hirte, H.,* Europäische Aktiengesellschaft, 2002, S. 1, 3.

[3] Derartige Verfahrensregeln waren im SE-VO-Vorschlag 1989 noch vorgesehen, bereits im SE-VO-Vorschlag 1991 aber nicht mehr enthalten.

dass auf die an der Gründung beteiligten Gesellschaften die Vorschriften über deren Beteiligung an der Gründung einer Tochtergesellschaft in Form einer Aktiengesellschaft nationalen Rechts Anwendung finden.

Soweit es also um Fragen der Beteiligung der Anteilseigner der die Gründung anstrebenden Gesellschaften geht, richtet sich dies ausschließlich nach dem nationalen Recht ihrer Gesellschaften. Im Regelfall ist damit die Gründung allein Sache der Leitungsorgane.

Nur in seltenen Fällen wird eine Beteiligung der Anteilseigner in Betracht kommen, in *Deutschland* etwa unter den Voraussetzungen der *Holzmüller*-Doktrin.[1] Dies eröffnet sicherlich „Gestaltungspotenzial" für die Leitungsorgane der Gründungsgesellschaften, wenn ungeliebte Sicherungsmechanismen für Aktionäre und Gläubiger vermieden werden sollen. Ob hier bereits das europäische Recht selbst eine Umgehung seiner Schutzvorschriften verbietet, wird sich erst im Laufe einer (wohl langwierigen) Rechtsentwicklung zeigen müssen.[2]

Das Gründungsverfahren selbst ist über Art. 15 SE-VO dem nationalen Recht des angestrebten Sitzstaates der Tochter-SE zu entnehmen. Anzuwenden sind damit die aufgrund der Kapitalrichtlinie (Kapitalaufbringungs- und -erhaltungsrichtlinie) weitgehend koordinierten nationalen Gründungsvorschriften für Aktiengesellschaften. Damit kommt für die Tochter-SE sowohl eine Bar- als auch eine Sachgründung in Betracht. Für eine deutsche Tochter-SE sind dabei die für die Gründung einer nationalen deutschen Aktiengesellschaft zu durchlaufenden Gründungsverfahren maßgebend; auf eine Darstellung dieser rein nationalen Regelungen kann hier verzichtet werden.

VI. Ergebnis

Die Gründungsmöglichkeiten einer SE ist durch den numerus clausus der Gründungsformen und dem Kriterium der obligatorischen Mehrstaatlichkeit beschränkt. So kann eine SE nur durch grenzüberschreitende Verschmelzung von mindestens zwei nationalen Aktiengesellschaften, durch Gründung einer gemeinsamen Holdinggesellschaft durch mindestens zwei nationale Kapitalgesellschaften, durch Gründung einer gemeinsamen Tochtergesellschaft durch mindestens zwei Gesellschaften i.S.d. Art. 48 Abs. 2 EG-Vertrag oder juristischen Personen des öffentlichen oder privaten Rechts oder durch die Umwandlung einer nationalen Aktiengesellschaft gegründet

---

[1] Zur Vorbereitung von Zustimmungsbeschlüssen bei Strukturmaßnahmen vgl. zuletzt *Tröger, T.*, Strukturmaßnahmen, 2001, S. 2029.
[2] Zu diesem Aspekt vgl. *Teichmann, C.*, Einführung, 2002, S. 383, 438 f.

werden. Dabei müssen alle Gründungsformen mindestens zwei Mitgliedstaaten berühren: Bei der Verschmelzung müssen mindestens zwei Gründungsgesellschaften dem Recht verschiedener Mitgliedstaaten unterliegen, während bei der Gründung einer Holding- oder Tochter-SE zumindest zwei Gründungsgesellschaften seit mindestens zwei Jahren eine dem Recht eines anderen Mitgliedstaates unterliegende Tochtergesellschaft oder eine Zweigniederlassung in einem anderen Mitgliedstaat haben müssen. Die Umwandlung in eine SE steht nur solchen Aktiengesellschaften offen, die seit mindestens zwei Jahren eine dem Recht eines anderen Mitgliedstaats unterliegenden Tochtergesellschaft haben. Allein eine bereits bestehende SE kann ohne weitere Voraussetzungen eine Tochter-SE gründen.

Das jeweilige Gründungsverfahren ist in der SE-VO selbst nur teilweise geregelt und bedarf daher in vielen Bereichen der Ergänzung. In weitem Umfang wird diese Ergänzung durch Verweise auf das allgemeine nationale (Aktien-)recht erreicht: Für das den Gründungsgesellschaften zurechenbare Gründungsverfahren einschließlich der Rechtmäßigkeitskontrolle wird das nationale (Aktien-)recht dieser Gesellschaften für anwendbar erklärt; im Übrigen wird auf das nationale (Aktien-)recht des Sitzstaates der SE verwiesen. In manchen Fällen führt auch eine Lücken füllende Auslegung zum Erfolg. Es verbleiben jedoch auch Bereiche, namentlich der Minderheitenschutz der Gründungsformen der Verschmelzung und der Holding, die der Tätigkeit des nationalen Gesetzgebers überantwortet sind. Der deutsche Gesetzgeber hat hier an die bereits für nationale Restrukturierungen bekannten Instrumentarien des Austritts gegen Barabfindung und die gerichtliche Überprüfung der Wertermittlung im Spruchverfahren angeknüpft. Ferner hat der Gesetzgeber den Ausschluss von Anfechtungsmöglichkeiten wegen unzureichender Wertermittlung vorgesehen, wann immer für eine erforderliche Wertermittlung eine gerichtliche Überprüfung durch das Spruchverfahren zur Verfügung steht; damit ist ein wesentlicher Beitrag zur Vereinfachung des Gründungsverfahrens geleistet.

C. Grenzüberschreitende Sitzverlegung

Martin Wenz[*]

I.	Bedeutung der grenzüberschreitenden Sitzverlegung	200
II.	Grenzüberschreitende Mobilität von Unternehmen im Europäischen Binnenmarkt	202
	1. Internationalisierung von Unternehmen	202
	a. Internationalisierungsstrategie	202
	b. Internationalisierung der operationalen Organisationsstruktur	203
	2. Internationalisierung der statutarischen Organisationsstruktur	204
	a. Anforderungen an die Unternehmensrechtsordnung	204
	b. Fallkonstellationen	205
	3. Internationales Gesellschaftsrecht	205
	a. Ausgangsproblem	206
	b. Regelungsgegenstand	206
	c. Anknüpfungstheorien und Anknüpfungskriterien	206
	ca. Gründungstheorie	207
	caa. Anknüpfungskriterium	207
	cab. Zielsetzung	207
	cb. Sitztheorie	208
	cba. Anknüpfungskriterium	208
	cbb. Zielsetzung	208
	d. Auswirkungen auf die grenzüberschreitende Mobilität	209
	e. Zwischenergebnis	213
	4. Europäisches Gemeinschaftsrecht	215
	a. Niederlassungsfreiheit	215
	b. Entscheidungen des EuGH	216
	ba. Daily-Mail	216
	bb. Centros	217
	bc. Überseering und Inspire Art	218

---

[*] *Prof. Dr. Martin Wenz*, Habilitand an der Ludwig-Maximilians-Universität München und Inhaber der Professur für Betriebswirtschaftliche Steuerlehre, Internationales und liechtensteinisches Steuerrecht an der Hochschule Liechtenstein, Vaduz.

		c. Ergebnis	218
	5.	Lösungsansätze	220
III.	Grundkonzeption der SE-VO		220
	1.	Der Sitz einer SE	221
		a. Bestimmung des Verwaltungssitzes und des Satzungssitzes	221
		b. Auseinanderfallen des Verwaltungssitzes und des Satzungssitzes	222
		c. Bedeutung des Verwaltungssitzes und des Satzungssitzes	224
	2.	Identitätswahrung beim Übertritt nationaler Hoheitsgrenzen	225
	3.	Arten der grenzüberschreitenden Sitzverlegung	225
		a. Verlegung des Verwaltungssitzes	225
		b. Verlegung des Satzungssitzes	226
		c. Verlegung des Verwaltungssitzes und des Satzungssitzes	227
	4.	Fallkonstellationen	227
		a. Wegzug: Vom Inland ins EU-/EWR-Ausland	228
		b. Zuzug: Vom EU/EWR-Ausland ins Inland	228
		c. Umzug: Vom EU/EWR-Ausland ins EU/EWR-Ausland mit Inlandsbezug	229
	5.	Maßnahmen im Wegzugstaat und Maßnahmen im Zuzugstaat	229
	6.	Eingeschränktes Formwechselmodell	230
	7.	Schutzinteressen	231
		a. Widersprechende Minderheitsaktionäre	232
		b. Gläubiger	232
		c. Arbeitnehmer	234
IV.	Maßnahmen im Wegzugstaat		235
	1.	Verlegungsplan	235
		a. Rechtsnatur	235
		b. Inhalt	237
		c. Offenlegung	238
	2.	Verlegungsbericht	238
	3.	Einsichtsrecht	239
	4.	Verlegungsbeschluss	239
		a. Anforderungen	239
		b. Form	240
		c. Frist	240
		d. Rechtsfolgen bei Fehlerhaftigkeit	240
	5.	Schutz von Interessen	241
		a. Schutz widersprechender Minderheitsaktionäre	241
		b. Schutz von Gläubigern	242
		ba. Schutzverpflichtung	242
		baa. Einhaltung der Verpflichtung	243
		bab. Erfasste Verbindlichkeiten	243

C. Grenzüberschreitende Sitzverlegung (*Wenz*)

	bac. Arten von Gläubigern	243
	bad. Entstehung und Fälligkeit des Anspruchs	244
	bae. Gerichtsstand	244
	bb. Ausgestaltung der Schutzmechanismen	245
6.	Einspruchsrecht einer Behörde	246
	a. Allgemeines	246
	b. Bedeutung	246
7.	Rechtmäßigkeitsbescheinigung	247
	a. Inhalt	247
	b. Bedeutung	248
	c. Zuständigkeit	249
	d. Form	249
	da. Anmeldung	249
	db. Prüfung	250
	dba. Ordnungsmäßigkeit des Verlegungsbeschlusses	250
	dbb. Ausschluss der Sitzverlegung	251
	dc. Eintragung mit Vorläufigkeitsvermerk	251
	dd. Übersendung der Eintragung an den Zuzugstaat	251
8.	Löschung der Eintragung im Register des Wegzugstaates	252
9.	Offenlegung der Löschung im bisherigen Sitzstaat	252
V. Maßnahmen im Zuzugstaat		252
1.	Erfüllung der Eintragungsvoraussetzungen	253
	a. Überblick über die Eintragungsvoraussetzungen	253
	b. Satzungsneufassung und Kapitalaufbringung	254
2.	Anmeldung zur Eintragung	255
	a. Anmeldende Organe der Unternehmensleitung	256
	b. Inhalt der Anmeldung	256
3.	Prüfung der Eintragungsvoraussetzungen	257
	a. Rechtmäßigkeitsbescheinigung	257
	b. Weitere Eintragungsvoraussetzungen	257
	ba. Satzungsprüfung	258
	bb. Kapitalprüfung	259
4.	Eintragung	260
	a. Inhalt der Eintragung	260
	b. Anforderungen an die Eintragung	260
	c. Wirkung der Eintragung	260
5.	Meldung der Eintragung durch den neuen Sitzstaat	261
6.	Offenlegung	261

VI. Maßnahmen bei grenzüberschreitendem Umzug im EU-/EWR-Ausland
    mit Inlandsbezug.. 262
    1. Anwendbares Recht 262
    2. Einzelne Maßnahmen... 263
       a. Anmeldung 263
          aa. Inhalt der Anmeldung 263
          ab. Satzungsänderung der SE.. 264
          ac. Änderung des Leitungs- oder Verwaltungsorgans 264
       b. Prüfung 264
       c. Eintragung 265
       d. Offenlegung 265
VII. Ergebnis.. 265

Literatur

Backhaus, Klaus / Büschken, Joachim / Voeth, Markus, 2000: Internationales *Marketing,* 3. Aufl., Stuttgart: Schäffer Poeschel, 2000.
Bangemann, Martin, 1992: Der Europäische *Binnenmarkt*: Rechtlicher Rahmen und Marktpotential für die Tätigkeit deutscher Unternehmen, in: *Kumar, Brij Nino / Haussmann, Helmut* (Hrsg.), Handbuch der Internationalen Unternehmenstätigkeit – Erfolgs- und Risikofaktoren – Märkte – Export – Kooperations- und Niederlassungsmanagement, München: C.H. Beck, 1992, S. 99-120.
Bayer, Walter, 2003: Die EuGH-Entscheidung „*Inspire Art*" und die deutsche GmbH im Wettbewerb der europäischen Rechtsordnungen, in: BB 58 (2003), S. 2357-2366.
Bayer, Walter, 2004: Aktuelle Entwicklungen im Europäischen *Gesellschaftsrecht,* in: BB 59 (2003), S. 1-11.
Behrens, Peter, 1986: Identitätswahrende *Sitzverlegung* einer Kapitalgesellschaft von Luxemburg in die Bundesrepublik Deutschland, in: RIW 32 (1986), S. 590-594.
Behrens, Peter, 1998: Gesellschaften sollen *Niederlassungsberechtigte* gleichen Rechts werden, in: EuZW 9 (1998), S. 353.
Bippus, Birgit Elsa, 1998: *Personengesellschaften* und Strukturänderungen, Konstanz: Hartung-Gorre-Verlag, 1998.
Blaurock, Uwe, 1998: Europäisches und deutsches Gesellschaftsrecht – Bilanz und *Perspektiven* eines Anpassungsprozesses, in: ZEuP 6 (1998), S. 460-483.
Bolkestein, Frits, 2000: Taxation and competition: the realization of the *Internal Market,* in: EC Tax Review 9 (2000), S. 78-82.
Bolkestein, Frits, 2002: The future of *European tax policy,* in: EC Tax Review 11 (2002), S. 19-21.
Brandt, Ulrich / Scheifele, Matthias, 2002: Die *Europäische Aktiengesellschaft* und das anwendbare Recht, in: DStR 40 (2002), S. 547-555.

Breuninger, Gottfried E. / Krüger, Astrid, 1999: Die abnehmende *Lokalisierung* von Unternehmen als Rechtsproblem im internationalen Steuer- und Gesellschaftsrecht – Gibt es mehrere Orte der Geschäftsleitung?, in: *Breuninger, Gottfried E / Müller, Welf / Strobl-Haarmann, Elisabeth* (Hrsg.), Steuerrecht und europäische Integration, Festschrift für *Albert J. Rädler* zum 65. Geburtstag, München: C.H. Beck, 1999, S. 79-112.

Buchheim, Regine, 2001: Europäische *Aktiengesellschaft* und grenzüberschreitende Konzernverschmelzung, Wiesbaden: DUV / Gabler, 2001.

Bungert, Hartwin, 1995: Rechtsfähigkeit ausländischer Kapitalgesellschaften und *Beweislast,* in: DB 48 (1995), S. 963-969.

Bungert, Hartwin, 1998: Zum Nachweis des effektiven *Verwaltungssitz*es der ausländischen Kapitalgesellschaft: Die Briefkastengesellschaft als Vorurteil, in: IPRax 18 (1998), S. 339-348.

Bungert, Hartwin, / Beier, Constantin H., 2002: Die *Europäische Aktiengesellschaft,* in: EWS 13 (2002), S. 1-12.

Decher, Christian E., 2000: *Kommentierung zu §§ 190-213 UmwG,* in: *Lutter, Marcus* (Hrsg.), Umwandlungsgesetz, Kommentar, 2. Aufl., Köln: O. Schmidt, 2000.

Deckert, Martina / Lilienthal, Nicolas O., 1999: Die Rechtssetzungskompetenz der EG im *Privatrecht,* in: EWS 10 (1999), S. 121-133.

Dehmer, Hans, 1996: Umwandlungsgesetz / Umwandlungssteuergesetz, Kommentar, 2. Aufl., München: C.H. Beck, 1996.

Di Marco, Guiseppe, 1999: Der *Vorschlag* der Kommission für eine 14. Richtlinie – Stand und Perspektiven, in: ZGR 28 (1999), S. 3-12.

Drasch, Wolfgang, 1997: Das *Herkunftslandprinzip* im internationalen Privatrecht: Auswirkungen des europäischen Binnenmarktes auf Vertrags- und Wettbewerbsstatut, Baden-Baden: Nomos, 1997.

Drury, Robert R., 1998: The *Regulation* and Recognition of Foreign Corporations: Responses to the „Delaware Syndrome", in: CLJ 57 (1998), S. 165-194.

Drygala, Tim, 2001: Die *Vorschläge* der SLIM-Arbeitsgruppe zur Vereinfachung des Europäischen Gesellschaftsrechts, in: *Zentrum für Europäisches Wirtschaftsrecht,* Festsymposion zu Ehren *Marcus Lutter:* Vorträge des Europa-Symposions am 11.12.2000, Vorträge und Berichte Nr. 120, Bonn, 2000.

Ebenroth, Carsten Thomas / Auer, Thomas, 1992: Grenzüberschreitende *Verlagerung* von unternehmerischen Leitungsfunktionen im Zivil- und Steuerrecht, in: RIW 38 (1992), Beilage 1/1992.

Ebenroth, Carsten Thomas / Eyles, Uwe, 1989: Die innereuropäische Verlegung des Gesellschaftssitzes als Ausfluss der *Niederlassungsfreiheit,* in: DB 42 (1989), S. 363-372 (Teil I), S. 413-417 (Teil II).

Ebke, Werner F., 1998: *Unternehmensrecht* und Binnenmarkt – E pluribus unum?, in: RabelsZ 62 (1995), S. 195-242.

Ebke, Werner F., 1999: Das Schicksal der *Sitztheorie* nach dem Centros-Urteil des EuGH, in: JZ 54 (1999), S. 656-661.

Eidenmüller, Horst / Rehm, Gebhard M., 2004: Niederlassungsfreiheit versus Schutz des inländischen Rechtsverkehrs: Konturen des Europäischen Internationalen Gesellschaftsrechts – zugleich eine Besprechung der Entscheidung *Inspire Art,* EuGH NJW 2003, 3331, in: ZGR 33 (2004), S. 159-188.

Engelhardt, Werner H. / Klöter, Ralf / Schnittka, Matthias, 2000: Marketing und *Kundenorientierung,* in: *Busse v. Colbe, Walther / Coenenberg, Adolf G. / Kalüter, Peter / Linnhoff, Ulrich* (Hrsg.), Betriebswirtschaft für Führungskräfte, Stuttgart: Schäffer-Poeschel, 2000, S. 391-434.

Freitag, Robert, 1999: Der *Wettbewerb* der Rechtsordnungen im Internationalen Gesellschaftsrecht, in: EuZW 10 (1999), S. 267-270.

Geyrhalter, Volker, 1999: *Niederlassungsfreiheit* contra Sitztheorie − Good Bye Daily Mail?, in: EWS 10 (1999), S. 201-203.

Goette, Wulf, 1996: *Auslandsbeurkundungen* im Kapitalgesellschaftsrecht, in: DStR 34 (1996), S. 709-713.

Großfeld, Bernhard, 1995: Internationales und Europäisches *Unternehmensrecht* − Das Organisationsrecht transnationaler Unternehmen, 2. Aufl., Heidelberg: C.F. Müller, 1995.

Großfeld, Bernhard, 1997: Die internationale *Sitzverlegung,* in: EWiR 13 (1997), S. 1031-1032.

Großfeld, Bernhard, 1998: *Internationales Gesellschaftsrecht,* in: *Staudinger, Julius v.* (Hrsg.), Kommentar zum BGB, EGBGB, Internationalen Gesellschaftsrecht, 13. Aufl., Berlin / New York: De Gruyter, 1998.

Grundmann, Stefan, 2001: *Wettbewerb* der Regelgeber im Europäischen Gesellschaftsrecht − jedes Marktsegment hat seine Struktur, in: ZGR 30 (2001), S. 783-832.

Habersack, Mathias, 1999: Europäisches *Gesellschaftsrecht,* München: C.H. Beck, 1999.

Heinze, Meinhard, 2002: Die *Europäische Aktiengesellschaft,* in: ZGR 31 (2002), S. 66-95.

Henzler, Herbert, 1999: Strategische Unternehmensführung unter dem Einfluss der *Globalisierung,* in: *Giesel, Franz / Glaum, Martin* (Hrsg.), Globalisierung: Herausforderung an die Unternehmensführung zu Beginn des 21. Jahrhunderts, Festschrift für *Prof. Dr. Ehrenfried Pausenberger,* München: C.H Beck, 1999, S. 1-15.

Hirte, Heribert, 2002: Die *Europäische Aktiengesellschaft,* in: NZG 5 (2002), S. 1-10.

Hoffmann, Jochen, 2000: Neue Möglichkeiten zur identitätswahrenden *Sitzverlegung* in Europa?, in: ZHR 164 (2000), S. 43-66.

Höfling, Barbara, 2000: Die *Sitztheorie,* Centros und der österreichische OHG, in: EuZW 11 (2000), S. 145-147.

Hommelhoff, Peter / Teichmann, Christian, 2002: Die Europäische *Aktiengesellschaft* − das Flaggschiff läuft vom Stapel, in: SZW 5 (2002), S. 1-12.

Hopt, Klaus J., 2000: *Baumbach / Hopt* − Handelsgesetzbuch, Kommentar, 30. Aufl., München: C.H. Beck, 2000.

Horn, Norbert, 2000: Verträge über internationale *Unternehmenszusammenschlüsse,* in: *Schneider, Uwe, H. / Hommelhoff, Peter / Schmidt, Karsten / Timm, Wolfram / Grunewald, Barbara / Drygala, Tim* (Hrsg.), Deutsches und europäisches Gesellschafts-, Konzern- und Kapitalmarktrecht, Festschrift für *Marcus Lutter* zum 70. Geburtstag, Köln: O. Schmidt, 2000, S. 1113-1131.

Hüffer, Uwe, 2002: *Aktiengesetz,* Kommentar, 5. Aufl., München: C.H. Beck, 2002.

Hungenberg, Harald, 2000: Strategisches *Management* in Unternehmen, Ziele − Prozesse − Verfahren, Wiesbaden: Gabler, 2000.

Jaeger, Gerold, 2000: Kapitalgesellschaften in der EU − dauerhaft *Niederlassungsberechtigte* zweiter Klasse?, in: NZG 3 (2000), S. 918-923.

Jahn, Andreas, 2001: Die *Europäische Aktiengesellschaft* – Societas Europaea, in: DB 54 (2001), S. 631-637.

Jannott, Dirk / Frodermann, Jürgen (Hrsg.), 2005: Handbuch der Europäischen *Aktiengesellschaft* – Societas Europaea, Heidelberg: C.F. Müller, 2005.

Joost, Detlev, 2000: *Kommentierung zu § 220 UmwG,* in: *Lutter, Marcus* (Hrsg.), Umwandlungsgesetz, Kommentar, 2. Aufl., Köln: O. Schmidt, 2000.

Kayser, Günter, 1995: Möglichkeiten und Probleme der *Internationalisierung* kleiner und mittlerer Unternehmen, in: *Bamberger, Ingolf* (Hrsg.), Anpassungsstrategien kleiner und mittlerer Unternehmen an die Globalisierung der Märkte, Arbeitspapierreihe Organisation und Planung Nr. 7, Essen: Universität-Gesamthochschule Essen, 1995, S. 20-34.

Kieninger, Eva-Maria, 1999: *Niederlassungsfreiheit* als Rechtswahlfreiheit, in: ZGR 28 (1999), S. 724-749.

Kindler, Peter, 1999: *Niederlassungsfreiheit* für Scheinauslandsgesellschaften?, in: NJW 52 (1999), S. 1993-2000.

Knobbe-Keuk, Brigitte, 1990: Umzug von Gesellschaften in Europa, in: ZHR 154 (1990), S. 325-356.

Köstler, Roland / Jaeger, Rolf, 2002: Die *Europäische Aktiengesellschaft,* in: *Hans Böckler Stiftung* (Hrsg.), Arbeitshilfen für Arbeitnehmervertreter in Aufsichtsräten Nr. 6, Düsseldorf, 2002.

Krüger, Wilfried, 1999: Konsequenzen der *Globalisierung* für Strategien, Fähigkeiten und Strukturen der Unternehmung, in: *Giesel, Franz / Glaum, Martin* (Hrsg.), Globalisierung: Herausforderung an die Unternehmensführung zu Beginn des 21. Jahrhunderts, Festschrift für *Prof. Dr. Ehrenfried Pausenberger,* München: C.H Beck, 1999, S. 17-48.

Lange, Knut Werner, 1999: Zur *Niederlassungsfreiheit* im Zusammenhang mit der Eintragung einer inländischen Zweigniederlassung einer ausländischen Gesellschaft, in: DNotZ o. Jg. (1999), S. 599-607.

Leible, Stefan, 1999: *Niederlassungsfreiheit* und Verweigerung der Eintragung einer Zweigniederlassung, in: NZG 2 (1999), S. 300-302.

Leupold, Andreas, 1993: Die europäische *Aktiengesellschaft* unter besonderer Berücksichtigung des deutschen Rechts, Aachen: Shaker, 1993.

Lutter, Marcus, 1996: Europäisches *Unternehmensrecht,* 4. Aufl., Berlin / New York: De Gruyter, 1996.

Lutter, Marcus / Hommelhoff, Peter, 2000: GmbH-Gesetz, Kommentar, 15. Aufl., Köln: O. Schmidt, 2000.

Lutter, Marcus / Hommelhoff, Peter (Hrsg.), 2005: Die Europäische Gesellschaft: Prinzipien, Gestaltungsmöglichkeiten und Grundfragen aus der Praxis, 2005.

Manz, Gerhard / Mayer, Barbara / Schröder, Albert (Hrsg.), 2005: Europäische *Aktiengesellschaft* SE, Baden-Baden: Nomos, 2005.

Maul, Silja / Wenz, Martin, 2005: *Mobilität* von Unternehmen in Europa, in: *Schröder, R.* (Hrsg.), Die GmbH im europäischen Vergleich, Berlin: Lexxion, 2005, S. 193-200.

Maul, Silja / Wenz, Martin, 2005: *Einsatzmöglichkeiten* der Europäischen Gesellschaft im Konzern, in: *Lutter, Marcus / Hommelhoff, Peter* (Hrsg.), Die Europäische Gesellschaft: Prinzipien, Gestaltungsmöglichkeiten und Grundfragen aus der Praxis, 2005, S. 261-275.

Maul, Silja / Teichmann, Christoph / Wenz, Martin, 2003: Der *Richtlinienvorschlag* zur grenzüberschreitenden Verschmelzung von Kapitalgesellschaften, in: BB 58 (2003), S. 2633-2641.

Mävers, Gunther, 2002: Die *Mitbestimmung* der Arbeitnehmer in der Europäischen Aktiengesellschaft, Baden-Baden: Nomos, 2002.

Meyer-Landrut, Andreas, 1988: Die Europäische Wirtschaftliche *Interessenvereinigung*, Stuttgart: Schäffer, 1988.

Michel, Sandra, 2001: Besteuerung und *Organisation*: Eine intra- und intersystemische Analyse, Lohmar / Köln: Josef Eul, 2001 (zugl. Diss. oec. publ. Univ. München).

Monti, Mario, 1997: *Statut* der Europäischen Aktiengesellschaft, in: WM 51 (1997), S. 607-608.

Müller, Stefan / Kornmeier, Martin, 1997: Motive und Unternehmensziele als Einflußfaktoren der einzelwirtschaftlichen *Internationalisierung*, in: *Macharzina, Klaus / Oesterle, Michael-Jörg* (Hrsg.), Handbuch Internationales Management: Grundlagen – Instrumente – Perspektiven, Wiesbaden: Gabler, 1997, S. 71-101.

Mussler, Werner / Streit, Manfred E., 1996: Integrationspolitische *Strategien* in der EU, in: *Ohr, Renate* (Hrsg.), Europäische Integration, Stuttgart / Berlin / Köln: Kohlhammer, 1996, S. 265-292.

Oechsler, Jürgen, 2005: Die *Sitzverlegung* der Europäischen Aktiengesellschaft nach Art. 8 SE-VO, in: AG 50 (2005), S. 373-380.

Perlitz, Manfred, 1999: Internationales *Management*, in: *Bitz, Michael / Dellmann, Klaus / Domsch, Michel / Wagner, Franz W.* (Hrsg.), Vahlens Kompendium der Betriebswirtschaftslehre, 4. Aufl., Bd. 2, München: Vahlen, 1999, S. 393-438.

Perlitz, Manfred, 2004: Internationales *Management*, 5. Aufl., Stuttgart: Lucius und Lucius, 2004.

Petri, Stephan / Wenz, Martin, 2004: Europäische *Aktiengesellschaft* – notwendig und zukunftsorientiert, in: Der Aufsichtsrat (2004), Heft 10, S. 3-4.

Picot, Arnold, 1999: *Organisation*, in: *Bitz, Michael / Dellmann, Klaus / Domsch, Michel / Wagner, Franz W.* (Hrsg.), Vahlens Kompendium der Betriebswirtschaftslehre, 4. Aufl., Bd. 2, München: Vahlen, 1999, S. 107-180.

Pluskat, Sorika, 2001: Die *Arbeitnehmerbeteiligung* in der geplanten Europäischen AG, in: DStR 39 (2001), S. 1483-1490.

Priester, Hans-Joachim, 1983: Das neue *Verschmelzungsrecht*, in: NJW 36 (1983), S. 1459-1467.

Priester, Hans-Joachim, 1995, in: *Scholz* – Kommentar zum GmbH-Gesetz, Bd. I, 8. Aufl., Köln: O. Schmidt, 1995.

Priester, Hans-Joachim, 1999: EU-*Sitzverlegung* – Verfahrensablauf, in: ZGR 28 (1999), S. 36-50.

Rajak, Harry, 2000: *Proposal* for a Fourteenth European and Council Directive on the Transfer of the Registered Office or de facto Head Office of a Company from One Mamber State to Another With a Change in Applicable Law, in: EBLR 11 (2000), S. 43-49.

Risse, Jörg, 1999: Zum Eintrag einer *Zweigniederlassung* einer ausländischen Gesellschaft ohne Geschäftstätigkeit im Gründungsstaat, in: MDR (1999), S. 752-754.

Ross, D., 1990: United Kingdom: *Movement of Capital* – Treasury Consent, in: ET 30 (1990), S. 310-312.

Roth, Günter H., 1999: *Gründungstheorie* – Ist der Damm gebrochen?, in: ZIP 20 (1999), S. 861-867.

Roussos, Alexandros, 2001: Realising the Free *Movement of Companies,* in: EBLR 12 (2001), S. 7-25.

Sanders, Pieter, 1960: Auf dem Wege zu einer Europäischen *Aktiengesellschaft,* in: RIW / AWD 6 (1960), S. 1-5.

Sanders, Pieter, 1967: *Vorentwurf* eines Statuts für europäische Aktiengesellschaften, in: *Kommission der Europäischen Gemeinschaften* (Hrsg.), Kollektion Studien, Reihe Wettbewerb, Nr. 6, Brüssel, 1967.

Sandrock, Otto, 1999: Centros: ein Etappensieg für die *Überlagerungstheorie,* in: BB 52 (1999), S. 1337-1345.

Sandrock, Otto / Wetzler, Christoph F. (Hrsg.), 2004: Deutsches Gesellschaftsrecht im *Wettbewerb* der Rechtsordnungen – Nach Centros, Überseering und Inspire Art, Heidelberg: Recht und Wirtschaft, 2004.

Sauter, Thomas / Wenz, Martin, 2002: The *European Company* – A new Vehicle for Doing Businesss in Europe, in: CommerceGermany, Official Publication of the American Chamber of Commerce in Germany, 1/2002, S. 10.

Schindler, Clemens Philipp, 2005: *Gründung und Sitzverlegung* einer Europäischen Aktiengesellschaft unter Berücksichtigung des österreichischen Ausführungsgesetzes, in: *Achatz, Markus / Aigner, Dietmar / Kofler, Georg / Tumpel, Michael* (Hrsg.), Internationale Umgründungen: gesellschafts- und steuerrechtliche Grundlagen, Querschnittsfragen, aktuelle Entwicklungen, Wien: Linde, 2005, S. 271-317.

Schmidt, Karsten, 1997: Gesellschaftsrecht, 3. Aufl., Köln u. a.: Heymanns, 1997.

Schmidt, Karsten, 1999: *Sitzverlegungsrichtlinie,* Freizügigkeit und Gesellschaftsrechtspraxis – Grundlagen, in: ZGR 28 (1999), S. 20-35.

Schnichels, Dominik, 1995: Reichweite der *Niederlassungsfreiheit,* dargestellt am Beispiel des deutschen Internationalen Gesellschaftsrechts, Baden-Baden: Nomos, 1995.

Schön, Wolfgang, 1996: *Mindestharmonisierung* im europäischen Gesellschaftsrecht, in: ZHR 160 (1996), S. 221-249.

Schön, Wolfgang, 2000: Die *Niederlassungsfreiheit* von Kapitalgesellschaften im System der Grundfreiheiten, in: *Schneider, Uwe, H. / Hommelhoff, Peter / Schmidt, Karsten / Timm, Wolfram / Grunewald, Barbara / Drygala, Tim* (Hrsg.), Deutsches und europäisches Gesellschafts-, Konzern- und Kapitalmarktrecht, Festschrift für *Marcus Lutter* zum 70. Geburtstag, Köln: O. Schmidt, 2000, S. 685-706.

Schön, Wolfgang, 2002: Aktuelle Fragen zum Steuer- und *Gesellschaftsrecht,* in: JbFfStR (in Vorbereitung), hier zitiert nach Arbeitsunterlage der 53. Steuerrechtlichen Jahresarbeitstagung, Unternehmen 2002, der Arbeitsgemeinschaft der Fachanwälte für Steuerrecht, 2002.

Schultz, Andreas / Eicker, Klaus, 2001: The *European Company* Statute – the German View, in: Intertax 29 (2001), S. 332-341.

Schulz, Andreas / Geismar, Bernhard, 2001: Die *Europäische Aktiengesellschaft,* in: DStR 39 (2001), S. 1078-1086.

Schwarz, Günter Christian, 2001: Zum *Statut* der Europäischen Aktiengesellschaft, in: ZIP 22 (2001), S. 1847-1861.

Sonnenberger, Hans Jürgen; Großerichter, Helge, 1999: Konfliktlinien zwischen internationalem Gesellschaftsrecht und *Niederlassungsfreiheit,* in: RIW 45 (1999), 721-732.

Teichmann, Christoph, 2002: Die *Einführung* der Europäischen Aktiengesellschaft – Grundlagen der Ergänzung des europäischen Statuts durch den deutschen Gesetzgeber, in: ZGR 31 (2002), S. 383-464.

Teichmann, Christoph, 2002: Vorschläge für das deutsche *Ausführungsgesetz* zur Europäischen Aktiengesellschaft, in: ZIP 23 (2002), S. 1109-1116.

Teichmann, Christoph, 2005: Binnenmarktkonformes *Gesellschaftsrecht,* Berlin: De Gruyter, 2005 (im Druck).

Teichmann, Christoph, 2003: *Minderheitenschutz* bei Gründung und Sitzverlegung der SE, in: ZGR 32 (2003), S. 367-401.

Theisen, Manuel R., 2000: Der *Konzern* – Betriebswirtschaftliche und rechtliche Grundlagen der Konzernunternehmung, 2. Aufl., Stuttgart: Schäffer-Poeschel, 2000.

Theisen, Manuel R., 2000: *Rechtsformen* und Besteuerung von Unternehmen, in: *Busse v. Colbe, Walther / Coenenberg, Adolf, G. / Kajüter, Peter / Linnhoff, Ulrich* (Hrsg.), Betriebswirtschaft für Führungskräfte, Stuttgart, Schäffer-Poeschel, 2000, S. 437-478.

Theisen, Manuel R. / Wenz, Martin, 1993: *Besteuerung,* in: *Gerum, Elmar* (Hrsg.), Handbuch Unternehmung und Europäisches Recht, Stuttgart: Schäffer-Poeschel, 1993, S. 475-515.

Theisen, Manuel R. / Wenz, Martin, 1994: *Ansässigkeit* und Körperschaftsteuerpflicht von Kapitalgesellschaften im Vereinigten Königreich von Großbritannien und Nordirland, in: RIW 40 (1994), S. 397-414.

Thömmes, Otmar, 1993: Identitätswahrende *Sitzverlegung* von Gesellschaften in Europa, in: DB 46 (1993), S. 1021-1026.

Thömmes, Otmar, 2002: Corporate Taxation in the *European Union* in the Year 2002 – A Single Currency and Fifteen Different Tax Jurisdictions, in: Intertax 30 (2002), S. 123-124.

Trojan-Limmer, Ursula, 1991: Die Geänderten Vorschläge für ein *Statut* der Europäischen Aktiengesellschaft (SE), in: RIW 37 (1991), S. 1010-1017.

Van Thiel, Servaas, 1988: *Daily Mail* Case – Tax Planning and the European Right of Establishment, European Taxation 28 (1988), S. 357-366.

Wenz, Martin, 1993: Die *Societas Europaea* (SE) – Analyse der geplanten Rechtsform und ihre Nutzungsmöglichkeiten für eine europäische Konzernunternehmung, Berlin: Duncker & Humblot, 1993.

Wenz, Martin, 2001: Die Vor- und Nachteile der Gründung einer *Europäischen Aktiengesellschaft* aus betriebswirtschaftlicher Sicht, Arbeitskreis Europäisierung der Arbeitsbeziehungen, Vortrag am 23.11.2001 im Literaturhaus in Frankfurt am Main (http://www.boeck ler.de/service/mbf/euroaktien/EuropAG.pdf).

Wenz, Martin, 2003: *Einsatzmöglichkeiten* einer Europäischen Aktiengesellschaft in der Unternehmenspraxis aus betriebswirtschaftlicher Sicht, in: AG 48 (2003), S. 185-196.

Wenz, Martin, 2004: More cross-border *flexibility* for companies – the SE as the flagship of European company law, in: European Trade Union Institute/Hans Böckler Foundation, The European Company – Prospects for Board-Level Representation, 2004, S. 27-38.

Wenz, Martin, 2004: The *European Company* (Societas Europaea) – Legal Concept and Tax Issues, in: ET 44 (2004), S. 4-11.

Wenz, Martin, 2006: Besteuerung transnationaler *Unternehmensmischformen* – Analyse der Besteuerung einer britisch-deutschen Private Limited Company & Co. KG und einer deutsch-britischen GmbH & Co. Limited Partnership, 2. Aufl., Berlin: Duncker & Humblot, in Vorbereitung für 2006.

Wiedemann, Herbert, 1980: *Gesellschaftsrecht* – Ein Lehrbuch des Unternehmens- und Verbandsrechts – Bd. I: Grundlagen, München: C.H. Beck, 1980.

Wymeersch, Eddy, 2001: *Company Law* in Europe and European Company Law, Universiteit Gent, Financial Law Institute, Working Paper Series, WP 2001-06, April 2001, Universität Gent, 2001 (http://system04.rug.ac.be/fli/WP/WPindex.html).

Zacker, Christian, 1989: *Binnenmarkt* und Gemeinsamer Markt, in: RIW 35 (1989), S. 489-490.

Zimmer, Daniel, 2000: Die *Bedeutung* des Centros-Urteils des EuGH, in: *Zentrum für Europäisches Wirtschaftsrecht*, Vorträge und Berichte, Nr. 110, Bonn, 2000.

Zöllner, Wolfgang, 1996: *Kommentierung zu §§ 35-40, 43-59* GmbHG, in: *Baumbach A. / Hueck*, A. (Hrsg.), GmbH-Gesetz, Kommentar, 17. Aufl., München: C.H. Beck, 2000.

I. Bedeutung der grenzüberschreitenden Sitzverlegung

Die Verwirklichung des Europäischen Binnenmarktes sowie die Liberalisierung des grenzüberschreitenden Kapitalverkehrs und die Vollendung der Europäischen Währungsunion haben zu einer umfassenden wirtschaftlichen Integration mit weitgehend binnenmarktähnlichen Verhältnissen in Europa geführt.[1] So gewährleisten die Grundfreiheiten des EG-Vertrages,[2] die den Europäischen Binnenmarkt legal definieren, einen „freien Verkehr von Waren, Personen, Dienstleistungen und Kapital"[3] und führen zu einer Weiterentwicklung vom Bestimmungslandprinzip, das mit dem Diskriminierungsverbot einhergeht, zum Ursprungs- bzw. Herkunftslandprinzip, das auf dem Beschränkungsverbot basiert.[4] Damit verbunden ist die Schaffung einer Europäischen Marktrechtsordnung, die – primär zur Realisierung von Effizienzsteigerungen – durch einen intensiven grenzüberschreitenden Wettbewerb sowohl zwischen einzelnen Unternehmen als auch zwischen Standorten, mithin der verschiedenen nationalen Rechtsordnungen und -systeme gekennzeichnet ist (Integration durch Wettbewerb).[5]

Im Bereich der Rechtsformen bedarf die vollständige Gewährung der Grundfreiheiten, namentlich der Niederlassungsfreiheit, nach der derzeit noch geltenden, mittlerweile aber bereits stark liberalisierten Rechtslage allerdings einer weitergehenden Harmonisierung und Koordinierung der bestehenden nationalen Gesellschaftsrechtssysteme, der Verabschiedung entsprechender Übereinkommen oder aber der Schaffung weitgehend einheitlicher supranational-europäischer Rechtsformen.[6]

Im Europäischen Binnenmarkt können sich Unternehmen daher bislang nur eingeschränkt auf Gemeinschaftsebene über mitgliedstaatliche Länder- und Hoheitsgren-

---

[1] Dazu vgl. *Bolkestein, F.*, European tax policy, 2002, S. 19-21; *Bolkestein, F.*, Internal Market, 2000, S. 78 f.; *Thömmes, O.*, European Union, 2002, S. 123.
[2] Siehe Art. 17-69, 294 EG-Vertrag.
[3] Art. 14 Abs. 2 EG-Vertrag.
[4] Dazu vgl. auch *Schnichels, D.*, Niederlassungsfreiheit, 1995, S. 65-58; und ferner *Drasch, W.*, Herkunftslandprinzip, 1997, S. 205-208.
[5] Dazu vgl. insbesondere auch *Bangemann, M.*, Binnenmarkt, 1992, S. 102-105; *Kayser, G.*, Internationalisierung, 1995, S. 27-29; *Mussler, W. / Streit, M. E.*, Strategien, 1996, S. 266-280; *Wenz, M.*, Unternehmensmischformen, 2002, S. 23.
[6] Dazu vgl. auch *EuGH*, Urteil v. 10.7.1986 (*Seegers*), EuGH Slg. 1986, S. 2382-2390, S. 2385-2390; *EuGH*, Urteil v. 27.9.1988 (*Daily-Mail*), EuGH Slg. 1988, S. 5505-5514, S. 5511; *EuGH*, Urteil v. 9.3.1999 (*Centros*), EuGH Slg. 1999, S. 1459-1498, S. 1487-1498; *EuGH*, Urteil v. 05.11.2002 (*Überseering*), IStR 11 (2002), S. 809; *EuGH*, Urteil v. 30.09.2003 (*Inspire Art*), BB 58 (2003), S. 2195; und ferner *Bayer, W.*, Inspire Art, 2003, S. 2357-2366; *Behrens, P.*, Niederlassungsberechtigte, 1998, S. 353; *Blaurock, U.*, Perspektiven, 1998, S. 460-463, aber auch S. 480-483; *Ebke, W. F.*, Unternehmensrecht, 1998, S. 195-213, 220-224; *Eidenmüller, H. / Rehm, G.*, Inspire Art, 2004, S. 159-188; *Schön, W.*, Mindestharmonisierung, 1996, S. 238-249; *Schön, W.*, Gesellschaftsrecht, 2002, S. 1-4.

zen hinweg strukturieren, reorganisieren oder zusammenschließen sowie ihren Sitz grenzüberschreitend verlegen.[1] Anders als im Bereich des grenzüberschreitenden Waren-, Kapital- und Dienstleistungsaustauschs verfügen Unternehmen somit über keine vollständig ausgeprägten binnenmarktspezifischen Freiheitsgrade. Sie sind vielmehr durch ihre jeweilige nationale Rechtsordnung beschränkt,[2] da sie jenseits dieser Rechtsordnung, nach der sie gegründet wurden, grundsätzlich keine Realität haben.[3]

Die grenzüberschreitende Mobilität von Unternehmen im Europäischen Binnenmarkt herzustellen und damit auch zu dessen weiterer Vollendung speziell im Bereich der Rechtsformen beizutragen,[4] ist dementsprechend eines der zentralen Ziele, die mit der Schaffung einer Europäischen Aktiengesellschaft (Societas Europaea, SE) verbunden sind.[5]

Nachfolgend werden zunächst die verschiedenen Aspekte der zunehmenden Internationalisierung und grenzüberschreitenden Mobilisierung von Unternehmen im Europäischen Binnenmarkt dargelegt, v. a. aber auch die bei einem Übertritt nationaler Hoheitsgrenzen derzeit noch bestehenden (international-)gesellschaftsrechtlichen Grenzen aufgezeigt (vgl. Kapitel II.). Daran anschließend wird die Grundkonzeption der SE-VO zur Bestimmung des Sitzes sowie zur Aufrechterhaltung der Rechtspersönlichkeit und zur Wahrung der rechtlichen Identität der SE bei einer grenzüberschreitenden Sitzverlegung vorgestellt; die verschiedenen Arten und Fallkonstellationen einer grenzüberschreitenden Sitzverlegung werden analysiert und die Mechanismen zum Schutz der Interessen der verschiedenen Stakeholder einer SE dargelegt (Kapitel III.).

Ferner werden insbesondere die unterschiedlichen Maßnahmen erläutert, die bei einer grenzüberschreitenden Sitzverlegung einerseits im Wegzugstaat (vgl. Kapitel IV.) und andererseits im Zuzugstaat (vgl. Kapitel V.), jeweils in Bezug auf *Deutschland*, zu ergreifen sind. Darüber hinaus werden die Maßnahmen aufgezeigt, die bei einem grenzüberschreitenden Umzug einer SE zwischen zwei Mitgliedstaaten der EU und/oder des EWR und deutschem Inlandsbezug speziell in *Deutschland* zu befolgen sind (vgl. Kapitel VI.).

---

[1] Vgl. *Grundmann, S.*, Wettbewerb, 2001, S. 820-824 m. w. N.; *Sauter, T. / Wenz, M.*, European Company, 2002, S. 10.

[2] Dazu vgl. auch *Hommelhoff, P. / Teichmann, C.*, Aktiengesellschaft, 2002, S. 1 f.

[3] Dazu vgl. *EuGH*, Urteil v. 27.9.1988 (*Daily-Mail*), EuGH Slg, 1988, S. 5505-5514, S. 5510.

[4] S. Erwägungsgründe Nr. 1, 4-6, 24 SE-VO (Verordnung (EG) Nr. 2157/2001 des Rates v. 8.10.2001 über das Statut der Europäischen Gesellschaft (SE), ABl. EG Nr. L 294 v. 10.11.2001, S. 1-21.

[5] Ausführlich dazu vgl. *Wenz, M.*, Societas Europaea, 1993, S. 35-44; sowie den Beitrag von *Theisen* und *Wenz* in diesem Band.

II. Grenzüberschreitende Mobilität von Unternehmen im Europäischen Binnenmarkt

1. Internationalisierung von Unternehmen

Die Internationalisierung von Unternehmen kann sehr unterschiedliche Ursachen haben und zur Entwicklung äußerst differenzierter Internationalisierungsstrategien führen:[1]

- Einerseits kann sie eine Reaktion auf Defizite im strategischen Bereich darstellen, um auch zukünftig eine erfolgreiche Wettbewerbsposition einnehmen und die Entstehung strategischer Lücken im Bereich der Zielerreichung vermeiden zu können (*passive Internationalisierung*).
- Andererseits kann sie dazu dienen, Wettbewerbsvorteile, über die ein Unternehmen bislang im Inland verfügt, auch im Ausland auszunutzen, um den Grad der Zielerreichung zu erhöhen (*aktive Internationalisierung*).

Die erheblichen Veränderungen der Rahmenbedingungen wirtschaftlichen Handelns aufgrund der Globalisierung, aber auch der damit verbundenen Europäisierung[2] stellen derzeit den wesentlichen Grund für die erhebliche Zunahme sowohl der aktiven als auch der passiven Internationalisierung von Unternehmen dar.[3] Die durch die Globalisierung und Europäisierung bedingten Herausforderungen an Unternehmen, economies of scale, scope und speed zu erzielen,[4] veranlassen diese, sich im strategischen Dreieck (Unternehmen – Markt / Kunden – Wettbewerb / Konkurrenten)[5] ggf. neu auszurichten und ihre Wettbewerbsposition neu zu definieren, insbesondere aber ihre Internationalisierungsstrategie zu überarbeiten und ggf. neu zu entwickeln.

a. Internationalisierungsstrategie

Die konkrete Ausgestaltung der Internationalisierungsstrategie eines Unternehmens wird insbesondere von der verfolgten strategischen Konzeption bestimmt (dazu siehe

---

[1] Dazu vgl. *Perlitz, M.*, Internationales Management, 2004, S. 69 f.
[2] Dazu vgl. *Backhaus, K. / Büschken, J. / Voeth, M.*, Marketing, 2000, S. 23-25, 241-260; *Perlitz, M.*, Internationales Management, 2004, S. 1 f.; *Perlitz, M.*, Management, 1999, S. 399-402. Allgemein dazu vgl. auch den Beitrag von *Theisen* und *Wenz* in diesem Band.
[3] Vgl. *Henzler, H.*, Globalisierung, 1999, S. 6-9.
[4] Vgl. *Krüger, W.*, Globalisierung, 1999, S. 22-24.
[5] Dazu vgl. *Engelhardt, W. H. / Klöter, P. / Schnittka, M.*, Kundenorientierung, 2000, S. 394; *Hungenberg, H.*, Management, 2000, S. 67.

unten) und kann anhand von folgenden beiden Erklärungszusammenhängen charakterisiert werden:

- Welche Möglichkeiten der globalen Integration bestehen und in welchem Ausmaß können diese realisiert werden: Globalisierungsvorteile (economies of scale, scope und speed),
- Welche Möglichkeiten, aber auch Notwendigkeiten der lokalen Differenzierung bestehen und in welchem Ausmaß kann bzw. sollte diesen Rechnung zu tragen: Lokalisierungsvorteile und -erfordernisse (Standortvorteile und local content-Erfordernisse).[1]

Dementsprechend lassen sich konkret vier unterschiedliche Internationalisierungsstrategien unterscheiden:

- International ethnozentrisch: es bestehen niedrige Globalisierungschancen, aber auch nur geringe Lokalisierungserfordernisse und -chancen,
- Multinational polyzentrisch: es bestehen niedrige Globalisierungsvorteile, aber hohe Lokalisierungserfordernisse und -chancen,
- Global geozentrisch: es bestehen umfassende Globalisierungschancen, aber nur geringe Lokalisierungserfordernisse und -chancen,
- Glokal opportunistisch: es bestehen umfassende Globalisierungschancen, aber auch hohe Lokalisierungserfordernisse und -chancen.[2]

b. Internationalisierung der operationalen Organisationsstruktur

Die Gestaltung der operationalen Organisationsstruktur[3] eines Unternehmens hat der Internationalisierungsstrategie Rechnung zu tragen und langfristig die Wettbewerbsfähigkeit des Unternehmens zu sichern und zu stärken; sie soll dementsprechend einen positiven Beitrag zur Erreichung der Unternehmensziele beitragen. Der Flexibilität und Anpassungsfähigkeit der operationalen Organisationsstruktur kommt in diesem Zusammenhang eine besondere Bedeutung zu, da sich die Umfeldbedingungen, die strategischen Anforderungen sowie die internen Strukturen von Organisationen ständig wandeln können und müssen. Die gewählte operationale Organisationsstruktur sollte daher ebenso flexibel wie schnell an veränderte Rahmenbedingungen und

---

[1] Vgl. *Perlitz, M.*, Internationales Management, 2004, S. 301 f.
[2] Vgl. *Müller, S. / Kornmeier, M.*, Internationalisierung, 1997, S. 77 f.; *Perlitz, M.*, Internationales Management, 2004, S. 301 f.; *Perlitz, M.*, Management, 1999, S. 405-407.
[3] Zur Abgrenzung von operationaler und statutarischer Organisationsstruktur (managerial versus legal structure) vgl. *Michel, S.*, Organisation, 2001, S. 54 m. w. N.

Umfeldzustände angepasst werden können und – der Internationalisierungsstrategie entsprechend – vergleichbar global, aber auch lokal ausgerichtet sein.[1]

2. Internationalisierung der statutarischen Organisationsstruktur

Die strategische Neuausrichtung der Unternehmen bedingt u. a. aber nicht nur die Entwicklung und Überarbeitung der Internationalisierungsstrategie sowie die Internationalisierung der operationalen Organisationsstruktur. Erforderlich ist vielmehr, diesen Veränderungen auch auf Ebene der statutarischen Organisationsstruktur grundlegend Rechnung zu tragen.

Nur wenn auch der rechtlich-institutionelle Rahmen die strategische Neuausrichtung der Unternehmen ermöglicht und unterstützt, können diese bei grundlegend veränderten Rahmenbedingungen weiterhin wirtschaftlich effizient handeln und die sich insoweit ergebenden Chancen nutzen.[2] Dies gilt in besonderem Maße für den Europäischen Binnenmarkt, der – gewährleistet durch die Grundfreiheiten des EG-Vertrages – einen Raum ohne Binnengrenzen darstellen soll.[3]

a. Anforderungen an die Unternehmensrechtsordnung

Die Unternehmensrechtsordnung hat somit insbesondere der zunehmenden Internationalisierung sowie der dadurch – u. a. auch zur Nutzung und / oder Beachtung der Lokalisierungsvorteile und -erfordernisse – bedingten grenzüberschreitenden Mobilisierung von Unternehmen Rechnung zu tragen. Dadurch soll es den Unternehmen ermöglicht werden, sich auf Gemeinschaftsebene über die mitgliedstaatlichen Hoheits- und Ländergrenzen hinweg (neu) strukturieren, reorganisieren und zusammenschließen sowie nicht zuletzt auch ihren Sitz grenzüberschreitend verlegen zu können. In Bezug auf die grenzüberschreitende Mobilität der Unternehmen besonders bedeutsam ist in diesem Zusammenhang, dass sich die zunehmende Internationalisierung der Unternehmen v. a. in einer veränderten, d. h. in einer wechselnden und/oder abnehmenden Lokalisierung von Unternehmen an einem oder mehreren Orten widerspiegelt[4] und gekennzeichnet ist durch:

---

[1] Dazu vgl. auch *Perlitz, M.*, Internationales Management, 2004, S. 614 f.
[2] Dazu vgl. auch den Beitrag von *Theisen* und *Wenz* in diesem Band.
[3] S. Art. 14 Abs. 2 EG-Vertrag.
[4] Dazu vgl. auch *Breuninger, G. E. / Krüger, A.*, Lokalisierung, 1999, S. 79-84, mit verschiedenen Beispielen aus der Unternehmenspraxis; *Henzler, H.*, Globalisierung, 1999, S. 6-8; *Horn, N.*, Unternehmenszusammenschlüsse, 2000, S. 1113 f., 1119 f.; und ferner *Perlitz, M.*, Management, 1999, S. 402-407; *Picot, A.*, Organisation, 1999, S. 156-171.

- die Entstehung neuer und/oder mehrerer (gleichberechtigter) Leitungszentren an verschiedenen Orten sowie
- die Schließung bestehender Leitungszentren an bestimmten Orten.

b. Fallkonstellationen

Rechtlich kann diesen Anforderungen an die Unternehmensrechtsordnung insbesondere durch folgende Maßnahmen nachgekommen werden, die innerhalb einer Rechtsordnung grundsätzlich möglich sind, im grenzüberschreitenden Bereich allerdings unter dem Vorbehalt des Internationalen sowie des materiellen Gesellschaftsrechts der beiden beteiligten Mitgliedstaaten stehen,[1] sofern dadurch nicht gegen die durch den EG-Vertrag gewährleisteten Grundfreiheiten verstoßen wird:

- Grenzüberschreitende Gründung von (gemeinsamen) Tochtergesellschaften,
- Grenzüberschreitender Gründung von (gemeinsamen) Muttergesellschaften,
- Grenzüberschreitende Errichtung von Zweigniederlassungen,
- Grenzüberschreitende Errichtung von Haupt- und Zweigniederlassungen,
- Grenzüberschreitende Sitzverlegung,
- Grenzüberschreitende Verschmelzung (merger of equals),
- Grenzüberschreitende Spaltung.

Hinsichtlich der grenzüberschreitenden Mobilität der Unternehmen von besonderer Bedeutung ist in diesem Zusammenhang insbesondere die Möglichkeit der Unternehmen, ihren Satzungssitz, aber auch ihre Hauptverwaltung, grenzüberschreitend verlegen zu können.[2] Hierauf soll nachfolgend primär eingegangen werden.[3]

3. Internationales Gesellschaftsrecht

Von grundlegender Bedeutung ist somit, inwieweit das Internationale Gesellschaftsrecht der Mitgliedstaaten der EU sowie des EWR der zunehmenden Internationali-

---

[1] Vgl. *Ebenroth, C. T. / Auer, T.*, Verlagerung, 1992, S. 6; sowie auch *Lutter, M. / Hommelhoff, P.*, GmbHG, Kommentar, 2000, § 4a, Rdnr. 13; *Schmidt, K.*, Sitzverlegungsrichtlinie, 1999, S. 22-27.

[2] Zu der darüber hinaus erforderlichen Notwendigkeit der grenzüberschreitenden Aufteilung der Hauptverwaltung, die sich bislang i. d. R. an einem klar identifizierbaren Ort befunden hat, um den veränderten Lokalisierungserfordernissen der Unternehmen Rechnung zu tragen, vgl. *Breuninger, G. E. / Krüger, A.*, Lokalisierung, 1999, S. 79-96.

[3] Zur grenzüberschreitenden Verschmelzung vgl. den Beitrag von *Neun* in diesem Band.

sierung sowie der grenzüberschreitenden Mobilisierung der Unternehmen nachkommt oder insoweit Schranken setzt.

a. Ausgangsproblem

Die Existenz von Kapitalgesellschaften erfordert im Gegensatz zu der von natürlichen Personen die Gründung aufgrund einer nationalen Rechtsordnung. Jenseits dieser nationalen Rechtsordnung, durch die Kapitalgesellschaften gegründet wurden, haben diese grundsätzlich keine Realität.[1]

b. Regelungsgegenstand

Der Regelungsgegenstand des Internationalen Gesellschaftsrechts besteht darin, das auf eine Kapitalgesellschaft jeweils anwendbare Recht zu bestimmen.[2] Anders als im Bereich des Internationalen Privatrechts, das das jeweils anwendbare Recht der Wahl der Parteien zugänglich macht, mithin von einer kollisionsrechtlichen Parteiautonomie ausgeht und daher dasjenige Recht Anwendung findet, für das sich die Parteien entschieden haben, ist das anwendbare Gesellschaftsrecht der Wahl durch die Gründer nicht uneingeschränkt zugänglich. Es besteht insoweit folglich nur eine sehr stark eingeschränkte kollisionsrechtliche Parteiautonomie.[3]

Die konkrete Bestimmung des auf eine Kapitalgesellschaft anwendbaren Rechts erfolgt vielmehr einheitlich durch die Anwendung bestimmter national unterschiedlicher Anknüpfungskriterien. Ist die betreffende Kapitalgesellschaft nach dem insoweit identifizierten Gesellschaftsstatut wirksam gegründet, ist ihre Rechtsfähigkeit automatisch anzuerkennen; sie existiert als juristische Person entsprechend den Bestimmungen ihres Gesellschaftsstatuts.[4]

c. Anknüpfungstheorien und Anknüpfungskriterien

Im internationalen Vergleich ist insbesondere zwischen der Gründungstheorie und der (Verwaltungs-) Sitztheorie als den beiden maßgeblichen internationalgesell-

---

[1] Vgl. *EuGH*, Urteil v. 27.9.1988 (*Daily-Mail*), EuGH Slg. 1988, S. 5504-5514, S. 5511; allgemein dazu vgl. *Schön, W.*, Niederlassungsfreiheit, 2000, S. 686 f.; aber auch *EuGH*, Urteil v. 9.3.1999 (*Centros*), EuGH Slg. 1999, S. 1459-1498, S. 1487-1498; *EuGH*, Urteil v. 05.11.2002 (*Überseering*), IStR 11 (2002), S. 809; *EuGH*, Urteil v. 30.09.2003 (*Inspire Art*), BB 58 (2003), S. 2195.

[2] Vgl. *Schmidt, K.*, Sitzverlegungsrichtlinie, 1999, S. 23; *Theisen, M. R. / Wenz, M.*, Ansässigkeit, 1994, S. 398.

[3] Vgl. *Zimmer, D.*, Bedeutung, 2000, S. 2 f.

[4] Dazu vgl. *Schön, W.*, Niederlassungsfreiheit, 2000, S. 686 f.; *Theisen, M. R. / Wenz, M.*, Ansässigkeit, 1994, S. 399 f.

schaftsrechtlich Anknüpfungstheorien zur Bestimmung des auf eine Kapitalgesellschaft jeweils anwendbaren Rechts zu unterscheiden, die jeweils an unterschiedliche Kriterien anknüpfen.[1]

Während die Gründungstheorie in der EU v. a. von *Dänemark, England, Finnland, Irland, Italien* und *Spanien* (jeweils bei Gründung im Inland), den *Niederlanden* und *Schweden* angewendet wird, findet die Sitztheorie insbesondere in *Belgien, Deutschland*,[2] *Frankreich, Griechenland, Italien* und *Spanien* (jeweils bei Gründung im Ausland), *Luxemburg, Österreich* und *Portugal* Anwendung.[3]

ca. Gründungstheorie

caa. Anknüpfungskriterium

Nach der Gründungstheorie (doctrine of incorporation)[4] bestimmt sich das auf eine Kapitalgesellschaft anwendbare Recht (Gesellschaftsstatut) nach dem Satzungssitz, d. h. nach dem Ort ihrer Errichtung bzw. Gründung (place of incorporation),[5] nach dessen Recht sie wirksam gegründet, d. h. ihr die Rechtsfähigkeit verliehen sein muss.[6] Unerheblich ist dagegen, wo sich der effektive Verwaltungssitz, der Ort der zentralen Leitung und Kontrolle oder der Ort der tatsächlichen Geschäftsleitung befinden und ob diese im Inland oder Ausland liegen.[7]

cab. Zielsetzung

Die spezifische Wirkung der Gründungstheorie kommt v. a. dann zum Tragen, wenn eine inländische Kapitalgesellschaft Aktivitäten im Ausland entfaltet bzw. wenn eine ausländische Kapitalgesellschaft im Inland tätig ist. Denn auch bei einer grenzüberschreitenden Verlegung des effektiven Verwaltungssitzes, des Ortes der zentralen

---

[1] Dazu vgl. *Zimmer, D.*, Bedeutung, 2000, S. 2-5.
[2] Zur ersatzweise möglichen Anwendbarkeit der Gründungstheorie auch in *Deutschland* vgl. aber *OLG Frankfurt am Main*, Urteil v. 23.6.1999, RIW 45 (1999), S. 783-784. (n. rkr.)
[3] Dazu vgl. auch *Di Marco, G.*, Vorschlag, 1999, S. 4 f.; *Drury, R. R.*, Regulation, 1998, S. 175, 177, 187; *Hoffmann, J.*, Sitzverlegung, 2000, S. 44 f.; *Zimmer, D.*, Bedeutung, 2000, S. 5.
[4] Vgl. *Theisen, M. R. / Wenz, M.*, Ansässigkeit, 1994, S. 399 m. w. N.
[5] Vgl. *Theisen, M. R. / Wenz, M.*, Ansässigkeit, 1994, S. 399 m. w. N.
[6] Vgl. *Bippus, B. E.*, Personengesellschaften, 1998, S. 121; *Hoffmann, J.*, Sitzverlegung, 2000, S. 44; *Wiedemann, H.*, Gesellschaftsrecht, 1980, S. 783.
[7] Dazu vgl. *Bippus, B. E.*, Personengesellschaften, 1998, S. 121 m. w. N.; *Theisen, M. R. / Wenz, M.*, Ansässigkeit, 1994, S. 399 m. w. N.

Leitung und Kontrolle oder des Ortes der tatsächlichen Geschäftsleitung findet generell kein Statutenwechsel statt.[1]

Ferner steht den Gründungsmitgliedern Wahlfreiheit bzgl. einer von ihnen bevorzugten Rechtsordnung zu, da eine spätere grenzüberschreitende Betätigungen das Gesellschaftsstatut nicht berührt, mithin ist den Gründungsmitgliedern „internationaler Bewegungsspielraum" eingeräumt wird, der grundsätzlich keinerlei rechtliche Konsequenzen in Bezug auf die Anerkennung und den Bestand der Kapitalgesellschaft mit sich bringt.[2]

cb. Sitztheorie

cba. Anknüpfungskriterium

Die (Verwaltungs-)Sitztheorie knüpft an den Ort der effektiven Verwaltung (real seat) an,[3] d. h. an den Ort, an dem „die grundlegenden Entscheidungen der Unternehmensleitung effektiv in laufende Geschäftsführungsakte umgesetzt werden."[4] Der Ort der Gründung (Satzungssitz) ist dagegen nur grundsätzlich unerheblich. Denn der Ort der Gründung muss sich zwingend am Ort des effektiven Verwaltungssitzes befinden.

Nur in diesem Fall kann die Kapitalgesellschaft auch an diesem Ort in das zuständige Register eingetragen sowie rechtswirksam gegründet und damit ihre Rechtsfähigkeit anerkannt werden. Eine Identität von effektivem Verwaltungs- und Satzungssitz muss – von Ausnahmen abgesehen – also zwingend gegeben sein, so dass im Gegensatz zur Gründungstheorie keine Wahlfreiheit der Gründer bei der Bestimmung des auf eine Kapitalgesellschaft anwendbaren Rechts besteht.[5]

cbb. Zielsetzung

Die Sitztheorie weist die Regelungskompetenz konsequent demjenigen Staat zu, in dem sich der tatsächliche Sitz einer Kapitalgesellschaft befindet. Sie vermeidet damit einerseits eine Flucht von Gesellschaften in weniger strenge (Gesellschafts-)Rechtsordnungen sowie die Herausbildung von „pseudo foreign companies"[6], da

---

[1] Vgl. *Bippus, B. E.*, Personengesellschaften, 1998, S. 121.
[2] Dazu vgl. auch *Großfeld, B.*, Unternehmensrecht, 1995 S. 43 f.
[3] Dazu vgl. *Hoffmann, J.*, Sitzverlegung, 2000, S. 44 m. w. N.
[4] *BGH*, Urteil v. 21.3.1986, BGHZ 97, S. 269-273, S. 272. Dazu vgl. auch *Bungert, H.*, Verwaltungssitz, 1998, S. 340; *Wenz, M.*, Unternehmensmischformen, 2006, S. 69.
[5] Dazu vgl. *Wenz, M.*, Unternehmensmischformen, 2006, S. 67-69.
[6] *Schmidt, K.*, Sitzverlegungsrichtlinie, 1999, S. 23.

diesen die Anerkennung als Rechtsperson im Inland verweigert bleibt. Sie dient damit v. a. der Durchsetzung ordnungspolitischer Ziele auf sachrechtlicher Ebene, mithin der Einhaltung der Normativbestimmungen des inländischen Gesellschafts- und Unternehmensrechts.[1]

d. Auswirkungen auf die grenzüberschreitende Mobilität

Die Zulässigkeit insbesondere der grenzüberschreitenden Sitzverlegung von Kapitalgesellschaften hängt somit maßgeblich von den jeweiligen internationalgesellschaftsrechtlichen Anknüpfungstheorien und -kriterien, aber auch von dem danach bestimmten materiellen Gesellschaftsrecht der beiden betroffenen Staaten ab. Nur wenn die Rechtsordnungen der beiden von einer grenzüberscheitenden Sitzverlegung betroffenen Staaten diese zulassen, kann die Rechtspersönlichkeit der betreffenden Kapitalgesellschaft trotz des damit ggf. verbundenen Wechsels im Gesellschaftsstatut gewahrt werden.[2]

Im Einzelnen sind folgende Fälle und Auswirkungen zu unterscheiden:

(1) Verlegung des effektiven Verwaltungssitzes

- Verlegung des effektiven Verwaltungssitzes einer Kapitalgesellschaft von einem Mitgliedstaat (Wegzugstaat), der die Gründungstheorie anwendet, in einen anderen Mitgliedstaat (Zuzugstaat), der ebenfalls die Gründungstheorie anwendet: Die grenzüberschreitende Verlegung des effektiven Verwaltungssitzes ist für beide Mitgliedstaaten generell unbeachtlich, da sie ausschließlich auf den Satzungssitz für die Bestimmung des anwendbaren Gesellschaftsrechts abstellen, der sich auch weiterhin im Wegzugstaat befindet; mithin wird das auf die betreffende Kapitalgesellschaft anzuwendende Recht (Gesellschaftsstatut) und damit auch die bestehende Rechtspersönlichkeit dieser von der Verlegung des effektiven Verwaltungssitzes nicht berührt und von beiden Staaten auch weiterhin uneingeschränkt anerkannt.[3]

- Verlegung des effektiven Verwaltungssitzes einer Kapitalgesellschaft von einem Mitgliedstaat (Wegzugstaat), der die Gründungstheorie anwendet: in einen anderen Mitgliedstaat (Zuzugstaat), der die Sitztheorie anwendet. Die grenzüberschreitende Verlegung des effektiven Verwaltungssitzes ist für den Wegzugstaat wiederum generell unbeachtlich. Dagegen ist die Verlegung des effektiven Verwaltungssitzes der betreffenden Kapitalgesellschaft für den Zuzugstaat mit ei-

---

[1] Vgl. *Schmidt, K.*, Sitzverlegungsrichtlinie, 1999, S. 22-26.
[2] Vgl. *Ebenroth, C. T. / Auer, T.*, Verlagerung, 1992, S. 6; *Hoffmann, J.*, Sitzverlegung, 2000, S. 46.
[3] Vgl. *Theisen, M. R. / Wenz, M.*, Ansässigkeit, 1994, S. 399 f.

nem Wechsel des Gesellschaftsstatuts verbunden. Dieser stellt für die Bestimmung des auf die Kapitalgesellschaft anwendbaren Gesellschaftsrechts auf den effektiven Verwaltungssitz ab; da die Kapitalgesellschaft nach den einschlägigen Bestimmungen des materiellen Gesellschaftsrechts des Zuzugstaates aber nicht wirksam gegründet wurde, wird ihre Rechtspersönlichkeit im Zuzugstaat auch nicht anerkannt.[1]

- Verlegung des effektiven Verwaltungssitzes einer Kapitalgesellschaft von einem Mitgliedstaat (Wegzugstaat), der die Sitztheorie anwendet, in einen anderen Mitgliedstaat (Zuzugstaat), der die Gründungstheorie anwendet: Die grenzüberschreitende Verlegung des effektiven Verwaltungssitzes ist für den Wegzugstaat mit einem Wechsel des Gesellschaftsstatuts der betreffenden Kapitalgesellschaft verbunden. Dieser stellt für die Bestimmung des auf die Kapitalgesellschaft anwendbaren Gesellschaftsrechts auf den effektiven Verwaltungssitz ab; d. h., dass sich die Rechtsfähigkeit der Kapitalgesellschaft nach dem Recht des Zuzugstaates bestimmt (Verweisung); da der Zuzugstaat aber nicht auf den effektiven Verwaltungssitz, sondern auf den unveränderten Satzungssitz im Wegzugstaat abstellt, mithin auf das Recht des Wegzugstaates zurückverweist (renvoi), beurteilt sich die Rechtsfähigkeit der Kapitalgesellschaft auch aus Sicht des Wegzugstaates weiterhin nach dessen materiellem Gesellschaftsrecht. Da die Kapitalgesellschaft aber nach den einschlägigen Bestimmungen des Wegzugstaates wirksam gegründet wurde, wird ihre Rechtspersönlichkeit sowohl vom Wegzug- als auch vom Zuzugstaat weiterhin anerkannt, ein Wechsel im Gesellschaftsstatut findet im Ergebnis also nicht statt.[2]

- Verlegung des effektiven Verwaltungssitzes einer Kapitalgesellschaft von einem Mitgliedstaat (Wegzugstaat), der die Sitztheorie anwendet, in einen anderen Mitgliedstaat (Zuzugstaat), der ebenfalls die Sitztheorie anwendet: Die grenzüberschreitende Verlegung des effektiven Verwaltungssitzes ist für beide Staaten mit einem Wechsel des Gesellschaftsstatuts der betreffenden Kapitalgesellschaft verbunden, denn beide Staaten stellen für die Bestimmung des anwendbaren Gesellschaftsrechts auf den effektiven Verwaltungssitz ab. Da die Kapitalgesellschaft nach den einschlägigen Bestimmungen des Rechts des Zuzugstaates aber nicht wirksam gegründet wurde, wird ihre Rechtspersönlichkeit nunmehr weder vom Wegzug- noch vom Zuzugstaat anerkannt.[3]

---

[1] Vgl. *BGH*, Beschluss v. 30.3.2000, EWS 11 (2000), S. 278-279.
[2] S. Art. 4 EGBGB. Dazu vgl. auch *Ebenroth, C. T. / Auer, T.*, Verlagerung, 1992, S. 6 f.; einschränkend aber auch *Hoffmann, J.*, Sitzverlegung, 2000, S. 45 f.
[3] Vgl. *Ebenroth, C. T. / Auer, T.*, Verlagerung, 1992, S. 6-8; *Hoffmann, J.*, Sitzverlegung, 2000, S. 45 f.

(2) Verlegung des Satzungssitzes

- Verlegung des Satzungssitzes einer Kapitalgesellschaft von einem Mitgliedstaat (Wegzugstaat), der die Gründungstheorie anwendet, in einen anderen Mitgliedstaat (Zuzugstaat), der ebenfalls die Gründungstheorie anwendet: Die grenzüberschreitende Verlegung des Satzungssitzes ist für beide Staaten mit einem Wechsel des Gesellschaftsstatuts der betreffenden Kapitalgesellschaft verbunden; beide Staaten stellen für die Bestimmung des anwendbaren Gesellschaftsrechts auf den Satzungssitz ab. Da die Kapitalgesellschaft nach den einschlägigen Bestimmungen des Rechts des Zuzugstaates aber nicht wirksam gegründet wurde, wird ihre Rechtspersönlichkeit nunmehr weder vom Zuzug- noch vom Wegzugstaat anerkannt.

- Verlegung des Satzungssitzes einer Kapitalgesellschaft von einem Mitgliedstaat (Wegzugstaat), der die Gründungstheorie anwendet, in einen anderen Mitgliedstaat (Zuzugstaat), der die Sitztheorie anwendet: Die grenzüberschreitende Verlegung des Satzungssitzes ist grundsätzlich nur für den Wegzugstaat mit einem Wechsel des Gesellschaftsstatuts der betreffenden Kapitalgesellschaft verbunden; er stellt für die Bestimmung des anwendbaren Gesellschaftsrechts auf den Satzungssitz ab. Da die Kapitalgesellschaft nach den einschlägigen Bestimmungen des Rechts des Zuzugstaates aber nicht wirksam gegründet wurde, wird ihre Rechtspersönlichkeit bereits vom Wegzugstaat nicht mehr anerkannt.[1]

- Verlegung des Satzungssitzes einer Kapitalgesellschaft von einem Mitgliedstaat (Wegzugstaat), der die Sitztheorie anwendet, in einen anderen Mitgliedstaat (Zuzugstaat), der die Gründungstheorie anwendet: Die grenzüberschreitende Verlegung des Satzungssitzes ist für den Wegzugstaat grundsätzlich nicht mit einem Wechsel des Gesellschaftsstatuts der betreffenden Kapitalgesellschaft verbunden, da er für die Bestimmung des anwendbaren Gesellschaftsrechts auf den effektiven Verwaltungssitz abstellt. Im Wegzugstaat wird die Verlegung des Satzungssitzes allerdings als Auflösungsgrund der Kapitalgesellschaft angesehen; der Zuzugstaat lehnt die Eintragung des inländischen Satzungssitzes ab.[2]

- Verlegung des Satzungssitzes einer Kapitalgesellschaft von einem Mitgliedstaat (Wegzugstaat), der die Sitztheorie anwendet, in einen anderen Mitgliedstaat (Zuzugstaat), der ebenfalls die Sitztheorie anwendet: Die grenzüberschreitende Verlegung des Satzungssitzes ist weder für den Wegzug- noch für den Zuzug-

---

[1] Vgl. *Ebenroth, C. T. / Auer, T.*, Verlagerung, 1992, S. 8.
[2] Vgl. *OLG Düsseldorf*, Beschluss v. 26.3.2001, ZIP 22 (2001), S. 790 f.; *OLG Hamm*, Beschluss v. 1.2.2001, ZIP 22 (2001), S. 791-793; *AG Heidelberg*, Beschluss v. 3.3.2000, RIW 46 (2000), S. 557-559; *OLG Hamm*, Beschluss v. 30.4.1997, DB 50 (1997), S. 1865-1866; *BayObLG*, Beschluss v. 7.5.1992, BayObLGZ 1992, S. 113-118; sowie auch *Ebenroth, C. T. / Auer, T.*, Verlagerung, 1992, S. 7.

staat grundsätzlich mit einem Wechsel des Gesellschaftsstatuts der betreffenden Kapitalgesellschaft verbunden, da beide für die Bestimmung des anwendbaren Gesellschaftsrechts auf den effektiven Verwaltungssitz abstellen. Im Wegzugstaat wird die Verlegung des Satzungssitzes allerdings als Auflösungsgrund der Kapitalgesellschaft angesehen; der Zuzugstaat lehnt die Eintragung des inländischen Satzungssitzes ab.[1]

(3) Verlegung des effektiven Verwaltungssitzes und des Satzungssitzes

- Verlegung des Satzungssitzes und des effektiven Verwaltungssitzes einer Kapitalgesellschaft von einem Mitgliedstaat (Wegzugstaat), der die Gründungstheorie anwendet, in einen anderen Mitgliedstaat (Zuzugstaat), der ebenfalls die Gründungstheorie anwendet: Die grenzüberschreitende Verlegung des Satzungssitzes und des effektiven Verwaltungssitzes ist für beide Staaten mit einem Wechsel des Gesellschaftsstatuts der betreffenden Kapitalgesellschaft verbunden, da beide für die Bestimmung des anwendbaren Gesellschaftsrechts auf den Satzungssitz abstellen. Da die Kapitalgesellschaft nach den einschlägigen Bestimmungen des Gesellschaftsrechts des Zuzugstaates aber nicht wirksam gegründet wurde, wird ihre Rechtspersönlichkeit nunmehr weder vom Zuzugstaat noch vom Wegzugstaat anerkannt.

- Verlegung des Satzungssitzes und des effektiven Verwaltungssitzes einer Kapitalgesellschaft von einem Mitgliedstaat (Wegzugstaat), der die Gründungstheorie anwendet, in einen anderen Mitgliedstaat (Zuzugstaat), der die Sitztheorie anwendet: Die grenzüberschreitende Verlegung des Satzungssitzes und des effektiven Verwaltungssitzes ist für beide Staaten mit einem Wechsel des Gesellschaftsstatuts der betreffenden Kapitalgesellschaft verbunden, da der Wegzugstaat für die Bestimmung des anwendbaren Gesellschaftsrechts auf den Satzungssitz und der Zuzugstaat insoweit auf den effektiven Verwaltungssitz abstellt. Da die Kapitalgesellschaft nach den einschlägigen Bestimmungen des Gesellschaftsrechts des Zuzugstaates aber nicht wirksam gegründet wurde, wird ihre Rechtspersönlichkeit nunmehr weder vom Zuzugstaat noch vom Wegzugstaat anerkannt.[2]

---

[1] Vgl. *OLG Düsseldorf*, Beschluss v. 26.3.2001, ZIP 22 (2001), S. 790 f.; *OLG Hamm*, Beschluss v. 1.2.2001, ZIP 22 (2001), S. 791-793; *AG Heidelberg*, Beschluss v. 3.3.2000, RIW 46 (2000), S. 557-559; *OLG Hamm*, Beschluss v. 30.4.1997, DB 50 (1997), S. 1865-1866; *BayObLG*, Beschluss v. 7.5.1992, BayObLGZ 1992, S. 113-118; sowie auch *Ebenroth, C. T. / Auer, T.*, Verlagerung, 1992, S. 7.

[2] Vgl. *BGH*, Beschluss v. 30.3.2000, EWS 11 (2000), S. 278-279; sowie auch *Ebenroth, C. T. / Auer, T.*, Verlagerung, 1992, S. 7 f.

- Verlegung des Satzungssitzes und des effektiven Verwaltungssitzes einer Kapitalgesellschaft von einem Mitgliedstaat (Wegzugstaat), der die Sitztheorie anwendet, in einen anderen Mitgliedstaat (Zuzugstaat), der die Gründungstheorie anwendet: Die grenzüberschreitende Verlegung des Satzungssitzes und des effektiven Verwaltungssitzes ist für beide Staaten mit einem Wechsel des Gesellschaftsstatuts der betreffenden Kapitalgesellschaft verbunden. Der Wegzugstaat stellt für die Bestimmung des anwendbaren Gesellschaftsrechts auf den effektiven Verwaltungssitz, der Zuzugstaat insoweit auf den Satzungssitz ab; da die Kapitalgesellschaft nach den einschlägigen Bestimmungen des Gesellschaftsrechts des Zuzugstaates aber nicht wirksam gegründet wurde, wird ihre Rechtspersönlichkeit nunmehr weder vom Zuzugstaat noch vom Wegzugstaat anerkannt. Im Wegzugstaat wird die Verlegung des Satzungssitzes als Auflösungsgrund angesehen.[1]

- Verlegung des Satzungssitzes und des effektiven Verwaltungssitzes einer Kapitalgesellschaft von einem Mitgliedstaat (Wegzugstaat), der die Sitztheorie anwendet, in einen anderen Mitgliedstaat (Zuzugstaat), der ebenfalls die Sitztheorie anwendet: Die grenzüberschreitende Verlegung des Satzungssitzes und des effektiven Verwaltungssitzes ist für beide Staaten mit einem Wechsel des Gesellschaftsstatuts der betreffenden Kapitalgesellschaft verbunden. Beide Staaten stellen für die Bestimmung des anwendbaren Gesellschaftsrechts auf den effektiven Verwaltungssitz ab. Da die Kapitalgesellschaft nach den einschlägigen Bestimmungen des Gesellschaftsrechts des Zuzugstaates aber nicht wirksam gegründet wurde, wird ihre Rechtspersönlichkeit nunmehr weder vom Zuzugstaat noch vom Wegzugstaat anerkannt. Im Wegzugstaat wird die Verlegung des Satzungssitzes als Auflösungsgrund angesehen.[2]

e. Zwischenergebnis

Eine grenzüberschreitende Sitzverlegung von Kapitalgesellschaften betreffend den Satzungssitz und/oder den effektiver Verwaltungssitz (Hauptverwaltung) ist zwar in einzelnen Fällen möglich, wird i. d. R. aber aufgrund der verschiedenen, jeweils maßgeblichen internationalgesellschaftsrechtlichen Anknüpfungstheorien und -krite-

---

[1] Vgl. *OLG Düsseldorf*, Beschluss v. 26.3.2001, ZIP 22 (2001), S. 790 f.; *OLG Hamm*, Beschluss v. 1.2.2001, ZIP 22 (2001), S. 791-793; *AG Heidelberg*, Beschluss v. 3.3.2000, RIW 46 (2000), S. 557-559; *OLG Hamm*, Beschluss v. 30.4.1997, DB 50 (1997), S. 1865-1866; *BayObLG*, Beschluss v. 7.5.1992, BayObLGZ 1992, S. 113-118.

[2] Vgl. *OLG Düsseldorf*, Beschluss v. 26.3.2001, ZIP 22 (2001), S. 790 f.; *OLG Hamm*, Beschluss v. 1.2.2001, ZIP 22 (2001), S. 791-793; *AG Heidelberg*, Beschluss v. 3.3.2000, RIW 46 (2000), S. 557-559; *OLG Hamm*, Beschluss v. 30.4.1997, DB 50 (1997), S. 1865-1866; *BayObLG*, Beschluss v. 7.5.1992, BayObLGZ 1992, S. 113-118.

rien sowie den danach anzuwendenden Bestimmungen des materiellen Gesellschaftsrechts der beiden betroffenen Staaten verhindert; eine Identitätswahrung ist insoweit also regelmäßig ausgeschlossen.

Zwar wird von weiten Teilen der Literatur in Bezug auf *Deutschland* als Zuzugstaat, welcher der Sitztheorie folgt, die Auffassung vertreten, dass zumindest eine identitätswahrende Verlegung sowohl des effektiven Verwaltungssitzes als auch des Satzungssitzes über die Grenze bereits nach geltendem Recht durch analoge Anwendung der Vorschriften betreffend die formwechselnde Umwandlung vorgenommen werden kann,[1] sofern die zuziehende Kapitalgesellschaften sich den Normativbestimmungen des deutschen Rechts unterstellt und insoweit ggf. anpasst.[2] Dieser Auffassung ist die Rechsprechung bislang allerdings weder für den Fall des Zuzugs noch für denjenigen des Wegzugs gefolgt.[3]

Infolgedessen stellt sich abschließend die Frage, ob die bestehenden (international-) gesellschaftsrechtlichen Grenzen des identitätswahrenden Übertritts nationaler Hoheits- und Ländergrenzen durch Kapitalgesellschaften in der Europäischen Union sowie im Europäischen Wirtschaftsraum nicht gegen die durch den EG-Vertrag und das EWR-Abkommen gewährleisteten Grundfreiheiten, namentlich die Niederlassungsfreiheit,[4] verstoßen und damit nicht mehr zu befolgen sind.[5] Aus diesem Grund hat auch der *Bundesgerichtshof*[6] dem *EuGH* entsprechende Fragen zur Vorabentscheidung vorgelegt; auf das Ergebnis ihrer Beantwortung durch den EuGH wird noch einzugehen sein.[7]

---

[1] Dazu vgl. *Behrens, P.*, Sitzverlegung, 1986, S. 590-594; *Lutter, M. / Hommelhoff, P.*, GmbHG, Kommentar, 2000, § 4a, Rdnr. 13-14; *Schmidt, K.*, Sitzverlegungsrichtlinie, 1999, S. 22-27; und ferner *Hoffmann, J.*, Sitzverlegung, 2000, S. 47. Ablehnend dagegen beispielsweise *Ebenroth, C. T. / Auer, T.*, Verlagerung, 1992, S. 8.

[2] Dazu vgl. *Schmidt, K.*, Sitzverlegungsrichtlinie, 1999, S. 23-33.

[3] Vgl. *BGH*, Urteil v. 21.3.1986, BGHZ 97, S. 269-273; *OLG Düsseldorf*, Beschluss v. 26.3.2001, ZIP 22 (2001), S. 790 f.; *OLG Hamm*, Beschluss v. 1.2.2001, ZIP 22 (2001), S. 791-793; *AG Heidelberg*, Beschluss v. 3.3.2000, RIW 46 (2000), S. 557-559; *OLG Hamm*, Beschluss v. 30.4.1997, DB 50 (1997), S. 1865-1866; *BayObLG*, Beschluss v. 7.5.1992, BayObLGZ 1992, S. 113-118. Für *BGH*, Beschluss v. 30.3.2000, EWS 11 (2000), S. 278-279, ist diese Frage zumindest „ungeklärt" (S. 278).

[4] S. Art. 43, 48 EG-Vertrag.

[5] Dazu vgl. auch *Hoffmann, J.*, Sitzverlegung, 2000, S. 48; *Zimmer, D.*, Bedeutung, 2000, S. 5 f.

[6] Vgl. *BGH*, Beschluss v. 30.3.2000, EWS 11 (2000), S. 278-279. Kritisch dazu vgl. allerdings *Jaeger, G.*, Niederlassungsberechtigte, 2000, S. 920, der die mangelnde Differenzierung zwischen kollisions- und sachrechtlichen Aspekten in der Vorlage des *BGH* kritisiert und die nur scheinbar mobilitätsfeindliche Sitztheorie dadurch unnötig gefährdet sieht.

[7] Dazu vgl. Kapitel II.4.bc.

4. Europäisches Gemeinschaftsrecht

a. Niederlassungsfreiheit

Die Niederlassungsfreiheit gewährt sowohl den Unionsbürgern als auch den in Art. 48 Abs. 2 EG-Vertrag sowie in Art. 34 Abs. 2 EWR-Abkommen bezeichneten Gesellschaften, die nach den Rechtsvorschriften eines Mitgliedstaates gegründet sind und ihren satzungsmäßigen Sitz, ihre Hauptverwaltung oder ihre Hauptniederlassung in der Gemeinschaft haben,[1] das Recht auf freie Niederlassung in einem anderen Mitgliedstaat der EU und/oder des EWR.[2] Damit stellt die Niederlassungsfreiheit eine der grundlegenden Vorschriften des Europäischen Gemeinschaftsrechts dar, die ebenso wie die weiteren Bestimmungen des EG-Vertrages sowie des EWR-Abkommens unmittelbar anwendbar sind.[3]

Der EG-Vertrag und dem entsprechend auch das EWR-Abkommen bestimmen die Niederlassungsfreiheit wie folgt:

- „Die Beschränkungen der freien Niederlassung von Staatsangehörigen eines Mitgliedstaates im Hoheitsgebiet eines anderen Mitgliedstaates sind nach Maßgabe der folgenden Bestimmungen verboten:"[4] primäre Niederlassungsfreiheit.

- „Das gleiche gilt für Beschränkungen der Gründung von Agenturen, Zweigniederlassungen oder Tochtergesellschaften durch Angehörige eines Mitgliedstaates, die im Hoheitsgebiet eines Mitgliedstaates ansässig sind:"[5] sekundäre Niederlassungsfreiheit.

- „Vorbehaltlich des Kapitels über den Kapitalverkehr umfasst die Niederlassungsfreiheit die Aufnahme und Ausübung selbständiger Erwerbstätigkeiten sowie die Gründung und Leitung von Unternehmen, insbesondere von Gesellschaften im Sinne des Art. 48 Abs. 2, nach den Bestimmungen des Aufnahmestaates für seine eigenen Angehörigen:"[6] Gebot der Inländergleichbehandlung.

Danach umfasst die Niederlassungsfreiheit sowohl ein Diskriminierungs- als auch ein Beschränkungsverbot, wobei in Bezug auf die Zulässigkeit der grenzüberschreitenden Sitzverlegung von Kapitalgesellschaften insbesondere die primäre Niederlassungsfreiheit von Bedeutung ist. Um die Frage abschließend zu klären, inwieweit es

---

1　S. Art. 48 Abs. 1 EG-Vertrag.
2　Allgemein dazu vgl. *Habersack, M.*, Gesellschaftsrecht, 1999, S. 5-11.
3　Vgl. *EuGH*, Urteil v. 27.9.1988 (*Daily-Mail*), EuGH Slg. 1988, S. 5505-5514, S. 5510.
4　Art. 43 Abs. 1 S. 1 EG-Vertrag.
5　Art. 43 Abs. 1 S. 2 EG-Vertrag.
6　Art. 43 Abs. 2 EG-Vertrag.

die Bestimmungen über die Niederlassungsfreiheit einer Gesellschaft ermöglichen, ihren Sitz identitätswahrend über die Grenze zu verlegen, ist auf die dazu bislang ergangenen Entscheidungen des *EuGH* abzustellen.

b. Entscheidungen des EuGH

ba. Daily-Mail

Im Fall *Daily-Mail* ging es um eine grenzüberschreitende Verlegung des Ortes der zentralen Leitung und Kontrolle von *England* in die *Niederlande*, welcher in *England* bis 1988 Anknüpfungskriterium für die steuerliche Ansässigkeit war und nur mit Zustimmung des Finanzministeriums ins Ausland verlegt werden durfte.[1] Hauptziel der Sitzverlegung war es in diesem Fall, die Besteuerung stiller Reserven in *England* zu vermeiden, wofür vor deren Realisierung der steuerlich maßgebliche Sitz in die *Niederlande* verlegt werden sollte.[2]

Ungeachtet der umfassenden Reichweite der Niederlassungsfreiheit hat der *EuGH* in der äußerst kontrovers diskutierten *Daily-Mail*-Entscheidung ausgeführt, dass „die Art. 52, 58 EWG-Vertrag[3] *beim derzeitigen Stand des Gemeinschaftsrechts* einer Gesellschaft, die nach dem Recht eines Mitgliedstaates gegründet ist und in diesem ihren satzungsmäßigen Sitz hat, nicht das Recht gewähren, den Sitz ihrer Geschäftsleitung in einen anderen Mitgliedstaat zu verlegen."[4]

Im Einzelnen entschied der *EuGH*, dass Gesellschaften im Gegensatz zu natürlichen Personen aufgrund einer nationalen Rechtsordnung gegründet werden und jenseits dieser keine Realität haben, wobei die Mitgliedstaaten auf unterschiedliche Kriterien hinsichtlich der Zuerkennung der Rechtsfähigkeit abstellen und das Recht der Sitzverlegung unterschiedlich einschränken. Weiter führte der *EuGH* aus, dass der EG-Vertrag diesen Unterschieden Rechnung trägt und in Art. 48 EG-Vertrag der satzungsmäßige Sitz, die Hauptverwaltung oder die Hauptniederlassung einer Gesellschaft als gleichwertige Anknüpfungskriterien angesehen werden; die sich dadurch ergebenden Probleme sind durch die Bestimmungen der Niederlassungsfreiheit als nicht gelöst anzusehen, sondern im Wege der Rechtsetzung oder des Vertragsschlusses zwischen den Mitgliedstaaten einer Lösung zuzuführen, weshalb die britische

---

[1] S. Sec. 765 subsec. 1 lit. a Income and Corporation Taxes Act 1988, aufgehoben durch Sec. 105 subsecs. 6-7 Finance Act 1988. Umfassend dazu m. w. N. vgl. *Theisen, M. R. / Wenz, M.*, Ansässigkeit, 1994, S. 403 f.

[2] Vgl. *EuGH*, Urteil v. 27.9.1988 (*Daily-Mail*), EuGH Slg. 1988, S. 5505-5514.

[3] Jetzt Art. 43, 48 EG-Vertrag.

[4] *EuGH*, Urteil v. 27.9.1988 (*Daily-Mail*), EuGH Slg. 1988, S. 5505-5514, S. 5513 f.

Steuerbehörde im vorliegenden Fall die Zustimmung zur Sitzverlegung verweigern durfte.[1]

bb. Centros

Im Fall *Centros* ging es – wie auch bereits im Fall *Seegers*[2] – um eine englische Kapitalgesellschaft ohne Hauptniederlassung in *England*, die in einer Zweigniederlassung in *Dänemark* ihre gesamte Geschäftstätigkeit ausüben wollte. Die in *Dänemark* für die Eintragung zuständige Behörde verweigerte die Eintragung der Zweigniederlassung mit der Begründung, dass die Gesellschaft seit ihrer Errichtung in *England* dort keine Geschäftstätigkeit entfaltet habe, sondern nur beabsichtige, die dänischen Vorschriften insbesondere in Bezug auf die Einzahlung eines Mindestgesellschaftskapitals zu umgehen.[3]

Fraglich war somit, ob die Eintragung der Zweigniederlassung einer Gesellschaft, die in einem Mitgliedstaat, in dem sie ihren Satzungssitz hat und nach dessen gesellschaftsrechtlichen Bestimmungen sie wirksam errichtet worden war, dort aber keine Geschäftstätigkeit entfaltet, verweigert werden darf, sofern die gesamte Geschäftstätigkeit durch die Zweigniederlassung in deren Staat ausgeübt wird, um das dortige Recht zu umgehen.

Der *EuGH* stellte wie schon im Fall *Seegers* klar, dass die sekundäre Niederlassungsfreiheit insgesamt nur unter dem Vorbehalt der einmaligen Zuerkennung der Rechtsfähigkeit steht und damit „ein Mitgliedstaat, der die Eintragung der Zweigniederlassung einer Gesellschaft verweigert, die in einem anderen Mitgliedstaat in dem sie ihren Sitz hat, rechtmäßig errichtet worden ist, aber keine Geschäftstätigkeit entfaltet, gegen die Artt. 52 und 58 EG-Vertrag verstößt, (auch; M.W.) wenn die Zweigniederlassung es der Gesellschaft ermöglichen soll, ihre gesamte Geschäftstätigkeit in dem Staat auszuüben, in dem diese Zweigniederlassung errichtet wird, ohne dort eine Gesellschaft zu errichten und damit das dortige Recht über die Errichtung von Gesellschaften zu umgehen, das höhere Anforderungen an die Einzahlung des Mindestgesellschaftskapitals stellt."[4]

---

[1] Vgl. *EuGH*, Urteil v. 27.9.1988 (*Daily-Mail*), EuGH Slg. 1988, S. 5505-5514. Umfassend hierzu vgl. auch *Ebenroth, C. T. / Eyles, U.*, Niederlassungsfreiheit, 1989, S. 363-372, 413-417; *Knobbe-Keuk, B.*, Umzug, 1990, S. 331-333, 342-345, 353-355; *Theisen, M. R. / Wenz, M.*, Besteuerung, 1993, S. 490 f.; *Van Thiel, S.*, Daily Mail, 1988, S. 357-366.
[2] Vgl. *EuGH*, Urteil v. 10.7.1986 (*Seegers*), EuGH Slg. 1986, S. 2382-2390.
[3] Vgl. *EuGH*, Urteil v. 9.3.1999 (*Centros*), EuGH Slg. 1999, S. 1487-1498.
[4] *EuGH*, Urteil v. 9.3.1999 (*Centros*), EuGH Slg. 1999, S. 1487-1498.

bc. Überseering und Inspire Art

In den Fällen *Überseering*[1] und *Inspire Art*[2] ging es um die grenzüberschreitende Verlegung des Verwaltungssitzes von einer in den *Niederlanden* gegründeten Gesellschaft nach *Deutschland* bzw. von einer in *England* gegründeten Gesellschaft in die *Niederlande* und damit um Fragen der primären Niederlassungsfreiheit.

Der *EuGH* stellte in beiden Verfahren klar, dass in einem Mitgliedstaat wirksam errichtete Gesellschaften im Ausland nicht deswegen die Rechtsfähigkeit aberkannt werden dürfte, weil sie dort nur zum Schein gegründet wurden, um strengere gesellschaftsrechtliche Vorschriften zu vermeiden. Ferner seien auch die überlagernde Anwendung gezielter Schutzvorschriften, namentlich bestimmter Kapitalschutzerfordernisse, des Zuzugstaates für die zuziehende Gesellschaft ohne Bedeutung.[3]

Für Fragen des *Zuzugs* hat sich der *EuGH* damit quasi für die Gründungstheorie ausgesprochen, bekräftigt zugleich aber auch weiterhin die *Daily-Mail*-Entscheidung in Bezug auf zulässige Beschränkungen des *Wegzugstaates*. Erneut stellt er insoweit klar, dass das Recht, nach dem eine Gesellschaft gegründet wird, festlegen kann, unter welchen Voraussetzungen eine Sitzverlegung für zulässig erachtet wird.

c. Ergebnis

Entscheidend für die Zuerkennung der primären Niederlassungsfreiheit ist nach der Entscheidung im Fall *Daily-Mail* somit, dass diese nur den nach dem Recht eines Mitgliedstaates wirksam gegründeten Gesellschaften zusteht, die ihren satzungsmäßigen Sitz, ihre Hauptverwaltung oder ihre Hauptniederlassung in der Gemeinschaft haben und deren Existenz in Ermangelung einheitlicher Regelungen von den betreffenden Mitgliedstaten nach deren Bestimmungen auch anerkannt wird.[4] Insoweit steht die primäre Niederlassungsfreiheit von Kapitalgesellschaften unter dem Vorbehalt der wirksamen Gründung und Anerkennung ihrer Rechtsfähigkeit nach der Sitz- oder der Gründungstheorie durch die betreffenden Mitgliedstaaten.

Dagegen wird die Entscheidung im Fall *Centros* vielfach als solche gegen die Sitztheorie verstanden, da der Sachverhalt – anders als der *EuGH* dies explizit ausführt – nicht als Fall der sekundären, sondern als Fall der primären Niederlassungsfreiheit

---

[1] Vgl. *EuGH*, Urteil v. 05.11.2002 (*Überseering*), IStR 11 (2002), S. 809.
[2] Vgl. *EuGH*, Urteil v. 30.09.2003 (*Inspire Art*), BB 58 (2003), S. 2195.
[3] Dazu vgl. statt aller *Bayer, W.*, Gesellschaftsrecht, 2004, S. 4.
[4] So im Ergebnis auch *Hoffmann, J.*, Sitzverlegung, 2000, S. 48 f. m. w. N.

beurteilt wird.¹ Dem ist allerdings entgegenzuhalten, dass sich der *EuGH* weder mit der insoweit zu beachtenden Entscheidung im Fall *Daily-Mail* auseinandergesetzt hat noch sich der zugrundeliegende Fall auf die Anerkennung der im Ausland verliehenen Rechtsfähigkeit bezieht, zumal beide beteiligten Staaten der Gründungstheorie folgen, mithin die Anerkennung der Rechtsfähigkeit der englischen Gesellschaft außer Frage steht.

Vielmehr wendet der *EuGH* die Bestimmungen des EG-Vertrages konsequent an und sieht dementsprechend in der Frage der Gleichstellung von Gesellschaften mit natürlichen Personen in Bezug auf die primäre und sekundäre Niederlassungsfreiheit den statutarischen Sitz als ausreichend hierfür an; ob dieser – wie im Fall – zudem ausreicht, um die Rechtsfähigkeit einer Gesellschaft anzuerkennen, obliegt dagegen den Bestimmungen der Mitgliedstaaten.² Insofern ist *Kindler* zumindest grundlegend zuzustimmen, wonach das Urteil „für Mitgliedstaaten, die im internationalen Gesellschaftsrecht der Sitztheorie folgen, ohne Bedeutung ist."³

Inwieweit allerdings die Beschränkungen der primären Niederlassungsfreiheit, die beispielsweise von der Sitztheorie ausgehen, auch in Zukunft vollumfänglich aufrecht erhalten werden können, erscheint spätestens nach den Entscheidungen im Fall *Überseering* und im Fall *Inspire Art* für den *Zuzugsfall*, nicht aber den *Wegzugsfall* entschieden. Denn die damit verbundene Beschränkung der Niederlassungsfreiheit darf als solche nicht diskriminieren, sondern muss durch zwingendes Allgemeininteresse gerechtfertigt sowie hinsichtlich des mit ihr verbundenen Ziels geeignet und erforderlich sein.⁴ Die Entscheidung im Fall *Centros* wurde daher auch als letzte Schonfrist für die Mitgliedstaaten gehalten, das Problem der identitätswahrenden Sitzverlegung über die Grenze im Fall des Zuzugs einer Lösung zuzuführen.⁵

Dessen ungeachtet kann zumindest nach der derzeit geltenden Rechtslage nicht davon ausgegangen werden, dass die Bestimmungen des EG-Vertrages über die Niederlassungsfreiheit es den Kapitalgesellschaften in der EU und im EWR generell ermöglichen, ihren Satzungs- und/oder Verwaltungssitz identitätswahrend über die

---

1 Vgl. *Freitag, R.*, Wettbewerb, 1999, S. 267-270; *Höfling, B.*, Sitztheorie, 2000, S. 145-147; *Geyrhalter, V.*, Niederlassungsfreiheit, 1999, 201-203; *Risse, J.*, Zweigniederlassung, 1999 S. 752-754; *Roth, W.-H.*, Gründungstheorie, 1999, S. 861-867; *Sandrock, O.*, Überlagerungstheorie, 1999, S. 1337-1345.
2 Vgl. auch *Hoffmann, J.*, Sitzverlegung, 2000, S. 48 f. Vgl. ferner *Ebke, W. F.*, Sitztheorie, 1999, S. 656-661; *Lange, K. W.*, Niederlassungsfreiheit, 1999, S. 599-607; *Sonnenberger, H. / Großerichter, H.*, Niederlassungsfreiheit, 1999, S. 721-732.
3 *Kindler, P.*, Niederlassungsfreiheit, 1999, S. 1996.
4 Dazu vgl. auch die Schlussanträge des Generalanwalts in der Rechtssache C-208/00 v. 4.12.2001.
5 So *Zimmer, D.*, Bedeutung, 2000, S. 29. Vgl. ferner *Leible, S.*, Niederlassungsfreiheit, 1999, S. 300-302; *Kieninger, E.-M.*, Niederlassungsfreiheit, 1999, S. 724-749.

Grenze verlegen zu können. Um uneingeschränkte grenzüberschreitende Mobilität von Unternehmen im Europäischen Binnenmarkt herzustellen bedarf es daher auch weiterhin anderer Lösungen, insbesondere solcher des Europäischen Gesetzgebers.

5. Lösungsansätze

Als Lösung zum Abbau der gegenwärtigen Beschränkungen der grenzüberschreitenden Sitzverlegung von Kapitalgesellschaften kommen ungeachtet der weiteren Entwicklung in der Auslegung der im EG-Vertrag sowie im EWR-Abkommen verankerten Niederlassungsfreiheit somit insbesondere folgende Ansätze in Frage:

- Harmonisierung der bestehenden Bestimmungen des nationalen Gesellschaftsrechts der Mitgliedstaaten. Hierzu hat die Kommission 1997 einen Richtlinienvorentwurf vorgelegt.[1]

- Verabschiedung eines Übereinkommens nach Art. 293 EG-Vertrag zwischen den Mitgliedstaaten über die gegenseitige Anerkennung der nach ausländischem Recht gegründeten Gesellschaften. Ein derartiges Übereinkommen wurde 1968 zwischen den Mitgliedstaaten bereits abgeschlossen,[2] in Ermangelung einer Ratifizierung durch die *Niederlande* ist dieses allerdings nie in Kraft getreten.

- Umwandlung nationaler Aktiengesellschaften in eine SE und anschließende Anwendung der Sitzverlegungsvorschriften der SE-VO. Seit 2004 ist dies – aus heutiger Sicht – die einzige Möglichkeit, nach der Unternehmen im Europäischen Binnenmarkt über Hoheitsgrenzen hinweg ihren Sitz unter Rechtssicherheit verlegen werden können. Hierauf ist im Folgenden näher einzugehen.

III. Grundkonzeption der SE-VO

Die Bestimmungen der SE-VO zur grenzüberscheitenden Sitzverlegung einer SE innerhalb der EU oder des EWR beinhalten ausschließlich materiell-rechtliche Regelungen hinsichtlich des Sitzes der SE, der Aufrechterhaltung der Rechtspersönlichkeit und der Wahrung der rechtlichen Identität der SE sowie der im Wegzug- und Zuzugstaat jeweils konkret zu ergreifenden Maßnahmen, u. a. um den Wechsel in dem ergänzend anwendbaren nationalen Recht zu vollziehen sowie den Schutzinter-

---

[1] S. Vorentwurf eines Richtlinienvorschlages des Europäischen Parlamentes und des Rates betreffend die Sitzverlegung von Gesellschaften innerhalb der Gemeinschaft unter Wahrung der Rechtspersönlichkeit v. 22.4.1997 (Vorentwurf Sitzverlegungsrichtlinie), abgedruckt in ZIP 18 (1997), S. 1721-1724, und in ZGR 28 (1999), S. 157-164.

[2] S. Übereinkommen v. 29.2.1968 über die gegenseitige Anerkennung von Gesellschaften und juristischen Personen, Bulletin der EG, Beilage 2/1969.

essen der verschiedenen Stakeholder Rechnung zu tragen. Dagegen werden die zwischen den verschiedenen Mitgliedstaaten sowohl der EU als auch des EWR bestehenden Unterschiede in den internationalgesellschaftsrechtlichen Anknüpfungskriterien der Sitz- und Gründungstheorie zur Bestimmung des auf eine Gesellschaft anwendbaren Gesellschaftsstatuts keiner einheitlichen supranational-europäischen Lösung zugeführt.[1]

1. Der Sitz einer SE

a. Bestimmung des Verwaltungssitzes und des Satzungssitzes

Die SE-VO differenziert ebenso, wie die Gesellschaftsstatute von anderen (Kapital-) Gesellschaften nationalen[2] sowie auch supranational-europäischen Rechts[3] zwischen dem Satzungssitz und dem effektiven Verwaltungssitz (tatsächlicher Sitz) einer SE: Während nach Art. 7 S. 1 SE-VO unter dem Sitz einer SE deren satzungsmäßiger, d. h. der in der Satzung der SE festgelegte Sitz oder Registersitz (registered office) zu verstehen ist, stellt die Hauptverwaltung (head office) einer SE ihren effektiven Verwaltungssitz dar.[4]

Darüber hinaus bestimmt Art. 7 S. 1 SE-VO, dass sich der Sitz einer SE zwingend in einem Mitgliedstaat der EU oder des EWR befinden muss, mithin eine SE generell nicht in das Register eines Drittstaates eingetragen werden darf. Nicht zuletzt zur Vermeidung kollisionsrechtlicher Probleme schreibt Art. 7 S. 1 SE-VO weiterhin die mitgliedstaatliche Identität des Satzungssitzes sowie des effektiven Verwaltungssitzes einer SE vor: Der Satzungssitz muss sich danach in dem Mitgliedstaat befinden, in dem sich auch die Hauptverwaltung befindet.

Damit entscheidet sich der europäische Gesetzgeber in Bezug auf die SE ausdrücklich nicht zwischen den internationalgesellschaftsrechtlichen Anknüpfungskriterien

---

[1] Dazu s. auch Erwägungsgrund Nr. 27 SE-VO.
[2] S. § 5 Abs. 1 AktG; Art. 48 EG-Vertrag. Vgl. ferner *BGH*, Beschluss v. 30.3.2000, EWS 11 (2000), S. 278-279; *AG Heidelberg*, Beschluss v. 3.3.2000, RIW 46 (2000), S. 557-559 (dazu vgl. auch *EuGH*, Beschluss v. 10.7.2001, DB 54 (2001), S. 1824 f.); *LG Salzburg*, Beschluss v. 27.11.2000, NZG 4 (2001), S. 459-461; *OLG Hamm*, Beschluss v. 2.1.2001, ZIP 22 (2001), S. 791-793.
[3] S. Art. 5 Buchst. b, 12 EWIV-VO (Verordnung (EWG) Nr. 2137/85 des Rates v. 25.7.1985 über die Schaffung einer Europäischen wirtschaftlichen Interessenvereinigung, ABl. EG Nr. L 199 v. 31.7.1985, S. 1). Dazu vgl. auch *Meyer-Landrut, A.*, Interessenvereinigung, 1988, S. 31 f.
[4] S. auch Art. 64 SE-VO. Dazu vgl. ferner *Schwarz, G. C.*, Statut, 2001, S. 1849 f.; *Teichmann, C.*, Einführung, 2002, S. 455 f.

der Sitz- und Gründungstheorie[1] zur Bestimmung insbesondere des auf eine SE ergänzend anwendbaren nationalen Rechts, sondern versucht insoweit eine neutrale Position durch den geforderten Gleichlauf von Satzungs- und Verwaltungssitz einzunehmen. Daher ist auch eine Kollisionsnorm nicht erforderlich, da das auf die SE ergänzend anzuwendende nationale Recht aufgrund einseitiger und zwingender Rechtsanwendungsregeln bestimmt wird.[2] Dessen ungeachtet entspricht dieses Ergebnis zumindest insoweit demjenigen bei Anwendung der Sitztheorie, da diese ebenfalls einen Gleichlauf von Satzungs- und Verwaltungssitz fordert.

Abschließend ermächtigt Art. 7 S. 2 SE-VO die Mitgliedstaaten, den in ihrem Hoheitsgebiet jeweils eingetragenen SE vorzuschreiben, dass sie ihren Satzungs- und Verwaltungssitz nicht nur in demselben Mitgliedstaat, sondern auch an demselben Ort haben müssen. Das deutsche Aktiengesetz enthält eine derartige Regelung, wonach sich der Satzungssitz zumindest in der Regel an demjenigen Ort befinden muss, „wo die Gesellschaft einen Betrieb hat, ... sich die Geschäftsleitung befindet oder die Verwaltung geführt wird."[3] Das zur SE-VO erlassene deutsche SE-Ausführungsgesetz hat von dieser Ermächtigung Gebrauch gemacht und enthält dementsprechend einen entsprechenden Verweis;[4] dies ist insofern konsequent, als eine unterschiedliche Behandlung von Europäischen Aktiengesellschaften und Aktiengesellschaften nationalen Rechts insoweit weder gerechtfertigt noch sinnvoll wäre, zumal § 5 Abs. 2 AktG ausreichend Spielraum für etwaige begründete Ausnahmen belässt.[5]

b. Auseinanderfallen des Verwaltungssitzes und des Satzungssitzes

Während Art. 7 SE-VO die mitgliedstaatliche Identität des Satzungssitzes sowie des effektiven Verwaltungssitzes einer SE vorschreibt, befasst sich Art. 64 SE-VO mit den durch die davon betroffenen Mitgliedstaaten zu ergreifenden Maßnahmen, sofern sich der Verwaltungs- und der Satzungssitz einer SE nunmehr in unterschiedlichen Mitgliedstaaten befindet. Derartige Situationen können in zwei Fällen auftreten:

---

[1] So auch *Hirte, H.*, Europäische Aktiengesellschaft, 2002, S. 4; sowie *Schwarz, G. C.*, Statut, 2001, S. 1849, der die Schlussfolgerung von *Schulz, A. / Geismar, B.*, Europäische Aktiengesellschaft, 2001, S. 1079: „Letzten Endes folgt Art. 7 SE-Statut damit der Sitztheorie" zutreffend bezweifelt. Zurückhaltender daher *Schultz, A. / Eicker, K.*, European Company, 2001, S. 333: „Art. 7 of the Statute ... can be deemed to support the seat theory."

[2] So auch *Teichmann, C.*, Einführung, 2002, S. 395-398 m. w. N.; vgl. ferner auch den Beitrag von *Neun* in diesem Band.

[3] S. § 5 Abs. 2 AktG.

[4] S. § 2 SE-AG.

[5] Dazu vgl. auch den Beitrag von *Teichmann* in diesem Band.

C.III. Grundkonzeption der SE-VO

- die betreffende SE verlegt ihren Verwaltungssitz in einen anderen Mitgliedstaat ohne zugleich auch eine Verlegung des satzungsmäßigen Sitzes[1] vorzunehmen (Fall 1)[2] oder

- die SE nimmt zwar eine Verlegung des satzungsmäßigen Sitzes vor,[3] behält aber die zuvor bestehende Hauptverwaltung und damit auch ihren bisherigen Verwaltungssitz bei (Fall 2).[4]

In diesen Fällen haben diejenigen Mitgliedstaaten, in denen sich der jeweilige Satzungssitz der SE befindet, geeignete Maßnahmen zu ergreifen, um die SE zu verpflichten, den dadurch bedingten vorschriftswidrigen Zustand innerhalb einer bestimmten Frist zu beenden, indem:

- die betreffende SE ihren Verwaltungssitz wieder in den Mitgliedstaat zurückverlegt, in dem sich der Satzungssitz unverändert befindet oder sie verlegt auch ihren Satzungssitz[5] in denjenigen Mitgliedstaat, in dem sich der Verwaltungssitz nunmehr befindet (Fall 1)[6] oder

- die betreffende SE ihren Satzungssitz in den ursprünglichen Mitgliedstaat zurückverlegt[7] oder sie auch ihren Verwaltungssitz in denjenigen Mitgliedstaat verlegt, in dem sich nunmehr der Satzungssitz befindet (Fall 2).[8]

Sofern die SE dieser Verpflichtung nicht nachkommt, hat derjenige Mitgliedstaat, in dem sich der Satzungssitz der betreffenden SE befindet, ihre Liquidation zu gewährleisten. Das deutsche SE-Ausführungsgesetz sieht diesbezüglich vor, dass bei einem Auseinanderfallen von Verwaltungssitz und Satzungssitz ein Mangel der Satzung der betreffenden SE im Sinne des § 262 Abs. 1 Nr. 5 AktG vorliegt und daher kraft Gesetzes ein Grund für die Einleitung des Verfahrens der Amtsauflösung nach § 144a FGG gegeben ist.[9]

Ferner sind die Behörden desjenigen Mitgliedstaates, in dem sich der jeweilige Verwaltungssitz einer SE befindet, dazu verpflichtet, dem Mitgliedstaat des Satzungssit-

---

[1] S. Art. 8 SE-VO.
[2] S. auch Art. 64 Abs. 1 Buchst. a SE-VO.
[3] S. Art. 8 SE-VO.
[4] S. auch Art. 64 Abs. 1 Buchst. b SE-VO. Dabei ist zu beachten, dass sich die Sitzverlegung nach Art. 8 SE-VO ausschließlich auf die Verlegung des Satzungssitzes bezieht und vorbehaltlich der Art. 7, 64 SE-VO nicht von der Verlegung auch des Verwaltungssitzes abhängt. Dazu vgl. Kapitel III.3.
[5] S. Art. 8 SE-VO.
[6] S. auch Art. 64 Abs. 1 Buchst. a, b SE-VO.
[7] S. Art. 8 SE-VO.
[8] S. auch Art. 64 Abs. 1 Buchst. a, b SE-VO.
[9] S. § 52 SE-AG.

zes unverzüglich davon mitzuteilen, dass sich der Verwaltungssitz der betreffenden SE in einem anderen Mitgliedstaat als der Satzungssitz befindet, sofern dies auf Veranlassung einer Behörde oder betroffenen Partei festgestellt wird.[1]

Art. 64 Abs. 1-2 SE-VO ist darüber hinaus auch für diejenigen Fälle relevant, in denen der Satzungssitz einer SE sich zwar weiterhin in einem Mitgliedstaat der EU oder des EWR befindet, der Verwaltungssitz der SE aber außerhalb der Gemeinschaft verlegt wurde.[2] In diesem Fall kann die betreffende SE den vorschriftswidrigen Zustand nur dadurch beenden, dass sie ihren Verwaltungssitz wieder in denjenigen Mitgliedstaat zurückverlegt, in dem sich auch ihr Satzungssitz befindet. Andernfalls läuft sie auch in diesem Fall Gefahr, dass sie in demjenigen Mitgliedstaat, in dem sie ihren Satzungssitz hat, liquidiert wird.[3]

Um die SE-VO einer – sofern erforderlich – zeitnahen Revision zu unterziehen, hat die Kommission sowohl dem Rat als auch dem Europäischen Parlament bis spätestens zum 08.10.2009 einen Bericht über die Anwendung der SE-VO, der ggf. auch Vorschläge zu ihrer Änderung beinhalten kann, vorzulegen. In Bezug auf den Sitz einer SE hat die Kommission in diesem Bericht insbesondere auch darauf einzugehen, ob es zweckmäßig ist, zuzulassen, dass sich der Verwaltungssitz und der Satzungssitz einer SE in unterschiedlichen Mitgliedstaaten befindet.[4] In Übereinstimmung mit der Rechtsprechung des EuGH kann von einer europarechtlichen Unzulässigkeit dieses Erfordernisses dagegen nicht ausgegangen werden.

c. Bedeutung des Verwaltungssitzes und des Satzungssitzes

Ungeachtet der Unterschiede in den internationalgesellschaftsrechtlichen Anknüpfungskriterien zwischen den verschiedenen Mitgliedstaaten der EU und des EWR, hat die Unterscheidung zwischen dem effektiven Verwaltungssitz (Hauptverwaltung) und dem Satzungssitz einer SE keine grundlegende Bedeutung für die Bestimmung des auf die SE über die SE-VO hinaus ergänzend anzuwendenden nationalen Rechts. Denn einerseits bestimmt die SE-VO das ergänzend anwendbare nationale Recht aufgrund einseitiger und zwingender Rechtsanwendungsregeln; und andererseits wird die (vermeintlich) kollisionsrechtliche Frage aufgrund der zwingenden Übereinstimmung zwischen dem effektiven Verwaltungssitz und dem Satzungssitz einer SE bereits durch den Gleichlauf der Anknüpfungskriterien gelöst.[5]

---

[1] S. Art. 64 Abs. 4 SE-VO.
[2] Dazu vgl. auch *Schwarz, G. C.*, Statut, 2001, S. 1858.
[3] S. Art. 64 Abs. 2 SE-VO.
[4] S. Art. 69 Buchst. a SE-VO.
[5] Dazu vgl. auch *Teichmann, C.*, Einführung, 2002, S. 396-398.

2. Identitätswahrung beim Übertritt nationaler Hoheitsgrenzen

Eine SE kann ihren Sitz von einem Mitgliedstaat in einen anderen ohne Auflösung und Neugründung nach den Bestimmungen der SE-VO verlegen.[1] Der Europäische Gesetzgeber ermöglicht damit erstmals zumindest denjenigen Unternehmen, die sich in der supranational-europäischen Rechtsform einer SE organisieren, sowohl ihren Satzungssitz als auch ihren Verwaltungssitz grenzüberschreitend unter Aufrechterhaltung ihrer Rechtspersönlichkeit und Wahrung ihrer Identität zu verlegen. Dadurch wird einem der wesentlichen Ziele, die mit der Einführung der SE verbunden sind, uneingeschränkt Rechnung getragen.[2]

3. Arten der grenzüberschreitenden Sitzverlegung

Entsprechend der Differenzierung zwischen Verwaltungs- und Satzungssitz einer SE lassen sich allgemein drei verschiedene Arten der grenzüberschreitenden Sitzverlegung unterscheiden,[3] auf die nachfolgend in Bezug auf die grenzüberschreitende Sitzverlegung einer SE näher eingegangen wird:

- Die Verlegung ausschließlich des effektiven Verwaltungssitzes unter Beibehaltung des bisherigen Satzungssitzes,
- Die Verlegung ausschließlich des Satzungssitzes unter Beibehaltung des bisherigen effektiven Verwaltungssitzes,
- Die Verlegung sowohl des Satzungssitzes als auch des effektiven Verwaltungssitzes.

a. Verlegung des Verwaltungssitzes

Eine grenzüberschreitende Verlegung ausschließlich des effektiven Verwaltungssitzes (Hauptverwaltung) einer SE in einen anderen Mitgliedstaat unter Beibehaltung des bisherigen Satzungssitzes ist zwar kurzfristig möglich, widerspricht aber dem von der SE-VO geforderten Gleichlauf von Satzungssitz und Hauptverwaltung.[4] Die

---

[1] S. Art. 8 Abs. 1 SE-VO. Grundlegend dazu vgl. auch *Bungert, H. / Beier, C. H.*, Europäische Aktiengesellschaft, 2002, S. 5 f.; *Hommelhoff, P. / Teichmann, C.*, Aktiengesellschaft, 2002, S. 10; *Jahn, A.*, Europäische Aktiengesellschaft, 2001, S. 632; *Monti, M.*, Statut, 1997, S. 608; *Schulz, A. / Eicker, K.*, European Company, 2001, S. 333; *Schulz, A. / Geismar, B.*, Europäische Aktiengesellschaft, 2001, S. 1079; *Schwarz, G. C.*, Statut, 2001, S. 1849 f.; sowie in Bezug auf Art. 5a Abs. 1 SE-VO-Vorschlag 1991 bereits *Wenz, M.*, Societas Europaea, 1993, S. 46.

[2] Zu den mit der SE verbundenen Zielen vgl. den Beitrag von *Theisen* und *Wenz* in diesem Band.

[3] Dazu vgl. auch *Ebenroth, C. T. / Auer, T.*, Verlagerung, 1992, S. 6-8.

[4] S. Art. 7 S. 1 SE-VO.

betreffende SE hat daher entweder ihren Verwaltungssitz in denjenigen Mitgliedstaat zurückzuverlegen, in dem sich der Satzungssitz weiterhin befindet oder sie verlegt zusätzlich auch den Satzungssitz[1] in denjenigen Mitgliedstaat, in den der Verwaltungssitz verlegt wurde.[2]

Anderenfalls treten die in diesem Fall von den Mitgliedstaaten anzuordnenden Sanktionen ein, wonach eine SE, die den vorschriftswidrigen Zustand des auseinanderfallenden Verwaltungs- und Satzungssitzes nicht beseitigt, vom Satzungssitzstaat zu liquidieren ist.[3] Voraussetzung hierfür ist allerdings, dass der betreffende Wegzugstaat die sanktionierenden Maßnahmen nicht nur innerstaatlich umsetzt, sondern auch aktiv anwendet. Davon kann allerdings nicht in Bezug auf alle Mitgliedstaaten der EU oder des EWR mit Sicherheit ausgegangen werden, weshalb insoweit ggf. das Problem von „pseudo-foreign-SE" auftreten kann.

b. Verlegung des Satzungssitzes

Eine grenzüberschreitende Verlegung ausschließlich des Satzungssitzes einer SE in einen anderen Mitgliedstaat unter Beibehaltung des bisherigen effektiven Verwaltungssitzes (Hauptverwaltung) ist kurzfristig ebenso möglich wie die Verlegung nur des Verwaltungssitzes, da sich die grenzüberschreitende Sitzverlegung[4] ausschließlich auf die Verlegung des Satzungssitzes bezieht und nicht von der gleichlaufenden Verlegung auch des Verwaltungssitzes abhängt. Auch diese Form der Sitzverlegung widerspricht allerdings wiederum der geforderten mitgliedstaatlichen Identität von Satzungssitz und Hauptverwaltung.[5] Die betreffende SE hat daher entweder ihren Satzungssitz in denjenigen Mitgliedstaat zurückzuverlegen, in dem sich der Verwaltungssitz weiterhin befindet oder sie verlegt zusätzlich auch den Verwaltungssitz in denjenigen Mitgliedstaat, in dem sich der Satzungssitz nach der Sitzverlegung befindet.[6]

Anderenfalls treten wiederum die in diesem Fall von den Mitgliedstaaten anzuordnenden Sanktionen ein, wonach eine SE, die den vorschriftswidrigen Zustand des auseinanderfallenden Verwaltungs- und Satzungssitzes nicht beseitigt, vom Satzungssitzstaat zu liquidieren ist.[7] Voraussetzung hierfür ist in diesem Fall allerdings,

---

[1] S. Art. 8 Abs. 1 SE-VO.
[2] S. Art. 64 Abs. 1 SE-VO.
[3] S. Art. 64 Abs. 2 SE-VO.
[4] S. Art. 8 Abs. 1 SE-VO.
[5] S. Art. 7 S. 1 SE-VO.
[6] S. Art. 64 Abs. 1 SE-VO.
[7] S. Art. 64 Abs. 2 SE-VO.

dass der betreffende Zuzugstaat die sanktionierenden Maßnahmen nicht nur innerstaatlich umsetzt, sondern zudem auch aktiv anwendet. Davon kann allerdings wiederum nicht für alle Mitgliedstaaten der EU oder des EWR mit Sicherheit ausgegangen werden, weshalb auch insoweit ggf. das Problem von „pseudo-foreign-SE" auftreten kann.

c. Verlegung des Verwaltungssitzes und des Satzungssitzes

Eine grenzüberschreitende Verlegung sowohl des Verwaltungs- als auch des Satzungssitzes einer SE in einen anderen Mitgliedstaat ist generell möglich und stellt den von der SE-VO vorgesehenen Regelfall dar, obwohl sich die Sitzverlegung nach den Bestimmungen der SE-VO ausschließlich auf die Verlegung des Satzungssitzes einer SE bezieht und nicht von der gemeinsamen Verlegung auch des Verwaltungssitzes abhängt. Denn nur diese Form der grenzüberschreitenden Sitzverlegung einer SE steht in Einklang mit dem geforderten Gleichlauf von Satzungssitz und Hauptverwaltung.[1]

4. Fallkonstellationen

Für die weitere Analyse der konkreten Vorgehensweise bei einer grenzüberschreitenden Verlegung sowohl des effektiven Verwaltungs- als auch des Satzungssitzes einer SE ist zwischen drei Fallkonstellationen in Bezug auf die damit in *Deutschland* verbundenen Rechtsfolgen zu unterscheiden:

- Wegzug: Sitzverlegung einer SE von *Deutschland* in einen anderen Mitgliedstaat der EU oder des EWR,
- Zuzug: Sitzverlegung einer SE von einem anderen Mitgliedstaat der EU oder des EWR nach *Deutschland*,
- Umzug: Sitzverlegung einer SE von einem Mitgliedstaat der EU oder des EWR in einen anderen Mitgliedstaat der EU oder des EWR mit deutschem Inlandsbezug.

a. Wegzug: Vom Inland ins EU-/EWR-Ausland

Die grenzüberschreitende Verlegung sowohl des effektiven Verwaltungs- als auch des Satzungssitzes einer SE von *Deutschland* in einen anderen Mitgliedstaat der EU oder des EWR (Wegzug) ist identitätswahrend möglich und führt – anders als bei

---

[1] S. Art. 7 S. 1 SE-VO.

einer in *Deutschland* gegründeten Aktiengesellschaft nationalen Rechts[1] – weder zu einer Auflösung in *Deutschland* (Wegzugstaat) noch zu einer Neugründung im Zuzugsstaat. Die SE unterliegt ergänzend zur SE-VO zwar dem jeweiligen nationalen (Aktien-)Recht des Mitgliedstaates, in dem sie auch ihren Satzungssitz hat und in dem sich auch die Hauptverwaltung der SE befinden muss, weshalb ein Wechsel sowohl des effektiven Verwaltungs- als auch des Satzungssitzes stets zu einer Änderung des auf die SE ergänzend anwendbaren nationalen Rechts und insoweit auch zu einem Statutenwechsel führt.

Dessen ungeachtet unterliegt die SE aber als Rechtsform supranational-europäischen Rechts primär und vorrangig den einheitlichen Bestimmungen der SE-VO; diese haben der SE eine gemeinschaftsweite Rechtspersönlichkeit verliehen, weshalb eine SE im Vergleich zu Rechtsformen nationalen Rechts auch jenseits der jeweils ergänzend anwendbaren Rechtsordnung eine Realität hat. Demzufolge wird die rechtliche Identität einer SE in Zusammenhang mit einer grenzüberschreitenden Sitzverlegung innerhalb der EU oder des EWR nicht in Frage gestellt.

Allerdings sind die in der SE-VO dafür vorgesehenen Maßnahmen sowohl in *Deutschland* (Wegzugstaat) als auch im Zuzugstaat zu beachten, um den Wechsel in den ergänzend anzuwendenden nationalen Rechtsvorschriften des jeweiligen Sitzstaates zu vollziehen sowie den davon betroffenen Schutzinteressen der verschiedenen an einer SE beteiligten Stakeholder (Gesellschafter, Gläubiger, Arbeitnehmer) angemessen Rechnung zu tragen.

b. Zuzug: Vom EU/EWR-Ausland ins Inland

Die grenzüberschreitende Verlegung sowohl des effektiven Verwaltungs- als auch des Satzungssitzes einer SE von einem anderen Mitgliedstaat der EU oder des EWR nach *Deutschland* (Zuzug) ist ebenfalls identitätswahrend möglich und führt – anders als bei einer in dem betreffenden Mitgliedstaat gegründeten Aktiengesellschaft nationalen Rechts – weder zu einer Auflösung im Wegzugstaat noch zu einer Neugründung in *Deutschland* (Zuzugstaat). Darüber hinaus gelten die zuvor gemachten Ausführungen betreffend den Wegzug sinngemäß.

---

[1] Vgl. *OLG Düsseldorf*, Beschluss v. 26.3.2001, ZIP 22 (2001), S. 790 f. m. w. N.; *OLG Hamm*, Beschluss v. 1.2.2001, ZIP 22 (1991), S. 791 m. w. N.; *AG Heidelberg*, Beschluss v. 3.3.2000, RIW 46 (2000), S. 557-559, S. 558; *BayObLG*, Beschluss v. 7.5.1992, BayObLGZ 1992, S. 113-118; *OLG Hamm*, Beschluss v. 30.4.1997, DB 50 (1997), S. 1865-1866; und ferner *Hoffmann, J.*, Sitzverlegung, 2000, S. 44-47. Vgl. aber auch *Lutter, M. / Hommelhoff, P.*, GmbHG, Kommentar, 2000, § 4a, Rdnr. 13-16.

c. Umzug: Vom EU/EWR-Ausland ins EU/EWR-Ausland mit Inlandsbezug

Die grenzüberschreitende Verlegung sowohl des effektiven Verwaltungs- als auch des Satzungssitzes einer SE von einem Mitgliedstaat der EU oder des EWR in einen anderen Mitgliedstaat der EU oder des EWR (Umzug) ist ebenfalls identitätswahrend möglich und führt – anders als bei einer in dem betreffenden Mitgliedstaat gegründeten Aktiengesellschaft nationalen Rechts – weder zu einer Auflösung im Wegzugstaat noch zu einer Neugründung im Zuzugstaat. Dies gilt v. a. auch für den Fall, dass die betreffende SE einen gesellschaftsrechtlich bedeutsamen Bezug zu *Deutschland* hat, insbesondere über eine dort in das Handelsregister eingetragene Zweigniederlassung verfügt, wo sich weder vor noch nach der grenzüberschreitenden Sitzverlegung der effektive Verwaltungssitz und Satzungssitz befinden.

Dessen ungeachtet sind in diesem Fall aber nicht nur die in der SE-VO vorgesehenen Maßnahmen sowohl im Wegzugstaat als auch im Zuzugstaat zu beachten, um den Wechsel in den ergänzend anzuwendenden nationalen Rechtsvorschriften des jeweiligen Sitzstaates zu vollziehen sowie den davon betroffenen Schutzinteressen der verschiedenen an einer SE beteiligten Stakeholder angemessen Rechnung zu tragen; vielmehr sind zudem auch die deutschen Bestimmungen zu beachten, um die Eintragung der Zweigniederlassung in *Deutschland* zu aktualisieren und ggf. zu modifizieren und den Wechsel in den ergänzend anzuwendenden nationalen Rechtsvorschriften des jeweiligen Sitzstaates nachzuvollziehen sowie auch den davon betroffenen Schutzinteressen der verschiedenen an der Zweigniederlassung einer SE beteiligten Stakeholder angemessen Rechnung zu tragen.[1]

5. Maßnahmen im Wegzugstaat und Maßnahmen im Zuzugstaat

Die Aufgabe der Bestimmungen der SE-VO im Hinblick auf eine grenzüberschreitende Verlegung sowohl des Satzungssitzes als auch der Hauptverwaltung einer SE ist es, sowohl die Rechtspersönlichkeit der SE aufrecht zu erhalten sowie deren Identität zu wahren als auch insbesondere den Wechsel in dem auf die SE ergänzend anwendbaren Recht zu koordinieren und dabei den Schutzinteressen der verschiedenen Stakeholder sowie generell den Normativbestimmungen des Wegzugstaates als auch denjenigen des Zuzugstaates umfassend Rechnung zu tragen.[2]

---

[1] Umfassend zur steuerlichen Behandlung der grenzüberschreitenden Sitzverlegung vgl. den Beitrag von *Thömmes* in diesem Band.

[2] S. Erwägungsgrund Nr. 24 SE-VO. In Bezug auf den Vorentwurf einer Sitzverlegungsrichtlinie vgl. ferner auch *Schmidt, K.*, Sitzverlegungsrichtlinie, 1999, S. 29-31.

Hierfür werden verschiedene Maßnahmen bestimmt, die einerseits im Wegzugstaat und andererseits im Zuzugstaat der SE zu erfüllen sind und wofür die jeweils betroffene Rechtsordnung über die Bestimmungen der SE-VO hinaus ggf. bestimmte Vorschriften erlassen kann bzw. zu erlassen hat. Der transnationale Sachverhalt einer grenzüberschreitenden Sitzverlegung wird somit durch das supranational-europäische Recht der SE erfasst und teilweise auch geregelt, verschiedene Bereiche der Umsetzung der Verlegung des Sitzes einer SE erfolgen im einzelnen dann allerdings primär in den davon jeweils betroffenen Mitgliedstaaten.

6. Eingeschränktes Formwechselmodell

Während in Bezug auf den Vorentwurf einer Richtlinie zur Regelung der grenzüberschreitenden Sitzverlegung von Gesellschaften nationalen Rechts davon ausgegangen wird, dass der Wechsel des jeweils anwendbaren nationalen Rechts im Wege des Formwechsels erfolgt, da die betreffende Gesellschaft auch bei einer Sitzverlegung ihre rechtliche Identität bewahrt und nur ihr Rechtskleid (ihre Rechtsform) entsprechend einer formwechselnden Umwandlung ändert (Formwechselmodell),[1] stellt sich die Situation betreffend die SE differenziert dar:

- Hinsichtlich der auf Ebene der SE-VO geregelten Bereiche findet generell keine Änderung des Rechtskleides der SE statt. Denn eine nach der SE-VO rechtswirksam gegründete SE bleibt auch nach einer grenzüberschreitenden Sitzverlegung eine nach derselben SE-VO rechtlich wirksam errichtete SE, unabhängig davon, in welchem Mitgliedstaat der EU oder des EWR sie ihren Sitz hat.[2] Zudem bleiben die bislang auf die SE anzuwendenden supranational-europäischen Bestimmungen auch nach der grenzüberschreitenden Sitzverlegung uneingeschränkt und unverändert anwendbar,[3] ein Wechsel des anwendbaren Rechts findet dementsprechend nicht statt.

- In Bezug auf das ergänzend zur SE-VO anwendbare nationale Recht des Sitzstaates der SE führt die grenzüberschreitende Sitzverlegung einer SE unter Wahrung ihrer rechtlichen Identität allerdings ebenfalls zu einem Wechsel des ergänzend auf sie anwendbaren nationalen Sitzstaatsrechts und insoweit auch zu einer

---

[1] Vgl. *Behrens, P.*, Sitzverlegung, 1986, S. 592-594; *Priester, H.-J.*, Sitzverlegung, 1999; S. 37; *Schmidt, K.*, Sitzverlegungsrichtlinie, 1999, S. 29.
[2] S. Art. 8 Abs. 1 SE-VO.
[3] S. Art. 9 Abs. 1 Buchst. a SE-VO.

C.III. Grundkonzeption der SE-VO

Änderung ihres Rechtskleides entsprechend dem Konzept des Formwechsels (Formwechselmodell).[1]

Sämtliche durch die SE-VO geregelten Bereiche bleiben von der grenzüberschreitenden Sitzverlegung einer SE somit unberührt. Dagegen findet in denjenigen Bereichen, die von dem ergänzend anwendbaren Recht des Sitzstaates der SE geregelt werden, nicht nur ein Wechsel statt; vielmehr sind insoweit v. a. auch die nationalen (Schutz-)Vorschriften insbesondere hinsichtlich einer formwechselnden Umwandlung sowie die diese ergänzenden, ggf. noch zu erlassenden fallspezifischen Bestimmungen des Wegzugstaates sowie des Zuzugstaates anzuwenden, sofern die SE-VO insoweit keine Regelung enthält oder – falls diese unvollständig ist – hinsichtlich der nicht von ihr erfassten Aspekte[2] oder die SE-VO die betroffenen Mitgliedstaaten dazu ermächtigt:[3] eingeschränktes Formwechselmodell.

Beispielsweise ist eine Neubestellung der Aufsichts- und Leitungsorgane bei Anwendung des dualistischen Systems oder der Verwaltungsorgane bei Anwendung des monistischen Systems der Unternehmensverwaltung aufgrund der grenzüberschreitenden Sitzverlegung einer SE ausgeschlossen.[4]

7. Schutzinteressen

Die gleichlaufende Verlegung sowohl des Satzungssitzes als auch des Verwaltungssitzes kann in unterschiedlicher Weise die Interessen der an einer SE beteiligten Stakeholder beeinträchtigen. Die insoweit von der SE-VO identifizierten und für regelungswürdig erachteten Schutzinteressen beinhalten:

- den Schutz der widersprechenden Minderheitsaktionäre,
- den Schutz der Gläubiger sowie
- den Schutz der Arbeitnehmer.

---

[1] Demgegenüber stellt *Teichmann* ausschließlich auf das ergänzend anwendbare nationale Sitzstaatsrecht einer SE ab, mit der Begründung, dass dieses einer SE das Gepräge gibt, weshalb er für den gesamten Vorgang der grenzüberschreitenden Sitzverlegung das Formwechselmodell zugrunde legt. Dazu vgl. den Beitrag von *Teichmann* in diesem Band.

[2] S. Art. 9 Abs. 1 Buchst. a SE-VO.

[3] S. Art. 8 Abs. 5, 7 SE-VO.

[4] Dagegen wird hinsichtlich der grenzüberschreitenden Sitzverlegung nationaler Gesellschaften von der Notwendigkeit einer Neubestellung der Vertretungsorgane nach den Bestimmungen des Zuzugstaates uneingeschränkt ausgegangen. Vgl. *Priester, H.-J.*, Sitzverlegung, 1999, S. 48 f. m. w. N.

a. Widersprechende Minderheitsaktionäre

Die Mitgliedstaaten sind zum Erlass von Bestimmungen ermächtigt, um diejenigen Minderheitsaktionäre angemessen zu schützen, die sich gegen die grenzüberschreitende Verlegung des Sitzes einer SE ausgesprochen haben.[1] Damit kann dem durch die Sitzverlegung bedingten Wechsel des auf die SE ergänzend anzuwendenden nationalen Rechts, wodurch sich ggf. eine weitreichende Änderung in der jeweiligen Stellung als Aktionär der SE in Bezug auf dessen Mitgliedschaftsrechte ergeben kann,[2] umfassend Rechnung getragen werden.[3]

Im Einzelnen kann dies insbesondere durch die Zuerkennung eines Anspruchs auf Barabfindung nach den Bestimmungen über den Formwechsel von Gesellschaften durch das deutsche Ausführungsgesetz zur SE-VO erfolgen.[4] Bei Streitigkeiten über die Höhe der Abfindung kann ferner auf durch das Spruchstellenverfahren zurückgegriffen werden, um einen angemessenen Ausgleich zwischen den Interessen der Mehrheit und denjenigen der widersprechenden Minderheit sicherzustellen.[5] Diesem Ansatz folgt im Ergebnis auch das deutsche SE-Ausführungsgesetz.[6]

b. Gläubiger

Die Gläubiger und sonstigen Forderungsberechtigten einer SE sind in Bezug auf alle vor der Offenlegung des Verlegungsplans oder dem Zeitpunkt der Verlegung[7] entstandenen Verbindlichkeiten entsprechend den bestehenden oder insoweit zu schaffenden Bestimmungen im Wegzugstaat angemessen zu schützen.[8] Ferner gilt eine SE in Bezug auf alle Forderungen, die vor der Sitzverlegung entstanden sind, weiterhin als SE mit Sitz in dem betreffenden Wegzugstaat.[9] Damit kann der durch die Sitzverlegung stets bedingten Gefährdung, die sich aufgrund der Sitzverlegung der Schuldner-SE sowie der damit einhergehenden zusätzlichen Probleme bei der prozessualen

---

[1] S. Art. 8 Abs. 5 SE-VO.
[2] S. Art. 5 SE-VO. Dazu vgl. auch den Beitrag von *Theisen* und *Widmayer* in diesem Band.
[3] Dazu vgl. auch *Teichmann, C.*, Ausführungsgesetz, 2002, S. 1111.
[4] S. Art. 8 Abs. 5 SE-VO i. V. m. § 207 UmwG.
[5] S. Art. 8 Abs. 5 SE-VO i. V. m. §§ 212, 305-312 UmwG. Dazu in Bezug auf den Vorentwurf einer Sitzverlegungsrichtlinie vgl. auch *Priester, H.-J.*, Sitzverlegung, 1999, S. 43; *Roussos, A.*, Movement of Companies, 2001, S. 19.
[6] S. § 12 SE-AG.
[7] Nach Art. 8 Abs. 10 SE-VO findet die Sitzverlegung zum Zeitpunkt der Eintragung des neuen Satzungssitzes in das Register des Zuzugstaates statt.
[8] S. Art. 8 Abs. 7 SE-VO. Dazu vgl. auch *Roussos, A.*, Movement of Companies, 2001, S. 20. *Teichmann, C.*, Einführung, 2002, S. 460.
[9] S. Art. 8 Abs. 16 SE-VO. Dies gilt unabhängig davon, wann die betreffende SE verklagt wird.

Durchsetzung von gegen die SE gerichteten Forderungen ergibt, grundlegend Rechnung getragen werden; dies gilt auch für eine mögliche Verlagerung von Vermögensgegenständen der SE in deren Zuzugstaat sowie der damit verbundenen zusätzlichen Schwierigkeiten bei der Zwangsvollstreckung in das Vermögen der abgewanderten SE.[1]

Ob und wie das deutsche Ausführungsgesetz in Ermangelung einer Regelung betreffend die innerstaatliche Verlegung des Satzungssitzes einer Aktiengesellschaft nationalen Rechts eine Regelung zum Schutz der Gläubiger erlassen wird, war längere Zeit unklar. Dies auch deshalb, da sich das Schutzinteresse der Gläubiger einerseits v. a. aus der Verlagerung von Vermögensgegenständen der SE vom Wegzugstaat in den Zuzugstaat sowie den damit verbundenen Schwierigkeiten bei der Zwangsvollstreckung ergibt, dies andererseits aber kein immanentes Risiko der Sitzverlegung darstellt, sondern vielmehr in Zusammenhang mit der zunehmenden, davon i. d. R. unabhängigen Internationalisierung der Unternehmen steht. Zudem wird dem Schutzinteresse der Gläubiger aufgrund der mit der Sitzverlegung immanent verbundenen zusätzlichen Probleme bei der prozessualen Durchsetzung von Forderungen bereits dadurch Rechnung getragen, dass die SE für die vor der Sitzverlegung entstandenen Forderungen weiterhin als SE mit Satzungssitz im Wegzugstaat gilt, mithin keine Änderung des Gerichtsstands erfolgt.[2]

Zu denken wäre daher beispielsweise der im Vorentwurf einer Sitzverlegungsrichtlinie[3] sowie bei der Verschmelzung nationaler Aktiengesellschaften[4] enthaltenen Vorgehensweise zu folgen und den Gläubigern ein Recht auf angemessene Sicherheitsleistung bereits vor der Sitzverlegung der SE einzuräumen, sofern sie glaubhaft machen können, dass die Erfüllung ihrer Forderung durch die Verlegung des Satzungssitzes sowie v. a. der damit ggf. einhergehenden Verlagerung werthaltiger, für die jeweilige SE bedeutsamer Vermögensgegenstände gefährdet ist.[5] Dadurch kann sowohl der möglichen Gefährdung der Gläubiger als auch den Interessen der ihren Sitz verlegenden SE ausgleichend Rechnung getragen werden, da einerseits nachweislich gefährdete Forderungen gesichert werden, dadurch andererseits aber keine Wegzugsperre mit prohibitivem Charakter, die sämtliche Forderungen der Altgläubiger um-

---

[1] Grundlegend zu den Problemen einer grenzüberschreitenden Sitzverlegung in Bezug auf den SE-VO-Vorschlag 1991 vgl. auch *Trojan-Limmer, U.*, Statut, 1991, S. 1015 f.; *Wenz, M.*, Societas Europaea, 1993, S. 48 f.
[2] S. Art. 8 Abs. 16 SE-VO.
[3] S. Art. 8 Abs. 1 S. 1 Vorentwurf Sitzverlegungsrichtlinie. Dazu vgl. *Priester, H.-J.*, Sitzverlegung, 1999, S. 38; *Rajak, H.*, Proposal, 2000, S. 47; *Roussos, A.*, Movement of Companies, 2001, S. 20. Vgl. ferner auch *Thömmes, O.*, Sitzverlegung, 1993, S. 1024.
[4] S. § 22 Abs. 1 UmwG.
[5] So auch *Teichmann* in diesem Band.

fasst, eingeführt wird. Genau diesem Ansatz folgt im Ergebnis auch das deutsche SE-Ausführungsgesetz.[1]

c. Arbeitnehmer

Weder die SE-VO noch die SE-RL enthalten spezifische Bestimmungen, um die Interessen der Arbeitnehmer, die von der Sitzverlegung einer SE betroffen sind, in besonderer Weise zu schützen.[2] Dies ist insoweit auch nicht erforderlich, da die vor der jeweiligen Sitzverlegung bestehende Beteiligung der Arbeitnehmervertreter an der Beschlussfassung in der SE, die bei der Gründung der SE ausgehandelt wurde (Verhandlungslösung[3]) oder aufgrund der maßgeblichen Auffangregelung[4] anzuwenden ist, auch weiterhin uneingeschränkt anwendbar bleibt.[5] Das gilt auch im Verhältnis zu denjenigen Mitgliedstaaten EU oder des EWR, die für den Fall der Gründung einer SE im Wege der grenzüberschreitenden Verschmelzung, die Auffangregelung nicht anwenden: Opting out.[6]

Im Falle einer Vereinbarungslösung hat die dieser zugrunde liegende Vereinbarung regelmäßig deren Laufzeit sowie auch diejenigen Fälle zu bestimmen, in denen die Vereinbarung zur Beteiligung der Arbeitnehmervertreter an der Beschlussfassung in der SE neu ausgehandelt werden soll.[7] Sofern hierunter auch die Verlegung des Sitzes einer SE enthalten ist, kann es in diesem Zusammenhang ausnahmsweise doch zu einer allerdings einvernehmlichen Änderung der Beteiligung der Arbeitnehmervertreter an der Beschlussfassung in der SE kommen. Darüber hinaus wird teilweise von einem – anhand der Bestimmungen der SE-RL – allerdings nicht näher konkretisierbaren Nachverhandlungsanspruch ausgegangen,[8] sofern die betreffende SE strukturellen Veränderungen unterliegt, worunter auch die grenzüberscheitende Sitzverlegung verstanden[9] wird.[10]

---

[1] S. § 13 SE-AG.
[2] So auch *Köstler, R. / Jaeger, R.*, Europäische Aktiengesellschaft, 2002, S. 18.
[3] Dazu s. Art. 3-6 SE-RL. Vgl. ferner *Mävers, G.*, Mitbestimmung, 2002, S. 418-421.
[4] Dazu s. Art. 7, Anhang SE-RL. Vgl. ferner *Pluskat, S.*, Arbeitnehmerbeteiligung, 2001, S. 1488; sowie den Beitrag von *Köstler* in diesem Band.
[5] Ebenso vgl. *Buchheim, R.*, Aktiengesellschaft, 2001, S. 279.
[6] Dazu vgl. den Beitrag von *Köstler* in diesem Band.
[7] S. Art. 4 Abs. 2 Buchst. h SE-RL.
[8] So wohl insbesondere *Köstler, R. / Jaeger, R.*, Europäische Aktiengesellschaft, 2002, S. 18, mit Verweis auf Erwägungsgrund Nr. 18 SE-RL.
[9] Zustimmend im Ergebnis *Oechsler, J.*, Sitzverlegung, 2005, S. 376 f.
[10] Gleichermaßen ablehnend vgl. *Heinze, M.*, Europäische Aktiengesellschaft, 2002, S. 93.

Damit wird den Schutzbedürfnissen der Arbeitnehmer einer SE auch im Falle einer grenzüberschreitenden Sitzverlegung zumindest insoweit uneingeschränkt Rechnung getragen, als sie auch nach der Sitzverlegung über dieselben Beteiligungsrechte wie vorher verfügen. Individuelle Probleme der Arbeitnehmer, die mit der grenzüberschreitenden Verlagerung betrieblicher (Leitungs-)Funktionen beispielsweise aufgrund der Verlegung der Hauptverwaltung in Zusammenhang stehen, bleiben insoweit allerdings unberücksichtigt.

IV. Maßnahmen im Wegzugstaat

Um bei der grenzüberschreitenden Sitzverlegung (einschließlich Hauptverwaltung) einer Europäischen Aktiengesellschaft deren Rechtspersönlichkeit aufrecht zu erhalten und ihre Identität zu wahren sowie v. a. den Wechsel in dem auf die SE ergänzend anwendbaren Recht zu koordinieren und dabei auch den Schutzinteressen der verschiedenen Stakeholder umfassend Rechnung zu tragen, sieht die SE-VO folgende Maßnahmen vor; diese sind im jeweiligen Wegzugstaat der SE in der nachfolgend dargelegten Reihenfolge zu erfüllen. Sie werden anschließend insbesondere in Bezug auf *Deutschland* als Wegzugstaat der SE näher analysiert.

Zu einem Überblick über die Maßnahmen, die bei einer grenzüberschreitenden Sitzverlegung sowohl im Wegzugstaat als auch im Zuzugstaat zu erfüllen sind, vgl. Abbildung 1, S. 236.

1. Verlegungsplan

Das Leitungs- oder Verwaltungsorgan der Europäischen Aktiengesellschaft hat zunächst einen Verlegungsplan zu erstellen und offen zu legen.[1]

a. Rechtsnatur

Während die SE-VO wie auch die gesellschaftsrechtlichen Richtlinien betreffend die Verschmelzung[2] und Spaltung[3] von Aktiengesellschaften nationalen Rechts jeweils

von einem (Verlegungs-, Verschmelzungs- und Spaltungs-) „Plan" sprechen, geht das deutsche Recht i. d. R. von einem entsprechenden „Vertrag" oder „Beschluss" aus.

---

[1] S. Art. 8 Abs. 2 SE-VO.
[2] S. Richtlinie 78/855/EWG des Rates v. 9.10.1978, ABl. EG Nr. L 295 v. 20.10.1978, S. 36 ff.
[3] S. Richtlinie 82/891/EWG des Rates v. 17.12.1982, ABl. EG Nr. L 378 v. 31.12.1982, S. 47 ff.

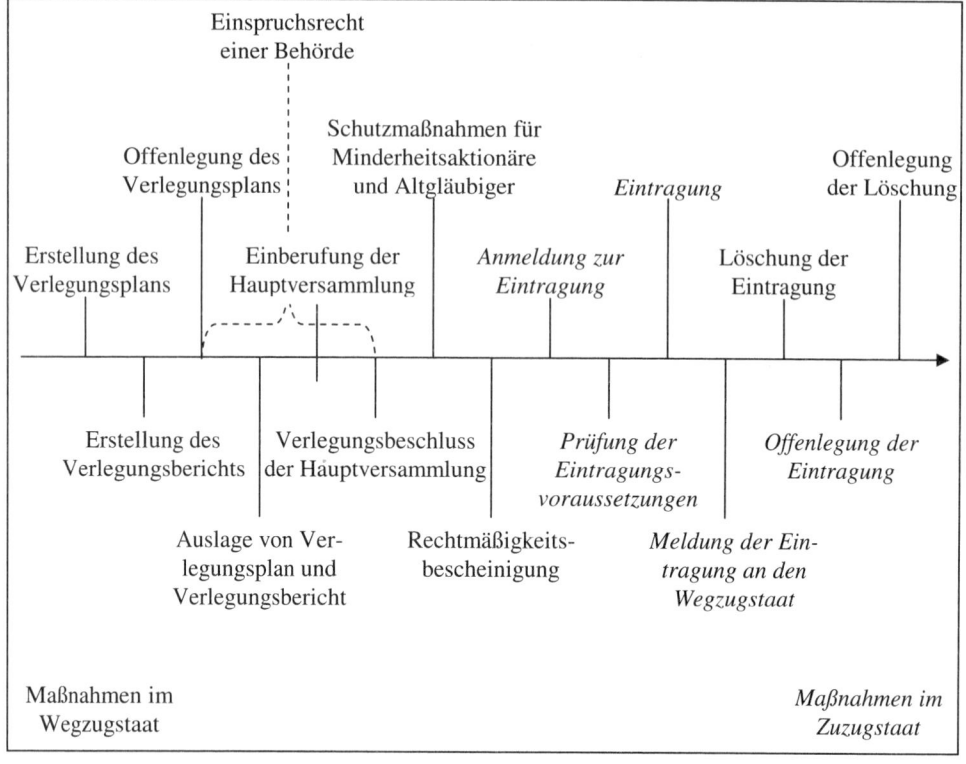

Abb. 1: Maßnahmen in Zusammenhang mit der grenzüberschreitenden Sitzverlegung einer SE

In Anlehnung an die oben besprochene Problematik der nur eingeschränkten Anwendung des nationalen Formwechselmodells[1] ist in Bezug auf die Sitzverlegung einer SE somit auch in *Deutschland* ausschließlich von einem Verlegungsplan und nicht vom Entwurf eines Verlegungsbeschlusses zu sprechen.[2]

---

[1] Vgl. Kapitel III.6.
[2] Anders in Bezug auf die Umsetzung des Vorentwurfs einer Sitzverlegungsrichtlinie vgl. dagegen *Priester, H.-J.*, Sitzverlegung, 1999, S. 40.

b. Inhalt

Hinsichtlich der Europäischen Aktiengesellschaft, die ihren Satzungssitz grenzüberschreitend ins EU- oder EWR-Ausland verlegen will, hat der Verlegungsplan folgende Angaben zu enthalten:[1]

- die bisherige Firma,
- den bisherigen Satzungssitz im Wegzugstaat,
- die bisherige Registriernummer,
- den vorgesehenen neuen Satzungssitz im Zuzugstaat,
- die vorgesehene neue bzw. geänderte Satzung,
- ggf. die neue Firma,
- die etwaigen Folgen der Sitzverlegung für die Beteiligung der Arbeitnehmer an der Beschlussfassung,
- den für die Sitzverlegung vorgesehenen Zeitplan sowie
- etwaige Rechte zum Schutz der Interessen der Aktionäre (*Deutschland*: Barabfindung für widersprechende Gesellschafter[2]) und/oder der Gläubiger.

Im Vergleich zu den gesetzlich geforderten Mindestangaben eines Umwandlungsbeschlusses[3] hat der Verlegungsplan einer SE hinsichtlich der zukünftigen mitgliedschaftlichen Stellung der Aktionäre keine entsprechend detaillierten Erläuterungen zu enthalten, zumal die SE-VO in Bezug auf den Inhalt des Verlegungsplans nicht von Mindestangaben spricht. Eine Verpflichtung zur Aufnahme der durch die Sitzverlegung ggf. geänderten Mitgliedschaftsrechte der Aktionäre in den Verlegungsplan kann sich somit nur in Zusammenhang mit der vorgesehenen Satzung ergeben, sofern das Recht des Zuzugstaates derartige Satzungsbestimmungen zwingend vorsieht oder fakultativ ermöglicht.[4]

---

[1] S. Art. 8 Abs. 2 S. 2 SE-VO. Demgegenüber war der Inhalt des Verlegungsplanes nach Art. 5a Abs. 2 S. 1 SE-VO-Vorschlag 1991 nicht detailliert festgelegt. Kritisch dazu vgl. *Wenz, M.*, Societas Europaea, 1993, S. 47 f.
[2] S. § 12 i. V. m. § 7 Abs. 2-7 SE-AG. Dazu vgl. auch *Teichmann* in diesem Band.
[3] S. § 194 Abs. 1 UmwG.
[4] Anders in Bezug auf die Umsetzung des Vorentwurfs einer Sitzverlegungsrichtlinie vgl. *Priester, H.-J.*, Sitzverlegung, 1999, S. 40.

c. Offenlegung

Die Offenlegung des Verlegungsplans erfolgt in *Deutschland* als Wegzugstaat mindestens zwei Monate vor der Hauptversammlung der Europäischen Aktiengesellschaft, die über die Sitzverlegung zu beschließen hat,[1] und mindestens einen Monat vor der Einberufung der betreffenden Hauptversammlung, da die Einberufungsfrist ebenfalls einen Monat beträgt.[2]

Sie hat durch Einreichung zum Handelsregister und deren Bekanntmachung zumindest im Bundesanzeiger und in einem anderen Blatt zu erfolgen.[3] Auch eine Offenlegung auf elektronischem Wege ist möglich[4] und kann in *Deutschland* beispielsweise im elektronischen Bundesanzeiger vorgenommen werden,[5] wofür es allerdings auch einer Änderung des Handelsrechts[6] in Übereinstimmung mit den geplanten Änderungen der Publizitätsrichtlinie bedarf.[7]

2. Verlegungsbericht

Das Leitungs- oder Verwaltungsorgan der Europäischen Aktiengesellschaft hat weiterhin einen Verlegungsbericht zu erstellen.[8] Dieser hat die rechtlichen und wirtschaftlichen Aspekte der Sitzverlegung zu erläutern und zu begründen sowie die Auswirkungen der Sitzverlegung auf die Aktionäre, Gläubiger und Arbeitnehmer im Einzelnen darzulegen.[9] Der a priori-Schutz bestimmter Stakeholder kann somit durch die Beurteilung der wirtschaftlichen Verhältnisse des sitzverlegenden Rechtsträgers gestärkt werden.[10]

---

[1] S. Art. 8 Abs. 6 SE-VO.

[2] S. Art. 53 SE-VO i. V. m. § 123 Abs. 1 AktG.

[3] S. Art. 8 Abs. 2 S. 1, Art. 13 SE-VO i. V. m. Art. 3 Richtlinie 68/151/EWG des Rates v. 9.3.1968, ABl. EG Nr. L 295 v. 14.3.1968 (Publizitätsrichtlinie), S. 8 ff. i. V. m. § 10 HGB. Dazu vgl. auch *Oechsler, J.,* Sitzverlegung, 2005, S. 378 f.

[4] Dazu in Bezug auf den Vorentwurf einer Sitzverlegungsrichtlinie vgl. *Di Marco, G.,* Vorschlag, 1999, S. 8.

[5] S. § 25 AktG in der durch das Transparenz- und Publizitätsgesetz geänderten Fassung.

[6] S. Art. 8 Abs. 2 S. 1, Art. 13 SE-VO i. V. m. Art. 3 Publizitätsrichtlinie i. V. m. § 10 HGB.

[7] Dazu vgl. *Drygala, T.,* Vorschläge, 2001, S. 60; *Wymeersch, E.,* Company Law, 2001, S. 28.

[8] S. Art. 8 Abs. 3 SE-VO.

[9] S. Art. 8 Abs. 3 SE-VO.

[10] Dazu unter Bezugnahme auch auf entsprechende Bestimmungen in der Verschmelzungs- und Spaltungsrichtlinie sowie den Vorentwurf einer Sitzverlegungsrichtlinie vgl. *Priester, H.-J.,* Sitzverlegung, 1999, S. 41. Vgl. ferner *Priester, H.-J.,* Verschmelzungsrecht, 1983, 1461; *Dehmer, H.,* in: Umwandlungsgesetz, Kommentar, 1996, § 292, Rdnr. 1; *Rajak, H.,* Proposal, 2000, S. 46.

3. Einsichtsrecht

Die Aktionäre und Gläubiger haben das Recht, den Verlegungsplan und den Verlegungsbericht mindestens einen Monat vor der Hauptversammlung, die über die Sitzverlegung befinden soll, am Sitz der SE einzusehen und Abschriften dieser Unterlagen unentgeltlich zu verlangen.[1]

Eine Möglichkeit, wonach die Aktionäre durch ausdrückliche Erklärung beschließen können, auf den Verlegungsbericht zu verzichten, besteht dagegen nicht.[2]

4. Verlegungsbeschluss

Die Hauptversammlung der SE hat auf der Grundlage des Verlegungsplans sowie des Verlegungsberichts den Beschluss zur Verlegung des Sitzes der SE zu fassen.[3] Dieser hat satzungsändernden Charakter, da der Satzungssitz notwendiger Bestandteil der Satzung der SE ist.[4]

a. Anforderungen

Unter Bezugnahme auf das deutsche Aktienrecht ist der Beschluss der Hauptversammlung zur Verlegung des Sitzes der SE in *Deutschland* als Wegzugstaat mit einer Mehrheit in Höhe von drei Viertel des bei der Beschlussfassung vertretenen Grundkapitals zu fassen, sofern die jeweilige Satzung keine höhere Kapitalmehrheit vorsieht.[5]

Sofern allerdings mehrere Gattungen von Aktien vorhanden sind, ist zudem durch jede Gruppe von Aktionären eine gesonderte Abstimmung wiederum mit einer Mehrheit in Höhe von drei Viertel der abgegebenen Stimmen vorzunehmen.[6]

---

[1] S. Art. 8 Abs. 4 SE-VO.

[2] Dazu in Bezug auf den Vorentwurf einer Sitzverlegungsrichtlinie vgl. auch *Priester, H.-J.*, Sitzverlegung, 1999, S. 42 f.

[3] S. Art. 8 Abs. 4, 6, Art. 59 SE-VO.

[4] S. Art. 9 Abs. 1 Buchst. c iii), Art. 59 SE-VO i. V. m. § 23 Abs. 3 Nr. 1 AktG.

[5] S. Art. 59 Abs. 1 SE-VO i. V. m. §§ § 23 Abs. 3 Nr. 1, 179 Abs. 2 AktG. Eine Bezugnahme auf die Bestimmungen des UmwG, insbesondere § 240 Abs. 1 UmwG (dazu vgl. den Beitrag von *Teichmann* in diesem Band), bedarf es daher nicht.

[6] S. Art. 60 SE-VO. Dazu in Bezug auf den Vorentwurf einer Sitzverlegungsrichtlinie vgl. auch *Di Marco, G.*, Vorschlag, 1999, S. 9.

Von einer darüber hinaus gehenden generellen Individualzustimmung jedes Aktionärs ist ungeachtet des mit der Sitzverlegung ggf. einhergehenden Eingriffs in den Kernbereich der Mitgliedschaft der Aktionäre[1] dementsprechend nicht auszugehen.[2]

b. Form

In Ermangelung einer Bestimmung in der SE-VO bedarf der Beschluss der Hauptversammlung zur Sitzverlegung grundsätzlich der notariellen Beurkundung.[3] Zweck dieses Erfordernisses ist zum Einen die Dokumentation der Willensbildung der Hauptversammlung, welche ihrerseits der Rechtssicherheit im Interesse aller Beteiligten dient; zum Anderen soll durch die Anwesenheit eines Notars gewährleistet werden, dass alle gesetzlichen Vorgaben bei der Beschlussfassung beachtet werden[4].

c. Frist

Aufgrund des umfassenden Informationsverfahrens insbesondere der Aktionäre in Bezug auf die mit der Verlegung in Zusammenhang stehenden Unterlagen, sind für die Beschlussfassung insgesamt drei Fristen zu berücksichtigen:

- Der Verlegungsbeschluss der Hauptversammlung darf frühestens zwei Monate nach Offenlegung des Verlegungsplanes gefasst werden.[5]

- Die Aktionäre (und die Gläubiger) haben das Recht, den Verlegungsplan sowie auch den Verlegungsbericht mindestens einen Monat lang vor der Hauptversammlung einzusehen, die über die Verlegung beschließt.[6]

- Die Hauptversammlung, die über die Sitzverlegung beschließt, ist mindestens einen Monat vorher einzuberufen.[7]

d. Rechtsfolgen bei Fehlerhaftigkeit

Bei Fehlerhaftigkeit des Verlegungsbeschlusses sind die allgemeinen Regeln des deutschen Aktienrechts über die Nichtigkeit und die Anfechtbarkeit zu beachten,

---

[1] Allgemein hierzu vgl. *Schmidt, K.*, Gesellschaftsrecht, 1997, S. 478-480.
[2] Dazu in Bezug auf den Vorentwurf einer Sitzverlegungsrichtlinie vgl. auch *Priester, H.-J.*, Sitzverlegung, 1999, S. 42.
[3] S. Art. 9 Abs. 1 Buchst. c ii) SE-VO i. V. m. § 130 AktG.
[4] Vgl. *Hüffer, U.*, Aktiengesetz, Kommentar, 2002, § 130, Rdnr. 1.
[5] S. Art. 8 Abs. 6 SE-VO.
[6] S. Art. 8 Abs. 4 SE-VO.
[7] S. Art. 53 SE-VO i. V. m. § 123 Abs. 1 AktG.

C.IV. Maßnahmen im Wegzugstaat   241

wobei Mängel innerhalb eines Monats geltend zu machen sind.[1] Darüber hinaus sind die Bestimmungen in Bezug auf die Registersperre sowie zur Abwehr rechtsmissbräuchlicher Anfechtungsklagen zu beachten.[2]

5. Schutz von Interessen

a. Schutz widersprechender Minderheitsaktionäre

Wie bereits dargelegt,[3] sind die Mitgliedstaaten zum Erlass von Bestimmungen ermächtigt, um diejenigen Minderheitsaktionäre angemessen zu schützen, die sich gegen die grenzüberschreitende Verlegung des Sitzes einer Europäischen Aktiengesellschaft ausgesprochen haben.[4]

Damit kann dem durch die Sitzverlegung bedingten Wechsel des auf die SE ergänzend anzuwendenden nationalen Rechts, wodurch sich eine weitreichende Änderung in der jeweiligen Stellung als Aktionär der SE in Bezug auf dessen Mitgliedschaftsrechte ergeben kann,[5] in umfassender Weise wie auch bei der Gründung einer SE durch Verschmelzung oder durch Gründung einer Holding-SE[6] Rechnung getragen werden.

Als Schutzmaßnahme ist in *Deutschland* als Wegzugstaat nach dem deutschen SE-Ausführungsgesetz insbesondere die Zuerkennung eines Anspruchs auf Barabfindung zu beachten, um einen Ausgleich von Minderheits- und Mehrheitsinteressen zu ermöglichen.[7] Die Barabfindung muss dementsprechend bereits in den Verlegungsplan aufgenommen werden,[8] was nach den Bestimmungen der SE-VO durchaus vorgesehen ist.[9]

---

[1] S. Art. 9 Abs. 1 Buchst. c ii) SE-VO i. V. m. §§ 241 ff AktG; § 195 UmwG.
[2] S. §§ 16 Abs. 2, 3, 198 Abs. 3 UmwG. Dazu in Bezug auf den Vorentwurf einer Sitzverlegungsrichtlinie vgl. *Priester, H.-J.*, Sitzverlegung, 1999, S. 43.
[3] Vgl. Kapitel III.7.a.
[4] S. Art. 8 Abs. 5 SE-VO. Dazu in Bezug auf den Vorentwurf einer Sitzverlegungsrichtlinie vgl. auch *Di Marco, G.*, Vorschlag, 1999, S. 10.
[5] S. Art. 5 SE-VO. Dazu vgl. auch den Beitrag von *Theisen* und *Widmayer* in diesem Band.
[6] Dazu vgl. auch den Beitrag von *Neun* in diesem Band.
[7] S. § 12 i. V. m. § 7 Abs. 2-7 SE-AG. Dazu vgl. auch *Teichmann* in diesem Band.
[8] Ebenso in Bezug auf den Vorentwurf einer Sitzverlegungsrichtlinie vgl. *Priester, H.-J.*, Sitzverlegung, 1999, S. 43.
[9] S. Art. 8 Abs. 2 SE-VO.

Ferner kann bei Streitigkeiten über die Höhe der Abfindung auf das Spruchstellenverfahren zurückgegriffen werden.[1] Fraglich ist allerdings, ob Beanstandungen in Bezug auf die Höhe der Barabfindung von der Anfechtung des Verlegungsbeschlusses ausgenommen werden sollten.[2] Hierfür spricht die Gleichstellung der SE mit Aktiengesellschaften nationalen Rechts in Bezug auf einen Formwechsel sowie v. a. auch die Abkopplung der Streitigkeiten über die Barabfindung von der Vollziehung der Sitzverlegung.[3] Einer besonderen Bestimmung im deutschen Ausführungsgesetz zur SE-VO bedarf es in diesem Fall nicht.[4]

b. Schutz von Gläubigern

ba. Schutzverpflichtung

Die SE-VO verlangt,[5] dass die Altgläubiger in Bezug auf alle vor der Offenlegung des Verlegungsplanes entstandenen Verbindlichkeiten im Einklang mit den bestehenden oder den insoweit ggf. noch zu schaffenden Anforderungen des Mitgliedstaats, in dem die SE vor der Verlegung ihren Sitz hat (Wegzugstaat), angemessen geschützt werden müssen. Hierüber ist zudem ein Nachweis gegenüber der Behörde zu erbringen, welche die Bescheinigung über die Durchführung der Rechtshandlungen und Formalitäten,[6] die einer Sitzverlegung im Wegzugstaat vorangehen, ausstellen soll.

Im Ergebnis stellt Art. 8 Abs. 7 Unterabs. 1 SE-VO somit eine Norm zur Anwendung nationaler Schutzmechanismen oder zur Ermächtigung der Mitgliedstaaten dar, derartige Mechanismen, die den aus dem deutschen Umwandlungsrecht bekannten Regelungen entsprechen,[7] einzuführen, wobei in *Deutschland* in Bezug auf eine innerstaatliche Sitzverlegung bislang keine derartigen Mechanismen vorgesehen sind,[8] aber durch das SE-Ausführungsgesetz nunmehr für die grenzüberschreitende Sitzverlegung einer SE eingeführt worden sind.[9]

---

[1] S. Art. 8 Abs. 5 SE-VO i. V. m. §§ 212, 305-312 UmwG. Dazu in Bezug auf den Vorentwurf einer Sitzverlegungsrichtlinie vgl. auch *Priester, H.-J.*, Sitzverlegung, 1999, S. 43.
[2] S. § 210 UmwG.
[3] S. § 210 UmwG. Vgl. ferner den Beitrag von *Teichmann* in diesem Band. Abwägend in Bezug auf den Vorentwurf einer Sitzverlegungsrichtlinie vgl. dagegen *Priester, H.-J.*, Sitzverlegung, 1999, S. 43.
[4] S. Art. 8 Abs. 5 SE-VO.
[5] S. Art. 8 Abs. 7 Unterabs. 1 SE-VO.
[6] S. Art. 8 Abs. 8 SE-VO.
[7] S. § 204 1. Alternative i. V. m. § 22 UmwG. Dazu vgl. auch den Beitrag von *Teichmann* in diesem Band.
[8] Dazu vgl. auch *Teichmann, C.*, Einführung, 2002, S. 460.
[9] S. § 13 SE-AG. Dazu vgl. auch den Beitrag von *Teichmann* in diesem Band.

baa. Einhaltung der Verpflichtung

Um die Einhaltung der Verpflichtung zum Schutz der Gläubiger bei der grenzüberschreitenden Sitzverlegung einer SE überprüfen zu können, hat die SE insoweit einen Nachweis[1] gegenüber der Behörde zu erbringen,[2] welche die für die Eintragung der SE im Zuzugstaat erforderliche Bescheinigung[3] über die Durchführung der vorbereitenden Rechtshandlungen und Formalitäten ausstellt.[4]

bab. Erfasste Verbindlichkeiten

Der Schutzmechanismus der SE-VO erfasst zunächst nur die *vor Offenlegung des Verlegungsplanes* entstandenen Verbindlichkeiten.[5] Die Mitgliedstaaten werden jedoch ermächtigt, den Zeitraum, in dem die betreffende SE gegenüber den Altgläubigern Sicherungsmechanismen zur Verfügung stellten muss, zu verlängern und auch auf Verbindlichkeiten auszuweiten, die bis zur Sitzverlegung entstehen;[6] allgemein wird die Sitzverlegung einer SE dann wirksam, wenn die SE im Register des neuen Sitzes eingetragen wird.[7] In *Deutschland* werden insoweit Verbindlichkeiten erfasst, die vor oder bis zu 15 Tage nach der Offenlegung des Verlegungsplans entstanden sind.[8]

bac. Arten von Gläubigern

Die SE-VO spricht von „Gläubigern und sonstigen Forderungsberechtigten"[9] und erfasst somit alle Arten von Gesellschaftsgläubigern, also beispielsweise auch öffentliche Institutionen, die Forderungen[10] gegen die betreffende SE haben. Für die Mitgliedstaaten macht es damit gerade auch im Hinblick auf die Forderungen der öffentlichen Hand gegenüber der sitzverlegenden SE Sinn, von der oben genannten Ermächtigungsnorm[11] Gebrauch zu machen und den maßgeblichen Zeitraum, für den Forderungen zu sichern sind, bis zur Verlegung des Sitzes der SE nach hinten zu

---

1   S. Art. 8 Abs. 7 Unterabs. 1 SE-VO.
2   S. § 13 SE-AG.
3   S. Art. 8 Abs. 8-9 SE-VO.
4   Dazu in Bezug auf die davon grundlegend abweichenden Bestimmungen des Vorentwurfs einer Sitzverlegungsrichtlinie vgl. auch *Priester, H.-J.*, Sitzverlegung, 1999, S. 44; *Rajak, H.*, Proposal, 2000, S. 47; *Roussos, A.*, Movement of Companies, 2001, S. 20.
5   S. Art. 8 Abs. 7 Unterabs. 1 SE-VO.
6   S. Art. 8 Abs. 7 Unterabs. 2 SE-VO.
7   S. Art. 8 Abs. 10 SE-VO.
8   S. § 13 Abs. 2 SE-AG.
9   S. Art. 8 Abs. 7 Unterabs. 1 SE-VO.
10 Beispielsweise noch ausstehende Steuern und Sozialversicherungsbeiträge.
11 S. Art. 8 Abs. 7 Unterabs. 2 SE-VO.

verschieben, wobei sich diese Erweiterung dann allerdings auf alle Arten von Verbindlichkeiten der SE bezieht.

bad. Entstehung und Fälligkeit des Anspruchs

Offen ist, wann der Anspruch auf Sicherheitsleistung entsteht und wann er befriedigt werden muss. Beispielsweise kann nach den Bestimmungen des deutschen Umwandlungsrechts die Sicherheitsleistung bei einer innerdeutschen Verschmelzung innerhalb von sechs Monaten nach Eintragung der Verschmelzung verlangt werden.[1] Fraglich bleibt hier jedoch, ob der Anspruch bei einer grenzüberschreitenden Sitzverlegung, welche die Verlagerung von Vermögensgegenständen ins Ausland mit sich bringen kann,[2] nicht bereits vor Vollzug der Sitzverlegung entstehen kann und somit auch vor Vollzug der Sitzverlegung zu befriedigen ist.

Während die Schwierigkeiten bei der prozessualen Durchsetzung des Anspruchs einerseits und diejenigen bei der sich daran anschließenden Zwangsvollstreckung andererseits zunächst klar für einen Sicherheitsanspruch vor Vollzug sprechen,[3] gibt es jedoch auch nicht zu vernachlässigende Argumente, die diese Auffassung zumindest relativieren: Zum einen würde die vorzeitige Sicherheitsleistung aufgrund ihres vorbeugenden Charakters für ausnahmslos alle Gläubiger relevant werden und die Sitzverlegung wegen des damit einhergehenden Umfangs und Aufwands erheblich in die Länge ziehen, zum anderen ist auch die Bestimmung der SE-VO zum Gerichtsstand in Bezug auf Altgläubiger zu berücksichtigen.[4]

bae. Gerichtsstand

Eine SE, die ihren Sitz in einen anderen Mitgliedstaat verlegt hat, gilt bezüglich sämtlicher Forderungen, die vor dem Verlegungszeitpunkt entstanden sind, auch weiterhin als SE mit Sitz in demjenigen Mitgliedstaat, in dem sie vor der Verlegung eingetragen war (Wegzugstaat); dies gilt auch, wenn die betreffende SE erst nach der Sitzverlegung verklagt wird.[5] Durch diese Fiktion bleibt der bisherige Gerichtsstand hinsichtlich der davon betroffenen Forderungen erhalten. Dem Schutzinteresse der Gläubiger in Bezug auf die mit der Sitzverlegung einer SE verbundenen zusätzlichen

---

[1] S. § 22 Abs. 1 S. 1 UmwG.
[2] Ausführlich zu den Problemen, die mit der Verlagerung von Vermögensgegenständen ins Ausland einhergehen, vgl. den Beitrag von *Teichmann* in diesem Band.
[3] Dazu in Bezug auf den Entwurf einer Sitzverlegungsrichtlinie vgl. auch *Di Marco, G.*, Vorschlag, 1999, S. 10, der sich für eine Sicherheitsleistung vor der tatsächlichen Sitzverlegung ausspricht. Vgl. ferner auch *Thömmes, O.*, Sitzverlegung, 1993, S. 1024.
[4] S. Art. 8 Abs. 16 SE-VO. Dazu vgl. Kapitel IV.5.bae.
[5] S. Art. 8 Abs. 16 SE-VO.

Probleme bei der prozessualen Durchsetzung von Forderungen wird insoweit umfassend Rechnung getragen.[1]

bb. Ausgestaltung der Schutzmechanismen

Inwiefern das deutsche Ausführungsgesetz eine Regelung zum Schutz der Gläubiger erlassen wird, war zunächst unklar.[2] Dies deshalb, da das Schutzinteresse der Gläubiger einerseits v. a. aus der Verlagerung von Vermögensgegenständen der SE vom Wegzugstaat in den Zuzugstaat sowie den damit verbundenen Schwierigkeiten bei der Zwangsvollstreckung resultiert, andererseits dies aber gerade kein immanentes Risiko der Sitzverlegung darstellt, sondern in Zusammenhang mit der zunehmenden, davon i. d. R. unabhängigen Internationalisierung der Unternehmen und Konzerne steht.

Ferner wird dem Schutzinteresse der Gläubiger in Bezug auf die prozessuale Durchsetzung von Forderungen bereits dadurch Rechnung getragen, dass die SE für die vor der Sitzverlegung entstandenen Forderungen weiterhin als SE mit Satzungssitz im Wegzugstaat gilt, mithin keine Änderung des Gerichtsstands erfolgt.[3]

Entsprechend den bereits dargelegten Überlegungen[4] räumt das deutsche SE-Ausführungsgesetz den Altgläubigern ein Recht auf angemessene Sicherheitsleistung bereits vor der Sitzverlegung der SE ein, sofern sie glaubhaft versichern können, dass die Erfüllung ihrer Forderung durch die Verlegung des Satzungssitzes sowie v. a. der damit ggf. einhergehenden Verlagerung werthaltiger, für die jeweilige SE bedeutsamer Vermögensgegenstände gefährdet ist.[5] Durch diese Regelung kann sowohl der möglichen Gefährdung der Gläubiger als auch den Interessen der SE, die ihren Sitz verlegt, ausgleichend Rechnung getragen werden:

Nachweislich gefährdete Forderungen werden dadurch einerseits zwar gesichert, andererseits wird aber keine Wegzugsperre mit prohibitivem Charakter, die sämtliche Forderungen der Altgläubiger umfasst, eingeführt.

---

1 Allgemein dazu vgl. auch Kapitel III.7.b.
2 Zu ersten Ansätzen vgl. *Teichmann, C.*, Ausführungsgesetz, 2002, S. 1111.
3 Vgl. Kapitel IV.5.bae.
4 Vgl. Kapitel III.7.b.
5 § 13 SE-AG.

6. Einspruchsrecht einer Behörde

a. Allgemeines

Die SE-VO ermächtigt die Mitgliedstaaten, ihren zuständigen Behörden im Falle des Wegzugs einer SE sowie dem damit verbundenen Wechsel in dem auf die SE ergänzend anwendbaren Recht während einer Frist von zwei Monaten nach der Offenlegung des Verlegungsplanes das Recht zu verleihen, gegen die Sitzverlegung Einspruch zu erheben, mit der Folge, dass die Sitzverlegung in diesem Falle nicht wirksam wird.[1]

Von diesem Einspruch kann allerdings nur aus Gründen des öffentlichen Interesses Gebrauch gemacht werden.[2] Ferner sind die Mitgliedstaaten dazu verpflichtet geeignete Rechtsmittel vor Gericht bereitzustellen, sofern sie ihren Behörden derartige Befugnisse einräumen.[3]

b. Bedeutung

Das Einspruchsrecht könnte z. B. für eine Steuer-, Verwaltungs- oder Wettbewerbsbehörde relevant sein. Während in *Deutschland* ein vergleichbares Einspruchsrecht nicht bekannt ist, war eine grenzüberschreitende Verlegung des Ortes der zentralen Leitung und Kontrolle (place of central management and control)[4] nach den Bestimmungen des britischen Steuerrechts bis 1988[5] von der Zustimmung der Finanzverwaltung abhängig.[6]

Fraglich ist, ob in *Deutschland* ein solches SE-spezifisches Einspruchsrecht eingeführt werden sollte. Obwohl insoweit zu beachten ist, dass auch die Verordnung über die EWIV[7] die Möglichkeit eines Einspruchs gegen eine grenzüberschreitende Sitzverlegung vorsah und der *deutsche* Gesetzgeber hiervon damals keinen Gebrauch gemacht hat, konnte dies in Bezug auf die Europäische Aktiengesellschaft, die

---

[1] S. Art. 8 Abs. 6, 14 Unterabs. 1 S. 1 SE-VO. Zu den Besonderheiten in Bezug auf einzelstaatliche Finanzaufsichtsbehörden s. Art. 8 Abs. 6, 14 Unterabs. 2 SE-VO.
[2] S. Art. 8 Abs. 14 Unterabs. 1 S. 2 SE-VO.
[3] S. Art. 8 Abs. 14 Unterabs. 3 SE-VO.
[4] Vgl. *De Beers Consolidated Gold Mines Ltd v. Howe*, [1906] AC, S. 455-460, S. 458.
[5] S. Sec. 105 subsecs. 6-7 Finance Act 1988. Dazu vgl. *Ross, D.*, Movement of Capital, 1990, S. 311 f.
[6] Ausführlich dazu vgl. *Theisen, M. R. / Wenz, M.*, Ansässigkeit, 1994, S. 403 f. m. w. N. Diese Genehmigung führte zu der bekannten Entscheidung des *EuGH*, Urteil v. 27.9.1988 (*Daily-Mail*), EuGH Slg. 1988, S. 5483-5514, S. 5505-5514, in welcher dieser im Ergebnis die Vereinbarkeit eines derartigen Einspruchsrechts mit der europarechtlich gewährten Niederlassungsfreiheit feststellte.
[7] S. Art. 14 Abs. 4 EWIV-VO.

grundsätzlich über sämtliche binnenmarktspezifischen Freiheitsgrade verfügt und in ihrem wirtschaftlichen Anwendungsbereich – anders als die EWIV – nicht beschränkt ist, auch vor dem Hintergrund einer weiteren Liberalisierung und Privatisierung vormals staatlich wahrgenommener Aufgabenbereiche nicht generell ausgeschlossen werden.

Im Ergebnis hat der deutsche Gesetzgeber aber – wie auch im Fall der EWIV – von seiner diesbezüglichen Ermächtigungsnorm im deutschen SE-Ausführungsgesetz keinen Gebrauch gemacht.

7. Rechtmäßigkeitsbescheinigung

Der Sitzstaat der Europäischen Aktiengesellschaft hat dieser durch das zuständige Gericht, einen Notar oder eine andere zuständige Behörde eine Bescheinigung auszustellen.

Aus dieser Bescheinigung hat zweifelsfrei hervorzugehen, dass die der Sitzverlegung vorangehenden Rechtshandlungen und Formalitäten vollständig durchgeführt wurden.[1] Die Bescheinigung ist eine der Voraussetzungen für die Eintragung der SE im Zuzugstaat.[2]

a. Inhalt

Die Bescheinigung umfasst sämtliche für die Verlegung notwendigen Verfahrensschritte im Wegzugstaat:

- Erstellung und Offenlegung des Verlegungsplans,[3]
- Erstellung des Verlegungsberichts,[4]
- Gewährung der Einsichtnahme in den Verlegungsplan und den Verlegungsbericht,[5]
- Hauptversammlungsbeschluss über die Sitzverlegung[6] und

---

[1] Art. 8 Abs. 8 SE-VO. Dazu in Bezug auf den Vorentwurf einer Sitzverlegungsrichtlinie vgl. auch *Rajak, H.*, Proposal, 2000, S. 47.
[2] Art. 8 Abs. 9 SE-VO.
[3] S. Art. 8 Abs. 2 SE-VO.
[4] S. Art. 8 Abs. 3 SE-VO.
[5] S. Art. 8 Abs. 4 SE-VO.
[6] S. Art. 8 Abs. 6, 59 Abs. 1 SE-VO.

- Einhaltung der Schutzmaßnahmen für widersprechende Minderheiten und Gläubiger.[1]

Das deutsche SE-Ausführungsgesetz macht die Ausstellung der Bescheinigung davon abhängig, dass die Vertretungsorgane einer SE, die ihren Sitz grenzüberschreitend verlegt, erklären, dass eine Klage gegen die Wirksamkeit des Verlegungsbeschlusses nicht oder nicht fristgemäß erhoben oder eine solche Klage rechtskräftig abgewiesen oder zurückgenommen worden ist.[2]

b. Bedeutung

Der Zweck dieser Bescheinigung besteht sowohl in einer Prüfungsaufgabe (Schutz bestehender Interessen) als auch in einer Dokumentationsaufgabe (Transparenz):

- Erstens werden alle für die Verlegung des Sitzes im Wegzugstaat von der SE zu erfüllenden Handlungen und Formalitäten von einer übergeordneten, neutralen Behörde auf ihre Existenz und Rechtmäßigkeit hin *überprüft*.[3] Sind die Anforderungen an das Verfahren der Sitzverlegung in Bezug auf den Wegzugstaat erfüllt, so stellt die zuständige Behörde die Rechtmäßigkeitsbescheinigung aus.[4]

- Zweitens *dokumentiert* die so ausgestellte Bescheinigung die Rechtmäßigkeit der von der SE zu erfüllenden Handlungen und Formalitäten der Sitzverlegung im bisherigen Sitzstaat (Wegzugstaat).

Von der für die Eintragung der Sitzverlegung zuständigen Behörde im Zuzugstaat der SE wäre eine vergleichbare Prüfung des Rechts des Wegzugstaates nur schwer und wesentlich aufwendiger möglich. Die von ihr lediglich noch vorzunehmende Eintragung und deren Offenlegung macht die Sitzverlegung gegenüber Dritten aber bereits wirksam.[5] Folglich ist es sinnvoll, die Rechtmäßigkeitsprüfung noch vor der Sitzverlegung vom Wegzugstaat durchführen zu lassen und dem Zuzugstaat lediglich einen Nachweis in Form einer Bescheinigung zu erbringen.[6]

---

1 S. Art. 8 Abs. 5, 7 SE-VO. Das deutsche SE-AG fordert in diesem Zusammenhang die Abgabe einer Versicherung durch die Mitglieder des Leitungsorgans bei dualistischem System oder durch die geschäftsführenden Direktoren bei monistischem System, wonach sämtlichen anspruchsberechtigten Gläubigern eine angemessene Sicherheit geleistet wurde (§ 13 Abs. 3 SE-AG).
2 S. § 14 SE-AG.
3 Ausführlich dazu vgl. Kapitel IV.8.db.
4 Art. 8 Abs. 8 SE-VO.
5 S. Art. 8 Abs. 13 SE-VO.
6 S. Art. 8 Abs. 8, 9 SE-VO.

c. Zuständigkeit

Fraglich ist allerdings, wer für die Ausstellung der Bescheinigung zuständig ist. Die SE-VO spricht von einem zuständigen Gericht, einem Notar oder einer anderen zuständigen Behörde.[1] Wer im einzelnen diese Aufgabe durchzuführen hat, wird dagegen den einzelnen Mitgliedstaaten überlassen.[2] Die Bescheinigung durch den Notar ausstellen zu lassen, erscheint allerdings wenig zweckmäßig, da dieser bereits den Verlegungsbeschluss beurkundet hat und sich insoweit selbst kontrollieren müsste.[3]

In *Deutschland* wird die Bescheinigung nach den Bestimmungen des SE-Ausführungsgesetzes daher durch das zuständige Handelsregister ausgestellt.[4]

d. Form

Ausgehend von der Tatsache, dass in *Deutschland* die Zuständigkeit für die Ausstellung der Bescheinigung dem Handelsregister obliegt, ist abschließend noch die Form der Rechtmäßigkeitsbescheinigung zu bestimmen. Insoweit kann auf einen Vorschlag, der in Zusammenhang mit dem Vorentwurf einer Sitzverlegungsrichtlinie unterbreitet wurde, zurückgegriffen werden.[5] Danach wird vorgeschlagen, die Bescheinigung in der Form einer Handelsregistereintragung mit Vorläufigkeitsvermerk nach dem Vorbild des deutschen Umwandlungsrechts[6] zu erteilen,[7] um zu verdeutlichen, dass die Sitzverlegung erst mit der Eintragung der SE im Register des Zuzugstaates wirksam wird.[8] Hierauf ist im Folgenden näher einzugehen.

da. Anmeldung

Der Eintragung hat zunächst die Anmeldung vorauszugehen,[9] welche – in Abhängigkeit des gewählten Systems der Unternehmensleitung – in den Zuständigkeitsbereich des Leitungs-[10] oder Verwaltungsorgans fällt.[11] Einzureichen sind die

---

1   S. Art. 8 Abs. 8 SE-VO.
2   S. Art. 68 Abs. 2 SE-VO.
3   Ebenso in Bezug auf den Vorentwurf einer Sitzverlegungsrichtlinie vgl. *Priester, H.-J.*, Sitzverlegung, 1999, S. 44.
4   § 4 SE-AG.
5   Dazu vgl. *Priester, H.-J.*, Sitzverlegung, 1999, S. 44.
6   S. § 198 Abs. 2 S. 1-5 UmwG betreffend den Formwechsel unter der Beteiligung mehrerer Register.
7   Ebenso vgl. *Oechsler, J.*, Sitzverlegung, 2005, S. 379.
8   Art. 8 Abs. 13 SE-VO.
9   S. Art. 9 Abs. 1 Buchst. c ii) i. V. m. § 36 Abs. 1 AktG i. V. m. § 12 Abs. 1 HGB.
10 S. Art. 39 Abs. 1 SE-VO.
11 S. Art. 43 Abs. 1 SE-VO.

Sitzverlegung und die Satzungsneufassung[1] nach der im Wegzugstaat der SE vorgeschriebenen Form, in *Deutschland* also in öffentlich beglaubigter Form.[2]

db. Prüfung

Anschließend hat das im konkreten Fall zuständige Registergericht vor der Eintragung den gesamten Vorgang der Sitzverlegung in Bezug auf den Wegzugstaat der SE (*Deutschland*) zu prüfen, um in jedem Fall die Wahrung der Interessen aller bereits in Verbindung mit der betreffenden SE stehenden Personen und Institutionen durch den Wegzugstaat der SE zu gewährleisten.[3] Gegenstand der Prüfung sind grundsätzlich alle für die Verlegung des Sitzes erforderlichen Verfahrensschritte im Wegzugstaat der SE,[4] wobei primär auf den Beschluss zur Verlegung des Sitzes der SE abzustellen ist.

dba. Ordnungsmäßigkeit des Verlegungsbeschlusses

Das zuständige Handelsregister hat den Verlegungsbeschluss der Hauptversammlung auf Ordnungsmäßigkeit zu prüfen, wofür insbesondere auch auf die allgemeinen Grundsätze zur Satzungsänderung zurückgegriffen werden kann.[5] Darüber hinaus prüft es die Einhaltung von Gläubiger-[6] und Minderheitenschutzvorschriften.[7]

Keinesfalls muss allerdings geprüft werden, ob die neue Satzung der SE mit dem Recht des Zuzugstaates vereinbar ist;[8] dies obliegt ausschließlich dem Zuzugstaat.[9]

---

[1] Dazu in Bezug auf den Vorentwurf einer Sitzverlegungsrichtlinie vgl. *Priester, H.-J.*, Sitzverlegung, 1999, S. 45.
[2] S. Art. 9 Abs. 1 Buchst. c ii) i. V. m. § 12 Abs. 1 HGB.
[3] Dazu in Bezug auf den Vorentwurf einer Sitzverlegungsrichtlinie vgl. *Priester, H.-J.*, Sitzverlegung, 1999, S. 45.
[4] Vgl. Kapitel IV.8.a.
[5] Dazu vgl. beispielsweise *Hüffer, U.*, Aktiengesetz, Kommentar, 2002, § 181.
[6] Vgl. Kapitel IV.6.
[7] Vgl. Kapitel IV.5.
[8] Dazu in Bezug auf den Vorentwurf einer Sitzverlegungsrichtlinie vgl. *Schmidt, K.,* Sitzverlegungsrichtlinie, 1999, S. 30; *Priester, H.-J.*, Sitzverlegung, 1999, S. 45.
[9] Hierzu vgl. die Überlegungen in Kapitel IV.7.a.

dbb. Ausschluss der Sitzverlegung

Zu prüfen ist ferner, ob die Sitzverlegung der betreffenden Europäischen Aktiengesellschaft nicht generell ausgeschlossen ist. Dies ist der Fall, sofern einer der in der SE-VO explizit aufgeführten Gründe erfüllt, mithin eines der folgenden Verfahren eröffnet worden ist:[1]

- Auflösung,
- Liquidation,
- Zahlungsunfähigkeit,
- vorläufige Zahlungseinstellung oder
- ein ähnliches Verfahren.

Darüber hinaus darf die Sitzverlegung einer Europäischen Aktiengesellschaft nicht anlässlich der Umwandlung einer Aktiengesellschaft nationalen Rechts in eine SE vorgenommen werden.[2]

dc. Eintragung mit Vorläufigkeitsvermerk

Die Eintragung im Handelsregister des Wegzugstaates der SE erfolgt nach der Prüfung durch das Registergericht mit einem Vorläufigkeitsvermerk[3] und hat entsprechend der Anmeldung die Sitzverlegung und Satzungsneufassung der SE zum Gegenstand.

dd. Übersendung der Eintragung an den Zuzugstaat

In Bezug auf den Vorentwurf einer Sitzverlegungsrichtlinie wird in der Literatur gefordert, dass das Handelsregister des Wegzugstaates der Europäischen Aktiengesellschaft die Rechtmäßigkeitsbescheinigung bzw. die mit einem Vorläufigkeitsvermerk versehene Eintragungsnachricht von Amts wegen der zuständigen Stelle des Zuzugstaates der SE übersendet.[4]

Obwohl diese Forderung sowohl der Rechtssicherheit dient als auch zur Vereinfachung des Sitzverlegungsverfahrens beitragen kann, ist sie weder durch den Wort-

---

[1] S. Art. 8 Abs. 15 SE-VO. Dazu in Bezug auf den Vorentwurf einer Sitzverlegungsrichtlinie vgl. auch *Rajak, H.*, Proposal, 2000, S. 47 f.
[2] S. Art. 37 Abs. 3 SE-VO.
[3] Vgl. Kapitel IV.7.c.
[4] Vgl. *Priester, H.-J.*, Sitzverlegung, 1999, S. 45.

laut der SE-VO zwingend vorgegeben[1] noch im Einzelfall zweckmäßig. Es sollte daher der betreffenden Europäischen Aktiengesellschaft zumindest freistehen, wie die Rechtmäßigkeitsbescheinigung bzw. die Eintragungsnachricht dem Register des Zuzugstaates zugeleitet wird.

8. Löschung der Eintragung im Register des Wegzugstaates

Um die Verlegung des Sitzes der SE im bisherigen Sitzstaat (*Deutschland*) abzuschließen ist die Eintragung der SE im Register des Wegzugstaates zu löschen.[2] Voraussetzung hierfür ist allerdings, dass die SE im Register des neuen Sitzstaates eingetragen ist und dies dem Register des Wegzugstaates gemeldet wird.[3] Daher hat das Register des Zuzugstaates die vorgenommene Registereintragung der SE dem Register des Wegzugstaates unverzüglich mitzuteilen.[4]

9. Offenlegung der Löschung im bisherigen Sitzstaat

Die Löschung der Europäischen Aktiengesellschaft im Handelsregister des Wegzugstaates ist nach den durch die Publizitätsrichtlinie harmonisierten Bestimmungen des jeweiligen Mitgliedstaates offen zu legen: In *Deutschland* hat dies durch Bekanntmachung der jeweiligen Angaben, hier also der Löschung im Handelsregister, zumindest im Bundesanzeiger und in einem anderen Blatt zu erfolgen.[5]

Obwohl der neue Sitz der SE Dritten gegenüber erst mit der Offenlegung der neuen Eintragung im Zuzugstaat der SE wirksam wird, können sich diese jedoch bis zur Offenlegung der Löschung im bisherigen Sitzstaat auch weiterhin auf den alten Sitz der SE berufen, es sei denn, die SE beweist, dass den Dritten der neue Sitz bekannt war.[6]

V. Maßnahmen im Zuzugstaat

Die SE-VO sieht auch im jeweiligen Zuzugstaat einer Europäischen Aktiengesellschaft bestimmte Maßnahmen in der nachfolgend dargelegten Reihenfolge vor, um bei der grenzüberschreitenden Sitzverlegung (einschließlich Hauptverwaltung) einer

---

[1] S. Art. 8 Abs. 9 SE-VO.
[2] S. Art. 8 Abs. 11 S. 2 SE-VO.
[3] S. Art. 8 Abs. 11 S. 2 SE-VO. Ausführlich zur Eintragung im Register des Zuzugstaates vgl. Kapitel V.4.
[4] S. Art. 8 Abs. 11 S. 1 SE-VO.
[5] S. Art. 8 Abs. 12, Art. 13 i. V. m. Art. 3 Publizitätsrichtlinie i. V. m. § 10 HGB.
[6] S. Art. 8 Abs. 13 S. 2 SE-VO.

SE unter Wahrung ihrer Identität und Aufrechterhaltung ihrer Rechtspersönlichkeit v. a. den Wechsel in dem auf die SE ergänzend anwendbaren Recht zu koordinieren und dabei auch den Schutzinteressen der verschiedenen Stakeholder umfassend Rechnung zu tragen. Diese werden nachfolgend insbesondere in Bezug auf *Deutschland* als Zuzugstaat der SE näher dargelegt und sind auch in dieser Reihenfolge zu erfüllen.[1]

1. Erfüllung der Eintragungsvoraussetzungen

Von besonderer Bedeutung für die Regelung der grenzüberschreitenden Sitzverlegung im Zuzugstaat der Europäischen Aktiengesellschaft ist deren konstitutive Neueintragung in das dortige Register, in *Deutschland* also die Eintragung in das zuständige Handelsregister.

a. Überblick über die Eintragungsvoraussetzungen

Für die Eintragung der Europäischen Aktiengesellschaft in das Register des Zuzugstaates sind folgende Eintragungsvoraussetzungen zu erfüllen, welche die Grundlage der Schutzaufgaben und Schutzmöglichkeiten im Zuzugstaat darstellen:[2]

- Vorlage der Rechtmäßigkeitsbescheinigung des Wegzugstaates[3] und
- Nachweis über die Erfüllung der für die Eintragung in dem neuen Sitzstaat erforderlichen Formalitäten.

Offen ist allerdings, was unter dem von der SE-VO verwendeten Begriff Formalitäten zu verstehen ist. Einerseits könnte der Begriff rein formal i. S. v. Eintragungs*formalitäten* verstanden werden, so dass lediglich zu prüfen ist, ob der Antrag zur Eintragung verfahrensmäßig einwandfrei ist. Andererseits ist aber auch ein materielles Verständnis und damit die Begriffsauslegung i. S. v. Eintragungs*voraussetzungen* denkbar; dies würde dementsprechend auch eine materiellrechtliche Prüfung durch das Register, insbesondere hinsichtlich der Vereinbarkeit mit dem Recht des Zuzugstaates der SE, erforderlich machen.

---

[1] Dazu vgl. auch die Abbildung in Kapitel IV. über die sowohl im Wegzug- als auch im Zuzugstaat insgesamt zu beachtenden Maßnahmen in Zusammenhang mit der grenzüberschreitenden Sitzverlegung einer SE.

[2] S. Art. 8 Abs. 9 SE-VO. Dazu in Bezug auf den geplanten Vorentwurf einer Sitzverlegungsrichtlinie vgl. auch *Priester, H.-J.*, Sitzverlegung, 1999, S. 45.

[3] S. Art. 8 Abs. 8 SE-VO. Dazu vgl. auch Kapitel IV.8.

Entscheidend ist folglich, welche Bedeutung der registerlichen Prüfung der Eintragung der Europäischen Aktiengesellschaft im Zuzugstaat zukommt. In Bezug auf Kapitalgesellschaften nationalen Rechts stellte die in *Deutschland* von der h. M. bislang vertretene Sitztheorie[1] sicher, dass die Unternehmen dem Rechtsverkehr nicht die „Vertrauensgrundlage des Gründungsrechts entziehen",[2] mithin sämtliche Kapitalgesellschaften mit effektivem Verwaltungssitz in *Deutschland* dem insoweit geltenden Gesellschaftsstatut unterlagen, mithin die Normativbestimmungen des deutschen Gesellschaftsrechts erfüllten.[3]

Hinsichtlich einer SE kann dieser Aufgabe – entsprechend dem für sie spezifisch zu beachtenden eingeschränkten Formwechselmodell[4] – in Bezug auf das nationale Recht des jeweiligen Sitzstaates, das ergänzend zur supranational-europäisch bestimmten SE-VO anwendbar ist, nur bei einer materiellen Begriffsauslegung der zu erfüllenden Formalitäten Rechnung getragen werden.

Folglich sind unter den im neuen Sitzstaat der Europäischen Aktiengesellschaft zu erfüllenden Formalitäten die Eintragungs*voraussetzungen* zu verstehen, die für eine Eintragung im dortigen Register zwingend erfüllt sein müssen und nicht einheitlich für alle Mitgliedstaaten durch die SE-VO, sondern durch das ergänzend auf die SE anwendbare Recht ihres jeweiligen Sitzstaates geregelt werden; im Einzelnen beziehen sich die Eintragungsvoraussetzungen insbesondere auf die Vereinbarkeit der geänderten oder neugefassten Satzung sowie der Kapitalausstattung der SE mit dem Recht des Zuzugstaates sowie allgemein auf die insoweit maßgeblichen nationalen Gründungsvorschriften.[5]

b. Satzungsneufassung und Kapitalaufbringung

Von besonderer Bedeutung für die Eintragung einer Europäischen Aktiengesellschaft in das Register ihres neuen Sitzstaats (*Deutschland*) sind somit folgende Eintragungsvoraussetzungen, auf die näher einzugehen ist:

---

1 Hierzu vgl. Kapitel II.2.bb.
2 *Großfeld, B.*, Sitzverlegung, 1997, S. 1032.
3 Dazu vgl. allgemein auch *Schmidt, K.*, Sitzverlegungsrichtlinie, 1999, S. 22-27.
4 Vgl. Kapitel III.6.
5 Zu den davon teilweise abweichenden Aspekten aufgrund einer uneingeschränkten Berücksichtigung des Formwechselmodells vgl. in Bezug auf den Vorentwurf einer Sitzverlegungsrichtlinie auch *Priester, H.-J.*, Sitzverlegung, 1999, S. 45-48.

- die Vereinbarkeit der Satzung der Europäischen Aktiengesellschaft mit dem auf nationale Aktiengesellschaften des Zuzugstaates anwendbaren Recht[1] sowie
- die Unversehrtheit des Nennkapitals der zuziehenden Gesellschaft, d. h. eine Deckung durch das Nettovermögen in entsprechender Höhe, wie dies auch bei einem nationalen Formwechsel[2] erforderlich ist.[3] Zu beachten ist in diesem Zusammenhang, dass andere Mitgliedstaaten oftmals andere Anforderungen an den Kapitalschutz stellen, zumal für die nicht von der SE-VO geregelten Bereiche betreffend „das Kapital der SE, dessen Erhaltung und dessen Änderungen ... die Vorschriften (gelten; M.W.), die für eine Aktiengesellschaft mit Sitz in dem Mitgliedstaat, in dem die SE eingetragen ist, gelten würden."[4] Für *Deutschland* als neuer Sitzstaat einer SE bedeutet dies, dass bei einer grenzüberschreitenden Sitzverlegung nach *Deutschland* insoweit die allgemeinen Bewertungsgrundsätze für Sacheinlagen zu beachten sind.[5]

2. Anmeldung zur Eintragung

Während bei einer rein innerstaatlichen Sitzverlegung in *Deutschland* ausschließlich eine Anmeldung dieses Vorgangs beim Gericht des bisherigen Sitzes erfolgt,[6] das dem Gericht des zukünftigen Sitzes die Akten von Amts wegen übersendet,[7] stellt sich die Vorgehensweise bei der grenzüberschreitenden Sitzverlegung einer Europäischen Aktiengesellschaft grundlegend anders dar.

Erforderlich ist in diesem Fall eine gesonderte ausdrückliche Anmeldung der Europäischen Aktiengesellschaft beim Register des Zuzugstaates (*Deutschland*) zur Verfahrenseinleitung.[8]

---

[1] Vgl. Kapitel V.3.ba. Dazu in Bezug auf den SE-VO-Vorschlag 1991 vgl. auch *Wenz, M.*, Societas Europaea, 1993, S. 49.
[2] S. § 245 UmwG.
[3] Vgl. Kapitel V.3.bb.
[4] Art. 5 SE-VO.
[5] D. h., dass bei der Berechnung des Reinvermögens nicht die Buchwerte, sondern die Verkehrswerte anzusetzen sind. Allgemein dazu in Bezug auf § 220 UmwG vgl. auch *Joost, D.*, in: Umwandlungsgesetz, Kommentar, 2000, § 220, Rdnr. 13. Vgl. ferner in Bezug auf den Vorentwurf einer Sitzverlegungsrichtlinie auch *Priester, H.-J.*, Sitzverlegung, 1999, S. 48.
[6] S. § 13h Abs. 1 HGB.
[7] S. § 13h Abs. 2 HGB. Dazu vgl. auch Kapitel IV.7.ca.
[8] Ebenso in Bezug auf den Vorentwurf einer Sitzverlegungsrichtlinie vgl. auch *Priester, H.-J.*, Sitzverlegung, 1999, S. 48, mit Verweis auch auf § 198 Abs. 2 UmwG, welcher den Formwechsel unter der Beteiligung mehrerer Register betrifft.

a. Anmeldende Organe der Unternehmensleitung

In Abhängigkeit des Systems der Unternehmensleitung hat die Anmeldung entweder durch das Leitungs- oder das Verwaltungsorgan der Europäischen Aktiengesellschaft zu erfolgen. Fraglich ist allerdings, ob hier von einer Kontinuität im Amt betreffend die Organe der Unternehmensleitung ausgegangen werden kann oder ob nach der Sitzverlegung eine Neubestellung erforderlich ist.[1]

Während bei einem innerstaatlichen Formwechsel in *Deutschland* eine Amtskontinuität nicht gegeben ist,[2] bedingt die grenzüberschreitende Sitzverlegung einer SE keine Neubestellung der Organe der Unternehmensleitung.[3] Denn anders als bei einem Formwechsel von Aktiengesellschaften nationalen Rechts bleibt das Rechtskleid der Europäischen Aktiengesellschaft bei einer grenzüberschreitenden Sitzverlegung zumindest insoweit, als es durch die SE-VO einschließlich der danach geregelten Satzungsbestimmungen der SE bestimmt wird, unverändert (eingeschränktes Formwechselmodell).[4] Dies gilt auch für die Bestellung der Organe der SE, die in der SE-VO geregelt ist.[5]

b. Inhalt der Anmeldung

Der Inhalt der Anmeldung einer Europäischen Aktiengesellschaft umfasst insbesondere die Sitzverlegung und die Neufassung der Satzung oder deren Änderung.[6] Als Anlagen sind zudem die Rechtmäßigkeitsbescheinigung des Wegzugstaates,[7] der Verlegungsbeschluss der Hauptversammlung[8] und die Berichte und Nachweise zur Kapitalaufbringung beizufügen. Ohne diese Dokumente kann die Eintragung der SE in das Register des Zuzugstaates nicht vorgenommen werden.[9]

---

[1] S. Art. 40 Abs. 2 S. 1, Art. 43 Abs. 3 S. 1, Art. 59 Abs. 1 SE-VO
[2] Dazu vgl. *Decher, C. E.*, in: Aktiengesetz, Kommentar, 2000, § 220, Rdnr. 14 m. w. N.
[3] Dazu vgl. auch *Oechsler, J.*, Sitzverlegung, 2005, S. 375.
[4] Dazu vgl. Kapitel III.6.
[5] S. Art. 39 Abs. 2, Art. 43 Abs. 3, Art. 46 SE-VO.
[6] Dazu in Bezug auf den Vorentwurf einer Sitzverlegungsrichtlinie vgl. *Priester, H.-J.*, Sitzverlegung, 1999, S. 49, der insoweit allerdings auch von einer Neubestellung der Organe der Unternehmensleitung ausgeht, da die grenzüberschreitende Sitzverlegung von Kapitalgesellschaften nationalen Rechts uneingeschränkt dem Formwechselmodell folgt.
[7] S. Art. 8 Abs. 8-9 SE-VO
[8] S. Art. 8 Abs. 4, Art. 59 Abs. 1 SE-VO.
[9] S. Art. 8 Abs. 9 SE-VO

3. Prüfung der Eintragungsvoraussetzungen

Die neue Eintragung kann nach den Bestimmungen der SE-VO im Zuzugstaat (*Deutschland*) erst vorgenommen werden, wenn die Eintragungsvoraussetzungen erfüllt sind. Erforderlich ist somit, dass:[1]

- die Rechtmäßigkeitsbescheinigung des Wegzugstaates[2] vorgelegt (und durch das zuständige Register des Zuzugstaates der SE geprüft)[3] wurde sowie
- die sonst für die Erfüllung der Eintragung in dem neuen Sitzstaat der SE erforderlichen Formalitäten nachgewiesen wurden.

a. Rechtmäßigkeitsbescheinigung

Die Rechtmäßigkeitsbescheinigung ist dem Register des Zuzugstaates, in *Deutschland* dem zuständigen Handelsregister, i. d. R. durch die SE vorzulegen.[4] Sie wird vom Register des neuen Sitzes daraufhin überprüft, ob das zuständige Gericht bzw. die zuständige Behörde des alten Sitzstaates der betreffenden SE bescheinigt, dass sämtliche der Sitzverlegung vorangehenden Rechtshandlungen und Formalitäten zweifelsfrei durchgeführt wurden.[5]

Eine Prüfung derjenigen Maßnahmen, welche die SE im Wegzugstaat vorzunehmen bzw. zu erfüllen hat, hat dagegen nicht statt zu finden, da die SE-VO insoweit eine abschließende Zuständigkeit ausschließlich der zuständigen Behörde des Wegzugstaates der SE festlegt.[6]

b. Weitere Eintragungsvoraussetzungen

Das Register des Zuzugstaates, in *Deutschland* das Handelsregister, prüft ferner, ob auch die weiteren Voraussetzungen zur Eintragung der Europäischen Aktiengesellschaft vollständig erfüllt sind, wobei insbesondere eine Prüfung der Satzung und des Kapitals vorzunehmen ist.

---

[1] S. Art. 8 Abs. 9 SE-VO.
[2] S. Art. 8 Abs. 8 SE-VO. Dazu vgl. auch Kapitel IV.8.
[3] Dazu vgl. Kapitel V.3.a.
[4] Vgl. Kapitel IV.8.dd.
[5] S. Art. 8 Abs. 8-9 SE-VO.
[6] S. Art. 8 Abs. 8 SE-VO.

ba. Satzungsprüfung

Die Vereinbarkeit der neugefassten oder geänderten Satzung der SE mit dem Recht des Zuzugstaates stellt eine zentrale Voraussetzung zur Eintragung der SE dar, weshalb sie durch das Gericht des Zuzugstaates, in *Deutschland* vom zuständigen Registergericht, geprüft werden muss. Fraglich ist jedoch, ob in *Deutschland* das Gericht als alleinige Prüfungsinstanz ausreicht, oder ein Notar hinzugezogen werden sollte. Letzterem ist zuzustimmen, da das deutsche Gesellschaftsrecht[1] in Zusammenhang mit Strukturmaßnahmen[2] stets davon ausgeht, dass ein Notar einzuschalten ist.[3] Neben Beweissicherungs- und Rechtssicherheitsgründen[4] werden dafür auch die materielle Richtigkeitsgewähr[5] und die Gewährung einer Prüfungs- und Belehrungsfunktion genannt.[6]

Folglich wäre auch bei der grenzüberschreitenden Sitzverlegung einer SE die Hinzuziehung eines Notars erforderlich, nicht zuletzt deswegen, weil das Registergericht darauf angewiesen ist, von der Richtigkeit einer nach nationalem Recht errichteten Urkunde ausgehen zu können.

Insofern stellt sich die Frage nach der Zulässigkeit von Auslandsbeurkundungen,[7] auf die an dieser Stelle aber nicht ausführlicher eingegangen werden kann. Die Beurkundung sollte aber deshalb durch einen deutschen Notar erfolgen, weil nur dieser die deutsche Rechtsordnung kennt sowie die ihm hier zugewiesene Rolle einer Prüfungsinstanz vor dem Registergericht erfüllen kann[8] und in der Lage ist, auch die materielle Richtigkeit des Beurkundeten zu gewährleisten.

Die konkrete Durchführung einer Beurkundung der Satzung einer SE kann – unter Berücksichtigung der verfahrensmäßigen Verzahnung des Wegzug- und des Zuzugstaates – wie folgt vorgenommen werden[9]:

---

1 S. §§ 23 Abs. 1 S. 1, 130 Abs. 1 S. 1 AktG; §§ 13 Abs. 3 S. 1, 125, 193 Abs. 3 S. 1 UmwG.
2 Vgl. *BGH*, Beschluss v. 24.10.1988, BGHZ 105, S. 324, 338.
3 Dazu in Bezug auf den Vorentwurf einer Sitzverlegungsrichtlinie vgl. auch *Priester, H.-J.*, Sitzverlegung, 1999, S. 46.
4 Dazu vgl. *Zöllner, W.*, in: GmbHG, Kommentar, 1996, § 53, Rdnr. 38.
5 Dazu vgl. *Priester, H.-J.*, in: GmbHG, Kommentar, 1995, § 53, Rdnr. 70.
6 Vgl. *BGH*, Urteil v. 29.1.1981, WM 35 (1981), S. 375-376.
7 Ausführlich und detailliert hierzu vgl. *Goette, W.*, Auslandsbeurkundungen, 1996, S. 709-713.
8 Vgl. *Großfeld, B.*, Internationales Gesellschaftsrecht, in: Kommentar zum BGB, EGBGB, 1998, Rdnr. 442.
9 Dazu in Bezug auf den Vorentwurf einer Sitzverlegungsrichtlinie vgl. insbesondere auch *Priester, H.-J.*, Sitzverlegung, 1999, S. 47.

- Maßnahmen im Wegzugstaat: Die Beschlussfassung über die neue Satzung der SE ist Bestandteil des Verlegungsbeschlusses[1] und unter Berücksichtigung der im Wegzugstaat geltenden formellen und materiellen Vorschriften dort zu beurkunden.

- Maßnahmen im Zuzugstaat: Die Beurkundung der neuen oder geänderten Satzung der SE erfolgt im Zuzugstaat entsprechend den dort geltenden formellen und materiellen Bestimmungen.

Unerheblich ist zudem, ob die Beurkundung vor oder nach dem Verlegungsbeschluss erfolgt: Sofern die Beurkundung vor der Beschlussfassung über die Sitzverlegung durch die Gesellschafter vorgenommen wird, erhält sie die Legitimierung durch den Verlegungsbeschluss; erfolgt die Beurkundung dagegen erst nach der Beschlussfassung über die Sitzverlegung, kann der Verlegungsbeschluss als entsprechende Ermächtigung zur Beurkundung gesehen werden.[2] Damit ggf. verbundene Sprachprobleme sind durch autorisierte Übersetzungen zu lösen.

bb. Kapitalprüfung

Eine Prüfung des Kapitals der SE ist u. a. im Hinblick auf einen wirksamen Schutz von Neugläubigern unverzichtbar. Da die SE-VO – wie bereits festgestellt[3] – in diesem Bereich keine Regelungen beinhaltet, ist insoweit das nationale (Aktien-)Recht zu beachten. Die Einhaltung der Regeln zur Sicherung der Kapitalaufbringung ist vom Registergericht zu prüfen. Ferner hat auch eine nach deutschem Recht durchgeführte Gründungsprüfung[4] stattzufinden, bei der die Prüfer durch das Gericht zu bestellen sind. Offen bleibt aber die Frage, ob dies nationale Prüfer sein müssen. Teilweise wird in vergleichbarem Zusammenhang verlangt, dass es „nach deutschem Recht befähigte Personen"[5] sein sollten, um den Anforderungen einer nach deutschem Recht durchgeführten Gründungsprüfung zu genügen. Die Eintragung ist bei Mängeln abzulehnen.

---

[1] Vgl. Kapitel III.4.
[2] In Anlehnung an den Ablauf bei Abschluss eines Spaltungs- / Verschmelzungsvertrages, wo die Gesellschafter ebenfalls entweder dem geschlossenen Vertrag oder dessen Entwurf zustimmen können, s. §§ 4 Abs. 2, 13 Abs. 3 S. 2 UmwG.
[3] Vgl. Kapitel V.1.b.
[4] S. § 33 Abs. 2 AktG
[5] *Thömmes, O.*, Sitzverlegung, 1993, S. 1024.

4. Eintragung

a. Inhalt der Eintragung

Die Eintragung in das Register des Zuzugstaates der SE, in *Deutschland* das Handelsregister, beinhaltet die SE mit Sitz in *Deutschland* sowie einen Hinweis auf die Sitzverlegung von einem anderen Mitgliedstaat der *EU* nach *Deutschland* und die Neufassung oder Änderung der Satzung der SE.[1]

b. Anforderungen an die Eintragung

Die SE-VO verlangt für die Eintragung der SE im Zuzugstaat, dass:[2]

- die SE nach Art. 3 Publizitätsrichtlinie im neuen Sitzstaat in ein nach dem Recht dieses Staates bestimmtes Register (Handelsregister in *Deutschland*) eingetragen wird,[3]

- den Bedingungen hinsichtlich einer Beteiligung der Arbeitnehmer nach den Bestimmungen der Richtlinie über die Mitbestimmung der Arbeitnehmer in der SE (SE-RL)[4] Rechnung getragen worden ist und

- die (neugefasste oder geänderte) Satzung der SE zu keinem Zeitpunkt in Widerspruch zu der nach den Bestimmungen der SE-RL ggf. ausgehandelten Vereinbarung über die Mitbestimmung der Arbeitnehmer in der SE steht.[5]

c. Wirkung der Eintragung

Die Sitzverlegung sowie die sich insoweit ergebenden Satzungsänderungen werden zum Zeitpunkt der Eintragung im Register des neuen Sitzstaates der Europäischen Aktiengesellschaft wirksam.[6] Dritten gegenüber wird der neue Sitz der SE aber erst

---

[1] Dazu in Bezug auf den Vorentwurf einer Sitzverlegungsrichtlinie vgl. auch *Priester, H.-J.*, Sitzverlegung, 1999, S. 49.
[2] S. Art. 8 Abs. 10 SE-VO.
[3] S. Art. 12 Abs. 1 SE-VO.
[4] S. Art. 12 Abs. 2 SE-VO i. V. m. Richtlinie 2001/86/EG des Rates v. 8.10.2001 zur Ergänzung des Statuts der Europäischen Gesellschaft hinsichtlich der Beteiligung der Arbeitnehmer, ABl. EG Nr. L 294 v. 10.11.2001, S. 22-32.
[5] S. Art. 12 Abs. 4 S. 1 SE-VO.
[6] S. Art. 8 Abs. 10 SE-VO.

mit der Offenlegung der neuen Eintragung wirksam;[1] allerdings können sie sich bis zur Offenlegung der Löschung im bisherigen Sitzstaat auch weiterhin auf den alten Sitz der SE berufen, es sei denn, die SE beweist, dass den Dritten der neue Sitz bekannt war (Beweislastregelung).[2]

5. Meldung der Eintragung durch den neuen Sitzstaat

Das Register des neuen Sitzstaates der Europäischen Aktiengesellschaft (*Deutschland*) hat dem Register des bisherigen Sitzstaates (Wegzugstaat) die neu vorgenommene Eintragung der SE, sobald diese erfolgt ist, von Amts wegen unverzüglich mitzuteilen.[3] Dies ist die Voraussetzung dafür, dass der Wegzugstaat die Maßnahmen in Zusammenhang mit der Sitzverlegung abschließen und die Eintragung der SE in seinem Register löschen kann.[4]

6. Offenlegung

Abschließend ist die Eintragung der SE im Register des Zuzugstaates (*Deutschland*) nach den durch die Publizitätsrichtlinie harmonisierten Bestimmungen offen zu legen. In *Deutschland* hat dies durch Bekanntmachung der Eintragung im Bundesanzeiger sowie in einem anderen Blatt zu erfolgen.[5]

Mit der Offenlegung der neuen Eintragung im Zuzugstaat der SE (*Deutschland*) wird der neue Sitz Dritten gegenüber wirksam.[6] Allerdings können sich Dritte bis zur Offenlegung der Löschung im bisherigen Sitzstaat auch weiterhin auf den alten Sitz der SE berufen, es sei denn, die SE beweist, dass den Dritten der neue Sitz bekannt war (Beweislastregelung).[7]

---

[1] S. Art. 8 Abs. 13 SE-VO. Zu der damit ggf. einhergehenden Unterscheidung zwischen Innen- und Außenstatut der SE vgl. in Bezug auf den Vorentwurf einer Sitzverlegungsrichtlinie auch *Hoffmann, J.*, Sitzverlegung, 2000, S. 60.
[2] S. Art. 8 Abs. 13 S. 2 SE-VO.
[3] S. Art. 8 Abs. 11 S. 1 SE-VO.
[4] S. Art. 8 Abs. 11 S. 2 SE-VO. Dazu vgl. auch Kapitel IV.9.
[5] S. Art. 8 Abs. 12, Art. 13 i. V. m. Art. 3 Publizitätsrichtlinie i. V. m. § 10 HGB.
[6] S. Art. 8 Abs. 13 S. 1 SE-VO.
[7] S. Art. 8 Abs. 13 S. 2 SE-VO.

VI. Maßnahmen bei grenzüberschreitendem Umzug im EU-/EWR-Ausland mit Inlandsbezug

Abschließend ist auf die dritte Fallkonstellation in Zusammenhang mit der grenzüberscheitenden Sitzverlegung einer Europäischen Aktiengesellschaft einzugehen. In diesem Fall ist *Deutschland* weder der Wegzug- noch der Zuzugstaat der SE, sondern ausschließlich insoweit von der grenzüberschreitenden Sitzverlegung einer SE von einem Mitgliedstaat der EU oder es EWR in einen anderen Mitgliedstaat der EU oder des EWR betroffen, als die betreffende SE sowohl vor als auch nach der Verlegung des Satzungssitzes über eine in *Deutschland* ins Handelsregister eingetragene Zweigniederlassung verfügt (Umzug).[1]

Auch insoweit sind in dem von der grenzüberschreitenden Sitzverlegung wenn auch nur mittelbar betroffenen Mitgliedstaat (*Deutschland*) bestimmte Maßnahmen zu ergreifen, um die identitätswahrende Sitzverlegung, die zumindest mit einer Satzungsänderung der Europäischen Aktiengesellschaft einher geht, zu begleiten und dem Wechsel des auf die SE anwendbaren nationalen Rechts des Sitzstaates sowie den Schutzinteressen der verschiedenen Stakeholder gleichermaßen umfassend Rechnung zu tragen.

1. Anwendbares Recht

Während die SE-VO verschiedene Bestimmungen zur Regelung der grenzüberschreitenden Sitzverlegung betreffend den Wegzug- und den Zuzugstaat beinhaltet, ist in denjenigen Mitgliedstaaten, in denen die Europäische Aktiengesellschaft weder vor noch nach der Sitzverlegung ihren Satzungs- und Verwaltungssitz hat, sondern nur über eine Zweigniederlassung verfügt (*Deutschland*), zur Regelung der grenzüberschreitenden Sitzverlegung ausschließlich auf das nationale Recht dieses Mitgliedstaats abzustellen.

Auf Zweigniederlassungen ausländischer Unternehmen finden in *Deutschland* insbesondere diejenigen registerrechtlichen Bestimmungen Anwendung,[2] die zur Umsetzung der Zweigniederlassungsrichtlinie[3] in das nationale deutsche Recht eingefügt wurden.[4]

---

[1] Vgl. Kapitel III.4.c.
[2] S. §§ 13d-13g HGB.
[3] S. Richtlinie 89/666/EWG des Rates v. 22.12.1989, ABl. EG Nr. L 395 v. 30.12.1989, S. 36 ff.
[4] Allgemein dazu vgl. auch *Lutter, M.*, Unternehmensrecht, 1996, S. 266 f. m. w. N.

2. Einzelne Maßnahmen

Der Zweck der primär registerrechtlichen Bestimmungen für Zweigniederlassungen besteht hauptsächlich in der Publizität der Rechtsverhältnisse des Unternehmensträgers.[1] Dadurch soll sichergestellt werden, dass die notwendigen Angaben über den Träger der Zweigniederlassung zur Verfügung stehen, auch wenn dieser im Hauptregister eines deutschen Registergerichts selbst nicht eingetragen ist. Für die in *Deutschland* im Vordergrund stehende registerrechtliche Behandlung der Zweigniederlassung ist für den Fall einer grenzüberschreitenden Sitzverlegung der Hauptniederlassung der Europäischen Aktiengesellschaft im Einzelnen einzugehen auf

- die Anmeldung,
- die Prüfung,
- die Eintragung und
- die Offenlegung der Eintragung

bei dem Handelsregister, in dessen Bezirk die Zweigniederlassung besteht.[2]

Im Hinblick auf den zeitlichen Ablauf ist zu beachten, dass die Sitzverlegung der Hauptniederlassung der SE erst mit der Offenlegung der neuen Registereintragung der SE Dritten gegenüber wirksam wird.[3] Sämtliche Verfahrensschritte am Ort der Zweigniederlassung sind daher zweckmäßigerweise erst im Anschluss daran vorzunehmen.

a. Anmeldung

aa. Inhalt der Anmeldung

Die Anmeldung zum Handelsregister im Bezirk der Zweigniederlassung umfasst bei einer grenzüberschreitenden Sitzverlegung der Europäischen Aktiengesellschaft sowohl die Änderungen der Satzung, insbesondere betreffend den Satzungssitz und ggf. auch die Firma, als auch die Änderungen im Leitungs- oder Verwaltungsorgan der SE.[4]

---

1   Vgl. *Hüffer, U.*, Aktiengesetz, Kommentar, 2002, Anhang zu § 45 AktG, § 13d HGB, Rdnr. 1.
2   S. § 13d Abs. 1 HGB.
3   S. Art. 8 Abs. 13 S. 1 SE-VO.
4   S. § 13f Abs. 5-6 HGB i. V. m. §§ 39 Abs. 1, 181 Abs. 1-2 AktG.

ab. Satzungsänderung der SE

Sämtliche Änderungen in der Satzung einer Europäischen Aktiengesellschaft in Zusammenhang mit einer grenzüberschreitenden Sitzverlegung mit der ggf. auch eine Änderung der Firma einhergeht,[1] sind durch das Leitungs- oder das Verwaltungsorgan der SE zur Eintragung in das deutsche Handelsregister anzumelden, in dessen Bezirk die Zweigniederlassung besteht.[2]

Der Anmeldung ist der vollständige Wortlaut der Satzung beizufügen[3]. Weiterhin muss sie mit der Bescheinigung eines Notars versehen sein, wonach die aufgrund der Sitzverlegung geänderten oder neugefassten Bestimmungen der Satzung mit dem Beschluss über die Satzungsänderung (Verlegungsbeschluss) und die insoweit unveränderten Bestimmungen der Satzung mit dem zuletzt zum Handelsregister des Wegzugstaates eingereichten vollständigen Wortlaut der Satzung übereinstimmen.[4] Für diese Bescheinigung kann es zweckmäßig sein, auf die nach der SE-VO[5] vom Wegzugstaat zwingend zu erstellende Rechtmäßigkeitsbescheinigung[6] zurückzugreifen.

ac. Änderung des Leitungs- oder Verwaltungsorgans

Sofern mit der grenzüberscheitenden Sitzverlegung einer SE auch ein Wechsel im Leitungsorgan bei dualistischem System der Unternehmensverwaltung oder im Verwaltungsorgan bei monistischem System der Unternehmensverwaltung einhergeht, sind derartige Änderungen ebenfalls zur Eintragung in das Handelsregister anzumelden, in dessen Bezirk die Zweigniederlassung besteht.[7]

b. Prüfung

Das deutsche Registerrecht gilt als öffentliches Recht auch für Unternehmen mit Sitz in einem anderen *EU*-Mitgliedstaat, beispielsweise in der Rechtsform einer SE, die in *Deutschland* ausschließlich über eine Zweigniederlassung verfügen; es kann ggf.

---

1 S. § 23 Abs. 3 Nr. 1 AktG. Eine Änderung der Firma kann entweder aus Gründen der Praktikabilität (mangelndes Verständnis einer rein englischen Firma in *Frankreich*) oder aufgrund entgegenstehender mitgliedstaatlicher Gesetzesvorschriften erforderlich sein (s. beispielsweise die Erfordernisse in §§ 17-37a HGB).
2 S. § 13f Abs. 5-6 HGB i. V. m. § 181 Abs. 1 S. 1 AktG.
3 S. § 13f Abs. 5 S. 1 HGB i. V. m. § 181 Abs. 1 S. 2 1. HS AktG.
4 S. § 13f Abs. 5 S. 1 HGB i. V. m. § 181 Abs. 1 S. 2 2. HS AktG.
5 S. Art. 8 Abs. 8 SE-VO.
6 Vgl. hierzu Kapitel IV.8.
7 S. § 13f Abs. 6 HGB i.V. m. § 81 Abs. 1 AktG.

allerdings nur aufgrund einer der Prüfung vorausgehenden rechtsvergleichenden Qualifikation angewendet werden. Somit sind auch bei Unternehmen mit Sitz im Ausland die Anforderungen des deutschen Registerrechts vollständig beim Gericht der deutschen Zweigniederlassung zu erfüllen. Dementsprechend prüft das deutsche Registergericht sämtliche Voraussetzungen der Eintragung, auch wenn diese nicht nach deutschem Recht zu beurteilen sind.[1]

c. Eintragung

Bei einer grenzüberschreitenden Sitzverlegung einer Europäischen Aktiengesellschaft von einem Mitgliedstaat der EU oder des EWR in einen anderen Mitgliedstaat der EU oder des EWR sind insbesondere die Änderungen des Satzungssitzes und der Firma der SE sowie auch ein Wechsel im Leitungs- oder Verwaltungsorgan eintragungsrelevant.[2]

d. Offenlegung

Abschließend ist die Eintragung in das Handelsregister, in dessen Bezirk die Zweigniederlassung besteht, nach den durch die Publizitätsrichtlinie harmonisierten Bestimmungen offen zu legen. In *Deutschland* hat dies durch Bekanntmachung der Eintragung im Bundesanzeiger sowie in einem anderen Blatt zu erfolgen.[3]

VII. Ergebnis

Mit der Einführung der Europäischen Aktiengesellschaft wird den Unternehmen im Europäischen Binnenmarkt erstmals die Möglichkeit eingeräumt, ihren Satzungssitz, allerdings nur gemeinsam mit dem effektiven Verwaltungssitz, unter Wahrung ihrer rechtlichen Identität und Aufrechterhaltung ihrer Rechtspersönlichkeit grenzüberschreitend von einem Mitgliedstaat der EU oder des EWR in einen anderen zu verlegen.

---

[1] Vgl. *Hopt, K. J.*, Handelsgesetzbuch, Kommentar, 2000, § 13d, Rdnr. 2-3. Die Prüfung der nach ausländischem Recht zu beurteilenden Eintragungsvoraussetzungen erfolgt mit freier Würdigung der Beweismittel und grundsätzlich ohne die Bindung an ausländische Entscheidungen etc. Dazu vgl. auch *BayObLG*, Beschluss v. 18.7.1985, WM 39 (1985), S. 1202; und ferner *OLG Hamm*, Beschluss v. 18.8.1994, DB 48 (1995), S. 137-139; *Bungert, H.*, Beweislast, 1995, S. 963-969.
[2] S. § 13f Abs. 5 HGB i. V. m. §§ 39 Abs. 1, 181 Abs. 1-2 AktG.
[3] S. Art. 8 Abs. 12, Art. 13 i. V. m. Art. 3 Publizitätsrichtlinie i. V. m. § 10 HGB.

Damit erfüllt die SE nicht nur eines der wesentlichen mit ihrer Schaffung verbundenen Ziele, sondern ermöglicht zudem die Überwindung der bislang für Unternehmensrechtsformen auch nach der Vollendung des Europäischen Binnenmarktes weitgehend undurchlässigen Hoheitsgrenzen.

Während Rechtsformen nationalen Rechts jenseits ihrer nationalen Rechtsordnung, durch die sie gegründet wurden, grundsätzlich keine Realität haben,[1] verfügt die SE ungeachtet der zahlreichen Verweisungen der SE-VO auf das nationale Recht des jeweiligen Sitzstaates aufgrund ihres zumindest in Grundzügen bestehenden supranational-europäischen Charakters grundsätzlich über sämtliche binnenmarktspezifischen Freiheitsgrade und kann daher beispielsweise auch von der Niederlassungsfreiheit weitgehend uneingeschränkt Gebrauch machen. Dies eröffnet und fördert zudem in nicht unerheblicher Weise den Wettbewerb auch auf dem Gebiet der Gesellschaftsrechtssysteme der Mitgliedstaaten.

Die Bestimmungen der SE-VO sowie das ergänzend anwendbare nationale Recht (SE-AG, nationales Aktienrecht) des Wegzugstaates und des Zuzugstaates regeln die verschiedenen Aspekte, die in Zusammenhang mit einer grenzüberschreitenden Sitzverlegung zu beachten sind, und koordinieren zudem v. a. den Wechsel im ergänzend anwendbaren nationalen Recht vom Wegzugstaat zum Zuzugstaat. Darüber hinaus stellen sie sicher, dass den Schutzinteressen der verschiedenen Stakeholder, insbesondere der Aktionäre, Gläubiger und Arbeitnehmer, ausreichend und angemessen Rechnung getragen wird.

Damit stellt die durch die SE-VO geschaffene Möglichkeit der grenzüberschreitenden Sitzverlegung von Unternehmen in der Rechtsform einer Europäischen Aktiengesellschaft nicht nur ein theoretisch prestigeträchtiges Charakteristikum der SE dar, sondern verkörpert einen auch in der Praxis konkret realisierbaren rechtsformspezifischen Vorteil. Die bislang ausschließlich national geprägte und insoweit auch begrenzte Unternehmensrechtsordnung kann insoweit an die gemeinschaftlich geprägte und daher unbegrenzte Europäische Marktrechtsordnung angepasst werden.

Um den Unternehmen im Europäischen Binnenmarkt in ihren Internationalisierungs- und Mobilitätsbedürfnissen noch umfassender Rechnung zu tragen, sollte die spätestens für das Jahr 2009 vorgesehene Überprüfung,[2] ob es zweckmäßig ist, dass sich der Satzungssitz und die Hauptverwaltung einer SE auch in unterschiedlichen Mit-

---

[1] Dazu vgl. *EuGH*, Urteil v. 27.9.1988 (*Daily-Mail*), EuGH Slg. 1988, S. 5505-5514, S. 5510; aber auch *EuGH*, Urteil v. 9.3.1999 (*Centros*), EuGH Slg. 1999, S. 1459-1498, S. 1487-1498; *EuGH*, Urteil v. 05.11.2002 (*Überseering*), IStR 11 (2002), S. 809; *EuGH*, Urteil v. 30.09.2003 (*Inspire Art*), BB 58 (2003), S. 2195.
[2] S. Art. 69 Buchst. a SE-VO.

gliedstaaten befinden können, positiv beschieden werden, sofern dem nicht übergeordnete Gesichtspunkte aus Gründen der Wettbewerbsgleichheit entgegenstehen. Dadurch könnte den berechtigten grenzüberschreitenden Mobilitätsanforderungen von Unternehmen im Europäischen Binnenmarkt vollumfänglich Rechnung getragen werden.

D. Corporate Governance

Manuel R. Theisen / Michael Hölzl[*]

I.	Corporate Governance in der Diskussion	278
II.	Spitzenverfassung der SE	278
	1. Anwendbares Recht	278
	2. Ausgangssituation: Wahlrecht	279
	3. Hauptversammlung	281
	a. Zuständigkeit	281
	b. Einberufung, Teilnahme, Leitung und Beurkundung	283
	c. Gesellschafterverträge	284
	d. Anfechtbarkeit und Nichtigkeit von Beschlüssen	285
	e. Zwischenergebnis	285
	4. Aufsichtsrats-Verfassung (dualistisches Modell)	285
	a. Leitungsorgan	286
	aa. Binnenorganisation	286
	ab. Willensbildung	288
	ac. Kompetenzen	288
	ad. Haftung	289
	ae. Vergütung und Drittgeschäfte	290
	b. Aufsichtsorgan	290
	ba. Überwachungsaufgabe	290
	bb. Binnenorganisation	291
	bc. Informationsrecht	293
	bd. Zustimmungspflichtige Geschäfte	294
	be. Vergütung und Drittgeschäfte	295
	bf. Sorgfaltspflicht und Haftung	295
	c. Zwischenergebnis	295
	5. Board-Verfassung (monistisches System)	298
	a. Grundlagen der angelsächsischen Unternehmungsordnungen	299
	b. Funktionen- und Aufgabenverteilung	300
	ba. Verwaltungsrat	300

---

[*] Univ.-Prof. Dr. Dr. *Manuel René Theisen*, Lehrstuhl für Allgemeine Betriebswirtschaftslehre, Betriebswirtschaftliche Steuerlehre und Steuerrecht, Ludwig-Maximilians-Universität München.
Dr. *Michael Hölzl*, Dipl.-Kfm., MBR, Siemens AG, München.

        bb. Geschäftsführende Direktoren 302
        bc. Unterscheidung zwischen executive und non-executive Verwaltungsrats-
            mitgliedern 303
        bd. Abberufung der Verwaltungsratsmitglieder 304
        be. Vergütung und weitere Verträge mit Verwaltungsratsmitgliedern 305
        bf. Sorgfaltspflicht und Haftung der Verwaltungsratsmitglieder 306
    c. Kritische Würdigung 306
  6. Vergleichendes Beispiel 311
III. Die SE in der Corporate Governance-Diskussion 312
  1. Die SE als Anstoß zur weiteren Internationalisierung
     der Corporate Governance 312
     a. Konvergenztheorie 313
     b. Wettbewerb – Marktlösungen 316
     c. Hierarchie – Verfassungslösungen 317
  2. Internationale Lösungsansätze und -konzepte 317
  3. Deutsche Lösungsansätze und -konzepte 319
     a. Corporate Governance Kommission 320
     b. Deutscher Corporate Governance-Kodex 320
     c. Transparenz- und Publizitätsgesetz (TransPuG) 323
     d. 10-Punkte-Programm 325
IV. Die SE – eine Rechtsform mit Zukunft? 327

Literatur

Achleitner, Ann-Kristin / Wichels, Daniel, 2002: *Stock-Option-Pläne* als Vergütungsbe-
    standteil wertorientierter Entlohnungssysteme – eine Einführung, in: *Achleitner, Ann-
    Kristin / Wollmert, Peter* (Hrsg.), Stock Options – Finanzwirtschaft, Gesellschaftsrecht,
    Bilanzierung, Steuerrecht, Arbeitsrecht, Unternehmensbewertung, 2. Aufl., Stuttgart:
    Schäffer-Poeschel, 2002, S. 1-24.
Albers, Marco, 2002: *Corporate Governance* in Aktiengesellschaften – Entscheidungspro-
    zess und Wirkungsanalyse zum Gesetz zur Kontrolle und Transparenz im Unterneh-
    mensbereich (KonTraG), Frankfurt am Main u. a.: Peter Lang, 2002 (zugl. Diss. Univ.
    Oldenburg).
Allvey, David P., 1995: *Corporate Governance* in the United Kingdom, in: *Scheffler, Eber-
    hard* (Hrsg.), Corporate Governance, Wiesbaden: Gabler, 1995, S. 57-77.
American Law Institute (Hrsg.), 1982: *Principles* of Corporate Governance and Structure,
    Draft No. 1, Philadelphia: American Law Institute, 1982.
American Law Institute (Hrsg.), 1984: Principles of Corporate Governance: Analysis and
    Recommendations, Tentative Draft No. 2, Philadelphia: American Law Institute, 1984.
American Law Institute (Hrsg.), 1994: *Principles* of Corporate Governance, St. Paul: Ame-
    rican Law Institute, 1994.

Baatz, Eva / Weydner, Anselm, 2005: *Hauptversammlung*, in: *Jannott, Dirk / Frodermann, Jürgen* (Hrsg.), Handbuch der Europäischen Aktiengesellschaft – Societas Europaea: eine umfassende und detaillierte Darstellung für die Praxis unter Berücksichtigung sämtlicher EU-Mitgliedstaaten, Heidelberg: C. F. Müller, 2005, S. 204-236.

Bartone, Roberto / Klapdor, Ralf, 2005: Die *Europäische Aktiengesellschaft* – Recht, Steuer, Betriebswirtschaft, Bielefeld: E. Schmidt, 2005.

Baums, Theodor (Hrsg.), 2001: *Bericht* der Regierungskommmission Corporate Governance, Köln: O. Schmidt, 2001.

Berliner Initiativkreis, 2001: Der German Code of Corporate Governance (*GCCG*), in: *Werder, Axel v.* (Hrsg.), German Code of Corporate Governance (GCCG), 2. Aufl., Stuttgart: Schäffer-Poeschel, 2001, S. 63-119.

Berrar, Carsten, 2001: Die Entwicklung der *Corporate Governance* in Deutschland im internationalen Vergleich, Baden-Baden: Nomos, 2001 (zugl. Diss. Univ. München).

Berrar, Carsten, 2001: Die zustimmungspflichtigen *Geschäfte* nach § 111 Abs. 4 AktG im Lichte der Corporate Governance-Diskussion, in: DB 54 (2001), S. 2181-2186.

Bezzenberger, Tilman, 2003: Die *Europäische Aktiengesellschaft*, in: Jura 25 (2003), S. 229-232.

Bhagat, Sanjai / Black, Bernhard, 1998: The Relationship between *Board* Composition and Firm Performance, in: *Hopt, Klaus J.* u. a. (Hrsg.), Comparative Corporate Governance, Oxford: Clarendon, 1998, S. 281-306.

Blanquet, Francoise, 2002: Das *Statut* der Europäischen Aktiengesellschaft (Societas Europaea "SE"), in: ZGR 31 (2002), S. 20-65.

Bleicher, Knut / Leberl, Diethard / Paul, Herbert, 1989: *Unternehmungsverfassung* und Spitzenorganisation: Führung und Überwachung von Aktiengesellschaften im internationalen Vergleich, Wiesbaden: Gabler, 1989.

Brandt, Ulrich / Scheifele, Matthias, 2002: Die Europäische Aktiengesellschaft und das anwendbare *Recht*, in: DStR 40 (2002), S. 547-555.

Brandt, Ulrich, 2002: *Überlegungen* zu einem SE-Ausführungsgesetz, in: NZG 5 (2002), S. 991-996.

Brandt, Ulrich, 2003: Der Diskussionsentwurf zu einem *SE-Ausführungsgesetz*, in: DStR 41 (2003), S. 1208-1215.

Brandt, Ulrich, 2004: Die *Hauptversammlung* der Europäischen Aktiengesellschaft (SE): eine Untersuchung der methodischen Grundlagen und der Unterschiede zu den nationalen Aktiengesellschaften, insbesondere zur deutschen Aktiengesellschaft, Frankfurt am Main u. a.: Peter Lang, 2004 (zugl. Diss. Univ. Würzburg).

Buchheim, Regine, 2001: Europäische Aktiengesellschaft und grenzüberschreitende *Konzernverschmelzung*, Wiesbaden: Gabler, 2001 (zugl. Diss. Univ. Berlin 2000).

Bungert, Hartwin / Beier, Constantin, 2002: Die *Europäische Aktiengesellschaft* – Das Statut und seine Umsetzung in die Praxis, in: EWS 13 (2002), S.1-12.

Büschemann, Karl-Heinz, in: SZ Nr. 22 v. 26./27.1.2002, S. 21.

Buxbaum, Richard M., 1996: Die *Leitung* von Gesellschaften, in: *Feddersen, Dieter* u. a. (Hrsg.), Corporate Governance, Köln: O. Schmidt, 1996, S. 65-93.

Chmielewicz, Klaus, 1984: Der *Neuentwurf* einer 5. EG-Richtlinie (Struktur der AG). Darstellung und Kritik, in: DBW 44 (1984), S. 393-409.

Cromme, Gerhard, 2001: Deutscher Corporate Governance *Kodex*. Präambel: Regierungskommission Deutscher Corporate Governance Kodex 2001, in: URL: http://www.corporate-governance-code.de

Davies, Paul, 2001: *Struktur* der Unternehmensführung in Großbritannien und Deutschland. Konvergenz oder fortbestehende Divergenz?, in: ZGR 30 (2001), S. 268-293.

Demb, Ada / Neubauer, Franz-Friedrich, 1992: The Corporate *Board*. Confronting the Paradoxes, in: Long Range Planning 25 (1992), S. 9-20.

Eder, Cajetan, 2004: Die monistisch verfasste Societas Europaea – Überlegungen zur Umsetzung eines *CEO-Modells*, in: NZG 7 (2004), S. 544-547.

Frodermann, Jürgen, 2005: Leitungs- und *Aufsichtsorgane*, in: *Jannott, Dirk / Frodermann, Jürgen* (Hrsg.), Handbuch der Europäischen Aktiengesellschaft – Societas Europaea: eine umfassende und detaillierte Darstellung für die Praxis unter Berücksichtigung sämtlicher EU-Mitgliedstaaten, Heidelberg: C. F. Müller, 2005, S. 136-203.

Gentz, Manfred, 2001: Corporate Governance in a *Transatlantic* Company: DaimlerChrysler, in: *Schwalbach, Joachim* (Hrsg.), Corporate Governance – Essays in Honor of *Horst Albach*, Heidelberg: Springer, 2001, S. 2-13.

Gerum, Elmar / Steinmann, Horst / Fees, Werner, 1988: Der mitbestimmte *Aufsichtsrat*. Eine empirische Untersuchung, Stuttgart: Poeschel, 1988.

Gerum, Elmar, 1998: *Organisation* der Unternehmensführung im internationalen Vergleich, in: *Glaser, Horst / Schröder, Ernst F. / Werder, Axel v.* (Hrsg.), Organisation im Wandel der Märkte, Wiesbaden: Gabler, 1998, S. 135-153.

Gilson, Ronald J. / Kraakman, Reinier, 1991: Reinventing the Outside *Director*. An Agenda for Institutional Investors, in: Stanford Law Review 43 (1991), S. 863-905.

Girnghuber, Gudrun, 1998: Das US-amerikanische *Audit Committee* als Instrument zur Vermeidung von Defiziten bei der Überwachungstätigkeit der deutschen Aufsichtsräte, Frankfurt am Main u. a.: Peter Lang, 1998 (zugl. Diss. Univ. Berlin).

Götz, Heinrich, 1990: *Zustimmungsvorbehalte* des Aufsichtsrates der Aktiengesellschaft, in: ZGR 19 (1990), S. 633-665.

Grundsatzkommission Corporate Governance, 2000: Corporate Governance-*Grundsätze* ("Code of Best Practice") für börsennotierte Gesellschaften, in: DB 53 (2000), S. 238-241, aktuelle Version in: URL: http://www.corgov.de.

Gutsche, Robert, 1994: Die *Eignung* der Europäischen Aktiengesellschaft für kleine und mittlere Unternehmen in Deutschland, Baden-Baden: Nomos, 1994 (zugl. Diss. Univ. Heidelberg 1993).

Heße, Manfred / Enders, Theodor, 2001: *Gesellschaftsrecht*, Stuttgart: Schäffer-Poeschel, 2001.

Hirte, Heribert, 2002: Die *Europäische Aktiengesellschaft*, in: NZG 5 (2002), S. 1-10.

Hirte, Heribert, 2005: Die *Europäische Aktiengesellschaft* – ein Überblick nach In-Kraft-Treten der deutschen Ausführungsgesetzgebung (Teil I), in: DStR 43 (2005), S. 653-658.

Hoffmann, Dietrich / Preu, Peter, 2003: Der *Aufsichtsrat*, 5. Aufl., München: C.H. Beck, 2003.

Hölzl, Michael, 2004: Die *Organe* der Kommanditgesellschaft auf Aktien, in: Der Aufsichtsrat 2004, Heft 9, S. 7 f.

Hommelhoff, Peter / Hopt, Klaus J. / Werder, Axel v. (Hrsg.), 2003: *Handbuch* Corporate Governance – Leitung und Überwachung börsennotierter Unternehmen in der Rechts- und Wirtschaftspraxis, Köln: O. Schmidt, 2003.

Hommelhoff, Peter, 1990: *Gesellschaftsrechtliche Fragen* im Entwurf eines SE-Statuts, in: AG 35 (1990), S. 422-435.

Hommelhoff, Peter, 1995: *Störungen* im Recht der Aufsichtsrats-Überwachung, in: *Picot, Arnold* (Hrsg.), Corporate Governance, Aufsichtsratsüberwachung auf dem Prüfstand, Stuttgart: Schäffer-Poeschel, 1995, S. 1-28.

Hommelhoff, Peter, 1997: *Corporate Governance*: Vertragen sich die deutsche Unternehmensverfassung und das Shareholder-Value-Prinzip?, in: ZfB 67 (1997), Ergänzungsheft 4, S. 17-20.

Hommelhoff, Peter, 2001: Die OECD-*Principles* on Corporate Governance. Ihre Chancen und Risiken aus dem Blickwinkel der deutschen Corporate Governance-Bewegung, in: ZGR 30 (2001), S. 238-267.

Hommelhoff, Peter, 2001: Einige Bemerkungen zur *Organisationsverfassung* der Europäischen Aktiengesellschaft, in: AG 46 (2001), S. 279-288.

Honold, Knut A., 1997: *Unternehmensüberwachung* in den USA, Deutschland und der Schweiz, in: Schweizer Treuhänder 71 (1997), S. 685-693.

Hopt, Klaus J. / Wymeersch, Eddy (Hrsg.), 1997: Comparative *Corporate Governance*. Essay and Materials, Berlin / New York 1997.

Hopt, Klaus J., 2000: *Corporate Governance*: Aufsichtsrat oder Markt? Überlegungen zu einem internationalen und interdisziplinären Thema, in: *Hommelhoff, Peter / Rowedder, Heinz / Ulmer, Peter* (Hrsg.), Max Hachenburg: Dritte Gedächtnisvorlesung 1998, Heidelberg: C.F. Müller, 2000, S. 9-47.

Hüffer, Uwe, 2004: *Aktiengesetz*, Kommentar, 6. Aufl., München: C.H. Beck, 2004.

Hülsmann, Christoph, 2005: *Stärkung* der Abschlussprüfung durch das Bilanzreformgesetz, in: DStR 43 (2005), S. 166-172.

Ihrig, Hans-Christoph / Wagner, Jens, 2003: *Diskussionsentwurf* für ein SE-Ausführungsgesetz in: BB 58 (2003), S. 969-976.

Ihrig, Hans-Christoph / Wagner, Jens, 2004: Das Gesetz zur Einführung der *Europäischen Gesellschaft* (SEEG) auf der Zielgeraden, in: BB 59 (2004), S. 1749-1759.

Jaeger, Carsten, 1994: Die *Europäische Aktiengesellschaft* – europäischen oder nationalen Rechts: eine rechtsvergleichende Untersuchung anhand des britischen, deutschen, französischen und niederländischen Aktienrechts zur Ausfüllung des Verordnungsvorschlags für das Statut der Europäischen Aktiengesellschaft vom 16.5.1991, Baden-Baden: Nomos, 1994 (zugl. Diss. Univ. Bonn, 1993/94).

Jaeger, Carsten, 1994: Wie europäisch ist die Europäische *Aktiengesellschaft*?, in: ZEuP 2 (1994), S. 206-217.

Jahn, Andreas / Herfs-Röttgen, Ebba, 2001: Die Europäische Aktiengesellschaft – *Societas Europaea*, in: DB 54 (2001), S. 631-638.

Jannott, Dirk / Frodermann, Jürgen, 2005: *Handbuch* der Europäischen Aktiengesellschaft – Societas Europaea: eine umfassende und detaillierte Darstellung für die Praxis unter Berücksichtigung sämtlicher EU-Mitgliedstaaten, Heidelberg: C. F. Müller, 2005.

Kallmeyer, Harald, 2003: Das monistische System in der *SE* mit Sitz in Deutschland, in: ZIP 24 (2003), S. 1531-1536.

Kallmeyer, Harald, 2003: *Europa-AG*: Strategische Optionen für deutsche Unternehmen, in: AG 48 (2003), S. 197-203.

Kaplan, Steven N., 1996: *Corporate Governance* und Unternehmenserfolg. Ein Vergleich zwischen Deutschland, Japan und den USA, in: *Feddersen, Dieter* u. a. (Hrsg.), Corporate Governance, Köln: O. Schmidt, 1996, S. 301-315.

Kindler, Alexander, 1997: Der amerikanische *Aufsichtsrat*. Der Funktionswandel des Board of Directors großer Aktiengesellschaften in den USA, Diss. Univ. Erlangen-Nürnberg 1997.

Köstler, Roland, 2002: Die *Europäische Aktiengesellschaft*, in: *Hans-Böckler-Stiftung* (Hrsg.), Die Europäische Aktiengesellschaft – Arbeitshilfe für Aufsichtsräte 6, Düsseldorf: Hans-Böckler-Stiftung, 2002, S. 7-34.

Kraakman, Reinier, 1996: Die Professionalisierung im *Board*, in: *Feddersen, Dieter* u. a. (Hrsg.), Corporate Governance, Köln: O. Schmidt, 1996, S. 129-142.

Kübler, Friedrich, 2003: Leitungsstrukturen der Aktiengesellschaft und die Umsetzung des SE-Statuts, in: ZHR 167 (2003), S. 222-233.

Lehne, Klaus-Heiner, 2003: *Stand* der europäischen Corporate-Governance-Entwicklung, in: Der Konzern 1 (2003), S. 272-278.

Lipton, Martin / Lorsch, Jay W., 1992: A Modest *Proposal* for Improved Corporate Governance, in: The Business Lawyer 48 (1992), S. 59-77.

Lutter, Marcus (Hrsg.), 2004: *Holding Handbuch*, Recht – Management – Steuern, 4. Aufl., Köln: O. Schmidt, 2004.

Lutter, Marcus, 1995: Das dualistische System der *Unternehmensverwaltung*, in: *Scheffler, Eberhard* (Hrsg.), Corporate Governance, Wiesbaden: Gabler, 1995, S. 5-26.

Lutter, Marcus, 2002: *Europäische Aktiengesellschaft* – Rechtsfigur der Zukunft?, in: BB 57 (2002), S. 1-7.

Manz, Gerhard / Mayer, Barbara / Schröder, Albert (Hrsg.), 2005: Europäische Aktiengesellschaft SE, Kommentar, Baden-Baden: Nomos, 2005.

Manz, Gerhard, 2005: Kommentierung zu *Art. 38-51 SE-VO*, in: *Manz, Gerhard / Mayer, Barbara / Schröder, Albert* (Hrsg.), Europäische Aktiengesellschaft SE, Kommentar, Baden-Baden: Nomos, 2005, S. 406-526.

Marsch-Barner, Reinhard, 2004: Die *Holding-SE*, in: *Lutter, Marcus.* (Hrsg.), Holding Handbuch, 4. Auflage, Köln: O. Schmidt, 2004, S. 933-967.

Maul, Silja / Lanfermann, Georg, 2004: *Europäische Corporate Governance* – Stand der Entwicklungen, in: BB 59 (2004), S. 1861-1868.

Maul, Silja, 2003: Vorschläge der *Expertengruppe zur Reform des EU-Gesellschaftsrechts*, in: BB 58 (2003), S. 27-31.

Mayer, Babara, 2005: Kommentierung zu *Art. 52-59 SE-VO*, in: *Manz, Gerhard / Mayer, Barbara / Schröder, Albert* (Hrsg.), Europäische Aktiengesellschaft SE, Kommentar, Baden-Baden: Nomos, 2005, S. 527-571.

Nagel, Bernhard, 2004: Ist die *Europäische Aktiengesellschaft* (SE) attraktiv?, in: DB 57 (2004), S. 1299-1304.

Nassauer, Frank, 2000: *Corporate Governance* und die Internationalisierung von Unternehmungen, Frankfurt am Main u. a.: Peter Lang, 2000 (zugl. Diss. Univ. Gießen).

Neubürger, Heinz-Joachim, 2003: Die deutsche *Mitbestimmung* aus Sicht eines international operierenden Unternehmens – Reformbedarf unter Corporate Governance Gesichtspunkten?, in: *Hommelhoff, Peter / Hopt, Klaus J. / Werder, Axel v.* (Hrsg.), Handbuch

Corporate Governance – Leitung und Überwachung börsennotierter Unternehmen in der Rechts- und Wirtschaftspraxis, Köln: O. Schmidt, 2003, S. 177-197.

Neye, Hans-Werner / Teichmann, Christoph, 2003: Der Entwurf für das *Ausführungsgesetz* zur Europäischen Aktiengesellschaft, in: AG 48 (2003), S. 169-179.

Niehus, Rudolf J., 1999: Reform des *Audit Committee*s gemäß den US-Börsenbestimmungen. Denkanstöße auch für eine deutsche Gestaltung?, in: DB 52 (1999), S. 1965-1969.

OECD, 1999: *Principles* of Corporate Governance, in: AG 44 (1999), S. 340-350.

Oquendo, Angel R., 2002: Breaking on through to the other Side. Understanding Continental European *Corporate Governance*, Journal of International Law, University of Pennsylvenia, 2-2002.

Paul, Herbert, 1986: Das amerikanische *Board-Modell*, in: WISU 15 (1986), S. 347-351.

Peltzer, Martin 2002: Corporate Governance Codices als zusätzliche *Pflichtenbestimmung* für den Aufsichtsrat, in: NZG 5 (2002), S. 10-16.

Pfitzer, Norbert / Oser, Peter / Orth, Christian, 2002: Zur Reform des *Aktienrechts*, der Rechnungslegung und Prüfung durch das TransPuG, in: DB 55 (2002), S. 157-165.

Pfitzer, Norbert / Oser, Peter / Orth, Christian, 2004: Offene *Fragen* und Systemwidrigkeiten des Bilanzrechtsreformgesetzes (BilReG), in: DB 57 (2004), S. 2593-2602.

Potthoff, Erich / Theisen, Manuel R., 1988: *Organisationsrecht* und Organisationswirklichkeit der Aktiengesellschaft, in: *Der Betrieb* (Hrsg.), Festschrift 40 Jahre Der Betrieb, Stuttgart: Schäffer, 1988, S. 53-79.

Potthoff, Erich, 1996: *Board-System* versus duales System der Unternehmensverwaltung. Vor- und Nachteile, in: BFuP 48 (1996), S. 253-268.

Potthoff, Erich, 1998: Dreigliedrige *Überwachung* der Konzernführung. Erfahrungen und Empfehlungen aus betriebswirtschaftlicher Sicht, in: *Theisen, Manuel R.* (Hrsg.), Der Konzern im Umbruch, Stuttgart: Schäffer-Poeschel, 1998, S. 361-375.

Prigge, Stefan, 1999: Stichwort: *Corporate Governance*, in: DBW 59 (1999), S. 148-151.

Reichelt, Harald, 1998: Die *Institution* des Aufsichtsrats in der deutschen Aktiengesellschaft – Reformüberlegungen aus historischer Perspektive, Stuttgart: Steiner, 1998 (zugl. Diss. Univ. Regensburg).

Reinkensmeier, Bettina, 1994: Die *Organisation* der Geschäftsführung und ihrer Überwachung in der Europäischen Aktiengesellschaft, Göttingen: Cuvillier, 1994 (zugl. Diss. Univ. Göttingen 1992).

Rössler, Stefan, 2001: Das *Audit Committee* als Überwachungsinstrument des Aufsichtsrats, Landsberg am Lech: Moderne Industrie 2001 (zugl. Diss. Univ. Hamburg).

Salzberger, Wolfgang / Theisen, Manuel R., 2001: Three *Ideas* for the "Two-Tier" Approach, in: European Business Forum 5 (2001), S. 21.

Salzberger, Wolfgang, 1999: *Institutionelle Investoren* und Corporate Governance in den USA, in: ZfB 69 (1999), Ergänzungsheft 2, S. 87-106.

Salzberger, Wolfgang, 2000: Die *Überwachung* des Risikomanagements durch den Aufsichtsrat, in: DBW 60 (2000), S. 756-773.

Schiffer, Jan / Wahlers, Ulrich, 2001: Die Europäische Aktiengesellschaft (*SE*) – Erfolgsmodell für die Praxis?, in: StuB 3 (2001), S. 467-468.

Schneider, Jürgen, 2000: Erfolgsfaktoren der *Unternehmensüberwachung*. Corporate Governance aktienrechtlicher Aufsichtsorgane im internationalen Vergleich, Berlin: E. Schmidt, 2000 (zugl. Diss. Univ. Lodz).

Schneider, Uwe H. / Strenger, Christian, 2000: Die "Corporate Governance-*Grundsätze*" der Grundsatzkommission Corporate Governance (German Panel on Corporate Governance), in: AG 45 (2000), S. 106-113.

Schneider, Uwe H., 2000: Kapitalmarktorientierte Corporate Governance-*Grundsätze*, in: DB 53 (2000), S. 2413-2417.

Schneider-Lenné, Ellen R., 1995: Das anglo-amerikanische *Board-System*, in: *Scheffler, Eberhard* (Hrsg.), Corporate Governance, Wiesbaden: Gabler, 1995, S. 27-55.

Schulz, Andreas / Geismar, Bernhard, 2001: Die *Europäische Aktiengesellschaft* – Eine kritische Bestandsaufnahme, in: DStR 39 (2001), S. 1078-1086.

Schwarz, Günter C., 2001: Zum *Statut* der Europäischen Aktiengesellschaft, in: ZIP 22 (2001), S. 1847-1861.

Seibert, Ulrich, 1999: OECD *Principles* of Corporate Governance. Grundsätze der Unternehmensführung und -kontrolle für die Welt, in: AG 44 (1999), S. 337-350.

Seibert, Ulrich, 2002: *Kommentar* zum TransPuG, 2002. Das Transparenz- und Publizitätsgesetz (TransPuG), Materialiensammlung, München: C.H. Beck, 2003.

Seibert, Ulrich, 2004: Der Referentenentwurf des *UMAG*, in: Der Aufsichtsrat 2004, Heft 4, S. 2.

Semler, Franz-Jörg, 1999: *Hauptversammlung*, in: *Hoffmann-Becking, Michael* (Hrsg.), Münchener Handbuch des Gesellschaftsrechts, Band 4 Aktiengesellschaften, 2. Aufl., München: C.H. Beck, 1999, S. 405-595.

Semler, Johannes, 1996: *Leitung* und Überwachung in der Aktiengesellschaft, 2. Aufl., Köln u. a.: Heymanns, 1996.

Steindl, Martin, 1998: *US-Board* und Aufsichtsrat – ein Systemvergleich, Wien: Österreichische Staatsdruckerei, 1998.

Teichmann, Christoph, 2002: Die *Einführung* der Europäischen Aktiengesellschaft – Grundlagen der Ergänzung des Statuts durch den deutschen Gesetzgeber, in: ZGR 31 (2002), S. 383-464.

Teichmann, Christoph, 2002: *Vorschläge* für das deutsche Ausführungsgesetz zur Europäischen Aktiengesellschaft, in: ZIP 23 (2002), S. 1109-1116.

Teichmann, Christoph, Gestaltungsfreiheit im monistischen Leitungssystem der Europäischen Aktiengesellschaft, in: BB: 59 (2004), S. 53-60.

Theisen, Manuel R., 1987: Die *Überwachung* der Unternehmungsführung: Betriebswirtschaftliche Ansätze zur Entwicklung erster Grundsätze ordnungsmäßiger Überwachung, Stuttgart: Poeschel, 1987.

Theisen, Manuel R., 1995: Grundsätze ordnungsgemäßer Kontrolle und Beratung der *Geschäftsführung* durch den Aufsichtsrat, in: AG 40 (1995), S. 193-203.

Theisen, Manuel R., 1995: Grundsätze ordnungsmäßiger *Überwachung* für den Aufsichtsrat, in: *Scheffler, Eberhard* (Hrsg.), Corporate Governance, Wiesbaden: Gabler, 1995, S. 103-124.

Theisen, Manuel R., 1998: Empirical *Evidence* and Economic Comments on Board Structure in Germany, in: *Hopt, Klaus J.* u. a. (Hrsg.), Comparative Corporate Governance, Oxford: Clarendon, 1998, S. 259-265.

Theisen, Manuel R., 2000: Der *Konzern* – Betriebswirtschaftliche und rechtliche Grundlagen der Konzernunternehmung, 2. Aufl., Stuttgart: Schäffer-Poeschel, 2000.

Theisen, Manuel R., 2001: Corporate Governance. Eine neue *Leitkultur* für die Unternehmungsführung?, in: RWZ 11 (2001), S. 157-169.

Theisen, Manuel R., 2002: Der große *Bruder* aus Amerika lässt grüssen, in: Handelsblatt, 34. Jg., Nr. 41 vom 27.2.2002, S. 8.
Theisen, Manuel R., 2002: *Grundsätze* einer ordnungsmäßigen Information des Aufsichtsrats, 3. Aufl., Stuttgart: Schäffer-Poeschel, 2002.
Theisen, Manuel René (Bearb.), 2003: *Das Aufsichtsratsmitglied* – ein Handbuch der Aufgaben, Rechte und Pflichten, 6. Aufl., Stuttgart: Schäffer-Poeschel, 2003 (begründet von *Potthoff, Erich / Trescher, Karl*)
Theisen, Manuel René, 2003: *Herausforderung Corporate Governance*, in: DBW 63 (2003), S. 441-464.
Triebel, Volker u. a., 1995: Englisches Handels- und *Wirtschaftsrecht*, 2. Aufl., Heidelberg: Recht und Wirtschaft, 1995.
Volk, Gerrit, 2001: Deutsche Corporate Governance-*Konzepte*, in: DStR 39 (2001), S. 412-416.
Waclawik, Erich, 2004: Der *Referentenentwurf* des Gesetzes zur Einführung der Europäischen (Aktien-)Gesellschaft, in: DB 57 (2004), S. 1191-1199.
Wellkamp, Ludger, 1995: *Aufsichtsrat* und Board-Modell. Auf dem Weg zu einer einheitlichen Unternehmensverfassung?, in: Inf 49 (1995), S. 561-565.
Wenz, Martin, 1993: Die *Societas Europaea* – Analyse der geplanten Rechtsform und ihre Nutzungsmöglichkeiten für eine europäische Konzernunternehmung, Berlin: Duncker & Humblot, 1993.
Werder, Axel v. / Minuth, Thorsten, 2000: Internationale Kodizes der Corporate Governance. *Bestandsaufnahme* und Vergleich mit dem Aktiengesetz, Diskussionspapier 2000/5 der Wirtschaftswissenschaftlichen Dokumentation der Technischen Universität Berlin, Berlin 2000.
Werder, Axel v., 2001: Der *German Code* of Corporate Governance im Kontext der internationalen Governance-Debatte. Umfeld, Funktionen und inhaltliche Ausrichtung des GCCG, in: *Werder, Axel v.* (Hrsg.), German Code of Corporate Governance (GCCG), 2. Aufl., Stuttgart: Schäffer-Poeschel, 2001, S. 1-33.
Werder, Axel von / Talaulicar, Till, 2005: *Kodex Report 2005*: Die Akzeptanz der Empfehlungen und Anregungen des Deutschen Corporate Governance Kodex, in: DB 58 (2005), S. 841-846.
Wiese, Tobias O., 2000: Verantwortlichkeit des *Aufsichtsrats*. Aktuelle Entwicklungen im Bereich der Corporate Governance, in: DB 53 (2000), S. 1901-1905.
Wiesner, Georg, 1999: § 22 – *Geschäftsführung*, in: *Hoffmann-Becking, Michael* (Hrsg.), 1999: Münchener Handbuch des Gesellschaftsrechts, Band 4: Aktiengesellschaften, 2. Aufl., München: C.H. Beck, 1999, S. 224-231.
Wiesner, Georg, 1999: § 24 – Besondere *Vorstandsmitglieder*, in: *Hoffmann-Becking, Michael* (Hrsg.), Münchener Handbuch des Gesellschaftsrechts, Band 4: Aktiengesellschaften, 2. Aufl., München: C.H. Beck, 1999, S. 241-249.
Witt, Peter, 2000: *Corporate Governance* im Wandel. Auswirkungen des Systemwettbewerbs auf deutsche Aktiengesellschaften, in: zfo 69 (2000), S. 159-163.
Wolf, Martin, 2002: *Corporate Governance*, in: ZRP 35 (2002), S. 59-60.
Wymeersch, Eddy, 2001: *Gesellschaftsrecht* im Wandel. Ursachen und Entwicklungslinien, in: ZGR 30 (2001), S. 294-324.

I. Corporate Governance in der Diskussion

In der anhaltenden internationalen Diskussion um die Organisation und Verfassung von Unternehmen sowie Konzernen werden nachhaltig auch die Unternehmungsführung und -überwachung, zusammengefasst unter dem Begriff der „Corporate Governance", diskutiert.[1] Mit der SE gibt es seit 2004 erstmalig eine Rechtsform, für die *EU*-weit ein einheitliches Rechtskleid existiert.[2] Die Unternehmungsführung und -überwachung gehört aber zu dem Bereich, der ungeachtet aller Globalisierung und Internationalisierung in den einzelnen Ländern mehr oder weniger differierenden rechtlichen Rahmenbedingungen und ergänzend zum Teil extrem unterschiedlichen wirtschaftlichen sowie sozio-kulturellen Umfeldbedingungen unterliegt. Diese Faktoren werden in der wissenschaftlichen, aber auch der praxisorientierten Diskussion häufig insoweit ausgeblendet, als man es zum Teil für möglich, zulässig oder gegebenenfalls sogar für geboten erachtet, das Phänomen „Corporate Governance" pauschal bzw. global zu diskutieren.[3] Seit der Einführung der SE wird dieses Vorgehen nun möglicherweise sogar ex post legitimiert. Zugleich stellte die europaweite Einführung der SE aber eine besondere Herausforderung dar, da bis zum 08.10.2004 konkrete Lösungen für die einzelstaatliche Ausgestaltung SE-spezifischer Regelungen gefunden werden mussten.

Unter Corporate Governance einer SE werden hier die rechtlich vorgegebene(n) Unternehmensverfassung(en) und die (freiwillige) Umsetzung von Kodizes verstanden. Damit müssen gleichermaßen die rechtlichen Rahmenbedingungen und die wirtschaftliche Praxis betrachtet werden. Der durch das TransPuG eingeführte § 161 AktG verdeutlicht, dass zwischen diesen Eckpunkten nun auch in *Deutschland* ein fließender Übergang besteht.

II. Spitzenverfassung der SE

1. Anwendbares Recht

Die Frage nach dem für die einzelne SE anwendbaren Recht wird als die juristisch interessanteste Frage dieser Rechtsform eingestuft und ist auch praktisch für die Corporate Governance-Diskussion von fundamentaler Bedeutung.[4] Das für die SE anwendbare Recht wird durch die Verzahnung von mitgliedstaatlicher und gemein-

---

[1] Zum Begriff vgl. *Prigge, S.*, Corporate Governance, 1999, S. 148 ff.; rechtsvergleichend *Hopt, K. / Wymeersch E.* (Hrsg.), Corporate Governance, 1997; *Schneider, J.*, Unternehmensüberwachung, 2000.
[2] S. Verordnung (EG) Nr. 2157/2001 des Rates v. 8.10.2001 über das Statut der Europäischen Gesellschaft (SE-VO), ABl. EG L 294 v. 10.11.2001, S. 1-21, abgedruckt in Anhang I.
[3] Vgl. kritisch dazu bereits *Hommelhoff, P.*, Corporate Governance, 1997, S. 19.
[4] Vgl. *Buchheim, R.*, Konzernverschmelzung, 2001, S. 126.

schaftsrechtlicher Rechtsebene charakterisiert.[1] Diese Gemengelage ist auf eine Vielzahl von Verweisungsvorschriften in der SE-VO zurückzuführen: Neben der zentralen Rechtsanwendungsvorschrift des Art. 9 Abs. 1 SE-VO und der Generalverweisung nach Art. 15 Abs. 1 SE-VO sind zahlreiche Einzelfallverweisungen zu beachten: In den 70 Artikeln der SE-VO sind 84 Verweisungsvorschriften zu finden. Insgesamt existiert damit eine Normenpyramide, an deren oberster Stelle die Regelungen der SE-VO stehen.[2] Neben der SE-VO sind für Fragen der Corporate Governance insbesondere das SE-AG und das AktG (inkl. des mittels Verweis in § 161 AktG zu beachtenden DCGK) von Bedeutung.

2. Ausgangssituation: Wahlrecht

Die Unternehmensverfassung der SE ist zentraler Bestandteil der SE-VO sowie des SE-AG: 23 der 70 Artikel bzw. 40 der 53 Paragrafen betreffen die Unternehmensverfassung unmittelbar. Wesentliches Charakteristikum ist, dass – entgegen der Ausgestaltung der meisten nationalen Aktienrechte – den Satzungsgebern[3] der SE (zwingend) zwei verschiedene Verwaltungsmodelle zur Wahl stehen:[4] Die nationalen Gesetzgeber hatten dazu die Grundlagen für die Gründung einer SE mit Sitz in einem der Mitgliedstaaten zu schaffen; dabei kann hinsichtlich der erforderlichen Unternehmensverfassung grundsätzlich sowohl ein monistisches (Board-) als auch alternativ ein dualistisches (Aufsichtsrats-)System zugrunde gelegt werden.[5]

Wenn das jeweilige Rechtssystem eines Mitgliedstaates eines der beiden Verwaltungsmodelle (bisher) nicht vorgesehen hatte, „kann" nach Art. 39 Abs. 5 bzw. Art. 43 Abs. 4 SE-VO der Mitgliedstaat entsprechende Vorschriften für die SE erlassen. Aus dem Wortlaut darf aber nicht gefolgert werden, dass das Wahlrecht allein bei dem jeweiligen Sitzstaat und nicht bei den Satzungsgebern der SE liegt.[6] Die Leitungssysteme funktionieren grundsätzlich auch ohne nationale Ergänzung.[7] Die diesbezüglich geringe Regelungsdichte der SE-VO führt allerdings zu einer erschwerten Handhabung der Unternehmensleitung und mindert damit die Attraktivität solcher Länder als Standort für eine SE, die keine entsprechenden ergänzenden Vorschriften vorgesehen haben. Die Unternehmen können für den Fall, dass keine gesetzlichen Regelungen bestehen, auch nicht qua Satzung ihr eigenes Leitungssys-

---

[1] Vgl. hier und zum Folgenden *Brandt, U. / Scheifele, M.*, Recht, 2002, S. 547 und den Beitrag von *Theisen / Wenz* in diesem Band.
[2] Vgl. *Bungert, H. / Beier, C.*, Europäische Aktiengesellschaft, 2002, S. 2; *Schulz, A. / Geismar, B.*, Europäische Aktiengesellschaft, 2001, S. 1078 f.; *Schwarz, G. C.*, Statut, 2001, S. 1849; *Brandt, U.*, Überlegungen, 2002, S. 991; Beitrag von *Theisen / Wenz* in diesem Band.
[3] Auch nach Gründung kann die Spitzenverfassung noch gewechselt werden.
[4] Vgl. *Bungert, H. / Beier, C.*, Europäische Aktiengesellschaft, 2002, S. 3.
[5] S. Art. 38 Buchst. b SE-VO.
[6] Vgl. *Bungert, H. / Beier, C.*, Europäische Aktiengesellschaft, 2002, S. 3.
[7] Vgl. hier und zum Folgenden *Teichmann, C.*, Einführung, 2002, S. 442.

tem konzipieren, da die SE-VO keine derart weitreichende Satzungsautonomie vorsieht.[1] Somit sind Art. 39 Abs. 5 und Art. 43 Abs. 4 SE-VO als imperative Kompetenznormen auszulegen; die Mitgliedstaaten werden insoweit faktisch gezwungen, entsprechende nationale Regelungen zu schaffen, damit handhabbare Regelungen existieren.[2]

Dieses so ausgestaltete Wahlrecht stellt eine grundlegende Änderung im Vergleich zum Verordnungsvorschlag aus dem Jahr 1991[3] (SE-VO-Vorschlag 1991) dar: Art. 61 Spiegelstrich 1 S. 2 SE-VO 1991 ermächtigte die Mitgliedstaaten, der SE mit Sitz in ihrem Hoheitsgebiet eines der beiden Verwaltungsmodelle zwingend vorzuschreiben. *Hommelhoff* bewertet aus deutscher Sicht die Existenz des Wahlrechts mit folgenden Argumenten als insgesamt positiv:

- Der deutsche Gesetzgeber ist gezwungen, die aus der Mitbestimmungspraxis gewonnenen Erkenntnisse in das monistische System zu integrieren.

- *Deutschland* bleibt die Blamage erspart, durch die Mitbestimmung Einschränkungen der Organisationsmöglichkeiten zu verursachen.

- Das auf Mitgliedstaatsebene ausgeschlossene Statutenwahlrecht führt nicht zu rechtspolitischen Kontroversen, ob und wie von einem solchen Wahlrecht Gebrauch gemacht werden soll.

- Die drohende Rechtszersplitterung kann als Gefahr hingenommen werden.

Ein Wechsel zwischen den beiden Systemen muss durch Satzungsänderung möglich sein;[4] die nationalen Gesetzgeber dürfen dieses Wahlrecht nicht einschränken.[5]

Ungeachtet des jeweils gewählten Systems verfügt zum einen eine SE immer über eine Hauptversammlung der Aktionäre, zum anderen unterscheidet das Statut generell zwischen geschäftsführenden und nicht geschäftsführenden Mitgliedern des getrennten bzw. gemeinsamen Führungs- und Überwachungsorgans, die in Analogie zum angelsächsischen Rechtskreis sogar als Executive bzw. Non-Executive Directors bezeichnet werden können. Unabhängig von der Organisationsform sind die Regelungen zur Mitbestimmung zu beachten.[6] In jedem Mitgliedstaat kann also – losgelöst von den komplizierten und variantenreichen Alternativen zur Regelung der Mitbestimmung – mit der Organisationsform der SE seit 2004 erstmals *EU*-weit zwischen zwei Unternehmensverfassungen gewählt werden; dieses Wahlrecht wird

---

[1]   S. Art. 9 Abs. 1 Buchst. b SE-VO.
[2]   Vgl. *Bungert, H. / Beier, C.*, Europäische Aktiengesellschaft, 2002, S. 3.
[3]   S. Abl. EG Nr. C 176 v. 16.5.1991, S. 1-68.
[4]   S. Art. 38 Buchstabe b, 52, 59 SE-VO.
[5]   S. Art. 9 Abs. 1 SE-VO; vgl. *Nagel, B.*, Europäische Aktiengesellschaft, 2004, S. 1300.
[6]   Ausführlich hierzu vgl. den Beitrag von *Köstler* in diesem Band; *Neubürger, H.-J.*, Mitbestimmung, 2003, 184 f.

3. Hauptversammlung

Unabhängig vom gewählten Verwaltungsmodell verfügt jede SE über eine Hauptversammlung.[1] Die Hauptversammlung ist das Organ, das die Anteilseigner repräsentiert und in dem diese grundlegende Entscheidungen im Hinblick auf die Gesellschaft treffen können.[2] Die SE-VO verweist aber diesbezüglich im Wesentlichen auf das nationale Recht des jeweiligen Sitzstaates.[3] In der Literatur[4] wird dies mit Bezug auf die stark differierenden einzelstaatlichen Regelungen und die jeweils dazu ergangene Rechtsprechung (Beispiel „Holzmüller"[5]) zu Recht kritisiert, da damit die Machtbalance der SE im Einzelfall stark beeinflusst werden kann.[6] In das nationale SE-AG sind allerdings dessen ungeachtet nur wenige Regelungen zur Hauptversammlung aufgenommen worden, da insoweit ein weitgehender Gleichlauf zur AG nationalen Rechts hergestellt werden sollte.[7]

a. Zuständigkeit

In der SE-VO bleibt auch die Kompetenzabgrenzung zwischen Hauptversammlung und Verwaltung ungeregelt und damit nicht vereinheitlicht.[8] Dies überrascht allerdings angesichts des Fehlens der Fünften Richtlinie zur Struktur der Aktiengesellschaft, die derartige Fragen betroffen hätte, nicht.[9] Für SE mit Sitz in *Deutschland* finden damit neben §§ 50 f. SE-AG insbesondere die §§ 118-120 AktG Anwendung. Die Hauptversammlung einer in *Deutschland* ansässigen SE verfügt nur über die

---

[1] S. Art. 38 SE-VO.
[2] Vgl. *Reinkensmeier, B.*, Organisation, 1994, S. 116.
[3] S. Art. 52-60 SE-VO.
[4] Vgl. *Lutter, M.*, Europäische Aktiengesellschaft, 2002, S. 4.
[5] Inwieweit die Holzmüller-Doktrin einschließlich der einschränkenden Interpretation durch die Gelatine-Rechtsprechung des BGH Urteil v. 26.4.2004 (II ZR 154 und 155 / 02) auf die SE-Anwendung findet, ist umstritten. Die überwiegende Literatur dazu spricht sich für die Anwendung aus; vgl. beispielsweise *Buchheim, R.*, Konzernverschmelzung, 2001, S. 249; *Gutsche, R.*, Eignung, S. 105; *Hommelhoff, P.*, Gesellschaftsrechtliche Fragen, 1990, S. 428; *Mayer, B.*, in: Europäische Aktiengesellschaft SE, Kommentar, 2005, Art. 52 SE, S. 531; a. A. *Brandt, U.*, Hauptversammlung, 2004, S. 127-135.
[6] Einen Überblick zu den abweichenden Regelungen geben *Jaeger, C.*, Europäische Aktiengesellschaft, 1994, S. 113-120, *Brandt, U.*, Hauptversammlung, 2004, S. 70-85.
[7] Vgl. Gesetzesbegründung zu §§ 50 f. SE-AG.
[8] Vgl. *Jahn, A. / Herfs-Röttgen, E.*, Societas Europaea, 2001, S. 634.
[9] Vgl. *Hirte, H.*, Europäische Aktiengesellschaft, 2002, S. 8.

durch Gesetz oder im Rahmen der (eingeschränkten) Satzungsdispositivität zugewiesenen Zuständigkeiten.[1] Mangels spezieller Regelungen im SE-AG ist § 119 Abs. 1 AktG zentral, der einen Katalog mit den folgenden Zuständigkeiten enthält, die nicht auf andere Organe oder Dritte übertragen werden können:[2]

- Bestellung der Mitglieder des Aufsichtsorgans, soweit sie nicht in das Aufsichtsorgan zu entsenden oder als Aufsichtsorganmitglieder der Arbeitnehmer nach dem Mitbestimmungsgesetz, dem Mitbestimmungsergänzungsgesetz oder dem Betriebsverfassungsgesetz 1952 zu wählen sind,
- Verwendung des Bilanzgewinns,
- Entlastung der Mitglieder des Leitungsorgans und des Aufsichtsorgans bzw. des Verwaltungsrats,
- Bestellung des Abschlussprüfers,
- Satzungsänderungen (vgl. hierzu auch § 51 SE-AG),
- Maßnahmen der Kapitalbeschaffung und der Kapitalherabsetzung,
- Bestellung von Prüfern zur Prüfung von Vorgängen bei der Gründung oder der Geschäftsführung und
- Auflösung der Gesellschaft.

Die Bestellung der Mitglieder des Leitungsorgans kann auch durch Satzungsbestimmung nicht auf die Hauptversammlung übertragen werden.[3]

Daneben regelt das insoweit anzuwendende AktG noch weitere Zuständigkeiten wie:[4]

- Zustimmung zu Nachgründungsverträgen,[5]
- Entzug des Vertrauens gegenüber Vorstandsmitgliedern,[6]
- Abberufung von Aufsichtsorganmitgliedern,[7]
- Entscheidung auf Verlangen des Vorstandes über Rechtsgeschäfte, die der Zustimmung des Aufsichtsorgans bedürfen,[8]

---

[1] S. § 119 Abs. 1 AktG.
[2] Vgl. *Semler, F.-J.*, Hauptversammlung, 1999, S. 408 f.; *Baatz, E. / Weydner, A.*, Hauptversammlung, 2005, S. 208 f.; *Bartone, R. / Klapdor, R.*, Europäische Aktiengesellschaft, 2005, S. 72.
[3] Vgl. *Mayer, B.*, in: Europäische Aktiengesellschaft SE, Kommentar, 2005, Art. 52 SE, S. 530.
[4] Einen ausführlichen Überblick gibt *Semler, F.-J.*, Hauptversammlung, 1999, S. 409.
[5] S. § 52 AktG.
[6] S. § 84 Abs. 3 AktG.
[7] S. § 103 Abs. 1 AktG.
[8] S. § 111 Abs. 4 S. 3 AktG.

- Festsetzung der Aufsichtsorganvergütung,[1]
- Entscheidung über die Geltendmachung von Ersatzansprüchen,[2]
- Entscheidungen über Unternehmensverträge.[3]

Neben den durch Satzung festgelegten Kompetenzen sind insbesondere die so genannten ungeschriebenen Zuständigkeiten zu beachten, die sich aus der Holzmüller-Rechtsprechung einschließlich deren Einschränkung und Interpretation durch die Gelatine-Entscheidung des BGH ergeben. Die Grundzüge der Holzmüller-Doktrin finden u. E. allerdings auch auf die SE Anwendung.[4]

b. Einberufung, Teilnahme, Leitung und Beurkundung

Für die Organisation und den Ablauf der Hauptversammlung sowie für die Abstimmungsverfahren gelten, unbeschadet der Bestimmungen in der SE-VO, nach Art. 53 SE-VO grundsätzlich die nationalen Regelungen des Sitzstaates. Damit unterliegen die Fragen der Einberufung der Hauptversammlung, der Teilnahme an der Hauptversammlung und der Vertretung in der Hauptversammlung sowie die Leitung und Beurkundung dem nationalen Recht. Die wenigen Detailregelungen in § 50 SE-AG sollen konsequenterweise auch wiederum nur einen Gleichlauf zum AktG bzw. zur AG herstellen.[5] Für eine SE mit Sitz in *Deutschland* sind im Wesentlichen die §§ 118-147 AktG anzuwenden.[6]

Nach Art. 54 Abs. 1 SE-VO hat die Hauptversammlung mindestens einmal im Kalenderjahr binnen sechs Monaten nach Schluss des Geschäftsjahres stattzufinden. Sofern im Sitzstaat einer SE für Aktiengesellschaften, die dieselbe Art von Aktivität wie die SE betreiben, gesetzlich häufigere Aktionärsversammlungen vorgesehen sind, gelten die nationalen Vorschriften nach Art. 54 Abs. 1 SE-VO analog auch für die SE. Bei deutschen AG findet einmal jährlich eine ordentliche Hauptversammlung[7] statt.[8] Insoweit sind für eine SE grundsätzlich keine Abweichungen zum deutschen Recht zu verzeichnen; neben § 175 AktG sind keine speziellen Regelungen im SE-AG zu beachten.

---

1 S. § 113 Abs. 1 S. 2 AktG.
2 S. § 147 AktG.
3 Vgl. auch den Beitrag von *Maul* in diesem Band.
4 Die BGH-Entscheidungen v. 26.4.2004 (II ZR 154 und 155 / 02) sind grundsätzlich ergänzend zu beachten. In diesen so genannten Gelatine-Urteilen ist die Holzmüller-Rechtsprechung bestätigt, aber auch interpretierend eingeschränkt worden.
5 Vgl. die Gesetzesbegründung zu § 50 SE-AG.
6 Vgl. *Hirte, H.*, Europäische Aktiengesellschaft, 2002, S. 8.
7 S. § 175 AktG.
8 Vgl. *Hüffer, U.*, Aktiengesetz, Kommentar, 2004, § 118, Rdnr. 5.

Auch außerordentliche Hauptversammlungen sind in der SE-VO vorgesehen: Nach Art. 54 Abs. 2 SE-VO kann die Hauptversammlung jederzeit vom Leitungs-, Aufsichts- oder Verwaltungsorgan, jedem anderen Organ oder jeder zuständigen Behörde nach den für AG im Sitzstaat der SE maßgeblichen einzelstaatlichen Rechtsvorschriften einberufen werden. Aus deutscher Sicht sind damit insbesondere folgende weitere Einberufungsgründe denkbar:[1]

- Es besteht ein Verlust in Höhe von mehr als der Hälfte des Grundkapitals: Verpflichtung zur Einberufung nach § 92 AktG (bzw. § 21 Abs. 4 SE-AG beim monistischen System).

- Eine qualifizierte Minderheit von Aktionären verlangt eine Einberufung: Verpflichtung zur Einberufung nach § 122 AktG. Nach Art. 55 SE-VO beträgt das hierfür erforderliche Quorum grundsätzlich 10%; sieht das jeweilige nationale Recht des Sitzstaates für AG ein niedrigeres Quorum vor, ist dieser Prozentsatz maßgeblich. Mittels § 50 SE-AG wurde ein Gleichlauf zum allgemeinen Aktienrecht hergestellt: Wie in § 122 AktG festgelegt, ist dabei auch für deutsche SE die 5%-Grenze zu beachten.

- Die Hauptversammlung beschließt selbst, eine Hauptversammlung einzuberufen: Verpflichtung zur Einberufung nach § 124 Abs. 4 S. 2 AktG.

- Ein Verlangen von Aufsichtsbehörden in der Kredit- und Versicherungswirtschaft liegt vor: Verpflichtung zur Einberufung nach §§ 44 Abs. 1 Nr. 3 KWG, 4 HypBankG, 3 Abs. 1 S. 2 BausparkG, 83 Abs. 1 Nr. 6 VAG.

- Das Wohl der Gesellschaft erfordert eine Einberufung: Verpflichtung zur Einberufung nach § 121 Abs. 1 AktG.

- In der Satzung vorgesehene Einberufungsgründe liegen vor: je nach Ausgestaltung der Satzung als Pflicht oder Wahlrecht.

Die SE-VO ermöglicht eine Sitzverlegung in einen anderen Mitgliedstaat.[2] Mit der Vorschrift aus § 51 Satz 2 SE-AG wird klargestellt, dass hierfür eine ¾-Mehrheit der abgegebenen Stimmen für den dazu erforderlichen Hauptversammlungsbeschluss notwendig ist.[3]

c. Gesellschafterverträge

In der SE-VO selbst sind keine Regelungen zur Zulässigkeit und Wirkung von schuldrechtlichen Vereinbarungen zwischen der SE und einem Gesellschafter ent-

---

[1] Vgl. *Semler, F.-J.*, Hauptversammlung, 1999, S. 423.
[2] Vgl. hierzu den Beitrag von *Wenz* in diesem Band.
[3] Dies ist eine Änderung im Vergleich zum Diskussionsentwurf zum SE-AG, der einer Anregung des Handelsrechtsausschusses des DAV zugrunde liegt; vgl. *Ihrig, H.-C. / Wagner, J.*, Europäische Gesellschaft, 2004, S. 1758 m. w. N.

halten.[1] Auch das SE-AG enthält keine speziellen Regelungen. Insoweit muss nach Art. 9 SE-VO generell auf das (bestehende) nationale Aktienrecht zurückgegriffen werden.

Für eine SE mit Sitz in *Deutschland* ist diesbezüglich § 57 AktG maßgeblich: Eine SE kann grundsätzlich mit ihren Aktionären – wie mit jedem Dritten – Verträge abschließen und entsprechende Leistungen erbringen.[2] Besteht zwischen der Leistung und der Gegenleistung allerdings ein offensichtliches Missverhältnis, liegt ein wesentliches Kriterium für das Vorliegen einer verdeckten Einlage bzw. Gewinnausschüttung nach Maßgabe des Steuerrechts vor.

d. Anfechtbarkeit und Nichtigkeit von Beschlüssen

Das SE-Statut enthält bezüglich der Anfechtbarkeit und Nichtigkeit von Beschlüssen der Hauptversammlung ebenfalls keine Regelungen; nationales Recht gelangt damit uneingeschränkt zur Anwendung.[3]

e. Zwischenergebnis

Die Regelungen der SE-VO zur Hauptversammlung sind nur rudimentär ausgestaltet. Nach Art. 9 SE-VO muss insoweit auf das jeweilige nationale Recht zurückgegriffen werden. Unter Berücksichtigung der dementsprechend unverändert stark variierenden einzelstaatlichen Regelungen kann berechtigterweise die Frage gestellt werden: „Wie europäisch ist die Europäische Aktiengesellschaft?"[4]

4. Aufsichtsrats-Verfassung (dualistisches Modell)

Das dualistische System nach der SE-VO und insbesondere dem SE-AG entspricht weitgehend dem deutschen System mit Vorstand und Aufsichtsrat.[5] Da die Regelungsdichte im Vergleich zum deutschen Aktiengesetz aber deutlich niedriger ist, findet – aus deutscher Sicht – das deutsche Aktiengesetz ergänzend Anwendung (dort insbesondere §§ 76-116 AktG).[6] Die SE-VO enthält diesbezüglich keine Spezialverweisung; aus Art. 39 Abs. 5 SE-VO folgt aber, dass das dualistische Modell nicht vollständig geregelt und somit die Generalverweisung des Art. 9 SE-VO einschlägig ist.[7] Auch die §§ 15-19 SE-AG enthalten nur wenige Regelungen. Sie die-

---

[1] Vgl. *Hirte, H.*, Europäische Aktiengesellschaft, 2002, S. 8.
[2] Vgl. hier und zum Folgenden *Hüffer, U.*, Aktiengesetz, Kommentar, 2004, § 57 Rdnr. 8 m. w. N.
[3] Vgl. *Hirte, H.*, Europäische Aktiengesellschaft, 2002, S. 8.
[4] So *Jaeger, C.*, Aktiengesellschaft, 1994, S. 206.
[5] Vgl. *Buchheim, R.*, Konzernverschmelzung, 2001, S. 145.
[6] Vgl. hier und zum Folgenden *Teichmann, C.*, Einführung, 2002, S. 442 f.
[7] Daneben sind noch Art. 39 Abs. 4 S. 2 und Art. 41 Abs. 3 S. 2 SE-VO zu beachten.

nen vorrangig dem Ansatz, im Rahmen der eingeräumten Ermächtigungen einen möglichst weitgehenden Gleichlauf zwischen (europäischer) SE und (nationaler) AG herzustellen.

a. Leitungsorgan

Das Leitungsorgan „führt die Geschäfte der SE in eigener Verantwortung".[1] Diese Formulierung erinnert an den Wortlaut des § 76 Abs. 1 AktG: „Der Vorstand hat unter eigener Verantwortung die Gesellschaft zu leiten". Daher ist es angemessen, dem Leitungsorgan einer SE grundsätzlich dieselben Befugnisse wie dem Vorstand einer deutschen AG zuzusprechen. Im SE-AG wurde die Bezeichnung Leitungsorgan ausdrücklich übernommen.[2]

aa. Binnenorganisation

Die Mitgliederzahl für das Leitungsorgan bestimmt sich gemäß Art. 39 Abs. 4 S. 1 SE-VO nach der Satzung. Die einzelnen Mitgliedstaaten können aber eine Mindest- und/oder eine Höchstzahl gesetzlich festsetzen.[3] In Art. 47 SE-VO ist vorgesehen, dass auch eine Gesellschaft oder eine andere juristische Person Mitglied des Leitungsorgans sein kann, sofern das für AG maßgebliche Recht des Sitzstaates der SE nichts anderes bestimmt. Für eine SE mit Sitz in *Deutschland* führt § 76 Abs. 3 AktG diesbezüglich zu einer Einschränkung: Nur natürliche und unbeschränkt geschäftsfähige Personen können danach Leitungsorganmitglied einer deutschen SE sein.[4]

Während der Vorsitz im Aufsichtsorgan in Art. 42 SE-VO geregelt ist, finden sich in der SE-VO keine expliziten Bestimmungen zum Vorsitz im Leitungsorgan; in Art. 50 Abs. 2 SE-VO wird allerdings „die Stimme des Vorsitzenden des jeweiligen Organs" erwähnt. Damit kommen diesbezügliche nationale gesetzliche Regelungen oder statutarische Bestimmungen auch für die SE zur Anwendung.[5]

Für eine SE mit Sitz in *Deutschland* gilt § 84 AktG: Werden mehrere Personen zu Mitgliedern des Leitungsorgans bestellt, kann das Aufsichtsorgan ein Mitglied zum Vorsitzenden des Leitungsorgans ernennen. Dieser ist nach § 80 Abs. 1 S. 2 AktG

---

1 Art. 39 Abs. 1 S. 1 SE-VO.
2 So beispielsweise § 16 SE-AG.
3 S. Art. 39 Abs. 4 S. 2 SE-VO.
4 *Hommelhoff* hatte in diesem Zusammenhang den Gesetzgeber erfolglos aufgefordert, diesbezüglich Anregungen aus anderen Rechtsordnungen zum Anlass einer kritischen Überprüfung des nationalen Rechts zu nehmen; vgl. *Hommelhoff, P.*, Organisationsverfassung, 2001, S. 283.
5 A. M. wohl *B. Reinkensmeier*, welche die Primatkollegialität des Leitungsorgans auf Basis des SE-VO-Vorschlags 1991 in Frage stellt; vgl. *Reinkensmeier, B.*, Organisation, 1994, S. 123 f.

als solcher auf allen Geschäftsbriefen kenntlich zu machen. Aufgaben des Leitungsorganvorsitzenden sind u. a.:[1]

- Repräsentation des Kollegiums,
- Sitzungsleitung und
- übergeordnete Koordination der Ressorttätigkeit der einzelnen Leitungsorganmitglieder.

Die Mitglieder des Leitungsorgans werden nach Art. 39 Abs. 2 S. 1 SE-VO grundsätzlich durch das Aufsichtsorgan bestellt und abberufen. Die Mitgliedstaaten sind aber ermächtigt, gesetzlich festzulegen, dass die Mitglieder des Leitungsorgans entweder zwingend oder fakultativ durch die Hauptversammlung bestellt und abberufen werden, soweit dies bei nationalen AG entsprechend geregelt ist.[2]

Diese Regelungsoption ist in *Deutschland* Aktienrechtshistorie.[3] Nach geltendem Recht erfolgt die Bestellung und Abberufung des Vorstands einer AG ausschließlich durch den Aufsichtsrat (§ 84 AktG); auch durch Satzungsbestimmung können diese Kompetenzen nicht auf die Hauptversammlung übertragen werden. In der Literatur wurde – allerdings erfolglos – empfohlen, ein derartiges Wahlrecht erneut einzuführen.[4]

Das SE-Statut sieht vor, dass das Leitungsorgan ohne neuen Beschluss des Aufsichtsorgans für maximal sechs Jahre ins Amt berufen werden kann.[5] Dieser im Vergleich zum deutschen Aktienrecht noch um ein Jahr längere Bestellungszeitraum wird im Hinblick auf die gesellschaftsinterne Machtbalance kritisiert.[6] Eine langfristigere Bestellung ist für die den Sechsjahreszeitraum überschreitende Zeit unwirksam.[7] Die Möglichkeit zur Wiederbestellung bleibt hiervon unberührt.[8] Eine Mindestdauer der Bestellung ist hingegen nicht gesetzlich festgelegt. Wie bei einem AG-Vorstand ist grundsätzlich von einer Mindestdauer von einem Jahr auszugehen, da ansonsten eine ordnungsgemäße Erfüllung der Leitungsaufgabe nicht möglich ist.[9]

---

[1] Vgl. hier und zum Folgenden *Wiesner, G.*, Vorstandsmitglieder, 1999, S. 241 m. w. N.
[2] S. Art. 39 Abs. 2 S. 2 SE-VO; vgl. *Nagel, B.*, Europäische Aktiengesellschaft, 2004, S. 1299.
[3] S. § 182 Abs. 2 Nr. 4 HGB 1897. Vgl. *Bungert, H. / Beier, C.*, Europäische Aktiengesellschaft, 2002, S. 3.
[4] Vgl. *Hommelhoff, P.*, Organisationsverfassung, 2001, S. 283; *Bungert, H. / Beier, C.*, Europäische Aktiengesellschaft, 2002, S. 3, Fn. 26; *Nagel, B.*, Europäische Aktiengesellschaft, 2004, S. 1299.
[5] S. Art. 46 Abs. 1 SE-VO.
[6] Vgl. *Gutsche, R.*, Eignung, 1994, S. 78 m. w. N. Die aktuelle Diskussion fordert tendenziell eine Verkürzung des Bestellungszeitraumes; s. dazu auch Punkt 5.1.2 des DCGK (vgl. Kapitel III.2.b.).
[7] Vgl. *Frodermann, J.*, Aufsichtsorgane, 2005, S. 139.
[8] S. Art. 46 Abs. 2 SE-VO.
[9] Vgl. *Frodermann, J.*, Aufsichtsorgane, 2005, S. 139.

Von Bedeutung ist die Tatsache, dass nach Art. 39 Abs. 2 SE-VO das Leitungsorgan auch ohne wichtigen Grund abberufen werden kann. Nach deutschem Aktienrecht ist hingegen eine grobe Pflichtverletzung, Unfähigkeit zur ordentlichen Geschäftsführung oder Vertrauensentzug durch die Hauptversammlung potenzielle Voraussetzungen für eine Abberufung.[1] Solange die Mitgliedstaaten nicht von der Ermächtigung[2] Gebrauch machen, diesbezüglich abweichende einzelstaatliche Regelungen zu treffen, liegt damit – im Vergleich zu einer deutschen AG – ein beachtliches Droh- und Sanktionspotenzial gegen das Leitungsorgan vor; dies kann zu einer vergleichsweise gewichtigen Machtbeschränkung führen.[3]

§ 15 SE-AG beruht auf der Ermächtigung nach Art. 39 Abs. 3 Satz 4 SE-VO und stellt einen Gleichlauf zu § 105 Abs. 2 Satz 1 und 2 AktG her: Die Möglichkeit, ein Mitglied des Aufsichtsorgans mit der Wahrnehmung der Leitungsaufgaben zu beauftragen, ist in zeitlicher Hinsicht auf ein Jahr begrenzt. Dessen ungeachtet können im zeitlichen Ablauf allerdings mehrere Mitglieder des Aufsichtsorgans in Reihe mit der Wahrnehmung der Leitungsfunktionen in gleicher Weise und unter Berücksichtigung der gleichen zeitlichen Beschränkung beauftragt werden.

ab. Willensbildung

Die Beschlussfassung im Leitungsorgan erfolgt – soweit in der Satzung nichts anderes bestimmt wird – gemäß Art. 50 Abs. 1 SE-VO nach dem Mehrheitsprinzip. In Pattsituationen gibt grundsätzlich[4] die Stimme des Vorsitzenden den Ausschlag.[5] Im Ergebnis steht damit den Satzungsgebern einer SE – wie nach deutschem Aktienrecht – ein Wahlrecht zwischen einheitlicher Gesamtwillensbildung und dem Mehrheitsprinzip zur Verfügung.[6] Ebenso kann u. E. – wie nach deutschem Aktienrecht – dem Leitungsorganvorsitzenden kein Entscheidungsrecht gegen die Mehrheit der Leitungsorganmitglieder eingeräumt werden.[7]

ac. Kompetenzen

Unter Geschäftsführung versteht man nach deutschem Aktienrecht jede vom Leitungsorgan für die Gesellschaft wahrgenommene Tätigkeit.[8] Diese kann tatsächlicher oder rechtsgeschäftlicher Art sein; unbeachtlich ist, ob die Tätigkeit auf die internen Verhältnisse beschränkt ist oder – wie die Vertretung – Außenwirkung hat.

---

[1] S. § 84 Abs. 3 AktG.
[2] S. Art. 39 Abs. 2 S. 2 SE-VO.
[3] Vgl. *Gutsche, R.*, Eignung, 1994, S. 78-81.
[4] Nach Art. 50 Abs. 2 SE-VO sind auch abweichende Satzungsregelungen möglich.
[5] S. Art. 50 Abs. 2 SE-VO.
[6] Vgl. *Heße, M. / Enders, T.*, Gesellschaftsrecht, 2001, S. 225.
[7] S. § 77 Abs. 1 S. 2 2. HS. AktG. Vgl. *Wiesner, G.*, Vorstandsmitglieder, 1999, S. 243.
[8] Vgl. hier und zum Folgenden *Wiesner, G.*, Geschäftsführung, 1999, S. 224 m. w. N.

D.II. Spitzenverfassung der SE   289

Die Vertretung der SE ist daher – insoweit[1] – von der Geschäftsführung einer deutschen AG nicht zu unterscheiden. Ein Mitentscheidungsrecht des Aufsichtsorgans kann in der Zustimmungspflichtigkeit zu bestimmten Arten von Geschäften gesehen werden, die nach deutschem Aktienrecht zwingend vorgeschrieben ist und aufgrund der Ermächtigung nach Art. 48 Abs. 1 SE-VO bzw. 19 SE-AG auch für die SE maßgeblich ist.[2]

Neben der Kompetenzabgrenzung im Verhältnis zum Aufsichtsratsorgan wird in der SE-VO auch die Machtbalance zwischen Leitungsorgan und Hauptversammlung thematisiert,[3] da nach Art. 52 SE-VO der Hauptversammlung umfassende Alleinzuständigkeiten obliegen. Hieraus folgt aber letztlich keine wesentliche Einschränkung der Geschäftsführungskompetenz des Leitungsorgans, wohl aber ein Mitspracherecht der Hauptversammlung bei außergewöhnlich bedeutsamen Vorgängen.[4]

ad. Haftung

Gemäß Art. 51 SE-VO bestimmt sich die Haftung der Mitglieder des Leitungsorgans nach nationalen Vorschriften. Damit gilt – für eine SE mit Sitz in *Deutschland* – § 93 AktG: Die Mitglieder des Leitungsorgans haben bei ihrer Geschäftsführung die Sorgfalt eines ordentlichen und gewissenhaften Geschäftsleiters anzuwenden; bei eigener schuldhafter Pflichtverletzung sind sie der Gesellschaft als Gesamtschuldner zu Schadensersatz verpflichtet. Das Aufsichtsorgan hat nach § 112 AktG für die SE diesen Anspruch geltend zu machen. Werden Dritte durch eine schuldhafte Handlung eines Mitglieds des Leitungsorgans im Rahmen der Verrichtung der Geschäftsführung geschädigt, haftet die Gesellschaft nach § 31 BGB i. V. m. der jeweiligen Anspruchsgrundlage.[5]

Beispiel:[6]

Nach § 93 Abs. 2 AktG steht der A-SE ein Schadensersatzanspruch gegen das Leitungsorganmitglied B sowie gegebenenfalls gegen alle anderen Leitungsorganmitglieder als Gesamtschuldner zu, wenn der A-SE infolge einer durch die Bestechung des B veranlassten Fehlentscheidung ein Schaden entsteht.

---

[1] Eine Ausnahme bildet § 112 AktG.
[2] Vgl. *Hommelhoff, P.*, Organisationsverfassung, 2001, S. 283.
[3] Vgl. *Gutsche, R.*, Eignung, 1994, S. 74-78.
[4] A. A. wohl *Brandt, U.*, Hauptversammlung, 2004, S. 117, der diese Auslegung wohl auf deutsche SE einschränken möchte. Zur Anwendbarkeit der Holzmüller-Doktrin siehe oben.
[5] Vgl. *Hüffer, U.*, Aktiengesetz, Kommentar, 2004, § 93, Rdnr. 20; *Heße, M. / Enders, T.*, Gesellschaftsrecht, 2001, S. 225.
[6] Ähnliche Beispiele finden sich bei *Heße, M. / Enders, T.*, Gesellschaftsrecht, 2001, S. 226.

ae. Vergütung und Drittgeschäfte

Die SE-VO enthält keine Bestimmungen zur Ausgestaltung von Vergütungen für die Leitungsorgantätigkeit; ebenso werden Drittgeschäfte der Organmitglieder nicht geregelt; im SE-AG finden sich keine eigenständigen Vorgaben. Für beide Regelungsbereiche sind somit nationales Recht bzw. Satzungsbestimmungen maßgeblich. Für eine SE mit Sitz in *Deutschland* sind demnach die §§ 87-89 AktG zu beachten:

- Das Aufsichtsorgan hat bei der Festsetzung der Gesamtbezüge des einzelnen Leitungsorganmitglieds (Gehalt, Gewinnbeteiligung, Aufwandsentschädigungen, Versicherungsentgelte, Provisionen und Nebenleistungen jeder Art) dafür zu sorgen, dass die Bezüge, das Ruhegehalt, die Hinterbliebenenbezüge und alle verwandten Leistungen in einem angemessenen Verhältnis zu den Aufgaben des Vorstandsmitglieds und der Lage der Gesellschaft stehen.[1] Stock-Options-Pläne als Vergütungsbestandteil wertorientierter Entlohnungssysteme sind demnach, soweit sie nach nationalem Recht und der dazu ergangenen höchstrichterlichen Rechtsprechung zulässig sind, auch für Leitungsorganmitglieder der SE zulässig.[2] Dabei sind für kodexverpflichtete Gesellschaften die präzisierenden Vorgaben des DCGK (insbesondere Ziff. 4.2.2. und 4.2.3.) zu beachten.[3]

- Die Mitglieder des Leitungsorgans unterliegen dem Wettbewerbsverbot nach § 88 AktG.

- Die Kreditgewährung der Gesellschaft an Mitglieder des Leitungsorgans kann nur unter Beachtung der Restriktionen des § 89 AktG erfolgen; so ist u. a. grundsätzlich ein entsprechender Aufsichtsorganbeschluss notwendig.

b. Aufsichtsorgan

ba. Überwachungsaufgabe

Das Aufsichtsorgan überwacht die Ausführung der dem Leitungsorgan übertragenen Aufgaben (Art. 40 SE-VO); es ist nicht zur Geschäftsführung berechtigt. Diese strikte, das dualistische Modell charakterisierende Trennung von Geschäftsführung und Überwachung ist auch in Art. 39 Abs. 3 SE-VO kodifiziert: Niemand darf gleichzeitig Mitglied des Leitungsorgans und Mitglied des Aufsichtsorgans einer SE sein.

---

[1] S. § 87 AktG.
[2] Vgl. stellvertretend für viele *Hüffer, U.*, Aktiengesetz, Kommentar, 2004, § 87, Rdnr. 2a m. w. N.; zu Stock-Options-Plänen als Vergütungsbestandteil wertorientierter Entlohnungssysteme vgl. *Achleitner, A.-K. / Wichels, D.*, Stock-Option-Pläne, 2002, S. 1-24 m. w. N.
[3] Vgl. *Frodermann, J.*, Aufsichtsorgane, 2005, S. 145. Im Ergebnis gibt es insoweit keine Abweichungen zum Vorstand einer AG.

Bezüglich des Umfangs und des Inhalts der Überwachungsaufgabe werden im SE-Statut und im SE-AG keine eigenen Vorgaben gemacht. Dementsprechend müssen das deutsche Recht, die diesbezügliche Rechtsprechung zum Aufsichtsrat einer deutschen AG und der Stand der Wissenschaft als Maßstab für das Überwachungsorgan der SE herangezogen werden:[1] Die Überwachung durch den Aufsichtsrat der SE hat sich auf Rechtmäßigkeit, Wirtschaftlichkeit, Zweckmäßigkeit und Ordnungsmäßigkeit der Geschäftsführung des Leitungsorgans zu beziehen. Die Überwachung hat dabei gleichermaßen vergangenheits- und zukunftsorientiert zu sein. Darüber hinaus ist die Vorschrift des § 161 AktG zu beachten:[2] Hiernach müssen alle Aufsichtsräte börsennotierter AG jährlich erklären, dass den vom *Bundesministerium der Justiz* im amtlichen Teil des elektronischen Bundesanzeigers bekannt gemachten Empfehlungen der „Regierungskommission Deutscher Corporate Governance Kodex" entsprochen wurde und wird oder welche Empfehlungen nicht angewendet wurden oder werden.

Die Mitglieder des Leitungsorgans werden vom Aufsichtsorgan bestellt. Art. 39 Abs. 2 SE-VO ermächtigt die Mitgliedstaaten, die Bestellung des Leitungsorgans durch die Hauptversammlung vorzusehen, soweit dies auch bei nationalen AG entsprechend geregelt ist. Eine dahingehende Änderung von § 84 AktG erfolgte aber nicht, so dass es für die „deutsche" SE bei der aktienrechtlichen Beschränkung des Bestellungsorgans Aufsichtsrat bleibt.[3]

bb. Binnenorganisation

Die Zahl der Mitglieder des Aufsichtsorgans bzw. die näheren Regeln für deren Festlegung werden durch die Satzung bestimmt.[4] Die Mitgliedstaaten sind aber ermächtigt (Art. 40 Abs. 3 S. 2 SE-VO), eine Höchst- und/oder Mindestzahl gesetzlich festzulegen. Der nationale Gesetzgeber hat sich dabei am AktG orientiert.[5] In § 95 AktG wird einerseits eine Mindestzahl von drei Aufsichtsratsmitgliedern vorgeschrieben, andererseits werden aber auch in Abhängigkeit vom Grundkapital Höchstzahlen festgelegt. Mit dieser Regelung sollen zwei Ziele erreicht werden: Erstens soll durch die Mindestzahl sichergestellt werden, dass (auch) Mandate für Arbeitnehmervertreter zur Verfügung stehen; zweitens soll durch die Höchstgrenze eine Überdimensionierung des Überwachungsorgans vermieden und auf diese Weise die Effektivität der Überwachung sichergestellt werden.[6] Dessen ungeachtet ist die konkrete Ausgestaltung/Umsetzung des § 95 AktG in der Praxis umstritten, da der

---

1 Zur Rechtsprechung und zum Kenntnisstand der Wissenschaft vgl. *Theisen, M. R.*, Das Aufsichtsratsmitglied, 2003; *Albers, M.*, Corporate Governance, 2002, S. 31 f. m. w. N.
2 Zur Anwendbarkeit von § 161 AktG siehe unten.
3 Vgl. *Nagel, B.,* Europäische Aktiengesellschaft, 2004, S. 1299.
4 S. Art. 40 Abs. 3 S. 1 SE-VO.
5 S. § 17 SE-AG.
6 Vgl. *Hüffer, U.*, Aktiengesetz, Kommentar, 2004, § 95, Rdnr. 1.

(mitbestimmte) deutsche Aufsichtsrat zu groß ist, um als Plenum effektiv arbeiten zu können.[1]

Die Mitglieder des Aufsichtsorgans der SE werden grundsätzlich durch die Hauptversammlung bestellt (Art. 40 Abs. 2 SE-VO). Mangels spezieller Regelungen im SE-AG ist diesbezüglich § 101 AktG einschlägig.[2] Im Vergleich zum deutschen Aktienrecht ist deren (maximale) Amtszeit (ohne Wiederbestellung)[3] von sechs Jahren bemerkenswert.[4] Von der Bestellung durch die Hauptversammlung bleibt Art. 47 Abs. 4 SE-VO[5] bzw. eine nach Maßgabe der Richtlinie 2001/86/EG[6] (SE-RL) geschlossene Vereinbarung über die Mitbestimmung der Arbeitnehmer unberührt.[7]

Nach Art. 47 Abs. 1 SE-VO kommen – allerdings vorbehaltlich der insoweit vorrangigen einzelstaatlichen Regelungen – auch nicht natürliche Personen als Aufsichtsratsmitglieder in Betracht. Das deutsche Aktienrecht sieht nur natürliche, unbeschränkt geschäftsfähige Personen als Aufsichtsratsmitglieder vor.[8]

Weitere persönliche Voraussetzungen sieht die SE-VO nicht vor. §§ 100, 105 AktG sind damit einschlägig. Die Zahl der Aufsichtsorganmandate pro Mitglied ist begrenzt[9] und Überkreuzverflechtungen sind ausgeschlossen.

Das Ausscheiden eines Mitglieds des Aufsichtsorgans während der regulären Amtszeit wird weder in der SE-VO noch im SE-AG explizit geregelt. Für eine SE mit Sitz in *Deutschland* sind insbesondere folgende Fälle von Relevanz:

- Wegfall der persönlichen Voraussetzungen durch nachträgliches Eintreten der Ausschlussgründe nach §§ 100, 105 AktG,

- Niederlegung mit und ohne wichtigen Grund,

- Abberufung nach § 103 AktG und

- Verkleinerung des Aufsichtsorgans durch Satzungsänderung.

---

[1] Vgl. *Berrar, C.*, Corporate Governance, 2001, S. 210; *Theisen, M. R.*, Grundsätze, 2002.
[2] Vgl. *Frodermann, J.*, Aufsichtsorgane, 2005, S. 152.
[3] Nach Ablauf der sechs Jahre ist eine Wiederbestellung möglich.
[4] Vgl. *Hommelhoff, P.*, Organisationsverfassung, 2001, S. 283; *Manz, G.*, in: Europäische Aktiengesellschaft SE, Kommentar, 2005, Art. 46 SE-VO, S. 493.
[5] Nach Art. 47 Abs. 4 SE-VO bleiben einzelstaatliche Rechtsvorschriften, die auch einer Minderheit von Aktionären oder anderen Personen oder Stellen die Bestellung eines Teils der Organmitglieder erlauben, von der SE-VO unberührt.
[6] S. Richtlinie Nr. 2001/86/EG des Rates v. 8.10.2001 zur Ergänzung des Statuts der Europäischen Gesellschaft hinsichtlich der Beteiligung der Arbeitnehmer, in: ABl. EG L 294 v. 10.11.2001, S. 22-32, abgedruckt in Anhang II.
[7] S. Art. 40 SE-VO; vgl. hierzu ausführlich den Beitrag von *Köstler* in diesem Band.
[8] S. § 100 Abs. 1 AktG.
[9] Dabei gilt das so genannte Konzernprivileg ebenso für SE.

Das Aufsichtsorgan wählt aus seiner Mitte einen Vorsitzenden.[1] Wird die Hälfte der Mitglieder des Aufsichtsorgans von den Arbeitnehmern bestellt, so darf nur ein von der Hauptversammlung der Aktionäre bestelltes Mitglied zum Vorsitzenden gewählt werden.[2] Besondere Bedeutung wird der Bildung von Ausschüssen[3] zukommen: Dies liegt zum einen daran, dass die Informationsversorgung des Aufsichtsrats durch die Ausschüsse gesetzlich normiert ist und zum anderen, dass das als Organisationsform im Wettbewerb stehende monistische Modell gerade auch durch eine verstärkte Ausschussbildung charakterisiert wird. Prüfungsausschüsse (bzw. Audit committees) sind bei der SE mit Sitz in *Deutschland* unter denselben Voraussetzungen zu bilden wie für nationale AG.[4]

bc. Informationsrecht

In Art. 41 SE-VO wird zum Zweck einer effektiven Überwachung der dazu erforderliche Informationsfluss zwischen Leitungsorgan und Aufsichtsorgan geregelt.[5] Dabei wird dem Leitungsorgan eine Bringschuld auferlegt; darüber hinaus wird dem Aufsichtsorgan bzw. dessen Mitgliedern das Recht zur Überprüfung eingeräumt:

- Art. 41 Abs. 1 SE-VO: Das Leitungsorgan unterrichtet das Aufsichtsorgan mindestens alle drei Monate über den Gang der Geschäfte der SE und deren voraussichtliche Entwicklung.

- Art. 41 Abs. 2 SE-VO: Neben der regelmäßigen Unterrichtung gemäß Abs. 1 teilt das Leitungsorgan dem Aufsichtsorgan rechtzeitig alle Informationen über Ereignisse mit, die sich auf die Lage der SE spürbar auswirken können.

- Art. 41 Abs. 3 SE-VO: Das Aufsichtsorgan kann vom Leitungsorgan jegliche Information verlangen, die für die Ausübung der Kontrolle nach Art. 40 Abs. 1 SE-VO erforderlich ist. Die Mitgliedstaaten können vorsehen, dass jedes Mitglied des Aufsichtsorgans von dieser Möglichkeit Gebrauch machen kann; in *Deutschland* ist dies nach § 90 Abs. 3 S. 2 AktG geltendes Recht.

- Art. 41 Abs. 4 SE-VO: Das Aufsichtsorgan kann alle zur Erfüllung seiner Aufgaben erforderlichen Überprüfungen vornehmen oder vornehmen lassen.

- Art. 41 Abs. 5 SE-VO: Jedes Mitglied des Aufsichtsorgans kann von allen Informationen, die diesem Organ übermittelt werden, Kenntnis nehmen.

---

1 Zu Details vgl. *Theisen, M. R.*, Das Aufsichtsratsmitglied, 2003, S. 259-272.
2 S. Art. 42 SE-VO.
3 S. § 107 Abs. 3 AktG.
4 Vgl. *Theisen, M. R.*, Das Aufsichtsratsmitglied, 2003, S. 276.
5 Vgl. *Bungert, H. / Beier, C.*, Europäische Aktiengesellschaft, 2002, S. 3; ausführlich zur Informationsversorgung des Aufsichtsrates *Theisen, M. R.*, Grundsätze, 2002.

Beispiel:[1]

Das Aufsichtsorgan der A-SE möchte über den vom Leitungsorgan geplanten Standort einer neuen Produktionsstätte informiert werden und fordert daher vom Leitungsorgan entsprechende Planungsunterlagen an. Das Leitungsorgan, das befürchtet, dass dadurch das geplante Vorhaben publik werden könnte und der A-SE durch steigende Grundstückspreise ein entsprechender Schaden entsteht, möchte die Unterlagen als Geschäftsgeheimnis behandeln und daher nicht herausgeben.

Das Einsichtsrecht des Aufsichtsorgans folgt aus Art. 41 Abs. 3 SE-VO. Das Leitungsorgan kann sich insoweit nicht auf die Verschwiegenheitspflicht nach Art. 49 SE-VO gegenüber dem Aufsichtsorgan berufen, da ohne die angeforderten Informationen eine effektive Überwachung nicht gewährleistet ist. Zudem unterliegen alle Mitglieder des Aufsichtsorgans derselben Verschwiegenheitspflicht. Die Regelung und die sich daraus ergebenden Konsequenzen entsprechen uneingeschränkt deutschem Recht.[2]

Zudem hat der Abschlussprüfer die Funktion eines Informationsvermittlers wie bei einer deutschen AG inne:[3] Gesetzliche Grundlage sind die auch für die SE anzuwendenden Regelungen (§§ 170 f. AktG sowie Ziff. 7.2. DCGK).

Bereits die in der SE-VO vorgesehene Informationsversorgung entspricht der aus dem AktG bekannten Struktur:[4] Der Aufsichtsrat wird gleichermaßen mit periodischen wie aperiodischen Informationen versorgt. Zudem hat er das Recht, gezielt nach Informationen zu fragen. In zeitlicher Hinsicht besteht sein Überwachungsauftrag in der vergangenheitsorientierten Kontrolle sowie der präventiven Überwachung. §§ 18 und 19 SE-AG dienen also wiederum nur dazu, einen Gleichlauf der Regelungen für die SE und die AG herzustellen.[5]

bd. Zustimmungspflichtige Geschäfte

Die nach § 111 Abs. 4 S. 2 AktG erforderliche Zustimmung des Aufsichtsorgans zu bestimmten Arten von Geschäften findet nach Art. 48 Abs. 1 SE-VO bzw. § 19 SE-AG auch für die SE Anwendung.[6] Entsprechende Satzungsgestaltungen sind möglich, allerdings muss mindestens ein solches zustimmungspflichtiges Geschäft entsprechend festgelegt werden. Das Zustimmungsrecht führt aber nicht zur Einschränkung der für das dualistische Modell charakteristischen Trennung zwischen Leitung und Kontrolle, da das Aufsichtsorgan dem Vorstand damit kein bestimmtes Verhal-

---

1 Das Beispiel ist *Heße, M. / Enders, T.*, Gesellschaftsrecht, 2001, S. 226 f., nachgebildet.
2 S. §§ 93, 116 AktG.
3 Vgl. *Theisen, M. R.*, Grundsätze, 2002, S. 22.
4 Vgl. hierzu ausführlich *Theisen, M. R.*, Das Aufsichtsratsmitglied, 2003, S. 169-199.
5 Vgl. die Gesetzesbegründung zu §§ 18 und 19 SE-AG.
6 Vgl. *Hommelhoff, P.*, Organisationsverfassung, 2001, S. 283.

ten vorschreiben kann; ein wie immer geartetes Initiativrecht steht dem Aufsichtsorgan damit auch in der SE nicht zu. Vielmehr steht damit ein wichtiges Instrument der Überwachung zur Verfügung.[1]

be. Vergütung und Drittgeschäfte

In der SE-VO und im SE-AG werden weder die Vergütung der Aufsichtsorganmitglieder noch Drittgeschäfte der Gesellschaft mit jenen geregelt. Auch diesbezüglich ist auf das (Aktien-)Recht des jeweiligen Sitzstaates zurückzugreifen. Insbesondere Höhe und Art der Vergütung sind unverändert Gegenstand aktueller Diskussionen im Rahmen der Corporate Governance.[2] Die deutsche Gesetzeslage bestimmt sich nach den §§ 113-115 AktG.

bf. Sorgfaltspflicht und Haftung

Die Mitglieder des Aufsichtsorgans haften gemäß den im Sitzstaat der SE für AG maßgeblichen Rechtsvorschriften für den Schaden, welcher der SE durch eine Verletzung der ihnen bei der Ausübung ihres Amtes obliegenden gesetzlichen, satzungsmäßigen oder sonstigen Pflichten entsteht.[3] Das deutsche Aktienrecht enthält mit den §§ 93, 116 AktG[4] – auch im internationalen Vergleich – relativ strenge Maßstäbe für die Innenhaftung; die Möglichkeiten der Aktionäre, den Aufsichtsrat zur Rechenschaft zu ziehen, sind trotz erweiterter Möglichkeiten nach Maßgabe des Kapitalmusterverfahrensgesetzes 2004 (KapMuG) sowie des Gesetzes zur Unternehmensintegrität und Modernisierung des Anfechtungsrechts 2004 (UMAG) vergleichsweise eher noch (zu) gering.[5]

c. Zwischenergebnis

Das dualistische SE-Modell entspricht nach den Vorgaben der SE-VO sowie den dazu ergangenen Umsetzungsvorschriften des SE-AG im Prinzip dem deutschen System mit Vorstand und Aufsichtsrat. Für die Spitzenverfassung deutscher AG wurde die Dreiteilung zunächst fakultativ, seit 1870 obligatorisch mit den Organen Aufsichtsrat, Vorstand und Hauptversammlung gesetzlich festgelegt.[6] System kennzeichnend ist die strikte Trennung zwischen ausschließlicher, aber gemeinsamer Geschäftsführungsverantwortung des Leitungsorgans einerseits und der formell wie

---

1 Vgl. *Götz, H.*, Zustimmungsvorbehalte, 1990, S. 633; *Berrar, C.*, Corporate Governance, 2001.
2 Vgl. stellvertretend für viele *Berrar, C.*, Corporate Governance, 2001, S. 208-210.
3 S. Art. 51 SE-VO.
4 Zu den Änderungen durch das UMAG siehe unten.
5 Vgl. *Salzberger, W.*, Überwachung, 2000, S. 764-767; zu den aktuellen Gesetzesreformen vgl. unten.
6 Vgl. *Potthoff, E. / Theisen, M. R.*, Organisationsrecht, 1988, S. 53-79; *Reichelt, H.*, Institution, 1998, S. 20 ff.

materiell uneinschränkbaren Geschäftsführungsprüfung durch das Aufsichtsorgan andererseits. Der Hauptversammlung, als Versammlung aller Kapitaleigner (Aktionäre) organisiert, obliegen die mit der gesellschaftsrechtlichen Position verbundenen (Verwaltungs-)Rechte; eine ähnliche Unternehmensverfassung besteht innerhalb der *EU* aktuell in *Österreich* sowie *Finnland, Schweden, Dänemark* und für große AG in den *Niederlanden*.

Die Eigenschaften des deutschen Trennungsmodells erwiesen sich in der Vergangenheit insbesondere im Rahmen der Einbeziehung der Arbeitnehmer und ihrer Vertreter als hilfreich. Im Sinne eines interessenpluralistischen, Konflikt vermeidenden Ansatzes ist so eine Arbeitnehmerbeteiligung auf der Ebene des Aufsichtsrats möglich und gleichzeitig zumindest formal eine Beteiligung dieser Interessenvertreter am aktiven Management der eigenverantwortlichen Unternehmungsführung durch den Vorstand der AG (bzw. die Geschäftsführung der mitbestimmten GmbH) ausgeschlossen.

Funktionell und personell wird die im dualistischen System angelegte Trennung zwischen der Unternehmungsführung einerseits und der Überwachung andererseits damit berücksichtigt. Ungeachtet der Diskussion über die Aufgabenverteilung und eine Intensivierung der Überwachungsfunktion sowie die Reformierung der Corporate Governance insgesamt ist weitgehend unbestritten, dass die operative Unternehmungsführung, aber auch die Initiative zur strategischen Ausrichtung allein der Funktion und Verantwortung des – zeitlich befristet bestellten – Leitungsorgans überantwortet ist und bleiben muss: Dieses allein besitzt – im Rahmen des Gesetzes und der geltenden Satzung – die uneingeschränkte aktive Führungsrolle, die ihm von keinem anderen Unternehmensorgan ganz oder auch nur teilweise abgenommen bzw. von einem solchen ersetzend übernommen werden kann und darf; gleichzeitig tragen alle Mitglieder des Leitungsorgans als Kollektiv die Gesamtverantwortung für das Führungshandeln,[1] bei abweichenden Einschätzungen entscheidet die Mehrheit der Vorstandsmitglieder. In diesem System setzt die Überwachungsfunktion grundsätzlich als Reaktion und nicht als (gestaltende oder initiierende) Aktion ein, da dem Aufsichtsrat funktionell, bezogen auf die Unternehmungsführung, weitgehend nur eine passive (reaktive) Rolle zukommt.

Prozessual allerdings ist unstreitig, dass im deutschen Aktienrecht der Aufsichtsrat seine wichtigste Funktion bereits mit der Bestellung, Wiederbestellung und gegebenenfalls Abberufung der Vorstandsmitglieder ausübt: Insoweit beeinflusst er über diese Personalkompetenz prospektiv auch die Grundlinien der jeweiligen Unternehmungsführung.[2] Der diesbezüglichen Ermächtigung zur nationalen Regelung nach

---

[1] S. § 77 AktG.
[2] Dazu *Peltzer, M.*, Pflichtenbestimmung, 2002, S. 13: "Ist aber die Hauptaufgabe des Aufsichtsrates, für einen fähigen und integren Vorstand zu sorgen, nicht gelungen, ist Überwachung und Raterteilung ungleich schwieriger".

Art. 39 Abs. 2 S. 2 SE-VO sollte daher besondere Bedeutung in der internationalen Diskussion über diesbezügliche einzelstaatliche Bestimmungen zur SE zukommen.

Darüber hinaus bedeutet die Kompetenztrennung zwischen aktiver und passiver Funktion bezüglich der Unternehmungsverantwortung nicht, dass auch zeitlich betrachtet eine derartige Prozessabfolge durch das Trennungssystem vorgegeben wird. Vielmehr ist die Notwendigkeit zu einem effizienten, weitgehend parallelen Führen und Überwachen zwingend und im Ergebnis auch so vom *Bundesgerichtshof* höchstrichterlich bestätigt.[1] Darüber hinaus steht jedoch die Antwort auf die Frage nach Umfang und Bedeutung des Überschneidungsbereichs zwischen Führung und Überwachung in den Fällen der Zustimmungspflicht des Aufsichtsrats[2] seit *Gutenberg* (1970) ebenso wie die Antwort auf die Frage nach der Konkretisierung der begleitenden Beratung und gegebenenfalls sogar Krisen bedingten verstärkten Mitwirkung[3] unverändert aus.

Als Stärke des dualistischen Systems wird immer wieder – und zu Recht – hervorgehoben, dass eine (weitgehend klare) Trennung der Funktionen Unternehmungsführung einerseits und Überwachung andererseits durchgeführt wird; nach dem Vier-Augen-Prinzip kann allein dadurch sowohl eine Selbstkontrolle als auch eine – von Dritten regelmäßig nicht nachvollziehbare – Vermengung dieser Funktionen verhindert werden. Darüber hinaus erleichtert die Trennung die Beteiligung von Arbeitnehmern und deren (interne wie externe) Vertreter. Die funktionell, personell und organisatorisch getrennte Verantwortung erlaubt es zudem, mit Distanz die jeweils geplante bzw. ausgeübte Unternehmungsführung und -strategie zu beurteilen, ohne dass eine unmittelbare Mithaftung und -verantwortung entsprechende Prüfungen und Kontrollen beeinflusst oder beeinträchtigt.

Als Schwäche des Systems wird zum einen eine zunehmende Diskrepanz zwischen gesetzlicher Forderung an das System einerseits und der Aufsichtsratspraxis andererseits benannt. Die aktuellen Führungs- und Überwachungskrisen (Volkswagen AG, Infineon AG, BMW AG, DaimlerChrysler AG uvm.) können allerdings zunehmend nicht mehr als Einzelfälle angesehen werden: Inwieweit diese Erscheinungen aber systembedingtes Versagen charakterisieren, wird noch näher zu untersuchen und zu analysieren sein. Zum anderen erweist sich die Erwartung des Gesetzgebers (und der Öffentlichkeit), dass die beiden Funktionen trotz sehr verschiedenem personellen, materiellen, zeitlichen und prozessualen Einsatzes im Interesse der Unternehmung bzw. des Konzerns unterschiedlich, aber gleichwertig aus-

---

[1] Vgl. *BGH*, Urteil v. 25.3.1991, BGHZ 114, S. 127; vgl. dazu *Theisen, M. R.*, Geschäftsführung, 1995.
[2] S. § 111 Abs. 4 AktG.
[3] Vgl. *BGH*, Urteil v. 25.3.1991, BGHZ 114, S. 127; *Semler, J.*, Leitung, 1996; dagegen u. a. *Girnghuber, G.*, Audit Committee, 1998, S. 152 f.

geübt werden (können), als realitätsfremd: „Es wäre (aber) ein Fehler, von der deutschen Ausgestaltung des Systems auf seine allgemeine Qualität ... zu schließen"[1].

5. Board-Verfassung (monistisches System)

Die größte Innovation durch die Einführung der neuen Rechtsform SE ist aus deutscher Sicht die damit grundsätzlich erstmals mögliche Wahl einer monistischen Leitungsstruktur.[2] Die auch diesbezüglich nur punktuellen Einzelregelungen der SE-VO haben den deutschen Gesetzgeber gezwungen, ergänzend (umfangreiche) eigenständige Regelungen zu erlassen.[3] Die §§ 20-49 SE-AG geben – ergänzend zur SE-VO – diesen gesetzlichen Rahmen vor. Sie stellen ein Pendant zu den Regelungen der §§ 76-116 AktG dar, an die sie sich allerdings in einigen Punkten inhaltlich nähern.[4] Die Regelungen zur monistischen Struktur sind darüber hinaus zum Teil an das englische, zum Teil an das französische Recht angelehnt.[5]

Das angelsächsische Modell eines Chief Executive Officer (CEO) oder französischen Président d`administration générale (PDG) ist damit nunmehr – zumindest in den Grundzügen – in Analogie für eine SE mit Sitz in *Deutschland* denkbar: Eine solche SE mit einem monistischen Leitungssystem verfügt über einen Verwaltungsrat und mindestens einen geschäftsführenden Direktor.[6] Im SE-AG wird das Verwaltungsorgan i. S. d. Art. 43 SE-VO als Verwaltungsrat bezeichnet.[7] Die geschäftsführenden Direktoren können unter Beachtung gesetzlicher Restriktionen auch Mitglied im Verwaltungsrat sein. Damit wird die Funktionen- und Aufgabenteilung durch die Kompetenzen folgender Personengruppen bestimmt:

- Executive Mitglieder im Verwaltungsrat (d.h. zugleich auch geschäftsführende Direktoren)

- Non-executive-Mitglieder im Verwaltungsrat (d. h. nicht zugleich geschäftsführende Direktoren)

- Dritte als geschäftsführende Direktoren

Im Folgenden werden zunächst die Grundlagen der angelsächsischen Unternehmensordnungen beleuchtet, um einen Vergleichsmaßstab herauszuarbeiten. In einem

---

[1] *Reichelt, H.*, Institution, 1998, S. 165.
[2] Vgl. *Teichmann, C.*, Einführung, 2002, S. 444.
[3] Vgl. *Hommelhoff, P.*, Organisationsverfassung, 2001, S. 284.
[4] Vgl. *Ihrig, H.-C. / Wagner, J.*, Europäische Gesellschaft, 2004, S. 1756; für die AG ist derzeit keine Einführung des monistischen Systems als Wahloption geplant; vgl. *Waclawik, E.*, Referentenentwurf, 2004, S. 1194.
[5] Vgl. *Brandt, U.*, SE-Ausführungsgesetz, 2003, S. 1211.
[6] Vgl. *Teichmann, C.*, Gestaltungsfreiheit, 2004, S. 53.
[7] Vgl. die Gesetzesbegründung zu § 20 SE-AG (Bundestagsdrucksache 15/3405, S. 36).

zweiten Schritt werden die Aufgaben und Kompetenzen der verschiedenen Personengruppen einer monistisch organisierten SE analysiert. Abschließend werden mögliche Formen der Ausgestaltung aufgezeigt und einer ersten Analyse unterzogen.

a. Grundlagen der angelsächsischen Unternehmungsordnungen

In den angelsächsischen Unternehmungsordnungen überwiegt organisatorisch – in unterschiedlichem Maße – die integrative Ausgestaltung von Führung und Überwachung. Institutionell wird dazu überwiegend der Board-Ansatz gewählt, nach dem beide Elemente (mehr oder weniger) personell und funktionell zusammengeführt werden.[1]

Die den großen deutschen Kapitalgesellschaften vergleichbaren Gesellschaften im angelsächsischen Raum haben zur Verwaltung nur ein Organ, den Board. Er setzt sich aus zwei, personell strikt getrennten Gruppen von Mitgliedern zusammen: Den Inside (executive) Directors und den Outside (non-executive) Directors; in den meisten Fällen der, allerdings nicht nach einheitlichem Recht geregelten, Unternehmensverfassungen überwiegen dabei quantitativ die Inside Directors. Vorsitzender des Board ist der Chairman of the Board. Diese Position wird in der Praxis häufig vom Chief Executive Officer (CEO) – der Spitzenführungskraft des professionellen Managements – eingenommen, der ausnahmslos Inside Director ist. Kommt es zu einer solchen Personalunion zwischen Chairman und CEO, übt der betreffende Director funktionell vergleichbar die Rolle des Vorstandsvorsitzenden und gleichzeitig die des Aufsichtsratsvorsitzenden aus. Diese potenzielle Machtkonzentration hat dazu geführt, dass vergleichbare Kodizes eine strikte personelle Trennung dieser beiden Funktionen verlangen. Alle Inside Directors sind Angestellte des Unternehmens, alle Outside Directors haben – in unterschiedlicher Ausprägung und Intensität – dagegen strikt „unrelated", also unabhängig von der von ihnen (mit-)geführten Unternehmung, zu sein. Das Shareholder Meeting entspricht weitgehend der deutschen Variante der Hauptversammlung und besitzt auch im Wesentlichen die dieser zustehenden Grundverwaltungs- und Gesellschafterrechte.

Der Board ist gemeinsam verantwortlich für die Führung und Überwachung der jeweiligen Unternehmung bzw. des Konzerns. Eine funktionelle Teilung der einzelnen Aufgaben des Board – soweit durch gesetzliche, börsenrechtliche bzw. privatrechtliche Vorgaben (corporate Charter, by-laws) geregelt – erfolgt innerorganisatorisch (binnenstrukturell) und personenbezogen bzw. gruppenspezifisch. Die Gruppe der Inside Directors, gegebenenfalls ergänzt um weitere, nicht dem jeweiligen board angehörigen Führungsverantwortlichen (executive Directors), übernimmt

---

[1] Hierzu und zum Folgenden vgl. *Triebel*, V. u. a., Wirtschaftsrecht, 1995, S. 263-275; *Theisen*, M. R., Konzern, 2000, S. 331-333.

die operative Geschäftsführung und bildet gegenüber Dritten das Vertretungsorgan der Gesellschaft.

b. Funktionen- und Aufgabenverteilung

Die gesetzlich zwingende Aufgabentrennung zwischen Vorstand und Aufsichtsrat im dualistischen System existiert bei einer monistisch ausgestalteten SE nicht.

ba. Verwaltungsrat

„Der Verwaltungsrat führt die Gesellschaft, bestimmt die Grundlinie der Tätigkeit und überwacht deren Umsetzung."[1] Bereits durch diesen ersten Satz der deutschen Gesetzesbestimmungen zu den Aufgaben und Rechten des Verwaltungsorgans wird das Wesen des monistischen Modells zum Ausdruck gebracht: Der Verwaltungsrat ist oberstes Leitungsorgan der Gesellschaft.[2] Der Verwaltungsrat bestimmt die Strategie des Unternehmens und überwacht deren Umsetzung. Berichts- und Begründungspflichten des Vorstands gegenüber dem Aufsichtsrat nach dem dualistischen System sind ihm fremd.[3] Vielmehr sind die Leitungsverantwortung eines Vorstands und der Überwachungs- und Beratungsauftrag eines Aufsichtsrats in ihm vereint und gebündelt.[4]

Dem Verwaltungsrat obliegen zudem u. a. folgende zentrale Pflichten:[5]

- Einberufung der Hauptversammlung, wenn das Wohl der Gesellschaft dies erfordert
- Sicherstellung der Handelsbuchführung
- Errichtung eines internen Kontrollsystems

Diese Konstruktionsmerkmale sind dem französischem Recht entnommen: Nach Art L. 225-35 Code de commerce hat ein einziges Organ die Oberleitung der Unternehmung inne.[6]

Die konkrete Zahl der Mitglieder des Verwaltungsorgans oder aber die Regeln für deren Bestimmung sind nach Art. 43 Abs. 2 SE-VO bzw. § 23 SE-AG in der Satzung festzulegen. Die Mitgliedstaaten werden jedoch nach Art. 43 Abs. 2 S. 1 SE-

---

[1] § 22 Abs. 1 Satz 1 SE-AG.
[2] Vgl. *Teichmann, C.*, Gestaltungsfreiheit, 2004, S. 53.
[3] Vgl. *Teichmann, C.*, Gestaltungsfreiheit, 2004, S. 53.
[4] Vgl. *Ihrig, H.-C. / Wagner, J.*, Europäische Gesellschaft, 2004, S. 1756.
[5] S. § 22 SE-AG.
[6] Vgl. *Neye, H.-W. / Teichmann, C.*, Ausführungsgesetz, 2003, S. 177; *Frodermann, J.*, Aufsichtsorgane, 2005, S. 163.

VO ermächtigt, eine Mindestzahl und – erforderlichenfalls – auch eine Höchstzahl festsetzen zu können. Generell ist dabei zu beachten, dass bei mitbestimmten SE das Verwaltungsorgan aus mindestens drei Mitgliedern bestehen muss (Art. 43 Abs. 2 S. 3 SE-VO). Für deutsche SE gelten die folgenden, vom Grundkapital abhängigen Maximalgrößen, die den Größenvorgaben von § 95 AktG (Größe des Aufsichtsrats einer AG) und § 17 SE-AG (Größe des Aufsichtsorgans einer SE) entsprechen:[1]

Grundkapital	Maximale Mitgliederzahl
bis zu 1.500.000 Euro	9
von mehr als 1.500.000 Euro	15
von mehr als 10.000.000 Euro	21

Hiervon unberührt bleibt allerdings die Beteiligung der Arbeitnehmer nach dem SE-Beteiligungsgesetz.[2]

Das Verwaltungsorgan wählt aus seiner Mitte einen Vorsitzenden (Art. 45 SE-VO); falls die Hälfte der Mitglieder des Verwaltungsorgans von den Arbeitnehmern bestellt wird, muss ein von der Hauptversammlung der Aktionäre bestelltes Mitglied zum Vorsitzenden gewählt werden. Welche Kompetenzen dem Vorsitzenden des Verwaltungsorgans zukommen, bleibt in der SE-VO weitgehend ungeregelt. Alles Weitere ist in Abhängigkeit von der durch einzelstaatliche Umsetzungsregelungen bzw. durch die Satzung bestimmten Binnenorganisation des Verwaltungsorgans zu entscheiden. Eine Ausnahme bildet Art. 50 Abs. 2 SE-VO, nach dem dem Vorsitzenden bei Pattsituationen im Rahmen von Mehrheitsabstimmungen eine ausschlaggebende Rolle zugesprochen wird. Das SE-AG lässt insoweit einige Freiräume, da hierzu wenig spezielle Regelungen aufgenommen wurden.

Insgesamt können auf Basis der SE-VO keine eindeutigen Aussagen über die Willensbildung und deren Überwachung getroffen werden, da auch Art. 48 Abs. 1 SE-VO sehr offen abgefasst ist: „In der Satzung der SE werden die Arten von Geschäften aufgeführt, für die ... im monistischen System ein ausdrücklicher Beschluss des Verwaltungsorgans erforderlich ist"; auch § 35 SE-AG ist hierzu knapp gefasst.

Das Mitglied/die Mitglieder des Verwaltungsorgans wird/werden von der Hauptversammlung bestellt (Art. 43 Abs. 3 SE-VO).[3] Die Mitglieder des Verwaltungsor-

---

[1] S. § 23 SE-AG.
[2] Vgl. hierzu ausführlich den Beitrag von *Köstler* in diesem Band.
[3] So der explizite Verweis in § 28 SE-AG. Die Mitglieder des ersten Verwaltungsorgans können nach Art. 73 Abs. 3 SE-VO durch Satzung bestellt werden. Hiervon bleibt Art. 47 Abs. 4 SE-VO bzw. eine etwaige nach Maßgabe der SE-RL geschlossene Vereinbarung über die Mitbestimmung der Arbeitnehmer unberührt.

gans können für maximal sechs Jahre berufen werden, eine Wiederbestellung ist zulässig.[1]

Die expliziten Regelungen zu den persönlichen Voraussetzungen der Verwaltungsorganmitglieder sind in der SE-VO sehr knapp. Ausführlichere Bestimmungen enthält § 27 SE-AG, die den aus § 100 Abs. 1 und 2 AktG bekannten Leitlinien folgen. Beispielhaft zu nennen sind wiederum die Beschränkung der Mandate auf natürliche Personen[2] und das Verbot von Überkreuzverflechtungen.

§ 31 SE-AG ist § 250 AktG nachgebildet und enthält somit die bekannten Regelungen zur Nichtigkeit der Wahl von Mitgliedern. Für die Anfechtung der Mitgliederwahl wird sogar explizit auf § 251 AktG verwiesen.[3]

Nach § 22 Abs. 6 SE-AG sind die Regelungen, die dem Vorstand und Aufsichtsrat einer AG Rechte und Pflichten zuweisen, sinngemäß auf den Verwaltungsrat anzuwenden. Damit ist u. E. auch die Vorschrift nach § 161 AktG – d. h. die Erklärungspflicht der kodexunterworfenen börsennotierten Gesellschaften zum DCGK – auf den Verwaltungsrat einer monistisch strukturierten deutschen SE anzuwenden.[4]

bb. Geschäftsführende Direktoren

Nach Art. 43 SE-VO kann jeder Mitgliedstaat vorsehen, dass ein (oder mehrere) Geschäftsführer die laufenden Geschäfte in eigener Verantwortung unter denselben Voraussetzungen, wie sie für eine AG mit Sitz im Hoheitsgebiet des jeweiligen Mitgliedstaates gelten, führt (bzw. führen).[5] Diese Regelung darf – aus deutscher Sicht – nicht überbewertet werden. Zu Recht weist *Teichmann* darauf hin, dass diese Ermächtigung für deutsche SE nicht einschlägig ist, weil es keine derartigen Geschäftsführer nach dem deutschen Gesellschaftsrecht gibt. Zudem kann nicht der Schluss gezogen werden, dass die geschäftsführenden Direktoren zwingend auf die Führung der laufenden Geschäfte beschränkt werden müssen.[6] Allerdings kann allgemein aus der Ermächtigung gemäß Art. 43 Abs. 4 SE-VO ein entsprechendes Regelungsrecht abgeleitet werden.[7] Somit bestimmen sich die Aufgaben und Kompetenzen nach Regelungen des SE-AG (insbesondere §§ 40-49 SE-AG). Demnach sind

---

[1] S. Art. 46 SE-VO.
[2] Im Vergleich zum Diskussionsentwurf zum SE-AG ist nun ausdrücklich bestimmt, dass lediglich natürliche Personen Mitglieder des Verwaltungsrats sein können.
[3] Vgl. *Ihrig, H.-C. / Wagner, J.*, Europäische Gesellschaft, 2004, S. 1757.
[4] So auch *Ihrig, H.-C. / Wagner, J.*, Europäische Gesellschaft, 2004, S. 1756.
[5] S. Art. 43 Abs. 1 SE-VO.
[6] Diese Auslegung ist umstritten; überzeugend bejahend *Teichmann, C.*, Gestaltungsfreiheit, 2004, S. 59. A. A. *Ihrig, H.-C. / Wagner, J.*, Diskussionsentwurf, 2003, S. 974; *Kallmeyer, H.*, SE, 2004, S. 1531 ff.
[7] Diese Unterscheidung hat materielle Konsequenzen: Art. 43 Abs. 1 Satz 2 SE-VO bezieht sich nur auf die laufende Geschäftsführung, wohingegen im SE-AG diese Einschränkung nicht getroffen wird und damit die geschäftsführenden Direktoren mit weitergehenden Befugnissen ausgestattet werden können.

die geschäftsführenden Direktoren mindestens mit der Durchführung der laufenden Geschäfte zu beauftragen.¹ Die geschäftsführenden Direktoren werden vom Verwaltungsrat bestellt (§ 40 Abs. 1 Satz 1 SE-AG) und können jederzeit vom Verwaltungsrat abberufen werden, soweit die Satzung nichts anderes bestimmt (§ 40 Abs. 5 SE-AG). Insgesamt wird dadurch die Leitungsmacht des Verwaltungsrats manifestiert und eine Abgrenzung zur dualistischen Unternehmensverfassung geschaffen, da dort der Vorstand eine wesentlich selbstständigere Stellung einnimmt.² Denkbar ist auch, dass ein geschäftsführender Direktor den Vorsitz im Direktorium erhält.³

Zudem kann der Verwaltungsrat gemäß § 44 Abs. 2 SE-AG durch einzelne Weisungen, Einfluss auf die geschäftsführenden Direktoren nehmen.⁴ Die geschäftsführenden Direktoren sind damit mehr mit einem GmbH-Geschäftsführer als mit einem AG-Vorstand deutschen Rechts vergleichbar. Dessen ungeachtet bestimmt sich deren Sorgfaltspflicht nach § 93 AktG und nicht nach § 43 GmbHG.⁵

Die Vertretung der SE gegenüber Dritten erfolgt ausschließlich durch die geschäftsführenden Direktoren.⁶ Diese Vertretungsbefugnis kann nach außen nicht beschränkt werden.⁷ Diese Bestimmung darf aber nicht darüber hinwegtäuschen, dass der Verwaltungsrat das zentrale Machtorgan der SE ist und die geschäftsführenden Direktoren letztlich nur ausführendes Organ sind. Die faktischen Kräfteverhältnisse zwischen den geschäftsführenden Direktoren einerseits und dem Verwaltungsrat andererseits werden vielmehr durch die nachstehend dargestellte Kompetenzverteilung im Innenverhältnis bestimmt. Wichtige Stellschraube und zentrales Abgrenzungsmerkmal zugleich ist die Unterscheidung zwischen „executive" und „non-executive" Verwaltungsratsmitgliedern.

bc. Unterscheidung zwischen executive und non-executive Verwaltungsratsmitgliedern

Im Gegensatz zum dualistischen Modell wird im monistischen System die funktionale Trennung nicht durch eine personelle Trennung flankiert und manifestiert: Eine mit § 105 AktG vergleichbare Regelung existiert nicht. Vielmehr sieht § 40 Abs. 1 S. 2 SE-AG explizit vor, dass der Verwaltungsrat geschäftsführende Direktoren aus seinen eigenen Reihen berufen kann, sofern die Mehrheit des Verwaltungsrats auch weiterhin aus non-executive Mitgliedern besteht. In einer paritätisch mitbestimmten SE führt dies dazu, dass die Mehrheit der nicht geschäftsführenden Verwaltungs-

---

1 S. § 40 Abs. 2. SE-AG.
2 Vgl. *Ihrig, H.-C. / Wagner, J.,* Europäische Gesellschaft, 2004, S. 1757.
3 Vgl. *Brandt, U.,* SE-Ausführungsgesetz, 2003, S. 1212.
4 Vgl. *Brandt, U.,* SE-Ausführungsgesetz, 2003, S. 1212.
5 Vgl. *Brandt, U.,* SE-Ausführungsgesetz, 2003, S. 1212.
6 Vgl. *Eder, C.,* CEO-Modell, 2004, S. 544.
7 S. § 44 Abs. 1 SE-AG; vgl. *Brandt, U.,* SE-Ausführungsgesetz, 2003, S. 1212.

ratsmitglieder Arbeitnehmervertreter sind.[1] Bei den executive Verwaltungsratsmitglieder sind die beiden Funktionen (Verwaltungsratsmitglied und geschäftsführender Direktor) formal grundsätzlich unabhängig: Wird ein solches Mitglied beispielsweise in seiner Funktion als geschäftsführender Direktor abberufen, bleibt er weiterhin Verwaltungsratsmitglied.[2]

Bereits auf Basis der Formulierung in Art. 43 Abs. 1 SE-VO lassen sich mindestens sechs, aus dem Recht anderer Staaten bzw. in der dazu bestehenden Literatur entwickelte Varianten der Binnenorganisation unterscheiden.[3]

		Einbindung organexterner Geschäftsführer	
Mehrheitsverhältnis im Verwaltungsorgan	*Alle* Mitglieder des Verwaltungsorgans führen die Geschäfte der SE gemeinschaftlich; ein Überwachungsgremium ist *nicht installiert*. Organexterne Geschäftsführer *existieren nicht*.	*Alle* Mitglieder des Verwaltungsorgans führen die Geschäfte der SE gemeinschaftlich; ein Überwachungsgremium ist *nicht installiert*. Organexterne Geschäftsführer sind *eingebunden*.	
	Die Geschäftsführungsaufgaben werden an die *Mehrzahl* der Organmitglieder delegiert. Die restlichen Mitglieder *beraten und überwachen* die Geschäftsführer; allerdings kann sich diese Minderheit bei Mehrheitsentscheiden nicht gegen die Gesamtheit der geschäftsführenden Organmitglieder durchsetzen. Organexterne Geschäftsführer *existieren nicht*.	Die Geschäftsführungsaufgaben werden an die *Mehrzahl* der Organmitglieder delegiert. Die restlichen Mitglieder *beraten und überwachen* die Geschäftsführer; allerdings kann sich diese Minderheit bei Mehrheitsentscheiden nicht gegen die Gesamtheit der geschäftsführenden Organmitglieder durchsetzen. Organexterne Geschäftsführer sind *eingebunden*.	
	Die Geschäftsführungsaufgaben werden an eine *Minderheit* der Organmitglieder delegiert. Die restliche Mehrheit der Mitglieder *berät und überwacht* die Geschäftsführer. Organexterne Geschäftsführer *existieren nicht*.	Die Geschäftsführungsaufgaben werden an eine *Minderheit* der Organmitglieder delegiert. Die restliche Mehrheit der Mitglieder *berät und überwacht* die Geschäftsführer. Organexterne Geschäftsführer sind *eingebunden*.	

Abb. 1: *Formen der Binnenorganisation für das monistische Modell*

bd. Abberufung der Verwaltungsratsmitglieder

In der SE-VO finden sich keine Vorschriften zur Abberufung der Mitglieder eines Verwaltungsorgans; auch insoweit muss also auf nationales Recht zurückgegriffen

---

[1] Vgl. *Ihrig, H.-C. / Wagner, J.,* Europäische Gesellschaft, 2004, S. 1757.
[2] Vgl. *Ihrig, H.-C. / Wagner, J.,* Europäische Gesellschaft, 2004, S. 1758.
[3] Vgl. hier und zur nachfolgenden Tabelle *Reinkensmeier, B.,* Organisation, 1994, S. 109-113 m. w. N.

werden bzw. sind einzelstaatliche Regelungen zu entwickeln. Dabei muss festgelegt werden, durch wen die Abberufung erfolgt und ob für eine solche Abberufung besondere Gründe vorliegen müssen. Durch § 29 SE-AG wird insoweit wieder ein Gleichlauf zur dualistischen Unternehmensverfassung hergestellt.[1]

- Die Abberufung erfolgt konsequenterweise durch die Hauptversammlung, da diese auch die Mitglieder bestellt. Nach § 29 Abs. 1 SE-AG ist hierfür eine Dreiviertelmehrheit notwendig.
- Entsandte Mitglieder können nach § 29 Abs. 2 SE-AG vom Entsendeberechtigtem abberufen werden.
- Eine gerichtliche Abberufung ist in Analogie zu § 103 AktG möglich (§ 29 Abs. 3 SE-AG).

Im Hinblick auf die Mitbestimmung ist es zu begrüßen, dass auch bei Mitgliedern des Verwaltungsrats nur eine Abberufung aus wichtigem Grund möglich ist.[2]

Auch in diesem Zusammenhang wird deutlich, welche Herausforderung es auf Basis der SE-VO ist, *EU*-weit vergleichbare Corporate Governance-Strukturen zu schaffen, da beispielsweise sowohl das in *Frankreich* als auch das in *Großbritannien* geltende Recht eine Abberufung ohne wichtigen Grund vorsieht.[3]

be. Vergütung und weitere Verträge mit Verwaltungsratsmitgliedern

Auch für das monistische System sind in der SE-VO Vergütungsfragen nicht geregelt. Der deutsche Gesetzgeber konnte daher sowohl für geschäftsführende als auch für die mit der Überwachung beauftragten Mitglieder des Verwaltungsorgans entsprechende Vorschriften erlassen. Dabei hat er sich allerdings nicht an den für die Vorstände einer AG geltenden §§ 87-89 AktG orientiert, sondern lediglich auf die für Aufsichtsräte relevanten Bestimmungen (§§ 113-115 AktG) verwiesen.[4] Die Festsetzung durch die Hauptversammlung ist konsequent. Zumindest aber kann thematisiert werden, ob nicht beispielsweise eine Regelung analog zu § 87 Abs. 1 Satz 2 AktG betreffend Ruhegehalts- und Hinterbliebenenbezugszusagen angezeigt sein könnte.

Der deutsche Gesetzgeber hat zudem die Chance nicht genutzt, die nationale Umsetzung der monistischen SE zum Anlass zu nehmen, die bestehenden Vorschriften

---

1 Vgl. die Gesetzesbegründung zu § 29 SE-AG; *Frodermann, J.*, Aufsichtsorgane, 2005, S. 166.
2 Vgl. hierzu ausführlich den Beitrag von *Köstler* in diesem Band.
3 Vgl. *Jaeger, C.*, Europäische Aktiengesellschaft, 1994, S. 141 f.
4 S. § 38 Abs. 1 SE-AG.

insgesamt kritisch zu überdenken, da die Vergütung auch in *Deutschland* eine zentrale Rolle in den Diskussionen zur Verbesserung der Corporate Governance spielt.[1]

bf. Sorgfaltspflicht und Haftung der Verwaltungsratsmitglieder

In Art. 51 SE-VO wird bestimmt, dass sich die Haftung der Mitglieder des Verwaltungsorgans nach nationalen Vorschriften bemisst. § 39 SE-AG verweist insoweit pauschal auf § 93 AktG, in dem die Haftung der Vorstandsmitglieder einer AG unmittelbar, die der Aufsichtsratsmitglieder durch Verweis in § 116 AktG auf § 93 AktG geregelt ist.[2]

Die Aufgaben- und Kompetenzen der Verwaltungsratsmitglieder können – wie unten aufgezeigt – durch unterschiedliche Satzungsbestimmungen stark differieren. Der Gesetzgeber sieht – u. E. zu Recht – mit dieser Verweistechnik genügend Spielraum für eine individuelle und an der konkreten Aufgabenstellung ausgerichtete Haftung der Verwaltungsratsmitglieder vor.[3]

c. Kritische Würdigung

Insgesamt wird deutlich wie unterschiedlich die Ausgestaltung von monistischen Systemen in den einzelnen Mitgliedstaaten sein kann. Auch die deutschen Umsetzungsregelungen erlauben ihrerseits noch einen beachtlichen nationalen Gestaltungsspielraum. In der Literatur werden daher bereits unterschiedliche Ausprägungen und Organisationsformen diskutiert. Beispielhaft zu nennen sind:

(1) CEO-Modell[4]

Dem Verwaltungsratsvorsitzenden kommt sowohl nach der SE-VO als nach dem SE-AG eine herausragende Stellung zu. In dem vor allem aus dem US-amerikanischen Raum bekannten CEO-Modell ist vorgesehen, dass der Verwaltungsratsvorsitzende zugleich geschäftsführender Direktor (CEO) ist. Die Machtposition des CEO wird durch Satzungsgestaltung möglichst weitgehend ausgebaut. Beispielsweise werden dazu die Verwaltungsratsmitglieder grundsätzlich für die maximal zulässige Dauer (d. h. 6 Jahre) bestellt, gleichzeitig wird für die Abberufung durch die Hauptversammlung eine zweifache qualifizierte Mehrheit vorgesehen (Satzungsgestaltung in den Grenzen von § 29 Abs. 1 Satz 3 SE-AG). Eine weitere Stärkung des Verwaltungsratsvorsitzenden könnte durch die Einräumung eines

---

[1] Zur Diskussion vgl. stellvertretend für viele *Hüffer, U.*, Aktiengesetz, Kommentar, 2004, §§ 86-89, 113-115.

[2] Im Hinblick auf das UMAG (siehe unten) kann nahezu von einer dynamischen Verweistechnik gesprochen werden.

[3] Vgl. Gesetzesbegründung zu § 39 SE-AG; *Ihrig, H.-C. / Wagner, J.*, Europäische Gesellschaft, 2004, S. 1757.

[4] Vgl. *Eder, C.*, CEO-Modell, 2004, S. 544-547; *Teichmann, C.*, Gestaltungsfreiheit, 2004, S. 55.

Zweitstimmrechts bei Stimmgleichheit oder durch die Übertragung des jeweiligen Ausschussvorsitzes erfolgen. Eine Konsequenz einer derartigen Ausgestaltung wäre allerdings auch, dass die gesetzliche Mitbestimmung bei selber Form und selbem Umfang im Vergleich zum dualistischen Modell relativ stark wirken würde.[1]

Denkbar ist zudem die Personalunion beim Vorsitz im Verwaltungsrat und beim Vorsitz im Direktorium.[2] Dies wird allerdings im Hinblick auf die aktuelle anglo-amerikanische Corporate Governance-Diskussion in der Literatur zu Recht kritisiert.[3] Soweit der Vorsitzende des Direktoriums nur einfaches Verwaltungsratsmitglied ist, sollen die damit gegebenen Vorteile eines effektiven Informationsflusses überzeugen.

Ein vollständiges Zusammenführen von Führung und Überwachung wird lediglich durch § 40 Abs. 1 S. 2 SE-AG verhindert: Hiernach ist vorgesehen, dass die Zahl der executive Verwaltungsratsmitglieder kleiner sein muss als die Zahl der non-executive Verwaltungsratsmitglieder. Im konkreten Streitfall könnte so ein Patt verhindert und die Dominanz der non-executive Verwaltungsratsmitglieder theoretisch gewährleistet werden; Voraussetzung für das damit mögliche Überwiegen der Überwachungsfunktion aber ist in jedem Einzelfall, dass sich ein solches Kräfteverhältnis exakt an der Grenze zwischen executive und non-executive Verwaltungsratsmitgliedern manifestiert.

(2) Kleine Konzerngesellschaft[4]

Ziel dieser Gestaltung ist es, ein europäisches Netz mit kleinen gleichartigen Konzerngesellschaften zu bilden, die stark von der Konzernzentrale beeinflusst werden. Der Verwaltungsrat wird ausschließlich mit leitenden Managern der Konzernzentrale besetzt.[5] Mit seinen weitreichenden Eingriffbefugnissen kann die Gesellschaft umfänglich durch den Verwaltungsrat und damit durch die Konzernzentrale gesteuert werden. Im Vergleich zu einer Tochter-AG sind die Eingriffsmöglichkeiten der Konzernzentrale hier größer, da ein Vorstand die Geschäfte in „eigener Verantwortung" führt und nicht ohne Grund – wie ein geschäftsführender Direktor – abberufen werden kann. Im Vergleich zur Tochter-GmbH liegt der Vorteil darin, dass mit der SE eine supranationale Rechtsform zur Verfügung steht.

---

[1] Vgl. *Ihrig, H.-C. / Wagner, J.,* Europäische Gesellschaft, 2004, S. 1756.
[2] Vgl. *Brandt, U.,* SE-Ausführungsgesetz, 2003, S. 1212.
[3] Vgl. hier und zum Folgenden *Frodermann, J.,* Aufsichtsorgane 2005, S. 168 m. w. N.
[4] Vgl. hierzu *Teichmann, C.,* Gestaltungsfreiheit, 2004, S. 54 f.
[5] Die Gesellschaft soll annahmegemäß mitbestimmungsfrei sein.

(3) Börsennotierte SE

Für börsennotierte SE gilt gemäß § 161 AktG der deutsche Corporate Governance-Kodex (DCGK).[1] Damit widerspricht eine monistisch ausgestaltete SE nicht den Forderungen nach Transparenz. Zudem könnte (bzw. muss) eine klarere Kompetenzverteilung durch die Errichtung von Ausschüssen erreicht werden. Dabei sind insbesondere ein Exekutiv- (für die laufende Geschäftsführung) und ein Planungsausschuss (für strategische Überlegungen) im Verwaltungsrat einzurichten.[2]

(4) Professionalisierte Überwachung

In der Literatur wird auch eine Abwandlung des dualistischen Systems zunehmend diskutiert. Dabei soll die laufende Geschäftsführung ausschließlich durch externe Geschäftsführer ausgeübt werden. Damit entfällt die Notwendigkeit, executive Verwaltungsratsmitglieder zu bestellen. Die Verwaltungsratsmitglieder üben vielmehr alle ihre Überwachungsaktivität professionell aus. Durch mitunternehmerisches Zusammenwirken soll die Überwachung verbessert werden und ein positiver Betrag zur Verbesserung der Corporate Governance geleistet werden.[3]

Aus deutscher Sicht ist die Einführung des monistischen Systems jedenfalls eine revolutionäre Erweiterung des Gesellschaftsrechts. Die neuen Regelungen des SE-AG zum monistischen System sind folglich Gegenstand vieler konträrer Diskussionen. Die wichtigsten Fragen in dieser anhaltenden Debatte lauten:

- Liegt ein verdecktes dualistisches Modell vor?
- Wie ist die Gestaltungsfreiheit im monistischen System zu beurteilen?
- Welche Gefahren bringt die fehlende personelle Aufgabentrennung mit sich?

Die Argumentation, dass allein die Existenz von geschäftsführenden Direktoren zu dualistischen Strukturen führenden könnte,[4] ist nicht überzeugend. Zu Recht weist *Teichmann* darauf hin, dass diese Art von Arbeitsteilung – nämlich Strategie vs. Tagesgeschäft – auch in anderen Jurisdiktionen und Corporate Governance-Kodizes für monistische Modelle so vorgesehen ist und dass diese Art von Arbeitsteilung nicht das charakteristische Element von dualistischen Systemen ist. Vielmehr ist entscheidend, dass im dualistischen System eine strikte personelle Trennung gege-

---

[1] Siehe hierzu unten. Unbeachtlich ist, dass der DCGK aktuell auf duale Strukturen ausgerichtet ist.
[2] Vgl. *Frodermann, J.*, Aufsichtsorgane, 2005, S. 180 f.
[3] Vgl. *Frodermann, J.*, Aufsichtsorgane, 2005, S. 170. U. E. ist dieser Argumentation nicht uneingeschränkt zu folgen. Insbesondere ist zudem zu beachten, dass die zukunftsorientierte Überwachung und strategische Managemententscheidungen in Personalunion beim Verwaltungsrat vereint sind. Die Doppelfunktion des Verwaltungsrats kann damit nur partiell eingeschränkt werden.
[4] So im Ergebnis Stellungnahme des DAV in der Vorbemerkung zu § 18 SE-AG. Für weitere Quellen vgl. auch *Teichmann, C.*, Gestaltungsfreiheit, 2004, S. 58.

ben ist und dass Vorstand und Aufsichtsrat zwei eigenständige Aufgabenbereiche haben, die dem jeweils anderen Organ verschlossen bleiben.[1]

Kritisiert wird die Ausgestaltung des monistischen Systems auch wegen der großen Zahl von einzelnen Regelungen, die hierzu im SE-AG erlassen worden sind: Befürchtet wird eine damit verbundene zu starke Einschränkung der Gestaltungsfreiheit.[2] Allein die Zahl der Regelungen kann aber kein Indiz für die Qualität einer Organisationsform sein. Insbesondere die zahlreichen Regelungen des SE-AG, die gerade Satzungsfreiheit gewähren, sprechen für einen hinreichend großen Gestaltungsspielraum. Exemplarisch hierzu sind die Berichtspflichten: § 90 AktG bestimmt, dass der Vorstand zum Bericht gegenüber dem Aufsichtsrat gesetzlich verpflichtet ist. Wesentlich flexibler kann die Berichtspflicht der geschäftsführenden Direktoren ausgestaltet werden: § 40 Abs. 6 SE-AG sieht vor, dass § 90 AktG nur anzuwenden ist, falls in der Satzung nichts anderes bestimmt ist.[3]

Deutsche SE müssen nach § 40 Abs. 1 SE-AG zumindest einen geschäftsführenden Direktor haben. Dagegen deckt der – hier nicht einschlägige[4] – Art. 43 Abs. 1 SE-VO theoretisch auch einen Verzicht auf die geschäftsführenden Direktoren ab. Allerdings ist hierin keine allzu große Einschränkung der Gestaltungsfreiheit zu sehen, da zum einen die Kompetenzen der geschäftsführenden Direktoren individuell ausgestaltet werden können. Zum anderen erscheint es mit Blick auf die Praxis nahezu zwingend geboten, einen geschäftsführenden Direktor zu haben, soweit die Gesellschaft hinreichend groß ist.[5]

Die Diskussion über die im monistischen System fehlende personelle Aufgabentrennung[6] führt im Ergebnis zu einer Systemdebatte: Monistische versus dualistische Verfassung. Die in Teilen auch der deutschen Praxis bestehende Tendenz zur Ablehnung des aktienrechtlichen Trennungsmodells sowie eine zum Teil offen geäußerte Sympathie für monistische Lösungen geben aber auch, ebenso wie zahlreiche Reformvorschläge de lege ferenda, Anlass, die Struktur des Board-Modells als Al-

---

[1] Vgl. *Teichmann, C.*, Gestaltungsfreiheit, 2004, S. 58.
[2] Zutreffend wird darauf hingewiesen, dass die präzisen Regelungen des SE-AG Rechtssicherheit bringen; vgl. *Nagel, B.*, Europäische Aktiengesellschaft, 2004, S. 1303.
[3] Vgl. *Teichmann, C.*, Gestaltungsfreiheit, 2004, S. 59.
[4] Für Länder wie Deutschland, die bisher kein monistisches System kannten, ist diese Ermächtigung nicht einschlägig, weil es keine derartigen Geschäftsführer in dem jeweiligen Landesgesellschaftsrecht gibt. Die Regelungen §§ 40 ff. SE-AG basieren auf der allgemeinen Ermächtigung nach Art 43 Abs. 4 SE-VO.
[5] Vgl. *Teichmann, C.*, Gestaltungsfreiheit, 2004, S. 59. A. A. *Ihrig, H.-C. / Wagner, J.*, Diskussionsentwurf, 2003, S. 974; *Kallmeyer, H.*, SE, 2004, S. 1531 ff.
[6] Vgl. *Brandt, U.*, SE-Ausführungsgesetz, 2003, S. 1212.

ternative zur bisher allein zulässigen Vorstands-Aufsichtsrats-Verfassung zu untersuchen.[1]

Stärken des monistischen Modells werden regelmäßig in der intensiveren und unmittelbaren Einbindung der nichtgeschäftsführenden Board-Mitglieder (Outside Directors) in die Unternehmensführung, einer größeren Sitzungsfrequenz sowie besseren Informationsmöglichkeiten für die Überwachung gesehen.[2]

Auf ursprüngliche Initiative des *American Law Institute* (*ALI*)[3] wird allerdings seit 1982 in den *USA* eine Diskussion über eine weitgehend personelle Trennung der Führungs- und Überwachungsaufgaben im Board geführt. Die vom *ALI* vorgeschlagene formalisierte Aufgabenteilung (monitoring model) entspricht ganz überwiegend der aktuellen Board-Praxis in den *USA*.[4] Diese Entwicklung ist eine Antwort auf die Kritik an Struktur und Verhalten einzelner amerikanischer Boards. Auch das englische Gesellschaftsrecht zeigt trotz Board-Verfassung eine Annäherung an das dualistische Trennungsmodell.[5] Daher kann in dem hier vorgeschlagenen Verfahren, das monistische und das dualistische SE-Modell vergleichbar auszugestalten, eine Reaktion auf gesellschaftsrechtliche Entwicklungen gesehen werden.

Die nachhaltige Kritik an der Board-Praxis setzt an verschiedenen Entwicklungen der amerikanischen Verfassungswirklichkeit an:

- Omnipotenz von Boards und Einzelnen ihrer Vertreter,
- ungleichmäßige Verteilung von Macht, Wissen und Arbeitsbelastung im Board,
- Oberflächlichkeit und Kurzsichtigkeit in der Board-Arbeit bzw.
- mangelnde Objektivität und Neutralität von Boards.

Diese Kritikpunkte sind erkennbar weniger konstruktions- als positions- bzw. einzelfallbezogen. Die zentralen Probleme finden zum einen ihre Begründung in der heterogenen Zusammensetzung des Board (inside vs. outside Directors), zum anderen in der Abhängigkeit des Board von der Informationspolitik und -versorgung des Mana-

---

[1] Zum US-Board vgl. *Paul, H.*, Board-Modell, 1986, S. 347 ff.; *Salzberger, W.*, Institutionelle Investoren, 1999, S. 94 ff.; *Kindler, A.*, Aufsichtsrat, 1997; *Honold, K. A.*, Unternehmensüberwachung, 1997; *Steindl, M.*, US-Board, 1998; *Schneider, J.*, Unternehmensüberwachung, 2000, S. 37 ff.; zum britischen Board vgl. *Schneider-Lenné, E. R.*, Board-System, 1995, S. 29 ff.; *Allvey, D. P.*, Corporate Governance, 1995; zum Vergleich *Wellkamp, L.*, Aufsichtsrat, 1995; *Potthoff, E.*, Board-System, 1996; *Potthoff, E.*, Überwachung, 1998; *Witt, P.*, Corporate Governance, 2000.
[2] Vgl. *Schneider-Lenné, E. R.*, Board-System, 1995, S. 34.
[3] Vgl. *American Law Institute* (Hrsg.), Principles, 1982; *American Law Institute* (Hrsg.), Recommendations, 1984; *American Law Institute* (Hrsg.), Principles, 1994.
[4] Vgl. *Salzberger, W.*, Institutionelle Investoren, 1999, S. 87 ff.; *Bhagat, S. / Black, B.*, Board, 1998.
[5] Vgl. *Triebel, V. u. a.*, Wirtschaftsrecht, 1995, S. 268.

gements.¹ Die im Board besetzungspolitisch bereits häufig institutionalisierten Perspektivendifferenzen (Kurz- vs. Langfristorientierung) sowie eine autokorrelative Informationsversorgung durch die Mitglieder des Managements sind allerdings gleichzeitig auch die formalen Kennzeichen der gemeinsamen Führungsverantwortung aller Board-Mitglieder.

Das in Hinblick auf die Ausschussbildung und -funktion hohe Maß an gemeinsamem Lösungspotenzial in beiden Systemen belegen weitere empirische Ergebnisse über eine in der Unternehmungspraxis parallel verlaufende Entwicklung der Überwachungsaufgabe.² In dem monistischen System erscheint dies in Form des Board institutionell vorgegeben, in der dualistischen Unternehmensverfassung faktisch installiert. Wenn aber der eigentliche Überwachungsträger in dem monistischen Modell, das Audit Committee, nahezu ausschließlich mit so genannten Outsidern besetzt ist – bzw. nach Vorgabe der *SEC* besetzt sein muss – werden dort faktisch die institutionellen Voraussetzungen für eine Überwachung geschaffen,³ die eine – dem deutschen Vorstands-/Aufsichtsrats-System durchaus vergleichbare – Trennung der Überwachung von der Unternehmungsführung bewirken: „In auditing committees werden ... auch außenstehende, fachkompetente Persönlichkeiten (gewählt). Dadurch soll der Mangel des Boardsystems, daß es kein davon getrenntes Aufsichtsorgan gibt, gemildert und die Arbeit der Boardmitglieder wenigstens hinsichtlich der Rechnungslegung objektiviert werden"⁴. Die nationalen Gesetzgeber sollten daher die durch die SE gegebene Chance nutzen, *EU*-weit (Umsetzungs-)Regelungen zu treffen, welche auch im monistischen System eine personelle Trennung von Führung und Überwachung gewährleisten.

6. Vergleichendes Beispiel

Die Corporate Governance einer SE ist – wie ausgeführt – in der SE-VO nur sehr lückenhaft geregelt. Während für eine dualistisch ausgestaltete SE mit Sitz in *Deutschland* weitestgehend auf das bekannte AktG zurückgegriffen werden kann,⁵ muss die Spitzenverfassung einer monistischen SE mittels der im SE-AG neu geschaffenen Regelungen beurteilt werden.

---

[1] *Gerum, E. / Steinmann, H. / Fees, W.*, Aufsichtsrat, 1988, S. 146, sprechen zutreffend von einem "Kontrollparadoxon"; dazu vgl. *Theisen, M. R.*, Überwachung, 1987, S. 279 ff.
[2] Vgl. *Kaplan, S. N.*, Corporate Governance, 1996, S. 301 ff.
[3] Deutlich *Schneider-Lenné, E. R.*, Board-System, 1995, S. 49: „Daß der board aber als solcher im allgemeinen keine Managementfunktion wahrnehmen kann, sondern nur eine Überwachungsfunktion, ist inzwischen wohl Allgemeingut".
[4] *Hoffmann, D. / Preu, P.*, Aufsichtsrat, 2003, S. 72; beachte auch *Rössler, S.*, Audit Committee, 2001, S. 125 und S. 413: „Faktisch dualistische Strukturierung des Board".
[5] In der Rechtspraxis ist davon auszugehen, dass eine SE überall dort, wo sich das europäische Recht einer Regelung enthält, wie eine nationale Aktiengesellschaft zu behandeln ist; vgl. *Teichmann, C.*, Vorschläge, 2002, S. 1110; vgl. Kapitel II.1.

Beispiel:[1]

Die Mitglieder des Leitungsorgans einer SE bzw. die geschäftsführenden Mitglieder des Verwaltungsorgans einer SE möchten eine Produktionsstätte der Gesellschaft in einen anderen Staat verlegen. Zu prüfen ist, ob diese Maßnahme gegen den Willen eines Großaktionärs/des Aufsichtsorgans bzw. der überwachend tätigen Mitglieder des Verwaltungsorgans durchgeführt werden kann.

Variante a.   Dualistische SE mit Sitz in *Deutschland.*

Die Entscheidung über die Verlegung der Produktionsstätte und die Durchführung der Entscheidung obliegt dem SE-Leitungsorgan.[2] Ein Großaktionär ohne Vertretung im Aufsichtsorgan kann die Verlegung der Produktionsstätte nicht verhindern, da die Hauptversammlung über Fragen der Geschäftsführung nur auf Verlangen des Leitungsorgans entscheiden kann.[3] Ob das Aufsichtsorgan die Verlegung zur Kenntnis bekommt und gegebenenfalls verhindern kann, ist eine Frage des Einzelfalls bzw. der Satzungsgestaltung. Nur wenn eine diesbezügliche Zustimmungspflicht i. S. d. § 111 Abs. 4 S. 2 AktG besteht oder ad hoc durch Beschluss geschaffen wird, verfügt das Überwachungsorgan über ein entsprechendes Mitwirkungsrecht.

Variante b.   Monistische SE mit Sitz in *Deutschland.*

Unterstellt man eine funktionale Trennung zwischen Geschäftsführung und Überwachung im SE-Verwaltungsorgan, sind die geschäftsführenden Verwaltungsratsmitglieder legitimiert, die Verlegung der Produktionsstätte zu beschließen und diese Entscheidung auch durchzuführen; im Rahmen der gemeinsamen Verwaltungsratssitzungen aber werden die nichtgeschäftsführenden Verwaltungsratsmitglieder von dem Vorhaben informiert. Die Zuständigkeit der Hauptversammlung ist dagegen vom gewählten Verwaltungsmodell unabhängig zu beurteilen; dies folgt aus dem Aufbau der SE, in der die Hauptversammlung für beide Modelle einheitlich geregelt ist. Daher kann insoweit nicht von Variante a. abgewichen werden: Der Großaktionär kann so die Verlegung der Produktionsstätte nicht verhindern. Inwieweit der Großaktionär im Verwaltungsrat vertreten ist, hängt vom Einzelfall ab. Ein Zustimmungsrecht wie in § 111 Abs. 4 S. 2 AktG gibt es allerdings nicht.

III.   Die SE in der Corporate Governance-Diskussion

1.   Die SE als Anstoß zur weiteren Internationalisierung der Corporate Governance

Durch die Internationalisierung wirtschaftlichen Handelns sind bereits in der Vergangenheit Formen und Verfahren dieser Aktivitäten in einen internationalen Kontext gestellt worden. Durch das in der SE-VO verankerte Modellwahlrecht für die

---

[1]   Das Beispiel ist in Anlehnung an *Heße, M. / Enders, T.,* Gesellschaftsrecht, 2001, S. 225, gebildet.
[2]   S. § 76 Abs. 1 AktG.
[3]   S. § 119 Abs. 2 AktG.

D.III. Die SE in der Corporate Governance-Diskussion

Unternehmensverfassung erfährt diese Diskussion nun eine neue Dimension und praktische Relevanz. Unter Berücksichtigung der Bedeutung, die der Organisation und Verfassung von Unternehmen und Konzernen in diesem Zusammenhang zukommt, ist nachvollziehbar, dass sich sowohl die Wissenschaft als auch die Praxis mit diesen Fragestellungen und den dazu weltweit angebotenen Lösungskonzepten bereits beschäftigt hat.[1] Hinsichtlich der vorgefundenen, zum Teil erheblichen Unterschiede der Organisation und Ausgestaltung der alternativen Spitzenverfassungen werden unter dynamischen Aspekten drei Varianten diskutiert:[2] Eine mögliche Entwicklung wird in der faktischen – ebenso wie seit 2004 *EU*-weit (zumindest teilweise) auch rechtlichen – Konvergenz der Systeme bislang noch unterschiedlicher Spitzenverfassungen gesehen. Ein alternativer Markt orientierter Lösungsansatz wird mit der Erwartung verbunden, dass sich im Zeitablauf eine Dominanz der überlegenen Spitzenverfassung durch den Markt ergeben wird („survival of the fittest"). Schließlich werden – zumindest für abgrenzbare Anwendungsbereiche – auch hierarchische (internationale) Lösungen für möglich gehalten; entsprechende gemeinsame Verfassungslösungen können allerdings ihrerseits wieder teilweise oder ganz auf vorangegangene Entwicklungen aufbauen, die im Folgenden dargestellt und untersucht werden sollen.

a. Konvergenztheorie

Unter Hinweis auf die Ergebnisse einer Reihe empirischer Untersuchungen der Board-Praxis in den *USA* wurden dort wiederholt „immer stärker Tendenzen zu einer Aufteilung der Aufgaben"[3] festgestellt; insoweit aber handelt es sich um eine nur im Ergebnis mit der dualistischen Aufsichtsrats-/Vorstandsverfassung und ihren Problemen vergleichbare Entwicklung: Allein die Ausgangssituation – das dualistische Trennungsmodell einerseits, das monistische Vereinigungsmodell andererseits – lässt erkennen, dass rechtstatsächlich eine funktionelle, institutionelle und sogar personelle Konvergenz der beiden Modelle zu beobachten ist.[4] Insoweit kann auch nicht überraschen, dass die Kritik am Board mit den entsprechenden Einschätzungen des Aufsichtsrats häufig deckungsgleich sind[5], die jeweiligen Reformvorschläge sogar teilweise austauschbar erscheinen.[6] Nur wenn beide Modellvarianten der SE vergleichbar ausgestaltet werden, können zukünftig auch beide parallel verbessert und den Anforderungen der Wirtschaft angepasst werden.

---

[1] Vgl. *Theisen, M. R.*, Konzern, 2000, S. 328 ff.
[2] Vgl. dazu auch *Nassauer, F.*, Corporate Governance, 2000, S. 266 ff.
[3] *Lutter, M.*, Unternehmensverwaltung, 1995, S. 13.
[4] Vgl. *Buxbaum, R. M.*, Leitung, 1996, S. 65 ff.; *Kindler, A.*, Aufsichtsrat, 1997, S. 167 f.; *Nassauer, F.*, Corporate Governance, 2000, S. 266 ff.; a. M. *Reichelt, H.*, Institution, 1998, S. 176.
[5] Vgl. *Gilson, R. J. / Kraakman, R.*, Director, 1991, S. 863 ff.; *Lipton, M. / Lorsch, J. W.*, Proposal, 1992, S. 59 ff.; aus deutscher Sicht u. a. *Hommelhoff, P.*, Störungen, 1995.
[6] Vgl. *Gerum, E.*, Organisation, 1998, S. 147: „Konvergenz trotz Varianz".

Eine zentrale Erkenntnis des empirisch gestützten Vergleichs ist die in allen drei Systemen weiter voranschreitende Professionalisierung des Managements, welche tendenziell eine (noch) größere Autonomie der Unternehmungs- bzw. Konzernführung gegenüber der überwiegend nicht professionell ausgeübten Überwachung bedingt: „Unter dem Druck zunehmender Komplexität und steigender Dynamik des Unternehmungsführungsprozesses (entsteht) eine Überwachungslücke .., die zu einer Reflektion über einen sinnvollen Rollenwechsel der Outsider in Boards und Verwaltungsräten sowie zur Intensivierung der Aufsichtsratsarbeit zwingt"[1].

Aus der Konkurrenz der Aufsichtsrats-/Vorstandsverfassung einerseits und der Board-/Verwaltungsratsverfassung andererseits ergibt sich durch die faktische Entwicklung in den verschiedenen Ländern eine zunehmende Konvergenz bezüglich der notwendigen Ziel(um)orientierung: Nicht die institutionellen Fragen der Überwachung, sondern die unterschiedlichen qualitativen Strukturen und Voraussetzungen können Anknüpfungspunkte für eine Reform oder/und Angleichung der Systeme im Interesse größerer Überwachungseffizienz sein.[2] Zentrale Themenbereiche sind dabei:

- die Verbesserung der Zusammensetzung und Qualität von Überwachungsorganen,
- die Intensivierung und Effektivierung der Überwachungsleistung,
- eine erhöhte Anforderung an die Sorgfalts- und Haftungspflichten der Überwachungsträger und
- eine materielle Geschäftsführungsprüfung durch externe Prüfer.

Jeder einzelne dieser konkreten Vorschläge macht deutlich, dass sowohl hinsichtlich des Überwachungsziels als auch der Überwachungsmittel nahezu ausnahmslos Konkordanz das Ergebnis des Rechtssystems- wie Organisationsvergleichs ist: Nur die (institutionalisierten) Wege und die sie konstituierenden Unternehmensverfassungen und Spitzenorganisationen differieren. Nicht die internen und Prozess bezogenen Führungs- und Überwachungsaufgaben, sondern die externen und Struktur bezogenen (statischen) Elemente müssen zukünftig die Diskussion um die „best practice" der Corporate Governance bestimmen, wenn nicht sogar dominieren: „Unitary boards are different from two-tier boards and each can learn from the other, but in

---

[1] So wörtlich bereits *Bleicher, K. / Leberl, D. / Paul, H.*, Unternehmensverfassung, 1989, S. 260; *Kraakman, R.*, Board, 1996; *Rössler, S.*, Audit Committee, 2001, S. 199.

[2] Vgl. *Schneider-Lenné, E. R.*, Board-System, 1995, S. 44; *Theisen, M. R.*, Evidence, 1998; *Rössler, S.*, Audit Committee, 2001, S. 81 und S. 412; *Berrar, C.*, Geschäfte, 2001, S. 2186; *Salzberger, W. / Theisen, M. R.*, Ideas, 2001, S. 21.

practice the differences between them are eclipsed by their similarities. The practical value of this finding cannot be overestimated".[1]

Bezogen auf die diesbezüglichen Entwicklungen zur Corporate Governance in *Großbritannien* stellt *Davies* allerdings eine Alternative zur Konvergenzthese vor: Nach seiner Auffassung ist die Entwicklung des Aufsichtsratssystems einerseits und des monistischen Systems andererseits nicht von Konvergenz oder Divergenz der beiden unterschiedlichen Führungssysteme geprägt, sondern von einem (berechtigten) Nebeneinander. Im Kern seiner Analyse steht dabei die Auffassung, „daß es (für Deutschland) nicht unplausibel ist, daß die Effizienzgewinne durch Interessenvertretung die Effizienzverluste durch weniger effektive Überwachung auch überwiegen können".[2] Allerdings erkennbar geprägt von einer a-priori-Überzeugung bezüglich eines überlegenen Board-Systems resümiert er: „Der deutsche Aufsichtsrat bleibt ein eher ineffektives Überwachungsorgan, wohingegen der britische (!) Board formell zwar nicht nur die Überwachungsaufgabe hat, diese aber in der Praxis besser umsetzen kann." Die deutsche Situation hält *Davies* dennoch so lange für effizient, als Großaktionäre die (mangelhafte) Überwachungsleistung des Aufsichtsrats übernehmen. Sollte sich dies aber strukturell ändern, dann glaubt er, dass auch *Deutschland* „zwischen einer effektiven Aufsicht und einem effektiven Interessenausgleich zu wählen"[3] hätte. Losgelöst von der Wertung der jeweiligen Systeme im Detail sieht damit aber auch *Davies* im Ergebnis die Möglichkeit, beide (SE-)Modelle für die Praxis vergleichbar und gleichwertig zu gestalten. Diese Chance, die zugleich eine Verpflichtung für die nationalen Gesetzgeber bedeuten könnte, sollte von den einzelnen *EU*-Staaten geprüft und gegebenenfalls genutzt werden, um nicht einheitliche, aber in jeder Variante effektive Unternehmensverfassungen zu erreichen.

In dem Vorschlag für eine Präambel zu dem, letztlich so nicht realisierten „German Code of Corporate Governance" wird zutreffend darauf hingewiesen, „daß sich in einer globalisierten Wirtschaft die Modalitäten erfolgreicher Unternehmensführung zwar annähern. Gleichwohl können Governanceregeln nur dann zur Optimierung der Leitung und Überwachung beitragen, wenn sie auch die spezifischen gesetzlichen, ökonomischen, sozialen und kulturellen Gegebenheiten des Sitzstaates (Domizilstates) eines Unternehmens in Rechnung stellen"[4]. Das Spannungsverhältnis von *EU*-weiter Einheitlichkeit und einzelstaatlicher Charakteristika sollte daher weiterhin berücksichtigt werden. Demzufolge wäre es auch unangemessen, *EU*-weit bis ins Detail identische Corporate Governance-Regeln zu schaffen. Insoweit könnte man sich an dem deutschen § 161 AktG als potenziellem Lösungsansatz orientieren.

---

[1] *Cadbury* [Vorsitzender des *Cadbury Committee* 1992], zit. nach *Demb, A. / Neubauer, F.-F.*, Board, 1992, Vorwort.
[2] *Davies, P.*, Struktur, 2001, S. 290.
[3] *Davies, P.*, Struktur, 2001, S. 293.
[4] *Berliner Initiativkreis*, GCCG, 2001, S. 67.

Demnach ist grundsätzlich neben dem Gesetz ein Corporate Governance-Kodex zu beachten. Alle Grundsatzfragen könnten dementsprechend in einem Gesetz einheitlich bestimmt werden; länderspezifische Details könnten dagegen unverändert in jeweils national unterschiedlichen Kodizes Berücksichtigung finden.

b. Wettbewerb – Marktlösungen

Außerhalb der wissenschaftlichen Diskussion besteht in der Praxis schon lange eine intensive Auseinandersetzung über die Bedeutung und Vorteilhaftigkeit unterschiedlicher Spitzenverfassungen für Unternehmen und Konzerne, die unter Berücksichtigung der SE-Organisationsformen wieder aufleben kann. In Zusammenhang mit der Standortwahl international engagierter Unternehmen findet – neben Faktoren wie der Infrastruktur, der steuerlichen Belastung, der Arbeitsmarktsituation, der Verfügbarkeit weiterer Ressourcen etc. – auch die Unternehmensverfassung immer wieder Beachtung. Die einzelnen potenziellen Einflussfaktoren lassen sich hinsichtlich ihrer Entscheidungsrelevanz jedoch empirisch regelmäßig nicht isolieren, ihre relative wie absolute Bedeutung für die jeweilige Entscheidung damit nicht detailliert nachvollziehen und analysieren. Durch das nunmehr *EU*-weite Unternehmensverfassungswahlrecht wird aber der Wettbewerb der beiden Organisationsalternativen deutlich verschärft, da die beiden Varianten jetzt erstmals innerhalb eines Landes unter sonst identischen Bedingungen konkurrieren. Durch die SE wird – unter Vernachlässigung weniger bereits bestehender Modelle wie in *Frankreich*[1] – die Marktlösung um eine nationale Dimension erweitert.

Konkrete Auseinandersetzungen zur Überlegenheit unterschiedlicher Spitzenverfassungen wurden in Europa bereits in Zusammenhang mit der 5. EG-Richtlinie (Struktur-Richtlinie)[2] geführt. Durch die in diesen Bereichen unbestimmt bzw. offen gehaltene SE-VO wurde eine vergleichbare Auseinandersetzung auf *EU*-Ebene vermieden und im Ergebnis den nationalen Gesetzgebern überantwortet. Die Vorgaben innerhalb der *EU* haben damit bislang nicht zu einer „marktähnlichen" Dominanzstrategie, sondern vielmehr zur Einigung auf der Basis des größten gemeinsamen Nenners geführt: Die auf dem Markt für Spitzenverfassungen im hier relevanten Gebiet, der *EU*, vorhandenen Ansätze wurden in eine hierarchische Lösung eingebracht, ohne dass Erkenntnisse über die Effizienz und gegebenenfalls Markt erprobte Dominanz einzelner Systeme auch nur erhoben – und demzufolge auch nicht analysiert – wurden.[3] Das Vorgehen in der *EU* stellt damit eine mit alten wie neuen Problemen behaftete Mischung aus Marktlösungen – wie sie vorstehend angesprochen

---

1 Vgl. *Berrar, C.*, Corporate Governance, 2001, S. 107, Fn. 365.
2 Vgl. dazu *Chmielewicz, K.*, Neuentwurf, 1984; *Theisen, M. R.*, Überwachung, 1987, S. 113 ff.
3 Deutlich *Reichelt, H.*, Institution, 1998, S. 177: "Wäre dem so, müßten Länder mit dem weniger geeigneten System im internationalen Wettbewerb permanent unterliegen"; a. M. tendenziell *Nassauer, F.*, Corporate Governance, 2000, S. 272 f. und S. 286: "Durchsetzung marktbasierter Kontrollsysteme im Wettbewerb".

wurden – und hierarchischen Lösungen, wie sie anschließend behandelt werden sollen, dar.

c. Hierarchie – Verfassungslösungen

Die Spitzenverfassung international tätiger Unternehmen und Konzerne regelte sich bislang ausnahmslos nach nationalem Recht des Sitzstaates des jeweiligen Unternehmens bzw. Unternehmensteils. Mit der Standortwahl wird gleichzeitig die Organisation und Verfassung der Unternehmungsführung und -überwachung festgelegt. In Abhängigkeit von dem jeweils vorgefundenen Rechtssystem und -verständnis im Standortland bestehen unterschiedliche Freiheitsgrade in der Ausgestaltung der Spitzenverfassung im Detail, wie sie bereits in Zusammenhang mit den einzelnen Modellen dargestellt wurden.

Der weltweite Wettbewerb und die Internationalisierung der damit verbundenen wirtschaftlichen Aktivitäten haben dazu geführt, dass in ersten Regelungskonzepten der *EU* eine Mischung aus einer jeweils hierarchisch vorgegebenen, begrenzten Zahl an Spitzenverfassungen und einer Markt orientierten „freien" Auswahl der gewünschten Spitzenorganisation angeboten wird. Die SE-VO sieht vor, dass für Unternehmen in der Rechtsform einer SE – unabhängig von der jeweils nach nationalem Recht des Sitzstaates geltenden Spitzenverfassung – grundsätzlich eine Wahl zwischen den Grundtypen potenzieller Verfassungen getroffen werden kann (und muss). Dieser Ansatz kann als erster, grenzüberschreitender Versuch gewertet werden – unter Akzeptanz der nationalen Regelungskompetenz für die Spitzenverfassung nationaler Unternehmens- und Konzernformen – für supranationale Organisationsformen eine supranationale Verfassung und Spitzenorganisation zuzulassen.

2. Internationale Lösungsansätze und -konzepte

Im Rahmen der Schaffung eines einheitlichen europäischen Kapitalmarkts gewinnen Europäische Corporate-Governance-Regelungen derzeit viel an Beachtung und Bedeutung.[1] Die SE wird diese Tendenz verstärken. Derzeit werden insbesondere folgende Maßnahmen diskutiert, die Gegenstand des Aktionsplans der EU-Kommission zur „Modernisierung des Gesellschaftsrechts und Verbesserung der Corporate Governance" sind:

- Empfehlung zur Rolle der nicht geschäftsführenden Mitglieder[2]: Ziel ist eine effiziente Überwachungstätigkeit und die Schaffung möglichst unabhängig be-

---

[1] Vgl. *Maul, S. / Lanfermann, G.*, Europäische Corporate Governance, 2004, S. 1861.
[2] http://europa.eu.int/comm/internal_market/company/independence/index_de.htm.

setzter Ausschüsse zur effizienten Kontrolle bei börsennotierten Gesellschaften.[1] Geplant ist, eine entsprechende Empfehlung an die Mitgliedstaaten auszusprechen. In *Deutschland* könnte eine derartige Empfehlung in den DCGK integriert werden. Insbesondere auf die monistisch ausgestaltete SE könnte diese Empfehlung Einfluss nehmen, da u. a. vorgeschlagen wird, dass der Vorsitzende des Verwaltungsrats nicht zugleich Vorsitzender der Geschäftsleitung sein soll.

- Vorschlag der 8. Richtlinie – Audit Committees[2]: In Reaktion auf internationale Unternehmenszusammenbrüche (Enron, Worldcom oder Parmalat) hat die *Europäische Kommission* einen Richtlinienentwurf vorgelegt, der ein unabhängiges Audit-Committee vorsieht.[3] Die in Art. 39 des Entwurfes vorgesehenen Aufgaben stimmen weitgehend mit den Empfehlungen des Abschnittes 5.3.2. DCGK überein, so dass insoweit für deutsche SE keine wesentlichen Änderungen zu erwarten sind.

- Empfehlungen zur Stärkung eines angemessenen Regimes für Vergütungen von Direktoren[4]: Inzwischen hat die Europäische Kommission eine entsprechende Empfehlung verabschiedet.[5] In der nicht verbindlichen Empfehlung werden die Mitgliedstaaten aufgefordert, Maßnahmen in vier Bereichen zu treffen: Vergütungspolitik, Jahreshauptversammlung, Offenlegung der Vergütung und Genehmigung von Aktien sowie Aktienbezugsregelungen.

- Rechte von Aktionären[6]: Ziel dieses Aktionsplans ist es, die Rechte von Aktionären Grenzen übergreifend zwischen den Mitgliedstaaten zu stärken.[7] Hierzu gehören insbesondere folgende Rechte, die EU-weit ausübbar sein sollen: Fragerecht, Recht auf Vorlage von Beschlüssen, Recht auf Briefwahl und Recht auf Teilnahme an Hauptversammlungen auf elektronischem Wege. Hierbei sollen insbesondere die speziellen Probleme der Grenzen übergreifenden Stimmabgabe gelöst werden.

- Verantwortlichkeit der Direktoren und die Verbesserung von Informationen hinsichtlich Finanzberichterstattung und Corporate Governance: Die Kommission hat hierzu einen Richtlinienvorschlag vorgelegt. Ziel dieser Richtlinie ist es u. a., die kollektive Verantwortlichkeit der Direktoren für Jahresabschlüsse zu stärken und die Transparenz von konzerninternen Beziehungen sowie Transak-

---

[1] Vgl. hier und zum Folgendem *Maul, S. / Lanfermann, G.*, Europäische Corporate Governace, 2004, S. 1861.
[2] http://europa.eu.int/comm/internal_market/auditing/index_de.htm.
[3] Vgl. *Maul, S. / Lanfermann, G.*, Europäische Corporate Governace, 2004, S. 1865 f.
[4] http://europa.eu.int/comm/internal_market/company/directors-remun/index_de.htm.
[5] Vgl. Europäische Kommission, Pressemitteilung v. 6.8.2004.
[6] http://europa.eu.int/comm/internal_market/company/shareholders/index_de.htm.
[7] Vgl. hier und zum Folgenden
http://europa.eu.int/comm/internal_market/company/shareholders/index_de.htm.

tionen zu verbessern. Zudem soll die Offenlegung von Corporate Governance-Praxis ausgebaut werden.

Inhaltlicher Ausgangspunkt des Aktionsplans war das „Winter-Gutachten". Im Auftrag der *EU-Kommission* hat unter dem Vorsitz von *J. Winter* eine Expertengruppe das Gesellschaftsrecht in der EU analysiert.[1] Flankiert werden diese Maßnahmen durch die Aktivitäten des Europäischen Corporate Governance Forums. Diese Expertengruppe wurde von der *Europäischen Kommission* berufen und zielt darauf ab, best practices in den Mitgliedstaaten im Bereich Corporate Governance zu untersuchen. Aktuell ist es aber nicht geplant, einen EU-weiten, zentralen Kodex zu entwickeln und einzuführen.[2]

Die Regelungen des Sarbanes-Oxley-Acts gelten im Ergebnis für alle in den USA notierten Gesellschaften.[3] Damit sind sie gegebenenfalls auch auf SE anzuwenden. Ziel des Gesetzes ist Anlegerschutz und Steigerung des Vertrauens in den (US-amerikanischen) Kapitalmarkt. Im Mittelpunkt der Diskussionen stehen insbesondere Section 302 und 404. Nach SOA 302 müssen Unternehmen Kontrollen und Verfahren implementieren, die die Ordnungsmäßigkeit veröffentlichungspflichtiger Informationen gewährleisten. Gemäß SOA 404 ist zudem ein internes Kontrollsystem für die Finanzberichterstattung einzurichten, zu pflegen und zu bewerten. Entsprechende Berichte sind jährlich bei der SEC einzureichen.

3. Deutsche Lösungsansätze und -konzepte

Die Diskussion zur Corporate Governance hat in den westlichen Industrieländern sehr unterschiedlich motivierte und strukturierte Bemühungen und Analysen ausgelöst. *Schneider* hat die zahlreichen, zum Teil schon historischen Ansätze aufgelistet und darauf hingewiesen, dass die jeweiligen Initiativen von unterschiedlichen Institutionen ausgegangen sind bzw. unverändert ausgehen:[4] In den *USA* und *Kanada* sind dies – neben dem bereits erwähnten *American Law Institute* (*ALI*) – große Unternehmen, die Börsen und institutionelle Anleger, in *Großbritannien* und anderen europäischen Ländern dagegen unterschiedlich bestimmte und besetzte Kommissionen oder Verbände, auf internationaler Ebene vor allem die *OECD*.[5]

---

[1] Vgl. *Lehne, K.-H.*, Stand, 2003, S. 272-274.; *Theisen, M. R.*, Herausforderung Corporate Governance, 2003, S. 452; *Maul, S.*, Expertengruppe zur Reform des EU-Gesellschaftsrechts, S. 27-31; *Theisen, M. R.*, Herausforderung Corporate Governance, 2003, S. 452.

[2] Vgl. *Maul, S.*, Expertengruppe zur Reform des EU-Gesellschaftsrechts, S. 27-31; *Theisen, M. R.*, Herausforderung Corporate Governance, 2003, S. 452.

[3] Vgl. *Theisen, M. R.*, Herausforderung Corporate Governance, 2003, S. 451 f.; *Lehne, K.-H.*, Stand, 2003, S. 274 f.

[4] Vgl. *Schneider, U. H.*, Grundsätze, 2000, S. 2414 ff.; *Hopt, K. J.*, Corporate Governance, 2000, S. 14 ff.

[5] Vgl. *OECD*, Principles, 1999; dazu *Seibert, U.*, Principles, 1999; *Hommelhoff, P.*, Principles, 2001.

a. Corporate Governance Kommission

Eine erste von der Bundesregierung iniitierte Aktivität in Sachen Corporate Governance war die im Juni 2000 vollzogene Einrichtung und Bestellung einer *Regierungskommission „Corporate Governance – Unternehmensführung – Unternehmenskontrolle – Modernisierung des Aktienrechts"* unter dem Vorsitz des Rechtswissenschaftlers *Baums*.

Der umfangreiche Bericht dieser Regierungskommission wurde Mitte 2001 vorgelegt.[1] In sehr detaillierten, aber nahezu ausnahmslos national ausgerichteten Stellungnahmen wurden die Ergebnisse und Anregungen diskutiert und analysiert. Die *Baums*-Kommission hat vorrangig zwei Kategorien von Empfehlungen ausgesprochen: Zum einen wendeten sich Anregungen explizit an den Gesetzgeber in seiner Funktion als (erneuter) Reformierer des bestehenden AktG und HGB; in der überwiegenden Zahl der Einzelempfehlungen sprach sich die Kommission insoweit (mindestens) für alle börsennotierten AG gleichermaßen geltende Regelungen aus. Darüber hinaus gab die Kommission zum zweiten zahlreiche Hinweise auf Regelungsbereiche und Detailvorgaben, die nach ihrer Auffassung einem Corporate Governance Kodex überantwortet werden sollten.

Im Ergebnis können die Ausführungen der *Baums*-Kommission einschließlich ihrer zum Teil sehr ausführlichen Begründungen und Ableitungen nahezu ohne Rest in diese beiden Kategorien aufgelöst werden; einige wenige weiterführende Gedanken werden solchen Anregungen gewidmet, die entweder zu nachhaltiger Diskussion, aber keiner abschließenden Empfehlung geführt haben, oder für die weder vom Gesetzgeber noch von der Kodex-Kommission zum aktuellen Zeitpunkt Handlungsbedarf erkannt wurde.

Mit der Ernennung der Kodex-Kommission unter dem Vorsitz des Konzernpraktikers *Cromme* (vormals Vorstands-, jetzt Aufsichtsratsvorsitzender der *ThyssenKrupp AG*) im Herbst 2001 sowie den zeitlich gleichlaufenden Arbeiten im *Bundesjustizministerium* an einem „Gesetz zur weiteren Reform des Aktien- und Bilanzrechtes, zu Transparenz und Publizität (Transparenz- und Publizitätsgesetz)" war die Aufgabe der *Baums-Kommission* abgeschlossen.[2]

b. Deutscher Corporate Governance-Kodex

In weniger als sechs Monaten hat die aus 13 Mitgliedern bestehende *Cromme*-Kommission einen „Deutschen Corporate Governance-Kodex" (DCGK) entwickelt, der im Frühjahr 2002 der Öffentlichkeit erstmals vorgestellt wurde.

---

[1] Vgl. *Baums, T.* (Hrsg.), Bericht, 2001.
[2] Dazu vgl. u. a. *Theisen, M. R.*, Leitkultur, 2001.

D.III. Die SE in der Corporate Governance-Diskussion

Den Auftrag und die Zielsetzung des „Deutschen Corporate Governance-Kodex" formuliert der Vorsitzende wie folgt:[1]

Mit dem DCGK sollen die in *Deutschland* geltenden Regelungen zur Unternehmensführung und -überwachung für nationale wie internationale Investoren transparent gemacht werden, um so das Vertrauen in die Unternehmensverfassung deutscher Gesellschaften zu stärken. Der Kodex betrifft alle wesentlichen – vor allem internationalen – Kritikpunkte an der deutschen Unternehmensverfassung, nämlich

- mangelhafte Ausrichtung auf Aktionärsinteressen;
- duale Unternehmensverfassung mit Vorstand und Aufsichtsrat;
- mangelnde Transparenz deutscher Unternehmensführung;
- mangelnde Unabhängigkeit deutscher Aufsichtsräte;
- eingeschränkte Unabhängigkeit der Abschlussprüfer.

Der Kodex beinhaltet nach Einschätzung der *Regierungskommission* in seiner vorgelegten Form „international und national anerkannte Standards guter und verantwortungsvoller Unternehmensführung". Über § 161 AktG werden börsennotierte Gesellschaften und Konzerne – soweit Soll-Vorschriften formuliert werden – dazu verpflichtet, diese Vorgaben uneingeschränkt zu berücksichtigen; im Einzelfall kann aber auch selektiv oder insgesamt davon abgewichen werden, allerdings nur, soweit eine Begründung dazu jeweils offen gelegt wird. Diese unternehmensindividuelle Anwendung wird durch die zwingende Forderung zu „comply or explain" einerseits zwar flexibel ausgestaltet, andererseits im Kern der Empfehlungen aber auch sichergestellt. Darüber hinaus enthält der Kodex weitere Anregungen zur Corporate Governance, von denen unternehmensindividuell auch ohne Offenlegung abgewichen werden kann.

Für börsennotierte SE gilt über Art. 9 SE-VO und § 161 AktG grundsätzlich der DCGK. Allerdings sind – insbesondere für monistisch ausgestaltete SE – Anpassungen vorzunehmen[2].

Eine zentrale Überlegung für die Schaffung des DCGK waren international vergleichbare Ansätze und damit der zunehmende „Wettbewerb" der unterschiedlichen Unternehmensverfassungen und Systeme. An dieser Stelle wird die Bedeutung dieser Kodizes deutlich, soweit nun auch national verschiedene Spitzenverfassungen parallel nebeneinander stehen können. Wenn die jeweils gesetzlich vorgegebene sowie die faktisch praktizierte Unternehmensführung und -überwachung nicht zwingend aus den jeweiligen nationalen Normen abgeleitet werden kann, können allge-

---

[1] Vgl. *Cromme, G.*, Kodex, 2001.
[2] Vgl. *Frodermann, J.*, Aufsichtsorgane, 2005.

meinverbindliche Unternehmensgrundsätze einen Ansatz zu einer flexiblen Konkretisierung und Ausgestaltung bieten; insoweit haben die „Grundsätze ordnungsmäßiger Bilanzierung" hierbei ebenso Pate gestanden wie der „kaufmännische Brauch"[1]. Allerdings wird dem von den Kodex-Initiatoren auf internationaler Ebene registrierten Informationsbedarf nur dann durch eine Erhöhung der Transparenz Rechnung getragen, wenn die Grundsätze des DCGK entweder befolgt – und gegebenenfalls deren Nichtbefolgung entsprechend sanktioniert – werden oder aber jedes abweichende Verhalten ausnahmslos offen gelegt und damit ebenfalls in vergleichbarer Weise transparent gemacht wird.

Von den unter das „comply or explain"-Regime fallenden Empfehlungen muss erwartet werden können, dass sie entweder bereits „gute Übung" („good practice") sind oder aber zu einer begründungs- und offenlegungspflichtigen Auseinandersetzung in jedem einzelnen börsennotierten deutschen Unternehmen (AG bzw. SE) und Konzern führen; insoweit erfordert die angestrebte Transparenz zwingend auch Klarheit und Eindeutigkeit. Die Verbindlichkeit von gesetzlichen Vorschriften bedarf dagegen keiner individuellen Bestätigung. Das vom DCGK gewählte Verfahren der „Selbstregulierung" kann daher international bzw. bezogen auf das Verfassungswahlrecht der SE-VO nur wettbewerbsfähig sein und entsprechende Anerkennung erwarten, wenn auch auf diesem Wege ausnahmslos Fakten und entsprechendes Handeln in den erfassten Unternehmen generiert wird.

Ein weiterer wichtiger Aspekt für die – zukünftig auch SE-bezogene – Umsetzung und Anerkennung des DCGK ist der Abgleich der aktuellen Unternehmungsführungspraxis mit dem vom DCGK vorgegebenen bzw. empfohlenen Verhalten. Erste Analysen ergeben, dass diesbezüglich zum Teil (noch) erhebliche Diskrepanzen zwischen diesen beiden Positionen bestehen. Der Kodex aber verfehlt in dem Maße seinen Auftrag und damit auch seine Zielsetzung, als er „Wunschdenken" oder theoretische Vorstellungen mit der „guten und verantwortungsvollen Unternehmensführung" verwechselt. Darüber hinaus kann es im Rahmen der geltenden Rechtsordnung auch nicht darum gehen, „international anerkannte Standards" eines Corporate Governance-Systems aufzugreifen, die nicht mit den gesetzlichen Rahmenbedingungen des deutschen Unternehmens- und Gesellschaftsrechts vereinbar sind.

Der DCGK wurde bereits seit seiner ersten Veröffentlichung drei Mal aktualisiert:[2] Die beschlossenen Änderungen betreffen unter anderem die Unabhängigkeit der Aufsichtsratsmitglieder, den Wechsel vom Vorstandsvorsitz in den Aufsichtratsvorsitz, die Qualifikation des Vorsitzenden des Prüfungsausschusses und Veröffentlichung der Entsprechenserklärung im Internet.

---

[1] Zur Entwicklung von "Grundsätzen ordnungsmäßiger Unternehmungsüberwachung" vgl. *Theisen, M. R.*, Überwachung, 1995; *Reichelt, H.*, Institution, 1998, S. 245 ff.

[2] Vgl. Regierungskommission Deutscher Corporate Governance Kodex, Pressemitteilung v. 2.6.2005 (http://www.corporate-governance-code.de/ger/news/presse-20050602.html).

D.III. Die SE in der Corporate Governance-Diskussion

Im Auftrag und mit Unterstützung der *Regierungskommission Deutscher Corporate Governance Kodex* wird jährlich eine empirische Studie durch das *Berlin Center of Corporate Governance* durchgeführt. Ziel der Analyse ist es, die Akzeptanz der Regelungen des DGCK in der Wirtschaftspraxis systematisch zu erheben. Die aktuelle Untersuchung aus dem Jahr 2005 zeigt dabei im Wesentlichen drei klare Entwicklungen im erklärten Verhalten der Kodex verpflichteten Unternehmen auf:[1]

- Die Kodexbestimmungen werden in der Praxis sehr positiv aufgenommen.
- Die Befolgungsquote ist bei DAX-Unternehmen am größten.
- Unternehmen verändern ihre Corporate Governance-Strukturen, um den Empfehlungen entsprechen zu können.

c. Transparenz- und Publizitätsgesetz (TransPuG)

Mit dem 2002 verabschiedeten Gesetzespaket unter der Bezeichnung „Transparenz- und Publizitätsgesetz (TransPuG)" wurde die Arbeit der *Baums*-Kommission ebenso wie die Arbeit der *Cromme*-Kommission begleitet. Durch das TransPuG wurden schwerpunktmäßig diejenigen Vorschläge in das geltende Aktienrecht umgesetzt, die zum Aufsichtsrat und dessen Informationsversorgung entwickelt wurden;[2] darüber hinaus wurden erste Anregungen zur Deregulierung im Bereich der Finanzierung, der Hauptversammlung sowie der Information der Aktionäre aufgenommen.[3] Weitere Einzelregelungen bezogen sich auf Publizitätsanforderungen und den Gegenstand und Umfang der Abschlussprüfung.

Von besonderer Bedeutung für die Diskussion und Weiterentwicklung der deutschen Unternehmensverfassung im Wettbewerb internationaler Corporate Governance-Systeme ist die bereits erwähnte Vorschrift des § 161 AktG:

„Vorstand und Aufsichtsrat der börsennotierten Gesellschaft erklären jährlich, dass den vom Bundesministerium der Justiz im amtlichen Teil des elektronischen Bundesanzeigers bekannt gemachten Empfehlungen der ‚Regierungskommission Deutscher Corporate Governance Kodex' entsprochen wurde und wird oder welche Empfehlungen nicht angewendet wurden oder werden. Die Erklärung ist den Aktionären dauerhaft zugänglich zu machen."

---

[1] Vgl. *Werder, A. v. / Talaulicar, T.*, Kodex Report 2005, 2005, S. 841-846.
[2] Ausführlich dazu *Theisen, M. R.*, Grundsätze, 2002.
[3] Vgl. dazu *Pfitzer, N. / Oser, P. / Orth, C.*, Aktienrecht, 2002.

Im Grundsatz ist davon auszugehen, dass diese Regelung – trotz der expliziten Verwendung der AG-spezifischen Organbezeichnungen („Vorstand und Aufsichtsrat") auch auf die SE anzuwenden ist[1].

Mit der Vorschrift wird zum einen sowohl der DCGK als Institut sowie dessen kontinuierliche Fortentwicklung durch die *Cromme*-Kommission festgeschrieben, zum anderen aber nachhaltig dessen Berücksichtigung bzw. die Möglichkeit eines erklärten Abweichens davon im Einzelfall normiert. Mit der geforderten Offenlegung der Entsprechenserklärung („comply or explain") verkoppelt der Gesetzgeber Haftung bewehrte gesetzliche Pflichten und Verantwortlichkeiten von Vorstand und Aufsichtsrat – bzw. den Verwaltungsratsmitgliedern – mit den Vorgaben und Anforderungen einer privatrechtlich ausgestalteten Kodex-Kommission. Eine weitere formale Verknüpfung erfolgt durch die gesetzliche Erweiterung der (prüfungspflichtigen) sonstigen Pflichtangaben im Anhang nach § 285 Nr. 16 HGB, der zufolge vom Abschlussprüfer festzustellen ist, „dass die nach § 161 des Aktiengesetzes vorgeschriebene Erklärung abgegeben und den Aktionären zugänglich gemacht worden ist."

Sowohl dieser Ansatz als auch das konkret gewählte gesetzgeberische Vorgehen stellen nach Auffassung der *Bundesregierung* ausdrücklich auf die aktuelle Diskussion über die unterschiedlichen Corporate Governance-Systeme ab: „Ein solcher Kodex bietet die Möglichkeit, die geltende Unternehmensverfassung für deutsche AG und die diesbezüglichen, im Wesentlichen im zwingenden Gesetzesrecht verankerten Verhaltensmaßstäbe für Unternehmensleitung und Unternehmensüberwachung in einer gerade auch für ausländische Investoren geeigneten Form zusammenfassend und übersichtlich darzustellen und die Besonderheiten und Vorzüge der dualistischen Unternehmensverfassung zu verdeutlichen".[2] Der DCGK kann auch zu der Diskussion über die Einführung von dualistischen Systemen in den *EU*-Staaten, die bisher ausschließlich das monistische System in ihrem jeweiligen Aktienrecht verankert haben, einen Beitrag leisten; nationale Spezifika dürfen dabei allerdings nicht vollständig vernachlässigt werden. Inwieweit das mit dem DCGK angestrebte Ziel erreicht werden kann, wird zum einen die Erklärenspraxis zeigen; zum anderen aber ist bereits vom Ansatz her eine Gefährdung dieser Zielsetzung insoweit nicht auszuschließen, als nur über die (zwingenden) Verhaltensregeln des DCGK und nicht über die weitgehenden Anregungen sowie die konkrete Umsetzung im Einzelfall zu berichten ist: „Werden die Verhaltensregeln des Kodex im Unternehmen allgemein (!) eingehalten und gab es im Berichtszeitraum keine ins Gewicht fallenden Abweichungen (!), so kann sich die Erklärung mit der Feststellung begnügen: ‚Den Verhaltensregeln der von der Bundesregierung eingesetzten Kodex-Kommission zur Un-

---

[1] Vgl. *Frodermann, J.*, Aufsichtsorgane, 2005; *Teichmann, C.*, Gestaltungsfreiheit, 2004, S. 55 f. Eine analoge Diskussion gibt es zur KGaA: Dort ist ebenfalls von einer Anwendung des § 161 AktG auszugehen, wenngleich auch bei einer KGaA die Organe abweichende Bezeichnungen haben; vgl. *Hölzl, M.*, Organe, 2004, S. 7 f. Börsennotierte KGaA kommen in der Praxis der Entsprechenserklärung nach.
[2] Vgl. dazu *Seibert, U.*, Kommentar, 2002.

ternehmensleitung und -überwachung wurde im Berichtsjahr entsprochen und soll auch künftig entsprochen werden'".[1]

Der vom Gesetzgeber mit dieser Gesetzesreform gewählte Ansatz stellt im Kern auf zwei Strategien ab, die gemeinsam helfen sollen, die Unternehmungsführung und -überwachung deutscher börsennotierter Kapitalgesellschaften in den internationalen Wettbewerb der Corporate Governance-Systeme nachhaltig und erfolgreich einzubringen: Zum einen wird mit dem DCGK international üblichen Anforderungen des Kapitalmarktes, soweit diese System übergreifend kompatibel erscheinen, Rechnung getragen und dies auch entsprechend kommuniziert. Dies ist umso begrüßenswerter, als gerade dieser internationale Wettbewerb durch die Einführung der SE als Rechtsformalternative verstärkt wurde. Zum anderen wird die deutsche Unternehmensverfassung System immanent und stabilisierend durch diese gesetzlichen Vorgaben und weiterführenden Präzisierungen mit der Erwartung ausgestaltet, dadurch eine effiziente Unternehmungsführung und -überwachung zu erreichen, deren Erfolge über den Markt erkannt und wahrgenommen werden. Gelingt es, die deutsche Ausformung und Umsetzung des dualistischen Modells weiter zu verbessern, könnte es auch *EU*-weit (auch) als Referenzmodell für eine dualistisch ausgestaltete SE Verwendung finden.

d. 10-Punkte-Programm

Anfang 2003 stellte die Bundesregierung ihr „10-Punkte-Programm" vor. Ziel dieses Maßnahmenkataloges sollte die Verbesserung der Corporate Governance-Strukturen in Deutschland insgesamt sein[2]. Wichtige Eckpfeiler dabei waren insbesondere

- Haftung von Organmitgliedern,
- Weiterentwicklung des DCGK,
- Stärkung des Abschlussprüfers und
- Einrichtung eines Enforcement-Systems zur Überwachung der Rechtmäßigkeit von Abschlüssen.

Die Neuerungen sind – soweit sie in konkrete Gesetze in der zurückliegenden Legislaturperiode umgesetzt werden konnten – grundsätzlich alle auch für SE einschlägig. Die Umsetzung dieses 10-Punkte-Programms erfolgte allerdings nicht im Rahmen eines einzigen Gesetzes, vielmehr wurde eine Vielzahl von Änderungsgesetzen erforderlich, mit denen die unterschiedlichen Themen nach und nach abgearbeitet wurden. Namentlich sind dies:

---

[1] Vgl. Begründung zum TransPuG, BT-Drs. 14/8769, S. 21.
[2] Vgl. *Bundesministerium der Justiz*, Pressemitteilung v. 25.2.2003.

- Gesetz zur Fortentwicklung der Berufsaufsicht über Abschlussprüfer – Abschlussprüferaufsichtsgesetz (APAG):[1] Durch dieses Gesetz wurde eine berufsstandsunabhängige Aufsicht[2] über Wirtschaftsprüfer und Wirtschaftsprüfungsgesellschaften eingeführt.

- Bilanzkontrollgesetz (BilKoG):[3] Gegenstand dieser ab dem 1.7.2005 in Kraft getretenen Neuregelung ist ein zweistufiges Enforcement-Verfahren zur Kontrolle der Rechtmäßigkeit von Unternehmensabschlüssen.

- Gesetz zur Einführung internationaler Rechnungslegungsstandards und zur Sicherung der Qualität der Abschlussprüfung – Bilanzrechtsreformgesetz (BilReG):[4] Diese Neuerungen sind weitgehend am 1.5.2005 in Kraft getreten und dienen der Fortentwicklung und Internationalisierung des deutschen Bilanzrechts. Beispielsweise wurden die Fair-Value-Richtlinie und die Modernisierungsrichtlinie der EU damit in nationales Recht transformiert.

- Gesetz zur Verbesserung des Anlegerschutzes (AnSVG): Ziel diese Neuregelung ist u. a. die Verschärfung des Insiderrechts, der Ad-hoc-Publizität und der Bestimmungen zu Marktpreismanipulationen.[5]

- Gesetz zur Verbesserung der Haftung für falsche Kapitalmarktinformationen – Kapitalmarktinformationshaftungsgesetz – (KapInHaG 2004):[6] Der 2004 bereits wieder zurückgezogene Gesetzentwurf soll die Organaußenhaftung, also die Kapitalmarkthaftung der Organe und des Emittenten für falsche Erklärungen in Zusammenhang mit kapitalmarktrelevanten Informationen wie ad-hoc-Mitteilungen regeln.

- Gesetz über Musterverfahren in kapitalmarktrechtlichen Streitigkeiten – Kapitalanleger-Musterverfahrensgesetz (KapMuG 2005):[7] Durch das Gesetz soll sowohl die Zulässigkeit solcher Verfahren kanalisiert als auch die Bündelung gleichgerichteter Ansätze und Klagen erleichtert werden. Innerhalb von vier Monaten müssen dazu mindestens zehn weitere gleichgerichtete Klagen in einem so genannten (elektronischen) Klageregister eingetragen werden. Das Verfahren soll die kollektive Durchsetzung von Anlegeransprüchen verbessern helfen.

---

[1] Gesetz v. 27.12.2004, BGBl I, S. 3846.
[2] Das amerikanische Public Company Accounting Oversight Board (PCAOB), das durch den Sarbanes-Oxley Act angestoßen wurde, stand hierfür Vorbild.
[3] Gesetz v. 15.12.2004, BGBl I, S. 3408.
[4] Gesetz v. 04.12.2004, BGBl I, S. 3166; dazu u.a. *Pfitzer, N. / Oser, P. / Orth, C.*, Fragen, 2004, sowie *Hülsmann, C.*, Stärkung, 2005.
[5] Gesetz v. 28.10.2004, BGBl I 2004, S. 2630.
[6] Diskussionsentwurf des BdF z. Zt. abgesetzt unter dem Datum vom 12.10.2004.
[7] S. Gesetz v. 16.08.2005, BGBl I 2005, S 2437.

- Gesetz zur Offenlegung der Vorstandsvergütungen – Vorstandsvergütungs-Offenlegungsgesetz (VorstOG 2005):[1] Bei börsennotierten Aktiengesellschaften sind unter Namensnennung die Bezüge jedes einzelnen Vorstandsmitglieds, aufgeteilt nach erfolgsunabhängigen und erfolgsbezogenen Komponenten sowie Komponenten mit langfristiger Anreizwirkung (einschließlich der Zusagen im Falle des Ausscheidens), gesondert auszuweisen.

- Gesetz zur Unternehmensintegrität und Modernisierung des Anfechtungsrechts (UMAG):[2] Durch dieses Gesetz wurde die Organinnenhaftung (einer AG oder einer SE), das Auskunftsrecht der Aktionäre auf der Hauptversammlung und das Anfechtungsrecht bezüglich Hauptversammlungsbeschlüsse geändert. Durch das UMAG wird eine Gewichtsverlagerung von der Anfechtungsklage hin zur Haftungsklage erreicht.[3] Hierfür wurde einerseits durch Absenkung des Klagequorums die Durchsetzung von Haftungsansprüchen erleichtert. Andererseits wurde die aus dem US-amerikanischen Recht stammende „Business Judgment Rule" kodifiziert: Eine Verletzung der Sorgfaltspflicht liegt demnach dann nicht vor, wenn das Organmitglied bei einer unternehmerischen Entscheidung vernünftigerweise annehmen durfte, auf der Grundlage angemessener Informationen zum Wohle der Gesellschaft zu handeln.[4]

Zusätzlich wurden Änderungen beim Auskunftsrecht der Aktionäre in der Hauptversammlung sowie Änderungen bei der Anfechtung von Hauptversammlungsbeschlüssen vorgenommen. Alle diese Neuerungen sind – soweit einschlägig – auch für SE anzuwenden.

IV. Die SE – eine Rechtsform mit Zukunft?

Die aktuelle Unternehmens- und Konzernpraxis ist auf dem Gebiet der Unternehmensverfassung und -organisation durch ein zweigleisiges Vorgehen als Reaktion auf internationale Herausforderungen auf dem Gebiet der Corporate Governance gekennzeichnet. Zum einen wird durch die Verkoppelung von privatwirtschaftlichen Initiativen und gesetzgeberischen Vorgaben ein nachhaltiger Einfluss der konkreten Unternehmens- und Konzernverantwortlichen auf die weitere Ausgestaltung und Umsetzung der Corporate Governance in *Deutschland* ausgeübt und dieser über die DCGK-Kommission und deren Auftrag nachhaltig gesetzlich abgesichert. Nachdem vom Gesetzgeber der *Cromme*-Kommission aber keine sanktionierten Vorgaben und keine Grenzen ihres Regelungsansatzes und -auftrags auferlegt wurden, kann sie – im Rahmen des geltenden Rechts – (auch) Vorgaben entwickeln, die sich stark an

---

[1] S. Gesetz v. .3.8.2005, BGBl I 2005, S. 2267.
[2] Vgl. den Entwurf unter http://www.bmj.bund.de; geplantes In-Kraft-Treten 01.11.2005.
[3] Vgl. *Frodermann, J.,* Aufsichtsorgane, 2005.
[4] Vgl. *Seibert, U.,* UMAG, 2004, S. 2.

den jeweils aktuellen Wünschen und Vorstellungen der Unternehmungs- und Konzernpraxis orientieren. Erste Ansätze für eine solches Vorgehen bzw. eine entsprechende Tendenz lassen die jüngsten Modifizierungen und „Aktualisierungen" des DCGK sowie gerade die dabei nicht umgesetzten Änderungsvorschläge deutlich erkennen.

Der internationale Systemvergleich wird von einzelnen Unternehmen und deren Verantwortlichen allerdings auch dazu genutzt, die präferierte, gegebenenfalls vom geltenden deutschen Recht abweichende Unternehmensverfassung allein auf dem Wege innerorganisatorischer Maßnahmen und Umstrukturierungen umzusetzen; gleichzeitig wird dieses Vorgehen aber gelegentlich als ein zwingendes Ergebnis der Reaktion auf den sich international verschärfenden Wettbewerb der Systeme dargestellt. Eine solche unternehmensindividuelle Umgestaltung wurde beispielsweise mit der Neuorganisation der *Deutschen Bank AG*, Frankfurt, im Frühjahr 2002 öffentlich gemacht:[1] Mit der Einführung eines Chief Executive Officers (CEO) sowie eines ihm unterstellten und berichtspflichtigen Executive Committees wurden – in dieser Deutlichkeit wohl erstmals – die Grenzen der deutschen Unternehmensverfassung ausgetestet; die Kompatibilität dieses Modells mit Sinn und Zweck des deutschen Gesellschaftsrechts wird noch zu überprüfen sein.

Eine vergleichbare Entwicklung belegen auch Ansätze wie die Organisation der Unternehmensleitung und -überwachung in international engagierten Unternehmen, wie beispielsweise der *DaimlerChrysler AG*, Stuttgart: Weitgehend parallel organisiert, werden hier die zwingenden Elemente der deutschen Unternehmensverfassung nach dem dualistischen Modell mit amerikanischen Versatzstücken der Board-Verfassung „kombiniert":[2] Der gesetzlich vorgeschriebene und paritätisch mit Anteilseigner- und Arbeitnehmervertretern besetzte Aufsichtsrat wird u. a. institutionell in zwei Ausschüssen organisiert, die exakt den beiden Gruppen entsprechen. Der so entstandene „Anteilseignerausschuss" (Shareholder Committee) wird – durch vier zusätzliche Mitglieder („Outside Directors") sowie die zwei Vorstandssprecher ergänzt – „im Auftrag des Aufsichtsrats" exklusiv, z. B. mit der Nominierung und Vergütung der Vorstandsmitglieder, aber auch mit der Vorbereitung des Bilanzprüfungsausschusses (beratend) beauftragt. Inwieweit dieser kombinierte Ansatz, der sich den deutschen aktienrechtlichen Anforderungen noch stellt, aber den amerikanischen Anteilseignern Grundzüge des ihnen allein vertrauten Board-Systems gleichzeitig sichert, mit der Zielsetzung des deutschen Gesetzgebers vereinbar ist, steht ebenfalls noch zur Überprüfung an.

Mit der SE wurde nun erstmals die Schaffung einer weitgehend wirtschaftlich identischen und juristisch einheitlich geregelten europäischen Unternehmensrechtsform

---

[1] Vgl. u. a. *Büschemann, K.-H.*, in: SZ Nr. 22 v. 26./27.1.2002, S. 21.
[2] Vgl. *Gentz, M.*, Transatlantic, 2001, S. 9: „modelled on the US-style board of directors".

D.IV. Die SE – eine Rechtsform mit Zukunft?

erreicht.[1] Durch sie wird den Unternehmen die Möglichkeit eingeräumt werden, die bereits national genutzten rechtlichen Gestaltungsmöglichkeiten der Unternehmensorganisation auch auf europäischer Ebene zu realisieren. Die SE kann damit insbesondere auch als Harmonisierungsinstrument Grenz überschreitende Verschmelzungen (Fusionen) und Grenz überschreitende Unternehmensgründungen ermöglichen. Die Unternehmenspraxis könnte aber auch noch einen ganz anderen Einsatzbereich der SE entdecken, nämlich das *EU*-weite „Unternehmensverfassungs-Shopping": Entsprechend flexibel organisierten Unternehmen und Konzernen in der *EU* könnte die SE insoweit ein geeignetes Instrumentarium sein, jeweils besonders präferierte nationale Unternehmensverfassungen „einzukaufen" und zu kombinieren; allein eine entsprechende Sitz- und Standortwahl ermöglichen ein solches Vorgehen.

Alternativ könnte die Gründung einer englischen public company limited by shares oder einer private company limited by shares, die jeweils ihren Sitz nach *Deutschland* oder in einen anderen Mitgliedstaat verlegen, in Betracht gezogen werden, um eine möglichst flexible Unternehmensverfassung zu erreichen. Dies ist aber aufgrund der aktuell noch (zu) großen Rechtsunsicherheiten praktisch nur begrenzt durchführbar.[2] Die weiteren Entwicklungen auf europäischer Ebene – wie beispielsweise das Überseering-Urteil des EuGH – haben insoweit noch zu keinem abschließenden Ergebnis geführt.[3]

Den nationalen Gesetzgebern bot sich daher bei der einzelstaatlichen Ausgestaltung der SE und der nationalen Umsetzung der Vorschriften eine große Chance: Die Einführung der SE konnte dazu genutzt werden, die bestehenden aktienrechtlichen Regelungen kritisch zu überprüfen, um *inter*staatlich den Verfassungswettbewerb zu minimieren und damit *EU*-weit überwiegend einheitliche SE-Regelungen zu erreichen.[4] Der deutsche Gesetzgeber hat mit dem SE-AG wohl eine andere Strategie verfolgt. Offensichtliche Zielsetzung war die Gleichstellung mit einer AG. Trotzdem hat die SE das deutsche Gesellschaftsrecht teilweise revolutioniert: Auch wenn im Detail (berechtigte) Kritik am monistischen System geübt werden kann, steht damit den Unternehmen eine völlig neue Organisationsform zur Verfügung. Es bleibt mit großer Spannung abzuwarten, wie die Praxis diese Alternative annehmen wird. Ein Manko könnte sein, dass das monistische System mit Organisationsformen konkurrieren muss, die über Jahrzehnte weiterentwickelt wurden und die aufgrund langjähriger Rechtsprechung weitestgehend Rechtssicherheit bieten. Die Wissenschaft ist

---

[1] Vgl. hier und zum Folgenden *Buchheim, R.*, Konzernverschmelzung, 2001, S. 126; *Wenz, M.*, Societas Europaea, 1993, S. 35-44; *Schiffer, J. / Wahlers, U.*, SE, 2001, S. 467; *Blanquet, F.*, Statut, 2002, S. 34-36. *Kübler* sieht in der SE ein Einflusspotenzial auf Kapitalgesellschaften im Allgemeinen; vgl. *Kübler, F.*, Leitungsstrukturen, 2003, S., 222 f.
[2] Vgl. *Nagel, B.*, Europäische Aktiengesellschaft, 2004, S. 1303.
[3] Vgl. *Brandt, U.*, SE-Ausführungsgesetz, 2003, S. 1208 m. w. N.
[4] Vgl. auch die Kritik zur unterschiedlichen Ausgestaltung der SE in Europa von *Bezzenberger, T.*, Europäische Aktiengesellschaft, 2004, S. 231 f.

daher aufgefordert, durch intensive, grenzüberschreitende und interdisziplinäre Diskussionen möglichst schnell die Grundlagen für optimal ausgestaltete Corporate Governance-Strukturen einer monistischen SE zu schaffen. Gleichzeitig bietet sich für dualistische Strukturen unverändert die Möglichkeit, durch grenzüberschreitende Analysen bestehende Systeme weiter zu verbessern. Die Aktivitäten auf EU-Ebene werden hierfür ein gewichtiger Treiber sein.

E. Mitbestimmung

*Roland Köstler**

    I. Beteiligung der Arbeitnehmer am Entscheidungsprozess im Unternehmen .. 334
       1. Vorbemerkung 334
       2. Zum Gang der Darstellung 336
   II. „Verhandelte Beteiligung" oder Auffanglösung 337
       1. Die einzelnen Etappen der Verhandlungen 338
          a. Einsetzung eines besonderen Verhandlungsgremiums 338
          b. Zusammensetzung des besonderen Verhandlungsgremiums 340
              ba. Sitzverteilung 340
              bb. Wahl des besonderen Verhandlungsgremiums im Inland 342
          c. Verhandlungsverfahren und Beschlussfassungen 343
              ca. Allgemeine Fragen, Beginn der Verhandlungen 343
              cb. Beschlussfassungen und Mehrheitsverhältnisse 344
              cc. Wiederaufnahme der Verhandlungen 346
       2. Beteiligung der Arbeitnehmer kraft Vereinbarung 347
       3. Auffangregelung/Beteiligung der Arbeitnehmer kraft Gesetzes 352
          a. Allgemeines zur Auffangregelung 352
              aa. Wenigstens Auffangregelung 353
              ab. Unternehmensmitbestimmung per Auffangregelung 353
          b. Einzelheiten zur Lösung für Unterrichtung und Anhörung 356
              ba. SE-Betriebsrat kraft Gesetzes 356
              bb. Zuständigkeiten des SE-Betriebsrats 358
          c. Einzelheiten zur Mitbestimmung kraft Gesetz 359
              ca. Keine allgemeine Auffanglösung 359
              cb. Systemwahl 360
              cc. Umwandlung 360
              cd. Monistisches System 361
              ce. Mitbestimmungsrecht kraft Gesetz allgemein 362

---

*   *Dr. Roland Köstler*, Rechtsanwalt, Referatsleiter Wirtschaftsrecht der Hans-Böckler-Stiftung, Düsseldorf.

    4. Weitere Aspekte der Beteiligung 364
        a. Verschwiegenheitspflicht 364
        b. Schutz der Arbeitnehmer 365
        c. Verhältnis der SE-RL zu anderen Beteiligungsformen,
           insbesondere auf der nationalen Ebene... 365
    5. Strukturelle Änderungen/Missbrauchsverbot.. 367
        a. Allgemeines 367
        b. Einzelfälle 368
           ba. Sitzverlegung... 368
           bb. Strukturelle Änderungen 369
           bc. Erwerb eines mitbestimmten Rechtsträgers durch die SE........ 371
           bd. SE-Vorratsgründungen 372
III. Ergebnis.. 375

Literatur

Gahleitner, Sieglinde, 2004: Kommentierung Teil II, Arbeitnehmermitbestimmung, in: *Kalss, Susanne / Hügel, Hanns F.* (Hrsg.): Europäische Aktiengesellschaft, *SE-Kommentar*, Wien: Linde, 2004.

Grobys, Marcel, 2005: *SE-Betriebsrat und Mitbestimmung* in der Europäischen Gesellschaft, in: NZA 22 (2005), S. 84-91.

Hasel, Margarete, 2005: *Arbeitnehmerbeteiligung in Leitungsgremien*, in: Mitbestimmung 2005, Heft 5, S. 62-65.

Hennings, Thomas, 2005: Arbeitsrecht – Richtlinie zur Ergänzung des Statuts der Europäischen Gesellschaft hinsichtlich der Beteiligung der Arbeitnehmer (SE-RL) und ihre Umsetzung in Deutschland, in: *Manz, Gerhard / Mayer, Barbara / Schröder, Albert* (Hrsg.), Europäische Aktiengesellschaft, Kommentar, Baden-Baden: Nomos, 2005, S. 617-734.

Ihrig, Hans-Christoph / Wagner, Jens, 2004: Das Gesetz zur *Einführung der Europäischen Gesellschaft* auf der Zielgeraden, in: BB 59 (2004), S. 1749-1759.

Kallmeyer, Harald, 2004: Die *Beteiligung der Arbeitnehmer* in einer Europäischen Gesellschaft: Anmerkungen zum Regierungsentwurf, in: ZIP 25 (2004), S.1442-1445.

Käemmerer, Jörn Axel / Veil, Rüdiger, 2005: Paritätische Arbeitnehmermitwirkung in der monistischen Societas Europaea - ein verfassungsrechtlicher Irrweg?, ZIP 26 (2005), S. 369-376.

Keller, Berndt, 2002: Die Europäische Aktiengesellschaft und *Arbeitnehmerbeteiligung*, in: WSI Mitteilungen, 2002, S. 203-212.

Kleinsorge, Georg, 2002: Europäische Gesellschaft und *Beteiligungsrechte der Arbeitnehmer*, in: RdA 55 (2002), S. 343-352.

Köstler, Roland, 2003: Die *Mitbestimmung* in der SE, ZGR 32 (2003), S. 800-809.

Köstler, Roland, 2005: Die *Beteiligung der Arbeitnehmer* in der Europäischen Aktiengesellschaft nach den deutschen Umsetzungsgesetzen, in: DStR 43 (2005), S. 745-750.

Köstler, Roland / Jaeger, Rolf, 2005: Die *Europäische Aktiengesellschaft*, in: *Hans Böckler Stiftung* (Hrsg.), Arbeitshilfen für Aufsichtsräte Nr. 6, 2. Aufl., Düsseldorf: Hans Böckler Stiftung, 2005.

Kolvenbach, Walter / Hanau, Peter, 1987: Handbook on European *Employee Co-Management*, Den Haag: Kluwer, 1987.

Kommission der Europäischen Gemeinschaften, 1975: *Mitbestimmung der Arbeitnehmer* und Struktur der Gesellschaften in der Europäischen Gemeinschaft, Grünbuch, in: Bulletin der EG, Beilage 8/1975, S. 1-117.

Kommission der Europäischen Gemeinschaften, 1975: *Vorschlag* einer Verordnung des Rates über das Statut für Europäische Aktiengesellschaften, in: Bulletin der EG, Beilage 4/1975, S. 1-200.

Kraushaar, Martin, 2003: *Europäische Aktiengesellschaft und Unternehmensmitbestimmung*, in: BB 58 (2003), S. 1614-1620.

Lambach, Ines Calle, 2005: Das SE-Beteiligungsgesetz, in RIW 51 (2005), S.161–168.

Lorenz, Frank / Zumfelde, Meinhard, 1998: Der Europäische *Betriebsrat* und die Schließung des Renault-Werkes in Vilvoorde / Belgien, in: RdA 51 (1998), S. 168-173.

Manz, Gerhard / Mayer, Barbara / Schröder, Albert (Hrsg.), 2005: *Europäische Aktiengesellschaft*, Baden-Baden: Nomos, 2005.

Müller-Bonanni, Thomas / Melot de Beauregard, Paul, 2005: *Mitbestimmung in der Societas Europaea*, in: GmbHR 96 (2005), S. 195-200.

Nagel, Bernhard, 2004: Die *Europäische Aktiengesellschaft* und die *Beteiligung der Arbeitnehmer*, in: AuR 52 (2004), S. 281-286.

Nagel, Bernhard / Köklu, Alper, 2003: Die *Europäische Aktiengesellschaft* und die *Beteiligung der Arbeitnehmer*, in WiSt 32 (2003), S. 713-720.

Niklas, Thomas, 2004: *Beteiligung der Arbeitnehmer in der Europäischen Gesellschaft*, in: NZA 21 (2004), S. 1200-1206.

Oechsler, Jürgen, 2005: *Die Sitzverlegung der Europäischen Aktiengesellschaft* nach Art. 8 SE-VO, in: AG 50 (2005), S. 373-380.

Pluskat, Sorika, 2001: Die *Arbeitnehmerbeteiligung* in der geplanten Europäischen AG, in: DStR 39 (2001), S. 1483-1490.

Reichert, Jochem / Brandes, Stephan, 2003: *Mitbestimmung der Arbeitnehmer* in der SE: Gestaltungsfreiheit und Bestandsschutz, in: ZGR 32 (2003), S. 767-799.

Teichmann, Christoph, 2002: Die *Einführung* der Europäischen Aktiengesellschaft – Grundlagen der Ergänzung des europäischen Statuts durch den deutschen Gesetzgeber, in: ZGR 31 (2002), S. 383-464.

Vossius, Oliver, 2005: *Gründung und Umwandlung der Europäischen Gesellschaft* (SE), in: ZIP 26 (2005), S. 741-749.

Weiss, Manfred, 2003: *Arbeitnehmermitwirkung in Europa*, in: NZA 20 (2003), S. 177-184.

Wenz, Martin, 1993: Die *Societas Europaea* – Analyse der geplanten Rechtsform und ihre Nutzungsmöglichkeiten für eine europäische Konzernunternehmung, Berlin: Duncker & Humblot, 1993.

Wollburg, Ralph / Banerjea, Nirmal Robert, 2005: Die *Reichweite der Mitbestimmung* in der Europäischen Gesellschaft, in: ZIP 26 (2005), S. 277-283.

I. Beteiligung der Arbeitnehmer am Entscheidungsprozess im Unternehmen

1. Vorbemerkung

Im Grünbuch „Mitbestimmung der Arbeitnehmer und Struktur der Gesellschaften" der Kommission der EG aus dem Jahre 1975 heißt es: „In wachsendem Maße wird es als ein Gebot der Demokratie erkannt, diejenigen, die von Entscheidungen gesellschaftlicher und politischer Institutionen in erster Linie betroffen werden, in den Entscheidungsprozess einzubeziehen. Die Arbeitnehmer können ein ebenso großes und manchmal sogar noch größeres Interesse als die Anteilseigner am Betriebsgeschehen haben. Die Arbeitnehmer beziehen von dem Unternehmen, das sie beschäftigt nicht nur ihr Einkommen; sie widmen darüber hinaus dem Betrieb den größten Teil ihres täglichen Lebens. Entscheidungen, die von oder im Unternehmen getroffen werden, können kurz- und langfristig beträchtliche Auswirkungen auf ihre wirtschaftlichen Verhältnisse haben; dies gilt auch für die Befriedigung, die ihnen ihre Arbeit verschafft, für ihre Gesundheit und körperliche Verfassung, für die Zeit und die Kraft, die sie ihren Familien und anderen Dingen als ihrer Arbeit widmen können. Es wird für sie darüber hinaus eine Frage der Menschenwürde und Selbstbestimmung. Daher überrascht es nicht, dass der Frage, wie und in welchem Ausmaß die Arbeitnehmer auf Entscheidungen der Unternehmen Einfluss nehmen sollten, immer mehr Beachtung geschenkt wird."[1]

Im gleichen Jahr legte die Kommission einen ausführlichen und vollkommen revidierten Vorschlag für eine Verordnung zum Statut für eine Europäische Aktiengesellschaft vor. In den Erwägungsgründen hieß es zur Beteiligung der Arbeitnehmer am Entscheidungsprozess im Unternehmen: „Um eine harmonische Entwicklung des Wirtschaftslebens innerhalb der Gemeinschaft, eine größere Stabilität sowie eine Verbesserung der Lebens- und Arbeitsbedingungen der Arbeitnehmer zu fördern, ist es erforderlich, die Arbeitnehmer am Leben der europäischen Aktiengesellschaft zu beteiligen. Aus den besonderen rechtlichen und tatsächlichen Beziehungen der Arbeitnehmer zu den Unternehmen sind in allen Mitgliedstaaten konkrete Folgerungen gezogen worden. Bei allen Unterschieden der Ausgestaltung im Einzelnen liegt den Regelungen die gemeinsame Überzeugung zugrunde, dass den Arbeitnehmern eines Unternehmens die Möglichkeit der gemeinsamen Vertretung ihrer Interessen inner-

---

[1] *Kommission der Europäischen Gemeinschaften*, Mitbestimmung der Arbeitnehmer, 1975, S. 9.

halb des Unternehmens und der Mitwirkung an bestimmten Entscheidungen gegeben werden muss."[1]

Es ist ein langer Weg von 1975 bis zur Verordnung des Rates vom 08.10.2001 über das Statut der SE (SE-VO)[2] und der Richtlinie zur Ergänzung des Statuts hinsichtlich der Beteiligung der Arbeitnehmer (SE-RL).[3] Er wird im ersten Beitrag dieses Buches von *Theisen* und *Wenz* nachgezeichnet.[4] Die SE-RL aus dem Jahr 2001 definiert in Art. 2 Buchst. h als „Beteiligung der Arbeitnehmer" jedes Verfahren – einschließlich der Unterrichtung, der Anhörung und der Mitbestimmung – durch das die Vertreter der Arbeitnehmer auf die Beschlussfassung innerhalb der Gesellschaft Einfluss nehmen können (siehe zu den Begriffsbestimmungen in der deutschen Umsetzungsgesetzgebung § 2 SE-BG).[5]

Bevor im nächsten Abschnitt (Kapitel II.) die Einzelheiten dieser „Beteiligung der Arbeitnehmer" erläutert werden, lediglich noch eine Vorbemerkung: Methodisch gibt es innerhalb der Europäischen Gemeinschaft eine große Bandbreite der Beteiligung von institutionalisierten Modellen bis zu Kollektivverhandlungen. Es gibt ausgefeilte gesetzliche Lösungen für Repräsentanten der Arbeitnehmer in manchen Ländern, in anderen hingegen hängt vieles von der Stärke der Gewerkschaften ab, Druck auf die Entscheidungen des Managements auszuüben. Das „Handbook on European Employee Co-Management" von *Kolvenbach* und *Hanau*[6] gibt einen eindrucksvollen umfassenden Überblick über die Entwicklungen in der Europäischen Gemeinschaft und den Mitgliedstaaten[7].

Die größte Bandbreite gibt es zweifellos bei dem was nach deutscher Begrifflichkeit Unternehmensmitbestimmung heißt, also dem Zugang der Arbeitnehmer zu einem Organ, der das Unternehmen betreibenden Kapitalgesellschaft: dem Aufsichtsrat.[8]

Die Haltung zu dieser Thematik war lange Zeit in den europäischen Gewerkschaften auch von ihren historischen Entwicklungen und Traditionen her bestimmt. Gleich-

---

[1] *Kommission der Europäischen Gemeinschaften,* Vorschlag, 1975, S. 13.
[2] S. Verordnung (EG) Nr. 2157/2001 des Rates v. 8.10.2001, ABl. EG Nr. L 294 v. 10.11.2001, S. 1-21, abgedruckt in Anhang I.
[3] S. Richtlinie 2001/86/EG des Rates v. 8.10.2001, ABl. EG Nr. L 294 v. 10.11.2001, S. 22-32, abgedruckt in Anhang II.
[4] Vgl. ferner *Wenz, M.*, Societas Europaea, 1993, S. 10-17.
[5] Das deutsche SE-Einführungsgesetz mit dem SE-AG und dem SE-BG ist in Anhang III abgedruckt.
[6] Vgl. *Kolvenbach, W. / Hanau, P.*, Employee Co-Management, 1987.
[7] Dazu aktuell und umfassend vgl.: The European Company - Prospects for Board-Level Representation, 2004, und die Tabellen zu EU-25 in: *Köstler, R. / Jaeger, R.*, Europäische Aktiengesellschaft, 2005 S. 54-56.
[8] Ergänzend dazu: der Arbeitsdirektor im Vorstand.

wohl hatte es auf dem 6. Kongress des Europäischen Gewerkschaftsbundes in Stockholm 1988 bereits einen Beschluss (Demokratie in Wirtschaft und Gesellschaft durch die Ausweitung der Rechte der Arbeitnehmer) gegeben:[1] „... 6. Der Kongress unterstreicht die Bedeutung der detaillierten Forderungen, die vom Exekutivausschuss zur Harmonisierung des EG-Gesellschaftsrechts und zur Schaffung europäischer Unternehmensstrukturen erhoben wurden. Er fordert insbesondere:

- eine deutliche Unterscheidung zwischen den Organen, die ein Unternehmen führen und denjenigen Organen, die diese Führung überwachen und kontrollieren,
- gleichberechtigte Beteiligung der Arbeitnehmervertreter bei der Zusammensetzung der Aufsichts- und Kontrollorgane, einschließlich der Möglichkeit, dass die Arbeitnehmervertreter in diesen Organen vertreten sind,
- die Bildung europäischer Aufsichts- und Kontrollorgane, die diesen beiden Anforderungen entsprechen, für alle europäischen Unternehmen, die in mehr als einem Land des gemeinsamen Marktes tätig sind."

Wenn also oft vom Stolperstein oder Hemmnis der Unternehmensmitbestimmung im Rahmen der Debatte um die Europäische Aktiengesellschaft die Rede war, so ist festzuhalten, dass es in Wirklichkeit der mangelnde politische Einigungswille der nationalen Regierungen war und dass mit dem Verhandlungsansatz, wie er im Rahmen des Rechts des Europäischen Betriebsrates und weiterhin von der *Davignon*-Kommission entwickelt worden war,[2] der entscheidende Schritt getan wurde.

2. Zum Gang der Darstellung

Gemeinhin wird zwischen unternehmerischer Mitbestimmung und betrieblicher Mitbestimmung unterschieden. Für die Europäische Aktiengesellschaft ist es nicht sinnvoll, so zu verfahren. Wie noch zu zeigen sein wird, unterliegen Betriebe einer SE in Deutschland der deutschen Betriebsverfassung sowie dem übrigen nationalen Arbeitsrecht; angeknüpft wird hier an den Betrieb als organisatorisches Substrat. Bei einem grenzüberschreitenden Phänomen wie der Europäischen Aktiengesellschaft sind zwei Aspekte der Beteiligung der Arbeitnehmer zu betrachten:

- Mitbestimmung als die Einflussnahme der Arbeitnehmer auf die Angelegenheiten einer Gesellschaft[3] und

---

[1] Vgl. *Köstler, R. / Jaeger, R.*, Europäische Aktiengesellschaft, 2005, S. 55-56.
[2] Dazu vgl. *Pluskat, S.*, Arbeitnehmerbeteiligung, 2001, S. 1484.
[3] S. Art. 2 Buchst. k SE-RL und jetzt § 2 Abs. 12 SE-BG.

- die grenzüberschreitende Unterrichtung und Anhörung zwischen dem Organ zur Vertretung der Arbeitnehmer auf europäischer Ebene und dem zuständigen Organ der SE,[1] also Vorstand oder Board.

Die Ausführungen im nachfolgenden Kapitel II. sind aus diesen Gründen wie folgt aufgebaut:[2] Zu beginnen ist mit den Verhandlungen, die im Rahmen der Absichten zur Gründung einer Europäischen Aktiengesellschaft, mit einem besonderen Verhandlungsgremium der Arbeitnehmer, aufzunehmen sind und zu enden ist mit dem Abschluss einer Vereinbarung einerseits bzw. der Anwendung im Anhang der SE-RL aufgeführter so genannter Auffangregeln andererseits. Ein besonderer Abschnitt ist dann der Verschwiegenheitspflicht und dem Verhältnis der SE-Beteiligung zu anderen europäischen und nationalen Beteiligungsformen gewidmet. Am Schluss ist noch auf Aspekte der so genannten strukturellen Änderungen einzugehen, die schon bei der Frage der Gründung auftauchen können, ansonsten natürlich anlässlich verschiedener nachträglicher Konstellationen.

II. „Verhandelte Beteiligung" oder Auffanglösung

Basis der nachfolgenden Ausführungen ist in erster Linie Artikel 2 des Gesetzes zur Einführung der Europäischen Gesellschaft vom 22.12.2004: *Das Gesetz über die Beteiligung der Arbeitnehmer in einer Europäischen Gesellschaft* (SE-Beteiligungsgesetz, SE-BG).

Es gliedert sich wie folgt:

- *Allgemeine Vorschriften* (§§ 1-3)
- *Besonderes Verhandlungsgremium* (§§ 4-20)
- *Beteiligung der Arbeitnehmer in der SE* (§§ 21-39)
- *Grundsätze der Zusammenarbeit und Schutzbestimmungen* (§§ 40-44) und
- *Straf- und Bußgeldvorschriften* (§§ 45-46).

Allerdings ist es im Einzelfalle auch nötig, auf die Verordnung und die Richtlinie zur SE zurückzugreifen. Dies gilt nicht zuletzt wegen der Umsetzung in nationales Recht, hier sogar die Verordnung zahlreiche Mitgliedstaaten-Wahlrechte enthält. Andererseits kann man die Gründungsformen prinzipiell gemeinsam behandeln, wie

---

[1] S. Art. 2 Buchst. i und j SE-RL, jetzt §2 Abs. 10, 11 SE-BG.
[2] Vgl. hierzu auch die Ablaufübersicht im Anhang dieses Beitrags.

dies auch § 4 SE-BG tut. Auf besondere Aspekte ist im Rahmen der so genannten strukturellen Veränderungen zurückzukommen.

1. Die einzelnen Etappen der Verhandlungen

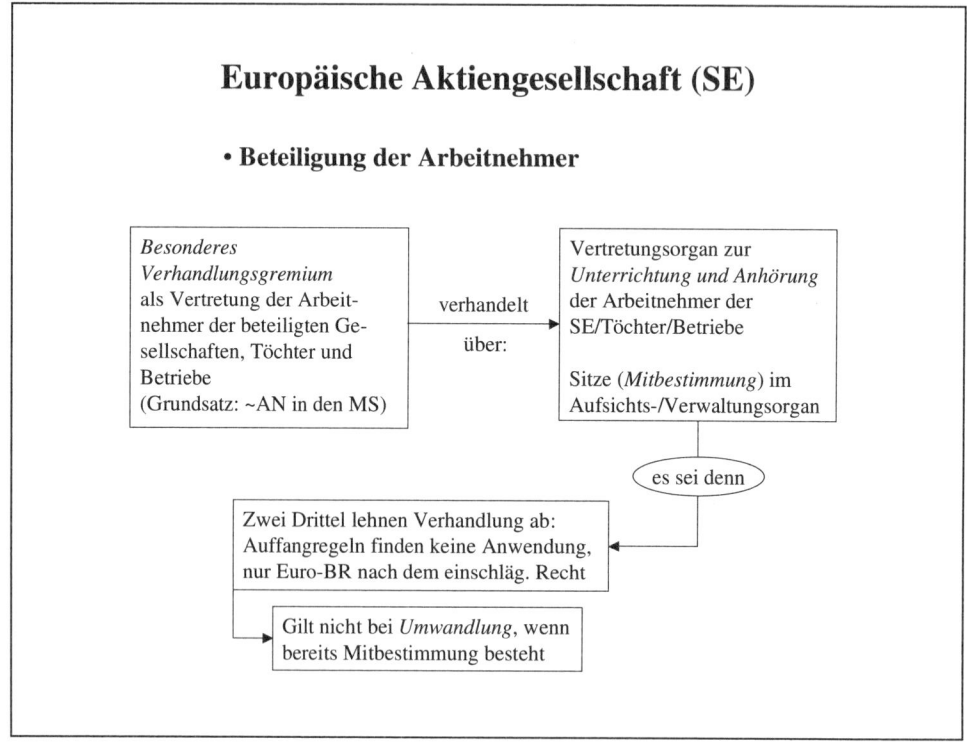

Abb. 1: Beteiligung der Arbeitnehmer an einer SE im Überblick

a. Einsetzung eines besonderen Verhandlungsgremiums

„Das besondere Verhandlungsgremium – ein Institut aus dem Recht des Eurobetriebsrats – ist auf Grund einer schriftlichen Aufforderung der Leitungen zu bilden. Es hat die Aufgabe, mit den Leitungen eine schriftliche Vereinbarung über die Beteiligung der Arbeitnehmer in der SE abzuschließen" (s. § 4 Abs. 1 SE-BG). Es ist also kein Antrag der Arbeitnehmer in diesem Stadium nötig, die Initiative und Verantwortung liegt ganz allein bei den Managern, die die Gründung einer SE planen. Die Verhandlungen sind so rasch wie möglich aufzunehmen. Zeitverzögerungen laufen hier ins Leere, denn eine Vereinbarung ist prinzipiell Eintragungsvoraussetzung für die SE[1]; andererseits gilt ja grundsätzlich auch eine Frist von 6 Monaten (s. § 20 SE-BG) für die Verhandlungen.

Das Verhandlungsverfahren nach den §§ 12-17 SE-BG findet aber auch dann statt, wenn die Arbeitnehmer die Verzögerungen zur Zusammenstellung des besonderen Verhandlungsgremiums zu vertreten haben (s. § 11 Abs. 2 SE-BG). Dessen Absatz 1 sieht als Vorlauf zehn Wochen vor: „Die Wahl oder Bestellung des besonderen Verhandlungsgremiums soll innerhalb von zehn Wochen nach der in § 4 Abs. 2 und 3 vorgeschriebenen Information erfolgen." „Im Umkehrschluss bedeutet das, dass das Verhandlungsverfahren nach Ablauf der 10-Wochen-Frist noch nicht beginnt, wenn die Verzögerung nicht von den Arbeitnehmern zu vertreten ist."[2] Erste praktische Erfahrungen zeigen, dass es sinnvoll ist, bereits vor dem Zeitpunkt des § 4 Abs. 2 auf die Arbeitnehmerseite zuzugehen. Wenn auch die Fristen erst mit diesem Zeitpunkt zu laufen beginnen, kann man dadurch sicherlich Vertrauen wecken und Zeit sparen.

„Wenn die Leitungen die Gründung[3] einer SE planen, informieren sie die Arbeitnehmervertretungen und Sprecherausschüsse in den beteiligten Gesellschaften, betroffenen Tochtergesellschaften und betroffenen Betrieben über das Gründungsvorhaben (s. § 4 Abs. 2 SE-BG). Besteht keine Arbeitnehmervertretung, erfolgt die Information gegenüber den Arbeitnehmern". Die Information hat – wie gesagt – unaufgefordert und unverzüglich zu erfolgen nach:

- *Offenlegung des Verschmelzungsplans,*
- *des Gründungsplans für eine Holdinggesellschaft*
- *des Umwandlungsplans oder*
- *nach Abschluss der Vereinbarung eines Plans der Gründer zur Gründung einer Tochtergesellschaft.*

Für Art und Umfang der dabei zu gebenden Informationen ist § 4 Abs. 3 SE-BG einschlägig: Identität und Struktur der beteiligten Gesellschaften...und deren Verteilung auf die Mitgliedstaaten; die bestehenden Arbeitnehmervertretungen, die Zahl der beschäftigten Arbeitnehmer, sowie die daraus zu errechnende Gesamtzahl der in einem Mitgliedstaat beschäftigten Arbeitnehmer und die Zahl der Arbeitnehmer, denen Mitbestimmungsrechte in den Organen dieser Gesellschaften zustehen.

---

1 S. im Detail Art. 12 Abs. 2 und 3 SE-VO.
2 So zu Recht *Hennings, T.*, in: Europäische Aktiengesellschaft SE, Kommentar, 2005, Art. 3 SE-RL, Rdnr. 77.
3 Ausführlich zur Gründung einer SE vgl. den Beitrag von *Neun* in diesem Band.

Maßgeblicher Zeitpunkt für die Ermittlung der Zahl der Arbeitnehmer ist der Zeitpunkt der Information nach Absatz 2, so § 4 Abs. 4 SE-BG. Bei gravierenden Änderungen während der Tätigkeitsdauer des besonderen Verhandlungsgremiums können aber auch Neu-Zusammensetzungen des Gremiums erforderlich werden (s. im Einzelnen: § 5 Abs. 4 SE-BG).

Nach der Richtlinie ist in den Mitgliedstaaten das Verfahren für die Wahl oder die Bestellung der Mitglieder des besonderen Verhandlungsgremiums für das jeweilige Hoheitsgebiet festzulegen, so dass in der Gründungsphase die nationalen Umsetzungen der SE-RL ebenfalls mit heranzuziehen sind.[1]

Keinesfalls kann man einfach den oder die Europäischen Betriebsräte ansprechen. Sie haben hier kein Verhandlungsmandat und sie können auch anders zusammengesetzt sein, als es Richtlinien/Gesetze hier für das besondere Verhandlungsgremium bei der SE vorsehen. In einem solchen Falle dürfte der Registerrichter wegen fehlendem Verhandlungs-Mandat zur Vereinbarung die SE nicht eintragen.

b. Zusammensetzung des besonderen Verhandlungsgremiums

ba. Sitzverteilung

Ausgangspunkt für die Zusammensetzung ist das Prinzip, dass *jedes Land*, in dem die beteiligten Gesellschaften, betroffenen Tochtergesellschaften und betroffenen Betriebe Beschäftigte haben, mit *mindestens einem Vertreter* im besonderen Verhandlungsgremium vertreten ist (s. auch § 5 Abs.1 SE-BG).

Die weiteren Schritte sind dann:[2]

- *Ermittlung der Gesamtzahl* der Beschäftigten in der zukünftigen SE/dem SE-Konzern,
- *Gründungsfälle außer Verschmelzung*: Für jeweils 10% oder einem Bruchteil dieser Tranche besteht Anspruch auf einen Sitz pro Mitgliedstaat,
- *Verschmelzungsfall*:
  - Es kommen so viele weitere Mitglieder hinzu, wie erforderlich ist, damit die beteiligten Gesellschaften, die durch Eintragung der SE erlöschen durch mindestens 1 Mitglied vertreten sind,

---

[1] Ausführlich zur Umsetzung der SE-RL als auch der SE-VO vgl. den Beitrag von *Teichmann* in diesem Band.
[2] S. Art. 3 Abs. 2 Buchst. a SE-RL und jetzt § 5 SE-BG.

E. II. „Verhandelte Beteiligung" oder Auffanglösung

– Obergrenze aber 20% der „regulären" Mitglieder und dies darf nicht zu einer Doppelvertretung der betroffenen Arbeitnehmer führen.

Die Wahl oder die Bestellung der Mitglieder des besonderen Verhandlungsgremiums nach § 5 SE-BG erfolgt nach den jeweiligen Bestimmungen der Mitgliedstaaten.

Für das Inland ist bezüglich der persönlichen Voraussetzungen der Mitglieder und der Verteilung der Sitze (dazu s. § 7 SE-BG) zu unterscheiden, bevor dann anschließend das Wahlgremium selbst betrachtet wird.

Nach § 6 Abs. 2 SE-BG wählbar sind im Inland *Arbeitnehmer* der Gesellschaften und Betriebe sowie *Gewerkschaftsvertreter*. Frauen und Männer sollen entsprechend ihrem zahlenmäßigen Verhältnis gewählt werden (einschließlich Ersatzmitglieder). Gehören dem besonderen Verhandlungsgremium mehr als zwei Mitglieder aus dem Inland an, ist jedes dritte Mitglied ein Vertreter einer Gewerkschaft, die in einem an der Gründung der SE beteiligten Unternehmen vertreten ist. Gehören ihm mehr als sechs Mitglieder aus dem Inland an, ist mindestens jedes siebte Mitglied ein *leitender Angestellter*.

Die Mitgliedstaaten konnten auf der Basis von Art. 3 Abs. 2 b RL vorsehen, dass „dem Gremium Gewerkschaftsvertreter auch dann angehören können, wenn sie nicht Arbeitnehmer einer beteiligten Gesellschaft oder eines betroffenen Betriebs sind". Deshalb ist § 6 Abs. 2 SE-BG auch richtlinienkonform.[1]

Nach der Gesetzesbegründung[2] ist die vorrangige Besetzung jedes dritten und siebten Sitzes zu beachten. In der Tat ist § 6 Abs. 3 und 4 zwingendes Recht. Bei sieben Inlandsgesellschaften z.B. (s. § 7 Abs. 2 SE-BG) führt dies beispielsweise dazu, dass die sieben Sitze so zu verteilen sind: zwei Gewerkschaftsvertreter, ein leitender Angestellter und vier Arbeitnehmer. Diese vier Sitze sind dann nach § 7 Abs. 3 SE-BG in absteigender Reihenfolge der Zahl der Arbeitnehmer aufzuteilen.[3] Ist die Anzahl der auf das Inland entfallenden Sitze höher als die Anzahl der an der Gründung beteiligten Gesellschaften im Inland, so sind die nach erfolgter Verteilung nach Absatz 2 verbleibenden Sitze nach dem Höchstzahlverfahren auf die beteiligten Gesellschaften zu verteilen (s. § 7 Abs. 4).

---

[1] A. A. *Kallmeyer, H*, Beteiligung der Arbeitnehmer, 2004, S. 1443; wie hier dagegen *Hennings, T.*, in: Europäische Aktiengesellschaft SE, Kommentar, 2005, Art. 3 SE-RL, Rdnr. 61.
[2] S. BT-Drs. 15/3405, S. 47.
[3] Vgl. auch *Hennings, T.*, in: Europäische Aktiengesellschaft SE, Kommentar, 2005, Art. 3 SE-RL, Rdnr. 63-64.

bb. Wahl des besonderen Verhandlungsgremiums im Inland

Die nach dem SE-BG oder dem Gesetz eines anderen Mitgliedstaats auf die im Inland beschäftigten Arbeitnehmer der an der Gründung der SE beteiligten Gesellschaften, betroffenen Tochtergesellschaften und betroffenen Betriebe entfallenden Mitglieder des besonderen Verhandlungsgremiums werden gemäß § 8 SE-BG von einem Wahlgremium in geheimer und unmittelbarer Wahl gewählt. Um Aufwand und Kosten gering zu halten, greift man hier soweit wie möglich vernünftigerweise auf vorhandene Betriebsratsstrukturen zurück.[1]

Spezielle Regelungen gibt es allerdings für die *Sitze der Gewerkschaftsvertreter* und der *leitenden Angestellten* in diesem Gremium (s. § 8 Abs. 1 SE-BG). Im ersten Fall haben die Gewerkschaften ein Vorschlagsrecht, die in einem an der Gründung der SE beteiligten Unternehmen vertreten sind (wird nur ein Wahlvorschlag gemacht, muss dieser doppelt so viele Bewerber enthalten, wie Vertreter von Gewerkschaften zu wählen sind). Der Vertreter der leitenden Angestellten ist auf Vorschlag des Sprecherausschusses zu wählen; in Ermangelung dessen haben die Leitenden selbst ein Vorschlagsrecht (Quorum 1/20 oder 50 Wahlberechtigte).

Einzelheiten der Wahl sind in § 8 Abs. 2 bis § 10 SE-BG niedergelegt. Es gilt das Prinzip der höchsten Ebene seitens der Betriebsräte (Konzernbetriebsrat, Gesamtbetriebsrat, Betriebsrat). Besteht in den Fällen der Absätze 2 bis 5 keine Arbeitnehmervertretung, wählen die Arbeitnehmer die Mitglieder selbst. Hierzu haben Konzernleitung, Unternehmensleitung oder Betriebsleitung zu einer Versammlung einzuladen, dort wird dann ein Wahlvorstand gewählt und dieser führt die Wahl durch. Diese Pflicht der Leitungen ist aus dem Prinzip des Art. 12 Abs. 2 SE-VO („Keine Eintragung ohne Vereinbarung") verständlich.[2]

Für die Wahlversammlung (s. § 9 SE-BG) ist nur noch die besondere Stimmenzurechnung und -verteilung des § 10 SE-BG zu erwähnen: nicht vertretene Arbeitnehmer werden zugerechnet und mehrere Mitglieder einer Arbeitnehmervertretung erhalten die Stimmen gleichmäßig auf sie aufgeteilt.

---

[1] Vgl. auch *Hennings, T.*, in: Europäische Aktiengesellschaft SE, Kommentar, 2005, Art. 3 SE-RL, Rdnr. 69.
[2] Vgl. *Hennings, T.*, in: Europäische Aktiengesellschaft SE, Kommentar, 2005, Art. 3 SE-RL, Rdnr. 70.

c. Verhandlungsverfahren und Beschlussfassungen

ca. Allgemeine Fragen, Beginn der Verhandlungen

Informationen über die Mitglieder des besonderen Verhandlungsgremiums sind den Leitungen unverzüglich mitzuteilen, und diese haben dann die Pflicht, die örtlichen Betriebs- und Unternehmensleitungen, die dort bestehenden Arbeitnehmervertretungen und Sprecherausschüsse, sowie die in inländischen Betrieben vertretenen Gewerkschaften über diese Angaben zu informieren (s. § 11 SE-BG). Hier kann jetzt die bereits erwähnte 10-Wochen-Frist greifen, das Verhandlungsverfahren findet u.U. danach auch bei nicht vollständigem besonderen Verhandlungsgremiums statt. Später gewählte Mitglieder treten in das erreichte Stadium der Wahlen ein.[1]

Die Leitungen laden unverzüglich nach Benennung der Mitglieder zur konstituierenden Sitzung des besonderen Verhandlungsgremiums ein und informieren die örtlichen Betriebs- und Unternehmensleitungen (s. § 12 SE-BG). Fußend auf dem Grundsatz der vertrauensvollen Zusammenarbeit zielen die Verhandlungen auf den Abschluss einer schriftlichen Vereinbarung (s. § 13 Abs.1 SE-BG) ab. Hierzu haben die Leitungen rechtzeitig alle erforderlichen Auskünfte zu erteilen und die erforderlichen Unterlagen zur Verfügung zu stellen (s. § 13 Abs. 2, zur Vertraulichkeit s. § 41 Abs. 4 SE-BG).

Besser, als in den vergleichbaren Richtlinientexten zum Europäischen Betriebsrat, ist die in der SE-RL in Art. 3 Abs. 5 und nunmehr § 14 SE-BG vorgesehene Möglichkeit auf *Hinzuziehung von Sachverständigen*:

- Das besondere Verhandlungsgremium kann einmal beschließen, die Vertreter geeigneter außenstehender Organisationen vom Beginn der Verhandlungen zu unterrichten (s. § 14 Abs. 2 SE-BG).

- Das besondere Verhandlungsgremium kann bei den Verhandlungen Sachverständige seiner Wahl, zu denen auch Vertreter der einschlägigen Gewerkschaftsorganisationen auf Gemeinschaftsebene zählen können, hinzuziehen, um sich von ihnen bei seiner Arbeit unterstützen zu lassen. Auf Wunsch des besonderen Verhandlungsgremiums nehmen diese Sachverständigen an den Verhandlungen mit beratender Funktion teil (s. § 14 Abs. 1 SE-BG). Dies ist eine, angesichts der Koordinierungsnotwendigkeiten auf Arbeitnehmerseite für die zügige Verhandlung, sinnvolle Lösung.

Die durch die Bildung und Tätigkeit des besonderen Verhandlungsgremiums entstehenden erforderlichen *Kosten*, werden nach § 19 SE-BG von den beteiligten Gesell-

---

[1] Vgl. *Hennings, T.*, in: Europäische Aktiengesellschaft SE, Kommentar, 2005, Art. 3 SE-RL, Rdnr. 78.

schaften und nach ihrer Gründung der SE als Gesamtschuldner getragen. Insbesondere sind für die Sitzungen in erforderlichem Umfange Räume, sachliche Mittel, Dolmetscher und Büropersonal zur Verfügung zu stellen, sowie die erforderlichen Reise- und Aufenthaltskosten der Mitglieder des besonderen Verhandlungsgremiums zu tragen. Bezüglich der Kosten von Sachverständigen gilt also ebenfalls das Kriterium der Erforderlichkeit. Bei der Umsetzung der SE-RL wurde nicht von der Möglichkeit, die Übernahme der Kosten auf die Kosten für einen Sachverständigen zu begrenzen, Gebrauch gemacht.

cb. Beschlussfassungen und Mehrheitsverhältnisse

Wie bereits erwähnt, ist die Ausgangszielsetzung der Verhandlungen der Abschluss einer Vereinbarung. Angesichts der Zusammensetzung des Gremiums und den langwierigen Debatten um die Verhandlungsvarianten und Prozeduren, ist hier ist zu den Besonderheiten der Beschlussfassung und den Mehrheitsverhältnissen im Gremium Stellung zu nehmen:

Es gibt *drei* Konstellationen:

- Das besondere Verhandlungsgremium kann mit einer *Mehrheit von zwei Dritteln* der Stimmen der Mitglieder, die mindestens zwei Drittel der Arbeitnehmer vertreten, mit der Maßgabe, dass diese Mitglieder Arbeitnehmer in mindestens zwei Mitgliedstaaten vertreten müssen, *beschließen, keine Verhandlungen aufzunehmen* oder die bereits aufgenommenen Verhandlungen *abzubrechen* und die Vorschriften für die Unterrichtung und Anhörung der Arbeitnehmer zur Anwendung gelangen zu lassen, die in den Mitgliedstaaten gelten, in denen die SE Arbeitnehmer beschäftigt (s. § 16 Abs. 1 SE-BG).

  – Ist ein solcher Beschluss gefasst worden, findet keine der Bestimmungen des Anhangs (in § 16 Abs. 2 SE-BG heißt es: die §§ 22 bis 33, und die §§ 34 bis 38 SE-BG finden keine) Anwendung und es gelten stattdessen nach Art. 13 Abs. 1 SE-RL die Rechtsvorschriften zum Europäischen Betriebsrat.

  – Eine solche Möglichkeit, die Verhandlungen nicht aufzunehmen, gibt es aber für den Gründungsfall Umwandlung/Rechtsformwechsel zur SE nicht, wenn in der umzuwandelnden Gesellschaft Mitbestimmung besteht (s. § 16 Abs. 3 SE-BG). Auch eine Minderung der Mitbestimmung (dazu sogleich) ist hier gemäß § 16 Abs. 5 SE-BG nicht möglich.

- *Ansonsten* beschließt nach § 15 Abs. 2 SE-BG das besondere Verhandlungsgremium mit der *absoluten Mehrheit* seiner Mitglieder, sofern diese Mehrheit auch die absolute Mehrheit der Arbeitnehmer vertritt.

- Hätten jedoch die *Verhandlungen eine Minderung der Mitbestimmungsrechte* zur Folge, so ist für einen Beschluss zur Billigung einer solchen Vereinbarung eine *Mehrheit von zwei Dritteln der Stimmen* der Mitglieder des besonderen Verhandlungsgremiums, die mindestens zwei Drittel der Arbeitnehmer vertreten, erforderlich, mit der Maßgabe, dass diese Mitglieder Arbeitnehmer in mindestens zwei Mitgliedstaaten vertreten müssen (s. § 15 Abs. 3 SE-BG), und zwar:

– im Falle einer SE, die durch *Verschmelzung* gegründet werden soll, sofern sich die Mitbestimmung auf mindestens *25%* der Gesamtzahl der Arbeitnehmer der beteiligten Gesellschaften und der betroffenen Tochtergesellschaften erstreckt, oder

– im Falle einer SE, die als *Holding-Gesellschaft* oder als *Tochter-Gesellschaft* gegründet werden soll, sofern sich die Mitbestimmung auf mindestens *50%* der Gesamtzahl der Arbeitnehmer der beteiligten Gesellschaften und der betroffenen Tochtergesellschaften erstreckt.

Dabei bedeutet die *Minderung der Mitbestimmungsrechte* nach der Definition der SE-RL,[1] und jetzt § 15 Abs. 4 SE-BG,

• dass der *Anteil der Mitglieder der Organe der SE* geringer ist, als der höchste in den beteiligten Gesellschaften geltende Anteil

• bzw. das Recht Mitglieder für das Aufsichts- oder Verwaltungsorgan zu wählen, zu bestellen, zu empfehlen oder abzulehnen, beseitigt oder eingeschränkt wird.[2] Letzteres ist keineswegs richtlinienwidrig.[3] Angesichts der Unterschiedlichkeit der Mitbestimmungssysteme in Europa ist es richtig, wenn hier der deutsche Gesetzgeber auch auf die Definition von Mitbestimmung in Art. 2 k der Richtlinie zurückgreift.[4]

Aus diesen Erläuterungen zu den Beschlussfassungen wird deutlich, welche zentrale Situation die erste Zusammenkunft des besonderen Verhandlungsgremiums darstellt, da dort mit der beschriebenen besonderen Zwei-Drittel-Mehrheit die Nichtaufnahme der Verhandlungen beschlossen werden könnte. Man sollte die aus deutscher Arbeitnehmersicht bestehende „Gefahr" allerdings auch nicht überdramatisieren oder aus

---

[1] S. Art. 3 Abs. 4 SE-RL am Ende.

[2] Keinesfalls stärker war das ehemalige niederländische Aufsichtsrats-Kooptationsmodell, da es den Arbeitnehmern nur Wahlvorschläge auf alle Sitze, aber überhaupt keine eigenen Sitze gab. Zudem ist es nach einem Vorschlag des Social-ökonomischen Rates aus 2001 im Oktober 2004, zu einem Vorschlagsrecht auf ein Drittel der Sitze umgestaltet worden.

[3] A. A. *Grobys, M.*, SE-Betriebrat und Mitbestimmung, 2005, S. 781 und *Hennings, T.*, in: Europäische Aktiengesellschaft SE, Kommentar, 2005, Art. 3 SE-RL, Rdnr. 92.

[4] So auch die Gesetzesbegründung BT-Drs. 15/3405, S.50; dort auch entgegen *Grobys, M.* und *Hennings, T.* die zutreffende Begründung zur richtlinienkonformen Einbeziehung der Tochtergesellschaften in § 15 Abs. 3 SE-BG, wie hier *Niklas, T.*, Beteiligung der Arbeitnehmer in der Europäischen Gesellschaft, 2004, S. 1203.

Managersicht Hoffnungen machen. Es liegt eigentlich in der Natur der Verhandlungen, dass man sie nicht schon ausschlägt, ohne die einzelnen Möglichkeiten ausgelotet zu haben. Eine schlichte Lektüre des Richtlinien-Anhangs mit seinen drei Teilen wird jedem aufzeigen, wie deutlich die Unterschiede zu der bei Ablehnung von Verhandlungen nur noch denkbaren Möglichkeit eines Euro-Betriebsrates sind.

Zum Aspekt der Minderung der Mitbestimmungsrechte bei einer Verhandlungskonstellation unter Beteiligung von deutschen Gesellschaften und Arbeitnehmervertretern bedeuten die Absätze 3 und 4 des § 15 SE-BG, dass wenn in Deutschland auf die Gesellschaft das Mitbestimmungsgesetz von 1976 Anwendung fand, man unterhalb der Hälfte der Sitze im Aufsichts- oder Verwaltungsorgan der SE nur abschließen könnte, wenn dieser besondere Zwei-Drittel-Beschluss gefasst würde und zwar bei Überschreiten der, für die einzelnen Gründungsfälle differenzierenden, Arbeitnehmerschwelle von 25% oder 50%. Andererseits dürfte hier manches von der konkreten Zusammensetzung des besonderen Verhandlungsgremiums und dem Vertragsangebot im Einzelnen abhängen (z. B. im Bereich konkreter Zuständigkeiten des Organs).

cc. Wiederaufnahme der Verhandlungen

Frühestens zwei Jahre nach dem Ablehnungsbeschluss wird auf schriftlichen Antrag von mindestens 10 Prozent der Arbeitnehmer der SE, ihrer Tochtergesellschaften und Betriebe oder von deren Vertretern ein besonderes Verhandlungsgremium erneut gebildet (s. § 18 Abs. 1 SE-BG); die Parteien können eine frühere Wiederaufnahme der Verhandlungen vereinbaren. Scheitern in einem solchen Falle die Verhandlungen, so finden die §§ 22 bis 33 über den SE-Betriebsrat kraft Gesetzes und die §§ 34 bis 38 über die Mitbestimmung kraft Gesetzes keine Anwendung (s. § 18 Abs. 2 SE-BG).

Ein anderer Grund die Verhandlungen wieder aufzunehmen, sind so genannte strukturelle Änderungen der SE (s. § 18 Abs. 3 SE-BG) oder in den Vereinbarungen selbst niedergelegte Wiederaufnahmeklauseln. Auf beides wird unten bei II. 5. mit eingegangen.

E. II. „Verhandelte Beteiligung" oder Auffanglösung   347

Europäische Aktiengesellschaft (SE)

• Beteiligung der Arbeitnehmer

Verhandlungen zur Beteiligung im Detail (I):

• **1. Etappe: 2/3 der Stimmen**

  - die mindestens 2/3 der Arbeitnehmer vertreten
  - und Arbeitnehmer in mindestens zwei Staaten vertreten
  - beschließen: die Verhandlungen nicht aufzunehmen oder abzubrechen

   Nullösung = nur Euro-BR

• **2. Etappe: Vereinbarung nach Art. 4 SE-RL**

• **3. Etappe: Wenigstens Auffangregelung?**

  - die Parteien vereinbaren Rückgriff darauf oder
  - im Zeitraum kommt keine Vereinbarung zustande, aber zuständige Organe der Gesellschaften stimmen der Fortsetzung des Verfahrens zur Eintragung zu:

  ★ **Dann: Annex mit Vertretungsorgan und Unterrichtung und Anhörung**

Abb. 2: Beteiligung der Arbeitnehmer an einer SE im Detail (Teil I)

2. Beteiligung der Arbeitnehmer kraft Vereinbarung

Die *Verhandlungen* beginnen mit der Einsetzung des besonderen Verhandlungsgremiums und können *bis zu 6 Monate* andauern. Die Parteien können einvernehmlich beschließen, die Verhandlungen *bis zu insgesamt einem Jahr* ab der Einsetzung des besonderen Verhandlungsgremiums fortzusetzen.[1] Daraus wird deutlich in welcher anderen (gegenüber dem Euro-Betriebsrat) Verhandlungssituation man sich befindet, und dies ist auch widerzuspiegeln an den einzelnen Gründungsformen.

Die SE-RL legt in Art. 4 Abs. 1 den Verhandlungsparteien auf, mit dem Willen zur Verständigung zu einer Vereinbarung über die Beteiligung der Arbeitnehmer innerhalb der SE zu gelangen. Das SE-BG spricht in § 13 sogar davon, dass eine schriftliche Vereinbarung abgeschlossen wird und, dass zur Erfüllung dieser Aufgabe das

---

[1] S. Art. 5 SE-RL; ein wohl unwahrscheinlicher Fall.

besondere Verhandlungsgremium und die Leitungen vertrauensvoll zusammenarbeiten.

Diese, im Sinne der obigen Abbildung gewissermaßen zweite Etappe der Verhandlungen, soll hier angesprochen werden, bevor dann (unter Kapitel II.3.) im Einzelnen die Auffangregelungen erläutert werden.

Angesichts der derzeit in Europa bestehenden Bandbreite an Partizipation, insbesondere auf Unternehmensebene,[1] ist es schwer eine Prognose zu wagen oder gar eine Art von Mustervereinbarung hier vorzulegen.

Hinzu kommt die Rechtsprechung des Europäischen Gerichtshofs der letzten Jahre zur Niederlassungsfreiheit. Die grenzüberschreitende Verschmelzung von Kapitalgesellschaften steht als europäische Rechtsetzung vor der Tür (nutzbar dann ab 2007) und selbst Texte zur grenzüberschreitenden Sitzverlegung von Kapitalgesellschaften sind bald zu erwarten.

Im Bereich der Euro-Betriebsräte kam es weitaus überwiegend zu „freien Vereinbarungen", bei denen der Sitz der Konzernleitung durchaus eine bestimmende Determinante für den Charakter der Vereinbarung war. Zudem gab es mit Art. 13 der Euro-BR-Richtlinie die Möglichkeit, vor der Anwendung der obligatorischen Regeln noch „freiwillige Vereinbarungen" unterhalb der Auffangregeln zu treffen.

Letzteres gibt es bei der SE nicht. Andererseits ist natürlich auf beiden Seiten zu bedenken, ob die Auffangregeln/Beteiligung kraft Gesetzes (s. §§ 22 ff. SE-BG) bei Nichteinigung zur Anwendung kämen oder nicht. Es ist anderen vorbehalten, sich über die Einsatzmöglichkeiten der SE in der Praxis im Detail zu äußern.[2] Und mit den andernorts anzutreffenden Wertungen zu den Verhandlungsprozeduren soll sich hier auch nicht auseinandergesetzt werden. Es ist das Management, das den Gründungsprozess in Gang setzt. Erste Erfahrungen zeigen, dass hier auch ein Vorlauf als Vorbereitungsphase sinnvoll sein kann, bevor die Verhandlungen mit der Konstituierung des besonderen Verhandlungsgremiums förmlich beginnen. Hierzu können Berater „auf beiden Seiten" beitragen. Andererseits: ohne Einhaltung der Verhandlungsprozedur ist prinzipiell eine Eintragung der SE nicht möglich (so schon Art. 12 Abs. 2 SE-VO).

Auf Grund dieser Vielschichtigkeit sollen hier zu den *Einzelheiten der schriftlichen Vereinbarung* nur grundsätzliche Erläuterungen gegeben werden (manches ist aber

---

[1] Vgl. zum Überblick die Länderübersicht im Anhang bei *Köstler, R. / Jaeger, R.*, Europäische Aktiengesellschaft, 2005, S. 50-54.
[2] Dazu vgl. den Beitrag von *Wenz* in diesem Band.

bei der Erläuterung der Auffangregeln noch aufzugreifen). Eine systematische Unterscheidung bei den Erläuterungen nach Mitbestimmung auf Unternehmensebene und betrieblicher Mitbestimmung wäre allerdings auch unsachgemäß, die Vereinbarung kann beides, sie kann aber u. U. auch nur ein Organ zur Unterrichtung und Anhörung enthalten. Dies könnte man dann am ehesten mit dem Konzernbetriebsrat nach deutschem Sprachgebrauch vergleichen: das Gesetz nennt ihn nun SE-Betriebsrat.

Es gilt zunächst die *Autonomie der Parteien* (begrenzt von den oben in Kapitel II.1.c. erläuterten Beschlussprozeduren und Quoren im besonderen Verhandlungsgremium). Da die Struktur der Gesellschaft (monistisch oder dualistisch) im Satzungsentwurf bereits „festgelegt" wurde, dürfte in der Praxis eine Verhandlung über die Corporate Governance der SE nicht stattfinden; vorab kann dies natürlich innerhalb der Gründer bis zur Abklärung ihrer Pläne anders sein. Es wird um *vereinfachte Entsendungen* von Arbeitnehmervertretern, die *Größe des Aufsichts- oder Verwaltungsorgans* (und die *Proportion der Arbeitnehmerseite* darin) gehen. Allerdings nicht um die Errichtung von besonderen Konsultationsgremien statt einer Organmitgliedschaft, wie dies ja sogar für Deutschland von einigen seit einiger Zeit rechtspolitisch angedacht ist.[1]

Eine *Ausnahme* von der Autonomie stellt allerdings der *Rechtsformwechsel/Umwandlungsfall* dar. Denn nach Art. 4 Abs. 4 SE-RL und § 22 Abs. 6 SE-BG muss in der Vereinbarung hier in Bezug auf alle Komponenten der Arbeitnehmerbeteiligung zumindest das gleiche Ausmaß gewährleistet werden, das in der Gesellschaft besteht, die in eine SE umgewandelt werden soll.[2] Der Sitz der Gesellschaft schließlich darf anlässlich der Umwandlung nicht in einen anderen Mitgliedstaat verlegt werden.

Für (eine bisherige) deutsche Aktiengesellschaft unter dem Mitbestimmungsgesetz 1976 würde dies z. B. bedeuten, dass die Hälfte der Sitze im Aufsichtsorgan für die Arbeitnehmerseite sowie deren innere Struktur (Beschäftigte des Unternehmens/Gewerkschaftsvertreter) durch die Vereinbarung nicht verändert werden könnten. Einmal das Beibehalten der dualistischen Unternehmensverfassung entsprechend deutscher Tradition unterstellt. Unter dem gleichen Vorzeichen wäre allerdings auch bei dieser Gründungsform ein *Wechsel* von einer dualistischen zu einer monistischen *Organisationsstruktur* möglich (s. § 21 Abs. 6 letzter Satz SE-BG).

---

[1] Vgl. die Beiträge des Berliner Netzwerkes Corporate Governance im Aprilheft 2004 von „Die Aktiengesellschaft".

[2] Nach der Gesetzesbegründung in BT-Drs. 15/3405, S. 52, sind insbesondere auch konkret bestehende Mitbestimmungsrechte hier gemeint.

Ansonsten zählt § 21 SE-BG (s. auch Art. 4 Abs. 2 SE-RL) auf, was die Vereinbarung enthalten muss:

- Den *Geltungsbereich* der Vereinbarung (einschließlich der außerhalb des Hoheitsgebietes der Mitgliedstaaten liegenden Unternehmen und Betriebe, sofern sie einbezogen werden (s. Absatz 1 Ziffer 1),
- die *Zusammensetzung des SE-Betriebsrats* als Verhandlungspartner des zuständigen Organs der SE im Rahmen der Vereinbarung über die Unterrichtung und Anhörung der Arbeitnehmer der SE und ihrer Tochtergesellschaften und Betriebe, sowie die *Anzahl* seiner Mitglieder und die *Sitzverteilung*, einschließlich der Auswirkungen wesentlicher Änderungen der Zahl der in der SE beschäftigten Arbeitnehmer (s. Absatz 1 Ziffer 2). Nach Absatz 4 soll weiterhin festgelegt werden, dass auch vor strukturellen Änderungen der SE Verhandlungen aufgenommen werden (s. insgesamt dazu unten II. 5.).
- die Befugnisse und das Verfahren zur *Unterrichtung und Anhörung* des SE-Betriebsrats (s. Absatz 1 Ziffer 3),
- die *Häufigkeit der Sitzungen* des SE-Betriebsrats,
- die für den SE-Betriebsrat bereitzustellenden *finanziellen und materiellen Mittel*,
- den *Zeitpunkt des Inkrafttretens* der Vereinbarung und ihre Laufzeit; ferner die Fälle, in denen die Vereinbarung neu ausgehandelt werden soll und das dabei anzuwendende Verfahren (s. Absatz 1 Ziffer 6).

Wenn kein SE-Betriebsrat gebildet wird (was höchst unwahrscheinlich ist), haben die Parteien die Durchführungsmodalitäten des Verfahrens oder der Verfahren zur Unterrichtung und Anhörung festzulegen (s. Absatz 2).

Wenn eine Vereinbarung über die *Mitbestimmung* (Definition s. § 2 Abs. 12 SE-BG) getroffen wird, ist deren Inhalt festzulegen (s. Absatz 3). Insbesondere soll Folgendes vereinbart werden:

- die *Zahl der Mitglieder* des *Verwaltungs- oder des Aufsichtsorgans der SE*, welche *die Arbeitnehmer wählen* oder bestellen können oder deren Bestellung sie empfehlen oder ablehnen können;
- das *Verfahren*, nach dem die Arbeitnehmer diese Mitglieder wählen oder bestellen oder deren Bestellung empfehlen oder ablehnen können und
- die *Rechte* dieser Mitglieder.

Auffangregelungen des Anhangs der SE-RL bzw. die §§ 22 bis 33 über den SE-Betriebsrat kraft Gesetzes und die §§ 34 bis 38 über die Mitbestimmung kraft Gesetzes gelten für die Vereinbarung nicht, sofern nicht in der Vereinbarung selbst etwas anderes bestimmt wird (s. § 21 Absatz 5 SE-BG).

E. II. „Verhandelte Beteiligung" oder Auffanglösung 351

Ein hier noch anzusprechendes Thema sind die sog. *zustimmungsbedürftigen Geschäfte*. Ausgangspunkt ist Art. 48 SE-VO, ein typischer Kompromiss aus den in Europa bestehenden Regelungen. Zunächst werden in der Satzung der SE die Arten von Geschäften aufgeführt, für die im dualistischen System das Aufsichtsorgan dem Leitungsorgan seine Zustimmung erteilen muss und im monistischen System ein ausdrücklicher Beschluss des Verwaltungsorgans erforderlich ist. Die Mitgliedstaaten können jedoch vorsehen, dass im dualistischen System das Aufsichtsorgan selbst bestimmte Arten von Geschäften von seiner Zustimmung abhängig machen kann. Schließlich können die Mitgliedstaaten für die in ihrem Hoheitsgebiet eingetragenen SE festlegen, welche Arten von Geschäften auf jeden Fall in die Satzung aufzunehmen sind. Letzteres entspricht dem Mindestkatalog wie er zum Beispiel im österreichischen Aktienrecht in § 95 anzutreffen ist, oder wie er auch in früheren Verordnungsvorschlägen zur SE im Jahre 1989 und 1991 enthalten war.

Für das dualistische System ist in Deutschland § 19 SE-AG einschlägig: „Das Aufsichtsorgan kann selbst bestimmte Arten von Geschäften von seiner Zustimmung abhängig machen". Auch wenn in der Gesetzesbegründung von einem Gleichlauf soweit wie möglich mit dem allgemeinen Aktienrecht (s. § 111 Abs. 4 Satz 2 AktG) die Rede ist,[1] fällt dies doch hinter die Neuregelung des Instituts durch die Gesetzesänderung aus dem Jahre 2002 (TransPuG: „muss") zurück. Da die SE-VO älter ist, glaubte man nicht weiter gehen zu können, als nun in § 19 SE-AG festgelegt. Auch um den Inhalt des Kataloges sollte es also bei Verhandlungen gehen und in der Vereinbarung sollten hierzu Punkte niedergelegt werden. Es ist die Erfahrung mit dem „kann" aus § 111 Abs. 4 Satz 2 AktG vor der Neufassung, dass im Sinne einer effektiven Überwachung um den Katalog zu ringen ist, da er nicht zu „dünn" sein sollte.

Angesichts dieser besonderen Bedeutung einer vorbeugenden Überwachung ist es zu bedauern, dass Deutschland von Art. 48 Abs. 2 SE-VO für den Verwaltungsrat nicht Gebrauch gemacht hat.[2] Beim Verwaltungsrat (er leitet nach § 22 Abs. 1 SE-AG die Gesellschaft) muss es bei den Verhandlungen auch um einen Katalog gehen, für den ein ausdrücklicher Beschluss des Verwaltungsrats erforderlich ist. Ein davon zu trennender Aspekt ist das Innenverhältnis des Verwaltungsrats.[3] Hier ist im Rahmen von § 40 Abs. 2 SE-AG für die geschäftsführenden Direktoren ein detaillierter Katalog mit Gegenständen der Beschlussfassung anzustreben und zu vereinbaren, bei dem eine Entscheidung des gesamten Verwaltungsrats erforderlich ist.

---

[1] S. BT-Drs. 15/3405, S. 36.
[2] S. dazu schon *Köstler, R.*, Mitbestimmung, 2003, S. 805.
[3] Vgl. *Köstler, R.*, Mitbestimmung, 2003, m. w. N.

Im Anschluss an die Kommentierung der Auffangregelungen (II.3.) ist noch das Verhältnis zur nationalen Beteiligung sowohl auf Unternehmens- wie auch auf betrieblicher Ebene anzusprechen (II.4). In II.5. werden „strukturelle Änderungen" behandelt.

3. Auffangregelung/Beteiligung der Arbeitnehmer kraft Gesetzes

a. Allgemeines zur Auffangregelung

Der Durchbruch zur Übereinkunft zur SE kam bekanntlich durch die *Davignon-Gruppe* zustande, die von der Lösung für den Europäischen Betriebsrat den Verhandlungsansatz übernahm, allerdings eine Mindestbeteiligung der Arbeitnehmer in den Unternehmensorganen der SE bei ihrem Vorschlag hinzufügte.[1] Im Zuge der weiteren Beratungen unter den wechselnden Präsidentschaften kam das *„Vorher-Nachher-Prinzip"* hinzu, also ein Vergleich der Mitbestimmungssituationen in den an der Gründung beteiligten Unternehmen (mit den bereits angesprochenen *Schwellenwerten*, die je nach Gründungsform differieren); der Sockel-Ansatz wurde demgegenüber aufgegeben.

Aus dieser komplexen Entstehungsgeschichte erklären sich die nicht unkomplizierten *Detailregelungen zur sog. Auffangregelung*. Im Grundsatz hat diese ihr Vorbild in der Euro-Betriebsrats-Richtlinie von 1994, dort allerdings ist der Euro-Betriebsrat obligatorisch. Andererseits heißt dies nun für die SE: Wer eine solche gründen will, hat sich grundsätzlich in die Verhandlungsprozedur zu begeben[2] und zu berücksichtigen, dass bei bestimmten Konstellationen die Auffangregeln greifen können. Dies entspricht den oben in Kapitel I. genannten Grundprinzipien einer Beteiligung der Arbeitnehmer am Entscheidungsprozess in Unternehmen auf europäischer Ebene: Die in den Gründerunternehmen bestehenden Beteiligungsrechte der Arbeitnehmer sollen nicht ohne Zustimmung der Betroffenen beeinträchtigt werden können.[3]

Es gibt zum einen die *Vereinbarungsautonomie*, die aber einerseits für den Umwandlungsfall bereits deutlich eingeschränkt ist und die andererseits für bestimmte, in Art. 7 SE-RL im Einzelnen aufgeführte Konstellationen *um Auffangregelungen* ergänzt ist oder sein kann.

---

[1] Veröffentlicht u. a. als BR-Drs. 572/97 v. 6.8.1997.
[2] S. Art. 12 Abs. 2-4 SE-VO.
[3] S. Erwägungsgrund 18 der SE-RL.

In der letzten Abbildung war bereits die dritte Etappe eingeläutet worden, und zwar mit der Frage: Wenigstens Auffangregelung? Dies ist hier noch näher darzustellen, bevor dann auf die besondere Auffangregelung für Mitbestimmung (also gemäß der Begriffsbestimmung nach Art. 2 Buchst. k SE-RL, die Einflussnahme des Organs zur Vertretung der Arbeitnehmer und/oder der Arbeitnehmervertreter auf die Angelegenheiten der Gesellschaft durch die – verkürzt formuliert – Zusammensetzung des Aufsichts- oder Verwaltungsorgans der SE (s. jetzt § 2 Abs. 12 SE-BG) eingegangen wird.

aa. Wenigstens Auffangregelung

Die Ausgangskonstellation kann wie folgt dargestellt werden:

Wenigstens Auffangregelung überhaupt?[1]

- Die Parteien können dies vereinbaren oder
- das besondere Verhandlungsgremium beschließt keinen Verhandlungsabbruch, aber
  – bis zum Ende des Verhandlungszeitraums kam keine Vereinbarung zustande und
  – das zuständige Organ jeder der beteiligten Gesellschaften stimmt der Anwendung der Auffangregelung auf die SE und damit der Fortsetzung des Verfahrens zur Eintragung zu.

Folge: Wenn nicht alle Gesellschaften zustimmen: Gründung der SE gescheitert.

Folge: Da für Teil 3 der Auffangregelung (Mitbestimmung) weitere Kriterien gelten, heißt dies also: Auffangregelung zu:

- Teil 1: SE-Betriebsrat,
- Teil 2: Unterrichtung und Anhörung.

ab. Unternehmensmitbestimmung per Auffangregelung

Für *Teil 3 der Auffangregelung*, der die Mitbestimmung regelt, gibt es in Art. 7 Abs. 2 SE-RL wie erläutert *weitere Kriterien*, bei denen auch *nach den einzelnen Gründungsformen* der SE zu unterscheiden ist.

---

[1] S. Art. 7 Abs. 1 SE-RL.

Die *Definition für „Mitbestimmung"* steht in Art. 2 Buchst. k SE-RL und jetzt § 2 Abs. 12 SE-BG: „Die Einflussnahme des Organs zur Vertretung der Arbeitnehmer und/oder der Arbeitnehmervertreter auf die Angelegenheiten einer Gesellschaft durch:

- die Wahrnehmung des Rechts, einen Teil der Mitglieder des Aufsichts- oder des Verwaltungsorgans der Gesellschaft zu wählen oder zu bestellen, oder
- die Wahrnehmung des Rechts, die Bestellung eines Teils der oder aller Mitglieder des Aufsichts- oder des Verwaltungsorgans der Gesellschaft zu empfehlen und/oder abzulehnen."

Die nachfolgende Abbildung fasst die Einzelheiten zusammen:

Europäische Aktiengesellschaft (SE)

• Beteiligung der Arbeitnehmer

Verhandlungen zur Beteiligung im Detail (II)

• **Auffangregelung für Mitbestimmung findet nur Anwendung wenn:**

  - bei einer *Umwandlung* bereits Mitbestimmungsrechte bestehen

  - bei einer *Verschmelzung*:

    - vor der Eintragung bereits Mitbestimmung bestand und sich auf mindestens 25% der Arbeitnehmer erstreckte

    - vor der Eintragung Mitbestimmung bestand und sich auf weniger als 25% erstreckte *und* das BVG einen entsprechenden Beschluss fasst

    - es sei denn Mitgliedstaaten haben von Opting out für Fusion Gebrauch gemacht

  - bei Gründung einer *Holding-SE* oder einer *Tochter-SE*

    - vor der Eintragung bereits Mitbestimmung bestand und sich auf mindestens 50% der Arbeitnehmer erstreckte

    - vor der Eintragung Mitbestimmung bestand und sich auf weniger als 50% erstreckte *und* das BVG einen entsprechenden Beschluss fasst

---

Abb. 3: Beteiligung der Arbeitnehmer an einer SE im Detail (Teil II)

Aus dieser Abbildung werden die wichtigsten Aspekte deutlich. Nur zwei Problembereiche von Art. 7 Abs. 2 und 3 SE-RL sind hier noch zu vertiefen:

E. II. „Verhandelte Beteiligung" oder Auffanglösung

Art. 7 Abs. 3 SE-RL enthält das berühmte *Opting out* für Spanien vom EU Gipfel in Nizza Ende 2000. Aus ihm ist deutlich ersichtlich, dass die Nichtanwendung der Auffangregelung zur Mitbestimmung in Teil 3 des Anhangs der SE-RL von einem Mitgliedstaat für sich nur in Anspruch genommen werden kann, wenn es um die *Gründung einer SE durch Verschmelzung* geht. Derzeit hat kein Land, auch Spanien nicht, diese Ausnahmeregelung für sich beansprucht. Trotzdem sei auf einen weiteren Gesichtspunkt in diesem Zusammenhang hingewiesen: *Voraussetzung für die Registrierung* der SE ist nach Art. 12 Abs. 3 SE-VO, dass eine *Vereinbarung über die Beteiligung der Arbeitnehmer* beschlossen wurde *oder* dass für *keine der teilnehmenden Gesellschaften* vor der Registrierung der SE *Mitbestimmungsvorschriften galten*. Wenn also für eine der teilnehmenden Gesellschaften Mitbestimmungsvorschriften bestanden, so ist für den Fall der Verschmelzung, selbst wenn ein Mitgliedstaat von der Ausschlussklausel Gebrauch machen würde, eine Vereinbarung notwendig, es sei denn, dass alle betroffenen Arbeitnehmer vorher keine Mitbestimmung hatten.[1]

Für die Gründung von Holding- und Tochtergesellschaften und dem dabei unter Umständen vorkommenden *Aufeinandertreffen von unterschiedlichen Mitbestimmungsformen* ist am Ende von Art. 7 Abs. 2 Buchst. c SE-RL vorgesehen, dass das besondere Verhandlungsgremium darüber entscheidet, welche *Mitbestimmungsform in der SE eingeführt wird*.

Diese Fallgestaltung ist nicht zu verwechseln mit Teil 3 Buchst. b der Auffangregelungen für die Mitbestimmung, nach dem die Arbeitnehmer das Recht haben, einen Teil der Mitglieder des Verwaltung- oder des Aufsichtsorgans zu wählen usw.. Dort richten sich die *Zahl dieser Mitglieder (Sitze) nach dem höchsten maßgeblichen Anteil in den beteiligten Gesellschaften* vor der Eintragung der SE. Also z. B. bei einer deutschen Gesellschaft mit über 2000 Arbeitnehmern sind es im Aufsichtsrat 50% der Sitze für die Arbeitnehmervertreter und in einer österreichischen Gesellschaft wären dies ein Drittel. Der höchste maßgebliche Anteil ist dann in diesem Sinne 50%.

Bei den Mitbestimmungsformen im Rahmen der Auffangregelungen zur Holding- und Tochtergründung geht es um die *Unterschiede zwischen dem Wählen oder dem Bestellen* von Mitgliedern des Organs oder deren Bestellung zu empfehlen oder abzulehnen. Der praktisch interessanteste Fall wäre zwischen der bis Herbst 2004 noch in den Niederlanden bestehenden Kooptationsform für den Aufsichtsrat und der Wahl durch die Arbeitnehmer bzw. Delegierte für den Aufsichtsrat in Deutschland gewesen. Nachdem diese in den Niederlanden auf ein praktisch bindendes Vor-

---

[1] S. auch Anhang der SE-RL Teil 3 Buchst. b 2. Abs. der Auffangregelung nach Art. 7 SE-RL.

schlagsrecht der Betriebsräte gegenüber der Hauptversammlung für ein Drittel der Sitze geändert wurde, ist es fraglich, ob von § 34 Abs. 2 SE-BG und dem dortigen Wahlrecht in der Praxis Gebrauch gemacht werden wird.

b. Einzelheiten zur Lösung für Unterrichtung und Anhörung

Wie in Kapitel II.3.a. gezeigt, besteht für ein Organ zur Vertretung der Arbeitnehmer[1] und für eine Auffangregelung für die Unterrichtung und Anhörung[2] eine Wahrscheinlichkeit. Auf einige Elemente dieses Teils der Auffangregelung, eine Art, um den deutschen Begriff zu gebrauchen, Euro-Konzern-Betriebsrat,[3] (der deutsche Gesetzgeber nennt ihn nun SE-Betriebsrat) ist hier einzugehen.

ba. SE-Betriebsrat kraft Gesetzes

Hintergrund für diesen Ansatz sind die Erwägungsgründe 5 und 6 der SE-RL: „Angesichts der in den Mitgliedstaaten bestehenden Vielfalt an Regelungen und Gepflogenheiten für die Beteiligung der Arbeitnehmervertreter an der Beschlussfassung in Gesellschaften ist es nicht ratsam, ein auf die SE anwendbares einheitliches europäisches Modell der Arbeitnehmerbeteiligung vorzusehen. In allen Fällen der Gründung einer SE sollten jedoch Unterrichtungs- und Anhörungsverfahren auf grenzüberschreitender Ebene gewährleistet sein." In Art. 4 Abs. 2 Buchst. f SE-RL ist für eine Vereinbarung auch die Möglichkeit vorgesehen, anstatt ein SE-Betriebsrat einzusetzen, eines oder mehrere Verfahren zu Unterrichtung und Anhörung zu schaffen. Diese „grundlegende Alternative" zum SE-Betriebsrat (s. § 21 Abs. 2 SE-BG) bedarf schon deshalb keiner Kommentierung, da der vergleichbare Ansatz beim Euro-Betriebsrat in der Praxis nicht vorkommt.

Die Parteien können vereinbaren, die Regelungen über den SE-Betriebsrat (s. §§ 23-33 SE-BG) anzuwenden. Sie finden auch Anwendung, wenn der Verhandlungszeitraum abgeschlossen ist und das besondere Verhandlungsgremium keine Nichtaufnahme oder den Abbruch der Verhandlungen beschlossen hat. Systematisch, aber wohl nur theoretisch, wäre es auch denkbar, dass die Leitungen nach diesem Zeitraum das Gründungsvorhaben einstellen.

---

[1] Zur Begriffsbestimmung s. Art. 2 Buchst. f SE-RL und § 2 SE-BG.
[2] Zu Definitionen s. Art. 2 Buchst. i und j SE-RL. Sowie § 2 Abs. 10,11 SE-BG.
[3] Es wäre nicht unproblematisch bei diesem SE-Betriebsrat einfach von „Betrieblicher Mitbestimmung" zu reden, andererseits darf er auch nicht mit dem Euro-Betriebsrat nach der Richtlinie von 1994 verwechselt werden. Letzterer kommt hier nur bei dem Verzicht, überhaupt zu verhandeln, in Frage.

Der SE-Betriebsrat, dessen Zuständigkeiten und Befugnisse in den §§ 27 ff. SE-BG verankert sind (dazu sogleich Kapitel II.2.bb.), setzt sich aus Arbeitnehmern der SE und ihrer Tochtergesellschaften und Betriebe zusammen, die von den Arbeitnehmervertretern aus ihrer Mitte oder, in Ermangelung solcher Vertreter, von der Gesamtheit der Arbeitnehmer gewählt oder bestellt werden. Für die Errichtung des SE-Betriebsrats gelten die Vorschriften zur Bildung des besonderen Verhandlungsgremiums auf die im Einzelnen in § 23 SE-BG verwiesen ist.

Auch für die Größenordnung ist auf einzelne der Vorschriften für die Bildung des besonderen Verhandlungsgremiums zurückzugreifen. Allgemein gilt die Auffangregelung Teil 1 nach Artikel 7 der SE-RL: „Die Mitglieder des SE-Betriebsrats werden entsprechend der Zahl der in jedem Mitgliedstaat beschäftigten Arbeitnehmer der beteiligten Gesellschaften und der betroffenen Tochtergesellschaften oder betroffenen Betriebe gewählt oder bestellt, so dass pro Mitgliedstaat für jeden Anteil der in diesem Mitgliedstaat beschäftigten Arbeitnehmer, der 10% der Gesamtzahl der in allen Mitgliedstaaten beschäftigten Arbeitnehmer der beteiligten Gesellschaften und der betroffenen Tochtergesellschaften oder betroffenen Betriebe entspricht, oder für einen Bruchteil dieser Tranche Anspruch auf einen Sitz besteht."

Die Dauer der Mitgliedschaft der aus dem Inland kommenden Mitglieder beträgt vier Jahre; eine Abberufung ist aber analog zu den Wahlvorschriften möglich (s. § 23 Abs.1 SE-BG). Allerdings ist alle zwei Jahre, vom Tage der Konstituierung des SE-Betriebsrats an gerechnet, durch die Leitung der SE zu prüfen, ob Änderungen der SE und ihrer Tochtergesellschaften und Betriebe, insbesondere bei den Arbeitnehmerzahlen in den einzelnen Mitgliedstaaten eingetreten sind. Die Leitung hat das Ergebnis dem SE-Betriebsrat mitzuteilen. Ist danach eine andere Zusammensetzung des SE-Betriebsrats erforderlich, veranlasst dieser bei den in den Mitgliedstaaten zuständigen Stellen, dass die Mitglieder neu gewählt oder bestellt werden. Mit der neuen Wahl oder Bestellung endet die Mitgliedschaft der bisherigen Arbeitnehmervertreter aus diesen Mitgliedstaaten (s. § 25 SE-BG).

Die Leitung der SE lädt unverzüglich nach Benennung der Mitglieder zur konstituierenden Sitzung ein. Der *SE-Betriebsrat* wählt aus seiner Mitte einen Vorsitzenden und dessen Stellvertreter und bildet aus seiner Mitte einen dreiköpfigen *geschäftsführenden Ausschuss* (s. § 23 Abs. 3 und 4 SE-BG).

Vier Jahre nach seiner Einsetzung hat der SE-Betriebsrat mit der Mehrheit seiner Mitglieder einen Beschluss darüber zufassen, ob er über eine Vereinbarung nach § 21 SE-BG verhandeln oder die bisherige Regelung weiter gelten soll. Im letzten Fall gelten sinngemäß die Vorschriften über die Einsetzung eines besonderen Verhandlungsgremiums im Rahmen des Gründungsverfahrens einer SE (s. genau § 26 SE-BG: §§ 13-15, 17, 20 und 21), mit der Maßgabe, dass an die Stelle des Verhandlungsgremiums der SE-Betriebsrat tritt. Wenn am Ende des für die Verhandlung vorgesehenen Zeitraums hier dann keine Vereinbarung zustande gekommen ist, findet weiterhin die bisherige Regelung Anwendung.

Vor Sitzungen mit der Leitung der SE ist der SE-Betriebsrat oder der geschäftsführende Ausschuss berechtigt, in Abwesenheit der Vertreter der Leitung der SE zu tagen. Mit Einverständnis der Leitung der SE kann der SE-Betriebsrat weitere Sitzungen durchführen (s. § 24 Abs. 2 SE-BG).

bb. Zuständigkeiten des SE-Betriebsrats

Vieles erinnert an die Regelungen zum Europäischen Betriebsrat und das meiste erschließt sich auch hier durch die Lektüre der §§ 27 ff. SE-BG. Einiges bedarf aber noch der Hervorhebung bzw. Erläuterung.

Die Zuständigkeit des SE-Betriebsrats ist praktisch formuliert eine Konzernzuständigkeit, denn es geht um Angelegenheiten, die die SE selbst oder eine ihrer Tochtergesellschaften oder einen ihrer Betriebe in einem anderen Mitgliedstaat betreffen oder über die Befugnisse der Entscheidungsorgane auf der Ebene des einzelnen Mitgliedstaats hinausgehen (s. § 27 SE-BG).

Die Unterrichtung und Anhörung ist zweigleisig vorgesehen: Zum Einen hat der SE-Betriebsrat das Recht, auf der Grundlage regelmäßig von dem zuständigen Organ (also Leitungs- oder Verwaltungsorgan) erstellter *Berichte* über die Entwicklung der Geschäftslage und die Perspektiven der SE unterrichtet und dazu gehört zu werden, und zum Anderen zu diesem Zweck mindestens einmal jährlich mit dem zuständigen Organ der SE *zusammenzutreten* (s. § 28 Abs. 1 SE-BG). Außerdem übermittelt das zuständige Organ der SE dem SE-Betriebsrat insbesondere die Geschäftsberichte, die Tagesordnung aller Sitzungen des Verwaltungs- oder Aufsichtsorgans sowie Kopien aller Unterlagen, die der Hauptversammlung der Aktionäre unterbreitet werden (s. § 28 Abs. 1 Satz 2 SE-BG).

Die Unterrichtung und Anhörung ist hier weitergehender als die vergleichbare Auffangregelung beim Euro-Betriebsrat: Nach § 28 Abs. 2 SE-BG bezieht sie sich insbesondere auf die Struktur der SE, ihre wirtschaftliche und finanzielle Situation, die voraussichtliche Entwicklung der Geschäfts-, Produktions- und Absatzlage, auf die Beschäftigungslage und deren voraussichtliche Entwicklung, auf die Investitionen, auf grundlegende Änderungen der Organisation, auf die Einführung neuer Arbeits- oder Fertigungsverfahren, auf Verlagerungen der Produktion, auf Fusionen, Verkleinerungen oder Schließungen von Unternehmen, Betrieben oder wichtigen Teilen derselben und auf Massenentlassungen.

Treten außergewöhnliche Umstände ein, die erhebliche Auswirkungen auf die Interessen der Arbeitnehmer haben, insbesondere bei Verlegungen, Verlagerungen, Betriebs- oder Unternehmensschließungen oder Massenentlassungen, so hat die Leitung der SE den SE-Betriebsrat rechtzeitig unter Vorlage der erforderlichen Unterlagen zu unterrichten (s. § 29 Abs. 1 SE-BG). Der SE-Betriebsrat oder der geschäftsführende Ausschuss hat das Recht (unabhängig von den mindestens einmal jährlich stattfindenden regulären Sitzungen), mit dem zuständigen Organ der SE oder den Vertretern einer anderen zuständigen, mit eigenen Entscheidungsbefugnissen ausgestatteten Leitungsebene innerhalb der SE zusammen zu treffen, um zu den außergewöhnlichen Umständen gehört zu werden (s. § 29 Abs. 2 SE-BG).

Wenn die SE-Leitung beschließt, nicht entsprechend der von dem SE-Betriebsrat abgegebenen Stellungnahme zu handeln, so hat der SE-Betriebsrat das Recht, ein weiteres Mal mit der Leitung der SE zusammen zu treffen, um eine Einigung herbei zu führen. Findet eine Sitzung mit dem engeren Ausschuss statt, so haben auch die Mitglieder des SE-Betriebsrats, die von diesen Maßnahmen unmittelbar betroffene Arbeitnehmer vertreten, das Recht, daran teilzunehmen (s. § 29 Abs. 3 SE-BG).

Es heißt am Ende von Teil 2 Buchst. c der Auffangregelung, dass die Sitzungen nach Abs. 1 die Vorrechte des zuständigen Organs unberührt lassen. Aufgrund einschlägiger vergleichbarer Rechtsprechung zum Euro-Betriebsrat – es sei hier insbesondere an die Renault-Verfahren erinnert[1] – muss man allerdings davon ausgehen, dass ohne Einhaltung der Prozeduren ein Aufschub gegenüber der Entscheidung des zuständigen Organs durch nationale Gerichte erreicht werden kann.

Abschließend zu erwähnen sind die *Kommunikation* des SE-Betriebsrats mit den Arbeitnehmervertretern der SE und ihrer Tochtergesellschaften und Betriebe (s. § 30 SE-BG), das Recht, *Sachverständige* hinzuziehen zu können (s. § 32 SE-BG, auch Vertreter von Gewerkschaften), der Anspruch auf bezahlte *Freistellung* für Fortbildungsmaßnahmen (§ 31 SE-BG), und die *Kosten- und Sachaufwandsregelung* in § 33 SE-BG (in Verbindung mit § 19 Satz 2 SE-BG) für die durch die Bildung und Tätigkeit des SE-Betriebsrates und des geschäftsführenden Ausschusse entstehenden erforderlichen Kosten.

c. Einzelheiten zur Mitbestimmung kraft Gesetz

ca. Keine allgemeine Auffanglösung

Das „Vorher-Nachher-Prinzip" als einen die Beteiligung der Arbeitnehmer in der SE prägenden Grundsatz wurde bereits mehrfach erwähnt. Es ist Ausdruck des politi-

---

[1] Vgl. *Cour d'Appel de Versailles*, Urteil v. 7.5.1997 (Nr. 308), Reg. Nr. 2780/97, in: AuR, 45 (1997), S. 299-301; *Lorenz, F. / Zumfelde, M.*, Betriebsrat, 1998, S. 168 f.

schen Kompromisses auf europäischer Ebene, wonach die Auffangregeln für die Mitbestimmung deshalb auch eine „Mitbestimmungsfreiheit" enthalten: „Bestanden in keiner der beteiligten Gesellschaften vor der Eintragung der SE Vorschriften über die Mitbestimmung, so ist die SE nicht verpflichtet, eine Vereinbarung über die Mitbestimmung der Arbeitnehmer einzuführen."[1] Die erwägenswerte Alternative war noch im *Davignon*-Bericht vorgeschlagen worden, nämlich eine Mindestbeteiligung der Arbeitnehmer überhaupt.

Auf das so genannte spanische Opting out ist bereits oben (Kapitel II.3.ab.) eingegangen worden. Kein Mitgliedstaat hat es bisher in Anspruch genommen.

cb. Systemwahl

Eingangs ist nochmals darauf hinzuweisen, dass entgegen früheren Entwürfen es bei der SE die *volle Wahlfreiheit der Gründer*/Aktionäre zwischen dem dualistischen System (Leitungs- und Aufsichtsorgan) und dem monistischen System (Verwaltungsorgan) gibt, und zwar entsprechend der in der Satzung gewählten Form.[2] Die Organstruktur ist also abgekoppelt von den Auffangregelungen für die Mitbestimmung; mit anderen Worten, letztere hat sich immer in die von den Gründern gewählte Struktur einzupassen; im Übrigen dürfte es auch beim Zusammenkommen für eine Vereinbarung Verhandlungen über die Organstruktur der SE nicht in größerem Umfange geben. Weiterhin besteht bei den Gründungen *freie Sitzwahl* (s. Art. 7 SE-VO). Nach § 2 SEEG hat die Satzung als Sitz den Ort zu bestimmen, wo die Hauptverwaltung geführt wird.

cc. Umwandlung

„Fanden im Falle einer durch Umwandlung (Rechtsformwechsel) gegründeten SE Vorschriften eines Mitgliedstaats über die Mitbestimmung der Arbeitnehmer im Verwaltungs- oder im Aufsichtsorgan vor der Eintragung Anwendung, so finden alle Komponenten der Mitbestimmung der Arbeitnehmer weiterhin Anwendung."[3] Es gilt also hier dasselbe wie bei der Begrenzung der Vereinbarungsautonomie durch Art. 4 Abs. 4 SE-RL bzw. § 21 Abs. 6 SE-BG (siehe auch oben Kapitel II.2.): Alle Komponenten der Arbeitnehmerbeteiligung finden weiterhin Anwendung. Im SE-BG einschlägig sind nun für die Mitbestimmung kraft Gesetzes die §§ 34 Abs. 1 Ziffer 1 und 35 Abs. 1: „bleibt die Regelung zur Mitbestimmung erhalten, die in der

---

[1] Anhang der SE-RL Teil 3 Buchst. b 2. Abs. der Auffangregelung für die Mitbestimmung.
[2] S. Art. 38 SE-VO.
[3] Anhang der SE-RL Teil 3 Buchst. a der Auffangregelungen für die Mitbestimmung.

Gesellschaft vor der Umwandlung bestanden hat. Bei einer Umwandlung einer deutschen AG in eine monistische SE wird, wenn die Mitbestimmung kraft Gesetzes greift, dies bedeuten, dass die Hälfte der Sitze im Verwaltungsorgan für die Arbeitnehmerseite vorbehalten wäre, ebenso wie innerhalb der Arbeitnehmerseite die innere Struktur (Beschäftigte des Unternehmens/Gewerkschaftsvertreter) unverändert bleiben würde, wenn die Aktiengesellschaft vorher unter dem Mitbestimmungsgesetz 1976 war (dazu sogleich mehr). § 34 Abs. 2 SE-BG, der eine Lösung für das Aufeinandertreffen verschiedener Formen der Mitbestimmung vorsieht, ist hier explizit nicht anwendbar.

Letztlich ist anzumerken, dass der Sitz der Gesellschaft anlässlich der Umwandlung nicht in cinen anderen Mitgliedstaat verlegt werden darf;[1] dies dürfte in der Praxis eine gewisse Mitbestimmungssicherung darstellen (dazu noch unten II.5.).

cd. Monistisches System

Das monistische System ist in der Tat für Deutschland etwas Neues. Die Stellung der Arbeitnehmervertreter darin und insbesondere der Umfang der Mitbestimmung kraft Gesetzes (Stichwort Parität) waren einer der Hauptdiskussionspunkte im Gesetzgebungsverfahren; dies ging bis zur Verfassungsfrage.[2] Postuliert wurde vielfach die Mitwirkung von Arbeitnehmervertretern im Verwaltungsrat sei ein Mehr (s. auch § 22 Abs. 1 SE-AG: Teilnahme an der Leitung) gegenüber der im Aufsichtsrat.[3] Verknüpft ist diese Frage mit der konkreten Ausgestaltung des monistischen Systems in §§ 20 ff. SE-AG, insbesondere der Regelung zu den geschäftsführenden Direktoren (§ 40 SE-AG).

Darauf soll im Rahmen dieses Beitrags nicht näher eingegangen werden. Der Verfasser hat bereits mehrfach die Auffassung vertreten, dass der deutsche Gesetzgeber nur so wie in § 35 Abs. 2 SE-BG geschehen (gleiche Zahl an Sitzen für Aufsichts- oder Verwaltungsorgan) korrekt Abs. 3 Buchstabe b der Auffangregelung der SE-Richtlinie umsetzen konnte.[4] Dies wird auch durch Art. 45 der SE-Verordnung bestätigt, der für die Parität im Verwaltungsrat die Doppelstimme für einen Anteilseig-

---

[1] S. Art. 37 Abs. 3 SE-VO.
[2] Vgl. nur *Kämmerer, J. A. / Veil, R.*, Paritätische Arbeitnehmermitbestimmung in der monistischen Societas Europaea, 2005, S. 369-376.
[3] Zur Praxis in anderen Ländern vgl. *Hasel, M.*, Arbeitnehmerbeteiligung in Leitungsgremien, 2005, S. 62-65.
[4] Entgegen *Kämmerer, J. A. / Veil, R.*, Paritätische Arbeitnehmermitbestimmung in der monistischen Societas Europaea, 2005, S. 371 wäre dann auch nur der EuGH für die Überprüfung der Grundrechtskonformität zuständig.

nervertreter vorsieht.[1] Hinzukommt schließlich die besondere Paritätssicherung des § 35 Abs. 3 SE-AG (Stimmübertragung auf den Vorsitzenden des Verwaltungsrats, wenn ein geschäftsführender Direktor aus rechtlichen Gründen gehindert ist, an der Beschlussfassung im Verwaltungsrat teilzunehmen).

Die Zahl der Mitglieder des Verwaltungsrats besteht grundsätzlich aus drei Personen, die Obergrenze ist einundzwanzig (s. § 23 SE-AG). Durch die Mitbestimmung kraft Gesetzes (s. § 35 SE-BG) kann es aber zu einer paritätischen Kopfzahl kommen, wenn der höchste Anteil an Arbeitnehmervertretern in den Organen der beteiligten Gesellschaften 50 % betragen hat.

Weiteres ist zur Arbeitnehmerbeteiligung im monistischen System hier nicht zu bemerken; die Mitglieder des Verwaltungsrats (wie auch des Aufsichtsorgans der SE) haben die gleichen Rechte und Pflichten wie die Mitglieder, die die Anteilseigner vertreten(s. § 38 Abs. 1 SE-BG). Einer der mindestens zwei geschäftsführenden Direktoren ist für den Bereich Arbeit und Soziales zuständig (s. § 38 Abs. 2 SE-BG).

ce. Mitbestimmungsrecht kraft Gesetz allgemein

Abgesehen vom Fall der Umwandlung und den Ausnahmen von der Auffanglösung, gilt als für die Mitbestimmung bei Gründung einer SE durch Verschmelzung im Wege der Holding oder der Tochterbildung haben die Arbeitnehmer der SE, ihrer Tochtergesellschaften und Betriebe oder ihr Vertretungsorgan das Recht, einen Teil der Mitglieder des Verwaltungs- oder des Aufsichtsorgans der SE zu wählen oder zu bestellen oder ihre Bestellung zu empfehlen oder abzulehnen (s. § 37 SE-BG). Die Zahl dieser Mitglieder bemisst sich nach dem höchsten maßgeblichen Anteil in den beteiligten Gesellschaften vor der Eintragung der SE.[2]

Ist also eine deutsche Gesellschaft unter dem MitbestG 1976 beteiligt, so resultiert daraus eine Sitzzahl von 50%.

Es ist bekannt, wie kompliziert Aufsichtsratswahlen unter dem MitbestG 1976 in Deutschland sind.[3] Die Auffangregelung und das SE-BG (s. § 36) hat die Wahlvorschriften zweigeteilt: Der SE-Betriebsrat „entscheidet" zunächst über die Verteilung der Sitze im Verwaltungs- oder im Aufsichtsorgan auf die Mitglieder, die Arbeit-

---

[1] Vgl. *Köstler, R., Mitbestimmung*, 2003, S. 804 und *Köstler, R.*, Beteiligung der Arbeitnehmer, 2005, S. 748.
[2] S. auch Anhang der SE-RL Teil 3 Buchst. b der Auffangregelungen für die Mitbestimmung.
[3] S. allerdings jetzt: Gesetz zur Vereinfachung der Wahl der Arbeitnehmervertreter in den Aufsichtsrat v. 23.03.2002, BGBl. I, S. 1130 ff. Das Drittelbeteiligungsgesetz von 2004 ist in vielem den Regeln des MitbestG`76 angenähert worden.

E. II. „Verhandelte Beteiligung" oder Auffanglösung

nehmer aus verschiedenen Mitgliedstaaten vertreten, oder über die Art und Weise, in der die Arbeitnehmer der SE Mitglieder dieser Organe empfehlen oder ablehnen können, entsprechend den jeweiligen Anteilen der in den einzelnen Mitgliedstaaten beschäftigten Arbeitnehmer der SE. Bleiben Arbeitnehmer aus einem oder mehreren Mitgliedstaaten bei der anteilsmäßigen Verteilung unberücksichtigt, so bestellt der SE-Betriebsrat eines der Mitglieder aus einem dieser Mitgliedstaaten, und zwar vorzugsweise – soweit angemessen – aus dem Mitgliedstaat, in dem die SE ihren Sitz haben wird. Mit anderen Worten, und richtig verstanden, nur die Verteilung der den Arbeitnehmern zustehenden Sitze wird vom SE-Betriebsrat nach Ländern und den dort beschäftigten Arbeitnehmern berechnet. Soweit die Mitgliedstaaten über die Besetzung der Sitze keine eigenen Regelungen getroffen haben, bestimmt allerdings der SE-Betriebsrat die Arbeitnehmervertreter (s. § 36 Abs. 2 SE-BG).

Für den zweiten Schritt jedoch ist hier nationales Recht anzuwenden. Die Ermittlung der auf das Inland entfallenden Arbeitnehmervertreter des Aufsichts- oder Verwaltungsorgans der SE erfolgt durch ein Wahlgremium, das sich aus den Arbeitnehmervertretungen der SE, ihrer Tochtergesellschaften und Betriebe zusammensetzt (s. § 36 Abs. 3 SE-BG). Letzteres ist eine Anlehnung an die Rechtsvorschriften aus dem Jahre 1994 zum Euro-Betriebsrat.

Das Wahlverfahren im Einzelnen ist den Vorschriften zur Bildung des besonderen Verhandlungsgremiums nachgebildet. Auf sie kann also vollinhaltlich verwiesen werden; nicht ohne zu betonen, dass für die Sitzaufteilung die besondere Platzverteilung nach § 6 Abs. 2 bis 4 SE-BG für die Gewerkschaftsvertreter und den leitenden Angestellten zu beachten ist. Bei sieben Sitzen für das Inland würde dies also bedeuten: zwei Gewerkschaftsvertreter, ein leitender Angestellter und vier Arbeitnehmer.

Auch wenn dieses Wahlgremium schon unkomplizierter zu bilden sein dürfte als eine Delegiertenversammlung nach den Wahlordnungen zum MitbestG oder danach eine Urwahl durchzuführen: Bei der Wahlfrage zeigt sich hier besonders der Vorteil, wenn eine Vereinbarung zur Beteiligung der Arbeitnehmer inklusive Mitbestimmung im Rahmen der Gründung der SE erzielt wird. Denn dabei kann man dann auch das Verfahren der Wahlen einfach gestalten.

Es gibt schließlich das klassische Institut der Abberufung von Arbeitnehmervertretern, in einem zur Wahl spiegelbildlichen Verfahren auf der Arbeitnehmerseite, mit drei Viertel-Mehrheit der abgegebenen Stimmen, und der Besonderheit, dass hier dann die Hauptversammlung der SE die Abberufung vorzunehmen hat (s. § 37 SE-BG).

Schließlich gibt es auch die Möglichkeit der Wahlanfechtung mit den bekannten Begründungen, allerdings muss die Klage innerhalb eines Monats nach dem Bestellungsbeschluss der Hauptversammlung erhoben werden (s. § 37 Abs. 2 SE-BG). Zuständig ist gemäß § 2a Abs. 1 Nummer 3d ArbGG das Arbeitsgericht in dessen Bezirk die SE in Deutschland ihren Sitz hat.

Die Arbeitnehmervertreter im Aufsichts- oder Verwaltungsorgan der SE haben die gleichen Rechte und Pflichten wie die Mitglieder, die die Anteilseigner vertreten (s. § 38 Abs. 1 SE-BG). Zwei weitere Besonderheiten sind zum Stichwort Rechtsstellung, Innere Ordnung noch anzusprechen:

- Die Zahl der Mitglieder des Leitungsorgans (s. § 16 SE-AG) oder der geschäftsführenden Direktoren (s. § 40 SE-AG) beim monistischen System beträgt mindestens zwei. Einer von ihnen ist für den Bereich Arbeit und Soziales zuständig (also der Arbeitsdirektor nach § 33 MitbestG).
- Das neutrale Mitglied der Montanmitbestimmung findet sich in § 38 Abs. 3 SE-BG wieder.

4. Weitere Aspekte der Beteiligung

a. Verschwiegenheitspflicht

In der SE-RL ist verankert, dass die Mitgliedstaaten vorsehen, dass den Mitgliedern des besonderen Verhandlungsgremiums und des SE-Betriebsrats sowie den sie unterstützenden Sachverständigen *nicht gestattet* wird, ihnen als *vertraulich mitgeteilte Informationen an Dritte weiterzugeben*. Hierfür ist nun § 41 SE-BG einschlägig. Demgegenüber ist die *Verschwiegenheitspflicht der Mitglieder der Organe der SE* in Art. 49 SE-VO zu finden (keine Weitergabe von Informationen über die SE, die im Falle ihrer Verbreitung den Interessen der Gesellschaft schaden könnten), daher ist sie auch in § 41 SE-BG nicht erwähnt.

Praktische Probleme oder gar Konflikte sind hier denkbar, einige seien kurz angesprochen: Nach Teil 2 Buchst. b Abs. 2 der Auffangregelung für die Unterrichtung und Anhörung (jetzt § 28 SE-BG) übermittelt beispielsweise der Vorstand der SE dem SE-Betriebsrat die Tagesordnung aller Sitzungen des Aufsichtsrats sowie Kopien aller Unterlagen, die der Hauptversammlung der Aktionäre unterbreitet werden. In diesem Rahmen könnte § 41 Abs. SE-BG (keine Weitergabe von als vertraulich mitgeteilten Informationen an Dritte) Platz greifen. Für das Verhältnis der Arbeitnehmervertreter im Aufsichtsrat zu den übrigen Mitgliedern des SE-Betriebsrats ist zum Einen auf die Unterrichtungs- und Anhörungsrechte letzterer hinzuweisen und ansonsten wiederum auf die Kombination von Art. 49 SE-VO und Art. 8 Abs. 1 SE-RL und nunmehr § 41 Abs. 3 bis 5 SE-BG: sie können also ungehindert kommunizieren.

Art. 8 Abs. 2 SE-RL überträgt der Umsetzung durch die Mitgliedstaaten die Aufgabe, zu regeln, wann das Aufsichts- oder Verwaltungsorgan sich weigern darf, Informationen weiterzuleiten, wenn deren Bekanntwerden bei Zugrundelegung objektiver Kriterien den Geschäftsbetrieb der SE (oder ggf. der beteiligten Gesellschaft) oder ihrer Tochtergesellschaften und Betriebe erheblich beeinträchtigen oder ihnen schaden würde. Einerseits muss man hierzu festhalten, dass damit *nicht die Kommunikation zwischen Mitgliedern des Aufsichtsorgans und den übrigen Mitgliedern des SE-Betriebsrats unterbunden werden kann*, denn dafür ist wiederum Art. 49 SE-VO maßgeblich. Andererseits verlangt die SE-RL für diese „Informationszurückhaltung", dass die Mitgliedstaaten Verfahren vorsehen, nach denen die Arbeitnehmervertreter auf dem Verwaltungsweg oder vor Gericht *Rechtsbehelfe* einlegen können, wenn das Aufsichts- oder Verwaltungsorgan der SE oder der beteiligten Gesellschaft Vertraulichkeit verlangt oder die Informationen verweigert. Hierzu ist aber in § 41 Abs. 1 SE-BG nichts erwähnt. In richtlinienkonformer Auslegung müsste dies für Deutschland die *Einigungsstelle* sein (analog s. §§ 106 ff. BetrVG).

b. Schutz der Arbeitnehmer

§ 44 SE-BG sieht für die Mitglieder des Besonderen Verhandlungsgremiums, die Mitglieder des SE-Betriebsrats, Arbeitnehmervertreter, die bei einem Verfahren zur Unterrichtung und Anhörung mitwirken und Arbeitnehmervertreter im Aufsichts- oder im Verwaltungsorgan der SE, die Beschäftigte sind, den *gleichen Schutz* und gleichartige Sicherheiten *wie* für die Arbeitnehmervertreter nach den *innerstaatlichen Rechtsvorschriften und/oder Gepflogenheiten des Landes, in dem sie beschäftigt sind,* vor. Dies gilt insbesondere für die Teilnahme an den Sitzungen des besonderen Verhandlungsgremiums oder des SE-Betriebsrats, an den Sitzungen des Verwaltungs- oder des Aufsichtsorgans sowie für die Lohn- und Gehaltsfortzahlungen an die Mitglieder, die Beschäftigte sind, für die Dauer ihrer zur Wahrnehmung ihrer Aufgaben erforderlichen Abwesenheit.

c. Verhältnis der SE-RL zu anderen Beteiligungsformen, insbesondere auf der nationalen Ebene

Nunmehr bedarf es einer Kommentierung des Art. 13 SE-RL und des § 47 SE-BG, die das Verhältnis der SE-RL bzw. des SE-Rechts zur Beteiligung der Arbeitnehmer in der SE zu anderen europäischen oder nationalen Beteiligungsformen anspricht. Man muss unterscheiden:

- *SE und Tochtergesellschaften einer SE*, die gemeinschaftsweit operierende Unternehmen oder herrschende Unternehmen in einer gemeinschaftsweit operierenden Unternehmensgruppe im Sinne der Richtlinie zum Euro-Betriebsrat von 1994 (bzw. der Ergänzung von 1997 für das Vereinigte Königreich) sind, *unter-*

liegen nicht den Euro-Betriebsratsrichtlinien und den Umsetzungen in einzelstaatliches Recht. Vereinfacht gesagt, haben wir es hier bei der SE mit einer eigenen Konstruktion zur Information, Anhörung und Mitbestimmung zu tun. Beschließt allerdings das besondere Verhandlungsgremium im Verfahren und mit den Mehrheiten nach Art. 3 Abs. 6 SE-RL keine Verhandlungen aufzunehmen, so gelangen die Euro-Betriebsratsrichtlinien und ihre nationalen Umsetzungsbestimmungen zur Anwendung. In diesem Falle also würde man durch eigene Verhandlungs-Unklugheit auf die „dünneren Rechte" aus den Euro-Betriebsratsrichtlinien für die gemeinschaftsweit operierenden Unternehmen oder Unternehmensgruppen zurückfallen.

- Auf eine SE finden wiederum die einzelstaatlichen Rechtvorschriften und/oder Gepflogenheiten in Bezug auf die Mitbestimmung der Arbeitnehmer in den Gesellschaftsorganen keine Anwendung. Die Regelungen aus der SE-VO, der SE-RL und der Umsetzung in nationales Recht gehen den nationalen Mitbestimmungsregelungen in den Gesellschaftsorganen vor, z. B. dem Aufsichtsrat einer deutschen Aktiengesellschaft.

- Die SE-RL berührt allerdings nicht die den Arbeitnehmern nach den einzelstaatlichen Rechtsvorschriften und/oder Gepflogenheiten (dazu gehören dann auch Tarifverträge) zustehenden Beteiligungsrechte, die für die Arbeitnehmer der SE und ihre Tochtergesellschaften und Betriebe gelten, mit Ausnahme der Mitbestimmung in den Organen der SE. Für einen deutschen Betriebsrat in einem deutschen Betrieb bleibt es bei der Anwendung der Betriebsverfassung (zu den besonderen Problemen bei der Verschmelzung sogleich).

- Die nach einzelstaatlichen Rechtsvorschriften und/oder Gepflogenheiten geltenden Bestimmungen über die Mitbestimmung in den Gesellschaftsorganen, die auf die Tochtergesellschaften der SE Anwendung finden, werden von der SE-RL nicht berührt. Wenn also beispielsweise eine SE als Holding in den Niederlanden gegründet würde, wäre die Beteiligung am Aufsichtsrat der Tochter dieser SE in Deutschland, solange die entsprechenden Arbeitnehmerzahlen nach den einschlägigen deutschen Gesetzen vorliegen, unberührt.

Ein besonderes Problem stellt das *Erlöschen eigenständiger juristischer Personen* im nationalen Kontext in den *Verschmelzungsfällen* dar.

Der Gesamtbetriebsrat/Wirtschaftsausschuss z. B. nach dem Betriebsverfassungsgesetz setzt einen nationalen Rechtsträger des Unternehmens voraus. Dieser aber würde im Fusionsfalle u. U., wenn er in die andere Gesellschaft aufgenommen würde, gerade nicht mehr bestehen. Deshalb sieht Art. 13 Abs. 4 SE-RL zur *Wahrung der Rechte* hier vor, dass die Mitgliedstaaten *durch geeignete Maßnahmen sicherstellen* können, dass die *Strukturen der Arbeitnehmervertretung* in den beteiligten Gesellschaften auch nach der Eintragung der SE *fortbestehen*. Durch die Umsetzung dessen in § 47 Abs. 2 SE-BG kann das Fortbestehen des Gesamtbetriebsrates/Wirtschaftsausschusses erreicht werden. Entscheidend dürfte allerdings sein, dass auch gewährleistet wird, dass diesen Arbeitnehmervertretungen ein *Verhandlungspartner des Managements der SE* oder zumindest ein von diesem autorisierter, kompetenter und entscheidungsbefugter Beauftragter zur Verfügung gestellt wird. Dies ist mit § 47 Abs. 2 letzter Satz SE-BG (die Leitung der SE stellt sicher, dass die Aufgaben weiterhin wahrgenommen werden können) sehr knapp umschrieben.

Nach Art. 29 Abs. 4 SE-VO gehen die zum Zeitpunkt der Eintragung aufgrund der einzelstaatlichen Rechtsvorschriften und Gepflogenheiten sowie aufgrund individueller Arbeitsverträge oder Arbeitsverhältnisse bestehenden Rechte und Pflichten der beteiligten Gesellschaften hinsichtlich der Beschäftigungsbedingungen mit der Eintragung der SE auf diese über. Trotzdem kann man die Prognose wagen, dass grenzüberschreitende Unternehmen wie die SE versuchen werden, Vorreiter auf dem Weg der Europäisierung der Tarifverträge zu sein. Dieses Thema kann hier jedoch nicht vertieft werden.

5. Strukturelle Änderungen/Missbrauchsverbot

a. Allgemeines

Es ist den Mitgliedstaaten durch Art. 11 SE-RL aufgegeben, geeignete Maßnahmen zu treffen, um zu verhindern, dass eine SE dazu missbraucht wird, Arbeitnehmern Beteiligungsrechte zu entziehen oder vorzuenthalten.

Und weiterhin ist der Erwägungsgrund 18 der SE-RL anzuführen: „Die Sicherung erworbener Rechte der Arbeitnehmer über ihre Beteiligung an Unternehmensentscheidungen ist fundamentaler Grundsatz und erklärtes Ziel dieser Richtlinie. Die vor der Gründung einer SE bestehenden Rechte der Arbeitnehmer sollten deshalb Ausgangspunkt auch für die Gestaltung ihrer Beteiligungsrechte in der SE (Vorher-Nachher-Prinzip) sein. Dieser Ansatz sollte folgerichtig nicht nur für die Neugründung einer SE, sondern auch für strukturelle Veränderungen einer bereits gegründeten SE und für die von den strukturellen Änderungsprozessen betroffenen Gesellschaften gelten."

Im umgesetzten deutschen Recht gibt es verschiedene Passagen, die hier einschlägig sind. Da im Vordergrund die Vereinbarung steht, ist zunächst auf § 21 Abs. 1 Ziffer 6 SE-BG hinzuweisen: „es wird festgelegt..die Fälle, in denen die Vereinbarung neu ausgehandelt werden soll und das dabei anzuwendende Verfahren". Es ist also bei einer Vereinbarung bereits dieser Gesichtspunkt zu beachten und einigermaßen klar zu skizzieren. Die allgemeine Regelung zur Wiederaufnahme der Verhandlungen enthält § 18 Abs. 3 SE-BG („strukturelle Änderung") und schließlich gilt § 43 SE-

BG mit seinem Missbrauchsverbot: „Eine SE darf nicht dazu missbraucht werden, den Arbeitnehmern Beteiligungsrechte zu entziehen oder vorzuenthalten. Missbrauch wird vermutet, wenn ohne Durchführung eines Verfahrens nach § 18 Abs. 3 innerhalb eines Jahres nach Gründung der SE strukturelle Änderungen stattfinden, die bewirken, dass den Arbeitnehmern Beteiligungsrechte vorenthalten oder entzogen werden."

Nach der Begründung des Regierungsentwurfs[1] „soll der Gefahr begegnet werden, dass die Rechtsform der SE gezielt ausgenutzt wird, um Arbeitnehmern Beteiligungsrechte vorzuenthalten oder zu entziehen. Bei einer Konkretisierung des Missbrauchsbegriffs ist aber zu berücksichtigen, dass die Verordnung gerade die grenzüberschreitende wirtschaftliche Tätigkeit erleichtern will. Die Nutzung der vorhergesehenen Handlungsmöglichkeiten allein, einschließlich der etwa ausdrücklich vorgesehenen Sitzverlegung, wird daher den Vorwurf des Missbrauchs nicht begründen können."

Im nachfolgenden sollen verschiedene Einzelfälle, die in Literatur und Praxis vorkommen, durchgegangen werden, von der Sitzverlegung über strukturelle Änderungen, bis hin zu so genannten Vorrats-SE.

b. Einzelfälle

ba. Sitzverlegung

Nach Artikel 8-VO kann der Sitz der SE in einen anderen Mitgliedstaat verlegt werden. Entsprechend den Ausführungen unter Allgemeines ist für eine Verlegung aus Deutschland hinaus, zunächst (s. § 21 Abs. 1 Nr. 6 SE-BG) die Vereinbarung dahingehend zu untersuchen, ob dies zu den Fällen gehört in denen die Vereinbarung neu ausgehandelt werden soll. Ist dies nicht der Fall, so ist § 18 Abs. 3 SE-BG zu prüfen (strukturelle Änderungen der SE, die geeignet sind, Beteiligungsrechte der Arbeitnehmer zu mindern). Die Sitzverlegung ist in der Gesetzesbegründung zu § 18 Abs. 3 SE-BG[2] nicht erwähnt.[3] Umgekehrt findet sich, wie oben zitiert, in der Gesetzesbegründung zu § 43 SE-BG die Sitzverlegung. Entgegen den Überlegungen von *Kleinsorge* vor Verabschiedung des Regierungsentwurfs[4] wird man in Hinblick auf Art. 8 SE-VO § 18 Abs. 3 SE-BG nur für einschlägig halten können, wenn der dorti-

---

[1] S. BT-Drs. 15/3405, S. 57.
[2] S. BT-Drs. 15/3405, S. 50.
[3] Darauf weist auch *Oechsler, J*, Die Sitzverlegung der Europäischen Aktiengesellschaft, 2005, S. 376 hin. Anders z.B. die österreichische Umsetzung in §§ 228-229 ArbVG.
[4] Vgl. *Kleinsorge, G.,* Beteiligungsrechte der Arbeitnehmer, 2002, S. 351.

ge nationale Gesetzgeber von der Regelungsermächtigung des Art. 38 SE-VO für das dualistische System nicht Gebrauch gemacht hat. Die Wahlfreiheit der Unternehmen zwischen den Systemen folgt ja unmittelbar aus Art. 38 SE-VO.[1]

Oechsler hält es für „erörterungswürdig", ob die Sitzverlegung nicht zu einem Wegfall der Geschäftsgrundlage der Vereinbarung über die Beteiligung der Arbeitnehmer führe: Denn Motiv einer solchen Vereinbarung sei die An- oder Abwendung der so genannten Auffangregelung des künftigen Sitzstaates der SE. Die These mit der Verlegung des Sitzes gehe aber das von der Auffangregelung ausgehende Druck- bzw. Anreizpotential unter, es entfalle nachträglich ein Umstand, den beide Parteien ihrer Vereinbarung nach Art. 4 RL zugrunde gelegt und ohne den sie ihre Vereinbarung wohl auch nicht in der gegenwärtigen Gestalt so getroffen hätten, kann jedoch nicht überzeugen.

Dies alles gilt spiegelbildlich prinzipiell für die Sitzverlegung einer SE in das Inland. Dies kann anders sein, wenn das Missbrauchsverbot des § 43 SE-BG einschlägig ist oder es sich um eine so genannte Vorrats-SE handelt (dazu unten bd).

bb. Strukturelle Änderungen

Gerade angesichts mancher bereits existierender literarischer Äußerungen[2] sei hier nochmals eindringlich an die Aufforderung des Gesetzgebers in § 21 Abs. 1 Ziff. 6 SE-BG hingewiesen, dass die Fälle, in denen die Vereinbarung neu ausgehandelt werden soll, in der schriftlichen Vereinbarung festgelegt werden sollen.

Für die Fälle der Mitbestimmung kraft Gesetzes, wird es in der Tat um die Auslegung des § 18 Abs. 3 SE-BG, gegebenenfalls in Verbindung mit dem Missbrauchsverbot des § 43 SE-BG, gehen. Die Gesetzesbegründung für letztere Vorschrift wurde bereits zitiert, die zu § 18 Abs. 3 bereits angesprochen. Bezüglich konkreter Fallgestaltungen heißt es dort nur: „Das kann z. B. der Fall sein, wenn eine SE ein mitbestimmtes Unternehmen mit einer größeren Zahl von Arbeitnehmern aufnimmt, in der SE aber bisher keine Mitbestimmung gilt." Es ist in der Tat die Frage, ob der deutsche Gesetzgeber Art. 11 SE-RL mit den §§ 18 Abs. 3 und 43 SE-BG ausreichend umgesetzt hat; dies insbesondere im Lichte des eingangs ebenfalls zitierten Erwägungsgrundes 18 der Richtlinie. Auf die durchaus umfassendere österreichische Umsetzung wurde oben bereits hingewiesen. Der erste wichtige Gesichtspunkt zur

---

1 So bereits zutreffend vgl. *Teichmann, C.*, Einführung, 2002, S. 441-442.
2 Vgl. *Kallmeyer, H.*, Beteiligung der Arbeitnehmer, 2004, S.1442-1445; *Grobys, M.*, SE-Betriebsrat und Mitbestimmung, 2005, S. 84-91; *Müller-Bonanni, T. / Melot de Beauregard, P.*, Mitbestimmung in der Societas Europeaea, 2005, S. 195-200; *Wollburg, R. / Banerjea N. R.*, Reichweite der Mitbestimmung, 2005, S. 277-283.

„Sicherung erworbener Rechte der Arbeitnehmer über ihre Beteiligung an Unternehmensentscheidungen" hat durchaus in § 43 Satz 2 SE-BG seinen Niederschlag gefunden. Es ist dies die zeitliche Nähe von „strukturellen Änderungen" zur Gründung der SE („innerhalb eines Jahres nach Gründung der SE"). Für die Auslegung von § 18 Abs. 3 SE-BG ist zum einen natürlich der Wortlaut (einerseits „strukturelle Änderungen", andererseits, „die geeignet sind, Beteiligungsrechte der Arbeitnehmer zu mindern") und darüber hinaus das Beispiel der Gesetzesbegründung der Ausgangspunkt. Und, um es nochmals zu betonen, eine im Hinblick auf Art. 11 SE-RL und den 18. Erwägungsgrund der SE-RL richtlinienkonforme Interpretation ist hier notwendig.[1]

Verschmelzen sich z.B. eine britische Plc mit 200 Arbeitnehmern und eine dem MitbestG 1976 unterliegende deutsche AG mit 2000 Arbeitnehmern zu einer SE mit Sitz im Inland, so kann das besondere Verhandlungsgremium erzwingen, dass auch die SE paritätisch mitbestimmt wird.[2] Zutreffend weisen diese darauf hin, dass die SE paritätisch mitbestimmt bleibe, selbst wenn bei konsolidierter Betrachtung der Arbeitnehmerzahlen beider Länder der Schwellenwert des MitbestG 1976 nicht mehr erreicht werde. In der erwähnten Gesetzesbegründung zu § 18 Abs. 3 SE-BG ist von der Aufnahme eines mitbestimmten Unternehmens mit einer größeren Zahl von Arbeitnehmern durch eine SE die Rede, in der SE aber bisher keine Mitbestimmung galt. Nun mag für die Zwecke des Strafrechts (§ 43 SE-BG ist in § 45 Abs. 1 Nr. 2 SE-BG aufgeführt) eine restriktive Auslegung geboten sein.[3] Das Beispiel aus der Gesetzesbegründung zu § 18 Abs. 3 SE-BG „der Aufnahme eines mitbestimmten Unternehmens" darüber hinaus aber nur als „Vorgänge gründungsähnlichen Charakters oder „korporative Akte von ganz erheblichem Gewicht" zu interpretieren und nur dann unter den Begriff der strukturellen Änderung fallen zu lassen[4] wird dem 18. Erwägungsgrund der Richtlinie nicht gerecht.[5]

Einzuräumen dürfte sein, dass eine gewisse Zahl von Neueinstellungen bei einer prosperierenden SE, die vorher mitbestimmungsfrei gegründet wurde, nicht ohne weiteres als strukturelle Änderung im Sinne des § 18 Abs. 3 SE-BG anzusehen sein dürfte. Andererseits kann es auch nicht überzeugen, wenn *Wollburg/Banerjea* eine

---

[1] Vgl. nur *Köstler, R.*, Mitbestimmung, 2003, S. 808; *Niklas, T.*, Beteiligung der Arbeitnehmer in der Europäischen Gesellschaft, 2004, S. 1205 f. und den Hinweis von *Kleinsorge, G.*, Beteiligungsrechte der Arbeitnehmer, 2002, S. 351, Fn. 99 zur Diskussion im EP.
[2] Beispiel von *Müller-Bonanni, T. / Melot de Beauregard, P.*, Mitbestimmung in der Societas Europaea 2005, S. 197.
[3] Vgl. dazu *Wollburg, R. / Banerjea, N. R.*, Reichweite der Mitbestimmung, 2005, S. 278.
[4] Vgl. *Wollburg, R. / Banerjea, N. R.*, Reichweite der Mitbestimmung, 2005, S. 278-279.
[5] Vgl. nur die Kommentierung der in der Tat detaillierteren Umsetzung in Österreich durch §§ 228, 229 ArbVG durch *Gahleitner, S.*, in: Europäische Aktiengesellschaft, Kommentar, 2004, S.781-788.

Anknüpfung an die Arbeitnehmerzahl der SE als in eindeutigem Widerspruch sehen zur gesetzlichen Anordnung in § 47 Abs. 1a SE-BG und in Art. 13 Abs. 3a SE-RL, denen zur Folge (mit Ausnahme des SE-BG) nationale Mitbestimmungsgesetze auf die Organe der SE keine Anwendung fänden.[1] Man kann hier nicht „geschickt" von einer „Vorenthaltung der Möglichkeit, die Beteiligungsrechte der Arbeitnehmer des aufgenommenen Unternehmens zu erweitern" sprechen. Vielmehr muss man die Fälle, dass die Arbeitnehmerzahl einer SE – gemeinsam mit der eines neu erworbenen Unternehmens oder Betriebes – nunmehr Tatbestände des MitbestG 76 bzw. des DrittelbeteiligungsG erfüllt, als strukturelle Änderung im Sinne des § 18 Abs. 3 SE-BG betrachten. § 18 Abs. 3 Satz 2 hat doch mit seiner Neuzusammensetzung des besonderen Verhandlungsgremiums gegenüber den Gründungfällen (SE Betriebsrat gemeinsam mit Vertretern der von der geplanten strukturellen Änderung betroffenen Arbeitnehmern, die bisher nicht von dem SE Betriebsrat vertreten werden) den Schutz der hinzukommenden Arbeitnehmer vor Augen. Ohne Zweifel ein Neuverhandlungsfall ist schließlich das Zwischenergebnis von *Wollburg / Banerjea*[2], wenn nämlich das übertragene Unternehmen selbst über eine hinreichende Zahl von Mitarbeitern verfügt, um selbst die Voraussetzungen der Mitbestimmung zu erfüllen.

bc. Erwerb eines mitbestimmten Rechtsträgers durch die SE

Da diese Gestaltung in der Gesetzesbegründung ausdrücklich als ein Fall der strukturellen Änderungen aufgeführt ist, kann man keinesfalls – wie *Wollburg/Banerjea* – die Anordnung der Fortgeltung der Mitbestimmung der Tochtergesellschaft im § 47 Abs. 1 SE-BG als abschließende Regelung mitbestimmungsrechtlicher Folgen von Akquisitionen verstehen.[3] Die Argumentation mit einem „korporativen Akt" als Voraussetzung für strukturelle Änderungen wurde bereits oben abgelehnt. Und die These, hier handele es sich nicht um ein SE-spezifisches, sondern um ein allgemeines Problem, welches ansonsten das deutsche Mitbestimmungsrecht hinnehme, vermag ebenfalls nicht zu überzeugen. Wären die Arbeitnehmer des mitbestimmten Unternehmens in den Gründungsvorgang einbezogen gewesen, hätten sie an dem Abschluss einer Vereinbarung über ihre Rechte mitwirken können. Um es zu wiederholen: Gerade wenn man das Missbrauchsverbot in strafrechtlicher Hinsicht vorsichtig auszulegen hat, kann man hier nicht umhin strukturelle Änderungen der SE im Sinne des § 18 Abs. 3 insoweit zu bejahen, als sonst durch geschickte Reihenfolge von Gründung einerseits und späterem Erwerb andererseits Umgehungen Tor und Tür geöffnet wären.

---

[1] Vgl. *Wollburg, R. / Banerjea, N. R.*, Reichweite der Mitbestimmung, 2005, S. 279.
[2] Vgl. *Wollburg, R. / Banerjea, N. R.*, Reichweite der Mitbestimmung, 2005, S. 280.
[3] Vgl. *Wollburg, R. / Banerjea, N. R.*, Reichweite der Mitbestimmung, 2005, S. 280.

bd. SE-Vorratsgründungen

Ein neues Phänomen in der Literatur, wie auch in drei praktischen Fällen, soll hier als SE-Vorratsgründungen bezeichnet und behandelt werden. Eine SE wird als gemeinsame Tochter, aber ohne Arbeitnehmer gegründet.[1] *Vossius*[2] schreibt schlicht: „In Artikel 2 Abs. 3 SE-VO liegt die Möglichkeit zur Gründung von Vorrats-SE, die anschließend an Dritte veräußert und dort ihrer endgültigen unternehmerischen Bestimmung zugeführt werden können." Auch die beiden anderen Beraterbeiträge sprechen vom Erwerb zweier oder auch nur einer Aktiengesellschaft durch eine NewCo-SE und halten diese Vorgehensweise für zulässig.

Die Argumentation der letztgenannten Autoren lässt sich wie folgt zusammenfassen: Die Akquisition von Gesellschaften führe nicht zu einer Anpassung des Mitbestimmungsregimes der SE (siehe dazu bereits oben bc). Gleiches gelte wenn die beiden einen Zusammenschluss planenden Aktiengesellschaften durch ein öffentliches Übernahmeangebot der NewCo-SE erworben würden; eine Minderung erworbener Beteiligungsrechte der Arbeitnehmer finde hier nicht statt. Der Umstand, dass die Umstrukturierung zeitnah zur Gründung der NewCo-SE erfolge, spiele hier auch keine Rolle; der Gesetzgeber habe das Thema zeitnahe Umstrukturierungen gesehen und als Rechtsfolge im Gesetz allein das Missbrauchsverbot des § 43 Satz 2 SE-BG vorgesehen, nicht aber die Wiederaufnahme von Verhandlungen über die Mitbestimmung. Und schließlich sei die Vorgehensweise auch kein Missbrauch gemäß § 43 SE-BG, da die akquirierten Gesellschaften, soweit sie mitbestimmt seien, gemäß § 47 Abs. 1 SE-BG auch weiterhin mitbestimmt blieben. Selbst wenn man darin ein „Vorenthalten" sehen wollte, würde es jedenfalls an einem Missbrauch fehlen, der zusätzlich zum Entziehen bzw. Vorenthalten der Beteiligungsrechte ein gezieltes Ausnutzen der Rechtsform SE verlange. Für die Akquisition zweier Zielgesellschaften durch eine NewCo bestünden aber diverse gute Gründe. Schließlich sei die drastische Rechtsfolge des Missbrauchs im Bereich des Strafrechts nach § 45 Abs. 1 Nr.2 SE-BG hier zu bedenken.

Diesen Überlegungen ist schon aus europarechtlichen Gesichtspunkten nicht zu folgen. Art. 12 Abs. 2 SE-VO erklärt eine Vereinbarung über die Beteiligung der Arbeitnehmer gemäß der SE-RL oder jedenfalls das Durchlaufen der Verhandlungsprozeduren der Richtlinie zur Eintragungsvoraussetzung. Hier werden also Arbeitneh-

---

[1] Vgl. *Müller-Bonanni, T. / Melot de Beauregard, P.*, Mitbestimmung in der Societas Europaea, 2005, S. 200; *Wollburg, R., / Banerjea, N. R.*, Reichweite der Mitbestimmung, 2005, S. 280-281 und *Vossius, O.*, Gründung und Umwandlung der Europäischen Gesellschaft, 2005, S. 746 f.

[2] *Vossius, O.*, Gründung und Umwandlung der Europäischen Gesellschaft, 2005, S. 746; auf S. 748 spricht er vom Klonen der SE!

mer vorausgesetzt. Weiterhin gibt es eine besondere Sicherung für den Fall, dass ein Mitgliedstaat von dem Opting-Out der Verschmelzung Gebrauch gemacht hat in Art. 12 Abs. 3 der SE-VO. Da wegen des Opting-Outs die Auffangregelung zur Verschmelzung, vereinfacht ausgedrückt, in diesem Mitgliedstaat nicht greifen kann, wird als Voraussetzung für die Eintragung der SE in diesem Mitgliedstaat ausdrücklich eine Vereinbarung über die Modalitäten der Beteiligung der Arbeitnehmer einschließlich der Mitbestimmung verlangt, es sei denn, dass für keine der teilnehmenden Gesellschaften vor der Registrierung der SE Mitbestimmungsvorschriften galten. Wenn also eine deutsche Gesellschaft an dem Gründungsvorgang beteiligt ist, in der Mitbestimmungsvorschriften gelten, so ist hier immer eine Vereinbarung notwendig. Die Erwägungsgründe 19 und 21 der SE-VO, Art. 12 SE-VO und die gesamte SE-RL insbesondere aber der Erwägungsgrund 18 und die Art. 11 und 13 SE-RL sind ein beredtes Zeugnis dafür, dass das europäische Recht von dem Vorhandensein von Arbeitnehmern im Zusammenhang mit dem Gründungsprozess der SE ausging.

Es sei nochmals der 18. Erwägungsgrund der SE-RL zitiert: „Die Sicherung erworbener Rechte der Arbeitnehmer über ihre Beteiligung an Unternehmensentscheidungen ist fundamentaler Grundsatz und erklärtes Ziel dieser Richtlinie. Die vor der Gründung der SE bestehenden Rechte der Arbeitnehmer sollten deshalb auch Ausgangspunkt für die Gestaltung ihrer Beteiligungsrechte in der SE (Vorher-Nachher-Prinzip) sein. Dieser Ansatz sollte folgerichtig nicht nur für die Neugründung einer SE, sondern auch für strukturelle Veränderungen einer bereits gegründeten SE und für die von den strukturellen Änderungsprozessen betroffenen Gesellschaften gelten."

Wollburg/Banerjea[1] argumentieren im Ausgangspunkt ihrer gesamten Überlegungen, dass der Umstand, dass Erwägungsgrund 18 der SE-RL das bei Neugründung geltende Vorher-Nachher-Prinzip der Sicherung der Beteiligungsrechte der Arbeitnehmer auch auf strukturelle Änderungen anwenden wolle, zumindest nahe lege, dass nur Vorgänge gründungsähnlichen Charakters als strukturelle Änderung im Sinne des § 18 Abs. 3 SE-BG anzusehen seien. Selbst wenn man sich aber auf diese These einließe, so sind doch die literarischen Ansätze zur SE-Vorratsgründung beredtes Beispiel dafür, dass es sich um Vorgänge gründungsähnlichen Charakters handelt.

Aus der Gesetzesbegründung zu § 18 Abs. 3 SE-BG[2] ist bereits der dort erwähnte Beispielsfall für Neuverhandlung, wenn eine SE ein mitbestimmtes Unternehmen

---

[1] Vgl. *Wollburg, R. / Banerjea, N. R.*, Reichweite der Mitbestimmung, 2005, S. 278.
[2] S. BT-Drs. 15/3405, S. 50.

mit einer größeren Zahl von Arbeitnehmern aufnehme, in der SE aber bisher keine Mitbestimmung galt, zitiert worden. Dieses Wort „aufnehmen" ist aber im Kontext des europäischen Rechts und auch des deutschen SE-BG (siehe schon § 1 Abs. 3 und 4 SE-BG) zu interpretieren und nicht in dem gewollten Vergleich mit dem deutschen Umwandlungsrecht im Ausgangspunkt zu reduzieren.[1] § 1 Abs. 4 SE-BG spricht im Übrigen ausdrücklich nicht nur von der gegründeten SE, sondern auch von den Auswirkungen auf die betroffenen Gesellschaften und ihre Arbeitnehmer.

Ein weiterer Gesichtspunkt ist – gerade wenn man sich auf den Begriff Vorgänge gründungsähnlichen Charakters einlässt – hier heranzuziehen, nämlich die Rechtsprechung des Bundesgerichtshofs zur Verwendung von GmbH-Mänteln. Sie sieht diese mit Recht als wirtschaftliche Neugründung mit den entsprechenden Prüfungspflichten des Registergerichts an.[2] Nach Auffassung des *BGH* liegt eine wirtschaftliche Neugründung sowohl in der Ausstattung einer Vorratsgesellschaft mit einem Unternehmen und der erstmaligen Aufnahme ihres Geschäftsbetriebs, wie auch in der Wiederverwendung eines alten, leer gewordenen Gesellschaftsmantels. Von diesem Standpunkt aus mag die Eintragung einer arbeitnehmerlosen SE denkbar sein, wenn der Geschäftsbetrieb der SE vom Unternehmensgegenstand her schon allein durch die Organe der Gesellschaft verwirklicht werden kann. Wenn aber dieser nicht ohne Arbeitnehmer verwirklicht werden kann, so ist eine Vorrats-SE entsprechend den Gedanken der BGH-Rechtsprechung zur Vermeidung der rechtlichen Neugründung zu behandeln.

Dies gilt für die Verwendung von NewCo-SE`s zum Erwerb zweier oder einer Aktiengesellschaft. Hier ist die Frist des § 43 Satz 2 SE-BG von einem Jahr zur Auslegung von § 18 Abs. 3 SE-BG und die Wertung aus der BGH-Rechtsprechung zur Mantelverwendung mit heranzuziehen. § 18 Abs. 3 SE-BG spricht im Übrigen ausdrücklich auch von den hinzu kommenden Arbeitnehmern, die bisher nicht von dem SE Betriebsrat vertreten worden waren. Und das Handeln von SE-Mänteln, *Vossius*[3] spricht vom SE-Klonen oder von der Gründung von Vorrats-SE, die anschließend an Dritte veräußert und dort ihre endgültigen unternehmerischen Bestimmung zugeführt werden können, ist als wirtschaftliche Neugründung der SE zu verstehen, mit der Folge, dass hier dann ein Verhandlungsanspruch für die Arbeitnehmer entsteht. Das deutsche Registergericht müsste also (auf Antrag der Arbeitnehmer) die Unternehmensorgane auffordern, binnen einer Frist von 6 Monaten eine Vereinbarung vorzulegen, anderenfalls wäre das Amtslöschungsverfahren nach FGG einzuleiten.

---

[1] Vgl. dazu aber *Wollburg, R. / Banerjea, N. R.*, Reichweite der Mitbestimmung, 2005, S. 278-279.
[2] S. nur *BGH* NJW 1992, S. 1824; NZG 6 (2003), S.170 und S. 972
[3] Vgl. *Vossius, O.*, Gründung und Umwandlung der Europäischen Gesellschaft, 2005, S. 746 f.

III. Ergebnis

Es kann für manches Unternehmen in Europa, aber auch in Deutschland Sinn machen, eine Europäische Gesellschaft zu gründen. Deutsche Unternehmen steht erstmals die Board-Verfassung für die Leitung der Gesellschaft zur Verfügung. Trotz der in diesem Beitrag umfänglich dargestellten Auffangregelungen darf man schon jetzt die Prognose wagen, dass in vielen Fällen – vor allen Dingen in der begonnenen Anfangsphase – die Grundidee der „verhandelten Beteiligung" zum Tragen kommen wird.

Die zu Beginn zitierten Bemerkungen des Grünbuchs aus dem Jahre 1975 gingen von einer „gemeinsamen Überzeugung, dass den Arbeitnehmern eines Unternehmens die Möglichkeit der gemeinsamen Vertretung ihrer Interessen innerhalb des Unternehmens und der Mitwirkung an bestimmten Entscheidungen gegeben werden muss" aus.

Diese Überzeugung ist heute aktueller denn je, ein Europäischer Betriebsrat in der SE (noch dazu nach dem derzeitigen unzureichenden Recht aus dem Jahre 1994/96) wäre nicht hinreichend. Deutsche Unternehmen haben den Standortvorteil durch Mitbestimmung, nämlich die frühzeitige Einbindung der Arbeitnehmer über von ihnen gewählte Vertreter in den Aufsichtsrat, in zahlreichen kritischen oder innovativen Fällen zu nutzen verstanden. Daher sollte man jetzt nicht über die Benachteiligungen deutscher Unternehmen reden oder sogar Empfehlungen zu „Umgehungsstrategien" vorstellen. Institutionelle Beteiligung der Arbeitnehmer und ihrer Gewerkschaften im Unternehmen wird einerseits von allen im Europäischen Gewerkschaftsbund zusammengeschlossenen nationalen Dachverbänden gefordert und ist andererseits die ökonomisch sinnvollste Lösung für den Alltag und den Strukturwandel in den heutigen europäischen Unternehmen. Dazu sollten alle Beteiligten beitragen!

Anhang

Ablaufübersicht zu den Verhandlungen über die Vereinbarung der Mitbestimmung der Arbeitnehmer in einer SE (vgl. Abbildung, S. 376).[1]

---

1 Vgl. *Keller, B.*, Arbeitnehmerbeteiligung, 2002, S. 205.

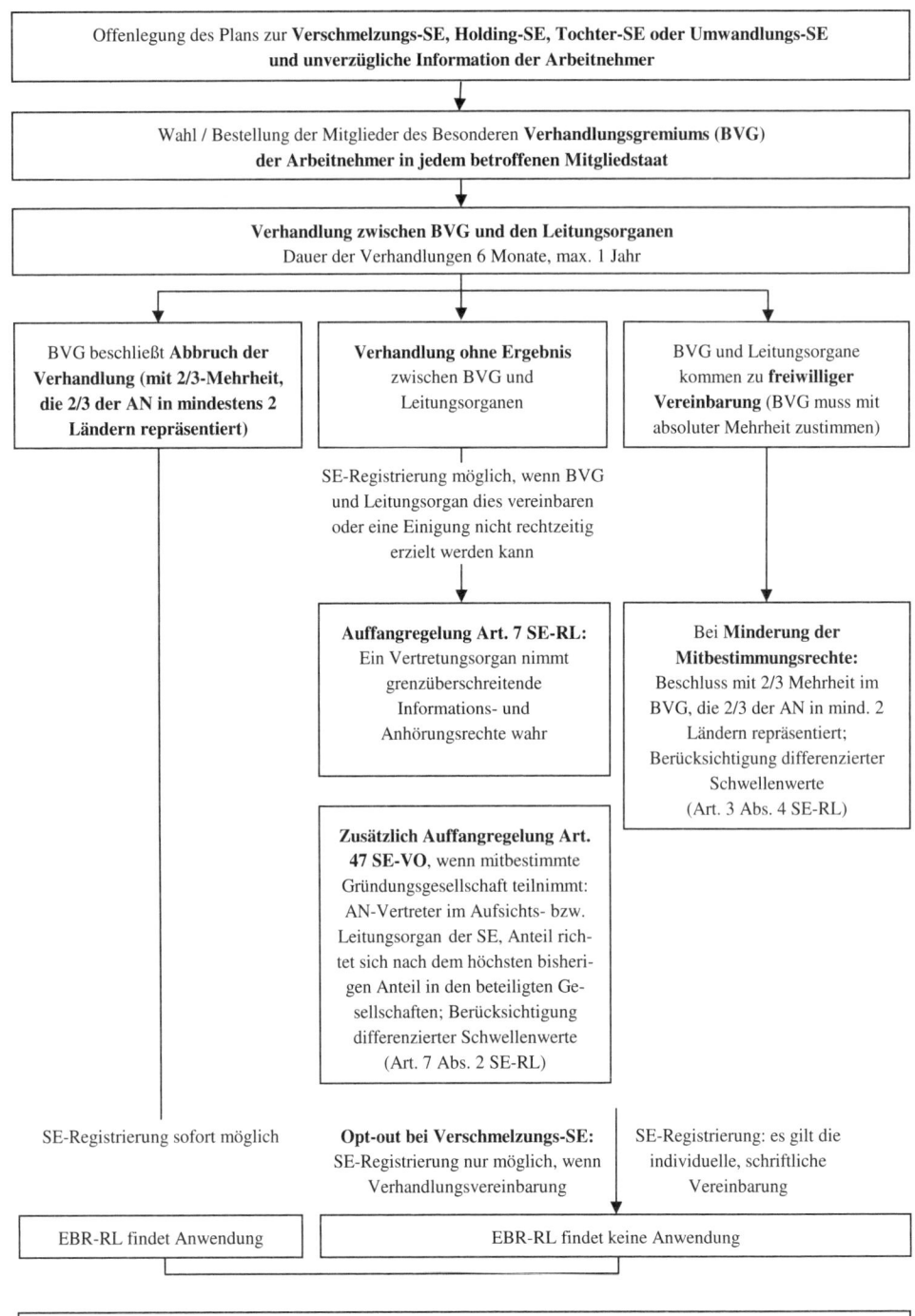

F. Finanzierung und Kapitalausstattung

Manuel R. Theisen / Gerhard Widmayer[*]

I. Einführung	381
II. Rechtlicher Rahmen für die Finanzierung einer SE	382
1. Gemeinschaftsweit einheitlich geregeltes Grundstatut	382
2. Verweis auf das Recht des Mitgliedstaats	383
III. Außenfinanzierung	384
1. Beteiligungsfinanzierung	385
2. Kreditfinanzierung	389
3. Hybride Finanzierungsinstrumente	390
IV. Innenfinanzierung	392
1. Selbstfinanzierung	392
2. Finanzierung aus Abschreibungen	394
3. Finanzierung aus Rückstellungen	395
V. Finanzierungsaspekte bei wichtigen Einsatzbereichen der SE	396
1. Grenzüberschreitende Verschmelzung	396
2. SE als Holdinggesellschaft	398
3. SE als Tochtergesellschaft	400
4. Umwandlung einer Aktiengesellschaft in eine SE	401
5. Verlegung des Sitzes einer SE	401
VI. Ergebnis	402

---

[*] Univ.-Prof. Dr. Dr. Manuel René Theisen, Lehrstuhl für Allgemeine Betriebswirtschaftslehre, Betriebswirtschaftliche Steuerlehre und Steuerrecht, Ludwig-Maximilians-Universität München.
Dr. Gerhard Widmayer, StB, Linklaters Oppenhoff & Rädler, München.

Literatur

Assmann, Heinz-Dieter, 1992: *Einleitung,* in: *Hopt, Klaus J. / Wiedemann, Herbert* (Hrsg.), Großkommentar Aktiengesetz, 4. Aufl., Berlin / New York: De Gruyter, 1992.

Berger, Axel / Ring, Maximilian, 2003: *Kommentierung zu § 253 HGB,* in: *Berger, Axel u. a.,* Beck'scher Bilanz-Kommentar, Handels- und Steuerrecht, 5. Aufl., München: C.H. Beck, 2003, S. 426-501.

Brandt, Ulrich / Scheifele, Matthias, 2002: Die Europäische *Aktiengesellschaft* und das anwendbare Recht, in: DStR 40 (2002), S. 547-555.

Buchheim, Regine, 2001: Europäische *Aktiengesellschaft* und grenzüberschreitende Konzernverschmelzung, Wiesbaden: DUV / Gabler, 2001.

Drukarczyk, Jochen, 2003: *Finanzierung*: eine Einführung, 9. Aufl., Stuttgart: Lucius und Lucius, 2003.

Fleischer, Holger, 2005: Die *Finanzverfassung* der Europäischen Gesellschaft in: *Lutter, Marcus / Hommelhoff, Peter* (Hrsg.), Die Europäische Gesellschaft – Prinzipien, Gestaltungsmöglichkeiten und Grundfragen aus der Praxis, Köln: O. Schmidt, 2005, S. 169-177.

Förster, Guido / Lange, Carsten, 2002: Steuerliche *Aspekte* der Gründung einer Europäischen Aktiengesellschaft (SE), in: DB 55 (2002), S. 288-294.

Gerke, Wolfgang / Bank, Matthias, 2003: *Finanzierung* – Grundlagen für die Investitions- und Finanzierungsentscheidungen in Unternehmen, 2. Aufl., Stuttgart u. a.: Kohlhammer, 2003.

Habersack, Matthias, 2003: Europäisches *Gesellschaftsrecht,* Einführung für Studium und Praxis, 2. Aufl., München: C.H. Beck, 2003.

Haun, Jürgen, 1996: Hybride *Finanzierungsinstrumente* im deutschen und US-amerikanischen Steuerrecht, Frankfurt am Main u. a.: Peter Lang, 1996.

Hayn, Sven, 1997: Internationale *Rechnungslegung*: Ursachen, Wirkungen und Lösungsansätze zur Überwindung internationaler Rechnungslegungsdivergenzen, Stuttgart: Schäffer-Poeschel, 1997.

Henke, Sabine / Rudolph, Bernd, 2002: *Kapitalmarkt und Börse,* in: *Busse von Colbe, Walther* u. a. (Hrsg.), Betriebswirtschaft für Führungskräfte, 2. Aufl., Stuttgart: Schäffer-Poeschel, 2002, S. 577-605.

Henn, Günter, 2002: *Handbuch* des Aktienrechts, 7. Aufl., Heidelberg: C. F. Müller, 2002.

Herzig, Norbert / Griemla, Stefan, 2002: Steuerliche *Aspekte* der Europäischen Aktiengesellschaft / Societas Europaea (SE), in: StuW 79 (2002), S. 55-77.

Hölscher, Reinhold, 2001: *Kreditarten,* in: *Gerke, Wolfgang / Steiner, Manfred* (Hrsg.), 2001: Handwörterbuch des Bank- und Finanzwesens, 3. Aufl., Stuttgart: Schäffer-Poeschel, 2001, Sp. 1372-1386.

Hommelhoff, Peter, 1997: Die „*Société* fermée européenne" – eine supranationale Gesellschaftsform für kleine und mittlere Unternehmen im Europäischen Binnenmarkt, in: WM 51 (1997), S. 2101-2109.

Hommelhoff, Peter, 2001: Einige Bemerkungen zur *Organisationsverfassung* der Europäischen Aktiengesellschaft, in: AG 46 (2001), S. 279-288.

Hüffer, Uwe, 2004: *Aktiengesetz,* Kommentar, 6. Aufl., München: Beck, 2004.

Jacobs, Otto H., 2002: Internationale *Unternehmensbesteuerung,* 5. Aufl., München: C.H. Beck, 2002.

Jahn, Andreas / Herfs-Röttgen, Ebba, 2001: Die Europäische *Aktiengesellschaft* – Societas Europaea, in: DB 54 (2001), S. 631-638.

Kuhn, Martin, 2005: Rechtsgrundlagen, Wesen und Struktur, in: *Jannott, Dirk / Frodermann, Jürgen* (Hrsg.), Handbuch der Europäischen Aktiengesellschaft – Societas Europaea: eine umfassende und detaillierte Darstellung für die Praxis unter Berücksichtigung sämtlicher EU-Mitgliedstaaten, Heidelberg: C. F. Müller, 2005, S. 23-34.

Lutter, Marcus, 1998: Das Recht der *Gewinnverwendungspolitik* im Konzern, in: *Lutter, Marcus / Scheffler, Eberhard / Schneider, Uwe H.* (Hrsg.), Handbuch der Konzernfinanzierung, Köln: O. Schmidt, 1998, S. 400-420.

Lutter, Marcus, 2002: Europäische Aktiengesellschaft – *Rechtsfigur* mit Zukunft?, in: BB 57 (2002), S. 1-7.

Lutter, Marcus / Scheffler, Eberhard / Schneider, Uwe H., 1998: Der *Konzern* als finanzwirtschaftliche Einheit, in: *Lutter, Marcus / Scheffler, Eberhard / Schneider, Uwe H.* (Hrsg.), Handbuch der Konzernfinanzierung, Köln: O. Schmidt, 1998, S. 1-29.

Mayer, Barbara, 2005: *Kommentierung* zu Art. 4 SE-VO, in: *Manz, Gerhard / Mayer, Barbara / Schröder, Albert* (Hrsg.), Europäische Aktiengesellschaft SE, Kommentar, Baden-Baden: Nomos, 2005.

Merkt, Hanno, 2005: Die Europäische *Gesellschaft* als börsenorientierte Gesellschaft, in: *Lutter, Marcus / Hommelhoff, Peter* (Hrsg.), Die Europäische Gesellschaft – Prinzipien, Gestaltungsmöglichkeiten und Grundfragen aus der Praxis, Köln: O. Schmidt 2005, S. 179-194.

Neubürger, Heinz-Joachim, 2001: *Innenfinanzierung* der Unternehmen, in: *Breuer, Rolf-E.* (Hrsg.), Handbuch Finanzierung, 3. Aufl., Wiesbaden: Gabler, 2001, S. 155-180.

Oechsler, Jürgen, 2005: *Kapitalerhaltung* in der Europäischen Gesellschaft (SE), in: NZG 8 (2005), S. 449-454.

Pellens, Bernhard / Bonse, Andreas, 1998: Die *Innenfinanzierung* und die Gewinnverwendungspolitik, in: *Lutter, Marcus / Scheffler, Eberhard / Schneider, Uwe H.* (Hrsg.), Handbuch der Konzernfinanzierung, Köln: O. Schmidt, 1998, S. 378-399.

Perridon, Louis / Steiner, Manfred, 2004: *Finanzwirtschaft* der Unternehmung, 13. Aufl., München: Vahlen, 2004.

Raiser, Thomas, 1993: Die Europäische *Aktiengesellschaft* und die nationalen Aktiengesetze, in: *Bierich, Marcus / Hommelhoff, Peter / Kropff, Bruno* (Hrsg.), Unternehmen und Unternehmensführung im Recht, Festschrift für *Johannes Semler* zum 70. Geburtstag, Berlin / New York: De Gruyter, 1993, S. 277-297.

Rosen, Rüdiger v., 2001: *Börsen* und Börsenhandelssysteme, in: *Gerke, Wolfgang / Steiner, Manfred* (Hrsg.), 2001: Handwörterbuch des Bank- und Finanzwesens, 3. Aufl., Stuttgart: Schäffer-Poeschel, 2001, Sp. 356-374.

Sagasser, Bernd / Swienty, Claus, 1991: Die *Gründung* einer Europäischen Aktiengesellschaft im Wege der Verschmelzung – Zur Praktikabilität des SE-Status in der Entwurfsfassung vom 6./16.5.1991, in: DStR 29 (1991), S. 1188-1194 und S. 1222-1226.

Sagasser, Bernd / Bula, Thomas / Brünger, Thomas R., 2002: *Umwandlungen*: Verschmelzung – Spaltung – Formwechsel – Vermögensübertragung, Zivil-, Handels- und Steuerrecht, 3. Aufl., München: C.H. Beck, 2002.

Schanz, Kay-Michael, 2002: *Börseneinführung*: Recht und Praxis des Börsengangs, 2. Aufl., München: C.H. Beck, 2002.

Schneider, Uwe H., 1986: Die vertragliche *Ausgestaltung* der Konzernverfassung, in: BB 41 (1986), S. 1993-1999.

Schulz, Andreas / Geismar, Bernhard, 2001: Die Europäische *Aktiengesellschaft*, in: DStR 39 (2001), S. 1078-1086.

Schwarz, Günter Christian, 2001: Zum *Statut* der Europäischen Aktiengesellschaft, in: ZIP 22 (2001), S. 1847-1861.

Schwintowski, Hans-Peter, 2005: Kapitalmaßnahmen, in: *Jannott, Dirk / Frodermann, Jürgen* (Hrsg.), Handbuch der Europäischen Aktiengesellschaft – Societas Europaea: eine umfassende und detaillierte Darstellung für die Praxis unter Berücksichtigung sämtlicher EU-Mitgliedstaaten, Heidelberg: C. F. Müller, 2005, S. 266-302.

Stengel, Arndt, 2000: *Einführung*, in: *Haritz, Detlef / Benkert, Manfred* (Hrsg.), 2000: Umwandlungssteuergesetz, Kommentar, 2. Aufl., München: C.H. Beck, 2000 S. 29-80.

Theisen, Manuel R., 2004: Die *Finanzwirtschaft* der Holding, in: *Lutter, Marcus* (Hrsg.), Holding-Handbuch: Recht – Management – Steuern, 4. Aufl., Köln: O. Schmidt, 2004, S. 468-522.

Theisen, Manuel R., 2000: Der *Konzern* – Betriebswirtschaftliche und rechtliche Grundlagen der Konzernunternehmung, 2. Aufl., Stuttgart: Schäffer-Poeschel, 2000.

Theisen, Manuel R., 2001: *Konzern* (Finanzierung, Rechnungslegung, Besteuerung), in: *Gerke, Wolfgang / Steiner, Manfred* (Hrsg.), 2001: Handwörterbuch des Bank- und Finanzwesens, 3. Aufl., Stuttgart: Schäffer-Poeschel, 2001, Sp. 1350-1363.

Theisen, Manuel R. / Wenz, Martin, 1996: Federal Republic of *Germany*, in: *David, Cyrille / Michielse, Geerten* (Eds.), Tax Treatment of Financial Instruments: A Survey to France, Germany, The Netherlands and the United Kingdom, Den Haag: Kluwer, 1996, S. 81-261.

Thümmel, Roderich C., 2005: Die europäische *Aktiengesellschaft* (SE) - Ein Leitfaden für die Unternehms- und Beratungspraxis, Frankfurt/Main: Recht und Wirtschaft, 2005.

Vormbaum, Herbert, 1995: *Finanzierung* der Betriebe, 9. Aufl., Wiesbaden: Gabler, 1995.

Weber-Braun, Elke, 1995: *Umsetzung* der Richtlinien in den EU-Mitgliedstaaten, in: *Küting, Karlheinz / Weber, Claus-Peter*, (Hrsg.), Handbuch der Rechnungslegung, Kommentar zur Bilanzierung und Prüfung, Band Ia, 4. Aufl., Stuttgart: Schäffer-Poeschel, 1995, S. 3-24.

Wenz, Martin, 1993: Die *Societas* Europaea (SE) – Analyse der geplanten Rechtsform und ihre Nutzungsmöglichkeiten für eine europäische Konzernunternehmung, Berlin: Duncker & Humblot, 1993.

Widmayer, Gerhard, 2001: *Genussrechte* als Instrument für grenzüberschreitende Finanzierungen, in: IStR 10 (2001), S. 337-343.

Wiesner, Georg, 1999: *§ 11 Grundkapital*, in: *Hoffmann-Becking, Michael* (Hrsg.), 1999: Münchener Handbuch des Gesellschaftsrechts, Band 4: Aktiengesellschaft, 2. Aufl., München: C.H. Beck, 1999, S. 69-73.

Wymeersch, Eddy, 1998: Das *Bezugsrecht* der alten Aktionäre in der Europäischen Gemeinschaft: eine rechtsvergleichende Untersuchung, in: AG 43 (1998), S. 382-393.

I. Einführung

Die *Finanzierungsmöglichkeiten* eines Unternehmens sind rechtsformabhängig; es ergeben sich auf Grundlage rechtsformspezifischer Bestimmungen verschiedene Rechtsfolgen für die Beteiligten und die Gläubiger.[1] Die Europäische Aktiengesellschaft (Societas Europaea, SE) macht diesbezüglich keine Ausnahme; auch hier beeinflusst die Rechtsform das Finanzierungspotenzial des Unternehmens.

Die Bedeutung der Finanzierung für die Geschäftstätigkeit von Unternehmen hat nach den Erwägungsgründen zur Verordnung über das Statut der Europäischen Gesellschaft (SE-VO)[2] konkrete Konsequenzen für die Ausgestaltung der SE: Danach muss die SE selbst eine Kapitalgesellschaft in Form einer Aktiengesellschaft sein, da diese „sowohl von der Finanzierung als auch von der Geschäftsführung her am besten den Bedürfnissen der gemeinschaftsweit tätigen Unternehmen entspricht."[3]

Im Folgenden werden die Finanzierungsmöglichkeiten einer SE und dabei insbesondere die rechtsformspezifischen Besonderheiten untersucht. Zur *Finanzierung* zählen alle Maßnahmen zur Versorgung des Unternehmens mit disponiblem Kapital, zur optimalen Strukturierung des Kapitals sowie zur Kapitalrückzahlung.[4] Finanzierungsmittel können dem Unternehmen dabei entweder extern über die Finanzmärkte zufließen (Außenfinanzierung) oder intern im Unternehmen über den Umsatzprozess gebildet werden (Innenfinanzierung).[5]

Die Finanzierungsmöglichkeiten sind vor dem Hintergrund der *Einsatzgebiete einer SE* zu analysieren. Als wesentliche Vorteile einer SE gegenüber Gesellschaften nationalen Rechts werden u. a. die Möglichkeit zu einer grenzüberschreitenden Sitzverlegung sowie die mittels einer SE mögliche grenzüberschreitende Verschmelzung von Aktiengesellschaften nationalen Rechts genannt.[6] Ausgehend von den weiteren nach der SE-VO zulässigen Gründungsmöglichkeiten[7] sind zudem der Einsatz der SE als (Europa-)Holding sowie der Einsatz als Tochtergesellschaft für in verschiedenen *EU*-Mitgliedstaaten ansässige Muttergesellschaften von Bedeutung. Als weitere Gründungsmöglichkeit wird die Umwandlung einer Aktiengesellschaft in eine SE genannt.

---

1 Vgl. *Gerke, W. / Bank, M.,* Finanzierung, 2003, S. 382.
2 S. Verordnung (EG) Nr. 2157/2001 des Rates v. 8.10.2001 über das Statut der Europäischen Gesellschaft, ABl. EG Nr. L 294 v. 10.11.2001, S. 1-21, abgedruckt in Anhang I.
3 Erwägungsgrund Nr. 13 SE-VO.
4 Vgl. *Drukarczyk, J.,* Finanzierung, 2003, S. 2 f.; *Vormbaum, H.,* Finanzierung, 1995, S. 26; *Lutter, M. / Scheffler, E. / Schneider, U. H.,* Konzern, 1998, S. 18.
5 Vgl. *Perridon, L. / Steiner, M.,* Finanzwirtschaft, 2004, S. 361 f.
6 Dazu vgl. den Beitrag von *Theisen* und *Wenz* in diesem Band. Vgl. ferner *Herzig, N. / Griemla, S.,* Aspekte, 2002, S. 56; *Schwarz, G. C.,* Statut, 2001, S. 1860.
7 S. Art. 2 SE-VO.

Im Folgenden wird in Kapitel II. der in der SE-VO vorgesehene rechtliche Rahmen für die Finanzierung einer SE beschrieben. Im Anschluss werden die Möglichkeiten zur Außen- und Innenfinanzierung aufgezeigt (Kapitel III. und IV.). In Kapitel V. werden schließlich die bei typischen Einsatzgebieten einer SE möglichen Finanzierungsprobleme analysiert.

II. Rechtlicher Rahmen für die Finanzierung einer SE

1. Gemeinschaftsweit einheitlich geregeltes Grundstatut

Obwohl die *Bedeutung von Finanzierungsmöglichkeiten* für gemeinschaftsweit tätige Unternehmungen von den Organen der *Europäischen Union* erkannt wurde,[1] sind Fragen der Finanzierung und der Kapitalausstattung in der verabschiedeten SE-VO nur sehr zurückhaltend geregelt.[2]

Die grundlegenden Regelungen der SE-VO bestimmen, dass es sich bei der SE um eine Gesellschaft handelt, deren Kapital in Aktien zerlegt ist.[3] Jeder Aktionär haftet nur bis zur Höhe des von ihm gezeichneten Kapitals.[4]

Das *Kapital* der SE lautet auf Euro.[5] Gilt für einen Mitgliedstaat die dritte Stufe der Währungsunion nicht,[6] kann der Mitgliedstaat seine für die Währung des Kapitals von Aktiengesellschaften geltenden Vorschriften auch auf die SE anwenden; das Kapital kann dann in Landeswährung ausgedrückt werden. Ungeachtet der Rechtsvorschriften des Mitgliedstaates hat die SE jedoch in jedem Fall die Möglichkeit, ihr Kapital in Euro anzugeben.[7]

Das gezeichnete Kapital muss mindestens 120.000 Euro betragen.[8] Sehen allerdings Rechtsvorschriften eines Mitgliedstaates ein höheres gezeichnetes Kapital für Gesellschaften vor, die bestimmte Arten von Tätigkeiten ausüben, gelten diese Rechts-

---

[1] S. Erwägungsgrund Nr. 13 SE-VO.
[2] Insoweit unterscheidet sich die SE-VO von 2001 vom SE-Verordnungsvorschlag aus dem Jahre 1991 (SE-VO-Vorschlag 1991). Geänderter Vorschlag für eine Verordnung (EWG) des Rates über das Statut der Europäischen Aktiengesellschaft, in: KOM (91) end. - SYN 218 v. 16.5.1991, ABL. EG Nr. C 176 v. 8.7.1991, S. 1-68. Dort wurde dem Themenbereich „Kapital – Aktien und andere Wertpapiere" noch ein ganzer Titel mit 17 Artikeln gewidmet. Dieser Teil des SE-VO-Vorschlags 1991 ist vollständig entfallen.
[3] S. Art. 1 Abs. 1 Satz 1 SE-VO.
[4] S. Art. 1 Abs. 1 Satz 2 SE-VO.
[5] S. Art. 4 Abs. 1 SE-VO.
[6] Derzeit ist das der Fall für Dänemark, das Vereinigte Königreich und Schweden sowie die zum 1.5.2004 beigetretenen Länder (Osterweiterung).
[7] S. Art. 67 Abs. 1 SE-VO. Vgl. *Mayer, B.*, in: Europäische Aktiengesellschaft, Kommentar, 2005, Art. 4 SE-VO, Rdnr. 7.
[8] S. Art. 4 Abs. 2 SE-VO.

vorschriften auch für SE mit Sitz in dem betreffenden Mitgliedstaat.[1] Welche Tätigkeiten hier angesprochen sind, ist in der SE-VO nicht weiter geregelt.

2. Verweis auf das Recht des Mitgliedstaats

Nach der *Rechtsanwendungsbestimmung* des Art. 9 SE-VO unterliegt die SE in Bezug auf nicht ausdrücklich durch die SE-VO oder – wenn dies nach der SE-VO ausdrücklich zulässig ist – auf Grundlage ihrer Satzung geregelten Fragen den Rechtsvorschriften der Mitgliedstaaten, die auf eine nach dem Recht des Sitzstaats gegründete Aktiengesellschaft Anwendung finden würden.[2]

Neben Art. 9 SE-VO ist in Art. 5 SE-VO eine für die Finanzierung der SE relevante *spezielle Verweisung* normiert. Vorbehaltlich der dargestellten Regelungen des Artikels 4 Abs. 1 und 2 SE-VO gelten für das Kapital der SE, dessen Erhaltung und dessen Änderungen sowie die Aktien, die Schuldverschreibungen und sonstige vergleichbare Wertpapiere der SE die Vorschriften, die für eine Aktiengesellschaft mit Sitz in dem Mitgliedstaat, in dem die SE eingetragen ist, gelten.[3] Für weite Teile des Rechts der Finanzierung einer SE gelten somit die Vorschriften des Sitzstaates.

Offen dabei aber ist, wie weit die Verweisung auf das nationale Recht reicht und ob sie beispielsweise auch die in der Rechtsprechung zum jeweiligen (nationalen) Aktienrecht und damit der AG deutschen Rechts entwickelten Grundsätze erfasst. Unter methodischen Gesichtspunkten plädiert u. a. *H.-P. Schwintowski* für eine autonome Auslegung des Rechts der SE einschließlich der Verweisung auf die jeweilige nationale Aktienrechte.[4]

Für das anwendbare Recht ist der Sitz der Gesellschaft von besonderer Bedeutung. Der *Sitz* der SE muss in der EU liegen, und zwar in dem Mitgliedstaat, in dem sich die Hauptverwaltung der SE befindet.[5] Gemeint ist damit der statutarische, also der

---

[1] S. Art. 4 Abs. 3 SE-VO.

[2] S. Art. 9 SE-VO. Vgl. dazu *Schulz, A. / Geismar, B.*, Aktiengesellschaft, 2001, S. 1078. Zu den Problemen dieser mehrstufigen Rechtsanwendungsbestimmung, insbesondere zur Möglichkeit der systemimmanenten Auslegung der SE-VO aus sich selbst heraus vgl. *Raiser, T.*, Aktiengesellschaft, 1993, S. 282 f. Ob Art. 9 SE-VO alle denkbaren Rechtsfragen erfasst oder auf Rechtsfragen beschränkt ist, die innerhalb des Regelungsbereichs der SE-VO liegen, ist umstritten; vgl. *Brandt, U. / Scheifele, M.*, Aktiengesellschaft, 2002, S. 548 f.; *Kuhn, M.*, Rechtsgrundlagen, 2004, S. 28-30.

[3] S. Art. 5 SE-VO. Die noch im SE-VO-Vorschlag 1991 enthaltene eigenständige Kapital- und Finanzverfassung ist durch diese Verweisung auf das nationale Recht ersetzt worden; s. Art. 38-56 SE-VO-Vorschlag 1991.

[4] Vgl. *Schulz, A. / Geismar, B.*, Aktiengesellschaft, 2001, S. 1079; *Schwintowski, H.-P.*, Kapitalmaßnahmen, 2005, S. 266 f.

[5] S. Art. 7 Satz 1 SE-VO. Vgl. *Jahn, A. / Herfs-Röttgen, E.*, Aktiengesellschaft, 2001, S. 632.

in der Satzung verankerte Sitz.[1] Mitgliedstaaten können bestimmen, dass statutarischer und tatsächlicher Sitz auch lokal zusammenfallen müssen.[2]

Durch die weitgehenden Verweise auf nationales Recht – neben der Finanzierung sind auch Bereiche wie die Rechnungslegung betroffen – wird deutlich, dass es zahlreiche Varianten der SE in Europa geben wird, die zwar einem einheitlichen europäischen Grundstatut unterliegen, jedoch dem jeweiligen Sitzstaat der SE entsprechend national geprägt sind.[3] Zwar ist das jeweilige nationale Recht teilweise EU-weit harmonisiert – so im Bereich der Finanzierung hinsichtlich der Regelungen zum Kapital, dessen Aufbringung und Erhaltung[4] –, es bestehen jedoch selbst in diesen Rechtsbereichen noch größere Unterschiede.[5]

Als Konsequenz des Verweises auf das Recht des jeweiligen Sitzstaates ergibt sich im Hinblick auf Finanzierungsaspekte in den jeweiligen Sitzstaaten eine weitgehende Rechtsformneutralität zwischen europäischen und den nationalen Aktiengesellschaften.[6]

III. Außenfinanzierung

Die *Außenfinanzierung* ist gekennzeichnet durch den Zufluss finanzieller Mittel von unternehmensexternen Finanzmärkten.[7] Die Finanzmittel werden dabei in Form spezieller Finanzierungsverträge zur Verfügung gestellt.[8] Man unterscheidet die Beteiligungs- und die Kreditfinanzierung, sowie die Finanzierung über sog. hybride Finanzierungsinstrumente. Bei den letztgenannten handelt es sich um Formen, die sowohl Charakteristika der Beteiligungs- als auch der Kreditfinanzierung aufweisen.[9]

---

[1] Vgl. *Thümmel, R. C.*, Aktiengesellschaft, 2004, S. 28; *Schwarz, G. C.*, Statut, 2001, S. 1849.
[2] S. Art. 7 Satz 2 SE-VO. Vgl. *Lutter, M.*, Rechtsfigur, 2002, S. 3. In Deutschland hat die Satzung der SE als Sitz den Ort zu bestimmen, wo die Hauptverwaltung geführt wird (§ 2 SEAG).
[3] Vgl. *Förster, G. / Lange, C.*, Aspekte, 2002, S. 288; dort wird auch auf die daraus resultierende Rechtsunsicherheit hingewiesen.
[4] S. Richtlinie 77/91/EWG des Rates v. 13.12.1976 zur Koordinierung der Schutzbestimmungen, die in den Mitgliedstaaten den Gesellschaften im Sinne des Artikels 58 Abs. 2 des Vertrages im Interesse der Gesellschafter sowie Dritter für die Gründung der Aktiengesellschaft sowie für die Erhaltung und Änderung ihres Kapitals vorgeschrieben sind, um diese Bestimmungen gleichwertig zu gestalten, ABl. EG Nr. L 26 v. 31.1.1977, S. 1-13; im Folgenden Kapitalrichtlinie.
[5] Vgl. *Lutter, M.*, Rechtsfigur, 2002, S. 3. Es kann deshalb mit vollem Recht von einer „deutschen SE", einer „englischen SE" etc. gesprochen werden.
[6] Vgl. *Förster, G. / Lange, C.*, Aspekte, 2002, S. 288, im Hinblick auf die Besteuerung.
[7] Vgl. *Gerke, W. / Bank, M.*, Finanzierung, 2003, S. 295 f.
[8] Vgl. *Pellens, B. / Bonse, A.*, Innenfinanzierung, 1998, S. 380.
[9] Vgl. *Theisen, M. R. / Wenz, M.*, Germany, 1996, S. 161-194.

1. Beteiligungsfinanzierung

Die *Beteiligungsfinanzierung* umfasst alle Formen der Beschaffung von Eigenkapital durch Kapitaleinlagen von vorhandenen oder neu hinzutretenden Gesellschaftern des Unternehmens.[1]

Grundsätzlich steht es im Belieben der Gesellschafter, ob sie der SE im Wege der Beteiligungsfinanzierung Eigenkapital zuführen oder ob der Finanzierungsbedarf über andere Finanzierungsformen (Kreditfinanzierung, evtl. Innenfinanzierung) gedeckt wird. Aus gesellschafts- und steuerrechtlicher Sicht besteht weitgehende Finanzierungsfreiheit.[2]

Grenzen findet die Finanzierungsfreiheit allerdings durch die Vorschriften zum Mindesteigenkapital. Das *gezeichnete Kapital* einer SE muss danach mindestens 120.000 Euro betragen.[3] Gilt nach dem Recht des Mitgliedstaats für Unternehmen mit bestimmten Tätigkeiten ein höheres Grundkapital, ist eine solche Bestimmung auch für entsprechende Unternehmen in der Rechtsform der SE anzuwenden.[4] In *Deutschland* ist ein höheres Mindestkapital insbesondere für Kapitalanlagegesellschaften,[5] Banken[6] und Versicherungen[7] vorgeschrieben.

Das gezeichnete Kapital der SE muss im Ergebnis damit mehr als doppelt so hoch sein wie bei einer Aktiengesellschaft deutschen Rechts.[8] Das hohe Mindestkapital ist ein Grund, warum die Eignung der SE für kleine und mittlere Unternehmen überwiegend bezweifelt wird.[9] Ministerrat und Kommission sind dagegen der Ansicht, dass durch die festgelegte Höhe des Mindestkapitals auch kleineren und mittleren Unternehmen die Gründung einer SE nicht erschwert wird.[10]

Für die *Beschaffung neuen Eigenkapitals* (Kapitalerhöhung) gelten für die SE die Vorschriften für Aktiengesellschaften in ihrem Sitzstaat.[11] Diese Bestimmungen der Mitgliedstaaten wurden über die Kapitalrichtlinie *EU*-weit harmonisiert, die zu einer Angleichung der Regelungen über die Gründung der Aktiengesellschaften sowie über die Erhaltung und Änderung des Kapitals geführt hat.[12] Es bestehen aber wei-

---

[1] Vgl. *Perridon, L. / Steiner, M.*, Finanzwirtschaft, 2004, S. 363.
[2] Vgl. *Wiesner, G.*, Grundkapital, 1999, § 11, Rdnr 3.
[3] S. Art. 4 Abs. 2 SE-VO.
[4] S. Art. 4 Abs. 3 SE-VO.
[5] 2,5 Millionen Euro; s. § 2 Abs. 2 KAGG.
[6] S. §§ 10, 33 Abs. 1 KWG.
[7] S. § 53c VAG.
[8] Dort beträgt das Grundkapital mindestens 50.000 Euro; s. § 7 AktG.
[9] Vgl. *Schwarz, G. C.*, Statut, 2001, S. 1854 Fn. 50; *Hommelhoff, P.*, Organisationsverfassung, 2001, S. 286; *Hommelhoff, P.*, Société, 1997, S. 2102 f.
[10] S. Erwägungsgrund Nr. 13 Satz 2 SE-VO.
[11] S. Art. 5 SE-VO.
[12] Vgl. ausführlich *Habersack, M.*, Gesellschaftsrecht, 2003, Rdnr. 135-206.

terhin noch wesentliche Unterschiede zwischen den Normen der Mitgliedstaaten, wie beispielsweise bei der Gewährung von Bezugsrechten.[1]

Für eine SE mit Sitz in *Deutschland* kommen für Kapitalerhöhungen somit die §§ 182-220 AktG zur Anwendung. Geregelt sind im AktG neben der Kapitalerhöhung gegen Einlagen, die bedingte Kapitalerhöhung, das genehmigte Kapital sowie die Kapitalerhöhung aus Gesellschaftsmitteln.

Eine Beteiligungsfinanzierung der SE kann mit Hilfe einer *Kapitalerhöhung gegen Einlagen* durchgeführt werden.[2] Die in Folge einer Erhöhung des Grundkapitals zu erbringenden Einlagen können der Gesellschaft entweder als Bar- oder als Sacheinlage zugeführt werden.[3] Regelmäßig werden die Aktien mit einem Aufgeld (Agio) ausgegeben; in diesem Fall übersteigt der Bezugspreis den auf die Aktie entfallenden Anteil am Grundkapital.[4] Das Aufgeld ist in die Kapitalrücklage einzustellen.[5] Da bei einer Kapitalerhöhung gegen Einlagen jeder Aktionär ein Recht auf Bezug neuer Aktien in dem Verhältnis hat, wie er alte Aktien besitzt,[6] müssen die Grenzen des Einbezugs neuer Gesellschafterkreise im Rahmen einer Finanzierungsmaßnahme diskutiert werden: Das Bezugsrecht der Altaktionäre kann nämlich nur in engen rechtlichen Grenzen ausgeschlossen werden.[7] Allerdings kann eine Börseneinführung, ebenso wie eine Auslandsplatzierung einer bereits börsennotierten Gesellschaft ein sachlicher Rechtfertigungsgrund für einen Bezugsrechtsausschluss sein.[8]

Eine *bedingte Kapitalerhöhung*[9] ist dadurch gekennzeichnet, dass sie nur insoweit durchgeführt wird, wie von einem Umtausch- oder Bezugsrecht auf die neuen Aktien Gebrauch gemacht wird.[10] Die Durchführung der Kapitalerhöhung ist damit sowohl hinsichtlich des Umfangs als auch des Zeitpunkts bedingt.[11] Eine bedingte Kapitalerhöhung kann zur Gewährung von Umtausch- oder Bezugsrechten an Gläubiger von Wandelschuldverschreibungen, zur Vorbereitung des Zusammenschlusses mehrerer Unternehmen sowie zur Gewährung von Bezugsrechten an Arbeitnehmer und Mitglieder der Geschäftsführung der Gesellschaft oder von verbundenen Unternehmen beschlossen werden.[12] Das bedingte Kapital darf die Hälfte des Grundkapi-

---

[1] Dazu vgl. *Wymeersch, E.,* Bezugsrecht, 1998, S. 382-393; *Schwintowski, H.-P.,* Kapitalmaßnahmen, 2005, S. 273-278; *Fleischer, H.,* Finanzverfassung, 2005, S. 173 f.
[2] S. §§ 182-191 AktG.
[3] Bei einer Sacheinlage sind die Sondervorschriften des § 183 AktG zu beachten.
[4] Vgl. *Henn, G.,* Handbuch, 2002, Rdnr. 1231.
[5] S. § 272 Abs. 2 Nr. 1 HGB.
[6] S. § 186 Abs. 1 AktG.
[7] S. § 186 Abs. 3-5 AktG.
[8] Ausführlich dazu vgl. *Hüffer, U.,* Aktiengesetz, Kommentar, 2004, § 186, Rdnr. 31.
[9] S. §§ 192-201 AktG.
[10] Vgl. *Hüffer, U.,* Aktiengesetz, Kommentar, 2004, § 192, Rdnr. 2.
[11] Vgl. *Henn, G.,* Handbuch, 2002, Rdnr. 1255.
[12] S. § 192 Abs. 2 AktG.

F.III. Außenfinanzierung

tals, das zur Zeit der Beschlussfassung über die bedingte Kapitalerhöhung vorhanden ist, nicht übersteigen.[1]

Bei der Rechtsfigur des *genehmigten Kapitals*[2] wird der Vorstand ermächtigt, das Grundkapital bis zu einem bestimmten Nennbetrag durch die Ausgabe neuer Aktien gegen Einlagen zu erhöhen.[3] Der Nennbetrag des genehmigten Kapitals darf die Hälfte des Grundkapitals nicht übersteigen.[4] Der Vorstand soll damit in die Lage versetzt werden, im bestmöglichen Zeitpunkt schnell und flexibel neues Eigenkapital zu beschaffen.[5]

Von den anderen bisher behandelten Formen der Kapitalerhöhung unterscheidet sich die *Kapitalerhöhung aus Gesellschaftsmitteln*[6] grundlegend: Bei ihr werden vorhandene Rücklagen in Grundkapital umgewandelt.[7] Es ändern sich somit nur die bilanziellen Positionen gezeichnetes Kapital und Gewinn- bzw. Kapitalrücklagen in gleicher Höhe. Zu einem Mittelzufluss kommt es nicht; es liegt keine Maßnahme der Kapitalbeschaffung vor.[8]

Kapitalerhöhungsmaßnahmen sind Satzungsänderungen. Der dazu erforderliche Beschluss der Hauptversammlung bedarf einer Kapitalmehrheit von drei Vierteln des bei dieser Beschlussfassung vertretenen Grundkapitals.[9] Jeder Kapitalerhöhungsbeschluss ist zur Eintragung in das Handelsregister anzumelden.[10] Die Anmeldung erfolgt bei dualistischer Struktur der SE durch den Vorstand und den Aufsichtsratsvorsitzenden. Bei monistisch strukturierter SE erfolgt die Anmeldung durch den geschäftsführenden Direktor[11] zusammen mit dem Verwaltungsrat, vertreten durch seinen Vorsitzenden.[12]

Das Kapital der SE ist in *Aktien* zerlegt.[13] Die weitere rechtliche Ausgestaltung der Aktien ist in der SE-VO nicht eigenständig geregelt; es ist wieder auf das Recht des

---

[1] S. § 192 Abs. 3 Satz 1 AktG. Wird das bedingte Kapital zur Gewährung von Bezugsrechten für Arbeitnehmer und Mitglieder der Geschäftsführung geschaffen, ist seine Höhe auf maximal 10% des Grundkapitals beschränkt.
[2] S. §§ 202-206 AktG.
[3] S. § 202 Abs. 1 AktG.
[4] S. § 202 Abs. 3 AktG.
[5] Vgl. *Hüffer, U.*, Aktiengesetz, Kommentar, 2004, § 202, Rdnr. 2.
[6] S. §§ 207-220 AktG.
[7] S. § 207 Abs. 1 AktG.
[8] Vgl. *Hüffer, U.*, Aktiengesetz, Kommentar, 2004, § 207, Rdnr. 3 f. Dort auch zu den Gründen für die Durchführung einer Kapitalerhöhung aus Gesellschaftsmitteln.
[9] S. § 182 Abs. 1 Satz 1 AktG.
[10] S. § 184 AktG.
[11] S. § 40 Abs. 2 Satz 1 SEAG.
[12] S. § 22 Abs. 1 SEAG.
[13] S. Art. 1 Abs. 2 Satz 1 SE-VO.

Sitzstaats der SE zurückzugreifen.[1] In *Deutschland* können Aktien als Nennbetragsaktien oder als Stückaktien ausgegeben werden. Der Mindestnennbetrag der einzelnen Nennbetragsaktie beträgt ein Euro.[2] Stückaktien lauten auf keinen Nennbetrag; sie sind aber alle am Grundkapital in gleichem Umfang beteiligt.[3] Die Aktien können auf den Inhaber oder auf den Namen lauten. Die Inhaberaktie ist ein echtes Inhaberpapier, d. h. das Recht aus dem Papier folgt dem Recht am Papier.[4] Dagegen sind Namensaktien unter Bezeichnung des Inhabers nach Namen, Geburtsdatum und Adresse in das Aktienregister der Gesellschaft einzutragen.[5] Im Verhältnis zur Gesellschaft gilt nur der als Aktionär, der als solcher im Aktienregister eingetragen ist.[6] Während Inhaberaktien durch Einigung und Übergabe der Aktienurkunde bzw. durch Übergabesurrogat übereignet werden, erfolgt die Übertragung von Namensaktien durch Indossament[7] und Übergabe der Aktien. Die Übertragung von Namensaktien kann zusätzlich von der Zustimmung der Gesellschaft abhängig gemacht werden (vinkulierte Namensaktien).[8] Neben den Aktienkategorien Inhaber- und Namensaktien sieht das deutsche Aktiengesetz die Unterscheidung in Stamm- und Vorzugsaktien vor. Stammaktien sind solche Papiere, die ihrem Inhaber sämtliche für den Normalfall vorgesehenen Rechte gewähren. Dies sind insbesondere das Recht auf Dividende, die Beteiligung am Liquidationserlös, die Teilnahme an der Hauptversammlung sowie das Stimmrecht. Vorzugsaktien sind Aktien, die mit einem Vorrecht bei der Verteilung des Gewinns oder bei der Verteilung des Liquidationserlöses verbunden sind. Bei Vorzugsaktien kann das Stimmrecht ausgeschlossen werden.[9]

Für die SE bietet sich wie für Aktiengesellschaften nationalen Rechts grundsätzlich der Zugang zum *organisierten Kapitalmarkt*. Die Zulassungsvoraussetzungen richten sich in *Deutschland* vor allem nach dem angestrebten Marktsegment Amtlicher Handel, Geregelter Markt und Freiverkehr.[10] Der erstmalige Gang an die Börse (Initial Public Offering, IPO bzw. Going Public) kann bei gleichbleibendem Grundkapital durchgeführt werden. In diesem Fall fließt der Emissionserlös den Alteigentümern zu; es handelt sich damit um keine Finanzierungsform. In der Regel wird das Going Public allerdings mit einer Kapitalerhöhung verbunden. Die über den Bör-

---

[1] S. Art. 9 Abs. 1 Buchst. c SE-VO.
[2] S. § 8 Abs. 2 AktG.
[3] S. § 8 Abs. 3 AktG.
[4] Vgl. *Henn, G.*, Handbuch, 2002, Rdnr. 32.
[5] S. § 67 Abs. 1 AktG.
[6] S. § 67 Abs. 2 AktG.
[7] S. § 68 AktG.
[8] S. § 67 AktG.
[9] S. § 139 Abs. 1 AktG.
[10] Dazu ausführlich *Schanz, K.-M.*, Börseneinführung, 2002, S. 341-371. Zur Börsenzulassung einer SE vgl. *Merkt, H.*, Gesellschaft, 2005, S. 188-194.

sengang erzielten Finanzmittel stehen so dem Unternehmen zur Verfügung.[1] Der Börsenhandel ermöglicht Anlegern eine kostengünstige und schnelle Veränderung ihres Portefeuilles. Die Anlage ist in der Regel liquide; unterschiedlichen Laufzeitwünschen von Kapitalgeber und -nehmer kann Rechnung getragen werden. Zudem wird eine Zerlegung großer Kapitalbedürfnisse in kleine Kapitalbeträge ermöglicht.[2]

Eine SE eignet sich deshalb – wie alle Aktiengesellschaften – besonders gut zur Aufbringung großer Eigenkapitalbeträge:[3]

- Das Kapital ist in kleine Teilbeträge aufgeteilt, so dass auch eine bezogen auf das Gesamtkapital sehr geringe Beteiligung möglich ist.
- Bei Aktien handelt es sich um Wertpapiere, die zum Börsenhandel zugelassen werden können und die damit verkehrsfähig sind.
- Die Organisationsform gestattet eine große Zahl von Eigentümern, die vorrangig kapitalmäßige Interessen verfolgen.

Dieser Zuschnitt auf den Zugang zu anonymen Kapitalmärkten ist allerdings mit einer Vielzahl zwingender rechtlicher Regelungen verbunden. Dies bedeutet zwar einerseits eine gewisse Absicherung der Kapitalanlage für den Eigentümer; andererseits ist durch die geringe Gestaltungsfreiheit eine Anpassung an spezielle Finanzierungserfordernisse der SE bzw. Aktiengesellschaft kaum möglich.[4]

2. Kreditfinanzierung

Bei der *Kreditfinanzierung* wird Fremdkapital von außen aufgenommen; dabei entstehen Gläubigerrechte.[5] Wichtige Formen der langfristigen Kreditfinanzierung sind Schuldscheindarlehen, Schuldverschreibungen (Anleihen) sowie Bankkredite. Da für große Unternehmen die Aufnahme von Schuldscheindarlehen und die Ausgabe von Obligationen in Betracht kommt, nimmt die Bedeutung von Bankkrediten mit zunehmender Unternehmensgröße ab.[6] Die SE wird als Rechtsform insbesondere für europaweit tätige Großunternehmen relevant werden; im Fall der SE kommen deshalb auch alle Formen der Kreditfinanzierung in Betracht. Für die Kreditfinanzierung finden sich keine ausdrücklichen Vorschriften in der SE-VO. Es kommt auch insoweit das Recht des Sitzstaates der SE zur Anwendung;[7] für Schuldverschreibun-

---

1 Vgl. *Henke, S. / Rudolph, B.*, Kapitalmarkt und Börse, 2002, S. 589.
2 Vgl. *Rosen, R. v.*, Börsen, 2001, Sp. 357.
3 Vgl. *Perridon, L. / Steiner, M.*, Finanzwirtschaft, 2004, S. 374.
4 Vgl. *Hommelhoff, P.*, Organisationsverfassung, 2001, S. 287.
5 Vgl. *Perridon, L. / Steiner, M.*, Finanzwirtschaft, 2004, S. 390.
6 Vgl. *Drukarczyk, J.*, Finanzierung, 2003, S. 404.
7 S. Art. 9 Abs. 1 Buchst. c SE-VO.

gen und vergleichbare Wertpapiere ist dies sogar ausdrücklich geregelt.[1] Für eine SE mit Sitzstaat in *Deutschland* ist deshalb auf das deutsche Recht zurückzugreifen. Grundsätzlich finden damit auch die Rechtsvorschriften zu eigenkapitalersetzenden Aktionärsdarlehen Anwendung (§§ 57, 62 AktG, § 32a GmbHG analog), da diesbezüglich spezifische (vorrangige) Regelungen der SE-VO fehlen.[2]

Schuldscheindarlehen sind Großdarlehen mit anleiheähnlichen Ausstattungsmerkmalen. Die Laufzeit beträgt regelmäßig zwischen 2 und 10 Jahren. Obwohl Schuldscheindarlehen übertragen werden können, ist ein börsenmäßiger Handel nicht möglich. Als Darlehensnehmer kommen ausschließlich Unternehmen mit einer sehr guten Bonität in Frage. Darlehensgeber sind nicht Banken sondern andere Kapitalsammelstellen wie beispielsweise Lebensversicherungsunternehmen.[3]

Schuldverschreibungen (Anleihen) stellen Wertpapiere dar. Anleihen werden in Teilschuldverschreibungen zerlegt, die jeweils einen Teilbetrag der Anleihe verbriefen. Dabei sind vielfältige Gestaltungsformen möglich. Für Schuldverschreibungen, die von privaten Unternehmungen ausgegeben werden, hat sich der Begriff Industrieobligationen eingebürgert. Industrieobligationen sind börsenfähig; dadurch werden hohe Anforderungen an die Bonität der die Anleihen emittierenden Unternehmen gestellt. Eine bestimmte Rechtsform des Emittenten wird nach deutschem Recht nicht vorausgesetzt.[4]

Bezüglich der Verzinsung können Anleihen mit fester Verzinsung, mit variabler Verzinsung (Floating Rate Notes) sowie ohne laufende Zinszahlung (Zero-Bonds bzw. Nullkuponanleihen) unterschieden werden.[5]

3. Hybride Finanzierungsinstrumente

Neben den diskutierten Formen der Beteiligungs- und Kreditfinanzierung existieren sog. *hybride Finanzierungsinstrumente*, die sowohl Eigenkapital- als auch Fremdkapitalkomponenten aufweisen.[6] Während Eigenkapital auf gesellschaftsrechtlicher Grundlage typischerweise unbefristet gewährt wird und mit Mitwirkungs-, Kontrollrechten sowie einer Beteiligung am Gewinn, Verlust und an den stillen Reserven verbunden ist, erhält im Regelfall der Inhaber des auf schuldrechtlicher Grundlage befristet überlassenen Fremdkapitals eine feste Verzinsung; Verwaltungsrechte oder

---

[1] S. Art. 5 SE-VO.
[2] Vgl. *Schwintowski, H.-P.*, Kapitalmaßnahmen, 2005, S. 301 f.; *Oechsler, J.*, Kapitalerhaltung, 2005, S. 449-454.
[3] Vgl. *Hölscher, R.*, Kreditarten, 2001, Sp. 1379 f.
[4] Vgl. *Perridon, L. / Steiner, M.*, Finanzwirtschaft, 2004, S. 404 f.
[5] Vgl. *Perridon, L. / Steiner, M.*, Finanzwirtschaft, 2004, S. 417-422.
[6] Zum Begriff vgl. *Haun, J.*, Finanzierungsinstrumente, 1996, S. 7-10; *Theisen, M. R. / Wenz, M.*, Germany, S. 161 f.

F.III. Außenfinanzierung

eine Beteiligung am Liquidationserlös sind nicht vorgesehen.[1] Verbreitete Formen von hybriden Finanzierungsinstrumenten sind in *Deutschland* Wandel- und Optionsanleihen, Gewinnschuldverschreibungen sowie Genussrechte.

Wandelschuldverschreibungen gewähren zusätzlich zu den Rechten normaler Anleihen das Recht auf Umtausch der Schuldverschreibungen in Aktien. Optionsschuldverschreibungen gewähren dem Inhaber der Anleihe das Recht, Aktien zu vorab festgelegten Bedingungen während einer bestimmten Frist zu beziehen. Im Gegensatz zu einer Wandelanleihe, bei der im Ausübungszeitpunkt ein Tausch von Fremd- in Eigenkapital erfolgt, wird bei einer Optionsanleihe im Ausübungszeitpunkt zusätzliches Eigenkapital geschaffen. Aufgrund der im Vergleich zu einer Standardanleihe zusätzlichen Wandlungs- bzw. Optionsmöglichkeiten liegen die Zinssätze meist etwas niedriger bei sonst vergleichbaren Konditionen.[2]

Gewinnschuldverschreibungen sind Anleihen, die neben dem Rückzahlungsanspruch eine erfolgsabhängige Verzinsung gewähren; insofern besteht eine Nähe zur Beteiligungsfinanzierung. Regelmäßig bemisst sich die Verzinsung des Nennbetrags nach der Höhe der Dividende; eine Anknüpfung an den Jahresüberschuss oder den Bilanzgewinn ist ebenfalls möglich. Zulässig ist auch eine feste Verzinsung mit einer erfolgsabhängigen Zusatzzahlung.[3]

Genussrechte stellen Gläubigerrechte, also schuldrechtliche und keine gesellschaftsrechtlichen Ansprüche dar. Diese sind aber um Komponenten der üblichen Vermögensrechte von Anteilseignern erweitert. Relevant ist dabei vor allem eine Beteiligung am Gewinn und/oder am Liquidationserlös der Gesellschaft. Die Vermögensrechte können flexibel ausgestaltet werden: So können die Vergütungen festverzinslich oder in Abhängigkeit des Periodenerfolgs der Gesellschaft geleistet werden. Auch eine Beteiligung am Verlust ist möglich. Verwaltungsrechte, wie beispielsweise Stimm- oder Kontrollrechte können mit Genussrechten allerdings nicht verbunden sein. Durch die Ausgabe von verbrieften Genussrechten, sog. Genussscheinen, kann wegen deren grundsätzlicher Börsenfähigkeit auch der organisierte Kapitalmarkt in Anspruch genommen werden.[4]

Die Ausgabe von Wandel-, Options- und Gewinnschuldverschreibungen sowie von Genussrechten ist auch für eine SE mit Sitzstaat *Deutschland* möglich; es sind die Bestimmungen und Beschränkungen des deutschen Aktienrechts zu beachten. So bedarf es eines Hauptversammlungsbeschlusses mit mindestens einer drei Viertel Mehrheit für die Ausgabe solcher Finanzierungsinstrumente, um die bereits engagierten Aktionäre vor Eingriffen in die mitgliedschaftliche und vermögensmäßige

---

[1] Vgl. *Widmayer, G.*, Genussrechte, 2001, S. 337.
[2] Vgl. ausführlich *Perridon, L. / Steiner, M.*, Finanzwirtschaft, 2004, S. 408-417.
[3] Vgl. *Hüffer, U.*, Aktiengesetz, Kommentar, 2004, § 221, Rdnr. 8.
[4] Vgl. ausführlich *Widmayer, G.*, Genussrechte, 2001, S. 338 m. w. N.

Struktur zu schützen; solche Eingriffe können sich aus dem Anspruch der Gläubiger dieser Schuldverschreibungen auf Aktien bzw. auf einen Anteil am Gewinn ergeben.[1] Den Aktionären steht aus diesem Grund ein Bezugsrecht bei der Ausgabe solcher Schuldverschreibungen zu.[2]

IV. Innenfinanzierung

Bei der *Innenfinanzierung* wird bisher gebundenes Vermögen des Unternehmens in frei verfügbare Zahlungsmittel umgewandelt. Die liquiden Mittel fließen dabei insbesondere in Form von Umsatzerlösen dem Unternehmen zu. Innenfinanzierung ist insoweit möglich, als keine Auszahlungen durch den Betriebsprozess veranlasst sind. Als Innenfinanzierung können deshalb positive Zahlungsüberschüsse bezeichnet werden, die nicht durch Einzahlungen über Finanzmärkte hervorgerufen wurden.[3] Das Innenfinanzierungspotenzial, also der Umfang, in dem finanzielle Mittel im Unternehmen zurückbehalten werden, kann durch Gestaltungsmaßnahmen systematisch beeinflusst werden. Die wichtigsten dieser Maßnahmen sind die Einbehaltung von Gewinnen (Selbstfinanzierung), der Umfang von Abschreibungen sowie die Bildung von Rückstellungen.

1. Selbstfinanzierung

Unter *Selbstfinanzierung* versteht man die Finanzierung aus Gewinnen, die im Unternehmen zurückbehalten werden.[4] In Höhe des nicht ausgeschütteten Gewinns kommt es zu keiner Auszahlung, dem Unternehmen verbleibt disponibles Kapital.

Offene Selbstfinanzierung erfolgt durch Einbehaltung von in der Bilanz bzw. Gewinn- und Verlustrechnung ausgewiesenen Gewinnen (Jahresüberschuss). Die rechtlichen Bestimmungen zur Verwendung des Jahresüberschusses sind meistens rechtsformabhängig.[5] Da sich in der SE-VO keine Regelung findet, ist das Recht des Sitzstaats der SE anzuwenden, das für jeweils dort eingetragene Aktiengesellschaften gilt.

Grundsätzlich haben die Aktionäre der SE Anspruch auf den Bilanzgewinn.[6] Die Höhe des Bilanzgewinns ergibt sich aus der Weiterrechnung des Jahresüberschusses.[7] Dabei ist zu beachten, dass unter bestimmten Voraussetzungen die Bildung

---

[1] S. § 221 AktG. Vgl. *Hüffer, U.*, Aktiengesetz, Kommentar, 2004, § 221, Rdnr. 1.
[2] S. § 221 Abs. 4 AktG.
[3] Vgl. *Gerke, W. / Bank, M.*, Finanzierung, 2003, S. 296.
[4] Vgl. *Perridon, L. / Steiner, M.*, Finanzwirtschaft, 2004, S. 476.
[5] So auch in *Deutschland*; vgl. *Lutter, M.*, Gewinnverwendungspolitik, 1998, S. 402.
[6] S. § 58 Abs. 4 AktG.
[7] S. § 158 Abs. 1 AktG.

F.IV. Innenfinanzierung

einer gesetzlichen Rücklage und so die Einbehaltung eines Teils des Jahresüberschusses gesetzlich vorgeschrieben sind.[1] Stellen Vorstand und Aufsichtsrat gemeinsam[2] – bzw. der Verwaltungsrat – den Jahresabschluss fest, sind sie berechtigt, bis zu 50% des verfügbaren Jahresüberschusses zu thesaurieren; Beträge, die in die gesetzliche Rücklage einzustellen sind und ein Verlustvortrag sind dazu vorab vom Jahresüberschuss abzuziehen.[3] Die Satzung kann Vorstand und Aufsichtsrat – bzw. der Verwaltungsrat – zur Einstellung eines größeren oder eines kleineren Teils des Jahresüberschusses in die Gewinnrücklagen ermächtigen. Im Rahmen des Gewinnverwendungsbeschlusses kann die Hauptversammlung weitere Beträge (maximal den vollständigen Bilanzgewinn) in die Gewinnrücklagen einstellen.[4]

Bei der *stillen Selbstfinanzierung* werden Gewinne insbesondere durch Nutzung bilanzpolitischer Spielräume nicht ausgewiesen. Durch die Unterbewertung von Aktiva bzw. die Überbewertung von Passiva werden stille Reserven gelegt. Zwar fließen durch die Maßnahmen der stillen Selbstfinanzierung keine zusätzlichen Mittel dem Unternehmen zu; ein Finanzierungseffekt entsteht aber durch einen geringeren Abfluss vorhandener liquider Mittel.[5] So sinkt zum einen das mögliche Ausschüttungsvolumen, da die Höhe der Ausschüttungen vom handelsrechtlichen Jahresüberschuss abhängt. Zum anderen ergeben sich zunächst geringere Steuerzahlungen, wenn – wie in der Regel der Fall – ein geringerer handelsrechtlicher Erfolg auch zu einer Verminderung der Bemessungsgrundlage für die Ertragsteuern führt. Da sich die Bewertungsreserven im Zuge von Umsatzprozessen später wieder auflösen, sind diese Finanzierungseffekte nicht von Dauer. Bezogen auf die Steuerzahlungen tritt somit nur eine Steuerstundung ein, nicht jedoch eine endgültige Ersparnis.[6]

Der Umfang der stillen Selbstfinanzierung ist abhängig von den möglichen und zulässigen Bewertungsspielräumen im Einzelabschluss.[7] Entscheidend kommt es damit auf die konkrete Ausgestaltung der Rechnungslegungsnormen an, die bei der Aufstellung des Jahresabschlusses der SE anzuwenden sind. Für eine SE mit Sitz in *Deutschland* ist der für die Gewinnansprüche der Eigenkapitalgeber sowie die Besteuerung allein relevante Einzelabschluss nach den Grundsätzen des HGB aufzu-

---

1 S. § 150 AktG.
2 Im deutschen AktG kommt das dualistische System zur Anwendung; ist eine SE mit Sitzstaat in *Deutschland* nach dem monistischen System aufgebaut, sind diese Regelungen nur analog anwendbar.
3 Vgl. § 58 Abs. 2 Satz 1, 4 AktG.
4 Vgl. *Henn, G.*, Handbuch, 2002, Rdnr. 1057.
5 Vgl. *Gerke, W. / Bank, M.*, Finanzierung, 2003, S. 305 f.
6 Vgl. *Perridon, L. / Steiner, M.*, Finanzwirtschaft, 2004, S. 478-481. Da die SE bei einer unbeschränkten Steuerpflicht in *Deutschland* als Kapitalgesellschaft einem proportionalen Körperschaftsteuertarif unterliegt, können sich insoweit keine Progressionseffekte ergeben; in Hinblick auf eine hebesatzabhängig variierende Gewerbesteuerbelastung können im Einzelfall durch eine zeitliche Verschiebung zusätzlich auch Steuereffekte erzielt werden.
7 Vgl. *Neubürger, H.-J.*, Innenfinanzierung, 2001, S. 158.

stellen; es gelten die ergänzenden Vorschriften für Kapitalgesellschaften.[1] Trotz umfangreicher Harmonisierungsmaßnahmen im Bereich der Rechnungslegung sind die Ansatz- und Bewertungsvorschriften der einzelnen Mitgliedstaaten nur bedingt angeglichen; insbesondere nationale Wahlrechte führen nahezu unverändert zu sehr unterschiedlichen Formen und Möglichkeiten zur Bildung stiller Reserven.[2]

Eine vergleichbare Situation besteht für die Besteuerung der SE: Art. 10 SE-VO bestimmt, dass eine SE in jedem Mitgliedstaat wie eine Aktiengesellschaft zu behandeln ist, die nach dem Recht des Sitzstaats gegründet wurde. Eine SE mit Sitz in *Deutschland* ist deshalb in *Deutschland* wie eine Aktiengesellschaft nationalen Rechts unbeschränkt körperschaft- und gewerbesteuerpflichtig.[3] Die steuerlichen Konsequenzen der stillen Selbstfinanzierung werden maßgeblich durch die steuerlichen Gewinnermittlungsvorschriften bestimmt; es kommt dabei ebenfalls nationales (hier: deutsches) Recht zur Anwendung. Die SE unterscheidet sich also in Fragen der laufenden Besteuerung nicht von einer nationalen Aktiengesellschaft.[4] Besteuerungsunterschiede ergeben sich allerdings auf europäischer Ebene zwischen SE mit alternativem Sitz in verschiedenen Mitgliedstaaten. Diese Unterschiede sind tendenziell noch größer als bei der Rechnungslegung, da eine *EU*-weite Harmonisierung der direkten Steuern aussteht.[5]

Aufgrund abweichender Rechnungslegungs- und Besteuerungsnormen unterscheidet sich damit der mögliche Umfang der stillen Selbstfinanzierung in den potenziellen Sitzstaaten der SE.

2. Finanzierung aus Abschreibungen

Die Wertminderung abnutzbarer Wirtschaftsgüter des Anlagevermögens wird bilanziell über Abschreibungen erfasst; die Anschaffungskosten werden als periodenbezogener Aufwand auf die Jahre der Nutzung verteilt. Abschreibungen sind Aufwand, führen aber in derselben Periode regelmäßig nicht zu Auszahlungen.[6]

Ein *Finanzierungseffekt* ergibt sich dadurch, dass aufgrund der Abschreibungen der handelsbilanzielle Gewinn und damit das Ausschüttungspotenzial reduziert werden. Abschreibungen vermindern – soweit die steuerrechtlich anerkannt werden – zudem

---

[1] S. Art. 61 SE-VO; dazu vgl. auch den Beitrag von *Plendl* in diesem Band.
[2] Vgl. *Hayn, S.*, Rechnungslegung, 1997, S. 131 f. Vgl. dazu die vergleichende Darstellung bei *Weber-Braun, E.*, Umsetzung, 1995, S. 18-23.
[3] Dazu vgl. auch den Beitrag von *Thömmes* in diesem Band. Mit letztlich gleichem Ergebnis, aber unter Anwendung von Art. 9 Abs. 1 Buchst. c Nr. ii SE-VO vgl. *Herzig, N. / Griemla, S.*, Aspekte, 2002, S. 57; *Förster, G. / Lange, C.*, Aspekte, 2002, S. 288.
[4] Vgl. ausführlich *Herzig, N. / Griemla, S.*, Aspekte, 2002, S. 57.
[5] Vgl. *Jacobs, O. H.*, Unternehmensbesteuerung, 2002, S. 162.
[6] Der Finanzierungsbedarf entsteht bereits zum Zeitpunkt der Beschaffung des Wirtschaftsguts.

die Bemessungsgrundlage für Ertragsteuern. Insgesamt werden deshalb Auszahlungen an Anteilseigner und den Fiskus auf diese Weise reduziert; über den Umsatzprozess verdiente Einzahlungen werden im Unternehmen in diesem Umfang zurückbehalten.[1]

In der SE-VO finden sich keine Regelungen zur planmäßigen Abschreibung; in Bezug auf die Rechnungslegungs- und Besteuerungsvorschriften ist insoweit ebenfalls das Recht des Sitzstaats der SE maßgebend.[2] Für eine in *Deutschland* ansässige SE ist dementsprechend handelsbilanziell die lineare, die geometrisch-degressive und die arithmetisch-degressive Methode sowie die leistungsabhängige Abschreibung zulässig; die progressive Abschreibungsmethode wird grundsätzlich als unzulässig erachtet.[3] Steuerlich dürfen nur die lineare Methode generell,[4] in Ausnahmefällen auch die geometrisch degressive[5] sowie eine leistungsabhängige Abschreibung[6] angewendet werden.

3. Finanzierung aus Rückstellungen

Rückstellungen sind insbesondere für Verpflichtungen des Unternehmens zu bilden, die dem Grund und/oder der Höhe nach wahrscheinlich, aber nicht sicher sind (Rückstellungen für ungewisse Verbindlichkeiten). Dazu gehören die Pensionsrückstellungen, die im Hinblick auf *Finanzierungseffekte* die größte Bedeutung haben. Für den Finanzierungseffekt ist die Fristigkeit der Rückstellungen von Bedeutung. Während bei den meisten Rückstellungsarten zwischen Bildung und Auflösung ein geringer Zeitraum verstreicht, sind Pensionsrückstellungen meist langfristiger Natur.[7]

Ähnlich wie bei Abschreibungen entsteht durch die Bildung von Rückstellungen bilanzieller Aufwand, dem in der betroffenen Periode keine Auszahlung gegenübersteht. Der bilanzielle Gewinn sinkt dadurch, so dass die Ausschüttung liquider Mittel an die Anteilseigner verhindert bzw. aufgeschoben wird. Zudem wird auch die ertragsteuerliche Bemessungsgrundlage in vergleichbarem Umfang reduziert, so

---

[1] Vgl. *Gerke, W. / Bank, M.*, Finanzierung, 2003, S. 307.
[2] S. Art. 61 SE-VO: Rechnungslegung; Art 10 SE-VO i. V. m. § 8 Abs. 1 KStG, § 7 EStG: Besteuerung.
[3] Vgl. *Berger, A. / Ring, M.*, in: Beck´scher Bilanzkommentar, 2003, § 253 HGB, S. 460-464.
[4] S. § 7 Abs. 1, 4 EStG.
[5] S. § 7 Abs. 2 EStG. Die geometrisch-degressive Abschreibung ist ausschließlich bei beweglichen Wirtschaftsgütern des Anlagevermögens zulässig; der Abschreibungssatz darf 20% nicht übersteigen.
[6] S. § 7 Abs. 1 Satz 5 EStG. Die leistungsabhängige Abschreibung ist ausschließlich bei beweglichen Wirtschaftsgütern des Anlagevermögens zulässig.
[7] Vgl. *Perridon, L. / Steiner, M.*, Finanzwirtschaft, 2004, S. 488-490. Im konkreten Einzelfall sind die Auswirkungen allerdings von der Struktur und dem Altersaufbau der pensionsberechtigten aktiven sowie ehemaligen Mitarbeiter abhängig.

dass ein Steuerstundungseffekt entsteht.[1] Wie bei Abschreibungen werden durch die Bildung von Rückstellungen der Unternehmung allerdings keine zusätzlichen Mittel zugeführt, lediglich ein Abfluss von Finanzmitteln wird verhindert.

Besondere Bestimmungen für die Bildung von Rückstellungen finden sich in der SE-VO nicht. Es erfolgt ein Rückgriff auf das Recht des Sitzstaats der SE.[2] Bei einer SE mit Sitz in *Deutschland* sind dementsprechend *Pensionsrückstellungen* als Rückstellungen für ungewisse Verbindlichkeiten zwingend zu bilden.[3] Damit Zuführungen zu Pensionsrückstellungen auch steuerlich Betriebsausgaben darstellen und insoweit die Bemessungsgrundlage kürzen, müssen die Voraussetzungen des § 6a EStG erfüllt sein.

V. Finanzierungsaspekte bei wichtigen Einsatzbereichen der SE

1. Grenzüberschreitende Verschmelzung

Wichtiges Ziel der SE-VO ist die Schaffung einer Rechtsform, mit deren Hilfe eine *grenzüberschreitende Verschmelzung* ermöglicht und so die gemeinschaftsweite Reorganisation von Produktionsfaktoren erleichtert wird.[4] Die grenzüberschreitende Verschmelzung als ein bedeutendes Reorganisationsinstrument stand bisher Gesellschaften in der *EU* nicht zur Verfügung.[5]

Eine SE kann durch Verschmelzung von mindestens zwei Aktiengesellschaften, die jeweils nach dem Recht eines der Mitgliedstaaten errichtet wurden und ihren Sitz sowie ihre Hauptverwaltung in der Gemeinschaft haben, gegründet werden, sofern mindestens zwei von ihnen dem Recht verschiedener Mitgliedstaaten unterliegen.[6] Die Verschmelzung kann entweder als Verschmelzung durch Aufnahme oder als Verschmelzung durch Neugründung durchgeführt werden.[7]

Bei einer *Verschmelzung durch Neugründung* kann der Sitzstaat für die neu errichtete SE innerhalb der *EU* frei gewählt werden; eine Beschränkung auf einen der Sitzstaaten der verschmolzenen Aktiengesellschaften besteht nicht. Bei einer *Verschmel-*

---

[1] Vgl. *Gerke, W. / Bank, M.,* Finanzierung, 2003, S. 306 f.
[2] S. Art. 61 SE-VO.
[3] S. § 249 Abs. 1 Satz 1 HGB. Für vor dem 1.1.1987 erteilte Zusagen und deren Erhöhung brauchen Rückstellungen allerdings nicht gebildet zu werden, s. Art. 28 Abs. 1 EGHGB.
[4] S. Erwägungsgründe Nr. 1, 10 SE-VO. Zu den mit der Rechtsform verbundenen Zielsetzungen vgl. *Wenz, M.,* Societas, 1993, S. 35-44.
[5] Vgl. *Buchheim, R.,* Aktiengesellschaft, 2001, S. 121.
[6] S. Art. 2 Abs. 1 SE-VO.
[7] S. Art. 17 Abs. 2 SE-VO.

zung durch Aufnahme wird mit der Festlegung, welche der Gründungsgesellschaften die aufnehmende ist, gleichzeitig der Sitzstaat der SE determiniert.[1] Da der Sitz der Gesellschaft das neben der SE-VO anwendbare nationale Recht bestimmt, bestehen durch diese Wahl erhebliche Gestaltungsspielräume.[2]

Für den einzelnen *Aktionär* kann die grenzüberschreitende Verschmelzung einen erheblichen Eingriff in seine Rechte bedeuten. Wird eine Aktiengesellschaft mit Sitz im Inland auf eine SE mit Sitz im Ausland verschmolzen, können aufgrund des umfassenden Rückgriffs auf das nationale Recht des Sitzstaats der SE die Mitgliedschaftsrechte des Aktionärs eine Änderung erfahren. Die Gesellschafterrechte können beispielsweise nach der ausländischen Rechtsordnung schwächer ausgeprägt oder schwerer durchsetzbar sein.[3] Wird dagegen bei der Gründung einer SE eine ausländische auf eine inländische Gesellschaft verschmolzen, ergeben sich für einen Aktionär der inländischen Gesellschaft bezüglich der (Außen-)Finanzierung und Kapitalausstattung nur geringe Änderungen seiner Rechtsposition, da aufgrund der weitreichenden Bedeutung des Rechts des Sitzstaats für die rechtliche Behandlung der SE kaum Unterschiede zu einer Aktiengesellschaft nationalen Rechts bestehen. Nach Art. 24 Abs. 2 SE-VO kann jeder Mitgliedstaat in Bezug auf die sich verschmelzenden Gesellschaften, die seinem Recht unterliegen, eigene nationale Vorschriften erlassen, um einen angemessenen Schutz der Minderheitsaktionäre, die sich gegen die Verschmelzung ausgesprochen haben, zu gewährleisten.[4]

Für *Gläubiger* bringt eine Verschmelzung Risiken mit sich, da nach Durchführung der Verschmelzung möglicherweise eine Konkurrenzsituation zwischen den Gläubigern der ursprünglich unterschiedlichen Rechtsträger um das (nunmehr gemeinsame) Vermögen entstehen kann und in jedem Fall die Gläubiger des übertragenden Rechtsträgers einen neuen Schuldner erhalten, der nicht von ihnen bestimmt wurde.[5] Bei grenzüberschreitenden Verschmelzungen ist der Schutz der Gläubiger in besonderem Maße erforderlich.[6] Für den Schutz der Interessen der Gläubiger, der Anleihegläubiger sowie der Inhaber von mit Sonderrechten gegenüber den sich verschmelzenden Gesellschaften ausgestatteten Wertpapieren (mit Ausnahme von Aktien) findet das Recht des Mitgliedstaats Anwendung, das für die jeweilige sich ver-

---

1   Vgl. *Lutter, M.*, Rechtsfigur, 2002, S. 4; *Sagasser, B. / Swienty, C.*, Gründung, 1991, S. 1191.
2   Vgl. *Buchheim, R.*, Aktiengesellschaft, 2001, S. 138.
3   Vgl. *Buchheim, R.*, Aktiengesellschaft, 2001, S. 83. Zudem kommen auch organisatorische Probleme hinzu: So muss der Anteilseigner gegebenenfalls ins Ausland fahren, um an der Hauptversammlung teilnehmen zu können, soweit eine Teilnahme auf elektronischem Wege (noch) nicht zulässig ist.
4   Das deutsche Umwandlungsrecht sieht für diesen Fall das Angebot einer Barabfindung vor; vgl. § 29 UmwG.
5   Vgl. *Sagasser, B. / Bula, T. / Brünger, T. R.*, Umwandlungen, 2002, S. 35 f.
6   Vgl. *Assmann, H.-D.*, Einleitung, in: Großkommentar AktG, 1992, Rdnr. 657. So können beispielsweise bei einer Verschmelzung einer inländischen auf eine ausländische Gesellschaft die Gläubiger des übertragenden Rechtsträgers dem Risiko einer erschwerten Rechtsverfolgung im Ausland unterliegen; vgl. *Buchheim, R.*, Aktiengesellschaft, 2001, S. 83.

schmelzende Gesellschaft gilt.[1] In *Deutschland* steht den Gläubigern der an der Verschmelzung beteiligten Rechtsträger eine Sicherheitsleistung zu, wenn sie eine Befriedigung der Forderung mangels Fälligkeit nicht verlangen können.[2] Die Forderung muss bei Eintragung der Verschmelzung bereits begründet sein. Die Gläubiger haben glaubhaft zu machen, dass durch die Verschmelzung die Erfüllung ihrer Forderungen gefährdet ist.[3] Die Gläubiger können davon unabhängig einen Schadensersatzanspruch gegen die Verwaltungsorgane des übertragenden Rechtsträgers geltend machen, wenn ihnen durch die Verschmelzung ein Schaden entsteht.[4] Den Inhabern von Rechten gegenüber einem übertragenden Rechtsträger, die kein Stimmrecht gewähren (insbesondere Wandel- und Gewinnschuldverschreibungen sowie Genussrechte), sind gleichwertige Rechte gegenüber dem übernehmenden Rechtsträger zu gewähren.[5]

Das *Innenfinanzierungspotenzial* jeder neu errichteten SE wird maßgeblich durch die anwendbaren Normen der Rechnungslegung und des Steuerrechts determiniert; es erfolgt hierbei ein Rückgriff auf das Recht des Sitzstaates der SE. Bei einer grenzüberschreitenden Verschmelzung kommt es somit für einen Teil[6] des neu geschaffenen Einheitsunternehmens zwingend zu einem Wechsel des anwendbaren Rechts.[7] Das Innenfinanzierungspotenzial der SE wird deshalb regelmäßig größer oder kleiner sein als das addierte Innenfinanzierungspotenzial der bisherigen Aktiengesellschaften.

2. SE als Holdinggesellschaft

Mit der Rechtsform der SE soll Unternehmen in der *EU* zudem die Möglichkeit eröffnet werden, eine gemeinsame *Holdinggesellschaft* zu errichten.[8] Gegründet werden kann eine SE von mindestens zwei Aktiengesellschaften oder GmbH, die entweder unterschiedlichem nationalen Recht unterliegen bzw. die seit mindestens zwei Jahren eine dem Recht eines anderen Mitgliedstaats unterliegende Tochtergesell-

---

[1] S. Art. 24 Abs. 1 SE-VO.
[2] S. § 22 UmwG.
[3] Vgl. *Sagasser, B. / Bula, T. / Brünger, T. R.*, Umwandlungen, 2002, S. 36.
[4] S. § 25 UmwG.
[5] S. § 23 UmwG.
[6] Wird bei einer Verschmelzung durch Neugründung ein Drittstaat als Sitzstaat der SE gewählt, gilt dies für das gesamte Einheitsunternehmen.
[7] Bei der Besteuerung ist zu beachten, dass bei einer grenzüberschreitenden Verschmelzung rechtlich das Betriebsvermögen der übertragenden Gesellschaften zwar auf die SE übergeht; es allerdings physisch im ursprünglichen Sitz- bzw. Drittstaat verbleibt. Bildet dieses verbleibende Betriebsvermögen eine Betriebsstätte, wird der jeweilige Belegenheitsstaat die Betriebsstätteneinkünfte weiterhin – statt im Rahmen der unbeschränkten jetzt im Rahmen der beschränkten Steuerpflicht – erfassen. In diesem Fall werden sich nur geringe Auswirkungen auf die steuerliche Situation ergeben, insbesondere wenn der Sitzstaat der SE die Freistellungsmethode anwendet.
[8] S. Erwägungsgrund Nr. 10 SE-VO.

schaft oder eine Zweigniederlassung in einem anderen Mitgliedstaat haben.[1] Bei Gründung der SE sind jeweils mindestens 50% der Anteile einzubringen.[2] Gesellschafter, die ihre Anteile im Hinblick auf die Gründung der SE einbringen, erhalten Anteile an der SE.[3] Bei der Holding in der Rechtsform einer SE kann es sich um eine Finanz-, Management- oder Führungsholding handeln; keine dieser Formen wird von der SE-VO ausgeschlossen.[4]

Die *Aktionäre*, die ihre Anteile in die SE eingebracht haben, sind nur noch indirekt an den ursprünglichen Gesellschaften beteiligt. Die mit der Gesellschafterstellung verbundenen Rechte können von denen der nationalen Gesellschaften abweichen, wenn die SE ihren Sitz in einem anderen Staat als die Ausgangsgesellschaften hat. Die Gründung der Holding kann für Gesellschafter, die sich nicht an der Gründung beteiligen möchten, Nachteile bringen. Ein Mitgliedstaat kann für die eine Gründung anstrebenden Gesellschaften deshalb Vorschriften zum Schutz der die Gründung ablehnenden Minderheitsgesellschafter erlassen.[5]

Auf die *Gläubiger* der Gründungsgesellschaften hat die Bildung einer solchen SE-Holding keinen Einfluss. Ihre Gläubigerrechte bestehen weiterhin gegenüber diesen Gesellschaften; ihre rechtliche und vermögensmäßige Position verändert sich nicht.

Auf den Umfang des *Innenfinanzierungspotenzials* dürfte die Bildung einer Holdunggesellschaft ceteris paribus keinen Einfluss haben. Die eine Holding anstrebenden Gesellschaften bestehen fort und – noch wichtiger – unterliegen bezüglich Rechnungslegung und Besteuerung vorher wie nachher dem gleichen nationalen Rechtssystem. Eine Änderung bzw. Beeinflussung des Innenfinanzierungspotenzials der einzelnen Gesellschaften ist allein durch die Gründung der Holding somit nicht möglich.

Aufgrund der Errichtung einer Holding ergeben sich bei der Unternehmungsfinanzierung allerdings zusätzliche Gestaltungsmöglichkeiten, die allein bei einer wirtschaftlichen Einheit unter Aufrechterhaltung der wirtschaftlichen Vielfalt (= Konzernunternehmung) möglich sind. Grundlage dieser Gestaltungsmöglichkeiten ist, dass die Bestimmungen über Mindestkapital, Kapitalaufbringung und -erhaltung, die Regelungen über die Gewinnermittlung und -besteuerung, die Gewinnverwendung und die Haftung an das einzelne, rechtlich selbstständige Unternehmen anknüpfen.[6] Für die einzelnen Gesellschaften der Holding kommen zusätzlich zu fremden Dritten

---

[1] S. Art. 2 Abs. 2 SE-VO.
[2] S. Art. 32 Abs. 2 SE-VO.
[3] S. Art. 33 Abs. 4 SE-VO.
[4] Vgl. *Buchheim, R.*, Aktiengesellschaft, 2001, S. 142. Zum Begriff vgl. *Theisen, M. R.*, Konzern, 2000, S. 174-187.
[5] S. Art. 34 SE-VO.
[6] Vgl. *Schneider, U. H.*, Ausgestaltung, 1986, S. 1997.

als potenzielle Finanzierungspartner alle anderen Konzernunternehmen im In- und Ausland in Betracht.[1]

Hinsichtlich der *Holding- bzw. Konzernfinanzwirtschaft* kann zwischen einer zentralen bzw. dezentralen Finanzwirtschaft unterschieden werden. Bei einer zentralen Finanzwirtschaft werden die gesamten erforderlichen Finanzmittel zentral durch die Muttergesellschaft beschafft und nach der jeweiligen Finanzplanung auf die Tochtergesellschaften verteilt. Bei dezentraler Finanzwirtschaft besteht auf jeder Stufe eine eigenständige Möglichkeit zur Finanzierung der jeweiligen Aktivitäten und Investitionen.[2]

Für die Weitergabe der von der Holding zentral beschafften Finanzmittel stehen die Beteiligungsfinanzierung, die Formen der Kreditfinanzierung sowie hybride Finanzierungsinstrumente zur Verfügung. Die *konzerninterne Außenfinanzierung* kann zu einer kaskadenförmigen Verschuldungsstrategie genutzt werden. Durch die dadurch ausgelöste Mehrfacherfassung bzw. Beleihung desselben Kapitals erhöht sich aber das unter anderem auch finanzielle Risiko aller Kapitalgeber. Ein solcher pyramidenförmiger Kapitalaufbau gefährdet in der Krise möglicherweise alle einbezogenen Holding- bzw. Konzerngesellschaften.[3]

3. SE als Tochtergesellschaft

Gesellschaften im Sinne des Artikels 48 Abs. 2 des EG-Vertrages[4] sowie juristische Personen des öffentlichen oder privaten Rechts, die nach dem Recht eines Mitgliedstaats gegründet worden sind und ihren Sitz sowie ihre Hauptverwaltung in der Europäischen Gemeinschaft haben, können eine Tochtergesellschaft in der Rechtsform einer SE gründen. Voraussetzung ist, dass mindestens zwei der Gründungsgesellschaften dem Recht verschiedener Mitgliedstaaten unterliegen bzw. sie seit mindestens zwei Jahren eine dem Recht eines anderen Mitgliedstaats unterliegende Tochtergesellschaft oder eine Zweigniederlassung in einem anderen Mitgliedstaat haben.[5] Bei dieser Gründungsform werden somit Teile des Vermögens der Gründungsgesellschaften in die SE eingebracht; dafür erhalten diese entsprechende Anteile an der SE.[6]

---

[1] Vgl. *Theisen, M. R.*, Finanzwirtschaft, 2004, S. 492-495.
[2] Vgl. *Theisen, M. R.*, Konzern, 2000, S. 440 f.
[3] Vgl. *Theisen, M. R.*, Konzern, 2001, Sp. 1352.
[4] Dazu gehören die Gesellschaften des bürgerlichen Rechts und des Handelsrechts einschließlich der Genossenschaften und die sonstigen juristischen Personen des öffentlichen und privaten Rechts mit Ausnahme derjenigen, die keinen Erwerbszweck verfolgen. Zudem muss die Gesellschaft rechtsfähig sein; vgl. *Herzig, N. / Griemla, S.*, Aspekte, 2002, S. 58.
[5] S. Art. 2 Abs. 3 SE-VO.
[6] Vgl. *Herzig, N. / Griemla, S.*, Aspekte, 2002, S. 58.

Bei der *Finanzierung* der SE ergeben sich die unter Abschnitt III und IV diskutierten Möglichkeiten zur Außen- und Innenfinanzierung. Das Recht des Sitzstaats der SE übt dabei – wie oben dargestellt – einen besonderen Einfluss auf die Finanzierungsmöglichkeiten aus.

4. Umwandlung einer Aktiengesellschaft in eine SE

Eine SE kann auch durch *Umwandlung* (genauer: Formwechsel) einer Aktiengesellschaft, die ihrerseits nach dem Recht eines Mitgliedstaats gegründet worden ist, gegründet werden, wenn die umzuwandelnde Aktiengesellschaft seit mindestens zwei Jahren eine dem Recht eines anderen Mitgliedstaats unterliegende Tochtergesellschaft hat.[1]

Die *Aktionäre* sind dann statt an einer Aktiengesellschaft nationalen Rechts an einer SE beteiligt. Dadurch ergeben sich bezogen auf die Möglichkeiten zur Beteiligungsfinanzierung allerdings nur geringe Unterschiede. Wie dargestellt, erfolgt in diesen Rechtsbereichen bei der SE sehr weitgehend ein Rückgriff auf das im Sitzstaat auf Aktiengesellschaften anwendbare Recht; dieses hat sich aber gerade nicht geändert. Allein aufgrund des in der SE-VO zwingend vorgeschriebenen Mindestkapitals, kann allerdings die Erbringung zusätzlicher Einlagen erforderlich sein.[2]

Bei der Umwandlung einer Aktiengesellschaft nationalen Rechts in eine SE wird die Identität und somit auch das Vermögen des formwechselnden Rechtsträgers gewahrt. Die Zugriffsmasse für die *Gläubiger* verändert sich also nicht.[3]

Da bezogen auf die Rechnungslegung und die Besteuerung weiterhin die gleichen Rechtsnormen anwendbar sind, ergibt sich durch die Umwandlung auch keine Änderung des *Innenfinanzierungspotenzials* der Gesellschaft.

5. Verlegung des Sitzes einer SE

Der Sitz einer bestehenden SE kann in einen anderen Mitgliedstaat verlegt werden. Das Rechtssubjekt bleibt bestehen. Die Sitzverlegung führt nicht – wie in der Regel bei einer Verlegung von Kapitalgesellschaften nationalen Rechts – zur Auflösung der juristischen Person.[4]

Da von der SE-VO nur ausgewählte Bereiche geregelt werden, hat das auf Aktiengesellschaften anwendbare Recht des Sitzstaats erheblichen Einfluss auf die Rechts-

---

[1] S. Art. 2 Abs. 4 SE-VO.
[2] Bei einer Aktiengesellschaft deutschen Rechts beträgt das Mindestkapital nur 50.000 Euro, s. § 7 AktG.
[3] Vgl. *Stengel, A.,* Einführung, in: Umwandlungssteuergesetz, Kommentar, 2000, Rdnr. 158.
[4] S. Art. 8 Abs. 1 SE-VO.

struktur der SE.[1] Bei einer Sitzverlegung kann es somit zu wesentlichen Änderungen der Rechtsstruktur kommen. Aufgrund des Rückgriffs auf nationales Recht bei der *Beteiligungsfinanzierung* unterliegen die Aktionäre deshalb nach der Sitzverlegung einem in wesentlichen Teilen anderen Normensystem.

Das in der SE-VO geregelte Verfahren der *Sitzverlegung* bezweckt vor allem einen wirksamen Schutz der Minderheitsaktionäre, die sich gegen die Sitzverlegung aussprechen, sowie der Gläubiger.[2] Dazu dienen Einsichts- und Informationsrechte der Aktionäre und Gläubiger vor der Hauptversammlung, die über die Sitzverlegung beschließen soll.[3] Für die neue Eintragung ist Voraussetzung, dass eine Bescheinigung ausgestellt wird, in der nachgewiesen wird, dass die Interessen der Gläubiger und sonstiger Forderungsberechtigter in Bezug auf vor der Verlegung entstandene Ansprüche angemessen geschützt sind.[4]

Die Mitgliedstaaten können in Bezug auf die in ihrem Hoheitsgebiet eingetragenen SE nationale Vorschriften erlassen, um zusätzlich einen angemessenen Schutz der Minderheitsaktionäre, die sich gegen eine Verlegung ausgesprochen haben, zu gewährleisten.[5]

Die Änderung des anwendbaren Rechts bezogen auf Fragen der Rechnungslegung und Besteuerung wird regelmäßig auch zu einer Veränderung des *Innenfinanzierungspotenzials* der Unternehmung führen.

VI. Ergebnis

Fragen der Finanzierung und Kapitalausstattung einer SE sind in der SE-VO nur rudimentär geregelt. Das Recht des Sitzstaats der SE hat deshalb großen Einfluss auf die konkreten Möglichkeiten zur Finanzierung. Sowohl bei der Behandlung des Kapitals der SE, aber auch bei angrenzenden Rechtsbereichen, die das Finanzierungspotenzial mitbestimmen, wie Rechnungslegung und Besteuerung, kommt das nationale Recht zur Anwendung. Damit ergeben sich aber erhebliche Unterschiede zwischen europäischen Aktiengesellschaften, die nicht im gleichen Mitgliedstaat ihren Sitz haben. Diese Unterschiede bestehen trotz der bereits umgesetzten Harmonisierungsmaßnahmen in der *Europäischen Union*.

Ungeachtet der Absicht der *EU*-Organe, mit der SE auch für kleine und mittlere Unternehmen eine attraktive Rechtsform zu bieten, ist die SE im Hinblick auf die Finanzierungsmöglichkeiten insbesondere für Großunternehmen geeignet. Dies bele-

---

1 Vgl. *Buchheim, R.,* Aktiengesellschaft, 2001, S. 169.
2 S. Erwägungsgrund Nr. 24 SE-VO.
3 S. Art. 8 Abs. 4 SE-VO.
4 S. Art. 8 Abs. 7 SE-VO.
5 S. Art. 8 Abs. 5 SE-VO.

gen bereits die hohen Mindestkapitalvoraussetzungen. Zudem bietet die Ausgestaltung als Aktiengesellschaft und die Möglichkeit, die Aktien an der Börse zu handeln, Vorteile bei der Aufbringung großer Kapitalbeträge. Bedingt durch die geltende Satzungsstrenge der Rechtsform besteht allerdings nur geringe Gestaltungsfreiheit; eine unternehmensspezifische Anpassung an spezielle Finanzierungserfordernisse ist somit nur eingeschränkt möglich.

Neben der Beteiligungsfinanzierung steht einer SE die ganze Bandbreite der Kreditfinanzierung sowie der hybriden Finanzierungsinstrumente – ähnlich wie den nationalen Rechtsformen – zur Verfügung.

Das Innenfinanzierungspotenzial eines Unternehmens wird wesentlich durch die anwendbaren Rechnungslegungsvorschriften sowie die Ertragsbesteuerung beeinflusst. Aufgrund des Rückgriffs auf das für Aktiengesellschaften im Sitzstaat der SE anwendbare Recht, bestehen bei der Innenfinanzierung keine Unterschiede zwischen einer SE mit Sitz in *Deutschland* zu einer Aktiengesellschaft nationalen Rechts. Bedeutende Differenzen können sich damit zwischen SE ergeben, die in verschiedenen Staaten ansässig sind.

Die rechtlichen Grundlagen der Finanzierung von Unternehmen werden unverändert durch das jeweilige nationale Recht des Sitzstaates vorgegeben; somit werden auch bei einer SE die Möglichkeiten und Grenzen der Finanzierung weitgehend durch das Recht des Sitzstaates der Gesellschaft bestimmt.

G. Rechnungslegung, Prüfung und Publizität

*Martin Plendl / Michael Niehues**

I.	Erwartungen an die Europäische Aktiengesellschaft	411
II.	Die Rechnungslegungsvorschriften der SE-VO	414
	1. Jahres- und Konzernabschlussvorschriften	414
	a. Grundsatz	414
	b. Kredit- und Finanzinstitute	415
	c. Versicherungsunternehmen	417
	d. Übergangsregelung	418
	2. Auffangregelungen für die nicht jahresabschlussbezogene Rechnungslegung	419
	3. Zusammenfassende Beurteilung und Hintergrund	419
III.	Rechnungslegung	421
	1. Grundlagen und Entwicklungen	421
	a. IAS-Verordnung	422
	b. Modernisierte Bilanzrichtlinien	426
	c. Transparenzrichtlinie	428
	2. Konsequenzen für die SE	429
	3. Rechnungslegung bei Gründung und Sitzverlegung	432
	a. Eröffnungs- und Schlussbilanzen bei Gründung	432
	aa. Verschmelzung	432
	ab. Holding-SE	433
	ac. Tochter-SE	433
	ad. Umwandlung	434
	b. Grenzüberschreitende Sitzverlegung	434
IV.	Abschlussprüfung	436
	1. Grundlagen	436
	2. Überblick	438
	a. Prüfungspflicht	438
	b. Bestellung des Abschlussprüfers und Verhältnis zum Prüfungsausschuss	439

---

* *Dr. Martin Plendl*, Wirtschaftsprüfer / Steuerberater, Geschäftsführender Partner, Deloitte & Touche, München.
Dipl.-Kfm. Michael Niehues, Wirtschaftsprüfer / Steuerberater, Partner, Deloitte & Touche, Düsseldorf.

    c. Prüfungsgegenstand, -umfang und Berichterstattung über die Prüfung 441
    d. Prüfungsstandards 443
    e. Unabhängigkeit des Abschlussprüfers.. 444
  3. Zusammenfassende Beurteilung 445
 V. Publizität.. 446
  1. Offenlegung 446
    a. Grundlagen 446
    b. Umfang der offenzulegenden Abschlussinformationen 447
    c. Währung und Sprache der offengelegten Abschlussinformationen 448
    d. Unterschiedliche nationale Verfahren 449
    e. Aufwendige Offenlegung der Zweigniederlassungen 451
    f. Offenlegungsfristen 452
  2. Veröffentlichung von Abschlussinformationen.. 453
  3. Zusammenfassende Beurteilung 454
VI. Ergebnis... 456

Literatur

Baums, Theodor (Hrsg.), 2001: Bericht der Regierungskommission *Corporate Governance*: Unternehmensführung, Unternehmenskontrolle, Modernisierung des Aktienrechts, Köln: O. Schmidt, 2001.
Blanquet, Francoise, 2002: Das *Statut* der Europäischen Aktiengesellschaft (Societas Europaea „SE"), in: ZGR 31 (2002), S. 20-65.
Böcking, Hans-Joachim, 2001: *IAS* für Konzern- und Einzelabschluss?, in: WPg 54 (2001), S. 1433-1440.
Brandt, Ulrich / Scheifele, Matthias, 2002: Die *Europäische Aktiengesellschaft* und das anwendbare Recht, in: DStR 40 (2002), S. 547-555.
BMJ (Bundesministerium der Justiz), 2005: Referentenentwurf, Entwurf eines Gesetzes über elektronische Handelsregister und Genossenschaftsregister sowie das Unternehmensregister (*EHUG*) v. 7.4.2005.
Bungert, Hartwin / Beier, Constantin H., 2002: Die *Europäische Aktiengesellschaft*, in: EWS 13 (2002), S. 1-12.
Busse von Colbe, Walther, 2002: Vorschlag der EG-Kommission zur *Anpassung der Bilanzrichtlinien* an die IAS – Abschied von der Harmonisierung?, in: BB 57 (2002), S. 1530-1536.
Busse von Colbe, Walther, 2002: Die deutsche Rechnungslegung vor einem *Paradigmawechsel*, in: zfbf 54 (2002), S. 159-172.
Busse von Colbe, Walther, 2004: *Anpassung* der Konzernrechnungslegungsvorschriften des HGB an internationale Entwicklungen, in: BB 38 (2004) S.2063-2070.
Dallocchio, Maurizio, 2005: Heed the *Italian experience*, in: Financial Times v. 10.2.2005.

Europäische Kommission, 1970: *Vorschlag einer Verordnung* (EWG) des Rates über das Statut für Europäische Aktiengesellschaften v. 30.6.1970, KOM (70) 600 endg., ABl. EG Nr. C 124 v. 10.10.1970, S. 1 ff.; BT-Drs. VI/1109.

Europäische Kommission, 1975: *Geänderter Vorschlag* einer Verordnung des Rates über das Statut für Europäische Aktiengesellschaften v. 30.4.1975, KOM (75) 150 endg.; BT-Drs. VII/3713.

Europäische Kommission, 1983: *Geänderter Vorschlag einer Fünften Richtlinie* des Rates nach Artikel 54 Absatz 3 Buchstabe g) des Vertrages über die Struktur der Aktiengesellschaft sowie die Befugnisse und Verpflichtungen ihrer Organe, KOM (83) 185 endg., ABl. EG Nr. C 240 v. 9.9.1983, S. 2 ff.

Europäische Kommission, 1988: *Memorandum* der Kommission an das Parlament, den Rat und die Sozialpartner: Binnenmarkt und industrielle Zusammenarbeit – Statut für die Europäische Aktiengesellschaft, KOM (88) 320 endg.; BR-Drs. 392/88.

Europäische Kommission, 1989: *Vorschlag für eine Verordnung* (EWG) des Rates über das Statut der Europäischen Aktiengesellschaft, KOM (89) 268 endg., ABl. EG Nr. C 263 v. 16.10.1989, S. 41 ff.; BR-Drs. 488/89; ohne Begründung der Kommission abgedruckt in: AG 35 (1990), S. 111-128.

Europäische Kommission, 1996: *Grünbuch*: Rolle, Stellung und Haftung des Abschlussprüfers in der Europäischen Union, Anhang I, in: *Europäische Kommission,* Ergebnisbericht über die Konferenz zur Rolle, Stellung und Haftung des Abschlussprüfers in der Europäischen Union, 5. und 6. Dezember 1996, Luxemburg: Amt für amtliche Veröffentlichungen der Europäischen Gemeinschaften, 1996.

Europäische Kommission, 1999: Mitteilung der Kommission, Finanzdienstleistungen: Umsetzung des Finanzmarktrahmens: *Aktionsplan*, KOM (1999) 232 endg. v. 11.5.1999 (http://europa.eu.int/comm/internal_market/de/finances/actionplan/index.htm).

Europäische Kommission, 2000: Empfehlung der Kommission v. 15.11.2000, Mindestanforderungen an *Qualitätssicherungssysteme* für die Abschlussprüfung in der EU, K (2000) 3304, ABl. EG Nr. L 91 v. 31.3.2001, S. 91-97.

Europäische Kommission, 2000: Mitteilung der Kommission an den Rat und das Europäische Parlament, *Rechnungslegungsstrategie* der EU: Künftiges Vorgehen, KOM (2000) 359 v. 13.6.2000 (http://europa.eu.int/comm/internal_market/de/company/account/official/acts/index.htm).

Europäische Kommission, 2000: Bericht der Kommission an das Europäische Parlament und den Rat, Ergebnisse der vierten Phase der *SLIM-Initiative*, KOM (2000) 56 endg. v. 4.2.2000 (http://europa.eu.int/eur-lex/de/com/rpt/2000/com2000_0056de01.pdf).

Europäische Kommission, 2001: *Vorschlag für eine Verordnung* des Europäischen Parlaments und des Rates betreffend die Anwendung internationaler Rechnungslegungsgrundsätze, KOM (2001) 80 endg. v. 13.2.2001, ABl. EG Nr. C 154 E v. 29.5.2001, S. 285-299.

Europäische Kommission, 2001: Zusammenfassung der Antworten auf das *Konsultationspapier* v. 11.07.2001 „Auf dem Weg zu einer EU-weiten Regelung der Informationspflichten von Emittenten, deren Wertpapiere zum Handel auf einem geregelten Markt zugelassen sind", ohne Datum, Tz. 2.5 (http://europa.eu.int/comm/internal_market/securities/transparency/index_de.htm)

Europäische Kommission, 2002: Empfehlung der Kommission v. 16.6.2002, *Unabhängigkeit* des Abschlussprüfers in der EU – Grundprinzipien, noch nicht im Amtsblatt veröffentlicht (http://europa.eu.int/comm/internal_market/de/company/audit/official/index. htm).

Europäische Kommission, 2003: Mitteilung der Kommission an den Rat und das Europäische Parlament - Modernisierung des Gesellschaftsrechts und Verbesserung der Corporate Governance in der Europäischen Union – *Aktionsplan,* KOM (2003) 284 endg. v. 21.5.2003 (http://europa.eu.int/comm/internal_market/de/company/company/official/ index.htm).

Europäische Kommission, 2003: Mitteilung der Kommission an den Rat und das Europäische Parlament - *Stärkung der Abschlussprüfung* in der EU, KOM (2003) 286 endg. v. 21.5.2003, ABl. EG Nr. C 236 v. 2.10.2003, S. 2-13.

Europäische Kommission, 2004: Vorschlag für eine Richtlinie des Europäischen Parlaments und des Rates über die *Prüfung* des Jahresabschlusses und des konsolidierten Abschlusses und zur Änderung der Richtlinien 78/660/EWG und 83/349/EWG des Rates, KOM (2004) 177 endg. (http://europa.eu.int/comm/internal_market/auditing/ officialdocs_de.htm).

Europäische Kommission, 2005: *Planned Implementation* of the IAS Regulation (1606/2002) in the EU and EEA v. 17.1.2005 (http://europa.eu.int/comm/internal_ market/accounting/ias_de.htm#options).

Europäisches Parlament, 2001: *Bericht über den Entwurf* einer Verordnung des Rates über das Statut der Europäischen Gesellschaft (SE), Ausschuss für Recht und Binnenmarkt, Berichterstatter *Hans-Peter Mayer,* Sitzungsdokument A5-0243/2001 v. 26.6.2001.

Europäisches Parlament, 2005: *Bericht über den Vorschlag* für eine Richtlinie des Europäischen Parlaments und des Rates über die Prüfung des Jahresabschlusses und des konsolidierten Abschlusses und zur Änderung der Richtlinien 78/660/EWG und 83/349/EWG des Rates, Rechtsausschuss, Berichterstatter *Bert Doorn,* Sitzungsdokument A6-0224/2005 v. 1.7.2005.

FEE (Hrsg.), 1998: *Setting the Standards* – Statutory Audit in Europe – June 1998, Brüssel 1998.

FEE (Hrsg.), 2000: The *Auditor's Report* in Europe – 15 June 2000, Brüssel 2000.

GAO (United States General Accounting Office), 2003: Report to the Senate Committee on Banking, Housing, and Urban Affairs and the House Committee on Financial Services, Pubic Accounting Firms, Required Study on the Potential Effects of *Mandatory* Audit *Firm Rotation,* 21. November 2003 (http://www.gao.gov/legal.htm).

Haller, Axel, 1990: Die *Jahresabschlusserstellung* der Europäischen Aktiengesellschaft nach dem Statut-Entwurf der EG-Kommission, in: DB 43 (1990), S. 1573-1579.

Haller, Axel, 1990: Die *Jahresabschlussprüfung* einer europäischen Aktiengesellschaft nach dem Statut-Entwurf der EG-Kommission, in: WPg 43 (1990), S. 585-593.

Haller, Axel / Eierle, Brigitte, 2004: *Accounting Standards* for Small and Medium-sized Entities - erste Weichenstellungen durch das IASB, in: BB 34 (2004), S. 1838-1845.

Haller, Axel / Walton, Peter, 2000: *Unternehmenspublizität* im Spannungsfeld nationaler Prägung und internationaler Harmonisierung, in: *Haller, Axel / Raffournier, Bernard / Walton, Peter* (Hrsg.), Unternehmenspublizität im internationalen Wettbewerb, Stuttgart: Schäffer-Poeschel, 2000.

Hauschka, Christoph E., 1990: Entwicklungslinien und Integrationsfragen der gesellschaftsrechtlichen *Akttypen des Europäischen Gemeinschaftsrechts,* in: AG 35 (1990), S. 85-103.

Hommelhoff, Peter, 2001: Einige Bemerkungen zur *Organisationsverfassung* der Europäischen Aktiengesellschaft, in: AG 46 (2001), S. 279-288.

Hommelhoff, Peter, 2001: Der *Wettbewerb der Rechtsordnungen* im Europäischen Unternehmensrecht, Vortrag anlässlich der Jahresfeier der Universität Heidelberg und der Übernahme des Rektoramts v. 20.10.2001, Pressestelle der Universität Heidelberg, 2001 (http://www.uni-heidelberg.de/presse/news/2110rektor.html).

Hossfeld, Christopher, 2002: Ausgewählte *Neuerungen* in der Französischen Konzernrechnungslegung, in: WPg 55 (2002), S. 450-461.

Hüttemann, Rainer, 2004: BB-*Gesetzgebungsreport*: Internationalisierung des deutschen Handelsbilanzrechts im Entwurf des Bilanzrechtsreformgesetzes, in: BB 4 (2004), S. 203-209.

IASB (International Accounting Standards Board), 2004: *Discussion Paper*: Preliminary Views on Accounting Standards for Small and Medium sized Entities, June 2004 (http://www.iasb.org/current/dp_pv.asp).

Jacob, Hans-Joachim, 2001: Die *Transformation* der International Standards on Auditing in deutsche Grundsätze ordnungsmäßiger Abschlussprüfung, in: WPg 54 (2001), S. 237-244.

Kallmeyer, Harald, 1990: Die *Europäische Aktiengesellschaft* – Praktischer Nutzen und Mängel des Statuts, in: AG 35 (1990), S. 103-106.

Kirsch, Hans-Jürgen, 2002: Vom Bilanzrichtlinien-Gesetz zum Transparenz- und Publizitätsgesetz – die *Entwicklung* der deutschen Bilanzierungsnormen in den vergangenen 20 Jahren, in: WPg 55 (2002), S. 736-755.

Kommission der Europäischen Gemeinschaften, 2004: *Vorschlag für eine Richtlinie* des Europäischen Parlaments und des Rates zur Abänderung der Richtlinien 78/660/EWG und 83/349/EWG hinsichtlich der Jahresabschlüsse bestimmter Arten von Unternehmen und konsolidierter Abschlüsse, KOM (2004) 725 endg. v. 27.10.2004 (http://europa.eu.int/eur-lex/de/com/greffe_index.html).

Küting, Karlheinz, 1993: Europäisches Bilanzrecht und *Internationalisierung* der Rechnungslegung, in: BB 48 (1993), S. 30-38.

Lutter, Marcus, 1990: Genügen die vorgeschlagenen Regelungen für eine „*Europäische Aktiengesellschaft*"?, in: AG 35 (1990), S. 413-421.

Lutter, Marcus, 2002: Europäische Aktiengesellschaft – *Rechtsfigur mit Zukunft?*, in: BB 57 (2002), S. 1-7.

Mertin, Dietz / Schmidt, Stefan, 2001: *Internationale Harmonisierung* der Anforderungen an die Abschlussprüfung auf der Grundlage der Verlautbarungen der IFAC, in: WPg 54 (2001), S. 317-334.

Monti, Mario, 1997: *Statut* der Europäischen Aktiengesellschaft, in: WM 51 (1997), S. 607-608.

Neye, Hans-Werner, 2004: Der *Gesetzesentwurf* zur Einführung der Europäischen Gesellschaft vor den Ausschussberatungen im Deutschen Bundestag, in BB 59 (2004), S. 1973 f.

Neye, Hans-Werner, 2004: *Startschuss* für die Europäische Aktiengesellschaft, in: AR 2 (2004), Heft 10, S. 2.

Niehues, Michael, 2001: EU-Rechnungslegungsstrategie und *Gläubigerschutz*, in: WPg 54 (2001), S. 1209-1222.

Niehues, Michael, 2002: *Unabhängigkeit des Abschlussprüfers* – Empfehlung der EU-Kommission – Hintergrund und Überblick, in: WPK-Mitt. 41 (2002), S. 182-193.

Niehus, Rudolf J., 2002: Der EU-Vorschlag für eine „*Modernisierung*" der Bilanzrichtlinien, in: DB 55 (2002), S. 1385-1390.

Pellens, Bernhard, 2001: *Internationale Rechnungslegung*, 4. Aufl., Stuttgart: Schäffer-Poeschel, 2001.

Rödder, Thomas, 1991: *Bilanzierung* und Besteuerung der Europäischen Aktiengesellschaft, in: WPg 44 (1991), S. 200-208 (Teil I) und S. 229-241 (Teil II).

Schwarz, Günter Christian, 2001: Zum *Statut* der Europäischen Aktiengesellschaft, in: ZIP 22 (2001), S. 1847-1861.

Scholz, Oliver, 2004: Die Einführung elektronischer *Handelsregister* im Europarecht, in: EuZW 14 (2004), S. 172-176.

SDA Bucconi, 2005: *Review* of the Audit Firm rotation Literature, 20. July 2005, Universität Bucconi, Italien (unveröffentlicht).

Teichmann, Christoph, 2002: Die *Einführung* der Europäischen Aktiengesellschaft – Grundlagen der Ergänzung des europäischen Statuts durch den deutschen Gesetzgeber, in: ZGR 31 (2002), S. 383-464.

Teichmann, Christoph, 2004: *Gestaltungsfreiheit* im monistischen Leitungssystem der Europäischen Aktiengesellschaft, in: BB 59 (2004) S. 53-60.

Van Hulle, Karel, 1994: *Das Europäische Bilanzrecht* – Entwicklungen und Herausforderungen, Referat im Rahmen der Vortragsreihe „Europäisches Wirtschaftsrecht nach Maastricht", Bonn, 29.11.1993, in: *Mitglieder des Zentrums für europäisches Wirtschaftsrecht* (Hrsg.), Zentrum für europäisches Wirtschaftsrecht, Vorträge und Berichte, Heft Nr. 34, Bonn 1994.

Walther, Gottfried, 1972: *Das Statut* für Europäische Aktiengesellschaften *aus der Sicht der Wirtschaft,* in: AG 17 (1972), S. 99-106.

Wenz, Martin, 1993: Die *Societas Europaea* (SE) – Analyse der geplanten Rechtsform und ihre Nutzungsmöglichkeiten für eine europäische Konzernunternehmung, Berlin: Duncker & Humblot, 1993.

Wenz, Martin, 2004: Die Europäische Aktiengesellschaft (SE) – *Praxishinweise* zur Rechnungslegung – Gründung und Sitzverlegung, in: BC 28 (2004), S. 77-81.

Wymeersch, Eddy, 2001: *Company Law in Europe* and European Company Law, Universiteit Gent, Financial Law Institute, Working Paper Series, WP 2001-06, April 2001, Universität Gent 2001 (http://system04.rug.ac.be/fli/WP/WPindex.html).

I. Erwartungen an die Europäische Aktiengesellschaft

Mit der Europäischen Aktiengesellschaft steht den Unternehmen der Europäischen Union (*EU*) und des Europäischen Wirtschaftsraums (EWR) heute eine dem unmittelbar geltenden Gemeinschaftsrecht unterliegende, *supranationale Rechtsform* als Alternative zu den Unternehmensrechtsformen der einzelnen Mitgliedstaaten zur Verfügung. Die rechtliche Grundlage dazu bildet die am 8. Oktober 2001 vom *EU*-Ministerrat verabschiedete Verordnung über das Statut der Europäischen Gesellschaft[1] (SE-VO).

Die SE-VO trat nach Art. 70 am 8. Oktober 2004 in Kraft. Bis zu diesem Zeitpunkt hatten die Mitgliedstaaten die Vorschriften der die Verordnung ergänzenden Mitbestimmungsrichtlinie[2] (SE-RL) in nationales Recht umzusetzen.[3] In jedem der 25 Mitgliedstaaten der EU und der drei weiteren Mitgliedsstaaten des EWR hätte damit im Oktober 2004 eine „Societas Europaea (SE)"[4] zur Eintragung gelangen können.[5] Allerdings waren die dazu notwendigen Voraussetzungen bei Inkrafttreten der SE-VO nur in sechs Staaten gegeben.[6]

Die Vor- und Nachteile der SE sind unter Berücksichtigung von Wechselwirkungen sowohl aus Sicht der Unternehmen als auch aus der Perspektive der sogenannten Stakeholder, also derjenigen zu beleuchten, die z. B. als Eigen- oder Fremdkapitalgeber, als Mitarbeiter oder Kunde zu einem Unternehmen dieser Rechtsform in Beziehung stehen oder treten wollen. Dabei sind sich abzeichnende Entwicklungstendenzen im rechtlichen und wirtschaftlichen Umfeld der SE mit in das Kalkül einzubeziehen, um Beratungshinweise für die Praxis geben und auf etwaige notwendige

---

[1] S. Verordnung (EG) Nr. 2157/2001 des Rates v. 8.10.2001 über das Statut der Europäischen Gesellschaft, ABl. EG Nr. L 294 v. 10.11.2001, S. 1-21; abgedruckt in Anhang I.

[2] S. Richtlinie 2001/86/EG des Rates v. 8.10.2001 zur Ergänzung des Statuts der Europäischen Gesellschaft hinsichtlich der Beteiligung der Arbeitnehmer, ABl. EG Nr. L 294 v. 10.11.2001, S. 22-32; abgedruckt in Anhang II.

[3] S. Art. 14 Abs. 1 SE-RL. Gemäß dem Erwägungsgrund Nr. 19 SE-VO stellt die Richtlinie „eine untrennbare Ergänzung" der Verordnung dar.

[4] Bezeichnung gem. Art. 1 Abs. 1 SE-VO. Die Rechtsform ist gem. Art. 11 SE-VO im Firmennamen durch den Zusatz SE kenntlich zu machen.

[5] Am 12.10.2004 gelangte als erstes die nicht börsennotierte österreichische Bauholding Strabag SE zur Eintragung. Die schwedische Nordea Bank AB und die finnische Ecoteq Network Corporation, beides börsennotierte Unternehmen, kündigten jeweils in ihren Geschäftsberichten 2004 ihre Pläne zur Umwandlung in eine SE an. Schließlich kündigte die Allianz AG am 11. September 2005 die grenzüberschreitende Verschmelzung mit der italienischen Riunione Adriatica di Sicurtà (RAS) S.p.A. zu einer SE an.

[6] Dieses waren die EU Mitgliedstaaten Belgien, Österreich, Dänemark, Schweden, und Finnland sowie Island als Mitglied des EWR, vgl. Presseerklärung der Europäischen Kommission IP/04/1195 vom 8.10.2004. In Deutschland wurden die Voraussetzungen am 29.12.2004 mit dem Inkrafttreten des Gesetzes zur Einführung der Europäischen Gesellschaft (SEEG) geschaffen (BGBl I 2004, S. 3675). Zur Entstehung des SEEG *Neye, H.-W.*, Gesetzentwurf, 2004, S. 1973 f.; *ders.*, Startschuss, 2004, S. 2.

Korrekturen in der europäischen und einzelstaatlichen Rechtsetzung aufmerksam machen zu können.[1]

An die Leistungsfähigkeit der SE und ihren Beitrag zur Steigerung der Binnenmarkteffizienz werden hohe *Erwartungen* geknüpft. So stelle die SE eine angemessene Rechtsstruktur für die auf dem europäischen Binnenmarkt wirtschaftlich tätigen Unternehmen dar.[2] Denn als SE verfasste Unternehmen, die in mehreren Mitgliedstaaten tätig seien, könnten nun eine Unternehmensverfassung nach dem Gemeinschaftsrecht wählen und sich in allen Mitgliedstaaten der *EU* nach einheitlichen Regeln mit einer einheitlichen Geschäftsführung und einem einheitlichen Berichtssystem wirtschaftlich betätigen.[3] Die bisher übliche Behelfslösung, Tochtergesellschaften in den anderen Mitgliedstaaten zu gründen, die den dort geltenden Bestimmungen unterliegen, würde sich erübrigen.[4] Die SE sei damit in der Lage, auf sich verändernde Marktverhältnisse europaweit mit Veränderungen der Organisation schnell und flexibel zu reagieren.[5] Von einfacheren und effizienteren Organisationsstrukturen werden sich Verwaltungskosteneinsparungen in beträchtlicher Höhe versprochen.[6] Die SE würde auch zu einer Verbesserung der Wettbewerbsfähigkeit der *EU* beitragen. Und schließlich wird von der SE sogar neben der Beseitigung rechtlicher und steuerlicher Hindernisse ein Abbau psychologischer Hemmnisse erwartet.[7]

Die grundsätzliche *Kritik* an der SE-VO richtet sich vor allem gegen die zahlreichen Verweise auf das nationale Aktienrecht des jeweiligen Sitzstaates.[8] So hat insbesondere das Europäische Parlament eingewandt, dass tatsächlich keine einheitliche SE entstehe, „sondern fünfzehn verschiedene Systeme".[9] „Es wird sich nicht um eine SE europäischer Art handeln, sondern [um] eine SE mit z. B. französischen, spanischen oder deutschen Ausprägungen."[10]

---

[1] Bereits auf die Beratungsintensität der SE hinweisend: *Hommelhoff, P.,* Organisationsverfassung, 2001, S. 285.
[2] Vgl. *Schwarz, G. C.,* Statut, 2001, S. 1859.
[3] Vgl. Presseerklärung der Europäischen Kommission MEMO/00/119 v. 19.12.2000.
[4] Vgl. *Monti, M.,* Statut, 1997, S. 607.
[5] Vgl. *Schwarz, G. C.,* Statut, 2001, S. 1859.
[6] Vgl. *Teichmann, C.,* Einführung, 2002, S. 385; *Monti, M.,* Statut, 1997, S. 607 verweist auf die Schätzung des Rats für Wettbewerbsfähigkeit unter dem Vorsitz von *Carlo Ciampi* aus dem Jahre 1995 von jährlich bis zu US$ 30 Mrd.; daran festhaltend Presseerklärung der Europäischen Kommission MEMO/00/119 v. 19.12.2000, die nun von € 30 Mrd. ausgeht.
[7] Vgl. *Monti, M.,* Statut, 1997, S. 608; *Teichmannn, C.,* Einführung, 2002, S. 389; *Kallmeyer, H.,* Europäische Aktiengesellschaft, 1990, S. 105.
[8] So schon *Lutter, M.,* Europäische Aktiengesellschaft, 1990; vgl. auch *Hommelhoff, P.,* Organisationsverfassung, 2001, S. 284 f., der darin sogar ein – wenn auch immaterielles – Erschwernis der Niederlassungsfreiheit sieht.
[9] *Europäisches Parlament,* Bericht über den Entwurf, 2001, S. 7.
[10] *Europäisches Parlament,* Bericht über den Entwurf, 2001, S. 19; vgl. auch *Lutter, M.,* Rechtsfigur mit Zukunft, 2002, S. 3 m.w.N.

Gerade vor dem Hintergrund der national unterschiedlichen Ausprägungen der SE sind *einheitliche Rahmenbedingungen für* deren *Rechnungslegung* unerlässlich, wenn die SE trotz ihrer heterogenen Ausgestaltung die in sie gesetzten Erwartungen erfüllen, durch Beseitigung von Handelshemmnissen zu einer gemeinschaftsweiten Reorganisation der Produktionsfaktoren und damit zur Verwirklichung des Binnenmarkts beitragen soll.[1] Dazu ist es erforderlich, dass die vorhandenen und potenziellen Vertragspartner der SE, u. a. Zulieferer, Kunden, Eigen- und Fremdkapitalgeber sowie Arbeitnehmer, auf den Güter-, Kapital- und Arbeitsmärkten der *EU* und darüber hinaus über relevante Informationen für ihre Dispositionsentscheidungen verfügen können.[2] Diese Informationen müssen für die Marktteilnehmer verständlich und zu möglichst geringen Kosten zur Verfügung stehen. Hierzu tragen vergleichbare Rechnungslegungsdaten und die Entwicklung von einheitlichen Standards zu deren Prüfung und Publizität bei und bewirken damit zusätzlich eine bessere Ressourcenallokation.[3]

Im Hinblick auf die Schaffung eines integrierten europäischen Kapitalmarkts und dessen globale Wettbewerbsfähigkeit hat sich die *Europäische Union* bereits weitgehend für ein den genannten Anforderungen entsprechendes Rechnungslegungssystem entschieden.[4] Am 6. Juni 2002 wurde die *Verordnung* des Europäischen Parlaments und des Rates *betreffend die Anwendung internationaler Rechnungslegungsgrundsätze* (IAS-VO) verabschiedet, der zufolge alle kapitalmarktorientierten Unternehmen der *EU* ihre Konzernabschlüsse nach internationalen Rechnungslegungsstandards aufzustellen haben, d. h. nach den International Accounting Standards (I-AS) bzw. nach den neueren International Financial Reporting Standards (IFRS).[5] Hierbei wird deutlich, dass die in die SE gesetzten Erwartungen über die Kapitalmarktperspektive hinausgehen. Es stellt sich deshalb in diesem Zusammenhang die Frage nach der zukünftigen Rechnungslegung der SE einschließlich deren Prüfung und Publizität.

Nachfolgend werden daher zunächst die Rechnungslegungsvorschriften der SE untersucht (vgl. Kapitel II.). Anschließend werden ausgehend von der jeweils aktuellen europäischen Situation die Entwicklungstendenzen und ihre Folgen für die SE in Bezug auf die Rechnungslegung (vgl. Kapitel III.), deren Prüfung (vgl. Kapitel IV.) und Publizität (vgl. Kapitel V.) aufgezeigt.

---

1   S. Erwägungsgrund Nr. 1 SE-VO.
2   Zu den Auswirkungen der Rechnungslegung auf die unterschiedlichen Vertragsbeziehungen vgl. *Pellens, B.*, Internationale Rechnungslegung, 2001, S. 11 ff.
3   Vgl. *Haller, A. / Walton, P.*, Unternehmenspublizität, 2000, S. 22.
4   Vgl. *Europäische Kommission*, Rechnungslegungsstrategie, 2000.
5   S. Verordnung des Europäischen Parlaments und des Rates betreffend die Anwendung internationaler Rechnungslegungsstandards v. 6.6.2002, ABl. EG Nr. L 243 v. 11.9.2002, S. 1-4; dazu im einzelnen Kapitel III.1.a.

II. Die Rechnungslegungsvorschriften der SE-VO

Die Aufstellung, Prüfung und Offenlegung der Jahres- und Konzernabschlüsse von SE einschließlich der dazugehörigen Lageberichte regelt die SE-VO unter dem Titel IV „Jahresabschluss und konsolidierter Abschluss" in ganzen zwei Artikeln.[1] In einer Übergangsbestimmung geht sie darüber hinaus auf die für Aufstellung und Offenlegung solcher Abschlüsse maßgebliche Währung in den Sitzstaaten einer SE ein, die noch nicht der Eurozone angehören.[2]

Auf weitere Vorschriften zur Rechnungslegung der SE, wie z. B. zur Zwischenberichterstattung, der insbesondere im Hinblick auf die angemessene Informationsversorgung des Kapitalmarkts zunehmende Bedeutung beigemessen wird, geht die SE-VO nicht explizit ein, so dass hier deren allgemeine Vorschriften zur Anwendung kommen.

1. Jahres- und Konzernabschlussvorschriften

a. Grundsatz

Art. 61 SE-VO: „Vorbehaltlich des Artikels 62 unterliegt die SE hinsichtlich der Aufstellung ihres Jahresabschlusses und gegebenenfalls ihres konsolidierten Abschlusses einschließlich des dazugehörigen Lageberichts sowie der Prüfung und der Offenlegung dieser Abschlüsse den Vorschriften, die für dem Recht des Sitzstaates der SE unterliegende Aktiengesellschaften gelten."

Der Art. 61 SE-VO verweist hinsichtlich der Rechnungslegung alle SE, bei denen es sich nicht um unter dem Vorbehalt des Art. 62 SE-VO stehende Kredit- oder sonstige Finanzinstitute oder um Versicherungsunternehmen handelt, ausdrücklich auf *das im jeweiligen Sitzstaat der SE für Aktiengesellschaften geltende Recht*. Folglich kommt es auf die Art der Rechtsgrundlage, nach der eine SE zur Rechnungslegung verpflichtet ist, nicht an. Damit ist klargestellt, dass die SE neben den nationalen Rechtsvorschriften des Sitzstaats auch die Normen des gemeinschaftlichen Verordnungsrechts zu beachten hat, die – wie die entsprechenden Regelungen der SE-VO – in Bezug auf die dem nationalen Privatrecht zuzuordnende Materie unmittelbar eine einzelstaatliche Wirkung entfalten, ohne dass es dazu einer nationalen Gesetzgebung bedarf.[3]

Im Hinblick auf die geltende Verordnungsrechtslage zur Rechnungslegung bedeutet dies, dass SE, deren Wertpapiere innerhalb der *EU* zum Handel auf einem geregel-

---

[1] S. Art. 61 u. 62 SE-VO.
[2] S. Art. 67 Abs. 2 SE-VO. Nicht zur Eurozone gehören die EU Mitgliedstaaten Dänemark, Estland, Großbritannien, Lettland, Litauen, Malta, Polen, Schweden, Slowakei, Slowenien, Tschechische Republik, Ungarn und Zypern sowie die weiteren Mitglieder des EWR Island, Liechtenstein und Norwegen.
[3] Dazu vgl. *Hauschka, C. E.*, Akttypen des Europäischen Gemeinschaftsrechts, 1990, S. 91, 101.

ten Markt zugelassen sind (*kapitalmarktorientierte SE*), neben den nationalen Vorschriften ihres Sitzstaats grundsätzlich auch die IAS-VO zu beachten haben. Kapitalmarktorientierte SE haben folglich gemäß Art. 4 IAS-VO einen Konzernabschluss nach IAS/IFRS aufzustellen.[1]

b. Kredit- und Finanzinstitute

Art. 62 Abs. 1 SE-VO: „Handelt es sich bei der SE um ein Kreditinstitut oder ein Finanzinstitut, so unterliegt sie hinsichtlich der Aufstellung ihres Jahresabschlusses und gegebenenfalls ihres konsolidierten Abschlusses einschließlich des dazugehörigen Lageberichts sowie der Prüfung und der Offenlegung dieser Abschlüsse den gemäß der Richtlinie 2000/12/EG des Europäischen Parlaments und des Rates vom 20. März 2000 über die Aufnahme und Ausübung der Tätigkeit der Kreditinstitute erlassenen einzelstaatlichen Rechtsvorschriften des Sitzstaats."

Die hier angewandte Verweisungstechnik der SE-VO auf die *gemäß der Richtlinie 2000/12/EG*[2] *erlassenen einzelstaatlichen Rechtsvorschriften des Sitzstaats* bedarf in mehrfacher Hinsicht einer Erläuterung.

Ein erstes Problem ergibt sich bereits auf der Ebene des gemeinschaftlichen Verordnungsrechts, und zwar hier in Bezug auf das *Verhältnis der SE-VO zur IAS-VO*.[3] So kommt es bei der Verpflichtung nach Art. 4 IAS-VO zur Aufstellung eines Konzernabschlusses nach IAS/IFRS weder auf die Rechtsform noch auf den Unternehmensgegenstand der betroffenen Unternehmen an. Maßgebend ist allein die Kapitalmarktorientierung der Unternehmen, d. h. die Tatsache, dass deren Wertpapiere in der *EU* zum Handel auf einem geregelten Markt zugelassen sind. Damit gilt die Verpflichtung des Art. 4 IAS-VO u. a. auch für alle kapitalmarktorientierten, in der Rechtsform einer SE verfassten Kredit- und Finanzinstitute. Der Verweis des Art. 62 SE-VO auf einzelstaatliche Rechtsvorschriften steht dazu insoweit im Widerspruch, als die im Rahmen der Konzernrechnungslegung anzuwendenden Rechnungslegungsstandards betroffen sind. Es kann wohl kaum die Absicht des Verordnungsgebers gewesen sein, ein Kredit- oder Finanzinstitut in der Rechtsform der SE zu einer parallelen Konzernrechnungslegung sowohl nach nationalen Rechtsvorschriften als auch nach IAS/IFRS zu verpflichten, wenn das nationale Recht des Sitzstaats keine Aufstellung von Konzernabschlüssen nach IAS/IFRS vorsieht. Ein solches Ergebnis würde zu einer Diskriminierung der betroffenen SE führen.

Auf europäischer Ebene bestünde eine mögliche Lösung dieses Konflikts, wenn die in Art. 62 Abs. 1 SE-VO bezeichnete Richtlinie 2000/12/EG die Mitgliedstaaten zur

---

[1] Vgl. unten Kapitel III.1.a.
[2] S. Richtlinie 2000/12/EG des Europäischen Parlaments und des Rates v. 20.3.2000 über die Aufnahme und Ausübung der Tätigkeit der Kreditinstitute, ABl. EG Nr. L 126 v. 26.05.2000, S. 1-59.
[3] Beachtenswert ist die zeitliche Überschneidung im Verhandlungsprozess. So legte die Kommission ihren Vorschlag zur IAS-VO (*Europäische Kommission*, Vorschlag für eine Verordnung, 2001) dem Ministerrat ungefähr neun Monate vor Verabschiedung der SE-Verordnung vor.

Einführung einer der IAS-VO entsprechenden Konzernrechnungslegung für SE verpflichten würde. Eine derartige Verpflichtung enthält diese ins Aufsichtsrecht fallende Richtlinie jedoch nicht. In Bezug auf das hier vorliegende Grundproblem wäre eine solche Lösung auch unzweckmäßig, da damit allenfalls der in dem Konflikt der SE-VO mit der IAS-VO bestehende Einzelfall gelöst würde, nicht jedoch etwaige *Konflikte mit zukünftigen Verordnungen* der Gemeinschaft.

Ein weiteres grundsätzliches Problem liegt in der *Verweisung auf harmonisiertes europäisches Recht* bzw. auf gemäß einer einzelnen Richtlinie erlassene, einzelstaatliche Vorschriften.[1] Hier geht es um die Frage, ob die Regeln der genannten Richtlinie als abschließend zu verstehen sind und damit weitergehendes, nationales Recht verdrängen, ob dieser Verweis die Entwicklung einer einheitlichen, europäischen Lösung verlangt, oder ob das jeweilige nationale Recht unverändert zur Anwendung gelangt. Interessant wird dieser Aspekt insbesondere dann, wenn ein Mitgliedstaat die Vorschriften der Richtlinie, auf welche die SE-VO verweist, nicht vertragskonform in nationales Recht umgesetzt hat. Die Beantwortung dieser Frage muss letztlich zugunsten eines absoluten Vorrangs des nationalen Rechts ausfallen.[2] Die einzelne SE muss auf die Bestandskraft des nationalen Rechts ihres Sitzstaats vertrauen können. Denn auf die Art und Weise der Umsetzung von Richtlinien in einzelstaatliches Recht hat sie keinen Einfluss. Es kann ihr auch nicht zugemutet werden, die Vertragskonformität einer solchen Umsetzung mit dem Ziel zu beurteilen, dass sie zu einem Abweichen vom nationalen Recht verpflichtet wäre. Der Verweis des Art. 62 Abs. 1 SE-VO auf das nach der dort genannten Richtlinie 2000/12/EG erlassene einzelstaatliche Recht führt folglich nicht zu einer über die nationalen Rechtsvorschriften hinausgehenden Verpflichtung der in der Rechtsform der SE operierenden Kredit- und Finanzinstitute.

Angesichts der vorstehend erörterten Problematik ist der Sinn des Art. 62 Abs. 1 SE-VO insgesamt in Frage zu stellen. Denn Art. 9 Abs. 3 SE-VO stellt bereits klar, dass die für die von einer SE ausgeübte Geschäftstätigkeit geltenden Vorschriften des einzelstaatlichen Rechts auf die SE uneingeschränkt Anwendung finden.[3]

Der Richtlinienverweis des Art. 62 Abs. 1 SE-VO könnte somit allenfalls als Aufforderung an die Mitgliedstaaten verstanden werden, die Rechtsform der SE bei der Umsetzung der Richtlinie 2000/12/EG zu berücksichtigen bzw., soweit deren Umsetzung bereits erfolgt ist, sicherzustellen, dass sich der Anwendungsbereich der na-

---

[1] Vgl. in Bezug auf derartige Verweise die generelle Kritik am SE-VO-Vorschlag 1989 (*Europäische Kommission*, Vorschlag für eine Verordnung, 1989) bei *Lutter, M.*, Europäische Aktiengesellschaft, 1990, S. 417.

[2] Zum gleichen Ergebnis in Bezug auf die verdeckte Sacheinlage vgl. *Lutter, M.*, Europäische Aktiengesellschaft, 1990, S. 417 m. w. N.

[3] Dazu Erwägungsgrund Nr. 26 SE-VO, der die uneingeschränkte Anwendung einzelstaatlichen Rechts für die Finanzinstitute ausdrücklich unterstreicht.

tionalen Rechtsvorschriften auf die betreffenden SE erstreckt. Gegebenenfalls können zu diesem Zweck nationale Ergänzungsgesetze erforderlich werden.

Nach diesem Verständnis wäre – wie noch in einer Entwurfsfassung vom 18.12.2000 vorgesehen – ein eher deklaratorischer Verweis des Art. 62 Abs. 1 SE-VO auf die Bankbilanzrichtlinie[1] zu erwarten gewesen, in der die handelsrechtliche Rechnungslegung von europäischen Kredit- und Finanzinstituten rechtsformübergreifend geregelt ist.[2] Die Frage nach Sinn und Zweck des Verweises der SE-VO auf die das Aufsichtsrecht über Kredit- und Finanzinstitute betreffende Richtlinie 2000/12/EG muss offen bleiben, für die Rechnungslegungspraxis der betroffenen SE dürfte er im Ergebnis nicht relevant sein.

c. Versicherungsunternehmen

Art. 62 Abs. 2 SE-VO: „Handelt es sich bei der SE um ein Versicherungsunternehmen, so unterliegt sie hinsichtlich der Aufstellung ihres Jahresabschlusses und gegebenenfalls ihres konsolidierten Abschlusses einschließlich des dazugehörigen Lageberichts sowie der Prüfung und der Offenlegung dieser Abschlüsse den gemäß der Richtlinie 91/674/EWG des Rates vom 19. Dezember 1991 über den Jahresabschluss und den konsolidierten Abschluss von Versicherungsunternehmen erlassenen, einzelstaatlichen Rechtsvorschriften des Sitzstaats."

Bei der Anwendung der SE-VO in Bezug auf die Rechnungslegung stehen als SE verfasste Versicherungsunternehmen vor den gleichen Problemen wie die Kredit- und Finanzinstitute.[3] Der Verweis auf *einzelstaatliche Rechtsvorschriften* führt auch hier zu einer Kollision zwischen SE-VO und IAS-VO, die auch über den Umweg der jüngsten Modernisierung der in Art. 62 Abs. 2 SE-VO genannten Versicherungsbilanzrichtlinie nicht beseitigt wird.[4] Damit könnten auch kapitalmarktorien-

---

[1] Richtlinie 86/635/EWG des Rates v. 8.12.1986 über den Jahresabschluss und den konsolidierten Abschluss von Banken und anderen Finanzinstituten, ABl. EG Nr. L 372 v. 31.12.1986, S. 1-17, zuletzt geändert durch die Richtlinie 2003/51/EG des Europäischen Parlaments und des Rates v. 18.6.2003 zur Änderung der Richtlinien 78/660/EWG, 83/349/EWG, 86/635/EWG, und 91/674/EWG über den Jahresabschluss und den konsolidierten Abschluss von Gesellschaften bestimmter Rechtsformen, von Banken und anderen Finanzinstituten sowie von Versicherungsunternehmen, ABl. EG Nr. L 178 v. 17.7.2003, S. 16-22. S. zur Änderung des Verweises: Ratsdokument 14717/00 SE 8 SOC 500 v. 18.12.2000 (http://register.consilium.eu.int/pdf/de/00/st14/14717d0.pdf), demzufolge Art. 62 Abs. 1 des SE-VO-Vorschlags noch vorsieht, dass Kredit- und Finanzinstitute in der Rechtsform der SE den gemäß der Bankbilanzrichtlinie erlassenen, einzelstaatlichen Vorschriften unterliegen. Erst der dem Europäischen Parlament vorgelegte SE-VO-Vorschlag v. 1.2.2001 (Ratsdokument 14886/00 SE 12 SOC 506, http://register.consilium.eu.int/pdf/de/00/st14/14886d0.pdf) enthält den Hinweis auf die Richtlinie 2000/12/EG.

[2] Vgl. *Van Hulle, K.*, Das Europäische Bilanzrecht, 1994, S.18 f.

[3] Vgl.oben Kapitel II.1.b.

[4] S. Richtlinie 91/674/EWG des Rates v. 19.12.1991 über den Jahresabschluss und den konsolidierten Abschluss von Versicherungsunternehmen, ABl. EG Nr. L 374 v. 31.12.1991, S. 7-31, zuletzt geändert durch die Richtlinie 2003/51/EG des Europäischen Parlaments und des Rates v. 18.6.2003 zur Änderung der Richtlinien 78/660/EWG, 83/349/EWG, 86/635/EWG, und 91/674/EWG über den Jahresabschluss

tierte Versicherungsunternehmen in der Rechtsform der SE zu einer parallelen Konzernrechnungslegung verpflichtet sein, wenn das Recht im Sitzstaat einer solchen SE eine Konzernrechnungslegung nach IAS/IFRS nicht zulässt. In der Rechnungslegungspraxis dürfte ein solcher Konflikt jedoch kaum auftreten, insbesondere da die Mitgliedstaaten zunehmend dazu übergehen, generell von Versicherungsunternehmen eine Rechnungslegung IAS/IFRS zu verlangen.

Im Zusammenhang mit der generellen Verweisung des Art. 9 Abs. 3 SE-VO auf die besonderen Vorschriften des einzelstaatlichen Rechts betreffend der von einer SE ausgeübten Geschäftstätigkeit ist der Verweis des Art. 62 Abs. 2 SE-VO auf die Versicherungsbilanzrichtlinie eher deklaratorischer Natur. Denn die Versicherungsbilanzrichtlinie knüpft nicht an die Rechtsform des Versicherungsunternehmens sondern an dessen Unternehmensgegenstand an,[1] so dass eine vertragsgemäße Umsetzung dieser Richtlinie in nationales Recht zwangsläufig auch die Versicherungsunternehmen in der Rechtsform der SE zu einer entsprechenden Rechnungslegung verpflichtet.

d. Übergangsregelung

Art. 67 Abs. 2 SE-VO: „Sofern und solange für den Sitzstaat der SE die dritte Stufe der WWU nicht gilt, kann die SE jedoch die Jahresabschlüsse und gegebenenfalls die konsolidierten Abschlüsse in Euro erstellen und offen legen. Der Mitgliedstaat kann verlangen, dass die Jahresabschlüsse und gegebenenfalls die konsolidierten Abschlüsse nach denselben Bedingungen wie sie für die dem Recht dieses Mitgliedstaats unterliegenden Aktiengesellschaften vorgesehen sind in der Landeswährung erstellt und offengelegt werden. Dies gilt unbeschadet der der SE zusätzlich eingeräumten Möglichkeit, ihre Jahresabschlüsse und gegebenenfalls ihre konsolidierten Abschlüsse entsprechend der Richtlinie 90/604/EWG in Euro offen zu legen."

Die Übergangsregelung des Art. 67 Abs. 2 SE-VO betrifft SE, die ihren Sitzstaat in Mitgliedstaaten der *EU* und des EWR haben, für welche die dritte Stufe der Wirtschafts- und Währungsunion nicht gilt, d. h. die noch nicht zur Eurozone gehören. Diese Mitgliedstaaten können von den dort ansässigen SE fordern, dass sie ihre Jahres- und Konzernabschlüsse in der jeweiligen *Landeswährung* aufstellen und offen legen, sofern sie dies auch von den ihrem nationalen Recht unterliegenden Aktiengesellschaften fordern. In diesen Fällen können die betroffenen SE ihre Abschlüsse zusätzlich zur Landeswährung in *Euro* offen legen.[2] Dazu ist der am Stichtag gültige Umrechnungskurs zugrunde zu legen und im Anhang anzugeben.[1]

---

und den konsolidierten Abschluss von Gesellschaften bestimmter Rechtsformen, von Banken und anderen Finanzinstituten sowie von Versicherungsunternehmen, ABl. EG Nr. L 178 v. 17.7.2003, S. 16-22.

1 S. Art. 2 der Versicherungsbilanzrichtlinie.
2 Diesen Sachverhalt regelt die SE-VO gleich doppelt: Art. 67 Abs. 2 verweist hier direkt auf die Richtlinie 90/604/EWG des Rates v. 8.11.1990 zur Änderung der Richtlinie 78/660/EWG über den Jahresabschluss und der Richtlinie 83/349/EWG über den konsolidierten Abschluss hinsichtlich der Ausnahme für kleine und mittlere Gesellschaften sowie der Offenlegung von Abschlüssen in Ecu, ABl. EG Nr. L

Von den gegenwärtig nicht der Eurozone angehörenden *EU*-Mitgliedstaaten lassen unter anderem *Dänemark*, *Großbritannien* und *Schweden* bereits heute die Aufstellung und Offenlegung von Abschlüssen in Euro zu. In diesen Ländern ergeben sich somit für SE, die entweder aus Gründen der Praktikabilität oder zur Betonung ihres europäischen Charakters in Euro Rechnung legen wollen, keine Hindernisse. In dem wohl eher seltenen Fall, dass eine SE ihren Abschluss ausschließlich in Landeswährung offen legt, wird den außerhalb des Sitzstaats ansässigen Abschlussadressaten der Einblick geringfügig erschwert.

2. Auffangregelungen für die nicht jahresabschlussbezogene Rechnungslegung

Für alle Fragen der Rechnungslegung, die sich nicht auf die Aufstellung, Prüfung und Offenlegung von Jahres- oder Konzernabschlüssen beziehen, gelten die allgemeinen Vorschriften der SE-VO. Hier verweist Art. 9 Abs. 1 Buchst. c ii) SE-VO auf „die Rechtsvorschriften der Mitgliedstaaten, die auf eine nach dem Recht des Sitzstaats der SE gegründete Aktiengesellschaft Anwendung finden würden".[2] Die *Verweisung auf einzelstaatliches Recht*, die hier durch den Wortlaut „Rechtsvorschriften der Mitgliedstaaten" zum Ausdruck kommt, birgt auch hier das bereits oben angesprochene Problem einer möglichen Kollision der SE-VO mit zukünftigen Verordnungen der Gemeinschaft.[3]

3. Zusammenfassende Beurteilung und Hintergrund

Zusammenfassend ist festzustellen, dass die SE-VO vollständig auf spezielle Rechnungslegungsvorschriften für die SE verzichtet, obwohl Bestimmungen für den Jahres- und Konzernabschluss unter gesondertem Titel aufgeführt werden. Diese begnügen sich stattdessen mit der Verweisung auf das im Sitzstaat für Aktiengesellschaften geltende Recht bzw. auf die dort bestehenden, nationalen Rechtsvorschriften.[4] Folglich hätte es einer gesonderten Regelung der SE-VO zur Rechnungslegung nicht bedurft. Die problematische Abgrenzung zwischen dem im Sitzstaat der SE

---

317 v. 16.11.1990, S. 57-59, die damit für die SE unmittelbar anwendbares Recht wird. Dagegen erforderte die mit dieser Richtlinie bewirkte Änderung der Vierten Richtlinie (78/660/EWG) des Rates v. 25.7.1978 aufgrund von Art. 54 Abs. 3 Buchst. g des Vertrages über den Jahresabschluss von Gesellschaften bestimmter Rechtsformen, ABl. EG Nr. L 222 v. 14.8.1978, S. 11-31 und der Siebenten Richtlinie (83/349/EWG) des Rates v. 13.6.1983 aufgrund von Art. 54 Abs. 3 Buchst. g des Vertrages über den konsolidierten Abschluss, ABl. EG Nr. L 193 v. 18.7.1983, S. 1-17 erst die Umsetzung in nationales Recht, auf das wiederum Art. 61 u. 62 SE-VO verweisen.

1 S. Art. 8, 9 der Richtlinie 90/604/EWG bzw. Art. 50a der Vierten und Art. 38a der Siebenten Richtlinie.
2 Zur generellen Bedeutung dieser Generalverweisung vgl. *Brandt, U. / Scheifele, M.*, Europäische Aktiengesellschaft, 2002, S. 547 ff.
3 Vgl. oben Kapitel II.1.b.
4 Vgl. zu diesem Ergebnis bereits *Monti, M.*, Statut, 1997, S. 607.

„geltendem Recht" einerseits und den „einzelstaatlichen Rechtsvorschriften" bzw. „Rechtsvorschriften der Mitgliedstaaten" andererseits hätte zudem vermieden werden können.

Als Rechtfertigung für die Verweisungen auf das nationale Recht könnte der unverändert aus dem SE-VO-Vorschlag 1989 übernommene Erwägungsgrund Nr. 9 dienen.[1] Darin wird ausgeführt, dass seit Vorlage der Kommissionsvorschläge von 1970[2] und 1975[3] bei der Angleichung des nationalen Gesellschaftsrechts beachtliche Fortschritte erzielt worden seien, so dass „in Bereichen, in denen es für das Funktionieren der SE keiner einheitlichen Gemeinschaftsregelung bedarf, auf das Aktienrecht des Sitzmitgliedstaats verwiesen werden kann."[4]

Die Ursache dieser Begründung war jedoch eine ganz andere. Auf dem „langen Weg"[5] der SE waren die Versuche der Kommission von 1970 und 1975 gescheitert, ein neben das nationale Gesellschaftsrecht tretendes, supranationales Aktienrecht zu schaffen, das eine – aus damaliger Sicht sogar als „recht perfektionistisch"[6] angesehene – europäisch normierte Rechenschaftslegung der SE einschloss. In einem erneuten Anlauf setzte die Kommission dann in 1989 auf eine umfangreiche Harmonisierung des Gesellschaftsrechts. Ihr galt der heutige Erwägungsgrund Nr. 9 der SE-VO hinsichtlich der Verweisung auf das nationale Recht. In Bezug auf die Rechnungslegung verwies der SE-VO-Vorschlag 1989 aber, statt auf das nationale Recht, unmittelbar auf die Bilanzrichtlinien und erfuhr deshalb auch eine separate Erläuterung in den Erwägungsgründen.[7]

Die „Harmonisierung der Jahresabschlüsse" als besonderen Erfolg betrachtend,[8] wollte die Kommission bei der Vorlage des SE-VO-Vorschlags 1989 eine erneute Verhandlung über die in den Vorjahren verabschiedeten Bilanzrichtlinien vermeiden.[9] Sie ging sogar soweit, dass, mit wenigen Ausnahmen, die SE die Vorschriften der Vierten und Siebenten Richtlinie unmittelbar anwenden sollte, so dass ihr die Mitgliedstaatenwahlrechte dieser Richtlinien unmittelbar als Unternehmenswahl-

---

[1] S. *Europäische Kommission,* Vorschlag für eine Verordnung, 1989.
[2] S. *Europäische Kommission,* Vorschlag für eine Verordnung, 1970.
[3] S. *Europäische Kommission,* Geänderter Vorschlag, 1975.
[4] Erwägungsgrund Nr. 9 SE-VO; in Bezug auf das Bilanzrecht zustimmend vgl. *Teichmann, C.,* Einführung, 2002, S. 391 f.
[5] *Lutter, M.,* Rechtsfigur mit Zukunft, 2002, S. 1 ff m. w. N.; vgl. ferner *Blanquet, F.,* Statut, 2002, S. 20 ff.
[6] *Walther, G.,* Das Statut aus der Sicht der Wirtschaft, 1972, S. 104.
[7] S. Erwägungsgrund Nr. 13 SE-VO-Vorschlag 1989 (*Europäische Kommission,* Vorschlag für eine Verordnung, 1989).
[8] S. *Europäische Kommission,* Memorandum, 1988, S. 11.
[9] So die damalige Begründung des Kommissionsentwurfs (*Europäische Kommission,* Vorschlag für eine Verordnung, 1989), hier BR-Drs. 488/89, S. 11.

rechte zur Verfügung gestanden hätten.[1] Trotz rechtspolitischer Bedenken[2] wurde diese Optionsvielfalt der SE durchaus als Chance für eine sich gleichsam selbstentwickelnde Internationalisierung der Rechnungslegung gewertet.[3] Auch in Bezug auf eine Internationalisierung der Prüfung wurden in dem SE-VO-Vorschlag 1989, der des weiteren die unmittelbare Anwendung der Achten Richtlinie[4] auf die SE vorsah, positive Aspekte gesehen, unter anderem infolge der nicht an einzelne Mitgliedstaaten gebundenen Auswahl des Abschlussprüfers.[5]

Der Grund dafür, dass der Verordnungsgeber in der SE-VO von diesen Ansätzen zugunsten des nationalen Rechts abgewichen ist, dürfte neben den bereits erwähnten rechtspolitischen Bedenken eher in dem jeweils einzelstaatlichen Interesse der Mitgliedstaaten an einer *Gleichbehandlung von nationaler Aktiengesellschaft und SE* zu suchen sein, das an der unterschiedlichen nationalen Bedeutung der steuerlichen und gläubigerschützenden Aspekte der Rechnungslegung im Jahresabschluss ausgerichtet ist.[6] Dagegen sind, wie noch zu zeigen sein wird, derart „beachtliche Fortschritte" in der Rechtsangleichung auf dem Gebiet der Rechnungslegung zum gegenwärtigen Zeitpunkt – jedenfalls mit Blick auf den Jahresabschluss – kaum auszumachen, die einen Verzicht auf eine einheitliche Gemeinschaftsregelung zur Rechnungslegung der SE rechtfertigen lassen.

III. Rechnungslegung

1. Grundlagen und Entwicklungen

Gemeinsame Grundlage für die Aufstellung von Jahres- und Konzernabschlüssen europäischer Unternehmen sind die *Bilanzrichtlinien*. Mit der Umsetzung des Aktionsplans für Finanzdienstleistungen[7] und unter dessen Zielsetzung, bis Ende 2005 einen funktionsfähigen, effizienten und wettbewerbsfähigen europäischen Kapitalmarkt zu schaffen, sind als weitere Grundlagen die IAS-VO vom 19. Juli 2002 zur Anwendung internationaler Rechnungslegungsstandards und – soweit es um die

---

[1] Ausführlich dazu vgl. *Wenz, M.*, Societas Europaea, 1993, S. 88-100; *Rödder, T.*, Bilanzierung, 1991, S. 200-208; *Haller, A.*, Jahresabschlusserstellung, 1990.
[2] Vgl. vor allem *Rödder, T.*, Bilanzierung, 1991, S. 207 f. Durchaus positiv dagegen vgl. *Wenz, M.*, Societas Europaea, 1993, S. 92.
[3] So *Kallmeyer, H.*, Europäische Aktiengesellschaft, 1990, S. 104. Ganz a. A. vgl. dagegen *Lutter, M.*, Europäische Aktiengesellschaft, 1990, S. 417f.
[4] S. Achte Richtlinie (84/253/EWG) des Rates v. 10.4.1984 aufgrund von Art. 54 Abs. 3 Buchst. g des Vertrages über die Zulassung der mit der Pflichtprüfung der Rechnungslegungsunterlagen beauftragten Personen, ABl. EG Nr. L 126 v. 12.5.1984, S. 20-26.
[5] Im einzelnen dazu vgl. *Haller, A.*, Jahresabschlussprüfung, 1990.
[6] Zu den Problemen bei der Übertragung internationaler Standards auf den deutschen Jahresabschluss vgl. *Busse von Colbe, W.*, Paradigmawechsel, 2002, S. 169 f.
[7] Vgl. *Europäische Kommission*, Aktionsplan, 1999.

Aufstellung von Zwischenabschlüssen geht – die Transparenzrichtlinie vom 15. Dezember 2004[1] hinzugekommen.[2]

Die im Gesellschaftsrecht der *EU* verankerten Bilanzrichtlinien bilden dabei den Rahmen, hier insbesondere die Vierte Richtlinie von 1978 betreffend die Aufstellung von Jahresabschlüssen und die Siebente Richtlinie von 1983 betreffend die Aufstellung von Konzernabschlüssen. Hier wird für haftungsbeschränkte Unternehmen, und damit auch für die SE, der Mindestumfang für die Informationen festgelegt, die die nach einzelstaatlichem Recht aufzustellenden Jahres- und. Konzernabschlüsse einschließlich der Lageberichterstattung aufzuweisen haben. Während die Bilanzrichtlinien in diesem Zusammenhang auch in Bezug auf die anzuwendenden Rechnungslegungsgrundsätze lediglich Mindestanforderungen enthalten,[3] werden diese durch die IAS-VO für kapitalmarktorientierte Unternehmen eindeutig vorgegeben.

a. IAS-Verordnung

Europäische Unternehmen, deren Wertpapiere in der *EU* zum Handel auf einem geregelten Markt zugelassen sind (*kapitalmarktorientierte Unternehmen*),[4] sind nach Art. 4 IAS-VO unbeschadet ihrer Rechtsform verpflichtet, ihre *Konzernabschlüsse* für die am oder nach dem 1. Januar 2005 beginnenden Geschäftsjahre nach den IAS/IFRS aufzustellen.[5] Dabei ist Voraussetzung, dass zuvor die IAS/IFRS sowie die Interpretationen des früheren Standing Interpretations Committee (SIC) und heutigen International Financial Reporting Interpretations Committee (IFRIC) zuvor in einem formalen Verfahren ins Gemeinschaftsrecht übernommen wurden. Dieses auch als Komitologieverfahren bezeichnete Verfahren regelt Art. 6 IAS-VO. Auf ihrer Internetseite[6] informiert die Europäische Kommission regelmäßig über den

---

[1] Richtlinie 2004/109/EG des Europäischen Parlaments und des Rates v. 15.12.2004 zur Harmonisierung der Transparenzanforderungen in Bezug auf Informationen über Emittenten, deren Wertpapiere zum Handel auf einem geregelten Markt zugelassen sind, und zur Änderung der Richtlinie 2001/34/EG, ABl. EG Nr. L 390 v. 31.12.2004, S. 38-57.

[2] Vgl. Erwägungsgrund Nr. 4 IAS-VO und Erwägungsgrund Nr. 3 Transparenzrichtlinie.

[3] S. u. Kapitel III.1.b.

[4] Nach Art. 4 IAS-VO ist zunächst maßgebend die Zulassung im Sinne des Art. 1 Abs. 13 der Richtlinie 93/22/EWG des Rates v. 10.5.1993 über Wertpapierdienstleistungen, ABl. EG Nr. L 141 v. 11.6.1993, S. 27-46, zuletzt geändert durch die Richtlinie 2000/64/EG des Europäischen Parlaments und des Rates, ABl. EG Nr. L 290 v.17.11.2000, S. 27-28. Ab dem 21.4.2006 ist dann maßgebend die Zulassung im Sinne des Art. 40 der Richtlinie 2004/39/EG des Europäischen Parlaments und des Rates v. 21.04.2004 über Märkte für Finanzinstrumente, zur Änderung der Richtlinien 85/611/EWG und 93/6/EWG des Rates und der Richtlinie 2000/12/EG des Europäischen Parlaments und des Rates und zur Aufhebung der Richtlinie 93/22/EWG des Rates, ABl. EG Nr. L 145 v. 30.4.2004, S. 1-44; vgl. Art . 69 i. V. m Art. 71 dieser Richtlinie.

[5] S. Art. 2 IAS-VO.

[6] http://europa.eu.int/comm/internal_market/accounting/ias_de.htm.

Stand der durch entsprechende Verordnungen übernommenen internationalen Rechnungslegungsstandards.

Unternehmen, die nur zum Handel auf einem geregelten Markt zugelassene Schuldtitel begeben haben oder deren Wertpapiere in einem Nichtmitgliedstaat zum öffentlichen Handel zugelassen sind, sind nach Art. 9 IAS-VO erst in 2007 zur Aufstellung von Konzernabschlüssen nach IAS/IFRS verpflichtet.[1] Im zweiten Fall ist allerdings weitere Voraussetzung, dass die Unternehmen in 2002, dem Jahr der Veröffentlichung der IAS-VO, bereits international anerkannte Standards angewendet haben. Da SE frühestens im Oktober 2004 entstehen konnten, kommt daher eine Konzernrechnungslegung nach z.B. US-GAAP für SE gar nicht erst in Betracht.

In Bezug auf die Konzernabschlüsse der *nicht kapitalmarktorientierten Unternehmen* sowie auf die Jahresabschlüsse aller Unternehmen enthält Art. 5 IAS-VO Wahlrechte, nach denen die Mitgliedstaaten jeweils von allen oder nur von bestimmten Kategorien von Unternehmen die Anwendung der IAS/IFRS fordern, die ihnen zustehenden Mitgliedsstaatenwahlrechte als Wahlrechte an Unternehmen weitergeben, oder auch – durch einen Verzicht auf die Wahlrechtsausübung – die Rechnungslegung nach IAS/IFRS unterbinden können.

Die nachfolgende Abbildung gibt per 17. Januar 2005 den Stand wieder, in welchem Umfang die einzelnen Mitgliedstaaten der EU und des EWR (mit Ausnahme von Zypern) von den vorgenannten Wahlrechten Gebrauch gemacht haben bzw. eine entsprechende Wahlrechtsausübung erwägen.[2]

Mitglied-staat	Rege-lungs-stand	nicht kapitalmarktorientierte Unternehmen		kapitalmarktorien-tierte Unternehmen
		Konzernab-schluss nach IAS/IFRS	Jahresabschluss nach IAS/IFRS	Jahresabschluss nach IAS/IFRS
EU				
Belgien	Gesetz-entwurf	Wahlrecht (Pflicht für Kreditinstitute wird erwogen)	Entscheidung abhängig von steuerlichen und rechtlichen Erwägungen	Entscheidung abhängig von steuerlichen und rechtlichen Erwägungen

---

[1] Allerdings nur, wenn - wie die Bundesrepublik Deutschland in Art. 57 EGHGB - die Mitgliedstaaten die diesbezüglichen Optionen nach Art. 9 IAS-VO ausüben. Zur Ausübung der Optionen in den übrigen Mitgliedstaaten der EU und des EWR s. *Europäische Kommission*, Planned Implementation, 2005.

[2] Vgl. die detailliertere Aufstellung unter *Europäische Kommission*, Planned Implementation, 2005.

Land				
Dänemark	Gesetz	Wahlrecht	Wahlrecht	Wahlrecht (Pflicht für Finanzinstitute) allgemeine Pflicht nach 2009
Deutschland	Gesetz	Wahlrecht (Pflicht für Unternehmen, die Zulassung der Wertpapiere zum Handel beantragt haben)[1]	Wahlrecht (nur in Bezug auf befreiende Offenlegung, HGB-Abschluss bleibt Pflicht)[2]	Wahlrecht (nur in Bezug auf befreiende Offenlegung, HGB-Abschluss bleibt Pflicht)[3]
Estland	Gesetz	Wahlrecht (Pflicht für Kredit- und andere Finanzinstitute)	Wahlrecht (Pflicht für Kredit- und andere Finanzinstitute)	Pflicht
Finnland	Gesetz	Wahlrecht	Wahlrecht	Wahlrecht
Frankreich	Gesetz	Wahlrecht	Verbot	Verbot
Griechenland	Gesetz	Pflicht	Wahlrecht	Wahlrecht
Italien	Gesetz	Wahlrecht (Pflicht für regulierte Branchen wie Banken und Versicherungen)	Wahlrecht (Pflicht für regulierte Branchen wie Banken und Versicherungen)	Pflicht (Befreiung von konsolidierten Versicherungsunternehmen)
Irland	Konsultationen	Wahlrecht	Wahlrecht	Wahlrecht
Lettland	Gesetzentwurf	Wahlrecht (Pflicht für regulierte Branchen wie Banken und Versicherungen)	Verbot (dagegen Pflicht für regulierte Branchen wie Banken und Versicherungen)	Verbot (zusätzliche Pflicht für börsennotierte Unternehmen)
Litauen	Gesetz	Verbot (dagegen Pflicht für Banken und von diesen kontrollierte Finanzinstitute)	Verbot (dagegen Pflicht für Banken und von diesen kontrollierte Finanzinstitute)	Pflicht

[1] § 315a Abs. 2 HGB.
[2] § 325 Abs. 2a u. 2b HGB.
[3] § 325 Abs. 2a u. 2b HGB.

G.III. Rechnungslegung

Luxemburg	Gesetzentwurf	Wahlrecht	Wahlrecht	Wahlrecht
Malta	Gesetz	Pflicht	Pflicht	Pflicht
Niederlande	Gesetzentwurf	Wahlrecht	Wahlrecht	Wahlrecht
Österreich	Gesetz	Wahlrecht	Verbot	Verbot
Polen	Gesetz	Verbot (Ausnahmen: Wahlrecht für Unternehmen, die Börsenzulassung beantragt haben oder deren Teilkonzern in Konzernabschluss nach IAS/IFRS einbezogen wird) (Pflicht für Banken)	Verbot (Ausnahmen: Wahlrecht für Unternehmen, die Börsenzulassung beantragt haben oder die in Konzernabschluss nach IAS/IFRS einbezogen werden)	Wahlrecht
Portugal	Gesetzentwurf	Wahlrecht (ab 2006 Pflicht für Banken und Finanzinstitute)	Verbot Wahlrecht für in IAS/IFRS einbezogene Gesellschaften	Wahlrecht (Ausnahme: Banken und Finanzinstitute)
Schweden	Gesetz Erwägung	Wahlrecht (Pflicht für Finanzinstitute und Versicherungsunternehmen frühestens für 2006 erwogen)	Verbot	Verbot
Slowakei	Gesetz	Pflicht	Verbot	Pflicht
Slowenien	Gesetzentwurf	Wahlrecht (Pflicht für Banken und Versicherungen)	Wahlrecht (Pflicht für Banken und Versicherungen)	Pflicht
Spanien	Gesetz	Wahlrecht	Verbot	Verbot
Tschechien	Gesetz	Wahlrecht	Verbot	Pflicht
Ungarn	Gesetz	Wahlrecht	Verbot (zusätzliche Veröffentlichung von IAS/IFRS Abschlüssen zulässig)	Verbot (zusätzliche Veröffentlichung von IAS/IFRS Abschlüssen zulässig, ggf. nach Börsenregeln erforderlich)

Vereinigtes Königreich	Gesetz	Wahlrecht	Wahlrecht	Wahlrecht
EWR				
Island	Arbeitsgruppe	Wahlrecht	Wahlrecht	Wahlrecht
Lichtenstein	Gesetz	Wahlrecht	Wahlrecht	Wahlrecht
Norwegen	Gesetz	Wahlrecht	Wahlrecht	Wahlrecht

Abb. 1   Ausübung der Mitgliedstaatenwahlrechte nach Art. 5 IAS-VO

Zwar ist auf europäischer Ebene durch die IAS-VO nur gewährleistet, dass kapitalmarktorientierte Unternehmen einschließlich derartiger SE ab 2005 zu einer Konzernrechnungslegung nach formal von der *EU* übernommenen IAS/IFRS verpflichtet sind. Jedoch zeigt die vorstehende Tabelle deutlich, dass der nicht kapitalmarktorientierten SE zumindest für die Konzernrechnungslegung das den an sie gerichtete Erwartungen entsprechende Instrument der internationalen Rechnungslegung in den meisten Mitgliedstaaten des EWR zur Verfügung steht.

b.   Modernisierte Bilanzrichtlinien

Die jüngsten Änderungen der Bilanzrichtlinien durch die „fair-value"-Richtlinie[1] vom 27.9.2001 und die „Modernisierungsrichtlinie"[2] vom 18.6.2003 sind ebenso wie die IAS-VO Ausfluss der von der EU Kommission zur Umsetzung des Aktionsplans für Finanzdienstleistungen verfolgten, in 2000 vorgestellten Rechnungslegungsstrategie. Damit wurde angesichts der Tatsache, dass sich die Rechnungslegung in den einzelnen Mitgliedstaaten seit der Verabschiedung der Bilanzrichtlinien eher weiter voneinander entfernt als angenähert hatte,[3] und von einer Vergleichbarkeit der insgesamt in der *EU* bereitgestellten Jahres- und Konzernabschlussinformationen keine

---

[1]   S. Richtlinie 2001/65/EG des Europäischen Parlaments und des Rates v. 27.09.2001 zur Änderung der Richtlinien 78/660/EWG, 83/349/EWG und 86/635/EWG des Rates im Hinblick auf die im Jahresabschluss bzw. im konsolidierten Abschluss von Gesellschaften bestimmter Rechtsformen und von Banken und anderen Finanzinstituten zulässigen Wertansätze, ABl. Nr. L 283 v. 27.10.2001, S. 28-32.

[2]   S. Richtlinie 2003/51/EG des Europäischen Parlaments und des Rates v. 18.06.2003 zur Änderung der Richtlinien 78/660/EWG, 83/349/EWG, 86/635/EWG und 91/674/EWG über den Jahresabschluss und den konsolidierten Abschluss von Gesellschaften bestimmter Rechtsformen, von Banken und anderen Finanzinstituten sowie von Versicherungsunternehmen, ABl. Nr. L 178 v. 17.7.2003, S. 16-22.

[3]   So bereits *Küting, K.*, Internationalisierung, 1993, S. 32.

Rede mehr sein konnte,[1] das Bestreben, die im Gesellschaftsrecht verankerte Rechnungslegung zu harmonisieren, zugunsten der Förderung der kapitalmarktorientierten Rechnungslegung aufgegeben.[2]

Entsprechend stand die „Modernisierungsrichtlinie" unter den Zielsetzungen, alle bestehenden Konflikte zwischen den Richtlinien und den IAS/IFRS zu beseitigen, denjenigen Unternehmen Optionen hin zu einer Rechnungslegung nach IAS/IFRS zu eröffnen, die ihren Abschluss nicht oder nicht vollständig nach den durch die IAS-VO übernommenen IAS/IFRS aufstellen, und schließlich künftige Entwicklungen im Bereich der IAS/IFRS zu antizipieren.[3] Mit Ausnahme weniger obligatorischer Bestimmungen und terminologischer Anpassungen erfolgte die beabsichtigte Förderung der IAS/IFRS überwiegend durch die *Einführung zusätzlicher Mitgliedstaatenwahlrechte*, so dass zunächst die ohnehin schon nahezu unübersichtliche Anzahl der Wahlrechte in den Bilanzrichtlinien weiter vergrößert wurde.[4] Da die so geänderten Bilanzrichtlinien nur in ihren Grundzügen den Inhalten der IAS/IFRS angenähert sind, ohne jedoch unmittelbar und namentlich auf sie zu verweisen und ohne diese Grundzüge verbindlich zu regeln, eröffnet sich für den einzelnen Mitgliedstaat im Jahres- und/oder Konzernabschluss ein Spektrum, dass von einer Rechnungslegung nach den bisher geltenden, nationalen Vorschriften über eine mehr oder weniger den *IAS/IFRS angenäherte Rechnungslegung*[5] bis hin zu einer *Rechnungslegung nach von der EU angenommenen IAS/IFRS* reicht.

Mit diesen Modernisierungsmaßnahmen wurde zunächst das vorrangige Ziel, den Einklang zwischen den Bilanzrichtlinien und der IAS-VO herzustellen erreicht. Bezogen auf die Konzernrechnungslegung grenzüberschreitender – auch nicht kapitalmarktorientierten – Unternehmen kann die Anwendung der IAS/IFRS mittelfristig als Standard angesehen werden. Denn international tätige Unternehmen werden die ihnen von der überwiegenden Zahl der Mitgliedstaaten entsprechend eingeräumten Wahlrechte (siehe die Tabelle in Kapitel III 1 a) nicht nur zu nutzen wissen, sondern auch die kreditgebenden Banken und Investoren werden die Vergleichbarkeit von Finanzinformationen fordern.[6]

---

[1] Bei der Vorstellung ihrer Rechnungslegungsstrategie in 2000 bezeichnete die Kommission die europäische Rechnungslegung sogar als „Stückwerk", *Europäische Kommission*, Rechnungslegungsstrategie, 2000, Tz. 4. Zu einem zusammenfassenden Überblick über die Beurteilung der Harmonisierung vgl. *Pellens, B.*, Internationale Rechnungslegung, 2001, S. 405 ff. m. w. N.
[2] Vgl. *Niehues, M.*, Gläubigerschutz, 2001, S. 1210.
[3] Vgl. *Kommission der Europäischen Gemeinschaften*, Vorschlag für eine Richtlinie, 2004, S. 4; *Busse von Colbe, W.*, Anpassung der Bilanzrichtlinien, 2002, S. 1531.
[4] Vgl. *Niehus, R. J.*, „Modernisierung", 2002, S. 1385.
[5] Vgl. *Kirsch, H.-J.*, Entwicklung, 2002, S. 748 (zu den Annäherungstendenzen in *Deutschland*) und S. 751 (zu den Folgen einer Modernisierung entsprechend des Kommissionsvorschlags).
[6] Vgl. *Busse von Colbe, W.*, Anpassung, 2004, S. 2065.

Um jedoch entsprechend der Modernisierungsziele die Rechnungslegung in Europa, insbesondere im Jahresabschluss, langfristig auf eine gemeinsame Basis stellen zu können, bedarf es weiterer Maßnahmen. Dem Fortschritt und Erfolg des Projekts des International Accounting Standards Board (IASB) zu den „Accounting Standards for Small and Medium-sized Entities" kommt hier wesentliche Bedeutung zu.[1] Dabei geht es insbesondere um die Komplexreduktion und Anwendbarkeit der zur Zeit nahezu ausschließlich an den Bedürfnissen einer kapitalmarktorientierten Rechnungslegung ausgerichteten Standards. Außerdem wird die weitere Entwicklung vor allem von der zukünftigen Entwicklung des gesellschaftsrechtlichen Kapitalschutzes abhängen. So könnte in Deutschland der Jahresabschluss nach HGB zugunsten eines IAS/IFRS-Einzelabschlusses entfallen, wenn die Ausschüttungsbemessungsfunktion zugunsten alternativer Gläubigerschutzinstrumente aufgegeben würde. Ein solcher Systemwechsel würde aber auch eine Änderung der Zweiten Richtlinie[2] voraussetzen, durch die das geltende Kapitalschutzsystem europarechtlich verankert ist. Vorschläge in diese Richtung, insbesondere die Einführung eines Solvency Test zur Bemessung der Ausschüttungsbemessung, stoßen zumindest in Deutschland zurzeit noch auf Ablehnung.[3]

c. Transparenzrichtlinie

War die Verpflichtung zur Aufstellung von Zwischenabschlüssen bisher nicht Gegenstand des Gemeinschaftsrechts, so erfordert nun die von den Mitgliedstaaten bis zum 20. Januar 2007 in einzelstaatliches Recht zu transformierende Transparenzrichtlinie,[4] dass u. a. kapitalmarktorientierte Unternehmen[5] als regelmäßige Informationen neben einem Jahresfinanzbericht, auch einen Halbjahresfinanzbericht über die ersten sechs Monate des Geschäftsjahres zu veröffentlichen haben. Für kapitalmarktorientierte Unternehmen, die unter Beachtung der Siebenten Richtlinie und der IAS-VO einen Konzernabschluss aufzustellen haben, enthält der Jahresfinanzbericht u. a. den Konzernabschluss nach IAS/IFRS einschließlich der ggf. ergänzend erforderlichen Angaben nach der Siebenten Richtlinie und einzelstaatlichem Recht sowie

---

[1] S. *IASB*, Discussion Paper, 2004; vgl. dazu *Haller, A. / Eierle, B.*, Accounting Standards, 2004.
[2] S. Zweite Richtlinie 77/91/EWG des Rates v. 13.12.1976 zur Koordinierung der Schutzbestimmungen, die in den Mitgliedstaaten den Gesellschaften im Sinne des Artikels 58 Absatz 2 des Vertrages im Interesse der Gesellschafter sowie Dritter für die Gründung der Aktiengesellschaft sowie für die Erhaltung und Änderung ihres Kapitals vorgeschrieben sind, um diese Bestimmungen gleichwertig zu gestalten, AB. Nr. L026 v. 31.01.1977, S.1 -13.
[3] Vgl. *Hüttemann, R.*, Gesetzgebungsreport, 2004, S. 206 m. w. N.; zum Verhältnis von Kapitalschutz und EU-Rechnungslegungsstrategie auch *Niehues, M.*, Gläubigerschutz, 2001.
[4] S. Richtlinie 2004/109/EG des Europäischen Parlaments und des Rates v. 15.12.2004 zur Harmonisierung der Transparenzanforderungen in Bezug auf Informationen über Emittenten, deren Wertpapiere zum Handel auf einem geregelten Markt zugelassen sind, und zur Änderung der Richtlinie 2001/34/EG, ABl. EG Nr. L 390 v. 31.12.2004, S. 38-57. Zur Umsetzung vgl. Art. 31.
[5] Der weiterreichende Begriff des „Emittent" nach Art. 2 Abs. 1 d Transparenzrichtlinie ist hier für die Betrachtung der SE unerheblich.

den entsprechenden Konzernlagebericht.[1] Der Halbjahresfinanzbericht beinhaltet einen „verkürzten Abschluss" und einen Zwischenlagebericht, wobei für den „verkürzten Abschluss" die dann formal von der EU übernommenen IAS/IFRS für die Zwischenberichterstattung (zur Zeit IAS 34) anzuwenden sind.[2] Der Zwischenlagebericht soll zumindest über wichtige Ereignisse während der ersten Geschäftsjahreshälfte und deren Auswirkungen auf den „verkürzten Abschluss" informieren, die wesentlichen Risiken und Ungewissheiten für die restlichen sechs Monate beschreiben, und für den Fall, dass das Unternehmen Aktien emittiert hat, Großgeschäfte mir nahe stehenden Personen und Unternehmen nennen.[3]

In den seltenen Fällen, in denen eine kapitalmarktorientierte SE mangels Tochtergesellschaft nicht zur Aufstellung eines Konzernabschlusses verpflichtet ist, geht der nach dem nationalen Recht des Sitzstaats auf Basis der Vierten Richtlinie aufgestellte Jahresabschluss in den Jahresfinanzbericht ein. Der Aufstellung des verkürzten Abschlusses und der verkürzten Gewinn- und Verlustrechnung des Halbjahresfinanzberichts liegen dann dem Jahresabschluss entsprechende Ansatz- und Bewertungsgrundsätze zugrunde. Die genaue Festlegung der Angaben, die die verkürzte Bilanz, die verkürzte Gewinn- und Verlustrechnung sowie der erläuternde Anhang mindestens enthalten müssen, wenn sie nicht entsprechend der IAS-VO nach IAS/IFRS aufgestellt wurden, erfolgt durch die Kommission im Rahmen eines in Art. 27 Abs. 2 Transparenzrichtlinie genannten Verfahrens.

2. Konsequenzen für die SE

Mit der Verabschiedung der IAS-VO und der Modernisierung der Bilanzrichtlinien ist angesichts der geltenden Bilanzrechtslage in der Europäischen Union bereits ein – großer – Schritt in Richtung Harmonisierung der Rechnungslegung getan.[4] Dies gilt aufgrund der Pflicht zur Rechnungslegung nach IAS/IFRS insbesondere für die Konzernrechnungslegung kapitalmarktorientierter Unternehmen. Auch Konzerne größerer nicht kapitalmarktorientierter Unternehmen dürften überwiegend von dem Wahlrecht zur Rechnungslegung nach IAS/IFRS Gebrauch machen, das ihnen in die überwiegende Zahl der Mitgliedstaaten gewährt (Tabelle in Kapitel III 1.a). Dagegen sind die Regelungen zu den Einzelabschlüssen in einer Reihe von Mitgliedstaaten zurzeit nach wie vor gesellschafts- und steuerrechtlich motiviert, so dass hier erst langfristig, nach geeigneten Maßnahmen in Gesellschafts- und Steuerrecht, mit einer auf internationalen Standards basierenden europäischen Rechnungslegung gerechnet werden kann.

---

1 S. Art. 4 Abs. 2, 3 und 5 Transparenzrichtlinie.
2 S. Art. 5 Abs. 2 und 3 Transparenzrichtlinie.
3 Art. 5 Abs. 4 Transparenzrichtlinie.
4 So bereits *Böcking, H.-J.*, IAS, 2001, S. 1434 mit Blick auf eine internationale Harmonisierung.

Die SE teilt in Bezug auf die Rechnungslegung das Schicksal der Aktiengesellschaften in ihrem Sitzstaat. Damit relativiert sich der erwartete *psychologische Vorteil* der SE. Die unterstellte Signalwirkung gegenüber Aktionären, Mitarbeitern und Kunden dürfte ausbleiben.[1] Die Belastung der Stakeholder mit allokationshemmenden Informationskosten entspricht derjenigen der grenzüberschreitend tätigen Unternehmen nationaler Rechtsformen.

Ein weiterer Vorteil der SE wird in der Möglichkeit zur *Einrichtung eines einheitlichen, grenzüberschreitenden Berichtssystems* gesehen. In Bezug auf die externe Berichterstattung kommt dieser Vorteil bei der noch fehlenden Harmonisierung der Rechnungslegung für den Einzelabschluss nur dann zum Tragen, wenn die SE tatsächlich den Verzicht auf Konzernstrukturen ermöglichen würde. Die Zweigniederlassungen würden dann entsprechend der im Sitzstaat der SE anzuwendenden Rechnungslegungsgrundsätze Bericht erstatten. Die in Konzernen übliche Überleitung von den nationalen Abschlüssen der Tochtergesellschaften entfiele. Dazu ist anzumerken, dass eine derart einfache Struktur schon dann nicht mehr aufrechterhalten werden kann, wenn z. B. Vertriebs- oder andere Kooperationspartner oder Mitarbeiter im Wege von Minderheitsbeteiligungen am Erfolg abgegrenzter Unternehmenseinheiten beteiligt werden sollen. Haben die in solchen Fällen zu gründenden Tochtergesellschaften (gleich welcher Rechtsform) ihren Sitz in einem Mitgliedstaat, der nicht dem Sitzstaat der SE-Muttergesellschaft entspricht, ergeben sich keine Unterschiede zu den Verhältnissen in Konzernen, die von Unternehmen mit nationalen Rechtsformen geführt werden.

Sowohl bei der Gründung als auch bei der Sitzverlegung einer SE werden die Unternehmen zwischen den Vor- und Nachteilen abwägen müssen, die ihnen aus den unterschiedlichen Anforderungen bestimmter Mitgliedstaaten an die Rechnungslegung erwachsen. Dabei wird von der unternehmensindividuellen Rechnungslegungspolitik und den damit verfolgten Zwecken auszugehen sein.

Für nicht kapitalmarktorientierte SE z. B., die ihr Kerngeschäft im Sitzland betreiben und sich eher als eine nationale Aktiengesellschaft als eine supranationale Gesellschaft verstehen, jedoch die sonstigen Vorteile, welche die SE gegenüber einer nationalen Aktiengesellschaft bietet (z. B. in Bezug auf die Mitbestimmung und Unternehmensverfassung) nicht ungenutzt lassen wollen, wird die Frage der anzuwendenden Rechnungslegungsvorschriften kaum entscheidend ins Gewicht fallen. Dagegen kann diese Frage für andere Unternehmen durchaus eine größere *unternehmenspolitische Bedeutung* haben. So kann es Ziel eines als SE verfassten Einzelunternehmens oder eines nicht kapitalmarktorientierten SE-Konzerns sein, die Vergleichbarkeit des Jahres- bzw. Konzernabschlusses mit denen anderer europäischer Unternehmen herzustellen, um daraus z. B. im Hinblick auf einen geplanten Börsen-

---

[1] Vgl. *Teichmann, C.,* Einführung, 2002, S. 389, Fn. 28.

gang oder bei den Fremdfinanzierungskonditionen Vorteile zu ziehen.[1] Bei der Verschmelzung zweier Unternehmen zu einer SE kann die Vereinbarung einer Rechnungslegung nach internationalen Standards gegebenenfalls dazu dienen, kulturelle Differenzen in der bisherigen Praxis der internen und externen Rechnungslegung zu vermeiden, um dadurch bei den Mitarbeitern entstehende Fehlerrisiken und Kommunikationskosten zu senken. Innerhalb eines ohnehin zur Rechnungslegung nach IAS/IFRS verpflichteten Konzerns können durch die geeignete Sitzwahl der als SE verfassten Konzerngesellschaften Kosten und Irritationen vermieden werden, die ansonsten entstehen würden, wenn die betreffenden SE ihre Jahresabschlüsse nach von den IAS/IFRS abweichenden Vorschriften aufzustellen hätten. Entscheidend kann auch die bessere Eignung internationaler Rechnungslegungsstandards für Zwecke des Unternehmens- oder Konzerncontrolling sein.[2] Und schließlich kann die Zielsetzung einer SE auch darin bestehen, ihren supranationalen Charakter durch die Anwendung internationaler Rechnungslegungsstandards marktwirksam unterstreichen zu wollen.

In all diesen Fällen, und hier hat die *EU* mit der IAS-VO den Maßstab gesetzt, dürfte die *Entscheidung* prinzipiell *zugunsten der Rechnungslegung nach IAS/IFRS* ausfallen.[3] Damit bleibt letztlich für die SE nur die Frage nach der Realisierbarkeit einer solchen Entscheidung und der diesbezüglich anfallenden Kosten.

Die einfachste, aber vielleicht aus anderen (hier nicht zu untersuchenden) Gründen nicht immer realisierbare Lösung besteht darin, als Sitzstaat den Mitgliedstaat der *EU* zu wählen, der auch im Jahresabschluss eine Rechnungslegung nach IAS/IFRS zulässt. Bei entsprechend ansteigender Kostenbelastung für die SE lässt sich der Kreis der in Frage kommenden Sitzstaaten sukzessive erweitern, indem auf die jeweiligen Unterschiede zwischen den Rechnungslegungsnormen des möglichen Sitzstaats und den Anforderungen der Rechnungslegung nach IAS/IFRS abgestellt wird. Enthalten die nationalen Vorschriften den IAS/IFRS entsprechende Regelungen, so kann – gegebenenfalls unter Verzicht auf die Ausübung von Wahlrechten – ein Abschluss erstellt werden, der sowohl den internationalen als auch den nationalen Standards entspricht (dualer Abschluss). Gleiches gilt, wenn die Regelungen, die in beiden Rechnungslegungssystemen divergierend behandelt werden, für die betreffende SE aufgrund der Eigenart des Geschäftsbetriebs keine Rolle spielen.[4] Weichen allerdings die nationalen Regelungen eines Mitgliedstaats von den IAS/IFRS ab, bleibt einer SE, die sich für dieses *EU*-Mitglied als Sitzstaat entscheidet und den-

---

[1] Zu dem diesbezüglichen Einfluss der Verlautbarungen des Baseler Ausschusses für Bankaufsicht (Basel II) vgl. beispielsweise *Böcking, H.-J.*, IAS, 2001, S. 1439.
[2] Vgl. dazu: *Haller, A / Walton, P.*, Unternehmenspublizität, 2000, S. 21; *Busse von Colbe, W.*, Paradigmawechsel, 2002, S. 160.
[3] Vgl. *Bungert, H. / Beier, C. H.*, Europäische Aktiengesellschaft, 2002, S. 6.
[4] Vgl. *Haller, A. / Walton, P.*, Unternehmenspublizität, 2000, S. 24.

noch nach IAS/IFRS Rechnung legen will, nur die Möglichkeit einer parallelen Rechnungslegung einschließlich der Inkaufnahme der damit verbundenen Kosten.

Für die Mitgliedstaaten der *EU* bedeuten die vorstehenden Wahlmöglichkeiten der SE, dass die Entwicklung der nationalen Rechnungslegungspraxis eine nicht zu vernachlässigende Größe bei der Entscheidung für den Sitz einer SE ist, die den unter den Mitgliedstaaten bereits in Gang gesetzten „Wettbewerb der Rechtsordnungen im Bereich der Rechnungslegung"[1] vorantreibt.

3. Rechnungslegung bei Gründung und Sitzverlegung[2]

a. Eröffnungs- und Schlussbilanzen bei Gründung

Eine SE kann nach den Bestimmungen der SE-VO ausschließlich durch bereits bestehende Unternehmen mit einer bestimmten Rechtsform, die – von Ausnahmen abgesehen – ihren Satzungssitz und ihre Hauptverwaltung innerhalb der EU oder des EWR haben, im Wege abschließend bestimmter Gründungsformen errichtet werden.[3] Dabei ist sicherzustellen, dass die betreffenden Gründungsgesellschaften dem zwingend zu beachtenden Prinzip der Mehrstaatlichkeit sowie den geforderten Zeitaspekten hinreichend Rechnung tragen.

aa. Verschmelzung

Eine SE kann u. a. im Wege der grenzüberschreitenden Verschmelzung (durch Neugründung oder Aufnahme) von mindestens zwei bestehenden Aktiengesellschaften gegründet werden, sofern diese sowohl ihren Satzungssitz als auch ihre Hauptverwaltung in der EU oder im EWR haben und nach den nationalen gesellschaftsrechtlichen Bestimmungen eines Mitgliedstaates gegründet wurden; außerdem müssen mindestens zwei dieser Gesellschaften dem nationalen Gesellschaftsrecht verschiedener Mitgliedstaaten unterliegen (Art. 2 Abs. 1 SE-VO).

Bei der Gründung einer SE mit Sitz in Deutschland hat die übertragende deutsche Aktiengesellschaft nach § 17 Abs. 2 UmwG eine Schlussbilanz zu einem Stichtag aufzustellen, der unmittelbar vor dem Verschmelzungsstichtag, höchstens aber acht Monate vor der Anmeldung der Verschmelzung beim Handelsregister liegt. Die Bewertung der Vermögensgegenstände und Schulden der Schlussbilanz erfolgt – wie im Jahresabschluss – nach dem Prinzip der Unternehmensfortführung zu fortgeführten historischen Anschaffungs- und Herstellungskosten, so dass insoweit ggf. auch die letzte Jahresbilanz zu Grunde gelegt werden kann. Die übernehmende SE

---

[1] *Hommelhoff, P.*, Wettbewerb der Rechtsordnungen, 2001, Kapitel II.2.
[2] Vgl. hierzu im Einzelnen: *Wenz, M.,* Praxishinweise, 2004.
[3] Vgl. Art. 2 SE-VO.

hat dagegen nach § 24 UmwG sowohl bei einer Verschmelzung durch Aufnahme als auch bei einer Verschmelzung durch Neugründung ein Wahlrecht. In der Jahresbilanz (Verschmelzung durch Aufnahme) oder in der Eröffnungsbilanz der SE (Verschmelzung durch Neugründung) können die übernommenen Vermögensgegenstände und Schulden entweder im Rahmen der Buchwertfortführung mit den Werten der Schlussbilanz der übertragenden Aktiengesellschaft oder nach entsprechender Aufteilung des Unternehmenswerts der übertragenden Gesellschaften mit dem Zeitwert angesetzt werden.

ab. Holding-SE

Als „Holding-SE" kann eine SE durch mindestens zwei bestehende Aktiengesellschaften oder Gesellschaften mit beschränkter Haftung errichtet werden (Art. 2 Abs. 2 SE-VO). Dazu ist Voraussetzung, dass sich sowohl der Satzungssitz als auch die Hauptverwaltung der beteiligten Gesellschaften in der EU oder im EWR befinden und diese Gesellschaften nach den nationalen gesellschaftsrechtlichen Bestimmungen eines Mitgliedstaates der EU oder des EWR gegründet wurden. Des weiteren müssen mindestens zwei der Gesellschaften entweder dem nationalen Gesellschaftsrecht verschiedener Mitgliedstaaten unterliegen oder seit mindestens zwei Jahren jeweils über eine Tochtergesellschaft, die dem Gesellschaftsrecht eines anderen Mitgliedstaates unterliegt, oder über eine Zweigniederlassung in einem anderen Mitgliedstaat verfügen.

Da die SE in diesem Fall durch die Gesellschafter der beteiligten Gesellschaften gegründet wird, indem die bisherigen Anteile an den einzelnen Gesellschaften gegen Anteile an der SE getauscht werden, während die Gesellschaften in ihrer Rechtsform bestehen bleiben, ergeben sich für diese „Gründungsgesellschaften" keine bilanziellen Auswirkungen. Bei Sitz in Deutschland hat die neu gegründete SE dagegen spätestens am Tage der Handelsregistereintragung eine Eröffnungsbilanz nach § 242 Abs. 1 HGB aufzustellen. Dabei sind die von den Gesellschaftern der „Gründungsgesellschaften" eingebrachten Anteile mindestens mit dem Nennbetrag der ausgegebenen Aktien der SE und höchstens mit ihren effektiven Anschaffungskosten, d. h. mit ihren Marktwerten, anzusetzen.

ac. Tochter-SE

Eine SE kann darüber hinaus auch im Wege der Errichtung einer gemeinsamen Tochtergesellschaft durch mindestens zwei bestehende Gesellschaften im Sinne des Art. 48 Abs. 2 EG-Vertrag oder des Art. 34 Abs. 2 EWR-Abkommen sowie juristische Personen des öffentlichen oder privaten Rechts gegründet werden (Art. 2 Abs. 3 SE-VO). Auch hier ist Voraussetzung, dass die beteiligten Gesellschaften bzw. juristischen Personen sowohl ihren Satzungssitz als auch ihre Hauptverwaltung in der EU oder im EWR haben und nach den nationalen gesellschaftsrechtlichen Bestimmungen eines Mitgliedstaates der EU oder des EWR gegründet wurden; mindestens zwei dieser Gesellschaften müssen darüber hinaus entweder dem nationalen Gesellschaftsrecht verschiedener Mitgliedstaaten unterliegen oder seit mindestens zwei Jahren jeweils über eine Tochtergesellschaft, die dem Gesellschaftsrecht eines anderen Mitgliedstaates unterliegt, oder eine Zweigniederlassung in einem anderen Mitgliedstaat verfügen. Eine SE dagegen braucht das Erfordernis der Mehrstaatlichkeit nicht zu erfüllen, um selbst Tochtergesellschaften in der Rechtsform einer SE gründen zu können.

Eine deutsche Kapitalgesellschaft hat als Gründungsgesellschaft die Anteile an der neu gegründeten SE im Jahresabschluss zu bilanzieren. Der Ansatz erfolgt entweder im Wege der Buchwertfortführung zum bisher bilanzierten Wert der eingebrachten Vermögensgegenstände und Schulden oder zu den effektiven Anschaffungskosten, die sich aus dem Marktwert des eingebrachten Vermögens. Hat die Tochter-SE ihren Sitz in Deutschland, so hat sie spätestens am Tage der Handelsregistereintragung nach § 242 Abs. 1 HGB eine Eröffnungsbilanz aufzustellen, in der die eingebrachten Vermögensgegenstände und Schulden mindestens zum Nennbetrag der ausgegebenen Aktien und höchstens mit ihren effektiven Anschaffungskosten, d. h. mit ihren Marktwerten, anzusetzen sind.

ad. Umwandlung

Schließlich kann eine SE kann im Wege der Umwandlung einer bereits bestehenden nationalen Aktiengesellschaft gegründet werden (Art. 2 Abs. 4 SE-VO). Voraussetzung ist hier, dass Satzungssitz und Hauptverwaltung in der EU oder im EWR liegen und die Aktiengesellschaft nach den nationalen gesellschaftsrechtlichen Bestimmungen eines Mitgliedstaates der EU oder des EWR gegründet wurde. Außerdem muss sie seit mindestens zwei Jahren über eine Tochtergesellschaft verfügt, die dem Gesellschaftsrecht eines anderen Mitgliedstaates unterliegt. Bei der Umwandlung ist zu beachten, dass der Sitzstaat anlässlich einer Umwandlung nicht zugleich grenzüberschreitend verlegt werden darf, sondern zwingend beizubehalten ist.

Diese, lediglich auf einem Rechtsformwechsel beruhende Form der Gründung einer SE hat auf die Rechnungslegung im Jahresabschluss keine unmittelbaren Auswirkungen.

b. Grenzüberschreitende Sitzverlegung

Eine SE kann nach Art. 8 Abs. 1 SE-VO ihren Sitz – sowie ihre damit zwingend identische Hauptverwaltung – von einem Mitgliedstaat der EU oder des EWR (Wegzugstaat) in einen anderen (Zuzugstaat) unter Wahrung ihrer rechtlichen Identität, also ohne Auflösung und Neugründung verlegen. Die grenzüberschreitende Sitzverlegung richtet sich primär und vorrangig nach den einheitlichen europäischen Be-

G.III. Rechnungslegung

stimmungen der SE-VO, die gerade der SE eine gemeinschaftsweite Rechtspersönlichkeit verleihen.[1] Die Rechnungslegungspflichten der SE bestimmen sich dagegen ausschließlich nach dem für Aktiengesellschaften im jeweiligen Sitzstaat geltenden Recht.[2] Damit stellt sich die Frage nach der Auswirkung einer grenzüberschreitenden Sitzverlegung auf die Rechnungslegung.

Die Rechnungslegungspflicht einer SE mit Sitz in Deutschland beginnt – ebenso wie bei einer deutschen Aktiengesellschaft – spätestens am Tag der Handelsregistereintragung.[3] In Abhängigkeit von der Gründungsform hat die SE entweder eine Eröffnungsbilanz zu diesem Zeitpunkt aufzustellen (Verschmelzung durch Neugründung, Holding-SE, Tochter-SE) oder die bisherige Bilanzierung fortzuführen (Verschmelzung durch Aufnahme, Umwandlung).

Verlegt eine SE ihren Sitz von Deutschland in einen anderen Mitgliedstaat des EWR endet deren Rechnungslegungspflicht bereits mit der Eintragung im Handelsregister des Zuzugstaates und nicht erst mit der Löschung im deutschen Handelsregister. Die inländische Kaufmannseigenschaft ist mit der Eintragung im Zuzugstaat beendet, die SE unterliegt von diesem Zeitpunkt an den Bestimmungen der SE-VO und, soweit dort nicht ausdrücklich anders geregelt, dem für Aktiengesellschaften geltenden Recht des neuen Sitzstaats. Damit hat, auch wenn eine ausdrückliche Regelung im Gesetz fehlt, die SE zum Zeitpunkt der Eintragung im Zuzugstaat eine Schlussbilanz nach den Vorschriften des deutschen Handelsrechts aufzustellen.

Umgekehrt beginnt damit für eine SE, die ihren Sitz aus einem anderen Mitgliedstaat des EWR nach Deutschland verlegt, die Rechnungslegungspflicht erst mit der Eintragung ins deutsche Handelsregister. Die auf diesen Zeitpunkt aufzustellende Eröffnungsbilanz richtet sich nach handelsrechtlichen Vorschriften, d.h. es gelten die Ansatz- und Bewertungsvorschriften des HGB.

Solange für Zwecke des Jahresabschlusses keine europäische Rechnungslegung nach einheitlichen Standards besteht, ist bei einer grenzüberschreitenden Sitzverlegung und aufgrund des damit einhergehenden Wechsels der für die Rechnungslegung der SE maßgeblichen nationalen Vorschriften damit zu rechnen, dass die auf den gleichen Zeitpunkt aufzustellende Schlussbilanz im Wegzugstaat und Eröffnungsbilanz im Zuzugstaat zum Teil erhebliche Unterschiede aufweisen. Die Identität von Schluss- und Eröffnungsbilanz ist dagegen in den Mitgliedstaaten gewährleistet, deren Handelsrecht für den Jahresabschluss die uneingeschränkte Anwendung der von der EU übernommenen IAS/IFRS zulässt.

---

1 Umfassend dazu vgl. den Beitrag von *Wenz* zur grenzüberschreitenden Sitzverlegung in diesem Band.
2 S. Kapitel II.
3 S. §§ 238, 242 HGB.

IV. Abschlussprüfung

1. Grundlagen

Die SE-VO verweist hinsichtlich der Prüfung von Jahres- und Konzernabschlüssen von SE schlicht auf die für Aktiengesellschaften geltenden Rechtsvorschriften des jeweiligen Sitzstaats. Solche einzelstaatlichen Vorschriften betreffen jedoch ein ganzes *Spektrum unterschiedlicher Fragen.* So sind neben der Prüfungspflicht und dem Prüfungsgegenstand regelmäßig die Fragen nach der Bestellung des Abschlussprüfers und seiner beruflichen Qualifikation geregelt. Für die bei der Prüfungsdurchführung zu beachtenden Berufs- und Prüfungsgrundsätze bestehen in den einzelnen Mitgliedstaaten mehr oder minder detaillierte, gesetzliche Vorschriften, die gegebenenfalls durch behördliche Verordnungen oder Standards des Berufstands ergänzt werden. Gleiches gilt für die Regelung der Art und Weise wie die Berichterstattung über die Prüfungsergebnisse vor allem gegenüber der Öffentlichkeit zu erfolgen hat. Schließlich bestehen in den Mitgliedstaaten unterschiedliche Vorschriften in Bezug auf eine externe Qualitätskontrolle.

In Bezug auf diese Bandbreite von Regelungen zur Abschlussprüfung bestehen *gemeinschaftsrechtliche Grundlagen* auf Ebene der *EU* zurzeit nur insoweit, als sie die Prüfungspflicht, die Qualifikation der zum Abschlussprüfer zugelassenen Personen und – allerdings nur in Ansätzen – deren Berufsgrundsätze sowie die Berichterstattung über die Prüfung betreffen. Entsprechende Mindestanforderungen enthalten die Bilanzrichtlinien in Verbindung mit der Achten Richtlinie. Ein Versuch, hinsichtlich der Prüfung von Aktiengesellschaften die Bestellung und Haftung des Abschlussprüfers mittels einer Fünften Richtlinie auf eine gemeinsame europäische Basis zu stellen, war spätestens 2001 gescheitert.[1] Nach dem die EU Kommission 1996 die unzureichende Rechtsangleichung auf dem Gebiet der Abschlussprüfung in einem „Grünbuch"[2] festgestellt hatte setzte sie, statt eine Harmonisierung in der Abschlussprüfung durch die Verabschiedung von Richtlinien anzustreben, vorübergehend auf ein Einvernehmen zwischen den Mitgliedstaaten, deren Berufsaufsichtsbehörden und dem Berufstand. Mit dem Ziel, die Harmonisierung auf diesem Wege schneller als über die formale Verhandlung von Richtlinien und deren anschließende Umsetzung in nationales Recht zu erreichen, verabschiedete die Europäische Kommission zwei sowohl an die Mitgliedstaaten als auch an den Berufstand gerichtete Empfehlungen. Die erste in 2000 verabschiedete Empfehlung betrifft die Einrich-

---

[1] Die Kommission der Europäischen Gemeinschaften hat in ihrer Mitteilung KOM (2001) 763 endg. v. 21.12.2001 ihren Vorschlag für eine Fünfte Richtlinie (s. z. B. die 1983er Fassung: *Europäische Kommission,* Geänderter Vorschlag einer Fünften Richtlinie, 1983) als überholt zurückgezogen.
[2] Vgl. *Europäische Kommission,* Grünbuch, 1996.

G.IV. Abschlussprüfung

tung von nationalen Qualitätssicherungssystemen,[1] die zweite, aus 2002, enthält grundlegende Prinzipien zur Unabhängigkeit des Abschlussprüfers in der *EU*.[2]

Den Weg der Harmonisierung über Kommissionsempfehlungen wurde jedoch schon in 2003 als Folge der großen Bilanzskandale in den USA und der EU wieder aufgegeben. In ihrer Mitteilung „Stärkung der Abschlussprüfung in der EU" vom 21. Mai 2003[3] betonte sie die Rolle der Abschlussprüfung als wichtiges Element der Corporate Governance und die Notwendigkeit einer umfänglichen Aktualisierung der Achten Richtlinie. Am 16.3.2004 legte sie den Vorschlag für eine vollständig neu gefasste „Abschlussprüferrichtlinie" vor,[4] der nachdem verschiedene Ausschüsse des Europäischen Parlaments eine Reihe von Änderungsvorschlägen eingebracht haben, in entsprechend abgeänderter Form voraussichtlich im September 2005 zur Abstimmung im Europäischen Parlament steht,[5] so dass zu Ende 2005 mit der Verabschiedung der entsprechenden Richtlinie gerechnet werden kann. In dieser Richtlinie werden sämtliche Fragen zur Abschlussprüfung vollständig neu geregelt. Im Zentrum stehen dabei insbesondere Registrierung und Transparenz von Prüfungsgesellschaften, Regelungen zur Wahrung der Unabhängigkeit des Abschlussprüfers, die verbindliche Übernahme von internationalen Prüfungsstandards, die Übernahme der Verantwortung des Konzernabschlussprüfers für die gesamte Konzernabschlussprüfung, spezielle Vorschriften für Prüfer von Unternehmen von öffentlichem Interesse einschließlich der Schaffung von und des Verhältnisses zu Prüfungsausschüssen (audit committees), und Anforderungen an die Berufsaufsicht einschließlich des Erfordernisses zur Zusammenarbeit mit anderen Aufsichtbehörden in- und außerhalb der EU.

Vor diesem Hintergrund und angesichts der unterschiedlichen Aspekte der Abschlussprüfung kann nachfolgend nur ein knapper Überblick über den erreichten Stand der Harmonisierung sowie zu erwartende Änderungen gegeben werden. Dabei gilt das Hauptaugenmerk den direkten Auswirkungen auf die zu prüfenden Unternehmen, mithin die SE.

---

[1] Vgl. *Europäische Kommission,* Qualitätssicherungssysteme, 2000.
[2] Vgl. *Europäische Kommission,* Unabhängigkeit, 2002; vgl. dazu Hintergrund und Überblick bei: *Niehues, M.,* Unabhängigkeit des Abschlussprüfers, 2002, S. 182 ff.
[3] Vgl. *Europäische Kommission,* Stärkung der Abschlussprüfung, 2003.
[4] Vgl. *Europäische Kommission*, Prüfung, 2004.
[5] Vgl. zum Verhandlungsstand *Europäisches Parlament,* Bericht über den Vorschlag, 2005.

2. Überblick

a. Prüfungspflicht

Die Prüfungspflicht für den Jahresabschluss eines haftungsbeschränkten Unternehmens ergibt sich aus Art. 51 Vierte Richtlinie. „Kleine" Unternehmen können die Mitgliedstaaten jedoch von der Prüfungspflicht befreien.[1] Für den Konzernabschluss regelt Art. 37 der Siebenten Richtlinie, dass die Unternehmen, die einen Konzernabschluss nach dieser Richtlinie aufstellen, verpflichtet sind, diesen durch einen oder mehrere Abschlussprüfer prüfen zu lassen. Die Prüfungspflicht knüpft hier also an die Aufstellungspflicht an. Art. 6 und 7 wurden durch die Modernisierungsrichtlinie dahingehend geändert, dass sämtliche kapitalmarktorientierten Mutterunternehmen zwingend einen Konzernabschluss nach der Siebenten Richtlinie aufzustellen haben. Dadurch ist die bis dahin geltende Ausnahme entfallen, nach der kapitalmarktorientierte Muttergesellschaften von Teilkonzernen zwar nach Art. 4 IAS-VO, aufgrund der zwingenden Befreiung des Art. 7 Siebte Richtlinie nicht aber nach der Richtlinie, zur Aufstellung eines Konzernabschlusses verpflichtet waren, und damit auch nicht unter die Verpflichtung zur Abschlussprüfung nach Art. 37 Siebente Richtlinie fielen.[2]

Mit Ausnahme des eher unwahrscheinlichen Falls einer „kleinen" SE[3] – sind damit Jahres- und Konzernabschlüsse von SE im gesamten EWR prüfungspflichtig. Dies gilt im Übrigen für SE mit Sitz in Deutschland sowohl für den Jahresabschluss als auch für einen zur befreienden Offenlegung nach § 325 Abs. 2a HGB aufgestellten zusätzlichen Einzelabschluss nach IAS/IFRS (§ 324a HGB).

In Bezug auf die nach der Transparenzrichtlinie aufzustellenden Halbjahresberichte wurde die ursprüngliche Anregung der EU Kommission zur Einführung einer eingeschränkten Prüfung der Zwischenberichterstattung auf europäischer Ebene fallen gelassen.[4] Damit richtet sich die Pflicht zur Durchführung einer sog. „prüferischen Durchsicht"[5] nach dem Recht oder den Börsenordnungen der einzelnen Mitgliedstaaten. So stellt es die Börsenordnung der Frankfurter Wertpapierbörse den Emittenten der zum Prime Standard zugelassenen Wertpapiere ausdrücklich frei, ob sie

---

[1] S. Art. 51 Abs. 2 Vierte Richtlinie.
[2] Dazu vgl. *Busse von Colbe, W.*, Anpassung der Bilanzrichtlinien, 2002, S. 1534.
[3] Zur geringen Eignung der SE für kleine Unternehmen vgl. *Hommelhoff, P.*, Organisationsverfassung, S. 286 f.
[4] Vgl. die Auswertung der diesbezüglichen Konsultationen im Hinblick auf eine ebenfalls ursprünglich vorgesehene Quartalsberichterstattung in: *Europäische Kommission*, Konsultationspapier, 2001.
[5] Vgl. IDW PS 900 „Grundsätze für die prüferische Durchsicht von Abschlüssen" und ISA 910 „Engagement to Review Financial Statements".

ihre (hier verpflichtenden) Quartalsberichte einer prüferischen Durchsicht unterwerfen wollen.[1]

b. Bestellung des Abschlussprüfers und Verhältnis zum Prüfungsausschuss

War die Bestellung des Abschlussprüfers bisher nicht auf Gemeinschaftsebene geregelt, sieht der Kommissionsvorschlag für die Abschlussprüferrichtlinie nun in Art. 35 vor, dass die Bestellung durch die Hauptversammlung zu erfolgen hat. Allerdings können die Mitgliedstaaten nach dem Willen der Kommission die Bestellung von einer vorherigen Zustimmung durch eine Aufsichtsbehörde, ein Gericht oder sonstige nach einzelstaatlichem Recht vorgesehene Einrichtung abhängig machen. Letztere Option dient der Möglichkeit zur Beibehaltung einer in einigen Mitgliedstaaten ausgeübten Praxis z.B. bei Unternehmen in regulierten Branchen.[2]

Um die Unabhängigkeit des Abschlussprüfers bei „Unternehmen von öffentlichem Interesse"[3] zu stärken sieht Art 43 des Richtlinienvorschlags vor, dass der Vorschlag des Verwaltungs- oder Aufsichtsorgans für die Bestellung eines Abschlussprüfers auf einer Vorauswahl durch den Prüfungsausschuss beruhen muss. Dieser Prüfungsausschuss soll sich aus nicht an der Geschäftsführung beteiligten Mitgliedern des Verwaltungsorgans oder Mitgliedern des Aufsichtsorgans des geprüften Unternehmens zusammensetzen und mindestens ein unabhängiges Mitglied beinhalten, das Fachkenntnisse in der Rechnungslegung und/oder in der Abschlussprüfung aufweist.[4] Seine Aufgaben sollen neben der Vorauswahl des Abschlussprüfers unter anderem. in der Beaufsichtigung der Jahres- und Konzernabschlussprüfung sowie in der Überwachung und Überprüfung der Unabhängigkeit des Abschlussprüfers bestehen, insbesondere in Bezug auf zusätzlich zur Abschlussprüfung erbrachte Dienstleistungen. Der Abschlussprüfer seinerseits soll verpflichtet werden, dem Prüfungsausschuss über die wichtigsten bei der Abschlussprüfung gewonnenen Erkenntnisse Bericht zu erstatten, insbesondere über wesentliche Schwächen der internen Kontrollen in der Rechnungslegung, und den Prüfungsausschuss bei der Wahrnehmung seiner Aufgaben zu unterstützen.

Wenngleich sich hinsichtlich des Kreises der von diesen Regelungen gegebenenfalls betroffenen Unternehmen noch Änderungen seitens des europäischen Gesetzgebers ergeben können, so kann doch grundsätzlich von einem Konsens dahingehend aus-

---

[1] S. § 63 (7) Börsenordnung der Frankfurter Wertpapierbörse.
[2] S. *Europäische Kommission*, Prüfung, 2004, hier die vorangestellte Analyse.
[3] Das sind nach Art. 2 Nr. 11 des Richtlinienvorschlags „Unternehmen, die aufgrund der Art ihrer Tätigkeit, ihrer Größe oder der Zahl ihrer Beschäftigten von erheblicher öffentlicher Bedeutung sind, insbesondere [kapitalmarktorientierte] Unternehmen, […] sowie Banken, andere Finanzinstitute und Versicherungsunternehmen.
[4] Vgl. Art. 39 des Vorschlags.

gegangen werden, dass zumindest das Gros der kapitalmarktorientierten Unternehmen in der EU entsprechende Bestimmungen zum Prüfungsausschuss zu befolgen haben wird; d.h. zumindest in Bezug auf dem Aktienrecht unterliegende, börsennotierte Unternehmen dürften nach der Transformation der Richtlinie in das jeweilige nationale Recht keine gravierenden Unterschiede zwischen den einzelnen Mitgliedstaaten zu erwarten sein.[1] Entsprechendes gilt folglich für börsennotierte SE.

Bereits heute hat der deutsche Gesetzgeber den von der Kommission gestellten Anforderungen weitgehend Rechnung getragen: Die Hauptversammlung bestellt den Abschlussprüfer nach § 119 Abs. 1 Nr. 4 AktG, und der Prüfungsauftrag für den Jahres- und den Konzernabschluss wird gem. § 111 Abs. 2 AktG durch den Aufsichtsrat erteilt. Dies gilt für alle deutschen AG und damit auch für die dualistisch organisierte SE. In der monistisch organisierten SE dagegen erfolgt die Beauftragung des Abschlussprüfers durch den, die geschäftsführenden Direktoren einschließenden Verwaltungsrat (§ 22 Abs. 4 S. 3 SEEG). Börsennotierte AG bräuchten ebenso wie börsennotierte und dualistisch organisierte SE grundsätzlich keinen Prüfungsausschuss bilden, um die Anforderungen des Art. 39 Abs. 1 des Richtlinienvorschlags zu erfüllen. Dagegen wäre die Bildung eines solchen Ausschusses für börsennotierte, monistisch organisierte SE zwingend, um die geschäftsführenden Direktoren von den Aufgaben des Ausschusses ausschließen zu können.

Die Aufgaben des Prüfungsausschusses im Verhältnis zum Abschlussprüfer werden in Deutschland zurzeit über den Deutschen Corporate Governance Kodex geregelt;[2] ihre Wahrnehmung oder Nichtwahrnehmung wird über die nach § 161 AktG von Vorstand und Aufsichtsrat abzugebende Erklärung des „comply or explain" im Lagebericht bestätigt. Im Falle des „comply" entsprechen die Regelungen des Kodex bereits heute den von der EU Kommission vorgeschlagenen Anforderungen. Allerdings ist der Deutsche Corporate Governance Kodex bisher nur auf die dualistisch verfasste Aktiengesellschaft ausgelegt, was für eine entsprechend verfasste SE ausreichend ist. In Bezug auf die monistisch verfasste Variante der SE bedarf der Kodex jedoch noch der Ergänzung im Hinblick auf das Zusammenwirken der geschäftsführenden Direktoren mit dem Verwaltungsrat und die Einrichtung eines Prüfungsausschusses.[3]

Während sich damit insgesamt im EWR, trotz der unterschiedlichen Organisationsverfassungen der Unternehmen, ein einheitliches Vorgehen bei der Bestellung des Abschlussprüfers und dessen Einbindung in die Corporate Governance abzeichnet, bleiben andere bedeutende Unterschiede in Bezug auf die Bestellung des Prüfers bestehen. So erfolgt die Bestellung des Abschlussprüfers z. B. in Belgien und Italien

---

[1] Siehe im Einzelnen die Änderungsvorschläge des Rechtsausschusses des Europäischen Parlaments zu Art. 39, *Europäisches Parlament*, Bericht über den Vorschlag, 2005.
[2] Vgl. Abschnitte 5.3.2 und 7.2 des Deutschen Corporate Governance Kodex.
[3] Vgl. dazu *Teichmann, C.*, Gestaltungsfreiheit, 2004, S. 55 f.

fest für drei aufeinander folgende Jahre, in Frankreich sogar für sechs Jahre, während dagegen in *Deutschland* und Österreich der Abschlussprüfer nur für die Prüfung des Abschlusses eines Geschäftsjahres bestellt werden kann. Des Weiteren verlangt Frankreich für die Prüfung von börsennotierten Unternehmen die Bestellung zweier Abschlussprüfer, ein sog. „joint audit", was bei gleichzeitig sehr restriktiven französischen Bestimmungen zur Vereinbarkeit der Abschlussprüfung mit anderen Dienstleistungen die betroffenen Unternehmen in der Wahl ihrer Dienstleister deutlich einschränken kann.

c. Prüfungsgegenstand, -umfang und Berichterstattung über die Prüfung

Prüfungsgegenstand ist nach den Bilanzrichtlinien der Jahres- bzw. Konzernabschluss einschließlich des dazugehörigen Lageberichts.[1] Allein aufgrund der Tatsache, dass eine Rechtsangleichung in Bezug auf die bei der Aufstellung dieser Abschlüsse anzuwendenden Rechnungslegungsstandards, zumindest in Bezug auf den Jahresabschluss, zur Zeit nicht absehbar ist, ergeben sich im Hinblick auf den Gegenstand der Abschlussprüfung erhebliche *inhaltliche Unterschiede* zwischen den Mitgliedstaaten.[2] Hinzu kommt, dass die Bilanzrichtlinien lediglich den Mindestinhalt der Abschlüsse regeln, so dass der Umfang, der nach dem nationalen Recht der Mitgliedstaaten in den Jahresabschluss einzubeziehenden Angaben zwischen den Mitgliedstaaten variieren kann. Dies betrifft auch die Konzernrechnungslegung kapitalmarktorientierter Unternehmen, da die IAS-VO die Unternehmen nicht von der Verpflichtung befreit, ergänzende Angaben nach den Bilanzrichtlinien bzw. den nationalen Vorschriften zu machen, wenn die IAS/IFRS selbst keine entsprechende Regelung enthalten.

Unterschiede zwischen den Mitgliedstaaten ergeben sich auch in Bezug auf den gesetzlichen oder durch Standards geregelten *Prüfungsumfang*. So wird in *Deutschland* z. B. ausdrücklich die Einbeziehung der Buchführung und die Beachtung der gesetzlichen Vorschriften und der sie ergänzenden, satzungsmäßigen Bestimmungen erwähnt.[3] Wohl einmalig in Europa ist die Anforderung an den Abschlussprüfer deutscher börsennotierter Aktiengesellschaften, das Risikofrüherkennungssystem der Gesellschaft i. S. d. § 91 Abs. 2 AktG im Rahmen seiner Prüfung zu beurteilen.[4] Dagegen gehen andere Mitgliedstaaten, wie z.B. Frankreich und Belgien, dazu über eine Beurteilung des internen Kontrollsystems zu verlangen.

---

1 S. Art. 51 Abs. 1 Vierte Richtlinie, Art. 37 Abs. 1 Siebente Richtlinie.
2 Vgl. oben Kapitel III.2.
3 S. § 317 Abs. 1 S. 1, 2 HGB; dazu vgl. *Haller, A.*, Jahresabschlussprüfung, 1990, S. 590, der zu Recht daraufhin weist, dass jede Abschlussprüfung implizit auch die Prüfung der Ordnungsmäßigkeit der Buchführung beinhaltet.
4 S. § 317 Abs. 4 HGB.

Entsprechend den Unterschieden bei Gegenstand und Umfang der Abschlussprüfung fällt die nach außen im *Bestätigungsvermerk* zum Ausdruck kommende Berichterstattung über das Prüfungsergebnis aus. Zwar konnte die europäische Berufsvereinigung der Wirtschaftsprüfer, die Fédération des Experts Comptables Européens (FEE) in einer vergleichenden Studie[1] zum Bestätigungsvermerk in den Mitgliedstaaten der *EU* und weiteren europäischen Staaten feststellen, dass mit der (zum damaligen Zeitpunkt noch bestehenden) Ausnahme von Österreich die Gesetze und Standards zur Abfassung des Bestätigungsvermerks in allen wesentlichen Aspekten mit dem vom damaligen International Auditing Practice Committee (IAPC[2]) des IFAC entwickelten ISA 700 übereinstimmen. Neben materiellen Unterschieden hinsichtlich der nicht durch ISA 700 geregelten Bereiche, bestehen jedoch auch deutliche Unterschiede in der Art und Weise, wie über die Prüfungsaufgaben und das Prüfungsergebnis im Bestätigungsvermerk berichtet wird, so dass die Lesbarkeit für Abschlussadressaten außerhalb des betroffenen Mitgliedstaats beeinträchtigt ist.[3]

Die vorstehende Situation haben sowohl der europäische Gesetzgeber als auch der Nachfolger des IAPC, das International Auditing and Assurance Standards Board (IAASB), erkannt. Im Rahmen der Modernisierung der Bilanzrichtlinien wurden in die Vierte Richtlinie Art. 51a und in die Siebente Art. 37 abs. 2 eingefügt, die jeweils nahezu wortgleich die Mindestbestandteile eines Bestätigungsvermerks regeln. Insbesondere ist anzugeben, welcher Jahresabschluss bzw. Konzernabschluss Gegenstand der Abschlussprüfung ist, nach welchen Rechnungslegungsgrundsätzen er aufgestellt und nach welchen Prüfungsgrundsätzen er geprüft wurde. Zuvor war ISA 700 vom IAASB entsprechend geändert worden. Dass die Europäische Kommission in Bezug auf Bestätigungsvermerke zu Einzel- und Konzernabschlüssen, die nach IAS/IFRS im Sinne der IAS-VO aufgestellt werden, eine weitere Standardisierung vorantreiben will geht aus Art. 28 Abs. 2 ihres Vorschlags für eine Abschlussprüferrichtlinie hervor. Danach soll der Kommission die Möglichkeit zur Entwicklung eines Standardbestätigungsvermerks für die Prüfung vorgenanter Abschlüsse gewährt werden, der dann unmittelbar im Rahmen des sog. Komitologieverfahrens in das Gemeinschaftsrecht übernommen werden kann.

Im Hinblick auf weitere Unterschiede in der Berichterstattung zwischen den Mitgliedstaaten ist mit Bezug auf die in *Deutschland* vorgeschriebene Berichterstattung an den Aufsichtsrat und/oder den Vorstand bzw. die Geschäftsführung in Form des gemäß § 321 HGB zu erstellenden (nicht öffentlich zugänglichen) Prüfungsberichts anzumerken, dass die übrigen Mitgliedstaaten mit Ausnahme von Österreich eine

---

[1] Vgl. *FEE* (Hrsg.), Auditor's Report, 2000.
[2] Heute: International Auditing and Assurance Standards Board (IAASB); zur Organisation von IFAC und IAASB siehe im Internet: http://www.ifac.org.
[3] Vgl. *Mertin, D. / Schmidt, S.*, Internationale Harmonisierung, 2001, S. 329 f.

derart formalistische Informationsversorgung der Unternehmensorgane nicht kennen.

d. Prüfungsstandards

Die Entwicklung von Standards zur Durchführung der Abschlussprüfung und deren *weltweite Harmonisierung* ist das Ziel der vom IAASB erarbeiteten International Standards on Auditing (ISAs). Nach einer Studie der FEE von 1998 war bereits zu diesem Zeitpunkt ein hohes Maß an Übereinstimmung der in Europa angewandten Prüfungsstandards mit den ISAs festzustellen.[1] Die wesentlichen Unterschiede der Prüfungsstandards einzelner Mitgliedstaaten zu den ISA betrafen vor allem die gesetzlich normierten Bereiche, insbesondere den Bestätigungsvermerk.[2] Außerdem können neben der Berichterstattung auch andere rechtliche Rahmenbedingungen bestehen, die innerhalb einzelner *EU*-Mitgliedstaaten eine eins-zu-eins Übernahme der ISA in nationale Prüfungsstandards erschweren oder in den Fällen, in denen bestimmte Sachverhalte durch die ISAs nicht abgedeckt werden, die Entwicklung eigener nationaler Standards erfordern.[3] Eine Ursache für diese Situation liegt darin, dass die Prüfungsstandards in den einzelnen Mitgliedstaaten zum Teil gesetzlich normiert sind, zum Teil durch Aufsichtsbehörden vorgeschrieben sind und schließlich, wie in Deutschland, als fachliche Verlautbarungen berufständischer Organisationen vorliegen.

Mit ihrem Vorschlag zur Neufassung der Abschlussprüferrichtlinie geht die EU Kommission nun einen gewaltigen Schritt weiter. Nach Art. 26 dieses Vorschlags sollen die Mitgliedstaaten die Abschlussprüfer zur Anwendung von internationalen Prüfungsgrundsätzen verpflichten, die zuvor von der Kommission im sog. Komitologieverfahren angenommen wurden. Neue oder weitergehende Prüfungsvorschriften der Mitgliedstaaten sollen nur noch in Ausnahmefällen möglich sein. In den einführenden Erläuterungen zu diesem Vorschlag macht die Kommission deutlich, dass sie einerseits erreichen will, dass alle nach Gemeinschaftsrecht vorgeschriebenen Abschlussprüfungen nach ISAs erfolgen. Andererseits will Sie sich über das Komitologieverfahren sowohl Einfluss auf die Governance des IAASB als auch auf die Standardsetzung dieser privatwirtschaftlichen Institution sichern. Der Vergleich zum Prozess der Übernahme von IAS/IFRS ins Gemeinschaftsrecht ist nahe liegend. Im Ergebnis würden auf diesem Wege die ISAs ebenfalls ins Gemeinschaftsrecht übernommen. Bei richtlinienkonformer Anwendung des einzelstaatlichen Rechts in den einzelnen Mitgliedstaaten käme ihnen dann Gesetzeswirkung zu.

---

[1] Vgl. *FEE* (Hrsg.), Setting the Standards, 1998.
[2] Vgl. oben Kapitel IV.2.c. Vgl. auch: *Mertin, D. / Schmidt, S.*, Internationale Harmonisierung, 2001, S. 329.
[3] Zur deutschen Problematik vgl. *Jacob, H.-J.*, Transformation, S. 238 ff.

e. Unabhängigkeit des Abschlussprüfers

Gegenwärtig verlangt Art. 24 Achte Richtlinie nur, dass ein Abschlussprüfer eine Pflichtprüfung dann nicht durchführen darf, wenn er nicht unabhängig ist. Was aber unter Unabhängigkeit zu verstehen ist, das überlässt er dem Recht der einzelnen Mitgliedstaaten. Inzwischen hat sich, nicht zuletzt auch durch die Arbeiten der International Federation of Accountants (IFAC) zu dieser Frage,[1] ein nahezu *EU-einheitliches Verständnis* herausgebildet, was unter der Forderung nach der Unabhängigkeit des Abschlussprüfers zu verstehen ist und welche prinzipiellen Anforderungen an die Abschlussprüfer, aber auch an die Corporate Governance, zu stellen sind, um das Vertrauen der Öffentlichkeit in die Objektivität des Abschlussprüfers und damit in die Zuverlässigkeit der von ihm geprüften Abschlüsse zu stärken. Die nach Beratung mit allen interessierten Parteien und einer öffentlichen Konsultation von der Europäischen Kommission verabschiedete Empfehlung zur Unabhängigkeit des Abschlussprüfers vom Mai 2002 sollte ursprünglich bis 2005 zu einer weitgehend einheitlichen Regelung der Unabhängigkeitsfragen in der *EU* führen.[2]

Dieses Ziel wurde nicht erreicht. Insbesondere infolge US-amerikanischer und europäischer Bilanzskandale gingen einige Mitgliedstaaten des EWR dazu über, ihre Anforderungen an die Unabhängigkeit des Abschlussprüfers deutlich über das nach der EU-Empfehlung erforderliche Maß hinaus heraufzusetzen, während andere Mitgliedstaaten geplante Reformen bei bestehenden Regelungen aussetzten. So ist es aufgrund zwischenzeitlicher Gesetzgebung in Frankreich dort den Abschlussprüfern börsennotierter Unternehmen mit wenigen Ausnahmen untersagt, zusätzliche Beratungsleistungen für die geprüften Unternehmen zu erbringen. In Verbindung mit dem zusätzlich verpflichtenden „joint audit" führt das dazu, dass in bestimmten Beratungsbereichen die Auswahl zwischen den möglichen Anbietern solcher Leistungen auf ein Minimum begrenzt wird, oder dass bei einem anstehenden Prüferwechsel die Anzahl der möglichen Prüfer dadurch begrenzt wird, dass einige Prüfungsgesellschaften aufgrund längerfristiger Beratungsprojekte in dem Unternehmen nicht für die Abschlussprüfung zur Verfügung stehen. Bei Unternehmen in Branchen, die ein spezielles Fachwissen der Prüfer erfordern, kann dies schnell zu Schwierigkeiten in den entsprechenden Auswahlprozessen führen.

Die Europäische Kommission hat sich nun in ihrem Vorschlag für die Abschlussprüferrichtlinie weitgehend an der vorstehenden Empfehlung orientiert, mit einer gravierenden Ausnahme. In Art. 40 des Richtlinienvorschlags stellt sie die zurzeit nur in Italien geltende Pflichtrotation des Abschlussprüfers bzw. der Prüfungsgesellschaft börsennotierter Unternehmen, der sog. Pflicht zur „internen Rotation" der mit der Prüfung befassten natürlichen Personen als quasi gleichwertig gegenüber. Dabei

---

[1] Dazu vgl. *Mertin, D. / Schmidt, S.*, Internationale Harmonisierung, 2001, S. 322 f.
[2] Vgl. *Europäische Kommission*, Unabhängigkeit, 2002, hier Erwägungsgrund Nr. 15.

haben verschiedene Untersuchungen zu den Auswirkungen der externen Rotation ergeben, dass dadurch die Gefahr einer weitere Konzentration unter den großen Prüfungsgesellschaften wächst, mit steigenden Prüfungskosten gerechnet werden muss, und nicht zuletzt die Prüfungsqualität sinkt.[1] Darüber hinaus stellt sich für die betroffenen Unternehmen in bestimmten spezialisierten Branchen bei zunehmender Beschränkung der zulässigen Beratungsmöglichkeiten durch den Abschlussprüfer ebenfalls das Problem einer äußerst begrenzten Auswahl an möglichen Abschlussprüfern. Der Rechtsausschuss des Europäischen Parlaments hat daher zu Recht entsprechende Änderungsvorschläge zum Kommissionsvorschlag unterbreitet, mit deren Umsetzung für 2005 gerechnet wird.

In Deutschland ist die Kommissionsempfehlung mit der Einführung der §§ 319, 319a HGB durch das Bilanzrechtsreformgesetz umgesetzt worden.

3. Zusammenfassende Beurteilung

Mit dem Verweis der SE-VO auf das für Aktiengesellschaften geltende, nationale Recht wird in Bezug auf die Abschlussprüfung auf ein komplexes Feld von Regelungen verwiesen, dass in seinen Teilbereichen bezogen auf die *EU* einen unterschiedlichen Harmonisierungsgrad aufweist.

Die Frage nach Gegenstand und Umfang der Prüfung ist im Wesentlichen abhängig von den Harmonisierungstendenzen im Bereich der anzuwendenden Rechnungslegungsstandards. Je eher einheitliche Rechnungslegungsstandards zur Anwendung gelangen, desto eher kann auch den Adressaten der geprüften Abschlüsse ein einheitlicheres und verständlicheres Bild über den Gegenstand solcher Prüfungen vermittelt werden. Für die Nutzer eines Abschlusses ist es daher wichtig, dass sie, wie in ISA 700 vorgesehen, im Bestätigungsvermerk über die dem Abschluss zugrunde liegenden Rechnungslegungsstandards informiert werden.

Die Entwicklung einer grenzübergreifend verständlichen Berichterstattung über das Prüfungsergebnis in Form des Bestätigungsvermerks dürfte aufgrund des hohen, inhaltlich bereits erreichten Harmonisierungsgrads relativ kurzfristig zu erreichen sein. Dies setzt allerdings die Bereitschaft der Mitgliedstaaten zu einer Anpassung der betreffenden Vorschriften voraus. Dabei könnte die Berichterstattung über spezielle Prüfungsanforderungen und -ergebnisse, die seitens eines Mitgliedstaats im Vergleich zu internationalen Standards für unumgänglich gehalten werden, zusammengefasst in einem gesonderten Abschnitt des Bestätigungsvermerks erfolgen, so dass die Abweichungen zur europäischen oder internationalen Praxis für ausländi-

---

[1] Vgl. statt vieler: *Dallocchio, M.*, Italien experience, 2005; *GAO*, Mandatory Firm Rotation, 2003. Eine bisher unveröffentlichte, umfassende Zusammenstellung der Literatur liefert *SDA Bucconi*, Review, 2005.

sche Abschlussadressaten deutlich erkennbar sind. In der geplanten Abschlussprüferrichtlinie bleibt der Europäischen Kommission die weitere Standardisierung von Bestätigungsvermerken vorbehalten, die sich auf geprüfte Abschlüsse beziehen, die nach von der EU übernommenen IAS/IFRS aufgestellt wurden.

Bei den gegenwärtig noch nicht gesetzlich normierten Prüfungsstandards ist im Rahmen der kommenden Abschlussprüferrichtlinie mit einer weiteren Harmonisierung zu rechnen. In Bezug auf die Berufsgrundsätze, zeigt dagegen die Entwicklung der letzten Jahre, dass hier ein Regulierungswettlauf, insbesondere zur Regelung der Unabhängigkeit, in einigen Mitgliedstaaten zu erheblichen Beeinträchtigungen der Wirtschaft führen kann.

In den anderen Bereichen zur Regelung der Abschlussprüfung sind dagegen nur wenige bzw. keine Anhaltspunkte für eine rasche Harmonisierung erkennbar. Dies betrifft u. a. die Beauftragung und Bestellung des Abschlussprüfers. Insbesondere Aktionäre aus Mitgliedstaaten der *EU*, in denen der Abschlussprüfer jährlich neu zu wählen ist, oder in denen die Aktionäre zumindest jährlich die Möglichkeit zur Abwahl eines Abschlussprüfers haben, könnten sich gegebenenfalls in ihren gewohnten Rechten eingeschränkt sehen, wenn eine SE in einem Sitzstaat gegründet oder dorthin wechseln würde, in dem die Bestellung des Abschlussprüfers über einen mehrjährigen Zeitraum erfolgt. Dagegen zeichnet sich in Bezug auf die Auswahl des Abschlussprüfers und dessen Berichterstattung an die Organe, trotz unterschiedlicher rechtlicher Ausgangssituationen bei der Organisationsverfassung der Unternehmen, zunehmend ein einheitliches Vorgehen ab, dass durch die geplanten Vorschriften zur Einführung eines Prüfungsausschusses im Rahmen der Abschlussprüferrichtlinie festgeschrieben und beschleunigt werden soll.

V. Publizität

1. Offenlegung

a. Grundlagen

Die Art. 61 und 62 SE-VO verweisen bezüglich der Offenlegung von Jahres- und Konzernabschlüssen sowie der entsprechenden Lageberichterstattung der SE auf das für Aktiengesellschaften geltende Recht im Sitzstaat der SE. Der Rechtsangleichung in den Mitgliedstaaten des *EWR* dienen in diesem Zusammenhang gleich mehrere Gesellschaftsrechtsrichtlinien. Während die Bilanzrichtlinien den Umfang der offenzulegenden Jahres- und Konzernabschlussinformationen regeln, schreibt die Erste

Richtlinie[1] die Art und Weise vor, wie die Offenlegung zu erfolgen hat.[2] Darüber hinaus sind für die SE die Bestimmungen der Elften Richtlinie über die Offenlegung von Zweigniederlassungen[3] von besonderer Bedeutung, insbesondere da ein Vorteil der SE gerade darin gesehen wird, dass mit Hilfe der Einrichtung von Zweigniederlassungen auf komplexe und kostenintensive Konzernstrukturen verzichtet werden kann.

b. Umfang der offenzulegenden Abschlussinformationen

Den *Mindestumfang* der offenzulegenden Abschlussinformationen regelt für den Jahresabschluss Art. 47 Vierte Richtlinie und für den Konzernabschluss Art. 38 Siebente Richtlinie. Nach Art. 47 Abs. 1 Vierte Richtlinie haben alle haftungsbeschränkten Unternehmen den ordnungsgemäß gebilligten Jahresabschluss, den Lagebericht und den Bericht der mit der Abschlussprüfung beauftragten Person (Bestätigungsvermerk) offenzulegen. Neben den hier nicht weiter dargestellten Befreiungsmöglichkeiten für haftungsbeschränkte Personengesellschaften[4] enthalten Art. 47 Abs. 2 und 3 dieser Richtlinie Wahlrechte, die es den Mitgliedstaaten erlauben den Umfang der Offenlegungspflichten für „kleine" bzw. „mittelgroße" Kapitalgesellschaften zu beschränken.

Die Pflicht zur Offenlegung eines ordnungsgemäß gebilligten Konzernabschlusses einschließlich des Konzernlageberichts und des Bestätigungsvermerks des Abschlussprüfers ergibt sich aus Art. 38 Abs. 1 Siebente Richtlinie. Offenlegungserleichterungen kennt diese Richtlinie nicht. Die Offenlegung knüpft hier an die Aufstellungspflicht an.

In Bezug auf den Umfang der offenzulegenden Abschlussinformationen kann damit für SE in verschiedenen Sitzstaaten der Gemeinschaft grundsätzlich ein einheitliches Mindestmaß an Offenlegung vorausgesetzt werden, wobei sich allerdings aufgrund divergierender Grundsätze der Mitgliedstaaten zu Aufstellung und Inhalt von Ab-

---

[1] S. Erste Richtlinie (68/151/EWG) des Rates v. 9.3.1968 zur Koordinierung der Schutzbestimmungen, die in den Mitgliedstaaten den Gesellschaften im Sinne des Art. 58 Abs. 2 des Vertrages im Interesse der Gesellschafter sowie Dritter vorgeschrieben sind, um diese Bestimmungen gleichwertig zu gestalten, ABl. EG Nr. L 65 v. 14.3.1968, S. 8-12, zuletzt geändert durch die Richtlinie 2003/58/EG des Europäischen Parlaments und des Rates v. 15.07.2003 zur Änderung der Richtlinie 68/151/EWG des Rates in Bezug auf die Offenlegungspflichten von Gesellschaften bestimmter Rechtsformen, ABl. EG Nr. L 221 v. 4.9.2003, S. 13-16.

[2] S. hier insb.: Art. 47 Abs. 1 der Vierten Richtlinie, Art. 38 Abs. 1 der Siebenten Richtlinie. Mit der letzten Änderung vom 15.7.2003 jetzt auch klargestellt durch Art. 2 Abs. 1 Buchst. f der Ersten Richtlinie.

[3] S. Elfte Richtlinie (89/666/EWG) des Rates v. 22.12.1989 über die Offenlegung von Zweigniederlassungen, die in einem Mitgliedstaat von Gesellschaften bestimmter Rechtsformen errichtet wurden, die dem Recht eines anderen Staates unterliegen, ABl. EG Nr. L 395 v. 30.12.1989, S. 36 ff.

[4] S. Art. 47 Abs. 1a der Vierten Richtlinie.

schlüssen sowie zur Abfassung des Bestätigungsvermerks *inhaltlich deutliche Unterschiede* bei den offen gelegten Abschlussinformationen ergeben können.[1]

c. Währung und Sprache der offengelegten Abschlussinformationen

Während die Frage, in welcher Währung die Abschlüsse offenzulegen sind bzw. offengelegt werden können, für die SE bereits durch Art. 67 Abs. 2 SE-VO geklärt wird,[2] ließen es die für alle haftungsbeschränkten Unternehmen geltenden Richtlinien bisher offen, in welcher Sprache die Offenlegung der Abschlüsse erfolgen soll.

Hier schafft nun die auf Anregung der SLIM-Arbeitsgruppe[3] erfolgte Änderung der Ersten Richtlinie in Art. 3a Abs. 1 Klarheit. Danach sind die nach Art 2 der Richtlinie offenzulegenden Urkunden und Angaben in einer im registerführenden Mitgliedstaat gültigen Amtssprache zu erstellen und zu hinterlegen. Über den Verweis des Art. 2 Abs. 1 Buchst. f der Richtlinie auf die Bilanzrichtlinien fallen auch die offenlegungspflichtigen Jahres- und Konzernabschlussinformationen unter diese Regelung. Allerdings haben die Mitgliedstaaten ab dem 1. Januar.2007 zusätzlich zu der obligatorischen Offenlegung die Offenlegung in jeder anderen Amtssprache der Gemeinschaft[4] zuzulassen und erforderliche Maßnahmen zu treffen, um Dritten den Zugang zu dieser freiwilligen Offenlegung zu erleichtern.[5] Jedoch können sie eine Beglaubigung der jeweiligen Übersetzung verlangen. Ob sie außerdem die Offenlegung in Sprachen gestatten, die nicht zu den Amtssprachen der Gemeinschaft gehören, bleibt den Mitgliedstaaten überlassen.[6]

Mit diesen Maßnahmen ermöglicht es der europäische Gesetzgeber den grenzüberschreitend tätigen Unternehmen zumindest selbst für die europaweite Verständlichkeit der Abschlussinformationen und damit eine Steigerung der Effizienz des Binnenmarktes zu sorgen. Den *Anforderung an eine supranationale Gesellschaft* entsprechend dürften SE zukünftig von der Möglichkeit regen Gebrauch machen, freiwillig in einer Sprache offenzulegen, die im grenzüberschreitenden Geschäftsverkehr üblich ist.

---

[1] Vgl. oben Kapitel IV.2.b.
[2] Vgl. oben Kapitel II.1.d.
[3] Die von der Kommission eingesetzte Arbeitsgruppe zur Vereinfachung der das Gesellschaftsrecht betreffenden Rechtsvorschriften im Binnenmarkt (SLIM=Simpler Legislation for the Internal Market). Siehe dazu: *Europäische Kommission,* SLIM-Initiative, 2000, insbesondere S. 1 ff. und Anhang 1.
[4] Die Europäische Gemeinschaft verfügt zurzeit über 21 Amtssprachen: Dänisch, Deutsch, Englisch, Estnisch, Finnisch, Französisch, Irisch, Griechisch, Italienisch, Lettisch, Litauisch, Maltesisch, Niederländisch, Polnisch, Portugiesisch, Schwedisch, Slowakisch, Slowenisch, Spanisch, Tschechisch, Ungarisch.
[5] S. Art. 3a Abs. 2 Erste Richtlinie. Zur Umsetzungsfrist durch die Mitgliedstaaten s. Art. 2 Ab. 1 der Änderungsrichtlinie 2003/58/EG.
[6] S. Art. 3a Abs. 3 Erste Richtlinie.

d. Unterschiedliche nationale Verfahren

Unter den *Begriff der Offenlegung* nach den Art. 61 und 62 SE-VO fallen sowohl die Registerpublizität als auch die Bekanntmachung im nationalen Amtsblatt. Ein zentrales europäisches Unternehmensregister oder gar ein SE-Register ist nicht vorgesehen. Jede SE wird nach Art. 12 Abs. 1 SE-VO in ein nach dem Recht ihres Sitzstaates bestimmtes Register eingetragen. Bekanntmachungen im Amtsblatt der Europäischen Gemeinschaft sieht Art. 14 SE-VO lediglich für Eintragungen, Löschungen und Sitzverlegungen von SE vor und dies auch nur nachdem das in der Ersten Richtlinie vorgegebene Verfahren entsprechend der nationalen Vorschriften des Sitzstaats der SE durchlaufen wurde.

In Bezug auf die Offenlegung von Abschlussinformationen verweisen die Vierte und Siebente Richtlinie auf das in Art. 3 Erste Richtlinie geregelte Verfahren, das die Bekanntmachung der zum Register eingereichten Unterlagen in einem vom Mitgliedstaat zu bestimmenden Amtsblatt umfasst.[1]

Das Ergebnis der mit der Ersten Richtlinie bereits in 1968 angestrebten *Angleichung des nationalen Rechts* zur Offenlegung ist aus heutiger Sicht unbefriedigend. Während einige Mitgliedstaaten (z. B. *Großbritannien*) über ein Zentralregister verfügen, belassen es die meisten Mitgliedstaaten (z. B. *Deutschland*) bei der Einrichtung dezentraler Handels- oder Gesellschaftsregister. Dabei können sie sich auf ein entsprechendes Wahlrecht in Art. 3 Abs. 1 Erste Richtlinie stützen. Bei der – immerhin – zentral organisierten Bekanntmachung der zum jeweiligen Register eingereichten oder einzureichenden Unterlagen haben die Mitgliedstaaten dann wiederum unterschiedliche Möglichkeiten. So können sie nach Art. 3 Abs. 4 Erste Richtlinie wahlweise die Bekanntmachung der Unterlagen im nationalen Amtsblatt entweder in vollständiger oder auszugsweiser Wiedergabe oder in Form eines Hinweises auf deren Hinterlegung oder auf die Eintragung des betreffenden Sachverhalts in das Register fordern. Gemeinschaftliche Regelungen zu den Aufgaben der Register sowie zum Grad der Nutzung moderner Technologien sowohl bei der Einreichung zum Register und der Bekanntmachung als auch hinsichtlich des Zugangs zu den offenlegungspflichtigen Unterlagen gab es bis 2003 zunächst nicht, was zu bisher ganz unterschiedliche Bedingungen in den einzelnen Mitgliedstaaten führte.[2]

Eine, wenn auch nur partielle Verbesserung dieser Situation wird spätestens in 2007 eintreten, nachdem die Mitgliedstaaten die Richtlinie 2003/58/EG zur Änderung der Ersten Richtlinie umgesetzt haben.[3] Nach dieser Richtlinie bzw. nach Art. 3 der geänderten Ersten Richtlinie räumen die Mitgliedstaaten den Unternehmen ab dem 1. Januar 2007 die Möglichkeit ein, die offenlegungspflichtigen Unterlagen zum Han-

---

[1] S. Art. 3 Abs. 4 der Ersten Richtlinie.
[2] Dazu vgl. *Wymeersch, E.*, Company Law in Europe, 2001, S. 28.
[3] Zum Inhalt dieser Richtlinie vgl. *Scholz, O.*, Handelsregister, 2004, S. 173 f.

delsregister wie üblich einzureichen oder in elektronischer Form zu übermitteln. Die Mitgliedstaaten können sogar die elektronische Übermittlung aller oder bestimmter Unterlagen verlangen. Für die Nutzer der zum Handelsregister eingereichten Unterlagen ist von Bedeutung, dass sie spätestens ab dem 1. Januar 2007 ihren Antrag auf Einsicht sowohl in Papier- als auch in elektronischer Form stellen und die Unterlagen als elektronische Kopie übermittelt bekommen können. Letzteres gilt sogar für Altdaten, die zehn Jahre vor dem Antrag des Nutzers offen gelegt worden waren. Falls das Recht des Mitgliedstaats überhaupt ein solches erfordert, kann das nationale Amtsblatt, dem in Deutschland der Bundesanzeiger entspricht, elektronisch geführt werden. In den Mitgliedstaaten, in denen ein Amtsblatt nicht obligatorisch ist, hat die Bekanntmachung über ein System zu erfolgen, dass die chronologische Ordnung und zentrale Zugänglichkeit der Unternehmensinformationen gewährleistet.

Erlauben diese Änderungen der Ersten Richtlinie zwar einen geringfügig erleichterten Zugriff der Nutzer auf offenlegungspflichtige Unternehmensdaten, bleiben sie jedoch weit hinter dem auf eine europaweite Transparenz ausgerichteten Vorschlag der SLIM-Arbeitsgruppe zurück. Dieser sah vor das herkömmliche Offenlegungsverfahren durch ein elektronisches System mit europaweitem Datenzugriff zu ersetzen.[1] Allerdings bleibt zu hoffen, dass aufgrund der nun gegebenen technischen Voraussetzungen die nach wie vor bestehende Wahlmöglichkeit der Mitgliedstaaten zwischen dezentral und zentral geführten Handels- oder Gesellschaftsregistern aus Sicht der Nutzer zukünftig kein Informationshindernis mehr darstellt. Dies setzt voraus, dass die Mitgliedstaaten die Möglichkeit eines zentralen Zugangsportals schaffen, in dem die dann dezentral geführten elektronischen Register so zusammengeschaltet werden, dass die Suche nach und der Abruf von Unternehmensinformationen über dieses Portal möglich wird.[2]

In Bezug auf die SE bedeutet die geltende Offenlegungspraxis, dass sich Unternehmen bei der Gründung und späteren Sitzverlegung einer SE mit den völlig unterschiedlichen juristischen und praktischen Verfahren am vorgesehenen Sitz der SE vertraut machen müssen. Noch gravierender wirken sich die Verfahrensunterschiede auf die *Informationsversorgung der Nutzer von Abschlussinformationen* aus, die erwartungsgemäß nicht alle im Sitzstaat der SE ansässig sind. Sie müssen sich zunächst mit den nationalen Regelungen im Sitzstaat der SE befassen, um dann gegebenenfalls nur über einen zeit- und kostenaufwendigen Papierweg die gewünschten Informationen zu erhalten. Inwieweit die dann ab 2007 verfügbare elektronische Informationsbeschaffung für die Nutzer der Informationen eine Zeit- und Kostenersparnis mit sich bringt, dürfte von Anzahl und Architektur der in den Mitgliedstaaten eingerichteten Zugangsportale sowie von der Gebührenpolitik der Register ab-

---

[1] Vgl. *Europäische Kommission,* SLIM-Initiative, 2000, Anhang 1, S. 13.
[2] Vgl. zu den diesbezüglichen Schwierigkeiten in Deutschland: *Scholz, O.,* Handelsregister, 2004, S. 174 f.

hängen.¹ Insgesamt dürfte jedoch langfristig ein schnellerer Zugriff und eine größere Transparenz der offengelegten Informationen zu erwarten sein, wie z.B. das nachfolgend skizzierte Vorhaben des Bundesjustizministeriums (BMJ) zeigt.

In Deutschland hat das Bundesjustizministerium (BMJ) am 7. April 2005 einen Referentenentwurf für ein „Gesetz über elektronische Handelsregister und Genossenschaftsregister sowie das Unternehmensregister (EHUG)" vorgestellt.² Der Referentenentwurf sieht vor, dass ab 2007 elektronisch zu führende Handelsregister (sowie Genossenschafts- und Partnerschaftsregister) zwar in der Verantwortung der Gerichte bleiben, jedoch bundesweit vernetzt werden sollen. Die zentrale Internetseite „www.handelsregister.de" soll den kostenpflichtigen Einblick in die Register ermöglichen. Für die Abschlussinformationen aller publizitätspflichtigen Unternehmen sieht der Referentenentwurf nun die Einreichung und Offenlegung im elektronischen Bundesanzeiger vor. Schließlich sollen wesentliche Unternehmensdaten, deren Offenlegung von der Rechtsordnung vorgesehen ist, künftig über ein zentrales elektronisches Unternehmensregister (www.e-bundesanzeiger.de) verfügbar gemacht werden. Das BMJ folgt in seiner Begründung für dieses Vorhaben der bereits in 2001 von der deutschen Regierungskommission Corporate Governance gestellten Forderung nach Schaffung eines bundesweiten Unternehmensregisters,³ und versucht damit gleichzeitig die Vorgaben aus der Änderungsrichtlinie 2003/58/EG zur Ersten Richtlinie und die Anforderungen nach der Transparenzrichtlinie mit einem Instrument zu erfüllen.⁴

e. Aufwendige Offenlegung der Zweigniederlassungen

Die vorstehend beschriebene Situation betrifft auch die nach der Elften Richtlinie für Zweigniederlassungen erforderlichen Offenlegungspflichten. So sind Unternehmen, die in anderen Mitgliedstaaten der *EU* Zweigniederlassungen eingerichtet haben verpflichtet, einen Teil der im Sitzstaat zu veröffentlichenden Unterlagen übersetzen zu lassen, zum Register des Niederlassungsstaats einzureichen und dort bekannt zu machen. Nach Art. 2 Abs. 1 Buchst. g in Verbindung mit Art. 3 Elfte Richtlinie gehören die geprüften Jahres- und Konzernabschlüsse zu diesen Unterlagen, wobei sich Art und Umfang der Offenlegung nach dem Recht des Mitgliedstaats richten, dem das betreffende Unternehmen mit seiner Hauptniederlassung unterliegt.

Nach den geltenden Bestimmungen muss z. B. eine SE mit Sitz in *Deutschland* zukünftig den nach deutschem Recht aufgestellten und geprüften Jahresabschluss zum

---

1 Vgl. zum Kostenrisiko: *Scholz, O.*, Handelsregister, 2004, S. 175.
2 Vgl. *BMJ*, EHUG, 2005.
3 Vgl. *Baums, T.* (Hrsg.), Corporate Governance, 2001, Tz. 252.
4 Vgl. *BMJ*, EHUG, 2005, S. 73-78.

Handelsregister ihres Sitzorts einreichen und, sofern es sich um eine „große" Gesellschaft handelt, im Bundesanzeiger bekannt machen. Daneben hat sie diesen Abschluss, meist in Übersetzung, jeweils nach dem Verfahren offenzulegen, dass in den Mitgliedstaaten vorgeschrieben ist, in denen sie eine Zweigniederlassung unterhält.

Zwar führen diese Offenlegungsregeln mit steigender Anzahl der Mitgliedstaaten, in denen ein Unternehmen Zweigniederlassungen hat, auf Seiten der Abschlussadressaten zu einer Minderung von Sprachproblemen und Informationsbeschaffungskosten und damit zu einer tendenziellen Verbesserung der *Transparenz*.[1] Letztere geht jedoch *zu Lasten der Unternehmen*, die zur Erfüllung ihrer Verpflichtungen mit einem Verwaltungsaufwand belastet werden, der bei kleineren Unternehmenseinheiten für eine Zweigniederlassung kaum geringer sein dürfte als der Aufwand, der aus der Gründung einer Tochtergesellschaft resultiert.

Schließlich können die komplexen und zudem noch je nach Mitgliedstaat divergierenden Offenlegungsverfahren als ein Grund dafür angesehen werden, dass bis heute die in nationalen Rechtsformen verfassten Unternehmen relativ selten von der – heute schon bestehenden – Möglichkeit zur Errichtung von Zweigniederlassungen Gebrauch gemacht und stattdessen Tochtergesellschaften gegründet haben. Damit relativiert sich der häufig für die SE ins Feld geführte Vorteil eines möglichen Verzichts auf Konzernstrukturen. Jedenfalls wird sich ein Festhalten der *EU* und der Mitgliedstaaten an der geltenden Offenlegungspraxis nicht unbedingt positiv auf das künftige Schicksal der SE als Rechtsform der Unternehmenspraxis auswirken.[2]

Vor diesem Hintergrund ist es bedauerlich, dass die Empfehlungen der SLIM-Arbeitsgruppe aus 1999 bisher nicht umgesetzt wurden. Für Zweigniederlassungen, die in anderen Mitgliedstaaten der *EU* errichtet werden, sahen diese Empfehlungen die Anwendung eines „*Heimatstaats*"-Prinzips vor, demzufolge alle erforderlichen Angaben des Unternehmens einer elektronischen Datenbank des Unternehmensregisters im Sitzstaat der Gesellschaft zu entnehmen sind. Mitgliedstaaten, die eine Zweigniederlassung aufnehmen, sollen dann keine zusätzlichen Anforderungen an die Offenlegung des Unternehmens stellen können.[3]

f. Offenlegungsfristen

Im Hinblick auf die Verfügbarkeit von Abschlussinformationen ist festzustellen, dass weder die Erste noch die Bilanzrichtlinien *Fristen* vorsehen, innerhalb derer die Abschlussinformationen beim Register einzureichen und im Amtsblatt bekannt zu

---

[1] S. auch Erwägungsgrund Nr. 6 der Elften Richtlinie, der den Schutz der Personen hervorhebt, die über eine Zweigniederlassung mit der Gesellschaft in Beziehung treten.
[2] Vgl. *Wymeersch, E.*, Company Law in Europe, 2001, S. 44.
[3] Vgl. *Europäische Kommission*, SLIM-Initiative, 2000, insbesondere S. 1 ff. und Anhang 1.

machen sind. Im Hinblick auf die Tatsache, dass Informationen im Zeitablauf an Entscheidungsrelevanz verlieren, entfalten unterschiedliche Fristen in den einzelnen Mitgliedstaaten auch unterschiedliche Schutzwirkungen für die Nutzer von Abschlussinformationen.

Dieser Nachteil der gesellschaftsrechtlichen Richtlinien wird, soweit kapitalmarktorientierte Unternehmen betroffen sind, zunächst nur zum Teil (Prospektrichtlinie),[1] schließlich mit Umsetzung der Transparenzrichtlinie zum 20. Januar 2007 vollständig über das Kapitalmarktrecht der Gemeinschaft korrigiert. So ist der den geprüften Abschluss und den Lagebericht umfassende Jahresfinanzbericht eines kapitalmarktorientierten Unternehmens spätestens vier Monate nach Ablauf des jeweiligen Geschäftsjahres zu veröffentlichen.[2] Der den verkürzten Abschluss und einen Zwischenlagebericht enthaltende Halbjahresbericht ist spätestens zwei Monate nach Ablauf des jeweiligen Berichtszeitraums zu veröffentlichen.[3]

2. Veröffentlichung von Abschlussinformationen

Die kapitalmarktrechtliche Transparenzrichtlinie regelt umfassend die in der Gemeinschaft zu harmonisierenden Veröffentlichungspflichten sämtlicher Emittenten, deren Wertpapiere innerhalb des EWR zum Handel auf einem geregelten Markt zugelassen sind. In Bezug auf Abschlussinformationen sieht sie die Veröffentlichung von Jahres- und Halbjahresfinanzberichten vor.

Der Jahresfinanzbericht ist spätestens vier Monate nach Ablauf des Geschäftsjahres zu veröffentlichen. Außerdem stellt der Emittent sicher, dass dieser Bericht mindestens fünf Jahre öffentlich zugänglich bleibt (Art. 4 Abs. 1). Entsprechendes gilt für den spätestens zwei Monate nach Ablauf des Berichtszeitraums zu veröffentlichenden Halbjahresfinanzbericht (Art 5 Abs. 1).

Hinsichtlich der Sprache, in der die Finanzberichte (wie auch die übrigen veröffentlichungspflichtigen Informationen) zu veröffentlichen sind, kommt es sowohl auf den Sitzstaat des Emittenten (Herkunftsmitgliedstaat) als auch auf den Mitgliedstaat an, in dem die Wertpapiere zum Handel an einem geregelten Markt zugelassen sind. Sind die Wertpapiere zum Handel im Herkunftsmitgliedstaat zugelassen, ist stets in einer die in diesem Mitgliedstaat behördlich akzeptierten Sprache zu veröffentli-

---

[1] Die Prospektrichtlinie (Richtlinie 2001/34/EG des Europäischen Parlaments und des Rates v. 28.05.2001 über die Zulassung von Wertpapieren zur amtlichen Börsennotierung und über die hinsichtlich dieser Wertpapiere zu veröffentlichenden Informationen, korrigierte Fassung, ABl. L 217 v. 11.8.2001, S. 18-84) schreibt für börsennotierte Gesellschaften lediglich vor, dass binnen vier Monaten nach Beendigung des Berichtszeitraums ein Halbjahresbericht zu veröffentlichen ist (Art. 72).
[2] S. Art. 4 Abs. 1 Transparenzrichtlinie.
[3] S. Art. 5 Abs. 1 Transparenzrichtlinie.

chen.¹ Erfolgte außerdem die Zulassung in einem weiteren Mitgliedstaat (Aufnahmemitgliedstaat), hat der Emittent in Bezug auf die zusätzliche Sprache die Wahl zwischen einer im Aufnahmemitgliedstaat akzeptierten oder einer „in internationalen Finanzkreisen gebräuchlichen" Sprache.² Sofern die Wertpapiere des Emittenten nicht in seinem Herkunftsmitgliedstaat, sondern nur in anderen Mitgliedstaaten der EU zum Handel an einem geregelten Markt zugelassen sind, besteht bei der Veröffentlichung die Wahl zwischen den in diesem Mitgliedstaaten akzeptierten Sprachen oder einer „in internationalen Finanzkreisen gebräuchlichen" Sprache.³ Im Ergebnis dürfte diese Sprachregelung der Transparenzrichtlinie dazu führen, dass die Pflichtveröffentlichungen in aller Regel in der Sprache des Sitzstaats und erforderlichenfalls zusätzlich in englischer Sprache erfolgen werden.

Die Transparenzrichtlinie sieht weiter vor, dass die vorgeschriebenen Finanzinformationen in einer Form zu veröffentlichen sind, die in nicht diskriminierender Weise einen schnellen Zugang zu den Informationen gewährleistet und die die Informationen in einem amtlich bestellten System für die zentrale Speicherung zur Verfügung stellt (Art 21 Abs. 1 u. 2). Nach dem Erwägungsgrund 25 der Richtlinie sollen die zu verbreitenden Informationen im Herkunftsmitgliedstaat zentral zur Verfügung gestellt werden, „so dass ein europäisches Informationsnetz aufgebaut werden kann, das zu angemessenen Preisen für Kleinanleger zugänglich ist, ohne dass gleichzeitig die Hinterlegungspflichten der Emittenten unnötig verdoppelt werden". Bei fristgerechter Umsetzung der Richtlinie wird damit auf Ebene der Gemeinschaft die für die Steigerung der Effizienz des Binnenmarkts erforderliche Transparenz in 2007 zumindest für die die Abschlussinformationen beinhaltenden Kapitalmarktinformationen der kapitalmarktorientierten Unternehmen hergestellt sein. Dass davon auch wichtige Impulse zur Verbesserung der grenzüberschreitenden Transparenz bei Abschlussinformationen nicht-kapitalmarktorientierter Unternehmen ausgehen zeigt das oben skizzierte Gesetzesvorhaben des BMJ zur Einrichtung eines zentralen Unternehmensregisters in Deutschland.

3. Zusammenfassende Beurteilung

Die Darstellung der zur Zeit für Unternehmen in der *EU* geltenden Offenlegungspraxis hat u. a. gezeigt, dass deren Komplexität und Unterschiedlichkeit aufgrund des damit verbundenen Verwaltungsaufwands ein Hindernis für die Gründung von SE darstellt, die vor allem über Zweigniederlassungen tätig werden wollen. Darüber hinaus ist für die Interessenten an Abschlussinformationen zurzeit die *Informationsbeschaffung* in einigen Fällen noch *mit* derart *hohen Kosten und Zeitaufwendungen*

---

[1] S. Art. 20 Abs. 1 und Abs. 2 Buchst. a Transparenzrichtlinie.
[2] S. Art. 20 Abs. 2 Buchst. b Transparenzrichtlinie.
[3] S. Art. 20 Abs. 3 Transparenzrichtlinie.

verbunden, die sich in Form hoher Transaktionskosten negativ auf die Vertragsbeziehungen zwischen Abschlussadressaten und Unternehmen auswirken und damit die Allokationseffizienz im Binnenmarkt beeinträchtigen, zu deren Förderung die Rechtsform SE gerade beitragen sollte.

Die SLIM-Initiative und die zumindest teilweise Übernahme der diesbezüglich gemachten Vorschläge in die Erste Richtlinie tragen mit der angestrebten Einführung neuer Technologien zu einer *Verbesserung der Unternehmenspublizität* bei. Jedoch bleibt die in 2003 verabschiedete und erst in 2007 wirksam werdende Modernisierung der Ersten Richtlinie hinter den Anforderungen an eine moderne und transparente Informationsbereitstellung zurück. Zwar wird dem Nutzer von Abschlussinformationen ein elektronischer Zugang zum nationalen Amtsblatt bzw. zu einer diesem vergleichbaren Einrichtung eröffnet. Aufgrund der mitgliedstaatlichen Wahlrechte zur Bestimmung des Umfangs der bekannt zu machenden Informationen ist damit aber ein unmittelbarer Zugang zu sämtlichen offenlegungspflichtigen Abschlussinformationen noch nicht gewährleistet. Im Falle nicht bekanntmachungspflichtiger Informationen wird der Nutzer – wenn auch durch die Anwendung moderner Technologien deutlich verbessert – nach wie vor auf den umständlichen Weg der Beantragung und der Übermittlung der gewünschten Informationen verwiesen.

Wie die Ausführungen zur Transparenzrichtlinie gezeigt haben wird sich auf in Bezug auf kapitalmarktorientierte Unternehmen die Verfügbarkeit der relevanten Unternehmensinformationen spätestens ab 2007 deutlich verbessern. Dazu gehört nicht nur, dass der interessierten Öffentlichkeit dann auch regelmäßige Halbjahresberichte zur Verfügung stehen und die Fristen für die Publizität von Abschlussinformationen festgeschrieben sind, sondern auch die Verpflichtung der Mitgliedstaaten zur Schaffung für den einfachen und zentralen Zugang geeigneter technischer Plattformen.

Dass im Zusammenhang mit den geforderten Techniken zur Verbesserung der Publizität kapitalmarktorientierter Unternehmen auch eine Beschleunigung entsprechender Prozesse bei den nicht kapitalmarktorientierten Unternehmen erzielt werden kann, zeigt der Referentenentwurf des BMJ zur Einrichtung eines zentralen Unternehmensregisters. Hier wird entsprechend der Empfehlungen der deutschen Regierungskommission Corporate Governance über ein einziges Portal den öffentlichen Zugang zu allen für Offenlegungszwecke angelegten Dateien gewährt und zwar einschließlich aller zu den Handels- oder Gesellschaftsregistern eingereichten Unterlagen.[1]

---

[1] Im Einzelnen dazu vgl. den Vorschlag zur Einrichtung eines einheitlichen Zugangsportals („Deutsches Unternehmensregister") sowie zur weiteren Verbesserung von Handelsregister- und Bundesanzeigerpublizität bei *Baums, T.* (Hrsg.), Corporate Governance, 2001, Tz. 252-254.

Die weitere Verknüpfung derartiger nationaler Unternehmensregister über ein einheitliches, europäisches Zugangsportal würde dann für eine dem Binnenmarkt gerecht werdende Informationsversorgung sorgen. Auf die Offenlegung von Abschlussinformationen europäischer Unternehmen nach der Elften Richtlinie könnte somit entsprechend der Vorstellungen der SLIM-Arbeitsgruppe vollständig verzichtet werden. Die Europäische Kommission hat den diesbezüglichen Vorschlag allerdings bisher nicht aufgegriffen.

Während sich für die Nutzer von Unternehmensinformationen also deutliche Erleichterungen abzeichnen, steht die SE allerdings – trotz der spätestens bis zum 31. Dezember 2006 in allen Mitgliedstaaten des EWR zu schaffenden technischer Erleichterungen – weiterhin vor der Aufgabe, sich sowohl mit den nationalen Offenlegungsbestimmungen ihres Sitzstaats als auch mit den entsprechenden Regelungen in den Niederlassungsstaaten der Zweigniederlassungen detailliert auseinanderzusetzen.

VI. Ergebnis

Gerade von einer supranationalen Rechtsform wie der SE ist zu fordern, dass sie der Internationalität sowohl ihrer Unternehmensführung als auch ihrer bestehenden und potenziellen Vertragspartner, also allen an ihren Jahres- und Konzernabschlüssen Interessierten, entsprechend diesen vergleichbare Abschlussinformationen für Dispositionsentscheidungen zur Verfügung stellt. Dies wird insbesondere an den hohen Erwartungen deutlich, die in die SE in Bezug auf die Stärkung des europäischen Binnenmarkts gesetzt werden. Die SE verlangt damit eine Aufstellung von Jahres- und Konzernabschlüssen nach internationalen Rechnungsstandards, die nach internationalen Grundsätzen geprüft und den Abschlussadressaten auf einfache und schnelle Art und Weise verfügbar gemacht werden. Die Vorschriften der SE-VO zur Rechnungslegung, Prüfung und Publizität stellen an die SE die gleichen Anforderungen wie sie für Aktiengesellschaften in deren jeweiligem Sitzstaat gelten. Nach dem gegenwärtigen Stand der Rechtsangleichung innerhalb der *EU* und des EWR ist damit bisher lediglich die Anwendung einheitlicher, internationaler Standards, den IAS/IFRS, für die Konzernrechnungslegung kapitalmarktorientierter Unternehmen einschließlich der SE gewährleistet. Allerdings zeigen die inzwischen insbesondere durch die Kapitalmärkte ausgelösten, sowohl auf der Ebene der *EU* als auch in den einzelnen Mitgliedstaaten eingeleiteten Reformen, dass die Harmonisierung der Rechnungslegung, Prüfung und Offenlegung europäischer Unternehmen in den letzten fünf Jahre deutlich vorangeschritten ist. Mit ihrer Möglichkeit zur freien Wahl ihres Sitzstaats und des dadurch ausgelösten Wettbewerbs zwischen den Mitgliedstaaten bleibt die SE der Motor, der diese Harmonisierungsprozesse weiter vorantreibt.

H. Konzernrecht

Silja Maul[*]

I.	Einleitung 465
II.	Regelungslücke 466
III.	Faktische Unternehmensverbindungen 469
	1. Das System der §§ 311 ff. AktG 470
	a. Der Abhängigkeitsbericht 471
	b. Die Prüfung durch den Abschlussprüfer und den Aufsichtsrat 472
	c. Die Sonderprüfung 472
	d. Eigenverantwortliches Handeln des Tochtervorstandes 473
	2. Anwendung der §§ 311 ff. AktG auf SE 473
	a. Abhängige Gesellschaft in Form der SE 473
	aa. Eigenverantwortliche Leitung 474
	ab. Aufstellung und Prüfung des Abhängigkeitsberichts 474
	ac. Haftung 475
	b. Anwendung der §§ 311 ff. AktG auf herrschende SE 477
	3. Anwendbares Recht im Rahmen von grenzüberschreitenden Unternehmensverbindungen 478
	a. Mutter mit Sitz im Ausland/Tochter-SE mit Sitz im Inland 478
	b. Mutter-SE mit Sitz im Inland/Tochter mit Sitz im Ausland 480
	c. Besondere Fragestellungen bei grenzüberschreitenden Unternehmensverbindungen 481
	ca. Auskunftsrechte 481
	cb. Durchsetzung von Ersatzansprüchen gegenüber herrschenden Unternehmen mit Sitz im Ausland 482
	cba. Herrschendes Unternehmen mit Sitz im Ausland außerhalb der EU 482
	cbb. Herrschendes Unternehmen mit Sitz in einem Vertragsstaat 484
IV.	Vertragskonzerne 484
	1. Das System der Vertragskonzerne 484
	a. Beherrschungsvertrag 485
	b. Gewinnabführungsvertrag 486

---

[*]   *Dr. Silja Maul*, Rechtsanwältin in Frankfurt am Main.

2. Anwendung der beherrschungsvertraglichen Regelungen auf SE 487
   a. Die SE als herrschendes Unternehmen 487
      aa. Weisungen 487
      ab. Verlustausgleich und Sicherheitsleistung 488
      ac. Haftung 488
   b. Die SE als abhängige Gesellschaft 489
      ba. Beherrschungsvertragliche Weisungen 489
      bb. Umsetzung des § 308 Abs. 3 AktG 491
      bc. Haftung 492
      bd. Verlustausgleich und Sicherheitsleistung 493
3. Anwendbares Recht im Rahmen von grenzüberschreitenden
   Unternehmensverträgen 493
   a. Mutter mit Sitz im Ausland/Tochter-SE mit Sitz im Inland 494
   b. Herrschende SE mit Sitz im Inland/Tochter mit Sitz im Ausland 496
   c. Besondere Fragestellungen bei grenzüberschreitenden
      Unternehmensverträgen 497
4. Gewinnabführungsvertrag 498
V. Existenzvernichtender Eingriff 498
   1. Voraussetzungen des existenzvernichtenden Eingriffs:
      Rechtsprechung zur GmbH 499
   2. Anwendung des existenzvernichtenden Eingriffs auf die AG/SE 500
VI. Gemeinschaftsunternehmen 502
   1. Mehrfache Abhängigkeit 503
   2. Rechtsfolgen bei mehrfacher Abhängigkeit 503

Literatur

Adler, Hans / Düring, Walter / Schmaltz, Kurt, 1996: *Rechnungslegung* und Prüfung der Unternehmen, Teilband 4, 6. Aufl., Stuttgart: Schäffer-Poeschel, 1996.

Altmeppen, Holger, 2000, in: *Kropff, Bruno / Bayer, Walter / Bachner, Thomas / Altmeppen, Holger* (Hrsg.), Münchener Kommentar zum Aktiengesetz, Band 8, 2. Aufl., München: C.H. Beck, 2000.

Altmeppen, Holger, 2001: Grundlegend Neues zum "qualifiziert faktischen" Konzern und zum *Gläubigerschutz* in der Einmann-GmbH, in: ZIP 22 (2001), S. 1837-1847.

Altmeppen, Holger, 2002: Ausfall- und *Verhaltenshaftung* des Mitgesellschafters, in der GmbH, in: ZIP 23 (2002), S. 961-968.

Altmeppen, Holger, 2002: Zur Entwicklung eines neuen *Gläubigerschutzkonzept*es in der GmbH, in: ZIP 23 (2002), S. 1553-1563.

Altmeppen, Holger, 2002: *Gesellschafterhaftung* und „Konzernhaftung" bei der GmbH, in: NJW 55 (2002), S. 321-324.

Bar, Christian von, 1991: *Internationales Privatrecht,* Band 2, München: C.H. Beck, 1991.
Bärwaldt, Roman / Schabacker, Joachim, 1998: *Wirksamkeitserfordernisse* grenzüberschreitender Unternehmensverträge i. S. d. § 91 AktG, in: AG 43 (1998), S. 182-189.
Bayer, Walter, 1988: Der grenzüberschreitende *Beherrschungsvertrag,* Mannheim: C.F. Müller, 1988.
Bayer, Walter, 2000, in: *Kropff, Bruno / Bayer, Walter / Bachner, Thomas / Altmeppen, Holger* (Hrsg.), Münchener Kommentar zum Aktiengesetz, Band 1, 2. Aufl., München: C.H. Beck, 2000.
Brandi, Tim Oliver, 2003: Die Europäische Aktiengesellschaft im deutschen und internationalen *Konzernrecht,* in: NZG 6 (2003), S. 889-896.
Brandt, Ulrich / Scheifele, Matthias: *Die Europäische Aktiengesellschaft* und das anwendbare Recht, DStR 40 (2002), S. 547-555.
Cahn, Andreas, 2001: *Verlustübernahme* und Einzelausgleich im qualifiziert faktischen Konzern, in: ZIP 22 (2001), S. 2159-2163.
Casper, Matthias, 2003: Der *Lückenschluß* im Statut der Europäischen Aktiengesellschaft, in: *Habersack, Mathias / Hüffer, Uwe,* Festschrift für *Peter Ulmer* zum 70. Geburtstag am 2. Januar 2003, Berlin: De Gruyter, 2003, S. 51-72.
Crezelius, Wolfgang, 1993: *Organschaft* und Ausland, in: *Beisse, Heinrich* u. a. (Hrsg.), Festschrift für *Karl Beusch* zum 68. Geburtstag am 31. Oktober 1993, Berlin / New York: De Gruyter, 1993, S. 153-166.
Deilmann, Barbara, 1990: Die *Entstehung* des qualifiziert faktischen Konzerns, Berlin: Duncker & Humblot, 1990.
Drygala, Tim, 2003: *Abschied* vom qualifizierten faktischen Konzern - oder Konzernrecht für alle?, in: GmbHR 94 (2003), S. 729-739.
Embid Irujo, José Miguel, 1994: Die Rechtslage der *Konzerne im spanischen Recht,* in: ZGR Sonderheft Nr. 11, Berlin / New York: De Gruyter, 1994, S. 247-263.
Emmerich, Volker / Habersack, Mathias, 2003: *Aktien- und GmbH-Konzernrecht,* Kommentar, 3. Aufl., München: C.H. Beck, 2003.
Emmerich, Volker / Sonnenschein, Jürgen / Habersack, Mathias, 2001: *Konzernrecht,* 7. Aufl., München: C.H. Beck, 2001.
Fleck, Hans-Joachim, 1974: Zur *Haftung* des GmbH-Geschäftsführers, in: GmbHR 65 (1974), S. 224-235.
Fleischer, Holger, 2003: Zur *Leitungsaufgabe* des Vorstands im Aktienrecht, in: ZIP 29 (2003), S. 1-11.
Flume, Werner, 1978: Die *Mitbestimmung* – Ideologie und Recht, in: ZGR 7 (1978), S. 678-697.
Forum Europaeum Konzernrecht, 1998: *Konzernrecht für Europa,* in: ZGR 27 (1998), S. 672-772.
Gäbelein, Wolfgang, 1991: Überlegungen zur *Gestaltung* eines europäischen Konzernrechts, in: *Westermann, Harm Peter* (Hrsg.), Festschrift für *Karlheinz Quack* zum 65. Geburtstag am 3. Januar 1991, Berlin / New York: De Gruyter, 1991, S. 211-227.
Gansweid, Wolfgang, 1976: *Gemeinsame Tochtergesellschaften* im deutschen Konzern- und Wettbewerbsrecht, Baden-Baden: Nomos, 1976.
Gees, Koen, 1994: Stand und Entwicklungen des *Konzernrechts in Belgien,* in: ZGR Sonderheft Nr. 11, Berlin / New York: De Gruyter, 1994, S. 1-31.

Geßler, Ernst, 1973, in: *Geßler, Ernst / Hefermehl, Wolfgang / Eckardt, Ulrich / Kropff, Bruno* (Hrsg.), Aktiengesetz, Kommentar, München: Vahlen, 1973.

Goette, Wulf, 2001: *Haftung* im qualifizierten faktischen GmbH-Konzern – Verbleibende Relevanz nach dem TBB-Urteil? – Rechtsprechungsbericht, in: Beiheft zur ZHR, Heidelberg: Verlag Recht und Wirtschaft, 2001, S. 11-24.

Großfeld, Bernhard, 1998: *Internationales Gesellschaftsrecht,* in: *Staudinger, Julius von* (Hrsg.), Kommentar zum Bürgerlichen Gesetzbuch mit Einführungsgesetz und Nebengesetzen, Internationales Gesellschaftsrecht, Berlin / New York: De Gruyter, 1998.

Guyon, Yves, 1994: Das Recht der *Gesellschaftsgruppe* in Frankreich, in: ZGR Sonderheft Nr. 11, Berlin / New York: De Gruyter, 1994, S. 76-92.

Haas, Ulrich, 2003: Die Gesellschafterhaftung wegen „*Existenzvernichtung*", in: WM 57 (2003), S. 1929-1941.

Habersack, Mathias, 2003, in: *Emmerich, Volker / Habersack, Mathias,* Aktien- und GmbH-Konzernrecht, Kommentar, 3. Aufl., München: C.H. Beck, 2003.

Habersack, Mathias, 2003: Das *Konzernrecht* der „deutschen" SE, in: ZGR 32 (2003), S. 724-742.

Habersack, Mathias, 2003: Das Europäische *Gesellschaftsrecht,* 2. Aufl., München: C.H. Beck, 2003.

Hauschka, Christoph, 1990: Kontinuität und Wandel im *Statut* für die Europäische Aktiengesellschaft (SE), in: EuZW 1 (1990), S. 181-184.

Hefermehl, Wolfgang, 1973, in: *Geßler, Ernst / Hefermehl, Wolfgang / Eckardt, Ulrich / Kropff, Bruno* (Hrsg.), Aktiengesetz, Kommentar, München: Vahlen, 1973.

Henze, Hartwig, 2000: *Leitungsverantwortung* des Vorstands – Überwachungspflicht des Aufsichtsrats, in: BB 55 (2000), S. 209-216.

Henze, Hartwig, 2003: *Gesichtspunkte* des Kapitalerhaltungsgebotes und seiner Ergänzung im Kapitalgesellschaftsrecht in der Rechtsprechung des BGH, in: NZG 6 (2003), S. 649-659.

Henze, Hartwig, 2004: Reichweite und Grenzen des aktienrechtlichen Grundsatzes der Vermögensbindung – Ergänzung durch die Rechtsprechung zum Existenz vernichtenden *Eingriff?,* in: AG 49 (2004), S. 405-415.

Henze, Hartwig, 2003: *Holzmüller* vollendet das 21. Lebensjahr, in: *Habersack, Mathia /, Hüffer, Uwe,* Festschrift für *Peter Ulmer* zum 70. Geburtstag am 2. Januar 2003, Berlin: De Gruyter, 2003, S. 210-242.

Hoffmann-Becking, Michael, 1986: *Vorstands-Doppelmandate* im Konzern, in ZHR 150 (1986), S. 570-584.

Hommelhoff, Peter, 1982: Die *Konzernleitungspflicht,* Köln u. a.: Heymanns, 1982.

Hommelhoff, Peter, 2003: Zum *Konzernrecht* in der Europäischen Aktiengesellschaft, in: AG 48 (2003), S. 179-184.

Hommelhoff, Peter, 2005: *Normenhierarchie* für die Europäische Gesellschaft, in: *Lutter, Marcus / Hommelhoff, Peter* (Hrsg.), Die Europäische Gesellschaft, Köln: O. Schmidt, 2005, S. 5-24.

Hüffer, Uwe, 1976, in: *Geßler, Ernst / Hefermehl, Wolfgang / Eckardt, Ulrich / Kropff, Bruno* (Hrsg.), Aktiengesetz, Kommentar, München: Vahlen, 1976.

Hüffer, Uwe, 2004: *Aktiengesetz,* Kommentar, 6. Aufl., München: C.H. Beck, 2004.

Kindler, Peter, 1999, in: *Rebmann, Kurt / Säcker, Jürgen / Rixecker, Roland* (Hrsg.), Münchener Kommentar zum Bürgerlichen Gesetzbuch, Band 11, München: C. H. Beck, 1999.
Koppensteiner, Hans-Georg, 1971: *Internationale Unternehmen* im deutschen Gesellschaftsrecht, Frankfurt: Athenaeum Verlag, 1971.
Koppensteiner, Hans-Georg, 1985: *Kommentierung zu §§ 291-328 AktG,* in: *Zöllner, Wolfgang* (Hrsg.), Kölner Kommentar zum Aktiengesetz, Köln, u. a.: Heymanns, 1985.
Koppensteiner, Hans-Georg, 1987: *Kommentierung zu §§ 291-328 AktG,* in: *Zöllner, Wolfgang* (Hrsg.), Kölner Kommentar zum Aktiengesetz, Band 6 (§§ 291-328 AktG), Köln, u. a.: Heymanns, 1987.
Koppensteiner, Hans-Georg, 1988: *Kommentierung zu §§ 15-22 AktG,* in: *Zöllner, Wolfgang* (Hrsg.), Kölner Kommentar zum Aktiengesetz, Band 1 (§§1-75 AktG), Köln, u. a.: Heymanns, 1988.
Koppensteiner, Hans-Georg, 2002: „Existenzvernichtung" der GmbH durch ihren einzigen Gesellschafter – Eine rechtsvergleichende Skizze, in: *Harrer, Friedrich / Honsell, Heinrich,* Besonderes Vertragsrecht - aktuelle Probleme, Festschrift für *Heinrich Honsell* zum 60. Geburtstag, Zürich: Schulthess, 2002, S. 607-623.
Kort, Michael, 2003: *Kommentierung zu §§ 76-83 AktG,* in: *Hopt, Klaus J. / Wiedemann, Herbert* (Hrsg.), Großkommentar Aktiengesetz, Berlin: De Gruyter, 2003.
Krieger, Gerd, 1999: *Konzernrecht* des Aktiengesetzes, in: *Hoffman-Becking, Michael* (Hrsg.), Münchener Handbuch des Gesellschaftsrechts, Band 4, Aktiengesellschaft, München: C.H. Beck, 1999.
Kronke, Herbert, 1989: Grenzüberschreitende *Personengesellschaftskonzerne* – Sachnormen und Internationales Privatrecht, in: ZGR 18 (1989), S. 473-499.
Kropff, Bruno, 1965: *Aktiengesetz,* Düsseldorf: Institut der Wirtschaftsprüfer, 1965.
Kropff, Bruno, 1976: *Kommentierung zu §§ 291-318 AktG,* in: *Geßler, Ernst / Hefermehl, Wolfgang / Eckardt, Ulrich / Kropff, Bruno* (Hrsg.), Aktiengesetz, Kommentar, Band 8, München: Vahlen, 1976.
Kropff, Bruno, 1988: *Außenseiterschutz* in der faktisch abhängigen „kleinen Aktiengesellschaft", in: ZGR 17 (1988), S. 558-586.
Kropff, Bruno, 2000: *Kommentierung zu §§ 311-318 AktG,* in: *Kropff, Bruno / Semler, Johannes* (Hrsg.), Münchener Kommentar zum Aktiengesetz, München: C.H. Beck, 2000.
Luchterhand, Hans Friedrich, 1971: *Deutsches Konzernrecht* bei grenzüberschreitenden Konzernverbindungen, Stuttgart: Enke, 1971.
Lutter, Marcus, 1973: Zur *Herrschaft* mehrer Unternehmen über eine Aktiengesellschaft, in: NJW 4 (1973), S. 113-116.
Lutter, Marcus, 1984: *Europäisches Gesellschaftsrecht,* in: ZGR Sonderheft Nr.1, 2. Aufl., Berlin / New York: De Gruyter, 1984.
Lutter, Marcus, 1987: Stand und *Entwicklungen des Konzernrechts* in Europa, in: ZGR 16 (1987), S. 324-369.
Lutter, Marcus / Krieger, Gerd, 1989: *Rechte und Pflichten* des Aufsichtsrats, Freiburg: Haufe, 1989.
Lutter, Marcus, 1991: Zur *Privilegierung einheitlicher Leitung* im französischen (Konzern-) Recht, in: *Goerdeler, Reinhard / Hommelhoff, Peter / Lutter, Marcus / Odersky, Walter*

/ *Wiedemann, Herbert.* (Hrsg.), Festschrift für *Alfred Kellermann*, Berlin / New York: De Gruyter, 1991, S. 257-298.

Lutter, Marcus / Overrath, Hans-Peter, 1991: Das portugiesische *Konzernrecht* von 1986, in: ZGR 20 (1991), S. 394-411.

Lutter, Marcus, 1996: Europäisches Unternehmensrecht, in: ZGR Sonderheft Nr. 1, 4. Aufl., Berlin / New York: De Gruyter, 1996.

Lutter, Marcus / Banerjea, Nirmal Robert, 2003: Die *Haftung* wegen Existenzvernichtung, in: ZGR 32 (2003), S. 402-440.

Lutter, Marcus / Banerjea, Nirmal Robert, 2003: Die *Haftung des Geschäftsführers* für existenzvernichtende Eingriffe, in: ZIP 24 (2003), S. 2177-2180.

Maul, Silja, 1998: Die *faktisch abhängige SE* (Societas Europaea) im Schnittpunkt zwischen deutschem und europäischem Recht, München: C.H. Beck, 1998.

Maul, Silja, 1998: *Haftungsprobleme* im Rahmen von deutsch-französischen Unternehmensverbindungen, in: NZG 1 (1998), S. 965-973.

Maul, Silja, 1998: *Gerichtsstände* und Vollstreckungsfragen bei konzernrechtlichen Ansprüchen gegenüber einem herrschenden Unternehmen im EG-Ausland, in: AG 43 (1998), S. 404-413.

Maul, Silja, 1999: Probleme im Rahmen von grenzüberschreitenden *Unternehmensverbindungen,* in: NZG 2 (1999), S. 741-747.

Maul, Silja, 2000: Aktienrechtliches Konzernrecht und *Gemeinschaftsunternehmen* (GU), in: NZG 3 (2000), S. 470-473.

Maul, Silja, 2003: *Konzernrecht* der „deutschen" SE – Ausgewählte Fragen zum Vertragskonzern und den faktischen Unternehmensverbindungen, in: ZGR 32 (2003), S. 743-763.

Maul, Silja, 2005: Das Konzernrecht der Europäischen *Gesellschaft, in: Lutter, Marcus / Hommelhoff, Peter* (Hrsg.), Die Europäische Gesellschaft, Köln: O Schmidt, 2005, S. 249-260.

Meilicke, Wienand, 2001: *Insolvenzsicherung* für die Abfindung außenstehender Aktionäre?, in: DB 54 (2001), S. 2387-2389.

Merkt, Hanno, 2003: Die monistische *Unternehmensverfassung* für die Europäische Aktiengesellschaft aus deutscher Sicht – mit vergleichendem Blick auf die Schweiz, das vereinigte Königreich und Frankreich, in: ZGR 32 (2003), S. 650-678.

Mertens, Hans-Joachim, 1996: *Kommentierung zu §§ 76-117 AktG,* in: *Zöllner, Wolfgang* (Hrsg.), Kölner Kommentar zum Aktiengesetz, Band 2 (§§76-117 AktG), 2. Aufl., Köln, u. a.: Heymanns, 1996.

Mülbert, Peter. O., 2000: *Kapitalschutz* und Gesellschaftszweck bei der Aktiengesellschaft, in: *Schneider, Uwe. H. / Hommelhoff, Peter / Schmidt, Karsten* u. a. (Hrsg.), Deutsches und europäisches Gesellschafts-, Konzern- und Kapitalmarktrecht, Festschrift für *Marcus Lutter,* Köln: O. Schmidt, 2000, S. 535-556.

Neye, Hans-Werner / Teichmann, Christoph, 2003: Der Entwurf für das *Ausführungsgesetz* zur Europäischen Aktiengesellschaft, in: AG 48 (2003), S. 169-179.

Pentz, Andreas, 1994: Die Rechtsstellung einer *Enkel-AG* in einer mehrstufigen Unternehmensverbindung, Frankfurt: Lang, 1994.

Pentz, Andreas, 1997: *Mitwirkungsrechte* und Sicherung außenstehender Aktionäre im Falle der Änderung eines Unternehmensvertrags durch Beitritt eines weiteren Unternehmens, in: *Forster, Karl-Heinz* u. a. (Hrsg.), Aktien- und Bilanzrecht, Festschrift für *Bruno Kropff*, Düsseldorf: IDW-Verlag, 1997, S. 225-242.

Pentz, Andreas, 2000: Schutz der AG und der außenstehenden Aktionäre in der mehrstufigen faktischen und unternehmensvertraglichen Unternehmensverbindung, in: NZG 3 (2000), 1103-1109.

Pentz, Andreas, 2002, in: *Rowedder, Heinz / Schmidt-Leithoff, Christian* (Hrsg.), Gesetz betreffend die Gesellschaft mit beschränkter Haftung (GmbHG), Kommentar, 4. Aufl., München: C.H. Beck, 2002.

Prentice, Dan, 1993: Das Recht der *Gesellschaftsgruppe in Großbritannien*, in: ZGR Sonderheft Nr. 11, Berlin / New York: De Gruyter, 1993, S. 93-114.

Richardt, Harald, 1974: Der aktienrechtliche *Abhängigkeitsbericht* unter ökonomischen Aspekten, Wiesbaden: Gabler, 1974.

Röhricht, Volker, 2000: Die GmbH im *Spannungsfeld* zwischen wirtschaftlicher Dispositionsfreiheit ihrer Gesellschafter und Gläubigerschutz, in: *Geiß, Karlmann* (Hrsg.), Festschrift aus Anlaß des fünfzigjährigen Bestehens von Bundesgerichtshof, Bundesanwaltschaft und Rechtsanwaltschaft beim Bundesgerichtshof, Köln u. a.: Heymanns, 2000, S. 83-122.

Slagter, W. J., 1992: Der heutige Stand des Konzernrechts in den Niederlanden, in: ZGR 21 (1992), S. 1-21.

Schmidt, Karsten, 2001: *Gesellschafterhaftung* und „Konzernhaftung" bei der GmbH, in: NJW 54 (2001), S. 3577-3581.

Schmidt, Karsten, 2002: *Gesellschaftsrecht*, 4. Aufl., Köln, Berlin, Bonn, München: Carl Heymanns Verlag, 2002.

Schön, Wolfgang, 1997: Deutsches *Konzernprivileg* und europäischer Kapitalschutz – ein Widerspruch, in: *Forster, Karl-Heinz* u. a. (Hrsg.), Aktien- und Bilanzrecht, Festschrift für *Bruno Kropff*, Düsseldorf: IDW-Verlag, 1997, S. 285-300.

Schön, Wolfgang, 1997: Zur "*Existenzvernichtung*" der juristischen Person, in: ZHR 168 (2004), S. 268-297.

Schwarz, Günter Christian, 2000: *Europäisches Gesellschaftsrecht*, 1. Aufl., Baden-Baden: Nomos, 2000.

Teichmann, Christoph, 2002: Die *Einführung* der Europäischen Aktiengesellschaft – Grundlagen der Ergänzung des europäischen Statuts durch den deutschen Gesetzgeber, in: ZGR 31 (2002), S. 383-464.

Teichmann, Christoph, 2002: Vorschläge für das deutsche *Ausführungsgesetz* zur Europäischen Aktiengesellschaft, in: ZIP 23 (2002), S. 1109-1116.

Teichmann, Christoph, 2005: *Binnenmarktkonformes Gesellschaftsrecht*, Berlin: De Gruyter, im Druck, voraussichtliches Erscheinen 2005.

Theisen, Manuel René, 2000: Der *Konzern*, 2. Aufl., Stuttgart: Schäffer-Poeschel, 2000.

Ulmer, Peter, 2001: Von "TBB" zu "Bremer Vulkan" - *Revolution* oder Evolution?, in: ZIP 22 (2001), S. 2021-2029.

Veil, Rüdiger, 2003: Das *Konzernrecht* der Europäischen Aktiengesellschaft, in: WM 57 (2003), S. 2169-2212.

Veil, Rüdiger, 2005, in: *Janott, Dirk / Frodermann, Jürgen* (Hrsg.), Handbuch der Europäischen Aktiengesellschaft, 1. Aufl., Heidelberg: C.F. Müller, 2005.

Wagner, Jens, 2002: Die Bestimmung des auf die *SE* anwendbaren Rechts, in: NZG 5 (2002), S. 985-991.

Wenz, Martin, 1993: Die *Societas Europaea* – Analyse der geplanten Rechtsform und ihrer Nutzungsmöglichkeiten für eine europäische Konzernunternehmung, Berlin: Duncker & Humblot, 1993.

Würdinger, Hans, 1975: *Kommentierung zu §§ 201-328 AktG,* in: *Barz, Carl Hans* (Hrsg.), Großkommentar Aktiengesetz, Berlin / New York: De Gruyter, 1975.

Zimmermann, Klaus / Pentz, Andreas, 2001: „*Holzmüller*" – Ansatzpunkt, Klagefristen, Klageantrag, in: *Hommelhoff, Peter* u. a. (Hrsg.), Gesellschaftsrecht, Rechnungslegung, Steuerrecht, Festschrift für *Welf Müller* zum 65. Geburtstag, München: C. H. Beck, 2001, S. 151-181.

Zöller, Richard, 2001: *Zivilprozeßordnung,* 23. Aufl., Köln: Otto Schmidt, 2001.

Zöllner, Wolfgang, 2000, in: *Baumbach, Wolfgang / Hueck, Alfred* (Hrsg.), GmbH-Gesetz, 17. Aufl., München: C. H. Beck, 2000.

I. Einleitung

Die Societas Europaea (SE) stellt als supranationale Rechtsform Mittel zur Verfügung, um einen grenzüberschreitenden Unternehmens- und Konzernaufbau zu erleichtern. Führt man sich vor Augen, dass es sich bei den Gründern einer SE in aller Regel um Unternehmen aus zwei Mitgliedstaaten handeln muss und die Gründungsverfahren der Art. 2 und 3 SE-Verordnung (SE-VO) zur Bildung von Holding- und Tochtergesellschaften führen,[1] lässt sich erkennen, dass die SE in den meisten Fällen als Konzerngesellschaft in einen Unternehmensverbund verflochten sein wird, sei es als herrschendes Unternehmen oder als abhängiges Unternehmen unterhalb nationaler Mutterunternehmen oder unterhalb einer SE.[2]

Obwohl die SE mithin rechtsqualitativ genuine Konzerngesellschaft ist, enthält das SE-Statut von 2001 im Gegensatz zu seinen Vorläufern aus den Jahren 1970[3] und 1975,[4] die noch von der vieldiskutierten organischen Konzernverfassung ausgingen, weder ein eigenes Konzernrecht noch vereinzelte konzernrechtliche Regelungen, wenn man von Art. 61 und 62 SE-VO absieht, die sich mit der Aufstellung, Prüfung und Offenlegung des Konzernabschlusses befassen. Auch wurde das Konzernrecht in den *EU*-Staaten bisher nicht im Wege der Rechtsangleichung harmonisiert; die 9. Konzernrechtsrichtlinie[5] wurde nicht, wie geplant, dem Rat zur Verabschiedung vorgelegt.[6]

Ihren Grund hat die Enthaltsamkeit des europäischen Gesetzgebers vor allem in der Tatsache, dass sich der Rat wegen der unterschiedlichen Traditionen und Philosophien, die in den Mitgliedstaaten vorherrschen, nicht auf ein europäisches Konzernrecht verständigen konnte. Ein in Gesetzesform niedergelegtes Konzernrecht ist nur in *Portugal* und *Deutschland* vorhanden.[7] In *GB*,[8] *Frankreich*,[9] *Belgien*,[10] *Italien*,[11]

---

1   Dazu vgl. den Beitrag von *Neun* in diesem Band.
2   Dazu vgl. auch *Wenz, M.*, Societas Europaea, 1993, S. 111 f.
3   S. DOK. KOM. (70) 150 endg.; ABl. EG Nr. C 124 v. 10.10.1970, S. 1 ff.; Beilage 8/70 zum Bulletin der EG; BT-Drs. VI/1109 v. 19.8.1970; BR-Drs. 483/70 v. 20.8.1970. Vgl. hierzu *Hauschka, C.*, Statut, 1990, S. 181; *Lutter, M.*, Europäisches Unternehmensrecht, 1996, S. 715 ff.
4   S. DOK. KOM. (75) 150 endg. v. 30.4.1975; Beilage 4/75 zum Bulletin der EG; BT-Drs. VII/3713 v. 2.6.1975. Zum Statut vgl. *Lutter, M.*, Entwicklungen des Konzernrechts, 1987, S. 324 f.
5   Der erste Entwurf der Richtlinie aus den Jahren 1974/75 ist abgedruckt bei *Lutter, M.*, Europäisches Gesellschaftsrecht, 1984, S. 187 ff.; der überarbeitete Entwurf ist abgedruckt in ZGR 14 (1985), S. 446 ff.
6   Zu den Umständen, die zum Scheitern der Richtlinie geführt haben vgl. *Hauschka, C.*, Statut, 1990, S. 181, 183; *Emmerich, V. / Sonnenschein, J. / Habersack, M.*, Konzernrecht, 2001, § 1 VII.
7   Vgl. *Lutter, M. / Overrath, H.-P.*, Konzernrecht, 1991, S. 394 ff.
8   Vgl. *Prentice, D.*, Gesellschaftsgruppe in Großbritannien, 1993, S. 93, 103 ff., 109 ff.
9   Vgl. *Guyon, Y.*, Gesellschaftsgruppe in Frankreich, 1994, S. 76, 87 ff.; *Maul, S.*, Haftungsprobleme, 1998, S. 965 ff.
10 Vgl. *Gees, K.*, Konzernrecht in Belgien, 1994, S. 1, 14.
11 Vgl. *Gäbelein, W.*, Gestaltung, 1991, S. 211, 216.

Spanien[1] und in den *Niederlanden*,[2] aber auch in den übrigen *EU*-Mitgliedstaaten wird der Außenseiterschutz durch allgemeine Rechtsinstrumente, die teilweise von der Rechtsprechung näher ausgestaltet worden sind, sichergestellt, und diese Haltung hat sich auf europäischer Ebene dergestalt fortgesetzt, dass man auf die Ausformulierung eines eigenständigen Konzernrechts bzw. bestimmter konzernrechtlicher Regelungen im Rahmen der SE-VO verzichtet hat.

II. Regelungslücke

Diese im Rahmen der SE-Verordnung im Hinblick auf das Konzernrecht bestehende Regelungslücke ist nach dem SE-Ausführungsgesetz unter Heranziehung des deutschen Konzernrechts auszufüllen. Das ergibt sich mittelbar aus § 49 SE-AG, der für monistisch organisierte SE im Hinblick auf die Vorschriften der §§ 308 bis 318 AktG und §§ 319 bis 327 AktG an die Stelle des Vorstandes die geschäftsführenden Direktoren treten lässt.[3] Allerdings hat das Ausführungsgesetz offen gelassen, auf welche Grundlage es die Verweisung auf das nationale Recht stützen will. Eine teilweise vertretene Ansicht sieht das Konzernrecht als außerhalb der SE-Verordnung liegend an und geht von einer rein international privatrechtlichen Verweisung aus.[4] Nach anderer Auffassung wird das deutsche Konzernrecht in die Gesamtnormverweisung über Art. 9 Abs. 1 lit. c einbezogen,[5] wobei dies allerdings bei grenzüberschreitenden Fällen unter dem Vorbehalt stehen soll, dass die Regelungen des Internationalen Privatrechts zur Anknüpfung an das deutsche Recht gelangen.[6] Der Wortlaut des Art. 9 Abs. 1 lit. c SE-VO, nach dem die SE wie eine Aktiengesellschaft zu behandeln ist, auf die erst nach der IPR-rechtlichen Prüfung die aktienrechtlichen Regelungen anwendbar sind, spricht ebenso wie die historische Auslegung für letzteres Ergebnis.[7] In der Praxis führen aber beide Auffassungen zu dem gleichen Ergebnis, dass auf SE mit Sitz in Deutschland unter Einhaltung der international privatrechtlichen Grundsätze das nationale Konzernrecht zur Anwendung ge-

---

[1] Vgl. *Embid Irujo, J. M.*, Konzerne im spanischen Recht, 1994, S. 247, 256 ff.

[2] Vgl. *Slagter, W. J.*, Konzernrecht in den Niederlanden, 1992, S. 1, 6 ff.

[3] So auch *Habersack, M.*, Konzernrecht, 2003, S. 724 f.; *Maul, S.*, Konzernrecht, 2003, 743 f.

[4] Vgl. *Casper, M.*, Lückenschluß, 2003, S. 51, 65 f. m.w.N.; *Habersack, M.*, Konzernrecht, 2003, S. 724, 726 ff.; *Schwarz, G. C.*, Europäisches Gesellschaftsrecht, 2000, S. 577; *Brandt, U. / Scheifele, M.*, Die Europäische Aktiengesellschaft, 2002, S. 547, 553; *Wagner, J.*, SE, 2002, S. 985, 987; *Veil, R.*, Handbuch der Europäischen Aktiengesellschaft, 2005, § 11, Rdnr. 3 ff.; *Hommelhoff, P.*, Normenhierarchie, 2005, S. 19 f.

[5] Vgl. *Teichmann, Ch.*, Einführung, 2002, S. 383, 395 ff. sowie *Teichmann, Ch.*, Binnenmarktkonformes Gesellschaftsrecht, 2005, Teil 2, Abschnitt E; *Brandi, T. O.*, Konzernrecht, 2003, S. 889 f.; *Maul, S.*, Gesellschaft, 2005, S. 249 f.

[6] Vgl. zur Frage des anwendbaren Rechts im Rahmen von grenzüberschreitenden Unternehmensverbindungen: *Kindler, P.*, in: Münchener Kommentar zum Bürgerlichen Gesetzbuch, 1999, Internationales Gesellschaftsrecht, Rdnr. 549 sowie unter Kapitel III.3 und IV.3.

[7] Vgl. eingehend *Teichmann, Ch.*, Binnenmarktkonformes Gesellschaftsrecht, 2005, Teil 2, Abschnitt E; *Brandi, T. O.*, Konzernrecht, 2003, S. 889 f.; *Maul, S.*, Gesellschaft, 2005, S. 249 f.

langt.[1] Dies wiederum hat zur Folge, dass auf SE mit Sitz in *Deutschland* unabhängig davon, ob es sich um herrschende oder abhängige Gesellschaften handelt, je nachdem in welche Art von Unternehmensverbindung sie eingebettet sind, grundsätzlich die Regelungen über die faktischen Abhängigkeitsverhältnisse[2] sowie die Regelungen über die Vertragskonzerne[3] bzw. die Grundsätze zum existenzvernichtenden Eingriff Anwendung finden.

Mit dieser sich aus § 49 SE-AG ergebenden Anwendung der konzernrechtlichen Regelungen auf SE hat sich der deutsche Gesetzgeber mit der h. M. in der Literatur[4] auch gegen die von *Hommelhoff* vertretene Auffassung entschieden, nach der die Anwendung der Regelungen zum Vertragskonzern und der Eingliederung vollständig und diejenigen zu den faktischen Unternehmensverbindungen zum großen Teil abgelehnt wird.[5] Im Rahmen der Regelungen zum Vertragskonzern soll nach seiner Auffassung das Weisungsrecht nach § 308 AktG unvereinbar sein mit der eigenverantwortlichen Leitung durch das Leitungsorgan (Art. 39 Abs. 2 SE-VO) und auch mit der Ausrichtung der Gesellschaft an ihrem Eigeninteresse. Zudem soll die im Rahmen von Beherrschungsverträgen auf SE zur Anwendung gelangende Regelung des § 291 Abs. 3 AktG gegen die Kapitalrichtlinie (Art. 15 Abs. 1 2. Richtlinie) verstoßen. Der Abschluss eines Beherrschungsvertrags mit einer SE als unterworfenem Unternehmen sei deshalb unzulässig. Ebenso soll nach Ansicht von *Hommelhoff* der Vorrang des Eigeninteresses der SE einem nach § 311 AktG zulässigen hinausgeschobenen Ausgleich entgegenstehen,[6] so dass das System der §§ 311 ff. AktG nur zum Teil, nämlich mit Blick auf die Berichtspflichten der §§ 312 ff. AktG auf abhängige SE anwendbar sei.

Sicherlich wird eine abschließende Beantwortung der Frage, ob die durch das Ausführungsgesetz vorgesehene Anwendbarkeit der konzernrechtlichen Regelungen mit dem vorrangigen europäischen Recht vereinbar ist, im Ergebnis nur der Europäische Gerichtshof vornehmen können. Für die Anwendbarkeit der konzernrechtlichen Regelungen auf SE spricht insoweit aber sowohl im Hinblick auf die Vertragskonzerne

---

[1] Dieses Ergebnis wird auch durch eine historische Auslegung der Verordnung gestützt: Art. 114 SE-VO-Vorschlag 1989 hatte hinsichtlich der konzernrechtlichen Vorschriften noch ausdrücklich auf das Sitzstaatrecht der SE verwiesen. Diese Vorschrift ist im SE-VO-Vorschlag 1991 zwar gestrichen worden, aus der Begründung zu diesem Vorschlag ist jedoch ersichtlich, dass diese Streichung nur wegen der neu eingefügten Generalverweisungsnorm des Art. 7 SE-VO-Vorschlag 1991, die mit der heutigen des Art. 9 SE-VO fast wortgleich ist, vorgenommen wurde; sie hatte Art. 114 des SE-VO-Vorschlages 1989 überflüssig gemacht. (SE-VO abgedruckt in Anhang I).
[2] S. §§ 311 ff. AktG.
[3] S. §§ 293 ff. AktG.
[4] Für eine vollumfängliche Anwendung der §§ 291 ff. AktG vgl. *Habersack, M.*, Konzernrecht, 2003, S. 724 ff.; *Teichmann, Ch.*, Einführung, 2002, S. 383, 395 ff.; *Maul, S.*, Gesellschaft, 2005, S. 249, 250 ff.; *Brandi, T. O.*, Konzernrecht, 2003, S. 889 ff.; *Veil, R.*, Handbuch der Europäischen Aktiengesellschaft, 2005, § 11, Rdnr. 3.
[5] Vgl. *Hommelhoff, P.*, Konzernrecht, 2003, S. 179 ff.
[6] So *Hommelhoff, P.*, Konzernrecht, 2003, S. 179, 183.

als auch die faktischen Konzerne, dass die SE-Verordnung ausweislich ihrer Begründung[1] keine Konzernsachverhalte regeln will,[2] so dass die für das dualistische Modell vorgesehene eigenverantwortliche Leitung durch das Leitungsorgan (Art. 39 Abs. 1 SE-VO) schon deshalb lediglich die Leitungsverfassung einer unabhängigen Gesellschaft meinen kann.[3] Zudem ist zu sehen, dass die §§ 311 ff. AktG den Vorstand der abhängigen Gesellschaft, der auch nach dem Aktiengesetz zur eigenverantwortlichen Leitung berufen ist (§ 76 Abs. 1 AktG), nicht dazu verpflichten können, für die Gesellschaft nachteilige Veranlassungen umzusetzen, sondern dass der Vorstand nachteilige Geschäfte nach seiner pflichtgemäß zu treffenden Entscheidung auch ablehnen kann bzw. sogar muss.[4] Der alleinige Unterschied zu einem Vorstand einer ungebundenen Gesellschaft besteht darin, dass der Vorstand im Konzerninteresse ein nachteiliges Geschäft mit herausgeschobenem Nachteilsausgleich eingehen darf, was ihm sonst verwehrt wäre.[5] Dass die SE-Verordnung diesen Grundsatz unterbinden will, lässt sich weder aus ihrem Wortlaut noch aus ihrem Sinn und Zweck entnehmen. Aus den gleichen Gründen kann auch die Annahme, dass abhängige SE lediglich ihrem eigenen und nicht auch Konzerninteressen folgen dürften, im Ergebnis nicht überzeugen. Da die Balance zwischen Konzern- und Eigeninteresse jeweils in den betreffenden Mitgliedstaaten vorzunehmen ist,[6] hätte die Statuierung eines solchen Grundsatzes einer ausdrücklichen Regelung bedurft. Bei der schließlich bestehenden Frage der Vereinbarkeit der Regelung des §§ 291 Abs. 3 AktG mit der Kapitalrichtlinie handelt es sich um keine SE-spezifische Problematik, sondern um eine solche, die in gleicher Weise auch die nationalen Aktiengesellschaften trifft und dort von der h. M. als nicht gegen die 2. Richtlinie verstoßend angesehen wird, so dass auch insoweit mit der h. M. keine Argumente gegen die Anwendung der konzernrechtlichen Regelungen auf die SE gezogen werden können.[7]

Die auf Aktiengesellschaften mit Vorstand und Aufsichtsrat zugeschnittenen Regelungen des deutschen Aktienkonzernrechts bedürfen bei ihrer Anwendung auf SE gewisser Anpassungen. Das ist insbesondere im Rahmen des monistischen Verwal-

---

[1] S. Erwägungsgrund Nr. 16 SE-VO.
[2] Vgl. auch insoweit die historische Auslegung von *Habersack, M.*, Konzernrecht, 2003, S. 724, 737 ff.
[3] Vgl. *Brandi, T. O.*, Konzernrecht, 2003, S. 889, 892.
[4] Vgl. *Kropff, B.*, in: Münchener Kommentar zum Aktiengesetz, 2000, § 311, Rdnr. 56.
[5] Zur Frage, ob dieser herausgeschobene Nachteilsausgleich mit der Kapitalrichtlinie vereinbar ist, vgl. *Habersack, M.*, Konzernrecht, 2003, S. 724, 735 f. Gegen eine solche Vereinbarkeit *Schön, W.*, Deutsches Konzernprivileg, 1997, S. 285, 295 ff.
[6] Vgl. bspw. die in Frankreich bestehende Rozenblum-Rechtsprechung; im Einzelnen *Maul, S.*, Haftungsprobleme, 1998, S. 965 f.; *Lutter, M.*, Privilegierung einheitlicher Leitung, 1991, S. 257 ff.; *Forum Europaeum Konzernrecht*, Konzernrecht für Europa, 1998, S. 672, 705 ff.
[7] Für eine Vereinbarkeit des § 291 Abs. 3 AktG mit der Kapitalrichtlinie vgl. *Habersack, M.*, Konzernrecht, 2003, S. 724, 736; *Habersack, M.*, Gesellschaftsrecht, 2003, Rdnr. 419; *Schön, W.*, Deutsches Konzernprivileg, 1997, S. 285, 298 f.; *Veil, R.*, Konzernrecht, 2003, S. 2169, 2171; a. A. *Meilicke, W.*, Insolvenzsicherung, 2001, S. 2387 f.; s. auch *Mülbert, P.*, Kapitalschutz, 2000, S. 535, 543 ff.

tungsmodells der Fall, wofür das SE-AG die Grundlagen legt. Dieser Anpassungsprozess ist - in unterschiedlichem Umfang - im Hinblick auf alle Konzerngestaltungen erforderlich: Das gilt sowohl für die faktischen Abhängigkeitsverhältnisse (vgl. Kapitel III.), die Vertragskonzerne (vgl. Kapitel IV.) und die Grundsätze zum existenzvernichtenden Eingriff (vgl. Kapitel V.) und unabhängig davon, ob die SE die Funktion einer abhängigen Gesellschaft oder eines herrschenden Unternehmens einnimmt. Im Rahmen von grenzüberschreitenden Unternehmensverbindungen unter Einschluss von SE sind diese Anpassungen erforderlich, soweit das deutsche Konzernrecht zum Zuge kommt (vgl. Kapital III. 3. und Kapitel IV. 3.).

III. Faktische Unternehmensverbindungen

Faktische Unternehmensverbindungen zählen in der deutschen Aktienrechtswirklichkeit zu der Form von Unternehmensverbindungen, die am häufigsten im Wirtschaftsleben anzutreffen ist. Man geht heute davon aus, dass in *Deutschland* circa drei Viertel der Aktiengesellschaften mit über 90% des Kapitals in Unternehmensverbindungen eingebunden sind,[1] wobei es sich bei den meisten Unternehmensverbindungen um so genannte faktische Konzerne handelt. Auch an transnationalen faktischen Konzernen ist das Interesse erheblich. Bereits aufgrund dieser Gegebenheiten ist bei der SE – die ihrer Rechtsform nach Aktiengesellschaft ist – eine ähnliche Entwicklung zu erwarten. Beachtet man zudem, dass die Gründungsverfahren der Art. 2 Abs. 2 und 3 SE-VO und Art. 3 SE-VO zur Bildung von faktischen Konzernen führen, muss davon ausgegangen werden, dass eine SE in den meisten Fällen als Konzerngesellschaft in einen faktischen Unternehmensverbund verflochten sein wird, sei es als abhängige,[2] sei es als herrschende Gesellschaft.[3] Auf SE, die Teil einer solchen Unternehmensverbindung sind, kommen die Regelungen der §§ 311 ff. AktG (zum System sogleich unter 1.) im Grundsatz zur Anwendung, wobei aufgrund der unterschiedlichen Ausgestaltung der Verfassung im monistischen Modell verschiedene Anpassungen bei der Umsetzung dieser Regelungen auf eine SE vorgenommen werden müssen. Im Hinblick auf SE mit dualistischem Modell erschöpft sich demgegenüber der Anpassungsprozess darauf, dass im Wesentlichen die Begriffe des Vorstands und des Aufsichtsrats durch diejenigen des Leitungsorgans und des Aufsichtsorgans ersetzt werden.

---

[1] Vgl. *Altmeppen, H.,* in: Münchener Kommentar zum Aktiengesetz, 2000, Einleitung §§ 291 ff., Rdnr. 19.
[2] Vgl. Kapitel III.2.a.
[3] Vgl. Kapitel III.2.b.

1. Das System der §§ 311 ff. AktG

Das System der §§ 311 ff. AktG regelt die Rechtsfolgen nachteiliger Einflussnahmen im Rahmen von faktischen Unternehmensverbindungen. Voraussetzung für das Vorliegen einer solchen ist, dass ein Unternehmen beherrschenden Einfluss auf eine Aktiengesellschaft ausüben kann. Bei Vorliegen einer Mehrheitsbeteiligung wird eine solche Möglichkeit widerleglich vermutet,[1] da das herrschende Unternehmen in diesem Falle Personen seines Vertrauens in den Aufsichtsrat wählen kann, die – nicht zuletzt über die Besetzung des Vorstands – Einfluss auf die Geschäftsführung ausüben und die abhängige Gesellschaft tatsächlich (nicht rechtlich) auf eine an seinen Interessen ausgerichtete Unternehmenspolitik verpflichten kann.[2] Da bei einem solchen Zustand die latente Gefahr besteht, dass das herrschende Unternehmen auch zum Nachteil der abhängigen Gesellschaft von seiner Einflussmöglichkeit Gebrauch macht, sieht das Aktiengesetz mit seinen §§ 311 ff. AktG ein System zum Schutz der abhängigen Gesellschaft, ihrer Aktionäre und Gläubiger vor.

Kennzeichnend für dieses System ist dabei, dass es dem herrschenden Unternehmen erlaubt, nachteiligen Einfluss auf die Tochtergesellschaft auszuüben, wenn es die nachteiligen Einflussnahmen bis zum Ende des Geschäftsjahres ausgleicht.[3] Geschieht dies nicht, trifft das herrschende Unternehmen und seine Organmitglieder die Haftung aus § 317 AktG, d. h. sie sind der abhängigen Gesellschaft zum Ersatz der durch die nachteilige Einflussnahme erlittenen Schäden verpflichtet.[4]

Damit festgestellt werden kann, welche nachteiligen Maßnahmen das herrschende Unternehmen veranlasst hat und ob diese ausgeglichen worden sind bzw., falls dies nicht der Fall sein sollte, ob Ersatzansprüche bestehen, stellt das System der §§ 311 ff. AktG verschiedene Instrumente zur Verfügung. Hierzu zählen insbesondere:

- Der Abhängigkeitsbericht,[5]
- dessen Prüfung durch Abschlussprüfer und Aufsichtsrat,[6]
- die Sonderprüfung[7] und
- die Eigenverantwortlichkeit des AG-Vorstandes.[8]

---

[1] S. § 17 AktG.
[2] Vgl. *Theisen, M. R.*, Konzern, 2000, S. 52.
[3] S. § 311 Abs. 1 AktG.
[4] Vgl. *BGH*, Urteil v. 01.03.1999, BGHZ 141, S. 79-90, S. 83 = NJW 52 (1999), S. 1706 = NZG 2 (1999), S. 658 mit Anmerkung *Maul*.
[5] Vgl. Kapitel III.1.a.
[6] Vgl. Kapitel III.1.b.
[7] Vgl. Kapitel III.1.c.
[8] Vgl. Kapitel III.1.d. Vgl. ferner auch *Theisen, M. R.*, Konzern, 2000, S. 52 f.

a. Der Abhängigkeitsbericht

Nach § 312 AktG ist der Vorstand verpflichtet, jährlich einen Abhängigkeitsbericht zu erstellen, der Angaben über alle nachteilsverdächtigen Vorgänge und Umstände enthalten muss. Diesem Abhängigkeitsbericht – dem Eckpfeiler des Kontrollsystems der §§ 311 ff. AktG – kommt zunächst die Aufgabe zu, die Einflussnahmen des herrschenden Unternehmens transparenter zu machen; er zwingt den Vorstand zur Dokumentation und Angemessenheitsprüfung aller konzernrelevanten Geschäfte, und soll ihn bereits im Vorfeld davon abhalten, die Interessen seines Unternehmens zugunsten derjenigen des herrschenden Unternehmens zu beeinträchtigen. Zum anderen ist er Grundlage für die Nachprüfung durch den Abschlussprüfer und den Aufsichtsrat und damit Ansatzpunkt für die Kontrolle, ob Verstöße gegen § 311 AktG vorliegen.[1] Die wesentliche Funktion des Abhängigkeitsberichtes liegt dabei darin, den außenstehenden Aktionären und Gläubigern den Nachweis nachteiliger Rechtsgeschäfte und Maßnahmen zu erleichtern. Sie dürfen zwar den Abhängigkeitsbericht nicht selbst einsehen – das wäre mit den Geheimhaltungsinteressen der Gesellschaft unvereinbar. Sie erhalten jedoch mittelbare Kenntnis vom Abhängigkeitsbericht: Durch den Bericht des Aufsichtsrats an die Hauptversammlung, der nach § 325 Abs. 1 HGB offenzulegen ist, werden ihnen (über den Lagebericht) die publizitätspflichtige Schlusserklärung des Vorstandes,[2] der Bestätigungsvermerk des Abschlussprüfers sowie die Ergebnisse, zu denen der Aufsichtsrat selbst bei seiner Prüfung gelangt ist, mitgeteilt. Über diese einzelnen Erklärungen wird die Verbindung zu den außenstehenden Aktionären hergestellt. Abgesichert wird die Zweckerreichung des Abhängigkeitsberichts durch § 318 Abs. 1 AktG, der die Haftung des Vorstandes bei vorsätzlicher oder fahrlässiger Verletzung seiner Berichtspflicht vorschreibt. Sie soll Druck hinsichtlich der korrekten Angabe der Schlusserklärung mit dem Ziel ausüben, dass bei dem Vorhandensein unausgeglichener Nachteile die Möglichkeit eines Antrags auf Sonderprüfung[3] eröffnet wird.[4] Eine weitere Maßnahme der Absicherung ist in den Vorschriften der §§ 313 Abs. 2 und 314 Abs. 2 AktG zu sehen, weil diese den Abschlussprüfer und den Aufsichtsrat zwingen, Mängel des Abhängigkeitsberichts in ihren Berichten darzulegen. Der Abschlussprüfer hat bei Beanstandungen das Testat einzuschränken oder zu verweigern;[5] der Aufsichtsrat hat am Schluss seines Berichts zu erklären, ob gegen die Schlusserklärung des Vorstandes Einwendungen zu erheben sind.[6]

---

[1] Vgl. *Kropff, B.*, in: Münchener Kommentar zum Aktiengesetz, 2000, § 312, Rdnr. 15; *Deilmann, B.*, Entstehung, 1990, S. 49 ff.; *Richardt, H.*, Abhängigkeitsbericht, 1974, S. 23.
[2] S. § 312 Abs. 1 S. 1 AktG i. V. m. § 325 Abs. 1 S. 3 HGB.
[3] S. § 315 AktG.
[4] Vgl. *Koppensteiner H.-G.*, in: Kölner Kommentar zum Aktiengesetz, 1987, § 318, Rdnr. 1.
[5] S. § 313 Abs. 4 S. 1 AktG.
[6] S. § 314 Abs. 2 AktG.

b. Die Prüfung durch den Abschlussprüfer und den Aufsichtsrat

Der Abhängigkeitsbericht ist durch einen objektiven Dritten – den Abschlussprüfer – zu überprüfen.[1] Ihm kommt die Aufgabe zu, objektiv und unbeeinflusst von den Wünschen des herrschenden Unternehmens die Verstöße gegen den Tatbestand des § 311 AktG aufzudecken, damit eine Verfolgung der Schadensersatzansprüche durch die Aktionäre und Gläubiger ermöglicht wird.[2]

Der Abhängigkeitsbericht ist außerdem durch die Mitglieder des Aufsichtsrats zu prüfen. Die Mitglieder des Aufsichtsrats trifft eine umfassende Prüfungspflicht: Sie haben neben der richtigen Beurteilung der Fakten und der Beurteilung der getroffenen Wertentscheidungen die Vollständigkeit des Abhängigkeitsberichts zu prüfen. Der Grund für diese umfassende Prüfungspflicht ist darin zu sehen, dass die Aufsichtsratsmitglieder – anders als die Abschlussprüfer – auf Wissen aus ihrer Tätigkeit als gesetzliche Vertreter oder leitende Angestellte des herrschenden Unternehmens sowie auf die Kenntnisse aus ihrer allgemeinen Überwachungstätigkeit zurückgreifen können. Dem Aufsichtsrat kommt daher eine wesentliche Funktion zu, da er das einzige Organ ist, das überprüft, ob der Abhängigkeitsbericht vollständig ist. Abgesichert wird die Prüfungspflicht durch § 318 Abs. 2 AktG, der die Haftung der Organmitglieder für schuldhafte Verletzungen ihrer Prüfungspflicht normiert.

c. Die Sonderprüfung

Angesichts der Tatsache, dass weder der Abhängigkeitsbericht noch die Prüfungsberichte des Wirtschaftsprüfers und Aufsichtsrats veröffentlicht werden, die außenstehenden Aktionäre aber Informationen für die Geltendmachung ihrer Ersatzansprüche benötigen, sieht das Gesetz mit § 315 AktG die Sonderprüfung vor. Bis zum Inkrafttreten des KonTraG[3] konnten die außenstehenden Aktionäre eine solche nur verlangen, wenn der Abhängigkeitsbericht vom Wirtschaftsprüfer eingeschränkt oder nicht testiert wurde, der Aufsichtrat Einwendungen gegen die Schlusserklärung erhoben oder der Vorstand selbst eine Benachteiligung der Gesellschaft erklärt hat. Da dies als nicht hinreichend empfunden wurde, sind durch das KonTraG die Rechte der Aktionäre insoweit gestärkt worden, als der Antrag auf Sonderprüfung nun auch von Aktionären, deren Anteil zusammen den zwanzigsten Teil des Grundkapitals oder den anteiligen Betrag von 500.000 Euro erreicht, gestellt werden kann, sofern sonstige Tatsachen vorliegen, die den Verdacht einer pflichtwidrigen Nachteilszufügung rechtfertigen. Ist es zur Bestellung eines solchen Sonderprüfers gekommen, hat dieser die geschäftlichen Beziehungen zur Muttergesellschaft zu überprüfen und einen

---

[1] Vgl. *Kropff, B.*, in: Aktiengesetz, 1965, S. 413; *Kropff, B.*, Außenseiterschutz, 1988, S. 558, 560.
[2] Vgl. *Kropff, B.*, in: Aktiengesetz, 1965, S. 413.
[3] S. Gesetz zur Kontrolle und Transparenz im Unternehmensbereich, BGBl 1998, S. 786, 788 f.

Bericht zu erstellen, der veröffentlicht wird und damit den Aktionären die erforderlichen Informationen verschafft.

d. Eigenverantwortliches Handeln des Tochtervorstandes

Neben den soeben dargelegten Elementen des gesetzlichen Schutzsystems, die durch die §§ 311 ff. AktG ausdrücklich vorgeschrieben sind, baut das Kompensationssystem der §§ 311 ff. AktG nach der gesetzgeberischen Vorstellung auf ein weiteres Element, den eigenverantwortlich handelnden Vorstand, auf. Nach dem gesetzgeberischen Plan ist der Vorstand zur eigenverantwortlichen Leitung der faktisch abhängigen Gesellschaft verpflichtet.[1] Die eigenverantwortliche Leitungsmacht soll den Vorstand befähigen, die Interessen seiner Gesellschaft zu wahren,[2] sie also allein unter Berücksichtigung ihres Eigeninteresses zu führen. Es ist seine Aufgabe, das Eigeninteresse der Gesellschaft zu definieren und es gegenüber dem herrschenden Unternehmen durchzusetzen.[3]

2. Anwendung der §§ 311 ff. AktG auf SE

Dieses System der §§ 311 ff. AktG kommt über die Verweisungsnorm des Art. 9 Abs. 1 lit. c SE-VO auf SE mit Sitz in Deutschland[4] zur Anwendung, wobei dies unabhängig davon gilt, ob die SE abhängige (s. unter a) oder herrschende Gesellschaft (s. unter b) ist.

a. Abhängige Gesellschaft in Form der SE

Die Frage, ob die SE abhängige Gesellschaft ist, richtet sich nach den Regelungen der §§ 15 ff. AktG i.V.m. Art. 9 SE-VO. Hiernach liegt ein Abhängigkeitsverhältnis vor, wenn ein anderes Unternehmen[5] (auch in Form einer SE) unmittelbar oder mittelbar auf eine SE beherrschenden Einfluss ausüben kann, was vermutet wird, wenn die SE in Mehrheitsbesitz steht (§ 17 Abs. 2 AktG i.V.m. Art. 9 Abs. 1 lit. c SE-VO).

---

[1] S. § 76 AktG.
[2] Vgl. *Kropff, B.*, in: Aktiengesetz, Kommentar, 1965, S. 412; *Koppensteiner, H.-G.*, in: Kölner Kommentar zum Aktiengesetz, 1990, § 311, Rdnr. 90 ff.; *Hommelhoff, P.*, Konzernleitungspflicht, 1982, S. 113 ff.
[3] Vgl. *Flume, W.*, Mitbestimmung, 1978, S. 678, 695; *Hoffmann-Becking, M.*, Vorstands-Doppelmandate, 1986, S. 570, 579.
[4] Zu den grenzüberschreitenden Fällen vgl. Kapitel III. 3.
[5] Zur erforderlichen Unternehmenseigenschaft des herrschenden Unternehmens vgl. *Emmerich, V. / Sonnenschein, J. / Habersack, M.*, Konzernrecht, 2001, § 3 II m.w.N.

aa. Eigenverantwortliche Leitung

Besteht eine solches Abhängigkeitsverhältnis, bleibt im dualistischen Modell das Leitungsorgan und im monistischen Modell der geschäftsführende Direktor der eigenverantwortlichen Leitung der abhängigen SE verpflichtet; die §§ 76, 93 AktG finden Anwendung. Beide sind daher aufgefordert, die Interessen der abhängigen Gesellschaft zu wahren. Sie dürfen nachteiligen Veranlassungen nur unter den Voraussetzungen des § 311 AktG nachgehen; das gilt im monistischen Modell trotz der Weisungsgebundenheit des geschäftsführenden Direktors und seiner jederzeitigen Abberufbarkeit (s. hierzu Kapitel III. 2. a. ac.). Das Leitungsorgan bzw. der geschäftsführender Direktor haben daher, bevor sie nachteilige Veranlassungen befolgen, zu prüfen, ob die Maßnahme im Konzerninteresse liegt, der Nachteil ausgleichsfähig ist und das herrschende Unternehmen zum Ausgleich bereit und imstande ist.[1] Die gleichen Grundsätze gelten für das Aufsichtsorgan (dualistisches Modell) und den Verwaltungsrat (monistisches Modell). Beide haben ihre Tätigkeit an den Interessen der abhängigen Gesellschaft auszurichten. Aufsichtsorgan und Verwaltungsrat haben darauf zu achten, dass nachteilige Maßnahmen nur durchgeführt bzw. angewiesen werden, wenn ein Nachteilsausgleich zu erwarten ist und dem Nachteilsausgleich nicht zugängliche Maßnahmen unterbleiben.[2] Das gilt auch im Hinblick auf zustimmungspflichtige Geschäfte durch das Aufsichtsorgan bzw. Geschäfte, die eines Gesamtbeschlusses des Gesamtverwaltungsrats bedürfen.

ab. Aufstellung und Prüfung des Abhängigkeitsberichts

Bei der SE trifft die Verpflichtung zur Aufstellung des Abhängigkeitsberichts nach § 312 AktG im dualistischen Modell das Leitungsorgan der beherrschten SE. Im monistischen System ist diese Aufgabe von dem geschäftsführenden Direktor zu erfüllen; der geschäftsführende Direktor der SE tritt an die Stelle des Vorstandes im Aktiengesetz (§ 49 Abs. 1 SE-AG). Im Abhängigkeitsbericht haben Leitungsorgan bzw. geschäftsführender Direktor alle konzernrelevanten Geschäfte zu dokumentieren und auf ihre Angemessenheit zu überprüfen.[3] Soweit der geschäftsführende Direktor insoweit auf Weisung des Verwaltungsrats handelt, ist zu beachten, dass er nicht verpflichtet ist, gesetzeswidrige oder gegen die Satzung verstoßende Regelungen zu befolgen (s. hierzu unter Kapitel III. 2. a. ac.). Die Prüfung durch den Abschlussprüfer nach § 313 AktG bleibt bei der SE unverändert; sie hat bei großen und mittelgroßen SE zu erfolgen (267 Abs. 1 S. 1 HGB). Im Rahmen der Prüfung stehen

---

[1] Vgl. zu diesem Grundsatz des deutschen Rechts *Emmerich, V. / Habersack, M.*, in: Aktien- und GmbH-Konzernrecht, Kommentar, 2003, § 311, Rdnr. 78 m.w.N.; *Krieger, G.*, Konzernrecht, 1999, § 69, Rdnr. 24.

[2] Vgl. zum deutschen Recht *Habersack, M.*, in: Aktien- und GmbH-Konzernrecht, Kommentar, 2003, § 311, Rdnr. 81.

[3] Ausführlich zur Funktion des Abhängigkeitsberichts vgl. *Kropff, B.*, in: Münchener Kommentar zum Aktiengesetz, 2000, § 312, Rdnr. 1 ff. m.w.N.

dem Abschlussprüfer der SE die im Aktiengesetz genannten Einsichts- und Auskunftsrechte zu, wobei das auch gegenüber der herrschenden Gesellschaft (auch in Form der SE) gilt.[1] Der Abhängigkeitsbericht und der Bericht des Abschlussprüfers sind im dualistischen Modell durch das Aufsichtsorgan und im monistischen Modell durch den Verwaltungsrat (§ 22 Abs. 6 SE-AG) dahingehend zu prüfen (§ 314 AktG), ob der Abhängigkeitsbericht des geschäftsführenden Direktors richtig und vollständig ist. Zudem ist in dem Bericht an die Hauptversammlung (§ 171 Abs. 2 AktG) über das Ergebnis der Prüfung zu berichten.

Zu beachten ist insoweit, dass die Prüfung des Abhängigkeitsberichtes durch den Verwaltungsrat im monistischen System im Ergebnis zu einer weniger trennscharfen Aufgabenteilung als im dualistischen System der deutschen Aktiengesellschaft mit Vorstand und Aufsichtsrat führt, da der Verwaltungsrat an zahlreichen Geschäftsführungsmaßnahmen aufgrund der ihm obliegenden Oberleitung der Gesellschaft beteiligt sein wird. Folge hiervon ist, dass der Verwaltungsrat bei Prüfung des Abhängigkeitsberichts zum Teil Entscheidungen überprüft, die er selbst zuvor getroffen hat, was noch dadurch verschärft wird, dass der Verwaltungsrat – wie in Konzernsituationen üblich – mit Vertretern des herrschenden Unternehmens besetzt ist.[2] Auch wenn das SE-AG zur Sicherstellung der ordnungsgemäßen Prüfung des Abhängigkeitsberichts keine zusätzlichen Maßnahmen verlangt, erscheint es sinnvoll, die Prüfung des Abhängigkeitsberichts einem besonderen Prüfungsausschuss zuzuweisen.

ac. Haftung

Die Haftungsregeln des § 318 AktG Abs. 1 und 2 AktG i.V.m. Art. 9 SE-VO, wonach die Mitglieder des Vorstands und des Aufsichtsrats der abhängigen Gesellschaft neben den nach § 317 Ersatzpflichtigen als Gesamtschuldner haften, wenn sie ihre Berichtspflicht nach § 312 AktG bzw. die Prüfungspflicht nach § 314 AktG verletzt haben, finden auf SE Anwendung. Bei dualistisch organisierten SE trifft diese Haftung das Leitungs- bzw. Aufsichtsorgan. Im monistischen Modell ist zu unterscheiden: Dort trifft die Haftung aus § 318 Abs. 1 AktG wegen der Verletzung der Berichtspflicht den geschäftsführenden Direktor, der nach dem SE-AG an die Stelle des Vorstandes tritt (§ 49 Abs. 1 SE-AG). Allerdings stellt sich insoweit die Frage, welche Folgen es nach sich zieht, wenn die Handlung des geschäftsführenden Direktors auf einer Weisung des Verwaltungsrats beruht. Insoweit ist zu unterscheiden: War der Beschluss des Verwaltungsrats, auf dem die Weisung beruht, nichtig, weil

---

[1] Vgl. zum deutschen Recht *Hüffer, U.*, in: Aktiengesetz, Kommentar, 2004, Rdnr. 5 ff.
[2] Ausführlich dazu vgl. den Beitrag der 1. Auflage, S. 424 ff.; *Teichmann, Ch.*, Einführung, 2002, S. 383, 444.

er gegen Gesetz oder Satzung verstoßen hat,[1] darf der geschäftsführende Direktor diesen Beschluss trotz der Weisung des Verwaltungsrats nicht befolgen; kommt er ihm nach, haftet er aus § 318 Abs. 1 AktG. Etwas anderes kann gelten, wenn es am Verschulden des geschäftsführenden Direktors fehlt, weil er die Unzulässigkeit der Weisung nicht erkennen konnte.[2] Handelt es sich um eine rechtmäßige Weisung des Verwaltungsrats, deren zugrunde liegendes unternehmerisches Ermessen nicht angreifbar ist, hat der geschäftsführende Direktor die Weisung zu befolgen. Demgegenüber ist der Fall einer erkennbar nachteiligen Weisung, die nicht als gesetzeswidrig eingestuft werden kann, weniger klar. Das SE-AG weist in seiner Begründung insoweit darauf, dass die Stellung des geschäftsführenden Direktors aufgrund der Weisungsabhängigkeit und jederzeitigen Abberufbarkeit eher derjenigen eines GmbH-Geschäftsführers gleiche, was bei der Auslegung der unbestimmten Rechtsbegriffe zu berücksichtigen sei (Begründung zu § 40 Abs. 8 SE-AG). Ob dieser GmbH-rechtliche Ansatz bei der Aktiengesellschaft tragen kann, ist indessen zweifelhaft, wenn damit gemeint ist, dass der geschäftsführende Direktor bei Befolgung einer nachteiligen Weisung durch den Verwaltungsrat nicht gegenüber der Gesellschaft haften soll, was sich für die GmbH mittelbar aus § 43 Abs. 3 GmbHG ergibt und durch die Rechtsprechung bestätigt worden ist.[3] Zu sehen ist insoweit, dass im GmbH-Recht die Gesellschafterversammlung das weisungsgebende Organ ist, der Geschäftsführer also an die Weisungen des obersten Organs der GmbH gebunden ist, was bei einem Verwaltungsrat einer SE nicht der Fall ist. Zudem bestehen Unterschiede insoweit, als die GmbH-Gesellschafter die Gesellschaft (soweit keine Minderheitsinteressen berührt sind) schädigen dürfen, was bei der AG bzw. SE nicht zulässig ist. Diese Unterschiede sprechen im Ergebnis dafür, dass die Haftungsfreistellung im Aktienrecht nicht so weit gehen kann wie im GmbH-Recht. Bei Anwendung dieser Prinzipien auf den Fall des § 318 Abs. 1 AktG wird man daher davon ausgehen müssen, dass eine nachteilige (wenn auch nicht rechtswidrige) Weisung des Verwaltungsrats den geschäftsführenden Direktor nicht freistellen kann.

Daneben findet die allgemeine Haftungsregelung des § 93 AktG auf die Mitglieder des Leitungsorgans bzw. die geschäftsführenden Direktoren für den Fall, dass sonstige Pflichten, die sich für sie infolge und trotz des Abhängigkeitsverhältnisses ergeben, verletzt werden (z.B. die Pflicht einer nachteiligen Veranlassung nicht nachzukommen, soweit der Nachteilsausgleich ungewiss ist oder verweigert wird).[4] Soweit der geschäftsführende Direktor auf Weisung des Verwaltungsrats gehandelt hat,

---

[1] Zur Nichtigkeit von Aufsichtsratsbeschlüssen, vgl. *Hüffer, U.*, in: Aktiengesetz, Kommentar, 2004, § 108, Rdnr. 17.
[2] Vgl. *Zöllner, R.*, GmbH-Gesetz, 2000, § 43, Rdnr. 29.
[3] Vgl. *BGH*, Urteil v. 14.12.1959, BGHZ 31, S. 259-279, S. 278 = NJW 13 (1960), S. 285; *BGH*, Urteil v. 12.11.1979, BGHZ 75, S. 321-328, S. 326 = NJW 33 (1980), S. 589; *Fleck, W.*, Haftung, 1974, S. 224, 226.
[4] Vgl. *Habersack, M.*, in: Aktien- und GmbH-Konzernrecht, Kommentar, 2003, § 311, Rdnr. 78.

kommen auch hier die oben dargelegten Grundsätze zur Anwendung. Darüber hinaus haften nach § 318 Abs. 2 AktG die Mitglieder des Aufsichtsorgans bzw. des Verwaltungsrats neben den nach § 317 Abs. 1 AktG Ersatzpflichtigen, wenn sie ihre Prüfungspflichten nach § 314 AktG verletzt haben. Soweit die Mitglieder des Verwaltungsrats nachteilige Veranlassungen an die geschäftsführenden Direktoren weitergegeben haben, die nicht durch § 311 AktG gedeckt sind, können auch sie analog § 93 AktG i.V.m. § 40 Abs. 8 SE-AG haften.

b. Anwendung der §§ 311 ff. AktG auf herrschende SE

Handelt es sich bei der SE um das herrschende Unternehmen, d. h. ein solches, das beherrschenden Einfluss i. S. d. §§ 15 ff. AktG (s. hierzu unter III. 2. a) auf eine Aktiengesellschaft (auch in Form der SE) mit Sitz in Deutschland ausüben kann, kommen über die Verweisungsnorm des Art. 9 Abs. 1 lit. c SE-VO verschiedene Regelungen der §§ 311 ff. AktG auf sie zur Anwendung.[1] Anpassungen sind insoweit lediglich im monistischen Modell und dort vor allem bei der Frage der Haftung erforderlich.

Folge der Anwendung der §§ 311 ff. AktG auf die herrschende SE ist zunächst, dass diese nachteilige Rechtsgeschäfte und Maßnahmen gegenüber der abhängigen Gesellschaft veranlassen darf, soweit sie die Nachteile innerhalb Jahresfrist ausgleicht, oder, wenn ein solcher Ausgleich nicht erfolgt, zum Schadensersatz verpflichtet ist (§§ 311, 317 Abs. 1 S. 1 AktG).[2] Zudem kann die herrschende SE gegenüber den Aktionären der abhängigen Gesellschaft verantwortlich sein, soweit sie einen eigenen Schaden erlitten haben (§ 317 Abs. 1 S. 2 AktG). Zur Anwendung gelangt auch die Regelung des § 317 Abs. 3 AktG, nach der neben dem herrschenden Unternehmen dessen gesetzliche Vertreter gegenüber der abhängigen Gesellschaft für die Veranlassung nachteiliger Rechtsgeschäfte oder Maßnahmen auf Schadensersatz haften (§ 317 Abs. 3 AktG). Im dualistischen Modell trifft die Mitglieder des Leitungsorgans als gesetzliche Vertreter der herrschenden SE diese Haftung. Im monistischen Modell sind zunächst die geschäftsführenden Direktoren als gesetzliche Vertreter der Gesellschaft (§ 41 Abs. 1 SE-AG) der Haftung aus § 317 Abs. 3 AktG ausgesetzt (§ 49 Abs. 1 SE-AG). Beruht das Tätigwerden der geschäftsführenden Direktoren auf einer Weisung, gelten die unter III. 2. a. ac. dargelegten Grundsätze.[3] Zudem stellt sich die Frage, ob neben den geschäftsführenden Direktoren auch die Mitglieder des Verwaltungsrats, soweit sie die pflichtwidrige Veranlassung durch

---

[1] Zu internationalen Fallgestaltungen vgl. Kapitel III.3.
[2] Vgl. *Hommelhoff, P.*, Konzernrecht, 2003, S. 179, 182 f.; *Brandi, T. O.*, Konzernrecht, 2003, S. 889, 894.
[3] Vgl. *BGH*, Urteil v. 14.12.1959, BGHZ 31, S. 259-279, S. 278 = NJW 13 (1960), S. 285; *BGH*, Urteil v. 12.11.1979, BGHZ 75, S. 321-328, S. 326 = NJW 33 (1980), S. 589; *Fleck, W.*, Haftung, 1974, S. 224, 226.

den geschäftsführenden Direktor zu vertreten haben, haften können. Es ist davon auszugehen, dass insoweit eine Regelungslücke vorliegt. Da § 317 AktG seinem Sinn und Zweck nach die Verantwortung an die Möglichkeit der Einflussnahme knüpft, die dem Verwaltungsrat aufgrund seiner Weisungskompetenz zusteht, erscheint eine entsprechende Anwendung dieser Regelung als erforderlich.[1]

Gegenüber einer Tochter-GmbH mit Sitz in Deutschland treffen die herrschende SE die Pflichten des GmbH-Konzernrechts, insbesondere das sich aus der Treuepflicht ergebende Schädigungsverbot und die Haftung aus existenzvernichtendem Eingriff (zu letzterem s. auch V.).

3. Anwendbares Recht im Rahmen von grenzüberschreitenden Unternehmensverbindungen

Ist die SE Teil einer grenzüberschreitenden Unternehmensverbindung, hängt die Frage, welche einzelnen Vorschriften der §§ 311 ff. AktG auf sie Anwendung finden, entsprechend den ebenso auf Aktiengesellschaften anwendbaren IPR-rechtlichen Grundsätzen davon ab, ob sich der Sitz der SE im In- oder Ausland befindet und ob es sich bei ihr um das abhängige oder das herrschende Unternehmen handelt. Im Einzelnen können sich die folgenden Gestaltungen ergeben:

a. Mutter mit Sitz im Ausland/Tochter-SE mit Sitz im Inland

Hat das herrschende Unternehmen seinen Sitz im Ausland und die Tochtergesellschaft in Form der SE ihren Sitz in *Deutschland*, ist die Frage der Anwendbarkeit der auf die Mutter- und Tochtergesellschaft anwendbaren Regelungen von dem angerufenen in- oder ausländischen Gericht nach den jeweils anwendbaren in- oder ausländischen IPR-Regelungen zu beurteilen.[2] In der deutschen Rechtsprechung und Literatur ist man sich heute einig, dass das Statut der Gesellschaft, bei der der Gefahrenschwerpunkt des Konzernverhältnisses liegt, die Beziehungen zwischen Mutter- und Tochtergesellschaft regiert. Da für die abhängige Gesellschaft aus der Konzernrechtsbeziehung die Besorgnis nachteiliger Einflussnahmen resultiert, liegt im Rahmen einer Unternehmensverbindung bei ihr der Gefahrenschwerpunkt. Dementsprechend richtet sich das auf die Konzernbeziehung anwendbare Recht nach dem auf die Tochtergesellschaft anwendbaren Recht.[3] In dem hier zu untersuchenden Fall

---

[1] Für eine Anwendung von § 93 AktG vgl. *Veil, R..*, Handbuch der Europäischen Aktiengesellschaft, 2005, § 11, Rdnr. 20.
[2] Zur Internationalen Zuständigkeit vgl. *Bar, C. v.*, Internationales Privatrecht, 1991, Rdnr. 404 ff.
[3] So die ganz h. M. vgl. *OLG Hamburg*, Urteil v. 28.05.1973, IPRspr. 1974, Nr. 11 A, S. 46-48; *OLG Frankfurt*, Urteil v. 23.03.1988, AG 33 (1988), S. 267; *Großfeld, B.*, Internationales Gesellschaftsrecht, 1998, Rdnr. 502; *Bar, C. v.*, Internationales Privatrecht, 1991, Rdnr. 503; *Maul, S.*, Gerichtsstände, 1998, S. 404 ff.

H.III. Faktische Unternehmensverbindungen

(Sitz der abhängigen SE in *Deutschland*) ist mithin das deutsche Recht der §§ 311 ff. AktG auf die abhängige SE anwendbar. Darüber hinaus unterliegt auch die ausländische Muttergesellschaft deutschem Recht hinsichtlich der Ansprüche, die ihr gegenüber geltend gemacht werden können (insbesondere Haftung aus § 317 AktG).

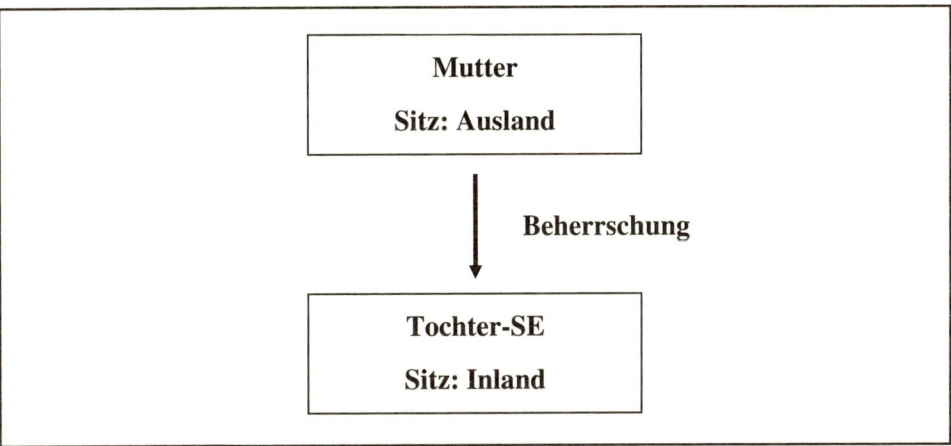

Abb. 1: *Mutter mit Sitz im Ausland/Tochter-SE mit Sitz im Inland*

Die gleiche Rechtslage besteht, wenn das Mutterunternehmen eine SE mit Sitz in einem anderen Mitgliedstaat (z. B. *Frankreich*) ist und sich der Sitz der Tochter-SE in *Deutschland* befindet.

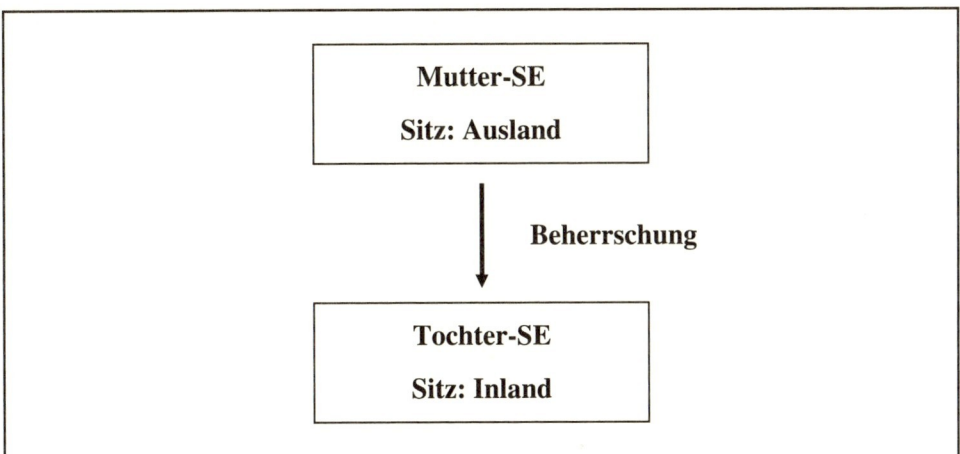

Abb. 2: *Mutter-SE mit Sitz im Ausland/Tochter-SE mit Sitz im Inland*

In diesem Fall finden auf die Mutter-SE mit Sitz in *Frankreich* im Falle von Regelungslücken zwar grundsätzlich die französischen Regelungen des Handelsgesetzbuches Anwendung, während auf die SE mit Sitz in *Deutschland* die Vorschriften des deutschen Aktienrechts Anwendung finden. Aufgrund der IPR-rechtlichen Grundsätze kommt es hier jedoch – zumindest aus der deutschen Sichtweise – im Hinblick auf konzernrechtliche Fragen alleine auf das Statut der Tochtergesellschaft an, so dass gegenüber der SE mit Sitz in *Frankreich* etwaige Ersatzansprüche nach § 317 AktG durch die Aktionäre einer SE mit Sitz in *Deutschland* nach deutschem Recht geltend gemacht werden können.

b. Mutter-SE mit Sitz im Inland/Tochter mit Sitz im Ausland

In dem umgekehrten Fall, dass eine Mutter-SE mit Sitz in *Deutschland* eine nationale Gesellschaft mit Sitz im Ausland in faktischer Weise beherrscht (etwa eine französische S.A.), kommen hingegen die §§ 311 ff. AktG aufgrund der International Privatrechtlichen Grundsätze nicht zur Anwendung.

Die Konzernbeziehung unterliegt vielmehr dem französischen Recht, da sich das abhängige Unternehmen, dessen Sitz für die Bestimmung des anwendbaren Rechts maßgeblich ist, in *Frankreich* befindet. Veranlasst die Mutter-SE nachteilige Geschäfte zum Schaden der französischen Tochtergesellschaft, richtet sich die Frage der Haftung der Mutter-SE mit Sitz in *Deutschland* alleine nach französischem Recht.[1]

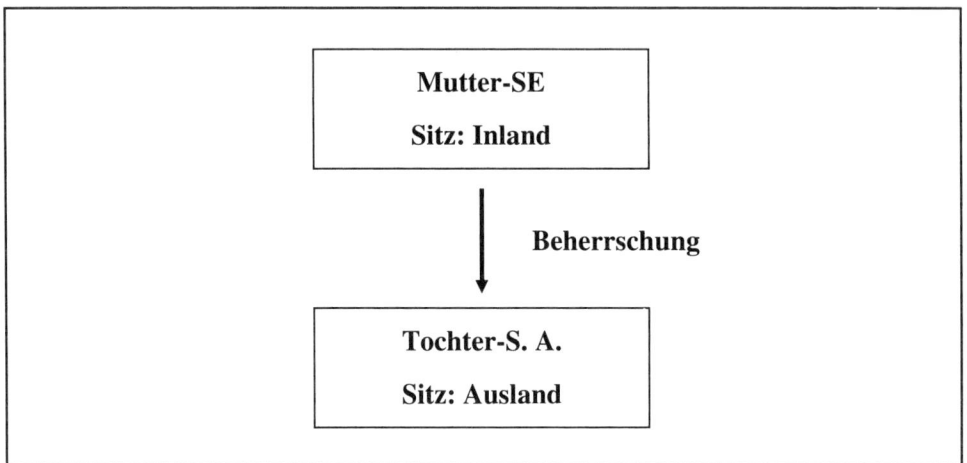

Abb. 3: Mutter-SE mit Sitz im Inland/Tochter-S.A. mit Sitz im Ausland

---

[1] Zu Haftungsproblemen in deutsch-französischen Unternehmensverbindungen vgl. *Maul, S.*, Haftungsprobleme, 1998, S. 965 ff.

c. Besondere Fragestellungen bei grenzüberschreitenden Unternehmensverbindungen

Kommen die Regelungen der §§ 311 ff. AktG nach den IPR-Regelungen auf SE, die Teil einer grenzüberschreitenden Unternehmensverbindung sind, zur Anwendung, so besteht aufgrund der Internationalität der Unternehmensverbindung regelmäßig nur bei den Einsichtsrechten des Abschluss- bzw. Sonderprüfers sowie bei der Einklagbarkeit der Ersatzansprüche nach § 317 AktG weiterer Klärungsbedarf.

ca. Auskunftsrechte

Fraglich ist insoweit zunächst, wie der Abschlussprüfer einer SE mit Sitz in *Deutschland* die ihm nach § 313 Abs. 1 S. 4 AktG zustehenden Auskunfts- und Einsichtsrechte gegenüber einem herrschenden Unternehmen mit Sitz im Ausland ausüben kann bzw. ob die Organe des herrschenden Unternehmens verpflichtet sind, die verlangten Informationen zu geben. Insoweit ist anerkannt, dass das Gesellschaftsstatut der abhängigen Gesellschaft auch Ausstrahlungswirkungen auf das herrschende Unternehmen entfaltet, da dies zum Schutz der abhängigen Gesellschaft erforderlich ist.[1] Auskunfts- und Informationsrechte können daher auch gegenüber Organmitgliedern eines herrschenden Unternehmens (auch in Form einer SE) mit Sitz im Ausland geltend gemacht werden.[2] Die Durchsetzung der Ansprüche kann indessen nicht über § 335 HGB erfolgen, da die Zwangsmaßnahmen und damit § 335 HGB aufgrund des in § 3 StGB formulierten Territorialprinzips nicht für Gesellschaften mit ausländischem Gesellschaftsstatut gelten. Dadurch wird die Durchsetzung der Ansprüche indessen nicht unmöglich, da Auskunftsklage[3] gegenüber dem Organmitglied des herrschenden Unternehmens erhoben werden kann. Nach der Rechtsprechung ist dies möglich, wenn ein Schaden dem Grunde nach besteht und der Kläger sich die Auskunft nicht auf zumutbare Weise selbst beschaffen kann, dies dem Beklagten aber unschwer möglich wäre.[4]

Gleiches gilt im Grundsatz im Hinblick auf die Auskunfts- und Einsichtsrechte des Sonderprüfers (§ 145 Abs. 3 AktG i. V. m. § 315 AktG). Auch dem Sonderprüfer

---

[1] Vgl. *Luchterhand, H. F.*, Deutsches Konzernrecht, 1971, S. 115 ff.; *Maul, S.*, Unternehmensverbindungen, 1999, S. 745.
[2] Vgl. *Hüffer, U.*, in: Aktiengesetz, Kommentar, 2004, § 312, Rdnr. 13; *Kropff, B.*, in: Aktiengesetz, Kommentar, 1976, Vorbemerkung § 311, Rdnr. 44; a. A. *Würdinger, H.*, in: Großkommentar Aktiengesetz, 1975, § 313, Rdnr. 14; offengelassen bei *Koppensteiner, H.-G.*, Internationale Unternehmen, 1971, S. 206.
[3] Bei einem herrschenden Unternehmen mit Sitz in der *EU*, besteht gemäß Art. 5 GVO ein Gerichtsstand in Deutschland; vgl. *Maul, S.*, Faktisch abhängige SE, 1998, S. 62, 75. Bei einem Sitz des herrschenden Unternehmens außerhalb der *EU* besteht ein Gerichtsstand nach § 22 ZPO, ggf. nach § 23 ZPO, vgl. *Maul, S.*, Faktisch abhängige SE, 1998, S. 62.
[4] Vgl. *BGH*, Urteil v. 06.06.1979, BGHZ 74, S. 379-383, S. 381; *BGH*, Urteil v. 04.06.1981, BGHZ 81, S. 21-35, S. 25.

stehen diese Rechte aufgrund der Ausstrahlungswirkung gegenüber dem herrschenden Unternehmen mit Sitz im Ausland zu. Zwar kann auch insoweit eine Verweigerung der Auskunft bzw. der Einsichtnahme bei (Mutter-)Unternehmen mit Sitz im Ausland wegen des Territorialprinzips nicht nach § 407 AktG erzwungen werden, jedoch stehen dem Sonderprüfer andere Mittel zur Verfügung, um auch in solchen Gestaltungen Auskünfte zu erzwingen. Von Bedeutung ist dabei, dass der Sonderprüfer über die mangelnde Gewährung von Auskünften und Nachweisen zu berichten hat, und dies durch die Veröffentlichung des Berichts bekannt wird. Da die Schutzklausel des § 145 Abs. 4 S. 2 AktG nicht gilt und dementsprechend über Tatsachen berichtet werden kann, die nachteilig für das herrschende Unternehmen sind, muss davon ausgegangen werden, dass bereits die drohende Publizität des Sonderprüfungsberichts ausreichend sein wird, das herrschende Unternehmen zur Erfüllung seiner Verpflichtungen zu veranlassen. Darüber hinaus steht der abhängigen SE, den Aktionären und Gläubigern das Recht zu, Auskunftsklage zu erheben, wenn ein Ersatzanspruch nach den §§ 317, 318 AktG i. V. m. Art. 9 SE-VO dem Grunde nach feststeht und es dem herrschenden Unternehmen im Gegensatz zu ihnen leicht fällt, die Information zu beschaffen.[1]

cb. Durchsetzung von Ersatzansprüchen gegenüber herrschenden Unternehmen mit Sitz im Ausland

In grenzüberschreitenden Fällen ist weiter von Bedeutung, wie Ersatzansprüche einer Tochter-SE mit Sitz in *Deutschland* gegenüber dem ausländischen Mutterunternehmen (auch in Form der SE) durchgesetzt werden sollen. Insoweit ist von maßgeblicher Bedeutung, vor welchem Gericht diese geltend gemacht werden können. Die Klagbarkeit der Ansprüche vor einem deutschen Gericht kann dabei von erheblichem Vorteil sein, da die Anwendung der komplexen Regelungen der §§ 311 ff. AktG einem deutschen Gericht leichter fällt und die Kosten niedriger gehalten werden können (Gutachten, Korrespondenzanwälte etc.).

cba. Herrschendes Unternehmen mit Sitz im Ausland außerhalb der EU

Verfügt das herrschende Unternehmen über einen Sitz außerhalb der *EU (z.B. japanische Gesellschaft kontrolliert Holding-SE)*, richtet sich die internationale Zuständigkeit der Gerichte nach den allgemeinen zivilprozessualen Grundsätzen. Dementsprechend ist es zur Begründung der internationalen Zuständigkeit eines deutschen Gerichtes erforderlich, dass es zur Entscheidung auch örtlich zuständig wäre.[2] Zwar ergibt sich unter Zugrundelegung dieses Grundsatzes bei der Heranziehung der allgemeinen Gerichtsstände kein solcher im Inland, da dieser gemäß § 17 ZPO am Sitz

---

[1] Vgl. *BGH*, Urteil v. 28.10.1953, BGHZ 10, S. 385-389, S. 387; *BGH*, Urteil v. 04.06.1981, BGHZ 81, S. 21-35, S. 24.
[2] Vgl. *BGH*, Beschluss v. 14.06.1965, BGHZ 44, S. 46-52, 47 = NJW 18 (1965), S. 1665.

des beklagten Unternehmens, also im Ausland liegt. Anderes könnte sich indessen aus §§ 22, 23 ZPO ergeben.

Eine solche örtliche Zuständigkeit ergibt sich, wenn ein Aktionär oder die abhängige Gesellschaft selbst klagt, zunächst aus § 22 ZPO, da mit der Klage aus § 317 AktG mitgliedschaftliche Ansprüche geltend gemacht werden.[1] Nach zutreffender Ansicht bildet die Haftung aus § 317 AktG das Korrelat zu der hohen Gefahr nachteiliger Einflussnahmen aufgrund der Beteiligung des herrschenden am abhängigen Unternehmen, so dass sie durch die Beteiligung vermittelt und daher als mitgliedschaftlich im Sinn von § 22 ZPO qualifiziert werden muss.[2]

Zudem stellt sich die Frage, ob sich nicht ein inländischer Gerichtsstand aus § 23 ZPO ergeben kann, wonach für vermögensrechtliche Ansprüche gegenüber einem Unternehmen ohne Sitz im Inland ein Gerichtsstand in *Deutschland* besteht, wenn es dort über Vermögen, das nicht unverhältnismäßig geringer sein darf als der Wert des Streitgegenstandes,[3] verfügt. Der Begriff des Vermögens umfasst zweifellos Gegenstände und Forderungen (z. B. aus Dividendenansprüchen, Lieferverträgen), so dass ein inländischer Gerichtsstand gegeben ist, wenn die ausländische Muttergesellschaft über solche in *Deutschland* belegenen Gegenstände und Forderungen verfügt. Fraglich ist allerdings, ob nicht auch die aus der Beteiligung der ausländischen Mutter an der inländischen Tochter fließenden Forderungen unter den Begriff des Vermögens i. S. v. § 23 ZPO fallen und im Inland belegen sind. Entgegen der h. M. ist dies zu bejahen, da die Aktienbeteiligung der Mutter an der Tochter verschiedene Forderungen der Muttergesellschaft als Aktionär (z. B. den Anspruch auf Dividende und den Liquidationserlös, das Teilnahmerecht etc.) umfasst, die durch die Tochtergesellschaft mit Sitz in *Deutschland* zu erfüllen sind.[4] Dementsprechend ist davon auszugehen, dass die genannten Forderungen in *Deutschland* belegen sind, und eine Tochter-SE mit Sitz in *Deutschland* Ansprüche vor einem inländischen Gericht gegenüber ihrer ausländischen Muttergesellschaft auch nach § 23 ZPO einklagen kann, wenn der Wert der Forderung nicht unverhältnismäßig geringer ist als der Streitwert der Klage aus § 317 AktG.

---

[1] So im Ergebnis auch *LG Bochum*, Zwischenurteil v. 20.05.1986, ZIP 7 (1986), S. 1386, 1387; im Einzelnen streitig, vgl. hierzu *Maul, S.,* Unternehmensverbindungen, 1999, S. 741, 743, auch zur Frage des Gerichtsstandes nach § 22 ZPO.

[2] So im Ergebnis *LG Bochum*, Zwischenurteil v. 20.05.1986, ZIP 7 (1986), S. 1386, 1388; *Bayer, W.,* Beherrschungsvertrag, 1988, S. 125; *Großfeld, B.,* Internationales Gesellschaftsrecht, 1998, Rdnr. 519.

[3] Vgl. *Zöller, R.,* Zivilprozeßordnung, 2001, § 23, Rdnr. 7.

[4] Vgl. *Bayer, W.,* Beherrschungsvertrag, 1988, S. 126 f. m. w. N.; *Maul, S.,* Unternehmensverbindungen, 1999, S. 741, 743.

cbb. Herrschendes Unternehmen mit Sitz in einem Vertragsstaat

Hat das herrschende Unternehmen seinen Sitz in der *EU*, richtet sich die internationale Zuständigkeit der Gerichte nach der GVO.[1] Für Klagen auf Schadensersatz nach § 317 AktG besteht ein Gerichtsstand nach Art. 5 Nr. 3 GVO am Ort des Schadenseintrittes.[2] Diese Vorschrift, die den Gerichtsstand der unerlaubten Handlung regelt, setzt nämlich nur voraus, dass die Klage eine Schadensersatzhaftung zum Gegenstand hat, die ihre Grundlage nicht in einem Vertrag findet. Im Ergebnis kann eine Tochter-SE mit Sitz in *Deutschland* Ansprüche vor einem inländischen Gericht gegenüber ihrer ausländischen *EU*-Muttergesellschaft durchsetzen.

IV. Vertragskonzerne

Vertragskonzerne unter Einschluss von Aktiengesellschaften kommen in der deutschen Aktienwirklichkeit häufig vor, auch wenn sie zahlenmäßig weitaus weniger stark verbreitet sind als faktische Konzerne.[3] Grenzüberschreitend haben sie bisher insbesondere aufgrund der mangelnden Anerkennung der steuerlichen Organschaft nur in beschränktem Umfang Bedeutung erlangt. Bei der SE wird man im Hinblick auf dieses Verhältnis eine ähnliche Entwicklung wie bei der AG erwarten können. International wird man kaum von einer größeren Bedeutung ausgehen können, da bei Einschluss einer SE in einen grenzüberschreitenden Unternehmensvertrag die gleichen Hemmnisse wie im Aktienrecht bestehen. Auf SE, die Teil einer solchen Vertragskonzerns sind, kommen die Regelungen der §§ 291 ff. AktG (zum System, sogleich unter 1.) im Grundsatz zur Anwendung, wobei aufgrund der unterschiedlichen Ausgestaltung der Verfassung insbesondere im monistischen Modell, verschiedene Anpassungen bei der Umsetzung dieser Regelungen auf eine SE vorgenommen werden müssen.

1. Das System der Vertragskonzerne

Von besonderer Bedeutung im Rahmen des Vertragskonzernrechts sind Beherrschungs- und Gewinnabführungsverträge nach § 291 Abs. 1 AktG,[4] auf die im Nachstehenden näher eingegangen werden soll:

---

[1] Verordnung (*EG*) Nr. 44/2001 v. 22.12.2000 über die gerichtliche Zuständigkeit und die Anerkennung und Vollstreckung von Entscheidungen in Zivil- und Handelssachen, ABl. 2001 L 12, S. 1.
[2] Vgl. *Maul, S.*, Gerichtsstände, 1998, S. 404, 406 ff.
[3] Vgl. *Emmerich, V. / Habersack, M.*, in: Aktien- und GmbH-Konzernrecht, Kommentar, 2003, § 291, Rdnr. 6.
[4] Andere Unternehmensverträge (Gewinngemeinschaft gemäß § 292 Abs. 1 Nr. 1 AktG, Teilgewinnabführungsvertrag gemäß § 292 Abs. 1 Nr. 2 AktG, sowie den Betriebspacht- und Betriebsüberlassungsvertrag gemäß § 292 Abs. 1 Nr. 3 AktG) werden nicht behandelt, für sie gilt das Ausgeführte sinngemäß; auch sie können von einer SE mit Sitz in *Deutschland* abgeschlossen werden.

a. Beherrschungsvertrag

Beherrschungsverträge sind dadurch gekennzeichnet, dass eine AG die Leitung ihrer Gesellschaft dem anderen Vertragsteil unterstellt.[1] Die Unterstellung unter fremde Leitung hat typischerweise zur Folge, dass die abhängige Gesellschaft dem Willen des herrschenden Unternehmens untergeordnet wird, für sie also das Konzerninteresse und nicht, wie im Rahmen der §§ 311 ff. AktG, das Eigeninteresse der abhängigen Gesellschaft das maßgebliche Datum ihres Handelns ist. Diese Unterordnung unter den Willen des herrschenden Unternehmens kommt vor allem durch die Vorschrift des § 308 Abs. 1 AktG zum Ausdruck, die aufseiten des herrschenden Unternehmens die Befugnis begründet, Weisungen gegenüber dem Vorstand der abhängigen AG zu erteilen. Demgegenüber eröffnet der Beherrschungsvertrag dem herrschenden Unternehmen grundsätzlich nicht die Möglichkeit, in die zwingenden Zuständigkeiten des Aufsichtsrats und der Hauptversammlung einzugreifen.[2] Eine Ausnahme sieht das AktG allerdings im Rahmen des § 308 Abs. 3 AktG hinsichtlich der nach § 111 Abs. 4 AktG der Zustimmung des Aufsichtsrats unterliegenden Geschäfte vor; § 111 Abs. 4 AktG gilt auch hier zunächst. Erteilt der Aufsichtsrat der abhängigen Gesellschaft die hiernach zur Durchführung der betreffenden Maßnahme notwendige Zustimmung nicht, so muss das herrschende Unternehmen – will es die mangelnde Zustimmung außer Kraft setzen – die Zustimmung seines eigenen Aufsichtsrats einholen, sofern es über einen solchen verfügt. Stimmt dieser zu, kann das herrschende Unternehmen die Weisung nochmals erteilen; der Vorstand der abhängigen Gesellschaft hat ihr dann zu folgen.

Da eine beherrschungsvertraglich gebundene Gesellschaft aufgrund ihres – bei isolierter Betrachtung – unter wirtschaftlichen Aspekten ggf. völlig unvernünftigen Handelns keine Gewähr für die Aktionäre und Gläubiger bietet, dass sich ihr wirtschaftliches Handeln wegen des Gewinnstrebens der hinter ihr stehenden Gesellschafter auch mittelbar zu ihrer Absicherung auswirkt,[3] sieht das Aktiengesetz verschiedene Sicherungen vor: Zentrales Element ist die Verlustausgleichspflicht des herrschenden Unternehmens nach § 302 AktG, wonach das herrschende Unternehmen als der andere Vertragsteil verpflichtet ist, jeden während der Vertragsdauer sonst entstehenden Jahresfehlbetrag auszugleichen, der nicht durch die Entnahme aus anderen Gewinnrücklagen kompensiert wird. Zudem steht den Gläubigern gegenüber dem herrschenden Unternehmen bei Beendigung des Unternehmensvertrages nach § 303 Abs. 1 AktG ein Anspruch auf Sicherheitsleistung und, wenn die Inanspruchnahme des herrschenden Unternehmens an Stelle der abhängigen Gesellschaft endgültig feststeht (z. B. bei Ablehnung der Eröffnung des Insolvenzverfah-

---

[1] Vgl. *Theisen, M. R.*, Konzern, 2000, S. 47.
[2] Vgl. *Emmerich, V. / Habersack, M.*, in: Aktien- und GmbH-Konzernrecht, Kommentar, 2003, § 308, Rdnr. 42.
[3] Vgl. hierzu insbesondere *Pentz, A.*, Enkel-AG, 1994, S. 41 ff.

rens mangels Masse), ein Zahlungsanspruch zu.[1] Zum Schutz der außenstehenden Aktionäre sieht das Gesetz schließlich Ausgleichs- und Abfindungsansprüche vor.[2] Zudem haften die gesetzlichen Vertreter des herrschenden Unternehmens der abhängigen Gesellschaft für jeden Schaden, der durch die Erteilung von Weisungen entstanden ist, die nicht der Sorgfalt eines ordentlichen und gewissenhaften Geschäftsleiters entsprechen, was etwa der Fall ist, wenn die nachteiligen Weisungen nicht durch das Konzerninteresse begründet sind oder die Lebensfähigkeit der abhängigen Gesellschaft grundlos beeinträchtigen.[3]

b. Gewinnabführungsvertrag

Charakteristisches Merkmal eines Gewinnabführungsvertrages ist, dass sich die betreffende AG verpflichtet, ihren gesamten Gewinn, d. h. den Bilanzgewinn, der ohne Gewinnabführungsvertrag bestünde, an das (herrschende) Unternehmen abzuführen.[4] In der Regel werden Gewinnabführungs- und Beherrschungsvertrag gleichzeitig abgeschlossen, um ein körperschaftssteuerliches Organschaftsverhältnis zu begründen und so das Einkommen der Organgesellschaft dem Organträger zuzurechnen.[5] Bei einem solchen gleichzeitigen Bestehen von Beherrschungs- und Gewinnabführungsvertrag kommen die §§ 302 ff. AktG ohne Abweichungen zur Anwendung.

Möglich ist aber auch, einen Gewinnabführungsvertrag ohne Beherrschungsvertrag abzuschließen.[6] In dem Fall eines solchen isolierten Gewinnabführungsvertrages ordnet der Gesetzgeber die Geltung der §§ 302-307 AktG an. Nicht zur Anwendung gelangt hingegen § 308 AktG, da der Gewinnabführungsvertrag als solcher kein Weisungsrecht begründet. An die Stelle des § 308 AktG tritt vielmehr die Regelung der §§ 311-318 AktG, allerdings mit der weiteren Besonderheit, dass die Pflicht zur Aufstellung eines Abhängigkeitsberichts entfällt.[7]

---

[1] Vgl. *BGH*, Urteil v. 16.09.1985, BGHZ 95, S. 330-349, 345 = NJW 39 (1986), S. 188 (*Autokran*); *BGH*, Urteil v. 19.09.1988, BGHZ 105, S. 168-189, 183 = NJW 41 (1988), S. 3143 (*HSW*); *BGH*, Urteil v. 23.09.1991, BGHZ 115, S. 187-203, 200 = NJW 52 (1999), S. 3142 (*Video*); *BGH*, Urteil v. 11.11.1991, BGHZ 116, S. 37-47, 42 = NJW 45 (1992), S. 505 (*Stromlieferungen*); *Emmerich, V. / Habersack, M.*, in: Aktien- und GmbH-Konzernrecht, Kommentar, 2003, § 303, Rdnr. 24.

[2] Zum Schutzmodell des Beherrschungsvertrags insgesamt vgl. etwa *Pentz, A.*, Mitwirkungsrechte, 1997, S. 231 ff.; s. §§ 304, 305 AktG.

[3] S. § 309 Abs. 2 AktG.

[4] Vgl. *Theisen, M. R.*, Konzern, 2000, S. 49.

[5] Vgl. im Einzelnen *Theisen, M. R.*, Konzern, 2000, S. 49; s. § 14 KStG.

[6] Vgl. *LG Kassel*, Beschluss v. 15.11.1995, NJW-RR 11 (1996), S. 1510 f.; *Emmerich, V. / Habersack, M.*, in: Aktien- und GmbH-Konzernrecht, Kommentar, 2003, § 291, Rdnr. 49; *Altmeppen, H.*, in: Münchener Kommentar zum Aktiengesetz, 2000, § 291, Rdnr. 148.

[7] S. § 316 AktG.

2. Anwendung der beherrschungsvertraglichen Regelungen auf SE

Bei Abschluss eines Beherrschungsvertrages kommen die §§ 291 bis 310 AktG aufgrund der Verweisung auf das nationale Recht zur Anwendung.[1]

a. Die SE als herrschendes Unternehmen

Handelt es sich bei der SE um den anderen Vertragsteil, dem aufgrund des Abschlusses des Beherrschungsvertrages das Weisungsrecht zusteht, unterliegt diese SE den Regelungen der §§ 291 ff. AktG. Anpassungen bei der Anwendung der Regelungen sind insbesondere bei SE mit monistschen Verwaltungsmodell erforderlich. Bei SE mit dualistischem Modell sind lediglich die Begriffe des Vorstands und Aufsichtsrats durch diejenigen des Leitungs- und Aufsichtsorgans zu ersetzen.

aa. Weisungen

Die SE als der andere Vertragsteil kann der abhängigen Gesellschaft hinsichtlich der Leitung der Gesellschaft Weisungen erteilen (§ 308 Abs. 1 AktG).[2] Die Weisungsfreiheit des Vorstandes der abhängigen Gesellschaft wird aufgehoben. Ist die SE dualistisch organisiert, sind die Weisungen durch das Leitungsorgan auszusprechen. Ist sie demgegenüber monistisch organisiert, obliegt diese Aufgabe den geschäftsführenden Direktoren, da sie als gesetzliche Vertreter der SE fungieren (§ 41 Abs. 1 SE-AG). Wie bei einer Aktiengesellschaft können Weisungen erteilt werden, die für die abhängige Gesellschaft nachteilig sind, wenn sie den Belangen des herrschenden Unternehmens oder konzernverbundenen Gesellschaften dienen. Dem steht nicht die SE-VO entgegen.[3] Ohne weitere Besonderheiten umsetzbar auf die SE ist auch § 308 Abs. 3 Satz 2 AktG, der die Stellung des Aufsichtsrats des herrschenden Unternehmens dahin regelt, dass durch eine erneute Weisung des herrschenden Unternehmens, der der Aufsichtsrat des herrschenden Unternehmens zugestimmt hat, die mangelnde Zustimmung des Aufsichtsrats der abhängigen Gesellschaft überwunden werden kann. Insoweit tritt bei einer SE, die nach dem dualistischen Modell organisiert ist, an die Stelle des Aufsichtsrats der herrschenden Gesellschaft das Aufsichtsorgan.[4] Ist die SE nach dem monistischen Modell organisiert, tritt an die Stelle des Aufsichtsrats der Verwaltungsrat (§ 22 Abs. 6 SE-AG).

---

1 Vgl. Kapitel II.
2 *Vgl. Hommelhoff, P.*, Konzernrecht, 2003, S. 179, 183; *Brandi, T. O.*, Konzernrecht, 2003, S. 889, 891.
3 Vgl. oben Kapitel II.
4 Vgl. *Brandi, T. O.*, Konzernrecht, 2003, S. 889, 891.

ab. Verlustausgleich und Sicherheitsleistung

Auf die herrschende SE finden die Regelungen zum Verlustausgleich (§ 302 Abs. 1 AktG), zur Sicherheitsleistung (§ 303 AktG) und zu den Ausgleichs- und Abfindungszahlungen (§§ 304, 305 AktG) ohne Abweichungen Anwendung.

ac. Haftung

Die Regelungen zur Haftung, die die §§ 291 ff. AktG für das herrschende Unternehmen und seine Organmitglieder vorsehen, kommen auf SE und ihre Organmitglieder zur Anwendung. Das gilt zunächst für § 309 Abs. 2 AktG, der die Haftung der gesetzlichen Vertreter des herrschenden Unternehmens gegenüber der Untergesellschaft für die Erteilung von beherrschungsvertraglichen Weisungen vorsieht, wenn sie die Schranken aus dem Beherrschungsvertrag, der Satzung der abhängigen Gesellschaft oder dem Gesetz schuldhaft missachten (die hier nicht näher darzustellende Haftung des anderen Vertragsteils selbst ergibt sich aus allgemeinen Grundsätzen).[1] Beim dualistischen System bestehen keine Umsetzungsprobleme: An die Stelle des Vorstandes tritt das Leitungsorgan; seine Mitglieder trifft als gesetzliche Vertreter der herrschenden SE die Haftung aus § 309 Abs. 2 AktG. Im monistischen Modell sind aufgrund der Weisungs- und Leitungsbefugnis des Verwaltungsrats Anpassungen erforderlich, wobei zwischen der Haftung der geschäftsführenden Direktoren und derjenigen des Verwaltungsrats zu differenzieren ist. Im Hinblick auf die geschäftsführenden Direktoren gilt im Grundsatz, dass sie bei der Erteilung sorgfaltswidriger Weisungen gegenüber der abhängigen Gesellschaft als gesetzliche Vertreter der Gesellschaft (§ 41 Abs. 1 SE-AG) die Haftung nach § 309 Abs. 2 AktG trifft, da sie nach § 49 Abs. 1 SE-AG an die Stelle des Vorstands treten. Wenn die Handlung des geschäftsführenden Direktors allerdings auf einer Weisung des Verwaltungsrats beruht, kommen die unter Kapitel III. 2. a. ac. dargestellten Grundsätze zur Anwendung.

Neben den geschäftsführenden Direktoren können auch die Mitglieder des Verwaltungsrats, soweit sie die sorgfaltswidrige Weisung durch den geschäftsführenden Direktor erteilt haben, haften. Zwar sehen weder die SE-Verordnung noch das Ausführungsgesetz eine solche ausdrückliche Haftungsregelung vor. Es liegt insoweit aber eine Regelungslücke vor, die in entsprechender Anwendung von § 309 Abs. 2 AktG zu füllen ist. Grund hierfür ist zum einen, dass nach dem Konzept des Aktiengesetzes an die Ausübung von Leitungsmacht Verantwortlichkeiten geknüpft wer-

---

[1] H. M. vgl: *Altmeppen, H.,* in: Münchener Kommentar zum Aktiengesetz, 2000, Einleitung § 309, Rdnr. 68 ff.; *Koppensteiner, H.-G.,* in: Kölner Kommentar zum Aktiengesetz, 1985, § 309, Rdnr. 8 f.; *Würdinger, H.,* in: Großkommentar Aktiengesetz, 1975, § 309, Rdnr. 3; a. A. für eine weitergehende Auslegung *Hüffer, U.,* in: Aktiengesetz, Kommentar, 2004, § 309, Rdnr. 14; *Habersack, M.,* in: Aktien- und GmbH-Konzernrecht, Kommentar, 2003, § 309, Rdnr. 28 ff.

H.IV. Vertragskonzerne

den[1] und der Verwaltungsrat – anders als beispielsweise ein leitender Angestellter – über diese Leitungsmacht aufgrund seines Weisungsrechts verfügt. Zum anderen sieht § 309 Abs. 2 AktG eine direkte Haftung der Vertreter des herrschenden Unternehmens gegenüber der Tochtergesellschaft und damit eine gesellschaftsübergreifende Haftung vor, was bei dem nach teilweise vertretener Ansicht zur Anwendung gelangenden § 93 AktG nicht der Fall ist.[2] Er befasst sich mit der Haftung der Organmitglieder gegenüber ihrer Gesellschaft.

b. Die SE als abhängige Gesellschaft

Ist die SE im Rahmen des Vertragskonzerns die abhängige Gesellschaft, kommen die Regelungen der §§ 291 ff. AktG auf sie zur Anwendung. Sie ist den Weisungen des herrschenden Unternehmens unterworfen; wie im deutschen Recht wird ihr Eigeninteresse durch das Konzerninteresse überlagert.

ba. Beherrschungsvertragliche Weisungen

Nach § 308 Abs. 1 AktG ist das herrschende Unternehmen berechtigt, den Vorstand der abhängigen Gesellschaft anzuweisen. Die Umsetzung dieser Regelung auf dualistisch strukturierte SE ist unproblematisch, da das Leitungsorgan – wie der Vorstand – sowohl für die Geschäftsführung und die Leitung der Gesellschaft[3] zuständig und damit die insoweit entscheidende Person ist. Da diese Regelung nicht aus sich heraus auf das monistische System umsetzbar ist, sieht das Ausführungsgesetz eine Anpassungsregelung für das monistische System vor. Nach § 49 Abs. 1 SE-AG soll der geschäftsführende Direktor an die Stelle des Vorstands treten. Er ist nach der Gesetzeslage der Empfänger der Weisungen des herrschenden Unternehmens. Anders als bei einem Vorstand einer deutschen Aktiengesellschaft obliegt dem geschäftsführenden Direktor der SE lediglich die laufende Geschäftsführung, während der Verwaltungsrat für die Oberleitung der Gesellschaft zuständig ist. Der Verwaltungsrat hat das Unternehmen zu führen, die Unternehmenspolitik festzulegen, über die zu übernehmenden geschäftlichen und finanziellen Risiken und über Geschäfte von einigem Gewicht zu entscheiden. Zudem kann er alle Arten von Geschäftsführungsmaßnahmen an sich ziehen[4] und gemäß § 44 Abs. 2 SE-AG den geschäftsführenden Direktor anweisen. Insoweit bestehen Unterschiede zur Situation bei der AG, bei der der Tätigkeitsbereich des Vorstandes sowohl die Geschäftsführung (§ 77

---

[1] Vgl. *Kropff, B.*, in: Aktiengesetz, Kommentar, 1965, S. 404.
[2] Vgl. insoweit zu den faktischen Unternehmensverbindungen auch *Veil, R.*, Handbuch der Europäischen Aktiengesellschaft, 2005, § 11, Rdnr. 20.
[3] *Hüffer, U.*, in: Aktiengesetz, Kommentar, 2004, § 76, Rdnr. 7; *Henze, H.*, Leitungsverantwortung, 2000, S. 209; *Fleischer, H.*, Leitungsaufgabe, 2003, S. 1, 3.
[4] Vgl. *Merkt, H.*, Unternehmensverfassung, 2003, S. 650 ff.; *Neye, H.-W. / Teichmann, Ch.*, Ausführungsgesetz, 2003, S. 169, 176 f.

AktG) als auch die Leitung der Gesellschaft (§ 76 AktG) umfasst.[1] Vor diesem Hintergrund ist daher fraglich, ob sich das Weisungsrecht des herrschenden Unternehmens auch auf Angelegenheiten erstrecken kann, die über die Zuständigkeiten der geschäftsführenden Direktoren hinaus in die Zuständigkeit des Verwaltungsrats der SE fallen.

Ohne Zweifel ist die beherrschungsvertragliche Regelung des § 308 Abs. 1 AktG darauf gerichtet, die Geschäftsführungszuständigkeit insgesamt auf das herrschende Unternehmen zu übertragen, und nicht nur die laufende Geschäftsführung. Das folgt aus dem Wortlaut des § 291 Abs. 1 AktG, der von der Unterstellung der „Leitung" spricht, und damit sowohl die Geschäftsführung als auch die Leitung der Gesellschaft, d. h. die Festlegung der Unternehmenspolitik und damit die grundlegenden Entscheidungen über Zielkonzeption, Organisation, Führungsgrundsätze, Geschäftspolitik und die Besetzung der unmittelbar nachgeordneten Führungsstellen umfasst.[2] Bestätigt wird dies darüber hinaus durch die Gesetzesmaterialien, in denen es heißt: „Dieses Recht (Recht zu Weisungen) ist nicht auf Fragen der Geschäftsführung beschränkt. Es umfasst vielmehr den gesamten Bereich, in dem der Vorstand die Gesellschaft nach § 76 AktG zu leiten hat."[3]

Das Problem, dass das Weisungsrecht in den Kompetenzbereich eines weiteren Organs eingreifen kann, ist zudem bereits durch die Rechtsprechung zur GmbH geklärt. Der II. Zivilsenat des Bundesgerichtshofs hat im „Supermarkt"-Beschluss festgestellt, dass durch den Beherrschungsvertrag „die Weisungskompetenz der Gesellschafterversammlung auf die herrschende Gesellschaft übertragen wird", und damit dem herrschenden Unternehmen das Recht zugebilligt wird, in die Kompetenzen des Weisungsorgans einzugreifen.[4]

Ausgehend von der Natur des Beherrschungsvertrages dient ein solcher Vertrag auf Seiten der abhängigen SE daher nicht nur dazu, dass die Geschäftsführungsbefugnisse der geschäftsführenden Direktoren überlagert werden; der Vertrag muss vielmehr auch zur Folge haben, dass all diejenigen Befugnisse des Verwaltungsrats überlagert werden, mit denen die beherrschungsvertragliche Weisungsbefugnis konterkariert werden würde.[5] Dem kann entgegen einer zum Teil vertretenen Auffassung[6] auch nicht entgegengehalten werden, dass der Verwaltungsrat einer SE nur auf die Interessen der eigenen Gesellschaft ausgerichtet sein dürfe und daher die

---

[1] Vgl. *Kort, M.,* in: Großkommentar Aktiengesetz, 2003, § 76, Rdnr. 28; vgl. auch *Fleischer, H.,* Leitungsaufgabe, 2003, S. 1, 5.
[2] Vgl. *Fleischer, H.,* Leitungsaufgabe, 2003, S. 1, 5 f.
[3] Vgl. ausführlich dazu *Maul, S.,* Konzernrecht, 2003, S. 743, 747; *Kropff, B.,* in: Aktiengesetz, Kommentar, 1965, S. 403.
[4] Vgl. BGHZ 105, S. 324, 331 = NJW 42 (1989), S. 295 – Supermarkt; vgl. auch *Zöllner, W.,* in: ZGR 21 (1992), S. 173, 182.
[5] Vgl. *Maul, S.,* Konzernrecht, 2003, S. 743, 746 f.; *Veil, R.,* Konzernrecht, 2003, S. 2169, 2174.
[6] Vgl. *Hommelhoff, P.,* Konzernrecht, 2003, S. 179, 182.

Befolgung von Weisungen durch den Verwaltungsrat der abhängigen Gesellschaft unzulässig sei. Denn – wie bereits ausgeführt – lässt sich der SE-Verordnung ein derartiger Grundsatz nicht entnehmen, sondern die Verordnung lässt Raum für die Anwendung des nationalen Konzernrechts. Der Abschluss eines Beherrschungsvertrages bedeutet bei einer nach dem monistischen System organisierten SE daher gleichzeitig, dass die Leitungszuständigkeit des Verwaltungsrats durch Weisungen des herrschenden Unternehmens beschnitten werden kann.

In die Kompetenzen der Hauptversammlung der abhängigen SE – dualistisch oder monistisch strukturiert - kann das Weisungsrecht des herrschenden Unternehmens demgegenüber nicht eingreifen. Die Kompetenzen der Hauptversammlung, die ihr durch die SE-Verordnung (z.B. Satzungsänderungen) oder durch das Aktiengesetz in Verbindung mit den Verweisungsnormen der Verordnung übertragen sind (etwa Zuständigkeiten nach § 119 AktG sowie Gelatine/Holzmüller-Sachverhalte)[1], gehören nicht mehr zur Leitung der Gesellschaft im Sinne von §§ 308, 76 AktG und können somit von vorneherein nicht von der Leitungsmacht des herrschenden Unternehmens erfasst werden.[2] In diesem Punkt unterscheidet sich die Lage der beherrschten monistischen SE nicht von derjenigen einer beherrschten dualistischen AG, zumal die Hauptversammlungskompetenzen aufgrund der Verweisung auf das nationale Recht praktisch identisch sind.

bb. Umsetzung des § 308 Abs. 3 AktG

Die Regelung des § 308 Abs. 3 AktG, wonach die Stellung des Aufsichtsrats der abhängigen Gesellschaft dahin geregelt wird, dass die Weigerung des Aufsichtsrats, seine Zustimmung zu einem zustimmungsbedürftigen Geschäft zu erteilen, bedeutungslos wird, wenn die Weisung – ggf. mit Zustimmung des Aufsichtsrats des herrschenden Unternehmens - wiederholt wird, ist ebenfalls auf SE umsetzbar. Beim dualistischen System der SE ist die Regelung ohne weiteres umsetzbar: an die Stelle des Aufsichtsrats tritt das Aufsichtsorgan. Bei einer monistisch strukturierten SE besteht ein gewisser Anpassungsbedarf. Bei ihr tritt an die Stelle des Aufsichtsrats der abhängigen Gesellschaft gem. § 22 Abs. 6 SE-AG der Verwaltungsrat, so dass es für die Frage des § 308 Abs. 3 AktG darauf ankommt, ob bei den zustimmungspflichtigen Geschäften das vorherige Einverständnis des Verwaltungsrats vorliegt. Dass die Verordnung bei dem monistischen System anstatt von einer Zustimmung des Aufsichtsrats von einem Beschluss des gesamten Verwaltungsrats spricht, ist insofern ohne Belang. Die nach § 308 AktG notwendige Zustimmung setzt gemäß

---

1 Vgl. *BGH*, Urteil v. 12.07.1979, BGHZ 83, S. 120-133, 122; hierzu zuletzt *Zimmermann K. / Pentz, A.*, Holzmüller, 2001, S. 151 ff.; *Henze, H.,* Holzmüller, 2003, S. 211; *Habersack, M.,* in: Aktien- und GmbH-Konzernrecht, Kommentar, 2003, Vor § 311, Rdnr. 33 ff.; *BGH*, Urteil v. 26.4.2004 (Gelatine I), NZG 7 (2004), S. 575 ff. und *BGH*, Urteil v. 26.04.2004 (Gelatine II), NJW 57 (2004), S. 1860 ff.
2 Vgl. *OLG Karlsruhe,* Urteil v. 07.12.1990, AG 36 (1991), S. 144-149, S. 146 – ASEA/BBC.

§ 108 Abs. 1 AktG ebenfalls zwingend einen ausdrücklichen Beschluss des Aufsichtsrats voraus, weshalb insofern im Ergebnis keine Unterschiede bestehen.[1]

Aufgrund der unterschiedlichen Kompetenzaufteilung zwischen Vorstand und Aufsichtsrat einerseits und Verwaltungsrat und geschäftsführendem Direktor andererseits sind die Kompetenzen des Verwaltungsrates im Hinblick auf zustimmungspflichtige Geschäfte im Regelfall wesentlich umfassender als die des Aufsichtsrates. Das kann wiederum zur Folge haben, dass das Verfahren nach § 308 Abs. 3 AktG häufiger durchgeführt werden muss. Diese Gefahr steht aber der Anwendbarkeit der Vorschrift nicht entgegen und kann in der Praxis durch eine entsprechende Ausgestaltung des Zustimmungskatalogs in der Satzung der SE vermieden werden.[2]

Weisungen an den geschäftsführenden Direktor, der zugleich Mitglied des Verwaltungsrats ist, führen nicht dazu, dass das Verwaltungsratsmitglied aufgrund einer Doppelstellung bei einem Beschluss des Gesamtverwaltungsrats an die zuvor erteilte Weisung gebunden ist. Grund hierfür ist zum einen, dass die Weisung nur das in seiner Funktion angewiesene Organ, also den geschäftsführenden Direktor, binden und ihre Wirkung nicht in einem anderen Organ, dem Verwaltungsrat, fortsetzen kann, auch wenn die dort agierende Person identisch ist. Zum anderen kommt eine solche Bindung auch deshalb nicht in Betracht, weil § 308 AktG die dort geforderte Zustimmung des Aufsichtsrats bzw. die Wiederholung der Weisung zur Wirksamkeitsvoraussetzung der Weisung macht.[3] Eine Weisung ohne diese besondere Voraussetzung kann mithin überhaupt keine Wirkung entfalten.[4]

bc. Haftung

Hinsichtlich der Haftung der Organmitglieder der abhängigen Gesellschaft einer SE ist § 310 AktG anzuwenden. Im Rahmen dieser Vorschrift wird von der h. M. von einer Pflichtverletzung ausgegangen, wenn in sorgfaltswidriger Weise unzulässige schädigende Weisungen befolgt worden sind.[5] Bei der Umsetzung ist zwischen dem dualistischen und dem monistischen Modell zu unterscheiden: Im dualistischen System ist die Umsetzung unproblematisch: Die Mitglieder des Leitungsorgans haften neben den Ersatzpflichtigen nach § 309 AktG, wenn sie unter Verletzung ihrer Pflichten gehandelt haben, wobei ihre Ersatzpflicht nicht dadurch ausgeschlossen wird, dass das Aufsichtsorgan die Handlung gebilligt hat (§ 310 Abs. 2 AktG). Die

---

[1] Vgl. *Hüffer, U.*, in: Aktiengesetz, Kommentar, 2004, § 111, Rdnr. 19.
[2] Vgl. *Maul, S.*, Konzernrecht, 2003, S. 743, 750.
[3] Für die Durchführung des Verfahrens vgl. auch *Veil, R.*, Konzernrecht, 2003, S. 2169, 2175.
[4] So auch *Habersack, M.*, in: Aktien- und GmbH-Konzernrecht, Kommentar, 2003, § 308, Rdnr. 70 ff.
[5] Vgl. *Hüffer, U.*, in: Aktiengesetz, Kommentar, 2004, § 310, Rdnr. 3; *Koppensteiner, H.-G.*, in: Kölner Kommentar zum Aktiengesetz, 1985, § 310, Rdnr. 11; *Altmeppen, H.*, in: Münchener Kommentar zum Aktiengesetz, 2000, Einleitung § 310, Rdnr. 31; s. für eine weitere Auslegung *Habersack, M.*, in: Aktien- und GmbH-Konzernrecht, Kommentar, 2003, § 310, Rdnr. 10 f.

Mitglieder des Aufsichtsorgans trifft die Haftung aus § 310 Abs. 1 AktG, soweit sie Pflichten verletzt haben (z.B. Verhinderung der Befolgung rechtswidriger Weisungen sowie Pflichtverletzungen bei der Erteilung der Zustimmung). Im monistischen System trifft die Haftung aus § 310 Abs. 1 AktG zunächst die geschäftsführenden Mitglieder; sie treten nach § 49 Abs. 1 SE-AG an die Stelle des Vorstandes. Auch in diesem Zusammenhang gilt der unter III. 2. a. ac. ausgeführte Grundsatz, dass es bei einer Befolgung von nachteiligen aber nicht gesetzeswidrigen Weisungen durch den Verwaltungsrat der abhängigen Gesellschaft nicht zu einer Freistellung der geschäftsführenden Direktoren von einer Haftung kommen kann. Unproblematisch umzusetzen ist auch § 310 Abs. 2 AktG, wonach die Ersatzpflicht des Vorstandes nicht dadurch ausgeschlossen wird, dass der Aufsichtsrat die Handlung gebilligt hat.

Zudem können die Mitglieder des Verwaltungsrats nach § 310 Abs. 1 AktG haften, wenn sie Pflichten verletzt haben (z.B. Weisung zur Befolgung einer rechtswidrigen Weisung des herrschenden Unternehmens, Verhinderung der Befolgung rechtswidriger Weisungen). Das ergibt sich aus § 26 Abs. 6 SE-AG.

bd.   Verlustausgleich und Sicherheitsleistung

SE-spezifische Fragen treten weder bei den Rechten auf Verlustausgleich und Sicherheitsleistung (§§ 302, 303 AktG) noch auf Ausgleich und Abfindung (§§ 304, 304 AktG) auf. Insoweit können die aktienrechtlichen Regelungen auf die SE angewendet werden, ohne dass Anpassungen erforderlich sind.[1]

3.   Anwendbares Recht im Rahmen von grenzüberschreitenden Unternehmensverträgen

Wie eine AG kann eine SE auch Teil eines grenzüberschreitenden Unternehmensvertrages, dessen Abschluss von der ganz h. M. als zulässig angesehen wird, sein. Je nachdem, ob SE mit Sitz in *Deutschland* im Rahmen des Beherrschungsvertrages die Rolle des abhängigen oder herrschenden Unternehmens zukommt, ist zu unterscheiden:

---

[1]   Hierzu ausführlich vgl. *Brandi, T. O.*, Konzernrecht, 2003, S. 889, 893.

a. Mutter mit Sitz im Ausland/Tochter-SE mit Sitz im Inland

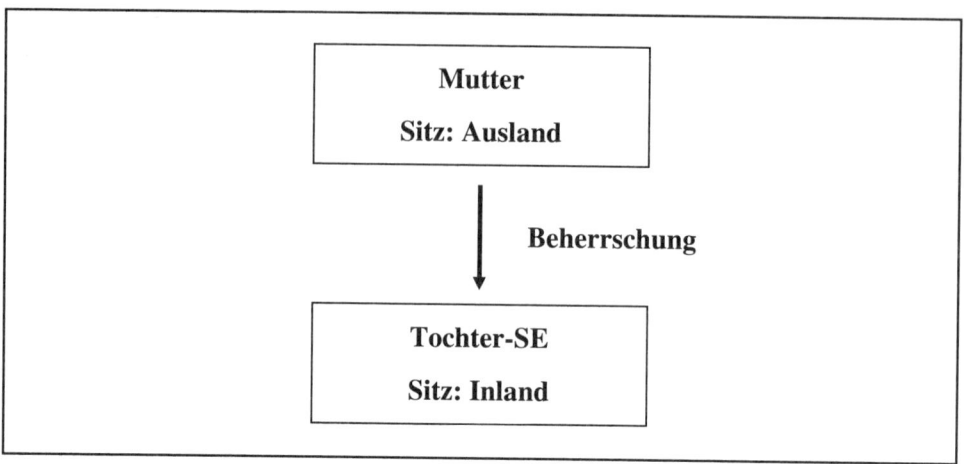

Abb. 4: *Mutter mit Sitz im Ausland/Tochter-SE mit Sitz im Inland*

Ist die SE mit Sitz in *Deutschland* abhängiges Unternehmen und Partei eines Beherrschungsvertrages, sind nach herrschender und auch zutreffender Meinung die Vorschriften, die das Aktienrecht zum Schutz der abhängigen Gesellschaft, ihrer Aktionäre und Gläubiger vorsieht, auf das ausländische Unternehmen anzuwenden, da die abhängige Gesellschaft hauptbetroffene Partei ist:[1] Sie wird aufgrund des Weisungsrechts der Obergesellschaft faktisch in diese eingegliedert, verliert also ihre Selbstständigkeit und ist der Gefahr nachteiliger Weisungen ausgesetzt.

Dementsprechend sind die Wirksamkeitsvoraussetzungen für den Abschluss des grenzüberschreitenden Beherrschungsvertrages grundsätzlich die gleichen wie bei rein nationalen Sachverhalten, da die fraglichen Vorschriften des Aktienrechtes in erster Linie dem Schutz der abhängigen Gesellschaft dienen. Eine Ausnahme besteht lediglich im Hinblick auf die Frage, ob § 293 Abs. 2 AktG, wonach der Abschluss eines Unternehmensvertrages der Zustimmung der Hauptversammlung des herrschenden Unternehmens bedarf, auf das ausländische herrschende Unternehmen Anwendung findet. Insoweit wird zu Recht angenommen, dass ein derartiges Zustimmungserfordernis allein nach dem Gesellschaftsstatut des herrschenden Unternehmens, und nicht nach deutschem Recht, zu beantworten ist.[2] Da das ausländische Recht im Regelfall keine § 293 Abs. 2 AktG entsprechende Regelung aufweisen

---

[1] Vgl. *Bayer, W.*, Beherrschungsvertrag, 1988, S. 66; *Bärwaldt, R. / Schabacker, J.*, Wirksamkeitserfordernisse, 1998, S. 182, 187.

[2] Vgl. *Koppensteiner, H.-G.*, Internationale Unternehmen, 1971, S. 170, 189; *Bayer, W.*, Beherrschungsvertrag, 1988, S. 69; *Bärwaldt, R. / Schabacker, J.*, Wirksamkeitserfordernisse, 1998, S. 182, 187 jeweils m. w. N.

wird, kommt es für die Frage, ob ein Hauptversammlungsbeschluss erforderlich ist, daher auf die Vertretungsmacht der Geschäftsführung und die Zustimmungsbefugnisse der Hauptversammlung nach ausländischem Recht an.

Ist ein grenzüberschreitender Beherrschungsvertrag geschlossen worden, steht dem ausländischen herrschenden Unternehmen das Weisungsrecht aus § 308 AktG zu. Ein Umstand, der beispielsweise die *BBC Baden AG* (*Schweiz*) veranlasst hatte, mit ihrer Tochtergesellschaft, der *BBC Mannheim* im Jahre 1996 einen Beherrschungsvertrag abzuschließen, um für die Konzernspitze die für eine effektive Konzernführung erforderliche Leitungsmacht sicherzustellen.[1] Ist ein solcher grenzüberschreitender Beherrschungsvertrag abgeschlossen worden, treffen das ausländische herrschende Unternehmen die Pflichten aus den §§ 302-305 AktG, da diese Regelungen dem Schutz der abhängigen Gesellschaft dienen.[2] Abweichende Regelungen können nicht vereinbart werden.

Das gleiche gilt im Ergebnis für internationale Gewinnabführungsverträge. Auch sie können mit einem ausländischen Unternehmen als dem anderen Vertragsteil abgeschlossen werden. Jedoch spielen solche Verträge in der Praxis keine Rolle, da die deutsche Steuerpraxis Ergebnisübernahmeverträge mit ausländischen Organträgern nicht anerkennt, weil die Begründung einer grenzüberschreitenden steuerlichen Organschaft grundsätzlich ausgeschlossen ist.[3] Abweichendes gilt allerdings nach § 18 KStG, wenn das ausländische herrschende Unternehmen im Inland eine im Handelsregister eingetragene Zweigniederlassung hat und der Gewinnabführungsvertrag unter der Firma dieser Zweigniederlassung abgeschlossen worden ist (eingeschränkte ausländische Organschaft).[4]

---

[1] Vgl. im Einzelnen *Bayer, W.,* Beherrschungsvertrag, 1988, S. 144.
[2] Vgl. *BGH,* Urteil v. 05.06.1975, BGHZ 65, S. 15-21, S. 15 (*ITT*); *Bayer, W.,* Beherrschungsvertrag, 1988, S. 57; *Hüffer, U.,* in: Aktiengesetz, Kommentar, 2004, § 291, Rdnr. 8, 13; *Kronke, H.,* Personengesellschaftskonzerne, 1989, S. 473; *Emmerich, V. / Habersack, M.,* in: Aktien- und GmbH-Konzernrecht, Kommentar, 2003, § 291, Rdnr. 35 ff.
[3] Vgl. *Altmeppen, H.,* in: Münchener Kommentar zum Aktiengesetz, 2000, Einl. §§ 46, Rdnr. 291; *Bayer, W.,* Beherrschungsvertrag, 1988, S. 76 ff. jeweils m. w. N.
[4] Vgl. *Altmeppen, H.,* in: Münchener Kommentar zum Aktiengesetz, 2000, § 291, Rdnr. 164; *Crezelius, W.,* Organschaft, 1993, S. 153, 161 f.; *Bayer, W.,* Beherrschungsvertrag, 1988, S. 76 ff.

b. Herrschende SE mit Sitz im Inland/Tochter mit Sitz im Ausland

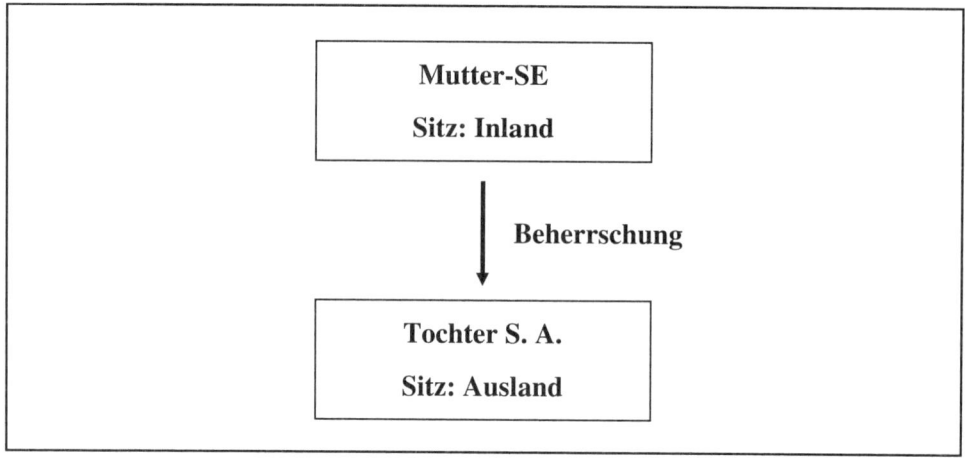

Abb. 5: Herrschende SE mit Sitz im Inland/Tochter S. A. mit Sitz im Ausland

Ist die SE mit Sitz in *Deutschland* hingegen herrschendes Unternehmen und befindet sich das abhängige Unternehmen im Ausland, so richten sich die Rechtsverhältnisse der ausländischen abhängigen Gesellschaft, etwa in Form einer französischen S.A., allein nach ihrem Heimatrecht. Die §§ 300 ff. AktG finden auf die ausländische Gesellschaft keine Anwendung, so dass die SE mit Sitz in *Deutschland* auf gesetzlicher Grundlage nach deutschem Recht weder die Pflicht zum Verlustausgleich, zur Sicherheitsleistung noch zu Ausgleich und Abfindung trifft.[1] Grenzüberschreitende Beherrschungsverträge zwischen einer abhängigen Gesellschaft mit Sitz im Ausland (auch in Form einer SE) und dem herrschenden Unternehmen mit Sitz im Inland kommen daher in der Praxis nur dann in Betracht, wenn das ausländische Recht (in Betracht kommt nur das portugiesische) den §§ 300 ff. AktG vergleichbare Regelungen vorsieht. Zwar wird angenommen, dass es auch möglich sein müsse, ähnliche Gestaltungen – wie sie die §§ 291 ff. AktG vorsehen – durch Vertrag zu vereinbaren.[2] Solche Vereinbarungen, die formfrei möglich wären,[3] sind in der Praxis jedoch nicht von Bedeutung und werden unter praktischen Aspekten in der Regel schon daran scheitern, dass das Geschäftsführungsorgan der ausländischen abhängigen Gesellschaft sich den Weisungen gemäß § 308 AktG nicht unterwerfen darf, weil es

---

[1] Vgl. *Koppensteiner, H.-G.,* in: Kölner Kommentar zum Aktiengesetz, 1985, § 293, Rdnr. 38; *Bärwaldt, R. / Schabacker, J.,* Wirksamkeitserfordernisse, 1998, S. 182, 187.
[2] Vgl. *Krieger, G.,* Konzernrecht, 1999, § 70, Rdnr. 22.
[3] Da in diesem Fall § 293 Abs. 2 AktG keine Anwendung auf das herrschende Unternehmen finden kann, soll ein solcher Vertrag formfrei möglich sein, vgl. *Bärwaldt, R. / Schabacker, J.,* Wirksamkeitserfordernisse, 1998, S. 182, 187.

sich im Falle der Befolgung nachteiliger Weisungen schadensersatzpflichtig machen würde.

c. Besondere Fragestellungen bei grenzüberschreitenden Unternehmensverträgen

Kommen die Regelungen der §§ 291 ff. AktG auf SE, die Teil eines grenzüberschreitenden Unternehmensvertrages sind, zur Anwendung, stellen sich besondere Fragen aufgrund der Internationalität der Unternehmensverbindung regelmäßig nur bei der Einklagbarkeit der Ansprüche auf Verlustausgleich, Abfindung und Ausgleich. Insoweit ist zwischen Unternehmen mit Sitz im Ausland außerhalb der *EU* und solchen, deren Sitz sich in der *EU* befindet, zu unterscheiden:

Hinsichtlich der Verfolgung von Ansprüchen gegenüber Unternehmen mit Sitz im Ausland außerhalb der *EU* gilt im Hinblick auf § 23 ZPO – Gerichtsstand des Vermögens – das zum faktischen Konzern Ausgeführte,[1] so dass in allen genannten Fällen der §§ 302 ff. AktG ein inländischer Gerichtsstand gegeben ist. Auch der inländische Gerichtsstand der Mitgliedschaft nach § 22 ZPO ist, soweit der Verlustausgleichsanspruch aus § 302 AktG und der Anspruch auf Leistung des Ausgleichs oder der Abfindung nach §§ 304 f. AktG im Raum stehen, gegeben. Nach zutreffender Ansicht ist das die Verlustübernahme auslösende Element der Verlust des Eigeninteresses der abhängigen Gesellschaft.[2] Da die aus der Verletzung des Eigeninteresses resultierende Verlustausgleichspflicht ebenso wie die Schadensersatzpflicht aus § 317 AktG an die bestehenden Einflussmöglichkeiten des herrschenden Unternehmens anknüpft, ist auch der Verlustausgleich mitgliedschaftlicher Natur.[3] Bezüglich der Entscheidung über die Angemessenheit des vertraglich geschuldeten Ausgleichs und/oder der Abfindung besteht nach § 306 Abs. 1 AktG eine Spezialzuständigkeit am Landgericht des Sitzes der abhängigen Gesellschaft, die auch die internationale Zuständigkeit begründet.[4] Gegenüber herrschenden Unternehmen mit Sitz im Ausland außerhalb der *EU* können daher die aus den Unternehmensverträgen resultierenden Ansprüche im Inland eingeklagt werden.

Die Verfolgung von Ansprüchen gegenüber Unternehmen mit Sitz in der *EU* gestaltet sich demgegenüber schwieriger. Nach Art. 2 Abs. 1 GVO befindet sich der allgemeine Gerichtsstand der Obergesellschaft an ihrem Sitz. Ein besonderer Gerichtsstand, der eine Zuständigkeit eines inländischen Gerichts begründen würde, ist nicht ersichtlich; insbesondere ist Art. 22 GVO nicht einschlägig, da es sich bei den Kla-

---

1   Vgl. Kapitel III.3.
2   Vgl. *Pentz, A.*, Enkel-AG, 1994, S. 46.
3   Vgl. *Maul, S.*, Unternehmensverbindungen, 1999, S. 741, 745; im Ergebnis ebenso *Bayer, W.*, Beherrschungsvertrag, 1988, S. 128; a. A. *Luchterhand, H. F.*, Deutsches Konzernrecht, 1971, S. 115.
4   Vgl. *Bayer, W.*, Beherrschungsvertrag, 1988, S. 124.

gen aus §§ 302 ff. AktG nicht um solche handelt, die die Gültigkeit, Nichtigkeit oder die Auflösung einer Gesellschaft oder Beschlüsse ihrer Organe zum Gegenstand haben. Mangels eines inländischen Gerichtstands trifft – je nach Verwaltungsmodell – das Leitungsorgan, die geschäftsführenden Mitglieder bzw. Mitglieder des Verwaltungsorgans der abhängigen SE die Pflicht, eine (nach Art. 23 GVO ohne weiteres zulässige) Gerichtsstandsvereinbarung zu schließen, durch die ein inländischer Gerichtsstand begründet wird. Diese Pflicht leitet sich aus der Interessenwahrungspflicht des Geschäftsführungsorgans gegenüber seiner Gesellschaft her, aus der folgt, dass es nachteilige Weisungen nur befolgen darf, wenn die Durchsetzung der Ansprüche nach den §§ 302 ff. AktG gesichert ist. Dementsprechend wird das Geschäftsführungsorgan einer abhängigen SE darauf bestehen müssen, will es sich nicht selbst der Gefahr einer Ersatzpflicht aussetzen, eine Gerichtsstandsvereinbarung gemeinsam mit dem Unternehmensvertrag abzuschließen.[1]

4. Gewinnabführungsvertrag

Hat die abhängige SE einen Gewinnabführungsvertrag abgeschlossen, gilt das oben zum Beherrschungsvertrag ausgeführte in gleicher Weise; auch soweit grenzüberschreitende Unternehmensverbindungen betroffen sind. Bei dem Vorhandensein eines isolierten Gewinnabführungsvertrages treten an die Stelle des Weisungsrechts[2] die Regelungen der §§ 311-318 AktG,[3] jedoch mit der Maßgabe, dass die Pflicht zur Aufstellung eines Abhängigkeitsberichts entfällt.[4]

V. Existenzvernichtender Eingriff

Neben dem faktischen Konzern und dem Vertragskonzern können sich nach h. M. in der Literatur Ersatzansprüche gegenüber dem herrschenden (Allein-)Gesellschafter auch aufgrund existenzvernichtenden Eingriffs ergeben. Nach zutreffender Ansicht sind die zur GmbH entwickelten Grundsätze des existenzvernichtenden Eingriffs auch auf Aktiengesellschaften und in der Folge auch SE zu übernehmen (s. unter 2.).

---

[1] Vgl. *Bayer, W.,* Beherrschungsvertrag, 1988, S. 139.
[2] S. § 308 AktG.
[3] Vgl. Kapitel III.2.
[4] S. § 316 AktG i. V. m. Art. 9 SE-VO.

1. Voraussetzungen des existenzvernichtenden Eingriffs: Rechtsprechung zur GmbH

Der *Bundesgerichtshof* hat durch sein Urteil zum *Bremer Vulkan*[1] die Rechtsprechung zum qualifiziert faktischen Konzern, wonach von einer Haftung des herrschenden Unternehmens entsprechend § 302 AktG bei einer missbräuchlichen Ausnutzung seiner Stellung und der mangelnden Möglichkeit des Einzelausgleichs ausgegangen wurde,[2] zumindest für das GmbH-Recht aufgegeben und ein neues Haftungskonzept entwickelt.[3] Dieses in weiteren Entscheidungen[4] fortentwickelte, kein Konzernverhältnis voraussetzende Haftungssystem fußt auf einem dem Recht der Kapitalgesellschaften unausgesprochen zugrunde liegenden Grundsatz, wonach das Gesellschaftsvermögen in der Gesellschaft zum Zwecke der Befriedigung ihrer Gläubiger verbleiben muss und damit der – im GmbH-Recht (nicht aber im Aktienrecht) im Übrigen sehr weit reichenden – Dispositionsbefugnis der Gesellschafter entzogen ist. Die Gesellschafter sind zwar berechtigt, die Existenz der Gesellschaft durch eine freiwillige Liquidation oder im Rahmen eines Insolvenzverfahrens zu beenden. Es ist ihnen nach dieser Rechtsprechung aber nicht erlaubt, der Gesellschaft Vermögen ohne Rücksichtnahme auf ihre gesetzliche Funktion, anstelle der Gesellschafter als Haftungsträger zu dienen, zu entziehen und ihr dadurch die Möglichkeit zu nehmen, ihre Verbindlichkeiten zu erfüllen. Entziehen die Gesellschafter (ggf. auch mittelbar Beteiligte) unter Außerachtlassung der gebotenen Rücksichtnahme auf diese Zweckbindung des Gesellschaftsvermögens der Gesellschaft durch offene oder verdeckte Entnahmen Vermögenswerte und beeinträchtigen sie dadurch „in einem ins Gewicht fallenden Ausmaß" die Fähigkeit der Gesellschaft zur Erfül-

---

[1] Vgl. *BGH*, Urteil v. 17.09.2001, NJW 54 (2001), S. 3622; *BGH*, Urteil v. 24.06.2002, ZIP 23 (2002), S. 1578-1580, 1578 ff.; bestätigt durch *BGH*, Urteil v. 20.9.2004, ZIP 25 (2004), S. 2138 f., dort allerdings Haftung nach § 826 BGB (sittenwidrige Schädigung), *BGH*, Urteil v. 13.12.2004, ZIP 26 (2005), S. 250 –Autohändler. S. hierzu *Röhricht, V.*, Spannungsfeld, 2000, S. 98 ff.

[2] Vgl. hierzu den Beitrag in der 1. Auflage, S. 457 ff.

[3] Zur neuen Rechtsprechung mit Unterschieden im Einzelnen s. insbes. *Röhricht, V.*, Spannungsfeld, 2000, S. 83 ff.; *Altmeppen, H.*, Gläubigerschutz, 2001, S. 1837 ff.; *Altmeppen, H.*, Verhaltenshaftung, 2002, S. 961 ff.; *Altmeppen, H.*, Gläubigerschutzkonzept, 2002, S. 1553 ff.; *Altmeppen, H.*, Gesellschafterhaftung, 2002, S. 321 ff.; *Drygala, T.*, Abschied, 2003, S. 729 ff.; *Haas, U.*, Existenzvernichtung, 2003, S. 1929 ff.; *Henze, H.*, Gesichtspunkte, 2003, S. 649 ff.; *Henze, H.*, Eingriff, 2004, S. 405 ff.; *Koppensteiner, H.-G.*, Existenzvernichtung, 2002, S. 607 ff.; *Lutter, M. / Banerjea, N. R.*, Haftung, 2003, S. 402 ff.; *Lutter, M. / Banerjea, N. R.*, Haftung Des Geschäftsführers, 2003, S. 2177 ff.; *Schmidt, K.*, Gesellschafterhaftung, 2001, S. 2133; *Schön W.*, Existenzvernichtung, 2004, S. 268ff.; *Ulmer, P.*, Revolution, 2001, S. 2021 ff.; *BGH*, Urteil v. 24.6.2002 (II ZR 300 / 00) (mit Anm. Peter Ulmer), JZ 57 (2002), S. 1047 ff.; *Habersack, M.*, in: Aktien- und GmbH-Konzernrecht, Kommentar, 2003, Anh. § 317, Rdnr. 3 ff.; *Hüffer, U.*, in: Aktiengesetz, Kommentar, § 1, Rdnr. 22 ff., jew. m.w.N.

[4] Vgl. *BGH*, Urteil v. 25.2.2002 (II ZR 196/00), BGHZ 150, S. 61 = NJW 55 (2002), S. 1803 – Ausfallhaftung; *BGH*, Urteil v. 24.6.2002 (II ZR 300/00), BGHZ 151, S. 181 = NJW 55 (2002), S. 3024 – KBV, bestätigt durch *BGH*, Urteil v. 20.9.2004 (II ZR 302/02), ZIP 25 (2004), S. 2138 f., dort allerdings Haftung nach § 826 BGB (sittenwidrige Schädigung), *BGH*, Urteil v. 13.12.2004 (II ZR 256/02), ZIP 26 (2005), S. 250 –Autohändler.

lung ihrer Verbindlichkeiten, liegt hierin ein Missbrauch der Rechtsform der GmbH. Die Rechtsfolge dieses Rechtsmissbrauchs liegt nach der neueren Rechtsprechung des BGH im Verlust des Haftungsprivilegs und damit in der persönlichen Haftung der verantwortlichen Gesellschafter (analog § 128 HGB), soweit nicht der der GmbH durch den Eingriff insgesamt zugefügte Nachteil bereits nach §§ 30, 31 GmbHG vollständig ausgeglichen werden kann oder kein ausreichender Ausgleich in das Gesellschaftsvermögen erfolgt. Vor diesem Hintergrund sind die Gläubiger außerhalb eines Insolvenzverfahrens berechtigt, ihre Forderungen unmittelbar gegen die Gesellschafter geltend zu machen,[1] wobei diese Ausfallhaftung auch diejenigen Mitgesellschafter trifft, die, ohne selbst etwas empfangen zu haben, durch ihr Einverständnis mit dem Vermögensentzug an der Existenzvernichtung der Gesellschaft mitgewirkt haben.[2] Durch den BGH ist bisher aber noch nicht die Frage der Haftung des herrschenden Unternehmens geklärt, wenn die abhängige GmbH über Minderheitsgesellschafter verfügt und sich diese mit einer Schädigung der Gesellschaft nicht einverstanden erklärt haben. Allgemein wird im Hinblick auf die GmbH davon auszugehen sein, dass insoweit von einer Haftung aus Treupflicht auszugehen ist; die §§ 302 ff. AktG also keine entsprechende Anwendung mehr finden.[3]

2. Anwendung des existenzvernichtenden Eingriffs auf die AG/SE

Noch nicht abschließend geklärt ist die Frage, welche Auswirkungen diese Rechtsprechung auf die AG und damit die SE wegen der anderen Konzeption der auf sie anwendbaren konzernrechtlichen Regelungen hat. Handelt es sich um nicht isolierbare und daher über das System der §§ 311 ff. AktG nicht ausgleichsfähige Nachteile, stellt sich aufgrund des *Bremer Vulkan* Urteils und der Folgeurteile die Frage, ob das herrschende Unternehmen der Haftung aus § 128 HGB bzw. bei Vorhandensein weiterer Gesellschafter der Haftung aus Treupflichtverletzung unterliegt[4], oder ob es entsprechend der Rechtsprechung zum qualifiziert faktischen Konzern bei einer Haftung analog §§ 302, 303 AktG verbleibt.

Bei der Frage der Übernahme der zum *Bremer Vulkan* entwickelten Grundsätze in das Aktienrecht (und damit zugleich in das Recht der SE) ist von wesentlicher Bedeutung, dass die durch das *Bremer Vulkan* Urteil entwickelten Grundsätze keine Reaktion auf spezifisch konzernrechtliche Situationen darstellen. Vielmehr geht es losgelöst von jeder Konzernsituation darum, es den Gesellschaftern zu verwehren, zum eigenen Vorteil die Liquidationsvorschriften zu verletzen und mit der hieran anknüpfenden Lösung einer speziellen Durchgriffshaftung eine gleichsam neben die

---

1 Vgl. BGHZ 151, S. 181, 186 f. = NJW 55 (2002), S. 3024 – KBV.
2 Vgl. BGHZ 150, S. 61 = NJW 55 (2002), S. 1803 – Ausfallhaftung.
3 Vgl. *Röhricht, V.*, Spannungsfeld, 2000, S. 83 ff.; vgl. auch *Goette, W.*, Haftung, 2001, S. 11, 23.
4 Vgl. *Hüffer, U.*, in: Aktiengesetz, Kommentar, 2004, § 1, Rdnr. 26.

Kapitalaufbringungs- und Kapitalerhaltungsvorschriften tretende dritte Schutzsäule zu statuieren, die in ihrer Ausgestaltung zudem strengeren Kriterien folgt.[1]

Vergleicht man die Situation im Aktienrecht mit derjenigen im GmbH-Recht, ergibt sich, dass der im GmbH-Recht besonders zu begründende Existenzschutz dort gesetzlich unmittelbar vorgegeben ist: Zunächst ist der bei der AG geltende Kapitalschutz weitaus strenger ausgestaltet als im GmbH-Recht. Denn anders als § 30 GmbHG, der nur das zur Deckung des Stammkapitals notwendige Vermögen schützt, schützt § 57 AktG das gesamte Vermögen der AG und verbietet alle Zuwendungen an Gesellschafter (bzw. an die ihnen gleichzustellenden Personen) causa societatis außerhalb einer ordnungsgemäßen Verteilung des Bilanzgewinns bzw. einer ausdrücklich zugelassenen Vorabausschüttung hierauf. Des Weiteren gehen die §§ 311 ff. AktG für den Fall der Abhängigkeit der Gesellschaft davon aus, dass alle nachteiligen Veranlassungen zu Lasten der Tochtergesellschaft ausgeglichen werden müssen, und zwar unabhängig davon, ob es sich um einen Allein- oder Mehrheitsgesellschafter handelt und ob die Veranlassungen existenzgefährdend sind. Bei Bestehen von Beherrschungs- und Gewinnabführungsverträgen ist die Pflicht zum Verlustausgleich nach § 302 AktG vorgesehen. Außerhalb des Rechts der verbundenen Unternehmen finden sich ähnliche Bestimmungen in § 117 AktG. Während im GmbH-Recht zugunsten des Alleingesellschafters eine weitgehende Dispositionsbefugnis über das Vermögen der Gesellschaft und ihr Eigeninteresse festzustellen ist, und der Existenzschutz der Gesellschaft deshalb einer besonderen Begründung bedarf, enthält das Aktienrecht mithin Bestimmungen, die diesen Existenzschutz deutlich über die Rechtslage im GmbH-Recht hinausgehend bereits voraussetzen.

Dieser Befund und der Umstand, dass der Schutz der Gläubiger der Aktiengesellschaft nicht hinter demjenigen einer GmbH zurückbleiben darf, spricht für eine Übernahme der Regelungen auf die AG und damit SE (streitig).[2] Bei der Veranlassung von Maßnahmen, die zum Zusammenbruch der Gesellschaft führen und nicht aufgrund anderer Institute des Aktiengesetzes (z.B. Nachteilsausgleichs gem. § 311 AktG, Schadensersatz gem. § 317 AktG und Verlustausgleich gem. § 302 AktG) ausgeglichen werden können, haftet daher der (Mehrheits-) Gesellschafter der SE nach den Grundsätzen des existenzvernichtenden Eingriffs.

---

[1] Vgl. *Hüffer, U.,* in: Aktiengesetz, Kommentar, 2004, § 1, Rdnr. 25; a. A. gegen eine Übernahme auf die AG: *Habersack, M.,* in: Aktien- und GmbH-Konzernrecht, Kommentar, 2003, Anh. § 317, Rdnr. 5; *Cahn, A.,* Verlustübernahme, 2001, S. 2159 f.; *Veil, R.,* Handbuch der Europäischen Aktiengesellschaft, 2005, § 11, Rdnr. 44; *Schmidt, K.,* Gesellschaftsrecht, 2002, § 31 IV 4a.

[2] Vgl. *Hüffer, U.,* in: Aktiengesetz, Kommentar, 2004, § 1, Rdnr. 25; a. A. gegen eine Übernahme auf die AG: *Habersack, M.,* in: Aktien- und GmbH-Konzernrecht, Kommentar, 2003, Anh. § 317, Rdnr. 5; *Veil, R.,* Handbuch der Europäischen Aktiengesellschaft, 2005, § 11, Rdnr. 44; *Schmidt, K.,* Gesellschaftsrecht, 2002, § 31 IV 4a.

VI. Gemeinschaftsunternehmen

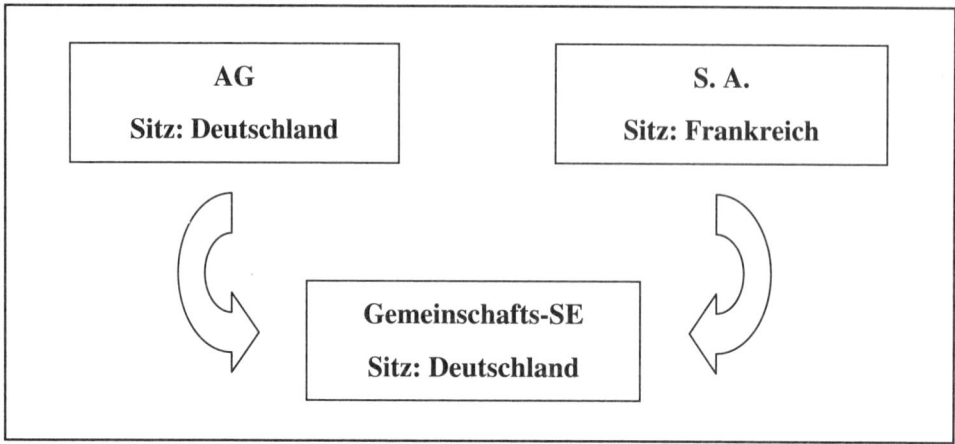

Abb. 6:   AG mit Sitz in D und S. A. mit Sitz in F/Gemeinschafts-SE mit Sitz in D

Die SE-Verordnung stellt mit ihrem Art. 2 Abs. 3 SE-VO eine Gründungsvorschrift zur Verfügung, die auf die Gründung von Gemeinschaftsunternehmen durch Gesellschaften in verschiedenen Mitgliedstaaten abzielt. Nach dieser Vorschrift können zwei oder mehrere juristische Personen[1] eine Tochter-SE durch Zeichnung ihrer Aktien gründen, sofern mindestens zwei von ihnen dem Recht verschiedener Mitgliedstaaten unterliegen oder seit mindestens zwei Jahren eine dem Recht eines anderen Mitgliedstaates unterliegende Tochtergesellschaft oder eine Zweigniederlassung in einem anderen Mitgliedstaat haben. Dieser Umstand sowie die Tatsache, dass schon heute Gemeinschaftsunternehmen ein nicht unerhebliches Instrument zur Unternehmenskooperation darstellen, lassen erwarten, dass SE u. a. in der Form eines Gemeinschaftsunternehmens gegründet werden.

Da eine solche Gemeinschafts-SE von mehreren Unternehmen abhängig sein kann, kann es zur Anwendung der konzernrechtlichen Schutzvorschriften der §§ 311 ff. AktG über Art. 9 SE-VO auf die Unternehmensverbindung kommen. Da diese Vorschriften ihrer Konzeption nach auf einseitige Unternehmensverbindungen zugeschnitten sind, gelten bei ihrer Anwendung auf mehrseitige Unternehmensverbindungen Besonderheiten. Von Bedeutung ist dabei die Frage, wann die Gemeinschafts-SE von zwei Muttergesellschaften abhängig ist, ob sie in diesem Fall einen oder mehrere Abhängigkeitsberichte aufzustellen hat und die beiden Muttergesellschaften gesamtschuldnerisch gegenüber der SE haften.

---

[1]   Vgl. *Teichmann, Ch.*, Einführung, 2002, S. 383, 438.

1. Mehrfache Abhängigkeit

Ein SE-Gemeinschaftsunternehmen kann, da es von mehreren Unternehmen beeinflusst werden kann, entsprechend den zum Aktiengesetz entwickelten Grundsätzen auch von mehreren Unternehmen abhängig sein. Insoweit ist zwischen verschiedenen Gestaltungen zu unterscheiden, da die Beteiligung zweier oder mehrerer Unternehmen an einer SE nicht zwangsläufig zur Abhängigkeit der SE von diesen Unternehmen führt: Wird beispielsweise einer der Muttergesellschaften eine hervorragende Stellung eingeräumt, die dazu führt, dass diese die Gesamtverantwortung für die Führung des gemeinsamen Unternehmens trägt, so ist die SE nur von dieser Mutter, nicht jedoch von der weiteren bzw. den weiteren abhängig.[1] Gehen die Mütter selbstständig gegenüber dem Gemeinschaftsunternehmen vor, und blockieren sie hierdurch ihre Einflussmöglichkeiten, so fehlt es gänzlich an einer Abhängigkeit des Gemeinschaftsunternehmens.[2] Anderes gilt, wenn die Mütter ihr Vorgehen gegenüber dem Gemeinschaftsunternehmen koordinieren, um gemeinsam auf dieses Einfluss auszuüben. In diesem Fall besteht ein Abhängigkeitsverhältnis zu jeder der Muttergesellschaften, sofern für die Interessenkoordination eine sichere Grundlage besteht, und zwar auch dann, wenn die einzelne Mutter nicht mit Mehrheit an der SE beteiligt ist.[3] Für die hiernach notwendige sichere Grundlage genügt dabei in jedem Falle neben der Gründung einer GbR der Abschluss von Konsortial- oder Stimmbindungsverträgen.[4] In diesem Fall sind dann die §§ 311 ff. AktG, insbesondere § 317 AktG, auf jede der die abhängige SE beherrschenden Gesellschaften anwendbar.[5]

2. Rechtsfolgen bei mehrfacher Abhängigkeit

Ist die Gemeinschafts-SE von zwei oder mehr herrschenden Unternehmen abhängig, weil diese ihr Vorgehen koordinieren, um gemeinsam auf die SE Einfluss auszuüben, so bedeutet dies entsprechend den zum Aktiengesetz entwickelten Grundsätzen, dass das SE-Gemeinschaftsunternehmen in konzernrechtlich relevanten Beziehungen zu jeder einzelnen der ihm gegenüber als Einheit auftretenden Mütter steht und nicht etwa nur zu einer zwischen den Müttern anzunehmenden BGB-Gesellschaft.[6] Dementsprechend finden die an die Abhängigkeit anknüpfenden Rechte und

---

[1] Vgl. *BGH*, Beschluss v. 18.11.1986, BGHZ 99, S. 126-133, S. 126 ff. (*Hussel / Mara*).
[2] Vgl. *Emmerich, V. / Sonnenschein, J. / Habersack. M.*, Konzernrecht, 2001, § 3 III 1.
[3] Vgl. *BGH*, Urteil v. 04.03.1974, BGHZ 62, S. 193-204,. 196 (*Seitz*); *BGH*, Beschluss v. 08.05.1979, BGHZ 74, S. 359-370, 363 (*WAZ*); *BGH*, Urteil v. 16.02.1981, BGHZ 80, S. 69-76, 73 (*Süssen*).
[4] Vgl. *Koppensteiner, H-G.*, in: Kölner Kommentar zum Aktiengesetz, 1988, § 17, Rdnr. 74.
[5] Zu grenzüberschreitenden Gestaltungen vgl. Kapitel III.3.
[6] Vgl. *Emmerich, V. / Habersack*, M., in: Aktien- und GmbH-Konzernrecht, Kommentar, 2003, § 17, Rdnr. 32; *Adler, H. / Düring, W. / Schmaltz, K.*, Rechnungslegung, 1996, § 17, Rdnr. 41; *Bayer, W.*, in: Münchener Kommentar zum Aktiengesetz, 2000, § 17, Rdnr. 83.

Pflichten der §§ 311 ff. AktG im Hinblick auf jede der Mütter Anwendung.[1] Die Folge ist namentlich, dass die Gemeinschafts-SE separate Abhängigkeitsberichte für jede ihrer Muttergesellschaften aufstellen muss (streitig),[2] und die Muttergesellschaften gemäß § 317 AktG als Gesamtschuldner in Anspruch nehmen kann, wenn sie die nachteiligen Maßnahmen gemeinsam veranlasst haben.[3] Das gleiche gilt im Ergebnis bei Vertragskonzernen (gegenüber beiden Muttergesellschaften besteht ein Beherrschungsvertrag); auch in diesem Fall haften die Muttergesellschaften gesamtschuldnerisch für Verlustausgleich, Ausgleich und Abfindung.[4]

---

[1] Zu der auch steuerrechtlichen Anerkennung dieses Umstands vgl. *BFH*, Beschluss v. 24.03.1998, BFHE 185, S. 504-510, 507 ff.; *BFH*, Urteil v. 09.06.1999, AG 45 (2000), S. 181 f.

[2] Vgl. *Pentz, A.,* Schutz der AG, 2000, S. 1103, 1105; *Maul, S.,* Gemeinschaftsunternehmen, 2000, S. 470, 471 f.; *Emmerich, V. / Habersack, M.,* in: Aktien- und GmbH-Konzernrecht, Kommentar, 2003, § 17, Rdnr. 32; a. A. die h. M., die sich für einen Abhängigkeitsbericht ausspricht: *Emmerich, V. / Habersack, M.,* in: Aktien- und GmbH-Konzernrecht, Kommentar, 2003, § 312, Rdnr. 9; *Gansweid, W.,* Gemeinsame Tochtergesellschaften, 1976, S. 185; *Lutter, M.,* Herrschaft, 1973, S. 113, 118.

[3] Vgl. *Maul, S.,* Gemeinschaftsunternehmen, 2000, S. 471, 472.

[4] Vgl. *Emmerich, V. / Habersack, M.,* in: Aktien- und GmbH-Konzernrecht, Kommentar, 2003, § 17, Rdnr. 32; zu weiteren Konstellationen (Nebeneinander von faktischer Abhängigkeit und unternehmensvertraglicher Konzernierung bzw. qualifiziert faktischer Abhängigkeit und faktischer Abhängigkeit) vgl. *Maul, S.,* Faktisch abhängige SE, 1998, S.118 ff.; s. zudem §§ 302 ff. AktG.

I. Besteuerung

*Otmar Thömmes**

I. Steuern als Standortfaktor international mobiler Unternehmen
   in der Europäischen Union 516
   1. Steuerliche Belastungsunterschiede in den Staaten der EU
      sowie des EWR 516
   2. Stand der Steuerharmonisierung in der EU und Steuerpolitik
      der Europäischen Kommission 521
   3. Keine steuerliche Sonderbehandlung der SE 526
II. Gründung 529
   1. Überblick über die Gründungsformen einer SE 529
      a. Gründung durch Verschmelzung 529
      b. Gründung einer Holding-SE 530
      c. Gründung einer Tochter-SE 530
      d. Umwandlung einer bestehenden Aktiengesellschaft in eine SE 530
      e. Beteiligung von Unternehmen aus Drittstaaten 531
      f. Besondere Relevanz des Gründungsfalles der Verschmelzung 531
   2. Kernprobleme der Besteuerung bei Gründung einer SE 533
      a. Auf der Ebene der beteiligten Gesellschaften 533
      b. Auf der Ebene der Gesellschafter der übertragenden Gesellschaft 534
   3. Gründung durch Verschmelzung 534
      a. Derzeitige Rechtslage 535
         aa. Hinausverschmelzung 537
            aaa. Ebene der beteiligten Gesellschaften 537
            aab. Ebene der Gesellschafter der übertragenden Gesellschaft 539
         ab. Hereinverschmelzung 540
            aba. Ebene der beteiligten Gesellschaften 540
            abb. Ebene der Gesellschafter 543
         ac. Ausländische Verschmelzung mit Inlandsbezug 544

---

* Dr. Otmar Thömmes, Rechtsanwalt, Geschäftsführender Partner, Deloitte & Touche, München.

b. Vorgaben der FRL 545
   ba. Überblick 545
   bb. Frage der Anwendbarkeit der FRL auf die SE 546
   bc. Zu den für die Gründung einer SE durch Verschmelzung relevanten
       Bestimmungen der FRL im Einzelnen 550
       bca. Besteuerung der an einer Verschmelzung beteiligten
             Gesellschaften 550
       bcb. Besteuerung der Gesellschafter 559
c. Unmittelbare Anwendung der FRL bei unvollständiger bzw. nicht
   fristgerechter Umsetzung der FRL 559
4. Gründung einer Holding-SE 561
   a. Gesellschaftsrechtliche Grundlagen der Besteuerung 561
   b. Steuerliche Behandlung der Gründung einer Holding-SE
      im Einzelnen 563
      ba. Auf der Ebene der an der Gründung beteiligten Gesellschaften ... 563
      bb. Auf der Ebene der Holding-SE 563
      bc. Auf der Ebene der Gesellschafter der jeweiligen an der Gründung
          beteiligten Gesellschaft 564
          bca. Allgemeine Besteuerungsfolgen eines Anteilstauschs 564
          bcb. Steuerliche Sondervorschriften betreffend den Anteilstausch ... 565
5. Gründung einer Tochter-SE 571
   a. Gesellschaftsrechtliche Grundlagen 571
   b. Steuerliche Behandlung der Gründung 571
6. Umwandlung einer bestehenden Aktiengesellschaft in eine SE 575
III. Sitzverlegung 576
   1. Gesellschaftsrechtliche Grundlagen 576
   2. Steuerliche Behandlung nach derzeitiger Rechtslage 580
      a. Wegzug einer im Inland errichteten SE ins Ausland 580
      b. Zuzug einer im Ausland errichteten SE ins Inland 582
      c. Sitzverlegung im Ausland mit Inlandsbezug 582
   3. Die künftige steuerliche Regelung der Sitzverlegung einer SE
      nach Maßgabe der ÄndRL zur FRL 583
      a. Der bisherige EG-rechtliche Rahmen aufgrund der ursprünglichen
         Fassung der FRL 583
      b. Die Vorgaben der Änderungsrichtlinie zur FRL 585
      c. Frage der unmittelbaren Anwendung der FRL bei unterbliebener
         Umsetzung des Anwendungsfalles der Sitzverlegung 586
IV. Umstrukturierung 587
   1. Umwandlung einer SE in eine Aktiengesellschaft nationalen Rechts ... 587
      a. Gesellschaftsrechtlich 587
      b. Steuerrechtlich 588

2. Mitwirkung einer SE an einer Umwandlung, Verschmelzung
   oder sonstigen Umstrukturierungsmaßnahme 588
   a. Gesellschaftsrechtlich 588
   b. Steuerrechtlich 588
3. Einbringung von Unternehmensteilen durch eine SE 589
4. SE als Tauschpartner beim Anteilstausch oder als Objekt
   eines Anteilstauschs 589
5. Zusammenfassung 590
V. Laufende Besteuerung 590
   1. Gleichstellung der SE mit nach dem Recht eines Mitgliedstaates
      errichteten Aktiengesellschaften 590
   2. Laufende Besteuerung nach Gründung einer SE durch
      Hereinverschmelzung 591
      a. Besteuerung im Gewinnfall 591
      b. Besteuerung im Verlustfall 593
   3. Laufende Besteuerung nach Gründung einer SE durch
      Hinausverschmelzung 596
      a. Besteuerung im Gewinnfall 596
      b. Besteuerung im Verlustfall 597
   4. Laufende Besteuerung nach Gründung einer Holding-SE 598
      a. Holding-SE im Inland 598
      b. Holding-SE im Ausland 600
   5. Laufende Besteuerung nach Gründung einer Tochter-SE 601
      a. Tochter-SE im Inland 601
      b. Tochter-SE im Ausland 602
VI. SE mit Gründungsgesellschaften oder Sitz in einem EWR-EFTA-Staat 603
    1. Gesellschaftsrechtliche Aspekte 603
    2. Steuerrechtliche Aspekte 604
       a. Grundprobleme: 604
       b. Gründung einer SE durch Verschmelzung 606
          ba. SE mit Sitz in einem EWR-EFTA-Staat (Hinausverschmelzung) 606
              baa. Besteuerung auf Ebene der Gesellschaft 606
              bab. Besteuerung auf Ebene der Gesellschafter 608
          bb. Gründung einer SE mit Sitz in Deutschland durch Verschmelzung
              mit einer EWR-EFTA-Gesellschaft (Hereinverschmelzung) 609
              bba. Besteuerung auf Ebene der übertragenden Gesellschaft 609
              bbb. Besteuerung auf Ebene der Gesellschafter 609
       c. Gründung einer Holding-SE 610
          ca. Gründung der Holding-SE in einem EWR-EFTA-Mitgliedstaat 610
          cb. Gründung einer Holding-SE mit Sitz in Deutschland unter
              Einbringung einer Beteiligung an einer EWR-EFTA-Gesellschaft 611
       d. Gründung einer Tochter-SE 611

e. Die Gründung einer SE in einem EWR-EFTA-Staat
   durch Umwandlung 612
f. Die Sitzverlegung einer SE in einen EWR-EFTA-Mitgliedstaat 612
g. Laufende Besteuerung 612

VII. Ergebnis 613

Literatur

Albrecht, Christian, 2000, *Kommentierung zu §§ 23, 26 UmwStG,* in: *Haritz, Detlef / Benkert, Manfred* (Hrsg.), Umwandlungssteuergesetz, Kommentar, 2. Aufl., München: C.H. Beck, 2000

Baker & McKenzie, 1999 / 2001: *Survey* of the Effective Tax Burden in the EU, Amsterdam: 1999 / 2001.

Balmes, Frank, 2004: *Kommentierung zu § 4 AO,* in: *Kühn, Rolf / Wedelstädt, Alexander v.* (Hrsg.), Abgabenordnung, Finanzgerichtsordnung, Nebengesetze, Kommentar, 18. Aufl., Stuttgart: Schäffer-Poeschel, 2004.

Bermel, Arno, 1996: *Kommentierung zu § 1 UmwG,* in: *Goutier, Klaus / Knopf, Rüdiger / Tulloch, Anthony* (Hrsg.), Kommentar zum Umwandlungsrecht, Heidelberg: Recht und Wirtschaft, 1996.

Blanquet, Françoise, 2002: Das *Statut* der Europäischen Aktiengesellschaft (*Societas Europaea „SE"*), in: ZGR 31 (2002), S. 21-95.

Blumers, Wolfgang / Kinzl, Ulrich-Peter, 2005: Änderungen der *Fusionsrichtlinie*: Warten auf den EuGH, in: BB 60 (2005), S. 971-975.

BMF, 2001: Der *Bericht des BMF* zur Fortentwicklung des Unternehmensteuerrechts vom 19.04.2001, in: FR 83 (2001), Beilage zu Heft 11/2001.

Bungert, Hartwin, 1999: Konsequenzen der *Centros-Entscheidung* des EuGH für die Sitzanknüpfung des deutschen internationalen Gesellschaftsrechts, in: DB 52 (1999), S. 1841-1844.

Creifelds, Carl, 2004: *Rechtswörterbuch,* 18. Aufl., München: C.H. Beck, 2004.

Cordewener, Axel, 2005: Das *Abkommen über den Europäischen Wirtschaftsraum*: eine unbekannte Baustelle des deutschen Steuerrechts, in: FR 87 (2005), S. 236-241.

Cordewener, Axel, 2005: *Körperschaftsteueranrechnung* für Gebietsfremde versus Kapitalverkehrsfreiheit – Zum Gutachten des EFTA-Gerichtshofs in Sachen Fokus Bank ASA, in: FR 87 (2005), S. 345-359.

Dautzenberg, Norbert, 2001: Das EG-rechtliche *Gleichbehandlungsgebot* für Betriebsstätten und Tochterkapitalgesellschaften, in: EWS 12 (2001), S. 270-277.

Deloitte & Touche, 1997: „Implementation of the *EC Tax Directive on Mergers,* Divisions, Transfers of Assets and Exchanges of Shares of Companies in the Various Member States", 3. Aufl., 1997.

Deloitte & Touche, 1997: „Implementation of the *EC Tax Directive on Parent / Subsidiary Companies* in the Various Member States", 3. Aufl., 1997.

Deloitte & Touche, 2004: Study on analysis of potential competition and discrimination issues relating to a pilot project for an EU tax consolidation scheme for the European Company statute (Societas Europaea) (Stand: 18 August 2004), http://europa.eu.Int/ comm/taxation_customs/resources/documents/report_deloitte.pdf (2005-08-25).

DIHT, BDI, ZDH, BGA, BdB, GDV, 1998: *Gemeinsame Eingabe d. DIHT,* BDI, ZDH, BGA, BdB, BDA, GDV v. 03.12.1998 an den Finanzausschuss des Deutschen Bundestages zum Entwurf eines Steuerentlastungsgesetzes 1999/2000/2002, BT-Drs. 14/24.

Dötsch, Ewald, 2004: *Kommentierung zu § 15 UmwStG neu,* in: *Dötsch, Ewald / Eversberg, Horst / Jost, Werner / Witt, Georg* (Hrsg.), Die Körperschaftsteuer, Band 3; Stuttgart: Schäffer-Poeschel, 2004 (Stand: 54. Ergänzungslieferung, 2005).

Dötsch, Ewald / Binger, Jürgen, 1992: Schwerpunkte des *Steueränderungsgesetzes 1992* aus Sicht der GmbH, in: GmbHR 83 (1992), S. 588-597.

Ebenroth, Carsten Thomas / Eyles, Uwe, 1988: Die *Beteiligung ausländischer Gesellschaften* an einer inländischen Kommanditgesellschaft, in: DB 41 (1988), Beilage 2, S. 1-19.

Ebke, Werner, 1999: Das *Centros-Urteil* des EuGH und seine Relevanz für das deutsche Internationale Gesellschaftsrecht, in: JZ 54 (1999), S. 656-661.

Eicker, Klaus / Müller, Stefan, 1999: Centros: Aus für die *Sitztheorie?,* in: IWB, Fach 11 Gruppe 3, 1999, S. 231-238.

Eicker, Klaus, 2004: EC Law Aspects of *Permanent Establishments,* in: *Burgers, Irene J.J. / Ostaszewska, Aleksandra* (Hrsg.), Taxation of Permanent Establishments, Amsterdam: IBFD, 2004.

Eilers, Stephan, 1993: Gemeinschaftsrechtliche *Anwendungsrestriktionen für § 42 AO,* in: DB 46 (1993), S. 1156-1160.

Eilers, Stephan / Nowack, Regine, 1994: *Ausgabenabzug und Teilwertabschreibung* bei Schachtelbeteiligungen - Zum Verhältnis von § 3c EStG und § 8b KStG nach Verabschiedung des Standortsicherungsgesetzes, in: IStR 3 (1994), S. 218-222.

Eismayr, Rainer, 2005: Grenzüberschreitende *Konzentrationsverschmelzungen* – Steuerplanung für österreichische und deutsche EU-Kapitalgesellschaften, Wien: Linde (zugl. Diss. Univ. Münster), 2005.

Europäische Kommission, 2001: *Mitteilung der Kommission an den Rat, das Europäische Parlament und den Wirtschafts- und Sozialausschuss,* Steuerpolitik in der Europäischen Union – Prioritäten für die nächsten Jahre, KOM (2001) 260 endg.

Flick, Hans / Wassermeyer, Franz / Baumhoff, Hubertus (Hrsg.), 1999: *Außensteuerrecht,* Kommentar, 6. Aufl., Köln: O. Schmidt, 1999 (Stand: 55. Ergänzungslieferung, 2004).

Förster, Guido / Lange, Carsten, 2002: *Steuerliche Aspekte* der Gründung einer Europäischen Aktiengesellschaft (SE), in: DB 55 (2002), S. 288-294.

Frotscher, Gerrit, 1998: *Kommentierung zu § 1 UmwStG,* in: *Frotscher, Gerrit / Maas, Ernst* (Hrsg.), Körperschaftsteuergesetz, Umwandlungssteuergesetz, Kommentar, Band 3, Freiburg: Haufe, 1998 (Stand: 71. Ergänzungslieferung, 2005).

Gersch, Eva-Maria, 2003*: Kommentierung zu § 4 AO,* in: *Klein, Franz* (Hrsg.), AO, Kommentar, 8. Aufl., München: C.H. Beck, 2003.

Göttsche, Max, 1999: Das *Centros-Urteil* des EuGH und seine Auswirkungen, in: DStR 37 (1999), S. 1403-1408.

Großfeld, Bernhard 1998: *Internationales Gesellschaftsrecht,* in: *Staudinger, Julius v.* (Hrsg.), Kommentar zum BGB, EGBGB, Internationalen Gesellschaftsrecht, 13. Aufl., Berlin / New York: De Gruyter, 1998.

Großfeld, Bernhard / König, Thomas, 1992: Das Internationale *Gesellschaftsrecht* in der Europäischen Gemeinschaft, in: RIW 38 (1992), S. 433-440.

Grotherr, Siegfried, 2005: International relevante Änderungen durch das *Richtlinien-Umsetzungsgesetz*, in: IWB 2005, Fach. 3, Gruppe 2, S. 1157-1172.

Haritz, Detlef, 2000: Kommentierung zu § *1 UmwStG*, in: *Haritz, Detlef / Benkert, Manfred* (Hrsg.), Umwandlungssteuergesetz, Kommentar, 2. Aufl., München: C.H. Beck, 2000.

Heckschen, Heribert, 2005: Kommentierung zu § *1 UmwG*, in: *Widmann, Siegfried / Mayer, Dieter* (Hrsg.), Kommentar zum Umwandlungsrecht / Umwandlungssteuerrecht, Bonn: Stollfuß, 2005 (Stand: 83. Ergänzungslieferung).

Herzig, Norbert / Förster, Guido, 1994: *Grenzüberschreitende Verschmelzung* von Kapitalgesellschaften, in: DB 47 (1994), S. 1-8.

Herzig, Norbert, 2000: Gestaltung *steuerorientierter Umstrukturierungen* im Konzern, in: DB 41 (2000), S. 2236-2245.

Herzig, Norbert, 2000: Das Ende des *Tauschgutachten*s, in: *Wassermeyer, Franz / Mayer, Dieter / Rieger, Norbert* (Hrsg.), Umwandlungen im Zivil- und Steuerrecht, Festschrift für *Siegfried Widmann* zum 65. Geburtstag, Bonn: Stollfuß, 2000, S. 393-412.

Herzig, Norbert / Dautzenberg, Norbert / Heyeres, Ralf, 1991: *System und Schwächen* der Fusionsrichtlinie, in: DB 44 (1991) Beilage 12, S. 1-19.

Herzig, Norbert / Griemla, Stefan, 2002: *Steuerliche Aspekte* der Europäischen Aktiengesellschaft / Societas Europaea, in: StuW 79 (2002), S. 55-77.

Hey, Johanna, 2001: Umwandlungssteuergesetz nach der *Unternehmenssteuerreform*: Anpassung an das Halbeinkünfteverfahren – Notwendigkeit einer Öffnung für grenzüberschreitende Sachverhalte, in: GmbHR 92 (2001), S. 993-1004.

Hofmeister, Ferdinand, 2005: Sind die *Rechtsfolgen* des § 12 Abs. 1 KStG mit Art. 43, 48 EG-Vertrag vereinbar?, in: *Gocke, Rudolf / Gosch, Dietmar / Lang, Michael* (Hrsg.), Körperschaftsteuer, Internationales Steuerrecht, Doppelbesteuerung, Festschrift für *Franz Wassermeyer* zum 65. Geburtstag, München: C.H.Beck, 2005, S. 437-449.

Hommelhoff, Peter, 2001: Einige Bemerkungen zur *Organisationsverfassung* der Europäischen Aktiengesellschaft, in: AG 46 (2001), S. 279-288.

Hügel, Hanns F., 1999: *Steuerrechtliche Hindernisse* bei der internationalen Sitzverlegung, in: ZGR 28 (1999), S. 71-108.

IDW, 2001: Entwurf eines Gesetzes zur Fortentwicklung des Unternehmenssteuerrechts, *Stellungnahme*, in: WPg 54 (2001), S. 1258-1275.

Kessler, Wolfgang / Schmalz, Andrea / Schmidt, Wolfgang, 2001: Die Verschärfung, Verbesserung und Verkomplizierung der *Besteuerung von Beteiligungserträgen* nach der geplanten Neufassung des § 8b KStG, in: DStR 39 (2001), S. 1865-1875.

Kessler, Wolfgang / Schmitt, Claudio Philipp / Janson, Gunnar, 2001: Berücksichtigungsverbot abkommensrechtlich „befreiter" Betriebsstättenverluste?, in: IStR 10 (2001), S. 729-737.

Kessler, Wolfgang / Achilles, Charlotte / Huck, Friedericke, 2003: Die *Europäische Aktiengesellschaft* im Spannungsfeld zwischen nationalem Gesetzgeber und EuGH, in: IStR 12 (2003), S. 715-720.

Kessler, Wolfgang / Huck, Friedericke / Obser, Ralph / Schmalz, Andrea, 2004: *Wegzug* von Kapitalgesellschaften, in: DStZ 92 (2004), S. 813-825, 855-868.

Kesti, Juhani (Hrsg.), 2005: *European Tax Handbook 2005*, Amsterdam: IBFD, 2005.

Kieschke, Hans-Ulrich, 1991: *Aktuelle Fragen* des Ertragsteuerrechts, in: DStZ 79 (1991), S. 289-295.
Kindler, Peter, 1999: Niederlassungsfreiheit für *Scheinauslandsgesellschaften?*, in: NJW 52 (1999), S. 1993-2000.
Kindler, Peter, 1999: *Internationales Gesellschaftsrecht,* in: *Rebmann, Kurt / Säcker, Franz Jürgen / Rixecker, Roland* (Hrsg.), Münchner Kommentar zum Bürgerlichen Gesetzbuch, Band 11 Internationales Handels- und Gesellschaftsrecht, Einführungsgesetz zum Bürgerlichen Gesetzbuche (Art. 50-237), 3. Aufl., München: C.H. Beck, 1999, S. 1-224.
Knobbe-Keuk, Brigitte, 1990: Der Wechsel von der beschränkten zur unbeschränkten *Körperschaftsteuerpflicht* und vice versa, in: StuW 67 (1990), S. 372-379.
Knobbe-Keuk, Brigitte, 1990: Die *steuerliche Behandlung* der Europäischen Aktiengesellschaft, in: AG 35 (1990), S. 435-441.
Knobbe-Keuk, Brigitte, 1991: *Wegzug und Einbringung* von Unternehmen zwischen Niederlassungsfreiheit, Fusionsrichtlinie und nationalem Steuerrecht, in: DB 44 (1991), S. 298-306.
Knobbe-Keuk, Brigitte, 1992: Die Regelung des *Anteilstausch*es in § 20 Abs. 6 UmwStG und die Fusionsrichtlinie, in: DStZ 80 (1992), S. 675-679.
Krebs, Hans-Joachim, 1992: Die *Fusions-Richtlinie* als Grundlage eines europäischen Umwandlungssteuerrechts und ihre Umsetzung in der Bundesrepublik, in: ZGR 21 (1992), S. 346-358.
Kreile, Reinhold, 1988: Zum Vorentwurf einer EG-Richtlinie über die *Harmonisierung der steuerlichen Gewinnermittlungsvorschriften,* in: DB 41 (1988), Beilage 18, S. 1-19.
Lausterer, Martin, 1997: *Saint Gobain*: Betriebsstättendiskriminierung, in: IStR 6 (1997), S. 557-561.
Lehner, Moris, 2001: RIW - Kommentar, in: RIW 47 (2001), S. 387.
Lodin, Sven-Olof / Gammie, Malcolm, 2001*: Home State Taxation*: Tax Treaty Aspects, Amsterdam: IBFD, 2001.
OECD, 2000: OECD Tax Policy Studies No. 2: *Tax Burdens*: Alternative Measures, 2000.
Oestreicher, Andreas, 2002: *Konzernbesteuerung* in Europa – Zum Vorschlag einer konsolidierten körperschaftsteuerlichen Bemessungsgrundlage für die grenzüberschreitende Unternehmenstätigkeit in der EU, in: StuW, 79 (2002), S. 342-356.
OFD Münster, 1998: *Verfügung* v. 25.09.1998, 1301 – 18 – St. 22-35, in: IStR 8 (1999), S. 81-82.
Osterweil, Eric, 2002: Reform of *Company Taxation* in the Internal Market, in: European Taxation 42 (2002), S. 271-275.
Plasschaert, Sylvain R.F., 2002: Further thoughts on the "*European Union Company Income Tax*", in: European Taxation 42 (2002), S. 336-345.
Prokisch, Rainer, 2003: *Kommentierung zu Art. 13 OECD-MA,* in: *Vogel, Klaus / Lehner, Moris* (Hrsg.), DBA, Kommentar, 4. Aufl., München: C.H. Beck, 2003.
Rädler, Albert J. / Lausterer, Martin, 1994: Die *EWG-vertragswidrige Diskriminierung* inländischer Betriebsstätten von EG-Kapitalgesellschaften durch den Körperschaftsteuersatz nach dem Standortsicherungsgesetz, in: DB 47 (1994), S. 699-702.
Ritter, Wolfgang, 2001: *Perspektiven* für die Fortentwicklung des deutschen internationalen Steuerrechts, in: IStR 10 (2001), S. 430-437.

Rödder, Thomas, 2003: *Grundfragen* der Besteuerung der Europäischen Aktiengesellschaft (SE), in: Der Konzern 1 (2003), 522-528.

Rödder, Thomas, 2004: *Grundfragen* der Besteuerung der Europäischen Aktiengesellschaft (SE), in: *Herzig, Norbert* (Hrsg.), Besteuerung der Europäischen Aktiengesellschaft, Köln: O. Schmidt, 2004, S. 1-16.

Rödder, Thomas, 2005: *Gründung und Sitzverlegung* der Europäischen Aktiengesellschaft (SE) – Ertragsteuerlicher Status quo und erforderliche Gesetzesänderungen, in: DStR 43 (2005), S. 893-898.

Rödder, Thomas, 2005: Fall 2: Die *Europa-AG* im Steuerrecht, Gründung der SE, in: JbFfStR 2005/2006 (in Vorbereitung), hier zitiert nach Arbeitsunterlage der 56. Steuerrechtlichen Jahresarbeitstagung, Unternehmen 2005, der Arbeitsgemeinschaft der Fachanwälte für Steuerrecht, 2005, S. 64-82.

Rödder, Thomas / Wochinger, Peter, 2001: *Veräußerungen von Kapitalgesellschaftsanteilen* durch Kapitalgesellschaften, in: FR 83 (2001), S. 1253-1270.

Roth, Günter H., 1999: *Gründungstheorie*: Ist der Damm gebrochen?, in: ZIP 20 (1999), S. 861-867.

Ruding-Ausschuss, 1992: Schlussfolgerungen und Empfehlungen des Ruding-Ausschusses v. 18.03.1992, Bericht des unabhängigen Sachverständigenausschusses zur Unternehmensbesteuerung 1992 (*Ruding-Bericht*), 1992.

Sagasser, Bernd / Bula, Thomas / Brünger, Thomas R., 2002: *Umwandlungen*, 3. Aufl., München: C.H. Beck, 2002.

Saß, Gert, 2005: Steuerliche Aspekte des „Umzugs" einer Gesellschaft in der EU, in: IWB, Fach 11, Gruppe 2, S. 409-415.

Saß, Gert, 2001: Zur *Verlustberücksichtigung* bei grenzüberschreitender Unternehmenstätigkeit in der EU, in: DB 54 (2001), S. 508-510.

Saß, Gert, 2004: *Änderungsvorschlag zur steuerlichen Fusionsrichtlinie*, in: DB 57 (2004), S. 2231-2234.

Saß, Gert, 2005: Die *geänderte steuerliche Fusionsrichtlinie* vom 17.2.2005, in DB 58 (2005), S. 1238-1240.

Schaumburg, Harald, 1998: *Internationales Steuerrecht*, 2. Aufl., Köln: O. Schmidt, 1998.

Schaumburg, Harald, 2005: Der *Wegzug* von Unternehmen, in: *Gocke, Rudolf / Gosch, Dietmar / Lang, Michael* (Hrsg.), Körperschaftsteuer, Internationales Steuerrecht, Doppelbesteuerung, Festschrift für *Franz Wassermeyer* zum 65. Geburtstag, München: C.H.Beck, 2005, S. 411-436.

Schaumburg, Harald, 2005: Der *Zuzug* von Unternehmen, in: Der Konzern 3 (2005), S. 347-356.

Schaumburg, Harald, 2005: *Steuer und Europäische Gesellschaft*, in: *Lutter, Marcus / Hommelhoff, Peter* (Hrsg.), Die Europäische Gesellschaft: Prinzipien, Gestaltungsmöglichkeiten und Grundfragen aus der Praxis, Köln: O. Schmidt, 2005, S. 319-356.

Schmidt, Lutz / Hageböke, Jens, 2002: Die erneute *Änderung* von § 8b Abs. 5 KStG durch das UntStFG, in: IStR 11 (2002), S. 150-157.

Schön, Wolfgang, 2001: Die *Abzugsschranken des §3c EStG* zwischen Verfassungs- und Europarecht, FR 83 (2001), S. 381-392.

Schön, Wolfgang, 2002: *Europäische Aktiengesellschaft*, in: JbFfStR (in Vorbereitung), hier zitiert nach Arbeitsunterlage der 53. Steuerrechtlichen Jahresarbeitstagung, Unternehmen 2002, der Arbeitsgemeinschaft der Fachanwälte für Steuerrecht, 2002.

Schön, Wolfgang, 2000: *Sitzverlegung von Kapitalgesellschaften* nach Gesellschafts- und Steuerrecht, in: JbFfStR 2000/2001, Herne / Berlin: Verlag NWB, 2000.
Schön, Wolfgang, 2002: The European Commission's Report on *Company Taxation*: A magic formula for European Taxation?, in: European Taxation 42 (2002), S. 276-286.
Schön, Wolfgang, 2004: Tax Issues and Constraints on *Reorganizations* and Reincorporations in the European Union, in: Tax Notes International 38 (2004), S. 197–204
Schön, Wolfgang / Schindler, Clemens Philipp, 2004: Seminar D: Zur Besteuerung der *grenzüberschreitenden Sitzverlegung* einer Europäischen Aktiengesellschaft, in: IStR 13 (2004), S. 571-576.
Schulz, Andreas / Eicker, Klaus, 2001: The *European Company Statute* – the German View, in: Intertax 29 (2001), S. 332-341.
Schulz, Andreas / Geismar, Bernhard, 2001: Die *Europäische Aktiengesellschaft*, in: DStR 39 (2001), S. 1078-1086.
Schulz, Andreas / Petersen, Sven, 2002: *Steuerlicher Handlungsbedarf* bei Gründung und Sitzverlegung, in: DStR 40 (2002), S. 1508-1517.
Thiel, Jochen, 1994: Die *grenzüberschreitende Umstrukturierung* von Kapitalgesellschaften im Ertragsteuerrecht, in: GmbHR 85 (1994), S. 277-289.
Thömmes, Otmar, 1990: Neue steuerliche Maßnahmen zur Förderung der *grenzüberschreitenden Unternehmenskooperation* in der Europäischen Gemeinschaft, in: WPg 43 (1990), S. 473-482.
Thömmes, Otmar, 1992: *Buchwertverknüpfung* über die Grenze?, in IWB, Fach 3 Gruppe 1, 1992, S. 1327-1330.
Thömmes, Otmar, 1993: *Identitätswahrende Sitzverlegung* von Gesellschaften in Europa, in: DB 46 (1993), S. 1021-1026.
Thömmes, Otmar, 1993: Probleme aus Anlass der *Umsetzung der Fusionsrichtlinie*, in: JbFfStR 1993/94, S. 67-101.
Thömmes, Otmar, 1994: Die steuerliche *Fusionsrichtlinie* – Was bleibt zu tun?, in: ZGR 23 (1994), S. 75-86.
Thömmes, Otmar, 1999: *Kommentierung zu Art. 23 UmwStG*, in: *Flick, Hans / Wassermeyer, Franz / Baumhoff, Hubertus* (Hrsg.), Außensteuerrecht, Kommentar, 6. Aufl., Köln: O. Schmidt, 1999 (Stand: 55. Ergänzungslieferung, 2004).
Thömmes, Otmar, 2000, *Teilbetriebsbegriff* der Fusionsrichtlinie, in: *Wassermeyer, Franz / Mayer, Dieter / Rieger, Norbert* (Hrsg.), Umwandlungen im Zivil- und Steuerrecht, Festschrift für *Siegfried Widmann* zum 65. Geburtstag, Bonn: Stollfuß, 2000, S. 583-607.
Thömmes, Otmar, 2002: *Grenzüberschreitende Organschaft*, in: JbFfStR 2002/2003, Herne/Berlin 2005, S. 65-82,
Thömmes, Otmar, 2003: *Vereinbarkeit der Organschaftsregeln mit dem EG-Recht*, in: *Herzig, N.* (Hrsg.), Organschaft, Festschrift für Jochen Thiel zum 65. Geburtstag, Stuttgart, Schäffer-Pöschel, 2003, S. 525-541.
Thömmes, Otmar, 2005: Fall 2: *Grenzüberschreitende Einbringung* und Anteilstausch, in: JbFfStR 2005/2006 (in Vorbereitung), hier zitiert nach Arbeitsunterlage der 56. Steuerrechtlichen Jahresarbeitstagung, Unternehmen 2005, der Arbeitsgemeinschaft der Fachanwälte für Steuerrecht, 2005, S. 19-28.
Thömmes, Otmar, 2005: Fall 3: *Gründung einer Europa-AG und Ergänzungsrichtlinien zur Fusionsrichtlinie sowie zur Mutter-Tochterrichtlinie*, in: JbFfStR (in Vorbereitung),

hier zitiert nach Arbeitsunterlage der 56. Steuerrechtlichen Jahresarbeitstagung, Unternehmen 2005, der Arbeitsgemeinschaft der Fachanwälte für Steuerrecht, 2005, S. 29-36.

Thömmes, Otmar, 2002: *Klagemöglichkeit* ausländischer juristischer Personen vor deutschen Gerichten, in: IWB, Fach 11a, 2002, S. 575.

Thömmes, Otmar, 2004: *EC Law Aspects* of the Transfer of Seat of an SE, in: European Taxation 44 (2004), S. 22-27.

Thömmes, Otmar, 2004: *Commentary on the Merger Directive*, in: *Thömmes, Otmar / Fuks, Ephraim* (Eds.), EC Corporate Tax Law, Commentary on the EC Direct Tax Measures and Member States Implementation, Amsterdam: IBFD, 1991-2005.

Thömmes, Otmar / Fuks, Ephraim (Eds.), 2004: *EC Corporate Tax Law*, Commentary on the EC Direct Tax Measures and Member States Implementation, Amsterdam: IBFD, 1991-2005.

Thömmes, Otmar, 2004: Gemeinschaftsrechtliche Fragen der Errichtung und der Sitzverlegung der Europäischen Aktiengesellschaft (SE), in: *Herzig Norbert* (Hrsg.), Besteuerung der Europäischen Aktiengesellschaft, Köln: O. Schmidt, 2004, S. 17-30.

Thömmes, Otmar, 2005: Missbrauch und *Missbrauchsverhütung* aus EG-rechtlicher Sicht, in: *Gocke, Rudolf / Gosch, Dietmar / Lang, Michael* (Hrsg.), Körperschaftsteuer, Internationales Steuerrecht, Doppelbesteuerung, Festschrift für *Franz Wassermeyer* zum 65. Geburtstag, München: C.H.Beck, 2005, S. 207-240.

Tischbirek, Wolfgang, 2003: *Kommentierung zu Art. 10 OECD-MA*, in: *Vogel, Klaus / Lehner, Moris*, DBA, Kommentar, 4. Aufl., München: C.H. Beck, 2003.

Tumpel, Michael, 1994: *Harmonisierung* der direkten Unternehmensbesteuerung, Wien: Verlag Österreich, 1994.

Unice, 2002: *Unice's reaction* to the European Commission Communication and report on company taxation in the internal market: „Towards and Internal Market without Tax Obstacles", COM (2001) 582 final, 10.04.2002 (www.unice.org).

Van Lishaut, Ingo / Förster, Guido, 2000: Steuersenkungsgesetz: *Anteilsveräußerung* im neuen Recht, in: GmbHR 94 (2000), S. 1121-1128.

Vogel, Klaus, 2003: *Kommentierung zu Art. 23 OECD-MA*, in: *Vogel, Klaus / Lehner, Moris*, DBA, Kommentar, 4. Aufl., München: C.H. Beck, 2003.

Wassermeyer, Franz, 1990: Kann eine ausländische *Kapitalgesellschaft* im Inland unbeschränkt steuerpflichtig sein?, in: DB 43 (1990), S. 244-245.

Wassermeyer, Franz, 2001: *Kommentierung zu Art. 7, 23A OECD-MA*, in: *Debatin, Helmut / Wassermeyer, Franz* (Hrsg.), DBA, Kommentar, 5. Aufl., München: C.H. Beck, 2001 (Stand: 95. Ergänzungslieferung, 2005).

Watermeyer, Heinrich, 2002: Neuregelung der *Steuerbefreiung* in § 8b KStG, in: GmbH-Stb. 6 (2002), S. 108-113.

Weber, Rolf H, 2003: *Kommentierung zu Art. 56-60 EG-Vertrag*, in: *Lenz, Carl Otto / Borchardt, Klaus-Dieter* (Hrsg.), EU- und EG-Vertrag, Kommentar, 3. Aufl., Köln u.a.: Bundesanzeiger-Verl., 2003.

Wenz, Martin, 1993: Die *Societas Europaea* – Analyse der geplanten Rechtsform und ihre Nutzungsmöglichkeiten für eine europäische Konzernunternehmung, Berlin: Duncker & Humblot, 1993.

Wenz, Martin, 2004: The *European Company* (Societatas Europaea) – Legal Concept and Tax Issues, in: European Taxation 44 (2004), S. 4-11.

Westberg, Björn, 2002: Consolidated Corporate Tax Bases for EU-wide Activities: *Evaluation* of Four Proposals Presented by the Commission, in: European Taxation 42 (2002), S. 322-330.

Widmann, Siegfried, 2005: *Kurzkommentierung UmwStG 1995, Kommentierung zu § 23 UmwStG, vor Teil 8, Anhang 7 in Band 7*, in: *Widmann, Siegfried / Mayer, Dieter* (Hrsg.), Kommentar zum Umwandlungsrecht / Umwandlungssteuerrecht, Bonn: Stollfuß, 2005 (Stand: 83. Ergänzungslieferung).

Wolff, Norbert, 2001: *Kommentierung zu § 1 und 11 UmwStG*, in: *Blümich, Walter* (Hrsg.), Kommentar zum EStG, KStG, GewStG und ertragsteuerliche Nebengesetze, Band 5, München: Vahlen, 2001 (Stand: 85. Ergänzungslieferung, 2005).

World Economic Forum, The Global Competitiveness Report 2004-2005, 2004.

Zeitler, Franz-Christoph / Jüptner, Roland, 1988: Europäische *Steuerharmonisierung* und direkte Steuern, in: BB 43 (1988), Beilage 17, S. 1-16.

I. Steuern als Standortfaktor international mobiler Unternehmen in der Europäischen Union

1. Steuerliche Belastungsunterschiede in den Staaten der EU sowie des EWR

Auch mehr als 40 Jahre nach Gründung der Europäischen Wirtschaftsgemeinschaft[1] und trotz zwischenzeitlicher Fortentwicklung der EWG zu einer Europäischen Union[2] und mehrmaliger grundlegender Reformen der Europäischen Verträge, zuletzt im Rahmen der Verträge von Maastricht,[3] Amsterdam[4] und Nizza,[5] ist die europäische Rechtswirklichkeit auf dem Gebiet der direkten Steuern[6] nach wie vor von einer großen Vielfalt und Unterschiedlichkeit der nationalen Steuerrechtsordnungen der Mitgliedstaaten geprägt. Diese Vielfalt und Unterschiedlichkeit zeigt sich nicht nur in den Steuersätzen, sondern gerade auch in den Vorschriften der Mitgliedstaaten betreffend die steuerliche Gewinnermittlung sowie die Körperschaftsteuersysteme.

Zum 01.01.2005 sahen die Körperschaftsteuergesetze der Mitgliedstaaten der *Europäischen Union* sowie des EFTA-Pfeilers des EWR folgende Steuersätze vor (vgl. Abbildung 1, Seite 517):

---

[1] S. Vertrag zur Gründung der EWG v. 25.03.1957, BGBl II 1957, S. 766 (EWG-Vertrag).
[2] S. Vertrag über die Europäische Union v. 07.02.1992, BGBl II 1992, S. 1253 (Maastricht), geändert durch den Beitrittsvertrag v. 24.06.1994, BGBl. II 1994, S. 2022.
[3] S. Vertrag über die Europäische Union v. 07.02.1992, BGBl II 1992, S. 1253 (Maastricht), geändert durch den Beitrittsvertrag v. 24.06.1994, BGBl. II 1994, S. 2022.
[4] S. Vertrag von Amsterdam zur Änderung des Vertrages über die Europäische Union, der Verträge zur Gründung der Europäischen Gemeinschaft, sowie einiger damit zusammenhängender Rechtsakte v. 02.10.1997, BGBl I 1998, S. 386 (Amsterdam).
[5] S. Vertrag von Nizza zur Änderung des Vertrags über die Europäische Union, der Verträge über die Gründung der Europäischen Gemeinschaften sowie einiger damit zusammenhängender Rechtsakte v. 26.02.2001, BGBl. II 2002, S. 1666, ABl. Nr. C 80 v. 10.03.2001, S. 1.
[6] Hierunter versteht man die Steuern, die direkt auf den Gewinn oder das Vermögen eines Steuerpflichtigen erhoben werden, den sie treffen sollen (vgl. *Creifelds, C.*, Rechtswörterbuch, 2004, S. 322). Für die Besteuerung der SE wesentlich ist in diesem Zusammenhang die Körperschaftsteuer auf der Ebene der Anteilseigner, je nach deren Rechtsform ebenfalls die Körperschaftsteuer, oder die Einkommensteuer. Im Gegensatz dazu betreffen die indirekten Steuern die Besteuerung von Verkehrsvorgängen zwischen den Steuersubjekten (z. B. Umsätze, Übertragungen, Veräußerungen).

EU-Mitgliedstaat	Körperschaftsteuersätze (in %)
Belgien	33,99[1]
Dänemark	30
Deutschland	38,9[2]
Estland	0[3]
Finnland	26
Frankreich	33,8[4]
Griechenland	32
Irland	12,5
Italien	33[5]
Lettland	15
Litauen	15
Luxemburg	30,38[6]
Malta	35
Niederlande	30,5
Österreich	25
Polen	19
Portugal	27,5[7]
Schweden	28
Slowakische Republik	19
Slowenien	25
Spanien	35
Tschechische Republik	26
Ungarn	16[8]
Vereinigtes Königreich	30
Zypern	10
EU-Durchschnitt	**25,06**

EWR-Mitgliedstaat	Körperschaftsteuersätze (in %)
Island	18
Liechtenstein	7,5-20[9]
Norwegen	28

[1] Belgien: KSt-Satz von 33,0 %; auf die Steuerschuld wird ein „Krisenzuschlag" von 3% erhoben.
[2] Deutschland: KStSatz von 25% zzgl. Solidaritätszuschlag von 5,5% zuzüglich Gewerbesteuer.
[3] Estland: Die Körperschaftsteuer (Steuersatz: 24%) wird nur auf ausgeschüttete Gewinne erhoben.
[4] Frankreich: Der KStSatz beträgt 33,33%. Auf die Steuerschuld wird ein Zuschlag von 1,5% erhoben.
[5] Italien: Die derzeit noch zusätzlich erhobene Regionalsteuer IRAP (Steuersatz von rund 4,25%) steht nach den Schlussanträgen des GA Jacobs v. 17.03.2005 in der Rechtssache C-475/03 (Banca Popolare di Cremona) im Verdacht, gegen Gemeinschaftsrecht zu verstoßen.
[6] Luxemburg: KStSatz: liegt bei 22%. Hierauf wird eine Abgabe für den Beschäftigungsfond erhoben (4%). Zusätzlich existiert eine Regionalsteuer mit einem Steuersatz von 7,5%.
[7] Portugal: Unter Einbeziehung eines Lokalzuschlags von maximal 10% auf die Steuerschuld.
[8] Ungarn: Zuzüglich einer Regionalsteuer (Steuersatz zwischen 0 und 2%), die wie die italienische IRAP im Verdacht steht, gegen Gemeinschaftsrecht zu verstoßen, s. hierzu das Vorlageverfahren C-261/05, ABl. EU Nr. C 205, v. 20.08.2005, S. 13.
[9] Liechtenstein: Abhängig von Gewinn/Nettobetriebsvermögen und der Höhe einer Gewinnausschüttung.

Quelle: *Kesti, Juhani* (Hrsg.), European Tax Handbook 2005

Abb. 1: Körperschaftsteuersätze in den EU- und EWR- Mitgliedstaaten

Ebenso unterschiedlich sind die Vorschriften über die steuerliche Gewinnermittlung. Eine umfassende Erhebung über die Unterschiede fehlt.[1] Im Rahmen ihrer Mitteilung an den Rat, das Europäische Parlament und den Wirtschafts- und Sozialausschuss betreffend „Ein Binnenmarkt ohne steuerliche Hindernisse" vom 23.10.2001[2] haben die Dienststellen der Europäischen Kommission in ihrem Arbeitsdokument „Unternehmensbesteuerung im Binnenmarkt"[3] wichtige Aussagen zur derzeitigen Rechtslage in den Mitgliedstaaten betreffend die steuerliche Gewinnermittlung gemacht.

In der Mitteilung wurde festgestellt, dass eine konsolidierte Körperschaftsteuerbemessungsgrundlage zu größerer Effizienz, Vereinfachung und Transparenz der Unternehmenssteuersysteme in der *EU* beitragen und die Lücken zwischen den einzelstaatlichen Systemen schließen könnte, die jetzt noch Steuervermeidung und Missbrauch Vorschub leisten.

Ähnlich lautet der Befund bei den Körperschaftsteuersystemen. Bei den Körperschaftsteuersystemen geht es um die Frage, wie die Entlastung von der sog. „wirtschaftlichen Doppelbesteuerung" ausgeschütteter Gewinne (Dividenden) auf der Ebene des Dividendenempfangenden Gesellschafters ausgestaltet sein soll. Hier reicht die Palette von Systemen, die eine volle steuerliche Erfassung der Dividenden auf der Ebene des Gesellschafters vorsehen, ungeachtet der Tatsache, dass die ausgeschütteten Gewinne vor der Ausschüttung bereits der Körperschaftsteuer auf der Ebene der Gesellschaft unterlagen (sog. „klassisches System"), bis hin zu Körperschaftsteuersystemen, die eine Anrechnung der auf der Ebene der Gesellschaft gezahlten Körperschaftsteuer bei der Besteuerung des Gesellschafters vorsehen (sog. „Anrechnungssystem"). Eine solche Anrechnung kann entweder die gesamte Körperschaftsteuer[4] oder nur einen Teil der von der ausschüttenden Gesellschaft gezahlten Körperschaftsteuer umfassen.[5] Anrechnungssysteme sind, da wesentliche Elemente als nicht europarechtskonform eingestuft werden (insbesondere die Nichtgewährung des Anrechnungsguthabens an beschränkt Steuerpflichtige) auf dem Rückzug. Nach der *Manninen*-Entscheidung des EuGH v. 07.09.2004[6] hat sich dieser

---

[1] Es wäre dies wohl angesichts des raschen Wandels, dem die nationalen Steuergesetze unterliegen, ein hoffnungsloses und zum Scheitern verurteiltes Vorhaben.
[2] S. KOM (2001) 582 endg. v. 23.10.2001.
[3] S. SEK (2001) 1681 v. 23.10.2001, S. 24.
[4] Dann spricht man von einem sog. „Vollanrechnungssystem". Das bis einschließlich 31.12.2000 geltende deutsche Körperschaftsteuersystem war ein solches Vollanrechnungssystem. Es wurde durch das Steuersenkungsgesetz v. 23.10.2000 (BGBl. I 2000, S. 1433) mit Wirkung ab 01.01.2001 durch das klassische System mit einheitlichem KSt-Satz von 25% ersetzt.
[5] In diesem Fall spricht man von einem sog. „Teilanrechnungssystem".
[6] EuGH, Urteil v. 07.09.2004, Rs. C-319/02 (*Manninen*), IStR 13 (2004) S. 680-686, m.Anm. *Englisch*, noch nicht in der amtlichen Sammlung veröffentlicht.

Trend verstärkt[1]. Daneben gibt es Systeme, die eine Entlastung des Gesellschafters von der wirtschaftlichen Doppelbesteuerung ohne Anrechnung in Form der Gewährung eines reduzierten Steuersatzes vorsehen[2] oder in Form einer verkürzten Bemessungsgrundlage, d.h. der Einbeziehung nur eines Teils der empfangenen Dividende in das steuerpflichtige Einkommen des Gesellschafters.[3] Zu erwähnen sind noch die sog. Steuerbefreiungssysteme, in denen Dividendenausschüttungen weder beim einkommen- noch beim körperschaftsteuerpflichtigen Anteilseigner besteuert werden. Die Körperschaftsteuer auf den laufenden Gewinn der ausschüttenden Gesellschaft bildet die definitive Steuerbelastung des Unternehmensgewinns.

Angesichts dieser Vielfalt an Steuersätzen, Gewinnermittlungsvorschriften und Körperschaftsteuersystemen verwundert es nicht, dass die grenzüberschreitende Zusammenarbeit von Unternehmen innerhalb der EU nach wie vor auf erhebliche steuerliche Hürden stößt, die volkswirtschaftlich sinnvolle grenzüberschreitende Vorhaben behindern und im Extremfall sogar gänzlich verhindern.

Im Hinblick auf die Standortentscheidung europäischer Unternehmen wird die Frage diskutiert, ob die Steuersätze und die hier vorzufindenden Belastungsunterschiede maßgebliche Auswirkungen auf die Standortwahl international tätiger Unternehmen haben.[4] Dem wird entgegen gehalten, dass die Steuersätze nur einen Teilaspekt der Steuerbelastung der Unternehmen darstellten und dass die Standortentscheidung sehr viel differenzierter und umfassender unter Zugrundelegung der sog. „effektiven Steuersätze" erfolge, die neben den Nominalsteuersätzen auch und gerade die steuerliche Bemessungsgrundlage und hier bestehende Sonderregelungen, wie z.B. die Möglichkeit der Bildung steuerfreier Rücklagen, steuerliche Sonderabschreibungen, Freibeträge und sonstige Abzugsbeträge, mit umfassten.[5]

Die bestehenden Unterschiede bei den (Nominal-)Steuersätzen würden bei Einbeziehung der Vorschriften über die Bemessungsgrundlage weitgehend nivelliert, so dass sich unter Standortgesichtspunkten ein völlig anderes Bild ergebe.[6]

---

[1] So hat *Finnland* als direkt vom *Manninen*-Urteil betroffener Staat sein Vollanrechnungsverfahren umgehend (zum 01.01.2005) abgeschafft und durch das klassische Verfahren ersetzt. Auch *Frankreich* hat zum 01.01.2005 das klassische System eingeführt.

[2] Hierzu zählt das sog. „Halbsatzverfahren", welches in *Österreich* seit 1988 gilt (eingeführt durch das öKStG 1988 in § 37 Abs. 4 öEStG).

[3] Zu letzteren Systemen zählt das durch das Steuersenkungsgesetz (BGBl. I 2000, S. 1433) v. 23.10.2000 mit Wirkung ab 01.01.2001 in *Deutschland* eingeführte klassische System mit einheitlichem KSt-Satz von 25%, bei dem eine Entlastung des Gesellschafters durch Kürzung der Bemessungsgrundlage erfolgt.

[4] S. KOM (2001) 582 endg., S. 34; Bericht des unabhängigen Sachverständigenausschusses zur Unternehmensbesteuerung 1992 v. 18.03.1992 (*Ruding*-Bericht), vgl. *Baker & McKenzie*, Survey, 1999/2001.

[5] S. KOM (2001) 582 endg., S. 35.

[6] S. KOM (2001) 582 endg., S. 18.

So hat in der Tat eine Studie der OECD[1] aus dem Jahre 2000 ergeben, dass *Deutschland* zwar bei den Nominalsteuersätzen einen Spitzenplatz unter den OECD-Mitgliedstaaten einnimmt, dass dieser Steuersatz aber unter Berücksichtigung der in Betracht kommenden steuerlichen Vergünstigungen erheblich reduziert wird.

Bei der Frage, worauf die Standortentscheidung eines international tätigen Unternehmens letztlich beruht, liegt die Wahrheit – wie so oft – wohl zwischen den beiden beschriebenen Extrempositionen. Es ist sicherlich zutreffend, dass in vielen Staaten hohe Nominalsteuersätze durch großzügige Regelungen bei der Ermittlung der steuerlichen Bemessungsgrundlage in ihrer Wirkung stark gemildert werden. Andererseits ist aber die Signalwirkung niedriger Nominalsteuersätze nicht zu unterschätzen. Die Segnungen großzügiger Regelungen bei der steuerlichen Gewinnermittlung offenbaren sich dem ausländischen Investor wegen ihrer Komplexität in der Regel erst nachdem er sich bereits positiv für einen bestimmten Investitionsstandort entschieden hat. Lässt er sich schon zuvor von hohen Nominalsteuersätzen abschrecken bzw. von den niedrigeren Steuersätzen in anderen Ländern anlocken, so verfehlen die günstigen Regelungen betreffend die steuerliche Gewinnermittlung ihre die Standortwahl beeinflussende Wirkung.

Darüber hinaus ist zu beachten, dass die wohl in der Praxis schwerwiegendsten steuerlichen Standortfaktoren sich weder in Steuersätzen, noch in der Bemessungsgrundlage widerspiegeln: Es ist dies zum einen die Verständlichkeit und Überschaubarkeit einer Steuerrechtsordnung. Mit anderen Worten: Je komplizierter und undurchschaubarer eine Steuerrechtsordnung, desto größer die Zurückhaltung ausländischer Investoren. Es ist zum Zweiten die Verlässlichkeit der steuerrechtlichen Rahmenbedingungen (Stichwort: Rechtsänderungsrisiko) und der Steuergesetzesanwendung. Hier spielt die Möglichkeit, schnell und unbürokratisch investitions- und unternehmensfreundliche Einzelfallentscheidungen (sog. „Rulings") zur Klärung von Zweifelsfragen bei der Gesetzesanwendung von der lokalen Finanzverwaltung zu erhalten, eine Schlüsselrolle. Bei beiden Standortfaktoren spielt der Steuerstandort *Deutschland* keine rühmliche Rolle, wie sich aus einer im Jahre 2004 vorgestellten Studie des World Economic Forum (WEF)[2] ergibt, die auf einer Umfrage von 4000 Vertreter weltweit agierender Unternehmen beruhte und bei nach der Effizienz der jeweiligen Steuersysteme gefragt wurde. Von insgesamt 104 in die Befragung einbezogenen Staaten belegte *Deutschland* den 104. Platz. Die in der aktuellen politischen Diskussion immer wieder auftauchende Frage einer möglichen Rückgängig-

---

[1] Vgl. *OECD*, Tax Burdens, 2000; die Studie der OECD verwendet Daten von 1995. Danach beträgt die Körperschaftsteuer in *Deutschland* über 50%, während die *effective tax rate* um ca. 18% niedriger ist, womit *Deutschland* allerdings noch immer im Spitzenfeld der OECD-Mitgliedstaaten liegt.
[2] *World Economic Forum*, The Global Competitiveness Report 2004-2005, 2004.

machung der Steuerfreiheit von Veräußerungsgewinnen bei Beteiligungen[1] sei nur als ein Beispiel genannt.

Angesichts dieser Standortfaktoren ist zu befürchten, dass bei der Wahl des Sitzes einer SE *Deutschland* im Ländervergleich innerhalb der *EU* keine führende Rolle spielen wird. Für die künftige Sitzwahl einer SE wird neben der Reform der nationalen Steuerrechtsordnung die Frage eine zentrale Rolle spielen, ob und wie schnell die einzelnen Mitgliedstaaten die steuerlichen Rahmenbedingungen für die Gründung einer SE herstellen und steuerliche Hindernisse im Rahmen der laufenden Besteuerung beseitigen. Hier ist, wie im nachfolgenden Beitrag noch eingehend aufgezeigt wird, in *Deutschland*, aber auch in einigen anderen Mitgliedstaaten, noch viel zu tun.

2. Stand der Steuerharmonisierung in der EU und Steuerpolitik der Europäischen Kommission

Der EG-Vertrag enthält auch nach der Reform nach den Verträgen von Maastricht[2], Amsterdam[3] und Nizza[4] keinen ausdrücklichen Harmonisierungsauftrag im Hinblick auf die direkten Steuern. Gleiches gilt für die europäische Verfassung[5]. Im Gegensatz dazu sehen die Artikel 90 bis 93 des EG-Vertrages für die indirekten Steuern sehr wohl einen entsprechenden Harmonisierungsauftrag vor. Richtlinienvorschläge der Kommission, die auf eine Angleichung der steuerlichen Vorschriften auf dem Gebiet der direkten Steuern in den Mitgliedstaaten abzielen, müssen auf die Generalklausel des Art. 94 EG-Vertrag gestützt werden, der Einstimmigkeit unter den Mitgliedstaaten im Rahmen der Beschlussfassung im Rat für die Annahme eines solchen Richtlinienvorschlages voraussetzt. Es liegt auf der Hand, dass eine Einstimmigkeit unter derzeit 25 EU-Mitgliedstaaten auf einem politisch so brisanten Gebiet wie dem der Steuern nur äußerst schwer zu erreichen ist.

So ist es nicht verwunderlich, dass der derzeitige Stand der Steuerharmonisierung in der EU sich in Gestalt von fünf Steuerrichtlinien rasch darstellen lässt. Es handelt sich dabei zum einen um die im Jahre 1976 verabschiedete sog. „EG-Amtshilfericht-

---

[1] Vgl. FAZ Nr. 166 v. 20.07.2005, S. 21.
[2] S. Vertrag über die Europäische Union v. 07.02.1992, BGBl II 1992, S. 1253 (Maastricht), geändert durch den Beitrittsvertrag v. 24.06.1994, BGBl II 1994, S. 2022.
[3] S. Vertrag von Amsterdam zur Änderung des Vertrages über die Europäische Union, der Verträge zur Gründung der Europäischen Gemeinschaft, sowie einiger damit zusammenhängender Rechtsakte v. 02.10.1997, BGBl II 1998, S. 386.
[4] S. Vertrag von Nizza zur Änderung des Vertrags über die Europäische Union, der Verträge über die Gründung der Europäischen Gemeinschaften sowie einiger damit zusammenhängender Rechtsakte v. 26.02.2001, BGBl. II 2002, S. 1666, ABl. Nr. C 80 v. 10.03.2001, S. 1.
[5] S. Vertrag über eine Verfassung für Europa v. 29.10.2004, ABl. Nr. C 310 v. 16.12.2004, S. 1

linie"[1], die 1990 verabschiedeten Richtlinien, nämlich die Mutter-/Tochter-Richtlinie (MTRL)[2] und die Fusionsrichtlinie (FRL).[3] sowie die im Jahre 2003 verabschiedeten Richtlinien über die Besteuerung von Zinserträgen[4] und die Zinsen und Lizenzgebührenrichtlinie[5] Hinzu kommt das ebenfalls 1990 im Zusammenhang mit der Verabschiedung der beiden Steuerrichtlinien unterzeichnete multilaterale Abkommen betreffend die Einführung eines EG-Schiedsverfahrens.[6] Ein im Jahr 1975 von der Kommission dem Rat vorgelegter Vorschlag für eine Richtlinie des Rates zur Harmonisierung der Körperschaftsteuersysteme und der Regelungen der Quellensteuer auf Dividenden[7] wurde am 23.04.1990 von der Kommission zurückgezogen. Ein im Jahr 1988 von den Dienststellen der Kommission erarbeiteter Vorentwurf für eine Gewinnermittlungsrichtlinie[8] hat nicht einmal die Hürde der Europäischen Kommission überwunden und wurde dem Rat nie offiziell vorgelegt.

Nachdem die Kommission in den 60er und 70er Jahren des vorigen Jahrhunderts eine ehrgeizige auf Harmonisierung der Steuerrechtsordnungen der Mitgliedstaaten abzielende Steuerpolitik vorgelegt hatte, vollzog sich im Jahre 1990 unter der damaligen Steuerkommissarin *Christiane Scrivener* ein entscheidender Wandel, der im Rahmen einer Mitteilung an den Rat und das Europäische Parlament vom 20.04.1990 Niederschlag fand.[9] In dieser Mitteilung verabschiedete sich die Kom-

---

[1] S. Richtlinie 77/799/EWG v. 19.12.1977, ABl. EG Nr. L 336 v. 27.12.1977, S. 15, letztmalig geändert durch Richtlinie 2004/106/EG des Rates v. 16.11.2004 zur Änderung der Richtlinie 77/799/EWG über die gegenseitige Amtshilfe zwischen den zuständigen Behörden der Mitgliedstaaten im Bereich der direkten Steuern, bestimmter Verbrauchsteuern und der Steuern auf Versiccherungsprämien sowie der Richtlinie 92/12/EWG v. 25.02.1992 über das allgemeine System, den Besitz, die Beförderung und die Kontrolle verbrauchsteuerpflichtiger Waren, ABl. EU Nr. L 359 v. 04.12.2004, S. 30-31.

[2] S. Richtlinie 90/435/EWG v. 23.07.1990, ABl. EG Nr. L 225 v. 20.08.1990, S. 6, letztmalig geändert durch Richtlinie 2003/123/EG des Rates v. 22.12.2003 zur Änderung der Richtlinie 90/435/EWG über das gemeinsame Steuersystem der Mutter- und Tochtergesellschaften verschiedener Mitgliedstaaten, ABl. EG Nr. L 7 v. 13.01.2004, S. 41-44.

[3] S. Richtlinie 90/434/EWG v. 23.07.1990, ABl. EG Nr. L 225 v. 20.08.1990, S. 1, letztmalig geändert durch Richtlinie 2005/19/EG des Rates v. 17.02.2005 zur Änderung der Richtlinie 90/434/EWG über das gemeinsame Steuersystem für Fusionen, Spaltungen, die Einbringung von Unternehmensteilen und den Austausch von Anteilen, die Gesellschaften verschiedener Mitgliedstaaten betreffen, ABl. EU Nr. L 58 v. 04.03.2005, S. 19-27.

[4] S. Richtlinie 2003/48/EG des Rates v. 03.06.2003 im Bereich der Besteuerung von Zinserträgen, ABl. EU Nr. L 157 v. 26.06.2003, S. 38-48.

[5] S. Richtlinie 2003/49/EG des Rates v. 03.06.2003 über eine gemeinsame Steuerregelung für Zahlungen von Zinsen und Lizenzgebühren zwischen verbundenen Unternehmen verschiedener Mitgliedstaaten, ABl. L 157 v. 26.06.2003, S. 49-54.

[6] S. Übereinkommen 90/436/EWG v. 23.07.1990, ABl. EG Nr. L 225 v. 20.08.1990, S. 10.

[7] S. KOM (1975) 392 endg., ABl. EG Nr. C 253 v. 05.11.1975, S. 2.

[8] Vgl. *Zeitler, F. C. / Jüptner, R.*, Steuerharmonisierung, 1988, S. 10; *Kreile, R.,* Harmonisierung der steuerlichen Gewinnermittlungsvorschriften, 1988.

[9] S. Mitteilung der Kommission der EG an das Parlament und den Rat über Leitlinien zur Unternehmensbesteuerung v. 20.04.1990, SEK (1990) 601 endg.

I.I. Steuern als Standortfaktor international mobiler Unternehmen in der Europäischen Union

mission von dem ehrgeizigen Vorhaben einer umfassenden Steuerharmonisierung und stellte die Beseitigung spezifischer Steuerhindernisse, die die grenzüberschreitende Unternehmenszusammenarbeit behindern, in den Mittelpunkt ihrer Bemühungen.

In den 60er und 70er Jahren stand die Steuerpolitik der Europäischen Kommission noch im Zusammenhang mit einer weitreichenden Industriepolitik die sich zum Ziel gesetzt hatte, europäischen Unternehmen den Weg zur Bildung größerer, im internationalen Wettbewerb konkurrenzfähiger Großunternehmen zu ebnen.[1] Vor diesem Hintergrund sind auch die frühen Ursprünge der SE zu sehen, die sich in das Grundkonzept einer ehrgeizigen europäischen Industriepolitik einfügen.[2]

In diesem Kontext stehen auch die in den Jahren 1970 und 1975 von der Kommission vorgelegten Vorschläge[3] über die Verordnung eines Statuts einer europäischen Aktiengesellschaft. In der Begründung ihrer Vorschläge gab die Kommission als Motivation die Schaffung eines gemeinsamen Marktes und die Möglichkeit der Reorganisation und Zusammenführung von Produktionsfaktoren von nationalen zu europäischen Unternehmensstrukturen an. Die Kommission wollte den Unternehmen, deren Tätigkeit sich nicht auf die Befriedigung rein örtlicher Bedürfnisse beschränkt, die Möglichkeit bieten, ihre Ressourcen und Wettbewerbskapazitäten neu zu ordnen, ohne dass es zu einer Abschottung der Märkte kommt und die wirtschaftliche Integration behindert wird.[4]

Der in der Mitteilung der Kommission vom 20. April 1990[5] angekündigte und Ende 1991 einberufene Expertenausschuss, der nach seinem Vorsitzenden, dem früheren niederländischen Finanzminister *Onno Ruding*, „*Ruding*-Kommitee" genannt wurde, legte zwar im März 1992 einen Bericht vor, der u. a. weitreichende Maßnahmenvorschläge auf dem Gebiet der steuerlichen Gewinnermittlung und der Angleichung der Körperschaftsteuersätze umfasste,[6] der aber von Seiten der Kommission in deren Mitteilung vom 26.06.1992[7] nur eine äußerst zurückhaltende Reaktion fand. Entsprechend war die Steuerpolitik der Europäischen Kommission in den 90er Jahren

---

1 S. Kommission der EG, Verordnungsvorschlag v. 17.09.1971 zur Gründung von gemeinsamen Unternehmen im Geltungsbereich des EWG-Vertrages, ABl. EG Nr. C 107 v. 25.10.1971, S. 15.
2 S. ABl. EG Nr. C 124 v. 10.10.1970, S.1; KOM (1975) 150 endg., Beil. 4 / 1975 Bulletin EG.
3 S. ABl. EG Nr. C 124 v. 10.10.1970, S.1-55; Bulletin EG Beilage 4 / 1975, S. 1-200.
4 S. Präambel des Vorschlags für eine Verordnung des Rates für das Statut einer Europäischen Aktiengesellschaft, Bulletin EG, Beilage 4 / 1975, S. 1.
5 S. SEK (1990) 601 endg.
6 S. *Ruding-Ausschuss*, Ruding-Bericht, 1992.
7 S. Mitteilung der Kommission an den Rat und das Europäische Parlament im Anschluss an die Schlussfolgerungen des Unabhängigen Sachverständigenausschusses unter dem Vorsitz von Herrn *Ruding* über die Leitlinien zur Unternehmensbesteuerung im Rahmen der Vertiefung des Binnenmarkts, SEK (1992) 1118 endg.

von einer großen Zurückhaltung bei echten Steuerharmonisierungsmaßnahmen und einer Suche nach einem Konsens auf Ebene der Mitgliedstaaten bei den vorliegenden, auf die Beseitigung grenzüberschreitender steuerlicher Hindernisse gerichteten Richtlinienvorschlägen[1] geprägt.

Mit der Verabschiedung der beiden Richtlinienvorschläge zur Änderung der Mutter-/Tochter-Richtlinie[2] und der Fusionsrichtlinie[3] wurden gerade für die SE wichtige Fortschritte auf diesem Gebiet erzielt. Dagegen wurde bei der Verabschiedung des aus dem Jahre 1998 stammenden Vorschlags für eine Richtlinie über die Besteuerung von Zinsen und Lizenzgebühren zwischen verbundenen Unternehmen verschiedener Mitgliedstaaten[4] die SE noch nicht berücksichtigt. Ein Änderungsvorschlag[5], der u.a. die Aufnahme der SE in den Kreis der von der Richtlinie begünstigten Rechtsformen vorsieht, konnte bislang noch nicht verabschiedet werden.

Der zwischenzeitliche Erfolg bei der Verabschiedung einzelner Richtlinien vermag nicht darüber hinwegzutäuschen, dass das Hauptproblem auf steuerlichem Gebiet, welches die grenzüberschreitende Unternehmenstätigkeit in Europa, und damit in besonderem Maße die speziell zu diesem Zweck geschaffene SE, belastet, in den großen Unterschieden in der steuerlichen Gewinnermittlung liegt.

Es ist daher sehr zu begrüßen, dass die Kommission in ihrer Mitteilung an den Rat, das Europäische Parlament und den Wirtschafts- und Sozialausschuss vom 23.10.2001[6] eine abermalige Neuausrichtung ihrer Steuerpolitik ankündigte und darin die Angleichung der Vorschriften über die Ermittlung einer einheitlichen steuerli-

---

[1] S. oben KOM (1993) 293 endg.; KOM (1990) S. 595 endg.; KOM (2001) S. 400 endg.

[2] Vorschlag v. 29.07.2003, KOM (2003) 462 endg., verabschiedet als Richtlinie 2003/123/EG des Rates v. 22.12.2003 zur Änderung der Richtlinie 90/435/EWG über das gemeinsame Steuersystem der Mutter- und Tochtergesellschaften verschiedener Mitgliedstaaten, ABl. EU Nr. L 7 v. 13.01.2004, S. 41-44.

[3] Vorschlag v. 17.10.2003, KOM (2003) 613 endg., verabschiedet als Richtlinie 2005/19/EG des Rates v. 17.02.2005 zur Änderung der Richtlinie 90/434/EWG über das gemeinsame Steuersystem für Fusionen, Spaltungen, die Einbringung von Unternehmensteilen und den Austausch von Anteilen, die Gesellschaften verschiedener Mitgliedstaaten betreffen, ABl. EU Nr. L 58 v. 04.03.2005, S. 19-27.

[4] Vorschlag für eine Richtlinie des Rates über eine gemeinsame Steuerregelung für Zahlungen von Zinsen und Lizenzgebühren zwischen verbundenen Unternehmen verschiedener Mitgliedstaaten KOM (1998) 67 endg., ABl. EG Nr. C 123 v. 22.04.1998, S. 9-13, verabschiedet als Richtlinie 2003/49/EG des Rates v. 03.06 2003 über eine gemeinsame Steuerregelung für Zahlungen von Zinsen und Lizenzgebühren zwischen verbundenen Unternehmen verschiedener Mitgliedstaaten, ABl. L 157 v. 26.06.2003, S. 49-54.

[5] Vorschlag für eine Richtlinie des Rates zur Änderung der Richtlinie 2003/49/EG über eine gemeinsame Steuerregelung für Zahlungen von Zinsen und Lizenzgebühren zwischen verbundenen Unternehmen verschiedener Mitgliedstaaten, KOM (2003) 841 endg. v. 30.12.2003.

[6] *Europäische Kommission*, Mitteilung der Kommission an den Rat, das Europäische Parlament und den Wirtschafts- und Sozialausschuss, Ein Binnenmarkt ohne steuerliche Hindernisse - Strategie zur Schaffung einer konsolidierten Körperschaftsteuer-Bemessungsgrundlage für die grenzüberschreitende Unternehmenstätigkeit in der EU, KOM (2001) 582 endg.

chen Bemessungsgrundlage in den Mittelpunkt ihrer Steuerpolitik der kommenden Jahre stellte. Dabei geht es im Wesentlichen um zwei Projekte:
- Die Entwicklung einer gemeinsamen konsolidierten Bemessungsgrundlage (Common Consolidated Tax Base).
- Ein auf die besonderen Bedürfnisse kleinerer und mittlerer Unternehmen zugeschnittener Pilotversuch einer Besteuerung im Ansässigkeitsstaat (Home State Taxation).

Nach diesem Prinzip der „Home State Taxation" würde kleinen und mittleren Unternehmen für einen Zeitraum von fünf Jahren im Rahmen eines Pilotprojekts gestattet, auch den von ihnen in einem anderen EU-Mitgliedstaat ansässigen Tochtergesellschaften oder dort belegenen Betriebsstätten erzielten Gewinn nach den steuerlichen Vorschriften ihres Ansässigkeitsstaates („Home State") zu ermitteln.[1]

Für die SE von besonderem Interesse ist das Vorhaben der Entwicklung einer gemeinsamen konsolidierten Bemessungsgrundlage. Unter Federführung der für Besteuerungsfragen zuständigen Generaldirektion „Steuern und Zollunion" hat eine aus Vertretern aller 25 EU-Mitgliedstaaten bestehende Arbeitsgruppe in bislang drei gemeinsamen Sitzungen[2] zentrale Fragen der steuerlichen Gewinnermittlung diskutiert und in der Entwicklung gemeinsamer Vorstellungen deutliche Fortschritte erzielt.

Zu den Themen, die von der Arbeitsgruppe bisher behandelt wurden, gehört die Entwicklung einheitlicher Abschreibungsregelungen, die Bilanzierung von Verbindlichkeiten, Rücklagen und Rückstellungen sowie die Besteuerung von Veräußerungsgewinnen und -verlusten. Bis zum Jahresende 2005 wird die Arbeitsgruppe einen Bericht über die von ihr erzielten Fortschritte vorlegen. Mit einem Abschluss der Beratungen und ersten konkreten Vorschlägen für eine europaweit einheitliche Regelung ist jedoch nicht vor Ende 2006 zu rechnen.

Die Erfolgsaussichten des Projekts dürften als relativ hoch einzuschätzen sein. Obwohl für Harmonisierungsmaßnahmen im Bereich der direkten Besteuerung an sich Einstimmigkeit erforderlich ist (Art. 94 f. EG), wird dem Vernehmen nach an den Einsatz des Instruments der „verstärkten Zusammenarbeit" gedacht[3]. Die „verstärkte Zusammenarbeit" ist in den Art. 43 ff. EU-Vertrag und Art. 11 EG-Vertrag geregelt und lässt Harmonisierungsmaßnahmen auch dann zu, wenn einzelne Mitgliedstaaten

---

[1] Die Idee einer Besteuerung sämtlicher Tochtergesellschaften und Betriebsstätten nach den steuerlichen Vorschriften im Staat des Mutter-/Stammhausunternehmens geht auf eine Studie von *Lodin/Gammie* aus dem Jahre 2001 zurück, vgl. *Lodin, S.-O. / Gammie, M.,* Home State Taxation, 2001.
[2] Stand: 01.08.2005.
[3] Vgl. FAZ Nr. 156 v. 08.07.2004, S. 9: „Brüssel will Bemessungsgrundlage für Unternehmensbesteuerung vereinheitlichen".

ihr Veto einlegen. Es müssen sich dann mindestens acht Mitgliedstaaten zur „verstärkten Zusammenarbeit" zusammenfinden. Freilich gilt die Harmonisierungsmaßnahme dann auch nur in den teilnehmenden Mitgliedstaaten.

3. Keine steuerliche Sonderbehandlung der SE

Aufgrund der in der Verordnung über das Statut der Europäischen Aktiengesellschaft (Societas Europaea, SE)[1] (SE-VO) festgelegten Gründungsvoraussetzungen weist eine SE stets einen grenzüberschreitenden Bezug auf, der sich entweder auf die Ansässigkeit ihrer Gründungsmitglieder (Gründung durch Verschmelzung sowie Gründung einer gemeinsamen Holdinggesellschaft)[2] oder ihrer Beteiligungsunternehmen (Gründung einer Tochter-SE)[3] auf mindestens zwei verschiedene Mitgliedstaaten der *Europäischen Union* erstreckt. Es liegt daher auf der Hand, dass eine SE in erheblich höherem Maße als eine „normale" Gesellschaft eines Mitgliedstaates von den steuerlichen Hindernissen, die sich einer grenzüberschreitenden Unternehmenstätigkeit in den Weg stellen, betroffen ist. So ist von jeher von Seiten der europäischen Industrie die Forderung erhoben worden, der SE ein eigenes „Steuerkonzept" mit auf den Weg zu geben, um sie sozusagen „immun" gegen die vielfältigen steuerlichen Beschränkungen ihrer grenzüberschreitenden Tätigkeit zu machen.

Eine mögliche – und aus der Sicht der beteiligten Unternehmen sicherlich sinnvolle – Lösung hätte z.B. darin bestanden, den Gewinn einer SE nach einer im Rahmen der SE-VO oder im Rahmen einer Begleit-Richtlinie vorgegebenen europäischen Gewinnermittlungsregelung zu ermitteln. Der nach Maßgabe einheitlicher Gewinnermittlungsvorschriften ermittelte Gewinn hätte sodann nach Maßgabe der wirtschaftlichen Tätigkeitsschwerpunkte der SE unter den beteiligten Mitgliedstaaten nach einer noch festzulegenden Formel aufgeteilt werden können. Der so ermittelte und aufgeteilte Gewinn hätte dann den jeweiligen Steuersätzen in den beteiligten Mitgliedstaaten unterworfen werden können, ohne dass es einer Vollharmonisierung der Körperschaftsteuer innerhalb der EU bedurft hätte.

Eine weiter reichende Lösung hätte eine eigene, gemeinschaftsweit zu erhebende „EG-Körperschaftsteuer" zum Gegenstand, die auf den gemeinschaftsweit einheitlich ermittelten Gewinn einer SE erhoben wird. Zugleich würde durch eine solche „EG-Körperschaftsteuer" die Finanzierung der Gemeinschaft auf eine neue Grundlage gestellt und könnte die derzeitige Aufbringung der Mittel für den Gemein-

---

[1] S. Verordnung (EG) Nr. 2157/2001 des Rates v. 08.10.2001 über das Statut der Europäischen Gesellschaft (SE), ABl. EG Nr. L 294 v. 10.11.2001, S. 1-21 (SE-VO). SE-VO abgedruckt in Anhang I.
[2] S. Art. 2 Abs. 1 u. 2 SE-VO.
[3] S. Art. 2 Abs. 3 SE-VO.

schaftshaushalt zumindest teilweise ersetzen.[1] Keiner dieser Vorschläge hat derzeit eine Chance auf Annahme durch die Mitgliedstaaten.

Für den Fall, dass eine SE in einem der Staaten, auf die sich ihre Tätigkeit erstreckt, Verluste erleidet, ist gefordert worden, eine Berücksichtigung dieser im Ausland erlittenen Verluste auf der Ebene der Stammhaus-SE zuzulassen. Entsprechend sah noch der Vorschlag des SE-Statuts von 1989[2] in Art. 133 SE-VO-Vorschlag eine Sonderregelung für die Berücksichtigung ausländischer Betriebsstättenverluste vor. Diese in Art. 133 SE-VO-Vorschlag vorgesehene Regelung entsprach der früheren deutschen Regelung in § 2 AIG sowie der Nachfolgervorschrift des § 2a Abs. 3 und 4 EStG. Eine weitere Parallele ergab sich zu dem Richtlinienvorschlag der Kommission aus dem Jahre 1990 betreffend die Berücksichtigung ausländischer Unternehmensverluste.[3]

Keine Regelung sah der SE-VO-Entwurf für den Ausgleich mit Verlusten von Tochtergesellschaften einer SE vor. Ebenfalls nicht vorgesehen war die Möglichkeit der Verrechnung von Gewinnen ausländischer Betriebsstätten oder ausländischer Tochtergesellschaften mit Verlusten der SE in deren Sitzstaat. Aus diesem Grunde wurde der Verordnungsentwurf zu Recht als zu eng kritisiert.[4]

Doch auch der Fall, dass eine SE in ihrem Sitzstaat und in den übrigen Staaten, in denen sie Tochtergesellschaften oder Betriebsstätten unterhält, ausschließlich Gewinne erwirtschaftet, ist nicht unproblematisch. Die im Gründungsfall der grenzüberschreitenden Verschmelzung einer SE[5] in den Staaten der übertragenden Gesellschaften zurückbleibenden Betriebsstätten werfen vielfältige Fragen der Gewinnabgrenzung zwischen Betriebsstätte und Stammhaus-SE auf, die in den einschlägigen Doppelbesteuerungsabkommen sowie den nationalen Vorschriften der Mitgliedstaaten nur unzureichend gelöst sind.[6] Das durch die steuerliche FRL vorgegebene Betriebsstättenprinzip stellt eine „Krücke" zur Bewältigung der bestehenden steuerlichen Probleme, keinesfalls aber eine auf Dauer akzeptable Lösung dar.

---

1   Vgl. Reaktion der *UNICE*, Unice's reaction, 2002.
2   S. KOM (1989) 268 endg., ABl. EG Nr. C 263 v. 16.10.1989, S. 41.
3   S. Vorschlag für eine Richtlinie des Rates über eine Regelung für Unternehmen zur Berücksichtigung der Verluste ihrer in anderen Mitgliedstaaten belegenen Betriebsstätten und Tochtergesellschaften, KOM (1990) 595 endg., ABl. EG Nr. C 53 v. 28.02.1991, S. 30. Der Vorschlag ist mittlerweile von der Kommission zurückgezogen worden, siehe ABl. EU Nr. C 5 v. 09.01.2004, S. 2, 20.
4   Vgl. u.a. *Knobbe-Keuk, B.*, Steuerliche Behandlung, 1990, S. 435.
5   Vgl. oben; siehe ferner Art. 2 Abs.1 SE-VO.
6   Vgl. für *Deutschland* und *Österreich Eismayr, R.*, Konzentrationsverschmelzungen, 2005. S. 194-197 sowie S. 247-250.

Angesichts des fehlenden Fortschritts bei der Diskussion des entsprechenden Richtlinienvorschlags aus dem Jahre 1990[1] betreffend die grenzüberschreitende Verlustberücksichtigung hat die Kommission wohl aus pragmatischen Gründen das letzte Relikt einer steuerlichen Sonderregelung in Form des Art. 133 des Vorentwurfs gestrichen, da ansonsten angesichts der großen Zurückhaltung der Mitgliedstaaten, steuerlichen Maßnahmenvorschlägen zuzustimmen, ein Scheitern des gesamten Verordnungsentwurfs zu befürchten gewesen wäre.[2] Die Entscheidung für eine SE sollte nach Auffassung der Kommission in erster Linie von den gesellschaftsrechtlichen Vorzügen bestimmt sein, die es ermöglichen auf ein unübersichtliches und kostspieliges Netz von Tochtergesellschaften, die verschiedenen Rechtsordnungen unterliegen, zu verzichten. Eine steuerliche Sonderregelung für die SE würde die Gefahr von Wettbewerbsverzerrungen mit sich bringen.[3]

Für die SE, der die grenzüberschreitende Unternehmenstätigkeit quasi per Statut als Gründungsvoraussetzung verordnet worden ist, ergibt sich der traurige Befund, dass sich deren grenzüberschreitende Tätigkeit an vielfältigen steuerlichen Hürden und Beschränkungen reibt, die in dem nachfolgenden Beitrag noch im Einzelnen vertieft dargestellt werden sollen. Es besteht die Gefahr, dass der Erfolg der SE als erste einheitliche europäische Rechtsform für international tätige Unternehmen letztlich an diesen steuerlichen Hürden scheitert und die Zahl der SE-Gründungen sich deshalb in bescheidenen Grenzen halten wird.[4]

Um den besonderen Bedürfnissen einer SE an einer Lösung der durch die grenzüberschreitende Unternehmenstätigkeit aufgeworfenen steuerlichen Probleme Rechnung zu tragen, erwog die Kommission Ende 2003 eine Anwendung EU-einheitlicher Gewinnermittlungsregelungen ausschließlich für die SE. Sie schrieb deshalb eine Studie aus, die der Frage nachgehen sollte, ob die Schaffung und Anwendung einheitlicher Gewinnermittlungsregelungen speziell für die SE, sei es im Wege einer EG-einheitlichen konsolidierten Bemessungsgrundlage oder einer Besteuerung im Ansässigkeitsstaat (Home State Taxation) zu einer Diskriminierung zu Lasten von

---

[1] S. Vorschlag für eine Richtlinie des Rates über eine Regelung für Unternehmen zur Berücksichtigung der Verluste ihrer in anderen Mitgliedstaaten belegenen Betriebsstätten und Tochtergesellschaften, KOM (1990) 595 endg., ABl. EG Nr. C 53 v. 28.02.1991, S. 30. Der Vorschlag ist mittlerweile von der Kommission zurückgezogen worden, siehe ABl. EU Nr. C 5 v. 09.01.2004, S. 2, 20.

[2] In Erwägungsgrund Nr. 20 SE-VO ist nur lapidar davon die Rede, dass die SE-VO „andere Rechtsbereiche wie das Steuerrecht ... nicht erfasst", ohne aber die Streichung des im SE-VO-Vorschlag 1991 noch enthaltenen Art. 133, der die steuerliche Behandlung von Betriebsstättenverlusten betraf, zu begründen. Zur Begründung kann aber auf *Blanquet, F.,* Statut, 2002, S. 25 verwiesen werden.

[3] Vgl. *Blanquet, F.,* Statut, 2002, S. 54-56.

[4] Wie *Brigitte Knobbe-Keuk* bereits 1990 treffend ausführte: „... dass die schönste gesellschaftsrechtliche Form des Gemeinschaftsrechts, wenn es sie geben sollte, nichts nutzt, so lange den Unternehmen der Zugang zu dieser Form durch steuerliche Barrieren blockiert ist." Vgl. *Knobbe-Keuk, B.,* Steuerliche Behandlung, 1990, S. 435.

Gesellschaften anderer Rechtsformen oder zu einer verbotenen Beihilfe im Sinne der Art. 87 ff. EG-Vertrag führen würde. Die im August 2004 vorgelegte Studie[1] gelangte zu dem Ergebnis, dass eine solche steuerliche Sonderbehandlung der SE in der Tat auf erhebliche rechtliche Bedenken aus beiden in der Fragestellung aufgeworfenen Gründen stoßen würde. Die Kommission sah daher ihre schon zuvor bei der Streichung der steuerlichen Sondervorschrift des Art. 133 SE-VO Entwurf 1989 geäußerten Zweifel bestätigt, und verzichtete daraufhin auf die Etablierung eines entsprechenden Pilotprojekts.

Deshalb sollten die Bestrebungen der Kommission, eine Angleichung der steuerlichen Regeln für eine gemeinsame konsolidierte Bemessungsgrundlage[2] für alle Unternehmen herbeizuführen, nachhaltig unterstützt werden. Von den zu erhoffenden Fortschritten würde die SE in besonderer Weise profitieren.

II. Gründung

1. Überblick über die Gründungsformen einer SE

a. Gründung durch Verschmelzung

Die Gründungsvoraussetzungen einer SE sind in Art. 2 sowie in den Art. 15 ff. der SE-VO im Einzelnen geregelt. Kernvoraussetzung sämtlicher Gründungsformen ist das Bestehen eines grenzüberschreitenden Bezugs, sei es auf der Ebene der an der Gründung beteiligten Gesellschafter oder im Hinblick auf die von den Gründungsgesellschaftern gehaltenen Beteiligungen bzw. Niederlassungen in einem anderen Mitgliedstaat der *Europäischen Union*. Auf Gesellschafterebene müssen an der Gründung im Falle der Gründung durch Verschmelzung ausschließlich Gesellschaften beteiligt sein, die ihrerseits die Rechtsform einer Aktiengesellschaft[3] besitzen und von denen mindestens zwei den Rechtsordnungen verschiedener Mitgliedstaaten der *EU* unterliegen. Die Gründung einer SE im Wege der Verschmelzung ist in enger Anlehnung an die Dritte Gesellschaftsrechtliche Richtlinie[4] (Verschmelzungs-

---

[1] *Deloitte & Touche*, Study on analysis of potential competition and discrimination issues relating to a pilot project for an EU tax consolidation scheme for the European Company statute (Societas Europaea), 2004 Abrufbar unter http://europa.eu.int/comm/taxation_customs/resources/documents/report_deloitte.pdf
[2] S. Kapitel I 2.
[3] Hierzu verweist Art. 2 Abs. 1 SE-VO auf einen Anhang I zur SE-VO, in dem die jeweiligen Aktiengesellschaften der EU-Mitgliedstaaten mit genauer nationaler Bezeichnung aufgelistet sind.
[4] S. Richtlinie 78/855/EWG v. 09.10.1978, ABl. EG Nr. L 295 v. 20.10.1978, S. 36.

richtlinie) in zwei Varianten vorgesehen. Bei der Verschmelzung durch Aufnahme[1] geht das gesamte Aktiv- und Passivvermögen der übertragenden Gesellschaft auf eine bereits bestehende Gesellschaft des nationalen Rechts über, die im selben Zuge die Rechtsform einer SE annimmt. Bei der Verschmelzung zur Neugründung hingegen entsteht die SE als Folge des verschmelzungsweisen Übergangs des Vermögens von mindestens zwei Gesellschaften komplett neu.[2] Steuerlich ergeben sich zwischen diesen beiden Varianten keine wesentlichen Unterschiede.

b. Gründung einer Holding-SE

Im Falle der Gründung einer Holding-SE sind als Gründungsgesellschafter neben Aktiengesellschaften auch Gesellschaften mit beschränkter Haftung zugelassen,[3] wobei mindestens zwei von ihnen entweder dem Recht verschiedener EU-Mitgliedstaaten[4] unterliegen, oder seit mindestens zwei Jahren eine dem Recht eines anderen Mitgliedstaats unterliegende Tochtergesellschaft oder eine Zweigniederlassung in einem anderen EU-Mitgliedstaat haben.[5]

c. Gründung einer Tochter-SE

Für den Gründungsfall einer Tochter-SE erweitert Art. 2 Abs. 3 SE-VO sogar den Kreis der zugelassenen Gründungsgesellschaften auf alle Gesellschaften i. S. d. Art. 48 Abs. 2 EG-Vertrag, zu denen auch Personengesellschaften gehören sowie juristische Personen des öffentlichen und privaten Rechts, die nach dem Recht eines EU-Mitgliedstaates gegründet worden sind und ihre Hauptverwaltung in der Gemeinschaft haben. Auch hier müssen mindestens zwei der Gründungsgesellschafter dem Recht verschiedener EU-Mitgliedstaaten unterliegen oder seit mindestens zwei Jahren eine dem Recht eines anderen EU-Mitgliedstaates unterliegende Tochtergesellschaft oder eine Zweigniederlassung in einem anderen EU-Mitgliedstaat unterhalten.

d. Umwandlung einer bestehenden Aktiengesellschaft in eine SE

Für den Gründungsfall der Umwandlung einer bereits bestehenden nationalen Aktiengesellschaft[6] gelten die geringsten Anforderungen im Hinblick auf den grenzüber-

---

[1] S. Art. 17 Abs. 2 Buchst. a SE-VO i. V. m. Art. 3 Abs. 1 Verschmelzungsrichtlinie.
[2] S. Art. 17 Abs. 2 Buchst. b SE-VO i. V. m. Art. 4 Abs. 1 Verschmelzungsrichtlinie.
[3] Auch hierzu verweist Art. 2 Abs. 2 SE-VO auf einen Anhang II zur SE-VO, in dem die einzelnen Rechtsformen der Mitgliedstaaten aufgelistet sind.
[4] Zu Gründungen mit EWR-Bezug siehe Kapitel VI sowie den Beitrag von *Schindler* und *Teichmann* in diesem Band.
[5] S. Art. 2 Abs. 2 SE-VO.
[6] S. Art. 2 Abs. 4 SE-VO.

schreitenden Bezug; hier reicht es aus, dass die betreffende nationale Gesellschaft seit mindestens zwei Jahren eine dem Recht eines anderen Mitgliedstaates unterliegende Tochtergesellschaft hat.

e. Beteiligung von Unternehmen aus Drittstaaten

Drittstaaten-Unternehmen, d. h. Unternehmen, die dem Recht eines Nicht-EU-Mitgliedstaates[1] unterliegen, können sich an der Gründung einer SE nur ausnahmsweise und unter den Voraussetzungen des Art. 2 Abs. 5 SE-VO beteiligen, sofern der betreffende Sitzstaat der zu gründenden SE von der Ermächtigung dieser Vorschrift Gebrauch macht. Allerdings ist auch in diesem Fall Voraussetzung, dass die Drittstaaten-Gesellschaft nach dem Recht eines EU-Mitgliedstaates gegründet wurde, in dem sie auch ihren Sitz hat sowie mit der Wirtschaft eines Mitgliedstaates[2] in tatsächlicher und dauerhafter Verbindung steht. Lediglich ihre Hauptverwaltung (sog. „Verwaltungssitz") darf sich in einem Nicht-EU-Mitgliedstaat befinden. Die SE-VO lässt somit doppelt ansässige Gesellschaften aus Nicht-EU-Mitgliedstaaten grundsätzlich als Gründungsgesellschafter zu.[3]

f. Besondere Relevanz des Gründungsfalles der Verschmelzung

Von den in Art. 2 SE-VO vorgesehenen Gründungsfällen verdient vor allem die Gründung durch Verschmelzung besondere Beachtung, denn dies ist das erste Mal, dass für eine grenzüberschreitende Verschmelzung eine Rechtsgrundlage geschaffen wird. Bisher scheiterten grenzüberschreitende Verschmelzungen in der Praxis daran, dass es keine rechtlichen Vorschriften hierfür auf EG-Ebene gab und die nationalen Steuerrechtsordnungen der meisten Mitgliedstaaten eine grenzüberschreitende Verschmelzung nicht vorsahen. Die Dritte Gesellschaftsrechtliche Richtlinie regelt nur die Verschmelzung von Aktiengesellschaften des gleichen Mitgliedstaates. Der Vorschlag für eine Zehnte Gesellschaftsrechtliche Richtlinie aus dem Jahre 1985[4] ist mangels Annahme im Rat nicht verbindlich für die Mitgliedstaaten geworden. Zwar hat die steuerliche FRL die steuerlichen Behinderungen, die einer grenzüberschreitenden Fusion im Wege stehen, weitgehend beseitigt,[5] doch konnte die Verabschiedung der Steuerrichtlinie nicht die gesellschaftsrechtliche Lücke schließen, die das

---

1 Zu Gründungen mit EWR-Bezug siehe Kapitel VI sowie die Beiträge von *Wenz* und *Teichmann* in diesem Band.
2 Nicht notwendigerweise des Mitgliedstaates, in dem sie ihren Sitz hat.
3 Art. 2 Abs. 5 SE-VO enthält nach seinem Wortlaut („…ein Mitgliedstaat kann vorsehen …") enthält lediglich eine Ermächtigung an die Mitgliedstaaten, aber keine Verpflichtung.
4 S. Vorschlag für eine Zehnte Richtlinie des Rates der EG über die grenzüberschreitende Verschmelzung von Aktiengesellschaften, KOM (1984) 727 endg., ABl. EG Nr. C 23 v. 25.01.1985, S. 11.
5 Vgl. unten in Kapitel II.3. eingehend.

Fehlen der Annahme der Zehnten Gesellschaftsrechtlichen Richtlinie hinterlassen hat. Das Steuerrecht ist sozusagen dem Gesellschaftsrecht – was die grenzüberschreitende Verschmelzung angeht – davon geeilt.

Mit der nun in der SE-VO erstmals vorgesehenen Möglichkeit einer grenzüberschreitenden Verschmelzung ist diese Lücke, wenn auch zunächst nur für den Fall der Gründung einer SE, wenn auch nicht geschlossen, so aber doch erheblich verkleinert worden. Am 18.11.2003 hat die Kommission einen neuen Vorschlag betreffend die grenzüberschreitende Verschmelzung von Kapitalgesellschaften vorgelegt[1]. Anders als der frühere Vorschlag aus dem Jahre 1985 für eine Zehnte Gesellschaftsrechtliche Richtlinie ist der neue Richtlinienvorschlag der Kommission nicht auf Aktiengesellschaften beschränkt, sondern sieht die Möglichkeit der grenzüberschreitenden Verschmelzung nun für alle Kapitalgesellschaften mit Sitz in einem der EU-Mitgliedstaaten vor. Die Beratungen im Rat und im Europäischen Parlament sind weit fortgeschritten. Nachdem Rat[2] und Parlament[3] dem Richtlinienvorschlag vom 18.11.2003 zugestimmt haben, ist eine formelle Verabschiedung der Richtlinie für den Herbst 2005 zu erwarten. Nach Art. 15 des Richtlinienvorschlags ist eine Umsetzungsfrist bis spätestens 24 Monate nach Inkrafttreten der Richtlinie vorgesehen. Die einer Einigung im Rat bislang als Stolperstein entgegenstehende fehlende europäische Mitbestimmungsregelung dürfte jedenfalls kein Hinderungsgrund mehr sein: Der für die SE in Form der Richtlinie vom 08.10.2001 zur Ergänzung des Statuts der Europäischen Gesellschaft hinsichtlich der Beteiligung der Arbeitnehmer (SE-RL)[4] gefundene Kompromiss dürfte jedenfalls auch für die sonstigen Anwendungsfälle der grenzüberschreitenden Verschmelzung eine angemessene Lösung der Mitbestimmungsfrage darstellen.

Eine Einigung auf eine Richtlinie betreffend grenzüberschreitende Verschmelzungen erscheint auch noch aus anderen Gründen dringend geboten. Das *LG Koblenz* hat mit Beschluss vom 16.09.2003[5] die Frage zum Gegenstand eines Vorabentscheidungsersuchens gemacht, ob die Weigerung, eine grenzüberschreitende (Herein-)Verschmelzung in das Handelsregister einzutragen, mit den Grundfreiheiten des EG-Vertrags in Einklang steht. Das Verfahren ist beim EuGH unter dem Aktenzeichen C-411/03 als Rechtssache „SEVIC" anhängig. GA *Tizzano* sieht in seinen Schluss-

---

[1] Vorschlag für eine Richtlinie des Europäischen Parlaments und des Rates über die Verschmelzung von Kapitalgesellschaften aus verschiedenen Mitgliedstaaten, KOM(2003) 703 endg.
[2] Vgl. Pressemitteilung v. 25.11.2005, IP/04/1405.
[3] Zustimmung ist in erster Lesung am 10.05.2005 erfolgt, siehe Pressemitteilung der Kommission v. 10.05.2005, IP/05/551.
[4] S. Richtlinie 2001/86/EG v. 08.10.2001, ABl. EG Nr. L 294 v. 10.11.2001, S. 22.
[5] *LG Koblenz*, Beschluss v. 16.09.2003, GmbHR 94 (2003), S. 1213 f.

anträgen vom 07.07.2005[1] in der Nichtzulassung der grenzüberschreitenden Verschmelzung einen Verstoß gegen die Niederlassungsfreiheit, insbesondere weil aus Sicht der aufnehmenden Gesellschaft die Verschmelzung als Gründung einer Sekundärniederlassung anzusehen sei, also als Gründung einer unselbständigen Niederlassung. Der GA weist in seinen Schlussanträgen auch das Argument zurück, die aufgrund der fehlenden Harmonisierung auftretenden Schwierigkeiten, die aus der fehlenden Koordinierung der Rechtsordnungen der betroffenen Mitgliedstaaten herrühren, ließen eine grenzüberschreitende Verschmelzung nicht zu. Eine Harmonisierung, so der GA, erleichtere nur die Ausübung der Grundfreiheiten, die Gewährleistung als solche sei aber nicht von einer Harmonisierung abhängig. Folgt der EuGH dem GA, so wären künftig grenzüberschreitende Verschmelzungen sämtlicher Rechtsformen möglich, die unter Art. 48 EG fallen. Der Handlungsdruck, für einen geeigneten rechtlichen Rahmen zu sorgen, würde damit erheblich zunehmen. Eine für den Kläger im Ausgangsrechtsstreit in der Rechtssache SEVIC positive Entscheidung müsste konsequenterweise eine Erweiterung des persönlichen Anwendungsbereichs der geplanten Verschmelzungsrichtlinie nach sich ziehen. Der EuGH hätte dann den Mitgliedstaaten die Entscheidung aus der Hand genommen.

2. Kernprobleme der Besteuerung bei Gründung einer SE

a. Auf der Ebene der beteiligten Gesellschaften

Aus steuerlicher Sicht wirft insbesondere die Gründung einer SE durch Verschmelzung die Frage nach der Besteuerung der in dem Vermögen der übertragenden Gesellschaft(en) enthaltenen stillen Reserven auf. Durch den Übergang des Vermögens der übertragenden Gesellschaft und Untergang derselben als eigenständiger Rechtsträger besteht für den Staat der übertragenden Gesellschaft die Gefahr, dass ihm das Besteuerungssubjekt „abhanden kommt" und ihm damit der Zugriff auf die vor der Verschmelzung unter seiner Steuerhoheit gelegten stillen Reserven im Vermögen der übertragenden Gesellschaft auf Dauer entzogen wird. Die Lösung liegt in einer die Verschmelzung überdauernden sog. „Verhaftung" der stillen Reserven im Rahmen einer als Relikt der als eigenständiger Rechtsträger untergehenden übertragenden Gesellschaft in deren Sitzstaat zurückbleibenden steuerlichen Betriebsstätte. Dieses Lösungskonzept ist in den Art. 4 ff. FRL verankert.[2]

---

[1] EuGH GA, Schlussanträge v. 07.07.2005 Rs. C-411/03 (SEVIC Systems Aktiengesellschaft/Amtsgericht Neuwied), DB 58 (2005), S. 1510-1514.
[2] Eingehend zum Lösungskonzept der Fusionsrichtlinie vgl. unten Kapitel II.3.b.

b. Auf der Ebene der Gesellschafter der übertragenden Gesellschaft

Für die Gesellschafter der übertragenden Gesellschaft bringt die Verschmelzung der übertragenden Gesellschaft auf die SE als aufnehmende Gesellschaft den Untergang der Anteile an der übertragenden Gesellschaft mit sich, denn die übertragende Gesellschaft erlischt und ihr Vermögen geht ohne Liquidation auf die SE über.[1] Als „Gegenleistung" für den Untergang der Aktien an der übertragenden Gesellschaft erhalten deren Gesellschafter Aktien an der SE.[2] Hierin kann man bei steuerlicher Betrachtung einen tauschähnlichen Vorgang sehen, der zur Aufdeckung der stillen Reserven in den Aktien der übertragenden Gesellschaft auf der Ebene des Gesellschafters führt.[3] Sofern die Beteiligung des Gesellschafters an der übertragenden Gesellschaft die Wesentlichkeitsgrenze des § 17 EStG übersteigt oder ein Fall des § 23 Nr. 2 EStG vorliegt, unterliegt die Hälfte des daraus resultierenden Veräußerungsgewinns der Besteuerung beim Gesellschafter.[4] Es liegt auf der Hand, dass die Steuerneutralität der Verschmelzung auf Ebene der an der Verschmelzung unmittelbar beteiligten Gesellschaften nicht ausreicht, um den steuerlichen Weg zur Gründung einer SE zu ebnen, wenn es auf der Ebene der Gesellschafter zur Aufdeckung stiller Reserven in der Beteiligung an der übertragenden Gesellschaft kommt.

Auch bei der Gründungsvariante der Gründung einer Holding-SE kommt es auf der Ebene der Gesellschafter wegen des damit verbundenen Tauschs der Anteile an der einzubringenden Gesellschaft gegen Gewährung von Anteilen an der SE[5] zur Gefahr einer Gewinnrealisierung hinsichtlich der in den einzubringenden Anteilen verkörperten stillen Reserven. Hingegen ist die Gründung einer Tochter-SE für die Gesellschafter der übertragenden Gesellschaften grundsätzlich ohne steuerliche Folgen, da sich bei dieser Gründungsvariante auf Ebene der Gesellschafter der an der Gründung beteiligten Gesellschaften keinerlei Veränderung ergibt. Dies gilt auch für die Umwandlung einer bestehenden nationalen Gesellschaft in eine SE, da es sich hierbei um einen reinen Formwechsel ohne Rechtsträgerwechsel handelt.

3. Gründung durch Verschmelzung

Die aus der Sicht der Praxis wohl interessanteste Gründungsvariante einer SE ist die der Verschmelzung, denn eine solche grenzüberschreitende Verschmelzung stellt ein

---

[1] Dazu vgl. Kapitel B (*Neun, J.*, Gründung).
[2] S. Art. 29 SE-VO.
[3] Zur entsprechenden Rechtslage bei der Verschmelzung von Gesellschaften auf rein nationaler Ebene vgl. *Herzig, N.*, Tauschgutachten, 2000, S. 407 f.
[4] S. § 17 Abs. 1 i. V. m. § 3 Nr. 40 S. 1 Buchst. c EStG bzw. § 23 Nr. 1 i.V.m. § 3 Nr. 40 Buchst. i EStG.
[5] S. Art. 33 Abs. 4 SE-VO.

Novum in der europäischen Rechtswirklichkeit dar[1] und eröffnet erstmals die Möglichkeit für Gesellschaften verschiedener Mitgliedstaaten der EU, sich zu einem echten europäischen Einheitsunternehmen zusammen zu schließen. Im Hinblick auf das als Folge unweigerlich entstehende Problem einer künftigen laufenden Betriebsstättenbesteuerung[2] muss aber bezweifelt werden, dass die Gründung einer SE durch Verschmelzung der in der Praxis häufigste Anwendungsfall werden wird. Vielmehr darf vermutet werden, dass die die Probleme einer laufenden Betriebsstättenbesteuerung nicht aufwerfenden Gründungsformen der Gründung einer Holding-SE bzw. der Gründung einer Tochter-SE oder einfach der Umwandlung einer bereits bestehenden Gesellschaft in eine SE zahlenmäßig weit überwiegen werden. Die Gründung einer SE durch Verschmelzung könnte aber der Wegbereiter für die von der Kommission angestrebte[3] breit angelegte Regelung auf dem Gebiet des europäischen Gesellschaftsrechts zur grenzüberschreitenden Verschmelzung von Kapitalgesellschaften aller Rechtsformen sein, so dass diese Gründungsform schon deswegen besondere Beachtung verdient.

Die beiden gesellschaftsrechtlich zu unterscheidenden Untervarianten einer Gründung durch Verschmelzung,[4] nämlich die Verschmelzung durch Aufnahme einerseits und die Verschmelzung zur Neugründung andererseits, werfen hinsichtlich der steuerlichen Folgen bei Gründung keine wesentlichen Unterschiede auf.

Aus steuerlicher Sicht zu unterscheiden sind jedoch die verschiedenen, aufgrund der Vorgaben der SE-VO zur Gründung denkbaren Fallvarianten, je nach dem Staat, in dem sich die übertragende bzw. die aufnehmende Gesellschaft bzw. Gesellschaften befinden. Des Weiteren ist hinsichtlich der Besteuerung bei Gründung zwischen der Gesellschaftsebene und der Gesellschafterebene zu unterscheiden.

In der nachfolgenden Darstellung soll zunächst die derzeitige Rechtslage vor Umsetzung der steuerlichen FRL oder sonstiger gesetzgeberischer Maßnahmen dargestellt werden. Anschließend sollen die Vorgaben der FRL und die möglichen Umsetzungsmaßnahmen näher beleuchtet werden.

a. Derzeitige Rechtslage

Derzeit fehlt eine gesetzliche Regelung der Besteuerungsfolgen einer grenzüberschreitenden Verschmelzung. Die Vorschriften des deutschen Umwandlungssteuergesetzes betreffen nur Verschmelzungen und Umwandlungen auf nationaler Ebene.

---

[1] Vgl. Kapitel II.1.d.
[2] Hierzu näher unten in Kapitel V.2. und V.3.
[3] S. Kapitel II.1.f.
[4] S. Art. 17 Abs. 2 SE-VO.

Dies ergibt sich aus dem Verweis in § 1 Abs. 1 UmwStG auf § 1 UmwG. Grenzüberschreitende Umwandlungen oder Verschmelzungen werden von § 1 UmwG nach herrschender Meinung nicht geregelt.[1] Außerdem begrenzt § 1 Abs. 5 UmwStG den Geltungsbereich der steuerlichen Umwandlungsvorschriften auf unbeschränkt steuerpflichtige Körperschaften.[2] Aufgrund des Vorlagebeschlusses des LG Koblenz vom 16.09.2003 in der Rechtssache C-411/03 „SEVIC" wird sich nun der EuGH mit der Frage befassen, ob die Niederlassungsfreiheit der Art. 43, 48 EG eine Anwendung des § 1 UmwG auch für grenzüberschreitende Verschmelzungen einer Gesellschaft eines anderen Mitgliedstaats auf eine deutsche Kapitalgesellschaft erfordert[3].

Offenbar stellte sich der deutsche Steuergesetzgeber bisher auf den Standpunkt, dass in Ermangelung einer gesellschaftsrechtlich vorgegebenen Möglichkeit einer grenzüberschreitenden Verschmelzung eine steuerliche Regelung entbehrlich sei.[4]

Deshalb wird die Frage der Beurteilung der steuerlichen Folgen einer grenzüberschreitenden Verschmelzung in der Literatur erst seit kurzem gestellt[5]. Soweit die Frage Beachtung fand, ging man nach derzeitiger Rechtslage davon aus, dass in Ermangelung einer speziellen Regelung die allgemeinen steuerlichen Regelungen anzuwenden seien.[6]

Aufgrund der nun durch die SE-Verordnung geschaffenen Möglichkeit einer grenzüberschreitenden Verschmelzung ist der deutsche Steuergesetzgeber unter Druck geraten zu handeln. Das Argument der fehlenden gesellschaftsrechtlichen Regelung der grenzüberschreitenden Verschmelzung zieht nicht mehr. Leider lag bei Drucklegung dieser Auflage aber noch kein Gesetzesvorschlag für eine Umsetzung des Anwendungsfalles der Verschmelzung der Fusionsrichtlinie seitens der Bundesregierung vor.

---

[1] Vgl. *Herzig, N. / Griemla, S.*, Steuerliche Aspekte, 2002, S. 62; *Heckschen, H.*, in: Umwandlungsrecht / Umwandlungssteuerrecht, Kommentar, 2005, § 1 UmwG, Rdnr. 18; *Haritz, D.*, in: Umwandlungssteuergesetz, Kommentar, 2000, § 1, Rdnr. 23; *Bermel, A.*, in: Umwandlungsrecht, Kommentar, 1996, § 1, Rz 8; *Sagasser, B./ Bula, T. / Brünger, T. R.*, Umwandlungen, 2002, Tz B-25 bis 27.

[2] Hierauf weisen *Förster, G. / Lange, C.*, Steuerliche Aspekte, 2002, S. 288, hin.

[3] Vgl. oben Kapitel II.1.f.

[4] Vgl. *Krebs, H. J.*, Fusions-Richtlinie, 1992, S. 352; siehe auch *Thömmes, O.*, Grenzüberschreitende Unternehmenskooperation, 1990, S. 478-480.

[5] So beispielsweise *Herzig, N / Förster, G.*, Grenzüberschreitende Verschmelzung, 1994, S. 1-8; *Rödder, T.*, Gründung und Sitzverlegung, 2005, S. 893-896; *Rödder, T.*, Grundfragen, 2003, S. 525-527; *Herzig, N. / Griemla, S.*, Steuerliche Aspekte, 2002, S. 61-71; *Förster, G. / Lange, C.*, Steuerliche Aspekte, 2002, S. 288-292, *Eismayr, R.*, Konzentrationsverschmelzungen, 2005, S. 185-212, sowie S. 237-260.

[6] Vgl. in diesem Sinne *Förster, G. / Lange, C.*, Steuerliche Aspekte, 2002, S. 288; *Wolff, N.*, in: Kommentar zum EStG, KStG, UmwStG, 2001, § 1 UmwStG, Rdnr. 26; *Frotscher, G.*, in: Körperschaftsteuergesetz, Umwandlungssteuergesetz, Kommentar, 1998, § 1 UmwStG, Rdnr. 3.

aa. Hinausverschmelzung

aaa. Ebene der beteiligten Gesellschaften

Hat die übertragende Gesellschaft ihren Sitz im Inland, während die aufnehmende Gesellschaft im Ausland ansässig ist, handelt es sich um eine sog. „Hinausverschmelzung". Für den Unterfall einer Verschmelzung zur Neugründung müsste entsprechend zumindest eine der beiden übertragenden Gesellschaften ihren Sitz im Inland haben, während die neu zu errichtende SE in einem anderen Mitgliedstaat der *EU* ihren Sitz haben soll, damit es sich um eine Hinausverschmelzung handelt. Als Folge der Verschmelzung geht die übertragende Gesellschaft unter, so dass dem Staat der übertragenden Gesellschaft auch das Steuersubjekt verloren geht. Nach den insoweit eindeutigen Vorgaben der SE-VO[1] handelt es sich um einen Fall der Gesamtrechtsnachfolge. Eine spezialgesetzliche steuerliche Regelung fehlt. Eine sorgfältige Analyse der in Betracht kommenden Vorschriften des allgemeinen Steuerrechts zeigt jedoch eine Besteuerungslücke auf:

- Die Verschmelzung löst keine Gewinnrealisierung nach den allgemeinen, auf Körperschaften nach § 8 Abs. 1 KStG anzuwendenden einkommensteuerlichen Gewinnermittlungsvorschriften der §§ 4 ff. EStG aus.[2]

- Eine Liquidationsbesteuerung nach § 11 KStG scheidet aus, da nach den eindeutigen Vorgaben der SE-VO die übertragende Gesellschaft gerade nicht einer Liquidation unterliegt; sie wird zwar aufgelöst, aber nicht liquidiert.[3] In diesem Zusammenhang ist ausdrücklich auf den Wortlaut des Art. 3 Abs. 1 Verschmelzungsrichtlinie (für den Gründungsfall der Verschmelzung durch Aufnahme) bzw. Art. 4 Abs. 1 Verschmelzungsrichtlinie (für den Anwendungsfall der Verschmelzung zur Neugründung) hinzuweisen. In beiden Vorschriften heißt es gleichlautend, dass das Vermögen der übertragenden Gesellschaft(en) „ohne Liquidation" auf die aufnehmende Gesellschaft übergeht.

- Auch § 12 Abs. 1 KStG ist nicht einschlägig, da von dieser Vorschrift nur die Verlegung von Sitz oder Geschäftsleitung einer fortbestehenden Gesellschaft erfasst werden, während bei der von der SE-VO vorgesehenen grenzüberschreitenden Verschmelzung die übertragende Gesellschaft erlischt.[4]

---

[1] S. Art 29 SE-VO.
[2] Vgl. *Schön, W.*, Europäische Aktiengesellschaft, 2002, S. 15.
[3] G. A. *Förster, G. / Lange, C.*, Steuerliche Aspekte, 2002, S. 288; *Schön, W.*, Europäische Aktiengesellschaft, 2002, S. 15.
[4] G. A. *Schön, W.*, Europäische Aktiengesellschaft, 2002, S. 15; *Förster, G. / Lange, C.*, Steuerliche Aspekte, 2002, S. 288; a. A. *Hommelhoff, P.*, Organisationsverfassung, 2001, S. 286, Fn. 54.

- § 12 Abs. 2 KStG ist nur auf beschränkt körperschaftsteuerpflichtige Gesellschaften anwendbar. Im hier betrachteten Fall der Hinausverschmelzung hat die übertragende Gesellschaft jedoch im Inland ihren Sitz und unterliegt daher der unbeschränkten Körperschaftsteuerpflicht.[1]
- Eine analoge Anwendung der genannten Vorschriften ist aus verfassungsrechtlichen Gründen (Verbot einer steuerbegründenden Analogie) strikt abzulehnen.[2]

In der Literatur wird von *Förster / Lange*[3] sowie von *Rödder*[4] die Auffassung vertreten, es handele sich im Falle der grenzüberschreitenden Verschmelzung um eine sog. „Sachauskehrung" seitens der übertragenden Gesellschaft, die zur Aufdeckung aller stillen Reserven in dem Vermögen der übertragenden Gesellschaft führe. Der Vorgang sei so zu behandeln, als habe die übertragende Gesellschaft ihr Vermögen an ihre Gesellschafter ausgekehrt, die das Vermögen anschließend in die aufnehmende Gesellschaft gegen Gewährung von Gesellschaftsrechten einbringen.[5] Sofern zum Vermögen der übertragenden Gesellschaft Anteile an Kapitalgesellschaften gehören, findet § 8b Abs. 2 KStG Anwendung.[6]

Der Besteuerungstatbestand der sog. „Sachauskehrung" ist abzulehnen. Er entbehrt jeglicher Grundlage im Gesetz. Zudem wird der vom Gesetz[7] vorgesehene einheitliche Vorgang des unmittelbaren Vermögensübergangs kraft Gesamtrechtsnachfolge künstlich in dem Bestreben, einen Besteuerungstatbestand zu konstruieren, in zwei getrennte Vorgänge aufgespalten, nämlich eine im Gesetz nirgendwo auch nur erwähnte „Sachauskehrung" und eine anschließende Einlage des „sachausgekehrten" Vermögens durch die Gesellschafter in die aufnehmende Gesellschaft. Rechtlich und tatsächlich geht das Vermögen der übertragenden Gesellschaft jedoch zu keinem Zeitpunkt, auch nicht für eine sog. „logische Sekunde", auf die Gesellschafter über. Die Annahme eines solchen Zwischenerwerbs stellt nichts anderes als eine Fiktion dar.

---

[1] G. A. *Schön, W.*, Europäische Aktiengesellschaft, 2002, S. 15; *Förster, G. / Lange, C.*, Steuerliche Aspekte, 2002, S. 288.

[2] G. A. *Schön, W.*, Europäische Aktiengesellschaft, 2002, S. 15; zum Verbot einer steuerbegründenden Analogie allgemein vgl. *Gersch, E.-M.*, AO, Kommentar, 2003, § 4 AO, Rz. 37 f.; *Balmes, F.*, in: Abgabenordnung, Finanzgerichtsordnung, Kommentar, 2004, § 4, Rdnr. 26-27.

[3] Vgl. *Förster, G. / Lange, C.*, Steuerliche Aspekte, 2002, S. 288.

[4] Vgl. *Rödder, T.*, Gründung und Sitzverlegung, 2005, S. 894; *Rödder, T.*, Europa-AG, 2005, S. 65 f.; *Rödder, T.*, Grundfragen, 2004, S. 9 f.

[5] Vgl. *Förster, G. / Lange, C.*, Steuerliche Aspekte, 2002, S. 288.

[6] Vgl. Tz. 22 des BMF-Schreibens v. 28.04.2003 (BMF IV A2 – S 2750a – 7/03) zu § 8b KStG, BStBl. I 2003, S. 292, s.a., *Dötsch, E.*, in: Die Körperschaftsteuer, Kommentar, 2004, § 15 UmwStG n. F., Rdnr. 50; *Van Lishaut, I. / Förster, G.*, Anteilsveräußerung, 2000, S. 1121.

[7] Die SE-VO ist Gesetz in diesem Sinne, da sie unmittelbar anwendbares Recht in allen Mitgliedstaaten der Europäischen Union begründet.

Der deutsche Steuergesetzgeber ist zum Handeln gezwungen, will er im Falle der Hinausverschmelzung als Gründungsfall der SE eine sonst drohende Besteuerungslücke vermeiden. Es ist jedenfalls nicht zulässig, diese Besteuerungslücke im Wege einer Fiktion zu schließen. Auf der Ebene der aufnehmenden Gesellschaft ergeben sich grundsätzlich keine ertragsteuerlichen Auswirkungen im Inland, da die aufnehmende Gesellschaft bei der Hinausverschmelzung nicht im Inland ansässig ist.

Folgt man der Fiktion der Sachauskehrung, dürfte hinsichtlich der Bewertung des auf die aufnehmende SE übergehenden Vermögens von einem Ansatz des gemeinen Wertes auszugehen sein, denn die Fiktion der Sachauskehrung auf Ebene der übertragenden Gesellschaft unterstellt eine volle Aufdeckung aller stillen Reserven. Entsprechend dürften Anschaffungskosten für die Anteile der SE, die der Gesellschafter der übertragenden Gesellschaft erhält, in Höhe des gemeinen Wertes der (fiktiv) eingebrachten Wirtschaftsgüter der übertragenen Gesellschaft entstehen.[1]

Lehnt man die Annahme einer Sachauskehrung ab, so dürfte es sachgerecht sein, von einem Übergang des Vermögens der übertragenden Gesellschaft zu Buchwerten auszugehen.

aab. Ebene der Gesellschafter der übertragenden Gesellschaft

Auf der Ebene der Gesellschafter der übertragenden Gesellschaft führt die Verschmelzung zu einem Untergang der Anteile, die der Gesellschafter an der (ebenfalls untergehenden) übertragenden Gesellschaft hält. Im Gegenzug erhält der Gesellschafter als Folge der Verschmelzung Anteile an der aufnehmenden SE.

Geht man mit der hier vertretenen Auffassung von einem Übergang des Vermögens zu Buchwerten aus, hat der Gesellschafter der übertragenden Gesellschaft die bisherigen Anschaffungskosten der (untergehenden) Anteile an der übertragenden Gesellschaft auf die Anteile an der aufnehmenden SE zu übertragen. Geht man davon aus, dass die Gesellschafter der übertragenden Gesellschaft eine fiktive Sachauskehrung erhalten, so unterliegt bei ihnen das im Wege der Sachauskehrung fiktiv zufließende Vermögen der übertragenden Gesellschaft (zum gemeinen Wert) zur Hälfte der Besteuerung nach § 3 Nr. 40 S. 1 Buchst. e EStG, soweit der ausgekehrte Betrag nicht aus dem steuerlichen Einlagekonto oder dem Stammkapital der übertragenden Gesellschaft stammt.[2]

---

[1] So auch *Förster, G. / Lange, C.*, Steuerliche Aspekte, 2002, S. 288.
[2] So auch *Förster, G. / Lange, C.*, Steuerliche Aspekte, 2002, S. 288.

Die gleichen Rechtsfolgen greifen im Falle eines beschränkt einkommensteuerpflichtigen Gesellschafters, der die Anteile an der übertragenden Gesellschaft in einer inländischen Betriebsstätte hält.[1]

Ist der Gesellschafter seinerseits eine unbeschränkt körperschaftsteuerpflichtige Gesellschaft, so greift zu seinen Gunsten § 8b Abs. 1 i.V.m. Abs. 5 KStG; d. h. der ihm zufließende Betrag der Sachauskehrung wäre zu 95% steuerbefreit. § 8b Abs. 1 KStG gilt für beschränkt und unbeschränkt körperschaftsteuerpflichtige Gesellschafter in gleicher Weise.[2]

ab. Hereinverschmelzung

aba. Ebene der beteiligten Gesellschaften

Von einer Hereinverschmelzung spricht man, wenn die übertragende Gesellschaft oder zumindest eine von mehreren übertragenden Gesellschaften im Ausland ansässig und somit beschränkt körperschaftsteuerpflichtig ist und die aufnehmende Gesellschaft der unbeschränkten Körperschaftsteuerpflicht unterliegt. Eine inländische Besteuerung der im Vermögen der übertragenden Gesellschaft enthaltenen stillen Reserven kommt nur insoweit in Betracht, wie zu dem Vermögen der übertragenden Gesellschaft der beschränkten Steuerpflicht unterliegendes Inlandsvermögen gehört. Soweit dies der Fall ist, kommt eine Besteuerung nach § 12 Abs. 2 S. 1 KStG in Betracht, denn das Vermögen der Betriebsstätte geht im Wege der Verschmelzung als ganzes auf einen anderen, nämlich die inländische aufnehmende SE über. Allerdings sieht § 12 Abs. 2 S. 2 KStG i. d. F. nach dem Unternehmensteuerfortentwicklungsgesetz[3] eine Ausnahme von der Endbesteuerung der Betriebsstätte vor, wenn „die Übertragung ... im Ausland zu Buchwerten durch einen Vorgang (erfolgt), der einer Verschmelzung auf eine andere Körperschaft i. S. d. § 2 des Umwandlungsgesetzes vergleichbar ist und das Besteuerungsrecht der Bundesrepublik Deutschland ... nicht verloren (geht)."

Diese Vorschrift hat in erster Linie den Fall einer Verschmelzung im Ausland nach dortigem nationalen Steuerrecht im Sinne, bei der die übertragende Gesellschaft

---

[1] S. § 49 Abs. 1 Nr. 2a EStG.

[2] *Förster, G. / Lange, C.*, Steuerliche Aspekte, 2002, S. 288, erwägen sogar noch darüber hinaus, ob auf die Sachauskehrung eine (definitive) Kapitalertragsteuerbelastung entsteht. M. E. fehlt es eindeutig an einer Ausschüttung oder einem sonstigen Tatbestand, an den das Gesetz in § 43 EStG eine Kapitalertragsteuerpflicht knüpft. Doch scheint es denklogisch, dass, wenn man den Boden des Gesetzes verlässt, die weitere Fiktion auch einer kapitalertragsteuerpflichtigen Ausschüttung nicht mehr so fern liegt. Die Annahme eines fiktiven Besteuerungstatbestands „Sachauskehrung" ist jedoch insgesamt abzulehnen.

[3] S. Gesetz zur Fortentwicklung des Unternehmenssteuerrechts (Unternehmenssteuerfortentwicklungsgesetz) (UntStFG), BGBl I 2001, S. 3858.

I.II. Gründung

über eine inländische Betriebsstätte verfügt. Allerdings ist die Ausnahme nach dem Wortlaut der Vorschrift auch auf den Fall der Gründung einer SE durch Verschmelzung anwendbar.[1] Nach dem insoweit eindeutigen Wortlaut setzt dies allerdings voraus, dass die Umsetzung der steuerlichen Rahmenbedingungen für eine grenzüberschreitende Verschmelzung nach Maßgabe der FRL in dem ausländischen Staat, dessen Steuerrecht die übertragende Gesellschaft unterliegt, so weit vollzogen ist, dass dort eine Übertragung des Vermögens der übertragenden Gesellschaft „zu Buchwerten" zulässig ist.[2] Sofern eine buchwertneutrale Übertragung im Staat der übertragenden Gesellschaft vorgesehen ist, dürfte die weitere Voraussetzung, dass der Übertragungsvorgang „einer Verschmelzung auf eine andere Körperschaft i. S. d. § 2 Umwandlungsgesetzes vergleichbar" ist, ohne Weiteres erfüllt sein.[3] Das deutsche Besteuerungsrecht bleibt bestehen, da das im Rahmen der Hereinverschmelzung übertragene inländische Betriebsstättenvermögen nach der Verschmelzung einer unbeschränkt körperschaftsteuerpflichtigen Gesellschaft, nämlich der aufnehmenden inländischen SE, gehört. Somit hat sich die Zugriffsmöglichkeit des deutschen Fiskus sogar zu dessen Gunsten zu einer unbeschränkten Steuerpflicht verstärkt.

Das übrige, nicht zu einer inländischen Betriebsstätte oder aus anderem Grund[4] der deutschen beschränkten Körperschaftsteuerpflicht unterliegende Vermögen der übertragenden Gesellschaft entzieht sich bei der Hereinverschmelzung von vornherein dem Zugriff des deutschen Fiskus.

Bei der inländischen übernehmenden Gesellschaft liegt ein unentgeltlicher Erwerb kraft Gesamtrechtsnachfolge vor. Soweit das auf sie übergehende Vermögen vor der Verschmelzung nicht zu einem inländischen Betriebsvermögen gehörte, ist dieses in der Bilanz der aufnehmenden Gesellschaft mit seinem Teilwert anzusetzen, soweit

---

[1] Der Bericht des *BMF* zur Fortentwicklung des Unternehmensteuerrechts v. 19.04.2001, FR 83 (2001), Beilage zu Heft 11, spricht auf S. 22 ausdrücklich in diesem Zusammenhang auch die Möglichkeit der Gründung einer SE an.

[2] An der Sinnhaftigkeit dieser Bedingung mag man zwar zweifeln, so steht es aber im Gesetz. Warum der deutsche Gesetzgeber einen Besteuerungsaufschub im Inland von der Frage der Buchwertfortführung im Ausland abhängig macht, bleibt im Dunkeln. Aus der Sicht des deutschen Gesetzgebers kann es nur darauf ankommen, ob die künftige Besteuerung der stillen Reserven gesichert ist. *Förster, G. / Lange, C.*, Steuerliche Aspekte, 2002, S. 288, interpretieren § 12 Abs. 2 S. 2 KStG so, dass das dort genannte Erfordernis der Buchwertfortführung sich allein auf das deutsche Steuerrecht und die spätere Erfassung der vorhandenen stillen Reserven durch den deutschen Fiskus bezieht. Unerheblich sei dagegen, ob der ausländische Staat eine Buchwertfortführung vorsieht. Dieser Auslegung steht m. E. der Wortlaut der Vorschrift entgegen („ … im Ausland zu Buchwerten …").

[3] Schließlich haben sowohl Art. 17 SE-VO als auch § 2 UmwStG eine Verschmelzung nach Maßgabe der Verschmelzungsrichtlinie zur Grundlage.

[4] So z. B. wenn die ausländische übertragende Gesellschaft über inländischen Grundbesitz verfügt, der keine inländische Betriebsstätte darstellt und auch nicht zu einer inländischen Betriebsstätte gehört.

es nach der Verschmelzung Teil des inländischen Betriebsvermögens der aufnehmenden Gesellschaft wird.[1] Die Bewertung des im Ausland belegenen Vermögens der übertragenden Gesellschaft ist regelmäßig im Rahmen einer ausländischen Betriebsstätte der aufnehmenden Gesellschaft vorzunehmen, für die *Deutschland* in den DBA mit den EU-Mitgliedstaaten die Freistellungsmethode vereinbart hat.[2] Das zu einer inländischen Betriebsstätte gehörende Vermögen der übertragenden Gesellschaft geht nach Maßgabe des § 12 Abs. 2 S. 2 KStG zu Buchwerten auf die aufnehmende Gesellschaft über, sofern nach dem Recht des Staates der übertragenden Gesellschaft eine Verschmelzung i. S. d. deutschen § 2 UmwG zu Buchwerten vorgesehen ist. Sofern der ausländische Staat die FRL im Zeitpunkt der Verschmelzung umgesetzt hat, ist dies ohne weiteres der Fall. Anderenfalls wäre das Vermögen der inländischen Betriebsstätte nach § 12 Abs. 2 S. 1 KStG einer Liquidationsbesteuerung zu unterwerfen, was zur Aufdeckung aller stillen Reserven in dem Betriebsstättenvermögen und einer Schlussbesteuerung der Betriebsstätte führt.

Folgt man der für den umgekehrten Fall einer Hinausverschmelzung[3] konstruierten Fiktion einer Sachauskehrung auch für den Fall einer ausländischen übertragenden Gesellschaft, so entzöge sich ein Gewinn aus der Sachauskehrung bei der übertragenden Gesellschaft der inländischen Besteuerung, es sei denn, es handelt sich um Vermögen einer inländischen Betriebsstätte. Gegen die Annahme einer Sachauskehrung spricht im Falle einer Hereinverschmelzung jedoch, dass der Fall in § 12 Abs. 2 KStG eine spezielle Regelung erfahren hat, so dass es keines Rückgriffs auf die ohnehin hochproblematische Konstruktion einer Sachauskehrung bedarf.

Ist die inländische aufnehmende Gesellschaft am Kapital der übertragenden Gesellschaft beteiligt, was nach den Vorgaben der SE-VO durchaus möglich und zulässig ist, so treten an die Stelle der untergehenden Anteile an der übertragenden Gesellschaft bei der aufnehmenden Gesellschaft die Wirtschaftsgüter des Betriebsvermö-

---

[1] Was z. B. bei einem im Inland befindlichen Wirtschaftsgut der übertragenden Gesellschaft der Fall wäre, das vor der Verschmelzung keiner Betriebsstätte zugehört, jedoch aufgrund des Verschmelzungsvorganges zum Teil des inländischen Betriebsvermögens der aufnehmenden Gesellschaft wird. Es handelt sich weder um eine Einlage, noch um die Überführung eines Wirtschaftsgutes aus einer ausländischen Betriebsstätte, dennoch wird man hier in analoger Anwendung des § 6 Abs. 1 Nr. 5 EStG den Teilwert ansetzen müssen.

[2] *Deutschland* hat mit allen EU-Mitgliedstaaten sowie mit den EWR-Staaten *Norwegen* und *Island* Doppelbesteuerungsabkommen geschlossen, nach denen für ausländische Betriebsstätten mit *Deutschland* als Ansässigkeitsstaat des Stammhauses die Freistellungsmethode gilt. Allerdings enthalten sieben der Abkommen eine Aktivitätsklausel, d. h. die Anwendung der Anrechnungsmethode, wenn Einnahmen nicht zum größten Teil aus aktiver Tätigkeit der Betriebsstätte stammen. Es handelt sich um die Doppelbesteuerungsabkommen mit *Finnland, Polen, Portugal, Ungarn, Zypern, Tschechien* und der *Slowakischen Republik* (für die beiden letzteren Staaten gilt derzeit noch das alte DBA mit der *Tschechoslowakei* fort).

[3] Hierzu näher oben unter Kapitel Hinausverschmelzung II.3.aa.

gens der untergehenden übertragenden Gesellschaft. Ein dadurch bei der aufnehmenden Gesellschaft eventuell entstehender Verschmelzungsgewinn aus dem Ansatz eines über dem Buchwert der untergehenden Beteiligung liegenden gemeinen Wertes der Wirtschaftsgüter ist nach § 8b Abs. 2 i.V.m. Abs. 5 KStG zu 95% steuerfrei.[1]

abb. Ebene der Gesellschafter

Auf der Ebene der Gesellschafter der übertragenden ausländischen Gesellschaft ist – wie im Falle der Hinausverschmelzung – danach zu unterscheiden, ob es sich bei dem einzelnen Gesellschafter um eine unbeschränkt oder beschränkt steuerpflichtige natürliche oder juristische Person handelt.

Unabhängig von der Ansässigkeit der übertragenden Gesellschaft würde bei Annahme einer Sachauskehrung auf der Ebene eines unbeschränkt einkommensteuerpflichtigen Gesellschafters der übertragenden Gesellschaft ein nach § 3 Nr. 40 EStG dem Halbeinkünfteverfahren unterliegender „Sachauskehrungszufluss" vorliegen. Bei einer unbeschränkt oder beschränkt körperschaftsteuerpflichtigen Gesellschaft als Gesellschafterin der übertragenden Gesellschaft wäre ein solcher Zufluss nach § 8b Abs. 1 i.V.m. Abs. 5 KStG zu 95% steuerfrei.

Bei einem beschränkt einkommensteuerpflichtigen Gesellschafter der übertragenden Gesellschaft wäre der Zufluss der „Sachauskehrung" nur dann der deutschen Besteuerung unterworfen, wenn die Beteiligung an der übertragenden Gesellschaft beim Gesellschafter der beschränkten Steuerpflicht nach § 49 Abs. 1 Nr. 2a EStG (inländische Betriebsstätte) unterläge. Bei den Gesellschaftern einer im Zeitpunkt der Verschmelzung bereits bestehenden inländischen aufnehmenden Gesellschaft (Verschmelzung durch Aufnahme) löst der Vermögensübergang von der übertragenden auf die aufnehmende Gesellschaft keine Steuerfolgen im Inland aus.

Hinsichtlich des Untergangs der Anteile an der übertragenden Gesellschaft und Ausgabe von Anteilen an der aufnehmenden inländischen SE gelten bei einem der deutschen unbeschränkten oder beschränkten Einkommensteuerpflicht unterliegenden Gesellschafter die gleichen Rechtsfolgen wie für den Fall der Hinausverschmelzung dargestellt. § 13 UmwStG gewährt auf der Ebene des Gesellschafters nur bei Inlandsverschmelzungen eine Steuerfreiheit; eine dem § 12 Abs. 2 S. 2 KStG entsprechende Ergänzung fehlt in § 13 UmwStG bislang.[2]

---

[1] Auch wenn man den Vermögensübergang als „Sachauskehrung" behandelt, findet § 8b Abs. 2 KStG Anwendung, vgl. dazu Kapitel II.3.aaa.
[2] Hierauf weisen auch *Förster, G. / Lange, C.*, Steuerliche Aspekte, 2002, S. 288, hin; vgl. auch *IDW*, Stellungnahme, 2001, S. 1264 f.; *Hey, J.*, Unternehmenssteuerreform, 2001, S. 1004.

Die Ansässigkeit der übertragenden Gesellschaft ist für diese Rechtsfolgen ohne Belang. Entsprechend wäre der aus dem tauschähnlichen Vorgang der Ersetzung der Anteile an der übertragenden Gesellschaft durch Anteile an der aufnehmenden Gesellschaft entstehende Veräußerungsgewinn bei einem unbeschränkt oder beschränkt körperschaftsteuerpflichtigen Gesellschafter der übertragenden Gesellschaft nach § 8b Abs. 2 i.V.m. Abs. 5 KStG zu 95% steuerbefreit.[1]

ac. Ausländische Verschmelzung mit Inlandsbezug

Verschmelzen zwei im Ausland ansässige Aktiengesellschaften zu einer SE die ebenfalls ihren Sitz im Ausland hat (sog. „Auslandsverschmelzung"), so kann sich ein deutsches Besteuerungsrecht dann ergeben, wenn eine der an der Verschmelzung beteiligten übertragenden Gesellschaften über eine inländische Betriebsstätte verfügt oder wenn einer der Gesellschafter einer der übertragenden Gesellschaften der unbeschränkten oder beschränkten Steuerpflicht unterliegt.

Der Übergang des Vermögens der inländischen Betriebsstätte als Ganzes, der mit einer Verschmelzung stets verbunden ist, bleibt nach § 12 Abs. 2 S. 2 KStG unter den dort genannten Voraussetzungen[2] steuerfrei.

Bei der deutschen unbeschränkten oder beschränkten Einkommensteuerpflicht unterliegenden Gesellschaftern einer der übertragenden Gesellschaften entsteht aufgrund der tauschähnlichen Ersetzung der untergehenden Anteile an der übertragenden Gesellschaft durch Anteile an der aufnehmenden Gesellschaft unter den Voraussetzungen der § 17 EStG bzw. § 23 Nr. 2 EStG ein dem Halbeinkünfteverfahren nach § 3 Nr. 40 Buchst. c bzw. i EStG unterliegender Veräußerungsgewinn.[3]

§ 13 UmwStG ist auf Auslandsverschmelzungen nicht anwendbar.[4]

Auf der Ebene eines der deutschen unbeschränkten oder beschränkten Körperschaftsteuerpflicht unterliegenden Gesellschafters wäre ein etwaiger Veräußerungsgewinn nach § 8b Abs. 2 i.V.m. Abs. 3 KStG zu 95% steuerbefreit.[5]

---

[1] Vgl. zur Anwendbarkeit des § 8b KStG auf den Fall einer sog. Sachauskehrung oben Kapitel II.3.aaa. unter Hinweis auf Tz. 22 des BMF-Schreibens v. 28.04.2003 (BMF IV A2 – S 2750a – 7/03) zu § 8b KStG, BStBl. I 2003, S. 292.

[2] Vgl. oben Kapitel II. 3.aba.

[3] Zur Frage, ob eine solche Besteuerung gegen die Vorgaben der FRL verstößt, vgl. unten Kapitel II.2.b.

[4] Hierauf weisen auch *Förster, G. / Lange, C.*, Steuerliche Aspekte, 2002, S. 288, hin; vgl. auch *IDW*, Stellungnahme, 2001, S. 1264 f.; *Hey, J.,* Unternehmenssteuerreform, 2001, S. 1004.

[5] Zur abzulehnenden Konstruktion einer „Sachauskehrung", die nach bestrittener Auffassung zur Nichtanwendbarkeit des § 8b Abs. 2 KStG führte, vgl. oben Kapitel II.3.aa.

b. Vorgaben der FRL

ba. Überblick

Die FRL sieht als einen von vier Anwendungsfällen die grenzüberschreitende Verschmelzung von Kapitalgesellschaften[1] vor.[2] Nach Art. 12 Abs. 1 FRL war die FRL in den zurzeit ihres Inkrafttretens vorhandenen 12 Mitgliedstaaten[3] bis spätestens 31.12.1991 in nationales Recht umzusetzen. Ungeachtet der bei ihrer Verabschiedung noch fehlenden gesellschaftsrechtlichen Grundlagen für eine grenzüberschreitende Verschmelzung[4] sieht Art. 12 FRL keine Ausnahme für diesen Anwendungsfall hinsichtlich der Umsetzungspflicht der Mitgliedstaaten und der Umsetzungsfrist vor. Mitgliedstaaten wie *Deutschland*, die in dem Fehlen der gesellschaftsrechtlichen Grundlagen ein Alibi für die unterbliebene Umsetzung der Anwendungsfälle der Verschmelzung und der Spaltung sahen[5], befinden sich seit dem 01.01.1992 im Verstoß gegen die FRL.

Dieser Verstoß blieb bislang ohne Sanktionen seitens der Kommission[6] und wurde auch in der Praxis nicht besonders beachtet. Mit der nun vorliegenden SE-VO und der in ihr vorgesehenen Möglichkeit einer grenzüberschreitenden Verschmelzung dürfte sich Letzteres jedoch grundlegend ändern.

---

[1] Hierzu gehören im Gegensatz zu Art. 2 Abs. 1 SE-VO auch andere Kapitalgesellschaften als Aktiengesellschaften, wie sich aus dem Anhang zu Art. 3 Buchst. a FRL ergibt.

[2] S. Art. 2 Buchst. a FRL.

[3] Die später beigetretenen Mitgliedstaaten *Finnland*, *Österreich* und *Schweden* haben fristgerecht zum 01.01.1995 mit ihrem Beitritt zur *EU* (Beitrittsakte zur *EU* v. 24.06.1994, ABl. EG Nr. C 241, S. 22) die FRL in ihr nationales Recht umgesetzt. Zur Umsetzung der Fusionsrichtlinie in den zum 01.05.2004 beigetretenen Mitgliedstaaten (Beitrittsakte zur EU, ABl. EU Nr. L 236 v. 23.09.2003) sowie in den übrigen Mitgliedstaaten siehe im Einzelnen die verschiedenen Länderkapitel in *Thömmes, O. / Fuks, E.*, EC Corporate Tax Law, dort jeweils Teil A.

[4] Gleiches gilt für den Anwendungsfall der grenzüberschreitenden Spaltung, für den nicht einmal ein Richtlinienvorschlag der Kommission existiert; die 6. Gesellschaftsrechtliche Richtlinie (Spaltungsrichtlinie, Richtlinie 82/891/EWG v. 17.12.1982, ABl. EG Nr. L 378 v. 31.12.1982, S. 47) betrifft nur die Spaltung von Aktiengesellschaften auf rein nationaler Ebene.

[5] Der deutsche Gesetzgeber ist der Ansicht, dass das Fehlen eines gesellschaftsrechtlichen Gerüsts für eine steuerneutrale grenzüberschreitende Verschmelzung eine nur teilweise Umsetzung der FRL rechtfertigt, vgl. BT-Drs. 12/1108, S. 36, 80; vgl. auch *Schaumburg, H.*, Internationales Steuerrecht, 1998, S. 1067 f.; *Hey, J.*, Unternehmenssteuerreform, 2001, S. 1001; *Schulz, A. / Eicker, K.*, European Company Statute, 2001, S. 337.

[6] Obwohl streng genommen ein Vertragsverletzungsverfahren nach Maßgabe des Art. 226 EG-Vertrag die Folge hätte sein müssen.

bb. Frage der Anwendbarkeit der FRL auf die SE

Bei der Frage nach der unmittelbaren Anwendbarkeit der FRL auf die SE sind zwei zeitliche Ebenen zu unterscheiden. Zwischen dem Zeitpunkt des Inkrafttretens der SE-VO, d.h. dem 08.10.2004, und dem 31.12.2005 stellt sich die Frage einer unmittelbaren Anwendbarkeit der FRL.[1] Es war nicht eindeutig klar, ob die FRL in ihrer am 23.07.1990 verabschiedeten ursprünglichen Fassung überhaupt auf die SE Anwendung findet. Der Grund für diese Frage liegt darin, dass die FRL in ihrer ursprünglichen Fassung gemäß Art. 3 Buchst. a nur auf die in einem Anhang zur Richtlinie abschließend aufgelisteten Gesellschaftsformen der Mitgliedstaaten anwendbar ist. Die SE, da bei Verabschiedung der FRL im Jahre 1990 noch nicht existent, ist in dem Anhang nicht erwähnt. Der Anhang beruht auf unilateralen Erklärungen der Mitgliedstaaten, die diese im Zuge der Verabschiedung der Richtlinie auf Aufforderung durch das Generalsekretariat des Rates abgegeben haben und die Teil des rechtlich verbindlichen Richtlinienwortlautes geworden sind. Sofern einzelne Mitgliedstaaten im Anhang den Kreis der von der Richtlinie begünstigten Gesellschaften bewusst weit gezogen haben,[2] fällt eine im Hoheitsgebiet dieser Staaten errichtete SE zweifellos in den persönlichen Anwendungsbereich der Richtlinie. In den übrigen Staaten, für die der Anhang ausschließlich bestimmte Gesellschaftsformen aufführt, stellt sich die Frage, ob eine SE als europarechtlich vorgesehene EG-weit einheitliche Rechtsform nicht ipso iure zum Kreis der von der FRL begünstigten Gesellschaften zählt. Zumindest wäre diese Auffassung gut vertretbar und aus Art. 10 SE-VO begründbar. Die Kommission hat jedoch eine entsprechende klarstellende Mitteilung zum persönlichen Anwendungsbereich der FRL an die Mitgliedstaaten unterlassen und die Auffassung vertreten, dass eine Ergänzung der FRL erforderlich ist. Sie hat deshalb am 17.10.2003 einen Vorschlag für eine Änderung der FRL (im Folgenden: ÄndRL zur FRL) vorgestellt[3]. Der Vorschlag wurde am 17.02.2005 vom Rat verabschiedet und sieht im Anhang zu Art. 3 Buchst. a) der FRL eine formale Aufnahme der SE in den Kreis der von der FRL erfassten Rechtsformen vor[4]. Damit hat die Kommission den Mitgliedstaaten, die sich wie die *Bundesrepublik Deutschland* bisher ihrer Umsetzungspflicht aus Art. 12 der FRL entzo-

---

1   Hierzu eingehend unten in Kapitel II.3.c.
2   Als Beispiel sei hier das *Vereinigte Königreich von Großbritannien und Nordirland* erwähnt, wo es im Anhang zur FRL heißt: „…die nach dem Recht des Vereinigten Königreichs gegründeten Gesellschaften."
3   Vorschlag für eine Richtlinie des Rates zur Änderung der Richtlinie 90/434/EWG des Rates v. 23.07.1990 über das gemeinsame Steuersystem für Fusionen, Spaltungen, die Einbringung von Unternehmensteilen und den Austausch von Anteilen, die Gesellschaften verschiedener Mitgliedstaaten betreffen, KOM (2003) 613.
4   Daneben sieht der geänderte Anhang zu Art. 3 Buchst. a) der FRL in der Fassung nach der ÄndRL zur FRL auch eine Aufnahme der gemäß VO EG Nr. 1435/2003 des Rates v. 22.07.2003 neu geschaffenen Rechtsform der Europäischen Genossenschaft (SCE) vor.

I.II. Gründung

gen haben, eine höchst willkommene Rechtfertigung für die Nichtumsetzung des Anwendungsfalles der Verschmelzung an die Hand gegeben. Den Umstand, dass die Kommission eine formale Ergänzung des Anhangs zu Art. 3 Buchst. a) der FRL für erforderlich hält, werden die Mitgliedstaaten als „argumentum e contrario" dafür anführen, dass vor der besagten Ergänzung des Anhangs die SE eben nicht zum Kreis der von der FRL erfassten Rechtsformen gehörte und dass deshalb trotz Inkrafttreten der SE-VO und Schaffung der gesellschaftsrechtlichen Rahmenbedingungen für eine grenzüberschreitende Verschmelzung im Sinne der FRL eine Umsetzungspflicht des Anwendungsfalles der Verschmelzung weiterhin nicht bestand.

Dem lässt sich zwar entgegenhalten, dass die Umsetzungspflicht in Art. 12 FRL von keiner gesellschaftsrechtlichen Maßnahme abhängig gemacht wurde und die SE aufgrund Art. 10 SE-VO auch ohne entsprechende Anpassung des Anhangs der FRL als „Aktiengesellschaft" ohne weiteres von der FRL erfasst war, doch hat diese Rechtsposition durch das Vorgehen der Kommission eine Schwächung erfahren.

Für den Zeitraum ab dem 01.01.2006 ist jedoch in jedem Falle von einer direkten Anwendbarkeit der FRL auszugehen[1], sollte *Deutschland* bis dahin weiterhin keine Umsetzung des Anwendungsfalles der Verschmelzung vorgenommen haben, denn nach Art. 2 Abs. 1 der ÄndRL zur FRL müssen die Mitgliedstaaten die Rechts- und Verwaltungsvorschriften erlassen, die zur Umsetzung der Ergänzung des Anhangs um die Rechtsformen der SE und der SCE (sowie der Einfügung des neuen Anwendungsfalles der Sitzverlegung) erforderlich sind.

Zum Zeitpunkt der Drucklegung dieser Auflage ist der deutsche Steuergesetzgeber noch nicht seiner Umsetzungsverpflichtung aus Art. 2 der ÄndRL zur FRL nachgekommen. Sollte sich an diesem Befund über den 31.12.2005 hinaus nichts ändern, kommt eine direkte Anwendung der FRL auf den Fall der Verschmelzung einer deutschen Aktiengesellschaft zum Zwecke der Gründung einer SE in Betracht. Aus diesem Grund und in Ermangelung einer Umsetzungsregelung zum Anwendungsfall der Verschmelzung soll im Folgenden eine eingehende Erörterung der Vorgaben der FRL erfolgen.

Ausweislich der Erwägungsgründe, die Teil des verbindlichen Richtlinientextes sind, strebt die FRL eine Beseitigung der steuerlichen Hindernisse an, die sich einer grenzüberschreitenden Unternehmenskooperation innerhalb der Europäischen Ge-

---

[1] Zu den Voraussetzungen der direkten Anwendbarkeit einer Richtlinienbestimmung siehe unten Kapitel II.3.c.

meinschaft durch Verschmelzung von Gesellschaften nach bisheriger nationaler Rechtslage in den Weg stellen.[1]

Dabei berücksichtigt die Richtlinie ausdrücklich auch die berechtigten finanziellen Interessen der Mitgliedstaaten[2] die darauf gerichtet sind, die Besteuerung der unter ihrer Steuerhoheit gelegten stillen Reserven über den Zeitpunkt der Verschmelzung hinaus sicher zu stellen.

Zur Erreichung dieser Ziele bedient sich die FRL eines Systems der aufgeschobenen Besteuerung mit der Möglichkeit der späteren Nachversteuerung der stillen Reserven. Dieses System lässt sich kurz wie folgt umschreiben: Der bloße Vorgang einer grenzüberschreitenden Verschmelzung als solcher führt nicht zur Aufdeckung und Besteuerung der im Vermögen der übertragenden Gesellschaft enthaltenen stillen Reserven. Vielmehr werden diese in der Person der aufnehmenden Gesellschaft im Rahmen einer im Staat der übertragenden Gesellschaft als Surrogat für die untergehende übertragende Gesellschaft zurückbleibenden steuerlichen Betriebsstätte fortgeführt (Prinzip der Buchwertfortführung), wo sie zu einem späteren Zeitpunkt, nämlich bei Veräußerung der übertragenen Wirtschaftsgüter an einen Dritten oder Auflösung der Betriebsstätte oder Liquidation der aufnehmenden Gesellschaft, der (Nach-)Versteuerung im Staat der übertragenden Gesellschaft unterliegen. Auf diese Weise werden die Interessen der an der Verschmelzung beteiligten Gesellschaften an einer steuerneutralen Durchführung der Verschmelzung und des Staats der übertragenden Gesellschaft an einer Sicherstellung seines Besteuerungsrechts in Einklang gebracht. Tragendes Element dieses Konzepts der aufgeschobenen Besteuerung mit späterer Nachversteuerung ist das im internationalen Steuerrecht allgemein anerkannte und in den DBA der Mitgliedstaaten untereinander in Anlehnung an das OECD-Musterabkommen verankerte Betriebsstättenprinzip,[3] welches dem Betriebsstättenstaat das Besteuerungsrecht für die in seinem Hoheitsgebiet belegenen Be-

---

[1] Vgl. auch den ersten Erwägungsgrund zur FRL, wonach „Fusionen ... nicht durch besondere Beschränkungen, Benachteiligungen oder Verfälschungen aufgrund von steuerlichen Vorschriften der Mitgliedstaaten behindert werden ...(dürfen)".

[2] Vgl. den vierten Erwägungsgrund zur FRL, wonach „eine Besteuerung ... anlässlich der Fusion unter gleichzeitiger Wahrung der finanziellen Interessen des Staates der einbringenden Gesellschaft ... vermieden werden (muss)".

[3] Der ursprüngliche Richtlinienvorschlag der Kommission v. 15.01.1969, „Vorschlag einer Richtlinie des Rates über das gemeinsame Steuersystem für Fusionen, Spaltungen und die Einbringung von Unternehmensteilen, die Gesellschaften verschiedener Mitgliedstaaten betreffen", KOM (1969) 5 endg., ABl. EG Nr. C 39 v. 22.03.1969, S. 4, sah in Art. 2 Abs. 2 des Entwurfs noch eine eigenständige Definition des Begriffs „Betriebsstätte" vor; nicht zuletzt aufgrund der zwischenzeitlichen allgemeinen Anerkennung des im OECD-MA 1963 verankerten Betriebsstättenprinzips und seine Bekräftigung im OECD-MA von 1977 wurde diese eigenständige Betriebsstätten-Definition der FRL im Rahmen der nachfolgenden Beratungen des Richtlinienentwurfs gestrichen; vgl. Thömmes, O., Commentary on the Merger Directive, 2004, Chapter 5, Merger Directive, Rdnr. 5, 37.

triebsstätten nicht ansässiger Gesellschaften zuweist. Dieses tragende Element des Lösungskonzepts der FRL ist zugleich seine Schwachstelle: Trotz der allgemeinen Anerkennung des Betriebsstättenprinzips in den einzelnen EU-Mitgliedstaaten und seiner Adaption in den insgesamt 276 bilateralen[1] (und einem multilateralen)[2] Doppelbesteuerungsabkommen zwischen den inzwischen 25 Mitgliedstaaten ist die Betriebsstättenbesteuerung doch nach wie vor mit zahlreichen Zweifelsfragen verbunden, die die Betätigungsform der Betriebsstätte in der Unternehmenspraxis häufig als gegenüber einer eigenständigen ausländischen Tochtergesellschaft nachteilig erscheinen lassen.[3] Trotz dieser unbestreitbaren praktischen Schwierigkeiten bei der Betriebsstättenbesteuerung kann das Lösungskonzept der FRL als gelungen und als eine tragfähige Kompromisslösung bezeichnet werden. Es liegt auf der Hand, dass ein noch weitreichenderer Besteuerungsverzicht der Mitgliedstaaten auf die Besteuerung der bis zur Verschmelzung gelegten stillen Reserven nicht die zur Verabschiedung der FRL erforderliche einstimmige Zustimmung aller Mitgliedstaaten gefunden hätte.

Aufgrund der zwischenzeitlichen Entwicklung der Rechtsprechung des EuGH zur Auslegung der EG-vertraglichen Grundfreiheiten auf dem Gebiet der direkten Steuern wird in der Literatur vermehrt die Frage gestellt, ob das Lösungskonzept der Fusionsrichtlinie, welches auf einer fortdauernden steuerlichen Verhaftung der stillen Reserven im Rahmen einer steuerlichen Betriebsstätte aufbaut, als überholt anzusehen ist[4]. In diesem Zusammenhang werden insbesondere die EuGH-Urteile in den Rechtssachen „X und Y"[5] sowie „de Lasteyrie du Saillant"[6] zitiert, in denen der EuGH sich sehr weit in Richtung auf einen unbedingten Verzicht des (bisherigen) Ansässigkeitsstaats auf Besteuerung der unter seiner Steuerhoheit gelegten stillen Reserven zu bewegt hat. Sollte sich diese Tendenz in der Rechtsprechung des Gerichtshofs fortsetzen, so könnten sich an einer grenzüberschreitenden Verschmelzung interessierte Unternehmen unmittelbar auf ihre Niederlassungsfreiheit berufen und hieraus einen unbedingten Verzicht auf die Besteuerung der stillen Reserven anlässlich einer grenzüberschreitenden Verschmelzung herleiten, ohne dass es einer Bezugnahme auf die FRL und deren Umsetzung bedürfte. Der bisherige Stand der

---

[1] Stand: 01.01.2005.
[2] Nordische Konvention zwischen *Dänemark*, den *Faröer Inseln*, *Finnland*, *Island*, *Norwegen* und *Schweden*.
[3] Der 44-seitige Betriebsstättenerlass der deutschen Finanzverwaltung v. 24.12.1999, BStBl. I 1999, S. 1075-1120 legt beredtes Zeugnis von der Fülle und Komplexität dieser Zweifelsfragen ab.
[4] *Kessler, W. / Huck, F. / Obser, R. / Schmalz, A.*, Wegzug, 2004, S. 860; *Schön, W*, Reorganizations, S. 197, 203; *Schön, W / Schindler, C. P.*, Grenzüberschreitende Sitzverlegung, 2004, S.571, 575, *Blumers, W. / Kinzl, U.-P.*, Änderungen der Fusionsrichtlinie, 2005, S. 973.
[5] EuGH, Urteil v. 21.11.2002 Rs. C-436/00 (X und Y), Slg. 2002, S. I-10829.
[6] EuGH, Urteil v. 11.03.2004 Rs. C-9/02 (de Lasteyrie du Saillant), Slg. 2004, S. I-2409.

Rechtsprechung des EuGH vermag eine so weitgehende Rechtsfolge noch nicht zu begründen, doch sollte die weitere Entwicklung der Rechtsprechung des EuGH sorgfältig beobachtet werden.

bc. Zu den für die Gründung einer SE durch Verschmelzung relevanten Bestimmungen der FRL im Einzelnen

bca. Besteuerung der an einer Verschmelzung beteiligten Gesellschaften

Zentrale Vorschrift der FRL zur Sicherstellung der Steuerneutralität der Gründung einer SE durch Verschmelzung stellt Art. 4 FRL dar. Nach Abs. 1 dieser Vorschrift darf eine Fusion[1] im Sinne der Richtlinie keine Besteuerung des Unterschieds zwischen dem tatsächlichen Wert und dem steuerlichen Wert des übertragenen Aktiv- und Passivvermögens auslösen. Der Begriff „tatsächlicher Wert" dürfte dem im deutschen Ertragsteuerrecht gebräuchlichen Begriff „gemeiner Wert" entsprechen. Dem „steuerlichen Wert"[2] im Sinne der FRL entspricht der steuerliche Buchwert, der sich nach den deutschen einkommensteuerlichen Gewinnermittlungsvorschriften der §§ 4 ff. EStG nach der Steuerbilanz ergibt.

Die FRL hat mit der Wahl und Definition des Begriffs „steuerlicher Wert" dem Umstand Rechnung tragen wollen, dass nicht alle EU-Mitgliedstaaten eine an der handelsrechtlichen Bilanzierung und darauf beruhenden steuerlichen „Buchwerten" orientierte steuerliche Gewinnermittlung kennen.

Eine weitere terminologische Abweichung ergibt sich hinsichtlich des Begriffs der „übertragenden Gesellschaft", der dem Sprachgebrauch des deutschen Umwandlungssteuergesetzes im Zusammenhang mit Verschmelzungen entspricht. Auch die SE-VO verwendet den Begriff „übertragende Gesellschaft".[3] Demgegenüber verwendet die FRL für diese Gesellschaft den Begriff der „einbringenden Gesellschaft", was sich aus der Definition in Art. 2 Buchst. e FRL ergibt. Dies hat seinen Grund darin, dass die Art. 4, 5 und 6 der FRL in gleicher Weise für die Anwendungsfälle der Fusion, der Spaltung und der aufgrund der in Art. 9 FRL angeordneten entsprechenden Anwendung auch für die Einbringung von Unternehmensteilen gelten und die Verfasser der FRL daher bestrebt waren, einen für alle drei Anwendungsfälle

---

[1] Der Begriff ist in Art. 2 Buchst. a der FRL in enger Anlehnung an die Definition des Begriffs der "Verschmelzung" in Art. 3 und 4 der Verschmelzungsrichtlinie definiert. Die Begriffe „Fusion" und „Verschmelzung" sind daher gleichbedeutend.

[2] Der Begriff wird in Art. 4 Abs. 1 erster Spiegelstrich FRL definiert als „ der Wert, der für die Ermittlung des Einkommens, Gewinns oder Verlusts oder von Wertsteigerungen der einbringenden Gesellschaft zugrunde gelegt worden wäre, wenn das Vermögen gleichzeitig mit der Fusion oder Spaltung, aber unabhängig davon, veräußert worden wäre".

[3] S. u. a. Art. 29 Abs. 1 Buchst. b. und c. SE-VO.

einheitlichen Begriff zu finden. Verwirrend daran ist jedoch, dass dadurch von dem gesellschaftsrechtlichen Sprachgebrauch, der sich auch im Wortlaut der Dritten Gesellschaftsrechtlichen Richtlinie und der SE-VO niedergeschlagen hat, abgewichen wird. Besser wäre es gewesen, den Begriff „einbringende Gesellschaft" nur für die in der FRL geregelten Fälle der Einbringung von Unternehmensteilen zu verwenden, auch wenn dies ein „Auseinanderziehen" der Vorschriften der Art. 4, 5 und 6 FRL für die unterschiedlichen Anwendungsfälle erforderlich gemacht hätte. Im Rahmen dieses Beitrages wird der Begriff „übertragende Gesellschaft" in Übereinstimmung mit dem Sprachgebrauch der SE-VO und dem nationalen Umwandlungs- und Umwandlungssteuerrecht und in Abweichung von dem Sprachgebrauch der FRL auch dort verwandt, wo es um die Vorgaben und Rechtsfolgen der FRL geht.

In Art. 4 Abs. 1 S. 2, zweiter Spiegelstrich, erster Halbsatz FRL macht die Richtlinie die Rechtsfolge einer Steuerneutralität der Verschmelzung von verschiedenen Bedingungen abhängig. Um zugunsten des Ansässigkeitsstaates der übertragenden Gesellschaft den späteren Zugriff auf die stillen Reserven im Vermögen der übertragenden Gesellschaft zu sichern, definiert Art. 4 Abs. 1 zweiter Spiegelstrich FRL den Begriff des übergehenden „Aktiv- und Passivvermögens" als das Aktiv- und Passivvermögen der *übertragenden* Gesellschaft, das nach der Fusion oder der Spaltung tatsächlich einer Betriebsstätte der übernehmenden Gesellschaft im Staat der *übertragenden* Gesellschaft zugerechnet wird und zur Erzielung des steuerlich zu berücksichtigenden Ergebnisses dieser Betriebsstätte beiträgt.

Um die Wirkungsweise dieser Vorschrift zu begreifen, muss man sich vor Augen halten, dass das Vermögen der übertragenden Gesellschaft nur rechtlich auf einen anderen Rechtsträger in einem anderen Mitgliedstaat übergeht. Rein physisch bleiben die einzelnen Wirtschaftsgüter jedoch im Staat der übertragenden Gesellschaft vorhanden. Der einzige Unterschied besteht darin, dass sie als Folge der Verschmelzung nun rechtlich einer im Ausland ansässigen Gesellschaft gehören. In aller Regel bilden die im Staat der übertragenden Gesellschaft zurückbleibenden Wirtschaftsgüter dort eine steuerliche Betriebsstätte der aufnehmenden Gesellschaft. Verschmelzungen, bei denen das mangels einer aktiven Tätigkeit der übertragenden Gesellschaft[1] nicht der Fall sein wird, dürften in der Praxis selten sein. Häufiger vorkommen dürften jedoch Fälle, bei denen einzelne Wirtschaftsgüter der übertragenden Gesellschaft zwar rechtlich auf die aufnehmende Gesellschaft übergehen, aber aufgrund ihrer Zweckbestimmung oder Belegenheit nicht zum Vermögen der aus der

---

[1] Zu denken wäre etwa an eine reine Holdinggesellschaft, bei der aber dann wohl ohnehin hinsichtlich der von ihr gehaltenen Beteiligungen § 8b Abs. 2 KStG eine fast vollständige Steuerneutralität der Verschmelzung gestatten würde. Ab dem VZ 2004 sieht § 8b Abs. 3 KStG nun auch für Veräußerungsgewinne die Besteuerung einer fiktiven nicht abzugsfähigen Betriebsausgabe in Höhe von 5% des Veräußerungsgewinns vor.

übertragenden Gesellschaft hervorgehenden Betriebsstätte[1] gehören.[2] Die Zugehörigkeit der übertragenen Wirtschaftsgüter zu einer steuerlichen Betriebsstätte der aufnehmenden Gesellschaft im Staat der übertragenden Gesellschaft stellt eine zwingende Bedingung für den Eintritt der Rechtsfolge der Steuerneutralität nach Art. 4 Abs. 1 FRL dar. Soweit diese Bedingung nicht erfüllt ist, was für das gesamte Vermögen oder einzelne Wirtschaftsgüter der Fall sein kann, ist der Staat der übertragenden Gesellschaft nicht gehindert, die in den nicht einer Betriebsstätte zugehörenden Wirtschaftsgütern enthaltenen stillen Reserven im Augenblick der Verschmelzung zu besteuern.

Sofern ausnahmsweise der Wohnsitzstaat und nicht der Betriebsstättenstaat aufgrund DBA das Besteuerungsrecht für sich in Anspruch nehmen darf, was insbesondere für Betriebsstätten von Luft- und Schifffahrtsunternehmen regelmäßig der Fall ist, versagt das Betriebsstättenprinzip als „Vehikel" der aufgeschobenen Besteuerung. In diesem Fall ist dem Staat der übertragenden Gesellschaft ebenfalls eine sofortige Besteuerung der stillen Reserven im Zeitpunkt der Verschmelzung gestattet.[3] Wäre dies nicht der Fall, so würde der Staat der übertragenden Gesellschaft den Zugriff auf die stillen Reserven auf Dauer an den Sitzstaat der aufnehmenden Gesellschaft verlieren.

Soweit die Wirtschaftsgüter im Regelfall einer Betriebsstätte der aufnehmenden Gesellschaft im Staat der übertragenden Gesellschaft zuzurechnen sind, führt diese Betriebsstätte die bisherigen steuerlichen (Buch-)Werte der übertragenden Gesellschaft hinsichtlich des übertragenen Vermögens fort (Buchwertfortführung). Auf diese Weise ist sicher gestellt, dass ein eventueller Mehrwert (stille Reserven), der in dem einzelnen Wirtschaftsgut verkörpert ist, bei dessen Ausscheiden aus dem Betriebsvermögen der Betriebsstätte, etwa bei Verkauf desselben an einen Dritten zum

---

[1] Bei der Betriebsstätte muss es sich um eine Betriebsstätte im DBA-rechtlichen Sinne handeln. Sofern der nationale Betriebsstätten-Begriff des Staates der übertragenden Gesellschaft von dem in dem DBA mit dem Staat der aufnehmenden Gesellschaft verwendeten Begriff der Betriebsstätte abweicht, kommt es stets auf den Begriff nach dem DBA an. Dies ist insbesondere dann von Bedeutung, wenn der Betriebsstätten-Begriff des DBA enger ist, weil es sonst zu dauerhaften Steuerausfällen zu Lasten des Staates der übertragenden Gesellschaft käme, was mit dem Zweck der FRL nicht vereinbar wäre; vgl. zu der entsprechenden Problematik im Rahmen des § 23 Abs. 1 UmwStG *Thömmes, O.*, in: Außensteuerrecht, Kommentar, 2000, Rdnr. 116.

[2] Vgl. zur entsprechenden Problematik im Rahmen der Einbringung von Unternehmensteilen im Rahmen des § 23 Abs. 1 UmwStG, der der Umsetzung der FRL ins deutsche Steuerrecht dient; *Thömmes, O.*, in: Außensteuerrecht, Kommentar, 2000, Rdnr. 96.

[3] Hierauf weist auch die gemeinsame Protokollerklärung des Rates und der Kommission zu Art. 4 FRL hin. Diese Protokollerklärung, nicht Teil des amtlichen Richtlinienwortlauts ist, lautet: „Der Rat und die Kommission sind sich darüber einig, dass im Falle einer Fusion zwischen internationalen Reedereien oder Luftverkehrsgesellschaften der Staat der einbringenden Gesellschaft zum Zeitpunkt der Fusion zur Besteuerung der Veräußerungsgewinne aus Schiffen oder Luftfahrzeugen befugt ist, die der Besteuerung durch diesen Staat infolge der Fusion entzogen werden."

Marktpreis, realisiert und im Staat der übertragenden Gesellschaft im Rahmen der dortigen Betriebsstättenbesteuerung erfasst werden kann. Art. 4 Abs. 1 zweiter Spiegelstrich, zweiter Halbsatz knüpft an die Steuerneutralität die weitere Bedingung, dass die der Betriebsstätte im Staat der übertragenden Gesellschaft zugeordneten Wirtschaftsgüter zur Erzielung des steuerlich zu berücksichtigenden Ergebnisses dieser Betriebsstätte beitragen. Mit dieser Formulierung will die FRL zum Ausdruck bringen, dass eine rein formale Zuordnung nicht ausreicht, sondern dass die betreffenden Wirtschaftsgüter und die sich für sie ergebenden Wertminderungen und Wertsteigerungen auch tatsächlich Eingang in das Betriebsstättenergebnis finden.

Als dritte Bedingung für die Steuerneutralität der Vermögensübertragung verlangt Art. 4 Abs. 2 FRL, dass die neuen Abschreibungen und die späteren Wertsteigerungen oder Wertminderungen des übertragenen Aktiv- und Passivvermögens von der übernehmenden Gesellschaft so berechnet werden, wie die übertragende Gesellschaft sie ohne die Fusion berechnet hätte. Im Rahmen der deutschen Gewinnermittlungsvorschriften ist diese Bedingung durch die Fortführung der bisherigen steuerlichen Buchwerte in der Betriebsstättenbilanz der aufnehmenden Gesellschaft grundsätzlich gewährleistet. Abschreibungen einschließlich eventueller Sonderabschreibungen müssen nach der Verschmelzung von der aufnehmenden SE so fortgeführt werden, wie es der Abschreibungspraxis der übertragenden Gesellschaft zuvor entsprach. Auch in diesem Zusammenhang musste die FRL eine neutrale Formulierung wählen, die auch auf andere Mitgliedstaaten zugeschnitten ist, die keine dem deutschen Bilanzsteuerrecht entsprechenden „steuerlichen Buchwerte" im Rahmen ihrer Gewinnermittlungsvorschriften kennen.[1]

Schließlich sieht Art. 4 Abs. 3 FRL das Recht einzelner Mitgliedstaaten vor, der übertragenden Gesellschaft zu gestatten, die neuen Abschreibungen und späteren Wertminderungen des empfangenen Vermögens unabhängig von der Bewertung bei der übertragenden Gesellschaft vorzunehmen. Sofern die aufnehmende Gesellschaft von einer solchen Möglichkeit Gebrauch macht, darf der betreffende Mitgliedstaat dann selbstverständlich auch die entsprechenden stillen Reserven besteuern.

Nicht erforderlich ist, dass das auf die aufnehmende Gesellschaft übertragene Aktiv- und Passivvermögen einen Teilbetrieb bildet.[2] Das Erfordernis, dass das übertragene Vermögen einen Teilbetrieb bilden muss, ist nur für den Anwendungsfall der FRL der Einbringung von Unternehmensteilen relevant.[3] Das gesamte Aktiv- und Passivvermögen der übertragenden Gesellschaft, das bei der Verschmelzung insgesamt übergeht, stellt stets und ohne dass dies besonderer Erwähnung in der FRL bedürfte,

---

[1] So auch *Herzig, N. / Griemla, S.*, Steuerliche Aspekte, 2002, S. 64.
[2] Die Frage wird eingehend erörtert von *Herzig, N. / Griemla, S.*, Steuerliche Aspekte, 2002, S. 64 f.
[3] So auch im Ergebnis *Herzig, N. / Griemla, S.*, Steuerliche Aspekte, 2002, S. 64 f.

den gesamten „Betrieb" der übertragenden Gesellschaft dar, was weitere qualifizierende Merkmale erübrigt. Hingegen geht es bei der Einbringung von Unternehmensteilen darum, die Übertragung in sich funktionsfähiger Unternehmenseinheiten (Betrieb, Teilbetrieb) von der Veräußerung von Einzelwirtschaftsgütern abzugrenzen,[1] für deren Übergang eine Steuerneutralität nicht in Anspruch genommen werden soll.

Art. 5 FRL ordnet an, dass Rückstellungen und Rücklagen, die unter völliger oder teilweiser Steuerbefreiung von der übertragenden Gesellschaft vor der Verschmelzung gebildet worden sind, von der aus der übertragenden Gesellschaft hervorgehenden Betriebsstätte fortzuführen sind. Auch hier ist zu beachten, dass die Begriffe „Rückstellungen" und „Rücklagen" nicht im streng technischen Sinne verwendet worden sind, sondern in einer weiten Auslegung auf die jeweiligen Gewinnermittlungsvorschriften der einzelnen Mitgliedstaaten anzuwenden sind. Aus der Sicht einer deutschen übertragenden Gesellschaft würde darunter ebenso eine Rückstellung im engeren Sinne fallen wie auch eine steuerfreie Rücklage nach § 6b EStG. Entscheidendes Tatbestandsmerkmal ist der Umstand, dass es sich um einen Passivposten handelt, der sich bei seiner erstmaligen Bildung oder späteren Erhöhung steuermindernd (aufwandswirksam) auf die Einkommensermittlung der übertragenden Gesellschaft ausgewirkt hat.

Art. 6 FRL regelt den Übergang eines steuerlichen Verlustvortrages auf die inländische Betriebsstätte der aufnehmenden Gesellschaft. Art. 6 FRL verlangt hier von den Mitgliedstaaten lediglich eine Gleichstellung mit der steuerlichen Behandlung von Verschmelzungen auf nationaler Ebene. Sofern ein Mitgliedstaat im Rahmen einer nationalen Verschmelzung den Untergang etwaiger Verlustvorträge der übertragenden Gesellschaft anordnet, gilt dies auch für die grenzüberschreitende Verschmelzung nach Maßgabe der FRL. Sofern der Übergang von Verlustvorträgen bei nationalen Verschmelzungen bestimmten Beschränkungen unterliegt, wie etwa nach deutschem Steuerrecht nach §§ 12 Abs. 3 S. 2 UmwStG und 8 Abs. 4 KStG, sind diese Beschränkungen auch bei grenzüberschreitenden Verschmelzungen zulässig.

Art. 7 FRL regelt den Sonderfall, dass die aufnehmende Gesellschaft vor der Verschmelzung an der übertragenden Gesellschaft beteiligt ist. Durch Wegfall der Beteiligung an der untergehenden übertragenden Gesellschaft treten nach der Verschmelzung an deren Stelle die (anteiligen) Wirtschaftsgüter der übertragenden Gesellschaft. Übersteigt deren gemeiner Wert den bisherigen Buchwert der Beteiligung, kommt es auf der Ebene der aufnehmenden Gesellschaft zu einem Übernahmegewinn. Art. 7 FRL ordnet unter der Voraussetzung einer mehr als 25%igen Be-

---

[1] Vgl. hierzu die amtliche Begründung des Richtlinienvorschlags von 1969, KOM (1969) 5 endg., ABl. EG Nr. C 39 v. 22.03.1969, S. 4; vgl. auch *Thömmes, O.,* in: Außensteuerrecht, Kommentar, 2000, Rdnr. 30 Vor § 23 UmwStG.

I.II. Gründung

teiligung[1] der aufnehmenden Gesellschaft an der übertragenden Gesellschaft an, dass ein solcher Übernahmegewinn steuerfrei zu stellen ist. Sofern im Rahmen der Gründung einer SE durch Verschmelzung bei einer im Inland ansässigen aufnehmenden Gesellschaft ein solcher Übernahmegewinn entsteht, wäre dieser nach § 8b Abs. 2 i.V.m. Abs. 3 KStG ohne Rücksicht auf die Beteiligungshöhe zu 95% steuerbefreit.[2]

Keine Regelung sieht die FRL für den Fall vor, dass auf der Ebene der aufnehmenden Gesellschaft ein Übernahmeverlust entsteht.

Besondere Probleme bei der Sicherstellung der Steuerneutralität einer Verschmelzung ergeben sich, wenn zu dem Vermögen einer der an der Verschmelzung beteiligten übertragenden Gesellschaften eine in einem anderen Staat belegene steuerliche Betriebsstätte gehört. Für diese Fälle sieht Art. 10 FRL eine Regelung vor, die beim ersten Lesen nur schwer verständlich ist. Der Wortlaut des Art. 10 FRL in seiner ursprünglichen Fassung ist auf den Fall zugeschnitten, dass sich die Betriebsstätte in einem dritten Mitgliedstaat befindet, der von dem Staat der übertragenden und dem der aufnehmenden Gesellschaft verschieden ist. Dies hat in der Anfangsphase der Umsetzung der FRL in einigen Mitgliedstaaten[3] zu Unsicherheiten bei der Frage geführt, ob auch der Zwei-Staaten-Fall, bei dem die Betriebsstätte sich im Staat der aufnehmenden Gesellschaft befindet, erfasst ist. Die Bedingung des Art. 4 Abs. 1 FRL, dass nämlich das Vermögen der übertragenden Gesellschaft nach der Verschmelzung einer Betriebsstätte der aufnehmenden Gesellschaft im Staat der übertragenden Gesellschaft zugerechnet wird, kann nicht erfüllt werden, wenn sich ein Teil des Vermögens der übertragenden Gesellschaft bereits vor der Verschmelzung im Staat der aufnehmenden Gesellschaft befindet. In diesem Fall bedarf es aber zur Sicherstellung der Steuerneutralität unter Wahrung der fiskalischen Interessen des Staates der übertragenden Gesellschaft nicht des Erfordernisses einer in seinem Hoheitsgebiet belegenen Betriebsstätte. Um die sich aus dem Wortlaut der FRL in ihrer ursprünglichen Fassung ergebenden Unsicherheiten auszuräumen, sieht Art. 10

---

[1] Die ÄndRL zur FRL sieht ab 01.01.2007 eine Absenkung dieser Mindestbeteiligungsquote auf 15% und ab 01.01.2009 auf 10% vor. Die Absenkung der Beteiligungsquote auf 20% (Art. 1 Nr. 8 der ÄndRL) läuft wegen der Umsetzungsfrist in Art. 2 der Richtlinie zum 01.01.2007 wohl leer.

[2] Es sei denn, man wendet auf diesen Fall die nach der hier vertretenen Auffassung abzulehnenden Grundsätze einer sog. „Sachauskehrung" an, die dann nach bestrittener Auffassung zur Folge hätten, dass § 8b Abs. 2 KStG nicht eingriffe und es zu einer vollen Besteuerung des Übernahmegewinns käme.

[3] Z. B. hat *Irland* zunächst bestritten, für die Einbringung einer im *Vereinigten Königreich* belegenen Betriebsstätte in eine aufnehmende britische Gesellschaft die Vergünstigungen des Art. 10 FRL anwenden zu müssen, was dazu geführt hätte, dass *Irland* auf die stillen Reserven in der britischen Betriebsstätte aufgrund des irischen Systems der Weltgewinnbesteuerung eine ungemilderte irische Steuer hätte erheben können. Der Steuerverzicht des britischen Fiskus hätte nur dazu geführt, dass die irische Steuer entsprechend höher ausfällt, ohne dass die an der Einbringung beteiligten Gesellschaften entlastet worden wären.

Abs. 1 der Fusionsrichtlinie in der Fassung nach der ÄndRL zur FRL nun in einem neu eingefügten Unterabsatz ausdrücklich vor, dass die Betriebsstätte sich in dem gleichen Mitgliedstaat befinden darf wie die übernehmende Gesellschaft, ohne dass die Anwendbarkeit der Richtlinie in Frage gestellt wird.

Im Rahmen der Anwendung des Art. 10 FRL sind zwei Grundkonstellationen zu unterscheiden, die auch die beiden Absätze des Art. 10 FRL prägen.

Staaten, die wie *Deutschland* ausländische Betriebsstättengewinne von der inländischen Besteuerung freistellen,[1] müssen nach Art. 10 Abs. 1 S. 1 FRL endgültig auf die Besteuerung der ausländischen Betriebsstätte verzichten, wenn diese im Rahmen einer Verschmelzung auf eine Gesellschaft in einem anderen Mitgliedstaat übergeht. Aufgrund der ohnehin zwischen *Deutschland* und allen übrigen EU-Mitgliedstaaten in den DBA verankerten Betriebsstättenfreistellung erlegt Art. 10 Abs. 2 FRL dem deutschen Fiskus keinen zusätzlichen Steuerverzicht auf. Sofern aber Verluste der ausländischen Betriebsstätte zuvor im Rahmen einer unilateralen Regelung, etwa auf Ebene einer deutschen übertragenden Gesellschaft im Rahmen des § 2a Abs. 3 EStG in der bis 31.12.1998 geltenden Fassung,[2] vom Gewinn des Stammhausunternehmens abgezogen worden sind, ohne bereits wieder durch spätere Betriebsstättengewinne nachversteuert worden zu sein, erlaubt Art. 10 Abs. 1 S. 2 FRL dem Staat der übertragenden Gesellschaft eine sofortige Nachversteuerung der noch nicht nachversteuerten, zuvor abgezogenen Betriebsstättenverluste im Rahmen einer Schlussbesteuerung der übertragenden Gesellschaft. Der Grund hierfür liegt auf der Hand: Ohne eine solche sofortige Nachversteuerung würde das Recht des Staates der übertragenden Gesellschaft auf Nachversteuerung unwiderruflich verloren gehen, da sich dieses aus der unbeschränkten Steuerpflicht der übertragenden Gesellschaft ableitet und diese aufgrund ihrer verschmelzungsbedingten Auflösung als unbeschränkt steuerpflichtiges Subjekt verloren geht.

Staaten, die auf die Gewinne ausländischer Betriebsstätten ein System der Weltgewinnbesteuerung mit Anrechnung anwenden,[3] dürfen im Zeitpunkt der Verschmelzung die in der übertragenen Betriebsstätte enthaltenen stillen Reserven in die inländische Besteuerungsgrundlage der übertragenden Gesellschaft einbeziehen. Damit der Besteuerungsverzicht des Staates der Betriebsstätte aber nicht dazu führt, dass der Staat der übertragenden Gesellschaft eine volle ungemilderte Steuer erheben

---

[1] Als Beispiele sind hier *Belgien, Frankreich, Luxemburg, Niederlande, Österreich* und *Spanien* zu nennen.

[2] Die Möglichkeit des unilateralen Verlustabzugs nach § 2a Abs. 3 EStG ist durch das Steuerentlastungsgesetz 1999/2000/2002 v. 24.03.1999, BGBl. I 1999, S. 402 mit Wirkung ab VZ 1998 abgeschafft worden – zur letztmaligen Anwendung siehe § 52 Abs. 3 S. 2 EStG.

[3] Als Beispiele für Staaten mit Anrechnungsmethode sind *Dänemark, Finnland, Griechenland, Irland, Italien, Portugal, Schweden, Ungarn* und das *Vereinigte Königreich* zu nennen.

I.II. Gründung

darf, muss der Staat der übertragenden Gesellschaft eine fiktive Steuer des Betriebsstättenstaates anrechnen, und zwar in der Höhe der Steuer, die entstanden wäre, hätte die FRL den Betriebsstättenstaat nicht zu einem (zeitweiligen) Verzicht auf sein Besteuerungsrecht verpflichtet. Dies ist in Art. 10 Abs. 2 FRL geregelt.

Art. 11 FRL enthält eine spezielle Missbrauchsklausel die es den Mitgliedstaaten gestattet, unter bestimmten dort genannten Voraussetzungen die steuerlichen Vergünstigungen der FRL zu versagen oder auch rückgängig zu machen.

Abs. 1 Buchst. a der Vorschrift ist auf eine allgemeine Missbrauchsvermeidung zugeschnitten. Es geht um Fälle, die als hauptsächlichen Beweggrund oder als einen der hauptsächlichen Beweggründe die Steuerhinterziehung oder -umgehung haben. Nach Buchst. a dieser Vorschrift ist es den Mitgliedstaaten gestattet, die Anwendung der Richtlinie zu verweigern, wenn einer der genannten Anwendungsfälle hauptsächlich aus Gründen der Steuerumgehung oder gar Steuerhinterziehung erfolgt. Satz 2 der Vorschrift legt den beteiligten Gesellschaften mittelbar die Beweislast für das Vorliegen wirtschaftlich vernünftiger Gründe auf.

Buchstabe b wurde auf Verlangen *Deutschlands* in den Richtlinienwortlaut aufgenommen, um den Bedenken gerecht zu werden, dass die von der Richtlinie steuerlich geförderten Vorgänge zu einer Flucht aus der deutschen Mitbestimmung führen könnten.[1] Dabei kann man berechtigterweise die Frage stellen, was eine Regelung betreffend die Sicherstellung der Mitbestimmung in einer steuerlichen Richtlinie überhaupt zu suchen hat. Einmal mehr wird das Steuerrecht als „Knüppel" missbraucht, um die Durchsetzung sonstiger, nicht steuerlicher politischer Ziele zu sanktionieren.

Hinsichtlich des Missbrauchstatbestandes des Art. 11 Buchst. a) FRL hat *Deutschland* bezüglich des Art. 11 Abs. 1 Buchst. a FRL keine speziellen Missbrauchsvorschriften erlassen. Vielmehr gilt auch für die Anwendungsfälle der FRL die bereits vor deren Umsetzung im deutschen Steuerrecht enthaltene allgemeine Missbrauchsvorschrift des § 42 AO.[2] § 42 AO bleibt insofern hinter den Vorgaben des Art. 11 Abs. 1 Buchst. a FRL zurück, als nach ständiger Rechtssprechung des BFH[3] § 42 AO nur dann eingreift, wenn für eine Gestaltung ausschließlich steuerliche Beweggründe sprechen, während Art. 11 FRL bereits dann eine Einschränkung der

---

[1] Vgl. *Thömmes, O.*, Grenzüberschreitende Unternehmenskooperation, 1990, S. 473, 478.
[2] A. A. *Eilers, S. / Nowack, R.*, Ausgabenabzug und Teilwertabschreibung, 1994, S. 218, die in Art. 11 FRL gegenüber § 42 AO eine „speziellere Missbrauchsvorschrift" sehen; *Eilers, S.*, Anwendungsrestriktionen für § 42 AO, 1993, S. 1156.
[3] *BFH*, Beschluss v. 29.11.1982, BStBl. II 1983, S. 272; *BFH*, Urteil v. 19.06.1991, BStBl. II 1991, S. 904; *BFH*, Urteil v. 21.11.1991, BStBl. II 1992, S. 446; *BFH*, Urteil v. 03.02.1993, BStBl. II 1992, S. 446.

Richtlinienbegünstigungen zulässt, wenn „einer der hauptsächlichen Beweggründe ... die Steuerumgehung" ist. Dabei beschreibt der Begriff der Steuerumgehung, anders als der Begriff der Steuerhinterziehung, legale Sachverhalte. Da somit § 42 AO im Vergleich zu Art. 11 Abs. 1 Buchst. a FRL der engere Missbrauchstatbestand ist, ist § 42 AO von der Richtlinienermächtigung in Art. 11 FRL gedeckt. Der *EuGH* hat in seinem Urteil vom 17.07.1997 in der Rechtssache *Leur-Bloem*[1] entschieden, dass Art. 11 Abs. 1 Buchst. a FRL eine streng am Einzelfall orientierte Missbrauchsbekämpfung vorschreibt. Diesem Gebot einer am Einzelfall orientierten Missbrauchsabwehr wird auch § 42 AO gerecht.

Art. 11 Abs. 1 Buchst. b FRL hat im Rahmen der Umsetzung der FRL in deutsches Recht zu einem der absurdesten Gesetze der deutschen Steuerrechtsgeschichte geführt, dem sog. Mitbestimmungsbeibehaltungsgesetz.[2] Der praktische Anwendungsbereich dieses Gesetzes dürfte sehr begrenzt sein. Im Hinblick auf die nun vorliegende SE-RL ist es fraglich, ob für Art. 11 Abs. 1 Buchst. b FRL überhaupt noch ein Anwendungsbereich verbleibt. Nach Art. 11 Abs. 2 FRL ist Art. 11 Abs. 1 Buchst. b FRL „so lange und so weit anwendbar, wie auf die von dieser Richtlinie erfassten Gesellschaften keine Vorschriften des Gemeinschaftsrechts anwendbar sind, die gleichwertige Bestimmungen über die Vertretung der Arbeitnehmer in den Gesellschaftsorganen enthalten". Für den Fall der Gründung einer SE durch Verschmelzung dürfte davon auszugehen sein, dass die SE-RL gleichwertige Bestimmungen über die Vertretung der Arbeitnehmer in den Gesellschaftsorganen der an der Gründung beteiligten Gesellschaften vorsieht. Für einen zusätzlichen Mitbestimmungsvorbehalt im Rahmen des Art. 11 Abs. 1 Buchst. b FRL besteht im Rahmen der Gründung einer SE durch Verschmelzung kein Raum mehr.

Gehören zum Betriebsvermögen der übertragenden Gesellschaft inländische Grundstücke im Sinne des § 1 Abs. 1 GrEStG, so löst der Übergang der Grundstücke von der übertragenden Gesellschaft auf die aufnehmende SE Grunderwerbsteuer nach § 1 Abs. 1 Nr. 2 GrEStG aus. Die FRL sieht eine Steuerfreiheit bzw. einen Besteuerungsaufschub nur für die anlässlich einer Fusion, Spaltung, Einbringung oder eines Anteilstausches ausgelösten Ertragssteuern vor; sie regelt aber nicht die sonstigen steuerlichen Folgen einer von der FRL erfassten Gestaltung. Sie enthält insbesondere keine Regelung für die durch eine Verschmelzung ausgelösten Verkehrssteuern, wie z. B. die deutsche Grunderwerbsteuer. Auch die Bestrebungen der deutschen Wirtschaft[3] im Rahmen der jüngsten deutschen Steuerreformdiskussion eine generelle Befreiung von unter das Umwandlungssteuergesetz fallenden Umwandlungen

---

[1] *EuGH*, Urteil v. 17.07.1997 (Rs. C-28/95), EuGH Slg. 1997, S. I- 4161.
[2] Mitbestimmungsbeibehaltungsgesetz v. 23.08.1994, BGBl. I 1994, S. 2228.
[3] Vgl. *DIHT, BDI, ZDH, BGA, BdB, GDV*, Gemeinsame Eingabe d. *DIHT*, 1998.

I.II. Gründung 559

und Verschmelzungen von der Grunderwerbsteuer durchzusetzen, haben nicht zu einer entsprechenden Änderung der Gesetzeslage geführt. Daher wird die Grunderwerbsteuer, wie zahlreiche andere Verkehrssteuern der übrigen Mitgliedstaaten, die Gründung einer SE trotz Vorliegens der FRL weiterhin belasten.

bcb. Besteuerung der Gesellschafter

Die Besteuerung der Gesellschafter ist in Art. 8 FRL für die Anwendungsfälle der Verschmelzung, der Spaltung und des Anteilstauschs gemeinsam geregelt. Nach dieser Vorschrift darf die Ausgabe von Anteilen an der aufnehmenden Gesellschaft anlässlich einer Verschmelzung nicht zu einer Besteuerung eines Veräußerungsgewinns bei den Gesellschaftern der übertragenden Gesellschaft führen. Voraussetzung ist, dass der Gesellschafter der übertragenden Gesellschaft den erworbenen Anteilen keinen höheren steuerlichen Wert beimisst als den Anteilen an der übertragenden Gesellschaft vor der Verschmelzung. Aus der Sicht eines der deutschen Besteuerung unterliegenden Gesellschafters der übertragenden Gesellschaft heißt dies, dass er zur Sicherstellung der Steuerneutralität und Vermeidung eines Veräußerungsgewinns die Anteile an der aufnehmenden SE mit den bisherigen Anschaffungskosten seiner Anteile an der übertragenden Gesellschaft ansetzt (Buchwertfortführung). Hierdurch wird bei einem Anteilseigner, der eine natürliche Person ist, eine spätere Besteuerung eines nach § 17 EStG unter den dort genannten Bedingungen steuerpflichtigen Veräußerungsgewinns nach der Verschmelzung bezüglich der vor der Verschmelzung vorhandenen stillen Reserven sichergestellt.

c. Unmittelbare Anwendung der FRL bei unvollständiger bzw. nicht fristgerechter Umsetzung der FRL

Deutschland hat die FRL rückwirkend zum 01.01.1992 umgesetzt[1], jedoch von den vier Tatbeständen des Art. 1 der Richtlinie nur die Einbringung von Unternehmensteilen und den Anteilstausch in nationales Recht umgesetzt. Die Regelungen zur grenzüberschreitenden Verschmelzung und Spaltung wurden dagegen mit Hinweis auf eine fehlende gesellschaftsrechtliche Grundlage nicht übernommen.

Hinsichtlich der Frage einer unmittelbaren Anwendung der FRL sind – wie oben ausgeführt - zwei zeitliche Ebenen zu unterscheiden. Die Frage der unmittelbaren Anwendbarkeit der Richtlinie auf die SE für den Zeitraum vom Inkrafttreten des SE-Statuts am 08.10.2004 bis zum Ablauf der Umsetzungsfrist der ÄndRL zur FRL wurde oben in Kapitel II.3.bb. behandelt. Für den Zeitraum ab 01.01.2006 stellt sich die Frage der Anwendbarkeit der FRL in der Fassung der ÄndRL dann, wenn

---

[1] S. Steueränderungsgesetz v. 28.08.1992, BGBl. I 1992, S. 397.

Deutschland die Vorgabe der Fusionsrichtlinie nicht oder unzureichend in nationales Steuerrecht umsetzt.

Im Gegensatz zu Verordnungen, die nach Art. 249 Abs. 2 EG-Vertrag allgemeine Geltung besitzen und in den Mitgliedstaaten unmittelbar anzuwenden sind, sind Richtlinien für den Mitgliedstaat, an den sie gerichtet sind, nur hinsichtlich des zu erreichenden Ziels verbindlich. Die Form und Mittel der Umsetzung bleiben im Falle der Richtlinie dem einzelnen Mitgliedstaat überlassen. Demnach begründet die Richtlinie nur die Verpflichtung zur Erreichung eines bestimmten Zieles, diese Verpflichtung muss bei Ablauf der durch die Richtlinie selbst gesetzten Frist erfüllt sein. Um diese Verpflichtung zu erfüllen, muss der einzelne Mitgliedstaat die Richtlinie vollständig umgesetzt haben – eine nur teilweise Umsetzung erfüllt die Verpflichtung nicht.[1]

Im Falle der Nichtumsetzung oder der fehlerhaften Umsetzung der Richtlinie durch einen Mitgliedstaat bejaht der *EuGH* in ständiger Rechtsprechung seit seiner Entscheidung in der Rs. C-33/70, *Spa Sace*,[2] die unmittelbare Anwendbarkeit von Richtlinien in bestimmten Fällen. Obwohl sich anfänglich einige nationale Gerichte[3] gegen diese Rechtsprechung gewandt hatten, wurde sie wiederholt vom *EuGH* bekräftigt und kann mittlerweile als allgemein akzeptiert angesehen werden. Nach den detaillierten Ausführungen des *EuGH* in der Rs. C-8/81, *Becker*,[4] kann sich ein Bürger gegenüber Behörden und Gerichten dann auf eine noch nicht / fehlerhaft umgesetzte Richtlinie berufen, wenn die Richtlinie für den Einzelnen begünstigend wirkt, die Richtlinie inhaltlich hinreichend genau erscheint und der Mitgliedstaat die fristgerechte Umsetzung nicht oder nicht vollständig vorgenommen hat. Nur wenn eine unmittelbare Anwendbarkeit in diesen Fällen bejaht wird, kann gewährleistet werden, dass der mit der Richtlinie beabsichtigte Zweck („effet utile") auch wirklich erreicht wird.

Angesichts der oben angeführten Kriterien für eine direkte Anwendbarkeit von Richtlinien kann für die FRL angenommen werden, dass sich der Einzelne gegenüber Behörden und Gerichten trotz mangelhafter Umsetzung in einigen Mitgliedstaaten[5] auf die Bestimmungen der FRL berufen kann, da die FRL sowohl für den

---

[1] Vgl. *EuGH*, Urteil v. 28.02.1991 (Rs. C-360/87), EuGH Slg. 1991, I-791.
[2] Vgl. *EuGH*, Urteil v. 17.12.1970 (Rs. 33/70), EuGH Slg. 1970, 1213.
[3] Vgl. Französischer Conseil d'Etat, EuR 14 (1979), S. 292-299; deutscher *BFH*, Urteil v. 16.07.1981, BStBl. II 1981, S. 693.
[4] Vgl. *EuGH*, Urteil v. 19.01.1982 (Rs. 8/81), EuGH Slg. 1982, 53.
[5] Keine Umsetzung der FRL für grenzüberschreitende Fusionen und Spaltungen in *Belgien, Deutschland, Irland* und im *Vereinigten Königreich*, vgl. zum Stand der Umsetzung *Deloitte & Touche*, EC Tax Directive on Mergers, 1997 sowie die einzelnen Länderkapitel in: *Thömmes, O. / Fuks, E.*, EC Corporate Tax Law, jeweils Teil A der Länderkapitel.

I.II. Gründung

Einzelnen begünstigend wirkt als auch hinreichend genau definiert erscheint[1]. Auch Art. 11 Abs. 1 Buchst. a FRL, der den Mitgliedstaaten das Recht gibt, die Gewährung der Richtlinienbegünstigungen ganz oder teilweise aus Missbrauchsgründen zu versagen, ist kein Hindernis, zumal Art. 11 FRL in Hinblick auf die in *Deutschland* allgemein geltende Missbrauchsvorschrift in § 42 AO nicht speziell umgesetzt wurde und mangels einer für den Einzelnen begünstigenden Eigenschaft auch nicht unmittelbar anwendbar ist.[2] Auch Art. 11 Abs. 1 Buchst. b FRL stellt kein Hindernis für die unmittelbare Anwendbarkeit der FRL auf die Gründung einer SE durch Verschmelzung dar, da die Bestimmungen zur Vertretung der Arbeitnehmer in den Gesellschaftsorganen in der das Statut der SE ergänzenden SE-RL geregelt sind und somit Art. 11 Abs. 1 Buchst. b gem. Art. 11 Abs. 2 FRL durch diese speziellere Regelung verdrängt wird.

4. Gründung einer Holding-SE

a. Gesellschaftsrechtliche Grundlagen der Besteuerung

Neben der Verschmelzung von zwei oder mehreren Aktiengesellschaften sieht Art. 2 SE-VO in Abs. 2 die Gründung einer sog. „Holding-SE" vor.[3] Im Gegensatz zur Gründung durch Verschmelzung wird das Vermögen der an der Gründung beteiligten Gesellschaften nicht auf einen anderen Rechtsträger übertragen. Vielmehr bleiben die an der Gründung beteiligten Gesellschaften bestehen, worauf Art. 32 Abs. 1 zweiter Unterhalbsatz SE-VO klarstellend hinweist. Gegenstand der Übertragung auf die zu gründende Holding-SE sind Anteile an den an der Gründung beteiligten Gesellschaften. Art. 32 Abs. 2 letzter Satz SE-VO schreibt vor, dass der Prozentsatz der Anteile, die auf die Holding-SE übertragen werden, für jede der an der Gründung beteiligten Gesellschaften mehr als 50% der durch die Anteile verliehenen Stimmrechte umfassen muss. Die Übertragung der Anteile erfolgt im Wege der Einzelrechtsnachfolge; eine Gesamtrechtsnachfolge ist in der SE-VO für diesen Gründungsfall, anders als für den Gründungsfall der Verschmelzung, nicht vorgesehen. Im Gegenzug für die Einbringung erhalten die Gesellschafter der an der Gründung beteiligten Gesellschaften Aktien der SE.[4]

Aufgrund dieser gesellschaftsrechtlichen Charakteristika stellt die Gründung einer Holding-SE steuerlich eine Einbringung gegen Gewährung von Gesellschaftsrechten

---

[1] Gleiche Ansicht *Eismayr, R*, Konzentrationsverschmelzungen, 2005, S. 178-182.
[2] Vgl. *Tumpel, M.*, Harmonisierung, 1994, S. 199.
[3] Für einen Überblick über die verschiedenen Gründungsformen vgl. oben Kapitel I., II.1.; eingehend zur Gründung einer SE vgl. Kapitel B (*Neun, J.*, Gründung).
[4] S. Art. 33 Abs. 4 SE-VO.

dar. Die Gründung einer Holding-SE weist deutliche Parallelen zum Anwendungsfall der FRL „Austausch von Anteilen" i. S. d. Art. 2 Buchst. d FRL auf. Dies gilt insbesondere für das Erfordernis, dass die in die Holding-SE einzubringenden Anteile jeweils mindestens mehr als 50% der Stimmrechte verkörpern müssen. Durch diese Gleichschaltung der tatbestandlichen Voraussetzungen ist eine steuerneutrale Durchführung der Gründung nach Maßgabe der FRL in allen Mitgliedstaaten der EU angestrebt. Dennoch ist festzustellen, dass die Verzahnung zwischen der SE-VO und der FRL nicht lückenlos gelungen ist. Die FRL erfasst nach der Definition des Anwendungsfalles „Austausch von Anteilen" in Art. 2 Buchst. d FRL nur Fälle, in denen die erworbene Gesellschaft[1] und die „erwerbende Gesellschaft"[2] aus zwei verschiedenen Mitgliedstaaten stammen. Art. 2 Abs. 2 SE-VO stellt hingegen bei den Gründungsvoraussetzungen darauf ab, dass mindestens zwei der an der Gründung beteiligten Gesellschaften aus verschiedenen Mitgliedstaaten der *EU* stammen. Nicht erforderlich ist es hingegen nach der SE-VO, dass die erwerbende Gesellschaft, d. h. die zu gründende Holding-SE, und die erworbene Gesellschaft, d. h. die Gesellschaft, deren Anteile auf die Holding-SE übertragen werden, aus verschiedenen Mitgliedstaaten stammen. Somit ist nach der SE-VO auch ein Inlandsfall erfasst, bei dem sowohl die erwerbende als auch die erworbene Gesellschaft aus dem gleichen Mitgliedstaat stammen, sofern an dem Gründungsvorgang insgesamt nur zumindest eine weitere Gesellschaft aus einem anderen Mitgliedstaat beteiligt ist. Die steuerlichen Folgen der Einbringung einer Beteiligung an einer Gesellschaft aus dem gleichen Mitgliedstaat wie dem, in dem die aufnehmende Holding-SE ihren Sitz hat, entzieht sich jedoch dem Anwendungsbereich der FRL. Die diesbezüglichen Besteuerungsfolgen richten sich allein nach dem jeweiligen nationalen Steuerrecht des Mitgliedstaates, in dem der Gesellschafter der einzubringenden Gesellschaft der Besteuerung unterliegt. Der deutsche Gesetzgeber ist bei der Umsetzung der FRL insoweit über die Richtlinienvorgaben hinaus gegangen, als auch die Einbringung einer Mehrheitsbeteiligung an einer Gesellschaft des gleichen Sitzstaates wie der Staat der aufnehmenden Gesellschaft der Begünstigung nach § 23 Abs. 4 UmwStG unterliegt. Für den Fall der Einbringung einer unbeschränkt körperschaftsteuerpflichtigen Kapitalgesellschaft in eine andere unbeschränkt körperschaftsteuerpflichtige Kapitalgesellschaft ergibt sich die Steuerneutralität nach § 20 Abs. 1 S. 2 UmwStG.

---

[1] D. h. die Gesellschaft, an der beim Austausch von Anteilen eine Beteiligung erworben wurde; s. Art. 2 Buchst. g FRL.

[2] D. h. die Gesellschaft, die beim Austausch von Anteilen eine Beteiligung erwirbt; s. Art. 2 Buchst. h FRL; die erwerbende Gesellschaft ist bei der Gründung einer Holding-SE die Holding-SE.

b. Steuerliche Behandlung der Gründung einer Holding-SE im Einzelnen

ba. Auf der Ebene der an der Gründung beteiligten Gesellschaften

Anders als im Falle der Gründung durch Verschmelzung bestehen die an der Gründung einer Holding-SE beteiligten Gesellschaften nach der Gründung fort. Auch hinsichtlich der rechtlichen Zuordnung des Vermögens ändert sich durch die Gründung einer Holding-SE nichts. Die Gründung der Holding-SE spielt sich steuerlich allein auf der Ebene der Gesellschafter der an der Gründung beteiligten Gesellschaften ab.

bb. Auf der Ebene der Holding-SE

Bei der Gründung einer Holding-SE ist die Übertragung von Anteilen auf eine bereits bestehende nationale Gesellschaft, die im Zuge der Übertragung die Rechtsform einer SE annimmt, nicht vorgesehen. Vielmehr wird die Holding-SE durch die Übertragung im Wege der Sachgründung neu errichtet. Steuerliche Folgen können sich auf der Ebene der Holding-SE nur in den Sitzstaaten ergeben, deren Steuerrecht für die Aufbringung von Kapital im Rahmen der Gründung einer Kapitalgesellschaft eine Gesellschaftsteuer vorsieht. Die Gesellschaftsteuerrichtlinie[1] gestattet den Mitgliedstaaten die Erhebung einer auf maximal 1% des Kapitals begrenzten Steuer auf die Aufbringung des Kapitals einer in ihrem Hoheitsgebiet errichteten Kapitalgesellschaft.[2] In *Deutschland* wurde die nach Maßgabe dieser Richtlinie bis einschließlich 1991 erhobene Gesellschaftsteuer durch das Finanzmarktförderungsgesetz[3] abgeschafft.

Die SE-VO enthält keinerlei steuerliche Vorschriften und unterstellt die Besteuerung der SE dem Steuerrecht der einzelnen Mitgliedstaaten, in denen die SE ihren Sitz hat. Folglich unterliegt auch die SE in den Mitgliedstaaten, die eine Gesellschaftsteuer kennen, dieser Steuer.

Sofern zum Vermögen einer der an der Gründung beteiligten Gesellschaften inländische Grundstücke i. S. d. § 1 Abs. 1 GrEStG gehören und die Holding-SE durch die Einbringung der Anteile mindestens 95% der Anteile an einer grundstücksbesitzen-

---

1 S. Richtlinie 69/335/EWG v. 17.07.1969, ABl. EG Nr. L 249 v. 03.10.1969, S. 25-29.
2 Zurzeit erheben folgende EU-Mitgliedstaaten eine Gesellschaftsteuer auf die Aufbringung des Kapitals im Zusammenhang mit der Gründung oder Kapitalerhöhung von Aktiengesellschaften: *Estland, Griechenland, Irland, Italien, Luxemburg, Niederlande, Österreich, Polen, Portugal, Spanien, Zypern* (Quelle: IBFD –. European Taxation Database, Stand: 01.08.2005)
3 S. Finanzmarktförderungsgesetz v. 22.02.1990, BGBl. I 1990, S. 266.

den Gesellschaft erwirbt, kommt eine Grunderwerbsteuerpflicht nach § 1 Abs. 3 GrEStG in Betracht. Schuldnerin der Grunderwerbsteuer wäre in diesem Fall nach § 13 Nr. 5 Buchst. a GrEStG die Holding-SE als Erwerber der Anteile an der grundbesitzenden Gesellschaft. Eine GrESt-Befreiung ist von der FRL nicht vorgesehen.

bc. Auf der Ebene der Gesellschafter der jeweiligen an der Gründung beteiligten Gesellschaft

bca. Allgemeine Besteuerungsfolgen eines Anteilstauschs

Der Gesellschafter der jeweiligen an der Gründung beteiligten Gesellschaft überträgt seine Anteile an dieser Gesellschaft auf die SE und erhält dafür im Gegenzug Anteile an der SE. Dieser tauschähnliche Vorgang löst grundsätzlich eine Gewinnrealisierung bezüglich der in den eingebrachten Anteilen enthaltenen stillen Reserven aus. Die Besteuerung kann nicht dadurch vermieden werden, dass der einbringende Gesellschafter auf die Ausgabe neuer Anteile an der Holding-SE verzichtet. Zum einen sieht Art. 33 Abs. 4 SE-VO vor, dass die einbringenden Gesellschafter Aktien der SE erhalten. Zum anderen führt auch eine verdeckte Einlage steuerlich nach § 6 Abs. 6 S. 2 EStG zwingend zur Gewinnrealisierung. Hinsichtlich der Besteuerungsfolgen bei dem einzelnen Gesellschafter ist nach dessen Ansässigkeit und nach der Ansässigkeit der Holding-SE, in die eingebracht wird, zu unterscheiden. Das deutsche Steuerrecht unterscheidet hinsichtlich der steuerlichen Folgen beim Gesellschafter nicht danach, ob es sich bei den an der Gründung beteiligten Gesellschaften um unbeschränkt oder beschränkt körperschaftsteuerpflichtige Gesellschaften handelt. Nach bis einschließlich VZ 2001 geltender Rechtslage vor dem Inkrafttreten des neuen § 8b Abs. 2 KStG[1] waren Anteile an inländischen Körperschaften auf Ebene eines der unbeschränkten Körperschaftsteuerpflicht unterworfenen Gesellschafters steuerverhaftet. Auf der Ebene eines beschränkt oder unbeschränkt körperschaftsteuerpflichtigen Gesellschafters gewährte § 8b Abs. 2 KStG in der Fassung nach dem StSenkG[2] bis 2003 zunächst eine umfassende Steuerfreiheit eines etwaigen Veräußerungsgewinns, ohne Rücksicht auf die Ansässigkeit der Gesellschaft, deren Anteile Gegenstand der Veräußerung sind. Mit Wirkung ab VZ 2004 wurde durch das „Korb II"-Gesetz[3] die bis dato nur für Dividenden geltende fiktive Erfassung nicht abzugsfähiger Betriebsausgaben auf Veräußerungsgewinne ausgeweitet mit der

---

[1] S. § 8b KStG i. d. F. des Steuersenkungsgesetzes (Steuersenkungsgesetz v. 23.10.2000, BGBl. I 2000, S. 1433), geändert durch das Gesetz zur Änderung des Investitionszulagengesetzes 1999 (Gesetz zur Änderung des Investitionszulagengesetzes v. 20.12.2000, BGBl. I 2000, S. 1850).

[2] Gesetz zur Senkung der Steuersätze und zur Reform der Unternehmensbesteuerung (Steuersenkungsgesetz) v. 23.10.2000, BGBl. I 2000, S. 1433.

[3] Gesetz zur Umsetzung der Protokollerklärung der Bundesregierung zur Vermittlungsempfehlung zum Steuervergünstigungsabbaugesetz v. 22.12.2003, BGBl. I 2003, S. 2840.

Folge, dass nun 5% des erzielten Veräußerungsgewinns als fiktive, nicht abzugsfähige Betriebsausgabe behandelt wird und somit der Besteuerung bei der veräußernden Kapitalgesellschaft unterliegt. Damit ergibt sich ab VZ 2004 wieder ein Bedürfnis für eine steuerneutrale Abwicklung eines Anteilstauschs zur Vermeidung der fiktiven 5%igen Veräußerungsgewinnbesteuerung.

Ein Gesellschafter, der der beschränkten oder unbeschränkten Einkommensteuerpflicht unterliegt, muss einen etwaigen Veräußerungsgewinn aus der Veräußerung von Anteilen an in- oder ausländischen Kapitalgesellschaften nach Maßgabe des § 17 EStG grundsätzlich im Rahmen des Halbeinkünfteverfahrens[1] versteuern, es sei denn, die Entstehung eines Veräußerungsgewinns wird nach Maßgabe steuerlicher Sondervorschriften vermieden. Darüber hinaus kann es nach Maßgabe des § 23 Abs. 1 S. 1 Nr. 2 EStG zu einem steuerpflichtigen Spekulationsgewinn kommen, wenn zwischen Anschaffung und Einbringung der Anteile nicht mehr als 12 Monate liegen.

Deutschland hat mit den meisten Mitgliedstaaten der *EU* DBA abgeschlossen, die das Besteuerungsrecht für den Gewinn aus einer Veräußerung von Anteilen an Kapitalgesellschaften in Anlehnung an Art. 13 Abs. 5 OECD-MA dem Wohnsitzstaat zuordnen, eine Ausnahme bilden nur Zypern, die Slowakische Republik und Tschechien, die beiden letzteren aufgrund des noch fortgeltenden DBA Tschechoslowakei.[2] Daneben weisen einige DBA das Besteuerungsrecht entsprechend Art. 13 Abs. 4 OECD-MA dem Ansässigkeitsstaat der Gesellschaft zu, wenn es sich um eine sog. „Immobiliengesellschaft" handelt[3]. Ein nicht der unbeschränkten Einkommensteuerpflicht unterliegender Gesellschafter ist, sieht man von den oben erwähnten Ausnahmefällen einmal ab, mit einem etwaigen Gewinn aus der Veräußerung seiner Anteile nur dann im Inland beschränkt steuerpflichtig, wenn die eingebrachten Anteile zum Vermögen einer inländischen Betriebsstätte des betreffenden Gesellschafters gehören.

bcb. Steuerliche Sondervorschriften betreffend den Anteilstausch

Ein der beschränkten oder unbeschränkten Einkommensteuerpflicht unterliegender Gesellschafter kann sich unter den Voraussetzungen, die die SE-VO an die Mehrheitsverhältnisse nach Art. 32 Abs. 2 SE-VO erhebt (mindestens Mehrheit der Stimmrechte an der eingebrachten Gesellschaft), auf die Vorschriften der §§ 20

---

[1] S. § 3 Nr. 40 Buchst. c EStG.
[2] Vgl. *Prokisch, R.,* in: DBA, Kommentar, 2003, Art. 13, Rdnr. 74.
[3] Zu nennen sind hier die DBA mit *Estland, Finnland, Lettland, Litauen, Österreich, Polen* und *Schweden,* vgl. *Prokisch, R.,* in: DBA, Kommentar, 2003, Art. 13, Rdnr. 57j.

Abs. 1 S. 2, 23 Abs. 4 UmwStG berufen, die eine buchwertneutrale Einbringung gestatten.

Ist die die Anteile im Zuge ihrer Gründung erwerbende SE unbeschränkt körperschaftsteuerpflichtig, gestattet § 20 Abs. 1 S. 2 UmwStG eine Einbringung zu Buchwerten. § 20 Abs. 1 S. 2 UmwStG begünstigt auch den Fall, bei dem die einzelne eingebrachte Beteiligung weniger als die Mehrheit der Stimmrechte vermittelt, sofern das Mehrheitserfordernis als Ergebnis der Einbringung auf der Ebene der aufnehmenden Holding-SE unter Einbeziehung der Anteilseinbringungen weiterer Gesellschafter insgesamt erfüllt ist. Sofern an einer der an der Einbringung beteiligten Gesellschaften eine sehr große Zahl von Gesellschaftern beteiligt ist,[1] wirft § 20 Abs. 1 S. 2 UmwStG eine Reihe von praktischen Problemen auf, die nur mit erheblichem Verwaltungsaufwand zu lösen sind. Nach der Konzeption des § 20 Abs. 1 S. 2 UmwStG hängt die Steuerneutralität der Einbringung auf der Ebene des Gesellschafters davon ab, dass die aufnehmende Holding-SE den eingebrachten Anteilen in ihrer Handels- und Steuerbilanz keinen höheren Wert beimisst als den Anschaffungskosten der eingebrachten Anteile beim einbringenden Gesellschafter entspricht. § 20 Abs. 4 S. 1 UmwStG definiert für den einbringenden Gesellschafter, dass dessen Veräußerungspreis bezüglich der eingebrachten Anteile und dessen Anschaffungskosten bezüglich der im Gegenzug erworbenen Aktien an der Holding-SE dem Wert entsprechen, mit dem die aufnehmende Holding-SE die Anteile an der eingebrachten Gesellschaft ansetzt. Um die Steuerneutralität nach § 20 Abs. 1 S. 2 UmwStG also in allen Fällen gewährleisten zu können, muss die Holding-SE von jedem einzelnen Gesellschafter dessen Beteiligungshöhe, das Anschaffungsdatum und die Anschaffungskosten kennen. Sofern die Beteiligungshöhe des einzelnen Gesellschafters unter 1% liegt[2] und er die Anteile seit mehr als 12 Monaten hält,[3] wäre der Ansatz des Teilwerts bei der Holding-SE für den Gesellschafter unschädlich, da er mit einem Veräußerungsgewinn aus der Einbringung ohnehin nicht der Besteuerung unterläge. In den übrigen Fällen ist für die Steuerneutralität aber zwingend der Ansatz der eingebrachten Anteile bei der Holding-SE in Höhe der Anschaffungskosten des jeweiligen Gesellschafters erforderlich.

Neben § 20 Abs. 1 S. 2 UmwStG kommt als weitere Möglichkeit der Vermeidung eines steuerpflichtigen Einbringungsgewinns für den einzelnen Gesellschafter die Bildung einer steuerfreien Rücklage nach § 6b Abs. 10 EStG in Betracht.

---

[1] Was insbesondere bei Publikumsgesellschaften der Fall wäre; § 20 UmwStG ist erkennbar nicht auf die Einbringung von Anteilen an Publikumsgesellschaften zugeschnitten.
[2] S. § 17 EStG.
[3] S. § 23 Abs. 1 S. 1 Nr. 2 EStG.

I.II. Gründung

Soweit die von einem beschränkt oder unbeschränkt einkommensteuerpflichtigen Gesellschafter eingebrachten Anteile bei der Holding-SE mit einem unter dem Teilwert liegenden Wert angesetzt werden, ist ein späterer Gewinn aus einer Veräußerung der eingebrachten Anteile durch die Holding-SE innerhalb eines Zeitraums von sieben Jahren nach der Einbringung nach § 8b Abs. 4 S. 1 Nr. 1 und S. 1 Nr. 2 KStG der Besteuerung auf der Ebene der Holding-SE zu unterwerfen.[1] Unsinnig ist, dass § 8b Abs. 4 KStG auch dann eine 7-jährige Steuerverhaftung zu Lasten einer im Inland errichteten Holding-SE anordnet, wenn der einbringende Gesellschafter im Ausland ansässig ist und auch nicht einer beschränkten Einkommensteuerpflicht im Inland unterliegt. In diesem Fall ist der Holding-SE dringend zu raten, die durch einen solchen Gesellschafter eingebrachten Anteile mit dem Teilwert anzusetzen.[2]

Ist der Einbringende dagegen beschränkt oder unbeschränkt körperschaftsteuerpflichtig, so greift die Rückausnahme des § 8b Abs. 4 S. 2 Nr. 2 KStG ein. Die einbringungsgeborenen Anteile an der SE können dann ohne Rücksicht auf eine Mindesthaltedauer veräußert werden, ein Veräußerungsgewinn ist nach § 8b Abs. 2 i.V.m. Abs. 3 KStG zu 95% steuerfrei.

Ist die Holding-SE beschränkt steuerpflichtig, kommt eine steuerneutrale Einbringung der Anteile der an der Gründung beteiligten Gesellschaften nach § 23 Abs. 4 UmwStG in Betracht. § 20 Abs. 1 S. 2 UmwStG setzt hingegen eine unbeschränkte Körperschaftsteuerpflicht der aufnehmenden Gesellschaft voraus. Mindestens zwei der an der Gründung beteiligten Gesellschaften müssen gemäß Art. 2 Abs. 2 SE-VO ihren Sitz in unterschiedlichen Mitgliedstaaten der Gemeinschaft haben oder zumindest seit zwei Jahren eine dem Recht eines anderen Mitgliedstaates unterliegende Tochtergesellschaft oder eine Zweigniederlassung in einem anderen Mitgliedstaat haben. Damit sind die tatbestandlichen Voraussetzungen der SE-VO für die Gründung einer Holding-SE im Wege des Anteilstauschs weiter gefasst als nach den für die Steuerneutralität maßgebenden Vorschriften der FRL[3]. Dies führt in Deutschland zu keinen Problemen, da der deutsche Steuergesetzgeber in den §§ 20 und 23 UmwStG auch den Fall begünstigt, dass „erwerbende" und „erworbene" Gesellschaft im Sinne der FRL im selben Mitgliedstaat ansässig sind. Es ist aber zu beachten, dass sich nicht alle Mitgliedstaaten dieser weiten Interpretation der Richtlinienvorgaben angeschlossen haben, so dass es durchaus sein kann, dass eine Einbrin-

---

[1] Ein Veräußerungsverlust bleibt aber auch innerhalb der 7-Jahres-Frist unbeachtlich; vgl. *Förster, G. / Lange, C.*, Steuerliche Aspekte, 2002, S. 288; *Kessler, W. / Schmalz, A. / Schmidt, W.*, Besteuerung von Beteiligungserträgen, 2001, S. 1868-1870.

[2] Was für den im Ausland ansässigen Gesellschafter regelmäßig folgenlos sein dürfte, weil das im deutschen UmwStG in § 20 Abs. 4 S. 1 verankerte Konzept einer Buchwertverknüpfung im Ausland weitgehend unbekannt ist und jedenfalls nicht über die Grenze hinweg angewandt wird.

[3] S. Kapitel II.4.a.

gung, die die Voraussetzungen des Art. 2 Abs. 2 SE-VO erfüllt, zu Besteuerungsfolgen im Ansässigkeitsstaat eines Gesellschafters führt. Die Holding-SE kann, muss aber nicht, ihren Sitz in einem anderen Mitgliedstaat haben als dem der beteiligten Gesellschaften. Hinsichtlich der Gesellschafter der an der Gründung der Holding-SE beteiligten Gesellschaften macht die SE-VO keinerlei Vorgaben.

Art. 1 SE-VO schreibt vor, dass eine SE nur im Gebiet der Gemeinschaft gegründet werden kann.[1] Damit dürfte grundsätzlich der Anwendungsbereich des § 23 Abs. 4 UmwStG eröffnet sein. Als problematisch war vor Umsetzung der ÄndRL zur FRL anzusehen, dass § 23 Abs. 4 UmwStG nur die Einbringung in eine „EU-Kapitalgesellschaft" begünstigt und § 23 Abs. 1 UmwStG den Begriff „EU-Kapitalgesellschaft" auch für den Anwendungsbereich des Abs. 4 der Vorschrift unter strenger Bezugnahme auf Art. 3 FRL definiert. Art. 3 Buchst. a FRL wiederum verweist hinsichtlich der unter die FRL fallenden Rechtsformen auf den Anhang zur FRL, der in der ursprünglichen Richtlinienfassung die SE aber nicht ausdrücklich erwähnte. Lediglich in den Mitgliedstaaten, für die im Anhang keine rechtsformspezifische Auflistung vorgenommen worden ist, sondern deren Gesellschaften ohne jede Differenzierung in den Anwendungsbereich der FRL fallen, dürfte eine dort errichtete SE ohne Weiteres von der FRL erfasst sein. Mehrere Mitgliedstaaten stellten sich daher auf den Standpunkt, dass die jeweiligen nationalen Umsetzungsregelungen zum Anteilstausch auf eine im EU-Ausland zu gründende Holding-SE nicht anwendbar sind, sofern für diesen Sitzstaat eine abschließende Auflistung der Rechtsformen im Anhang zur FRL vorgegeben war. Dem wurde in der Literatur[2] entgegen gehalten, dass Art. 3 Abs. 1 SE-VO regle, dass eine SE „für Gründungsvorgänge als AG des Sitzmitgliedstaates gelte"[3] und auch „im Übrigen nach Art. 10 SE-VO wie eine Aktiengesellschaft zu behandeln sei".[4] Das Argument aus Art. 3 SE-VO geht indes fehl. Nach dem eindeutigen Wortlaut gilt die Vorschrift nur für die Anwendung des Art. 2 Abs. 1, 2 und 3 der SE-VO, nicht aber für andere Rechtsvorschriften. Bei Art. 10 SE-VO stellte sich die Frage, ob die Formulierung „wie eine Aktiengesellschaft behandelt" die Aufnahme der SE in den Anhang zu Art. 3 FRL entbehrlich macht. Die Kommission machte sich den Standpunkt zu Eigen, dass eine formale Ergänzung des Anhangs zur FRL um die SE der richtige Weg zur Beseitigung bestehender Ungewissheiten sei und sah daher im Rahmen der am 17.02.2005

---

[1] Zu Gründungen mit EWR-Bezug siehe Kapitel VI dieses Beitrags sowie die Beiträge von *Wenz, M.* und *Schindler, C.P. / Teichmann, C.* in diesem Band.

[2] Vgl. u. a. *Förster, G. / Lange, C.*, Steuerliche Aspekte, 2002, S. 288.

[3] So *Förster, G. / Lange, C.*, Steuerliche Aspekte, 2002, S. 288.

[4] Vgl. *Förster, G. / Lange, C.*, Steuerliche Aspekte, 2002, S. 288.

verabschiedeten ÄndRL zur FRL[1] eine entsprechende Ergänzung des Anhangs um die SE sowie die SCE vor.[2]

§ 23 Abs. 4 UmwStG verweist hinsichtlich der Besteuerungsfolgen der Einbringung in eine EG-Kapitalgesellschaft auf die für reine Inlandsfälle geltenden Vorschriften verschiedener Absätze des § 20 UmwStG. Besonders problematisch ist dabei der Verweis auf § 20 Abs. 4 S. 1 UmwStG, der die sog. „Buchwertverknüpfung" auf den Fall einer im Ausland errichteten aufnehmenden Gesellschaft erweitert. Dieses Erfordernis einer „Buchverknüpfung über die Grenze" verstößt gegen die Vorgaben der FRL.[3] Die deutsche Finanzverwaltung hat ungeachtet der Kritik bislang an dem Erfordernis einer Buchwertverknüpfung auch in grenzüberschreitenden Anwendungsfällen des Anteilstauschs festgehalten.[4] Hauptkritikpunkt, der gegen das Erfordernis einer Buchwertverknüpfung über die Grenze spricht, ist neben der Richtlinienwidrigkeit dieses Erfordernisses die praktische Schwierigkeit, die der Nachweis des Ansatzes eines deutschen steuerlichen Buchwertes im Ausland bei der dort ansässigen aufnehmenden Gesellschaft mit sich bringt. In vielen Fällen kennt das Recht des Sitzstaates der aufnehmenden Holding-SE überhaupt keinen der deutschen steuerlichen Gewinnermittlung entsprechenden Buchwertansatz für die eingebrachten Anteile; von dem der deutschen Steuerpflicht unterliegenden Einbringenden würde dann Unmögliches verlangt. Darüber hinaus ist das Erfordernis einer Buchwertverknüpfung vor dem Hintergrund einer für Körperschaften geltenden 95%igen Steuerfreiheit von Veräußerungsgewinnen aus Beteiligungen im Hinblick auf seine steuerpolitische Erforderlichkeit nicht mehr zu rechtfertigen. Bei einkommensteuerpflichtigen Gesellschaften führt die Buchwertverknüpfung zu einer Verdoppelung der stillen Reserven, die nach Abschaffung des körperschaftsteuerlichen Vollanrechnungsverfahrens auch nicht mehr durch eine entsprechende Körperschaftsteueranrechnung auf der Ebene des einkommensteuerpflichtigen Aktionärs

---

[1] Richtlinie 2005/19/EG des Rates v. 17.02.2005 zur Änderung der Richtlinie 90/434/EWG über das gemeinsame Steuersystem für Fusionen, Spaltungen, die Einbringung von Unternehmensteilen und den Austausch von Anteilen, die Gesellschaften verschiedener Mitgliedstaaten betreffen, ABl. EU Nr. L 58 v. 04.03.2005, S. 19-27.

[2] Zur entsprechenden Problematik bei Gründung einer SE durch Verschmelzung, vgl. oben Kapitel II.3.bb.

[3] Vgl. *Förster, G. / Lange, C.*, Steuerliche Aspekte, 2002, S. 288; *Herzig, N. / Dautzenberg, N. / Heyeres, R.*, System und Schwächen, 1991, S. 13; *Knobbe-Keuk, B.*, Anteilstausch, 1992, S. 677; *Herzig, N.*, Steuerorientierte Umstrukturierungen, 2000, S. 2242; *Thömmes, O.*, Buchwertverknüpfung, 1992, S. 1327; *Thömmes, O.*, Umsetzung der Fusionsrichtlinie, 1993, S. 71-72.; *Thömmes, O.*, Fusionsrichtlinie, 1994, S. 80-83.

[4] S. u. a. Umwandlungssteuererlass v. 25.03.1998, Tz 23.11; vgl. auch *Thiel, J.*, Grenzüberschreitende Umstrukturierung, 1994, S. 277; *Kieschke, H.-U.*, Aktuelle Fragen, 1991, S. 292; *Dötsch, E. / Binger, J.*, Steueränderungsgesetz 1992, 1992, S. 595.

ausgeglichen wird.[1] Obwohl die ÄndRL zur FRL in ihrer letztendlich verabschiedeten Version (anders als noch der ursprüngliche Kommissionsvorschlag vom 17.10.2003) kein ausdrückliches Verbot der Buchwertverknüpfung über die Grenze mehr vorsieht, entschied das FG Baden-Württemberg am 17.02.2005[2], dass die Buchwertverknüpfung über die Grenze mit der FRL unvereinbar sei und deshalb Art. 8 FRL direkt anzuwenden sei.

Sofern die im Ausland errichtete Holding-SE die eingebrachten Anteile innerhalb eines Zeitraumes von sieben Jahren weiterveräußert, kommt es zu einer Nachversteuerung der ursprünglichen Einbringung nach § 26 Abs. 2 S. 1 UmwStG, es sei denn, die Weiterveräußerung stellt ihrerseits eine weitere Sacheinlage zu Buchwerten aufgrund von Rechtsvorschriften eines anderen Mitgliedstaates der *EU* dar, die § 23 Abs. 4 UmwStG entsprechen. Die Vorschrift des § 26 Abs. 2 S. 1 UmwStG verstößt gegen die Vorgaben der FRL[3]. Aufgrund der eindeutigen Aussage des *EuGH* in seiner *Leur-Bloem*-Entscheidung vom 17.07.1997[4] muss sich jegliche, die Steuerfreiheit nach der FRL einschränkende Missbrauchsregelung eines Mitgliedstaates im Rahmen des Art. 11 FRL bewegen, der nach Auffassung des *EuGH* eine strenge Einzelfallbetrachtung fordert und jegliche pauschale Missbrauchsvermutung, wie die des § 26 Abs. 2 S. 1 UmwStG, untersagt. Der deutsche Gesetzgeber hat aus der *Leur-Bloem*-Entscheidung des *EuGH* noch keine Folgen gezogen. Von der Vorschrift des § 26 Abs. 2 UmwStG betroffene Gesellschaften können sich unmittelbar auf die Steuerfreiheit nach der FRL und das zur Auslegung des Art. 11 FRL ergangene *Leur-Bloem*-Urteil des *EuGH* berufen. Darüber hinaus ist die Vorschrift des § 26 Abs. 2 UmwStG auch verfassungsrechtlich bedenklich, weil die Besteuerung des einbringenden Gesellschafters von einem Tatbestandsmerkmal (nämlich der Weiterveräußerung der eingebrachten Anteile) abhängig gemacht wird, auf dessen Verwirklichung er in der Regel keinen Einfluss hat, sieht man einmal von dem Ausnahmefall ab, dass der einbringende Gesellschafter die aufnehmende SE nach der Einbringung mehrheitlich beherrscht.

---

[1] Das Halbeinkünfteverfahren nach § 3 Nr. 40 EStG würde im wirtschaftlichen Ergebnis immer noch zu einer „Vereineinhalbfachung" der stillen Reserven führen. Das körperschaftsteuerliche Vollanrechnungsverfahren wurde in der Vergangenheit von den Anhängern des Konzepts der Buchwertverknüpfung als Gegenargument gegen den Vorwurf der Verdopplung der stillen Reserven angeführt; zur Diskussion des Konzepts der Buchwertverknüpfung vgl. *Widmann, S.*, Umwandlungsrecht / Umwandlungssteuerrecht, Kommentar, 2005, UmwStG, Vor 8. Teil, Rdnr. 12.

[2] *FG Baden-Württemberg*, Urteil v. 17.02.2005, IStR 14 (2005), S. 278-283 (m. Anm. *Benecke*), Rev. eingelegt, Az. beim *BFH*: I R 25/05, vgl. hierzu *Thömmes, O.*, Grenzüberschreitende Einbringung, 2005, S. 21 f.

[3] Vgl. zur Vereinbarkeit von Missbrauchsverhütungsvorschriften und Gemeinschaftsrecht *Thömmes, O.*, Missbrauchsverhütung, 2005, S. 207-240.

[4] Vgl. *EuGH*, Urteil v. 17.07.1997 (Rs. C-28/95), EuGH Slg. 1997, I-4161.

5. Gründung einer Tochter-SE

a. Gesellschaftsrechtliche Grundlagen

Ähnlich wie bei der Gründung einer Holding-SE handelt es sich bei der Gründung einer Tochter-SE[1] ebenfalls um eine Einlage im Wege der Einzelrechtsnachfolge. Einbringender ist dabei nicht wie bei der Gründung einer Holding-SE der einzelne Gesellschafter der an der Gründung beteiligten Gesellschaften, sondern die betreffenden Gesellschaften selbst. Die Gesellschafter der beteiligten Gesellschaften sind an dem Gründungsvorgang nicht beteiligt.

Gegenstand der Einlage in die neu zu gründende Tochter-SE können Bar- oder Sacheinlagen sein. Sofern Bareinlagen geleistet werden, ist der Vorgang steuerlich unproblematisch, sieht man einmal von der Erhebung einer Gesellschaftsteuer oder ähnlichen Steuer auf die Einzahlung von Kapital bei Kapitalgesellschaften nach Maßgabe der Gesellschaftsteuerrichtlinie ab[2]. Da der mögliche Kreis der an der Gründung beteiligten Gesellschaften nach Art. 2 Abs. 3 SE-VO bei der Gründung einer Tochter-SE weiter gezogen ist als bei den beiden Gründungsformen der Verschmelzung[3] und der Gründung einer Holding-SE,[4] können als Gründer einer Tochter-SE auch Personengesellschaften auftreten, sofern sie nach den Vorschriften eines EU-Mitgliedstaates gegründet worden sind. Entsprechend können sich auch steuerliche Auswirkungen auf die Gesellschafter einer an der Gründung beteiligten Personengesellschaft ergeben, was insbesondere dann der Fall ist, wenn der Sitzstaat der Personengesellschaft diese für ertragsteuerliche Zwecke als transparent behandelt.[5]

b. Steuerliche Behandlung der Gründung

Sofern Sacheinlagen geleistet werden, stellt sich die Frage nach der Aufdeckung der in den Wirtschaftsgütern des eingelegten Betriebsvermögens vorhandenen stillen Reserven. Ähnlich wie bei der Gründung einer Holding-SE kommt auch bei der Gründung einer Tochter-SE der FRL eine zentrale Bedeutung bei der Sicherstellung der Steuerneutralität zu. Für die Gründung einer Tochter-SE ist der Anwendungsfall der FRL „Einbringung von Unternehmensteilen" i. S. d. Art. 2 Buchst. c FRL einschlägig, der in *Deutschland* bereits nach derzeitiger Rechtslage vollständig in nati-

---

[1] Zu den Voraussetzungen und Modalitäten der Gründung einer Tochter-SE im Einzelnen vgl. Kapitel B (*Neun, J.*, Gründung).
[2] Vgl. hierzu auch Kapitel II.4.bb.
[3] Nur Aktiengesellschaften; s. Art. 2 Abs. 1 SE-VO.
[4] Nur Aktiengesellschaften und Gesellschaften mit beschränkter Haftung; s. Art. 2 Abs. 2 SE-VO.
[5] In *Deutschland* wäre dies für die Einkommensteuer bzw. Körperschaftsteuer, nicht aber für die Gewerbesteuer der Fall.

onales Recht umgesetzt ist.[1] Danach setzt die Steuerneutralität des Einbringungsvorganges voraus, dass die eingebrachten Wirtschaftsgüter einen Betrieb oder Teilbetrieb i. S. d. Art. 2 Buchst. i FRL bilden.[2] Erfüllen die als Sacheinlage bei Gründung einer Tochter-SE eingebrachten Wirtschaftsgüter die Voraussetzungen an einen Betrieb oder Teilbetrieb nicht, kommen mangels Anwendbarkeit der Vorschriften der FRL die allgemeinen Gewinnermittlungsvorschriften der Mitgliedstaaten zur Anwendung. Nach deutschen Gewinnermittlungsgrundsätzen führt die Einbringung von Betriebsvermögen durch eine im Inland unbeschränkt körperschaftsteuerpflichtige Kapitalgesellschaft in eine andere beschränkt oder unbeschränkt körperschaftsteuerpflichtige Kapitalgesellschaft gegen Gewährung von Anteilen nach den allgemeinen Vorschriften zur Aufdeckung der stillen Reserven in dem eingebrachten Vermögen.[3] Die gleiche Rechtsfolge tritt ein, wenn die Sacheinlage ohne Gewährung von Gesellschaftsrechten (sog. „verdeckte Einlage") erfolgt.[4]

Wie im Falle der Gründung einer Holding-SE ist auch bei der Gründung einer Tochter-SE zwischen der Gründung einer inländischen und einer ausländischen SE zu unterscheiden. Auf Seiten der an der Gründung beteiligten Kapitalgesellschaften unterliegt die Gründung nur dann der deutschen Besteuerung, wenn es sich bei der Gesellschaft um eine unbeschränkt körperschaftsteuerpflichtige Kapitalgesellschaft oder eine beschränkt körperschaftsteuerpflichtige Kapitalgesellschaft mit inländischem Betriebsvermögen, welches einer inländischen Betriebsstätte zugerechnet wird, handelt. Im Falle einer inländischen Personengesellschaft als Einbringender unterliegen die Gesellschafter der deutschen Besteuerung im Rahmen der unbeschränkten Steuerpflicht (bei inländischen Gesellschaftern) oder im Rahmen der beschränkten Steuerpflicht, denn im Regelfall dürfte die Beteiligung eines ausländischen Gesellschafters an einer inländischen Personengesellschaft eine inländische Betriebsstätte des ausländischen Gesellschafters begründen.

---

[1] Zur Umsetzung und Abweichungen zwischen der deutschen Umsetzungsregelung und den Vorgaben der FRL im Einzelnen vgl. die Kommentierung bei *Thömmes, O.,* in: Außensteuerrecht, Kommentar, 2000, Rdnr. 81.

[2] Zum Begriff des Betriebs bzw. des Teilbetriebs i. S. d. FRL vgl. *Widmann, S.,* in: Umwandlungsrecht / Umwandlungssteuerrecht, Kommentar, 2005, § 23 UmwStG, Rdnr. 16-23.; *Thömmes, O.,* Commentary on the Merger Directive, 2001, Kapitel 5.2, Rdnr. 46; *Thömmes, O.,* in: Außensteuerrecht, Kommentar, 2000, Rdnr. 36-78; *Thömmes, O.,* Teilbetriebsbegriff, 2000.

[3] Nach allgemeinen Tauschgrundsätzen sind die im Gegenzug erworbenen Anteile an der Tochter-SE mit dem gemeinen Wert der hingegebenen Wirtschaftsgüter anzusetzen (s. § 6 Abs. 6 S. 1 EStG), was in Höhe der Differenz aus gemeinem Wert der hingegebenen Wirtschaftsgüter und deren Buchwert zur Aufdeckung eines Einbringungsgewinns führt.

[4] S. § 6 Abs. 6 S. 2 EStG. Anders als für die Gründung einer Holding-SE sieht die SE-VO für die Gründung einer Tochter-SE nicht zwingend die Ausgabe von (neuen) Anteilen der SE vor, sondern überlässt diese Frage nach Art. 36 SE-VO dem nationalen Recht der Mitgliedstaaten.

I.II. Gründung

Bringt eine unbeschränkt körperschaftsteuerpflichtige Kapitalgesellschaft ihren Betrieb insgesamt oder einen Teilbetrieb in eine in einem anderen Mitgliedstaat errichtete Tochter-SE ein, so fällt diese Einbringung grundsätzlich in den Anwendungsbereich des § 23 Abs. 1 UmwStG.

Allerdings verlangt § 23 Abs. 1 UmwStG, dass es sich bei dem Einbringenden um eine unbeschränkt körperschaftsteuerpflichtige Kapitalgesellschaft i. S. d. § 1 Abs. 1 Nr. 1 KStG handelt, so dass die übrigen in Art. 2 Abs. 3 SE-VO als mögliche Einbringende genannten sonstigen juristischen Personen des öffentlichen oder privaten Rechts ebensowenig begünstigt sind wie die ebenfalls in Art. 2 Abs. 3 SE-VO genannten Personengesellschaften. Für die körperschaftsteuerpflichtigen Rechtsträger ist allerdings darauf hinzuweisen, dass die Umsetzung der ÄndRL zur FRL eine Erweiterung der von § 23 Abs. 1 UmwStG erfassten Rechtsformen erwarten lässt, da die ÄndRL den Anhang zur FRL in Bezug auf *Deutschland* auf alle körperschaftsteuerpflichtigen Rechtsformen erweitert. § 23 Abs. 1 UmwStG wird deshalb im Zuge der Umsetzung der ÄndRL zu ergänzen sein. Damit dürfte die praktische Relevanz der Ausdehnung des Kreises der möglichen Gründer bei einer im Ausland ansässigen Tochter-SE sehr gering sein und sich im Wesentlichen auf Fälle einer Bargründung beschränken. Neben der Bedingung, dass das eingebrachte Betriebsvermögen einen Betrieb oder Teilbetrieb darstellen muss, ist die Steuerneutralität der Einbringung nach § 23 Abs. 1 UmwStG davon abhängig, dass das in die Tochter-SE eingebrachte Vermögen nach der Einbringung zu einer inländischen Betriebsstätte der aufnehmenden Tochter-SE gehört. Insofern ähnelt die steuerliche Behandlung der Gründung einer Tochter-SE (Einbringung von Unternehmensteilen) der Gründung einer SE durch Verschmelzung.[1] In beiden Fällen muss die weitere Verhaftung der stillen Reserven in dem auf eine ausländische SE übergehenden inländischen Betriebsvermögen durch Verknüpfung mit einer inländischen Betriebsstätte der aufnehmenden SE sichergestellt werden.[2] Auch § 23 Abs. 1 UmwStG verweist zur Sicherstellung der Steuerneutralität auf die Buchwertverknüpfung nach § 20 Abs. 4 S. 1 UmwStG.[3] Aufgrund des fehlenden Verweises auf § 20 Abs. 3

---

[1] Hierzu eingehend oben Kapitel II.3.

[2] Hinsichtlich der Anforderungen an eine inländische Betriebsstätte und die Zuordnung des Betriebsvermögens zu einer inländischen Betriebsstätte, vgl. oben für den Fall der Gründung einer SE durch Verschmelzung die Ausführungen in Kapitel II.3; vgl. auch *Thömmes, O.,* in: Außensteuerrecht, Kommentar, 2000, Rdnr. 79-107 zur Betriebsstätte.

[3] Dies wird von *Herzig, N. / Griemla, S.,* Steuerliche Aspekte, 2002, S. 74, für mit der FRL vereinbar angesehen. Zur Begründung führen *Herzig / Griemla* an, dass die Art. 9 i. V. m. Art. 4 Abs. 2 FRL eine Buchwertverknüpfung auf nationaler Ebene zwischen der einbringenden Gesellschaft und der Betriebsstätte der aufnehmenden Gesellschaft grundsätzlich rechtfertigen. Insofern handelt es sich nicht um eine „grenzüberschreitende" Buchwertverknüpfung, die von der FRL untersagt ist. Problematisch ist allerdings auch bei der Buchwertverknüpfung zwischen der einbringenden Gesellschaft und der inländischen Betriebsstätte der aufnehmenden Gesellschaft der insoweit nicht auf die Anwendungsfälle der FRL zu-

UmwStG wird auf eine Aufdeckung der stillen Reserven des eingebrachten Vermögens auch dann verzichtet, wenn die Anteile an der aufnehmenden Tochter-SE nach der Einbringung nicht in *Deutschland* steuerverhaftet sind.[1]

Im Falle der Gründung einer inländischen Tochter-SE durch Einbringung eines Betriebs oder Teilbetriebs einer inländischen Gründungsgesellschaft besteht ein Wahlrecht zwischen der Anwendung des § 20 Abs. 1 oder § 23 Abs. 2 UmwStG.[2] Dabei ist aber zu berücksichtigen, dass § 20 UmwStG auch die Einbringung eines Mitunternehmeranteils begünstigt, was im Falle von § 23 Abs. 2 UmwStG nicht der Fall ist. Sofern Normenkonkurrenz besteht, ist die Anwendung des § 23 Abs. 2 UmwStG aufgrund des fehlenden Verweises auf § 20 Abs. 3 UmwStG in den Fällen günstiger, in denen das Besteuerungsrecht des deutschen Fiskus hinsichtlich der ausgegebenen SE-Anteile ausgeschlossen ist.[3] Andererseits kann Einbringender im Falle des § 20 UmwStG auch eine sonstige juristische Person oder eine Personengesellschaft sein, während bei § 23 Abs. 2 UmwStG nur die dort genannten Kapitalgesellschaften als Einbringende zugelassen sind.

Nach § 26 Abs. 2 S. 2 ist § 23 Abs. 2 nicht anzuwenden, wenn die einbringende Kapitalgesellschaft die erhaltenen Anteile innerhalb eines Zeitraumes von sieben Jahren nach der Einbringung veräußert, es sei denn, sie weist nach, dass die erhaltenen Anteile Gegenstand einer Sacheinlage zu Buchwerten aufgrund von Rechtsvorschriften eines anderen Mitgliedstaates der *Europäischen Union* sind, die § 23 Abs. 4 entsprechen. Für diese starre 7-jährige Weiterveräußerungssperre findet sich in der FRL keine Grundlage. Art. 11 Abs. 1 Buchst. a FRL, auf den die Vorschrift des § 26 Abs. 2 S. 2 UmwStG allenfalls gestützt werden könnte, erlaubt nach der eindeutigen Rechtsprechung des *EuGH* in seinem *Leur-Bloem*-Urteil[4] nur eine rein einzelfallbezogene Missbrauchsbekämpfung. Eine pauschale Missbrauchsvermutung, die auf dem bloßen Umstand einer Weiterveräußerung innerhalb eines 7-Jahres-Zeitraumes beruht, verstößt hingegen eindeutig gegen die Grenzen der vom *EuGH* für zulässig gehaltenen Missbrauchsvermeidung im Rahmen der FRL[5].

Gehört zum Betriebsvermögen einer unbeschränkt körperschaftsteuerpflichtigen Kapitalgesellschaft, das im Rahmen der Gründung einer Tochter-SE im Ausland

---

geschnittene Wortlaut des § 20 Abs. 4 S. 1 UmwStG; vgl. zu dieser Problematik *Thömmes, O.,* in: Außensteuerrecht, Kommentar, 2000, Rdnr. 184-186.

[1] So *Herzig, N. / Griemla, S.,* Steuerliche Aspekte, 2002, S. 73.
[2] Vgl. *Herzig, N. / Griemla, S.,* Steuerliche Aspekte, 2002, S. 73.; g. A. *Albrecht, C.,* in: Umwandlungssteuergesetz, Kommentar, 2000, § 23, Rdnr. 179.
[3] So *Herzig, N. / Griemla, S.,* Steuerliche Aspekte, 2002, S. 73.
[4] Vgl. *EuGH*, Urteil v. 17.07.1997 (Rs. C-28/95), EuGH Slg. 1997, S. I-4161.
[5] Eingehend zur Vereinbarkeit von Missbrauchsverhütungsvorschriften und Gemeinschaftsrecht *Thömmes, O.,* Missbrauchsverhütung, 2005, S. 207-240.

übertragen wird, eine ausländische Betriebsstätte, so ist § 23 Abs. 3 UmwStG einschlägig. Das in § 23 Abs. 3 UmwStG durch Verweisung auf § 20 Abs. 4 S. 1 UmwStG aufgestellte Erfordernis einer Buchwertverknüpfung über die Grenze ist mit den Vorgaben der FRL nicht vereinbar.[1] Eine Buchwertverknüpfung führt im Falle des § 23 Abs. 3 UmwStG nicht nur zu einem Verstoß gegen die FRL, sondern auch zu einem Verstoß gegen DBA-Recht. Denn das eingebrachte ausländische Betriebsstättenvermögen war bislang aufgrund DBA-Freistellung in *Deutschland* nicht steuerverhaftet. Hingegen werden die bislang freigestellten stillen Reserven des ausländischen Betriebsstättenvermögens kraft Buchwertverknüpfung auf die der deutschen Steuer unterliegenden Anteile an der aufnehmenden Tochter-SE übertragen. Die Buchwertverknüpfung ist im Falle des § 23 Abs. 3 UmwStG daher auch aus diesem Grund abzulehnen.

6. Umwandlung einer bestehenden Aktiengesellschaft in eine SE

Art. 2 Abs. 4 i. V. m. Art. 37 SE-VO sieht als weitere Gründungsform einer SE die Umwandlung einer bestehenden Aktiengesellschaft in eine SE vor. Bei diesem Gründungsvorgang handelt es sich um eine sog. „formwechselnde Umwandlung", bei der die rechtliche Identität der umzuwandelnden Gesellschaft nicht verändert wird. Dies ergibt sich aus der ausdrücklichen Regelung in Art. 37 Abs. 2 SE-VO, wonach die Umwandlung weder die Auflösung der umzuwandelnden Gesellschaft, noch die Gründung einer neuen juristischen Person zur Folge hat. Nach Art. 37 Abs. 3 SE-VO darf der Sitz der Gesellschaft anlässlich der Umwandlung nicht gem. Art. 8 SE-VO in einen anderen Mitgliedstaat verlegt werden.

Steuerlich wirft die formwechselnde Umwandlung einer bestehenden Aktiengesellschaft keine Schwierigkeiten auf. Die aus der Umwandlung hervorgehende SE unterliegt – wie die Vorgänger-Aktiengesellschaft – der unbeschränkten Körperschaftsteuerpflicht in dem Staat, in dem sie errichtet worden ist. Eventuelle stille Reserven im Betriebsvermögen der Gesellschaft bleiben nach der Umwandlung erhalten, da kein Rechtsträgerwechsel und auch keine sonstige Änderung in der Zuordnung des Betriebsvermögens eintritt.

---

[1] Vgl. *FG Baden-Württemberg*, Urteil v 17.02.2005, IStR 14 (2005), S. 278-283 (m. Anm. *Benecke*), Rev. eingelegt, Az. beim *BFH*: I R 25/05, so auch *Herzig, N. / Griemla, S.*, Steuerliche Aspekte, 2002, S. 74, die eine Buchwertverknüpfung nur für die Fälle des § 23 Abs. 1 und 2 UmwStG für zulässig halten, nicht aber für den Anwendungsfall des § 23 Abs. 3 UmwStG; zur Problematik einer Buchwertverknüpfung in den Fällen des § 23 Abs. 3 UmwStG vgl. auch *Thömmes, O.*, in: Außensteuerrecht, Kommentar, 2000, Rdnr. 268; *Thömmes, O.*; Grenzüberschreitende Einbringung, 2005, S. 20-23.

III. Sitzverlegung

1. Gesellschaftsrechtliche Grundlagen

Art. 8 SE-VO sieht die Möglichkeit vor, dass eine in einem Mitgliedstaat errichtete SE ihren Sitz in einen anderen Mitgliedstaat verlegt.[1] Abs. 1 der Vorschrift ordnet an, dass die Verlegung weder zur Auflösung der SE, noch zur Gründung einer neuen juristischen Person führt. Vielmehr besteht die Gesellschaft, die ihren Sitz verlegt, als juristische Person fort; sie behält ihre Identität.[2]

Der Begriff „Sitz" meint in diesem Zusammenhang den Satzungssitz, d. h. den Ort, an dem die SE in das für sie zuständige Register im Mitgliedstaat ihrer Gründung eingetragen ist. Eine Verlegung des Verwaltungssitzes ohne gleichzeitige Verlegung des Satzungssitzes sieht die SE-VO nicht vor. Im Gegenteil, Art. 7 SE-VO schreibt der SE vor, dass deren Sitz in dem Mitgliedstaat liegen muss, in dem sich die Hauptverwaltung der Gesellschaft befindet. Nach Satz 2 der Vorschrift können die Mitgliedstaaten sogar vorschreiben, dass sich Sitz und Hauptverwaltung innerhalb des Mitgliedstaates am selben Ort befinden müssen. Eine isolierte Verlegung nur des Ortes der Hauptverwaltung ohne gleichzeitige Verlegung des (Satzungs-)Sitzes hätte zur Folge, dass der Mitgliedstaat, in dem die SE ihren Sitz hat, die Gesellschaft nach Art. 64 Abs. 1 SE-VO auffordert, entweder ihre Hauptverwaltung wieder in ihren Sitzstaat zurück zu verlegen[3] oder ihren Sitz nach dem in Art. 8 SE-VO geregelten Verfahren in den Staat der Hauptverwaltung zu verlegen. Kommt die SE dieser Aufforderung nicht nach, so ist der Sitzstaat nach Art. 64 Abs. 2 SE-VO verpflichtet, die erforderlichen Maßnahmen zu treffen „um zu gewährleisten, dass eine SE, die den vorschriftswidrigen Zustand nicht gemäß Abs. 1 beendet, liquidiert wird."

Eine doppelt ansässige SE mit gespaltenem Sitz und Ort der Hauptverwaltung ist innerhalb der *EU* somit nicht möglich. Diese recht strenge Regelung stellt ein klares Zugeständnis der SE-VO an die Mitgliedstaaten dar, deren nationales Kollisionsrecht für die Bestimmung des Statuts von Gesellschaften der sog. „Sitztheorie"[4]

---

[1] Zu den gesellschaftsrechtlichen Aspekten der Sitzverlegung einer SE vgl. im Einzelnen den Beitrag von *Wenz* in diesem Band.

[2] Weshalb es auch angebracht ist, in diesem Zusammenhang von einer „identitätswahrenden Sitzverlegung" zu sprechen; zum Begriff der identitätswahrenden Sitzverlegung vgl. u. a. *Thömmes, O.*, Identitätswahrende Sitzverlegung, 1993, S. 1023; *Wassermeyer, F.*, Kapitalgesellschaft, 1990, S. 244; zur Sitzverlegung der SE *Thömmes, O.*, EC Law Aspects, 2004, S. 22-27.

[3] S. Art. 64 Abs. 1 Buchst. a SE-VO.

[4] Vgl. Länderübersicht bei *Großfeld, B.*, in: Kommentar zum BGB, EGBGB, 1998, Rdnr. 153-159.

folgt.¹ Nach der Sitztheorie bestimmt sich die auf eine Gesellschaft anzuwendende Rechtsordnung nach deren „wahren Sitz", der sich nach dem Ort der Geschäftsleitung² richtet. Die Anwendung der Sitztheorie führt dazu, dass eine Gesellschaft, die nach ihrer (wirksamen) Gründung unter Beibehaltung ihres (Satzungs-) Sitzes ihren Ort der Geschäftsleitung (Hauptverwaltung) in einen anderen Staat verlegt, nicht mehr als Rechtsperson anerkannt wird, da sie aus der Sicht des Staates ihrer (neuen) Hauptverwaltung nicht nach den dort geltenden Gründungsvorschriften rechtswirksam errichtet worden ist.

Im Gegensatz dazu erkennen die Staaten, die der sog. „Gründungstheorie" folgen,³ eine Gesellschaft stets und ohne Rücksicht auf die Frage, wo sich ihr Ort der Geschäftsleitung befindet, an, sofern sie wirksam nach dem Recht ihres Gründungsstaates errichtet worden ist. Die spätere Verlegung der Hauptverwaltung wäre aus der Sicht dieser Staaten unschädlich.

Der Theorienstreit zwischen den Anhängern der Sitztheorie und denen der Gründungstheorie spaltet auch die EU-Mitgliedstaaten in zwei Lager. Eine Einigung scheint nicht möglich. Die Vertreter der Sitztheorie befürchten eine „Unterwanderung" ihrer Rechtsordnung durch ausländische Gesellschaften, die nach ihrem Gründungsstatut geringeren Anforderungen hinsichtlich des Gläubigerschutzes, des Minderheitenschutzes und der Rechte der Arbeitnehmer unterliegen.⁴ Dem Theorienstreit haftet etwas Fundamentalistisches an; die Kluft scheint unüberbrückbar.

Vor diesem Hintergrund war wohl die Festlegung eines einheitlichen Satzungs- und Verwaltungssitzes in der SE-VO der „kleinste gemeinsame Nenner", auf den sich die Mitgliedstaaten unabhängig von der Frage ihres Kollisionsrechtes einigen konn-

---

1   Zu nennen sind hier *Belgien, Deutschland, Frankreich, Griechenland, Luxemburg* und *Spanien* (Vgl. *Widmann, S.*, in: Umwandlungsrecht / Umwandlungssteuerrecht, Kommentar, 2005, Anh. 7, Rdnr. 3, 9 sowie *Kindler, P.*, Internationales Gesellschaftsrecht, 1999, Rz. 382); *Österreich* wendet im Verhältnis zu Nicht-EU Staaten weiterhin die Sitztheorie an. Näher hierzu vgl. den Beitrag von *Wenz* in diesem Band.
2   Der mit dem von der SE-VO verwendeten Begriff der Hauptverwaltung i. S. d. Art. 64 SE-VO weitgehend gleichbedeutend sein dürfte.
3   Zu nennen sind hier: *Dänemark, Finnland, Irland, die Niederlande, Österreich* (im Verhältnis zu Gesellschaften aus anderen EU-Staaten, vgl. öOGH, Beschl. v. 15.07.1999, Az. 6 Ob 124/99z) *Schweden, Ungarn, Vereinigtes Königreich*, sowie *Griechenland* (nur für Schifffahrtsgesellschaften), *Portugal* und *Italien* (jeweils nur für inländische Gesellschaften, für ausländische Gesellschaften gilt die Sitztheorie, Art. 2505 It. codice civile) siehe *Widmann, S.*, Umwandlungsrecht / Umwandlungssteuerrecht, Kommentar, 2005, Anh. 7, Rdnr. 3, 9 sowie *Kindler, P.*, Internationales Gesellschaftsrecht, 1999, Rz. 381.
4   Vgl. *Göttsche, M.*, Centros-Urteil, 1999, S. 1402; *Bungert, H.*, Centros-Entscheidung, 1999, S. 1841; *Großfeld, B. / König, T.*, Gesellschaftsrecht, 1992, S. 433; *Ebenroth, C. T. / Eyles, U.*, Beteiligung ausländischer Gesellschaften, 1988.

ten. Sofern Satzungs- und Verwaltungssitz nicht auseinander fallen, stellt sich die Kollisionsfrage nicht; der Theorienstreit darf im Verborgenen weiter schwelen.[1]

Der Streit zwischen Sitz- und Gründungstheorie ist zwischenzeitlich durch den *EuGH* weitgehend zugunsten der Gründungstheorie entschieden worden. Nachdem das *EuGH*-Urteil vom 09.03.1999 in der Rechtssache *Centros*[2] nach herrschender Meinung[3] noch nicht die erhoffte Klärung zugunsten der Gründungstheorie gebracht hatte, gab das Vorabentscheidungsgesuch des VII. Senats des deutschen Bundesgerichtshofes[4] dem *EuGH* erneut Gelegenheit, zu der Streitfrage Stellung zu nehmen. Im Sachverhalt des Ausgangsrechtsstreits ging es um eine in den *Niederlanden* errichtete Kapitalgesellschaft in der Rechtsform einer BV, die ihren Ort der Geschäftsleitung ins Inland verlegt hatte und der als Folge der in *Deutschland* herrschenden Sitztheorie von den Instanzgerichten die Fähigkeit abgesprochen worden war, als Klägerin in einem Zivilprozess aufzutreten. In seiner Entscheidung vom 05.11.2002 in der Rechtssache „Überseering"[5] gelangte der Gerichtshof zu dem Ergebnis, dass die Aberkennung der Rechtspersönlichkeit der niederländischen BV mit inländischem Ort der Geschäftsleitung nicht mit der Niederlassungsfreiheit vereinbar sei. Vielmehr sei *Deutschland* als Zuzugsstaat verpflichtet, die nach dem Recht eines anderen Mitgliedstaats errichtete Gesellschaft auch dann rechtlich anzuerkennen, wenn diese ihre gesamte Aktivität nach *Deutschland* verlegt. Damit ist die Sitztheorie jedenfalls für Gesellschaften aus anderen Mitgliedstaaten der *EU* ihrer wesentlichen Rechtsfolge, nämlich der Aberkennung der Rechtsfähigkeit der betreffenden Gesellschaft, beraubt und darf als „zahnloser Tiger" lediglich formal weiter existieren. Lediglich für den Fall des Zuzugs einer in einem anderen Mitgliedstaat errichteten Gesellschaft, deren Gründungsstaat seinerseits die Sitztheorie anwendet, dürfte *Deutschland* in Anknüpfung an die Aberkennung der Rechtspersönlichkeit der wegziehenden Gesellschaft durch den Gründungsstaat die Sitztheorie weiterhin auf einen Zuzugsfall anwenden.

Keine Einschränkung hat die Sitztheorie durch die bisherige EuGH-Rechtsprechung für den Wegzugsfall einer nach deutschem Recht gegründeten Gesellschaft erfahren.

---

[1] Insofern ist es verfehlt, in der Festlegung eines einheitlichen Satzungs- und Verwaltungssitzes ein Bekenntnis der SE-VO zugunsten der Sitztheorie zu sehen. Die Frage der „richtigen" Kollisionstheorie stellt sich vielmehr mangels Kollision gar nicht erst.

[2] Vgl. *EuGH*, Urteil v. 09.03.1999 (Rs. C-212/97), EuGH Slg. 1999, I-1459, 1484.

[3] Vgl. *BGH*, Beschluss v. 30.03.2000, DB 53 (2000), S. 1114; vgl. auch *Schön, W.*, Sitzverlegung von Kapitalgesellschaften, 2000, S. 34-43.; *Eicker, K. / Müller, S.*, Sitztheorie, 1999, S. 231; *Roth, G. H.*, Gründungstheorie, 1999 S. 861 f.; *Ebke, W.*, Centros-Urteil, 1999, S. 656, f.; *Kindler, P.*, Scheinauslandsgesellschaften, 1999, S. 1993.

[4] Vgl. *BGH*, Beschluss v. 30.03.2000, DB 53 (2000), S. 1114.

[5] *EuGH*, Urteil v. 05.11.2002 Rs. C-208/00 (Überseering BV gegen Nordic Construction Company Baumanagement GmbG [NCC]), Slg. 2002, S. I-9919.

I.III. Sitzverlegung

Es ist nach Auffassung des EuGH Sache des Staats der Gründung einer Gesellschaft, über deren Fortbestand im Falle einer Sitzverlegung zu entscheiden. Daraus wird von der h. M.[1] in der Literatur der Schluss gezogen, dass die Sitztheorie im Fall des Wegzugs einer nach deutschem Recht gegründeten Gesellschaft weiterhin Geltung beanspruchen kann. In der Praxis dürften dies aber die wenigsten Fälle sein. Konzipiert wurde die Sitztheorie nicht zur Einschränkung des Wegzugs inländischer Gesellschaften, sondern zur Abwehr des Zuzugs von nach ausländischem Recht errichteten Gesellschaften. Gerade für diese Fälle aber ist die Anwendung der Sitztheorie nun weitgehend untersagt.

Nach derzeitiger Fassung der SE-VO sind doppelt ansässige SE – im Gegensatz zu sonstigen Kapitalgesellschaften nach Maßgabe der EuGH-Rechtsprechung - nicht zulässig[2], so dass sich eine vertiefte Darstellung der Besteuerung einer doppelt ansässigen SE zurzeit erübrigt.[3]

Das Erfordernis nach Art. 7 SE-VO, wonach eine SE ihren Sitz und ihre Hauptverwaltung im gleichen Mitgliedstaat haben muss, zeigt eine deutliche Parallele zu dem Vorentwurf für eine Vierzehnte Gesellschaftsrechtliche Richtlinie vom 22.04.1997 (sog. „Sitzverlegungsrichtlinie")[4] auf, wo in Art. 3 des Vorentwurfs ebenfalls eine simultane Verlegung von Satzungs- und Verwaltungssitz zwingend gefordert wird. Der Vorentwurf ist bislang noch nicht im Rat behandelt worden. Die Kommission hat jedoch angekündigt, dem Rat einen formellen Richtlinienvorschlag vorzulegen, der Sitzverlegungen für Kapitalgesellschaften zum Gegenstand hat[5]. Im Jahre 2004 führte die Kommission eine öffentliche Konsultation durch, die am 15.04.2004 abgeschlossen wurde[6]. Bis zur Verabschiedung des angekündigten Vorschlags für eine Sitzverlegungsrichtlinie wird die Sitzverlegung nach Art. 8 SE-VO die einzige ge-

---

[1] Vgl. nur *Kessler, W. / Huck, F. / Obser, R. / Schmalz, A.*, Wegzug, 2004, S. 821 m.w.N.
[2] Vgl. jedoch Art. 69 Buchst. a der SE-VO, nach dem die Kommission spätestens fünf Jahre nach Inkrafttreten der SE-VO dem Rat und dem Parlament einen Bericht über die Anwendung der SE-VO vorzulegen hat, in dem auch darauf einzugehen ist, ob die Zulassung einer doppelt ansässigen SE zweckmäßig ist.
[3] Zu der Frage, inwieweit doppelt ansässige Kapitalgesellschaften in den persönlichen Anwendungsbereich der Fusionsrichtlinie und des § 23 UmwStG fallen, vgl. *Thömmes, O.*, in: Außensteuerrecht, Kommentar, 2000, § 23 UmwStG Rdnr. 113-122; vgl. auch *Widmann, S.*, in: Umwandlungsrecht / Umwandlungssteuerrecht, Kommentar, 2005, Anhang 1 zu § 23 UmwStG, Rdnr. 18-48.
[4] S. Richtlinienvorentwurf zur Verlegung des Gesellschaftssitzes innerhalb der *EU*, abgedruckt in ZIP 1997, S. 1721-1724.
[5] *Europäische Kommission,* Mitteilung der Kommission an den Rat und das Europäische Parlament - Modernisierung des Gesellschaftsrechts und Verbesserung der Corporate Governance in der Europäischen Union – Aktionsplan, KOM (2003) 284 endg., S. 24.
[6] Vgl. die diesbezügliche Verlautbarung der Kommission auf ihrer web-site http://europa.eu.int/comm/internal_market/company/seat-transfer/2004-consult_de.htm.

sellschaftsrechtlich zugelassene Möglichkeit einer grenzüberschreitenden Sitzverlegung darstellen.

Ziel der Vorschriften der SE-VO zur Sitzverlegung ist die Erhaltung der Identität der ihren Sitz verlegenden Gesellschaft.

2. Steuerliche Behandlung nach derzeitiger Rechtslage

Eine steuerliche Regelung der grenzüberschreitenden Sitzverlegung fehlt bislang nach nationalem deutschen Steuerrecht. Auf europäischer Ebene liegt für die steuerliche Behandlung der grenzüberschreitenden Sitzverlegung aufgrund der ÄndRL zur FRL eine Regelung vor, die allerdings noch in deutsches Recht umzusetzen ist. Das gleiche gilt für eine Reihe weiterer Mitgliedstaaten. Nach Art. 2 Abs. 1 der ÄndRL müssen die Mitgliedstaaten die nationalen Rechts- und Verwaltungsvorschriften zur Umsetzung des Anwendungsfalls der Sitzverlegung einer SE und einer SCE bis spätestens zum 01.01.2006 erlassen haben. Das unharmonisierte Steuerrecht der einzelnen Mitgliedstaaten belegt die Sitzverlegung in der Regel mit drakonischen Folgen.

a. Wegzug einer im Inland errichteten SE ins Ausland

Verlegt nach Inkrafttreten der SE-VO eine in *Deutschland* errichtete SE ihren Satzungs- und Verwaltungssitz simultan[1] in einen anderen Mitgliedstaat der *EU*, so ist ein solcher Verlegungsbeschluss wohl grundsätzlich gesellschaftsrechtlich wirksam, die Besteuerungsfolgen richten sich jedoch in Ermangelung einer entsprechenden Umsetzung der Vorgaben der ÄndRL zur FRL bis auf Weiteres nach nationalem Recht, denn die SE-VO enthält keine Vorgaben für die steuerliche Behandlung einer solchen Sitzverlegung. Im Folgenden soll daher zunächst auf die derzeitige Rechtslage vor Umsetzung der ÄndRL zur FRL und nach Inkrafttreten der SE-VO eingegangen werden.

Nach derzeitiger Rechtslage führt die Verlegung des Sitzes einer unbeschränkt körperschaftsteuerpflichtigen Gesellschaft ins Ausland[2] nach § 12 Abs. 1 KStG dazu, dass die Folgen einer Liquidationsbesteuerung nach § 11 KStG greifen. Dies gilt unabhängig davon, ob nur der Satzungssitz oder der Verwaltungssitz oder beides Gegenstand der Verlegung ist; entscheidendes Tatbestandsmerkmal ist, dass die Gesellschaft durch die Verlegung aus der unbeschränkten Steuerpflicht ausscheidet.

---

[1] Zum Erfordernis einer gleichzeitigen Verlegung von Satzungs- und Verwaltungssitz siehe Art. 7, 64 SE-VO; vgl. auch oben Kapitel III.1.

[2] Das Gesetz differenziert nicht danach, ob es sich um einen ausländischen Staat innerhalb oder außerhalb der *EU* handelt.

I.III. Sitzverlegung

Die Rechtsfolge der §§ 12 Abs. 1 i. V. m. 11 KStG greifen unabhängig davon, ob das zugrunde liegende Zivilrecht einer im Inland errichteten Gesellschaft mit ausländischem Satzungs- oder Verwaltungssitz die Rechtsfähigkeit abspricht oder nicht. Für den Fall eines Beschlusses einer im Inland errichteten GmbH, ihren Satzungssitz ins Ausland zu verlegen, hat das Bayerische Oberste Landesgericht[1] entschieden, dass ein solcher Beschluss in einen Auflösungsbeschluss umzudeuten ist.[2] Diese zivilrechtliche Umdeutung kommt angesichts der Vorgaben der SE-VO nach deren Inkrafttreten für die SE zwar nicht mehr in Betracht. Unbeschadet der fortbestehenden Identität einer SE über die Sitzverlegung hinaus ordnet § 12 Abs. 1 KStG jedoch nach derzeitiger Rechtslage zwingend und unabhängig vom Gesellschaftsrecht eine Liquidationsbesteuerung an, falls Sitz und Ort der Geschäftsleitung nach Maßgabe von Art. 7, 8 SE-VO simultan ins Ausland verlegt werden.[3] Somit ist eine steuerneutrale identitätswahrende Sitzverlegung einer nach deutschem Recht errichteten Gesellschaft unter simultaner Verlegung von Satzungs- und Verwaltungssitz nach derzeitiger Rechtslage nicht möglich.

Es liegt auf der Hand, dass bei unveränderter Fortgeltung des § 12 Abs. 1 KStG über den Zeitpunkt des Inkrafttretens der SE-VO hinaus die nach dieser Vorschrift drohende Liquidationsbesteuerung dazu führen wird, dass die Vorschriften über die Sitzverlegung einer SE in der deutschen Unternehmenspraxis ins Leere laufen werden.

Gegen die Anwendung des § 12 Abs. 1 KStG und die in dieser Vorschrift angeordnete Rechtsfolge einer Liquidationsbesteuerung ist auch schon vor Verabschiedung des Statuts der SE in der Literatur eingewandt worden, dass für eine solch rigide Besteuerungsmaßnahme kein rechtspolitisches Bedürfnis bestehe.[4] Vielmehr wurde gefordert, dass § 12 Abs. 1 KStG insoweit einer teleologischen Reduktion unterzogen werden müsse, als nach der Sitzverlegung eine inländische Betriebsstätte zurückbleibt, in der die Wirtschaftsgüter der wegziehenden Gesellschaft einer fortdauernden Verhaftung der stillen Reserven unterworfen sind.[5]

---

[1] Vgl. *BayObLG*, Beschluss v. 07.05.1992, BayObLGZ 1992, S. 113-118.
[2] Sofern eine im Inland errichtete Gesellschaft außerhalb des Geltungsbereiches der SE-VO ihren Sitz ins Ausland verlegt, hat dies daher die unmittelbare Anwendung des § 11 KStG zur Folge.
[3] Vgl. *Thömmes, O.*, Identitätswahrende Sitzverlegung, 1993, S. 1021.
[4] Vgl. statt vieler *Hügel, H. F.*, Steuerrechtliche Hindernisse, 1999, S. 98 f. mit zahlreichen weiteren Nachweisen. *Hügel* begründet die teleologische Reduktion des § 12 KStG u. a. aus der Entstehungsgeschichte der Vorschrift. *Knobbe-Keuk, B.*, Körperschaftsteuerpflicht, 1990, S. 300; *Knobbe-Keuk, B.*, Wegzug und Einbringung, 1991, hat die teleologische Reduktion des § 12 KStG darüber hinaus auf die Niederlassungsfreiheit des Art. 43 EG-Vertrag gestützt.
[5] Vgl. *Hügel, H. F.*, Steuerrechtliche Hindernisse, 1999, S. 98 f., mit zahlreichen Nachweisen.

b. Zuzug einer im Ausland errichteten SE ins Inland

Für den umgekehrten Fall der Verlegung des Sitzes einer im EU-Ausland errichteten SE ins Inland fehlt zurzeit jegliche steuerliche Regelung. § 12 Abs. 1 KStG behandelt nach seinem eindeutigen Wortlaut nur den Fall der Hinausverlegung des Sitzes einer unbeschränkt körperschaftsteuerpflichtigen Gesellschaft ins Ausland.

Im Falle einer im Ausland errichteten SE, die ihren Sitz ins Inland verlegt, steht dem deutschen Fiskus von vornherein ein Besteuerungsrecht bezüglich der vor der Sitzverlegung entstandenen stillen Reserven im Vermögen der ihren Sitz verlegenden Gesellschaft nur zu, sofern deren Vermögen einer inländischen Besteuerung im Rahmen der beschränkten Steuerpflicht unterliegt. § 12 Abs. 2 KStG ist für die Sitzverlegung einer beschränkt körperschaftsteuerpflichtigen Gesellschaft ins Inland nicht einschlägig. Die Vorschrift erfasst nur die Fälle, dass die inländische Betriebsstätte einer beschränkt steuerpflichtigen Körperschaft aufgelöst, ins Ausland verlegt oder ihr Vermögen als Ganzes auf einen anderen übergeht. Keiner dieser Fälle ist einschlägig. Auf einen Rückgriff auf die Ausnahmevorschrift des § 12 Abs. 2 S. 2 KStG kommt es somit gar nicht an. Mangels eines Besteuerungstatbestands hat der deutsche Fiskus keine Möglichkeit, das inländische Betriebsvermögen einer beschränkt steuerpflichtigen SE bei deren Verlegung des Sitzes ins Inland einer Besteuerung zu unterwerfen. Für eine derartige Besteuerung besteht auch kein Bedürfnis, denn das inländische Betriebsvermögen der beschränkt steuerpflichtigen, im Ausland errichteten SE steht dem Zugriff des deutschen Fiskus weiterhin zur Verfügung. Durch die Verlegung ihres Sitzes ins Inland „wächst" die bislang beschränkt steuerpflichtige SE sogar in die unbeschränkte Körperschaftsteuerpflicht hinein, wodurch sich die Zugriffsmöglichkeit des deutschen Fiskus sogar verstärkt.[1]

c. Sitzverlegung im Ausland mit Inlandsbezug

Problematischer dürfte der Fall liegen, bei dem eine in einem anderen Mitgliedstaat errichtete beschränkt körperschaftsteuerpflichtige SE mit inländischer Betriebsstätte ihren Sitz nach Maßgabe des Art. 8 SE-VO in einen dritten Mitgliedstaat verlegt. Dieser Fall, der eine gewisse Parallele zum Fall einer Auslandsverschmelzung mit Inlandsbezug[2] aufweist, ist nach derzeitiger Rechtslage ebenfalls ohne steuerliche Regelung. § 12 Abs. 2 S. 1 KStG regelt nur den Fall, dass die inländische Betriebsstätte ins Ausland verlegt wird, nicht aber den Fall, dass bei Verbleib der inländischen Betriebsstätte und der zu ihr gehörenden Wirtschaftsgüter im Inland die im Ausland errichtete Stammhausgesellschaft ihren Sitz grenzüberschreitend „ins Aus-

---

[1] Zur Parallele im Fall der Hereinverschmelzung einer ausländischen Kapitalgesellschaft mit inländischem Betriebsvermögen bei Gründung einer SE vgl. oben Kapitel II.3.ab.
[2] Vgl. dazu oben Kapitel II.3.ac.

land" (sprich: einen dritten Staat) verlegt. Auch der „Übergang des Vermögens der Betriebsstätte als Ganzes auf einen anderen" liegt nicht vor. Die Sitzverlegung bleibt mangels einer steuerlichen Regelung ohne Besteuerungsfolgen für das inländische Betriebsvermögen der ihren Sitz verlegenden SE.

Ein Rückgriff auf das für den Fall der Hinausverschmelzung bemühte Konstrukt einer sog. „Sachauskehrung"[1] verbietet sich, weil der rechtliche Inhaber der Betriebsstätte nicht wechselt. Vielmehr setzt sich die Rechtsstellung der Stammhaus-SE aufgrund der ausdrücklichen und klaren Regelung in Art. 8 Abs. 1 SE-VO über die Sitzverlegung hinaus fort. Für die Annahme einer „Sachauskehrung" besteht weder Anlass noch Raum.

3. Die künftige steuerliche Regelung der Sitzverlegung einer SE nach Maßgabe der ÄndRL zur FRL

a. Der bisherige EG-rechtliche Rahmen aufgrund der ursprünglichen Fassung der FRL

Anders als für den Fall der grenzüberschreitenden Verschmelzung fehlte für den Fall einer grenzüberschreitenden Sitzverlegung in der ursprünglichen Fassung der FRL eine EG-rechtliche Vorgabe für die Regelung der Besteuerungsfolgen. An sich hätte es nahe gelegen, den Fall der grenzüberschreitenden Sitzverlegung vor oder zumindest zeitgleich mit der Verschmelzung aufzugreifen und deren steuerliche Folgen in einem gemeinsamen Richtlinienvorschlag zu regeln. In ihrem ehrgeizigen Bestreben, im Rahmen ihrer frühen Industriepolitik der 60er Jahre[2] europäische Großunternehmen durch grenzüberschreitende Fusionen zu schaffen, hat die Kommission es offenbar versäumt, den im Vergleich zur Verschmelzung weniger weitreichenden Fall der Sitzverlegung zum Gegenstand eines steuerlichen Richtlinienvorschlages zu machen. Entsprechend enthielt weder der ursprüngliche Vorschlag für eine steuerliche FRL aus dem Jahre 1969,[3] noch die spätere Überarbeitung dieses Richtlinienvorschlages eine Regelung für die grenzüberschreitende Sitzverlegung. An diesem Befund änderte sich auch dann nichts, als die Kommission im Jahre 1997 einen Vorentwurf für eine Vierzehnte Gesellschaftsrechtliche Richtlinie (sog. „Sitzverlegungsrichtlinie")[4] vorlegte, der die gesellschaftsrechtlichen Rahmenbedingungen für eine grenzüberschreitende Verschmelzung schaffen sollte. Der Umstand, dass das SE-

---

[1] Vgl. hierzu oben Kapitel II.3.aa.
[2] Vgl. oben Kapitel I.
[3] S. ABl. EG Nr. C 39 v. 22.03.1969, S. 1.
[4] S. Richtlinienvorentwurf zur Verlegung des Gesellschaftssitzes innerhalb der *EU*, abgedruckt in ZIP 1997, S. 1721-1724.

Statut bereits seit dem Vorschlag des Jahres 1970 die Möglichkeit der grenzüberschreitenden Sitzverlegung einer SE vorsah, gab der Kommission zunächst Veranlassung, in Art. 277 des Entwurfs des Statuts der SE von 1975 auch eine steuerliche Sonderregelung aufzunehmen, wonach die Realisierung der stillen Reserven zu unterbleiben hatte, soweit die Wirtschaftsgüter der ihren Sitz verlegenden SE weiterhin einer steuerlichen Betriebsstätte im bisherigen Sitzstaat zugerechnet werden konnten. Art. 277 des SE-VO-Vorschlags von 1975 wurde jedoch bereits im Rahmen der Überarbeitung des SE-VO-Vorschlags von 1991 gestrichen.[1] Dabei lag es angesichts der nach nationalem Recht der Mitgliedstaaten drohenden steuerlichen Folgen einer grenzüberschreitenden Sitzverlegung[2] auf der Hand, dass ohne entsprechende steuerliche Rahmenbedingungen auf EU-Ebene die Sitzverlegung einer SE in der Unternehmenspraxis keine nennenswerte Rolle spielen würde, es sei denn, einzelne Mitgliedstaaten wären bereit gewesen, sich zu liberalen unilateralen Regelungen auch ohne verbindliche Richtlinienvorgaben durchzuringen.[3]

Insgesamt vermittelt das bisherige Vorgehen der Kommission auf den Gebieten des Gesellschaftsrechts und des Steuerrechts den Eindruck eines unkoordinierten Nebeneinanders der verschiedenen Fachabteilungen. Auf steuerlichem Gebiet wird eine FRL verabschiedet, ohne dass der Vorschlag für eine Zehnte Richtlinie zur gesellschaftsrechtlichen Durchführung grenzüberschreitender Verschmelzungen vorangetrieben wird. Gesellschaftsrechtlich werden Maßnahmenvorschläge für eine grenzüberschreitende Sitzverlegung vorgelegt und im Rahmen der SE-VO auch teilweise in Kraft gesetzt, ohne die dazu erforderlichen steuerlichen Rahmenbedingungen, ohne die das gesellschaftsrechtliche Vorhaben Makulatur bleiben muss, zeitnah ebenfalls in Angriff zu nehmen.

Vor diesem Hintergrund ist es zu begrüßen, dass die Kommission am 17.10.2003 einen steuerlichen Richtlinienvorschlag für die grenzüberschreitende Sitzverlegung einer SE vorgelegt hat, der zwischenzeitlich auch am 17.02.2005 vom Rat angenommen wurde. Allerdings hat sie die steuerliche Regelung auf die SE und die SCE beschränkt, anstatt einen für alle Kapitalgesellschaften geltenden Vorschlag zu unterbreiten.

Das steuerliche Lösungskonzept, das die FRL für grenzüberschreitende Verschmelzungen bereit hält, taugt auch zur Lösung der steuerlichen Probleme einer grenz-

---

[1] Kritisch hierzu bereits *Wenz, M.*, Societas Europaea, 1993, S. 132.
[2] Zu den steuerlichen Folgen einer grenzüberschreitenden Sitzverlegung nach derzeitiger Rechtslage vgl. oben Kapitel III.2.
[3] Zu den Möglichkeiten einer unilateralen Regelung für die grenzüberschreitende Verschmelzung vgl. unten Kapitel III.3.b.

überschreitenden Sitzverlegung.[1] In beiden Fällen geht es darum, zugunsten des Staates der übertragenden bzw. wegziehenden Gesellschaft den zukünftigen Zugriff auf die unter seiner Steuerhoheit gelegten stillen Reserven zu sichern. In beiden Fällen beruht die Sicherstellung einer späteren Besteuerung der stillen Reserven auf dem Erfordernis einer steuerlichen Betriebsstätte im Staat der übertragenden bzw. wegziehenden Gesellschaft, die der Besteuerung in dem Staat, in dem sie belegen ist (Betriebsstättenstaat), unterliegt und in deren Betriebsstättenbilanz die Wirtschaftsgüter des Betriebsvermögens der übertragenden bzw. wegziehenden Gesellschaft weiterhin steuerverhaftet bleiben.

b. Die Vorgaben der Änderungsrichtlinie zur FRL

Mit der am 17.02.2005 vom Rat verabschiedeten Richtlinie 2005/19/EG zur Änderung der FRL[2] wurden in die FRL neue Bestimmungen in Form der Art. 10b bis 10d eingefügt, die in Anlehnung an die für Verschmelzungen geltenden Regelungen eine steuerneutrale Behandlung der Sitzverlegung einer SE und einer SCE zum Gegenstand haben. Ähnlich wie für den Fall der Verschmelzung macht Art. 10b der FRL in der Fassung nach der ÄndRL zur FRL die Steuerneutralität der Sitzverlegung davon abhängig, dass die ihren Sitz verlegende SE in ihrem bisherigen Ansässigkeitsstaat eine steuerliche Betriebsstätte hinterlässt, der nach dem Wegzug die Wirtschaftsgüter der wegziehenden Gesellschaft und die darin enthaltenen stillen Reserven zugerechnet werden können. Entsprechend den für die Verschmelzung geltenden Regelungen in Art. 5 FRL sieht Art. 10c FRL für den Fall der Sitzverlegung vor, dass als Bedingung für die Steuerneutralität Rückstellungen und Rücklagen, die von der SE vor der Verlegung des Sitzes ordnungsgemäß gebildet wurden und ganz oder teilweise steuerbefreit sind sowie nicht aus Betriebsstätten im Ausland stammen, von der Betriebsstätte der SE mit der gleichen Steuerbefreiung übernommen werden können.

Leider sah der Richtliniengeber keine Veranlassung, eine für alle Kapitalgesellschaften geltende steuerliche Regelung der Sitzverlegung in die FRL aufzunehmen. Vielmehr beschränkte er sich darauf, nur die in der SE-VO sowie der SCE-VO[3] vorgesehenen Fälle der Sitzverlegung einer SE bzw. SCE steuerlich zu regeln. Sollte es

---

[1] Aus diesem Grunde schlägt *Wenz, M.*, Societas Europaea, 1993, S. 132, eine analoge Anwendung des Art. 4 Abs. 1 und 2, 5, 6 FRL für den Fall der Sitzverlegung einer SE vor.

[2] Richtlinie 2005/19/EG des Rates v. 17.02.2005 zur Änderung der Richtlinie 90/434/EWG über das gemeinsame Steuersystem für Fusionen, Spaltungen, die Einbringung von Unternehmensteilen und den Austausch von Anteilen, die Gesellschaften verschiedener Mitgliedstaaten betreffen, ABl. EU Nr. L 58 v. 04.03.2005, S. 19-27.

[3] Verordnung (EG) Nr. 1435/2003 des Rates v. 22.07.2003 über das Statut der Europäischen Genossenschaft (SCE), ABl. EU Nr. L 207 v. 18.08.2003, S. 1-24.

zur Verabschiedung der von der Kommission bereits angekündigten[1] gesellschaftsrechtlichen Sitzverlegungsrichtlinie kommen, so müsste die FRL erneut geändert werden, um die nun für die SE und die SCE vorgesehene steuerliche Regelung auf alle Gesellschaftsformen auszudehnen.

Entsprechend der für Verschmelzungen, Spaltungen und den Austausch von Anteilen geltenden Regelung in Art. 6 der FRL sieht Art. 10b Abs. 2 FRL nun auch für den Fall der Sitzverlegung die Möglichkeit der Übertragung von Verlustvorträgen aus der Zeit vor der Sitzverlegung auf die nach der Sitzverlegung zurückbleibende Betriebsstätte vor, sofern der betreffende Mitgliedstaat für Sitzverlegungen innerhalb seines Hoheitsgebiets einen Verlustübergang zulässt.

Art. 10d der FRL regelt in Anlehnung an Art. 8 der FRL die steuerliche Behandlung der Gesellschafter der ihren Sitz verlegenden Gesellschaft und ordnet an, dass die Verlegung des Sitzes für sich allein keine Besteuerung eines sich aus der Sitzverlegung ergebenden fiktiven Veräußerungsgewinns der Gesellschafter auslösen darf.

c. Frage der unmittelbaren Anwendung der FRL bei unterbliebener Umsetzung des Anwendungsfalles der Sitzverlegung

Sollte der deutsche Gesetzgeber nicht innerhalb der von Art. 2 der ÄndRL zur FRL gesetzten Frist handeln und die zur Umsetzung der steuerlichen Vorschriften der Sitzverlegung einer SE erforderlichen Rechts- und Verwaltungsvorschriften nicht bis zum 01.01.2006 in deutsches Recht umgesetzt haben, stellt sich – wie bereits für den Fall der Verschmelzung erörtert – die Frage einer unmittelbaren Anwendbarkeit der FRL. Die Regelungen in Art. 10b-10d der FRL dürften die Voraussetzungen der unmittelbaren Anwendbarkeit von Richtlinienbestimmungen erfüllen, da sie eine für den Steuerpflichtigen begünstigende Regelung darstellen, hinreichend genau formuliert („self-executing") sind und dem Mitgliedstaat kein Ermessensspielraum verbleibt[2].

Unter der Bedingung, dass die wegziehende SE in ihrem bisherigen Ansässigkeitsstaat eine steuerliche Betriebsstätte zurücklässt, ist die Sitzverlegung in unmittelbarer Anwendung der Art. 10b-10d FRL steuerneutral zu behandeln.

Dem Staat der wegziehenden Gesellschaft wird durch einen temporären Besteuerungsverzicht im Zeitpunkt der Sitzverlegung kein dauerhafter Verlust hinsichtlich der unter seiner Steuerhoheit gelegten stillen Reserven auferlegt. Vielmehr bleiben

---

[1] S. unten Kapitel III.1.
[2] Zu den Voraussetzungen der unmittelbaren Anwendbarkeit von Richtlinien *Thömmes, O.;* Vor § 23 UmwStG, Rz. 60-66, in: *Flick, H. / Wassermeyer, F. / Baumhoff H.*, Außensteuerrecht, Kommentar, 1999; s. a. Kapitel II.3.c.

diese im Rahmen der aus der wegziehenden Gesellschaft hervorgehenden inländischen Betriebsstätten weiterhin seinem Zugriff ausgesetzt. Der Besteuerungsverzicht des Wegzugsstaates könnte für den Fall eines Wegzugs in einen Staat, der der Anrechnungsmethode für ausländische Betriebsstätten folgt, von der Bedingung abhängig gemacht werden, dass der Zuzugsstaat entweder die Wirtschaftsgüter der im Wegzugsstaat verbleibenden Betriebsstätte mit dem Teilwert im Zeitpunkt der Sitzverlegung ansetzt oder bei einer späteren Auflösung oder Veräußerung der Betriebsstätte oder einzelner Wirtschaftsgüter des Betriebsstättenvermögens im Rahmen der eigenen Besteuerung eine fiktive Anrechnung der im Betriebsstättenstaat ohne Anwendung der FRL entstehenden Steuer nach Maßgabe des Art. 10 Abs. 2 FRL gewährt.[1]

Für eine in einem dritten Mitgliedstaat belegene Betriebsstätte der wegziehenden Gesellschaft, deren Gewinne ohnehin aufgrund DBA von der deutschen Besteuerung freigestellt sein dürften, kommt in Anlehnung an Art. 10 Abs. 1 S. 2 FRL eine letztmalige Nachversteuerung eventueller früherer Verlustabzüge nach § 2a Abs. 3 EStG[2] in Betracht.

IV. Umstrukturierung

1. Umwandlung einer SE in eine Aktiengesellschaft nationalen Rechts

a. Gesellschaftsrechtlich

Art. 66 SE-VO sieht für eine SE die Möglichkeit vor, sich in eine dem Recht ihres Sitzstaates unterliegende Aktiengesellschaft „rückumzuwandeln". Allerdings darf ein solcher Beschluss erst zwei Jahre nach Eintragung der SE oder nach Genehmigung der ersten beiden Jahresabschlüsse gefasst werden.[3] Wie die Umwandlung einer nationalen Gesellschaft in eine SE hat auch die Umwandlung einer SE in eine

---

[1] Denn ein einseitiger Verzicht auf das eigene Besteuerungsrecht wäre dem Wegzugsstaat nur schwer zuzumuten, wenn dies lediglich dazu führte, dass der Zuzugsstaat als neuer Ansässigkeitsstaat der wegziehenden Gesellschaft auf den Gewinn einschließlich der Aufdeckung von vor dem Zuzug gelegten stillen Reserven eine volle, nicht um die anteilige Steuer im Wegzugsstaat gemilderte, eigene Steuer erhebt. In diesem Fall käme nämlich der Besteuerungsverzicht des Wegzugsstaates nicht der wegziehenden Gesellschaft, sondern allein dem Zuzugsstaat zugute.
[2] In der Fassung vor Steuerentlastungsgesetz 1999/2000/2002 v. 24.03.1999, BGBl. I 1999, S. 402; zur letztmaligen Anwendung s. § 52 Abs. 3 S. 2 EStG.
[3] S. Art. 66 Abs. 1 S. 2 SE-VO.

Aktiengesellschaft des nationalen Rechts weder die Auflösung der Gesellschaft, noch die Gründung einer neuen Gesellschaft zur Folge.[1]

b. Steuerrechtlich

Da es sich bei der „Umwandlung" einer SE in eine Aktiengesellschaft des nationalen Rechts nur um eine sog. „formwechselnde Umwandlung" handelt, bei der die Rechtsidentität der umzuwandelnden Gesellschaft und ihr Steuerstatus nicht verändert werden, bleibt die Umwandlung ohne steuerliche Folgen.[2]

2. Mitwirkung einer SE an einer Umwandlung, Verschmelzung oder sonstigen Umstrukturierungsmaßnahme

a. Gesellschaftsrechtlich

Schon bisher stellten die Art. 3 und 10 SE-VO eine SE den nach dem Recht des Sitzstaates gegründeten Aktiengesellschaften gleich. Dies heißt, dass eine SE in den Fällen des Art. 2 Abs. 1 bis 3 SE-VO selbst Gründungsgesellschaft einer weiteren SE sein kann. Auch außerhalb der Gründungsvorschriften der Art. 2 SE-VO kann eine SE wie jede andere Aktiengesellschaft des nationalen Rechts nach den jeweiligen, für Aktiengesellschaften geltenden Rahmenbedingungen an einer nach dem Recht ihres Sitzstaates vorgesehenen Umwandlung oder sonstigen Umstrukturierungsmaßnahme teilnehmen. Dies umfasst z. B. auch die Möglichkeit der Verschmelzung einer SE auf eine Gesellschaft des nationalen Rechts. Aufgrund Art. 66 SE-VO dürfte als aufnehmende Gesellschaft aber nur eine Aktiengesellschaft in Betracht kommen. Des Weiteren ist die 2-Jahres-Frist des Art. 66 Abs. 1 S. 2 SE-VO zu beachten.

b. Steuerrechtlich

In allen vorgenannten Fällen, in denen eine SE wie eine sonstige Aktiengesellschaft ihres Sitzstaates an einer Umstrukturierung teilnimmt, unterliegt sie den dortigen Besteuerungsregelungen, die für alle Aktiengesellschaften des betreffenden Mitgliedstaates gelten. Steuerliche Sonderregelungen für die SE sieht die SE-VO weder für die Gründung, noch für die spätere Umstrukturierung einer SE nach Gründung vor. Eine steuerliche Sonderbehandlung der SE hat die Kommission aus politischen

---

[1] S. Art. 66 Abs. 2 SE-VO.
[2] Zur steuerlichen Behandlung der Umwandlung einer bestehenden Gesellschaft in eine SE vgl. oben Kapitel II.6.

Gründen[1] bewusst abgelehnt. Allerdings dürfen die steuerlichen Rahmenbedingungen für eine SE auch nicht ungünstiger sein als für nationale Gesellschaften. Sollte dies im Einzelfall doch der Fall sein, läge eine EG-rechtlich nicht zulässige Diskriminierung zu Lasten der SE vor, gegen die gerichtlich mit Erfolg vorzugehen wäre. Die ÄndRL zur FRL vom 17.02.2005 hat nun im Anhang zu Art. 3 der FRL eine formale Aufnahme der SE in den Kreis der von der RL begünstigten Rechtsformen und damit eine Gleichstellung mit anderen Gesellschaftsformen mit sich gebracht.

3. Einbringung von Unternehmensteilen durch eine SE

Wie jede andere Aktiengesellschaft kann eine SE auch nach Maßgabe der umwandlungsrechtlichen Vorschriften ihres Sitzstaates Teile ihres Betriebsvermögens in eine andere Gesellschaft ihres Sitzstaates einbringen. Sofern sich die aufnehmende Gesellschaft in einem anderen Mitgliedstaat der *EU* befindet (grenzüberschreitende Einbringung), kommt eine Anwendung der FRL auch auf die SE als einbringende Gesellschaft in Betracht. In gleicher Weise kann eine SE auch aufnehmende Gesellschaft im Rahmen einer grenzüberschreitenden Einbringung sein.

Aufgrund der Ergänzung des Anhangs zur FRL durch die ÄndRL zur FRL vom 17.02.2005 ist die SE nun auch formal in den rechtsformspezifischen Katalog im Anhang zur FRL aufgenommen worden.

4. SE als Tauschpartner beim Anteilstausch oder als Objekt eines Anteilstauschs

Eine SE kann, wie jede andere Aktiengesellschaft auch, Tauschpartner bei einem Anteilstausch auf nationaler und grenzüberschreitender Ebene sein. Hinsichtlich des Kreises der von der FRL erfassten Rechtsformen ist auch hier die formale Aufnahme der SE in den Anhang zu Art. 3 FRL aufgrund der ÄndRL zur FRL vom 17.02.2005 zu beachten. Entsprechend kann eine Beteiligung an einer SE, welche die erforderliche Mehrheit der Stimmrechte vermittelt, auch taugliches Objekt eines Anteilstauschs i. S. d. Art. 2 Buchst. d FRL sein. Aufgrund eines solchen Anteilstauschs kann eine zunächst als Holding-SE gegründete SE auch später zur Tochtergesellschaft einer anderen SE oder einer anderen nationalen Gesellschaft werden.

---

[1] Vgl. oben Kapitel I.3.

5. Zusammenfassung

Aufgrund der vielfältigen Umstrukturierungsmöglichkeiten, die sich für die SE aufgrund ihrer grundsätzlichen Gleichstellung mit nationalen Aktiengesellschaften der Mitgliedstaaten ergeben, ist davon auszugehen, dass die SE sich wie jede andere Gesellschaft auch in bestehende Konzernstrukturen einfügt und dort keine Außenseiterrolle einnimmt. Die durch diese Gleichstellung mit nationalen Gesellschaften geschaffene Flexibilität wird die Akzeptanz der SE im Rechtsverkehr wesentlich fördern. Zu hoffen ist, dass schon nach wenigen Jahren eine SE in der Unternehmenspraxis als völlig „normale" Erscheinungsform unternehmerischen Handelns wahrgenommen wird und somit ein weiteres Stück „europäische Normalität" entsteht.

V. Laufende Besteuerung

1. Gleichstellung der SE mit nach dem Recht eines Mitgliedstaates errichteten Aktiengesellschaften

Hinsichtlich der laufenden Besteuerung steht die SE den nach dem Recht eines Mitgliedstaates errichteten Aktiengesellschaften gleich. Art. 10 SE-VO schreibt vor, dass die SE in jedem Mitgliedstaat wie eine Aktiengesellschaft behandelt wird, die nach dem Recht des Sitzstaates der SE gegründet wurde. Als solche unterliegt die SE in ihrem Sitzstaat, wie jede andere Aktiengesellschaft des Sitzstaates, der dortigen unbeschränkten Steuerpflicht. Aufgrund der grundsätzlichen Gleichstellung mit einer Aktiengesellschaft wäre eine in *Deutschland* errichtete SE unbeschränkt körperschaftsteuerpflichtig nach § 1 Abs. 1 Nr. 1 KStG. Die SE-VO enthält keinerlei steuerliche Sondervorschriften für die SE.[1] Dies gilt auch für die zahlreichen steuerlichen Fragen, welche die grenzüberschreitende Tätigkeit einer SE aufwirft. Die Kommission ist sich über die fortbestehenden steuerlichen Hindernisse bewusst, die sich einer grenzüberschreitenden Unternehmenstätigkeit in der Gemeinschaft in den Weg stellen.[2] Sie geht aber davon aus, dass diese Hindernisse im Rahmen von geeigneten Maßnahmenvorschlägen für alle Unternehmen beseitigt werden müssen und eine steuerliche Sonderregelung nur für die SE zu neuen steuerlichen Verzerrungen und Wettbewerbsnachteilen für andere Rechtsformen führen würde.[3] Je nach dem, welcher Gründungsvorgang für die Errichtung einer SE gewählt wurde, erge-

---

[1] Dies beruhte auf einer bewussten politischen Entscheidung der Kommission und ihr folgend des Rates bei Verabschiedung der SE-VO; vgl. oben unter Kapitel I.
[2] S. SEK (2001) 1681, S. 468.
[3] Vgl. oben unter Kapitel I.3.

ben sich unterschiedliche Konstellationen für die laufende Besteuerung der sich aus der Gründung ergebenden grenzüberschreitenden Besteuerungssachverhalte.

2. Laufende Besteuerung nach Gründung einer SE durch Hereinverschmelzung

a. Besteuerung im Gewinnfall

Wird eine SE im Inland durch Verschmelzung von zwei oder mehreren Aktiengesellschaften aus anderen EU-Mitgliedstaaten gegründet,[1] so geht das gesamte Betriebsvermögen der übertragenden Gesellschaften rechtlich auf die inländische SE über; das Betriebsvermögen verbleibt aber physisch im Sitzstaat der übertragenden Gesellschaften[2] und bildet dort eine ausländische Betriebsstätte. *Deutschland* hat als Sitzstaat der SE mit allen EU-Mitgliedstaaten ein DBA geschlossen, das die Besteuerung einer im Ausland belegenen Betriebsstätte dem Betriebsstättenstaat zuweist[3]. Dementsprechend stellt *Deutschland* die Gewinne der ausländischen Betriebsstätte frei.[4]

Im Gewinnfall stellt sich zwischen Stammhaus-SE und ausländischer Betriebsstätte das Problem der Gewinnabgrenzung. Diese richtet sich nach den einschlägigen Vorschriften der Doppelbesteuerungsabkommen[5] sowie auf deutscher Seite nach den von der Finanzverwaltung erlassenen Verwaltungsanweisungen im sog. „Betriebsstättenerlass".[6]

In der etwas euphemistischen Lesart der Europäischen Kommission stellt die Möglichkeit, in allen 25 Mitgliedstaaten über eine einzige juristische Person mit Niederlassungen anstatt von Tochtergesellschaften zu operieren, einen Vorteil dar, der sich insbesondere auf die Verwaltungskosten positiv niederschlagen soll.[7] Für bestimmte Unternehmensbranchen dürfte in der Tat ein Netz von Zweigniederlassungen (steuerlich: Betriebsstätten) Vorteile mit sich bringen, wenn man beispielsweise an Finanzdienstleistungsunternehmen und die durch die 2. Bankenrichtlinie[8] sowie die

---

[1] Vgl. oben Kapitel II.3.
[2] Bzw. in einem dritten Staat, wenn die übertragende Gesellschaft bereits vor der Verschmelzung über eine ausländische Betriebsstätte in einem dritten Staat verfügte.
[3] Allerdings existieren in einigen DBA Aktivitätsvorbehalte, siehe hierzu oben Kapitel II.3.aba.
[4] Vgl. *Wassermeyer, F.,* in: DBA, Kommentar, 2003, Art. 23A, Rdnr. 2.
[5] S. Art. 5 und 7 OECD-MA.
[6] S. Betriebsstättenerlass des *BMF* v. 24.12.1999, BStBl. I 1999, S. 1075-1120.
[7] Vgl. *Blanquet, F.,* Statut, 2002, S. 34 f, die von der Möglichkeit „schlankerer kostengünstigerer Strukturen" spricht.
[8] S. Richtlinie 89/646/EWG v. 15.12.1989, ABl. EG Nr. L 386 v. 30.12.1989, S. 1.

3. Versicherungsrichtlinie[1] geschaffenen Möglichkeiten für in einem Mitgliedstaat der Gemeinschaft niedergelassene Gesellschaften denkt, mit einer einheitlichen Zulassung (sog. „European Passport")[2] in allen Mitgliedstaaten der EU zu operieren, ohne den jeweiligen einzelstaatlichen Anforderungen an die Zulassung, die Aufbringung des Haftkapitals, der Aufsicht und der Rechnungslegung Folge leisten zu müssen. Für andere Unternehmen, etwa im Bereich der industriellen Fertigung, dürfte die Organisationsform der Betriebsstätte aber, nicht nur aus steuerlichen Gründen,[3] eher unüblich sein. Hinzu kommen die praktischen Schwierigkeiten der Gewinnabgrenzung zwischen Stammhaus und Betriebsstätte.[4] Der Vorteil einer einheitlichen Rechtsform für die grenzüberschreitende Unternehmenstätigkeit in Europa stößt sich an den fortbestehenden Steuergrenzen zwischen den 25 Mitgliedstaaten. Einen echten Fortschritt im Sinne von Vereinfachung/Verschlankung der Verwaltung stellt das Nebeneinander von im Extremfall 25 Betriebsstättengewinnermittlungen nach 25 verschiedenen Gewinnermittlungsregelungen jedenfalls nicht dar. Möglicherweise wird das Erfordernis einer Angleichung der Steuerrechtsordnungen der Mitgliedstaaten aufgrund der Existenz der SE künftig deutlicher zutage treten. Dies gilt insbesondere für die Ermittlung des steuerpflichtigen Gewinns. Es ist zu hoffen, dass die Bestrebungen der Kommission zur Schaffung einer einheitlichen Bemessungsgrundlage[5] bald Früchte tragen.

Sollte die ausländische Gründungsgesellschaft, die mit der ansässigen Gesellschaft zur SE verschmolzen wurde, eine Beteiligung an einer inländischen Tochtergesellschaft gehalten haben, die zuvor in den Anwendungsbereich der Mutter-/Tochter-Richtlinie gefallen war, so stellt sich die Frage, ob *Deutschland* als Ansässigkeitsstaat der Tochtergesellschaft weiterhin die Quellensteuerbefreiung gewähren muss, sofern die Beteiligung weiterhin der im ehemaligen Ansässigkeitsstaat der ausländischen Gründungsgesellschaft verbleibenden Betriebsstätte zugerechnet werden kann. Die Mutter-/Tochter-Richtlinie in ihrer ursprünglichen Fassung aus dem Jahre 1990 erfasste einen solchen Fall nicht, denn die Betriebsstätte als solche war nicht richtlinienbegünstigt und die beiden Gesellschaften sind im selben Staat ansässig. Nach der Änderung der Mutter-/Tochter-Richtlinie durch die Änderungsrichtlinie vom

---

[1] S. Richtlinie 92/96/EWG v. 10.11.1992, ABl. EG Nr. L 360 v. 09.12.1992, S. 1; Richtlinie 92/49/EWG v. 18.06.1992, ABl. EG Nr. L 228 v. 11.08.1992, S. 1.
[2] Vgl. *Eicker, K.*, Permanent Establishments, 2004, S. 43 f.
[3] Zu denken wäre etwa an Produkthaftungsrisiken, die in der Regel die Abschirmung durch eigene Tochterkapitalgesellschaften nahe legen.
[4] Vgl. *Wassermeyer, F.*, in: DBA, Kommentar, 2001, Art. 7, Rn. 188-194.
[5] S. Kapitel I.2.

22.12.2003[1] gilt nun auch eine Betriebsstätte als richtlinienbegünstigt, wenn Muttergesellschaft und Tochtergesellschaft im selben Mitgliedstaat ansässig sind. Der deutsche Gesetzgeber hat dies durch das EURLUmsG v. 09.12.2004[2] mittels Änderung des § 43b Abs. 1, 2 und 2a EStG umgesetzt

Ist eine SE „verbundenes Unternehmen" i.S.d. Art. 1 Abs. 7, Art. 3 Buchst. b Zinsen-/Lizenzgebührenrichtlinie[3] zur Zahlung von Zinsen oder Lizenzgebühren an ein verbundenes Unternehmen eines anderen EU-Mitgliedstaats verpflichtet, ist darauf hinzuweisen, dass die SE nach derzeitiger Rechtslage nicht in den Anwendungsbereich der Zinsen-Lizenzgebührenrichtlinie fällt. Ein entsprechender Vorschlag zur Ergänzung der Richtlinie v. 30.12.2003[4] ist noch nicht vom Rat angenommen worden, so dass die Regelungen des jeweils einschlägigen DBA zur Anwendung kommen.

b. Besteuerung im Verlustfall

Besondere Probleme entstehen, wenn die ausländische Betriebsstätte der inländischen Stammhaus-SE Verluste erleidet, während das Stammhausunternehmen einen Gewinn erzielt. Die in dem SE-VO-Vorschlag von 1989[5] noch vorgesehene Vorschrift des Art. 133 VO-Vorschlag sah einen grenzüberschreitenden Abzug von Betriebsstättenverlusten vom Gewinn der Stammhaus-SE vor. Diese einzige noch im VO-Entwurf verbliebene steuerliche Sonderregelung fiel aber in den weiteren Beratungen der Streichung zum Opfer und ist in der letztlich verabschiedeten SE-VO nicht mehr enthalten.[6]

Die noch bis einschließlich VZ 1998[7] nach deutschem Steuerrecht vorgesehene Möglichkeit, nach § 2a Abs. 3 EStG Verluste einer ausländischen Betriebsstätte auf Antrag auch dann vom Gewinn des inländischen Stammhausunternehmens abziehen zu können, wenn das DBA mit dem Betriebsstättenstaat die Freistellungsmethode

---

[1] Richtlinie 2003/123/EG des Rates v. 22.12.2003 zur Änderung der Richtlinie 90/435/EWG über das gemeinsame Steuersystem der Mutter- und Tochtergesellschaften verschiedener Mitgliedstaaten, ABl. EU Nr. L 7 v. 13.01.2004, S. 41-44.
[2] BStBl. I 2004, S. 1158.
[3] Richtlinie 2003/49/EG des Rates v. 03.06.2003 über eine gemeinsame Steuerregelung für Zahlungen von Zinsen und Lizenzgebühren zwischen verbundenen Unternehmen verschiedener Mitgliedstaaten, ABl. EU Nr. L 157 v. 26.06.2003, S. 49-54.
[4] Vorschlag für eine Richtlinie des Rates zur Änderung der Richtlinie 2003/49/EG über eine gemeinsame Steuerregelung für Zahlungen von Zinsen und Lizenzgebühren zwischen verbundenen Unternehmen verschiedener Mitgliedstaaten v. 30.12.2003, KOM (2003) 841 endg.
[5] S. KOM (1989) 268 endg., ABl. EG Nr. C 263 v. 16.10.1989, S. 41.
[6] Vgl. oben Kapitel I.3.
[7] Gem. § 52 Abs. 3 S. 2 EStG.

für die Betriebsstättengewinne vorsieht,[1] wurde im Rahmen der Steuerreform 1999 ersatzlos gestrichen.[2] Als Folge bleiben die Verluste, die eine im Inland errichtete SE in ihren ausländischen Betriebsstätten erleidet, von der inländischen steuerlichen Bemessungsgrundlage ausgeklammert, während auf die inländischen Gewinne des Stammhausunternehmens Steuern zu zahlen sind. Es liegt auf der Hand, dass eine solche Besteuerung nichts mit einem europäischen Binnenmarkt gemein hat.[3]

Der von der Kommission im Jahre 1991 vorgelegte Vorschlag für eine Verlustrichtlinie[4] hat seit seiner Vorlage durch die Kommission keine wesentlichen Fortschritte im Rat erzielt und wurde von der Kommission deshalb offiziell zurückgezogen[5].

In der Literatur ist wiederholt argumentiert worden, die EG-rechtlichen Grundfreiheiten ließen einen Abzug von ausländischen Betriebsstättenverlusten auch ohne entsprechende EG-rechtliche Harmonisierungsmaßnahmen zu.[6] Dabei wird insbesondere auf das *EuGH*-Urteil vom 14.12.2000 in der Rechtssache *AMID*[7] hingewiesen.[8] In diesem Urteil habe der *EuGH* einen generellen Vergleich zwischen der Situation eines (belgischen) Stammhauses mit ausländischer Betriebsstätte und eines (belgischen) Stammhauses mit inländischer Betriebsstätte zugrunde gelegt und sei dabei zu der Aussage gelangt, dass jegliche Schlechterstellung der Situation des (belgischen) Stammhauses mit ausländischer Betriebsstätte im Vergleich zum Inlandsfall eine Behinderung der Niederlassungsfreiheit darstelle. Auf die Frage, in „welche Richtung" die Verlustberücksichtigung erfolgen soll, ob von der Betriebsstätte auf das Stammhaus oder umgekehrt, komme es gar nicht an. Dem ist entgegen zu halten, dass es in der *AMID*-Entscheidung gerade nicht um die Frage ging, ob bei einem belgischen Stammhausunternehmen ein in einer ausländischen Betriebsstätte erlittener Verlust zum Abzug vom Gewinn des belgischen Stammhauses zugelassen

---

[1] Was in allen DBA zwischen *Deutschland* und den EU-Mitgliedstaaten für *Deutschland* als Ansässigkeitsstaat der Fall ist, vgl. *Wassermeyer, F.,* in: DBA, Kommentar, 2001, Art. 23A, Rdnr. 2.
[2] S. Steuerentlastungsgesetz 1999/2000/2002 v. 24.03.1999, BGBl. I 1999, S. 402.
[3] Vgl. *Kessler, W. / Schmitt, C. P. / Janson, G.,* Berücksichtigungsverbot, 2001, S. 732.; *Ritter, W.,* Perspektiven, 2001, S. 430; *Saß, G.,* Verlustberücksichtigung, 2001, S. 508; *Lehner, M.,* RIW-Kommentar, 2001, S. 387.
[4] S. Vorschlag für eine Richtlinie des Rates über eine Regelung für Unternehmen zur Berücksichtigung der Verluste ihrer in anderen Mitgliedstaaten belegenen Betriebsstätten und Tochtergesellschaften v. 06.12.1990, KOM (1990) 595, ABl. EG Nr. C 53 v. 28.02.1991, S. 30.
[5] S. Kapitel I.3.
[6] Vgl. i. d. S. u. a. *Saß, G.,* Verlustberücksichtigung, 2001, S. 508-510; *Dautzenberg, N.,* Gleichbehandlungsgebot, 2001, S. 270; *Ritter, W.,* Perspektiven, 2001, S. 430; *Kessler, W. / Schmitt, C. P. / Janson, G.,* Berücksichtigungsverbot, 2001, S. 733.
[7] *EuGH*, Urteil v. 14.12.2000 (Rs. C-141/99), EuGH Slg. 2000, I-11619.
[8] Eingehend zu den einschlägigen Urteilen des *EuGH,* die für die Frage des grenzüberschreitenden Verlustabzugs in Betracht kommen, vgl. *Thömmes, O.,* Vereinbarkeit der Organschaftsregeln mit dem EG-Recht, 2003, S. 528-530.

wird. Vielmehr ging es in dem Ausgangsfall um ein belgisches Stammhausunternehmen, welches in *Belgien* einen Verlust erlitten hatte, für den das Unternehmen einen Verlustvortrag in das Folgejahr der Verlustentstehung geltend machen wollte. Diesem (zeitlichen) Verlustvortrag eines in *Belgien* erlittenen Verlustes zum Zwecke des Ausgleichs mit einem in einem späteren Wirtschaftsjahr ebenfalls in *Belgien* entstehenden Gewinn standen jedoch die Vorschriften des belgischen Steuerrechts entgegen, welche den Verlustvortrag beschränkten: Ein Verlustvortrag sollte auf Ebene des belgischen Stammhauses nur dann zulässig sein, soweit nach Verrechnung dieses Verlustes mit dem Gewinn einer luxemburgischen Betriebsstätte des Stammhausunternehmens noch ein Gesamtverlust verbleibt. Dies hatte wiederum zur Folge, dass das belgische Stammhausunternehmen seinen in *Belgien* erlittenen Verlust nicht vortragen konnte, wobei der in *Luxemburg* entstandene Gewinn aber auch nicht mit dem belgischen Verlust verrechnet werden konnte. In diesem Zusammenhang stellte der *EuGH* den Vergleich zu einer belgischen Betriebsstätte des belgischen Stammhausunternehmens her: Bei einer belgischen Betriebsstätte mit entsprechenden Gewinnen wäre es zwar auch nicht zu einem vortragsfähigen Verlust des Stammhauses gekommen, die Verrechnung des Stammhausverlustes mit dem Gewinn der Betriebsstätte hätte aber in diesem Fall zu einer effektiven Verrechnung des Betriebsstättengewinns mit dem Stammhausverlust geführt. Die Versagung des steuerlichen Verlustvortrages stellte letztlich die entscheidende steuerliche Benachteiligung dar. Dieser Nachteil wurde nur im Falle einer inländischen Betriebsstätte, nicht aber im Falle einer ausländischen Betriebsstätte durch Verrechnung von Gewinnen und Verlusten im gleichen VZ ausgeglichen. Aus dieser Begründung der *AMID*-Entscheidung des *EuGH* lässt sich nicht die weitergehende Forderung ableiten, dass ein ausländischer Verlust stets vom Gewinn des inländischen Stammhauses abgezogen werden darf. Es ging in *AMID* letztlich um einen inländischen Besteuerungsfall, bei dem die Vortragsfähigkeit eines im Inland erlittenen Verlustes ungleich für den Fall einer ausländischen und einer inländischen Gewinn-Betriebsstätte eingeschränkt wurde. Ohne die zugrundeliegende Verlustvortragsbeschränkung im Inland fehlt dem *AMID*-Fall aber die Grundlage für den Vergleich der ausländischen und der inländischen Betriebsstätte.

Die Frage, ob aus dem primären Gemeinschaftsrecht eine Verpflichtung der Mitgliedstaaten resultiert, die in einer Betriebsstätte eines anderen Mitgliedstaats erlittenen Verluste zum Abzug von steuerlichen Gewinnen des inländischen Stammhausunternehmens zuzulassen, wird aber möglicherweise schon bald den EuGH beschäftigen. Sollte sich der EuGH entschließen, den Schlussanträgen des Generalanwalts Léger[1] vom 01.03.2005 folgend, die EG-rechtliche Relevanz in der Rechtssache C-152/03 („Ritter-Coulais") zu bejahen, so gäbe dieser Fall, obwohl es sich vom

---

[1] Abrufbar unter http://www.curia.eu.int.

Sachverhalt des Ausgangsverfahrens her nicht um einen Betriebsstättenfall handelt, dem EuGH Gelegenheit, die Frage der Verlustabzugsbeschränkung nach den deutschen DBA in ihrer Auslegung durch den deutschen BFH und in Anwendung des § 2a EStG inhaltlich Stellung zu nehmen. Selbst für den Fall, dass der EuGH dem Generalanwalt nicht folgt oder dass er sich einer Aussage zu Betriebstättenfällen enthält, sind zwei weitere Verfahren zu nennen, die die EG-rechtliche Vereinbarkeit von Verlustabzugsbeschränkungen im Rahmen des § 2a EStG aufwerfen und in Kürze den EuGH zu einer Stellungnahme veranlassen werden. Zum einen hat das FG Köln in einem Fall betreffend die Vorschrift des § 2a Abs. 1 Nr. 2a, Abs. 2 EStG[1] eine Vorlage an den EuGH nach Art. 234 EG veranlasst, zum anderen hat die Kommission dem Vernehmen nach wegen § 2a EStG eine erste Stufe eines Vertragsverletzungsverfahrens nach Art. 226 EG gegen *Deutschland* eingeleitet, was binnen Jahresfrist zu einer Klage der Kommission vor dem EuGH führen könnte.

3. Laufende Besteuerung nach Gründung einer SE durch Hinausverschmelzung

a. Besteuerung im Gewinnfall

Wird eine unbeschränkt körperschaftsteuerpflichtige Aktiengesellschaft auf eine in einem anderen EU-Mitgliedsstaat errichtete SE verschmolzen, so erlischt die übertragende Gesellschaft und an ihre Stelle tritt die inländische Betriebsstätte der aufnehmenden beschränkt steuerpflichtigen SE, auf die das gesamte Vermögen der übertragenden Gesellschaft kraft Gesamtrechtsnachfolge ohne Liquidation übergeht.[2] Die aufnehmende SE unterliegt mit ihrer inländischen Betriebsstätte der laufenden Besteuerung im Rahmen der beschränkten Steuerpflicht nach § 49 Abs. 1 Nr. 2 Buchst. a EStG.

Die in der Vergangenheit in zahlreichen Vorschriften des deutschen Steuerrechtes vorgesehenen Diskriminierungen inländischer Betriebsstätten beschränkt steuerpflichtiger Gesellschaften aus anderen Mitgliedstaaten der *EU*[3] wurden im Zuge der Gesetzesänderungen der vergangenen Jahre fast vollständig beseitigt. Dies gilt insbesondere für den noch bis VZ 1998[4] geltenden erhöhten Körperschaftsteuersatz für beschränkt körperschaftsteuerpflichtige Gesellschaften nach § 23 Abs. 3 KStG. Für

---

[1] *FG Köln,* Vorlagebeschluss v. 15.07.2004, EFG 52 (2004), S. 1609-1616 m. Anm. *Brandis,* beim EuGH anhängig unter dem Aktenzeichen C-347/04 (REWE Zentralfinanz).
[2] Zu den gesellschaftsrechtlichen Folgen einer Hinausverschmelzung, vgl. oben Kapitel II.3.aa.
[3] Vgl. *Rädler, A. J. / Lausterer, M.*, EWG-vertragswidrige Diskriminierung, 1994, S. 699-702; *Lausterer, M.,* Saint Gobain, 1997, S. 557.
[4] S. § 54 Abs. 1 EStG.

diese Fälle wird sich aller Voraussicht nach aus dem derzeit beim EuGH anhängigen Verfahren in der Rechtssache C-253/03 (CLT-UFA) ergeben, dass der erhöhte Körperschaftsteuersatz EG-rechtswidrig ist, vgl. nur die Schlussanträge des Generalanwalts Léger v. 14.04.2005[1]. Durch das Steuerentlastungsgesetz[2] wurden der bisherige gespaltene Körperschaftsteuersatz sowie der erhöhte Betriebsstättensteuersatz des § 23 Abs. 3 KStG durch einen für unbeschränkt und beschränkt körperschaftsteuerpflichtige Gesellschaften geltenden einheitlichen Körperschaftsteuersatz von 25% ersetzt. Auch das internationale Schachtelprivileg, welches bis einschließlich VZ 1993 nur unbeschränkt körperschaftsteuerpflichtigen Kapitalgesellschaften vorbehalten war, ist bereits durch die im Rahmen des Standortsicherungsgesetzes 1994 eingefügte Vorschrift des § 8b Abs. 4 KStG auf beschränkt körperschaftsteuerpflichtige Gesellschaften ausgedehnt worden.[3]

Insoweit ergibt sich für eine inländische Betriebsstätte einer im Ausland errichteten SE keine Schlechterstellung mehr im Vergleich zu einer im Inland ansässigen Gesellschaft.

Sofern die deutsche Gründungsgesellschaft, die auf die ausländische Gründungsgesellschaft zu einer SE verschmolzen wurde, ihrerseits eine ausländische Tochtergesellschaft hatte, die in den Anwendungsbereich der Mutter-/Tochter-Richtlinie fällt, stellt sich die Frage, ob *Deutschland* bei der Besteuerung der zurückbleibenden Betriebsstätte, sofern die Beteiligung weiterhin dieser Betriebsstätte zuzuordnen ist, die ergänzte Mutter-/Tochter-Richtlinie anzuwenden hat. Die Frage ist derzeit eine hypothetische, da *Deutschland* die 95%ige Steuerfreistellung nach § 8b Abs. 1 i.V.m. Abs. 5 KStG auch auf eine beschränkt steuerpflichtige SE anwendet.

b. Besteuerung im Verlustfall

Erzielt eine im Ausland errichtete SE einen Gewinn, während die inländische Betriebsstätte einen Verlust erleidet, so hängt die Frage eines Abzugs der im Inland erlittenen Verluste vom Gewinn der Stammhaus-SE vom Steuerrecht des Sitzstaates der SE ab. Sofern die SE in einem Staat ansässig ist, dessen Steuerrecht auf ausländische Betriebsstätten ein System der Weltgewinnbesteuerung mit Anrechnung anwendet, fließen positive und negative Ergebnisse ausländischer Betriebsstätten in das Gesamtergebnis der in diesem Staat ansässigen SE ein. Wendet der Sitzstaat der SE hingegen auf ausländische Betriebsstättenergebnisse die Freistellungsmethode

---

[1] Abgedruckt in IStR 14 (2005), S. 379-389 (m. Anm. *Schnitger*).
[2] S. Steuerentlastungsgesetz 1999/2000/2002, BGBl. I 1999, S. 402.
[3] S. Standortsicherungsgesetz v. 21.12.1993, BGBl. I 1993, S. 1569.

an, so hängt die Möglichkeit zum Verlustabzug davon ab, dass der Sitzstaat der SE eine entsprechende unilaterale Regelung vorsieht, die einen Verlustabzug gestattet.[1]

Will die im Ausland errichtete SE den in ihrer inländischen Betriebsstätte erlittenen Verlust nach § 10d EStG vortragen, so macht § 50 Abs. 1 S. 2 EStG den Verlustvortrag davon abhängig, dass sich die Verluste aus Unterlagen ergeben, die im Inland aufbewahrt werden. In der *Futura-Singer*-Entscheidung des *EuGH* vom 15.05.1997[2] hat der *EuGH* dieses auch im luxemburgischen Steuerrecht vorgesehene Erfordernis im Falle einer luxemburgischen Betriebsstätte einer französischen Stammhausgesellschaft als mit der Niederlassungsfreiheit unvereinbar angesehen. Nach Abschnitt 223a EStR soll zwar bei in einem anderen Mitgliedstaat der *EU* aufbewahrten Unterlagen im Rahmen einer EG-Vertrags-konformen Auslegung des § 50 Abs. 1 S. 2 EStG von einer rückwirkenden Bewilligung einer Aufbewahrungserleichterung auszugehen sein. Diese verwaltungsmäßige Erleichterung beseitigt aber nicht den Vorwurf des EG-Rechtsverstoßes durch die Beibehaltung der Gesetzesvorschrift des § 50 Abs. 1 S. 2 EStG. Der durch diese materielle Gesetzesvorschrift begründete EG-Rechtsverstoß kann nach der insoweit einschlägigen *EuGH*-Entscheidung in der Rechtssache *Biehl II*[3] nur durch eine entsprechende Gesetzesänderung, nicht aber durch eine bloße Verwaltungsmaßnahme beseitigt werden.

4. Laufende Besteuerung nach Gründung einer Holding-SE

a. Holding-SE im Inland

Im Falle der Gründung einer Holding-SE im Inland bringen die Gesellschafter der übertragenden Gesellschaften ihre Aktien bzw. Anteile an den übertragenden Gesellschaften in die inländische Holding-SE gegen Gewährung von Aktien der Holding-SE ein.[4] Als Folge dieser Einbringung wird die inländische Holding-SE Muttergesellschaft der übertragenden Gesellschaften.[5]

Für Dividenden, die die übertragenden Gesellschaften an die inländische Holding-SE ausschütten, greift das Beteiligungsprivileg des § 8b Abs. 1 KStG mit der Maßgabe, dass nach Abs. 5 der Vorschrift 5% der empfangenen Dividende als fiktive,

---

[1] Eine solche Regelung besteht z. B. in Form des Art. 13c des niederländischen Körperschaftsteuergesetzes. Dabei handelt es sich um einen Verlustabzug mit Nachversteuerung, ähnlich dem zum 01.01.1999 abgeschafften § 2a Abs. 3 EStG.
[2] *EuGH*, Urteil v. 15.05.1997 (Rs. C-250/95), EuGH Slg. 1997, I-2471.
[3] *EuGH*, Urteil v. 26.10.1995 (Rs. C-151/94), EuGH Slg. 1995, I- 3685.
[4] Zur Gründung einer Holding-SE vgl. oben Kapitel II.4.
[5] Nach Art. 32 Abs. 2 SE-VO müssen die eingebrachten Beteiligungen an den übertragenden Gesellschaften mindestens die Mehrheit der Stimmrechte vermitteln.

nicht abzugsfähige Betriebsausgaben behandelt werden. Dies hat zur Folge, dass im Ergebnis nur 95% der empfangenen Dividende steuerbefreit sind.[1]

Aufgrund der Vorgaben der MTRL, die in allen EU-Mitgliedstaaten umgesetzt worden ist,[2] werden auf Gewinnausschüttungen einer EU-Tochtergesellschaft keine Dividenden-Quellensteuern erhoben, sofern die Beteiligung mindestens 20% des Kapitals an der EU-Tochtergesellschaft umfasst[3]. Insofern sind die Kriterien, die die SE-VO für die Bestimmung der Mindestbeteiligungshöhe vorschreibt (Stimmrechte) und die der MTRL (Anteil am Kapital) nicht deckungsgleich. Fälle der Einbringung einer unter 20%-igen Beteiligung am Kapital mit Mehrstimmrechten dürften allerdings in der Praxis relativ selten vorkommen, so dass im Regelfall von einer quellensteuerfreien Vereinnahmung der Dividenden auf der Ebene der inländischen Holding-SE auszugehen sein dürfte. Die Richtlinienvorgabe hinsichtlich der Mindestbeteiligungshöhe lag bis zum 31.12.2004 bei 25%. Die Herabsetzung erfolgte durch die Änderungsrichtlinie zur Mutter-/Tochter-Richtlinie vom 22.12.2003[4], die neben anderen Ergänzungen auch die formale Einbeziehung der SE in den Kreis der von der Mutter-/Tochter-Richtlinie erfassten Rechtsformen mit sich brachte. Die Mindestbeteiligungshöhe sinkt vom 01.01.2007 ab auf 15% und vom 01.01.2009 ab auf 10%. Der deutsche Steuergesetzgeber hat die Vorgaben der Änderungsrichtlinie zur Mutter-/Tochter-Richtlinie durch das EURLUmsG v. 09.12.2004[5] in nationales Recht umzusetzen versucht. Dabei ist ihm hinsichtlich der Erweiterung des Kreises der begünstigten Rechtsformen ein Fehler unterlaufen. Der ergänzte Annex (Anlage 2 zu § 43 EStG), der die in den Genuss der Quellensteuerbefreiung kommenden Rechtsformen enthält, ist bereits mit Wirkung zum 01.01.2004 in das EStG aufgenommen worden.[6]

---

[1] Zur Wirkungsweise des § 8b Abs. 5 KStG vgl. *Schmidt, L. / Hageböke, J.*, Änderung, 2002, S. 150; *Watermeyer, H.*, Steuerbefreiung, 2002, S. 112. Zur Frage der EG-Rechtswidrigkeit des § 8b Abs. 5 KStG vgl. *Schön, W.*, Abzugsschranken des §3c EStG, 2001, S. 390; *Schmidt, L. / Hageböke, J.*, Änderung, 2002, S. 150.

[2] Zur Umsetzung vgl. *Deloitte & Touche*, EC Tax Directive on Parent / Subsidiary Companies, 1997 sowie im Einzelnen die einzelnen Länderkapitel in: *Thömmes, O. / Fuks, E.*, EC Corporate Tax Law, dort jeweils Teil B.

[3] Eine Ausnahmeregelung gilt bis 31.12.2008,

[4] Richtlinie 2003/123/EG des Rates v. 22.12.2003 zur Änderung der Richtlinie 90/435/EWG über das gemeinsame Steuersystem der Mutter- und Tochtergesellschaften verschiedener Mitgliedstaaten, ABl. EU Nr. L 7 v. 13.01.2004, S. 41-44.

[5] Gesetz zur Umsetzung von EU-Richtlinien in nationales Steuerrecht und zur Änderung weiterer Vorschriften (Richtlinienumsetzungsgesetz - EURLUmsG) v. 09.12.2004, BStBl. I 2004, 1158.

[6] Vgl *Grotherr*, Richtlinien-Umsetzungsgesetz, 2005, S. 1165 f.

Gehört zu den übertragenden Gesellschaften eine unbeschränkt körperschaftsteuerpflichtige Gesellschaft,[1] so gilt für Dividendenausschüttungen einer solchen inländischen Tochtergesellschaft der inländischen Holding-SE § 8b Abs. 1 KStG, der, in Verbindung mit Abs. 5 der Vorschrift, ebenfalls eine 95%ige Freistellung der Dividenden von der Besteuerung bei der inländischen Holding-SE vorsieht.[2] Die Einbeziehung von 5% der Dividende als nicht abzugsfähige Betriebsausgabe lässt sich im Falle eines inländischen Konzerns jedoch ohne weiteres durch Begründung einer körperschaftsteuerlichen Organschaft vermeiden. Für Veräußerungsgewinne aus Beteiligungen hat das „Korb II"-Gesetz[3] mit Wirkung ab VZ 2004 eine Gleichstellung mit der steuerlichen Behandlung von Dividenden mit sich gebracht. Nach § 8b Abs. 3 KStG sind nun 5% des Veräußerungsgewinns als nichtabzugsfähige Betriebsausgaben bei der Besteuerung auf Ebene der veräußernden Körperschaft zu erfassen, ohne Rücksicht darauf, ob es sich bei der veräußerten Beteiligung um eine solche an einer inländischen oder ausländischen Kapitalgesellschaft handelt.

b. Holding-SE im Ausland

Im umgekehrten Fall der Gründung einer ausländischen Holding-SE bringen die Gesellschafter der übertragenden Gesellschaften, zu denen auch eine unbeschränkt körperschaftsteuerpflichtige Aktiengesellschaft oder GmbH gehören kann,[4] ihre Beteiligungen in die ausländische Holding-SE gegen Gewährung von Aktien an der Holding-SE ein.

Nach § 43b EStG erhebt *Deutschland* auf Dividendenausschüttungen einer inländischen Kapitalgesellschaft an eine EU-Muttergesellschaft i. S. d. § 43b Abs. 2 EStG unter der Voraussetzung einer seit mindestens 12 Monaten ununterbrochen bestehenden mindestens 20%igen Beteiligung am Nennkapital[5] keine Kapitalertragsteuer auf die Dividendenausschüttung.[6] Als Folge der *Denkavit*-Entscheidung des *EuGH* wurde § 43b Abs. 2 S. 3 in die Vorschrift eingefügt, wonach bei Vollendung des 12-

---

[1] Was nach den Gründungsvoraussetzungen des Art. 2 Abs. 2 SE-VO durchaus möglich ist, da es genügt, wenn eine der übertragenden Gesellschaften in einem anderen EU-Mitgliedstaat errichtet ist.

[2] Die Ungleichbehandlung von Dividendenausschüttungen inländischer und ausländischer Tochtergesellschaften nach § 8b Abs. 1 und § 8b Abs. 5 KStG gibt Anlass zu Zweifeln an der EG-Rechtskonformität des Gesamtkonzepts des § 8b KStG.

[3] Gesetz zur Umsetzung der Protokollerklärung der Bundesregierung zur Vermittlungsempfehlung zum Steuervergünstigungsabbaugesetz v. 22.12.2003, BGBl. I 2003, S. 2840.

[4] Vgl. zu den Gründungsvoraussetzungen einer Holding-SE oben Kapitel II.4.

[5] Sofern der Staat der Muttergesellschaft eine entsprechende Regelung anwendet, beträgt die Mindestbeteiligungshöhe 10%, § 43b Abs. 3 EStG.

[6] Zur Frage der Vereinbarkeit der 12-monatigen Mindestbesitz-Voraussetzung vgl. *EuGH*, Urteil v. 17.10.1996 (Rs. C-283/94, C-291/94 und C-292/94), EuGH Slg. 1996, I-5063.

I.V. Laufende Besteuerung

monatigen Mindestbesitz-Zeitraumes nach Ausschüttung eine Erstattung der zunächst vorläufig einbehaltenen Kapitalertragsteuer vorgesehen ist.

Auf Seiten der ausländischen Holding-SE dürften die von einer inländischen Tochtergesellschaft ausgeschütteten Dividenden je nach dem Steuerrecht des Sitzstaates der Holding-SE entweder von der dortigen Besteuerung freigestellt sein (Freistellungsmethode),[1] oder aber unter Anrechnung der deutschen Steuer in die inländische Besteuerung der ausländischen Holding-SE einbezogen werden (Anrechnungsmethode).[2]

Zur Frage der Anwendbarkeit der Zinsen-Lizenzgebührenrichtlinie bei Zahlungen von Zinsen oder Lizenzgebühren an ein „verbundenes Unternehmen" vgl. oben Kapitel V.2.a.

5. Laufende Besteuerung nach Gründung einer Tochter-SE

a. Tochter-SE im Inland

Bei der Gründung einer Tochter-SE erbringen die übertragenden Gesellschaften Bareinlagen oder Sacheinlagen in die Tochter-SE gegen Gewährung von Aktien an der Tochter-SE.[3]

Gewinnausschüttungen einer inländischen Tochter-SE an ihre ausländischen Gründungsgesellschafter unterliegen auf deutscher Seite nach Maßgabe des § 43b EStG dann keiner Dividendenquellensteuer, wenn es sich bei den Gründungsgesellschaften um Kapitalgesellschaften i. S. d. Art. 2 der MTRL handelt. Sofern an der Gründung der inländischen Tochter-SE andere als die in Art. 2 MTRL genannte Rechtsträger beteiligt sind,[4] kommen die dem Art. 10 des OECD-MA entsprechenden Vorschriften des jeweiligen DBA zur Anwendung. Sofern Personengesellschaften als Gründungsgesellschafter einer inländischen Tochter-SE auftreten, richtet sich die

---

[1] Folgende Mitgliedstaaten wenden grundsätzlich die Freistellungsmethode auf Schachteldividenden an: *Belgien, Dänemark* (jedoch Anrechnung, wenn die Einkünfte der Tochtergesellschaft nach einer Rechtsordnung besteuert werden, die erheblich von der dänischen Rechtsordnung abweicht), *Deutschland, Estland Finnland, Frankreich, Griechenland, Italien, Lettland, Litauen, Luxemburg, Niederlande, Österreich, Portugal, Schweden, die Slowakische Republik, Slowenien, Spanien, Tschechien, Ungarn, Zypern*, vgl. *Deloitte & Touche*, EC Tax Directive on Parent/Subsidiary Companies, 1997 sowie die verschiedenen Länderkapitel in *Thömmes, O. / Fuks, E.,* EC Corporate Tax Law.
[2] *Irland, Malta, Polen* und das *Vereinigte Königreich* wenden auf Schachteldividenden die Anrechnungsmethode an; vgl.hierzu die einzelnen Länderkapitel in *Thömmes, O. / Fuks, E.,* EC Corporate Tax Law, dort jeweils Teil B.
[3] S. Art. 2 Abs. 3 SE-VO; zu den Gründungsvoraussetzungen einer Tochter-SE vgl. oben Kapitel II.3.
[4] Nach Art. 2 Abs. 3 SE-VO können auch Personengesellschaften sowie sonstige juristische Personen des öffentlichen und privaten Rechts an der Gründung einer Tochter-SE beteiligt sein; vgl. oben Kapitel II.5.

Frage einer eventuellen Kapitalertragsteuerermäßigung nach den Vorgaben des jeweiligen DBA.[1] Gleiches gilt bei Beteiligung einer ausländischen juristischen Person des öffentlichen oder privaten Rechts.[2] Auf Seiten einer ausländischen übertragenden Gesellschaft, die durch die Gründung der inländischen Tochter-SE zu deren Muttergesellschaft wird, richten sich die Folgen einer Dividendenausschüttung nach dem Steuerrecht des Sitzstaates der die Dividende empfangenden Gesellschaft. Hier kommt je nach dem anzuwendenden Recht des Sitzstaates eine Freistellung der Dividenden oder eine Anrechnung in Betracht.[3] Auf Seiten einer ausländischen Personengesellschaft als übertragende Gesellschaft hängt die Frage einer Dividendenfreistellung im ausländischen Sitzstaat davon ab, ob bei Beteiligung von Kapitalgesellschaften an der ausländischen Personengesellschaft die für die Kapitalgesellschaften geltende Schachtelfreistellung auch bei mittelbarer Beteiligung über eine Personengesellschaft gewährt wird.[4] Seit Änderung des § 8b Abs. 6 KStG durch das Steuersenkungsgesetz wird das Beteiligungsprivileg des § 8b KStG auch für über eine Mitunternehmerschaft mittelbar gehaltene Beteiligungen an Kapitalgesellschaften gewährt.[5]

Zur Frage der Anwendbarkeit der Zinsen-Lizenzgebührenrichtlinie bei Zahlungen von Zinsen oder Lizenzgebühren an ein „verbundenes Unternehmen" vgl. oben Kapitel V.2.a.

b. Tochter-SE im Ausland

Gewinnausschüttungen einer ausländischen Tochter-SE unterliegen im Sitzstaat der Tochter-SE keiner Quellensteuerbelastung, sofern eine an der ausländischen Tochter-SE beteiligte unbeschränkt körperschaftsteuerpflichtige Gesellschaft mindestens die von der MTRL geforderte Beteiligung von 25% des Kapitals hält.[6] *Deutschland*

---

[1] Zur Frage der Kapitalertragsteuerermäßigung nach Art. 10 OECD-MA bei Ausschüttungen an eine ausländische Personengesellschaft vgl. *Tischbirek, W.,* in: DBA, Kommentar, 2003, Art. 10, Rdnr. 74.

[2] Nach Art. 3 Abs. 1 Buchst. b OECD-MA umfasst der Betriff "Gesellschafter" (s. Art. 10 Abs. 2 Buchst. a OECD-MA) auch juristische Personen.

[3] Zur vergleichbaren Problematik bei der laufenden Besteuerung einer Holding-SE vgl. oben Kapitel V.3.

[4] Zur vergleichbaren Problematik im Rahmen des deutschen nationalen und Abkommensrechts vgl. *Vogel, K.,* in: DBA, Kommentar, 2003, Art. 23, Rdnr. 98. Nach der bis 2000 geltenden Rechtslage wurde auf deutscher Seite das Schachtelprivileg bei bloß mittelbaren Beteiligungen nicht gewährt; vgl. *Tischbirek, W.,* in: DBA, Kommentar, 2003, Art. 10, Rdnr. 74. Hierbei berief man sich auf das zur Vermögensteuer ergangene Urteil des Bundesfinanzhofs, vgl. *BFH,* Urteil v. 04.04.1974 (III R 168/72), BStBl. II 1974, S. 598.

[5] S. Steuersenkungsgesetz v. 23.10.2000, BGBl. I 2000, S. 1433.

[6] Vgl. Art. 3 Abs. 1 Buchst. a MTRL. Zu beachten ist allerdings das Wahlrecht des Art. 3 Abs. 2 MTRL, wonach die Mitgliedstaaten eine Mindest-Vorbesitzzeit von bis zu 2 Jahren zur Voraussetzung machen können; vgl. auch das *EuGH,* Urteil v. 17.10.1996 (Rs. C-283/94, C-291/94 und C-292/94), EuGH Slg. 1996, I-5063.

hat die Quellensteuerbefreiung der MTRL in § 43b EStG umgesetzt und gewährt auf der Grundlage von Gegenseitigkeit die Quellensteuerbefreiung bereits ab einer mindestens 10%igen Beteiligung der EU-Muttergesellschaft am Kapital der inländischen Tochtergesellschaft, § 43b Abs. 3 EStG.

Auf deutscher Seite wird der von einer ausländischen Tochter-SE ausgeschüttete Gewinn bei einer der unbeschränkten oder beschränkten Körperschaftsteuerpflicht unterliegenden Obergesellschaft ohne Rücksicht auf die Beteiligungshöhe nach § 8b Abs. 5 KStG freigestellt, wobei allerdings 5% der Dividende als fiktive, nicht abzugsfähige Aufwendungen der inländischen Besteuerung unterliegen.

Ist eine inländische Personengesellschaft Gründungsgesellschafterin einer ausländischen Tochter-SE, so richtet sich die steuerliche Behandlung der Dividendenausschüttungen danach, ob der an der Personengesellschaft beteiligte Gesellschafter eine natürliche Person oder eine Körperschaft ist.

Im Falle einer natürlichen Person als Gesellschafter der die Dividende empfangenden Personengesellschaft kommt das Halbeinkünfteverfahren nach § 3 Nr. 40 Buchst. e EStG zur Anwendung. Bei einem beschränkt oder unbeschränkt körperschaftsteuerpflichtigen Gesellschafter der Personengesellschaft greift die Freistellung nach § 8b Abs. 1 KStG, die nach Abs. 6 der Vorschrift auch für über eine Mitunternehmerschaft gehaltene Beteiligung gilt.

Für Veräußerungsgewinne, die eine beschränkt oder unbeschränkt körperschaftsteuerpflichtige SE aus einer Veräußerung einer Beteiligung an einer anderen Kapitalgesellschaft erzielt, gilt ab VZ 2004 § 8b Abs. 2 i.V.m. Abs. 3 KStG, wonach ein sich ergebender Veräußerungsgewinn zu 95% steuerfrei gestellt ist. 5% des Veräußerungsgewinns gelten nach Abs. 3 der Vorschrift als nicht abzugsfähige Betriebsausgabe.

VI. SE mit Gründungsgesellschaften oder Sitz in einem EWR-EFTA-Staat

1. Gesellschaftsrechtliche Aspekte

Von der Fachwelt weitgehend unbeachtet, hat der Gemeinsame EWR-Ausschuss mit Beschluss vom 25.06.2002[1] die Grundlage dafür geschaffen, dass mit Inkrafttreten des SE-Statuts am 08.10.2004 eine SE auch in den EFTA-Staaten des *EWR* gegrün-

---

[1] Beschluss des Gemeinsamen EWR-Ausschusses Nr. 93/2002 v. 25.06.2002 zur Änderung des Anhangs XXII (Gesellschaftsrecht) des EWR-Abkommens, ABl. EU Nr. L 266, v. 03.10.2002, S. 69 f.

det werden kann[1], die Mitglied des *EWR* sind (im Folgenden EWR-EFTA-Mitgliedstaaten[2]). Dies sind gegenwärtig *Island*, *Liechtenstein* und *Norwegen*. Durch den Beschluss wurde die SE-VO in den Anhang XXII (Gesellschaftsrecht) des EWR-Abkommens[3] aufgenommen.[4] Faktisch wurde der Anwendungsbereich der SE-VO auf das Gebiet des EFTA-Pfeilers des *EWR* ausdehnt, obwohl durch den Beschluss an sich sämtliche 28 EWR-Mitgliedstaaten in gleicher Weise betroffen sind. Sämtliche Bezugnahmen auf die Gemeinschaft im SE-Statut sind daher, obwohl durch den Beschluss nicht ausdrücklich abgeändert, als auf den gesamten *EWR* bezogen zu lesen[5]. Lediglich die beiden Anhänge zur SE-VO erfuhren durch den o.g. Beschluss eine Ergänzung, hier wurde die Liste der nationalen Gesellschaftsformen um die entsprechenden Gesellschaftsformen aus den EWR-Mitgliedstaaten ergänzt.

2. Steuerrechtliche Aspekte

a. Grundprobleme

Anders als für gesellschaftsrechtliche Regelungen (mit Art. 77 EWR-Abkommen) bietet das EWR-Abkommen (im Folgenden: EWR-A) keine explizite Basis für die Erstreckung der steuerlichen Richtlinien auf die EWR-EFTA-Mitgliedstaaten. Demzufolge gelten die EG-Steuerrichtlinien nicht in Liechtenstein, Norwegen und Island. Eine SE mit EWR-Bezug[6] wird in steuerlicher Hinsicht daher nach dem nationalen Steuerrecht der einzelnen EU- bzw. EWR-Mitgliedstaaten sowie nach dem anwendbaren DBA behandelt. Allerdings sind auch hier die Mitgliedstaaten nicht völlig frei, denn das EWR-A enthält, wie der EG-Vertrag, die allgemeinen Grundfreiheiten Warenverkehrsfreiheit (Art. 8 ff. EWR-A), Arbeitnehmerfreizügigkeit (Art. 28 ff. EWR-A), Niederlassungsfreiheit (Art. 31 ff. EWR-A), Dienstleistungsfreiheit (Art. 36 ff. EWR-A) und die Kapitalverkehrsfreiheit (Art. 40 ff. EWR-A).

---

[1] Im Folgenden als „EWR-SE" bezeichnet.
[2] Soweit in diesem Kapitel die Begriffe „EWR-EFTA-Mitgliedstaat" oder „EWR-Gesellschaft" gebraucht wird, beziehen sich die Begriffe auf die drei Mitgliedstaaten des EWR, die nicht EU-Mitgliedstaaten sind, sondern der EFTA angehören bzw. auf Gesellschaften mit Sitz in diesen Staaten.
[3] Abkommen über den Europäischen Wirtschaftsraum, ABl. EG Nr. L 1 v. 03.01.1994, S. 3–36.
[4] Gleiches gilt für die weiteren europäischen Rechtsformen EWIV und SCE. Die EWIV-VO war bereits zum Zeitpunkt der Unterzeichnung des EWR-Abkommens in dessen Anhang XXII aufgenommen worden, die SCE-VO durch Beschluss des gemeinsamen EWR-Ausschusses Nr. 15/2004 v. 06.02.2004, ABl. EU Nr. L 116 v. 22.04.2004 S. 68.
[5] S. hierzu Nr. 8-10 des Protokoll 1 zum Abkommen über den Europäischen Wirtschaftsraum über horizontale Anpassungen, ABl. EG Nr. L 1 v. 03.01.1994, S. 27 f.
[6] Hierunter ist eine SE zu verstehen, die zwar ihren Sitz in einem EU-Mitgliedstaat hat, an deren Gründung aber mindestens ein Gesellschafter oder eine Gesellschaft aus einem EWR-EFTA-Mitgliedstaat beteiligt war bzw. bei deren Gründung Betriebsvermögen, das in einem EWR-EFTA-Mitgliedstaat belegen ist, als Sacheinlage eingebracht wurde.

Die Normen sind denen des EG-Vertrags nachgebildet, so wie sie zum Zeitpunkt der Unterzeichnung des EWR-A im Jahre 1992 in Kraft waren. Demzufolge ist die Kapitalverkehrsfreiheit des EWR-A nicht direkt anwendbar, jedoch findet sich im Anhang XII unter der Ordnungsnummer 1 eine Bezugnahme auf die Kapitalverkehrsrichtlinie 88/361/EWG vom 24.06.1988[1]. Somit entspricht der Rechtsstand hinsichtlich der Kapitalverkehrsfreiheit dem auf EU-Ebene vor dem 01.01.1994 vor dem Inkrafttreten des Vertrags von Maastricht.[2]

Die Auslegung der Grundfreiheiten des EWR-A orientiert sich im Wesentlichen an der Auslegung der Grundfreiheiten des EG-Vertrags. Für den Zeitraum vor Unterzeichnung des EWR-A am 02.05.1992 ergibt sich dies aus Art. 6 EWR-A, für den Zeitraum danach aus Art. 3 Abs. 2 ÜGA.[3] Somit kann die Rechtsprechung des EuGH zu den Grundfreiheiten des EG-Vertrags zur Auslegung der Grundfreiheiten des EWR-A herangezogen werden[4]. Dies bedeutet, dass den Grundfreiheiten des EWR-A sowohl ein Diskriminierungs- als auch ein Beschränkungsverbot innewohnt, d.h. sie verbieten sowohl eine Schlechterstellung des Gebietsfremden gegenüber einem Gebietsansässigen als auch eine Schlechterstellung der grundfreiheitsrechtlich relevanten Tätigkeiten des Ansässigen im EU- bzw. EWR-Ausland gegenüber Tätigkeiten im Inland.

Wie die Grundfreiheiten des EG-Vertrags finden die Grundfreiheiten des EWR-A auch auf dem Gebiet der direkten Steuern Anwendung, obwohl das EWR-A eine Harmonisierungsermächtigung weder hinsichtlich der direkten noch der indirekten Steuern enthält. Der EFTA-Gerichtshof hat bislang in diesem Zusammenhang diverse Entscheidungen[5] vorgelegt, im Bereich der direkten Steuern zuletzt im Verfahren Fokus-Bank[6].

Für die steuerliche Behandlung der SE mit EWR-Bezug im Vergleich zu einer SE ohne EWR-Berührung bedeutet dies, dass ein Unterschied nur dann entstehen kann, wenn die Gewährleistungen der Grundfreiheiten hinter denen der EG-Steuerrichtlinien zurückbleiben.

---

[1] Richtlinie des Rates v. 24.06.1988 zur Durchführung von Art. 67 des Vertrages, ABl. EG Nr. L 178 v. 08.07.1988, S. 5–18.
[2] Vgl. *Weber, R.*, EU- und EG-Vertrag, Kommentar, 2003, Vorb. Art. 56-60, Rz. 1 sowie 19 f.
[3] Überwachungs- und Gerichtshofabkommen, abrufbar unter http://secretariat.efta.int/Web/legaldocuments/ESAAndEFTACourtAgreement/Documents/, vgl. zum ganzen umfassend: *Cordewener, A.*, Abkommen über den Europäischen Wirtschaftsraum, 2005, S. 238.
[4] Vgl. *EuGH*, Urteil v. 23.09.2003 (Rs. C-452/01), Slg. 2003, S. I-9743, Rz. 29.
[5] Entscheidungen in einem Vorlageverfahren vor EFTA-Gerichtshof ergehen als Gutachten, sog. „advisory opinion", vgl. Art. 34 ÜGA.
[6] Rs. E-1/04, Gutachten v. 23.11.2004, eine deutsche Übersetzung des Urteils ist abgedruckt in IStR 14 (2005), S. 55-62 (m. Anm. *Eicker*) vgl. hierzu eingehend *Cordewener, A.*, Körperschaftsteueranrechnung, 2005, S. 345-359.

b. Gründung einer SE durch Verschmelzung

ba. SE mit Sitz in einem EWR-EFTA-Staat (Hinausverschmelzung)

baa. Besteuerung auf Ebene der Gesellschaft

Wird eine inländische Aktiengesellschaft auf eine EWR-Aktiengesellschaft oder EU-Aktiengesellschaft zu einer EWR-SE verschmolzen, gelten für die Besteuerung der übertragenden inländischen Aktiengesellschaft die gleichen Besteuerungsfolgen wie für die Verschmelzung einer inländischen Aktiengesellschaft auf eine EU-Kapitalgesellschaft[1], da die Vorschriften der FRL derzeit nicht in deutsches Recht umgesetzt sind.

Es ist zu erwarten, dass der deutsche Steuergesetzgeber im Zuge der Umsetzung der ÄndRL zur FRL in zwei Schritten vorgehen wird:

Zum ersten wird er einen speziellen Besteuerungstatbestand schaffen, der eine Gewinnrealisierung bei einer grenzüberschreitenden Verschmelzung vorsieht, und zwar sowohl hinsichtlich des übertragenen Vermögens als auch hinsichtlich der Anteile an der übertragenden Gesellschaft.

Zum zweiten wird er einen Besteuerungsaufschub nach den Vorgaben der Fusionsrichtlinie vorsehen, d.h. bei einer Hinausverschmelzung wird hinsichtlich einer zurückbleibenden Betriebsstätte eine Buchwertfortführung durch die übernehmende Gesellschaft erforderlich sein, um die sofortige Besteuerung der stillen Reserven zu vermeiden. Allerdings ist zu vermuten, dass der Gesetzgeber sich streng an die Vorgaben der Fusionsrichtlinie hält, insbesondere, dass der Anwendungsbereich auf Gesellschaften beschränkt ist, die in den persönlichen Anwendungsbereich der Fusionsrichtlinie fallen, so genannte EU-Kapitalgesellschaften (vgl. § 23 Abs. 1 UmwStG).

Für die Gründung einer SE unter Beteiligung einer Gesellschaft aus einem EWR-EFTA-Mitgliedstaat würde dies bedeuten, dass der Vorgang nicht steuerneutral durchgeführt werden kann, denn die Gesellschaft weist keine Rechtsform auf, die im Anhang zur FRL aufgeführt ist und hat auch ihren Sitz nicht innerhalb der *EU*.

Allerdings ist zu fragen, ob nicht die Grundfreiheiten des EWR-A einen Besteuerungsaufschub gebieten. Der Vorgang der Verschmelzung wird unter die Niederlassungsfreiheit des EWR-A (Art. 31 EWR-A) zu subsumieren sein, denn die EWR-SE erwirbt durch die Verschmelzung eine Niederlassung, macht also von ihrer sekundären Niederlassungsfreiheit Gebrauch. Diese Ansicht vertritt hinsichtlich der Nieder-

---

[1] Vgl. oben Kapitel II.3.

lassungsfreiheit des EG-Vertrags auch GA *Tizzano* in seinen Schlussanträgen in der Rechtssache SEVIC[1]. Sofern keine Niederlassung begründet wird, beispielsweise weil die deutsche Gesellschaft eine reine Holding-Gesellschaft ist und die Anteile nach der Verschmelzung keiner inländischen Betriebsstätte zugeordnet werden können, dürfte zumindest die Kapitalverkehrsfreiheit der EWR-SE betroffen sein, denn diese erwirbt von der deutschen Gesellschaft die Beteiligungen und gibt im Gegenzug an deren Gesellschafter eigene Anteile aus.[2]

Verliert *Deutschland* infolge der Verschmelzung sein Besteuerungsrecht an dem übertragenen Vermögen nicht, dürfte eine sofortige Besteuerung der stillen Reserven eine Diskriminierung der EWR-Gesellschaft darstellen, die gegenüber einer ansässigen aufnehmenden Gesellschaft insoweit schlechter gestellt wird, als eine steuerneutrale Verschmelzung in keinem Fall, also auch nicht bei Begründung einer Betriebsstätte, möglich ist. Eine sofortige Besteuerung würde aber zumindest gegen das auch im EWR-A verankerte Verhältnismäßigkeitsprinzip verstoßen[3], weil ein Besteuerungsaufschub als das mildere Mittel anzusehen wäre, das das Besteuerungsrecht des Staates der übertragenden Gesellschaft in gleicher Weise sichert als wenn keine Verschmelzung stattgefunden hätte.

Soweit *Deutschland* sein Besteuerungsrecht verlieren würde, ist zu fragen, ob *Deutschland* nicht die Besteuerung bis zur tatsächlichen Realisation der Gewinne aufschieben müsste. Dies erscheint unter Berücksichtigung der EuGH-Urteile „X und Y"[4] und „de Lasteyrie du Saillant"[5] wahrscheinlich. Allerdings ist nicht auszuschließen, dass ein Mitgliedstaat unter Hinweis auf die im Verhältnis zu den EWR-EFTA-Mitgliedstaaten nicht geltende Amtshilferichtlinie[6] und Beitreibungsrichtlinie[7] administrative Schwierigkeiten bei der Ermittlung des Besteuerungstatbe-

---

1 Rs. C-411/03, SEVIC Systems Aktiengesellschaft/Amtsgericht Neuwied, Schlussanträge v. 07.07.2005, DB 58 (2005) S. 1510-1514.
2 Vgl. die im Verhältnis zu EWR-Mitgliedstaaten die noch anwendbare Kapitalverkehrsrichtlinie v. 24.06.1988, ABl. EG Nr. L 178 v. 08.07.1988, S. 5-18, nach deren Nomenklatur die sämtliche Direktinvestitionen im weitesten Sinne geschützt sind.
3 Vgl. zum Verhältnismäßigkeitsprinzip *Cordewener, A.*, Abkommen über den Europäischen Wirtschaftsraum, 2005, S. 239 unter Hinweis auf EFTA-Gerichtshof v. 16.12.1994, Restamark, Az. E-1/94, EFTA-Court Report 1994/95, S. 15.
4 EuGH, Urteil v. 21.11.2002 Rs. C-436/00 (X und Y), Slg. 2002, S. I-10829
5 EuGH, Urteil v. 11.03.2004, Rs. C-9/02 (de Lasteyrie du Saillant), Slg. 2004, S. I-2409.
6 S. Richtlinie 77/799/EWG v. 19.12.1977, ABl. EG Nr. L 336 v. 27.12.1977, S. 15, letztmalig geändert durch Richtlinie 2004/106/EG des Rates vom 16.11.2004 zur Änderung der Richtlinie 77/799/EWG über die gegenseitige Amtshilfe zwischen den zuständigen Behörden der Mitgliedstaaten im Bereich der direkten Steuern, bestimmter Verbrauchsteuern und der Steuern auf Versicherungsprämien sowie der Richtlinie 92/12/EWG über das allgemeine System, den Besitz, die Beförderung und die Kontrolle verbrauchsteuerpflichtiger Waren, ABl. EU Nr. L 359 v. 04.12.2004, S. 30-31.
7 Richtlinie 76/308/EWG des Rates v. 15.03.1976 über die gegenseitige Unterstützung bei der Beitreibung von Forderungen im Zusammenhang mit Maßnahmen, die Bestandteil des Finanzierungssystems des Eu-

stands und der Durchsetzung des Besteuerungsanspruchs erfolgreich geltend machen kann. Dies wird insbesondere im Verhältnis zu *Liechtenstein* in Betracht kommen, da hier kein DBA mit einer Auskunftsklausel zur Verfügung steht. Außerdem gilt *Liechtenstein* aus Sicht der Kommission als nicht kooperierender Staat, weshalb die Kommission einer Anwendung der Grundfreiheiten auf liechtensteinische Gesellschaften sehr zurückhaltend gegenüber steht.

Sofern die Grundfreiheiten zu einem vollständigen Verzicht auf die Besteuerung stiller Reserven anlässlich einer Verschmelzung auf eine ausländische Kapitalgesellschaft verpflichten, wie dies von einigen Stimmen in der Literatur aus den o.g. EuGH-Urteilen gefolgert wird, wird auch im Verhältnis zu den EWR-EFTA-Mitgliedstaaten – mit Ausnahme *Liechtensteins* – eine Besteuerung anlässlich des Wegzugs unzulässig sein.

bab. Besteuerung auf Ebene der Gesellschafter

Grundsätzlich ist eine Besteuerung der in den Anteilen an der deutschen übertragenden Gesellschaft gelegten stillen Reserven bei unbeschränkt und beschränkt einkommensteuerpflichtigen Gesellschaftern unter den Voraussetzungen der §§ 17 und 23 Nr. 2 EStG denkbar,[1] da die Verschmelzung als tauschähnlicher Vorgang anzusehen ist. Bei einem körperschaftsteuerpflichtigen Anteilseigner droht eine Besteuerung von 5% des (fiktiven) Veräußerungsgewinns (§ 8b Abs. 2 i.V.m. Abs. 3 KStG).

Allerdings fällt der Vorgang der Verschmelzung unter die Niederlassungsfreiheit.[2] Eine sofortige Besteuerung wäre zunächst als Diskriminierung der ausländischen EWR-SE anzusehen, denn im reinen Inlandsfall wäre die Verschmelzung auch für den Gesellschafter der übertragenden Gesellschaft steuerneutral möglich. Allerdings müsste *Deutschland* sein Besteuerungsrecht durch die Buchwertfortführung bei den neuen Anteilen sichern können, sofern nicht generell anlässlich der grenzüberschreitenden Verschmelzung ein Verzicht auf die Besteuerung von stillen Reserven zu fordern ist.[3] Die Sicherung des Besteuerungsrechts scheidet in den Fällen aus, in denen der Anteilseigner im Ausland ansässig ist, wenn an den (untergegangenen) Anteilen zuvor ein Besteuerungsrecht bestand. Maßgeblich sind die einschlägigen DBA-

---

ropäischen Ausrichtungs- und Garantiefonds für die Landwirtschaft sind, sowie von Abschöpfungen und Zöllen, ABl. EWG Nr. L 073 v. 19.03.1976, S. 18–23, zuletzt geändert durch Richtlinie 2001/44/EG des Rates v. 15.06.2001 zur Änderung der Richtlinie 76/308/EWG über die gegenseitige Unterstützung bei der Beitreibung von Forderungen im Zusammenhang mit Maßnahmen, die Bestandteil des Finanzierungssystems des Europäischen Ausrichtungs- und Garantiefonds für die Landwirtschaft sind, sowie von Abschöpfungen und Zöllen und bezüglich der Mehrwertsteuer und bestimmter Verbrauchsteuern, ABl. EG Nr. L 175 v. 28.06.2001 S. 17–20.

1 Vgl. oben Kapitel II.2.b.
2 Vgl. oben Kapitel VI.2.baa.
3 Vgl. oben Kapitel VI.2.baa.

Bestimmungen, im Verhältnis zur *Liechtenstein* § 49 Abs. 1 Nr. 2 Buchst. e EStG. Nur soweit vor der Verschmelzung ein Besteuerungsrecht bestand, das nicht auf die neuen Anteile an der SE übergeleitet werden kann, ist eine sofortige Besteuerung der stillen Reserven zulässig. Besteht ein Besteuerungsrecht *Deutschland*s auch an den (neuen) Anteilen an der Holding-SE, so ist als milderes Mittel zwingend eine Buchwertfortführung zuzulassen.

bb. Gründung einer SE mit Sitz in Deutschland durch Verschmelzung mit einer EWR-EFTA-Gesellschaft (Hereinverschmelzung)

bba. Besteuerung auf Ebene der übertragenden Gesellschaft

Die Hereinverschmelzung zieht Besteuerungsfolgen wegen des Übergangs des Vermögens auf die in *Deutschland* ansässige SE nur für im Inland belegenes Vermögen nach sich, das vor der Verschmelzung eine inländische Betriebstätte bildete sowie u.U. für Anteile an einer deutschen Gesellschaft, soweit das Besteuerungsrecht bei *Deutschland* liegt, da hier ein Rechtsträgerwechsel stattfindet. Allerdings dürfte eine sofortige Besteuerung wiederum gegen die Niederlassungsfreiheit des EWR-A verstoßen, da *Deutschland* das Besteuerungsrecht nicht verliert, im Gegenteil, das Vermögen der übertragenden beschränkt körperschaftsteuerpflichtigen Gesellschaft wächst in die unbeschränkte Steuerpflicht hinein. Nach dem Vorbild der FRL wird deshalb hinsichtlich des übertragenen inländischen Vermögens die Buchwertfortführung zuzulassen sein.

bbb. Besteuerung auf Ebene der Gesellschafter

Bei der Besteuerung der Gesellschafter kommt eine Besteuerung durch den deutschen Fiskus anlässlich der Verschmelzung nur für einen ansässigen Gesellschafter der übertragenden EWR-Gesellschaft in Frage, soweit nach dem anwendbaren DBA bzw. nationalem Recht das Besteuerungsrecht beim Ansässigkeitsstaat des Gesellschafters liegt. Eine sofortige Besteuerung würde allerdings eine Beschränkung der Niederlassungsfreiheit der inländischen SE darstellen.

Für die neuen Anteile der ansässigen Gesellschafter an der inländischen SE wäre demzufolge als milderes Mittel gegenüber einer sofortigen Besteuerung eines fiktiven Veräußerungsgewinns die Buchwertfortführung in den Anteilen an der neu entstandenen SE zu gewähren.

c. Gründung einer Holding-SE

ca. Gründung der Holding-SE in einem EWR-EFTA-Mitgliedstaat

Die Einbringung der Beteiligung an einer in *Deutschland* ansässigen AG oder GmbH in eine (neu entstehende) EWR-Holding-SE stellt einen tauschähnlichen Vorgang dar, der nach derzeitiger Rechtslage zu einer Realisation der in den Anteilen gelegten stillen Reserven führt. § 20 Abs. 1 S. 2 UmwStG greift nicht ein, da die Norm nur eine Einbringung in eine unbeschränkt körperschaftsteuerpflichtige Kapitalgesellschaft erfasst. § 23 Abs. 4 UmwStG ist derzeit nicht einschlägig, da die SE noch nicht als „EU-Kapitalgesellschaft" anzusehen ist und, selbst wenn der deutsche Gesetzgeber zum 01.01.2006 die ÄndRL zur FRL umsetzt, auch nach diesem Datum nicht, denn eine EWR-SE weist dann zwar eine im Anhang zu Art. 3 der Richtlinie aufgeführten Rechtsformen auf, hat aber ihren Sitz nicht in einem EU-Mitgliedstaat.

Es ist also zu erwarten, dass auch nach Umsetzung der ÄndRL zur FRL anlässlich des Anteilstauschs zur Gründung einer EWR-Holding-SE eine Gewinnrealisierung eintritt.

Der Anteilstausch als solcher fällt allerdings in den Schutzbereich der Niederlassungsfreiheit (Art. 31 ff. EWR-A) der neu gegründeten EWR-SE, denn diese erwirbt eine (Mehrheits-) Beteiligung an der eingebrachten deutschen Gesellschaft. Sofern man die durch den Akt erst entstehende EWR-SE noch nicht als durch die Niederlassungsfreiheit der EWR-SE geschützt ansieht, ist darauf hinzuweisen, dass dann entweder die Niederlassungsfreiheit der einbringenden Gesellschafter betroffen ist, sofern sie eine Kontrollmehrheit an der EWR-SE erhalten, oder die Kapitalverkehrsfreiheit (Art. 40 EWR-A)[1], sofern mit der Beteiligung an der EWR-SE keine Kontrolle der Holding-SE möglich ist.

Die sofortige Besteuerung anlässlich der Gründung der EWR-SE würde eine Beschränkung der relevanten Grundfreiheit der einbringenden Gesellschafter darstellen, da in einem vergleichbaren Inlandsfall der Vorgang nach § 20 Abs. 1 S. 2 UmwStG steuerneutral möglich gewesen wäre. Somit ist die Buchwertfortführung auch in diesem Fall zuzulassen. Ein durch die Anteilseinbringung eintretender Verlust des Besteuerungsrechts könnte bei einer von Art. 13 Abs. 5 OECD-MA abweichenden Regelung allerdings eine sofortige Besteuerung rechtfertigen (es sei denn, die Grundfreiheiten verpflichten die Mitgliedstaaten in diesen Fällen zu einem Verzicht auf die Besteuerung der stillen Reserven[2]).

---

[1] Vgl. oben Kapitel VI.2.a.
[2] Vgl. oben Kapitel II.4.bb.

cb. Gründung einer Holding-SE mit Sitz in Deutschland unter Einbringung einer Beteiligung an einer EWR-EFTA-Gesellschaft

Aus deutscher Sicht kann die Gründung einer Holding-SE in *Deutschland* unter Einbringung einer Beteiligung an einer Gesellschaft mit Sitz in einem EWR-EFTA-Mitgliedstaat unter ertragsteuerlichen Gesichtspunkten nur dann Probleme aufwerfen, wenn die einbringenden Gesellschafter unbeschränkt oder beschränkt steuerpflichtig sind, da ein Rechtsträgerwechsel an den eingebrachten Anteilen stattfindet. Allerdings sind die neuen Anteile an der in *Deutschland* ansässigen Holding-SE, die bei den Gesellschaftern an die Stelle der eingebrachten Beteiligung treten, in jedem Fall steuerverstrickt, so dass eine Buchwertfortführung entsprechend Art. 8 FRL in Betracht kommt, da auf nationaler Ebene eine solche ebenfalls zur Anwendung kommt.[1]

d. Gründung einer Tochter-SE

Bei der Gründung einer Tochter-SE durch Sacheinlage erhält die Gründungsgesellschaft Anteile an der entstehenden Tochter-SE, wobei dies als tauschähnlicher Vorgang zu qualifizieren ist. Mögliche stille Reserven in den eingebrachten Wirtschaftsgütern werden daher aufgedeckt. Sofern es sich bei dem Einbringungsobjekt um einen im Inland belegenen Betrieb oder Teilbetrieb handelt, bestünde im Fall der Gründung der SE in einem anderen EU-Mitgliedstaat die Möglichkeit des Steueraufschubs nach § 23 Abs. 1 UmwStG bzw. nach § 23 Abs. 2 UmwStG, wenn die Tochter-SE im Inland gegründet wird. Da eine SE mit Sitz in einem EWR-EFTA-Staat derzeit nicht unter den Begriff der „EU-Kapitalgesellschaft" fällt, kann für die Einbringung eines Betriebs oder Teilbetriebs in eine Tochter-SE im EWR-EFTA-Ausland weder § 23 Abs. 1 UmwStG noch § 23 Abs. 2 UmwStG eingreifen.

Die Gründung einer Tochtergesellschaft fällt allerdings unter die Niederlassungsfreiheit des § 31 EWR-A. Die Gründung einer inländischen Tochtergesellschaft durch eine Sacheinlage in Form eines Betriebs oder Teilbetriebs wäre steuerneutral möglich (§ 20 Abs. 1 S. 1 UmwStG). Demzufolge liegt im Falle eines beschränkt steuerpflichtigen Gesellschafters, der in einem EWR-EFTA-Mitgliedstaat ansässig ist und der einen inländischen Teilbetrieb einbringt, eine Diskriminierung vor, während im Falle eines unbeschränkt steuerpflichtigen Gesellschafters eine Beschränkung der Niederlassungsfreiheit des EWR-A vorliegt. Ein Besteuerungsaufschub nach dem Vorbild der FRL ist auch in dieser Konstellation als das gegenüber einer sofortigen Besteuerung mildere Mittel anzusehen.

---

[1] Vgl. oben Kapitel VI.2.ca.

e. Die Gründung einer SE in einem EWR-EFTA-Staat durch Umwandlung

Da die Umwandlung als solche identitätswahrend ist und der Formwechsel deshalb keinen Rechtsträgerwechsel zur Folge hat, löst diese Gründungsvariante, auch wenn sie in einem EWR-Mitgliedstaat stattfindet, keine Steuerfolgen aus.[1]

f. Die Sitzverlegung einer SE in einen EWR-EFTA-Mitgliedstaat

„Zieht" eine SE in einen anderen EU-Mitgliedstaat „weg", stellt sich die Frage der gesellschaftsrechtlichen Zulässigkeit zunächst nicht, da die Sitzverlegung im SE-Statut ausdrücklich vorgesehen ist. Durch die Aufnahme der SE-VO in den Anhang XXII zum EWR-A[2] ist eine Sitzverlegung auch in einen EWR-EFTA-Mitgliedstaat möglich. Sofern im Zuge der Umsetzung der ÄndRL zur FRL die Sitzverlegung der SE in einen EWR-EFTA-Mitgliedstaat von der Neuregelung steuerlich nicht begünstigt wird und den Besteuerungstatbestand des § 12 Abs. 1 KStG auslöst[3], ist die primäre Niederlassungsfreiheit der SE aus Art. 31 EWR-A betroffen. Abhilfe kann nur ein den Regelungen der ÄndRL zur FRL nachgebildeter Steueraufschub schaffen, der eingreift, soweit im Wegzugsstaat eine Betriebsstätte zurückbleibt.

g. Laufende Besteuerung

Auch hinsichtlich der laufenden Besteuerung ist festzustellen, dass die Steuerrichtlinien für die EWR-SE nicht gelten[4]. Es stellt sich die Frage, ob die Grundfreiheiten des EWR-A eine entsprechende Behandlung der EWR-SE verlangen.

Im Falle von Dividendenzahlungen sieht die Mutter-/Tochter-Richtlinie[5] für EU-Kapitalgesellschaften bei der Dividendenbesteuerung eine Beseitigung der wirtschaftlichen Doppelbesteuerung vor, entweder indem der Staat der Muttergesellschaft auf die Besteuerung der Dividenden verzichtet oder indem die auf den Dividenden lastende Körperschaftsteuer auf die Steuerschuld der Muttergesellschaft an-

---

[1] Vgl. oben Kapitel II.6. für die Gründung durch Umwandlung in einem EU-Mitgliedstaat.
[2] Vgl. oben Kapitel VI.1.
[3] Vgl. oben Kapitel III.2.a.
[4] Eine EWR-SE weist zwar für Zwecke der Mutter-Tochter-Richtlinie 90/435/EWG eine Rechtsform auf, die im Anhang aufgeführt ist, sie hat aber ihren Sitz nicht in einem EU-Mitgliedstaat und ist deshalb von deren Anwendungsbereich nicht erfasst. Dasselbe wird auch nach der (zu erwartenden) Ergänzung der Zinsen-LizenzgebührenRL 2003/49/EG gelten, die derzeit ja die SE als solche noch nicht erfasst.
[5] S. Richtlinie 90/435/EWG v. 23.07.1990, ABl. EG Nr. L 225 v. 20.08.1990, S. 6, letztmalig geändert durch Richtlinie 2003/123/EG des Rates v. 22.12.2003 zur Änderung der Richtlinie 90/435/EWG über das gemeinsame Steuersystem der Mutter- und Tochtergesellschaften verschiedener Mitgliedstaaten, ABl. EG Nr. L 7 v. 13.01.2004, S. 41-44.

gerechnet wird. Im Gegenzug darf der Staat der Tochtergesellschaft keine Dividendenquellensteuer erheben. Im Falle einer EWR-SE, die, wäre sie in einem EU-Mitgliedstaat ansässig, als Mutter- oder Tochtergesellschaft i.S.v. Art. 3 der Mutter-/Tochter-Richtlinie anzusehen wäre und Dividendenausschüttungen vornimmt oder erhält, stellt sich die Frage der Notwendigkeit einer entsprechenden Behandlung. Geht man davon aus, dass die Grundfreiheiten einer Doppelbesteuerung generell entgegenstehen, so wird man zum Schluss kommen müssen, dass zwar die Erhebung einer Quellensteuer zulässig sein kann, diese aber beim Empfänger vollständig anzurechnen ist, ebenso wie die der Ausschüttung zugrunde liegende Körperschaftsteuer. Eine dem Art. 4 Abs. 1 der Mutter-/Tochter-Richtlinie entsprechende Behandlung wird dann zu fordern sein, wenn aus den Grundfreiheiten ein generelles Verbot der Erhebung von Quellensteuern abzuleiten ist. Eine Klärung durch den EuGH erfolgt möglicherweise im Vorlageverfahren „Scorpio".[1]

Sehen die anwendbaren DBA im Falle der Zahlung von Zinsen oder Lizenzgebühren die Erhebung einer Quellensteuer vor und rechnet der Empfängerstaat die Quellensteuer komplett an, so wird eine Beeinträchtigung der Grundfreiheiten wohl ausscheiden, sofern nicht die Erhebung einer Quellensteuer unter dem Liquiditätsaspekt generell gegen die Grundfreiheiten verstößt[2]. Die Quellensteuer als solche führt im Falle ihrer Anrechnung, abgesehen von der temporären Liquiditätseinbuße, nur zu einer Verschiebung von Besteuerungssubstrat zwischen Quellen- und Ansässigkeitsstaat. In Fällen einer Doppelbesteuerung aufgrund der Nichtanrechnung von Quellensteuern wird eine Diskriminierung oder Beschränkung des Steuerausländers anzunehmen sein.

VII. Ergebnis

Die Verabschiedung des Statuts der SE stellt einen Meilenstein in der europäischen Steuerrechtsgeschichte dar, weil nun erstmals die gesellschaftsrechtlichen Grundlagen für die grenzüberschreitende Verschmelzung von Gesellschaften in *Europa* geschaffen worden sind. Die im Rahmen der FRL bereits 1990 geschaffenen steuerlichen Rahmenbedingungen für die grenzüberschreitende Verschmelzung haben nun, zumindest für eine der von der SE-VO vorgesehenen Gründungsarten,[3] eine reale Grundlage und Mitgliedstaaten, die sich wie *Deutschland* bisher ihrer Pflicht zur vollständigen Umsetzung der FRL entzogen haben, müssen sich nun sputen, um die

---

[1] S. *BFH*, Vorlagebeschluss v. 28.04.2004 (I R 39/04), IStR 14 (2005), S. 583-587 (mit Anm. *Grams*), beim EuGH anhängig unter dem Az.: C-290/04, Scorpio Konzertproduktionen GmbH v. FA-Hamburg-Eimsbüttel.
[2] siehe hierzu das o.g. EuGH-Verfahren in der Rechtssache C-290/04, (Scorpio).
[3] Zur Gründung einer SE durch Verschmelzung vgl. oben Kapitel II.3.

längst fällige Umsetzung auch des Anwendungsfalles der FRL der Verschmelzung und der durch die ÄndRL zur FRL v. 17.02.2005 geschaffenen Möglichkeit der Sitzverlegung rechtzeitig vor dem Ablauf der in Art. 2 der ÄndRL vorgesehenen Umsetzungsfrist zum 01.01.2006 vorzunehmen.

Versäumt der deutsche Gesetzgeber, die FRL rechtzeitig bis zum Ablauf der Umsetzungsfrist nach Art. 2 der ÄndRL zur FRL umzusetzen, können sich zur Gründung einer SE entschlossene Unternehmen unmittelbar auf die FRL berufen (sog. „unmittelbare Anwendung von EG-Richtlinien").

Die übrigen Gründungsfälle einer SE stellen hinsichtlich der Besteuerung keine zusätzlichen Anforderungen an den Gesetzgeber. Dringend zu streichen ist der durch Verweis auf den für reine Inlandsfälle konzipierten § 20 Abs. 4 S. 1 UmwStG in den Anwendungsregelungen zur FRL in § 23 UmwStG vorgesehene Zwang zur „Buchwertverknüpfung über die Grenze", der gerade für die SE aufgrund ihrer grenzüberschreitenden Unternehmenstätigkeit ein besonderes Hindernis darstellt.

Dringender Handlungsbedarf besteht für den deutschen Gesetzgeber auch hinsichtlich der steuerlichen Rahmenbedingungen für die grenzüberschreitende Sitzverlegung. Die entsprechenden steuerlichen Rahmenbedingungen auf EU-Ebene in Form von Art. 10b-10d FRL in der Fassung nach der ÄndRL zur FRL sollten so rasch wie möglich (spätestens bis zum 31.12.2005) in deutsches Recht umgesetzt werden. Angesichts der nach derzeitiger Rechtslage drohenden drastischen Steuerfolgen wird die Sitzverlegung einer SE nur Makulatur bleiben.

Im Rahmen der laufenden Besteuerung einer SE bereitet insbesondere der Gründungsfall der Verschmelzung Probleme, weil die übertragenden Gesellschaften nach der Verschmelzung Betriebsstätten in ihren bisherigen Sitzstaaten zurücklassen. Die Gewinnabgrenzung zwischen Stammhaus und Betriebsstätte wirft zahlreiche Fragen auf. Hinzu kommt die Schwierigkeit, dass die SE trotz einer europaweit einheitlichen rechtlichen Person mit den höchst unterschiedlichen Gewinnermittlungsvorschriften in den einzelnen EU-Mitgliedstaaten konfrontiert wird, in denen sie aus der Verschmelzung hervorgehende Betriebsstätten unterhält. Es ist also zu befürchten, dass der Gründungsfall der Verschmelzung, so interessant die Option einer grenzüberschreitenden Verschmelzung auch aus anderen Gründen sein mag, sich in absehbarer Zeit an den fortbestehenden Steuergrenzen zwischen den weitestgehend unharmonisierten Steuerrechtsordnungen der EU-Mitgliedstaaten stößt. Die Bestrebungen der Europäischen Kommission zur Vereinheitlichung der steuerlichen Gewinnermittlungsvorschriften der Mitgliedstaaten im Sinne einer einheitlichen konso-

I.VII. Ergebnis

lidierten Bemessungsgrundlage[1] sollten von den Mitgliedstaaten mit Nachdruck unterstützt werden.

Steuerliche Probleme entstehen insbesondere auch dann, wenn die ausländische Betriebsstätte einer SE Verluste erleidet. Der noch in dem früheren Entwurf des SE-Statuts vorgesehene Artikel 133, der eine grenzüberschreitende Verlustberücksichtigung zu Gunsten der SE vorsah, ist im Rahmen der Verabschiedung der SE-VO gestrichen worden. Die bisher im deutschen Einkommenssteuerrecht in § 2a Abs. 3 EStG vorgesehene Abzugsmöglichkeit für ausländische Betriebsstättenverluste ist mit Wirkung ab VZ 1999 ebenfalls gestrichen worden. Es ist zu hoffen, dass die weitere Entwicklung der Rechtssprechung des EuGH hier schon bald eine Klärung im Sinne eines Anspruchs auf Verlustabzug als Ausfluss aus der Niederlassungsfreiheit des Art. 43 EG mit sich bringt.

Die Mitgliedstaaten sind aufgerufen, möglichst rasch dem Vorschlag der Kommission zur Änderung der Zinsen- und Lizenzgebührenrichtlinie[2] zuzustimmen, damit die Quellensteuerfreiheit für konzerninterne Zahlungen von Zinsen und Lizenzgebühren künftig auch in Fällen anwendbar ist, in denen die SE als Empfängerin der Zahlungen gilt. In Ermangelung einschlägiger Richtlinienbestimmungen und deren Umsetzung in nationales Recht können sich betroffene Unternehmen derzeit auf die einschlägigen DBA-Bestimmungen berufen.

Es ist weiterhin zu hoffen, dass sich die SE trotz der zahlreichen steuerlichen Schwierigkeiten, denen sie aufgrund des weitestgehend unharmonisierten Steuerrechts in den europäischen Mitgliedstaaten begegnen wird, in der Rechtswirklichkeit durchsetzen und behaupten wird. Sollte sich allerdings herausstellen, dass die steuerlichen Hürden die Unternehmen der Mitgliedstaaten davon abhalten, von der neu geschaffenen Rechtsform der SE Gebrauch zu machen, ist der europäische Gesetzgeber zum Handeln aufgerufen. Anderenfalls droht der SE ein ähnliches Schicksal wie einer anderen, bereits 1985 mit großer Euphorie und Erwartung geschaffenen pan-europäischen Rechtform, der Europäischen Wirtschaftlichen Interessensvereinigung,[3] die nicht zuletzt auch aufgrund der zahlreichen Probleme der Betriebsstättenbesteuerung in der europäischen Rechtswirklichkeit nur ein Schattendasein fristet.

---

1 S. Kapitel I.2.
2 Vorschlag für eine Richtlinie des Rates zur Änderung der Richtlinie 2003/49/EG über eine gemeinsame Steuerregelung für Zahlungen von Zinsen und Lizenzgebühren zwischen verbundenen Unternehmen verschiedener Mitgliedstaaten v. 30.12.2003, KOM (2003) 841 endg., ABl. EU Nr. C 112 v 30.04.2004, S. 113.
3 S. Verordnung (EWG) Nr. 2137/85 des Rates v. 25.07.1985 über die Schaffung einer Europäischen wirtschaftlichen Interessenvereinigung (EWIV), ABl. EG Nr. L 199 v. 31.07.1985, S. 1.

J. Insolvenz und Sanierung

*Dietmar Nolting**

I. Einführung 622
II. Rechtsgrundlagen 622
   1. Regelungen der SE-VO 622
      a. Ausgangspunkt 622
      b. Meinungsstand in der Literatur 623
      c. Stellungnahme 624
      d. Ergebnis 627
   2. Internationales Insolvenzrecht 628
   3. Nationales Sachrecht 629
      a. Lex fori concursus 629
      b. Sonstiges Sachrecht 630
   4. Ergebnis 631
III. Grenzüberschreitende Insolvenzverfahren über das Vermögen einer SE 632
   1. Typische Fallkonstellationen grenzüberschreitender Insolvenzen 632
      a. Typische Fallkonstellationen aus den Gründungsformen der SE 632
      b. Typische Fallkonstellationen aus den Einsatzmöglichkeiten der SE 634
   2. Anwendbarkeit der InsO 635
      a. Sitz der SE in Deutschland 635
      b. Niederlassung einer SE in Deutschland 636
      c. Insolvenzfähigkeit und Eröffnungsgründe 636
      d. Zahlungsunfähigkeit, § 17 InsO 637
      e. Drohende Zahlungsunfähigkeit, § 18 InsO 637
      f. Überschuldung, § 19 InsO 638
      g. Insolvenzeröffnungsverfahren 639
   3. Antragstellung 639
      a. Dualistisches System 639
      b. Monistisches System 640
         ba. Pflichten des Verwaltungsrats 640
         bb. Pflichten der geschäftsführenden Direktoren 640
   4. Haupt- und Sekundärinsolvenzverfahren 642

---

* *Prof. Dr. Dietmar Nolting*, Rechtsanwalt, Steuerberater, Fachanwalt für Steuerrecht, Gehrke Bodmann Nolting Rechtsanwaltsgesellschaft mbH, Hannover, und Private staatlich anerkannte Fachhochschule Nordhessen, Bad Sooden-Allendorf.

IV. Verfahren bei SE-typischen Fallkonstellationen 643
   1. Grenzüberschreitende Belegenheit von Vermögensgegenständen 643
      a. Wirkung des Konkursbeschlags 643
      b. Befugnisse des Insolvenzverwalters 644
      c. Dingliche Sicherungsrechte 645
   2. Tochtergesellschaft in einem anderen Mitgliedstaat, insbesondere
      Konzerninsolvenzen 645
      a. Begriff der Tochtergesellschaft 645
      b. Arbeitsverhältnisse 646
      c. Insolvenzen im Konzern 646
         ca. Ausgangspunkt 646
         cb. Haupt- und Sekundärinsolvenzverfahren im Konzern 647
         cc. „Konzernzuständigkeit" aus Art. 3 Abs. 1 EuInsVO? 648
         cd. Tochtergesellschaft der SE als Niederlassung
             i. S. des Art. 3 II 1 EuInsVO? 648
         ce. Bedeutung des Art. 102 § 1 EGInsO 650
         cf. Ergebnis 650
V. Überblick über Maßnahmen zur Sanierung der SE 651
   1. Sanierung außerhalb eines Insolvenzverfahrens 651
   2. Sanierung im Insolvenzverfahren 651
VI. Ergebnis 652

Literatur

Altmeppen, Holger, 2005: *Existenzvernichtungshaftung* und Scheinauslandsgesellschaften, in: *Crezelius, Georg / Hirte, Heribert / Vieweg, Klaus* (Hrsg.), Festschrift für *Volker Röhricht* zum 65. Geburtstag, Köln: Otto Schmidt, 2005, S. 3-24.

Bartone, Roberto / Klapdor, Ralf, 2005: Die *Europäische Aktiengesellschaft* – Recht, Steuer, Betriebswirtschaft, Berlin: Erich Schmidt, 2005.

Brandt, Ulrich / Scheifele, Matthias, 2002: Die *Europäische Aktiengesellschaft* und das anwendbare Recht, in: DStR 40 (2002), S. 547-545.

Bungert, Hartwin / Beier, Constantin H., 2002: Die Europäische Aktiengesellschaft – Das Statut und seine *Umsetzung* in der Praxis, in: EWS 13 (2002), S. 1-12.

Depré, Peter, 2005: Anwaltspraxis im *Insolvenzrecht*, 2. Aufl., München: C.H. Beck, 2005.

Ehricke, Ulrich, 2002: Zur gemeinschaftlichen *Sanierung* insolventer Unternehmen eines Konzerns, in: ZInsO 5 (2002), S. 393-398.

Ehricke, Ulrich, 2002: Die neue Europäische Insolvenzverordnung und grenzüberschreitende *Konzerninsolvenzen*, in: EWS 13 (2002), S. 101-107.

Ehricke, Ulrich / Ries, Julian, 2003: Die neue *Europäische Insolvenzverordnung*, in: JuS 43 (2003), S. 314-320.

Ehricke, Ulrich, 2005: Das *Verhältnis* des Hauptinsolvenzverwalters zum Sekundärinsolvenzverwalter bei grenzüberschreitenden Insolvenzen nach der EuInsVO, in: ZIP 26 (2005), S. 1104-1112.

Ehricke, Ulrich, 2005: Die *Zusammenarbeit* der Insolvenzverwalter bei grenzüberschreitenden Insolvenzen nach der EuInsVO, in: WM 59 (2005), S. 397-405.

Eidenmüller, Horst, 2004: Der Markt für internationale *Konzerninsolvenzen*: Zuständigkeitskontrolle unter der EuInsO, in: NJW 57 (2004), S. 3455-3459.

Eisenhardt, Ulrich, 2005: *Gesellschaftsrecht*, 12. Auflage, München: C.H. Beck, 2005.

Fischer, Michael, 2004: Die *Verlagerung* des Gläubigerschutzes vom Gesellschafts- in das Insolvenzrecht nach „Inspire Art", in: ZIP 25 (2004), S. 1477-1486.

Fleischer, Holger, 2005: *Kapitalschutz* und Durchgriffshaftung bei Auslandsgesellschaften, in: *Lutter, Marcus* (Hrsg.), Europäische Auslandsgesellschaften in Deutschland – Mit Rechts - und Steuerfragen des Wegzugs deutscher Gesellschaften, Köln: Otto Schmidt, 2005, S. 49-130.

Fleischer, Holger, 2005: Die *Finanzverfassung* der Europäischen Gesellschaft, in: *Hommelhoff, Peter / Lutter, Marcus* (Hrsg.), die Europäische Gesellschaft – Prinzipien, Gestaltungsmöglichkeiten und Grundfragen aus der Praxis, Köln: Otto Schmidt, 2005, S. 169-177.

Frege, Michael C. / Klawa, Patrick, 2005: Auflösung und *Abwicklung*, in: *Jannott, Dirk / Frodermann, Jürgen* (Hrsg.), Handbuch der Europäischen Aktiengesellschaft – Societas Europaea – eine umfassende und detaillierte Darstellung für die Praxis unter Berücksichtigung sämtlicher EU-Mitgliedstaaten, Heidelberg: C.F. Müller, 2005, S. 362-376.

Fuchs, Mirjam, 2005: Kommentierung zu Art. 6-7, 9-10, 12-14, 63-65, 68-70 SE-VO, in: *Manz, Gerhardt / Mayer, Barbara / Schröder, Albert* (Hrsg.), Europäische Aktiengesellschaft SE, Kommentar, Baden-Baden: Nomos, 2005.

Grundmann, Stefan, 2004: *Europäisches Gesellschaftsrecht* – eine systematische Darstellung unter Einbeziehung des Europäischen Kapitalmarktrechts, Heidelberg: C.F. Müller, 2004.

Haarmann, Wilhelm, 2005: Der *Rangrücktritt*, in: *Crezelius, Georg / Hirte, Heribert / Vieweg, Klaus* (Hrsg.), Festschrift für *Volker Röhricht* zum 65. Geburtstag, Köln: Otto Schmidt, 2005, S. 143-153.

Haarmeyer, Hans, 2001: Kommentierung zu §§ 21-26 InsO, in: Münchener Kommentar zur Insolvenzordnung, München: C.H. Beck, 2001.

Herchen, Axel, 2005: Das *Prioritätsprinzip* im internationalen Insolvenzrecht, in: ZIP 26 (2005), S. 1401-1432.

Hommelhoff, Peter, 2005: *Normenhierachie* für die Europäische Gesellschaft, in: *Hommelhoff, Peter / Lutter, Marcus* (Hrsg.), Die Europäische Gesellschaft - Prinzipien, Gestaltungsmöglichkeiten und Grundfragen aus der Praxis, Köln: Otto Schmidt, 2005, S. 5-23.

Hüffer, Uwe, 2004: Aktiengesetz, Kommentar, 6. Aufl., München: C.H. Beck, 2004.

Kallmeyer, Harald, 2003: Das monistische *System* der SE mit Sitz in Deutschland, in: ZIP 24 (2003), S. 1531-1536.

Kallmeyer, Harald, 2003: Europa-AG: Strategische *Optionen* für deutsche Unternehmen, in: AG 48 (2003), S. 197-203.

Kind, Thomas, 2004: Kommentierung zu §§ 11-34, 56-79 InsO, in: *Braun, Eberhard* (Hrsg.), Insolvenzordnung, Kommentar, 2. Aufl., München: C.H. Beck, 2004.
Kloster, Lars, 2003: Societas Europaea und europäische *Unternehmenszusammenschlüsse*, in: EuZW 14 (2003), S. 293-301.
Kremer, Thomas, 2004: Liquidation und *Insolvenz*, in: *Lutter, Marcus* (Hrsg.), Holding Handbuch – Recht – Management – Steuern, Köln: Otto Schmidt, 2004, S. 1067-1079.
Lächler, Christoph / Oplustil, Krzysztof, 2005: *Funktion* und Umfang des Regelungsbereichs der SE-Verordnung, in: NZG 6 (2005), S. 381-387.
Lutter, Marcus (Hrsg.), 2005: Europäische *Auslandsgesellschaften* in Deutschland – Mit Rechts- und Steuerfragen des Wegzugs deutscher Gesellschaften, Köln: Otto Schmidt, 2005.
Manz, Gerhardt, 2005: Kommentierung zu Art. 38-51 SE-VO einschließlich nationaler Ausführungsbestimmungen, in: : *Manz, Gerhard / Mayer, Barbara / Schröder, Albert* (Hrsg.), Europäische Aktiengesellschaft SE, Kommentar, Baden-Baden: Nomos, 2005.
Maul, Silja / Wenz, Martin, 2005: *Einsatzmöglichkeiten* der Europäischen Gesellschaft im Konzern, in: *Hommelhoff, Peter / Lutter, Marcus* (Hrsg.), Die Europäische Gesellschaft – Prinzipien, Gestaltungsmöglichkeiten und Grundfragen aus der Praxis, Köln: Otto Schmidt, 2005, S. 261-275.
Oechsler, Jürgen, 2005: *Kapitalerhaltung* in der Europäischen Gesellschaft (SE), in: NZG 8 (2005), S. 449-454.
Pannen, Klaus / Deuchler, Ingrid / Kahlert, Günter / Undritz, Sven-Holger, 2005: *Sanierungsberatung*, Köln: RWS, 2005.
Paulus, Christoph G., 2002: Das inländische *Parallelverfahren* nach der Europäischen Insolvenzverordnung, in: EWS 13 (2002), S. 497-506.
Paulus, Christoph G., 2003: *Zuständigkeitsfragen* nach der Europäischen Insolvenzordnung, in: ZIP 24 (2003), S. 1725-1729.
Reinhart, Stefan, 2001: Kommentierung zu Art. 102 EGInsO und EuInsVO, in: Münchener Kommentar zur Insolvenzordnung, München: C.H. Beck, 2001.
Schmidt, Karsten, 1997: *Gesellschaftsrecht*, 3. Aufl., Köln: Carl Heymanns, 1997.
Schmidt-Hern, Karsten, 2004: Die AG/KGaA in der *Krise*, in: *Müller, Welf / Rödder, Thomas* (Hrsg.), Beck´sches Handbuch der AG - mit KGaA – Gesellschaftsrecht – Steuerrecht – Börsengang, München: C.H. Beck, 2004, S.1325-1364.
Schröder, A. / Fuchs, M.,2005: Vorbemerkung, in: *Manz, Gerhard / Mayer, Barbara / Schröder, Albert* (Hrsg.), *Europäische Aktiengesellschaft*, Kommentar, Baden-Baden: Nomos, 2005.
Schröder, Albert, 2005: Kommentierung zu den Art. 1-3, 8 SE-VO in: *Manz, Gerhard / Mayer, Barbara / Schröder, Albert* (Hrsg.), Europäische Aktiengesellschaft, Kommentar, Baden-Baden: Nomos, 2005.
Schwarz, Günter Christian, 2001: Zum *Statut* der Europäischen Aktiengesellschaft, in: ZIP 22 (2001), S. 1847-1861.
Seibt, Christoph H. / Saame, Carola, 2005: Die Societas Europaea (SE) deutschen Rechts: *Anwendungsfelder* und Beratungshinweise, in: Anwaltsblatt 55 (2005), S. 225-232.
Smid, Stefan, 2003: Vier *Entscheidungen* englischer und deutscher Gerichte zur europäischen internationalen Zuständigkeit zur Eröffnung von Hauptinsolvenzverfahren, in: DZWIR 13 (2003), S. 397-404.

Smid, Stefan, 2004: Deutsches und europäisches *Internationales Insolvenzrecht*, Kommentar, Stuttgart: Kohlhammer, 2004.
Teichmann, Christoph, 2005: Die monistische *Verfassung* der Europäischen Gesellschaft, in: *Hommelhoff, Peter / Lutter, Marcus* (Hrsg.), Die Europäische Gesellschaft – Prinzipien, Gestaltungsmöglichkeiten und Grundfragen aus der Praxis, Köln: Otto Schmidt, 2005.
Theisen, Manuel René, 2000: Der *Konzern* – Betriebswirtschaftliche und rechtliche Grundlagen der Konzernunternehmung, 2. Aufl., Stuttgart: Schäffer-Poeschel, 2000.
Thümmel, Roderich C., 2005: Die *Europäische Aktiengesellschaft* (SE) – Ein Leitfaden für die Unternehmens- und Beratungspraxis, Frankfurt/Main: Recht und Wirtschaft, 2005.
Virgos, Miguel / Schmit, Etienne, 1997: Erläuternder *Bericht* zu dem EU-Übereinkommen über Insolvenzverfahren, in: *Stoll, Hans* (Hrsg.), Vorschläge und Gutachten des EU-Übereinkommens über Insolvenzverfahren im deutschen Recht, Tübingen: Mohr Siebeck, 1997, S. 32-134.
Wimmer, Klaus, 2002: Die EU-Verordnung zur Regelung grenzüberschreitender *Insolvenzverfahren*, in: NJW 55 (2002), S. 1427-1431.
Wehdeking, Silke, 2003: *Reform* des Internationalen Insolvenzrechts in Deutschland und Österreich, in: DZWIR 13 (2003), S. 133-143.
Weller, Marc-Philippe, 2004: Europäische *Rechtsformwahlfreiheit* und Gesellschafterhaftung – zur Anwendung der Existenzvernichtungshaftung auf Scheinauslandsgesellschaften nach „Überseering" und „Inspire Art", Köln: Carl Heymanns, 2004.
Wenz, Martin, 2003: *Einsatzmöglichkeiten* einer Europäischen Aktiengesellschaft in der Unternehmenspraxis aus betriebswirtschaftlicher Sicht, in: AG 48 (2003), S. 185-196.

I. Einführung

Aspekte einer grenzüberschreitenden Tätigkeit sind in der SE bereits als Voraussetzung ihrer Gründung angelegt. Die Insolvenz einer SE wird daher über die Grenzen des Sitzstaats hinaus Auswirkungen auch in anderen Mitgliedstaaten haben. Dennoch hat der Verordnungsgeber davon abgesehen, in der SE-VO insolvenzrechtliche Regelungen zu treffen.[1] Nachfolgend werden zunächst die Rechtsgrundlagen eines Insolvenzverfahrens über das Vermögen einer SE zusammengestellt, um sodann deren Anwendung auf SE-typische Fallkonstellationen zu erörtern. Dabei liegt ein Schwerpunkt im Bereich der Konzerninsolvenzen. Abschließend soll ein Überblick gegeben werden über Maßnamen zur Sanierung der SE.

II. Rechtsgrundlagen

1. Regelungen der SE-VO

a. Ausgangspunkt

Die SE-VO zählt das Konkursrecht zu den Rechtsgebieten, die von der Verordnung nicht erfasst werden.[2]st Im Bereich des Konkursrechts sollen nach den Erwägungen des Verordnungsgebers die Rechtsvorschriften der Mitgliedstaaten und das Gemeinschaftsrecht gelten,[3] ebenso wie in den anderen von der SE-VO nicht erfassten Bereiche. Dazu zählt der Verordnungsgeber in einer beispielhaften Aufzählung auch das Steuer- und Wettbewerbsrecht sowie den gewerblichen Rechtsschutz.[4]

Dennoch enthält Art. 63 SE-VO Hinweise auf die maßgebenden Rechtsvorschriften, denen die SE hinsichtlich der Auflösung, Liquidation, Zahlungsunfähigkeit, Zahlungseinstellung und ähnlicher Verfahren unterliegt. Art. 63 SE-VO nennt diejenigen Rechtsvorschriften, die für eine Aktiengesellschaft maßgeblich wären, die nach dem Recht des Sitzstaats der SE gegründet worden ist.[5] Dies gilt nach den ergänzenden Formulierungen des Verordnungsgebers in Art. 63 HS. 2 SE-VO auch für die „Vorschriften hinsichtlich der Beschlussfassung durch die Hauptversammlung".[6]

Der Regelungsinhalt des Art. 63 SE-VO ist klärungsbedürftig. Die vier vom Verordnungsgeber genannten Begriffe stehen inhaltlich nicht in einer Reihe. Sie schei-

---

[1] S. Erwägungsgrund 20 S. 1 Verordnung (EG) Nr. 2157/2001 des Rates v. 8.10.2001 über das Statut der Europäischen Gesellschaft (SE), ABl. EG Nr. L 294 v. 10.11.2001, S. 1-21 (SE-VO), abgedruckt in Anhang I. Nachfolgend: Art. 17 SE-VO.
[2] S. Erwägungsgrund 20 S. 1 SE-VO.
[3] S. Erwägungsgrund 20 S. 2 SE-VO.
[4] S. Erwägungsgrund 20 S. 1 SE-VO.
[5] S. Art. 63 HS. 1 SE-VO.
[6] S. Art. 63 HS. 2 SE-VO.

nen vielmehr dem Gesellschaftsrecht einerseits und dem Insolvenzrecht andererseits entnommen. Dies könnte auf einen insolvenzrechtlichen Aspekt in Art. 63 SE-VO hindeuten. Dann aber stellt sich die Frage, wie ein solches Verständnis des Art. 63 SE-VO mit dem 20. Erwägungsgrund vereinbar ist, der das Konkursrecht unter den Bereichen nennt, die von der Verordnung nicht erfasst werden.

b.   Meinungsstand in der Literatur

Nach der Auffassung von *Fuchs* beziehen sich auf der Tatbestandsebene des Art. 63 HS. 1 SE-VO die Begriffe „Zahlungsunfähigkeit" und „Zahlungseinstellung" auf das nationale und internationale Insolvenzrecht.[1]

Die Rechtsfolge des Art. 63 HS. 1 SE-VO beschreibt *Fuchs* als Gesamtnormverweisung auf das Recht der Mitgliedstaaten.[2] Dies führt zur Anwendbarkeit des gesamten Rechts des Sitzstaats der SE, insbesondere auch des internationalen Privatrechts mit dem internationalen Insolvenzrecht als Teilgebiet des Kollisionsrechts.

Zur Begründung führt *Fuchs* an, auch der Entwurf von 1991 habe unter Zahlungsunfähigkeit und Zahlungseinstellung die Insolvenz verstanden. Zudem gehe auch das Europäische Übereinkommen über Insolvenzverfahren aus dem Jahre 1995 und die diesem Übereinkommen nachgebildete Verordnung des Rates über Insolvenzverfahren von einem Begriff der Insolvenz aus, der jedenfalls ein Element von Zahlungskrise und Vermögensinsuffizienz erfasse.[3]

Dieses von *Fuchs* formulierte Verständnis des Art. 63 SE-VO als Gesamtnormverweisung auf das nationale und internationale Insolvenzrecht führt freilich zu einem Widerspruch mit dem 20. Erwägungsgrund. Danach soll das Konkursrecht von der SE-VO nicht erfasst sein. *Fuchs* erkennt und benennt diesen Widerspruch.[4] Sie möchte diesen Widerspruch jedoch aufgelöst sehen durch den zweiten Satz des 20. Erwägungsgrunds. Danach gelten - auch - für das Konkursrecht die Rechtsvorschriften der Mitgliedstaaten und das Gemeinschaftsrecht. Nichts anderes – so *Fuchs* – als eine Verweisung auf das nationale Recht regele Art. 63 SE-VO.[5]

In der Kommentierung des Art. 63 SE-VO bei *Fuchs* wird der Stand der europarechtlichen Harmonisierung des Insolvenzrechts behandelt,[6] allerdings ohne Erörte-

---

[1] Vgl. *Fuchs, M.,* in: Europäische Aktiengesellschaft, Kommentar, 2005, Art. 63 SE-VO, Rdnr. 8. Ebenso *Thümmel, R. C.,* Europäische Aktiengesellschaft, 2005, Rdnrn. 356 und 358 ohne nähere Erörterung.
[2] Vgl. *Fuchs, M.,* in: Europäische Aktiengesellschaft, Kommentar, 2005, Art. 63 SE-VO, Rdnr. 8 vgl. zu den Begriffen der Sachnorm- und Gesamtverweisung im Zusammenhang mit den Rechtsgrundlagen der SE *Schröder, A. / Fuchs, M.,* in: Europäische Aktiengesellschaft, Kommentar, 2005, Vorbemerkung, Rdnrn. 51-57.
[3] Vgl. *Fuchs, M.,* in: Europäische Aktiengesellschaft, Kommentar, 2005, Art. 63 SE-VO, Rn. 8.
[4] Vgl. *Fuchs, M.,* in: Europäische Aktiengesellschaft, Kommentar, 2005, Art. 63 SE-VO, Rn. 8.
[5] Vgl. *Fuchs, M.,* in: Europäische Aktiengesellschaft, Kommentar, 2005, Art. 63 SE-VO, Rn. 8.
[6] Vgl. *Fuchs, M.,* in: Europäische Aktiengesellschaft, Kommentar, 2005, Art. 63 SE-VO, Rdnrn. 15-20.

rung, ob sich daraus Rückschlüsse auf die Auslegung des Art. 63 SE-VO ziehen lassen.

Im Gegensatz zur Auffassung von *Fuchs* beschreibt *Schwarz* die Rechtsfolge des Art. 63 SE-VO wesentlich enger, nämlich als Sachnormverweisung auf die aktienrechtlichen Bestimmungen des Sitzstaates der SE.[1] *Schwarz* orientiert sich dabei am Wortlaut des Art. 63 SE-VO, ohne seine Argumentation weiter zu konkretisieren.

Frege und *Klawa* referieren ebenso wie *Thümmel* den Wortlaut des Art. 63 SE-VO, ohne die Tatbestandsmerkmale inhaltlich auszumessen.[2] *Frege* und *Klawa* begründen die Anwendbarkeit nationaler insolvenzrechtlicher Vorschriften auf die SE aber nicht mit Art. 63 SE-VO, sondern mit einem Hinweis auf die EuInsVO.[3]

Bartone und *Klapdor* erörtern die insolvenzrechtliche Situation der SE unter Geltung der InsO, ohne sich zum Geltungsgrund der InsO zu äußern.[4]

c. Stellungnahme

Im Ergebnis ist die Auffassung von *Schwarz* zutreffend. Art. 63 SE-VO enthält auf Rechtsfolgenebene eine Sachnormverweisung allein auf die aktienrechtlichen Bestimmungen des Sitzstaates der SE.

Würde man Art. 63 SE-VO als Gesamtnormverweisung betrachten, dann läge der Ansatzpunkt zur Ermittlung des maßgebenden Rechts im Insolvenzfall der SE bei Art. 63 SE-VO, der als ersten Prüfungsschritt dann die Bestimmung des Sitzstaats der SE i. d. R. Art. 7 SE-VO vorsehen würde. Dies führt dazu, außerhalb der EuInsVO einen weiteren gemeinschaftsrechtlichen Ansatzpunkt zu etablieren für die Bestimmung des maßgebenden Insolvenzrechts der SE bei Belegenheit von Vermögensgegenständen der Gesellschaft in verschiedenen Mitgliedstaaten. Ausweislich der Selbstbeschränkung, die sich der SE-Verordnungsgeber im 20. Erwägungsgrund auferlegt hat, kann dies aber nicht Regelungsziel des Art. 63 SE-VO sein.

Soweit es an einem vereinheitlichten insolvenzrechtlichen Kollisionsrecht fehlt,[5] entscheidet das nationale IPR dieser Staaten über die Anwendbarkeit des jeweiligen nationalen Insolvenzrechts auf eine SE. Hierfür bedarf es keiner Weisung aus der SE-VO heraus.

---

[1] Vgl. *Schwarz, G. C.*, Statut, 2001, S. 1858.
[2] Vgl. *Frege, M. C. / Klawa, P.*, Abwicklung, 2005, S. 362; *Thümmel, R. C.*, Europäische Aktiengesellschaft, 2005, Rdnr. 356.
[3] Vgl. *Frege, M.C. / Klawa, P.*, Handbuch, 2005, S. 33.
[4] Vgl. *Bartone, R. / Klapdor, R.*, Europäische Aktiengesellschaft, 2005, S. 82 ff.
[5] Die EuInsVO gilt nicht in Dänemark, Island, Liechtenstein und Norwegen. S. Erwägungsgrund 33 EuInsVO und vgl. *Schröder, A.*, in: Europäische Aktiengesellschaft, Kommentar, 2005, Art. 1 SE-VO, Rdnr. 1 zur Möglichkeit der Gründung einer SE in den Staaten des EWR.

J. II. Rechtsgrundlagen

Schließlich spricht gegen die Annahme einer Gesamtnormverweisung in Art. 63 SE-VO auch der bereits von *Fuchs* benannte Widerspruch zum 20. Erwägungsgrund im dortigen Satz 1.[1] Der Widerspruch liegt darin, eine Regelung insolvenzrechtlicher Fragen in der SE-VO anzunehmen, nämlich durch eine Gesamtnormverweisung in Art. 63, während der Verordnungsgeber im 20. Erwägungsgrund das Konkursrecht als einen Rechtsbereich benennt, der von der SE-VO nicht erfasst wird.

Dieser Widerspruch löst sich entgegen dem von *Fuchs* unterbreiteten Vorschlag nicht auf durch Zusammenschau mit dem zweiten Satz des 20. Erwägungsgrunds.[2] Wenn dort die Anwendbarkeit des Gemeinschaftsrechts und der Rechtsvorschriften der Mitgliedstaaten im Bereich des Konkursrechts festgestellt wird, dann beschreibt der Verordnungsgeber damit lediglich die Konsequenz seiner selbst auferlegten Enthaltsamkeit hinsichtlich konkursrechtlicher Regelungen der SE.

Eine Auslegung des Art. 63 SE-VO im Einklang mit dem 20. Erwägungsgrund ist möglich, wenn man den Anwendungsbereich des Art. 63 SE-VO bereits auf Tatbestandsebene begrenzt und allein auf den Gesichtspunkt der *Beendigung* der Gesellschaft im gesellschaftsrechtlichen Sinn bezieht. Dieser Oberbegriff umfasst die Auflösung des Rechtsträgers als Beginn der Abwicklung durch Liquidation seines Vermögens, die Abwicklung selbst und schließlich die Vollbeendigung im Sinne der restlosen Verteilung des verwertbaren Vermögens. Daran schließt sich bei juristischen Personen die Löschung im Register an.[3]

Die SE-VO wäre lückenhaft ohne eine Stellungnahme des Verordnungsgebers zur Beendigung der SE als Schlussphase ihrer Existenz.[4] Dem Verordnungsgeber geht es in Art. 63 SE-VO ausweislich der nicht abschließenden, sondern durch Regelbeispiele konkretisierten Formulierung darum, tatbestandlich alle Phänomene zu erfassen, deren Gemeinsamkeit in der Möglichkeit liegt, die Beendigung der SE zu bewirken. Zur Regelung dieses – und allein dieses – gesellschaftsrechtlichen Phänomens der Beendigung der SE verweist der Verordnungsgeber in Art. 63 HS. 1 SE-VO auf das Recht der Mitgliedstaaten für Aktiengesellschaften, die nach dem Recht des Sitzstaats der SE gegründet worden sind.

Der Wortlaut des Art. 63 HS. 1 SE-VO auf Rechtsfolgenebene gibt keine Veranlassung, auch andere nationale Vorschriften der Mitgliedstaaten außerhalb des nationalen Aktienrechts in Bezug zu nehmen.

Etwas anderes ergibt sich auch nicht unter Berücksichtigung der Begriffe „Zahlungsunfähigkeit, Zahlungseinstellung" auf Tatbestandsebene des Art. 63 SE-VO.

---

[1] Vgl. *Fuchs, M.*, in: Europäische Aktiengesellschaft, Kommentar, 2005, Art. 63 SE-VO, Rn. 8.
[2] Vgl. *Fuchs, M.*, in: Europäische Aktiengesellschaft, Kommentar, 2005, Art. 63 SE-VO, Rn. 8.
[3] Vgl. zum Begriff der Beendigung eines Rechtsträgers *Schmidt, K.*, Gesellschaftsrecht, 1997, S. 316-320; *Eisenhardt, U.*, Gesellschaftsrecht, 2005, Rdnrn. 100-102.
[4] Vgl. *Hommelhoff, P.*, Normenhierarchie, 2005, S. 8.

Sie stehen nicht stellvertretend für den Begriff „Insolvenz" oder „Konkurs".[1] In der beispielhaften und nicht abschließenden Aufzählung des Art. 63 HS. 1 SE-VO nehmen diese beiden Begriffe Bezug auf die Möglichkeit einer Beendigung der Gesellschaft, die als gesellschaftsrechtliches Phänomen durch zwingende gesellschaftsrechtliche Anordnung auch durch eine Vermögensinsuffizienz ausgelöst und bewirkt werden kann.[2]

Bei dieser Überlegung handelt es sich nicht um eine – unzulässige – Auslegung der Verordnung aus nachrangigem nationalem Recht heraus.[3] Der Hinweis auf den Zusammenhang zwischen Vermögensinsuffizienz einerseits und gesellschaftsrechtlich zwingend angeordneter Auflösung des Vermögensträgers andererseits beweist vielmehr, dass die Formulierung in Art. 63 HS. 1 SE-VO keineswegs „redundant",[4] sondern gerade in der hier vertretenen einschränkenden Auslegung sinnvoll ist.

Diese einschränkende Auslegung des Art. 63 SE-VO als Regelung allein der Beendigung der Gesellschaft im gesellschaftsrechtlichen Sinn durch Sachnormverweisung auf das nationale Aktienrecht am Sitzstaat der SE wird bestätigt durch die Stellung des Art. 63 HS. 1 SE-VO im systematischen Zusammenhang. Die unmittelbar anschließende Regelung in Art. 63 HS. 2 SE-VO ordnet die identische Rechtsfolge an,[5] nämlich die Geltung des nationalen Aktienrechts am Sitzstaat der SE hinsichtlich der „Beschlussfassung durch die Hauptversammlung". Während es zur Kernkompetenz der Gesellschafter gehört, über die weitere Verfolgung des satzungsmäßigen Gesellschaftszwecks und damit über die Auflösung der Gesellschaft zu befinden,[6] kommt der Hauptversammlung keinerlei Beschlussfassungskompetenz hinsichtlich einer Antragsstellung, Eröffnung oder Durchführung von Insolvenzverfahren zu. Auch Art. 63 HS. 2 SE-VO spricht deswegen dafür, die Regelung in Art. 63 HS. 1 SE-VO allein auf die Geltung nationalen Aktienrechts für die gesellschaftsrechtlichen Fragen einer Beendigung der Gesellschaft zu beziehen. Demgegenüber würde der ergänzende Hinweis auf die Hauptversammlung der SE in Art. 63 HS. 2 SE-VO keinen Sinn ergeben, wenn man Art. 63 HS. 1 SE-VO über einen gesellschaftsrechtlichen Inhalt hinaus auch einen insolvenzrechtlichen Regelungsgehalt beilegen wollte.

Für dieses einschränkende Verständnis des Art. 63 HS. 1 SE-VO spricht schließlich auch die systematische Stellung im Titel V der SE-VO, der in Art. 64 Abs. 2 eine weitere Möglichkeit der Beendigung einer SE behandelt, nämlich eine Zwangsliqui-

---

[1] Andere Ansicht *Fuchs, M.,* in: Europäische Aktiengesellschaft, Kommentar, 2005, Art. 63 SE-VO, Rn. 8.
[2] S. § 262 Abs. 1 Nr. 3 AktG.
[3] Vgl. *Hommelhoff, P.,* Normenhierarchie, 2005, S. 8 zum Vorrang des Gemeinschaftsrechts als Maßstab der Abgrenzung zwischen dem gemeinschaftsrechtlichen Regelungsrahmen der SE und dem allgemeinen Recht der Mitgliedstaaten.
[4] So aber *Fuchs, M.,* in: Europäische Aktiengesellschaft, Kommentar, 2005, Art. 63 SE-VO, Rn. 8.
[5] S. Art. 63 HS. 2 SE-VO: „Dies gilt auch für ...".
[6] S. Art. 5 Abs. 2 S. 2 SE-VO i. V.m. § 119 Abs. 1 Nr. 8 AktG.

dation. Auch Art. 66 SE-VO steht in diesem Zusammenhang, wenn er durch Rückumwandlung der SE in eine Aktiengesellschaft nationaler Rechtsform zwar nicht das Erlösen des Rechtsträgers anordnet, aber doch Maßgaben trifft für eine Beendigung der bisherigen Existenz des Rechtsträgers in der gemeinschaftsrechtlich begründeten Rechtsform der SE. Demgegenüber sprechen die von *Fuchs* herangezogenen Aspekte einer historischen Auslegung nicht zwingend für ein anderes Ergebnis,[1] weil die heute geltende gemeinschaftsrechtliche Regelung des internationalen Insolvenzrechts durch die EuInsVO bei Abfassung der vorangegangenen Entwürfe einer SE-VO weder berücksichtigt wurde, noch berücksichtigt werden konnte.[2] Eine Auslegung der geltenden SE-VO muss den heute gegebenen gemeinschaftsrechtlichen Rahmen berücksichtigen.

Das hier vertretene Verständnis von Art. 63 SE-VO allein als Regelung zur Beendigung der SE erfüllt auch die von *Hommelhoff* erhobene Forderung, den Regelungsrahmen der SE-VO induktiv aus den einzelnen Vorgaben des Gemeinschaftsrechts zu erschließen.[3]

Da das Gemeinschaftsrecht seit dem 31.05.2002 mit der EuInsVO einen gemeinschaftlichen Rechtsakt enthält, der die Bestimmungen über den Gerichtsstand, die Anerkennung und das anwendbare Recht im Bereich des Insolvenzverfahrens bündelt, liegt der Schluss nahe, dass die dort getroffenen Regelungen durch die SE-VO weder ergänzt noch spezifiziert oder gar überlagert werden sollen. Wenn der SE-Verordnungsgeber also im 20. Erwägungsgrund die Feststellung trifft, das „Konkursrecht" werde von der SE-VO nicht erfasst, dann muss dies für alle Verfahren gelten, die in den Anwendungsbereich der EuInsVO fallen.[4] Der gesamte Bereich des internationalen Insolvenzrechts und der danach zur Anwendung berufenen einzelstaatlichen Regelungen wird also von der SE-VO nicht erfasst.[5]

d. Ergebnis

Das Insolvenzrecht der SE wird in Art. 63 SE-VO weder angesprochen noch geregelt. Bei Belegenheit von Vermögensgegenständen der SE in verschiedenen Mitgliedstaaten der EU bestimmt sich das maßgebende Insolvenzrecht allein nach der

---

[1] Vgl. *Fuchs, M.*, in: Europäische Aktiengesellschaft, Kommentar, 2005, Art. 63 SE-VO, Rn. 8.
[2] S. Verordnung (EG) Nr. 1346/2000 des Rates über Insolvenzverfahren v. 29.05.2000, in: ABl. L 160 v. 30.06.2000, S. 1, (EuInsVO). Nachfolgend: Art. 3 EuInsVO.
[3] Vgl. *Hommelhoff, P.*, Normenhierarchie, 2005, S. 22; *Lächler, C. / Oplustil, K.*, Funktion, 2005, S. 382-384 zur Diskussion über den Begriff des "Regelungsbereichs der SE-Verordnung".
[4] S. Art. 1 Abs. 1 EuInsVO: „Diese Verordnung gilt für Gesamtverfahren, welche die Insolvenz des Schuldners voraussetzen und den vollständigen oder teilweisen Vermögensbeschlag gegen den Schuldner sowie die Bestellung eines Verwalters zur Folge haben."
[5] Auch *Frege, M. C. / Klawa, P.*, Abwicklung, 2005, S. 366 gelangen ausschließlich über die EuInsVO zur Auswahl und Anwendung nationaler insolvenzrechtlicher Verfahrensvorschriften auf die SE ohne Rückgriff auf Art. 63 SE-VO. Insoweit deckt sich die von *Frege, M.C. / Klawa, P.*, vertretene Auffassung im Ergebnis mit der hier vorgeschlagenen Lösung.

EuInsVO. Die dort geregelten Bereiche werden von der SE-VO nicht erfasst. Art. 63 HS. 1 SE-VO enthält vielmehr eine Sachnormverweisung allein auf das Aktienrecht am Sitzstaat zur Regelung der gesellschaftsrechtlichen Fragen im Zusammenhang mit einer Beendigung der SE.

2. Internationales Insolvenzrecht

Grenzüberschreitende Insolvenzverfahren werfen die Frage auf, welche Rechtsnormen heranzuziehen sind zur Beurteilung des Lebenssachverhalts. Diese Fragen beantwortet das Kollisionsrecht. Es entscheidet bei Sachverhalten mit Auslandsberührung darüber, welcher einzelstaatlichen Rechtsordnung die maßgebende Normen zu entnehmen sind.

Grenzüberschreitend ist ein Insolvenzverfahren bei Belegenheit von Vermögensgegenständen des Schuldners in verschiedenen Staaten oder falls ein Gläubiger seinen Sitz in einem anderen Staat hat als in dem Staat, der ein Insolvenzverfahren über das Vermögen eines Schuldners eröffnet.[1]

Das internationale Insolvenzrecht trifft zunächst kollisionsrechtliche Regelungen zur Bestimmung des anzuwendenden einzelstaatlichen Rechts. Neben diesen Kollisionsregelungen können sich im internationalen Insolvenzrecht auch Sachnormen finden, also Regelungen verfahrensrechtlicher oder inhaltlicher Fragen.[2] Das internationale Insolvenzrecht ist als Teilgebiet des internationalen Privatrechts Bestandteil der jeweiligen einzelstaatlichen Rechtsordnungen.[3]

In Deutschland ist das internationale Insolvenzrecht in den §§ 335-358 InsO sowie in der EuInsVO geregelt. Die EuInsVO ist am 31.05.2000 in Kraft getreten.[4] Sie ist gemäß Art. 246 EGV unmittelbar geltendes Recht in allen Mitgliedstaaten der EU mit Ausnahme Dänemarks.[5] Die EuInsVO gilt für Gesamtverfahren, welche die Insolvenz des Schuldners voraussetzen und den vollständigen oder teilweisen Vermögensbeschlag gegen den Schuldner sowie die Bestellung eines Verwalters zur Folge haben.[6] Die Verordnung gilt nicht für Insolvenzverfahren über das Vermögen von Versicherungsunternehmen, Kreditinstituten, oder Wertpapierfirmen.[7]

In Abgrenzung zu den §§ 335-358 InsO kommt die EuInsVO zur Anwendung, wenn sich der Mittelpunkt der hauptsächlichen Interessen des Schuldners in einem Mitgliedstaat befindet und das Vermögen des Schuldners nicht nur in einem Mitglied-

---

[1] Vgl. *Smid, S.*, Internationales Insolvenzrecht, Kommentar, 2004, Einleitung, Rdnrn. 1, 7.
[2] Vgl. *Smid, S.*, Internationales Insolvenzrecht, Kommentar, 2004, Einleitung, Rdnr. 10.
[3] S. Art. 3 Abs. 1 Satz 1 EGBGB.
[4] S. Art. 47 EuInsVO.
[5] S. Erwägungsgrund 33 der EuInsVO.
[6] S. Art. 1 Abs. 1 EuInsVO.
[7] S. Art. 1 Abs. 2 EuInsVO und vgl. dazu *Smid, S.*, Internationales Insolvenzrecht, Kommentar, 2004, Art. 1 EuInsVO, Rdnrn. 30-33.

staat belegen ist, sondern sich auf mindestens zwei verschiedene Mitgliedstaaten verteilt.[1]

Da die EuInsVO nicht anwendbar ist, wenn sich Vermögen des Schuldners in einem Drittstaat oder in Dänemark befindet,[2] wird der Hauptanwendungsbereich des autonomen Deutschen internationalen Insolvenzrechts, §§ 335-358 InsO, mit denjenigen Fällen beschrieben, in denen Vermögen des Schuldners außerhalb der EU belegen ist, also in einem Drittstaat, oder in Dänemark.[3]

Das internationale Insolvenzrecht gelangt ohne Einschränkungen insbesondere auch auf grenzüberschreitende Insolvenzverfahren zur Anwendung, in denen es sich bei dem Schuldner um eine SE handelt. Der Verordnungsgeber trifft in der SE-VO keine international-insolvenzrechtlichen Regelungen, die speziell für die SE gelten würden. Vielmehr geht der Verordnungsgeber von einer Geltung der insolvenzrechtlichen Vorschriften der Mitgliedstaaten und des Gemeinschaftsrechts auch für die SE aus.[4]

3. Nationales Sachrecht

Der Begriff des Sachrechts bezeichnet diejenigen Normen, die in der Sache zur Beantwortung einer Rechtsfrage herangezogen werden.

a. Lex fori concursus

Die lex fori consursus bezeichnet das materielle Insolvenzrecht als Oberbegriff für diejenigen einzelstaatlichen Rechtsvorschriften, aus denen sich ergibt, unter welchen Voraussetzungen das Insolvenzverfahren eröffnet wird, welche Wirkungen daran geknüpft sind, wie das Insolvenzverfahren durchzuführen und zu beenden ist.[5]

Welche lex fori consursus auf einen konkreten Sachverhalt anwendbar ist, bestimmt das internationale Insolvenzrecht. Die Reichweite des lex fori consursus bleibt jedenfalls an ihren Rändern unklar.[6] Zum Kernbestand der lex fori consursus in Deutschland gehört die InsO. Dem Gläubigerschutz dienen aber funktional auch gesellschaftsrechtliche Regelungen wie Vorschriften zur Kapitalerhaltung oder Geschäftsführerhaftung.[7] Auch die Rechtsordnungen anderer Mitgliedstaaten kennen

---

[1] S. Art. 1 EuInsVO. Vgl. zum räumlichen Anwendungsbereich der EuInsVO *Ehricke, U. / Ries, J.*, Europäische Insolvenzverordnung, 2003, S. 313.
[2] S. Erwägungsgrund 33 der EuInsVO.
[3] Vgl. *Smid, S.*, Internationales Insolvenzrecht, Kommentar, 2004, § 335 InsO, Rdnr. 2. Zur Nichtanwendbarkeit der Verordnung in Dänemark siehe Erwägungsgrund 33 EuInsVO.
[4] S. Erwägungsgrund 20 der SE-VO.
[5] Vgl. Art. 4 Abs. 2 S. 1 EuInsVO sowie *Smid, S.*, Internationales Insolvenzrecht, Kommentar, 2004, Art. 4 EuInsVO, Rdnr. 7.
[6] Vgl. *Fleischer, H.*, Kapitalschutz, 2005, S. 129.
[7] Vgl. *Hommelhoff, P.,* Normenhierarchie, 2005, S. 8.

Haftungsgrundlagen, die unter der Zielperspektive des Gläubigerschutzes gesellschaftsrechtliche und insolvenzrechtliche Aspekte funktionell verknüpfen.[1]

Die Frage, ob eine Verhaltenspflicht oder eine Haftungsgrundlage dem Insolvenzrecht zuzuordnen ist, gewinnt im Hinblick auf Art. 4 Abs. 1 EuInsVO besondere Bedeutung. Gelangt man nämlich zu einer insolvenzrechtlichen Qualifikation und damit zu einer Einordnung in die lex fori consursus, dann führt dies über Art. 4 EuInsVO zu einer Wirkungserstreckung nationaler Gläubigerschutzvorschriften unabhängig von der jeweiligen Rechtsform, in der eine schuldnerische Gesellschaft verfasst ist.[2] Dieses Problem stellt sich insbesondere bei ausländischen Kapitalgesellschaften, die ihren Verwaltungssitz in einem anderen Mitgliedstaat nehmen unter Beibehaltung ihres statutarischen Sitzes im Gründungsstaat.[3] Die gesellschafts- und die insolvenzrechtlichen Regelungen, denen eine SE im Insolvenzfall unterliegt, werden demgegenüber gleichermaßen der Rechtsordnung des Mitgliedsstaats am Sitz der SE zu entnehmen sein, weil die Artt. 7, 9 und 64 SE-VO für einen Gleichlauf von Satzungs- und Verwaltungssitz der SE sorgen.

Zur Bestimmung der lex fori consursus bei Qualifikationsfragen zwischen Gesellschafts- und Insolvenzrecht trifft die SE-VO keine Regelungen. Dies wäre auch inkonsequent, weil der Verordnungsgeber zum Insolvenzrecht der SE nach ausdrücklicher Festlegung keine Regelung treffen will.[4] Deswegen ist die Feststellung von *Hommelhoff* zutreffend, dass die SE-VO etwaige Impulse aus den einzelstaatlichen Rechtsordnungen zur funktionellen Verknüpfung von Gesellschafts- und Insolvenzrecht nicht aufgreift.[5]

Umgekehrt steht die SE-VO solchen Verknüpfungen aber auch nicht entgegen, wenn zugrundeliegenden Haftungsnormen insolvenzrechtlich qualifiziert werden. Innerhalb des Anwendungsbereichs der EuInsVO und der dort getroffenen Regelungen, seien sie explizit formuliert oder durch Auslegung zu ermitteln, ist für eine Anwendung der SE-VO kein Raum.[6]

b. Sonstiges Sachrecht

Weder die SE-VO noch die EuInsVO enthalten eine Regelung zur organschaftlichen Kompetenz bei Stellung eines Eigenantrags auf Eröffnung des Insolvenzverfahrens

---

[1] Vgl. hierzu den rechtsvergleichenden Überblick bei *Fleischer, H.*, Kapitalschutz, 2005, S. 56 ff. Zum deutschen Recht eingehend *Fischer, M*, Verlagerung, 2004, S. 1477-1486.
[2] Eingehend hierzu *Weller, M.-P.*, Rechtsformwahlfreiheit, 2004, S. 247-274.; Vgl. *Fleischer, H.*, Kapitalschutz, 2005, S. 86-90; *Altmeppen, H.*, Existenzvernichtungshaftung, 2005, S. 18.
[3] Eingehend die bei *Lutter, M.*, (Hrsg.), Auslandsgesellschaften, 2005, dokumentierten Diskussionsbeiträge.
[4] S. Erwägungsgrund 20 SE-VO.
[5] Vgl. *Hommelhoff, P.*, Normenhierachie, 2005, S. 11.
[6] S. Erwägungsgrund 20 der SE-VO und vgl. Kapitel II.1.c.

über das Vermögen einer SE. Auch eine etwaige Pflicht zur Antragsstellung ergibt sich weder aus der SE-VO noch aus der EuInsVO.

Die Regelung dieser Fragen ergibt sich gemäß Art. 9 Abs. 1 lit. c) i) SE-VO entweder aus den Rechtsvorschriften, die die Mitgliedstaaten auf Grundlage der SE-VO erlassen, oder gemäß Art. 9 Abs. 1 lit c) ii) SE-VO aus den Rechtsvorschriften der Mitgliedstaaten, die auf eine nach dem Recht des Sitzstaats der SE gegründete Aktiengesellschaft Anwendung finden würden.

4. Ergebnis

Unter Berücksichtigung des nationalen Sitzstaatsrechts für die SE zur Antragstellung auf Eröffnung eines Insolvenzverfahrens lassen sich die Rechtsgrundlagen zur Insolvenz der SE in Anlehnung an das von *Theisen* und *Wenz* entwickelte Bild in einer Rechtsquellenpyramide darstellen:[1]

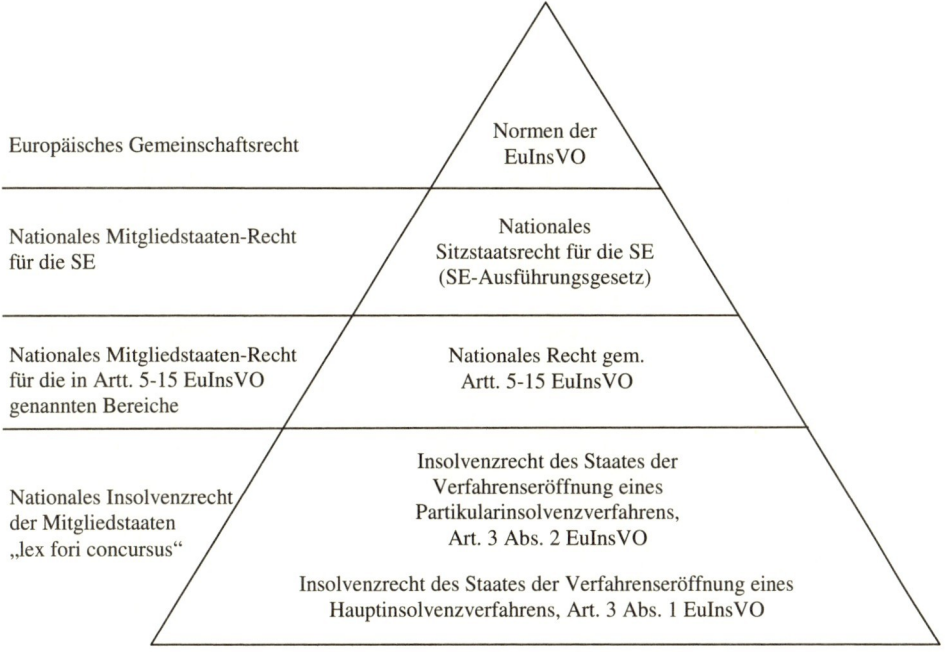

Abb. 1: Rechtsquellenpyramide der SE bei Belegenheit von Vermögensgegenständen in verschiedenen Mitgliedstaaten zur Insolvenz einschließlich der Antragsstellung auf Eröffnung eines Insolvenzverfahrens

---

[1] Vgl. den Beitrag von *Theisen* und *Wenz* in diesem Band.

III. Grenzüberschreitende Insolvenzverfahren über das Vermögen einer SE

1. Typische Fallkonstellationen grenzüberschreitender Insolvenzen

Praktische Erfahrungen mit der Insolvenz einer SE liegen bislang noch nicht vor. Aus den SE-spezifischen Anforderungen an den Gründungsvorgang sowie aus den bislang beschriebenen Einsatzmöglichkeiten der SE in der Unternehmenspraxis ergeben sich aber gemeinsame Merkmale, die typisch sein werden für Sachverhalte einer SE-Insolvenz.

a. Typische Fallkonstellationen aus den Gründungsformen der SE

Bei der Gründung einer SE durch *Verschmelzung* geht das gesamte Aktiv- und Passivvermögen jeder übertragenden Gesellschaft auf die SE als übernehmende Gesellschaft über.[1] Da mindestens zwei der übertragenden Gesellschaften dem Recht verschiedener Mitgliedstaaten unterliegen müssen,[2] wird die Belegenheit von Vermögensgegenständen der SE als übernehmende Gesellschaft in mindestens zwei Mitgliedstaaten typisch sein für eine durch Verschmelzung gegründete SE. Deswegen kann die *Belegenheit von Vermögensgegenständen in verschiedenen Mitgliedstaaten* als erste SE-typische Sachverhaltskonstellation mit insolvenzrechtlicher Bedeutung beschrieben werden.

Wird eine SE als *Holding-SE* gemäß Artt. 2 Abs. 2, 32-34 SE-VO gegründet, dann hält die Holding-SE Geschäftsanteile der Gründungsgesellschaften, die mehr als 50% der ständigen Stimmrechte verleihen.[3]

Da mindestens zwei der Gründungsgesellschaften einer Holding-SE dem Recht verschiedener Mitgliedstaaten unterliegen müssen, wie Art. 2 Abs. 2 lit a) dies als eine der beiden alternativen Voraussetzungen der Gründung einer Holding-SE vorsieht, kann eine *Tochtergesellschaft in einem anderen Mitgliedstaat* als dem Sitzstaat der Holding-SE als zweite SE-typische Sachverhaltskonstellation mit insolvenzrechtlicher Bedeutung bezeichnet werden.

Diese SE-typische Sachverhaltskonstellation einer Tochtergesellschaft, die dem Recht eines anderen Mitgliedstaats unterliegt, ergibt sich auch bei Gründung der SE durch *formwechselnde Umwandlung* einer bestehenden Aktiengesellschaft gemäß Art 2 Abs. 4 SE-VO, weil die formwechselnde Umwandlung einer Aktiengesellschaft in eine SE nur möglich ist, wenn die Aktiengesellschaft seit mindestens zwei

---

[1] S. Art. 29 Abs. 1 lit. a SE-VO sowie Art. 2 Abs. 1, 17-31 SE-VO und den Beitrag von *Neun* in diesem Band.
[2] S. Art. 2 Abs. 1 SE-VO.
[3] S. Art. 33 Abs. 2, 32 Abs. 2 S. 4 SE-VO.

Jahren eine dem Recht eines anderen Mitgliedstaats unterliegende Tochtergesellschaft hat.

Eine SE kann selbst eine *Tochtergesellschaft in Form einer SE* gründen.[1] Die SE als Gründungsgesellschaft ist frei in ihrer Entscheidung darüber, ob sie eine Tochter-SE in ihrem eigenen Sitzstaat oder in einem anderen Mitgliedstaat gründet.[2] Eine Tochtergesellschaft in einem anderen Mitgliedstaat als dem eigenen Sitzstaat kann also auch bei Gründung einer SE als Tochter-SE gemäß Art. 3 Abs. 2 SE-VO als SE-typische Sachverhaltskonstellation mit insolvenzrechtlicher Bedeutung bezeichnet werden.

Das zur SE-Gründung erforderliche „Internationalitätselement"[3] eines Bezugs zu mindestens zwei Mitgliedstaaten führt aber nicht bei allen Gründungsformen zu grenzüberschreitenden Sachverhalten mit insolvenzrechtlicher Relevanz. Tochtergesellschaften oder Zweigniederlassungen, die von den Gründungsgesellschaften einer SE in einem anderen Mitgliedstaat gehalten oder unterhalten werden, genügen zwar gemäß Art. 2 Abs. 2 lit b) und Art. 2 Abs. 3 b) dem Kriterium der Mehrstaatlichkeit auf Ebene der Gründungsgesellschaften. Diese Tochtergesellschaften oder Zweigniederlassungen verbleiben aber unter dem Gesichtspunkt der Eigentumszuordnung bei den Gründungsgesellschaften. Die Eigentumszuordnung wird in diesen beiden Gründungskonstellationen durch den Gründungsvorgang einer SE nicht berührt. Es bleibt den Gründern einer gemäß Art. 2 Abs. 2 lit b) oder Art. 2 Abs. 3 lit b) SE-VO errichteten Holding- bzw. Tochter-SE unbenommen, diese SE nach ihrer Gründung mit Tochtergesellschaften oder Zweigniederlassungen in anderen Mitgliedstaaten auszustatten. Insoweit handelt es sich aber nicht um grenzüberschreitende Aspekte, die sich aus dem Gründungvorgang selbst ergeben und insoweit SE-typisch wären.

Als *Zwischenergebnis* bleibt festzuhalten, dass sich aus den SE-spezifischen Anforderungen an den Gründungsvorgang zwei Sachverhaltskonstellationen ergeben, die als SE-typisch bei Insolvenz einer SE bezeichnet werden können, nämlich die Belegenheit von Vermögensgegenständen in verschiedenen Mitgliedstaaten der EU und die Beteiligung an einer Tochtergesellschaft in einem anderen Mitgliedstaat als dem Sitzstaat der SE.

---

[1] S. Art. 3 Abs. 2 SE-VO.
[2] Vgl. den Beitrag von *Wenz* in diesem Band.
[3] *Grundmann, S.*, Europäisches Gesellschaftsrecht, 2004, S. 486.

b. Typische Fallkonstellationen aus den Einsatzmöglichkeiten der SE

Dieses Zwischenergebnis wird bestätigt durch einen Vergleich mit den Einsatzmöglichkeiten, die in der Literatur für die SE in der Unternehmenspraxis beschrieben werden.[1]

Bei der *Merger-SE* handelt es sich um eine Holding-SE mit Tochtergesellschaften in verschiedenen Mitgliedstaaten.[2] Die *Akquisitions-SE* wird durch Verschmelzung gegründet.[3] Sie verfügt sodann – je nach Vermögensbestand der Gründungsgesellschaften – über Tochtergesellschaften in anderen Mitgliedstaaten und Vermögensgegenständen in verschiedenen Mitgliedstaaten. Unter dem Begriff der *Reorganisations-SE* werden Gründungen einer SE als Holding-SE oder durch Verschmelzung nationaler Gesellschaften mit dem Ziel der Reorganisation einer europäischen Organisationsstruktur zusammengefasst, insbesondere bei Reorganisation der Vertriebsstruktur eines Unternehmens aus einem Drittstaat.[4] Die Reorganisations-SE kann deswegen die für Holding- und Verschmelzungsfälle beschriebenen grenzüberschreitenden Sachverhaltselemente aufweisen.

Das Anwendungsbeispiel einer *Subsidiary-SE* umfasst sowohl Gründungsfälle der formwechselnden Umwandlung einer bestehenden AG in eine SE gemäß Art. 2 Abs. 4 SE-VO als auch die Gründung weiterer SE-Tochtergesellschaften gemäß Art. 3 Abs. 2 SE-VO durch die formwechselnd entstandene Mutter-SE.[5] Auch für die Subsidiary-SE sind deswegen Tochtergesellschaften in einem anderen Mitgliedstaat als dem Sitzstaat der SE ein gründungsspezifisches Sachverhaltsmerkmal mit insolvenzrechtlicher Bedeutung.

Demgegenüber handelt es sich bei einer *Joint-Venture-SE* um eine Tochter-SE bestehender Gesellschaften, die bei einem Gründungsvorgang gemäß Art. 2 Abs. 3 SE-VO kein gründungsnotwendig eigenes Auslandsvermögen zu haben braucht.[6]

Festzuhalten bleibt, dass die SE-spezifischen Gründungsvorgänge und Einsatzmöglichkeiten zu SE-typischen Sachverhaltskonstellationen führen, die unter den Gesichtspunkten der Belegenheit von Vermögensgegenständen in verschiedenen Mitgliedstaaten oder einer Tochtergesellschaft in einem anderen Mitgliedstaat als dem Sitzstaat SE-typische Fragestellungen bei grenzüberschreitenden Insolvenzen aufwerfen werden.

---

[1] Vgl. *Maul, S. / Wenz, M.*, Einsatzmöglichkeiten, 2005, S. 261-275; *Seibt, C. H. / Saame, C.*, Anwendungsfelder, 2005, S. 225-232; *Kallmeyer, H.*, Optionen, 2003, S. 200-203; *Bungert, H. / Beier, C. H.*, Umsetzung, 2002, S. 8-12; *Kloster, L.*, Unternehmenszusammenschlüsse, 2003, S. 294-297, *Wenz, M.*, Einsatzmöglichkeiten, 2003, S. 185-196; sowie den Beitrag von *Wenz* in diesem Band.
[2] Vgl. *Wenz, M.*, Einsatzmöglichkeiten, 2003, S. 189.
[3] Vgl. *Wenz, M.*, Einsatzmöglichkeiten, 2003, S. 190.
[4] Vgl. *Wenz, M.*, Einsatzmöglichkeiten, 2003, S. 192.
[5] Vgl. *Wenz, M.*, Einsatzmöglichkeiten, 2003, S. 192.
[6] Vgl. zum Begriff der Joint-Venture-SE *Wenz, M.*, Einsatzmöglichkeiten, 2003, S. 195.

2. Anwendbarkeit der InsO

Ob die InsO auf eine SE Anwendung findet, entscheidet das internationale Insolvenzrecht.[1]

a. Sitz der SE in Deutschland

Nach den Vorschriften der EuInsVO über die internationale Zuständigkeit findet die InsO gemäß Artt. 3, Abs. 1 S. 1, 4 Abs. 1 EuInsVO Anwendung auf Insolvenzverfahren über das Vermögen einer SE als Schuldner, falls die SE im Gebiet der Bundesrepublik Deutschland den Mittelpunkt ihrer hauptsächlichen Interessen hat.[2]

Da es sich bei der SE um eine juristische Person handelt,[3] wird gemäß Art. 3 Abs. 1 S. 2 EuInsVO bis zum Beweis des Gegenteils vermutet, dass der Mittelpunkt ihrer hauptsächlichen Interessen der Ort des satzungsmäßigen Sitzes ist.

Der Begriff des „Interesses" umfasst nicht nur handels- und gewerbliche Aktivitäten. Er umfasst allgemein wirtschaftlich relevante Handlungen.[4] Der Mittelpunkt der hauptsächlichen Interessen des Schuldners befindet sich an dem Ort, an dem der Schuldner üblicherweise und für Dritte erkennbar der Verwaltung seiner Interessen nachgeht.[5] Mit diesem Anknüpfungspunkt soll der spezifischen Risikolage des Gläubigers Rechnung getragen werden, der sich für den Fall der Insolvenz des Schuldners auf das Recht desjenigen Ortes eingelassen hat, an dem der Schuldner für den Gläubiger erkennbar üblicherweise wirtschaftlich handelt.[6]

Die vermutete Identität des satzungsmäßigen Sitzes mit dem Mittelpunkt der hauptsächlichen Interessen des Schuldners in Art. 3 Abs. 1 Satz EuInsVO entbindet das Insolvenzgericht nicht von der Prüfung, ob sich am satzungsgemäßen Sitz tatsächlich der Mittelpunkt der wirtschaftlichen Interessen des Schuldners befindet.[7] Vielmehr muss das Gericht stets von Amts wegen prüfen, ob der Mittelpunkt der wirtschaftlichen Interessen von dem satzungsgemäßen Sitz abweicht.[8]

Die EuInsVO geht vom Grundsatz gegenseitigen Vertrauens in die Juristiktion der jeweils anderen Mitgliedstaaten aus.[9] Dieses Vertrauen ist die Grundlage für die in Art. 16 Abs. 1 EuInsVO vorgesehene Anerkennung der Eröffnung eines Insolvenzverfahrens durch ein nach Art. 3 EuInsVO zuständiges Gericht eines Mitgliedstaats

---

[1] Vgl. Kapitel II.2.
[2] S. Art. 3 Abs. 1 S. 1 EuInsVO.
[3] S. Art. 1 SE-VO, insbesondere Art. 1 Abs. 3 SE-VO.
[4] Vgl. *Smid, S.*, Internationales Insolvenzrecht, Kommentar, 2004, Art. 3 EuInsVO, Rdnr. 9.
[5] Vgl. *Smid, S.*, Internationales Insolvenzrecht, Kommentar, 2004, Art. 3 EuInsVO, Rdnr. 9.
[6] Vgl. *Smid, S.*, Internationales Insolvenzrecht, Kommentar, 2004, Art. 3 EuInsVO, Rdnr. 9; *Virgos M. / Schmidt, E.*, Bericht, 1997, Nr. 75, Abs. 2.
[7] Vgl. *Smid, S.*, Internationales Insolvenzrecht, Kommentar, 2004, Art. 3, Rdnr. 12.
[8] Vgl. *Smid, S.*, Internationales Insolvenzrecht, Kommentar, 2004, Art. 3, Rdnr. 13.
[9] Vgl. Erwägungsgrund 22 S. 3 EuInsVO.

in allen übrigen Mitgliedstaaten von dem Moment der Wirksamkeit der Eröffnungsentscheidung an. Dieser Grundgedanke muss sich in der Rechtspraxis erst durchsetzen,[1] zumal ein Zuständigkeitskonflikt zur Eröffnung eines Hauptinsolvenzverfahrens vorgezeichnet ist, wenn wirtschaftlich komplexe Sachverhalte Anhaltspunkte in mehreren Mitgliedstaaten aufweisen zur Bejahung des Mittelpunkts der hauptsächlichen Interessen eines Schuldners in dem jeweiligen Mitgliedstaat.[2] Die EuInsVO setzt in Art. 16 Abs. 2 zur Lösung etwaiger Kompetenzkonflikte das Prioritätsprinzip voraus.[3] Die Eröffnung eines Hauptinsolvenzverfahrens steht der Eröffnung weiterer Hauptinsolvenzverfahren in anderen Mitgliedstaaten entgegen.[4]

b. Niederlassung einer SE in Deutschland

Falls eine SE den Mittelpunkt ihrer hauptsächlichen Interessen nicht in Deutschland hat, sondern in einem anderen Mitgliedstaat, kann die InsO nur zur Anwendung kommen, wenn die SE als Schuldnerin eine Niederlassung im Gebiet der Bundesrepublik Deutschland hat.[5]

Als „Niederlassung" definiert die EuInsVO jeden Tätigkeitsort, an dem der Schuldner einer wirtschaftlichen Aktivität von nicht vorübergehender Art nachgeht, die den Einsatz von Personal und Vermögenswerten voraussetzt.[6] Die Anwendbarkeit der InsO beschränkt sich in diesem Fall aber auf das in Deutschland belegene Vermögen der SE.[7] Nach Eröffnung des Hauptinsolvenzverfahrens in einem anderen Mitgliedstaat wird in dem Mitgliedstaat der Niederlassung die Erfüllung von Insolvenztatbeständen nicht abermals geprüft.[8]

c. Insolvenzfähigkeit und Eröffnungsgründe

Die Insolvenzfähigkeit der SE ergibt sich unter Geltung der InsO aus dem Status der SE als juristische Person.[9]

Die InsO nennt in § 16 drei Gründe für die Eröffnung eines Insolvenzverfahrens.

---

[1] Vgl. zuletzt *Stadtgericht Prag*, Beschluss v. 26.04.2005 (78 K 6 / 05 – 127) (nichts rechtskräftig), ZIP 26 (2005), S. 1431, in dem die Eröffnung zweier Hauptinsolvenzverfahren bejaht wird, mit überzeugender Argumentation ablehend besprochen von *Herchen, A.*, Prioritätsprinzip, 2005, S. 1401.
[2] Vgl. *Herchen, A.*, Prioritätsprinzip, 2005, S. 1402.
[3] Vgl. *Herchen, A.*, Prioritätsprinzip, 2005, S. 1402; D-K, Art. 16 Rdnr. 15; *Eidenmüller, H.*, Konzerninsolvenzen, 2004, S. 3455, 3457; *Paulus, P.*, Zuständigkeitsfragen, 2003, S. 1725, 1727; *Smid, S.*, Entscheidungen, 2003, S. 397, 401; *Virgos, M. / Schmit, E.*, Bericht, 1997, S. 37 ff, Rdnr. 77.
[4] Vgl. *Herchen, A.*, Prioritätsprinzip, 2005, S. 1402.
[5] S. Art. 3 Abs. 2 S. 1 EuInsVO.
[6] S. Art. 1 lit. h EuInsVO.
[7] S. Art. 28 EuInsVO.
[8] S. Art. 27 S. 1 EuInsVO.
[9] Art. 1 Abs. 3 SE-VO i. V. m. § 11 Abs. 1 S. 1 InsO.

d. Zahlungsunfähigkeit, § 17 InsO

Nach der Legaldefinition in § 17 Abs. 2 InsO ist die SE zahlungsunfähig, wenn sie nicht in der Lage ist, die fälligen Zahlungspflichten zu erfüllen.[1] Zahlungsunfähigkeit ist in der Regel anzunehmen, wenn die SE ihre Zahlungen eingestellt hat.[2] Die Zahlungsunfähigkeit als Eröffnungsgrund eines Insolvenzverfahrens ist abzugrenzen von einer bloßen Zahlungsstockung. Der BGH hat in einer aktuellen Grundsatzentscheidung Maßgaben formuliert zur Abgrenzung von Zahlungsstockung und Zahlungsunfähigkeit.[3]

Nach den Vorgaben des BGH ist eine Liquiditätsbilanz aufzustellen. Darin werden die fälligen Verbindlichkeiten einerseits den verfügbaren oder kurzfristig innerhalb von längstens drei Wochen zu beschaffenden Mitteln anderseits gegenübergestellt.

Der BGH gibt sodann eine kombinierte Vorgehensweise vor, in der ein Zeitraumaspekt mit einem quantitativen Aspekt verbunden ist.

Danach begründet eine Liquiditätslücke, die innerhalb von drei Wochen nicht geschlossen werden kann, auch dann noch keine Zahlungsunfähigkeit, wenn die Liquiditätslücke weniger als 10 % der fälligen Gesamtverbindlichkeiten beträgt. Diesen schuldnerfreundlichen Grundsatz will der BGH nicht angewendet wissen, wenn im Zeitpunkt der Liquiditätsbetrachtung bereits absehbar ist, dass die Liquiditätslücke demnächst mehr als 10 % erreichen wird.

Beträgt die Liquiditätslücke 10 % oder mehr, geht der BGH regelmäßig von Zahlungs*unfähigkeit* aus. Es ist dann Sache des Schuldners, einen Ausnahmefall insoweit darzulegen, als mit an Sicherheit grenzender Wahrscheinlichkeit zu erwarten sein muss, dass die Liquiditätslücke vollständig oder fast vollständig beseitigt wird und zudem besondere Umstände gegeben sind, die den Gläubigern ein Zuwarten als zumutbar erscheinen lassen.

e. Drohende Zahlungsunfähigkeit, § 18 InsO

Zur Darlegung der drohenden Zahlungsunfähigkeit wird ein Finanzplan aufgestellt, in dem die voraussichtlichen Einnahmen und Ausgaben der Gesellschaft für die kommenden sechs Monate bis zwei Jahre dargestellt werden.[4] Reichen die zu erwartenden Einnahmen neben der vorhandenen Liquidität nicht aus, um die fälligen, ebenso wie die zu erwartenden Verbindlichkeiten abzudecken, ist der Insolvenzgrund der drohenden Zahlungsunfähigkeit gegeben. Nur die SE als Schuldnerin ist berechtigt, wegen drohender Zahlungsunfähigkeit die Eröffnung des Insolvenzverfahrens zu beantragen. Durch eine zeitliche Verlagerung des Antragszeitpunkts soll dem

---

[1] S. § 17 S. 2 InsO.
[2] S. § 17 Abs. 2 S. 2 InsO.
[3] Vgl. *BGH*, Urteil v. 24.05.2005 (IX ZR 123/04), ZIP 26 (2005), S. 1426
[4] Vgl. *Kremer, T.*, Insolvenz , 2004, S. 1073.

schuldnerischen Unternehmen die Möglichkeit geben werden, etwaige Sanierungschancen zu erhöhen.[1] Gläubiger sind nicht berechtigt, wegen drohender Zahlungsunfähigkeit einer SE die Eröffnung des Insolvenzverfahrens zu beantragen.

f. Überschuldung, § 19 InsO

Die SE ist gemäß § 19 Abs. 2 InsO überschuldet, wenn ihr Vermögen die bestehenden Verbindlichkeiten nicht mehr deckt. Die Überschuldung wird anhand einer Bilanz festgestellt, die auf den Zeitpunkt der Eröffnung des Insolvenzverfahrens bezogen wird. Dabei handelt es sich nicht um eine Handelsbilanz, sondern um einen Überschuldungsstatus.[2] Eine handelsbilanzielle Überschuldung kann allenfalls indizielle Bedeutung haben. Daraus allein ergibt sich das Vorhandensein einer Überschuldung nicht.[3]

Ob die Überschuldungsbilanz auch auf Basis von Liquidationswerten oder Fortführungswerten aufzustellen ist, entscheidet sich anhand einer Fortführungsprognose für die SE. Bei der Bewertung ihres Vermögens darf nur dann die Fortführung des Unternehmens zugrunde gelegt werden, wenn diese nach den Umständen überwiegend wahrscheinlich ist.[4]

Die Fortführungsprognose ist positiv, wenn nach überwiegender Wahrscheinlichkeit unter Berücksichtigung von geplanten Sanierungsmaßnahmen die Gesellschaft mittelfristig ihre Fähigkeit wiedererlangen würde,[5] dauerhaft und pünktlich die anfallenden Verbindlichkeiten bei Fälligkeiten zu begleichen.

Die Länge des Prognosezeitraums ist gesetzlich nicht geregelt. Da auch die Sanierung des schuldnerischen Unternehmens zu den Zielen des Insolvenzverfahrens gehört,[6] wird die Einbeziehung des laufenden Geschäftsjahres und des Folgejahres in den Prognosezeitraum in der Regel ermessensgerecht sein.

Gesellschafterdarlehen sind auch bei Erstellung der Überschuldungsbilanz grundsätzlich zu passivieren.[7] Die Passivierungspflicht entfällt nur bei einem Rangrücktritt, mit dem sich der darlehensgebende Gesellschafter verpflichtet, seinen Anspruch erst gleichzeitig mit den Einlagenrückgewähransprüchen der übrigen Gesellschafter geltend zu machen.[8]

---

[1] Vgl. *Pannen, K. / Deuchler, I. / Kahlert, G. / Undritz, S.-H.*, Sanierungsberatung, 2005, S. 11.
[2] Vgl. *Kind, T.*, in: InsO, Kommentar, 2004, § 19, Rdnr. 10.
[3] Vgl. *Kind, T.*, in: InsO, Kommentar, 2004, § 19, Rdnr. 10.
[4] S. § 19 Abs. 2 S. 2 InsO.
[5] Vgl. *Kremer, T.*, Insolvenz, 2004, S. 1074; *BGH*, Urteil v. 08.01.2001 (II ZR 88/89), DB 54 (2001), S. 373, 374.
[6] S. § 1 S. 1 InsO.
[7] Vgl. K*remer, T.*, Insolvenz, 2004, S. 1074.
[8] Vgl. *BGH*, Urteil v. 8.1.2001 (II ZR 88/89), NJW 54 (2001), S. 1280-1284. Eingehend *Haarmann, W.*, Rangrücktritt, 2005, S. 142-144.

g. Insolvenzeröffnungsverfahren

Das Insolvenzgericht wird die Erfüllung eines Insolvenzeröffnungsgrunds durch einen Sachverständigen prüfen lassen.[1] Gleichzeitig wird das Insolvenzgericht Sicherungsmaßnahmen anordnen, um bis zur Entscheidung über den Insolvenzantrag eine den Gläubigern nachteilige Veränderung der Vermögenslage der SE zu verhindern.[2] Das Gericht kann insbesondere einen vorläufigen Insolvenzverwalter bestellen und dessen Einflussmöglichkeiten auf das Vermögen der SE bestimmen. Die Auferlegung eines allgemeinen Verfügungsverbots über das Vermögen der SE führt zum Übergang der Verwaltungs- und Verfügungsbefugnis auf den vorläufigen Insolvenzverwalter.[3] Als weniger einschneidende Maßnahme kann das Gericht anordnen, dass Verfügungen über das Vermögen der SE nur mit Zustimmung des vorläufigen Insolvenzverwalters wirksam sind.[4]

Die Geschäftstätigkeit der SE soll in dem Zeitraum zwischen Stellung des Insolvenzantrags und der Entscheidung des Gerichts über die Eröffnung (Eröffnungsverfahren) grundsätzlich fortgeführt werden, um möglicherweise bestehende Sanierungschancen wahrnehmen zu können.[5] Die Entscheidung über die Stilllegung oder vorläufige Fortführung des Unternehmens der SE soll durch die Gläubigerversammlung getroffen werden.[6] Erst mit der Eröffnung des Insolvenzverfahrens durch das Insolvenzgericht geht die Verwaltungs- und Verfügungsbefugnis über das Vermögen der SE auf den Insolvenzverwalter über.[7]

3. Antragstellung

a. Dualistisches System

Bei der Wahl des dualistischen Leitungssystems gilt die Generalverweisung des Art. 9 SE-VO auf das deutsche Aktienrecht.[8] Die Insolvenzantragspflicht bei Zahlungsunfähigkeit oder Überschuldung der Gesellschaft spätestens innerhalb von drei Wochen nach Eintritt der Zahlungsunfähigkeit oder Überschuldung obliegt dem Vorstand.[9]

Eine Verletzung der Sorgfaltspflichten von Vorstands- oder Aufsichtsratsmitgliedern ist über §§ 93, 116 AktG haftungsbewehrt gegenüber der Gesellschaft. Den

---

[1] S. § 5 Abs. 1 InsO.
[2] S. § 21 Abs. 1 S. 1 InsO.
[3] S. § 21 Abs. 2 Nr. 2 Var. 1 i. V. m. § 22 Abs. 1 S. 1 InsO.
[4] S. § 21 Abs. 2 Nr. 2 Var. 2 InsO.
[5] S. § 1 S. 1 Var. 2 InsO.
[6] S. § 157 S. 1 InsO.
[7] S. § 80 InsO.
[8] Vgl. Beitrag von *Theisen* und *Hölzl* in diesem Band.
[9] S. § 92 Abs. 2 AktG.

Gläubigern gegenüber kann sich eine Außenhaftung der Vorstandsmitglieder bei Verletzung der Insolvenzantragspflicht aus § 823 Abs. 2 BGB i. V. m. § 92 Abs. 2 AktG ergeben. Die Verletzung der Insolvenzantragspflicht, vorsätzlich oder fahrlässig, ist strafbar.[1]

b. Monistisches System

ba. Pflichten des Verwaltungsrats

In der monistisch aufgebauten SE obliegt die Insolvenzantragspflicht dem Verwaltungsrat. Das SE-AG ordnet in § 22 Abs. 5 S. 2 eine entsprechende Anwendung des § 92 Abs. 2 und 3 AktG bei Zahlungsunfähigkeit oder Überschuldung der SE an. Damit unterliegen die Mitglieder des Verwaltungsrats auch der deliktsrechtlichen Außenhaftung wegen Insolvenzverschleppung nach § 823 Abs. 2 BGB i. V. m. §§ 92 Abs. 2 AktG, 22 Abs. 5 S. 2 SE-AG. Wer als Mitglied des Verwaltungsrats die Insolvenzantragspflicht vorsätzlich oder fahrlässig verletzt, macht sich gemäß § 53 Abs. 4 SE-AG strafbar. Diese Vorschrift ist in Anlehnung an § 401 AktG formuliert.

bb. Pflichten der geschäftsführenden Direktoren

Der Gesetzgeber hat sich bei der Formulierung des SE-AG von dem Grundsatz leiten lassen, die Letztverantwortung für die Unternehmenspolitik allein dem Verwaltungsrat zuzuordnen.[2] Deswegen ist es zutreffend, dem Verwaltungsrat auch die Pflicht zur rechtzeitigen Stellung eines Insolvenzantrags zuzuweisen.

Die geschäftsführenden Direktoren sind verpflichtet, dem Vorsitzenden des Verwaltungsrats unverzüglich zu berichten, wenn die SE zahlungsunfähig wird oder sich eine Überschuldung der SE ergibt.[3]

Manz ist der Auffassung, diese Berichtspflicht der geschäftsführenden Direktoren habe eine unterstützende Funktion gegenüber dem Verwaltungsrat. Der Verwaltungsrat solle durch die Informationspflicht der geschäftsführenden Direktoren in die Lage versetzt werden, rechtzeitig reagieren zu können, um innerhalb der Frist von längstens drei Wochen die Zahlungsunfähigkeit oder Überschuldung entweder zu beseitigen oder die Eröffnung des Insolvenzverfahrens zu beantragen.[4]

---

[1] S. § 401 AktG, dessen Geltung durch § 53 Abs. 2 SE-AG auch für die SE mit dualistischem System angeordnet wird. Soweit das Aktiengesetz von Mitgliedern des Vorstands spricht, gilt dies gemäß § 53 Abs. 2 S. 2 SE-AG für die Mitglieder des Leistungsorgans. Das SE-AG ist abgedruckt in Anhang III.

[2] S. Bundestagsdrucksache 15/3405.

[3] S. § 40 Abs. 3 S. 2 SE-AG.

[4] Vgl. *Manz, G.*, in: Europäische Aktiengesellschaft, Kommentar, 2005, Art. 43 SE-VO, Rdnr. 141.

Auch *Oechsler* möchte die geschäftsführenden Direktoren lediglich verpflichtet wissen, den Verwaltungsrat nach § 40 Abs. 3 S. 3 SE-AG über den Eintritt eines Insolvenzgrundes zu informieren.[1]

Ein solches Verständnis der Berichtspflicht aus § 40 Abs. 3 S. 2 SE-AG ließe die Vorschrift aber als überflüssig erscheinen. Nichts anderes ergibt sich bereits § 40 Abs. 6 SE-AG sowie aus der Sorgfaltspflicht der geschäftsführenden Direktoren, die in § 40 Abs. 8 SE-AG durch Anordnung der entsprechenden Anwendung des § 93 AktG umschrieben wird, und nicht zuletzt aus dem Dienstvertrag eines geschäftsführenden Direktors.

Die Gesetzesmaterialien enthalten keine Erläuterungen zu Sinn und Zweck des § 40 Abs. 3 SE-AG. Die Gesetzesbegründung formuliert lapidar, die Regelung in § 40 Abs. 3 SE-AG korrespondiere mit den Pflichten des Verwaltungsrats gemäß § 22 Abs. 5 SE-AG i. V. m. § 92 AktG.[2]

Wenn § 40 Abs. 3 SE-AG keine redundante Formulierung sein soll, dann muss er als Pflicht der geschäftsführenden Direktoren zur Einrichtung eines leistungsfähigen Controllings verstanden werden, das es ihnen jederzeit ermöglicht, frühzeitig Fehlentwicklungen erkennen zu können, die zu eine Schieflage der SE i.S. des § 40 Abs. 3 SE-AG führen könnten.[3]

Im SE-AG ist keine Erstreckung des Verbots aus § 92 Abs. 3 AktG, nach Eintritt der Zahlungsfähigkeit oder Überschuldung noch Zahlungen für die Gesellschaft zu leisten, auf die geschäftsführenden Direktoren vorgesehen. Dies ist inkonsequent, obliegt ihnen als den organschaftlichen Vertretern der SE doch die Abwicklung des Zahlungsverkehrs.

Die Normierung einer organinternen Berichtspflicht über einen Insolvenzgrund kann nicht zu einer Verdoppelung der dreiwöchigen Antragsfrist führen.[4] Dies ergibt sich aus dem Gebot der Gleichbehandlung von SE und AG (Art. 10 SE-VO) ebenso wie aus der auf Gläubigerschutz gerichteten Zwecksetzung der in § 92 Abs. 2 AktG gesetzen Dreiwochenfrist.[5] Die geschäftsführenden Direktoren und Verwaltungsratsmitglieder müssen in der Weise zusammenwirken, dass die Dreiwochenfrist eingehalten werden kann.[6]

Maßgebend für den Fristbeginn ist dabei die Erkennbarkeit des Insolvenzgrunds für die Verwaltungsratsmitglieder als verantwortliche Organträger für die Insolvenzan-

---

[1] Vgl. *Oechsler, J.*, Kapitalerhaltung, 2005, S. 452.
[2] S. Bundestagsdrucksache 15/3405, S. 39.
[3] In diesem Sinne – ohne Bezugnahme auf § 40 Abs. 3 SE-AG – auch *Kallmeyer, H.*, System, 2003, S. 1532.
[4] Ebenso *Oechsler, J.*, Kapitalerhaltung, 2005, S. 452.
[5] Vgl. *Oechsler, J.*, Kapitalerhaltung, 2005, S. 452.
[6] Vgl. *Oechsler, J.*, Kapitalerhaltung, 2005, S. 452.

tragstellung.¹ Sie können ihre Verantwortlichkeit für die Überprüfung der finanziellen Grundlagen der SE aber nicht haftungsbefreiend auf die geschäftsführenden Direktoren delegieren, ohne sich eines Organisationsverschuldens verantwortlich zu machen.² Deswegen dürften kaum Fälle denkbar sein, in denen ein Insolvenzgrund nur für geschäftsführende Direktoren erkennbar war, nicht aber für die (weiteren) Verwaltungsratsmitglieder.³

4. Haupt- und Sekundärinsolvenzverfahren

Bei dem Insolvenzverfahren über das Vermögen einer SE wird es sich wegen der SE-typischen Gründungsformen und Einsatzmöglichkeiten in aller Regel um grenzüberschreitende Insolvenzen innerhalb der EU handeln. Unter Geltung der EuInsVO können über das Vermögen einer SE ein Hauptinsolvenzverfahren und daneben ein oder mehrere Partikularverfahren eröffnet werden.⁴

Die EuInsVO sieht bei Belegenheit von Vermögensgegenständen des Schuldners in verschiedenen Mitgliedstaaten die Durchführung eines *Hauptinsolvenzverfahrens* in dem Staat vor, in dem die SE den Mittelpunkt ihrer hauptsächlichen Interessen hat.⁵ Wenn die SE eine Niederlassung im Gebiet eines anderen Mitgliedstaats als in demjenigen Mitgliedstaat hat, in dem sich der Mittelpunkt der hauptsächlichen Interesse der SE befindet, dann ist die Durchführung eines Partikularverfahrens im Mitgliedstaat der Niederlassung möglich.⁶ Die Wirkungen des Partikularverfahrens sind auf das Vermögen beschränkt, das sich im Gebiet des Mitgliedstaats befindet, dessen Gericht das Partikularverfahren eröffnet.⁷

Bei einem *Partikularverfahren* wird gemäß Art. 3 Abs. 4 EuInsVO danach unterschieden, ob es vor oder nach der Eröffnung eines Hauptinsolvenzverfahrens eröffnet wurde. Vor der Eröffnung eines Hauptinsolvenzverfahrens kann ein Partikularverfahren nur nach den in Art. 3 Abs. 4 EuInsVO genannten Voraussetzungen eröffnet werden. Ein Partikularverfahren, dessen Eröffnung nach Eröffnung des Hauptinsolvenzverfahrens erfolgt, wird als „*Sekundärinsolvenzverfahren*" bezeichnet.⁸ Für das Sekundärinsolvenzverfahren und insbesondere zur Regelung seines Verhältnisses zum Hauptinsolvenzverfahren gelten die Artt. 27 bis 38 EuInsVO.

Ein Partikularverfahren, das gemäß Art. 3 Abs. 4 EuInsVO vor der Eröffnung eines Hauptinsolvenzverfahrens eröffnet wurde, wird mit Eröffnung eines Hauptinsol-

---

1 Ebenso *Oechsler, J.*, Kapitalerhaltung, 2005, S. 453.
2 Vgl. *Oechsler, J.*, Kapitalerhaltung, 2005, S. 453.
3 Vgl. *Oechsler, J.*, Kapitalerhaltung, 2005, S. 453
4 S. Art. 3 Abs. 1 und Abs. 2 EuInsVO.
5 S. Art. 3 Abs. 1 Satz 1 EuInsVO.
6 S. Art. 3 Abs. 2 Satz 1 EuInsVO.
7 S. Art. 3 Abs. 2 Satz 2 EuInsVO.
8 S. Kapital III EuInsVO.

venzverfahrens zu einem Sekundärinsolvenzverfahren, das gemäß Art. 36 EuInsVO den Regelungen der Artt. 31 bis 35 unterliegt, soweit dies nach dem Stand des Partikularverfahrens möglich ist.

Dem Hauptinsolvenzverfahren kommt gegenüber dem Sekundärinsolvenzverfahren die dominierende Rolle zu.[1] Die Verwalter beider Verfahren sind gemäß Art. 31 EuInsVO zur Kooperation und gegenseitigen Unterrichtung verpflichtet. Zwar besteht kein Weisungsrecht des Verwalters im Hauptinsolvenzverfahren gegenüber dem Verwalter des Sekundärinsolvenzverfahrens.[2] Allerdings ist der Verwalter eines Sekundärinsolvenzverfahrens verpflichtet, dem Verwalter des Hauptverfahrens Gelegenheit zu geben, zu gegebener Zeit Vorschläge für die Verwertung oder jeder Art der Verwertung der Masse des Sekundärinsolvenzverfahrens zu unterbreiten. Der Verwalter des Hauptinsolvenzverfahrens hat die Möglichkeit, bei dem Eröffnungsgericht des Sekundärinsolvenzverfahrens auf die Aussetzung der Verwertung von Massegegenständen im Sekundärinsolvenzverfahren hinzuwirken. Deswegen kommt dem Hauptinsolvenzverwalter doch eine Art der richtungweisenden Lenkungsbefugnis in beiden Verfahren zu.[3]

IV. Verfahren bei SE-typischen Fallkonstellationen

1. Grenzüberschreitende Belegenheit von Vermögensgegenständen

a. Wirkung des Konkursbeschlags

Bei Eröffnung eines Hauptinsolvenzverfahrens über das Vermögen einer SE bestimmt das Recht des Staates der Verfahrenseröffnung, welche Vermögenswerte zur Masse gehören.[4] Der Konkursbeschlag entfaltet in jedem anderen Mitgliedstaat die Wirkungen, die das Recht des Staates der Verfahrenseröffnung auslöst, ohne dass es hierfür irgendwelcher Förmlichkeiten bedürfte.[5] Der Konkursbeschlag des Vermögens einer SE umfasst deswegen alle Vermögensgegenstände der SE unabhängig davon, in welchem Mitgliedstaat sie sich befinden.[6]

---

[1] S. Erwägungsgrund 20, Satz 3 zur EuInsVO.
[2] Vgl. *Ehricke, U.*, Verhältnis, 2005, S. 1107.
[3] S. Art. 31 Abs. 3, 33 Abs. 1 Satz 1 EuInsVO; *Ehricke, U.*, Verhältnis, 2005, S. 1107 spricht von einem „Faktischen Weisungsrecht" des Verwalters im Hauptinsolvenzverfahren.
[4] S. Art. 4 Abs. 2 lit. b) EuInsVO.
[5] S. Art. 17 Abs. 1 EuInsVO.
[6] Ausgenommen Dänemark, s. Erwägungsgrund 33 der EuInsVO.

b. Befugnisse des Insolvenzverwalters

Die Befugnisse des Verwalters, auf den die Rechtsmacht des Schuldners nach Maßgabe des Konkursrechts des Staates der Verfahrenseröffnung übergegangen ist, werden durch Art. 18 Abs. 1 über den Staat der Verfahrenseröffnung hinaus auch auf das Gebiet eines anderen Mitgliedstaats erstreckt, in dem sich Vermögensgegenstände der SE befinden.[1] Dadurch erhält der Verwalter die Befugnis, in anderen Mitgliedstaaten belegene Vermögensgegenstände dort zu verwerten, den Erlös ins Gebiet des Eröffnungsstaates zu transferieren oder Vermögensgegenstände der SE selbst aus dem Gebiet des Belegenheitsstaates zu entfernen und in das Gebiet des Eröffnungsstaates zu verbringen.[2] Die EuInsVO räumt dem Insolvenzverwalter über das Vermögen einer SE also gemeinschaftsweit sowohl sichernde als auch realisierende Befugnisse ein.[3]

Diese Verbringungs- und Verwertungsbefugnis des Insolvenzverwalters wird durch die EuInsVO in mehrfacher Hinsicht eingegrenzt.

Falls sich ein Vermögensgegenstand der SE in einem anderen Mitgliedstaat als dem Staat der Verfahrenseröffnung befindet und die SE eine Niederlassung im Gebiet dieses anderen Mitgliedstaats hat, ist die dortige Eröffnung eines Sekundärverfahrens möglich.[4] Der Konkursbeschlag im Staat der Eröffnung des Sekundärverfahrens beschränkt sich zwar auf das Gebiet dieses Staates, in dem sich der Vermögensgegenstand befindet,[5] in diesem Rahmen suspendiert er aber die Wirkungen des Hauptinsolvenzverfahrens und bewirkt dadurch eine Begrenzung der Befugnisse des Verwalters des Hauptinsolvenzverfahrens.[6] Die Verwalter im Haupt- und Sekundärinsolvenzverfahren sind dann zur Kooperation nach Maßgabe der Artt. 31 bis 34 EuInsVO verpflichtet.[7]

Auch einstweilige Sicherungsmaßnahmen, die in einem anderen Mitgliedstaat als dem Staat der Verfahrenseröffnung auf den Antrag auf Eröffnung eines Sekundärinsolvenzverfahrens hin ergriffen werden, können die Befugnisse des Verwalters des Hauptinsolvenzverfahrens eingrenzen.[8]

---

[1] S. Art. 18 Abs. 1 S. 1 EuInsVO.
[2] Vgl. *Smid, S.*, Internationales Insolvenzrecht, Kommentar, 2004, Art. 18 EuInsVO, Rdnr. 5; *Virgos, M. / Schmidt, E.*, Bericht, 1997, Nr. 161, Abs. 2.
[3] Vgl. *Smid, S.* Internationales Insolvenzrecht, Kommentar, 2004, Art. 18 EuInsVO, Rdnr. 5.
[4] S. Art. 3 Abs. 2 S. 1 EuInsVO.
[5] S. Art. 3 Abs. 2 S. 2 EuInsVO.
[6] Vgl. *Smid, S.*, Internationales Insolvenzrecht, Kommentar, 2004, Art. 18 EuInsVO, Rdnr. 7.
[7] Vgl. *Smid, S.*, Internationales Insolvenzrecht, Kommentar, 2004, Art. 18 EuInsVO, Rdnr. 7; *Ehricke, U.*, Verhältnis, 2005, S. 1108-1110; *Ehricke, U.*, Zusammenarbeit, 2005, S. 398-399.
[8] Vgl. *Smid, S.*, Internationales Insolvenzrecht, Kommentar, 2004, Art. 18 EuInsVO, Rdnr. 8.

c. Dingliche Sicherungsrechte

Die Befugnisse des Verwalters im Hauptinsolvenzverfahren werden insbesondere begrenzt durch Artt. 5 und 7 EuInsVO zum Schutz dinglich gesicherter Gläubiger und zum Bestand vorbehaltenen Eigentums.[1] Der Begriff des dinglichen Rechts wird in der EuInsVO nicht definiert. Art. 5 Abs. 2 EuInsVO enthält einen nicht abschließend formulierten Katalog von Regelbeispielen. Die Begründung, Gültigkeit und Tragweite dinglicher Rechte soll sich nach dem Recht des Belegenheitsorts bestimmen und von der Eröffnung des Insolvenzverfahrens in einem anderen Mitgliedstaat nicht berührt werden.[2] Diese Regel wird durch Art. 7 EuInsVO auf Eigentumsvorbehalte erstreckt.[3]

Falls also der Verwalter in einem Hauptinsolvenzverfahren über das Vermögen einer SE die Veräußerung eines in einem anderen Mitgliedstaat belegenen und dinglich belasteten Vermögensgegenstand der SE durch den dinglich gesicherten Gläubiger nicht durch Antragstellung auf Eröffnung eines Sekundärinsolvenzverfahrens im Belegenheitsstaat verhindern kann, so wird der Verwalter doch einen etwaigen überschüssigen Verkaufserlös vom verwertenden Gläubiger herausverlangen und zur Masse des Hauptinsolvenzverfahrens ziehen.[4] Der belastete Vermögensgegenstand bleibt nämlich Massebestandteil des Hauptinsolvenzverfahrens. Daran ändert auch Art. 5 Abs. 1 EuInsVO nichts.[5]

2. Tochtergesellschaft in einem anderen Mitgliedstaat, insbesondere Konzerninsolvenzen

a. Begriff der Tochtergesellschaft

Die Tochtergesellschaft einer SE ist ein Unternehmen, das einem beherrschenden Einfluss der SE unterliegt,[6] der durch die Mehrheit des gezeichneten Kapitals vermittelt wird oder durch die Möglichkeit der Bestellung von mehr als der Hälfte der Mitglieder des Verwaltungs-, Leitungs- oder Aufsichtsorgans.[7] Eine Holding-SE erfüllt gründungsbedingt diese Merkmale eines beherrschenden Unternehmens.[8]

---

[1] S. Erwägungsgrund 25 EuInsVO.
[2] S. Erwägungsgrund 25 S. 2 EuInsVO.
[3] Vgl. *Smid, S.*, Internationales Insolvenzrecht, Kommentar, 2004, Art. 7 EuInsVO, Rdnr. 1.
[4] Vgl. *Reinhart, S.*, in: Insolvenzordnung, Kommentar, 2001, Art. 5 EuInsVO, Rdnr. 3.
[5] Vgl. *Reinhart, S.*, in: Insolvenzordnung, Kommentar, 2001, Art. 5 EuInsVO, Rdnr. 3.
[6] Vgl. eingehend Kapitel B.I.2.c. (*Neun, J.*, Gründung); *Schröder, A.*, in: Europäische Aktiengesellschaft, Kommentar, 2005, Art. 2 SE-VO, Rdnr. 62.
[7] Vgl. den Beitrag von *Neun* in diesem Band.
[8] S. Art. 32 Abs. 2 S. 4 SE-VO.

b. Arbeitsverhältnisse

Die Wirkungen des Insolvenzverfahrens auf einen Arbeitsvertrag und auf das Arbeitsverhältnis werden in Art. 10 EuInsVO angesprochen. Er erklärt das Recht des Mitgliedstaats für maßgebend, das auf den Arbeitsvertrag anzuwenden ist. Damit wird auf das allgemeine Kollisionsrecht abgestellt.[1] Nach deutschem Kollisionsrecht (Artt. 27, 30 EGBGB) unterliegen Arbeitsverträge mangels einer vorrangig zu berücksichtigenden Rechtswahl dem Recht des Staates, in dem der Arbeitnehmer gewöhnlich seine Arbeit verrichtet oder, falls sich dies nicht feststellen lässt, dem Recht des Staates, in dem sich die Niederlassung befindet, die den Arbeitnehmer eingestellt hat.[2]

c. Insolvenzen im Konzern

ca. Ausgangspunkt

Die Leitungsmacht der Muttergesellschaft über die Tochtergesellschaft findet insolvenzrechtlich keine Berücksichtigung. Ein spezifisches Konzerninsolvenzrecht gibt es weder auf nationaler noch auf europäischer Ebene.[3] Für die SE gilt nichts anderes.

Sowohl bei dem insolvenzabhängigen Konzernunternehmen als auch bei Insolvenz der Konzernobergesellschaft erfolgt deswegen eine strikt nach den einzelnen Rechtsträgern getrennte Betrachtung. Dieser Ansatz ist durch die rechtliche Selbständigkeit der einzelnen Gesellschaften vorgegeben. Sie wird nicht etwa aufgehoben durch die Entstehung einer Konzernstruktur aus abhängigen Konzernunternehmen und Konzernobergesellschaften. Auch innerhalb des Konzernverbunds erfolgt deswegen eine Prüfung der Erfüllung von Tatbeständen zur Eröffnung eines Insolvenzverfahrens nur bezogen auf die einzelne Gesellschaft. Entsprechend erfassen die gerichtliche Eröffnungsentscheidung und der Insolvenzbeschlag nur das Vermögen des einzelnen Rechtsträgers. Deswegen bildet das Insolvenzverfahren über das Vermögen eines jeden einzelnen Rechtsträgers ein separates Verfahren. Eine Zusammenfassung von zwei oder mehr Insolvenzverfahren, sei es mit dem Ziel der Liquidation oder mit dem Ziel einer (Konzern-)Sanierung, erfolgt weder im deutschen Recht noch auf europäischer Regelungsebene.[4]

---

[1] Vgl. *Smid, S.*, Internationales Insolvenzrecht, Kommentar, 2004, Art. 10 EuInsVO, Rdnr. 3; *Depré, P.*, Insolvenzrecht, 2005, Rdnr. 390.

[2] S. Art. 30 Abs. 2 Nr. 1 und 2 EGBGB.

[3] *Theisen, M. R.*, Konzern, 2000, S. 681 zum nationalen Recht; *Smid, S.*, Internationales Insolvenzrecht, Kommentar, 2004, Art. 2 EuInsVO Rdnr. 23; *Ehricke, U.*, Zusammenarbeit, 2005, S. 399; *ders.*, Konzerninsolvenzen, 2002, S.101; *ders.*, Sanierung, 2002, S. 393; *Wehdeking, S.*, Reform, 2003, S. 135; *Paulus, C. G.*, Parallelverfahren, 2002, S. 500.

[4] Vgl. *Ehricke, U.*, Konzerninsolvenzen, 2002, S. 102.

cb. Haupt- und Sekundärinsolvenzverfahren im Konzern

Etwas anderes ergibt sich auch nicht mit Blick auf das mögliche Nebeneinander von Haupt- und Sekundärinsolvenzverfahren gemäß Art. 3 Abs. 1 und 2 EuInsVO.[1] Beide Verfahren beziehen sich gleichermaßen nur auf das Vermögen *eines* Schuldners, der durch Errichtung einer Niederlassung in einem anderen Mitgliedstaat grenzüberschreitend tätig geworden ist. Auch die Kooperationspflichten der Verwalter im Haupt- und Sekundärinsolvenzverfahren gemäß Art. 31 beziehen sich nicht etwa auf eine rechtsträgerübergreifende Koordination von Insolvenzverfahren bei grenzüberschreitenden Unternehmenszusammenschlüssen.[2] Die Fortsetzung der rechtlichen Trennung einzelner Konzerngesellschaften gerade auch im Insolvenzfall hat aus Sicht der gesamten Konzernunternehmung den Vorteil einer Eingrenzung der Insolvenzfolgen und einer Beschränkung der Haftungsrisiken auf die einzelne vom Insolvenzfall betroffene Gesellschaft, falls die insolvenzauslösenden Krisenursachen und -folgen über diesen Rechtsträger lokalisierbar sind und nicht etwa im Einzelfall eine „Flächenbrandwirkung" ausgelöst wird durch rechtsformübergreifende Haftungsverhältnisse oder durch bewusst herbeigeführte faktische wirtschaftliche Verbundwirkungen.[3]

Wird aber durch Probleme der Vermögens-, Finanz- und Ertragslage eine Bedrohung von Zielen der Interessenten des Konzerns und damit eine Konzernkrise ausgelöst,[4] die trotz aller Bemühungen zur Abwendung der Krise in die Insolvenz mehrerer oder aller Konzerngesellschaften führt, dann kann die einheitliche bzw. zusammengefasste Abwicklung mehrerer Insolvenzverfahren innerhalb eines Konzerns positive Effekte haben.[5]

Da mit einer Zusammenfassung von Verfahren mehrerer insolventer Unternehmen desselben Konzerns die Erwartung verbunden wird, die Einzelverwaltung kostengünstiger und effizienter zu führen, Transaktionskosten für die Beteiligten zu senken und zu einer Verfahrensvereinfachung beizutragen,[6] wird nach Möglichkeiten gesucht, um zumindest mittelbare Anknüpfungspunkte zur Handhabung grenzüberschreitende Konzerninsolvenzen zu finden.[7]

---

[1] Ebenso *Smid, S.*, Internationales Insolvenzrecht, Kommentar, 2005, Art. 27 EuInsVO, Rn. 14.
[2] Vgl. *Ehricke, U.*, Konzerninsolvenzen, 2002, S. 103.
[3] Vgl. *Theisen, M. R.*, Konzern, 2000, S. 682. Dort ist auch der Begriff „Flächenbrandwirkung" entnommen.
[4] Zum Begriff der Konzernkrise siehe *Theisen, M. R.*, Konzern, 2000, S. 679.
[5] Hierzu *Ehricke, U.*, Konzerninsolvenzen, 2002, S. 102.
[6] Vgl. *Ehricke, U.*, Konzerninsolvenzen, 2002, S. 102.
[7] Vgl. hierzu Überblick bei *Ehricke, U.*, Konzerninsolvenzen, 2002, S. 102-107.

cc. „Konzernzuständigkeit" aus Art. 3 Abs. 1 EuInsVO?

Die internationale „Konzernzuständigkeit"[1] des Insolvenzgerichts am Sitz der Muttergesellschaft auch für insolvente Tochtergesellschaften in anderen Mitgliedstaaten könnte sich aus Art. 3 Abs. 1 EuInsVO ergeben,[2] wenn man nämlich den Mittelpunkt der hauptsächlichen Interessen einer Tochtergesellschaft am Sitz der Muttergesellschaft mit dem Argument bejaht, dort werde die zentrale Leitungsmacht auch über die Tochtergesellschaft ausgeübt.

Abzulehnen ist ein solches Verständnis des Art. 3 Abs. 1 EuInsVO aber jedenfalls in den Fällen, in denen die zentrale Ausübung der Leitungsmacht über die Tochtergesellschaften durch die Konzernobergesellschaft für die Gläubiger der Tochtergesellschaft nicht erkennbar ist. Den Gläubigern der Tochtergesellschaft kann nicht zugemutet werden, sich mit einem für sie fremden Insolvenzrecht und mit Insolvenzverwaltern auseinanderzusetzen, die von den Gerichten anderer Staaten bestellt worden sind, wenn dies lediglich auf Gründe gestützt werden kann, die für die Gläubiger der Tochtergesellschaft nicht erkennbar geworden sind.[3]

Die Annahme einer Zuständigkeit der Insolvenzgerichte des Staates, in dem die Konzernobergesellschaft ihren Sitz hat, auch für die Eröffnung von Hauptinsolvenzverfahren über die in anderen Mitgliedstaaten wirtschaftlich tätigen Tochtergesellschaften gemäß Art. 3 Abs. 1 EuInsVO kann deswegen allenfalls dann in Betracht kommen, wenn sich die wirtschaftliche Tätigkeit der Tochtergesellschaften *nach außen* bei einer objektiven Betrachtung aus Gläubigersicht als Geschäftstätigkeit der Muttergesellschaft darstellt.[4] Dies wird nur bejaht werden können, wenn das herrschende Unternehmen nach außen zentrale Geschäftsfunktionen der Tochtergesellschaft wahrnimmt wie das Führen der Vertragsverhandlungen, den Einkauf, das Rechnungswesen oder den Zahlungsverkehr der Tochtergesellschaft.[5]

cd. Tochtergesellschaft der SE als Niederlassung i. S. des Art. 3 II 1 EuInsVO?

Das Schweigen des Verordnungsgebers der EuInsVO zum Problem der Konzerninsolvenz hat zu der Überlegung geführt, ob eine Tochtergesellschaft als „Niederlassung" im Sinne von Art. 3 Abs. 2 Satz 1 EuInsVO der Konzernobergesellschaft im

---

[1] *Ehricke, U.*, Grenzüberschreitende Konzerninsolvenzen, 2002, S. 103.
[2] So *AG München*, Beschluss v. 04.05.2004 (1501 IE 1276 / 04), ZIP 25 (2004), S. 962 f. („Hettlage-Österreich"). In dieser Richtung auch *Tribunale di Parma*, Urteil v. 19.2.2004 (53/04), ZIP 25 (2004), S. 1220-1223 (Eurofood/Parmalat I), dagegen *High Court Dublin* (Justice Kelly), Judgement v. 23.3.2004 (33/04), ZIP 25 (2004), S. 1223-1227 (Eurofood/Parmalat II) und nunmehr auch *Supreme Court of Ireland*, Judgement v. 27.7.2004 (147/04), ZIP 25 (2004), S. 1969-1974 mit Vorlagebeschluß zum EuGH.
[3] Ebenso *Ehricke, U.*, Konzerninsolvenzen, 2002, S. 103.
[4] Ebenso *Ehricke, U.*, Konzerninsolvenzen, 2002, S. 104; *ders.*, Sanierung, 2002, S. 396.
[5] Vgl. *Ehricke, U.*, Konzerninsolvenzen, 2002, S. 104.

Gebiet eines anderen Mitgliedstaats angesehen werden kann. Dies wird von *Paulus* mit dem Argument bejaht, eine Tochtergesellschaft erfülle durch den kombinierten Einsatz von Personal und Vermögenswerten dem Wortlaut nach die Legaldefinition des Begriffs „Niederlassung" in Art. 2 lit. h) EuInsVO.[1]

Die Bejahung einer „Niederlassung" in einem anderen Mitgliedstaat als dem Staat der Eröffnung eines Hauptinsolvenzverfahrens ermöglicht es zwar, über das Vermögen eines Schuldners im Mitgliedstaat der Niederlassung ein Sekundärinsolvenzverfahren zu eröffnen. Die Kombination von Haupt- und Sekundärinsolvenzverfahren ist aber gerade kein Instrument, um auf die besonderen Koordinationsbedürfnisse innerhalb eines Konzernverbunds zu reagieren, weil sich sowohl das Haupt- als auch das Sekundärinsolvenzverfahren gleichermaßen auf das Vermögen *eines* Schuldners bezieht. Demgegenüber ist für eine Konzernstruktur gerade die rechtliche Selbständigkeit der einzigen Konzernunternehmen kennzeichnend.[2]

Die verbindende unternehmerische Planungseinheit ist demgegenüber keine insolvenzrechtlich relevante Kategorie. Die rechtliche Selbständigkeit jedes einzelnen Insolvenzschuldners wird durch eine konzernumfassende zentrale Planungshoheit keinesfalls aufgehoben, sondern vielmehr gerade auch von der EuInsVO im Verhältnis von Haupt- und Sekundärinsolvenzverfahren respektiert. Der Verordnungsgeber der EuInsVO geht von einer einheitlichen und insgesamt als solche zu betrachtenden Masse des Haupt- und des Sekundärinsolvenzverfahrens aus.[3] Die Zusammenführung zweier oder mehrerer Insolvenzmassen verschiedener Rechtsträger unter einem Hauptinsolvenzverfahren wird demgegenüber durch die Eröffnung von Sekundärinsolvenzverfahren nicht bewirkt.

Ein weiteres Argument spricht dagegen, die Insolvenz einer Konzerngesellschaft mit einem Hauptinsolvenzverfahren über das Vermögen dieser Gesellschaft auf Tochtergesellschaften „durchschlagen" zu lassen. Vor Eröffnung eines Sekundärinsolvenzverfahrens wird nämlich die Insolvenz des Schuldners in dem Mitgliedstaat der Niederlassung nicht geprüft.[4] Wollte man die Tochtergesellschaft einer SE in einem anderen Mitgliedstaat als im Staat der Eröffnung eines Hauptinsolvenzverfahrens als „Niederlassung" im Sinne von Art. 3 Abs. 2 EuInsVO ansehen und damit die Eröffnung eines Sekundärinsolvenzverfahrens über die Tochtergesellschaft ermöglichen, dann würde dies wegen des ohne nähere Einschränkungen gegebenen Antragsrechts des Verwalters im Hauptinsolvenzverfahren aus Art. 29 lit. a) EuInsVO zur Eröffnung eines Sekundärinsolvenzverfahrens über die Tochtergesellschaft ohne Prüfung der Erfüllung von Eröffnungsgründen im Sitzstaat der Tochtergesellschaft führen. Dies kann nicht richtig sein.

---

[1] Vgl. *Paulus, C. G.*, Parallelverfahren, 2002, S. 501.
[2] Vgl. *Ehricke, U.*, Konzerninsolvenzen, 2002, S. 102.
[3] S. Art. 35 EuInsVO.
[4] S. Art. 27 S. 1 HS. 2 EuInsVO.

Im Ergebnis ist die von *Paulus* vertretene Gleichsetzung einer Tochtergesellschaft mit einer „Niederlassung" im Sinne von § 3 Abs. 2 EuInsVO deswegen abzulehnen.¹

ce. Bedeutung des Art. 102 § 1 EGInsO

In der Literatur wird Art. 102 § 1 EGInsO als Ansatzpunkt identifiziert, um Insolvenzverfahren über ausländische Tochtergesellschaften in Deutschland bei dem Insolvenzgericht zu eröffnen und zu koordinieren, das örtlich für das Insolvenzverfahren über die Konzernmutter zuständig ist.²

Der Gesetzgeber hatte aber keineswegs die Schaffung eines Konzerninsolvenzrechts im Blick bei Abfassung des Art. 102 § 1 Abs. 1EGInsO.³ Die Vorschrift erfasst nur „besonders gelagerte Einzelfälle",⁴ in denen Deutschland die internationale Zuständigkeit nach Art. 3 Abs. 1 EUInsVO für einen Insolvenzfall zukommt, ohne dass eine innerdeutsche Zuständigkeit nach § 3 InsO gegeben wäre. Um einen solchen Fall annehmen zu können, müsste man freilich auf das Kriterium der Erkennbarkeit einer werbenden Tätigkeit nach außen weitgehend verzichten bei der Bestimmung des Mittelpunkts der hauptsächlichen Interessen einer Gesellschaft. Dieses Verständnis des Art. 3 Abs. 1 EUInsVO ist aber gerade auch in Konzerninsolvenzfällen abzulehnen.⁵

cf. Ergebnis

Die Rechtspersönlichkeit der SE, Art. 1 Abs. 3 SE-VO, findet auch im Insolvenzfall uneingeschränkt Beachtung. Die Eröffnung eines Haupt- und eines Sekundärinsolvenzverfahrens nach Art. 3 Abs. 1 und 2 EuInsVO ist nur über das Vermögen jeweils *einer* SE als Schuldnerin möglich. Art. 3 Abs. 1 EuInsVO enthält keine zentrale Zuständigkeitsnorm für Konzerninsolvenzen, weil die Ausübung einer unternehmerischen Leistungsmacht grundsätzlich nicht ausreicht, um den Mittelpunkt der hauptsächlichen Interessen einer Tochtergesellschaft am Verwaltungssitz der Muttergesellschaft zu begründen. Eine zentrale Eröffnungszuständigkeit im Staat des Verwaltungssitzes der Muttergesellschaft kann nur ausnahmsweise angenommen werden, nämlich dann, wenn sich die wirtschaftliche Tätigkeit der Tochtergesellschaft aus objektivierter Gläubigersicht als Tätigkeit der Muttergesellschaft darstellt durch zentrale Ausübung wesentlicher Funktionen wie beispielsweise Einkauf und Zahlungsverkehr.

---

1 Ablehnend ebenso *Smid, S.*, Internationales Insolvenzrecht, Kommentar, 2004, Art. 2 EuInsVO, Rdnr. 23 und *Ehricke, U.*, Konzerninsolvenzen, 2002, S. 105.
2 Vgl. *Wehdeking, S.*, Reform, 2003, S. 135 und *Smid, S.*, Internationales Insolvenzrecht, Kommentar, 2004, Art. 2 EuInsVO, Rdnr. 25.
3 Bundesratsdrucksache 715/02, S. 16.
4 Bundesratsdrucksache 715/02, S. 16.
5 Vgl. Kapitel IV.2.c.cc.

Die Tochtergesellschaft einer SE in einem anderen Mitgliedstaat als dem Sitzstaat der SE ist keine „Niederlassung" der SE in dem anderen Mitgliedstaat im Sinne von Art. 3 Abs. 2 Satz 1 EuInsVO.

Solange man für die Bestimmung des Mittelpunkts der hauptsächlichen Interessen einer SE im Sinne von Art. 3 Abs. 1 EuInsVO nicht auf das Kriterium einer Erkennbarkeit dieses Ortes aus objektivierter Gläubigersicht verzichtet, kommt Art. 102 § 1 Abs. 1 EGInsO für SE-Konzerninsolvenzen keine Bedeutung zu.

V. Überblick über Maßnahmen zur Sanierung der SE

1. Sanierung außerhalb eines Insolvenzverfahrens

Ebenso wie bei der AG kommen als Sanierungsmaßnahmen sowohl die Liquiditätsbeschaffung durch eine Kapitalerhöhung in Betracht[1] als auch eine sanierende Kapitalherabsetzung.[2] Beide Instrumente sind auf Grundlage der Generalverweisung des Art. 5 SE-VO in der SE nutzbar.[3]

2. Sanierung im Insolvenzverfahren

Das Insolvenzrecht stellt mit dem Insolvenzplan, §§ 217 ff. InsO, und der Eigenverwaltung, §§ 270 ff., zwei besondere Verfahrensarten zur Unternehmenssanierung zur Verfügung, die der Konkursordnung unbekannt waren.

Im Rahmen eines *Insolvenzplans* kann von den Vorschriften der InsO abgewichen werden, § 217 InsO. Je nach beabsichtigter Verwertung kann ein Sanierungs-, Übertragungs- oder Liquidationsplan vereinbart werden, auch Mischformen wie Moratoriumspläne sind möglich.[4] Insolvenzpläne haben sich in Deutschland bislang nicht durchgesetzt, zumal eine „übertragende Sanierung" eines Unternehmensträgers durch Übertragung fortführungsgeeigneter Unternehmensteile an eine Auffanggesellschaft wesentlich schneller und unkomplizierter möglich ist.[5]

Die Anordnung der *Eigenverwaltung* durch das Insolvenzgericht gemäß § 270 InsO dient dem Zweck, das Verfahren kostengünstiger und effektiver zu gestalten, indem der Schuldner die Verfügungsbefugnis über sein Vermögen behält und diese in Abstimmung mit einem gerichtlich bestellten Sachwalter ausübt. Insbesondere bei komplexen Unternehmensinsolvenzen soll dadurch ein Effizienzverlust vermieden

---

[1] Hierzu *Schmidt-Hern, K.*, Krise, 2004, S. 1356.
[2] Hierzu vgl. *Schmidt-Hern, K.*, Krise, S. 1361.
[3] S. Art. 5 SE-VO; Vgl. *Fleischer, H.*, Finanzverfassung, 2005, S. 170.
[4] Vgl. *Pannen, K. / Deuchler, I. / Kahlert, G. / Undritz, S.-H.*, Sanierungsberatung, 2005, S. 240.
[5] Vgl. *Pannen, K. / Deuchler, I. / Kahlert, G. / Undritz, S.-H.*, Sanierungsberatung, 2005, S. 239.

werden durch Nutzung der Kenntnisse und Erfahrungen der bisherigen Geschäftsleitung auch nach Insolvenzeröffnung.[1]

Die Kombination von Insolvenzplanverfahren mit jeweiliger Eigenverwaltung der schuldnerischen Gesellschaften bei einheitlicher örtlicher Zuständigkeit eines Insolvenzgerichts wird als Instrument einer Konzernsanierung vorgeschlagen.[2]

Die Möglichkeit einer Sitzverlegung der SE – im Inland wie in das Ausland[3] – ist gemäß Art. 8 Abs. 15 SE-VO nicht mehr gegeben, wenn gegen die SE ein Verfahren wegen Auflösung, Liquidation, Zahlungsunfähigkeit oder vorläufiger Zahlungseinstellung oder ein ähnliches Verfahren eröffnet worden ist. Dadurch soll der Gefahr einer taktisch motivierten Maßnahme zur Steuerung von Zuständigkeitsfragen begegnet werden.[4]

Ob ein Sekundärinsolvenzverfahren in Deutschland gem. Art. 27 EuInsVO auch zur Sanierung der deutschen Niederlassung eines Schuldners mit Sitz in einem anderen Mitgliedstaat genutzt werden kann, ist wegen der einschränkenden Fassung des Art. 27 S. 2 EuInsVO fraglich. Die Formulierung zielt auf eine Beschränkung der Sekundärinsolvenzverfahren auf die Liquidation der Niederlassung ab.[5] Bei Zustimmung aller Gläubiger wird aber ein sanierendes Insolvenzplanverfahren im Sekundärinsolvenzverfahren möglich sein.[6]

VI. Ergebnis

Das Insolvenzrecht der SE wird in Art. 63 SE-VO weder angesprochen noch geregelt. Bei Belegenheit von Vermögensgegenständen der SE in verschiedenen Mitgliedstaaten der EU bestimmt sich das maßgebende Insolvenzrecht allein nach der EuInsVO. Die dort geregelten Bereiche werden von der SE-VO nicht erfasst. Art. 63 HS. 1 SE-VO enthält vielmehr eine Sachnormverweisung allein auf das Aktienrecht am Sitzstaat zur Regelung der gesellschaftsrechtlichen Fragen im Zusammenhang mit einer Beendigung der SE.

Aus den Gründungsvoraussetzungen und Einsatzmöglichkeiten der SE ergeben sich Sachverhaltsmerkale, die typisch sein werden für die Insolvenz einer SE, nämlich die Belegenheit von Vermögensgegenständen in verschiedenen Mitgliedstaaten und eine Tochtergesellschaft, die dem Recht eines anderen Mitgliedstaats als dem Sitzstaat

---

[1] Vgl. *Pannen, K. / Deuchler, I. / Kahlert, G. / Undritz, S.-H.*, Sanierungsberatung, 2005, S. 244.
[2] Vgl. *Ehricke, U.*, Sanierung, 2002, S. 395-398.
[3] Vgl. *Schröder, A.*, in: Europäische Aktiengesellschaft, Kommentar, 2005, Art. 8 SE-VO, Rdnr.129.
[4] Vgl. *Schröder, A.*, in: Europäische Aktiengesellschaft, Kommentar, 2005, Art. 8 SE-VO, Rdnrn. 124-129.
[5] *Virgos, M / Schmit, E.*, Bericht, 1997, Nr. 221, tragen zur Begründung vor, eine Niederlassung könne einzeln nicht saniert werden und die Koordination von Haupt- und Sekundärinsolvenzverfahren sei zu kompliziert.
[6] *Reinhart, S.*, in: Insolvenzordnung, Kommentar, 2001, Art. 27 EuInsVO, Rn. 2.

der SE unterliegt. Diese Tochtergesellschaft ist keine Niederlassung der SE i. S. d. Art. 2 lit. h) EuInsVO.

Wenn die Berichtspflicht der geschäftsführenden Direktoren gegenüber dem Verwaltungsrat aus § 40 Abs. 3 SE-AG über den Eintritt von Insolvenzgründen keine redundante Formulierung sein soll, dann muss die Regelung als Pflicht der geschäftsführenden Direktoren zur Einrichtung eines leistungsfähigen Controllings verstanden werden, das es ihnen jederzeit ermöglicht, frühzeitig Fehlentwicklungen erkennen zu können, die zu eine Schieflage der SE i. S. des § 40 Abs. 3 SE-AG führen könnten.

K. Einsatzmöglichkeiten in der Unternehmenspraxis

Martin Wenz[*]

I. Einführung	659
II. Merger SE	662
1. Ausgangssituation	662
2. Durchführung	663
3. Beurteilung	665
4. Sonderfall: Verschmelzung im Konzern	668
III. Acquisition SE	670
1. Ausgangssituation	670
2. Durchführung	670
3. Analyse	672
IV. Joint Venture SE	674
V. Reorganisation SE	676
1. Ausgangssituation	676
2. Vorgehensweise	676
3. Analyse	678
VI. European Group SE	681
VII. Reengineering SE	684
VIII. Cross Border SE	686
IX. Ergebnis	688

---

[*] *Prof. Dr. Martin Wenz*, Habilitand an der Ludwig-Maximilians-Universität München und Inhaber der Professur für Betriebswirtschaftliche Steuerlehre, Internationales und liechtensteinisches Steuerrecht an der Hochschule Liechtenstein, Vaduz.

Literatur

Bayer, Walter, 2003: Die EuGH-Entscheidung „*Inspire Art*" und die deutsche GmbH im Wettbewerb der europäischen Rechtsordnungen, in: BB 58 (2003), S. 2357-2366.

Blanquet, Francoise, 2002: Das *Statut* der Europäischen Aktiengesellschaft (Societas Europaea „SE") – Ein Gemeinschaftsinstrument für die grenzübergreifende Zusammenarbeit im Dienste der Unternehmen, in: ZGR 31 (2002), S. 20-65.

Brandi, Oliver, 2003 Die Europäische Aktiengesellschaft im deutschen und internationalen *Konzernrecht*, in: NZG 6 (2003), S. 889-896.

Buchheim, Regine, 2001: Europäische *Aktiengesellschaft* und grenzüberschreitende Konzernverschmelzung – Der aktuelle Entwurf der Rechtsform aus betriebswirtschaftlicher Sicht, Wiesbaden: DUV / Gabler, 2001.

Bungert, Hartwin / Beier, Constantin H., 2002: Die *Europäische Aktiengesellschaft*, in: EWS 13 (2002), S. 1-12.

Conci, Paolo, 2004: The *Tax Treatment* of the Creation of an SE, in: ET 44 (2004), S. 15-21.

Ebert, Sabine, 2003: Das anwendbare *Konzernrecht* der Europäischen Aktiengesellschaft, in: BB 58 (2003), S. 1854-1859.

Förster, Guido / Lange, Carsten, 2002: Steuerliche Aspekte der *Gründung* einer Europäischen Aktiengesellschaft (SE), in: DB 55 (2002), S. 288, 289-291.

Forsthoff, Ulrich, 2002: EuGH fördert *Vielfalt* im Gesellschaftsrecht Traditionelle deutsche Sitztheorie verstößt gegen Niederlassungsfreiheit, in: DB 55 (2002), S. 2471-2477.

Götz, Jürgen, 2003: Ist die Europäische *Aktiengesellschaft* eine überzeugende Option für die Praxis?, in: ZIP 24 (2003), S. 1067.

Habersack, Mathias, 2003: Das *Konzernrecht* der „deutschen SE" – Grundlagen, in: ZGR 32 (2003), S. 724-742.

Herfs-Röttgen, Ebba, 2001: *Arbeitnehmerbeteiligung* in der Europäischen Aktiengesellschaft, in: NZA 18 (2001), S. 424-428.

Herzig, Norbert / Griemla, Stefan, 2002: Steuerliche Aspekte der Europäischen *Aktiengesellschaft*, in: StuW 79 (2002), S. 55-77.

Hoffmann, Jochen, 1999: Die Bildung der *Aventis S.A.* – ein Lehrstück des europäischen Gesellschaftsrechts, in: NZG 2 (1999), S. 1077-1085.

Hommelhoff, Peter, 2001: Einige Bemerkungen zur *Organisationsverfassung* der Europäischen Aktiengesellschaft, in: AG 46 (2001), S. 279-288.

Hommelhoff, Peter, 2005: Die *Normenhierarchie* für die Europäische Gesellschaft, in: *Lutter, Marcus / Hommelhoff, Peter* (Hrsg.), Die Europäische Gesellschaft: Prinzipien, Gestaltungsmöglichkeiten und Grundfragen aus der Praxis, 2005, S. 5-23.

Hommelhoff, Peter / Helms, Dietmar, (Hrsg.), 2001: Neue Wege in die *Europäische Privatgesellschaft*, Köln: O. Schmidt, 2001

Horn, Norbert, 2000: *Verträge* über internationale Unternehmenszusammenschlüsse, in: *Schneider, Uwe H. / Hommelhoff, Peter / Schmidt, Karsten / Timm, Wolfram / Grunewald, Barbara / Drygala, Tim* (Hrsg.), Deutsches und europäisches Gesellschafts-, Konzern- und Kapitalmarktrecht, Festschrift für *Marcus Lutter* zum 70. Geburtstag, Köln: O. Schmidt, 2000, S. 1113-1131.

Kallmeyer, Harald, 2002: Tragweite des *Überseering*-Urteils des EuGH vom 05.11.2002 zur grenzüberschreitenden Sitzverlegung, in: DB 55 (2002), S. 2521-2522.

Kallmeyer, Harald, 2003: Europa-AG: Strategische *Optionen* für deutsche Unternehmen, in: AG 48 (2003), S. 197-203.

Kenter, Tobias / Brendt, Jörg, 2004: Die *Besteuerung* der Gründung einer Europäischen Aktiengesellschaft (SE), in: IWB 2004, Fach 11, Gruppe 2, S. 621-634

Kersting, Christian / Schindler, Clemens P., 2003: Die EuGH-Entscheidung „*Inspire Art*" und ihre Auswirkungen auf die Praxis, in: RdW 11 (2003), Artikel-Nr. 539, S. 621-625.

Kalss, Susanne, 2003: Der *Minderheitenschutz* bei Gründung und Sitzverlegung der SE nach dem Diskussionsentwurf, in: ZGR 32 (2003), S. 593-646.

Kloster, Lars, 2003: *Societas Europaea* und europäische Unternehmenszusammenschlüsse, in: EuZW 14 (2003), S. 293-301.

Leible, Stefan / Hoffmann, Jochen, 2003: Wie inspiriert ist „*Inspire Art*"?, in: EuZW 14 (2003), S. 677-683.

Maul, Silja, 2003: Das *Konzernrecht* der „deutschen SE" – Ausgewählte Fragen zum Vertragskonzern und den faktischen Unternehmensverbindungen, in: ZGR 32 (2003), S. 743-763.

Maul, Silja, 2005: Das *Konzernrecht* der Europäischen Gesellschaft, in: *Lutter, Marcus / Hommelhoff, Peter* (Hrsg.), Die Europäische Gesellschaft: Prinzipien, Gestaltungsmöglichkeiten und Grundfragen aus der Praxis, 2005, S. 249-260.

Maul, Silja / Schmidt, Claudia, 2003: *Inspire Art* – Quo Vadis Sitztheorie?, in: BB 58 (2003), S. 2297-2300.

Maul, Silja / Wenz, Martin, 2005: *Mobilität* von Unternehmen in Europa, in: *Schröder, R.* (Hrsg.), Die GmbH im europäischen Vergleich, Berlin: Lexxion, 2005, S. 193-200.

Maul, Silja / Wenz, Martin, 2005: Einsatzmöglichkeiten der Europäischen Gesellschaft im Konzern, in: *Lutter, Marcus / Hommelhoff, Peter* (Hrsg.), Die Europäische Gesellschaft: Prinzipien, Gestaltungsmöglichkeiten und Grundfragen aus der Praxis, 2005, S. 261-275.

Nagel, Bernhard, 2004: Ist die Europäische *Aktiengesellschaft* (SE) attraktiv?, in: DB 57 (2004), S. 1299-1304.

Oetker, Hartmut, 2005: Die *Mitbestimmung* der Arbeitnehmer in der Europäischen Gesellschaft, in: *Lutter, Marcus / Hommelhoff, Peter* (Hrsg.), Die Europäische Gesellschaft: Prinzipien, Gestaltungsmöglichkeiten und Grundfragen aus der Praxis, 2005, S. 277-318.

Petri, Stephan / Wenz, Martin, 2004: Europäische *Aktiengesellschaft* – notwendig und zukunftsorientiert, in: Der Aufsichtsrat (2004), Heft 10, S. 3-4.

Salzberger, Wolfgang, 1994: Die steuerliche Gewinnermittlung einer *Konzernunternehmung* in der Europäischen Union, Köln: O. Schmidt, 1994.

Sauter, Thomas / Wenz, Martin, 2002: The *European Company* – A new Vehicle for Doing Business in Europe?, in: CommerceGermany, Official Publication of the American Chamber of Commerce in Germany, 1/2002, S. 10.

Schwarz, Günter Christian, 2001: Zum *Statut* der Europäischen Aktiengesellschaft, in: ZIP 22 (2001), S. 1847-1861.

Schulz, Andreas / Eicker, Klaus, 2001: The *European Company* Statute – the German View, in: Intertax 29 (2001), S. 332-341.

Schulz, Andreas / Geismar, Bernhard, 2001: Die Europäische *Aktiengesellschaft* Eine kritische Bestandsaufnahme, in: DStR 39 (2001), S. 1078-1080.

Schultz, Andreas / Petersen, Sven, 2002: Die *Europa-AG*: Steuerlicher Handlungsbedarf bei Gründung und Sitzverlegung, in: DStR 40 (2002), S. 1508-1517.

Teichmann, Christoph, 2002: *Einführung* der Europäischen Aktiengesellschaft – Grundlagen der Ergänzung des europäischen Statuts durch den deutschen Gesetzgeber, in: ZGR 31 (2002), S. 383-464.

Teichmann, Christoph, 2003: *Minderheitenschutz* bei Gründung und Sitzverlegung der SE, in: ZGR 32 (2003), S. 367-401.

Teichmann, Christoph, 2005: Die monistische *Verfassung* der Europäischen Gesellschaft, in: *Lutter, Marcus / Hommelhoff, Peter* (Hrsg.), Die Europäische Gesellschaft: Prinzipien, Gestaltungsmöglichkeiten und Grundfragen aus der Praxis, 2005, S. 195-222.

Theisen, Manuel R., 2000: Der *Konzern* – Betriebswirtschaftliche und rechtliche Grundlagen der Konzernunternehmung, 2. Aufl., Stuttgart: Schäffer-Poeschel, 2000.

Theisen, Manuel René, 2002: *Corporate Governance* als Gegenstand der Internationalisierung, in: *Macharzina, Klaus / Oesterle, Michael-Jörg* (Hrsg.), Handbuch Internationales Management, 2. Auflage, Wiesbaden: Gabler, 2002, S. 1051-1083.

Thömmes, Otmar, 2004: EC Law Aspects of the *Transfer of Seat* of an SE, in: ET 44 (2004), S. 22-27.

Thoma, Georg F. / Leuering, Dieter, 2002: Die Europäische Aktiengesellschaft – *Societas Europea*, in: NJW 55 (2002), S. 1449-1454.

Triebel, Volker / Hase, Karl von, 2003: *Wegzug* und grenzüberschreitende Umwandlungen deutscher Gesellschaften nach „Überseering" und „Inspire Art", in: BB 58 (2003), S. 2409-2417.

Vetter, Jochen, 2005: *Minderheitenschutz* bei der Gründung einer Europäischen Gesellschaft, in: *Lutter, Marcus / Hommelhoff, Peter* (Hrsg.), Die Europäische Gesellschaft: Prinzipien, Gestaltungsmöglichkeiten und Grundfragen aus der Praxis, 2005, S. 111-168.

Wenz, Martin, 1993: Die *Societas Europaea* (SE) – Analyse der geplanten Rechtsform und ihre Nutzungsmöglichkeiten für eine europäische Konzernunternehmung, Berlin: Duncker & Humblot, 1993.

Wenz, Martin, 2001: Die Vor- und Nachteile der Gründung einer *Europäischen Aktiengesellschaft* aus betriebswirtschaftlicher Sicht, Arbeitskreis Europäisierung der Arbeitsbeziehungen, Vortrag am 23.11.2001 im Literaturhaus in Frankfurt am Main (http://www.boeck ler.de/service/mbf/euroaktien/EuropAG.pdf).

Wenz, Martin, 2003: *Einsatzmöglichkeiten* einer Europäischen Aktiengesellschaft in der Unternehmenspraxis aus betriebswirtschaftlicher Sicht, in: AG 48 (2003), S. 185-196.

Wenz, Martin, 2004: More cross-border *flexibility* for companies – the SE as the flagship of European company law, in: European Trade Union Institute/Hans Böckler Foundation, The European Company – Prospects for Board-Level Representation, 2004, S. 27-38.

Wenz, Martin, 2004: The *European Company* (Societas Europaea) – Legal Concept and Tax Issues, in: ET 44 (2004), S. 4-11.

Wenz, Martin, 2004: Verhandelte *Mitbestimmung*, in: Der Aufsichtsrat (2004), Heft 10, S. 9.

Witt, Peter, 2002: Grundprobleme der *Corporate Governance* und international unterschiedliche Lösungsansätze, in: *Nippa, Michael / Petzold, Kerstin / Kürsten, Wolfgang* (Hrsg.), Corporate Governance – Herausforderungen und Lösungsansätze, Heidelberg: Physica, 2002, S. 41-72.

Wymeersch, Eddy, 2001: *Company Law in Europe* and European Company Law, Universiteit Gent, Financial Law Institute, Working Paper Series, WP 2001-06, April 2001, Universität Gent, 2001 (http://system04.rug.ac.be/fli/WP/WPindex.html).

I. Einführung

Der Erfolg der Europäischen Aktiengesellschaft, die den Unternehmen und Konzernen ab dem 08. Oktober 2004 in den 28 Mitgliedstaaten der EU sowie des EWR gleichsam zur Verfügung steht, hängt nicht zuletzt von den rechtlichen und betriebswirtschaftlichen Vorteilen sowie den Möglichkeiten des Einsatzes dieser neuen supranational-europäischen Rechtsform in der Unternehmenspraxis ab.[1] Denn nur wenn sich durch die konkreten Einsatz- und Anwendungsmöglichkeiten einer SE deren – ggf. vorhandene – rechts- und organisationsformspezifische Vorteile insbesondere in der Ausgestaltung der statutarischen Organisationsstruktur von grenzüberschreitend tätigen Unternehmen und Konzernen im Europäischen Binnenmarkt gegenüber den bislang erforderlichen, teilweise sehr komplexen und ineffizienten Ersatzkonstruktionen einzelwirtschaftlich realisieren lassen, hat die SE eine Chance, sich – anders als die konstruktionsbedingt erfolglose EWIV – gegenüber der Vielzahl nationaler und vertrauter Rechtsformen zu behaupten und ggf. auch durchzusetzen.[2] Erforderlich ist ferner, dass diese rechtsformspezifischen Vorteile nicht aufgrund unzureichender oder fehlender steuerrechtlicher Vorschriften verhindert oder mit prohibitiven Auflagen verbunden werden.[3]

Die nachfolgenden Ausführungen geben zunächst einen Überblick über die verschiedenen Einsatzmöglichkeiten der SE. Anhand von konkreten Fallkonstellationen aus der Unternehmenspraxis sollen die Unterschiede, die sich durch den Einsatz einer SE anstelle von Rechtsformen nationalen Rechts ergeben können, für diejenigen Unternehmen und Konzerne aufgezeigt und analysiert werden, die gemeinschaftsweit agieren und sich dementsprechend auch gemeinschaftsweit strukturieren, reorganisieren oder zusammenschließen sowie ihren Sitz grenzüberschreitend in andere Mitgliedstaaten der EU oder des EWR verlegen wollen. In diesem Zusammenhang ist auch das Bedürfnis der Unternehmen zu berücksichtigen, die Leistungsfähigkeit ihres jeweiligen Systems der Unternehmensleitung und -überwachung (Corporate Governance) durch dessen Anpassung an unternehmens- oder konzernindividuelle Besonderheiten sowie an die Anforderungen des Kapitalmarktes aufrecht zu erhalten

---

[1] Dazu vgl. bereits *Wenz, M.*, Societas Europaea, 1993, S. 179 f.
[2] Dazu siehe auch die bisherigen Studien zu den möglichen betriebswirtschaftlichen Vorteilen des Einsatzes einer SE von *Buchheim, R.*, Aktiengesellschaft, 2001, S. 179-305; *Maul, S. / Wenz, M.*, Einsatzmöglichkeiten, 2005, S. 261-275; *Petri, S. / Wenz, M.*, Aktiengesellschaft, 2004, S. 4; *Wenz, M.*, Societas Europaea, 1993, S. 170-198; *Wenz, M.*, Einsatzmöglichkeiten, 2003, S. 185-196; *Wenz, M.*, flexibility, 2004, S. 27-38. Vgl. ferner auch *Götz, J.*, Aktiengesellschaft, 2003, S. 1067; *Kallmeyer, H.*, Optionen, 2003, S. 197-203; *Kloster, L.*, Societas Europaea, 2003, S. 293-301; *Maul, S. / Wenz, M.*, in: FAZ v. 06.10.2004, S. 23; *Maul, S. / Wenz, M.*, Mobilität, 2005, S. 193-200; *Nagel, B.*, Aktiengesellschaft, 2004, S. 1299-1304; Börsen-Zeitung vom 17.1.2004, S. 5.
[3] Dazu vgl. auch den Beitrag von *Thömmes* in diesem Band.

oder zu steigern; zu beachten ist ferner die Notwendigkeit, aber auch die erstmalige Möglichkeit, das System der Beteiligung der Arbeitnehmer unabhängig von traditionellen, gesetzlich festgeschriebenen Mitbestimmungsstandards unternehmens- oder konzernindividuell neu und europaweit einheitlich ausgestalten zu können.

Im Mittelpunkt der Ausführungen stehen somit insbesondere die gesellschaftsrechtlich bedingten Ausgestaltungsmöglichkeiten der statutarischen Organisationsstruktur, des Systems der Corporate Governance sowie der Beteiligung der Arbeitnehmer, aber auch steuerrechtliche Fragestellungen sowie Aspekte der internationalen Steuerplanung von grenzüberschreitend tätigen Unternehmen und Konzernen durch die Rechtsform der SE. Die SE wird dabei zumindest in ihren Kernbereichen und grenzüberschreitenden Aspekten durch die SE-VO und nur ergänzend durch das jeweilige nationale (Aktien-)Recht, insbesondere aber auch durch das nationale SE-AG des betreffenden SE-Sitzstaates geregelt; zu beachten sind in diesem Zusammenhang ferner die Bestimmungen der nationalen SE-BG betreffend die Mitbestimmung der Arbeitnehmer, welche die Bestimmungen der SE-RL in das jeweilige nationale Recht der Mitgliedstaaten der EU und des EWR transformiert haben. Hinsichtlich der steuerrechtlichen Fragestellungen ist auf das nationale und das internationale Steuerrecht der konkret betroffenen Mitgliedstaaten sowie auf die Bestimmungen des europäischen und internationalen Steuerrechts abzustellen.

Die wesentlichen rechtlichen und betriebswirtschaftlichen Vorteile sowie insbesondere auch die verschiedenen Einsatzmöglichkeiten der Rechtsform einer Europäischen Aktiengesellschaft für Unternehmen und Konzerne können grundsätzlich nach unterschiedlichen methodischen Vorgehensweisen herausgearbeitet und analysiert werden. Nachfolgend soll dies insbesondere anhand verschiedener Fallkonstellationen erfolgen, wodurch typisierend die verschiedenen Einsatzmöglichkeiten der Rechtsform einer SE aufgezeigt sowie die unterschiedlichen insoweit ggf. konkret realisierbaren Vorteile identifiziert werden können. Im Einzelnen können insoweit insbesondere folgende Gruppen an Fallkonstellationen unterschieden werden, auf die in der Mehrzahl in den nachfolgenden Ausführungen eingegangen wird und für die jeweils verschiedene Praxisbeispiele angeführt werden:[1]

(1) Grenzüberschreitender Zusammenschluss von Unternehmen:

- Der grenzüberschreitende Zusammenschluss von zwei oder mehreren unabhängigen (gleichberechtigten) oder auch konzerninternen Unternehmen im Wege der Verschmelzung zu einer SE (merger of equals): Merger SE;

---

[1] Dazu vgl. auch bereits *Wenz, M.*, Societas Europaea, 1993, S. 170-198; sowie *Maul, S. / Wenz, M.*, Einsatzmöglichkeiten, 2005, S. 261-275; *Petri, S. / Wenz, M.*, Aktiengesellschaft, 2004, S. 4; *Wenz, M.*, Einsatzmöglichkeiten, 2003, S. 185-196; *Wenz, M.*, flexibility, 2004, S. 27-38.

K.I. Einführung

- Die grenzüberschreitende Akquisition eines ausländischen Zielunternehmens durch Einsatz einer SE: Acquisition SE;
- Der grenzüberschreitende Zusammenschluss von Unternehmen durch Errichtung einer gemeinsamen übergeordneten Holdinggesellschaft in der Rechtsform einer SE: European Holding SE;
- Der grenzüberschreitende Zusammenschluss operativ tätiger Unternehmen zu einem integrierten europäischen Konzern mit einer einheitlichen europäischen Dachgesellschaft in der Rechtsform einer SE: Integrated European Group SE;
- Die Errichtung einer gemeinsamen Joint Venture-Tochtergesellschaft in der Rechtsform einer SE durch zwei oder mehrere europäische Partnerunternehmen: Joint Venture SE.

(2) Reorganisation und Reengineering von Unternehmen:

- Die Reorganisation der europäischen Organisationsstruktur eines in den Mitgliedstaaten der EU und/oder des EWR operierenden Unternehmens aus einem Drittstaat: Reorganisation SE, durch:
  - Zwischenschaltung einer europäischen Holdinggesellschaft in der Rechtsform einer SE: European Holding SE;
  - Verschmelzung einzelner Gesellschaften zu einem einheitlichen europäischen Unternehmen in der Rechtsform einer SE mit rechtlich unselbstständigen Niederlassungen in verschiedenen EU- und/oder EWR-Mitgliedstaaten: European Single Entity SE;
- Die Umwandlung und Errichtung von Mutter- und Tochtergesellschaften eines europaweit agierendes Konzerns in der Rechtsform der SE: European Group SE;
- Die Europäisierung der Unternehmensrechtsform durch Umwandlung einer Aktiengesellschaft nationalen Rechts in eine SE verbunden mit einem Wechsel des Systems der Corporate Governance, um den Bedürfnissen des Kapitalmarktes besser Rechnung tragen zu können: Reengineering SE.

(3) Grenzüberschreitende Sitzverlegung von Unternehmen:

- Die Identitätswahrende Sitzverlegung eines Unternehmens in der Rechtsform einer SE über die Grenze von einem Mitgliedstaat der EU oder des EWR in einen anderen: Cross Border SE.

II. Merger SE

1. Ausgangssituation

Ein grenzüberschreitender Zusammenschluss von mehreren unabhängigen (oder auch konzerninternen), insbesondere gleichberechtigten Unternehmen und Konzernen erfolgt bislang auch im Europäischen Binnenmarkt v. a. durch die Gründung einer gemeinsamen Obergesellschaft nationalen Rechts, auf die nach einem Anteilstausch der Gesellschafter nur diejenigen Unternehmen, die in demselben Mitgliedstaat ansässig sind, verschmolzen werden können.[1] Für die anderen Unternehmen bleibt es dagegen bei dem Anteilstausch, weshalb sie zu Tochterunternehmen der gemeinsamen Obergesellschaft werden. Alternativ besteht die Möglichkeit, dass eines der bestehenden Unternehmen die Rolle der gemeinsamen Obergesellschaft übernimmt, während die anderen Unternehmen durch Anteilstausch der Gesellschafter zu dessen Tochterunternehmen werden[2] (financial merger).[3]

Unabhängig davon, dass die Grundfreiheiten des EG-Vertrages und des EWR-Abkommens, die den Europäischen Binnenmarkt legal definieren und den freien Verkehr von Waren, Personen, Dienstleistungen und Kapital gewährleisten, gilt dies in dieser Form bislang auch für den Europäischen Binnenmarkt.[4] Abweichend davon besteht durch den Einsatz der Rechtsform einer SE erstmals die Möglichkeit, dass sich mehrere Unternehmen, jeweils in der Rechtsform einer Aktiengesellschaft nationalen Rechts, die in verschiedenen Mitgliedstaaten ansässig sind, auf Gemeinschaftsebene durch die Gründung einer Europäischen Aktiengesellschaft im Wege der grenzüberschreitenden Verschmelzung vollständig sowohl rechtlich als auch wirtschaftlich zusammenschließen[5] (full merger),[6] um dadurch bestimmte rechts- und organisationsformspezifische Vorteile aufgrund einer veränderten statutarischen Organisationsstruktur realisieren zu können.[7]

---

[1] Dazu vgl. auch den Zusammenschluss der Daimler-Benz AG und der Chrysler Corporation. S. *DaimlerChrysler AG*, Bericht des Aufsichtsrats, Stuttgart, 1999, S. 1-4 (www.daimlerchrysler.com/investor/annual98/aufsicht3_g.htm). Vgl. auch *Thoma, G.F. / Leuering, D.*, Societas Europea, 2002, S. 1452 f.

[2] Dazu vgl. auch den Zusammenschluss der Hoechst AG und der Rhône-Poulenc S.A. zur Aventis S.A. S. *Hoechst AG*, Bericht des Vorstands über den Zusammenschluss von Hoechst und Rhône-Poulenc, Frankfurt am Main, 1999, S. 62-88; vgl. *Hoffmann, J.*, Aventis S.A., 1999, S. 1077 f.; *Theisen, M.R.*, Konzern, 2000, S. 83-86. Vgl. ferner den Zusammenschluss von Arbed, Usinor und Aceralia zur Arcelor S.A.

[3] Dazu vgl. auch *Horn, N.*, Verträge, 2000, S. 1114; *Wymeersch, E.*, Company Law, 2001, S. 26.

[4] Dazu vgl. auch den Beitrag von *Theisen und Wenz* in diesem Band.

[5] Dazu vgl. Kapitel II.2.

[6] S. Art. 2 Abs. 1 SE-VO.

[7] Dazu vgl. Kapitel II.3.

2. Durchführung

Ausgehend von einer deutschen und einer französischen Konzernunternehmung,[1] deren Muttergesellschaften jeweils in verschiedenen Mitgliedstaaten der EU (*Deutschland* und *Frankreich*) ansässig sind und die zumindest teilweise über Tochtergesellschaften verfügen, die ebenfalls in verschiedenen Mitgliedstaaten ansässig sind, beschließen die beiden Aktionärskreise individuell und im Anschluss an eine entsprechende Übereinkunft der Unternehmensleitung beider Mutterunternehmen,[2] dass diese sich grenzüberschreitend als gleichberechtigte Partner zu einer einheitlichen europäischen Konzernunternehmung[3] zusammenschließen wollen (merger of equals). Die statutarische Organisationsstruktur der beiden Konzernunternehmungen stellt sich zunächst jeweils wie folgt dar (Abbildung 1):

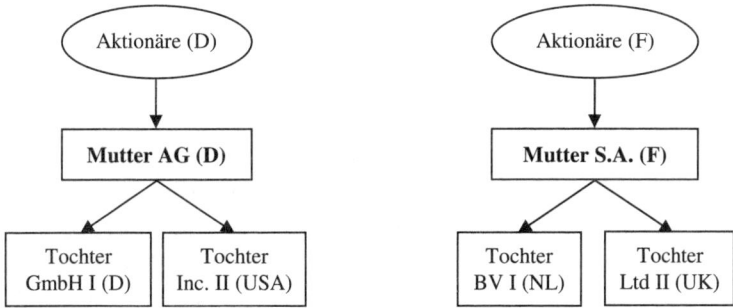

Abb. 1: Ausgangssituation

Ohne die Möglichkeit, die Rechtsform einer SE einsetzen zu können, wird die Muttergesellschaft beispielsweise der französischen Konzernunternehmung als gemeinsame neue Muttergesellschaft der europäischen Konzernunternehmung bestimmt. Der grenzüberschreitende Zusammenschluss erfolgt somit dadurch, dass die Aktionäre der bisherigen deutschen Muttergesellschaft ihre Anteile in neu zu schaffende Anteile der französischen Mutter S.A. umtauschen. Dadurch kann die Mutter S.A. die deutsche Muttergesellschaft, die zukünftig als eine Art funktionslose Landesholding fungiert (Holding AG), beherrschen. Die Aktionäre der deutschen Mutter Muttergesellschaft werden wahlweise nahezu vollständig zu Aktionären der französi-

---

1 Zum Begriff vgl. *Theisen, M.R.*, Konzern, 2000, S. 15-19, 27 f.
2 S. *Hoechst AG*, Bericht des Vorstands über den Zusammenschluss von Hoechst und Rhône-Poulenc, Frankfurt am Main, 1999, S. 119-161: Vertrag über den Zusammenschluss (einschließlich Anlagen).
3 Zum Begriff vgl. *Wenz, M.*, Societas Europaea, 1993, S. 179; und ferner *Salzberger, W.*, Konzernunternehmung, 1994, S. 9.

schen Mutter S.A.[1] Zum Zusammenschluss ohne die Rechtsform einer SE vgl. die statutarische Organisationsstruktur der europäischen Konzernunternehmung in der nachstehenden Abbildung 2:

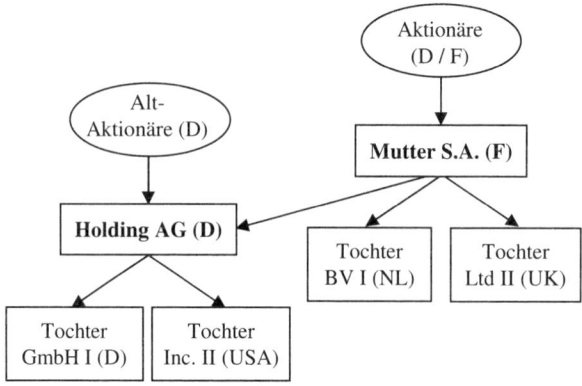

Abb. 2: Zusammenschluss ohne SE

Abweichend davon ergibt sich durch den Einsatz der Rechtsform einer SE, deren Satzungssitz als auch deren Hauptverwaltung sich in Frankreich befinden (Merger SE) und die im Wege der grenzüberschreitenden Verschmelzung[2] durch die beiden nationalen Mutterunternehmen in der Rechtsform einer Aktiengesellschaft deutschen und französischen Rechts gegründet wird (Mutter AG und Mutter S.A.),[3] eine deutlich veränderte statutarische Organisationsstruktur. Diese spiegelt die Gleichberechtigung der beiden rechtlich und wirtschaftlich bislang voneinander unabhängigen Konzerne sowohl in organisatorischer als auch in struktureller Hinsicht wider und vermeidet dadurch insbesondere eine asymmetrische statutarische Organisationsstruktur der europäischen Konzernunternehmung[4] sowie auch die Existenz voneinander abweichender Aktionärsgruppen mit ggf. divergierenden Interessen. Die statutarische Organisationsstruktur des Zusammenschlusses der beiden Konzerne zu einer einheitlichen europäischen Konzernunternehmung unter Beteiligung einer Merger-SE stellt sich dementsprechend wie folgt dar (vgl. Abbildung 3):

---

[1] S. *Hoechst AG*, Bericht des Vorstands über den Zusammenschluss von Hoechst und Rhône-Poulenc, Frankfurt am Main, 1999, S. 62-88.
[2] S. Art. 2 Abs. 1 SE-VO. Dazu vgl. auch *Kloster, L.*, Societas Europaea, 2003, S. 294 f.
[3] Umfassend dazu vgl. den Beitrag von *Neun* in diesem Band.
[4] Allgemein dazu vgl. auch *Horn, N.*, Verträge, 2000, S. 1120.

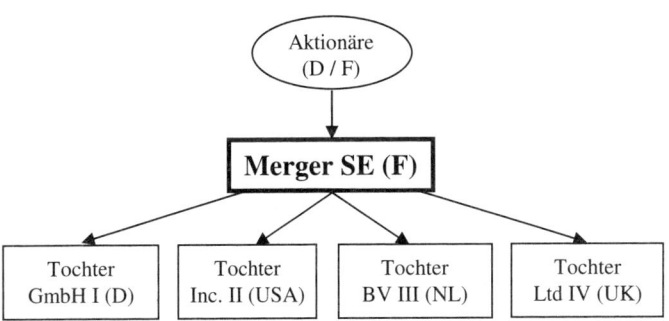

Abb. 3: Merger SE

3. Beurteilung

Im Vergleich zu der bislang praktizierten Vorgehensweise der Bildung einer gemeinsamen Obergesellschaft sowie zumindest einer weiteren Zwischen- bzw. Landesholding, jeweils in einer Rechtsform nationalen Rechts, können durch den Einsatz der supranational-europäischen Rechtsform einer SE insbesondere die nachfolgend skizzierten rechts- und organisationsformspezifischen Vorteile erzielt werden.

Die statutarische Organisationsstruktur der gesamten, sowohl wirtschaftlich als auch rechtlich zusammengeschlossenen europäischen Konzernunternehmung kann vollständig vereinheitlicht werden, da die Muttergesellschaften der beiden Konzerne, die sich zusammenschließen wollen, nunmehr in symmetrischer Weise behandelt und gleichberechtigt zu einer SE verschmolzen werden (Ebene der Gesellschaften).[1] Zudem kann die Existenz voneinander abweichender Aktionärsgruppen mit ggf. divergierenden Interessen vermieden werden. Die beiden bisherigen Aktionärskreise können – unter Beachtung eventueller Minderheitenschutzrechte[2] – vollständig zusammengeführt werden, da die Muttergesellschaften der beiden Konzerne infolge der grenzüberschreitenden Verschmelzung zu einer SE nicht fortbestehen, vielmehr sämtliche Aktionäre der Mutter AG und der Mutter S.A. zu solchen der Merger SE werden (Ebene der Gesellschafter).[3]

---

[1] Allgemein dazu vgl. *Horn, N.*, Verträge, 2000, S. 1120 f.; *Wenz, M.*, Societas Europaea, 1993, S. 179 f.
[2] S. Art. 24 Abs. 2, 25 Abs. 3 SE-VO, §§ 6-7 SE-AG. Dazu vgl. *Kalss, S.*, Minderheitenschutz, 2003, S. 593-646; *Teichmann, C.*, Minderheitenschutz, 2003, S. 379-387; *Vetter, J.*, Minderheitenschutz, 2005, S. 118-152; sowie auch den Beitrag von *Teichmann* in diesem Band.
[3] Dazu vgl. auch *Wenz, M.*, Einsatzmöglichkeiten, 2003, S. 189.

Infolgedessen stellt sich die statutarische Organisationsstruktur der gesamten europäischen Konzernunternehmung wesentlich einfacher dar, trägt der neuen strategischen Ausrichtung der gleichberechtigt zusammengeschlossenen Konzerne umfassend und integrierend Rechnung und vermeidet unnötige Organisations- und Verwaltungskosten betreffend die Organisation, Verwaltung, Führung, Überwachung, Controlling, Berichterstattung, Rechnungslegung, Prüfung, Publizität und Hauptversammlung der anderenfalls verbleibenden, regelmäßig funktionslosen Holding AG.[1] Ferner können Restrukturierungsaktivitäten, wie die konzerninterne Umgliederung von Beteiligungen, wie beispielsweise diejenige an der Tochter GmbH I oder an der Tochter Inc. II, ohne Rücksichtnahme auf die durch das deutsche Konzernrecht[2] geschützten Interessen der andernfalls ggf. noch vorhandenen Alt-Aktionäre (Minderheitsgesellschafter) der Holding AG vorgenommen werden, da die deutsche Mutter AG durch den Einsatz der Merger SE nicht weiter besteht. Dagegen können im Fall ohne SE an der deutschen Holding AG auch weiterhin schutzbedürftige Minderheitsgesellschafter beteiligt sein.[3] Die Rechtsform einer SE kann somit in besonderer Weise dazu beitragen, zuvor voneinander unabhängige Konzerne zu einer einheitlichen europäischen Konzernunternehmung sowohl in wirtschaftlicher als auch in rechtlicher Hinsicht zu verbinden und zu deren Integration einen nicht unerheblichen Beitrag leisten.[4]

Das System der Unternehmensleitung und -überwachung kann auf Ebene der Obergesellschaft der zusammengeschlossenen Konzernunternehmung durch den Einsatz der Merger SE unabhängig von ihrem Sitzstaat entweder nach dem monistischen oder dem dualistischen System ausgestaltet werden.[5] Folglich kann die SE im Vergleich zu einer Rechtsform nationalen Rechts sowohl den Bedingungen am jeweils relevanten oder dominanten Kapitalmarkt als auch den konzerninternen, im Zeitablauf ggf. variierenden Bedürfnissen flexibel und daher besser Rechnung tragen,[6] da

---

[1] Dazu vgl. *Blanquet, F.*, Statut, 2002, S. 64; *Bungert, H. / Beier, C.H.*, Europäische Aktiengesellschaft, 2002, S. 9; *Schwarz, G.C.*, Statut, 2001, S. 1859 f.; und ferner *Wymeersch, E.*, Company Law, 2001, S. 17.

[2] S. §§ 311-318 AktG. Zum Konzernrecht der SE vgl. *Brandi, O.*, Konzernrecht, 2003, S. 889-896; *Ebert, S.*, Konzernrecht, 2003, S. 1854-1859; *Habersack, M.*, Konzernrecht, 2003, S. 724-742; *Maul, S.*, Konzernrecht, 2003, S. 743-763; *Maul, S.*, Konzernrecht, 2005, S. 249-260; sowie den Beitrag von *Maul* in diesem Band.

[3] Dazu vgl. *Hoffmann, J.*, Aventis S.A., 1999, S. 1081 f.

[4] Dadurch können Mängel in der statutarischen Organisationsstruktur vermieden werden, die z. B, bei dem grenzüberschreitenden Zusammenschluss zwischen der niederländischen Hoogovens NV und der deutschen Hoesch AG bestanden haben und für das Scheitern dieses grenzüberschreitenden Zusammenschlusses mit verantwortlich gemacht werden. Dazu vgl. *Wenz, M.*, Societas Europaca, 1993, S. 185 f.

[5] S. Art. 38 Buchst. b SE-VO. Dazu vgl. auch *Kallmeyer, H.*, Optionen, 2003, S. 200; *Teichmann, C.*, Verfassung, 2005, S. 195-222; sowie auch den Beitrag von *Theisen* und *Hölzl* in diesem Band.

[6] Dazu vgl. *Bungert, H. / Beier, C.H.*, Europäische Aktiengesellschaft, 2002, S. 9.

K.II. Merger SE

sie nicht auf ein Modell gesetzlich fixiert ist.[1] Die Mitbestimmung in der Merger SE kann durch eine Vereinbarung zwischen den Vertretern der Arbeitnehmer (besonderes Verhandlungsgremium) und den Leitungs- oder Verwaltungsorganen der beteiligten SE-Gründungsgesellschaften grundsätzlich frei ausgehandelt werden.[2] Alternativ findet die in nationales Recht transformierte Auffanglösung und damit ggf. das paritätische deutsche Mitbestimmungsmodell entsprechend dem Vorher-Nachher-Prinzip zur Wahrung bestehender Mitbestimmungsstandards Anwendung; Voraussetzung hierfür ist allerdings, dass – im Verhältnis zur Gesamtzahl – mindestens 25% der Arbeitnehmer hiervon bislang erfasst wurden oder das besondere Verhandlungsgremium einen entsprechenden Beschluss fasst.[3] In jedem Fall aber werden alle Arbeitnehmer europaweit einbezogen und insoweit auch gleichermaßen vertreten.[4]

Darüber hinaus besitzt die europäische Konzernunternehmung durch den Einsatz der Merger SE eine Obergesellschaft, die über eine Europäische Corporate Identity verfügt, zur Entstehung einer Europäischen Corporate Culture beiträgt und einen rechtsformspezifischen Europäischen Goodwill besitzt.[5] Dadurch können im Innenverhältnis vielfältige psychologische Schranken und Hemmnisse sowie Nationalitätseffekte beim Zusammenschluss der beiden bislang eigenständigen Konzerne vermieden oder reduziert, gemeinsame Ziele und Wertvorstellungen auf europäischer Ebene neu bestimmt und soziale Integrationseffekte ohne „Gewinner" und „Verlierer" erzielt werden. Im Außenverhältnis kann die neu entstandene Konzernunternehmung nicht nur an den Kapital-, Absatz-, Arbeits- und Beschaffungsmärkten, sondern allgemein in der gesamten öffentlichen Wahrnehmung einheitlich und integriert als europäisches Unternehmen mit einem nationenübergreifenden europäischen Unternehmensimage auftreten.[6]

Aus steuerlicher Sicht kann auf Ebene der sich grenzüberschreitend verschmelzenden Gesellschaften der beiden Konzerne eine Aufdeckung und sofortige steuerliche Erfassung der stillen Reserven vermieden werden;[7] dies gilt sowohl bei einer Hereinverschmelzung einer ausländischen Aktiengesellschaft auf eine inländische SE als

---

[1] Zu den international unterschiedlichen Ansätzen zur Lösung der Corporate Governance Probleme vgl. *Theisen, M.R.*, Corporate Governance, 2002, S. 1056-1065; *Witt, P.*, Corporate Governance, 2002, S. 59-69.
[2] S. §§ 4-21 SE-BG; Art. 3-6 SE-RL.
[3] S. §§ 34-35 SE-BG; Art. 7, Anhang SE-RL.
[4] Dazu ausführlich vgl. *Herfs-Röttgen, E.*, Arbeitnehmerbeteiligung, 2001, S. 424-428; *Wenz, M.*, Mitbestimmung, 2004, S. 9; *Oetker, H.*, Mitbestimmung, 2005, S. 309 f.; sowie den Beitrag von *Köstler* in diesem Band.
[5] Dazu vgl. *Buchheim, R.*, Aktiengesellschaft, 2001, S. 242-245; *Kallmeyer, H.*, Optionen, 2003, S. 200.
[6] Dazu vgl. auch *Wenz, M.*, Einsatzmöglichkeiten, 2003, S. 190.
[7] Dazu vgl. insbesondere den Beitrag von *Thömmes* in diesem Band.

auch bei der Herausverschmelzung einer inländischen Aktiengesellschaft auf eine ausländische SE.[1] Voraussetzung hierfür ist nach den noch in das deutsche Steuerrecht zu transformierenden Bestimmungen der steuerlichen Fusionsrichtlinie (FRL)[2] allerdings, dass die betreffenden Wirtschaftsgüter von der übernehmen SE mit den steuerlichen Buchwerten der untergehenden Aktiengesellschaft angesetzt werden sowie auch weiterhin einer in- oder ausländischen Betriebsstätte zuzurechnen sind und dadurch in dem betreffenden Mitgliedstaat steuerverhaftet bleiben.[3] Auf Ebene der Gesellschafter der an einer grenzüberschreitenden Verschmelzung beteiligten Aktiengesellschaften kann die Aufdeckung und sofortige steuerliche Erfassung der stillen Reserven, die in den jeweiligen Anteilen enthalten sind, die gegen die Anteile an der SE eingetauscht werden, ebenfalls vollständig vermieden werden, sofern die bisherigen Buchwerte fortgeführt werden.[4]

4. Sonderfall: Verschmelzung im Konzern

Über die Möglichkeit des grenzüberschreitenden Zusammenschlusses von mehreren, insbesondere gleichberechtigten Unternehmen und Konzernen hinaus eröffnet die Rechtsform der SE den europaweit agierenden, bereits bestehenden Konzernen zudem die Möglichkeit, zukünftig in einer erheblich klarer strukturierten sowie europaweit stärker integrierten Organisationsstruktur mit nur einer oder wenigen rechtlich selbstständigen SE sowie v. a. rechtlich unselbstständigen Niederlassungen gemeinschaftsweit zu agieren. Derartige Überlebungen werden derzeit in zahlreichen börsennotierten Konzernen europaweit angestellt, um die bestehenden teilweise äußerst komplexen rechtlichen Strukturen, die aufgrund zahlreicher Zukäufe regelmäßig historisch entstandenen sind, zu vereinfachen und die von den zahlreichen ausländischen Tochtergesellschaften ausgeführten Aktivitäten einer strafferen Führung zuzuführen.

---

[1] Dazu vgl. *Conci, P.*, Tax Treatment, 2004, S. 15-18; *Kenter, T. / Brendt, J.*, Besteuerung, 2004, S. 622-625; sowie den Beitrag von *Thömmes* in diesem Band.

[2] S. Richtlinie 90/434/EWG des Rates v. 23.7.1990, ABl. EG Nr. L 225 v. 20.8.1990, 1-5. Zur Möglichkeit, die Fusionsrichtlinie unmittelbar, d. h. ohne Transformation in das nationale Steuerrecht der Mitgliedstaaten anwenden zu können, vgl. *Schulz, A. / Eicker, K.*, European Company, 2001, S. 337 f.; *Schultz, A. / Petersen, S.*, Europa-AG, 2002, S. 1514.

[3] S. § 12 Abs. 2 Satz 2 Körperschaftsteuergesetz (KStG); Art. 4 Abs. 1-2 FRL. Dazu vgl. *Herzig, N. / Griemla, S.*, Aktiengesellschaft, 2002, S. 62-70; *Förster, G. / Lange, C.*, Gründung, 2002, S. 289-291.

[4] S. Art. 8 Abs. 1-2 FRL. Dazu vgl. *Herzig, N. / Griemla, S.*, Aktiengesellschaft, 2002, S. 70 f.; *Förster, G. / Lange, C.*, Gründung, 2002, S. 290 f.

Aktuell und konkret planen sowohl die deutsche Allianz AG[1] als auch die skandinavische Nordea Bank Gruppe[2] die konzerninterne Gründung einer SE im Wege der grenzüberschreitenden Verschmelzung der verschiedenen zentralen ausländischen Tochtergesellschaften auf die deutsche bzw. die schwedische Muttergesellschaft (up-stream merger). Ziel ist es, sich als vollständig sowohl wirtschaftlich als auch rechtlich integrierte Unternehmensgruppe aufzustellen, die Komplexität der rechtlichen Struktur erheblich zu vereinfachen und zu reduzieren sowie die Effizienz des operativen Geschäfts und damit auch des Kapitals nicht zuletzt durch die Anwendung einheitlicher Regelungen im Europäischen Binnenmarkt zu steigern.

Darüber hinaus kann eine konzerninterne grenzüberschreitende Verschmelzung von Tochtergesellschaften zu einer SE auch auf horizontaler Ebene zwischen verschiedenen Schwester- und Enkelgesellschaften erfolgen (side-stream merger).

Durch eine konzerninterne grenzüberschreitende Verschmelzung von Mutter-, Tochter- und/oder Schwester- und Enkelgesellschaften können, wie auch bei einer Verschmelzung gleichrangiger Unternehmen und Konzerne, unnötige Organisations- und Verwaltungskosten betreffend die Organisation, Verwaltung, Führung, Überwachung, Controlling, Berichterstattung, Rechnungslegung, Prüfung, Publizität und Hauptversammlung der zahlreichen Tochterunternehmen vermieden oder reduziert sowie verschiedene unternehmerische Funktionen (Einkauf, Produktion, Vertrieb, Verwaltung, Finanzen etc.) grenzüberschreitend zusammengefasst werden. Probleme in Zusammenhang mit austrittswilligen Minderheitsaktionären bestehen zumindest dann nicht, wenn sämtliche Anteile der betreffenden Tochter- oder Enkelgesellschaften von der jeweiligen Muttergesellschaft gehalten werden. Mit dem Wegfall der rechtlich selbstständigen Tochter- oder Enkelgesellschaften entsteht andererseits ein Haftungsverbund zwischen der SE und ihren Niederlassungen, sofern dieser nicht bereits rechtlich aufgrund der zu beachtenden Bestimmungen des ggf. anwendbaren nationalen Konzernrechts oder aber zumindest wirtschaftlich bestanden hat.

Aus Sicht der internationalen Steuerplanung können aufgrund der veränderten Organisationsstruktur der europäischen Konzernunternehmung insbesondere Quellensteuern auf Dividenden, Zinsen und Lizenzen, 5%ige Pauschalbesteuerungen in- und ausländischer konzernintern repatriierter Dividenden und Beschränkungen der kon-

---

[1] Dazu vgl. *Kuhr, D. / Reim, M.*, in: SZ v. 08.09.2005, S. 19; *Maier, A. / Fromme, H. / Carlo, M.*, in: FTD v. 12.09.2005, S. 18; *Flämig, M.*, in: Börsen-Zeitung v. 13.09.2005, S. 3; *Fromme, H.*, in: FTD v. 14.09.2005, S. 18.

[2] Dazu vgl. *Nordea*, Nordea reduces complexity in its legal structure by forming one European company, Presseerklärung v. 19.06.2004 (cws.huginonline.com/N/1151/PR/200306/908496_5.html); *Nordea*, Pioneering the move towards a European Company, Presseerklärung v. 23.06.2004 (cws.huginonline.com/N/1151/PR/200406/950117_5.html).

zerninternen Gesellschafter-Fremdfinanzierung vermieden sowie – in Abhängigkeit des Sitzstaates der SE – ggf. auch Gewinne mit Verlusten grenzüberschreitend verrechnet und die Anwendung außensteuergesetzliche Bestimmungen (CFC-Regime) verhindert werden.[1]

III. Acquisition SE

1. Ausgangssituation

Eine grenzüberschreitende Akquisition eines ausländischen Zielunternehmens oder einer Konzernunternehmung, deren Muttergesellschaft im Vergleich zum erwerbenden Unternehmen in einem anderen Mitgliedstaat der EU oder des EWR ansässig ist, erfolgt bislang regelmäßig durch den Erwerb der Anteile gegen Geldmittel oder gegen eigene Anteile des übernehmenden Unternehmens.[2] Dagegen ermöglicht es die SE-VO erstmals, dass sich im Anschluss an eine derartige Akquisition die erwerbende und die übernommene Gesellschaft zudem grenzüberschreitend zu einer Europäischen Aktiengesellschaft (SE) verschmelzen können (post acquisition integration).[3]

2. Durchführung

Ausgehend von einer deutschen und einer britischen Konzernunternehmung, deren Muttergesellschaften jeweils in verschiedenen Mitgliedstaaten der EU (*Deutschland* und *Großbritannien*) ansässig sind und die zumindest teilweise über Tochtergesellschaften auch in anderen Mitgliedstaaten der EU und des EWR verfügen, beschließen die beiden Aktionärskreise nach dem Erwerb beispielsweise von 95% der Aktien der deutschen Mutter AG durch die britische Mutter plc gegen Gewährung eigener Aktien individuell und im Anschluss an eine entsprechende Übereinkunft der Unternehmensleitung beider Gesellschaften, sich grenzüberschreitend zu einer gemeinsamen Acquisition SE zu verschmelzen (up-stream merger),[4] um die statutarische Organisationsstruktur der dadurch entstehenden europäischen Konzernunternehmung zu vereinfachen und die Integration der beiden Konzerne voranzutreiben. Die statu-

---

[1] Dazu vgl. auch *Wenz, M.*, European Company, 2004, S. 10.
[2] Dazu vgl. auch die Akquisition der Mannesmann AG durch die britische Vodafone plc sowie den acquisitorischen Zusammenschluss der HypoVereinsbank AG mit der österreichischen Bank Austria AG und der italienischen Unicredito.
[3] Dazu vgl. auch *Wenz, M.*, Einsatzmöglichkeiten, 2003, S. 190; *Wenz, M.*, flexibility, 2004, S. 29 f.
[4] S. Art. 2 Abs. 1 SE-VO.

tarische Organisationsstruktur der beiden Konzerne stellt sich zunächst wie folgt dar (vgl. Abbildung 4):

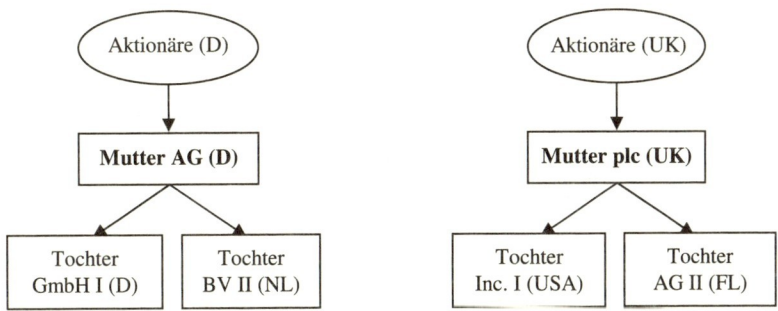

Abb. 4: Ausgangssituation

Sofern dagegen von der Möglichkeit, die Rechtsform einer SE einsetzen zu können, kein Gebrauch gemacht wird, verbleibt es dabei, dass die britische Mutter plc die deutsche Mutter AG zu 95% übernimmt und dadurch die Rolle der gemeinsamen neuen Obergesellschaft einnimmt. Der grenzüberschreitende Zusammenschluss erfolgt somit dadurch, dass die Aktionäre der deutschen Mutter AG ihre Anteile in neu zu schaffende Anteile der Mutter plc eintauschen. Dadurch kann die britische Mutter plc die deutsche Mutter AG, die zukünftig als eine Art deutsche Landesholding (Holding AG) fungiert, beherrschen. Die Aktionäre der Mutter AG werden wahlweise nahezu vollständig zu Aktionären der Mutter plc. Zur statutarischen Organisationsstruktur des Zusammenschlusses ohne den Einsatz der Rechtsform einer SE vgl. die nachfolgende Abbildung 5:

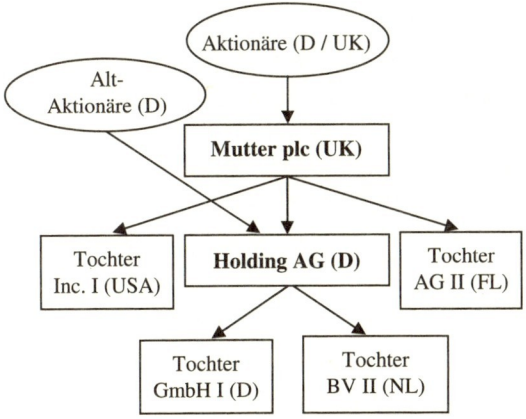

Abb. 5: Zusammenschluss ohne SE

Durch die Schaffung der supranational-europäischen Rechtsform der SE kann die grenzüberschreitende Akquisition einer ausländischen Konzernunternehmung nunmehr ebenfalls im Wege einer grenzüberschreitenden Verschmelzung[1] fortgeführt und die statutarische Organisationsstruktur der strategischen Ausrichtung, die von der gesamten europäischen Konzernunternehmung verfolgt werden soll, angepasst werden.[2] Die statutarische Organisationsstruktur der europäischen Konzernunternehmung unter Beteiligung einer Acquisition SE mit europaweit freier Sitzwahl, beispielsweise in Großbritannien, aber auch in jedem anderen Mitgliedstaat der EU oder des EWR, stellt sich dementsprechend wie folgt dar (vgl. Abbildung 6):

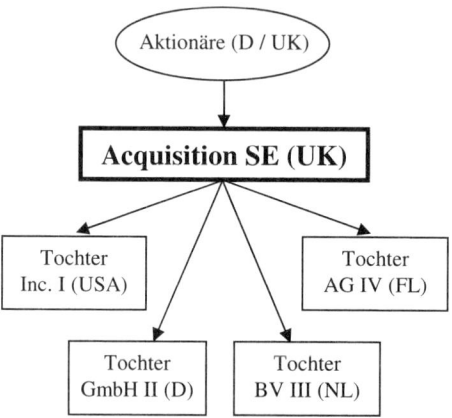

Abb. 6:   Acquisition SE

3. Analyse

Im Vergleich zu der bislang praktizierten Vorgehensweise des Erwerbs der Anteile an der zu übernehmenden deutschen Muttergesellschaft, die als Zwischen- oder Landesholding in der neuen Konzernunternehmung weitgehend funktionslos wird, können durch den sich an eine Akquisition anschließenden Einsatz der Rechtsform einer SE insbesondere die nachfolgend im Überblick skizzierten rechts- und organisationsformspezifischen Vorteile erzielt werden; diese entsprechen im Wesentlichen denjenigen in Zusammenhang mit dem Einsatz einer Merger SE.[3]

---

[1]   S. Art. 2 Abs. 1 SE-VO.
[2]   Dazu vgl. auch *Wenz, M.*, Einsatzmöglichkeiten, 2003, S. 191.
[3]   Dazu vgl. auch Kapitel II.3.

K.III. Acquisition SE

Die statutarische Organisationsstruktur der einheitlich zu führenden europäischen Konzernunternehmung kann durch die Acquisition SE wesentlich vereinheitlicht sowie auch vereinfacht werden (Ebene der Gesellschaften).[1] Zudem können die Aktionärskreise der beider Mutterunternehmen – unter Beachtung eventueller Minderheitenschutzrechte – vollständig zusammengeführt werden, da beide Gesellschaften durch die grenzüberschreitende Verschmelzung zu einer Acquisition SE nicht fortbestehen, im Ergebnis vielmehr sämtliche Aktionäre der Mutter AG und der Mutter plc zu solchen der Acquisition SE werden (Ebene der Gesellschafter).[2]

Dadurch stellt sich die statutarische Organisationsstruktur der europäischen Konzernunternehmung durch den Einsatz der SE wesentlich einfacher dar, trägt der neuen strategischen Ausrichtung der Konzernunternehmung uneingeschränkt Rechnung und vermeidet unnötige Organisations- und Verwaltungskosten bei der anderenfalls verbleibenden deutschen Holding AG.[3] Ferner können Restrukturierungsaktivitäten, wie die konzerninterne Umgliederung von Beteiligungen, wiederum ohne Rücksichtnahme auf die andernfalls zu beachtenden Interessen der Alt-Aktionäre der deutschen Holding AG, uneingeschränkt vorgenommen werden, da die deutsche Mutter AG durch den Einsatz der Acquisition SE nicht fortbesteht und insoweit auch keine für schutzbedürftig erachteten Minderheitsgesellschafter mehr existieren.[4]

Anders als bei einer britischen Mutter plc kann das System der Corporate Governance bei Einsatz einer Acquisition SE auf Ebene der Obergesellschaft der europäischen Konzernunternehmung unabhängig vom Sitzstaat der SE frei ausgewählt und beispielsweise auch in Großbritannien nunmehr entsprechend dem dualistischen System (Vorstands-/Aufsichtsratsmodell) ausgestaltet werden, um beispielsweise den konzerninternen Bedürfnissen umfassend, aber auch flexibel Rechnung zu tragen.[5] Die Mitbestimmung in der Acquisition SE kann wiederum durch eine Vereinbarung zwischen den Leitungs- und Verwaltungsorganen der Gründungsgesellschaften der Acquisition SE sowie den Vertretern der Arbeitnehmer grundsätzlich frei ausgehandelt werden;[6] alternativ findet die Auffanglösung und damit ggf. das paritätische deutsche Mitbestimmungsmodell Anwendung, sofern bestimmte Schwellenwerte überschritten werden.[7]

---

[1] Dazu vgl. auch *Horn, N.*, Verträge, 2000, S. 1120 f.
[2] Vgl. *Wenz, M.*, Einsatzmöglichkeiten, 2003, S. 191; *Wenz, M.*, Societas, 1993, S. 189 f.
[3] Dazu vgl. *Bungert, H. / Beier, C.H.*, Europäische Aktiengesellschaft, 2002, S. 9.
[4] Dazu vgl. *Bungert, H. / Beier, C.H.*, Europäische Aktiengesellschaft, 2002, S. 10.
[5] Vgl. *Sauter, T. / Wenz, M.*, European Company, 2002, S. 10.
[6] S. §§ 4-21 SE-BG; Art. 3-6 SE-RL.
[7] S. §§ 34-35 SE-BG; Art. 7, Anhang SE-RL.

Durch den Einsatz der Acquisition SE verfügt die europäische Konzernunternehmung zudem über eine Obergesellschaft, die eine Europäische Corporate Identity besitzt, zur Entstehung einer Europäischen Corporate Culture beiträgt und über einen rechtsformspezifischen Europäischen Goodwill verfügt.[1] Hierzu und zur steuerlichen Behandlung der Akquisition eines ausländischen Zielunternehmens kann in Bezug auf den Einsatz einer Acquisition SE auf die Ausführungen zur Merger SE uneingeschränkt verwiesen werden.[2]

IV. Joint Venture SE

Rechtlich und wirtschaftlich selbstständige Unternehmen und Konzerne, die nicht nur in Bezug auf eine bestimmte Aufgabe oder ein konkretes Projekt, sondern langfristig in bestimmten operativen Bereichen grenzüberschreitend zusammenarbeiten wollen, können ihre diesbezüglichen Aktivitäten beispielsweise in der Form eines rechtlich selbständigen Joint Venture-Unternehmens bündeln. Dieses kann alternativ zu den bestehenden Rechtsformen nationalen Rechts in der Rechtsform einer Europäischen Aktiengesellschaft organisiert werden, da die SE in Bezug auf ihre Kernbereiche, die in der SE-VO sowie in der in nationales Recht zu transformierten SE-RL zumindest ansatzweise europaweit einheitlich geregelt sind, grundsätzlich unabhängig von dem Recht ihres Sitzstaates sowie von demjenigen der Sitzstaaten der Gesellschafterunternehmen ist.[3]

Als jüngstens Beispiel hierfür sei auf die Brenner Basis Tunnel BBT SE mit Sitz in Innsbruck verwiesen, die mit der Durchführung dieses zentralen transeuropäischen Verkehrsinfrastrukturprojektes beauftragt ist. Die BBT SE wurde durch hierfür eigens gegründete italienische und österreichische Aktiengesellschaften im Wege der Verschmelzung Ende 2004 gegründet und hat zudem die bislang mit diesem Projekt beauftragte Brenner Basistunnel EWIV im Wege der Gesamtrechtsnachfolge übernommen.[4]

Über den europäischen Charakter der SE hinaus bietet diese die Möglichkeit, dass sowohl das System der Unternehmensleitung und -überwachung als auch die grundsätzlich frei aushandelbare Mitbestimmung der Arbeitnehmer über Länder- und Hoheitsgrenzen hinweg einheitlich und insoweit auch europäisch und nicht mehr nach Mitgliedstaaten differenziert ausgestaltet werden kann. Durch den Einsatz einer SE

---

[1] Dazu vgl. auch *Buchheim, R.*, Aktiengesellschaft, 2001, S. 242-245; *Wenz, M.*, Einsatzmöglichkeiten, 2003, S. 191.
[2] Dazu vgl. auch Kapitel II.3.
[3] Zur Normenhierarchie der SE vgl. *Hommelhoff, P.*, Normenhierarchie, 2005, S. 5-23.
[4] Im Einzelnen dazu vgl. www.bbt-ewiv.com.

K.IV. Joint Venture SE

kann somit auch ein Joint Venture-Unternehmen, das beispielsweise in Großbritannien ansässig ist und dessen Gesellschafterunternehmen in *Deutschland* und in den *Niederlanden* ansässig sind, über ein System der Unternehmensleitung und -überwachung entsprechend dem dualistischen System (Vorstands-/Aufsichtsratsmodell) verfügen, um in beiden Partnerunternehmen bzw. -konzernen die Corporate Governance-Strukturen möglichst einheitlich unter Einschluss auch der Joint Venture SE auszugestalten.[1] Ferner besteht dadurch die Möglichkeit, in dem Joint Venture-Unternehmen eine von den betreffenden Partnerunternehmen möglichst unabhängige, nicht weisungsgebundene Führung zu installieren. Die damit verbundene statutarische Organisationsstruktur kann sich dementsprechend wie folgt darstellen (vgl. Abbildung 7):

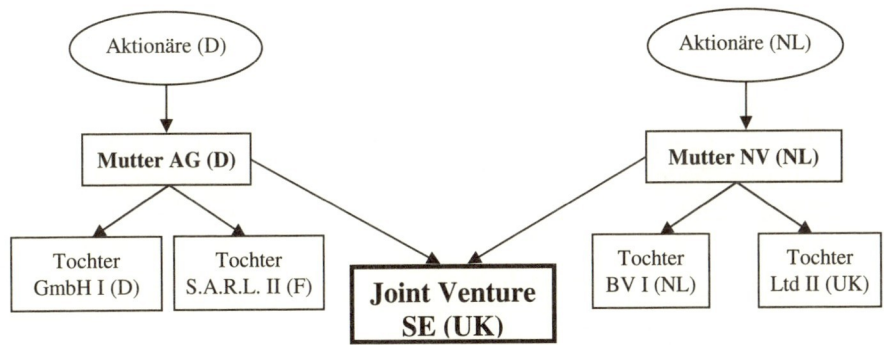

Abb. 7: Joint Venture SE

Eingeschränkt wird diese Vorteilhaftigkeit der SE allerdings dadurch, dass für die Satzungsbestimmungen, die nach der SE-VO[2] und ggf. auch nach dem ergänzend anwendbaren nationalen Aktienrecht des Sitzstaates der SE[3] zulässig sind, das Prinzip der Satzungsstrenge gilt. In Bezug auf die steuerliche Behandlung der Errichtung eines Gemeinschaftsunternehmens in der Rechtsform einer SE durch mehrere europäische Partner, kann auf die Ausführungen zur European Group SE verwiesen werden.[4]

---

[1] Dazu vgl. auch *Maul, S. / Wenz, M.*, Einsatzmöglichkeiten, 2005, 271 f.; *Wenz, M.*, Einsatzmöglichkeiten, 2003, S. 194 f.; *Wenz, M.*, flexibility, 2004, S. 32 f.
[2] S. Art. 9 Abs. 1 Buchst. b SE-VO.
[3] In Bezug auf eine SE mit Sitz in Deutschland s. Art. 9 Abs. 1 Buchst. c iii SE-VO; § 23 Abs. 5 AktG.
[4] Dazu vgl. auch Kapitel VI.

V. Reorganisation SE

1. Ausgangssituation

Europäische Organisationsstrukturen von Unternehmen und Konzernen aus Drittstaaten, wie beispielsweise Japan, den USA oder China, bedienen sich bislang der Rechtsformen nationalen Rechts, die in den einzelnen Mitgliedstaaten der EU und des EWR zur Verfügung stehen; so wird für die Ausgestaltung der statutarischen Organisationsstruktur eines europäischen Vertriebsnetzes beispielsweise in jedem Mitgliedstaat eine eigenständige Vertriebstochtergesellschaft in der Rechtsform einer GmbH oder AG nationalen Rechts gegründet oder zumindest eine Vertriebsniederlassung errichtet. Dies kann europaweit nicht nur zu unnötig hohen Organisations- und Verwaltungskosten, sondern insbesondere auch zu gemeinschaftsweit nicht koordinierten nationalen Vertriebsaktivitäten und -strukturen, zumindest aber zu einer nicht angemessen repräsentierten Vertriebsstrategie im Europäischen Binnenmarkt führen, die durch den Einsatz der Rechtsform einer Europäischen Aktiengesellschaft stärker fokussiert sowie zielgerichteter ausgestaltet und umgesetzt werden kann (Reorganisation SE).[1]

2. Vorgehensweise

Die Reorganisation der europäischen Organisations- sowie insbesondere der Vertriebsstruktur einer Konzernunternehmung mit einer Muttergesellschaft aus einem Drittstaat kann durch den Einsatz der Rechtsform einer Europäischen Aktiengesellschaft entweder durch die Zwischenschaltung einer europäischen Holdinggesellschaft (European Holding SE)[2] oder die Verschmelzung der bestehenden nationalen Vertriebsgesellschaften zu einer einheitlichen europäischen Vertriebsgesellschaft mit rechtlich unselbstständigen Niederlassungen in den verschiedenen anderen Mitgliedstaaten erfolgen (European Single Entity SE).[3]

Ausgehend von einer Konzernunternehmung, deren Muttergesellschaft in *Japan* und deren europäische Vertriebstochtergesellschaften in verschiedenen Mitgliedstaaten der EU und des EWR (*Frankreich, Liechtenstein, Österreich*) ansässig sind, stehen somit verschiedene Möglichkeiten zur Reorganisation der europäischen Vertriebsstruktur zur Verfügung.[4] Die statutarische Organisationsstruktur der Konzernunter-

---

[1] Dazu vgl. auch *Wenz, M.*, Einsatzmöglichkeiten, 2003, S. 192.; *Wenz, M.*, flexibility, 2004, S. 33 f.
[2] S. Art. 2 Abs. 2 SE-VO.
[3] S. Art. 2 Abs. 1 SE-VO.
[4] Vgl. *Sauter, T. / Wenz, M.*, European Company, 2002, S. 10.

nehmung sowie insbesondere der europäischen Vertriebsstruktur stellt sich zunächst wie folgt dar (vgl. Abbildung 8):

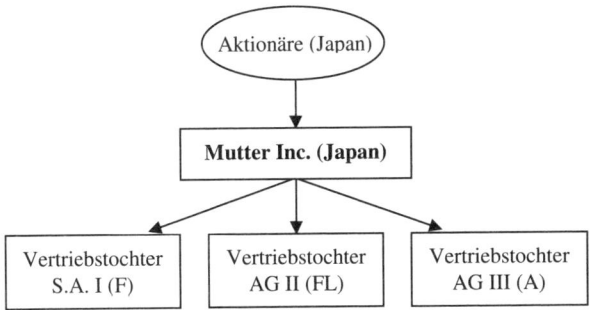

Abb. 8:   Ausgangssituation

Die Vertriebsgesellschaften der japanischen Mutter Inc. können einerseits beispielsweise eine übergeordnete European Holding SE[1] mit Sitz beispielsweise in den *Niederlanden* grenzüberschreitend gründen,[2] wodurch insbesondere die nationalen Vertriebsaktivitäten auf europäischer Ebene besser koordiniert werden können.[3] Dazu und zur statutarischen Organisationsstruktur sowohl der Konzernunternehmung als auch insbesondere der European Holding SE vgl. die nachstehende Abbildung 9:

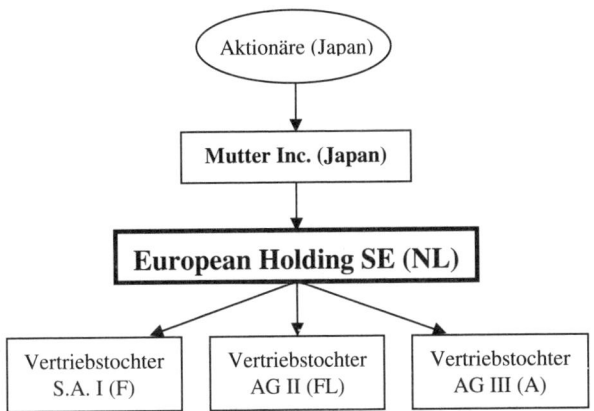

Abb. 9:   European Holding SE

---

1   Siehe Art. 2 Abs. 2 SE-VO.
2   Ausführlich dazu vgl. den Beitrag von *Neun* in diesem Band.
3   Dazu vgl. *Wenz, M.*, Societas Europaea, 1993, S. 194-196.

Andererseits können die nationalen Vertriebsgesellschaften der japanischen Mutter Inc. auch eine einheitliche europäische Vertriebsgesellschaft (European Single Entity SE) mit Sitz beispielsweise in *Belgien* im Wege der grenzüberschreitende Verschmelzung[1] gründen,[2] wodurch die nationalen Vertriebsaktivitäten auf europäischer Ebene strukturell zusammengefasst und auch europäisch repräsentiert werden können; die operativen Aktivitäten vor Ort werden in diesem Fall insbesondere durch lokale Niederlassungen vorgenommen. Dazu und zur statutarischen Organisationsstruktur sowohl der Konzernunternehmung als auch insbesondere der European Single Entity SE vgl. die nachstehende Abbildung 10:

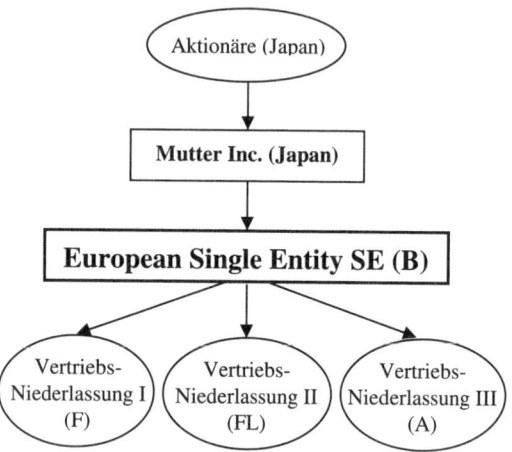

Abb. 10: *European Single Entity SE*

3. Analyse

Bei der Reorganisation der europäischen Vertriebsstruktur einer Konzernunternehmung aus einem Drittstaat können durch den Einsatz der Rechtsform einer Europäischen Aktiengesellschaft als European Holding SE einerseits sowie als European Single Entity SE andererseits im Vergleich zur bisherigen Organisationsstruktur insbesondere wiederum die folgenden, nachstehend im Überblick dargestellten rechts- und organisationsformspezifischen Vorteile erzielt werden.[3]

---

[1] S. Art. 2 Abs. 1 SE-VO.
[2] Ausführlich dazu vgl. den Beitrag von *Neun* in diesem Band.
[3] Dazu vgl. auch Kapitel II.3. Vgl. ferner *Wenz, M.*, Einsatzmöglichkeiten, 2003, S. 193.

Durch die Errichtung einer European Holding SE oder einer European Single Entity SE können die europäischen Vertriebsaktivitäten nicht nur in den einzelnen Mitgliedstaaten der EU und des EWR, sondern insbesondere auch auf Gemeinschaftsebene strategisch und operativ besser koordiniert, strukturell unter einem gemeinsamen Dach besser zusammengefasst sowie auch Dritten gegenüber europäisch repräsentiert werden. Dem trägt der Einsatz der prestigeträchtigen europäischen Rechtsform einer SE, die über einen rechtsformspezifischen Europäischen Goodwill verfügt, im Vergleich zu ausschließlich „provinziellen" Tochtergesellschaften, die jeweils nur auf einen bestimmten Mitgliedstaat fokussiert sind, in besonderer Weise Rechnung.[1] Die SE verfügt ferner über eine Europäische Corporate Identity und trägt zur Entstehung einer Europäischen Corporate Culture bei, wodurch psychologische Schranken und Hemmnisse im Innenverhältnis überwunden und im Außenverhältnis eine höhere Akzeptanz der außereuropäischen Konzernunternehmung und ihrer Produkte und Dienstleistungen, insbesondere im Europäischen Binnenmarkt, erreicht werden können. Zudem kann die SE ihren Sitz grenzüberschreitend innerhalb der EU und des EWR verlegen, so dass sie gemeinschaftsweit nicht nur mobil ist, sondern auch die jeweils günstigsten Standortfaktoren nutzen kann.

Das System der Unternehmensleitung und -überwachung kann durch den Einsatz einer SE unabhängig von deren Sitzstaat frei ausgewählt und beispielsweise entsprechend dem monistischen System (Boardmodell) ausgestaltet werden, um die Corporate Governance-Strukturen in allen Gesellschaften der japanischen Konzernunternehmung möglichst einheitlich auszugestalten. Die Mitbestimmung der Arbeitnehmer in der European Holding SE und in der European Single Entity SE kann durch eine Vereinbarung mit den Arbeitnehmervertretern grundsätzlich frei ausgehandelt werden.[2] Dagegen kommt die alternative Auffanglösung nur dann – entsprechend dem Vorher-Nachher-Prinzip – zur Anwendung, sofern zumindest in einer der Vertriebsgesellschaften zuvor bereits Mitbestimmungsrechte zugunsten der Arbeitnehmer bestanden haben (z. B. in der österreichischen Vertriebstochter AG) und zudem die insoweit relevanten Schwellenwerte (mindestens 50%) im Verhältnis zur Gesamtzahl der Arbeitnehmer[3] überschritten sind oder das besondere Verhandlungsgremium einen entsprechenden Beschluss fasst.[4]

Vergleichbare Überlegungen zur Errichtung einer europaweit möglichst einheitlichen Organisationsstruktur werden auch bei General Motors Europe sowie der deut-

---

[1] S. Art. 11 SE-VO schreibt u. a. vor, dass der Firma einer Europäischen Aktiengesellschaft der einheitliche europäische Zusatz „SE" voran- oder nachzustellen ist.
[2] S. §§ 4-21 SE-BG; Art. 3-6 SE-RL.
[3] S. § 34 SE-BG; Art. 7 Abs. 2 Buchst. b und c, Anhang SE-RL.
[4] S. § 35 SE-BG; Art. 7, Anhang SE-RL.

schen Adam Opel AG angestrengt, um unnötige, aber kostenintensive Organisationsstrukturen abzubauen. Dadurch soll der europäische Teil des global agierenden Konzerns zukünftig erheblich klarer sowie gesamteuropäisch beispielsweise durch die Errichtung einer GM Europe SE im Wege der grenzüberschreitenden Verschmelzung durch die mehr als 100 europäischen GM-Tochtergesellschaften aufgestellt werden. Ferner soll die Beteiligung der Arbeitnehmer nicht mehr nach Mitgliedstaaten differenziert, sondern sowohl europaweit und gleichberechtigt erfolgen als auch insbesondere auf Ebene derjenigen Gesellschaft (GM Europe SE) lokalisiert werden, bei der die zentralen europäischen Entscheidungen des Konzerns getroffen werden.[1]

Vergleichbare Überlegungen zur Errichtung einer europaweit möglichst einheitlichen Organisationsstruktur werden auch bei *General Motors Europe* sowie der deutschen *Adam Opel AG* angestrengt, um unnötige, aber kostenintensive Organisationsstrukturen abzubauen. Dadurch soll der europäische Teil des global agierenden Konzerns zukünftig erheblich klarer sowie gesamteuropäisch beispielsweise durch die Errichtung einer GM Europe SE im Wege der grenzüberschreitenden Verschmelzung durch die mehr als 100 europäischen GM-Tochtergesellschaften aufgestellt werden. Ferner soll die Beteiligung der Arbeitnehmer nicht mehr nach Mitgliedstaaten differenziert, sondern sowohl europaweit und gleichberechtigt erfolgen als auch insbesondere auf Ebene derjenigen Gesellschaft (GM Europe SE) lokalisiert werden, bei der die zentralen europäischen Entscheidungen des Konzerns getroffen werden.[2]

Aus steuerlicher Sicht stellt die Gründung einer European Holding SE eine Einbringung von Anteilen an den verschiedenen Vertriebsgesellschaften in die neu errichtete Holding SE dar. Die damit verbundene Auflösung und sofortige steuerliche Erfassung der stillen Reserven, die in den jeweiligen Anteilen enthalten sind, die von der japanischen Mutter Inc. als Gesellschafterin der SE-Gründungsgesellschaften gegen die Anteile an der SE eingetauscht werden, kann vollständig vermieden werden, sofern die bisherigen Buchwerte von der Mutter Inc. fortgeführt werden.[3] In Bezug auf die steuerliche Behandlung der Gründung einer European Single Entity SE kann auf die Ausführungen zur Merger SE verwiesen werden.[4]

---

[1] Dazu vgl. *Reitz, U.*, in: WamS v. 24.10.2004, S. 25.
[2] Vgl. *Reitz, U.*, in: WamS v. 24.10.2004, S. 25.
[3] S. Art. 8 Abs. 1-2 FRL. Dazu vgl. *Conci, P.*, Tax Treatment 2004, S. 18 f.; *Herzig, N. / Griemla, S.*, Aktiengesellschaft, 2002, S. 71-73; *Förster, G./ Lange, C.*, Gründung, 2002, S. 292 f.
[4] Dazu vgl. auch Kapitel II.3.

VI. European Group SE

Konzernunternehmungen operieren international in den verschiedenen Staaten in der Regel durch wirtschaftlich abhängige, aber rechtlich selbstständige Konzernunternehmen, die sich einer Rechtsform nationalen Rechts bedienen. Dadurch bestimmt sich bei einer operationalen Organisation nach Sparten- oder Divisionen die Anzahl der notwendigen Tochtergesellschaften sowohl nach den einzelnen Sparten oder Divisionen als auch nach der Anzahl der Länder, in denen die betreffende Konzernunternehmung insgesamt tätig ist.[1] Dazu und zur statutarischen Organisationsstruktur einer derartigen Konzernunternehmung vgl. auch Abbildung 11.

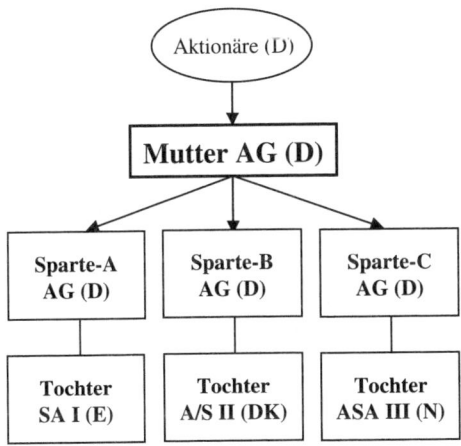

Abb. 11: Ausgangssituation

Um nicht nur der operationalen Organisationsstruktur in diesem Fall umfassend Rechnung zu tragen, sondern auch um sie zu vereinheitlichen und insoweit auch zu vereinfachen, verfügen insbesondere die Konzernunternehmungen im Europäischen Binnenmarkt[2] durch die Rechtsform einer Europäischen Aktiengesellschaft über die Möglichkeit, sowohl die Mutter- als auch die rechtlich selbstständigen Tochtergesellschaften zumindest in ihren Kernbereichen, die einheitlich von der SE-VO und der in nationales Recht transformierten SE-RL geregelt werden, rechtlich einheitlich auszugestalten.[3] Dies kann insbesondere durch die Umwandlung einer deutschen

---

[1] Die meisten rechtlich selbstständigen Unternehmen stehen daher in Konzern- oder zumindest konzernähnlichen Verbindungen. Dazu vgl. *Theisen, M.R.*, Konzern, 2000, S. 21.
[2] Einschließlich der europäischen Teilkonzerne von außereuropäischen Konzernmuttergesellschaften.
[3] Dazu vgl. auch *Kallmeyer, H.*, Optionen, 2003, S. 201 f.

Muttergesellschaft als auch von in- und ausländischen Tochtergesellschaften, die jeweils in der Rechtsform einer nationalen Aktiengesellschaft organisiert sind, in eine Mutter SE sowie in verschiedene Sparten und Tochter SE[1] und zudem durch die Gründung weiterer SE-Tochtergesellschaften durch die Mutter SE selbst erfolgen,[2] sofern die jeweiligen Voraussetzungen der Mehrstaatlichkeit erfüllt sind[3] (European Group SE).[4] Die damit verbundene statutarische Organisationsstruktur stellt sich wie folgt dar (vgl. Abbildung 12):

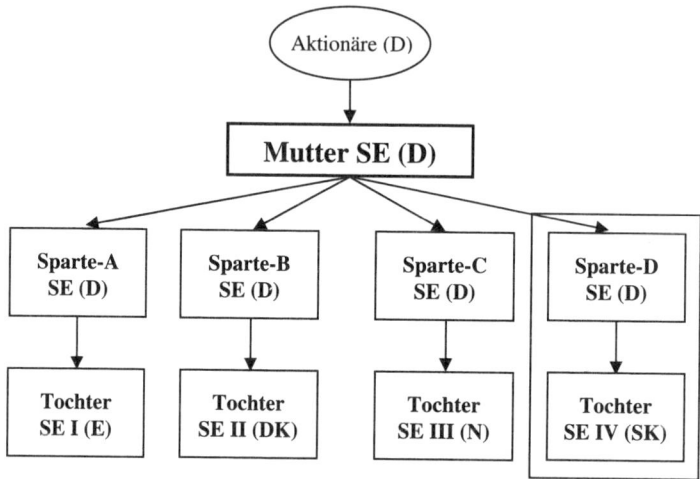

Abb. 12: European Group SE

Diese Einsatzmöglichkeit der Rechtsform einer SE kann insbesondere auch in Bezug auf die Erweiterung der EU auf nunmehr 25 Mitgliedstaaten aus rechts- und organisationsformspezifischer Sicht von besonderer Bedeutung sein. Denn die SE bietet erstmals die Chance, dass nicht nur die rechtliche Struktur der Unternehmen, sondern insbesondere auch das jeweilige System der Unternehmensleitung und -überwachung sowie auch die grundsätzlich frei aushandelbare Mitbestimmung der Arbeitnehmer über Länder- und Hoheitsgrenzen hinweg einheitlich und insoweit auch europäisch und nicht mehr nach Mitgliedstaaten differenziert ausgestaltet wird.[5] So könnte bei einer Entscheidung für das monistische System der Corporate Governan-

---

[1] S. Art. 2 Abs. 4 SE-VO.
[2] S. Art. 3 Abs. 2 SE-VO. Von *Hommelhoff, P.*, Organisationsverfassung, 2001, S. 280, wird diese Form der Errichtung einer SE auch als „sekundäre Gründung" bezeichnet.
[3] S. Art. 2 Abs. 4 SE-VO.
[4] Dazu vgl. auch *Wenz, M.*, Einsatzmöglichkeiten, 2003, S. 193 f.; *Wenz, M.*, flexibility, 2004, S. 34 f.
[5] Zu den Grenzen dieser Verhandlungslösung vgl. den Beitrag von *Köstler* in diesem Band.

ce im Vergleich zum dualistischen System einer nationalen AG die Leitung der verschiedenen Tochtergesellschaften verkleinert und gestrafft werden. Zudem kann auch bei einer monistisch strukturierten SE mit Sitz in Deutschland der Verwaltungsrat, wenn er nicht mitbestimmt ist und sich das Grundkapital auf weniger als drei Millionen Euro beläuft, aus einer einzigen Person, die zugleich geschäftsführender Direktor in Personalunion ist, bestehen, während bei einer dualistisch strukturierten SE oder AG mindestens ein weisungsunabhängiger Vorstand und drei Aufsichtsräte zu bestellen sind. Ferner ist der geschäftsführende Direktor im monistischen Modell weisungsabhängig vom Verwaltungsrat mit der Folge, dass bei faktischen Konzernen die mit dem Konzernrecht vereinbaren Anweisungen des Mutterunternehmens auch über den Verwaltungsrat, der typischerweise mit Vertretern des herrschenden Unternehmens besetzt ist, durchgesetzt werden können. Die Weisungsgebundenheit des geschäftsführenden Direktors bedeutet allerdings nicht, dass die Tochter-SE über den Verwaltungsrat vom Konzernrecht untersagte nachteilige Anweisungen ohne weiteres folgen darf. Vielmehr stehen dem die allgemeinen Regelungen über faktische Unternehmensverbindungen entgegen.[1]

Eingeschränkt wird diese Vorteilhaftigkeit der SE allerdings dadurch, dass für die nach der SE-VO und ggf. auch für die nach dem ergänzend anwendbaren nationalen Aktienrecht zulässigen Satzungsbestimmungen das Prinzip der Satzungsstrenge zu beachten ist.[2] Sofern die rechtliche Ausgestaltungsfreiheit der Tochtergesellschaften dementsprechend besonders bedeutsam ist, bietet sich die Rechtsform der SE nur insoweit an, als zumindest das ergänzend anwendbare nationale Aktienrecht des Sitzstaates der SE nicht dem Prinzip der Satzungsstrenge folgt, wie dies beispielsweise in *Österreich* für nicht kapitalmarktorientierte Unternehmen derzeit diskutiert wird oder aber in *Liechtenstein* bereits de lege lata der Fall ist.[3] Alternativ kann hierfür auf die Europäische Privatgesellschaft abgestellt werden, die zukünftig möglicherweise ebenfalls zur Verfügung stehen wird.[4] Zu beachten ist ferner, dass der vor der jeweiligen Umwandlung einer nationalen in eine Europäische Aktiengesellschaft bestehende Mitbestimmungsstandard auch einvernehmlich im Verhandlungswege nicht unterschritten werden darf.[5]

Aus steuerlicher Sicht führt die Gründung einer Mutter SE oder einer Tochter SE im Wege der Umwandlung weder auf Ebene der Gesellschaft noch auf derjenigen der

---

1 Zum Konzernrecht der SE vgl. den Beitrag von *Maul* in diesem Band.
2 S. Art. 9 Abs. 1 Buchst. b, 9 Abs. 1 Buchst. c iii SE-VO; § 23 Abs. 5 AktG.
3 S. Art. 279-280, 116-117 Personen- und Gesellschaftsrecht.
4 Dazu vgl. auch *Bungert, H. / Beier, C.H.*, Europäische Aktiengesellschaft, 2002, S. 11; sowie *Hommelhoff, P. / Helms, D.*, Europäische Privatgesellschaft, 2001.
5 S. Art. 3 Abs. 6, 4 Abs. 4 SE-RL.

Gesellschafter infolge der jeweils fortbestehenden Identität des Rechtsträgers zu ertragsteuerlichen Folgen.[1] Die Gründung einer Tochter SE durch eine bereits bestehende SE im Wege der Neugründung kann sowohl auf der Ebene der Gründungsgesellschaft (SE) als auch der Tochter SE grundsätzlich steuerneutral vorgenommen werden; denn die Errichtung einer Tochtergesellschaft ist erfolgsneutral und die Einbringung von Sacheinlagen führt nur dann zur Auflösung der darin enthaltenen stillen Reserven bei der einbringenden Gesellschaft, sofern einzelne Wirtschaftsgüter anstelle von Betrieben oder Teilbetrieben eingelegt werden.[2]

VII. Reengineering SE

Unternehmen in der Rechtsform einer Aktiengesellschaft nationalen Rechts haben den Änderungen des unternehmerischen Umfeldes als Folge sowohl der Globalisierung als auch der Europäisierung grundlegend Rechnung zu tragen. Im Hinblick beispielsweise auf die verstärkte Fokussierung der Unternehmen und Konzerne auf den Europäischen Binnenmarkt als ihren Heimatmarkt, anstelle einer nationalstaatlichen Marktabgrenzung, als auch in Bezug auf die freie Ausgestaltung des Systems der Unternehmensleitung und -überwachung, stellt die Europäische Aktiengesellschaft für die Mutter- oder Tochterunternehmen in der Rechtsform einer Aktiengesellschaft nationalen Rechts eine im Wege der Umwandlung[3] einfach realisierbare Alternative dar: Reengineering SE.[4] Denn durch den Formwechsel einer AG in eine SE verändern sich aufgrund des – anlässlich der Umwandlung – zwingend beizubehaltenden Satzungssitzstaates[5] ausschließlich diejenigen Regelungsbereiche, für welche die SE-VO nicht auf die Bestimmungen des nationalen Sitzstaatsrechts der SE verweist. Eine im Wege der Umwandlung einer Aktiengesellschaft nationalen Rechts errichtete SE unterscheidet sich von dieser folglich nahezu ausschließlich in den durch die SE-VO sowie ergänzend durch die in nationales Recht transformierten Bestimmungen der SE-RL einheitlich geregelten Kernbereichen und grenzüberschreitenden Aspekten.

Infolgedessen steht es den Unternehmen in der Rechtsform einer SE insbesondere frei, sich für ein dualistisches versus monistisches System der Corporate Governance

---

[1] Dazu vgl. *Conci, P.*, Tax Treatment, 2004, S. 20 f.; *Herzig, N. / Griemla, S.*, Aktiengesellschaft, 2002, S. 75; *Schulz, A. / Eicker, K.*, European Company, 2001, S. 339; *Schulz, A. / Geismar, B.*, Aktiengesellschaft, 2001, S. 1084; *Wenz, M.*, Societas Europaea, 1993, S. 127-130.
[2] S. Art. 9, 4 Abs. 1-2 FRL. Dazu vgl. *Herzig, N. / Griemla, S.*, Aktiengesellschaft, 2002, S. 73-75; *Schulz, A. / Geismar, B.*, Aktiengesellschaft, 2001, S. 1084.
[3] S. Art. 2 Abs. 4 SE-VO.
[4] Dazu vgl. auch *Wenz, M.*, Einsatzmöglichkeiten, 2003, S. 195 f.; *Wenz, M.*, flexibility, 2004, S. 36.
[5] S. Art. 37 Abs. 3 SE-VO.

zu entscheiden.¹ Vor dem Hintergrund der Diskussion über die Grenzen der organisatorischen Freiheit bei der Ausgestaltung der deutschen Vorstands-/Aufsichtsratsverfassung deutscher Aktiengesellschaften, wie beispielsweise bei der Deutschen Bank AG, erhöht dieses Wahlrecht der SE-VO, das den Wettbewerb der Rechtsordnungen erheblich verstärken wird, die Attraktivität der Rechtsform einer SE nicht unerheblich.² Die Mitbestimmung der Arbeitnehmer einer Reengineering SE kann wiederum grundsätzlich frei im Wege der Vereinbarung zwischen dem Leitungs- oder Verwaltungsorgan der umzuwandelnden Aktiengesellschaft nationalen Rechts und den Vertretern der Arbeitnehmer ausgehandelt werden; alternativ findet die Auffanglösung Anwendung.³ Speziell für die Gründungsform der Umwandlung ist allerdings zu beachten, dass der vor dem Formwechsel bestehende Mitbestimmungsstandard auch einvernehmlich im Verhandlungswege generell nicht unterschritten werden darf⁴ (keine innerstaatliche „Flucht" aus der Mitbestimmung).

Darüber hinaus verfügen die Unternehmen in der prestigeträchtigen Rechtsform einer SE über eine Europäische Corporate Identity, tragen zur Entstehung einer Europäischen Corporate Culture bei und besitzen einen rechtsformspezifischen Europäischen Goodwill.⁵ Ferner stehen ihnen sämtliche binnen- und wirtschaftsraumspezifischen Freiheitsgrade zur Verfügung, weshalb sie insbesondere auch ihren Sitz in einen anderen Mitgliedstaat der EU oder des EWR unter Wahrung ihrer rechtlichen Identität grenzüberschreitend verlegen⁶ sowie individuell auch Tochtergesellschaften in der Rechtsform einer SE gründen können.⁷

Dementsprechende Überlegungen standen auch bei der Umwandlung der österreichischen Strabag AG⁸ in eine der europaweit ersten SE Pate und liegen zudem auch der geplanten Umwandlung der finnischen Elcoteq⁹ in eine SE zugrunde. Bei beiden Unternehmen spielen die konkreten Möglichkeiten, sich durch die Umwandlung in eine SE eine europaweit einheitliche Identität geben und sich sowohl betriebswirt-

---

1 S. Art. 38 Buchst. b SE-VO.
2 Dazu vgl. auch *Hommelhoff, P.*, Organisationsverfassung, 2001, S. 282 f.; sowie den Beitrag von *Theisen* und *Wenz* in diesem Band.
3 S. Art. 7, Anhang SE-RL. Dazu vgl. auch die Ausführungen in Kapitel IV.5.
4 S. Art. 3 Abs. 6, 4 Abs. 4 SE-RL. Dazu vgl. auch den Beitrag von *Köstler* in diesem Band.
5 Dazu vgl. auch *Buchheim, R.*, Aktiengesellschaft, 2001, S. 242-245.
6 S. Art. 8 SE-VO.
7 S. Art. 3 Abs. 2 SE-VO.
8 Vgl. *Strabag SE* (www.strabag.at/CMSCache/160008.pdf).
9 Vgl. *Elcoteq*, Conversion into a European Company (www.elcoteq.com/modules/page/show_page.asp?id=1670C90F624F4A819A983245D6F9E63B&tabletarget=data_1&MENU_2_activeclicked=2C42C35CDF7D4CD0840B84481BFFAB3F&MENU_2_open=true&pid=A377FC88DD4E4F4A86CF1459A663828B&layout=2004sisa).

schaftlich als auch rechtlich europaweit aufstellen zu können, die tragenden Überlegungen.

Aus steuerlicher Sicht führt die Umwandlung einer nationalen Aktiengesellschaft in eine supranational-europäische SE weder auf Ebene der Gesellschaft noch auf derjenigen der Gesellschafter zu ertragsteuerlichen Konsequenzen, da die Identität des Rechtsträgers uneingeschränkt fortbesteht.[1]

VIII. Cross Border SE

Die Rechtsform der Europäischen Aktiengesellschaft ermöglicht es den Unternehmen in der EU sowie im EWR erstmals ohne das Risiko einer Auflösung im Wegzugstaat und einer Neugründung im Zuzugstaat ihren Satzungssitz sowie ihren damit zwingend identischen Verwaltungssitz[2] grenzüberschreitend von einem Mitgliedstaat in einen anderen unter Wahrung der rechtlichen Identität zu verlegen:[3] Cross Border SE.[4] Während Rechtsformen nationalen Rechts jenseits ihrer nationalen Rechtsordnung, durch die sie gegründet wurden, bislang – von Ausnahmen abgesehen – keine Realität haben,[5] verfügt die SE grundsätzlich über sämtliche binnenmarktspezifischen Freiheitsgrade und kann daher beispielsweise auch von der Niederlassungsfreiheit weitgehend uneingeschränkt Gebrauch machen. Dadurch kann die SE den Mobilitätsbedürfnissen der Unternehmen im Europäischen Binnenmarkt grundlegend und effizient Rechnung tragen[6] (vgl. Abbildung 13).

---

[1] Dazu vgl. *Conci, P.*, Tax Treatment, 2004, S. 21; sowie auch *Herzig, N. / Griemla, S.*, Aktiengesellschaft, 2002, S. 75; *Schulz, A. / Eicker, K.*, European Company, 2001, S. 339; *Schulz, A. / Geismar, B.*, Aktiengesellschaft, 2001, S. 1084; *Wenz, M.*, Societas Europaea, 1993, S. 127-130.

[2] Siehe Art. 7, 64 Abs. 1-2 SE-VO.

[3] Siehe Art. 8 Abs. 1 SE-VO.

[4] Dazu vgl. auch *Wenz, M.*, Einsatzmöglichkeiten, 2003, S. 194 f.; *Wenz, M.*, flexibility, 2004, S. 36 f.; sowie auch *Maul, S. / Wenz, M.*, Einsatzmöglichkeiten, 2005, S. 272-274; *Petri, S. / Wenz, M.*, Aktiengesellschaft, 2004, S. 4.

[5] Dazu s. *EuGH* v. 27.09.1988 – C-81/87, in: EuGH Sammlung, 1988, S. 5505, 5510 – Daily-Mail. Zur neueren Entwicklung s. aber *EuGH* v. 05.11.2002 – C-208/00, in: IStR 11 (2002), S. 809 – Überseering, m. Anm. *Sedemund* und Anm. *Schnitger*; dazu vgl. auch *Forsthoff, U.*, Vielfalt, 2002, S. 2471-2477; *Kallmeyer, H.*, Überseering, 2002, S. 2521-2522. S. ferner *EuGH* vom 30.09.2003 – C-167/01, in: BB 58 (2003), S. 2195 – Inspire Art; dazu vgl. auch *Bayer, W.*, Inspire Art, 2003, S. 2357-2366; *Kersting, C. / Schindler, C.*, Inspire Art, 2003, S. 621-625; *Leible, S. / Hoffmann, J.*, Inspire Art, 2003, S. 677-683; *Maul, S. / Schmidt, C.*, Inspire Art, 2003, S. 2297-2300; *Maul, S. / Schmidt, C.*, Inspire Art, 2003, S. 2409-2417; *Triebel, V. / Hase, K.v.*, Wegzug, 2003, S. 2409-2417.

[6] Umfassend dazu vgl. den Beitrag von *Wenz* in diesem Band.

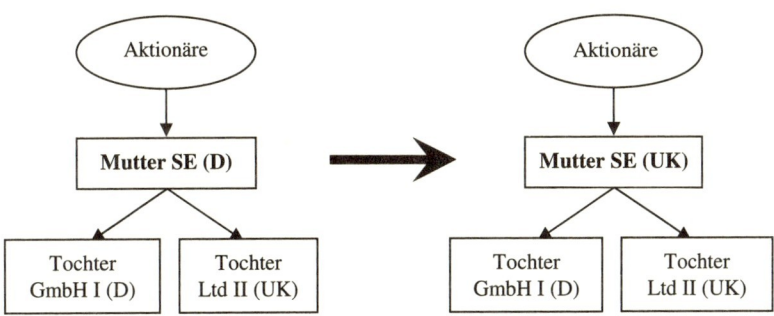

Abb. 13: Cross Border SE

Um bei der grenzüberschreitenden Sitzverlegung einer SE deren Rechtspersönlichkeit aufrecht zu erhalten sowie insbesondere den Wechsel in dem auf die SE ergänzend anwendbaren Recht des Sitzstaates zu koordinieren und dabei auch den Schutzinteressen[1] insbesondere der widersprechenden Minderheitsaktionäre und Gläubiger hinreichend Rechnung zu tragen, sehen die SE-VO sowie insbesondere auch die nationalen SE-AG sowohl im Wegzugstaat als auch im Zuzugstaat verschiedene (Schutz-)Maßnahmen vor.[2] Darüber hinaus ermöglicht es die Rechtsform einer SE den Unternehmen, die ihren Sitz grenzüberschreitend verlegen wollen, ihre europäische Identität und ihre wesentlichen rechtlichen und wirtschaftlichen Charakteristika sowie insbesondere auch das von ihnen gewählte monistische oder dualistische System der Corporate Governance als auch den ggf. ausgehandelten Umfang der Mitbestimmung der Arbeitnehmer unabhängig von den nationalen Bestimmungen und Mitbestimmungsstandards des Zuzugstaates, die für Rechtsformen nationalen Rechts relevant sind, beizubehalten.[3]

Aus steuerlicher Sicht führt die grenzüberschreitende Sitzverlegung einer SE auf Ebene der in *Deutschland* oder im Ausland ansässigen Gesellschafter der SE weder bei einem Wegzug ins Ausland noch bei einem Zuzug ins Inland zu einer Realisierung und Besteuerung der in den Anteilen enthaltenen stillen Reserven in Deutschland.[4] Für die SE stellt sich die grenzüberschreitende Sitzverlegung dagegen aus-

---

[1] Dazu vgl. auch *Kalss, S.*, Minderheitenschutz, 2003, S. 593-646; *Teichmann, C.*, Minderheitenschutz, 2003, S. 398-400.
[2] Dazu vgl. den Beitrag von *Wenz* in diesem Band.
[3] Alternativ steht es den Unternehmen in der Rechtsform einer SE offen, ihr System der Corporate Governance im Zuge einer grenzüberschreitenden Sitzverlegung oder auch zu einem früheren oder späteren Zeitpunkt zu ändern. S. Art. 38 SE-VO.
[4] Dazu vgl. *Herzig, N. / Griemla, S.*, Aktiengesellschaft, 2002, S. 76 f.

schließlich im Fall des Zuzugs generell steuerneutral dar,[1] während bei einem Wegzug in *Deutschland* de lege lata auch dann von einer Realisierung und Besteuerung der stillen Reserven auszugehen ist,[2] sofern die betreffenden Wirtschaftsgüter in einer deutschen Betriebsstätte steuerverhaftet bleiben.[3] Dieses Ergebnis ist nicht sachgerecht und bedarf daher dringend der Korrektur durch nationale Maßnahmen (teleologische Reduktion im Rahmen der Gesetzesauslegung oder Gesetzesänderung) oder aber durch die Transformation und ersatzweise durch die unmittelbare Anwendung der Richtlinie zur Änderung der steuerlichen Fusionsrichtlinie.[4] Alternativ besteht ggf. die Möglichkeit, die Steuerneutralität einer grenzüberschreitenden Sitzverlegung aufgrund der EG-vertraglich sowie im EWR-Abkommen niedergelegten Grundfreiheiten, insbesondere der Niederlassungsfreiheit, sicherzustellen.[5]

Aus Sicht der internationalen Steuerplanung können durch die Wahl des Sitzstaates der SE ggf. ein größeres Netz an Doppelbesteuerungsabkommen angewendet, die Steuerbelastung auf zukünftig erwirtschaftete Gewinne reduziert, die steuerliche Befreiung von Veräußerungsgewinnen auf Beteiligungen unabhängig von ideologisch motivierten Gesetzesänderungen sichergestellt, Gewinne mit Verlusten ggf. grenzüberschreitend verrechnet sowie auch die Anwendung außensteuergesetzlicher Bestimmungen (CFC-Regime) vermieden werden.[6]

IX. Ergebnis

Die Europäische Aktiengesellschaft stellt im Ergebnis eine supranational-europäische Rechtsform dar, die aufgrund ihrer rechtsformspezifischen Charakteristika nicht nur über sämtliche binnenmarktspezifischen Freiheitsgrade verfügt, sondern zudem auch äußerst flexibel und vielseitig in der Unternehmenspraxis eingesetzt werden kann. Sie ermöglicht es den grenzüberschreitend tätigen Unternehmen und Konzernen, ihre statutarische Organisationsstruktur in der EU und im EWR über Länder- und Hoheitsgrenzen hinweg einer vereinheitlichten sowie auch einer einfachen und daher effizienten europäischen Organisationsstruktur zuzuführen, auch um die bislang erforderlichen, teilweise sehr komplexen und ineffizienten Ersatzkonstruktio-

---

[1] Dazu vgl. *Herzig, N. / Griemla, S.*, Aktiengesellschaft, 2002, S. 76 f.; *Schulz, A. / Eicker, K.*, European Company, 2001, S. 340; *Schultz, A. / Petersen, S.*, Europa-AG, 2002, S. 1513.
[2] S. §§ 12 Abs. 1 i.V.m. § 11 KStG. Dazu vgl. auch *Schulz, A. / Eicker, K.*, European Company, 2001, S. 339; *Schultz, A. / Petersen, S.*, Europa-AG, 2002, S. 1513.
[3] Kritisch dazu vgl. *Wenz, M.*, Societas Europaea, 1993, S. 131-134; sowie den den Beitrag von *Thömmes* in diesem Band.
[4] Dazu vgl. den Beitrag von *Thömmes* in diesem Band.
[5] Umfassend dazu vgl. *Thömmes, O.*, Transfer of Seat, 2004, S. 22-27.
[6] Dazu vgl. *Wenz, M.*, European Company, 2004, S. 10.

nen in Zukunft vermeiden und ersetzen zu können. Damit trägt die SE den tief greifenden Änderungen des unternehmerischen Umfeldes als Folge sowohl der Globalisierung als auch der Europäisierung grundlegend Rechnung, in dem sie die insoweit ggf. erforderliche strategische Neuausrichtung der Unternehmen und Konzerne anforderungsgerecht unterstützt und im Vergleich zu alternativ einsetzbaren nationalen Rechtsformen und komplexen grenzüberschreitenden Organisationsstrukturen zudem transaktions- und koordinationskostenminimal umzusetzen versucht.

Mit der Rechtsform einer SE lassen sich für grenzüberschreitend tätige Unternehmen und Konzerne darüber hinaus bestimmte rechts- und organisationsformspezifische Vorteile erzielen, weshalb sie nicht nur eine bedeutsame Rechtsforminnovation, sondern seit dem 08. Oktober 2004 auch eine wichtige Rechtsformalternative wirtschaftlichen Handelns im Europäischen Binnenmarkt darstellt. Die SE erfüllt folglich sowohl in konzeptioneller als auch insbesondere in anwendungsbezogener Hinsicht die Voraussetzungen, um den Europäischen Binnenmarkt im Bereich der Rechtsformen zu vollenden. Ferner stellt sie einen zentralen Entwicklungsschritt hin zu einem modernen und leistungsfähigen Gesellschafts- und Unternehmensrecht in der EU und im EWR dar, nicht zuletzt, um deren strategisches Ziel erreichen zu können, Europa zu einem wettbewerbsfähigen und dynamischen Wirtschaftsraum der Welt zu machen.[1]

Den nationalen Gesetzgebern obliegt nach dem Abschluss der gesetzgeberischen Aktivitäten zur Ausführung der SE-VO und zur Umsetzung er SE-RL[2] nunmehr die Verantwortung, von Maßnahmen, welche die Einsatzmöglichkeiten und damit auch die Praxistauglichkeit der Rechtsform einer SE einschränken können, generell abzusehen. Insofern kommt insbesondere der Umsetzung des Richtlinienvorschlags zur Änderung der steuerlichen Fusionsrichtlinie als auch der Umsetzung der – noch nicht vollständig transformierten – steuerlichen Fusionsrichtlinie in das nationale Recht der Mitgliedstaaten eine besondere Bedeutung zu, damit die insbesondere gesellschaftsrechtlich bedingten Vorteile der SE nicht aufgrund unzureichender oder fehlender steuerrechtlicher Bestimmungen verhindert oder mit prohibitiven Auflagen verbunden werden.

---

[1] Im Jahr 2005 modifizierte Schlussfolgerungen des Europäischen Rates von Lissabon vom 23./24.3.2000.
[2] Für einen Überblick über den europaweiten Stand der Ausführungs- und Umsetzungsmaßnahmen vgl. den Beitrag von *Schindler* und *Teichmann* in diesem Band.

L. Ausführungsgesetz in Deutschland

Christoph Teichmann[*]

I. Funktion des deutschen Ausführungsgesetzes	697
II. Gründung einer SE	699
1. Allgemeine Vorschriften	700
a. Beteiligung von Gesellschaften mit Hauptverwaltung außerhalb der Gemeinschaft	700
b. Festlegung von Sitz und Hauptverwaltung	700
c. Eintragung der SE	702
2. Gründung durch Verschmelzung	702
a. Einspruchsrecht einer Behörde	703
b. Bekannt zu machende Angaben bei Verschmelzung	703
c. Verschmelzung innerhalb eines Konzerns	704
d. Schutz der Minderheitsaktionäre	705
e. Gläubigerschutz	709
3. Gründung einer Holding-SE	711
a. Mehrheitserfordernis für Gesellschafterbeschluss	711
b. Schutz der Minderheitsgesellschafter	712
4. Umwandlung in eine SE	715
5. Beteiligung der Arbeitnehmer	717
a. Verhandlungen im Gründungsstadium	717
b. Beteiligung der Hauptversammlung	718
III. Minderheiten- und Gläubigerschutz bei der Sitzverlegung einer SE	719
1. Stellenwert der Sitzverlegung im europäischen Recht	719
2. Schutz widersprechender Minderheitsaktionäre	721
3. Gläubigerschutz	722
IV. Unternehmensverfassung der SE	725
1. Wahlrecht der Gesellschaft	725

---

[*] *Privatdozent Dr. Christoph Teichmann*, Institut für deutsches und europäisches Gesellschafts- und Wirtschaftsrecht, Ruprecht-Karls-Universität Heidelberg.

2. Das dualistische System der Unternehmensleitung 726
   a. „Geschäftsführer" als zusätzliches Geschäftsleitungsorgan................. 726
   b. Bestellung des Leitungsorgans durch die Hauptversammlung............. 727
   c. Übernahme der Geschäftsleitung durch Mitglieder des
      Aufsichtsorgans 727
   d. Zahl der Mitglieder des Leitungsorgans.. 728
   e. Zahl der Mitglieder des Aufsichtsorgans... 728
   f. Informationsrechte des Aufsichtsorgans... 729
   g. Zustimmungspflichtige Geschäfte 730
3. Das monistische System der Unternehmensleitung 731
   a. Einzelne Regelungsaufträge und -ermächtigungen 731
   b. Ergänzende Ausgestaltung des monistischen Systems 733
V. Auflösung der SE bei Trennung von Sitz und Hauptverwaltung 735
VI. Zuständigkeiten 737

Literatur

Bayer, W., 2005: Die *Gründung* einer Europäischen Gesellschaft mit Sitz in Deutschland, in: *Lutter, Marcus / Hommelhoff, Peter* (Hrsg.), Die Europäische Gesellschaft – Prinzipien, Gestaltungsmöglichkeiten und Grundfragen aus der Praxis, Köln: O. Schmidt, 2005, S. 25-65.

Baums, Theodor (Hrsg.), 2001: Bericht der Regierungskommission *Corporate Governance*: Unternehmensführung, Unternehmenskontrolle, Modernisierung des Aktienrechts, Köln: O. Schmidt, 2001.

Behrens, Peter, 1986: Identitätswahrende *Sitzverlegung* einer Kapitalgesellschaft von Luxemburg in die Bundesrepublik Deutschland, in: RIW 32 (1986), S. 590-594.

Behrens, Peter, 1994: Die *Umstrukturierung* von Unternehmen durch Sitzverlegung oder Fusion über die Grenze im Licht der Niederlassungsfreiheit im Europäischen Binnenmarkt (Art. 52 und 58 EWGV), in: ZGR 23 (1994), S. 1-25.

Brändel, Oliver C., 1992: *Kommentierung zu §§ 1-14 AktG*, in: *Hopt, Klaus J. / Wiedemann, Herbert* (Hrsg.), Großkommentar Aktiengesetz, 4. Aufl., Berlin/New York: De Gruyter, 1992.

Brandes, Stephan M., 2005: *Cross Border Merger* mittels der SE, in: AG 50 (2005), S. 177-188.

Brandt, Ulrich, 2002: Überlegungen zu einem *SE-Ausführungsgesetz*, in: NZG 5 (2002), S. 991-996.

Brandt, Ulrich, 2003: Der *Diskussionsentwurf* zu einem SE-Ausführungsgesetz, in: DStR 41 (2003), S. 1208-1215.

Brandt, Ulrich / Scheifele, Matthias, 2002: Die *Europäische Aktiengesellschaft* und das anwendbare Recht, in: DStR 40 (2002), S. 547-555.

Davies, Paul, 2001: Struktur der *Unternehmensführung* in Großbritannien und Deutschland: Konvergenz oder fortbestehende Divergenz?, in: ZGR 30 (2001), S. 268-293.

Decher, Christian E., 2000: *Kommentierung zu §§ 190-213 UmwG*, in: *Lutter, Marcus* (Hrsg.), Umwandlungsgesetz, Kommentar, 2. Aufl., Köln: O. Schmidt, 2000.

DeutscherAnwaltVerein (DAV), 2004: Stellungnahme zum *Diskussionsentwurf* eines Gesetzes zur Ausführung der Verordnung (EG) Nr. 2157/2001 des Rates vom 8.10.2001 über das Statut der Europäischen Gesellschaft (SE) (SE-Ausführungsgesetz-SE-AG), in: NZG 7 (2004), S. 75-86.

DeutscherAnwaltVerein (DAV), 2004: Stellungnahme zu dem *Regierungsentwurf* eines Gesetzes zur Einführung der Europäischen Gesellschaft (SEEG), in: NZG 7 (2004), S. 957-960.

Deutscher Notarverein (DNotV), 2003: Stellungnahme zum *Diskussionsentwurf* eines Gesetzes zur Einführung der Europäischen Gesellschaft, in: notar Heft 3/2003, S. 94-109.

Di Marco, Guiseppe, 1999: Der *Vorschlag* der Kommission für eine 14. Richtlinie – Stand und Perspektiven, in: ZGR 28 (1999), S. 3-12.

Eder, Cajetan J., 2004: Die monistisch verfasste Societas Europaea – Überlegungen zur Umsetzung eines *CEO-Modells*, in: NZG 7 (2004), S. 544-547.

Farrar, John H., 1998: Farrar's *Company Law*, 4th edition, London / Edinburgh / Dublin: Butterworths, 1998.

Fleischer, Holger, 2004: Der Einfluß der *Societas Europaea* auf die Dogmatik des deutschen Gesellschaftsrechts, in: AcP 204 (2004), S. 502-543.

Fogt, Morten M. / Schack, Heimo, 2005: Keine *Urteilszustellung* im deutsch-dänischen Rechtsverkehr?, in: IPRax 25 (2005), S. 118-124.

Forstmoser, Peter. 2003: Monistische oder dualistische *Unternehmensverfassung*? Das Schweizer Konzept, in: ZGR 32 (2003), S 688-719.

Grechenig, Kristoffel, 2005: *Spanisches Aktien- und GmbH-Recht* – Das einstufige Verwaltungssystem in Beziehung zur Hauptversammlung und zu Gesellschafterrechten, Wien: Linde, 2005.

Großfeld, Bernhard, 1992: Europäisches *Gesellschaftsrecht*, in: WM 46 (1992), S. 2121-2128.

Grunewald, Barbara, 2000: *Kommentierung zu §§ 20-23, 25-38, 60-78 UmwG*, in: *Lutter, Marcus* (Hrsg.), Umwandlungsgesetz, Kommentar, 2. Aufl., Köln: O. Schmidt, 2000.

Guyon, Yves, 2001: *Droit des Affaires*, Tome 1, 11e édition, Paris: Economica, 2001.

Habersack, Mathias, 2003: *Europäisches Gesellschaftsrecht*, 2. Aufl., München: C.H. Beck, 2003.

Heinze, Meinhard, 2002: Die *Europäische Aktiengesellschaft*, in: ZGR 31 (2002), S. 66-95.

Heinze, Wolfgang / Seifert, Achim / Teichmann, Christoph, 2005: Verhandlungssache: Arbeitnehmerbeteiligung in der SE, in: BB 60 (2005), im Erscheinen (Heft 44/45).

Hirte, Heribert, 2002: Die *Europäische Aktiengesellschaft*, in: NZG 5 (2002), S. 1-10.

Hoffmann-Becking, Michael, 2004: *Organe*: Strukturen und Verantwortlichkeiten, insbesondere im monistischen System, in: ZGR 33 (2004), S. 355-382.

Hommelhoff, Peter, 2005: *Normenhierarchie* für die Europäische Gesellschaft, in: *Lutter, Marcus / Hommelhoff, Peter* (Hrsg.), Die Europäische Gesellschaft, Köln: O. Schmidt, 2005, S. 5-24.

Hügel, Hanns F., 2004: Kommentierung zu §§ 25. 26 SEG in: *Kalss, Susanne / Hügel, Hanns F.* (Hrsg.), Europäische Aktiengesellschaft, *SE-Kommentar*, Wien: Linde, 2004, S. 351-371.

Ihrig, Hans-Christoph / Wagner, Jens, 2003: *Diskussionsentwurf* für ein SE-Ausführungsgesetz, in: BB 58 (2003), S. 969-976.

Ihrig, Hans-Christoph / Wagner, Jens, 2004: Das Gesetz zur Einführung der Europäischen Gesellschaft (*SEEG*) auf der Zielgeraden, in: BB 59 (2004), S. 1749-1759.

Janott, Dirk / Frodermann, Jürgen (Hrsg.), 2005: *Handbuch* der Europäischen Aktiengesellschaft – Societas Europaea, Heidelberg: C.F. Müller, 2005.

Janott, Dirk, 2005: *Gründung*, in: *Janott, Dirk / Frodermann, Jürgen* (Hrsg.), Handbuch der Europäischen Aktiengesellschaft – Societas Europaea, eine umfassende und detaillierte Darstellung für die Praxis unter Berücksichtigung sämtlicher EU-Mitgliedstaaten, Heidelberg: C. F. Müller, 2005, S. 35-117.

Kallmeyer, Harald, 2003: *Das monistische System* der SE mit Sitz in Deutschland, in: ZIP 24 (2003), S. 1531-1536.

Kalss, Susanne, 2001: *Anlegerinteressen* – Der Anleger im Handlungsdreieck von Vertrag, Verband und Markt, Wien: Springer, 2001.

Kalss, Susanne, 2003: Der *Minderheitenschutz* bei Gründung und Sitzverlegung der SE nach dem Diskussionsentwurf, in: ZGR 32 (2003), S. 593-646.

Kalss, Susanne / Hügel, Hans F. (Hrsg.), 2004: Europäische Aktiengesellschaft, *SE-Kommentar*, Wien: Linde, 2004.

Kindler, Peter, 1999: *Internationales Handels- und Gesellschaftsrecht*, in: *Rebmann, Kurt / Säcker, Franz Jürgen / Rixecker, Roland* (Hrsg.), Münchener Kommentar zum Bürgerlichen Gesetzbuch, Band 11, 3. Aufl., München: C.H. Beck, 1999.

Kindler, Peter, 1999: *Niederlassungsfreiheit* für Scheinauslandsgesellschaften?, in: NJW 52 (1999), S. 1993-2000.

Klöcker, Ingo / Frowein, Georg A., 2004: *Spruchverfahrensgesetz*, Köln: O. Schmidt, 2004.

Kropff, Bruno, 1965: *Aktiengesetz*, Düsseldorf: Institut der Wirtschaftsprüfer, 1965.

Kübler, Friedrich, 2003: *Barabfindung* bei Gründung einer Europa-AG?, in: ZHR 167 (2003), S. 627-631.

Lennerz, Ursula, 2001: *Internationale Verschmelzung* und Spaltung unter Beteiligung deutscher Gesellschaften, Köln: O. Schmidt, 2001.

Lind, Michael, 2004: Die Europäische Aktiengesellschaft – Eine Analyse der *Rechtsanwendungsvorschriften*, Wien: Neuer Wissenschaftlicher Verlag, 2004.

Lutter, Marcus, 1979: Europäisches *Gesellschaftsrecht*, Berlin / New York: De Gruyter, 1979.

Lutter, Marcus, 1996: Europäisches *Unternehmensrecht*, 4. Aufl., Berlin / New York: De Gruyter, 1996.

Lutter, Marcus, 2001: Vergleichende *Corporate Governance* – Die deutsche Sicht, in: ZGR 30 (2001), S. 224-237.

Lutter, Marcus / Bezzenberger, Tilman, 2000: Für eine *Reform des Spruchverfahrens* im Aktien- und Umwandlungsrecht, in: AG 45 (2000), S. 433-447.

Lutter, Marcus / Hommelhoff, Peter (Hrsg.), 2005: Die Europäische Gesellschaft - Prinzipien, Gestaltungsmöglichkeiten und Grundfragen aus der Praxis, Köln: O. Schmidt, 2005.

Lutter, Marcus / Krieger, Gerd, 2002: Rechte und Pflichten des *Aufsichtsrat*s, 4. Aufl., Köln: O. Schmidt, 2002.

Maul, Silja, 2003: *Konzernrecht* der „deutschen" SE – Ausgewählte Fragen zum Vertragskonzern und den faktischen Unternehmensverbindungen, in: ZGR 32 (2003), S. 743-763.

Menjucq, Michel, 2003: Das „monistische" System der *Unternehmensleitung* in der SE, in: ZGR 32 (2003), S. 679-687.

Nagel, Bernhard, 2004: Die Europäische Aktiengesellschaft (SE) in Deutschland – der *Regierungsentwurf* zum SE-Einführungsgesetz, in: NZG 7 (2004), S. 833-839.

Neye, Hans-Werner, 2002: Die *Reform des Spruchverfahrens*, in: NZG 5 (2002), S. 23-24.

Neye, Hans-Werner, 2002: Kein neuer Stolperstein für die *Europäische Aktiengesellschaft*, in: ZGR 31 (2002), S. 377-382.

Neye, Hans-Werner, 2005: Die Europäische Aktiengesellschaft, Einführung und *Materialsammlung* zum Gesetz zur Einführung der Europäischen Gesellschaft (SEEG), München: C.H. Beck, 2005.

Neye, Hans-Werner, 2005: Die optionale Einführung der monistischen *Unternehmensverfassung* für die Europäische (Aktien-)Gesellschaft im deutschen Recht, in: *Crezelius, Georg / Hirte, Heribert / Vieweg, Klaus* (Hrsg.), Festschrift für *Volker Röhricht*, Köln: O. Schmidt, 2005, S. 443-454.

Neye, Hans-Werner / Teichmann, Christoph, 2003: Der Entwurf für das *Ausführungsgesetz* zur Europäischen Aktiengesellschaft, in: AG 48 (2003), S. 169-179.

Oetker, Hartmut, 1999: *Kommentierung zum Mitbestimmungsgesetz*, in: *Hopt, Klaus J. / Wiedemann, Herbert* (Hrsg.), Großkommentar Aktiengesetz, 4. Aufl., Berlin / New York: De Gruyter, 1999.

Priester, Hans-Joachim, 1999: *EU-Sitzverlegung* – Verfahrensablauf, in: ZGR 28 (1999), S. 36-50.

Roth, Wulf-Henning, 2000: „*Centros*": Viel Lärm um nichts?, in: ZGR 29 (2000), S. 311-338.

Sandrock, Otto, 1999: Centros: Ein Etappensieg für die *Überlagerungstheorie*, in: BB 54 (1999), S. 1337-1345.

Scheifele, Matthias, 2004: Die *Gründung* der Europäischen Aktiengesellschaft (SE), Frankfurt: Peter Lang, 2004.

Schindler, Clemens, 2003: Vor einem *Ausführungsgesetz* zur Europäischen Aktiengesellschaft, in: ecolex 14 (2003), Heft 06, Script 26, S. 1-10.

Schmidt, Karsten, 1999: *Sitzverlegungsrichtlinie*, Freizügigkeit und Gesellschaftsrechtspraxis – Grundlagen, in: ZGR 28 (1999), S. 20-35.

Schwarz, Günter Christian, 2001: Zum *Statut* der Europäischen Aktiengesellschaft, in: ZIP 22 (2001), S. 1847-1861.

Seibt, Christoph H., 2002: Deutscher *Corporate Governance* Kodex und Entsprechens-Erklärung (§ 161 AktG-E), in: AG 47 (2002), S. 249-259.

Skog, Rolf, 2000: Corporate Governance und die Rolle des Gesetzgebers – Betrachtungen aus schwedischer Perspektive, in: *Schneider Uwe H. / Hommelhoff, Peter / Schmidt, Karsten / Timm, Wolfram / Grunewald, Barbara / Drygala, Tim* (Hrsg.), Deutsches und europäisches Gesellschafts-, Konzern- und Kapitalmarktrecht, Festschrift für *Marcus Lutter* zum 70. Geburtstag, Köln: O. Schmidt, 2000, S. 1551-1560.

Teichmann, Christoph, 2002: Die *Einführung* der Europäischen Aktiengesellschaft – Grundlagen der Ergänzung des europäischen Statuts durch den deutschen Gesetzgeber, in: ZGR 31 (2002), S. 383-464.

Teichmann, Christoph, 2002: Vorschläge für das deutsche *Ausführungsgesetz* zur Europäischen Aktiengesellschaft, in: ZIP 23 (2002), S. 1109-1116.

Teichmann, Christoph, 2003: *Minderheitenschutz* bei Gründung und Sitzverlegung der SE, ZGR 32 (2003), S. 367-401.

Teichmann, Christoph, 2004: *Austrittsrecht* und Pflichtangebot bei Gründung einer Europäischen Aktiengesellschaft, in: AG 49 (2004), S. 67-83.

Teichmann, Christoph, 2004: *Gestaltungsfreiheit* im monistischen Leitungssystem der Europäischen Aktiengesellschaft, in: BB 59 (2004), S. 53-60.

Teichmann, Christoph, 2005: Die *monistische Verfassung* der Europäischen Gesellschaft, in: *Lutter, Marcus / Hommelhoff, Peter* (Hrsg.), Die Europäische Gesellschaft, Köln: O. Schmidt, 2005, S. 195-222.

Thömmes, Otmar, 1993: Identitätswahrende *Sitzverlegung* von Gesellschaften in Europa, in: DB 46 (1993), S. 1021-1026.

Ulmer, Peter, 2002: Der deutsche *Corporate Governance* Kodex – ein neues Regulierungsinstrument für börsennotierte Aktiengesellschaften, in: ZHR 166 (2002), S. 150-181.

Vossius, Oliver, 2005: *Gründung* und Umwandlung der deutschen Europäischen Gesellschaft, in: ZIP 26 (2005), S. 741-749.

Waclawik, Erich, 2004: Der *Referentenentwurf* des Gesetzes zur Einführung der Europäischen (Aktien-) Gesellschaft, in: DB 57 (2004), S. 1191-1199.

Wymeersch, Eddy, 1998: A Status Report on *Corporate Governance*: Rules and Practices in Some Continental European States, in: *Hopt, Klaus J. / Kanda, Hideki / Roe, Mark J. / Wymeersch, Eddy / Prigge, Stefan* (eds.), Comparative Corporate Governance – The State of the Art and Emerging Research, Oxford: Clarendon Press, 1998, S. 1045-1199.

I. Funktion des deutschen Ausführungsgesetzes

Es mag überraschen, in Bezug auf die Europäische Aktiengesellschaft den deutschen Gesetzgeber ins Spiel zu bringen. Schließlich ist die SE eine europäische Rechtsform, geregelt in einer europäischen Verordnung (SE-VO),[1] die unmittelbar geltendes Recht in allen Mitgliedstaaten ist. Was also bleibt für den deutschen Gesetzgeber zu tun?

Man könnte geneigt sein, den Gesetzgeber zur Ausfüllung der zahlreichen *Lücken in der SE-VO* aufzurufen. Bekanntlich ist aus dem Statut der 70er Jahre, das ein vollständiges Aktienrecht enthielt,[2] immer mehr herausgebrochen worden, bis der heutige Rechtstext blieb, der nur noch die Gründung und die Unternehmensverfassung einigermaßen ausführlich regelt, alle übrigen Materien aber dem nationalen Recht zuweist. Nur: Dieses nationale Recht, auf das die SE-VO verweist, ist das *allgemeine Aktienrecht*, also das für nationale Aktiengesellschaften geltende Recht.[3] Die SE-VO erteilt dem nationalen Gesetzgeber also nicht den Auftrag, speziell für die SE ein eigenes Aktienrecht zu schaffen.[4] Vielmehr findet auf die SE automatisch – kraft der Verweisungsnormen des europäischen Rechts – das deutsche Aktienrecht Anwendung, sofern die europäische SE-VO zu einer Rechtsfrage keine Regelung enthält.

Dem deutschen Gesetzgeber bleiben diejenigen Bereiche, in denen die SE-VO ausdrücklich dazu ermächtigt, *speziell für die SE* neue Rechtsnormen zu erlassen. Zu diesem Zweck wurde ein separates Einführungsgesetz zur SE erlassen,[5] das aus zwei Teilen besteht: dem SE-Ausführungsgesetz und dem SE-Beteiligungsgesetz. Gegenstand der nachfolgenden Ausführungen ist das SE-Ausführungsgesetz; das SE-Beteiligungsgesetz regelt die Beteiligungsrechte der Arbeitnehmer und wird in diesem Band im Beitrag von *Köstler* näher dargestellt. Das SE-Ausführungsgesetz stützt sich auf Gestaltungsoptionen, die von der SE-Verordnung eröffnet werden.

---

[1] S. Verordnung (EG) Nr. 2157/2001 des Rates v. 8.10.2001 über das Statut der Europäischen Gesellschaft (SE), ABl. EG Nr. L 294 v. 10.11.2001, S. 1-21 (SE-VO), abgedruckt in Anhang I.

[2] Der SE-Verordnungsvorschlag von 1975 ist abgedruckt bei *Lutter, M.*, Gesellschaftsrecht, 1979, S. 278-357.

[3] Die Generalverweisung in Art. 9 Abs. 1 Buchst. c ii) SE-VO macht dies deutlich. Näher zur Bedeutung dieser Vorschrift vgl. *Brandt, U. / Scheifele, M.*, Europäische Aktiengesellschaft, 2002, S. 547-555; *Hommelhoff, P.*, Normenhierarchie, 2005, S. 5-24; *Lind, M.*, Rechtsanwendungsvorschriften, 2004; *Teichmann, C.*, Einführung, 2002, S. 383, 395-402.

[4] Hierzu auch die allgemeine Begründung des Regierungsentwurfs (BT-Drs. 15/3405, S. 30 f.; *Neye, H.-W.*, Materialsammlung, 2005, S. 51).

[5] Gesetz zur Einführung der Europäischen Gesellschaft (SEEG) v. 22.12.2004, BGBl. I 2004, S. 3675-3701, abgedruckt in Anhang III. Siehe hierzu auch *Neye, H.-W.*, Materialsammlung, 2005. Zu den Vorüberlegungen betreffend das SE-Ausführungsgesetz vgl. auch die Ausführungen von *Neye, H.-W.*, Europäische Aktiengesellschaft, 2002, S. 377, sowie *Teichmann, C.*, Einführung, 2002, S. 383, und *ders.*, Ausführungsgesetz, 2002, S. 1109-1116.

Dazu gehören einige eher technische Fragen, wie beispielsweise die Benennung des Registers, in dem die SE eingetragen sein wird. In anderen Bereichen eröffnen sich aber auch beachtliche *Gestaltungsspielräume*: So hält mit der SE das so genannte monistische System der Unternehmensverfassung Einzug in das deutsche Recht. Weiterhin war der deutsche Gesetzgeber aufgerufen, Mechanismen zum Schutz von Minderheitsaktionären zu schaffen, die sich gegen die Gründung einer Verschmelzungs- oder Holding-SE aussprechen. Auch die erstmals europaweit geregelte Möglichkeit der Sitzverlegung führte zu Regelungen zum Schutz der Interessen von Minderheitsaktionären und Gläubigern.

Das Bundesjustizministerium hatte Anfang 2003 zunächst einen Diskussionsentwurf vorgelegt,[1] der zu zahlreichen Stellungnahmen aus Wissenschaft und Praxis führte.[2] Im Mai 2004 wurde sodann ein Regierungsentwurf veröffentlicht,[3] auf dessen Grundlage der Deutsche Bundestag am 26. November 2004 das Gesetz verabschiedete.[4] Der deutsche Gesetzgeber hat damit den Tag des Inkrafttretens der Verordnung (8. Oktober 2004) nicht einhalten können, was vor allem den Schwierigkeiten bei der Umsetzung der Richtlinie über die Beteiligung der Arbeitnehmer zuzuschreiben ist.[5]

Die Regelungen des SE-Ausführungsgesetzes betreffen den Bereich der Gründung (vgl. Kapitel II.) und der Sitzverlegung (vgl. Kapitel III.), die Unternehmensverfassung (vgl. Kapitel IV.) und den Sonderfall der Auflösung einer SE, deren Sitz und Hauptverwaltung nicht mehr in demselben Mitgliedstaat angesiedelt sind (vgl. Kapitel V.).

---

[1] Abgedruckt (mit Erläuterungen) bei *Neye, H.-W.*, Materialsammlung, 2005, S. 301-326 sowie in AG 48 (2003), S. 204-209.
[2] Vgl. nur: *Brandt, U.*, Diskussionsentwurf, 2003; *DAV*, Diskussionsentwurf, 2004; *DNotV*, Diskussionsentwurf, 2003; *Ihrig, H.-C. / Wagner, J.*, Diskussionsentwurf, 2003; *Neye, H.-W. / Teichmann, C.*, Ausführungsgesetz, 2003; *Schindler, C.*, Ausführungsgesetz, 2003.
[3] Der zu Grunde liegende Referentenentwurf ist abgedruckt (mit Begründung) bei *Neye, H.-W.*, Materialsammlung, 2005, S. 327-409. Stellungnahmen hierzu bzw. zum Regierungsentwurf: *DAV*, Regierungsentwurf, 2004; *Ihrig, H.-C. / Wagner, J.*, SEEG, 2004; *Nagel, B.*, Regierungsentwurf, 2004; *Waclawik, E.*, Referentenentwurf, 2004.
[4] Den Verlauf des Gesetzgebungsverfahrens beschreibt und dokumentiert *Neye, H.-W.*, Materialsammlung, 2005, S. 2-4.
[5] Hierzu vgl. den Beitrag von *Köstler* in diesem Band.

II. Gründung einer SE

Für die *primäre Gründung* einer SE bietet die europäische SE-VO vier verschiedene Verfahren an[1]: Verschmelzung zu einer SE, Gründung einer Holding-SE, Gründung einer Tochtergesellschaft in der Rechtsform der SE und Umwandlung einer bestehenden Aktiengesellschaft in eine SE. Die einzelnen Gründungsverfahren sind in der SE-VO in verschiedener Ausführlichkeit geregelt. Am detailliertesten ist die Regelung über die Verschmelzung,[2] etwas weniger ausführlich sind die Regelungen zur Holding-SE und zur Umwandlung; für die Gründung einer Tochter-SE schließlich verweist Art. 36 SE-VO schlicht auf das nationale Recht.

Ist die SE einmal entstanden, gibt es Wege der *sekundären Gründung*, also die Gründung einer SE unter Beteiligung einer bereits bestehenden SE. Dies ist die Gründung einer Tochter-SE durch eine bestehende SE[3] oder die Beteiligung einer SE gemeinsam mit einer oder mehreren anderen Gesellschaften an der Gründung einer neuen SE im Wege der oben genannten Gründungsformen (Verschmelzung, Holding-SE, Tochter-SE).[4]

Die Gründungsformen sind im Grundsatz europäisch vorgegeben, lediglich einzelne Aspekte bleiben der Ausgestaltung durch den nationalen Gesetzgeber überlassen. Dazu gehören einige allgemeine Vorschriften, die zunächst vorangestellt werden sollen (vgl. Kapitel II.1.). Für den Bereich der Verschmelzung (vgl. Kapitel II.2.) sind vor allem die Regeln zum Schutz widersprechender Minderheitsaktionäre von Bedeutung. Eine vergleichbare Ermächtigung gibt es auch für die Gründung einer Holding-SE (vgl. Kapitel II.3.). Bezüglich der Umwandlung stellte sich für den deutschen Gesetzgeber die Frage, ob er die Umstrukturierung von der Zustimmung des Aufsichtsrats mit qualifizierter Mehrheit abhängig machen solle (vgl. Kapitel II.4.). Dies leitet über zu den Verhandlungen, die im Gründungsstadium der SE mit der Arbeitnehmerseite zu führen sind (vgl. Kapitel II.5.).

---

[1] Hierzu vgl. den Beitrag von *Neun* in diesem Band, vgl. außerdem *Scheifele, M.*, Gründung, 2004.
[2] S. Art. 17-31 SE-VO.
[3] S. Art. 3 Abs. 2 SE-VO.
[4] Die SE ist insoweit gemäß Art. 3 Abs. 1 SE-VO einer Aktiengesellschaft ihres Sitzstaates gleichzustellen.

1. Allgemeine Vorschriften

a. Beteiligung von Gesellschaften mit Hauptverwaltung außerhalb der Gemeinschaft

Art. 2 Abs. 5 SE-VO: „Ein Mitgliedstaat kann vorsehen, dass sich eine Gesellschaft, die ihre Hauptverwaltung nicht in der Gemeinschaft hat, an der Gründung einer SE beteiligen kann, sofern sie nach dem Recht eines Mitgliedstaats gegründet wurde, ihren Sitz in diesem Mitgliedstaat hat und mit der Wirtschaft eines Mitgliedstaats in tatsächlicher und dauerhafter Verbindung steht."

Die SE-VO eröffnet in Art. 2 Abs. 5 die Möglichkeit, auch solche Gesellschaften an der Gründung einer SE zu beteiligen, die ihre Hauptverwaltung außerhalb der Europäischen Gemeinschaft haben. Zwar ist es in Ausnahmefällen auch bei Anwendung der bislang in Deutschland vorherrschenden Sitztheorie denkbar, auf eine Gesellschaft ausländischen Rechts, selbst wenn sie ihre Hauptverwaltung nicht in der Gemeinschaft hat, deren Gründungsstatut anzuwenden.[1] Ein dringendes praktisches Bedürfnis für eine Beteiligung solcher Gesellschaften wurde allerdings in der Diskussion nicht geltend gemacht. Der deutsche Gesetzgeber hat daher darauf verzichtet, diese Option auszuüben.

b. Festlegung von Sitz und Hauptverwaltung

Art. 7 SE-VO: „Der Sitz der SE muss in der Gemeinschaft liegen, und zwar in dem Mitgliedstaat, in dem sich die Hauptverwaltung der SE befindet. Jeder Mitgliedstaat kann darüber hinaus den in seinem Hoheitsgebiet eingetragenen SE vorschreiben, dass sie ihren Sitz und ihre Hauptverwaltung am selben Ort haben müssen."

Die zweite Regelungsoption im Bereich der allgemeinen Vorschriften bezieht sich auf den Sitz des Unternehmens innerhalb Deutschlands. Dabei ist zur Terminologie festzuhalten: „Sitz" im Sinne der SE-VO meint nur den satzungsmäßigen Sitz; den tatsächlichen Verwaltungssitz bezeichnet die SE-VO als „Hauptverwaltung".[2] Der Gesetzgeber kann nun gemäß Art. 7 S. 2 SE-VO den in Deutschland eingetragenen SE vorschreiben, dass sie ihren Sitz und ihre Hauptverwaltung am selben Ort haben müssen. Dies ist keine Frage der Sitztheorie, denn die Festlegung des anwendbaren Rechts ist nur dann zweifelhaft, wenn Sitz und Hauptverwaltung in verschiedenen Staaten liegen. Nach Art. 7 S. 1 SE-VO liegen Sitz und Hauptverwaltung einer SE jedoch zwingend in demselben Mitgliedstaat. Die Ermächtigung des Art. 7 S. 2 SE-

---

[1] Und zwar dann, wenn die Rechtsordnung im Staat der Hauptverwaltung, auf dessen Recht die Sitztheorie verweist, das Auseinanderfallen von Satzungssitz und Hauptverwaltung zulässt (näher *Neye, H.-W. / Teichmann, C.*, Ausführungsgesetz, 2003, S. 170 f.).

[2] Vgl. *Schwarz, G. C.*, Statut, 2001, S. 1847, 1849; *Teichmann, C.*, Einführung, 2002, S. 383, 456.

L.II. Gründung einer SE

VO dreht sich damit allein um die Frage, ob Sitz und Hauptverwaltung auch *innerhalb des Mitgliedstaats* am selben Ort liegen müssen.

Das allgemeine deutsche Aktienrecht kennt dazu eine Regelung in § 5 Abs. 2 AktG: Sitz der Gesellschaft muss in der Regel der Ort sein, wo die Gesellschaft einen Betrieb hat, wo sich die Geschäftsleitung befindet oder die Verwaltung geführt wird. Der Gesetzgeber wollte damit verhindern, dass eine Gesellschaft einen bestimmten Sitz allein deshalb wählt, weil das dortige Gericht mit dem Aktienrecht weniger vertraut ist.[1] Zudem rechnet der Geschäftsverkehr üblicherweise damit, dass die Gesellschaft an ihrem Sitz eine gewisse Aktivität entfaltet und dort gut erreichbar ist.

Der DiskE lehnte sich aus den genannten Gründen eng an die Regelung des § 5 Abs. 2 AktG an.[2] Dem gegenüber wurden Bedenken laut, ob die Ermächtigungsnorm des Art. 7 Satz 2 SE-VO eine so weite Formulierung zulasse, wonach der Sitz entweder an einem Betrieb, am Ort der Geschäftsleitung oder am Ort der Verwaltung liegen könne.[3] § 5 SE-AG folgt diesen Bedenken und legt zwingend fest, dass der Ort der Hauptverwaltung zum Sitz der Gesellschaft bestimmt werden muss.[4] Für SE könnte es wegen ihres grenzüberschreitenden Charakters zwar auch attraktiv sein, Sitz und Hauptverwaltung in verschiedenen Staaten anzusiedeln. Dies untersagt aber schon das europäische Recht.[5] Für den nationalen Gesetzgeber stellte sich auf Basis des Art. 7 Satz 2 SE-VO allein die Frage, wo der Sitz innerhalb Deutschlands liegen muss.

---

[1] Vgl. *Brändel, O. C.*, in: Großkommentar AktG, 1992, § 5, Rdnr. 1. Der Sitz entscheidet über das zuständige Handelsregister (s. §§ 14 i. V. m. 36 Abs. 1 AktG) und über das für Klagen gegen die Gesellschaft zuständige Gericht (s. § 17 Abs. 1 S. 1 ZPO). Zur weiteren Bedeutung des Sitzes vgl. *Brändel, O. C.*, in: Großkommentar AktG, 1992, § 5, Rdnr. 4-7.

[2] § 2 DiskE lautete: „Die Satzung hat als Sitz in der Regel den Ort, an dem die Gesellschaft einen Betrieb hat, oder den Ort zu bestimmen, an dem sich die Geschäftsleitung befindet oder die Verwaltung geführt wird."

[3] Für Zulässigkeit der Formulierung des DiskE: *Brandt, U.*, SE-Ausführungsgesetz, 2002, S. 994; *Ihrig, H.-C. / Wagner, J.*, Diskussionsentwurf, 2003, S. 971, Fn. 38; *Neye, H.-W. / Teichmann, C.*, Ausführungsgesetz, 2003, S. 173, Fn. 24. Kritisch hingegen: *DAV*, Diskussionsentwurf, 2004, S. 76.

[4] Auf Anregung des Bundesrates verwendet § 2 SE-AG nicht mehr den Begriff der „Verwaltung", sondern spricht in Anlehnung an den Wortlaut der SE-Verordnung von der „Hauptverwaltung" (vgl. *Neye, H.-W.*, Materialsammlung, 2005, S. 75 f.).

[5] S. Art. 7 Abs. 1 SE-VO. Fehlgehend daher die implizite Annahme des *DNotV*, Diskussionsentwurf, 2003, S. 94, 109, ein Verzicht auf die Regelungsoption des Art. 7 Satz 2 SE-VO könne Auswirkungen auf die Entscheidung über die Ansiedelung von Holdingstandorten im Ausland unter Sicherstellung der unternehmensstrategischen Führung deutscher Unternehmen haben. Auch ein Doppelsitz dürfte nicht möglich sein. Der SE-VO-Vorschlag sah dies im Jahre 1975 noch zwar vor. Im nachfolgenden Vorschlag von 1989 wurde die entsprechende Passage aber gestrichen. Daraus muss man wohl die Entscheidung des Verordnungsgebers ablesen, dass eine SE keinen Doppelsitz haben darf (so *Brändel, O. C.*, in: Großkommentar AktG, 1992, § 5, Rdnr. 10).

c. Eintragung der SE

Art. 12 Abs. 1 SE-VO: „Jede SE wird gemäß Artikel 3 der Ersten Richtlinie 68/151/EWG des Rates vom 9. März 1968 zur Koordinierung der Schutzbestimmungen, die in den Mitgliedstaaten den Gesellschaften im Sinne des Artikels 58 Absatz 2 des Vertrages im Interesse der Gesellschafter sowie Dritter vorgeschrieben sind, um diese Bestimmungen gleichwertig zu gestalten, im Sitzstaat in ein nach dem Recht dieses Staates bestimmtes Register eingetragen."

Die erste gesellschaftsrechtliche Richtlinie aus dem Jahre 1968 (Publizitätsrichtlinie)[1] setzt für alle Kapitalgesellschaften in der Europäischen Gemeinschaft einen grundlegenden Publizitätsstandard. Ihm soll auch die SE unterworfen sein, die SE ist daher in ihrem Sitzstaat in ein „nach dem Recht dieses Staates bestimmtes Register" einzutragen.[2] Dies Register ist sinnvollerweise das *Handelsregister*, das auch die nach nationalem Recht gegründeten Kapitalgesellschaften aufnimmt. So sieht es auch § 3 SE-AG vor. Für die einzureichenden Urkunden und die einzutragenden Angaben gilt das allgemeine Aktien- und Handelsrecht, das in Umsetzung der Publizitätsrichtlinie ergangen ist.[3] Es ergeben sich also keine Besonderheiten gegenüber den nationalen Aktiengesellschaften.

2. Gründung durch Verschmelzung

Das Verfahren der Gründung einer SE durch Verschmelzung ist in der SE-VO ausführlich geregelt. Es entspricht in den Grundzügen dem Verschmelzungsrecht der dritten gesellschaftsrechtlichen Richtlinie (Verschmelzungsrichtlinie)[4] und regelt darüber hinaus Besonderheiten, die sich aus dem grenzüberschreitenden Charakter der Transaktion ergeben.[5] Der deutsche Gesetzgeber ist hier vor allem im Hinblick auf den Schutz der Gläubiger und widersprechender Minderheitsaktionäre aktiv geworden. Von den übrigen Ermächtigungen des Abschnitts über die Verschmelzung hat er keinen Gebrauch gemacht.

---

[1] S. Richtlinie 68/151/EWG v. 9.3.1968; abgedruckt in *Habersack, M.*, Europäisches Gesellschaftsrecht, 2003, S. 89-96, und *Lutter, M.*, Unternehmensrecht, 1996, S. 104-108.

[2] S. Art. 12 Abs. 1 SE-VO.

[3] S. Art. 13 SE-VO.

[4] S. Richtlinie 78/855/EWG v. 9.10.1978; abgedruckt in: *Habersack, M.*, Europäisches Gesellschaftsrecht, 2003, S. 194-205 und *Lutter, M.*, Unternehmensrecht, 1996, S. 131-138.

[5] Näher zur Verschmelzung der Beitrag von *Neun* in diesem Band. Weiterhin vgl. *Bayer, W.*, Gründung, 2005, S. 32-45; *Brandes, S.*, Cross Border Merger, 2005; *Scheifele, M.*, Gründung, 2004, S. 129-303; *Teichmann, C.*, Einführung, 2002, S. 383, 415-432; *Vossius, O.*, Gründung, 2005, S. 741-749.

a. Einspruchsrecht einer Behörde

Art. 19 SE-VO: „Die Rechtsvorschriften eines Mitgliedstaates können vorsehen, dass die Beteiligung einer Gesellschaft, die dem Recht dieses Mitgliedstaates unterliegt, an der Gründung einer SE durch Verschmelzung nur möglich ist, wenn keine zuständige Behörde dieses Mitgliedstaats vor der Erteilung der Bescheinigung gemäß Artikel 25 Absatz 2 dagegen Einspruch erhebt."

Der nationale Gesetzgeber kann auf Grundlage von Art. 19 SE-VO bestimmten Behörden das Recht gewähren, gegen den Vollzug der Verschmelzung Einspruch zu erheben. Derartige Einspruchsrechte könnten beispielsweise für die Steuerbehörden von Interesse sein. Ein solcher Fall führte zu der bekannten „Daily-Mail"-Entscheidung des *EuGH*.[1] In Deutschland ist ein solches Einspruchsrecht nicht bekannt; es bestand auch keine Veranlassung, es speziell für die SE-Gründung einzuführen.[2]

b. Bekannt zu machende Angaben bei Verschmelzung

Art. 21 SE-VO: „Für jede der sich verschmelzenden Gesellschaften und vorbehaltlich weiterer Auflagen seitens des Mitgliedstaates, dessen Recht die betreffende Gesellschaft unterliegt, sind im Amtsblatt dieses Mitgliedstaats nachstehende Angaben bekannt zu machen: ... ."

Art. 21 SE-VO schreibt vor, welche Angaben jede der sich verschmelzenden Gesellschaften in ihrem Mitgliedstaat bekannt machen muss. Dies gilt, so der Wortlaut der SE-VO, „vorbehaltlich weiterer Auflagen seitens des Mitgliedstaats". Dabei wird nicht ganz deutlich, ob es um Auflagen geht, die das allgemeine nationale Verschmelzungsrecht formuliert, oder ob speziell für die SE weitere Auflagen auferlegt werden können. Grundsätzlich unterliegt jede sich verschmelzende Gesellschaft nach Art. 18 SE-VO ohnehin dem nationalen Verschmelzungsrecht, in Deutschland also den *Regelungen des Umwandlungsgesetzes*. Der genannte Vorbehalt in Art. 21 SE-VO macht deutlich, dass diese nationalen Regelungen, sofern sie über die SE-VO hinausgehen, durch die SE-VO nicht verdrängt werden sollen. Es gilt also insbesondere die Regelung in § 61 UmwG, wonach der Verschmelzungsvertrag oder sein Entwurf vor der Einberufung der Hauptversammlung zum Register einzureichen sind. Denkbar ist auch, den Vorbehalt des Art. 21 SE-VO als eine Ermächtigung zur Regelung zusätzlicher Bekanntmachungspflichten zu verstehen. Jedoch ist ein Be-

---

[1] Vgl. *EuGH*, Urteil v. 27.9.1988, EuGH Slg. 1988, S. 5505-5514. Die britischen Steuerbehörden hatten dort einer Gesellschaft den Wegzug untersagt, der vor allem der Steuerersparnis dienen sollte. Nach Auffassung des *EuGH* verstieß die Entscheidung der britischen Behörde nicht gegen die europarechtlich gewährte Niederlassungsfreiheit.

[2] Anders beispielsweise England und Frankreich (vgl. den Beitrag von *Schindler* und *Teichmann* in diesem Band zum Recht der SE im Ausland). Auch die Verordnung über die Europäische wirtschaftliche Interessenvereinigung (Verordnung (EWG) Nr. 2137/85 v. 25.7.1985, ABl. EG Nr. L 199 v. 31.7.1985, S. 1) enthielt diese Option. Deutschland hat davon seinerzeit gleichfalls keinen Gebrauch gemacht.

dürfnis für solche weiter reichenden Pflichten nicht erkennbar. Es kann daher bei der kumulativen Anwendung von Art. 21 SE-VO und § 61 UmwG bleiben.

§ 5 SE-AG regelt demzufolge lediglich die Art und Weise der Bekanntmachung:[1] Die nach Art. 21 SE-VO bekannt zu machenden Tatsachen sind bei Einreichung des Verschmelzungsplans mitzuteilen und werden vom Registergericht gemeinsam mit dem nach § 61 Satz 2 UmwG vorgeschriebenen Hinweis veröffentlicht.

c. Verschmelzung innerhalb eines Konzerns

Art. 31 Abs. 2 Unterabs. 2 SE-VO: „Vollzieht eine Gesellschaft, die Inhaberin von mindestens 90%, nicht aber aller der in der Hauptversammlung einer anderen Gesellschaft Stimmrecht verleihenden Aktien und sonstigen Wertpapiere ist, eine Verschmelzung durch Aufnahme, so sind die Berichte des Leitungs- oder des Verwaltungsorgans, die Berichte eines oder mehrerer unabhängiger Sachverständiger sowie die zur Kontrolle notwendigen Unterlagen nur insoweit erforderlich, als dies entweder in den einzelstaatlichen Rechtsvorschriften, denen die übernehmende Gesellschaft unterliegt, oder in den für die übertragende Gesellschaft maßgeblichen einzelstaatlichen Rechtsvorschriften vorgesehen ist.

Die Mitgliedstaaten können jedoch vorsehen, dass dieser Absatz Anwendung auf eine Gesellschaft findet, die Inhaberin von Aktien ist, welche mindestens 90% der Stimmrechte, nicht aber alle verleihen."

Die Verschmelzung von zwei Aktiengesellschaften zu einer SE kann dadurch geschehen, dass eine Aktiengesellschaft sich mit ihrer ausländischen Tochtergesellschaft zusammenschließt.[2] Art. 31 SE-VO sieht für diesen Fall bestimmte Verfahrenserleichterungen vor und definiert die Konzernverschmelzung als einen Fall, in dem eine Gesellschaft Inhaberin von mindestens 90%, nicht aber aller Aktien oder sonstigen Wertpapiere ist, die in einer anderen Gesellschaft Stimmrechte verleihen.

Ein Mitgliedstaat kann diese Regelung für anwendbar erklären in Fällen, in denen eine Gesellschaft Inhaberin von Aktien ist, die mindestens 90% der Stimmrechte, nicht aber alle verleihen. Dies betrifft den Fall, in dem einzelne Aktien Mehrfachstimmrechte gewähren.[3] Da dies in Deutschland nach § 12 Abs. 2 AktG nicht zuläs-

---

[1] Er schließt damit in gewisser Weise eine Lücke der SE-Verordnung, denn Art. 21 SE-VO äußert sich nicht zu Art und Weise der dort geforderten Bekanntmachung (vgl. *Neye, H.-W.,* Materialsammlung, 2005, S. 79). Derartige Ergänzungen dürften von Art. 68 Abs. 1 SE-VO gedeckt sein, wonach die Mitgliedstaaten alle Maßnahmen treffen, um das Wirksamwerden der Verordnung zu gewährleisten.

[2] A. A. vgl. *Hirte, H.,* Europäische Aktiengesellschaft, 2002, S. 1, 3. Dagegen vgl. bereits *Teichmann, C.,* Einführung, 2002, S. 383, 412. Es dürfte mittlerweile herrschende Auffassung sein, dass eine solche Konzernverschmelzung zulässig ist (vgl. *Jannott, D.,* Gründung, 2005, S. 37 m.w.N.).

[3] Dies ist beispielsweise in Schweden möglich, auf dessen Initiative die Ermächtigungsnorm offenbar zurückgeht.

sig ist, brauchte die Option nicht wahrgenommen zu werden; das SE-AG trifft hierzu keine Regelung.

d. Schutz der Minderheitsaktionäre

Art. 24 Abs. 2 SE-VO: „Jeder Mitgliedstaat kann in Bezug auf die sich verschmelzenden Gesellschaften, die seinem Recht unterliegen, Vorschriften erlassen, um einen angemessenen Schutz der Minderheitsaktionäre, die sich gegen die Verschmelzung ausgesprochen haben, zu gewährleisten."

Das deutsche Umwandlungsrecht schützt Aktionäre, die sich gegen eine Verschmelzung aussprechen, durch das Angebot einer *Barabfindung*.[1] Wer sich an der Verschmelzung nicht beteiligen will, erhält dadurch die Möglichkeit, gegen Entschädigung aus der Gesellschaft auszuscheiden. Ein eventueller Streit über die Höhe des Angebots wirkt sich nicht auf den Vollzug der Verschmelzung aus; denn eine Klage gegen die Wirksamkeit der Verschmelzung kann nicht darauf gestützt werden, dass die Barabfindung zu niedrig bemessen oder nicht ordnungsgemäß oder gar nicht angeboten worden sei.[2] Dieser Streit wird in das Spruchverfahren ausgelagert,[3] er verzögert den Vollzug der Verschmelzung also nicht.

Ein ähnlicher Mechanismus greift, wenn einzelne Aktionäre das *Umtauschverhältnis* der Anteile angreifen wollen. Ein fehlerhaftes Umtauschverhältnis rechtfertigt keine Klage gegen die Wirksamkeit der Verschmelzung;[4] allenfalls kann eine bare Zuzahlung verlangt werden,[5] über die wiederum im Spruchverfahren zu streiten ist.[6]

Es lag nahe, diese Mechanismen auf den Fall der Gründung einer SE durch Verschmelzung zu übertragen. Dafür spricht sowohl die *Interessenlage* der Minderheitsaktionäre als auch diejenige der Gesellschaft, die an der Gründung einer SE teilnehmen will: Die Barabfindung nach Umwandlungsgesetz wird gewährt, wenn im Zuge einer Verschmelzung die Rechtsform wechselt.[7] Dieselbe Interessenlage besteht aus Sicht der Aktionäre beim Übergang in eine SE – jedenfalls, wenn sie ihren Sitz im Ausland nimmt (zu dieser Differenzierung sogleich). Art. 24 Abs. 2 SE-VO ermächtigt die Mitgliedstaaten daher, einen angemessenen Schutz der Minderheitsaktionäre, die sich gegen die Verschmelzung ausgesprochen haben, zu regeln. Aus Sicht der Gesellschaft, die im Wege der Verschmelzung eine SE gründen möchte, besteht ein

---

[1] S. § 29 UmwG.
[2] S. § 32 UmwG.
[3] S. § 34 UmwG.
[4] S. § 14 Abs. 2 UmwG.
[5] S. § 15 UmwG.
[6] S. § 15 Abs. 1 Satz 2 UmwG.
[7] S. § 29 Abs. 1 S. 1 UmwG.

Interesse daran, eventuellen Streit mit den Minderheitsaktionären nicht im die Verschmelzung hemmenden Verfahren der Anfechtungsklage auszutragen, sondern im Spruchverfahren, das die Eintragung der Verschmelzung nicht hindert.

Der *Diskussionsentwurf* zum SE-AG hatte eine Regelung vorgesehen, wonach die Aktionäre der sich verschmelzenden Gesellschaften entweder bei einem unangemessenen Umtauschverhältnis eine bare Zuzahlung verlangen können (§ 6 DiskE) oder, sofern sie der Verschmelzung widersprechen, den Erwerb ihrer Aktien gegen Zahlung einer angemessenen Barabfindung verlangen können (§ 7 DiskE).[1] Anders als das Umwandlungsgesetz hatte der DiskE dieses Recht nicht allein den Aktionären der übertragenden Gesellschaft gewähren wollen, sondern auch denjenigen der aufnehmenden Gesellschaft.[2] Das Umwandlungsgesetz hingegen billigt die bare Zuzahlung (§ 15 Abs. 1 UmwG) und den Austritt gegen Barabfindung (§ 29 Abs. 1 UmwG) nur den Aktionären der übertragenden Gesellschaft zu; die Aktionäre der aufnehmenden Gesellschaft haben diese Möglichkeiten nicht und bleiben damit auf die Anfechtungsklage verwiesen.[3] Im weiteren Verlauf des Gesetzgebungsverfahrens gewann jedoch die gesetzgebungstechnische Überlegung die Oberhand, dass sedes materiae für eine derartige Reform der Aktionärsrechte das Umwandlungsgesetz selbst sein muss.[4] Das SE-AG in der letztlich verabschiedeten Fassung beschränkt sich daher auf einen Minderheitenschutz zu Gunsten der Aktionäre der übertragenden Gesellschaft. Es bleibt also einer künftigen Reform des Umwandlungsgesetzes vorbehalten, die Minderheitenrechte auf Aktionäre aller beteiligten Gesellschaften auszudehnen.

- Eine weitere Erkenntnis hat die wissenschaftliche Diskussion nach Veröffentlichung des DiskE zu Tage gefördert: Ein Recht auf Austritt gegen Barabfindung können Aktionäre legitimerweise nur dann fordern, wenn die künftige SE ihren

---

[1] Umstritten ist, ob die Ermächtigungsnorm des Art. 24 Abs. 2 SE-VO eine Kontrolle des Umtauschverhältnisses auch zu Gunsten derjenigen Aktionäre gestattet, die dem Verschmelzungsbeschluss nicht widersprochen haben (hierzu Begr RegE zu § 6 SE-AG bei *Neye, H.-W.,* Materialsammlung, 2005, S. 82). Für unzulässig halten dies *DAV*, Diskussionsentwurf, 2004, S. 75, 76 f., *Ihrig, H.-C. / Wagner, J.,* Diskussionsentwurf, 2003, S. 969, 972; für die Gegenauffassung *Teichmann, C.,* Minderheitenschutz, 2003, S. 367, 384 f.

[2] Europarechtliche Bedenken hiergegen machte die Stellungnahme des *DNotV*, Diskussionsentwurf, 2003, S. 94, 97, geltend.

[3] Zur Diskussion vgl. *Teichmann, C.,* Minderheitenschutz, 2003, S. 379-383 m.w.N.

[4] In diesem Sinne die Stellungnahme des *DAV*, Diskussionsentwurf, 2004, S. 75, 76; in der Tendenz zustimmend auch *Waclawik, E.,* Referentenentwurf, 2004, S. 1191, 1193.

L.II. Gründung einer SE

Sitz im Ausland hat.[1] Denn die Parallelnorm des § 29 UmwG setzt einen Rechtsformwechsel voraus. Nun ist die SE zwar eine andere Rechtsform als die Aktiengesellschaft deutschen Rechts. Soweit sie jedoch ihren Sitz in Deutschland nimmt, bleiben die gesellschaftsrechtlichen Rahmenbedingungen wegen der Verweisung auf deutsches Aktienrecht im Wesentlichen gleich. Gerade die Aktionärsrechte sind in der SE-Verordnung kaum geregelt, so dass sich für die Aktionäre einer deutschen Aktiengesellschaft, die in eine in Deutschland ansässige SE wechseln, kaum Änderungen ihrer Rechtsposition ergeben. Anders liegen die Dinge, wenn die SE ihren Sitz im Ausland hat. Aktionärsrechte sind in der Europäischen Gemeinschaft nicht harmonisiert, es kann also durchaus zum Verlust von gewohnten Rechtspositionen kommen – beispielsweise des Auskunftsrechts aus § 131 AktG oder der Minderheitenrechte, die an bestimmte Quoten gebunden sind.[2] Der Grundgedanke, dass einem Gesellschafter der Wechsel des Rechtskleides nicht gegen seinen Willen aufgezwungen werden kann, ist auch nicht etwa „uneuropäisch", sondern ein allgemeines Prinzip[3], das nach dem Umwandlungsgesetz sogar für den Wechsel innerhalb verschiedener Rechtsformen deutschen Rechts gilt (vgl. § 29 UmwG).

Die deutsche Gerichtsentscheidung im Spruchverfahren ist für die ausländischen, an der SE-Gründung beteiligten Gesellschaften und ihre Aktionäre bindend.[4] Diese Rechtsfolge soll die Aktionäre der ausländischen Gründungsgesellschaften nicht ge-

---

[1] Vgl. hierzu namentlich *Kalss, S.*, Minderheitenschutz, 2003, S. 608-612; vgl. weiterhin *Teichmann, C.*, Austrittsrecht, 2003, S. 68 f. und *DAV*, Diskussionsentwurf, 2004, S. 75, 77. Das Bestreben, Anfechtungsklagen zu vermeiden (vgl. *Teichmann, C.*, Minderheitenschutz, 2003, S. 383) wurde im Verlauf des Gesetzgebungsverfahrens letztlich nicht als hinreichend tragfähig angesehen, um bei einem Wechsel in eine in Deutschland ansässige SE ein Austrittsrecht zu gewähren.

[2] Instruktiv die Abhandlung von *Grechenig, K.*, Spanisches Aktien- und GmbH-Recht, 2005, der auf den S. 102-107 die im Vergleich zum deutschen Recht deutlich anders gestaltete Stellung der Hauptversammlung einer spanischen SA erläutert. Daran wird auch deutlich, dass es nicht um Verbesserung oder Verschlechterung der Rechtspositionen geht (die spanische Hauptversammlung hat eine stärkere Stellung als die deutsche), sondern um das Ausmaß der Unterschiede, das gerade Kleinaktionäre überfordern kann (z.B. kann für die Teilnahme an einer spanischen Hauptversammlung ein Mindestanteilsbesitz vorgesehen werden).

[3] Vgl. hierzu grundlegend *Kalss, S.*, Anlegerinteressen, 2001, S. 496 ff. Dies verkennt *Waclawik, E.*, Referentenentwurf, 2004, S. 1191, 1193, der dem Gesetzgeber fälschlich den Standpunkt unterstellt, eine Sitzverlegung sei „gefährlich". Tatsächlich geht es um die Veränderung des rechtlichen Umfeldes, die als solche eine Beschwernis für Minderheitsaktionäre ist, der sie nicht gegen ihren Willen ausgesetzt werden sollen. Gegen ein solches Schutzbedürfnis *Kübler, F.*, Barabfindung, 2003, S. 627, 629, der in der SE eine „im Kern einheitliche" Rechtsform sieht. Vgl. auch die divergierenden Stellungnahmen zu § 7 SE-AG von Bundesrat und Bundesregierung im Gesetzgebungsverfahren (*Neye, H.-W.*, Materialsammlung, 2005, S. 87-91).

[4] S. Art. 25 Abs. 3 S. 4 SE-VO.

gen ihren Willen treffen. Die SE-VO macht daher die Durchführung des Spruchverfahrens von der ausdrücklichen Zustimmung dieser Aktionäre abhängig.[1]

Das Zustimmungserfordernis der *Aktionäre ausländischer Gründungsgesellschaften* ist der eigentliche Pferdefuß der Regelung zum Schutz der Minderheitsaktionäre in der deutschen Gesellschaft. Stimmen die Aktionäre der ausländischen Gesellschaften nicht zu, können die Aktionäre der deutschen Gesellschaft nicht auf das Spruchverfahren zurückgreifen. Die Konsequenz: Ihnen muss für den Streit über Barabfindung und bare Zuzahlung die *Anfechtungsklage* eröffnet werden; denn der Ausschluss der Anfechtungsklage bei Streitigkeiten über Barabfindung und Umtauschverhältnis rechtfertigt sich nur dadurch, dass den Minderheitsaktionären alternativ das Spruchverfahren zur Verfügung steht. Lässt man ihnen aber nur die Anfechtungsklage, ist der Vollzug der gesamten Verschmelzung gefährdet. Eine Anfechtungsklage könnte dann auch auf die Rüge gestützt werden, die Barabfindung oder das Umtauschverhältnis seien nicht angemessen. Die deutsche Gesellschaft wäre damit der sprichwörtliche „unsichere Kantonist" im Gefüge einer internationalen Verschmelzung zur SE.

Im Diskussionsstadium wurde über verschiedene Regelungen nachgedacht, mit denen Aktionären der ausländischen Gesellschaft die Zustimmung zum Spruchverfahren hätte erleichtert werden können.[2] Dabei ist der unvermeidbare Interessenkonflikt zwischen den Aktionären der verschiedenen Gründungsgesellschaften in Rechnung zu stellen: Erlangen die Aktionäre der deutschen Gesellschaft im Spruchverfahren eine Verbesserung ihrer Vermögensposition, fehlt dieser Betrag im Vermögen der künftigen SE. Diese Aussicht werden die Aktionäre ausländischer Gesellschaften nur hinnehmen, wenn sie auf ein faires Verfahren vertrauen können. Schließlich geht es bei den Spruchverfahren zumeist um Fragen der Unternehmensbewertung; es muss das Vertrauen befördert werden, dass das Gericht die dabei eröffneten Ermessensspielräume nicht einseitig zu Gunsten der klagenden Aktionäre ausüben wird. Als geeignete vertrauensbildende Maßnahme kam die Bestellung eines gemeinsamen Vertreters für die Aktionäre der ausländischen Gesellschaften in Betracht, der ihre Interessen an einer ausgewogenen Unternehmensbewertung artikuliert. Weiterhin wäre eine Regelung denkbar gewesen, wonach die Entscheidung im Spruchverfahren gegebenenfalls auch zu Lasten der klagenden Aktionäre ausgehen kann. Denn ein Verfahren, das nur zu einer Verbesserung der Rechtsposition der Aktionäre der deutschen Gesellschaft führen kann, müssten Aktionäre der übrigen beteiligten Gesellschaften als ungerecht empfinden. Eine völlige Gleichstellung hätte sich herstellen lassen, wenn die Aktionäre der ausländischen Gesellschaften einen eigenen An-

---

[1] S. Art. 25 Abs. 3 S. 1 SE-VO.
[2] Vgl. dazu *Teichmann, C.,* Einführung, 2002, S. 383, 425–429.

spruch auf Barabfindung und Überprüfung des Umtauschverhältnisses bekommen hätten.

Letztlich hat sich der Gesetzgeber hier wie schon bei den umwandlungsrechtlichen Fragen dafür entschieden, die Probleme dort anzugehen, wo sie ihren eigentlichen Ursprung haben: Zweifel an der Effizienz des Spruchverfahrens und an der Gerechtigkeit seiner Ergebnisse betreffen nicht allein die Verschmelzung zur SE, sondern das Spruchverfahren generell.[1] Das *Spruchverfahrensgesetz* aus dem Jahre 2003 soll hier Abhilfe schaffen.[2] Es betont die Verfahrensförderungspflicht aller Beteiligten (§ 9 SpruchG) und bietet durch die gerichtliche Bestellung des Sachverständigen größere Gewähr für die Neutralität der Unternehmensbewertung. Weiterhin besteht nach § 6 a SpruchG bei einer SE-Gründung die Möglichkeit, einen gemeinsamen Vertreter zu bestellen, der eigens die Interessen derjenigen Aktionäre wahren soll, die selbst nicht antragsberechtigt sind; damit ist prozessual sichergestellt, dass sich im Spruchverfahren, das die Aktionäre der deutschen Gesellschaft eingeleitet haben, auch die Aktionäre der ausländischen Gesellschaften Gehör verschaffen können.

e. Gläubigerschutz

Art. 24 Abs. 1 SE-VO: „Das Recht des Mitgliedstaats, das jeweils für die sich verschmelzenden Gesellschaften gilt, findet wie bei einer Verschmelzung von Aktiengesellschaften unter Berücksichtigung des grenzüberschreitenden Charakters der Verschmelzung Anwendung zum Schutz der Interessen
a) der Gläubiger der sich verschmelzenden Gesellschaften ..."

Den Gläubigerschutz bei der Verschmelzung zu einer SE regelt § 8 SE-AG, soweit die SE ihren Sitz im Ausland nimmt.[3] Die Vorschrift verweist wegen der vergleichbaren Interessenlage auf § 13 SE-AG, der den Gläubigerschutz bei der Sitzverlegung regelt.[4]

Umstritten war in der Diskussion, ob Art. 24 Abs. 1 SE-VO dem nationalen Gesetzgeber überhaupt die Kompetenz erteilt, eine SE-spezifische Regelung für den Gläubigerschutz zu treffen.[5] Zunächst einmal liegt der Sinn des Art. 24 Abs. 1 SE-VO darin, für die dort genannten Personengruppen die Anwendbarkeit des Schutzinstru-

---

[1] Vgl. Kritik und Reformvorschlag bei *Lutter, M. / Bezzenberger., T.*, Reform des Spruchverfahrens, 2000.
[2] Vgl. zu den gesetzgeberischen Erwägungen *Neye, H.-W.*, Reform des Spruchverfahrens, 2002; vgl. zum Gesetz selbst *Klöcker, I. / Frowein, G.*, Spruchverfahrensgesetz, 2004.
[3] Bei Verschmelzung zu einer SE mit Sitz in Deutschland gilt § 22 UmwG.
[4] Dazu unten Abschnitt III.3.
[5] Kritisch insoweit *DAV*, Diskussionsentwurf, 2004, S. 75, 78, *DNotV*, Diskussionsentwurf, 2003, S. 94, 100, *Ihrig, H.-C. / Wagner, J.*, Diskussionsentwurf, 2003, S. 969, 973; *Scheifele, M.*, Gründung, 2004, S. 226-228.

mentariums des nationalen Verschmelzungsrechts sicherzustellen. Darin liegt eine distributive Anknüpfung, die deshalb notwendig war, weil andernfalls die Gesellschaftsstatute aller beteiligten Gesellschaften kumulativ zur Anwendung gelangt wären.[1]

Fraglich ist hingegen die Bedeutung des Zusatzes „unter Berücksichtigung des grenzüberschreitenden Charakters". *Scheifele* sieht darin eine Anpassung im kollisionsrechtlichen Sinne, die dazu führen soll, dass der künftige Sitzstaat der SE die ausländischen Schutzinstrumentarien respektieren und gegebenenfalls sein eigenes Recht entsprechend anpassen muss.[2] Dazu hätte es allerdings des fraglichen Zusatzes nicht bedurft. Denn das Gesellschaftsstatut der Gründungsgesellschaft muss der Aufnahmestaat schon auf Grund der distributiven Anknüpfung anwenden, die kraft des Vorrangs der SE-Verordnung vor nationalem Recht die im Aufnahmestaat geltenden Regeln schlicht verdrängt. Gemäß Art. 24 Abs. 1 SE-VO können sich die Gläubiger auf diejenige Rechtsordnung stützen, die für die sich verschmelzende Gesellschaft gilt, deren Gläubiger sie sind. Der nach den mitgliedstaatlich-kollisionsrechtlichen Regeln drohende Normenmangel[3] wird also durch die vorrangig geltende SE-Verordnung beseitigt. Da somit kraft europäischer Anordnung das Statut der *übertragenden* Gesellschaft für den Gläubigerschutz maßgebend ist, besteht für eine kollisionsrechtliche Anpassung, also eine Modifizierung des Statuts der *übernehmenden* Gesellschaft, kein Raum und auch kein Bedürfnis mehr.[4]

Der Zusatz lässt sich daher auch so verstehen, dass das nationale Recht des Herkunftslandes der Gesellschaft, soweit es einen dem grenzüberschreitenden Charakter angemessenen Gläubigerschutz nicht kennt, entsprechend modifiziert werden kann. Da das nationale Verschmelzungsrecht (§ 22 UmwG) mit seinem der Verschmelzung nachgeschalteten Gläubigerschutz dem grenzüberschreitenden Charakter der Verschmelzung gerade nicht gerecht wird, der Gläubigerschutz jedoch von der SE-VO ausdrücklich der Domäne des nationalen Rechts zugewiesen wird, sah sich der Gesetzgeber befugt, insoweit eine Regelung zu treffen.[5]

---

[1] Vgl. *Scheifele, M.*, Gründung, 2004, S. 223.
[2] Vgl. *Scheifele, M.*, Gründung, 2004, S. 224-226.
[3] Hierzu vgl. *Lennerz, U.*, Internationale Verschmelzung, 2001, S. 220 f.
[4] So aber *Scheifele, M.*, Gründung, 2004, S. 224 f.
[5] Vgl. Begr RegE zu § 8 SE-AG (*Neye, H.-W.*, Materialsammlung, 2005, S. 92).

3. Gründung einer Holding-SE

a. Mehrheitserfordernis für Gesellschafterbeschluss

Art. 32 Abs. 6 Satz 1: „Die Hauptversammlung jeder der die Gründung anstrebenden Gesellschaften stimmt dem Gründungsplan für die SE zu."

Die Gründung einer Holding-SE ist in der SE-VO weniger ausführlich geregelt als die Gründung durch Verschmelzung. Dies wirft schwierige Fragen der Lückenfüllung auf.[1] So schreibt die SE-VO vor, es müsse in den Gründungsgesellschaften ein Gesellschafterbeschluss über die Gründung der Holding-SE herbeigeführt werden (Art. 32 Abs. 6 SE-VO), ohne sich zu der hierfür erforderlichen Beschlussmehrheit zu äußern. Die Verweisungen auf nationales Recht helfen nicht weiter. Denn die Verweisung des Art. 9 SE-VO betrifft nur das auf die SE anwendbare Recht – im Stadium der Gründung gibt es die SE aber noch nicht. Die Verweisung des Art. 15 SE-VO meint zwar die SE in Gründung, nicht aber das Verfahren in den Gründungsgesellschaften.[2] Hinzu kommt, dass der Verweis im deutschen Recht – und wohl auch in den übrigen Rechtsordnungen der Mitgliedstaaten – ins Leere ginge, da das nationale Recht ein Verfahren der Holding-Gründung per Gesellschafterbeschluss nicht kennt.

Der deutsche Gesetzgeber hat die Lücke mit § 10 Abs. 1 SE-AG geschlossen. Demnach bedarf der Zustimmungsbeschluss bei der Aktiengesellschaft mindestens einer Mehrheit von drei Viertel des bei der Beschlussfassung vertretenen Kapitals und bei einer GmbH von mindestens drei Viertel der abgegebenen Stimmen. Systematisch ist dieses Mehrheitserfordernis konsequent; denn die Holding-Gründung ist nach der Konzeption der SE-Verordnung eine Strukturmaßnahme, die weitgehend parallel zur Verschmelzung ausgestaltet ist.[3] Der österreichische Gesetzgeber ist ähnlich verfahren und hat in § 26 Abs. 2 SEG die qualifizierten Beschlussmehrheiten des Aktien- und GmbH-Gesetzes für entsprechend anwendbar erklärt.[4] Ob allerdings der nationale Gesetzgeber berufen war, die Lücke zu schließen, ist zweifelhaft. Denn er ist nur dann zu einer eigenen Regelung berechtigt, wenn ihn die SE-VO dazu ausdrücklich

---

[1] Näher vgl. *Teichmann, C.*, Einführung, 2002, S. 383, 432-437 und *Scheifele, M.*, Gründung, 2004, S. 305-383.
[2] Vgl. hierzu *Teichmann, C.*, Minderheitenschutz, 2003, S. 367, 388: Wollte man Art. 15 SE-VO anwenden, müsste eine deutsche GmbH, die sich an der Gründung einer Holding-SE mit Sitz in Griechenland beteiligt, ihre Gesellschafterversammlung nach griechischem Aktienrecht abhalten – es liegt auf der Hand, dass dies nicht gemeint sein kann.
[3] Vgl. *Teichmann, C.*, Minderheitenschutz, 2003, S. 367, 388-390.
[4] Hierzu vgl. *Hügel, H.*, in: SE-Kommentar, 2004, §§ 25, 26 SEG, Rn. 26, und *Kalss, S.*, Minderheitenschutz, 2003, S. 593, 632.

ermächtigt.¹ Sofern in der SE-VO eine Regelung schlicht fehlt, bedeutet dies nicht, dass der nationale Gesetzgeber damit automatisch zur Lückenschließung befugt sei. Vielmehr ist schon die Feststellung der Lücke eine Frage, die allein der Gerichtshof der Europäischen Gemeinschaften (*EuGH*) autoritativ klären kann; dies gilt um so mehr für die Lückenfüllung selbst, die der *EuGH* gegebenenfalls im Wege der Rechtsfortbildung vorzunehmen hat. Zu Gunsten einer Regelung im nationalen Recht ließe sich allerdings anführen, dass es hier der Sache nach nicht um eine SE-spezifische Frage geht, sondern um Fragen der internen Willensbildung in der nationalem Recht unterliegenden Gründungsgesellschaft. Die eigentliche Lücke der SE-Verordnung mag man insoweit darin sehen, dass sie für das interne Verfahren der Gründungsgesellschaften nicht auf nationales Recht verweist, wie dies in Art. 18 SE-VO für das Verschmelzungsverfahren geschehen ist. Diese Lücke lässt sich nicht anders schließen, als durch einen Verweis auf das nationale Recht der Gründungsgesellschaft.² Dann muss es dem nationalen Gesetzgeber konsequenterweise auch offenstehen, für den bisher dort noch nicht geregelten Fall einer Holding-Gründung im Wege des Gesellschafterbeschlusses eine eigene Regelung zu treffen.

b. Schutz der Minderheitsgesellschafter

Art. 34 SE-VO: „Ein Mitgliedstaat kann für die eine Gründung anstrebenden Gesellschaften Vorschriften zum Schutz der die Gründung ablehnenden Minderheitsgesellschafter, der Gläubiger und der Arbeitnehmer erlassen."

Ein Bereich, in dem die SE-VO ausdrücklich zum Tätigwerden ermächtigt, ist der Schutz der die Gründung ablehnenden Minderheitsgesellschafter.³ Hier ist ebenso wie im Fall der Verschmelzung an eine *Barabfindung* zu denken. Sie bietet auch hier den Vorteil, dass widersprechende Gesellschafter aus der Gesellschaft austreten können und der Streit über die Höhe der Abfindung in das Spruchstellenverfahren verlagert wird. Der Vollzug der Holding-Gründung würde dadurch also nicht beeinträchtigt.

Der Diskussionsentwurf schlug für die Gründung einer Holding-SE generell ein Austrittsrecht gegen Barabfindung vor. Grund dafür war vor allem die in der SE-Verordnung angelegte Parallele zwischen der Holding-Gründung und der Ver-

---

[1] Näher dazu vgl. *Teichmann, C.*, Einführung, 2002, S. 383, 399 f., und *ders.*, Ausführungsgesetz, 2002, S. 1109-1110.
[2] Vgl. dazu bereits *Teichmann, C.*, Minderheitenschutz, 2003, S. 367, 388.
[3] Die SE-VO spricht hier von „Gesellschaftern" und nicht von „Aktionären", weil die Gründung einer Holding-SE sowohl Aktiengesellschaften als auch GmbH offen steht.

schmelzung.¹ Ein generelles Austrittsrecht wurde jedoch in der Diskussion vielfach als zu weit gehend empfunden.² Gegenüber der Gleichstellung mit dem Verschmelzungsverfahren wurde darauf verwiesen, dass die Ausgangsgesellschaften bei Gründung einer Holding-SE fortbestehen. Kein Gesellschafter sei daher gezwungen, gegen seinen Willen in die neu gegründete SE zu wechseln. Die Alternative bestünde darin, den bisherigen Anteil an der Ausgangsgesellschaft einfach zu behalten. Für ein Austrittsrecht gebe es keine Rechtfertigung.

Der letztlich verabschiedete Gesetzestext hat das Austrittsrecht auf zwei Fälle reduziert: Die Holding-SE nimmt ihren Sitz im Ausland oder sie ist eine abhängige Gesellschaft im Sinne des § 17 AktG. Hinter dieser Regelung steht die Erkenntnis, dass die SE-Verordnung mittels der Gründungsregeln zur Holding-SE einen Konzerneingangsschutz statuiert.³ Über die Notwendigkeit eines solchen Schutzes wird im deutschen Schrifttum seit vielen Jahren diskutiert.⁴ Für die Gründung einer Holding-SE hat der europäische Gesetzgeber ein solches Schutzbedürfnis unterstellt; anders sind die Verfahrensregeln zur Gründung einer Holding-SE nicht erklärbar. Im Ausführungsgesetz wird das Schutzsystem der SE-Verordnung in systematischer Abstimmung mit dem Konzerneingangsschutz des § 305 AktG fortgeschrieben: Dieser lässt bei Abschluss eines Beherrschungsvertrages eine Abfindung in Form von Aktien der Obergesellschaft genügen, sofern die Obergesellschaft ihren Sitz im Inland hat und nicht selbst abhängig ist (§ 305 Abs. 2 AktG). Andernfalls muss eine Barabfindung gewährt werden. Demselben Gedanken folgt § 9 SE-AG: Da bei Gründung einer Holding-SE bereits kraft europäischen Rechts jedem Gesellschafter die Möglichkeit geboten ist, seine Anteile in Aktien der Obergesellschaft (d.h. der Holding-SE) einzutauschen (was der Regelung des § 305 Abs. 1 AktG entspricht), beschränkt § 9 SE-AG (angelehnt an § 305 Abs. 2 AktG) den Anspruch auf eine Barabfindung auf diejenigen Fälle, in denen die SE ihren Sitz im Ausland hat oder selbst abhängig im Sinne des § 17 AktG ist. Auf diese Vorschrift können sich nur die Aktionäre einer Aktiengesellschaft deutschen Rechts, die sich an der Gründung einer Holding-SE beteiligt, berufen. Zwar kann sich auch eine GmbH an der Gründung einer Holding-SE beteiligen. Da der Gesellschafter einer GmbH aber kraft der dort geltenden Gestaltungsfreiheit auch die Möglichkeit besitzt, sich durch vertragliche Vorsorge gegen

---

1   Vgl. *Neye, H.-W. / Teichmann, C.*, Ausführungsgesetz, 2003, S. 169, 173; *Teichmann, C.*, Minderheitenschutz, 2003, S. 367, 388-395

2   Namentlich *DAV*, Diskussionsentwurf, 2004, S. 75, 79 f., und *DNotV*, Diskussionsentwurf, 2003, S. 94, 98; in der Tendenz dem DiskE zustimmend *Ihrig, H.-C. / Wagner, J.*, Diskussionsentwurf, 2003, S. 969, 973.

3   Näher vgl. *Teichmann, C.*, Austrittsrecht, 2004, S. 67, 70-76.

4   Vgl. hierzu die Nachweise bei *Teichmann, C.*, Austrittsrecht, 2004, S. 67, 73, Fn. 67.

unerwünschte Konzernierung zu schützen, ist für diese Rechtsform kein zwingender gesetzlicher Schutz vorgesehen.[1]

Ein eventueller Rechtsstreit über die Höhe der Barabfindung ist im *Spruchverfahren* auszutragen (§ 9 Abs. 2 i. V. m. § 7 Abs. 7 SE-AG). Ob die Gesellschafter der ausländischen Gründungsgesellschaften dem zustimmen müssen, ist zweifelhaft. Anders als bei der Verschmelzung[2] ist ihre Zustimmung für die Holding-Gründung nicht ausdrücklich vorgesehen. Es lässt sich argumentieren, dies sei eine unbewusste Lücke in der SE-VO, die durch analoge Anwendung von Art. 25 Abs. 3 SE-VO zu schließen sei.[3] Manches spricht aber auch gegen diese Parallele. Denn anders als bei der Verschmelzung bleibt bei der Gründung einer Holding-SE die Ausgangsgesellschaft bestehen. Der Rechtsstreit über die Höhe der Abfindung wird also zwischen dem Gesellschafter und der weiterhin bestehenden Gesellschaft nationalen Rechts ausgetragen, während er bei der Verschmelzung nach Eintragung der Verschmelzung von der SE fortgeführt werden muss. Letzteres spricht bei der Verschmelzung dafür, einen Zustimmungsbeschluss aller beteiligten Gesellschaften zu fordern und legt den Schluss nahe, dass dies bei Gründung einer Holding-SE gerade nicht geboten ist. Der deutsche Gesetzgeber konnte darüber indessen nicht entscheiden; das Ausführungsgesetz trifft daher keine Regelung zu dieser Frage.

Das SE-AG sieht außerdem vor, dass jeder Anteilsinhaber die *Angemessenheit des Umtauschverhältnisses* überprüfen lassen und gegebenenfalls eine bare Zuzahlung verlangen kann (§ 11 SE-AG). Dies lehnt sich gleichfalls an die Regelung der Verschmelzung an. Die Notwendigkeit einer solchen Regelung wurde in der Diskussion teilweise in Frage gestellt mit dem Hinweis, anders als bei der Verschmelzung könne ein Gesellschafter, der mit dem Umtauschverhältnis nicht einverstanden sei, auf den Umtausch verzichten und Gesellschafter der Ausgangsgesellschaft bleiben; dann aber erleide er keinen Vermögensnachteil, der durch bare Zuzahlung ausgeglichen werden müsse.[4] Allerdings sprechen zwei Argumente dafür, bei Gründung einer Holding-SE ebenso wie bei der Verschmelzung eine Kontrolle des Umtauschverhältnisses vorzusehen: Erstens ist über den Gründungsplan ein Gesellschafterbeschluss zu fassen; dieser Beschluss bezieht sich inhaltlich auch auf das im Gründungsplan festzulegende Umtauschverhältnis. Sollte das Umtauschverhältnis unangemessen sein, wäre der Beschluss anfechtbar. Eine Anfechtungsklage würde die Holding-Gründung auf unabsehbare Zeit verzögern; denn die Anmeldung der Hol-

---

[1] Vgl. Begr RegE zu § 9 SE-AG (*Neye, H.-W.*, Materialsammlung, 2005, S. 95).
[2] S. Art. 25 Abs. 3 SE-VO.
[3] Dazu vgl. bereits *Teichmann, C.*, Einführung, 2002, S. 383, 437; dem folgend beispielsweise *Scheifele, M.*, Gründung, 2004, S. 345.
[4] In diesem Sinne vgl. *DAV*, Diskussionsentwurf, 2004, S. 75, 79.

ding-SE setzt voraus, dass eine Klage gegen den Zustimmungsbeschluss nicht oder nicht fristgemäß erhoben oder rechtskräftig abgewiesen oder zurückgenommen worden ist (§ 10 Abs. 2 SE-AG). Die in § 11 Abs. 1 SE-AG vorgesehene Prüfung des Umtauschverhältnisses kann hingegen in das Spruchverfahren verwiesen werden und steht somit der Gründung der Holding-SE nicht entgegen. Weiterhin besteht auch aus Gründen der Gleichbehandlung ein berechtigtes Interesse daran, das Umtauschverhältnis überprüfen zu lassen. Denn ein Gesellschafter, der die Gründung der Holding-SE befürwortet und seine Anteile eintauschen möchte, hat ein Anrecht auf eine angemessene Gegenleistung für seine einzutauschenden Anteile.[1]

Besondere Regelungen zum Schutz der Gläubiger oder Arbeitnehmer hielt der Gesetzgeber indessen nicht für erforderlich. Das SE-AG trifft insoweit auch keine Regelung. Die *Gläubiger* der Gründungsgesellschaften behalten ihren Schuldner, denn diese Gesellschaften bleiben auch nach Gründung der Holding-SE bestehen. Eine Gefahr für die Gläubiger liegt allein darin, dass die Holding-SE nach Aufnahme ihrer Geschäftstätigkeit nachteiligen Einfluss auf die Gründungsgesellschaften ausüben könnte. Dies ist ein Fall für das nationale Konzernrecht; ein speziell auf die Gründung einer Holding-SE bezogener Gläubigerschutz ist daher nicht nötig. Ähnliches gilt für die *Arbeitnehmer*. Soweit sie Gläubiger sind, partizipieren sie am Gläubigerschutz des Konzernrechts. Soweit sie an Entscheidungen in Betrieb und Unternehmen beteiligt werden wollen, gelten das nationale Betriebsverfassung- und Mitbestimmungsrecht (für die fortbestehende Gründungsgesellschaft) und die SE-Richtlinie (SE-RL)[2] beziehungsweise die hierzu ergangene nationale Gesetzgebung (für die Holding-SE). Somit besteht auch für die Arbeitnehmer kein Bedürfnis für einen besonderen Schutz anlässlich der Gründung einer Holding-SE.

4. Umwandlung in eine SE

Art. 37 Abs. 8 SE-VO: „Ein Mitgliedstaat kann die Umwandlung davon abhängig machen, dass das Organ der umzuwandelnden Gesellschaft, in dem die Mitbestimmung der Arbeitnehmer vorgesehen ist, der Umwandlung mit qualifizierter Mehrheit oder einstimmig zustimmt."

Die Ermächtigung des Art. 37 Abs. 8 SE-VO betrifft diejenigen Fälle, in denen eine Aktiengesellschaft der unternehmerischen Mitbestimmung unterliegt. Obwohl eine derartige Ermächtigung insbesondere auf die deutschen Verhältnisse bezogen ist, hat der deutsche Gesetzgeber zu Recht von einer Umsetzung abgesehen. Im allgemeinen

---

[1] Kritisch, ob dieser Schutz eines nicht widersprechenden Gesellschafters von der Ermächtigungsgrundlage des Art. 34 SE-VO gedeckt sei: *DAV*, Diskussionsentwurf, 2004, S. 75, 79. Für europarechtliche Zulässigkeit vgl. *Kalss, S.*, Minderheitenschutz, 2003, S. 593, 633.

[2] S. Richtlinie 2001/86/EG des Rates v. 8.10.2001, ABl. EG Nr. L 294 v. 10.11.2001, S. 22-32, abgedruckt in Anhang II.

deutschen Aktienrecht gibt es keine Bestimmung, wonach der mitbestimmte Aufsichtsrat einer Grundlagenentscheidung mit qualifizierter Mehrheit zustimmen müsste. Die Arbeitnehmervertreter im Aufsichtsrat erhielten damit faktisch ein Veto-Recht gegenüber der von den Anteilseignern gewünschten Umstrukturierung. Dies wäre schon *verfassungsrechtlich* sehr bedenklich. Denn das Bundesverfassungsgericht hat die Zulässigkeit der Mitbestimmung nicht zuletzt mit dem „leichten Übergewicht" der Anteilseigner im Aufsichtsrat begründet.[1] Das Letztentscheidungsrecht der Anteilseigner in grundlegenden Fragen der Struktur des Unternehmens dürfte das verfassungsrechtliche Substrat des Anteilseigentums sein, das der Gesetzgeber nicht antasten darf.[2]

Überdies sind die *Arbeitnehmerinteressen* nach den bestehenden nationalen und europäischen Regelungen in ausreichendem Maße geschützt. Nach allgemeinem Aktienrecht treffen die Aktionäre die Entscheidung über eine Umstrukturierung; dem Aufsichtsrat kommt dabei neben dem Vorstand die Aufgabe zu, der Hauptversammlung Vorschläge zur Beschlussfassung zu unterbreiten.[3] Der Schutz der spezifischen Arbeitnehmerinteressen besteht zum einen in der Beteiligung der Arbeitnehmervertreter an Beratung und Beschlussfassung im Aufsichtsrat, zum anderen aber – für den Fall der Umwandlung in eine SE – in den Regelungen der SE-RL. Die SE-RL schreibt Verhandlungen zwischen Arbeitgeber- und Arbeitnehmerseite vor und stellt gerade für den Fall der Umwandlung in eine SE ausdrücklich sicher, dass es dabei nicht zu einer Verringerung der Mitbestimmungsrechte kommt. In der Vereinbarung über die Beteiligung der Arbeitnehmer innerhalb der SE muss nämlich „in Bezug auf alle Komponenten der Arbeitnehmerbeteiligung zumindest das gleiche Ausmaß gewährleistet werden, das in der Gesellschaft besteht, die in eine SE umgewandelt werden soll."[4] Für eine zusätzliche Absicherung der Arbeitnehmer durch ein qualifiziertes Mehrheitserfordernis im Aufsichtsrat besteht daher kein Bedürfnis.

---

[1] Vgl. *BVerfG*, Urteil v. 1.3.1979, BVerfGE 50 (1979), S. 290, 322-324.

[2] Auch *Oetker, H.*, in: Großkommentar AktG, 1999, Vorbemerkung MitbG, Rdnr. 37, sieht eine qualitative Veränderung des Anteilseigentums, wenn die Anteilseignervertreter selbst bei geschlossenem Abstimmungsverhalten überstimmt werden können. Vgl. *BVerfG*, Urteil v. 1.3.1979, BVerfGE 50 (1979), S. 290, 350: „Der Gesetzgeber hält sich jedenfalls dann innerhalb der Grenzen zulässiger Inhalts- und Schrankenbestimmung, wenn die Mitbestimmung der Arbeitnehmer nicht dazu führt, daß über das im Unternehmen investierte Kapital gegen den Willen aller Anteilseigner entschieden werden kann, wenn diese nicht auf Grund der Mitbestimmung die Kontrolle über die Führungsauswahl im Unternehmen verlieren und wenn ihnen das Letztentscheidungsrecht belassen wird."

[3] S. § 124 Abs. 3 S. 1 AktG.

[4] Art. 4 Abs. 4 SE-RL.

5. Beteiligung der Arbeitnehmer

a. Verhandlungen im Gründungsstadium

Die vorangegangenen Erörterungen haben es bereits gezeigt: Bei Gründung einer SE muss man die Beteiligungsrechte der Arbeitnehmer stets im Blick behalten. In jeder SE muss ein *Unterrichtungs- und Anhörungsverfahren* eingeführt werden; dies schreibt die SE-RL vor. Darüber sind bereits im Gründungsstadium Verhandlungen zu führen, denn die neu gegründete SE wird erst nach Abschluss dieser Verhandlungen ins Register eingetragen.[1] Der Umsetzung dieser Vorgaben in das nationale Recht dient das SE-Beteiligungsgesetz.[2]

Die Verhandlungen zwischen den Leitungsorganen der beteiligten Gesellschaften und den Arbeitnehmervertretern erstrecken sich auch auf die Frage, ob eine *Mitbestimmung* der Arbeitnehmer in den Organen der Unternehmensleitung eingeführt werden soll. Kommt es zu einer Vereinbarung, hat diese Vorrang vor gesetzlichen Regelungen. Scheitern die Verhandlungen, bleibt es im Grundsatz bei der Mitbestimmungslösung, die in einer der beteiligten Gesellschaften vor Gründung der SE anwendbar war. Ist an der Gründung eine deutsche Gesellschaft beteiligt, wird also der deutsche Mitbestimmungsstatus unter Umständen auf die Ebene der SE transportiert. Die SE-RL stellt durch recht komplizierte Regelungen sicher, dass Arbeitnehmer, die vor der Gründung Mitbestimmung genießen, diesen Status nicht unfreiwillig verlieren.[3] Andererseits könnte ein konkret ausgehandeltes Mitbestimmungsmodell in vielen Fällen besser funktionieren als das starre gesetzliche Schema. Es bleibt abzuwarten, ob die Verhandlungspartner dieses Angebot des europäischen Gesetzgebers aufgreifen und den Raum für eine innovative Weiterentwicklung der Mitbestimmung nutzen, der sich insbesondere im Zusammenspiel mit dem monistischen System der Unternehmensverfassung bietet (dazu vgl. unten Kapitel IV.3.).[4]

---

1 S. Art. 12 Abs. 2 SE-VO. Ein Abschluss der Verhandlungen kann darin liegen, dass eine Vereinbarung getroffen wurde, kann aber auch ein Scheitern der Verhandlungen bedeuten, was dann ggf. zur Anwendung der gesetzlich festgelegten Auffangregelung führt. Näher dazu vgl. den Beitrag von *Köstler* in diesem Band.
2 Vgl. hierzu den Beitrag von *Köstler* in diesem Band..
3 Ausführlich dazu vgl. den Beitrag von *Köstler* in diesem Band.
4 Für eine beispielhafte Mitbestimmungsvereinbarung unter Ausnutzung der Gestaltungsspielräume vgl. *Heinze, W. / Seifert, A. / Teichmann, C.*, Arbeitnehmerbeteiligung, 2005.

b. Beteiligung der Hauptversammlung

Art. 12 Abs. 4 SE-VO: „Die Satzung der SE darf zu keinem Zeitpunkt im Widerspruch zu der ausgehandelten Vereinbarung stehen. Steht eine neue gemäß der Richtlinie 2001/86/EG geschlossene Vereinbarung im Widerspruch zur geltenden Satzung, ist diese – soweit erforderlich – zu ändern.

In diesem Fall kann ein Mitgliedstaat vorsehen, dass das Leitungs- oder das Verwaltungsorgan der SE befugt ist, die Satzungsänderung ohne weiteren Beschluss der Hauptversammlung vorzunehmen."

Das konkret ausgehandelte Modell der Anhörung und Unterrichtung sowie gegebenenfalls einer Mitbestimmung der Arbeitnehmer berührt die Interessen der Anteilseigner, denn es begrenzt den Spielraum der von ihnen gewählten Organe der Unternehmensleitung. Die SE-VO bestimmt daher für die Verschmelzung[1] und für die Holding-Gründung,[2] dass die Hauptversammlung der Gründungsgesellschaften sich die *Zustimmung* zur konkret ausgehandelten Vereinbarung vorbehalten kann. In der Praxis wird es sinnvoll sein, die Hauptversammlung überhaupt erst dann einzuberufen, wenn die Vereinbarung mit den Arbeitnehmern abgeschlossen ist. Da die Satzung der SE nicht in Widerspruch zu der ausgehandelten Vereinbarung stehen darf, bestünde andernfalls die Gefahr, dass die Hauptversammlung allein wegen der nötigen Satzungsänderung ein zweites Mal konsultiert werden müsste.

Wird die mit den Arbeitnehmern geschlossene Vereinbarung nach Eintragung der SE geändert, stellt sich die Frage einer Mitwirkung der Hauptversammlung erneut. Insoweit ermächtigt die SE-VO zu einer Regelung, wonach eine *Satzungsänderung* ohne weiteren Beschluss der Hauptversammlung allein vom Leitungs- oder Verwaltungsorgan der SE vorgenommen werden kann. Der praktische Vorteil einer solchen Regelung liegt auf der Hand, denn die Einberufung einer Hauptversammlung verursacht beträchtlichen Aufwand. Inhaltlich hätten die Aktionäre ohnehin keine Entscheidungsfreiheit – denn die Satzung darf kraft europäischen Rechts nicht gegen die Vereinbarung über die Arbeitnehmerbeteiligung verstoßen.

Dennoch begegnet eine Satzungsänderungsbefugnis der Unternehmensleitung schwerwiegenden Bedenken. Die Unternehmensleitung handelt die Vereinbarung mit den Arbeitnehmern aus und wird sich dabei umso freier fühlen, wenn sie das Verhandlungsergebnis anschließend nicht mehr der Hauptversammlung vorlegen muss. Die Anteilseigner hätten – anders als im Gründungsstadium, in dem die Hauptversammlung selbst entscheiden kann, ob die Vereinbarung von ihrer Zustimmung abhängen soll – keine Möglichkeit, die Vereinbarung zu überprüfen. Der deutsche Gesetzgeber hat daher aus guten Gründen von der Ermächtigung der SE-VO

---

[1] S. Art. 23 Abs. 2 S. 2 SE-VO.
[2] S. Art. 32 Abs. 6 Unterabs. 2 S. 2 SE-VO.

keinen Gebrauch gemacht. In der Praxis bedeutet dies, dass die Unternehmensleitung Vereinbarungen mit den Arbeitnehmern tunlichst nur unter dem Vorbehalt der Zustimmung der Hauptversammlung abschließen wird. Das Letztentscheidungsrecht der Hauptversammlung bleibt somit in dieser für die Anteilseigner durchaus relevanten Strukturfrage der Gesellschaft gewahrt.

Ob diese Enthaltsamkeit des deutschen Gesetzgebers sogar *verfassungsrechtlich* geboten ist, kann an dieser Stelle nicht erschöpfend untersucht werden.[1] Das Bundesverfassungsgericht hat die konkrete gesetzliche Regelung im deutschen Mitbestimmungsgesetz als zulässige Inhalts- und Schrankenbestimmung des Eigentumsrechts der Anteilseigner bewertet.[2] Gäbe man der Unternehmensleitung die Freiheit, im Rahmen der SE ein Mitbestimmungsmodell ohne Zustimmung der Anteilseigner auszuhandeln, bestünde die theoretische Möglichkeit, dass beide Seiten sich auf ein über den Rahmen des Mitbestimmungsgesetzes hinausgehendes Modell einigen. Allerdings wäre dies in erster Linie eine Einschränkung, die nicht der Gesetzgeber, sondern das von den Anteilseignern bestellte Organ der Unternehmensleitung zu vertreten hätte. An den Gesetzgeber richtete sich in diesem Kontext allein die Frage, ob er der Unternehmensleitung diese Kompetenz zuweisen sollte oder nicht. Diesen Schritt hätte man wohl als noch zulässige Inhalts- und Schrankenbestimmung des Eigentums ansehen können. Letztlich hat der Gesetzgeber aber gut daran getan, die Kompetenz der Hauptversammlung zur Satzungsanpassung nicht zu beschneiden.

III. Minderheiten- und Gläubigerschutz bei der Sitzverlegung einer SE

1. Stellenwert der Sitzverlegung im europäischen Recht

Die Möglichkeit zur identitätswahrenden Sitzverlegung ist ein Novum im Europäischen Gesellschaftsrecht, obwohl sie ein Kernelement der europarechtlich zugesagten *Niederlassungsfreiheit* ist. Art. 43 Abs. 1 S. 1 EG-Vertrag verbietet jede Beschränkung der freien Niederlassung von Staatsangehörigen eines Mitgliedstaats im Hoheitsgebiet eines anderen Mitgliedsstaats; nach Art. 48 Abs. 1 EG-Vertrag stehen „Gesellschaften" – also alle juristischen Personen, die einen Erwerbszweck verfolgen[3] – den natürlichen Personen gleich. Auch juristische Personen müssten also die

---

[1] Vgl. dazu den Überblick zur verfassungsrechtlichen Problematik der Mitbestimmung bei *Oetker, H.*, in: Großkommentar AktG, 1999, Vorbemerkung MitbG, Rdnr. 35-49.

[2] Vgl. *BVerfG*, Urteil v. 1.3.1979, BVerfGE 50 (1979), S. 290-381, insb. S. 339-366.

[3] S. Art. 48 Abs. 2 EG-Vertrag.

Möglichkeit haben, ihren Aufenthalt von einem Staat in einen anderen zu verlegen. Jedoch stößt dies von jeher auf die Schwierigkeit, dass die Mitgliedstaaten der Gemeinschaft bei der Feststellung des auf eine Gesellschaft anwendbaren Rechts verschiedenen Regeln folgen. Nach der so genannten *Gründungstheorie* ist eine Gesellschaft dem Recht des Staates unterworfen, in dem sie ihren satzungsmäßigen Sitz hat. Nach der *Sitztheorie* gilt das Recht des Staates, in dem die Gesellschaft ihre tatsächliche Hauptverwaltung hat. Die Verlegung des Sitzes zwischen zwei Staaten, die verschiedenen Theorien folgen, kann zu Problemen führen. Entweder sind unversehens zwei Rechtsordnungen anwendbar – so bei einem Wechsel der Hauptverwaltung von einem Staat der Gründungstheorie in einen Staat der Sitztheorie – oder aber es ist nach der Sitzverlegung keine von beiden Rechtsordnungen anwendbar – so beim Wechsel von einem Sitztheorie-Staat in einen Gründungstheorie-Staat. Nach Auffassung des *EuGH* entscheidet der EG-Vertrag diesen Konflikt nicht und überlässt die Lösung der Streitfrage stattdessen einer Vereinbarung zwischen den Mitgliedstaaten.[1] Eine solche Vereinbarung ist bis heute nicht zustande gekommen. Immerhin aber steht seit der „Überseering"-Entscheidung[2] fest, dass die Verlegung des Verwaltungssitzes von einem Gründungstheorie-Staat in einen Sitztheorie-Staat nicht zum Verlust der Rechts- und Parteifähigkeit führen darf.

Die Europäische Kommission wollte den gordischen Knoten mit einer *Sitzverlegungsrichtlinie* durchschlagen. Ein Vorentwurf dazu liegt vor, wurde jedoch bislang nicht verabschiedet.[3] Die SE-VO über die Europäische Aktiengesellschaft trifft nun zur Sitzverlegung eine eigene Regelung, die seinerzeit schon dem Richtlinienvorentwurf als Vorbild gedient hatte.[4] Mit der *SE-VO* bietet sich damit erstmals die Möglichkeit, den Sitz europaweit ohne Verlust der Rechtsfähigkeit zu verlegen. Die dazu nötigen Verfahrensschritte werden an anderer Stelle beschrieben.[5] Es interes-

---

[1] So der *EuGH* in der Entscheidung „Daily-Mail", Urteil v. 27.9.1988, EuGH Slg. 1988, S. 5505, 5512. Vgl. aber auch den aktuell dem EuGH vorliegenden Fall SEVIC zur grenzüberschreitenden Verschmelzung (Rs. C-411/03), der möglicherweise eine Trendwende einleiten wird (hierzu die Schlussanträge von Generalanwalt *Tizzano* v. 7.7.2005, auszugsweise abgedruckt in ZIP 26 (2005), S. 1227-1233).

[2] *EuGH*, Urteil v. 5.11.2002, Slg. 2002, I-9919-I-9976.

[3] Der Vorentwurf ist in ZIP 18 (1997), S. 1721-1724, sowie in ZGR 28 (1999), S. 157-164, abgedruckt. Ausführlich dazu vgl. die Referate des 10. Bonner Europa-Symposions 1998, in ZGR 28 (1999), S. 1-156.

[4] Zur Entstehungsgeschichte des Vorentwurfs vgl. *Di Marco, G.*, Vorschlag, 1999, S. 3-12.

[5] Dazu vgl. den entsprechenden Beitrag von *Wenz* in diesem Band.

siert an dieser Stelle vor allem, welche Regelungskompetenzen die SE-VO insoweit dem nationalen Gesetzgeber überträgt.[1]

2. Schutz widersprechender Minderheitsaktionäre

Art. 8 Abs. 5 SE-VO: „Die Mitgliedstaaten können in Bezug auf die in ihrem Hoheitsgebiet eingetragenen SE Vorschriften erlassen, um einen angemessenen Schutz der Minderheitsaktionäre, die sich gegen die Verlegung ausgesprochen haben, zu gewährleisten."

Die SE ist bekanntlich in weiten Teilen vom nationalen Recht geprägt. Verlegt sie ihren Sitz in ein anderes Land, verlässt sie damit die nationale Rechtsordnung, von der sie bis dahin geprägt wurde. Aus Perspektive des deutschen Rechts ist dieser Vorgang einem *Formwechsel* im Sinne der §§ 190 ff. UmwG vergleichbar: Die Gesellschaft wechselt unter Beibehaltung ihrer Rechtspersönlichkeit in eine andere Rechtsform, sie „wechselt das Rechtskleid", wie der Formwechsel anschaulich beschrieben wird.[2]

Es war die Auffassung des deutschen Gesetzgebers, dass eine solche Änderung in der Struktur der Gesellschaft keinem Gesellschafter aufgezwungen werden darf. Der Formwechsel nach dem Umwandlungsgesetz erfordert daher in vielen Fällen die Zustimmung aller Gesellschafter.[3] Beim Wechsel von einer Kapitalgesellschaftsform in eine andere – der Sitzverlegung einer SE durchaus vergleichbar – genügt allerdings ein Beschluss mit einer Drei-Viertel-Mehrheit.[4] *Widersprechende Gesellschafter* haben die Möglichkeit, aus der Gesellschaft gegen Zahlung einer angemessenen Barabfindung auszuscheiden.[5] Entsteht Streit über die Höhe der Barabfindung, so wird dies im Spruchverfahren ausgetragen.[6] Der Vollzug des Formwechsels wird auf diese Weise von Streitigkeiten über die Barabfindung abgekoppelt. Das Gesetz bestimmt dazu ausdrücklich, dass eine Anfechtungsklage gegen den Beschluss über

---

[1] Die Ermächtigung in Art. 8 Abs. 14 SE-VO, wonach ebenso wie bei der Gründung von Verschmelzungs- und Holding-SE ein Einspruchsrecht staatlicher Behörden vorgesehen werden kann, sei hier nur kurz erwähnt. Von ihr wurde bei der Sitzverlegung ebenso wie bei der Verschmelzung (dazu vgl. oben Kapitel II.2.a.) kein Gebrauch gemacht.

[2] Vgl. *Decher, C. E.*, in: Umwandlungsgesetz, Kommentar, 2000, vor § 190, Rdnr. 2. Die Sitzverlegung über die Grenze wird in der Literatur häufig in Analogie zum Formwechsel betrachtet (vgl. *Schmidt, K.*, Sitzverlegungsrichtlinie, 1999, S. 20, 29; *Behrens, P.*, Sitzverlegung, 1986, S. 590, 593; *ders.*, Umstrukturierung, 1994, S. 1, 10).

[3] Beispielsweise beim Wechsel von einer Personengesellschaft in eine Kapitalgesellschaft (s. § 217 Abs. 1 UmwG) oder umgekehrt von einer Kapitalgesellschaft in eine Personengesellschaft (s. § 233 Abs. 1 UmwG).

[4] Gerechnet bei der GmbH als Mehrheit der abgegebenen Stimmen, bei der AG als Mehrheit des bei der Beschlussfassung vertretenen Grundkapitals (s. § 240 Abs. 1 S. 1 UmwG).

[5] S. § 207 UmwG.

[6] S. § 212 UmwG.

den Formwechsel nicht auf das Argument gestützt werden kann, die Barabfindung sei zu niedrig bemessen oder nicht ordnungsgemäß angeboten worden.[1]

Dieser Ausgleich zwischen den Interessen der Minderheit, die gegen den Formwechsel ist, und den Interessen der Mehrheit, die diesen zügig durchführen möchte, ist auf die Sitzverlegung übertragbar.[2] Nicht jeder Aktionär einer SE mit Sitz in Deutschland wird mit einer Sitzverlegung in ein anderes Rechtssystem einverstanden sein. Der Protest auf der Hauptversammlung bleibt wirkungslos, wenn die erforderliche Mehrheit für eine Sitzverlegung zustande kommt.[3] Für diesen Fall haben widersprechende Aktionäre Anspruch auf Zahlung einer angemessenen *Barabfindung* (§ 12 SE-AG). Anders als bei der SE-Gründung (dazu vgl. oben Kapitel II.2.d.) entstehen hier keine Interessenkonflikte mit Gesellschaftern von ausländischen Gesellschaften. Im Fall der Sitzverlegung sind allein die Gesellschafter einer Gesellschaft, nämlich der SE selbst, betroffen. Insoweit ist die Gleichbehandlung aller Gesellschafter rechtlich ohne weiteres gewährleistet.

3. Gläubigerschutz

Art. 8 Abs. 7 SE-VO. „Bevor die zuständige Behörde die Bescheinigung gemäß Absatz 8 ausstellt, hat die SE gegenüber der Behörde den Nachweis zu erbringen, dass die Interessen ihrer Gläubiger und sonstigen Forderungsberechtigten (einschließlich der öffentlich-rechtlichen Körperschaften) in Bezug auf alle vor der Offenlegung des Verlegungsplans entstandenen Verbindlichkeiten im Einklang mit den Anforderungen des Mitgliedstaats, in dem die SE vor der Verlegung ihren Sitz hat, angemessen geschützt sind.

Die einzelnen Mitgliedstaaten können die Anwendung von Unterabsatz 1 auf Verbindlichkeiten ausdehnen, die bis zum Zeitpunkt der Verlegung entstehen (oder entstehen können)."

Die Sitzverlegung ins Ausland berührt nicht allein die Interessen der Aktionäre, sondern auch diejenigen der Gläubiger. Der Vorentwurf zu einer Sitzverlegungsrichtlinie sieht daher vor, dass Gläubiger der Gesellschaft eine angemessene *Sicherheits-*

---

[1] S. § 210 UmwG.
[2] Hierzu vgl. Begr RegE zu § 12 SE-AG (*Neye, H.-W.*, Materialsammlung, 2005, S. 99).
[3] Die erforderliche Mehrheit beträgt im Regelfall drei Viertel des bei der Beschlussfassung vertretenen Grundkapitals. Dies ergibt sich aus der Verweisung von Art. 8 Abs. 6 S. 2 SE-VO auf Art. 59 SE-VO, der wiederum für Satzungsänderungen gegenüber nationalen Vorschriften zurücktritt, die eine größere Kapitalmehrheit als zwei Drittel der abgegebenen Stimmen fordern. Zur Anwendung kommt somit § 179 Abs. 2 AktG, der eine Mehrheit verlangt, die mindestens drei Viertel des bei der Beschlussfassung vertretenen Grundkapitals umfasst – sofern die Satzung keine andere Kapitalmehrheit bestimmt.

L.III. Minderheiten- und Gläubigerschutz bei der Sitzverlegung einer SE

leistung verlangen können.¹ Im deutschen Recht ist dieser Mechanismus aus dem Umwandlungsrecht bekannt: Im Falle der Verschmelzung steht Gläubigern, die eine Gefährdung ihrer Forderung glaubhaft machen können, ein Anspruch auf Sicherheitsleistung zu.² Schutz genießen allerdings nur diejenigen Gläubiger, deren Anspruch noch nicht fällig ist. Wer bereits Befriedigung verlangen kann, mag sich noch vor der Verschmelzung an die verpflichtete Gesellschaft wenden.³ Bei einem Formwechsel werden die Gläubiger auf dieselbe Weise geschützt.⁴

Die Sicherheitsleistung bei Verschmelzung kann innerhalb von sechs Monaten nach Eintragung der Verschmelzung verlangt werden.⁵ Bei einer Sitzverlegung stellt sich jedoch die Frage, ob der Anspruch auf Sicherheitsleistung nicht bereits *vor Vollzug der Sitzverlegung* entstehen kann und befriedigt werden muss.⁶ Bei der rein nationalen Verschmelzung, die das Umwandlungsgesetz im Blick hat, bleiben der Schuldner und seine Vermögensmasse im Land; der Geltendmachung von Forderungen stehen daher auch nach Vollzug der Umstrukturierung keine wesentlichen Hindernisse entgegen. Anders bei einer Sitzverlegung ins Ausland. Hier müsste der Gläubiger seinem Schuldner ins Ausland folgen und darüber hinaus mit einer Verlagerung von Vermögensgegenständen ins Ausland rechnen. Er steht damit vor erheblichen zusätzlichen Schwierigkeiten bei der prozessualen Durchsetzung seines Anspruchs und der Zwangsvollstreckung in das Vermögen seines Schuldners.⁷ Die bei der Verschmelzung besonders zu belegende *Gefährdung der Forderung* wäre bei der Sitzverlegung gewissermaßen die Regel, denn sie ergibt sich schon aus dem Vorgang selbst.

Allerdings gibt es gegenüber einer Sicherheitsleistung vor Vollzug der Sitzverlegung auch beachtliche *Gegenargumente*: Anders als bei der Verschmelzung knüpft die Gefährdungslage der Gläubiger an die Sitzverlegung selbst an, es hätten also grundsätzlich alle Gläubiger einen Anspruch auf Sicherheitsleistung. Eine derartige Anforderung hätte geradezu prohibitiven Charakter; denn kaum ein Unternehmen kann

---

[1] S. Art. 8 Abs. 1 S. 1 des Vorentwurfs (abgedruckt in ZIP 18 (1997), S. 1721, 1724, in ZGR 28 (1999), S. 157, 163; sowie auch in Anhang V) lautet: „Die Gläubiger und sonstigen Forderungsberechtigten, deren Forderungen gegenüber der Gesellschaft, die eine Verlegung ihres Sitzes beabsichtigt, vor der Bekanntmachung des Verlegungsplans entstanden sind, können verlangen, dass die Gesellschaft eine angemessene Sicherheit zu ihren Gunsten leistet."
[2] S. § 22 Abs. 1 UmwG.
[3] Vgl. *Grunewald, B.*, in: Umwandlungsgesetz, Kommentar, 2000, § 22, Rdnr. 8.
[4] S. § 204 i. V. m. § 22 UmwG.
[5] S. § 22 Abs. 1 S. 1 UmwG.
[6] So tendenziell für den Fall der Sitzverlegungsrichtlinie vgl. *Priester, H.-J.*, EU-Sitzverlegung, 1999, S. 36, 44.
[7] Vgl. *Priester, H.-J.*, EU-Sitzverlegung, 1999, S. 36, 38; *Thömmes, O.*, Sitzverlegung, 1993, S. 1021, 1024; *Großfeld, B.*, Gesellschaftsrecht, 1992, S. 2121, 2124.

es sich leisten, sämtlicher ungesicherten Gläubige mit Sicherheiten zu versorgen. Und selbst wenn ein Unternehmen dazu in der Lage wäre – die unvermeidlichen Streitigkeiten über Art und Umfang dessen, was als „angemessene" Sicherheitsleistung anzusehen ist, würden den Vollzug der Sitzverlegung auf unbestimmte Zeit verzögern.

Man darf auch die oben angeführte Diskussion zum Vorentwurf der Sitzverlegungsrichtlinie nicht unbesehen auf die SE-VO übertragen. Denn in der SE-VO findet sich mit Art. 8 Abs. 16 eine spezifische Gläubigerschutz-Regel, die im Vorentwurf der Sitzverlegungsrichtlinie fehlt: Eine SE gilt in Bezug auf alle Forderungen, die vor dem Zeitpunkt der Verlegung entstanden sind, als SE mit Sitz im bisherigen Sitzstaat; dies gilt auch dann, wenn sie erst nach der Verlegung verklagt wird. Der *inländische Gerichtsstand* der SE bleibt also erhalten; jeder Gläubiger kann sie nach wie vor am Gericht des bisherigen Sitzes verklagen. Das Risiko, das Gerichtsverfahren im Ausland betreiben zu müssen, trifft den Gläubiger einer SE also nicht.

Bleibt die erschwerte Zwangsvollstreckung bei *Vermögensverlagerung* ins Ausland. Hier ist aber zu bedenken, dass dies im Grunde kein spezifisch mit der Sitzverlegung zusammenhängendes Risiko ist. Die Verlagerung von Vermögensgegenständen ins Ausland ist bei einem grenzüberschreitend tätigen Unternehmen ein alltäglicher Vorgang. Die häufigen Meldungen, wonach größere Unternehmen erwägen, Produktionsstätten in andere Staaten zu verlegen, zeigen, dass dies unabhängig von einer Verlegung des Sitzes für die Gläubiger stets eine reale Gefahr ist. Die Verlegung des Sitzes mag damit als symbolischer Akt einhergehen, zwingend ist dies keineswegs.

Die vorstehenden Überlegungen gaben Anlass zu der Regelung des § 13 SE-AG, wonach eine Sicherheitsleistung im Falle der Sitzverlegung an den Nachweis einer besonderen *Gefährdung* des Anspruchs geknüpft wird.[1] Berücksichtigt man, dass der inländische Gerichtsstand ohnedies erhalten bleibt, kann sich eine Gefährdung insbesondere daraus ergeben, dass mit der Sitzverlegung die Verlagerung bedeutender Vermögensgegenstände einhergeht oder die Verfolgung der Ansprüche aus anderen Gründen wesentlich erschwert wird. Bei aller Rechtsvereinheitlichung in diesem Bereich lässt sich nicht leugnen, dass es in der Praxis häufig erheblich schwieriger ist, einen Anspruch im Ausland durchzusetzen als im Inland.[2] Bei einer insoweit eingeschränkten Sicherheitsleistung erhält die Erbringung der Sicherheit vor Vollzug der Sitzverlegung wieder ihre Berechtigung. Denn wenn tatsächlich eine konkrete

---

[1] Vgl. Begr RegE zu § 13 SE-AG bei *Neye, H.-W.*, Materialsammlung, 2005, S. 100 f.
[2] Vgl. nur den aktuellen Fall der misslungenen Zustellung eines Versäumnisurteils im deutsch-dänischen Rechtsverkehr, dessen Schwierigkeiten *Fogt, M. M. / Schack, H.*, Urteilszustellung, 2005, S. 118-124, näher beleuchten und der zeigt, dass die Anspruchsdurchsetzung auch im europäischen Binnenmarkt immer wieder auf unerwartete Hindernisse stößt.

Gefährdung der Ansprüche besteht – was vom Gläubiger glaubhaft zu machen wäre – sollte man die Gesellschaft nicht aus dem eigenen Hoheitsgebiet entlassen, bevor sie gefährdeten Gläubigern eine angemessene Sicherheit angeboten hat.

In der Diskussion wurde vielfach selbst dieses an recht hohe Hürden geknüpfte und im Rechtsvergleich keineswegs ungewöhnliche[1] Recht auf Sicherheitsleistung als zu weit gehend oder gar europarechtswidrig empfunden.[2] Es sei, so wurde eingewandt, gar nicht denkbar, in der Sitzverlegung eine besondere Gefährdung zu sehen, da mit ihr die Verlagerung von Vermögensgegenständen nicht zwangsläufig verbunden sei. In all' diesen vermeintlich unproblematischen Fällen bestünde aber nach § 13 SE-AG ohnehin kein Anspruch auf Sicherheitsleistung, so dass die Vorschrift insoweit auch kein Hindernis für die Sitzverlegung wäre. Weiterhin ist zu bedenken, dass die Behinderung der Sitzverlegung durch einzelne Gläubiger, die eine Sicherheit fordern, wesentlich weniger gravierend ist als beispielsweise durch Anfechtungsklagen von Aktionären: Ein Aktionär mit einer einzigen Aktie im Wert von 50 € kann die gesamte Sitzverlegung zu Fall bringen; ein einzelner Gläubiger mit einer Forderung im Wert von 50 € mag berechtigt oder unberechtigt Sicherheit verlangen, den Ablauf der Sitzverlegung wird dies nicht tangieren.[3] Ein faktisches Hindernis können somit allenfalls Gläubiger der Sitzverlegung entgegenstellen, bei denen die Gesellschaft mit hohen Beträgen in der Schuld steht. Derartige Großgläubiger haben jedoch üblicherweise auch ohne gesetzliche Absicherung die Verhandlungsmacht, ihre Interessen durchzusetzen. Geschützt werden damit im Ergebnis vor allem die Kleingläubiger, deren Forderungen nicht bedeutend genug sind, um aus eigener Verhandlungsmacht eine Absicherung ihrer Forderungen zu erreichen. Für berechtigte (!) Forderungen in geringer Höhe im Einzelfall eine Sicherheit zu leisten, kann kaum als gravierendes oder gar illegitimes Hindernis einer Sitzverlegung angesehen werden.

IV. Unternehmensverfassung der SE

1. Wahlrecht der Gesellschaft

Mit der SE hält ein neues Modell der Unternehmensleitung in Deutschland Einzug. Jede SE kann nämlich frei wählen zwischen dem *dualistischen* und dem *monisti-*

---

[1] Vgl. hierzu den Beitrag von *Schindler* und *Teichmann* in diesem Band.
[2] Vgl. beispielsweise *DNotV*, Diskussionsentwurf, 2003, S. 94, 100; kritisch auch *DAV*, Diskussionsentwurf, 2004, S. 75, 80, und *Ihrig, H.-C. / Wagner, J.*, Diskussionsentwurf, 2003, S. 969, 973 f.; differenzierend *Waclawik, E.*, Referentenentwurf, 2004, S. 1191, 1194.
[3] Unverständlich daher die Stellungnahme in *DNotV*, Diskussionsentwurf, 2003, S. 94, 100, wo es heißt, die Gläubiger würden eine Stellung erlangen, „von der jeder räuberische Aktionär nur träumen kann".

schen System der Unternehmensleitung.[1] Das dualistische System ist hierzulande gut bekannt; es entspricht der Trennung von Vorstand und Aufsichtsrat nach dem Aktiengesetz – in der Terminologie der SE-VO heißen die beiden Organe „*Leitungsorgan*" und „*Aufsichtsorgan*". Im monistischen System gibt es demgegenüber nur ein Organ der Unternehmensleitung – die SE-VO spricht vom „*Verwaltungsorgan*". Dieses System gilt beispielsweise im englischen („*Board of directors*") und im französischen Recht („*Conseil d'administration*").[2]

Im Übrigen gibt es in jeder SE eine *Hauptversammlung*. Für Zuständigkeiten, Organisation und Ablauf der Hauptversammlung gilt weitgehend das nationale Recht; die SE-VO trifft insoweit nur wenige Sonderregeln.[3]

2. Das dualistische System der Unternehmensleitung

Bezüglich des dualistischen Systems erlaubt die SE-VO nur in wenigen Bereichen nationale Sonderregeln. Da dieses System der Unternehmensfassung in Deutschland bereits umfassend geregelt ist, hat der Gesetzgeber hier im Regelfall eine Anpassung an die für nationale Aktiengesellschaften geltenden Regeln angestrebt. Eine darüber hinausgehende SE-spezifische Ausgestaltung des dualistischen Systems war dem Gesetzgeber versperrt; denn Art. 39 Abs. 5 SE-VO gestattet den Erlass ergänzender Vorschriften in Bezug auf die SE nur denjenigen Staaten, deren allgemeines Aktienrecht keine Vorschriften über ein dualistisches System enthält.

a. „Geschäftsführer" als zusätzliches Geschäftsleitungsorgan

Art. 39 Abs. 1 SE-VO: „Das Leitungsorgan führt die Geschäfte der SE in eigener Verantwortung. Ein Mitgliedstaat kann vorsehen, dass ein oder mehrere Geschäftsführer die laufenden Geschäfte in eigener Verantwortung unter denselben Voraussetzungen, wie sie für Aktiengesellschaften mit Sitz im Hoheitsgebiet des betreffenden Mitgliedstaates gelten, führt bzw. führen."

Die Ermächtigung in Art. 39 Abs. 1 S. 2 SE-VO schafft die Möglichkeit, neben dem Leitungsorgan noch Geschäftsführer einzusetzen, die für die laufenden Geschäfte zuständig sind. Aus deutscher Sicht ist nicht recht erkennbar, wozu unterhalb des Leitungsorgans – also des Vorstands – noch eigens eine Kategorie des „Geschäftsführers" für die laufenden Geschäfte eingeführt werden soll. Für die laufenden Geschäfte ist nach unserer Vorstellung der Vorstand selbst zuständig, der sich dabei selbstverständlich der Hilfe von Angestellten bedienen kann. Die Ermächtigungs-

---

[1] S. Art. 38 SE-VO. Ausführlich dazu vgl. auch den Beitrag von *Theisen* und *Hölzl* in diesem Band zur Corporate Governance in der SE.
[2] Wobei das französische Recht auch das dualistische System zulässt.
[3] S. Artt. 52-60 SE-VO Dazu vgl. auch den Beitrag von *Theisen* und *Hölzl* in diesem Band.

norm beruht auf einem Wunsch der schwedischen Verhandlungsdelegation, denn im schwedischen Recht gibt es den „Verwaltungsrat" als Leitungsorgan und den „geschäftsführenden Direktor" für die täglichen Geschäfte.[1] Offenbar hatte man Sorge, dieses Modell mangels einer besonderen Ermächtigung nicht auf die SE übertragen zu können; darauf beruht die Ermächtigung des Art. 39 Abs. 1 S. 1 SE-VO, von der allerdings nur Gebrauch machen kann, wer in seinem nationalen Aktienrecht eine solche Konstruktion bereits kennt. Da dies in Deutschland nicht der Fall ist, ist der deutsche Gesetzgeber von der Ermächtigung nicht angesprochen und hat von ihr konsequenterweise auch nicht Gebrauch gemacht.

b. Bestellung des Leitungsorgans durch die Hauptversammlung

Art. 39 Abs. 2 Unterabs. 2 SE-VO: „Die Mitgliedstaaten können jedoch vorschreiben oder vorsehen, dass in der Satzung festgelegt werden kann, dass das Mitglied/die Mitglieder des Leitungsorgans von der Hauptversammlung unter den Bedingungen, die für Aktiengesellschaften mit Sitz in ihrem Hoheitsgebiet gelten, bestellt und abberufen wird/werden."

Diese Ermächtigung gehört zu denjenigen, die einen Gleichlauf mit dem allgemeinen nationalen Aktienrecht ermöglichen sollen. Die Bestellung von Leitungsorganen durch die Hauptversammlung kann daher nur dort vorgesehen werden, wo sie auch dem nationalen Aktienrecht bekannt ist. Für Deutschland gilt dies nicht: Der Vorstand wird durch den Aufsichtsrat bestellt,[2] in Notfällen durch das Gericht,[3] nicht aber durch die Hauptversammlung. Somit konnte von dieser Ermächtigung kein Gebrauch gemacht werden.

c. Übernahme der Geschäftsleitung durch Mitglieder des Aufsichtsorgans

Art. 39 Abs. 3 SE-VO: „Niemand darf zugleich Mitglied des Leitungsorgans und Mitglied des Aufsichtsorgans der SE sein. Das Aufsichtsorgan kann jedoch eines seiner Mitglieder zur Wahrnehmung der Aufgaben eines Mitglieds des Leitungsorgans abstellen, wenn der betreffende Posten nicht besetzt ist. Während dieser Zeit ruht das Amt der betreffenden Person als Mitglied des Aufsichtsorgans. Die Mitgliedstaaten können eine zeitliche Begrenzung hierfür vorsehen."

Das dualistische System verfolgt im Grundsatz eine klare Trennung der Funktionen von Geschäftsleitung und Aufsicht, indem beide Funktionen verschiedenen Organen zugewiesen werden und niemand gleichzeitig beiden Organen angehören darf.[4] Die

---

[1] Zu dieser gesellschaftsrechtlichen Struktur vgl. *Skog, R.*, Corporate Governance, 2000, S. 1551, 1558 f.
[2] S. § 84 AktG.
[3] S. § 85 AktG.
[4] S. Art. 39 Abs. 3 S. 1 SE-VO.

SE-VO legt als einzige Ausnahme von diesem Grundsatz fest, dass Mitglieder des Aufsichtsorgans die Aufgaben des Mitglieds eines Leitungsorgans wahrnehmen können, wenn der betreffende Posten nicht besetzt ist. Der nationale Gesetzgeber kann dafür eine zeitliche Begrenzung vorsehen.

Das deutsche Aktienrecht kennt diese Durchbrechung der Funktionstrennung auch und sieht dafür eine Zeitbegrenzung von einem Jahr vor.[1] Diese Regelung übernimmt § 15 SE-AG auch für die SE.

d. Zahl der Mitglieder des Leitungsorgans

Art. 39 Abs. 4 SE-VO: „Die Zahl der Mitglieder des Leitungsorgans oder die Regeln für ihre Festlegung werden durch die Satzung der SE bestimmt. Die Mitgliedstaaten können jedoch eine Mindest- und/oder Höchstzahl festsetzen."

Die SE-VO überlässt die Festlegung der Mitgliederzahl des Leitungsorgans der Satzung der Gesellschaft. Damit obliegt es den Aktionären, sich für eine Leitung durch eine oder mehrere Personen zu entscheiden. Das deutsche Aktiengesetz folgt demselben Prinzip. Es verlangt zwar für Gesellschaften mit einem Grundkapital von mehr als 3 Millionen Euro eine Mindestzahl von zwei Vorstandsmitgliedern, erlaubt jedoch eine abweichende Regelung durch die Satzung.[2] Entsprechend hat der Gesetzgeber in § 16 SE-AG auch für die SE von seiner Regelungsbefugnis Gebrauch gemacht. Die gesetzliche Anregung für einen mehrköpfigen Vorstand erscheint bei Großunternehmen sinnvoll;[3] die notwendige Flexibilität bleibt der Gesellschaft dadurch erhalten, dass von der gesetzlichen Vorgabe durch Satzung abgewichen werden kann.

e. Zahl der Mitglieder des Aufsichtsorgans

Art. 40 Abs. 3 SE-VO: „Die Zahl der Mitglieder des Aufsichtsorgans oder die Regeln für ihre Festlegung werden durch die Satzung bestimmt. Die Mitgliedstaaten können jedoch für die in ihrem Hoheitsgebiet eingetragenen SE die Zahl der Mitglieder des Aufsichtsorgans oder deren Höchst- und/oder Mindestzahl festlegen."

Das deutsche Aktienrecht schreibt eine Mindestzahl von drei Aufsichtsratsmitgliedern vor und legt zudem bestimmte Höchstzahlen in Abhängigkeit vom Grundkapi-

---

[1] S. § 105 Abs. 2 AktG.
[2] S. § 76 Abs. 2 S. 2 AktG.
[3] Vgl. die amtliche Begründung zu § 76 Abs. 2 S. 2 AktG bei *Kropff, B.*, Aktiengesetz, 1965, S. 97: „Wegen der Größe der Verantwortung und der Gefahr von Machtmissbrauch sollte der Ein-Personen-Vorstand die Ausnahme sein." Auch der Corporate Governance Kodex (abgedruckt in NZG 5 (2002), 273-277) empfiehlt einen Vorstand von mehreren Personen (s. Ziffer 4.2.1 des Kodex).

tal fest.¹ Darüber hinaus enthalten das Mitbestimmungsgesetz, das Drittelbeteiligungsgesetz, das Montanmitbestimmungsgesetz und das Mitbestimmungsergänzungsgesetz eigene Regeln zur Zusammensetzung und Größe mitbestimmter Aufsichtsräte.² Es sind also zwei gesetzliche Zielrichtungen zu unterscheiden: Zum einen sollen die Mindest- und Höchstzahlen die Balance herstellen zwischen effektiver Überwachungstätigkeit und einer Lähmung des Gremiums durch Übergröße. Zum anderen dienen die Zahlen aber auch dazu, eine hinreichende Anzahl von Mandaten zur Verfügung zu haben, um die Arbeitnehmervertreter in das Gremium integrieren zu können.

Entsprechend ist auch für die SE zu unterscheiden: Soweit es lediglich um die Frage der effektiven Überwachung geht, ist eine Anwendung der Grundregeln des § 95 AktG auch für die SE sinnvoll; § 17 SE-AG übernimmt daher deren Regelungsgehalt. Zwar besteht in Bezug auf das deutsche Recht ein heftiger Streit darüber, ob gesetzliche Vorgaben überhaupt nötig sind und, wenn ja, in welcher Höhe. Es erschien jedoch nicht sinnvoll, diese Streitfrage in die Debatte über das Gesetz zur Einführung der SE hinein zu tragen. Denn diese stand unter einem straffen Zeitplan,³ und es war kaum anzunehmen, dass der Streit gerade an dieser Stelle weniger kontrovers ausgetragen würde als bisher.⁴ Die Diskussion über eine Verkleinerung der Aufsichtsräte muss unabhängig davon fortgesetzt werden; sollte sie zu einer Revision des Aktiengesetzes führen, wird auch die insoweit dem nationalen Recht folgende SE davon profitieren.

f. Informationsrechte des Aufsichtsorgans

Art. 41 Abs. 3 SE-VO: „Das Aufsichtsorgan kann vom Leitungsorgan jegliche Information verlangen, die für die Ausübung der Kontrolle gemäß Artikel 40 Absatz 1 erforderlich ist. Die Mitgliedstaaten können vorsehen, dass jedes Mitglied des Aufsichtsorgans von dieser Möglichkeit Gebrauch machen kann."

---

[1] S. § 95 AktG. Die Höchstzahl bei einem Grundkapital von bis zu € 1.500.000 beträgt neun, bei einem Grundkapital von mehr als € 1.500.000 fünfzehn, bei einem Grundkapital von mehr als € 10.000.000 einundzwanzig Mitglieder (s. § 95 S. 4 AktG). Das Gesetz enthält diese Höchstzahlen, weil zu große Aufsichtsräte ihre Aufgaben nicht sachgerecht wahrnehmen können (so die Begründung des Regierungsentwurfs, vgl. *Kropff, B.,* Aktiengesetz, 1965, S. 125).
[2] Vgl. § 4 DrittbG, § 7 MitbG, § 4 MontanMitbG und § 5 MitbErgG.
[3] Vgl. *Neye, H.-W.,* Europäische Aktiengesellschaft, 2002, S. 377, 381-382.
[4] Man erkennt die Brisanz der Fragestellung bereits daran, dass es auch der Regierungskommission Corporate Governance nicht gelungen ist, sich auf eine einheitliche Empfehlung zu einigen (dazu vgl. *Baums, T.,* Corporate Governance, 2001, S. 92 f.). Für eine Verkleinerung der Aufsichtsräte vgl. statt vieler *Lutter, M.,* Corporate Governance, 2001, S. 224, 236.

Entsprechend seiner Aufgabenstellung, die Geschäftsleitung zu beraten und zu überwachen, muss das Aufsichtsorgan jede Information erhalten, die es benötigt. Auffallend ist, dass die SE-VO das Verlangen nach Information an den Vorbehalt knüpft, dass die Information für die Ausübung der Kontrolle *erforderlich* sein müsse. Man könnte geneigt sein, aus dieser Formulierung eine Beschränkung des Informationsrechts oder eine Begründungspflicht des Aufsichtsrates abzulesen. Im Ergebnis wird dies wohl nicht so gemeint sein, denn für die Aufgabe des Aufsichtsorgans, die Führung der Geschäfte zu überwachen,[1] kann jede Information über die Geschäfte des Unternehmens Bedeutung erlangen. Jedes konkrete Informationsinteresse lässt sich daher im Zweifelsfall mit dem Überwachungsauftrag rechtfertigen, weshalb eine Begründungspflicht des Aufsichtsorgans überflüssig ist und seine Tätigkeit nur unnötig erschweren würde.

Allerdings ist diese Auslegung des europäischen Rechtstextes nicht Aufgabe des nationalen Gesetzgebers. Er hatte allein darüber zu entscheiden, ob das Informationsrecht als *individuelles Recht* jedem Mitglied des Aufsichtsorgans gewährt werden soll. Nach § 90 Abs. 3 S. 2 AktG kann ein einzelnes Aufsichtsratsmitglied einen Bericht des Vorstands verlangen, der allerdings an den gesamten Aufsichtsrat zu richten ist. Diese Regelung ist in § 18 SE-AG auch für die SE übernommen worden. Mit einer Modifikation: Die Kompetenz des einzelnen Mitglieds kann natürlich nicht weiter reichen als diejenige des gesamten Organs. Daher hat der Gesetzgeber – auch wegen der oben genannten Unklarheit bei der Auslegung der SE-VO – das Individualrecht in seiner Reichweite ausdrücklich auf die zugrunde liegende Ermächtigungsnorm des Art. 41 Abs. 3 Satz 1 SE-VO bezogen. Somit richtet sich das individuelle Auskunftsrecht auf diejenigen Informationen, die für die Ausübung der Kontrolle nach Art. 40 Abs. 1 SE-VO erforderlich sind.

g. Zustimmungspflichtige Geschäfte

Art. 48 Abs. 1 SE-VO: „In der Satzung der SE werden die Arten von Geschäften aufgeführt, für die im dualistischen System das Aufsichtsorgan dem Leitungsorgan seine Zustimmung erteilen muss und im monistischen System ein ausdrücklicher Beschluss des Verwaltungsorgans erforderlich ist.

Die Mitgliedstaaten können jedoch vorsehen, dass im dualistischen System das Aufsichtsorgan selbst bestimmte Arten von Geschäften von seiner Zustimmung abhängig machen kann."

Der Katalog der zustimmungspflichtigen Geschäfte ist im Zusammenspiel von Vorstand und Aufsichtsrat ein wichtiges Element der proaktiven Überwachungs- und Beratungsrolle des Aufsichtsrates.[2] Um die SE insoweit dem aus dem deutschen Ak-

---

[1] S. Art. 40 Abs. 1 SE-VO.
[2] Vgl. *Lutter, M. / Krieger, G.*, Aufsichtsrat, 2002, S. 41-48.

tienrecht gewohnten Standard anzunähern, hat der Gesetzgeber die Ermächtigung des Art. 48 Abs. 1 SE-VO im Sinne eines weitgehenden Gleichlaufs mit § 111 Abs. 4 Satz 2 AktG ausgeübt.[1] Gemäß § 19 SE-AG kann – neben der weiterhin aufgegebenen Regelung in der Satzung – auch der Aufsichtsrat der SE bestimmte Arten von Geschäften von seiner Zustimmung abhängig machen.

3. Das monistische System der Unternehmensleitung

Das monistische System ist für Deutschland unbekanntes Gelände. Mit ihm führt die SE-VO aber auch ein wichtiges Element der Gestaltungsfreiheit ein.[2] An den deutschen Gesetzgeber waren dabei zum einen konkrete Regelungsaufträge und -ermächtigungen gerichtet (dazu vgl. Kapitel IV.3.a.); er hatte über diese inhaltlichen Vorgaben hinaus die Möglichkeit, weitere ergänzende Regelungen zum monistischen System zu erlassen (dazu vgl. Kapitel IV.3.b.).

a. Einzelne Regelungsaufträge und -ermächtigungen

Art. 43 Abs. 1 SE-VO: „Das Verwaltungsorgan führt die Geschäfte der SE. Ein Mitgliedstaat kann vorsehen, dass ein oder mehrere Geschäftsführer die laufenden Geschäfte in eigener Verantwortung unter denselben Voraussetzungen, wie sie für Aktiengesellschaften mit Sitz im Hoheitsgebiet des betreffenden Mitgliedstaates gelten, führt bzw. führen."

Die Möglichkeit, für die Führung der laufenden Geschäfte das Organ eines Geschäftsführers einzurichten, bietet sich auch hier – ebenso wie in Art. 39 Abs. 1 SE-VO für das dualistische Modell[3] – allein denjenigen Staaten, die dieses Modell in ihrem nationalen Recht bereits kennen. Auch hier war der Wunsch Schwedens ausschlaggebend, sein zwischen Dualismus und Monismus angesiedeltes Modell auf die SE übertragen zu können.

Für Deutschland spielt die Ermächtigung daher keine Rolle.[4] Sie ist auch nicht notwendig, denn die Generalermächtigung in Art. 43 Abs. 4 SE-VO, auf die sogleich noch näher einzugehen sein wird, erlaubt ohnehin eine freie Ausgestaltung des monistischen Systems in Mitgliedstaaten, die das monistische Modell nicht kennen. Dagegen könnte man allenfalls den Gedanken einwenden, die Einführung des Ge-

---

[1] Vgl. Begr RegE zu § 19 SE-AG (*Neye, H.-W.*, Materialsammlung, 2005, S. 108).
[2] Vgl. dazu *Kallmeyer, H.*, Das monistische System, 2003, S. 1531-1536 und *Teichmann, C.*, Gestaltungsfreiheit, 2004, S. 53-60.
[3] Dazu vgl. oben Kapitel IV.2.a.
[4] In der Diskussion wurde dies vielfach missverstanden und Art. 43 Abs. 1 Satz 2 SE-VO fälschlich als Ermächtigungsgrundlage für die Einführung der geschäftsführenden Direktoren gesehen; vgl. hierzu *Hoffmann-Becking, M.*, Organe, 2004, S. 355, 372 f.

schäftsführers als eigenes Organ sei nur auf der Basis von Art. 43 Abs. 1 S. 2 SE-VO möglich; wer davon mangels nationaler Vergleichsregelungen keinen Gebrauch machen könne, müsse auf diese Gestaltung gänzlich verzichten.[1] Jedoch wird man Art. 43 Abs. 1 S. 2 SE-VO nicht in diesem ausschließlichen Sinne verstehen können. Die Einschränkung auf Staaten, deren nationales Recht vergleichbare Regelungen kennt, soll ihrem Sinn und Zweck nach verhindern, dass sich im nationalen Aktienrecht ein SE-spezifisches Sonderrecht herausbildet. Denn die SE soll in allen Bereichen, die nicht von der SE-VO vorgeprägt sind, dem allgemeinen Aktienrecht folgen, um Diskriminierungen der Gesellschaften nationalen Rechts zu vermeiden. In Rechtsordnungen, die das monistische System überhaupt nicht kennen, kann die besondere Ausgestaltung des Verwaltungsratssystems durch zusätzliche Geschäftsführer die nationalen Gesellschaften nicht (zusätzlich) diskriminieren, denn ihnen ist schon das monistische System als solches versperrt. Daher ist die Ermächtigung des Art. 43 Abs. 1 S. 2 SE-VO von vornherein nur an Staaten adressiert, die das monistische System bereits kennen, und kann auch nur insoweit eine Sperrwirkung entfalten.

Art. 43 Abs. 2 SE-VO: „Die Zahl der Mitglieder des Verwaltungsorgans oder die Regeln für ihre Festlegung sind in der Satzung der SE festgelegt. Die Mitgliedstaaten können jedoch eine Mindestzahl und erforderlichenfalls eine Höchstzahl festsetzen."

Die Regelung über die Mindest- und Höchstzahl der Mitglieder des Verwaltungsorgans hängt nicht zuletzt von der Frage der *Mitbestimmung* ab. Die deutsche Mitbestimmung ist auf das dualistische System mit Vorstand und Aufsichtsrat zugeschnitten. Wählt eine SE das monistische System, hat sie zunächst die Möglichkeit, gemäß dem Verfahren der SE-RL ein eigenes maßgeschneidertes Modell der Arbeitnehmerbeteiligung auszuhandeln. Gelingt dies, kommt es auf gesetzgeberische Vorgaben nicht mehr an. § 23 Abs. 2 SE-AG öffnet daher die Regelung der Mitgliederzahl gegenüber möglicherweise abweichenden Vereinbarungen, die auf Basis des SE-Beteiligungsgesetzes getroffen werden können. Allerdings war der deutsche Gesetzgeber nach der SE-RL auch verpflichtet, eine *Auffanglösung* bereitzustellen für den Fall, dass in der Frage der Arbeitnehmerbeteiligung keine Einigung zustande kommt. Diese Auffanglösung muss dann auch Angaben zur Zahl der Mitglieder des Verwaltungsorgans treffen müssen, um eine angemessene Repräsentation der Arbeitnehmer in diesem Gremium zu ermöglichen. Aus diesen Gründen lehnt sich § 23 Abs. 1 SE-AG an § 95 AktG an.[2]

---

[1] In diesem Sinne *Hoffmann-Becking, M.*, Organe, 2004, S. 355, 369-373.
[2] So oben in Kapitel IV.2.e. bereits für das dualistische Modell.

b. Ergänzende Ausgestaltung des monistischen Systems

Art. 43 Abs. 4 SE-VO: „Enthält das Recht eines Mitgliedstaats in Bezug auf Aktiengesellschaften mit Sitz in seinem Hoheitsgebiet keine Vorschriften über ein monistisches System, kann dieser Mitgliedstaat entsprechende Vorschriften in Bezug auf SE erlassen."

Die vielleicht interessanteste Ermächtigungsnorm der SE-VO ist aus deutscher Sicht der Art. 43 Abs. 4. In Staaten, die das monistische System nicht kennen, erlaubt er den Erlass ergänzender gesetzlicher Regelungen. Ausländische Rechtssysteme wie das englische, das französische Recht oder auch das Schweizer Recht können hier wertvolle Anregungen bieten.[1] Die SE soll sich auf diese Weise als europäische Rechtsform besonders gut dafür eignen, das gemeinsame Dach für Unternehmen aus verschiedenen Rechtsordnungen zu bilden.

Das SE-AG regelt das monistische Modell der in Deutschland ansässigen SE in den §§ 20-49. Diese sollen hier nicht in allen Einzelheiten behandelt, sondern lediglich in den Grundzügen vorgestellt werden:[2] Oberstes Verwaltungsorgan ist der Verwaltungsrat. Er leitet die Gesellschaft, bestimmt die Grundlinien ihrer Tätigkeit und überwacht deren Umsetzung (§ 22 Abs. 1 SE-AG). Der Verwaltungsrat bestellt einen oder mehrere geschäftsführende Direktoren (§ 40 Abs. 1 Satz 1 SE-AG). Diese führen die Geschäfte der Gesellschaft (§ 40 Abs. 2 Satz 1 SE-AG), sind dabei aber den Weisungen des Verwaltungsrats unterworfen (§ 44 Abs. 2 SE-AG) und können jederzeit wieder abberufen werden (§ 40 Abs. 5 SE-AG). Geschäftsführende Direktoren können aus der Mitte des Verwaltungsrats bestellt werden, solange dessen Mehrheit weiterhin aus nicht geschäftsführenden Mitgliedern besteht (§ 40 Abs. 1 Satz 2 SE-AG); dies eröffnet personelle Variationen bis hin zu einem CEO-Modell US-amerikanischer Prägung[3].

Das monistische System der „deutschen" SE ist damit nicht in jeder Hinsicht die schlanke und gestaltungsoffene Form, die in der Diskussion vielfach eingefordert wurde. Das deutsche Aktienrecht, dem jede SE mit Sitz in Deutschland unterworfen sein wird, hat sich indessen als recht sperrig gegenüber der Einführung eines monistischen Systems in Reinform erwiesen, da es in einer Vielzahl von Normen die

---

[1] Dazu vgl. den ausführlichen Überblick bei *Wymeersch, E.*, Corporate Governance, 1998, S. 1045-1199 sowie die Beiträge von *Forstmoser, P.*, Unternehmensverfassung, 2003, 688-719 und *Menjucq, M.*, Unternehmensleitung, 2003, S. 679-687.

[2] Vgl. zur Corporate Governance der SE Beitrag zur Corporate Governance in der SE von *Theisen und Hölzl* in diesem Band. Weiterführend zum monistischen Modell außerdem die Beiträge von *Eder, C. J.*, CEO-Modell, 2004; *Hoffmann-Becking, M.*, Organe, 2004; *Kallmeyer, H.*, Das monistische System, 2003; *Neye, H.-W.*, Unternehmensverfassung, 2005; *Teichmann, C.*, Gestaltungsfreiheit, 2004 sowie *ders.*, Monistische Verfassung, 2005.

[3] Vgl. dazu *Eder, C. J.*, CEO-Modell, 2004.

funktionale Trennung von Geschäftsführung und Kontrolle zwingend voraussetzt.[1] Beispiele sind das „Vier-Augen-Prinzip" bei der Feststellung des Jahresabschlusses (§§ 170 ff. AktG) und im Konzernrecht (namentlich §§ 311, 314 AktG). Das SE-AG konnte daher die in anderen Ländern freiwillig entstandene Funktionsaufteilung nicht in das Belieben der Gesellschaft stellen, ohne damit zugleich grundlegende Pfeiler des allgemeinen Aktienrechts zur Disposition zu stellen; dafür jedoch war die SE-Einführung nicht der geeignete Anlass[2]. Das SE-AG sucht daher einen Mittelweg und schreibt zur Einpassung des monistischen Systems in das allgemeine Aktienrecht vor, dass der Verwaltungsrat, der oberstes Leitungsorgan ist, geschäftsführende Direktoren bestellt, denen ein Teil derjenigen Pflichten zugeordnet werden kann, die im dualistischen System den Vorstand treffen. Diese Zuweisung beschränkt sich auf die oben genannten Beispiele des Jahresabschlusses (§ 47 SE-AG) und des Konzernrechts (§ 49 SE-AG). Für eine *börsennotierte* SE wäre dies nicht zuviel, sondern eher zuwenig an interner Funktionstrennung. Insoweit muss der Deutsche Corporate Governance Kodex künftig um Regeln zum monistischen Modell der SE ergänzt werden.

Das auf den ersten Blick „verdeckt dualistische" Modell[3] des SE-AG weist auf den zweiten Blick klare Unterschiede zum dualistischen System auf: Die geschäftsführenden Direktoren sind weisungsabhängig; sie sind jederzeit abberufbar; und es ist Personenidentität zwischen Verwaltungsratsmitgliedern und geschäftsführenden Direktoren zulässig. Vorschriften über die Bestellung und Zusammensetzung des Verwaltungsrates (§§ 24 ff. SE-AG) lassen die Regelung zwar schwerfällig erscheinen, als überflüssig wird man sie jedoch kaum ansehen können. Dasselbe gilt für die Bestimmungen über die innere Ordnung des Verwaltungsrats und die Aufgabenteilung mit den geschäftsführenden Direktoren, die ohnehin in ihrer großen Mehrzahl dispositiv ausgestaltet sind; auch hier liegt im konzeptionellen Gegensatz zum dualistischen Trennungssystem des Aktiengesetzes. Allenfalls hätte man erwägen können, häufiger auf Regelungen des Aktiengesetzes zu verweisen.[4] In seiner jetzigen Konzeption wehrt das SE-AG jedoch einer ansonsten naheliegenden Tendenz, Lücken im monistischen System automatisch durch Rückgriff auf das dualistische System zu schließen.[5] Stattdessen ist das monistische System in seiner Eigenständigkeit ernst zu nehmen und gegebenenfalls aus sich selbst heraus fortzuentwickeln.

---

[1] Vgl. zu den Rahmenbedingungen der Einführung eines monistischen Systems in ein dualistisch geprägtes aktienrechtliches Umfeld *Neye, H.-W.*, Unternehmensverfassung, 2005, S. 443-454, *Teichmann, C.*, Gestaltungsfreiheit, 2004, S. 53, 57-60 und *Teichmann, C.*, Monistische Verfassung, 2005, S. 195, 217-222.
[2] Vgl. hierzu auch *Neye, H.-W.*, Unternehmensverfassung, 2005, S. 443, 448 f.
[3] So die Kritik des *DAV*, Diskussionsentwurf, 2004, S. 75, 82.
[4] Der *DAV*, Diskussionsentwurf, 2004, S. 75, 81-85, hat dies an verschiedenen Stellen vorgeschlagen.
[5] Vgl. bereits *Neye, H.-W. / Teichmann, C.*, Ausführungsgesetz, 2003, S. 169, 177.

Diskussionsstoff bis zur letzten Minute lieferte die Frage der Integration der *Mitbestimmung* in das monistische System[1]. Die Mitbestimmung knüpft bislang an das dualistische Modell einer strikten Trennung von Geschäftsleitung und Aufsicht an. Sie ist aber im Rahmen der SE anders als im allgemeinen Aktienrecht zunächst einmal Gegenstand von Verhandlungen zwischen den Sozialpartnern.[2] Die häufig geäußerte Erwartung, im Angesicht der am bisherigen Standard orientierten Auffangregelung werde man sich ohnehin auf nichts anderes einigen können,[3] muss sich nicht unbedingt erfüllen. Eine rational ausgehandelte Vereinbarung wird für beide Seiten immer besser sein als die starre gesetzliche Regelung. Den „Kuchen vergrößern" nennt dies die moderne Verhandlungslehre; und es sollte uns nicht überraschen, wenn es demnächst kreativen Verhandlungspartnern gelingt, Mitbestimmungsmodelle für ihr Unternehmen zu entwickeln, die aus Sicht aller Beteiligten besser funktionieren als die gesetzliche Regelung.[4]

Kernfrage der gesetzlichen Auffangregelung ist die Zahl der Arbeitnehmervertreter im monistischen Verwaltungsorgan. In § 35 Abs. 2 Satz 2 SEBG heißt es hierzu sybillinisch: „Die Zahl der Arbeitnehmervertreter im Aufsichts- oder Verwaltungsorgan bemisst sich nach dem höchsten Anteil an Arbeitnehmervertretern, der in den Organen der beteiligten Gesellschaften vor der Eintragung der SE bestanden hat." Dies wird gemeinhin so verstanden, dass bei einem Systemwechsel vom paritätisch besetzten Aufsichtsrat in das monistische Modell auch der Verwaltungsrat paritätisch mit Vertretern der Arbeitnehmer besetzt sein müsse. Nach Auffassung des *Verfassers* sprechen allerdings die besseren Argumente für die Auffassung, dass die Parität sich systemkonform nur auf die nicht geschäftsführenden Mitglieder des Verwaltungsorgans beziehen könne.[5]

V. Auflösung der SE bei Trennung von Sitz und Hauptverwaltung

Art. 64 Abs. 1-3 SE-VO: „(1) Erfüllt eine SE nicht mehr die Verpflichtung nach Artikel 7, so trifft der Mitgliedstaat, in dem die SE ihren Sitz hat, geeignete Maßnahmen, um die SE zu verpflichten, innerhalb einer bestimmten Frist den vorschriftswidrigen Zustand zu beenden, indem sie

a) entweder ihre Hauptverwaltung wieder im Sitzstaat errichtet

---

[1] Vgl. *Neye, H.-W.*, Unternehmensverfassung, 2005, S. 443, 451.
[2] Vgl. den Beitrag von *Köstler* in diesem Band.
[3] Vgl. z. B. *Fleischer, H.*, Societas Europaea, 2004, S. 502, 535; *Heinze, M.*, Europäische Aktiengesellschaft, 2002, S. 66, 94.
[4] Ein Beispiel hierzu entwickeln *Heinze, W. / Seifert, A. / Teichmann, C.*, Arbeitnehmerbeteiligung, 2005 auf Basis eines Modells der qualifizierten Drittelparität.
[5] Vgl. *Teichmann, C.*, Monistische Verfassung, 2005, S. 195, 214-217 (m. w. N. zur Diskussion).

b) oder ihren Sitz nach dem Verfahren des Artikels 8 verlegt.

(2) Der Sitzstaat trifft die erforderlichen Maßnahmen, um zu gewährleisten, dass eine SE, die den vorschriftswidrigen Zustand nicht gemäß Absatz 1 beendet, liquidiert wird.

(3) Der Sitzstaat sieht vor, dass ein Rechtsmittel gegen die Feststellung des Verstoßes gegen Artikel 7 eingelegt werden kann. Durch dieses Rechtsmittel werden die in den Absätzen 1 und 2 vorgesehenen Verfahren ausgesetzt."

Die SE-VO schreibt vor, dass die SE ihren satzungsmäßigen Sitz und ihre Hauptverwaltung in demselben Mitgliedstaat haben muss.[1] Nach Eintragung einer SE kann es aber dazu kommen, dass der satzungsmäßige Sitz und die Hauptverwaltung in verschiedenen Staaten liegen. Dies kann zum einen durch eine Sitzverlegung nach Art. 8 SE-VO geschehen; denn der Vorgang der Sitzverlegung meint zunächst allein die Verlegung des satzungsmäßigen Sitzes, der nach Abschluss der nötigen Verfahrensschritte im neuen Sitzstaat eingetragen wird. Dass mit dem satzungsmäßigen Sitz auch die Hauptverwaltung verlegt wurde, ist nicht zwingende Voraussetzung für die Eintragung der Sitzverlegung.[2] Umgekehrt kann der Fall eintreten, in dem die SE ihre Hauptverwaltung in einen anderen Staat verlagert, ohne den satzungsmäßigen Sitz zu ändern.

In beiden Fällen verstößt die SE gegen die Vorschrift des Art. 7 S. 1 SE-VO, die bereits weiter oben[3] behandelt wurde. Art. 64 SE-VO greift dies auf und verpflichtet die Mitgliedstaaten, geeignete Maßnahmen zu ergreifen, um die SE zur Beseitigung des vorschriftswidrigen Zustandes zu veranlassen. Geschieht dies nicht, droht der Gesellschaft die *Liquidation*. Der Mitgliedstaat muss auch insoweit für geeignete Mechanismen sorgen.

Im deutschen Recht gibt es das Verfahren der *Amtsauflösung* nach § 144a des Gesetzes über die Angelegenheiten der freiwilligen Gerichtsbarkeit (FGG), das sich für die vorliegende Konstellation anbietet. Es stellt auch die rechtsstaatlichen Verfahrenssicherungen bereit, die Art. 64 Abs. 3 SE-VO fordert. Das Verfahren greift nach dem Wortlaut des § 144a Abs. 1 S. 1 FGG ein, wenn die Satzungsbestimmung über den Sitz der Gesellschaft nichtig ist. Allerdings steht die Rechtsprechung bislang auf dem Standpunkt, die Festlegung des Sitzes in der Satzung bleibe auch bei einer nachträglichen Verlegung des tatsächlichen Sitzes wirksam.[4] Sie wendet daher das

---

[1] S. Art. 7 S. 1 SE-VO.
[2] Art. 11 Abs. 2 des Vorentwurfs für die Sitzverlegungsrichtlinie sieht die Möglichkeit vor, die Eintragung der Sitzverlegung zu verweigern, wenn sich nicht auch die Hauptverwaltung im Mitgliedstaat des neuen Sitzes befindet. In der SE-VO gibt es eine derartige Regelung nicht.
[3] Vgl. Kapitel II.1.b.
[4] So zuletzt das *BayObLG*, Beschluss v. 20.2.2002, BB 57 (2002), S. 907, zur Vorschrift in § 4a GmbHG, die inhaltlich dem § 5 AktG entspricht.

Verfahren des § 144a FGG in den Fällen nicht an, in denen der tatsächliche Sitz nachträglich vom satzungsmäßigen Sitz wegverlegt wird; dies obwohl die Gesellschaft damit einen § 5 Abs. 2 AktG (oder § 4a GmbHG) widersprechenden Zustand schafft. Bezogen auf die SE macht daher § 52 SE-AG deutlich, dass in Fällen, in denen satzungsmäßiger Sitz und Hauptverwaltung in verschiedenen Mitgliedstaaten liegen, ein Mangel der Satzung im Sinne des § 262 Abs. 1 Nr. 5 AktG vorliegt und daher kraft Gesetzes ein Grund für die Einleitung des Verfahrens nach § 144a FGG gegeben ist.

VI. Zuständigkeiten

Art. 68 Abs. 2 Satz 1 SE-VO: „Jeder Mitgliedstaat benennt die zuständigen Behörden im Sinne der Artikel 8, 25, 26, 54, 55 und 64."

Die SE-Verordnung beruft in verschiedenen Zusammenhängen nationale Stellen dazu, bestimmte Bescheinigungen auszustellen oder Entscheidungen zu treffen. Dies sind die Bescheinigungen über die ordnungsgemäße Durchführung des Verfahrens zur Sitzverlegung (Art. 8 Abs. 8 SE-VO) und zur Verschmelzung (Art. 25 Abs. 2 SE-VO), die Rechtmäßigkeitskontrolle der Verschmelzung im künftigen Sitzstaat der SE (Art. 26 Abs. 1 SE-VO) sowie über die Einberufung der Hauptversammlung (Art. 54 Abs. 2 SE-VO), die Ergänzung der Tagesordnung der Hauptversammlung (Art. 55 Abs. 3 SE-VO) und die zwangsweise Auflösung bei Auseinanderfallen von Sitz und Hauptverwaltung der SE (Art. 64 SE-VO).

§ 4 SE-AG weist die Zuständigkeit in diesen Angelegenheiten dem *Registergericht* zu. Die Auffassung des Deutschen Notarvereins, wonach kraft europäischen Rechts auch die Notare zuständig seien, kann hingegen nicht überzeugen.[1] Das Wort „Behörde" wird in der Verordnung offenkundig als Oberbegriff verwendet,[2] auch wenn dies terminologisch ungenau ist. Dass der Begriff im Singular verwendet wird, muss wiederum nicht bedeuten, dass die zuvor genannten Stellen sprachlich nicht einbezogen sind,[3] sondern kann ebenso den Hintergrund haben, dass eben nur eine Stelle zuständig sein soll und nicht mehrere.

---

[1] Vgl. *DNotV*, Diskussionsentwurf, 2003, S. 94, 95.
[2] Z.B. Art. 8 Abs. 8 SE-VO: „das zuständige Gericht, der Notar oder eine andere zuständige Behörde". Dies gilt auch für die französische Fassung („un tribunal, un notaire, ou une autre autorité compétente"). Von einer „anderen" Behörde zu sprechen hat nur Sinn, wenn dieser Begriff als Oberbegriff verwendet wird, der auch die zuvor genannten Stellen mit erfasst.
[3] So *DNotV*, Diskussionsentwurf, 2003, S. 94, 96.

M. Das Recht der SE in anderen Mitgliedstaaten der EU und des EWR

*Clemens Philipp Schindler / Christoph Teichmann**

I. Einleitung	746
II. Regelungsrahmen der SE	747
1. Die SE im Wettbewerb der Rechtsordnungen	747
2. Schnittstellen zum ausländischen SE-Recht	748
a. SE-Verordnung, SE-Ausführungsgesetze und allgemeines Gesellschaftsrecht	749
b. SE mit Sitz in Deutschland	749
c. SE mit Sitz im Ausland (EU oder EWR)	750
3. Rahmenbedingungen der SE-Ausführungsgesetzgebung	750
a. Freiraum für SE-spezifische Sonderregeln	750
b. Gesetzgeberischer Gleichlauf mit dem allgeinen Aktienrecht	752
c. Auflistung des ergänzend anwendbaren nationalen Aktienrechts	753
d. Ausübung von Wahlrechten	754
4. Weiterer Gang der Darstellung	756
III. SE-Gesetzgebung in den Mitgliedstaaten der EU und des EWR	757
1. Mitgliedstaaten der EU: Überblick	757
2. Mitgliedstaaten des EWR: Überblick	757
3. Einführung in ausgewählten Mitgliedstaaten	758
a. Dänemark	758
b. Frankreich	758
c. Großbritannien	759
d. Österreich	759
e. Polen	760
f. Liechtenstein	760

---

*   *MMag. Dr. Clemens Philipp Schindler, C. Ph., LL.M.*, Wissenschaftlicher Mitarbeiter des Max-Planck-Instituts für Geistiges Eigentum, Wettbewerbs- und Steuerrecht, Steuerberater und Mitarbeiter der Kanzlei Haarmann Hemmelrath in Kooperation mit Haarmann Hügel.
PD Dr. Christoph Teichmann, Hochschuldozent an der Ruprecht-Karls-Universität Heidelberg.

IV. SE in Deutschland: Schnittstellen zum ausländischen Recht 761
   1. Gründungsverfahren 761
      a. Gründungsplan 762
         aa. Verschmelzung und Holding-SE 762
         ab. Umwandlung in eine SE 763
         ac. Tochter-SE 764
      b. Verfahren der internen Willensbildung 765
         ba. Bestimmung des anwendbaren Rechts 765
         bb. Einzelfragen 766
      c. Schutz von Minderheitsgesellschaftern 767
      d. Schutz der Gläubiger 772
      e. Einspruchsrecht öffentlicher Stellen 775
      f. Bescheinigung über ordnungsgemäße Durchführung des
         Gründungsverfahrens 776
   2. Laufende Tätigkeit einer in Deutschland ansässigen SE 778
      a. SE-Verordnung 779
         aa. Rechtsanwendungsnormen 779
         ab. Materiell-inhaltliche Regelungen der SE-Verordnung 780
      b. SE-Ausführungsgesetz 781
      c. Allgemeines deutsches Aktienrecht 782
   3. Sitzverlegung der SE ins Ausland 782
V. SE mit Sitz im Ausland 782
   1. Gründungsverfahren 783
   2. Laufende Tätigkeit der SE mit Sitz im Ausland 784
      a. SE-Verordnung und allgemeines Gesellschaftsrecht 784
      b. SE-Ausführungsgesetze (Schwerpunkt: Leitungssystem) 784
   3. Sitzverlegung der SE 788
      a. Gläubigerschutz 788
      b. Aktionärsschutz 790
      c. Einspruchsrecht öffentlicher Stellen 790
VI. Ergebnis 791

Literatur

Arlt, Marie-Agnes / Grechenig, Kristoffel / Kalss, Susanne, 2004: Austria, in: *Oplustil, Krzysztof / Teichmann, Christoph* (Hrsg.), The European Company – all over Europe, Berlin: De Gruyter, 2004, S. 1-23.

Baums, Theodor / Cahn, Andreas (Hrsg.), 2004: Die *Europäische Aktiengesellschaft*, Umsetzungsfragen und Perspektiven, Berlin: De Gruyter, 2004.

Bayer, Walter, 2003: Die EuGH-Entscheidung „Inspire Art" und die deutsche GmbH im Wettbewerb der europäischen Rechtsordnungen, in: BB 58 (2003), S. 2357-2366.

Brandt, Ulrich, 2002: Überlegungen zu einem *SE-Ausführungsgesetz*, in: NZG 5 (2002), S. 991-996.

Brandt, Ulrich / Scheifele, Matthias, 2002: Die *Europäische Aktiengesellschaft* und das anwendbare Recht, in: DStR 40 (2002), S. 547-555.

Brandt, Ulrich, 2003: Der *Diskussionsentwurf* zu einem SE-Ausführungsgesetz, in: DStR 2003, S. 1208-1215.

Brandt, Ulrich, 2004: Die *Hauptversammlung* der Europäischen Aktiengesellschaft (SE), Frankfurt am Main: Peter Lang, 2004.

Casper, Matthias, 2003: Der *Lückenschluß* im Statut der Europäischen Aktiengesellschaft, in: *Habersack, Mathias / Hommelhoff, Peter / Hüffer, Uwe / Schmidt, Karsten* (Hrsg.), Festschrift für *Peter Ulmer*, Berlin: De Gruyter, 2003, S. 52-72.

Colombani, Jacques-Louis, 2004: *France*, in: *Oplustil, Krzysztof / Teichmann, Christoph* (Hrsg.), The European Company – all over Europe, Berlin: De Gruyter, 2004, S. 77-106.

Couret, Alain / Rohmert, Alexandra, 2005: *Frankreich*, in: *Janott, Dirk / Frodermann, Jürgen* (Hrsg.), Handbuch der Europäischen Aktiengesellschaft – Societas Europaea, Heidelberg: C.F. Müller, 2005, S. 637-650.

Davies, Paul, 2004: Implementation of the european company (SE) in *Great Britain*, in: *Baums, Theodor / Cahn, Andreas*, Die Europäische Aktiengesellschaft, Umsetzungsfragen und Perspektiven, Berlin: De Gruyter, 2004, S. 10-29.

DeutscherAnwaltVerein (DAV), 2004: Stellungnahme zum *Diskussionsentwurf* eines Gesetzes zur Ausführung der Verordnung (EG) Nr. 2157/2001 des Rates v. 8.10.2001 über das Statut der Europäischen Gesellschaft (SE) (SE-Ausführungsgesetz-SEAG), in: NZG 7 (2004), S. 75-86.

Deutscher Notarverein (DNotV), 2003: Stellungnahme zum *Diskussionsentwurf* eines Gesetzes zur Einführung der Europäischen Gesellschaft, in: notar 2003, Heft 3, S. 94-109.

Edbury, Mike, 2004: *United Kingdom*, in: *Oplustil, Krzysztof / Teichmann, Christoph* (Hrsg.), The European Company – all over Europe, Berlin: De Gruyter, 2004, S. 316-327.

Eidenmüller, Horst / Rehm, Gebhard M., 2004: Niederlassungsfreiheit versus Schutz des inländischen Rechtsverkehrs: Konturen des Europäischen Internationalen Gesellschaftsrechts – zugleich eine Besprechung der Entscheidung Inspire Art, EuGH NJW 2003, 3331, in: ZGR 33 (2004), S. 159-188.

El Mahi, Farida, 2004: Die *Europäische Aktiengesellschaft*, Societas Europaea – SE, Frankfurt: Herchen + Herchen, 2004.

Enriques, Luca, 2004: Schweigen ist Gold: Die *Europäische Aktiengesellschaft* als Katalysator für regulative Arbitrage im Gesellschaftsrecht, in: ZGR 33 (2004), S. 735-759.

Fogt, Morten M. / Schack, Haimo, 2005: Keine *Urteilszustellung* im deutsch-dänischen Rechtsverkehr?, in: IPRax 25 (2005), S. 118-124.

Friis Hansen, Søren, 2004: Denmark, in: *Oplustil, Krzysztof / Teichmann, Christoph* (Hrsg.), The European Company – all over Europe, Berlin: De Gruyter, 2004, S. 72-76.

Gahleitner, Sieglinde, 2004: Kommentierung Teil II, Arbeitnehmermitbestimmung, in: *Kalss, Susanne / Hügel, Hanns F.* (Hrsg.), Europäische Aktiengesellschaft, Kommentar, Wien: Linde, 2004.

Grechenig, Kristoffel, 2005: *Spanisches Aktien- und GmbH-Recht* – Das einstufige Verwaltungssystem in Beziehung zur Hauptversammlung und zu Gesellschafterrechten, Wien: Linde, 2005.

Guyon, Yves, 2000: Les aspects communautaires et internationaux de la *société par actions simplifiée*, in: Rev. soc. 118 (2000), S. 255-261.

Habersack, Mathias, 2005: *Mitwirkungsrechte* der Aktionäre nach Macrotron und Gelatine, in: AG 50 (2005), S. 137-149.

Hommelhoff, Peter, 2003: *Satzungsstrenge und Gestaltungsfreiheit* in der Europäischen Aktiengesellschaft, in: *Habersack, Mathias / Hommelhoff, Peter / Hüffer, Uwe / Schmidt, Karsten* (Hrsg.), Festschrift für *Peter Ulmer*, Berlin: De Gruyter, 2003, S. 267-278.

Hommelhoff, Peter, 2005: *Normenhierarchie* für die Europäische Gesellschaft, in: *Lutter, Marcus / Hommelhoff, Peter* (Hrsg.), Die Europäische Gesellschaft, Köln: O. Schmidt, 2005, S. 5-23.

Hopt, Klaus J. / Menjucq, Michel / Wymeersch, Eddy (Hrsg.), 2003: La *Société Européenne* – Organisation juridique et fiscale, inérêts, perspectives, Paris: Dalloz, 2003.

Hüffer, Uwe, 2004: Aktiengesetz, Kommentar, 6. Aufl., München: C.H. Beck, 2004.

Hügel, Hanns, F., 2004: Kommentierung vor Art. 15-19 SE-VO, vor § 17, §§ 17-28 SEG, in: *Kalss, Susanne / Hügel, Hanns F.* (Hrsg.), Europäische Aktiengesellschaft, Kommentar, Wien: Linde, 2004.

Ihrig, Hans-Christoph / Wagner, Jens, 2003: *Diskussionsentwurf* für ein SE-Ausführungsgesetz, in: BB 58 (2003), S. 969-976.

Jahn, Andreas / Herfs-Röttgen, Ebba, 2001: Die *Europäische Aktiengesellschaft* - Societas Europaea, in: DB 54 (2001), S. 631-638.

Janott, Dirk, 2005: Gründung, in: *Janott, Dirk / Frodermann, Jürgen* (Hrsg.), Handbuch der Europäischen Aktiengesellschaft – Societas Europaea, Heidelberg: C.F. Müller, 2005, S. 35-117.

Janott, Dirk / Frodermann, Jürgen (Hrsg.), 2005: *Handbuch* der Europäischen Aktiengesellschaft – Societas Europaea, Heidelberg: C.F. Müller, 2005.

Kalss, Susanne, 2003: Der *Minderheitenschutz* bei Gründung and Sitzverlegung der SE nach dem Diskussionsentwurf, in: ZGR 32 (2003), S. 593-649.

Kalss, Susanne, 2004: Kommentierung vor § 6, vor § 17 SEG, in: *Kalss, Susanne / Hügel, Hanns F.* (Hrsg.), Europäische Aktiengesellschaft, Kommentar, Wien: Linde, 2004.

Kalss, Susanne / Greda, Claudia, 2004: Die Europäische Gesellschaft (SE) österreichischer Prägung nach dem *Ministerialentwurf*, in: GesRZ 33 (2004), S. 91-107.

Kalss, Susanne / Greda, Claudia, 2004: Kommentierung §§ 34-60 SEG, in: *Kalss, Susanne / Hügel, Hanns F.* (Hrsg.), Europäische Aktiengesellschaft, Kommentar, Wien: Linde, 2004.

Kalss, Susanne / Hügel, Hanns F. (Hrsg.), 2004: Europäische Aktiengesellschaft, Kommentar, Wien: Linde, 2004.

Kroat-Reder, Hilmar, 2003: *Gründung* einer Europäischen Aktiengesellschaft durch grenzüberschreitende Verschmelzung, Wien: Dissertation Universität Wien, 2003.

Kübler, Friedrich, 2003: Barabfindung bei Gründung einer Europa AG, in: ZHR 167 (2003), S. 627-631.

Lächler, Christoph / Oplustil, Krzysztof, 2005: Funktion und Umfang des *Regelungsbereichs* der SE-Verordnung, in: NZG 8 (2005), S. 381-387.

Lau Hansen, Jesper, 2003: Nordic *Company Law* – the Regulation of Public Companies in Denmark, Finland, Iceland, Norway and Sweden, Kopenhagen: Djøf Publishing, 2003.

Le Cannu, Paul, 2003: La direction de la *société européenne*, in: *Hopt, Klaus J. / Menjucq, Michel / Wymeersch, Eddy* (Hrsg.), Société Européenne, Paris: Dalloz, 2003, S. 99-114.

Lennerz, Ursula, 2001: Die *internationale Verschmelzung* und Spaltung unter Beteiligung deutscher Gesellschaften, Köln: O. Schmidt, 2001.

Liebscher, Thomas, 2005: Ungeschriebene Hauptversammlungszuständigkeiten im Lichte von Holzmüller, Macrotron und Gelatine, in: ZGR 34 (2005), S. 1-33.

Lind, Michael, 2004: Die Europäische Aktiengesellschaft – Eine Analyse der *Rechtsanwendungsvorschriften*, Wien / Graz: Neuer Wissenschaftlicher Verlag, 2004.

Lutter, Marcus, 2002: *Europäische Aktiengesellschaft* – Rechtsfigur mit Zukunft?, in: BB 57 (2002), S. 1-7.

Manz, Gerhard / Mayer, Barbara / Schröder, Albert (Hrsg.), 2005: Europäische Aktiengesellschaft *SE*, Baden-Baden: Nomos, 2005.

Maul, Silja / Wenz, Martin, 2005: *Mobilität* von Unternehmen in Europa, in: *Schröder, R.* (Hrsg.), Die GmbH im europäischen Vergleich, Berlin: Lexxion, 2005, S. 193-200.

Maul, Silja / Teichmann, Christoph / Wenz, Martin, 2003: Der *Richtlinienvorschlag* zur grenzüberschreitenden Verschmelzung von Kapitalgesellschaften, in: BB 58 (2003), S. 2633-2641.

Marxer & Partner (Hrsg.), 2003: *Gesellschaften* und Steuern in Liechtenstein, 11. Aufl., Vaduz: Liechtenstein Verlag, 2003.

Menjucq, Michel, 2003: Das „monistische" System der *Unternehmensleitung* in der SE, in: ZGR 32 (2003), S. 679-687.

Neye, Hans-Werner / Teichmann, Christoph, 2003: Der *Entwurf* für das Ausführungsgesetz zur Europäischen AG, in: AG 48 (2003), S. 169-179.

Nørgaard, Ole / Salje, Elena, 2005: Dänemark, in: *Janott, Dirk / Frodermann, Jürgen* (Hrsg.), Handbuch der Europäischen Aktiengesellschaft – Societas Europaea, Heidelberg: C.F. Müller, 2005, S. 583-603.

Oliphant, Richard, 2005: *Großbritannien*, in: *Janott, Dirk / Frodermann, Jürgen* (Hrsg.), Handbuch der Europäischen Aktiengesellschaft – Societas Europaea, Heidelberg: C.F. Müller, 2005, S. 675-700.

Oplustil, Krzysztof / Rachwał Anna / Sokołowski, Jacek, 2004: Poland, in: *Oplustil, Krzysztof / Teichmann, Christoph* (Hrsg.), The European Company – all over Europe, Berlin: De Gruyter, 2004, S. 247-268.

Oplustil, Krzysztof / Teichmann, Christoph (Hrsg.), 2004: The *European Company* – all over Europe, Berlin: De Gruyter, 2004.

Reichert, Jochem, 2005: *Mitwirkungsrechte* und Rechtsschutz der Aktionäre nach Macrotron und Gelatine, in: AG 50 (2005), S. 150-160.

Rontchevsky, Nicolas, 2004: Country Report *France*, in: *Baums, Theodor / Cahn, Andreas* (Hrsg.), Die Europäische Aktiengesellschaft, Umsetzungsfragen und Perspektiven, Berlin: de Gruyter, 2004, S. 51-61.

Scheifele, Matthias, 2004: Die *Gründung* der Europäischen Aktiengesellschaft (SE), Frankfurt am Main u. a.: Peter Lang, 2004.

Schindler, Clemens Philipp, 2002: Die *Europäische Aktiengesellschaft* – Gesellschafts- und steuerrechtliche Aspekte, Wien: LexisNexis ARD Orac, 2002.

Schindler, Clemens Philipp, 2003: Vor einem *Ausführungsgesetz* zur Europäischen Aktiengesellschaft, in: ecolex 14 (2003), Heft 6, Script 26, S. 1-10.

Schindler, Clemens Philipp, 2004: Das *Ausführungsgesetz* zur Europäischen Aktiengesellschaft, in: wirtschaftsrechtliche blätter:wbl 18 (2004), S. 253-266.

Schindler, Clemens Philipp, 2005: *Gründung und Sitzverlegung* einer Europäischen Aktiengesellschaft unter Berücksichtigung des österreichischen Ausführungsgesetzes, in: *Achatz, Markus / Aigner, Dietmar / Kofler, Georg / Tumpel, Michael* (Hrsg.), Internationale Umgründungen: gesellschafts- und steuerrechtliche Grundlagen, Querschnittsfragen, aktuelle Entwicklungen, Wien: Linde, 2005, S. 271-317.

Schindler, Clemens Philipp, 2005: Rs. SEVIC – Generalanwalt Tizzano hält die Zulässigkeit von grenzüberschreitenden Verschmelzungen für gemeinschaftsrechtlich geboten, in: ÖStZ 58 (2005) (im Druck).

Schön, Wolfgang, 2003: Der Aktionär im Verfassungsrecht, in: *Habersack, Mathias / Hommelhoff, Peter / Hüffer, Uwe / Schmidt, Karsten* (Hrsg.), Festschrift für *Peter Ulmer*, Berlin: De Gruyter, 2003, S. 1359-1392.

Schröder, Albert, 2005: Kommentierung zu den Art. 18, 20 und 37 SE-VO in: *Manz, Gerhard / Mayer, Barbara / Schröder, Albert* (Hrsg.), Europäische Aktiengesellschaft SE, Kommentar, Baden-Baden: Nomos, 2005.

Schwarz, Günter Christian, 2001: Zum *Statut* der Europäischen Aktiengesellschaft, in: ZIP 22 (2001), S. 1847-1861.

Soltysinski, Stanislaw, 2004: Societas Europaea: Implementing the SE Regulation in *Poland*, in: *Baums, Theodor / Cahn, Andreas* (Hrsg.), Die Europäische Aktiengesellschaft, Umsetzungsfragen und Perspektiven, Berlin: de Gruyter, 2004, S. 94-105.

Szumánski, Andrzej / Duda, Bogdan, 2005: Polen, in: *Janott, Dirk / Frodermann, Jürgen* (Hrsg.), Handbuch der Europäischen Aktiengesellschaft – Societas Europaea, Heidelberg: C.F. Müller, 2005, S. 852-867.

Teichmann, Christoph, 2002: Die *Einführung* der Europäischen Aktiengesellschaft - Grundlage der Ergänzung des europäischen Statuts durch den deutschen Gesetzgeber, in: ZGR 31 (2002), S. 383-464.

Teichmann, Christoph, 2002: Vorschläge für das deutsche *Ausführungsgesetz* zur Europäische Aktiengesellschaft, in: ZIP 23 (2002), S. 1109-1116.

Teichmann, Christoph, 2003: *Minderheitenschutz* bei Gründung und Sitzverlegung der SE, in: ZGR 32 (2003), S. 367-401.

Teichmann, Christoph, 2004: Austrittsrecht und Pflichtangebot bei *Gründung* einer Europäischen Aktiengesellschaft, in: AG 49 (2004), S.67-83.

Teichmann, Christoph, 2005: Binnenmarktkonformes *Gesellschaftsrecht*, Berlin: De Gruyter, 2005 (im Druck).

Wagner, Jens, 2002: Die *Bestimmung* des auf die SE anwendbaren Rechts, in: NZG 5 (2002), S. 985- 991.

Wenz, Martin, 2003: *Einsatzmöglichkeiten* einer Europäischen Aktiengesellschaft in der Unternehmenspraxis aus betriebswirtschaftlicher Sicht, in: AG 48 (2003), S. 185-196.

Wenz, Martin, 2004: More cross-border *flexibility* for companies – the SE as the flagship of European company law, in: European Trade Union Institute/Hans Böckler Foundation, The European Company – Prospects for Board-Level Representation, 2004, S. 27-38.

Wenz, Martin, 2004: The *European Company* (Societas Europaea) – Legal Concept and Tax Issues, in: ET 44 (2004), S. 4-11.

Werlauff, Erik, 2003: SE – The Law of the *European Company*, Kopenhagen: Djøf Publishing, 2003.

I. Einleitung

Als supranational-europäische Rechtsform weist die SE zahlreiche Verbindungslinien zwischen dem Gemeinschaftsrecht und den nationalen Rechtsordnungen der Mitgliedstaaten auf. Ziel dieses Beitrags ist nicht die lückenlose Darstellung der SE-Gesetzgebung in den verschiedenen Mitgliedstaaten der Europäischen Union (EU) und des Europäischen Wirtschaftsraumes (EWR). Vielmehr sollen in einem allgemeinen Sinne die Schnittstellen aufgezeigt werden, an denen der Rechtsanwender den Blick in die jeweils anderen beteiligten Rechtsordnungen richten muss, um auch die Erforderlichkeit der Heranziehung einen Experten des ausländischen Rechts beurteilen zu können.

Im Zuge der Erläuterung des auf die SE anwendbaren Rechts und der nationalen Ausführungsgesetzgebung wird in Kapitel II. zu zeigen sein, dass für eine SE keineswegs nur das jeweilige SE-Ausführungsgesetz bedeutsam ist, sondern auch das allgemeine Gesellschaftsrecht, das wegen der Lückenhaftigkeit der SE-VO in weitem Umfang zur Anwendung kommt. Wie unterschiedlich sich die Rechtslage darstellen kann, wird deutlich, wenn man die Rechtssysteme ausgewählter Mitgliedstaaten der EU und des EWR einander gegenüberstellt. Die in Kapitel III. dargestellte Auswahl – *Dänemark, Großbritannien, Frankreich, Liechtenstein, Österreich* und *Polen* – repräsentiert nicht nur die verschiedenen in Europa vertretenen Rechtskreise einschließlich Skandinaviens, sondern berücksichtigt auch die neuen Beitrittsstaaten und ein Land des EWR.[1]

Die SE-Gesetzgebung in *Deutschland* ist Gegenstand des Beitrags von *Teichmann* in diesem Band und wird daher im Folgenden nur jeweils kurz angesprochen. Fragen der Arbeitnehmerbeteiligung, die von der SE-RL und den hierzu ergangenen nationalen Gesetzen geregelt werden, bleiben weitgehend ausgeklammert; insoweit sei auf den Beitrag von *Köstler* in diesem Band verwiesen.

Die Betrachtung der Schnittstellen zum ausländischen Recht fällt höchst unterschiedlich aus, je nach dem, ob die SE ihren Sitz in *Deutschland* haben soll (dazu vgl. in Kapitel IV.) oder ob die Perspektive eines deutschen Unternehmens einzunehmen ist, das sich an einer SE mit Sitz in einem anderen Mitgliedstaat beteiligen möchte (dazu vgl. in Kapitel V.). Hierzu werden jeweils die Regelungen der ausgewählten Rechtsordnungen dargestellt und verglichen, bevor in Kapitel VI. ein Resümee gezogen wird.

---

[1] Die Verfasser danken an dieser Stelle *Martin Wenz*, München/Vaduz, für Hinweise zum liechtensteinischen und *Krzysztof Oplustil*, Krakau, für Erläuterung des polnischen Rechts.

II. Regelungsrahmen der SE

Der SE fehlt zwar das ursprünglich angestrebte geschlossene aktienrechtliche Regelungskonzept, sie steht aber gerade deshalb im Mittelpunkt des auch in Europa intensiver werdenden Wettbewerbs der Rechtsordnungen (1.). Für die praktische Anwendung ist es wichtig, sich der Schnittstellen zwischen dem europäischen und den verschiedenen in Betracht kommenden nationalen Rechtsordnungen bewusst zu sein (2.). Eine Besonderheit dieser Rechtsform besteht außerdem darin, dass die europäische Regelung durch nationale Ausführungsgesetze ergänzt werden musste (3.).

1. Die SE im Wettbewerb der Rechtsordnungen

Die *Societas Europaea* ist eine Rechtsform für den Europäischen Binnenmarkt. Bei Gründung[1] und Sitzverlegung[2] bietet sie grenzüberschreitende Flexibilität und Mobilität, auf die nationale Kapitalgesellschaften bislang weitgehend verzichten müssen.[3] Diese können sich zwar nach der Rechtsprechung des Europäischen Gerichtshofs auf die im EG-Vertrag sowie im EWR-Abkommen garantierte Niederlassungsfreiheit berufen.[4] Dennoch bleiben zahlreiche Einzelfragen ungeklärt,[5] so dass es unter dem Aspekt der Kalkulierbarkeit derzeit noch keine reizvolle Planungsoption ist, sich Flexibilität und Mobilität im Binnenmarkt durch unmittelbare Berufung auf die Niederlassungsfreiheit erkämpfen zu wollen.[6] Die SE hingegen bietet ein gemeinschaftsrechtlich abgesichertes Verfahren der grenzüberschreitenden Gründung und Sitzverlegung, das bei aller Komplexität ein für jedes Unternehmen wertvolles Gut

---

[1] Vgl. zu den verschiedenen Gründungsformen den Beitrag von *Neun* in diesem Band.

[2] Vgl. zum Verfahren der Sitzverlegung den Beitrag von *Wenz* in diesem Band.

[3] Dazu vgl. auch *Maul, S. / Wenz, M.*, Mobilität, 2005, S. 186-189, 193-200.

[4] Grundlegend die Urteile des EuGH in Sachen Centros (Rs. C-212/97, Slg. 1999, I-1459 ff.), Überseering (Rs. 208/00, Slg. 2002, I-9919 ff.) und Inspire Art (Rs. C-167/01, Slg. 2003, I-10155 ff.). Aus der kaum mehr überschaubaren Literatur hierzu vgl. beispielsweise *Bayer, W.*, Inspire Art, 2003, S. 2357-2366; *Eidenmüller, H. / Rehm, G.*, Inspire Art, 2004, S. 159-188.

[5] So ist der Rechtsprechung des Europäischen Gerichtshofes eine Differenzierung zwischen dem Zuzug und dem Wegzug einer Gesellschaft zu entnehmen, die Kritik im Schrifttum geerntet hat. Aber auch im Fall des Zuzugs bleiben Beschränkungen der Niederlassungsfreiheit zulässig, sofern sie mit einem zwingenden Allgemeininteresse gerechtfertigt werden können. Diese Rechtfertigungsmöglichkeiten konnten sich aber bislang in den einschlägigen Entscheidungen nicht durchsetzen, sodass die Rechtsprechung am Einzelfall zu klären haben wird, welche Anwendungsfälle bestehen.

[6] Für den Bereich nationaler Gesellschaften hinzuweisen ist zum einen auf den Vorschlag v. 18.11.2003 für eine Richtlinie über die Verschmelzung von Kapitalgesellschaften aus verschiedenen Mitgliedstaaten, KOM (2003) 703 endg. [dazu etwa *Maul, S. / Teichmann, Ch. / Wenz, M.*, Richtlinienvorschlag, 2003, S. 2633-2641] sowie zum anderen auf die beim Europäischen Gerichtshof anhängige Rechtssache 411/03 (*SEVIC Systems Aktiengesellschaft*). In seinen Schlussanträgen v. 7.7.2005 (abgedruckt in ZIP 25 (2005), S. 1227-1233) hat Generalanwalt *Tizzano* in den Bestimmungen des UmwG, wonach eine grenzüberschreitende Verschmelzung nicht zulässig ist, einen Verstoß gegen die Grundfreiheiten (insbesondere gegen die Niederlassungsfreiheit) erblickt [dazu in Kürze *Schindler, C. Ph.*, SEVIC, 2005, (in Druck)].

bietet, nämlich Rechtssicherheit. Nicht ohne Grund spricht man daher auch von der SE als einem Vehikel im *Wettbewerb der Rechtsordnungen*.[1]

Schon bei der Gründung, aber auch zu jedem späteren Zeitpunkt können die Aktionäre einer SE entscheiden, in welchem Mitgliedstaat die Gesellschaft ihren Sitz haben soll. Zwar war es schon immer möglich, Betriebsstätten, Zweigniederlassungen und Tochtergesellschaften im Ausland zu errichten. Neu aber ist die grenzüberschreitende Gründung und die Möglichkeit, den Registersitz der Gesellschaft grenzüberschreitend innerhalb der gesamten EU zu verlegen. Zur Wahl steht damit insbesondere das auf die Gesellschaft anwendbare *Gesellschaftsrecht*; denn gemäß der spezifischen Regelungstechnik der SE-VO wechselt mit der Sitzverlegung das anwendbare Gesellschaftsrecht.[2] Weiterhin zumindest potentiell relevant sind aber auch die steuer- und arbeitsrechtlichen sowie sämtliche andere standortspezifischen rechtlichen Rahmenbedingungen der verschiedenen Mitgliedstaaten.[3] Der SE als Rechtsform ist also die binnenmarktweite Freizügigkeit immanent, weshalb Aktionäre und Manager einer SE regelmäßig die Vor- und Nachteile des aktuellen Sitzstaates gegen alternative Standorte im Ausland abwägen können und werden.

Von besonderer Bedeutung ist in diesem Zusammenhang ferner, dass die SE als supranational-europäische Rechtsform nicht nur in den Mitgliedstaaten der EU, sondern auch in denjenigen des EWR zur Verfügung steht und durch nationale Einführungsgesetze in die jeweilige Rechtsordnung eingepasst wird.

2. Schnittstellen zum ausländischen SE-Recht

Ein vollständiger Überblick zu den für eine SE relevanten Regelungen aller Mitgliedstaaten von EU und EWR lässt sich schon deshalb nicht geben, weil die SE in vielen Fragen einer Aktiengesellschaft nationalen Rechts gleichgestellt ist, häufig also die Antworten auf SE-spezifische Rechtsfragen im allgemeinen Aktienrecht zu finden sind (a.). Entscheidend für die Handhabung einer SE ist die Kenntnis der Schnittstellen zum ausländischen Recht, auf die man achten und zu denen man gegebenenfalls Rechtsrat ausländischer Juristen einholen muss. Dabei ist zu unterscheiden, ob die SE ihren Sitz in *Deutschland* haben soll (b.) oder in einem anderen Mitgliedstaat der EU oder des EWR (c.).

---

[1] Vgl. *Enriques, L.*, Europäische Aktiengesellschaft, 2004, S. 735-759.
[2] Dies beruht darauf, dass die SE-VO das materielle Gesellschaftsrecht nur sehr lückenhaft regelt und stattdessen auf das nationale Aktienrecht im Sitzstaat der Gesellschaft verweist (vgl. dazu den Beitrag von *Theisen* und *Wenz* in diesem Band).
[3] Dazu vgl. auch *Maul, S. / Wenz, M.*, Mobilität, 2005, S. 186-189, 193-200.

a. SE-Verordnung, SE-Ausführungsgesetze und allgemeines Gesellschaftsrecht

Die SE ist unterworfen den Regeln der SE-VO, den nationalen Ausführungsgesetzen und dem allgemeinen Gesellschaftsrecht der Mitgliedstaaten. Ihrem Umfang nach sind die nationalen Begleitgesetze (in *Deutschland*: SE-Ausführungsgesetz, SE-AG und SE-Beteiligungsgesetz, SE-BG) relativ überschaubar, wesentlich wichtiger sind die Regelungen des allgemeinen Gesellschaftsrechts. Sie prägen die Willensbildung in den Gründungsgesellschaften und die spätere Tätigkeit der SE in ihrem jeweiligen Sitzstaat. Selbst die Entscheidung, eine Regelung in ein spezielles SE-AG aufzunehmen oder lediglich das allgemeine Gesellschaftsrecht wirken zu lassen, kann von Land zu Land divergieren. So hat der deutsche Gesetzgeber den Schutz widersprechender Minderheitsaktionäre bei der SE-Gründung ausführlich im SE-AG geregelt,[1] während andere Mitgliedstaaten hier schlicht auf das allgemeine Instrumentarium ihres Gesellschaftsrechts vertrauen.[2] Dort finden sich dann Rechtsinstitute – wie etwa der Missbrauch der Mehrheitsmacht – die auch im SE-Gründungsverfahren Beachtung verdienen.

b. SE mit Sitz in Deutschland

Die Anzahl der Schnittstellen zum ausländischen Recht hängt wesentlich davon ab, wo die SE ihren Sitz hat. Soll eine SE mit Sitz in *Deutschland* gegründet werden, erlangen Fragen ausländischen Rechts vor allem im Gründungsstadium Bedeutung – sofern an der SE-Gründung eine Gesellschaft ausländischen Rechts beteiligt ist.[3] Die SE-Gründung ist nach der SE-VO als zweistufiges Verfahren angelegt. Es beginnt mit der Willensbildung in den Gründungsgesellschaften (typischerweise im Rahmen einer Gesellschafterversammlung); hierauf findet das jeweils eigene Gesellschaftsstatut Anwendung. Verschmelzen beispielsweise eine deutsche AG und eine französische SA zu einer SE mit Sitz in *Deutschland*, richten sich Einberufung und Durchführung der Hauptversammlung in der SA nach französischem, in der AG nach deutschem Aktienrecht. Für die Gründung der SE selbst ordnet Art. 15 SE-VO dann die Geltung der Rechtsregeln an, die im künftigen Sitzstaat für Aktiengesellschaften

---

1 Vgl. dazu den Beitrag von *Teichmann* in diesem Band.
2 Auch das deutsche Ausführungsgesetz hat lediglich die Schutzmechanismen des allgemeinen Gesellschaftsrechts (hier: des Umwandlungsgesetzes) auf den Fall der SE-Gründung übertragen. Einer SE-spezifischen Regelung bedurfte es vor allem deshalb, weil das deutsche Spruchverfahren in vielen anderen Staaten unbekannt ist.
3 Dies ist nicht zwingend der Fall, denn manche Gründungsformen können von einer Gesellschaft nationalen Rechts bereits dann eigenständig wahrgenommen werden, wenn sie eine Zweigniederlassung oder Tochtergesellschaft im Ausland hat (näher hierzu der Beitrag von *Neun* in diesem Band).

gelten;[1] dazu gehören Fragen der ordnungsgemäßen Eintragung. Ist die Gründung abgeschlossen, findet auf die *Tätigkeit der SE* vorrangig das Aktienrecht ihres Sitzstaates Anwendung.[2]

c. SE mit Sitz im Ausland (EU oder EWR)

Eine ganz andere Bedeutung erlangt das ausländische Recht, wenn die zu gründende SE ihren Sitz außerhalb *Deutschlands* haben soll. Dann richtet sich der Blick nicht allein auf möglicherweise divergierende Verfahren der Willensbildung in den beteiligten Gründungsgesellschaften, sondern auf das gesamte rechtliche Umfeld, in dem die SE ihre Tätigkeit entfalten wird. Ihr gesellschaftsrechtliches Statut wird teilweise von der SE-VO, nach erfolgreich durchgeführter Gründung aber zum überwiegenden Teil vom Aktienrecht des künftigen Sitzstaates geprägt sein. Dies gilt selbstverständlich auch für viele andere unternehmensrelevante Rechtsbereiche, wie insbesondere für das Steuer- oder das Arbeitsrecht.

3. Rahmenbedingungen der SE-Ausführungsgesetzgebung

Die Ausführungsgesetzgebung zur SE stellte die mitgliedstaatlichen Gesetzgeber vor die ungewohnte Aufgabe, ergänzende Regelungen für eine Rechtsform zu schaffen, die bereits vom europäischen Recht in ihren Grundzügen vorstrukturiert ist. Insoweit stellt sich insbesondere die Frage, wie groß der Freiraum für SE-spezifische Sonderregeln im nationalen Recht ist (a.) und inwieweit für die SE ein Gleichlauf mit dem allgemeinen Aktienrecht anzustreben oder gar gefordert ist (b.). Wegen der Lückenhaftigkeit der SE-VO wurde auch vielerorts erwogen, im Ausführungsgesetz die auf die SE anwendbaren nationalen Bestimmungen des Aktienrechts zur Vereinfachung der Rechtsanwendung deklaratorisch aufzulisten (c.). Schließlich war zu klären, inwieweit die SE-VO dort, wo sie den Mitgliedstaaten ausdrücklich gesetzgeberische Wahlrechte eröffnete, Vorgaben für deren Ausübung enthält (d.).

a. Freiraum für SE-spezifische Sonderregeln

Es mag auf den ersten Blick überraschen, dass eine Verordnung i. S. d. Art. 249 EG-Vertrag, welche in jedem Mitgliedstaat unmittelbare Geltung hat, überhaupt eines nationalen Ausführungsgesetzes bedarf. Letzteres hängt mit der besonderen Ausge-

---

[1] Deutlich geregelt bei der Verschmelzung durch das Zusammenspiel der Verweisungsnormen des Art. 18 SE-VO und des Art. 15 SE-VO, dem Grundsatz nach aber auch bei den übrigen Gründungsformen zu beachten (vgl. den Beitrag von *Neun* in diesem Band). Vgl. weiterhin zur Zweiteilung des Gründungsverfahrens *Scheifele, M.*, Gründung, 2004, S. 37 ff.; *Hügel, H.*, in: Europäische Aktiengesellschaft, Kommentar, 2004, Vor § 17 SEG, Art. 15 SE-VO, Rn. 5, bevorzugt den Begriff der *Mehr*schichtigkeit unter Hinweis darauf, dass an der Verschmelzung auch mehr als zwei Gesellschaften teilnehmen können und zudem verschiedene Verfahrensschritte zeitlich parallel laufen können.

[2] Dies folgt aus den Rechtsanwendungsnormen der SE-VO (zentral: Art. 9 SE-VO).

staltung des SE-Statuts zusammen, welches zahlreiche Regelungsaufträge und Wahlrechte enthält.[1] Soweit das SE-Statut hingegen eigenständige Vorschriften kennt oder direkt auf das nationale Aktienrecht verweist, bedarf es freilich keiner innerstaatlichen Umsetzung. Eine solche wäre formal gesehen sogar unzulässig.[2]

Nicht ganz so klar erscheint die Rechtslage hinsichtlich der von der SE-VO nicht geregelten (Teil-)Bereiche.[3] In diesem Zusammenhang stellt sich nämlich die Frage, ob die Mitgliedstaaten – abweichend vom allgemeinen Aktienrecht – Sonderregelungen für die SE vorsehen können. Der österreichische und der deutsche Gesetzgeber sind der (restriktiven) Prämisse gefolgt, dass ein derartiges SE-Aktienrecht unzulässig sei, soweit die SE-VO nicht ausdrücklich eine Ermächtigung des nationalen Gesetzgebers vorsieht[4]. Die SE-VO bringt dies vor allem in Art. 9 Abs. 1 lit. c i) SE-VO zum Ausdruck, der Sonderregelungen nur „in Anwendung der speziell die SE betreffenden Gemeinschaftsmaßnahmen" zulässt und nach lit. c ii) leg cit in allen weiteren Fällen auf das Aktienrecht des jeweiligen Sitzstaates verweist. Auch Abs. 2 leg cit, der ausdrücklich von „eigens für die SE erlassene[n] Rechtsvorschriften" spricht, ändert an diesem Ergebnis nichts. Die genannte Bestimmung soll vielmehr nur klarstellen, dass auch die SE in den Anwendungsbereich der für Aktiengesellschaften maßgeblichen Richtlinien fällt[5]. Diese Lösung steht auch im Einklang mit dem Gleichbehandlungsgebot des Art. 10 SE-VO, wonach eine SE wie eine Aktiengesellschaft des jeweiligen Sitzstaates zu behandeln ist, sofern die SE-VO nichts anderes vorsieht.

Die meisten Mitgliedstaaten – etwa auch *Großbritannien*[6] – sind dieser engen Auffassung weitgehend gefolgt. *Frankreich* bildet hier eine gewisse Ausnahme, weil es der SE Satzungsgestaltungen zugesteht, die nach allgemeinem Aktienrecht nicht möglich sind. Hintergrund ist die besondere Rechtsform der Société par actions simplifiée (SAS), aus deren Rechtsregime die für die SE eingeführten Satzungsregelungen entlehnt sind. Indessen ist selbst in der französischen Rechtslehre außerordentlich umstritten, ob die SAS eine Unterart der Aktiengesellschaft oder eine eigenständige Rechtsform ist.[7] Die gesetzliche Regelung verweist zwar umfangreich auf das Aktienrecht, die SAS ist aber nicht berechtigt, an die Börse zu gehen und

---

[1] Vgl. *Schindler, C. Ph.*, Ausführungsgesetz, 2003, S. 1, und die Zusammenstellung der Regelungsermächtigungen bei *Teichmann, C.*, Ausführungsgesetz 2002, S. 1109-1116.
[2] Vgl. *Schindler, C. Ph.*, Europäische Aktiengesellschaft, 2002, S. 16. Ebenso *Brandt, U.*, SE-Ausführungsgesetz, 2002, S. 992, der von einer Sperrwirkung der SE-VO gegenüber nationalem Recht spricht.
[3] Allgemein zu dem auf die SE anwendbaren Recht vgl. *Brandt, U. / Scheifele, M.*, Europäische Aktiengesellschaft, 2002, S. 547-557; *Wagner, J.*, Bestimmung, 2002, S. 985-991.
[4] Hierzu bereits *Teichmann, C.*, Einführung, 2002, S. 399-400; *ders.*, Ausführungsgesetz, 2002, S. 1109-1110.
[5] Vgl. *Schindler, C. Ph.*, Europäische Aktiengesellschaft, 2002, S. 13 mit Fn. 92.
[6] Vgl. *Edbury, M.*, United Kingdom, 2004, S. 317-318.
[7] Zum Problem, ob die SAS im Kontext der SE-Einführung als Bezugspunkt gewählt werden kann, bereits *Colombani, J.-L.*, France, 2004, S. 85-86, und *Rontchevsky, N.*, France, 2004, S. 57-58.

wurde bewusst als eine Rechtsform geschaffen, die nicht den europäischen Harmonisierungsrichtlinien des Aktienrechts unterliegt.[1] Insoweit ist anzunehmen, dass für eine in Frankreich ansässige SE in den von der Verordnung nicht geregelten Bereichen kraft der Verweisung des Art. 9 SE-VO das französische Aktienrecht gilt. Diese gemeinschaftsrechtliche Rechtsanwendungsnorm hat Vorrang vor entgegenstehendem nationalem Recht. Es spricht daher manches dafür, dass den vom allgemeinen Aktienrecht abweichenden Regelungen im französischen Ausführungsgesetz die Anwendung versagt bleiben könnte.

b. Gesetzgeberischer Gleichlauf mit dem allgemeinen Aktienrecht

Freiräume für den nationalen Gesetzgeber eröffnen sich überall dort, wo die SE-VO ausdrücklich zu einer mitgliedstaatlichen Regelung ermächtigt. Bei derartigen *Regelungsermächtigungen* ist ein Gleichlauf mit dem allgemeinen Aktienrecht zwar nicht zwingend, bietet sich aber zur einfacheren Handhabung der neuen Rechtsform vielfach an.[2] Ein völliger Gleichlauf mit dem nationalen Aktienrecht ist andererseits nicht überall sinnvoll.[3] Denn anders als eine nationale Aktiengesellschaft ist die SE als supranationale Gesellschaft konzipiert, die vorrangig eine grenzüberschreitende Tätigkeit im Auge hat. Ihrem Wesen nach bedarf sie daher mitunter auch einer bewussten Andersbehandlung gegenüber der vergleichbaren nationalen Rechtsform.

Der Bestimmung des Art. 68 Abs. 1 SE-VO, wonach die Mitgliedstaaten alle geeigneten Vorkehrungen treffen, um das Wirksamwerden dieser Verordnung zu gewährleisten, wurde vom Schrifttum wenig Beachtung geschenkt. *Brandt* entnimmt dieser Vorschrift eine allgemeine Umsetzungsverpflichtung, die ein Tätigwerden des Gesetzgebers auch in jenen Bereichen verlangt, in denen sich die Umsetzungsnotwendigkeit erst im Wege der Auslegung ergibt. Diese Vorschrift soll auch Grundlage für ergänzende Bestimmungen sein, durch die sich eine Unsicherheit über das anwendbare Recht vermeiden ließe.[4] Unseres Ermessens ist Art. 68 Abs. 1 SE-VO aber insofern restriktiv auszulegen, als bei Fehlen einer (wenngleich wünschenswerten) Vorschrift nicht ohne weiteres SE-spezifisches Recht erlassen werden kann. Zunächst ist jeweils zu prüfen, ob Art. 9 SE-VO oder eine Spezialverweisung das jeweilige Sitzstaatrecht für anwendbar erklärt. Denn allfällige Lücken im SE-Statut sind kein Versehen, sondern vom europäischen Gesetzgeber bewusst hingenommen

---

[1] Europäische Harmonisierungsmaßnahmen erreichen die SAS nur mittelbar und nur insoweit, als der code de commerce für die SAS ausdrücklich auf das Recht der Aktiengesellschaft verweist (vgl. *Guyon, Y.*, société par actions simplifiée, 2000, S. 255).
[2] Hierzu bereits *Teichmann, C.*, Einführung, 2002, S. 401-402; *ders.*, Ausführungsgesetz, 2002, S. 1110.
[3] Vgl. *Schindler, C. Ph.*, Europäische Aktiengesellschaft, 2002, S. 67 mit Fn. 485. Offenbar a. A. *Brandt, U.*, SE-Ausführungsgesetz, 2002, S. 993-994.
[4] *Brandt, U.*, SE-Ausführungsgesetz, 2002, S. 991-992.

und mit dem Verweis auf nationales Recht gefüllt worden.[1] Soweit tatsächlich eine planwidrige Lücke ausgemacht werden kann, ist diese vorrangig im Wege der Analogie zu schließen. Würden die Mitgliedstaaten Lücken des SE-Statuts durch ergänzende Bestimmungen in ihren Ausführungsgesetzen schließen, dann würde dies die (unerwünschte) Zersplitterung des anwendbaren Rechts nur noch weiter verstärken. Erst wenn sich eine Lücke weder durch einen Rückgriff auf nationales Recht noch auf gemeinschaftsrechtlicher Ebene schließen lässt,[2] und eine ergänzende Vorschrift zum Wirksamwerden der Verordnung notwendig ist, dann kann sie auf Art. 68 Abs. 1 SE-VO gestützt werden. Derartige Lücken sind insbesondere in jenen Bereichen vorstellbar, in denen noch kein nationales Subsidiärrecht besteht. Hiermit sind vor allem die Gründungsform der Holding-SE sowie die grenzüberschreitende Sitzverlegung gemeint. Die Abgrenzungsfrage, in welchen Fällen eine Analogie zur Lückenschließung zulässig ist,[3] oder aber das Erfordernis einer Ausführungsgesetzgebung besteht,[4] wird noch für zahlreiche Diskussionen sorgen. SE-spezifisches Recht, welches nur dazu dient, die SE als attraktive Rechtsformalternative zur nationalen Aktiengesellschaft zu etablieren,[5] ist hingegen durch Art. 68 Abs. 1 SE-VO u. E. nicht gedeckt.[6]

c. Auflistung des ergänzend anwendbaren nationalen Aktienrechts

Diskutiert wurde in den nationalen Gesetzgebungsverfahren vielfach, ob im Falle von Verweisungen der SE-VO auf nationales Recht eine Aufzählung der hierdurch anwendbaren Bestimmungen im Ausführungsgesetz erfolgen solle. Von *Lutter* stammt insoweit der Vorschlag eines integrierten SE-Gesetzes, welches die relevanten Bestimmungen des nationalen Aktienrechts wortgleich übernehmen würde.[7] Dagegen spricht, dass eine *Auflistung der anwendbaren Normen* nur deklaratorischen Charakter haben könnte und in einem Gesetz insoweit ein Fremdkörper wäre.[8] Denn dort finden sich üblicherweise normative Anordnungen des Gesetzgebers und nicht Interpretationshilfen zu Rechtstexten aus fremder Rechtsquelle. Für die autoritative Auslegung des europäischen Rechtstextes ist der Europäische Gerichtshof zuständig; dem in einem nationalen Gesetz vorzugreifen, würde dem Rechtsanwender eine rechtliche Verbindlichkeit suggerieren, die in diesem Punkt nicht existiert.

---

[1] Vgl. *Scheifele, M.*, SE-Gründung, 2004, S. 22-24, der zu Recht betont, die Lücken des SE-Statuts seien keine „planwidrige Unvollständigkeit" im Sinne der deutschen Auslegungsmethodik.
[2] Vgl. hierzu *Brandt, U. / Scheifele, M.*, Europäische Aktiengesellschaft, 2002, S. 547-555; *Casper, M.*, Lückenschluß, 2003, S. 52-72.
[3] Mit Beispielen zur Holdinggründung vgl. *Casper, M.*, Lückenschluß, 2003, S. 60-62.
[4] Hierzu ausführlich vgl. *Brandt, U.*, SE-Ausführungsgesetz, 2002, S. 994-995.
[5] Offenbar a. A. *Brandt, U.*, SE-Ausführungsgesetz, 2002, S. 991-992.
[6] So bereits vgl. *Schindler, C. Ph.*, Ausführungsgesetz, 2003, S. 2.
[7] Vgl. *Lutter, M.*, Europäische Aktiengesellschaft, 2002, S. 6.
[8] Vgl. *Teichmann, C.*, Ausführungsgesetz, 2002, S. 1110.

Auf der anderen Seite steht das berechtigte Anliegen, den ohnehin schon komplexen Rechtsrahmen der SE anwenderfreundlich zu gestalten.[1] Die Handhabung der einzelnen Verweisungen würde erleichtert werden, wenn die in Frage kommenden Bestimmungen des nationalen Rechts im SE-AG aufgezählt wären. Dem Einwand, dass bei „Vergessen" einer Vorschrift falsche Rückschlüsse über die Reichweite einer Verweisung gezogen werden könnten, ist entgegenzuhalten, dass eine derartige Aufzählung einerseits ausdrücklich als demonstrativ bezeichnet und andererseits durch eine allgemeine Auffangklausel ergänzt werden könnte. Auch die Befürchtung, das SE-AG würde durch solche Aufzählungen überfrachtet und schwer lesbar, erscheint unbegründet – ohne derartige Aufzählungen ist der Rechtsanwender sämtlichen Bestimmungen des AktG ausgeliefert, egal ob diese nun auf die SE anwendbar sind oder nicht. Auch geht es schließlich nicht um die isolierte Beurteilung des SE-AG, sondern vielmehr um die Anwenderfreundlichkeit der nebeneinander anwendbaren Texte als Ganzes, *in concreto* der SE-VO, dem SE-AG, dem AktG und allfälligen Sondervorschriften. Im Ergebnis allerdings hat, soweit ersichtlich, kein mitgliedstaatlicher Gesetzgeber eine solch umfassende Auflistung der anwendbaren Normen vorgenommen.

d. Ausübung von Wahlrechten

Bei Umsetzung der in der SE-VO gewährten Wahlrechte stellt sich die Frage, ob jeweils nur deren wörtliche Umsetzung möglich ist, oder aber ein Gestaltungsspielraum für den nationalen Gesetzgeber verbleibt. Im letzteren Fall wäre das Wahlrecht dann nicht als starre Vorgabe, sonder vielmehr nur als Grenze der zulässigen Abweichung von den Bestimmungen der SE-VO zu verstehen. *Brandt* vertritt hierzu die Auffassung, dass zwischen Wahlrechten mit und solchen ohne Gestaltungsspielraum zu unterscheiden ist.[2] Diese Unterscheidung ist grundsätzlich zutreffend, doch halten die Verfasser *Brandts* Zuordnung der einzelnen Wahlrechte zu der jeweiligen Gruppe nicht immer für überzeugend. Vielmehr enthalten grundsätzlich sämtliche Wahlrechte einen Gestaltungsspielraum, soweit die SE-VO für den Fall einer Umsetzung nicht ausdrücklich einen Gleichlauf mit den Aktiengesellschaften des Sitzstaates verlangt.[3]

---

[1] Dafür plädierend *Schindler, C. Ph.*, Ausführungsgesetz, 2003, S. 2; i. d. S. auch *Brandt, U.*, SE-Ausführungsgesetz, 2002, S. 991-992.
[2] Vgl. *Brandt, U.*, SE-Ausführungsgesetz, 2002, S. 993.
[3] Vgl. beispielsweise Art. 39 Abs. 2 S. 2 SE-VO oder Art. 50 Abs. 3 SE-VO, wonach das Wahlrecht nur in der Weise ausgeübt werden kann, dass für die SE – sofern von dem Wahlrecht Gebrauch gemacht wird – nur dieselbe Regelung vorgesehen werden kann, wie sie für Aktiengesellschaften mit Sitz in dem betreffenden Mitgliedstaat gelten.

M.II. Regelungsrahmen der SE

Grundsätzlich nicht mehr von diesem Gestaltungsspielraum gedeckt ist jedoch die *Delegation* zur Ausübung eines Wahlrechts an den Satzungsgeber einer SE.[1] Die Wahlrechte können somit nur von den Mitgliedstaaten selbst ausgeübt werden, wodurch auch die Rechtszersplitterung innerhalb einer Rechtsordnung vermindert werden soll.[2] Ein „Nachholen" der Ausübung eines an den nationalen Gesetzgeber adressierten Wahlrechts durch eine entsprechende Satzungsbestimmung ist somit nicht möglich.[3] Nach Art. 69 lit. d SE-VO soll die Kommission dem Rat und dem Europäischen Parlament aber spätestens fünf Jahre nach Inkrafttreten der Verordnung – also spätestens am 08.10.2009 – einen Bericht vorlegen, in dem unter anderem geprüft werden soll, ob es zweckmäßig ist zuzulassen, dass die Mitgliedstaaten in Abweichung vom allgemeinen Aktienrecht der SE größere Satzungsfreiheit zugestehen können.

Von den Wahlrechten an den Gesetzgeber zu unterscheiden sind Gestaltungsermächtigungen an den *Satzungsgeber*, wobei die SE-VO Ermächtigungen mit und ohne Regelungsauftrag enthält.[4] Zwar verwendet das Schrifttum hierbei eine sehr ähnliche Terminologie, doch stehen diese Ermächtigungen in keinem Zusammenhang zur Ausführungsgesetzgebung. Sie kommen nach der Rechtsanwendungsvorschrift des Art. 9 Abs. 1 lit. b SE-VO unmittelbar und ohne zwischengeschalteten Akt der mitgliedstaatlichen Gesetzgebung zur Anwendung.

In der Literatur wurde auch die Frage aufgeworfen, ob Ermächtigungen schon durch bloßes Untätigbleiben des Gesetzgebers ausgeübt werden, wenn die nationale Rechtslage der Regelung des Wahlrechts entspricht.[5] Dass ein Wahlrecht nur dann ausgeübt ist, wenn der Gesetzgeber eine ausdrückliche Regelung trifft, folgt u. E. bereits aus dem Wesen eines *Wahl*rechts. Die vor allem auf das Leitungssystem bezogene Diskussion bedarf einzig der Differenzierung, dass nicht jedes Wahlrecht auch wirklich von jedem Staat ausgeübt werden kann: Nur dem Staat, der das dualistische System nicht kennt, wird in Art. 39 Abs. 5 SE-VO die Möglichkeit eröffnet, hierfür SE-spezifische Regelungen zu erlassen; entsprechend verhält es sich beim monistischen System (Art. 43 Abs. 4 SE-VO). Auf ein Leitungssystem, das im nationalen Aktienrecht bereits geregelt ist, bezieht sich das Wahlrecht seinem Wortlaut nach nicht; es stellt sich also in diesem Fall auch nicht die Frage, ob es ausgeübt werden kann. Mangels Wahlrecht kommt über die Generalverweisung des Art. 9 Abs. 1 lit c SE-VO automatisch nationales Recht zur Anwendung. Aufschlussreich

---

1 Die einzige Ausnahme hierzu bildet Art. 39 Abs. 2 S. 2 SE-VO, der ein Wahlrecht hinsichtlich der Wahl des Vorstands durch die Hauptversammlung vorsieht. Die Ausübung dieses Wahlrechts ist jedoch nur in jenen Mitgliedstaaten zulässig, die eine entsprechende Regelung für nationale Aktiengesellschaften kennen.
2 I. d. S. vgl. auch *Brandt, U.*, SE-Ausführungsgesetz, 2002, S. 992-993.
3 Vgl. *Schindler, C. Ph.*, Ausführungsgesetz, 2003, S. 3.
4 Vgl. hierzu *Hommelhoff, P.*, Satzungsstrenge und Gestaltungsfreiheit, 2003, S. 267, 275.
5 Vgl. *Brandt, U.*, SE-Ausführungsgesetz, 2002, S. 993.

ist hier das Beispiel *Frankreichs*, das bereits im nationalen Aktienrecht *beide* Leitungssysteme zulässt.[1] Entsprechend verweist Art. L. 229-7 Code de commerce für die SE lediglich auf die entsprechenden Normen des Aktienrechts, in denen sowohl das monistische als auch das dualistische Modell geregelt sind. Streng genommen ist selbst dieser Verweis überflüssig; er ist insoweit ein Anwendungsbeispiel für das oben erwähnte Bemühen um eine anwenderfreundliche Gesetzgebung. Anders gelagert ist die Ausgangssituation in *Großbritannien*, wo die Satzungsfreiheit nach nationalem Recht so weitgehend ist, dass statt dem regelmäßig gewählten monistischem System grundsätzlich auch das dualistische System gewählt werden könnte.[2] Ausdrücklich geregelt ist das dualistische System in Großbritannien indessen nicht, sodass entsprechende Bestimmungen im Ausführungsgesetz zulässig gewesen wären.[3] Hierauf hat man in Großbritannien aber verzichtet.[4]

Von der allgemeinen Ermächtigung, ein dem nationalen Recht unbekanntes Leitungssystem zu regeln, sind zu unterscheiden die Wahlrechte, die sich auf ein bereits bekanntes und geregeltes Systeme beziehen. Insoweit ist *Brandt* zuzustimmen, dass derartige Regelungsermächtigungen (z.B. Art. 48 Abs. 1 Satz 2 SE-VO)[5] umzusetzen sind, um Interpretationszweifeln über die Anwendbarkeit der nationalen Vorschrift (konkret: des § 111 Abs. 4 AktG) aus dem Weg zu gehen. Hier bedarf es nämlich ganz klar der Umsetzung des (anwendbaren) Wahlrechts, um einen Gleichlauf mit den auf nationale Aktiengesellschaften anwendbaren Bestimmungen zu erreichen.[6]

4. Weiterer Gang der Darstellung

In Kapitel III. folgt anschließend eine kurze Einführung in den Stand der SE-Gesetzgebung in den Mitgliedstaaten der EU und des EWR; In Kapitel IV. werden sodann die Schnittstellen mit ausländischem Recht bei einer SE-Gründung in

---

[1] Hierzu im Kontext der SE-Einführung vgl. *Le Cannu, P.*, société européenne, 2003, S. 99-114; *Colombani, J.-L.*, France, 2004, S. 99-102; *Menjucq, M.*, Unternehmensleitung, 2003, S. 679-687.
[2] Vgl. *Edbury, M.*, United Kingdom, 2004, S. 320.
[3] Vgl. *Davies, P.*, Great Britain, 2004, S. 17 f., der einige Punkte aufzeigt, in denen eine Regelung sinnvoll gewesen wäre, um Rechtssicherheit hinsichtlich der Anwendung von Regelungen zu schaffen, die bislang auf das monistische System zugeschnitten sind.
[4] Vgl. *Oliphant, R.*, Großbritannien, 2005, S. 681.
[5] Art. 48 Abs. 1 SE-VO betrifft zustimmungsbedürftige Geschäfte und hat folgenden Wortlaut: In der Satzung der SE werden die Arten von Geschäften aufgeführt, für die im dualistischen System das Aufsichtsorgan dem Leitungsorgan seine Zustimmung erteilen muss und im monistischen System ein ausdrücklicher Beschluss des Verwaltungsorgans erforderlich ist. Die Mitgliedstaaten können jedoch vorsehen, dass im dualistischen System das Aufsichtsorgan selbst bestimmte Arten von Geschäften von seiner Zustimmung abhängig machen kann.
[6] Vgl. bereits *Schindler, C. Ph.*, Europäische Aktiengesellschaft, 2002, S. 72. Offenbar a. A. *Jahn, A. / Herfs-Röttgen, E.*, Europäische Aktiengesellschaft, 2001, S. 633.

Deutschland und In Kapitel V. die Schnittstellen bei Gründung einer SE mit Sitz im Ausland dargestellt.

III. SE-Gesetzgebung in den Mitgliedstaaten der EU und des EWR

1. Mitgliedstaaten der EU: Überblick

Die europäische Verordnung zur SE ist am 08. Oktober 2004 in Kraft getreten. Zu diesem Zeitpunkt hätte auch die nationale Begleitgesetzgebung in allen EU-Mitgliedstaaten erlassen sein müssen; dies ist jedoch nur in den wenigsten Mitgliedstaaten geschehen. Mittlerweile liegen jedoch die meisten nationalen Gesetze vor, insbesondere hat auch *Frankreich* im Juli 2005 seine Begleitgesetzgebung erlassen, so dass nunmehr eine erste Bestandsaufnahme möglich ist.[1] Zu diesem Zeitpunkt hatten folgende Mitgliedstaaten noch keine Begleitgesetze erlassen: *Griechenland, Irland, Luxemburg, Spanien* und *Slowenien*. Regelmäßig aktualisierte Informationen über die Umsetzung in den einzelnen Mitgliedstaaten sind auf verschiedenen Websites im Internet verfügbar.[2]

2. Mitgliedstaaten des EWR: Überblick

Nachdem die Verordnung über das Statut der Europäischen Aktiengesellschaft am 08. Oktober 2001 durch den Europäischen Ministerrat verabschiedet worden ist hat im Abschluss daran auch der Gemeinsame Ausschuss des EWR am 25. Juni 2002 beschlossen,[3] die SE-VO und die SE-RL in den Rechtsbestand des EWR-Abkommens zu übernehmen.[4] Auch die drei EWR-Staaten (genauer: EWR-EFTA-Staaten) *Island, Liechtenstein* und *Norwegen* waren daher verpflichtet, bis zum 08. Oktober 2004 die jeweilige nationale Begleitgesetzgebung zur SE-VO und zur SE-RL zu erlassen. Gegenwärtig haben *Island* und *Norwegen* nationale Einführungsgesetze erlassen.[5] In *Liechtenstein* liegt bislang nur ein Vernehmlassungsbericht zur geplanten

---

1 Vgl. zu Stand und Inhalt der SE-Gesetzgebung in verschiedenen Mitgliedstaaten die Beiträge bei *Baums, Th. / Cahn, A.*, Europäische Aktiengesellschaft, 2004; *Janott, D. / Frodermann, J.*, Handbuch, 2005, S. 561-987; *Oplustil, K. / Teichmann, C.*, European Company, 2004.

2 Vgl. die Angaben bei www.seeurope-network.org (Website des Forschungsinstituts des Europäischen Gewerkschaftsbundes) und bei www.se-network.org (Website für den wissenschaftlichen Austausch zur SE). Vgl. weiterhin die Website der Europäischen Kommission, Generaldirektion Binnenmarkt unter http://europa.eu.int/comm/internal_market/company/index_de.htm.

3 S. Beschluss des Gemeinsamen EWR-Ausschusses Nr. 93/2002 v. 25.06.2002 zur Änderung des Anhangs XXII (Gesellschaftsrecht) des EWR-Abkommens.

4 S. EWR-Abkommen, Anhang XXII, Nr. 10a.01 (32001 R 2157).

5 Dazu vgl. auch *Wenz, M.*, European Company, 2004, S. 4; *Wenz, M.*, flexibility, 2004, S. 28; *Wenz, M.*, Einsatzmöglichkeiten, 2003, S. 185.

Schaffung eines SE-AG sowie eines SE-BG vor,[1] wobei das dazugehörige nationale Gesetzgebungsverfahren, das auch eine Änderung allgemeiner Bestimmungen des Personen- und Gesellschaftsrechts umfasst, bis Ende 2005 abgeschlossen sein soll.

3. Einführung in ausgewählten Mitgliedstaaten

a. Dänemark

Dänemark hat als einer der ersten Staaten den rechtlichen Rahmen für die SE geschaffen. Das entsprechende SE-Gesetz wurde bereits am 19. Mai 2004 erlassen (nachfolgend: „DK-SE-AG").[2] Erwähnenswert ist die Regelung zum aktienrechtlichen Leitungssystem, weil *Dänemark* im nationalen Recht ein Mischsystem mit einem obersten Verwaltungsorgan und darunter angesiedelten geschäftsführenden Direktoren enthält.[3] Dessen Einordnung als „dualistisch" oder „monistisch" war lange Zeit unklar, musste nun aber geklärt werden, um die dänische Gesetzgebung den entsprechenden Regelungsoptionen der SE-VO zuweisen zu können. Der dänische Gesetzgeber ordnet das nationale System dem Monismus zu und hat daher in das SE-Gesetz spezifische Regelungen für ein dualistisches Leitungssystem der SE aufgenommen.

b. Frankreich

Frankreich hat die Begleitgesetzgebung zur SE erst mit einiger Verzögerung im Juli 2005 erlassen.[4] Die Vorschriften zur SE sind Teil eines Artikelgesetzes, das noch zahlreiche andere Gesetzesänderungen enthält, die nicht auf die SE bezogen sind. Zentraler Regelungsort für die SE-spezifischen Vorschriften sind der *Code de Commerce* für den gesellschaftsrechtlichen Teil und der *Code du Travail* für das Arbeitsrecht. Dem Gesetz vorangegangen war eine intensive Debatte im französischen Senat. Dort hatten zunächst die Senatoren *Branger* und *Hyest* einen gemeinschaftlichen Gesetzentwurf eingebracht, sodann eine Kommission unter Leitung des Senators *Marini*.[5]

---

[1] S. *Regierung des Fürstentums Liechtenstein*, Vernehmlassungsbericht betreffend die Schaffung eines Ausführungsgesetzes und eines Beteiligungsgesetzes zur Europäischen Gesellschaft, April 2005, abrufbar über www.llv.li/pdf-llv-rk-vernehml_2005_europgesell-2.pdf.

[2] In einer englischen Übersetzung abrufbar über www.se-network.org. Hierzu bereits *Friis Hansen, S.*, Denmark, 2004, S. 72-76; *Nørgaard, O. / Salje, E.*, Dänemark, 2005, S. 583-603.

[3] Dies System ist ein Spezifikum des skandinavischen Gesellschaftsrechts; *Lau Hansen, J.*, Company Law, 2003, S. 72 spricht gar von einem „Nordic model".

[4] S. Gesetz Nr. 2005-842 v. 26. Juli 2005. Abrufbar über www.se-network.org. Aktuelle französische Gesetzestexte finden sich außerdem bei www.legifrance.fr

[5] Zur Vorgeschichte der französischen Gesetzgebung namentlich: *Colombani, J.-L.*, France, 2004, S. 77-106; *Couret, A. / Rohmert, A.*, Frankreich, 2005, S. 637-650; *Rontchevsky, N.*, France, 2004, S. 51-61.

c. Großbritannien

Zuständig für die Ausarbeitung des nationalen Ausführungsgesetzes war das Department of Trade and Industry, welches bereits im Oktober 2003 einen Diskussionsentwurf[1] veröffentlicht hatte. Diesem Entwurf folgend regeln die am 13. September 2004 verabschiedeten European Public Limited-Liability-Act Company Regulations 2004 („GB-SE-AG")[2] neben dem Gesellschaftsrecht auch Fragen der Mitbestimmung, setzen also die SE-RL in nationales Recht um. Dieses Gesetz gilt nur in *Großbritannien* (*England, Wales* und *Schottland*), somit nicht im gesamten *Vereinten Königreich*. Dies hat zur Folge, dass für *Nordirland* eigenständige Regelungen gelten, die im vorliegenden Beitrag aber außer Betracht bleiben. Zusammenfassend lassen sich die gesellschaftsrechtlichen Aspekte wie folgt darstellen: Von den Regelungsermächtigungen zum Schutz der Minderheitsaktionäre bzw. der Gläubiger wurde im Ausführungsgesetz kein Gebrauch gemacht. Geregelt wurden etwa die jeweils zuständigen Behörden sowie die Eintragungsformalitäten. Erwähnenswert erscheint, dass eine SE mit Sitz in *Großbritannien* ihr Grundkapital auch in britischen Pfund ausgewiesen sein kann. Als Abweichung vom Diskussionsentwurf aus 2003 sei noch angemerkt, dass der britische Gesetzgeber im Ausführungsgesetz das Wahlrecht des Art. 2 Abs. 5 SE-VO umgesetzt hat, sodass sich unter bestimmten Voraussetzungen auch Gesellschaften, deren Hauptverwaltung in einem Drittstaat liegt, an der Gründung einer SE mit Sitz in *Großbritannien* beteiligen können. Zieht man einen Vergleich zwischen der SE und den nationalen Rechtsformen *Großbritanniens*, so ist die sonst sehr weitgehende Satzungsfreiheit im britischen Gesellschaftsrecht bei der SE entsprechend Kapitel III. der SE-VO eingeschränkt.

d. Österreich

In Ergänzung des SE-Statuts hat der österreichische Gesetzgeber im Sommer 2004 ein – das SE-Gesetz („SEG") beinhaltendes – Gesellschaftsrechtsänderungsgesetz 2004[3] verabschiedet.[4] Das SEG ist als Artikelgesetz konzipiert. Art. I enthält das 68 Paragrafen umfassende Ausführungsgesetz im engeren Sinne, die Art. II bis VIII Änderungen des Aktienrechts und diverser Nebengesetze. Art. I ist in 6 Hauptstücke gegliedert, welche die allgemeinen Vorschriften, die Sitzverlegung, die Gründung,

---

[1] Näher dazu vgl. *Edbury, M.*, United Kingdom, 2004, S. 316-327, und *Davies, P.*, Great Britain, 2004, S. 10-29.

[2] Näher dazu vgl. *Oliphant, R.*, Großbritannien, 2005, S. 675-700.

[3] Bundesgesetz mit dem ein Bundesgesetz über das Statut der Europäischen Gesellschaft („SEG") erlassen wird sowie das Aktiengesetz, das Firmenbuchgesetz, das Rechtspflegergesetz, das Gerichtsgebührengesetz, das EWIV-Ausführungsgesetz, das Genossenschaftsrevisionsgesetz 1997 und das Versicherungsaufsichtsgesetz geändert werden („GesRÄG 2004"), BGBl I 2004, S. 1; vgl. dazu *Schindler, C. Ph.*, Ausführungsgesetz, 2004, S. 253-266.

[4] Die Umsetzung der SE-RL über die Beteiligung der Arbeitnehmer in der SE oblag der Zuständigkeit des Bundesministerium für Wirtschaft und Arbeit und erfolgte durch BGBl I 2004/82. Ausführlich hierzu *Gahleitner, S.*, in: Europäische Aktiengesellschaft, Kommentar, 2004, Teil II.

die Organstruktur, die Strafbestimmungen und Zwangsstrafen sowie die Schluss- und Übergangsbestimmungen betreffen.

Der Gesetzgeber hat sich für einen weitgehenden Gleichlauf mit dem nationalen Aktienrecht entschieden. Neben zwingend umzusetzenden Regelungsaufträgen machte er – insbesondere zum Schutze der Gläubiger und Minderheitsaktionäre – von zahlreichen Wahlrechten Gebrauch. Handlungsbedarf bestand auch in jenen Bereichen, in denen der Verweis auf die Anwendung des nationalen Rechts – mangels Regelung der betreffenden Sachverhalte – ins Leere ging. Hierbei konnte sich der Gesetzgeber auf die Bestimmung des Art. 68 Abs. 1 SE-VO stützen, wonach die Mitgliedstaaten alle geeigneten Vorkehrungen treffen, um das Wirksamwerden der SE-VO zu gewährleisten.[1] Ähnlich der Rechtslage in *Deutschland* hat der österreichische Gesetzgeber ergänzend zum bekannten Trennungsmodell mit Vorstand und Aufsichtsrat auch das monistische System geregelt, letzteres aber – entgegen ursprünglichen Überlegungen[2] – nicht auf das nationale Aktienrecht ausgedehnt.

e. Polen

Polen hat mit Gesetz vom 4. März 2005 die Vorschriften zur Einführung der SE in *Polen* erlassen („PL-SE-AG").[3] Besonderheiten ergaben sich für den polnischen Gesetzgeber nicht zuletzt daraus, dass das polnische Aktienrecht – insoweit dem deutschen vergleichbar – allein das dualistische Leitungssystem mit Vorstand und Aufsichtsrat kennt; für die SE mit Sitz in *Polen* musste daher ein eigenes monistisches Leitungsmodell entwickelt werden. Weitere Parallelen zur deutschen SE-Begleitgesetzgebung liegen in dem Austrittsrecht für Minderheitsaktionäre bei Sitzverlegung oder sitzverlegender Verschmelzung.

f. Liechtenstein

Wie bereits dargelegt, liegt in *Liechtenstein* bislang nur ein Vernehmlassungsbericht zur geplanten Schaffung eines SE-AG sowie eines SE-BG vor,[4] der aber eine konkrete Gesetzesvorlage (Vernehmlassungsvorlage) beinhaltet, auf die sich die nachfolgenden Ausführungen beziehen. Ziel des geplanten „FL-SE-AG" ist es, die SE-VO in das liechtensteinische Personen- und Gesellschaftsrecht zu integrieren sowie den Ermächtigungen und Verpflichtungen der SE-VO nachzukommen. Dabei soll

---

[1] Vgl. *Schindler, C. Ph.*, Ausführungsgesetz, 2004, S. 254.
[2] Vgl. hierzu *Arlt, M.-A. / Grechenig, K. / Kalss, S.*, Austria, 2004, S. 9.
[3] Gesetzestext in polnischer Sprache abrufbar unter www.se-network.org. Zu den Überlegungen vor Erlass des Gesetzes vgl. *Oplustil K. / Rachwal A. / Sokolowski, J.*, Poland, 2004, S. 246-268; *Soltysinski, St.*, Poland, S. 94-105; *Szumański, A. / Duda, B.*, Polen, 2005, S. 852-867.
[4] S. *Regierung des Fürstentums Liechtenstein*, Vernehmlassungsbericht betreffend die Schaffung eines Ausführungsgesetzes und eines Beteiligungsgesetzes zur Europäischen Gesellschaft, April 2005, abrufbar über www.llv.li/pdf-llv-rk-vernehml_2005_europgesell-2.pdf.

das FL-SE-AG einer sowohl liberalen als auch europäisch ausgerichteten Konzeption folgen, um den besonderen Belangen, Interessen und Traditionen sowie auch den bestehenden nationalen Standards in *Liechtenstein* in besonderer Weise Rechnung zu tragen. Der Vernehmlassungsvorlage entsprechend soll – in Übereinstimmung mit dem nationalen Gesellschaftsrecht – von den Regelungsermächtigungen zum Schutz der Minderheitsaktionäre bei Gründung und Sitzverlegung einer SE kein Gebrauch gemacht werden. Dagegen sollen Massnahmen zum Schutz der Gläubiger sowohl bei einer Sitzverlegung ins Ausland als auch bei Gründung einer SE im Wege der grenzüberschreitenden Verschmelzung vorgesehen werden (Art. 11, 45 FL-SE-AG-E). Zudem soll im Ausführungsgesetz das Wahlrecht des Art. 2 Abs. 5 SE-VO umgesetzt werden, wonach sich unter bestimmten Voraussetzungen auch solche liechtensteinische Gesellschaften an der Gründung einer SE beteiligen können, deren Hauptverwaltung sich außerhalb der EU oder des EWR befindet, mithin in einem Drittstaat liegt (Art. 8 FL-SE-AG-E). Geplant sind ferner Regelungen zum dualistischen Leitungs- und Überwachungssystem (Art. 18-36 FL-SE-AG-E), da die Verwaltung liechtensteinischer Verbandspersonen grundsätzlich dem monistischen Verwaltungsratsmodell, ggf. mit einer davon verschiedenen Geschäftsführung, folgt.[1]

IV. SE in Deutschland: Schnittstellen zum ausländischen Recht

Wird eine SE mit Sitz in *Deutschland* gegründet, erlangt ausländisches Recht vor allem im Gründungsverfahren Bedeutung (1.). Für die laufende Tätigkeit der in Deutschland ansässigen SE gilt hingegen deutsches Recht, soweit nicht die SE-Verordnung vorrangig eine eigenständige Regelung schafft (2.). Der Fall der Sitzverlegung (3.) bedarf besonderer Betrachtung, weil nun wiederum das Recht desjenigen Mitgliedstaates in den Blick zu nehmen ist, in welchen der Sitz verlegt werden soll.

1. Gründungsverfahren

Die Gründung einer SE hat stets einen grenzüberschreitenden Bezug. Häufig sind an ihr Gesellschaften aus verschiedenen Staaten beteiligt; bei manchen Gründungsformen genügt es allerdings auch, dass die eine SE anstrebende Gesellschaft selbst eine Tochtergesellschaft oder Zweigniederlassung im Ausland hat.[2] Von den hier untersuchten Rechtsordnungen haben nur *Dänemark* (§ 4 DK-SE-AG) und *Großbritannien* (Art. 55 GB-SE-AG) von der Möglichkeit Gebrauch gemacht, die SE-Gründung auch Gesellschaften zu eröffnen, deren Hauptverwaltung außerhalb der Euro-

---

[1] Vgl. *Marxer & Partner* (Hrsg.), Gesellschaften, 2003, S. 56-58.
[2] Zu den Voraussetzungen an die Mehrstaatlichkeit bei der Gründung vgl. den Beitrag von *Neun* in diesem Band.

päischen Gemeinschaft liegt; vergleichbare Bestimmungen sollen auch in *Liechtenstein* erlassen werden (Art. 8 FL-SE-AG-E). Voraussetzung ist jeweils aber, dass die Gesellschaft zur Wirtschaft *eines*[1] Mitgliedstaates in tatsächlicher und dauerhafter Verbindung steht.[2]

Soweit die Gründung gemeinsam mit einer ausländischem Recht unterliegenden Gesellschaft betrieben werden soll, ist im Gründungsverfahren neben der stets vorrangig anwendbaren SE-VO auch das nationale Recht der beteiligten Gesellschaften zu beachten. Dies gilt möglicherweise schon für den Inhalt des Gründungsplans (a.), jedenfalls aber für das Verfahren der internen Willensbildung (b.), für Fragen des Schutzes von Minderheitsaktionären (c.) und Gläubigern (d.), für eventuelle Einspruchsrechte öffentlicher Behörden (e.) und die gegebenenfalls auszustellende Bescheinigung über das ordnungsgemäße Gründungsverfahren (f.).

a. Gründungsplan

Erster formaler Schritt zur Gründung einer SE ist der Gründungsplan. Dies schreibt die SE-VO für die Verschmelzung und die Holding-SE (aa.) sowie für die die Umwandlung in eine SE (ab.) ausdrücklich vor.[3] Zur Tochter-SE (ac.) schweigt die Verordnung; auch hier ist aber ein Gründungsplan aufzustellen.

aa. Verschmelzung und Holding-SE

Zum Inhalt des Gründungsplans macht die SE-VO bei Verschmelzung und Holding-SE detaillierte Vorgaben.[4] Nationales Recht wird hierdurch verdrängt.[5] Denn obwohl gemäß Art. 18 SE-VO auf das Verfahren in den Gründungsgesellschaften grundsätzlich deren Gesellschaftsstatut anwendbar ist, trifft die SE-VO für den Inhalt des Verschmelzungsplans aus guten Gründen eine europaweit einheitliche Regelung. Eine Verschmelzung lässt sich nur durchführen, wenn beide Gesellschaften demselben Verschmelzungsplan zustimmen. Dem Rechtszustand vor Erlass der SE-VO entsprach es, dass Gesellschaften, die eine grenzüberschreitende Verschmelzung in Angriff nehmen wollten, kumulativ alle Voraussetzungen aller beteiligten Rechts-

---

[1] Nach dem Wortlaut der SE-VO reicht die wirtschaftliche Verbindung zu *einem* Mitgliedstaat, woraus folgt, dass dieser Mitgliedstaat nicht zugleich der Mitgliedstaat des Satzungssitzes sein muss; vgl. *Schindler, C. Ph.*, Gründung und Sitzverlegung, 2005, S. 289 m. w. N.

[2] Dies stützt sich auf die Ermächtigung in Art. 2 Abs. 5 SE-VO. In *Dänemark* können sich derartige Gesellschaften auch nach nationalem Recht an der Gründung dänischer Aktiengesellschaften beteiligen; vgl. *Friis Hansen, S.*, Denmark, 2004, S. 72.

[3] S. Art. 20 SE-VO (Verschmelzungsplan), Art. 32 Abs. 2 SE-VO (Gründungsplan bei Holding-SE), Art. 37 Abs. 4 SE-VO (Umwandlung).

[4] S. Art. 20 SE-VO (Verschmelzungsplan); Art. 32 Abs. 2 SE-VO (Gründungsplan bei Holding-SE), der in den Einzelheiten auf Art. 20 verweist.

[5] Vgl. den Beitrag von *Neun* in diesem Band.

ordnungen berücksichtigten mussten.[1] Dies hat internationale Verschmelzungen erheblich erschwert, wenn nicht gar praktisch unmöglich gemacht.

Der Gegenauffassung, wonach die beteiligten nationalen Rechtsordnungen auch bei Verschmelzung zur SE weiterhin kumulativ zur Anwendung kommen,[2] kann nicht zugestimmt werden. Sie widerspricht dem soeben erläuterten Sinn und Zweck der SE-VO und kann sich auch nicht auf die Systematik der Verweisungsnormen stützen, die zur Füllung von Lücken auf nationales Recht verweisen.[3] Denn die Ausführlichkeit der Regelung in Art. 20 SE-VO spricht gerade gegen die Annahme, diese Regelung sei nach Vorstellung des europäischen Gesetzgebers lückenhaft und offen für Ergänzungen durch das nationale Recht. Systematisch belegt wird dies durch Art. 20 Abs. 2 SE-VO, der eine fakultative Ergänzung des Inhalts allein den beteiligten Gesellschaften, nicht aber dem mitgliedstaatlichen Recht zugesteht.

ab. Umwandlung in eine SE

Anders liegen die Dinge bei der Umwandlung einer nationalen Aktiengesellschaft in eine SE. Hier äußerst sich die SE-VO zum Inhalt des Umwandlungsplans nicht. In Art. 37 Abs. 4 SE-VO heißt es lediglich: „Das Leitungs- oder Verwaltungsorgan der betreffenden Gesellschaft erstellt einen Umwandlungsplan..." Angaben zum Inhalt dieses Gründungsplans sucht man in der SE-VO vergeblich. Inwieweit in diesem Fall nationales Recht zur Bestimmung des notwendigen Informationsgehalts herangezogen werden kann, ist zweifelhaft. Anders als bei Art. 20 SE-VO lässt sich hier aus dem europäischen Rechtstext kaum auf die Absicht schließen, den Inhalt des Planes abschließend zu regeln. Art. 37 SE-VO regelt das Umwandlungsverfahren ohnehin nur lückenhaft und ist vielfach auf Ergänzung durch nationales Recht angewiesen. Legt man die aus dem Verschmelzungsverfahren bekannte Aufteilung in zwei Phasen zu Grunde – Gründungshandlungen der nationalen Aktiengesellschaft einerseits, Gründung der SE andererseits – zählt der Inhalt des Umwandlungsplans zu der ersten Phase, in der in erster Linie die Gesellschafterinteressen der Gründungsgesellschaft betroffen sind. Es geht im Kern um die Vorbereitung der Hauptversammlung, also um die interne Willensbildung der Gründungsgesellschaft, die zu diesem Zeitpunkt noch eine Gesellschaft nationalen Rechts ist. In diesem Stadium sollen die Aktionäre diejenigen Informationsrechte genießen, mit denen sie nach dem Personalstatut ihrer Gesellschaft rechnen dürfen. Es gibt keinen tatsächlichen

---

[1] Vgl. nur *Lennerz, U.*, Internationale Verschmelzung, 2001, S. 131-132.
[2] Vgl. *Schröder, A.*, in: Europäische Aktiengesellschaft, Kommentar, 2005, Art. 18, Rn. 4-5; ebenda Art. 20, Rn. 9, wo die Auffassung vertreten wird, die Mitgliedstaaten könnten zusätzliche Anforderungen an den Inhalt des Verschmelzungsplans stellen. Alle übrigen Autoren vertreten – soweit ersichtlich – die Auffassung, Art. 20 SE-VO sei gegenüber nationalem Recht abschließend; vgl. beispielsweise: *El Mahi, F.*, Europäische Aktiengesellschaft, 2004, S. 37; *Hügel, H.*, in: Europäische Aktiengesellschaft, Kommentar, 2004, § 17 SEG, Rn. 11-14; *Jannott, D.*, Gründung, 2005, S. 44-48.
[3] So aber *Schröder, A.*, in: Europäische Aktiengesellschaft, Kommentar, 2005, Art. 20, Rn. 9.

Anhaltspunkt und auch keinen sachlichen Grund dafür, dass die SE-VO Rechte der Aktionäre einer Aktiengesellschaft nationalen Rechts hätte beschneiden wollen. Da an der Umwandlung allein diese eine Gesellschaft beteiligt ist, besteht auch kein Bedürfnis für eine europaweit einheitliche Regelung.

Sie wäre wohl auch kompetenzwidrig, da keine Notwendigkeit besteht, anlässlich der Gründung einer europäischen Gesellschaft bereits in die interne Willensbildung der Gesellschaft nationalen Rechts einzugreifen. Es läge hierin ein Eingriff in die Regelungsautonomie des nationalen Gesellschaftsrechts, für den es keine Rechtfertigung gäbe. Insoweit unterscheidet sich die Umwandlung von der Verschmelzung, bei welcher wegen der zwingenden Beteiligung mehrerer Gesellschaften aus verschiedenen Mitgliedstaaten ein unabweisbares Bedürfnis für eine europaweit einheitliche Regelung besteht. Somit orientiert sich der Inhalt des Umwandlungsplans an den Standards, die das nationale Recht der Gründungsgesellschaft für vergleichbare Strukturmaßnahmen setzt. Für die Umwandlung einer deutschen Aktiengesellschaft in eine SE kommt demnach sinngemäß § 194 Umwandlungsgesetz zur Anwendung.[1] Der österreichische Gesetzgeber hat eine vergleichbare Regelung ausdrücklich im Ausführungsgesetz verankert.[2]

Zu einer Anwendung nationalen Rechts gelangt man möglicherweise auch über Art. 15 SE-VO. Zwar ist zweifelhaft, ob diese Vorschrift hier wirklich passt, da die Willensbildung der nationalen Ausgangsgesellschaft noch nicht der „Gründung" der SE zuzurechnen ist. Im praktischen Ergebnis ist die Streitfrage aber irrelevant. Denn eine Sitzverlegung ist anlässlich der Umwandlung ausdrücklich untersagt (Art. 37 Abs. 3 SE-VO), somit ist das über Art. 15 SE-VO anwendbare Recht stets dasjenige, das auch schon auf die Gründungsgesellschaft Anwendung findet.[3]

ac. Tochter-SE

Für die Gründung einer *Tochter-SE* schreibt die SE-VO einen Gründungsplan nicht ausdrücklich vor (vgl. Art. 35, 36 SE-VO). Allerdings ergibt sich die Notwendigkeit, einen Gründungsplan aufzustellen, aus der SE-Richtlinie. Denn das Verhandlungsverfahren zur Festlegung der Arbeitnehmerbeteiligungsrechte beginnt gemäß Art. 3 SE-RL mit der Offenlegung des Plans für die Gründung einer Tochtergesellschaft (vgl. dazu § 4 Abs. 2 D-SE-BG). Da hiermit lediglich der Zeitpunkt fixiert wird, ab dem die Verhandlungen mit den Arbeitnehmern eingeleitet werden, sind dieser Vor-

---

[1] Damit stimmen – zumindest im Ergebnis – überein: *El Mahi, F.*, Europäische Aktiengesellschaft, 2004, S. 73; *Jannott, D.*, SE, 2005, S. 92 -93; *Scheifele, M.*, Gründung, 2004, S. 404-405 (gestützt auf eine Analogie zu Art. 20 SE-VO); *Schröder, A.*, in: Europäische Aktiengesellschaft, Kommentar, 2005, Art. 37, Rn. 71.
[2] Dazu *Schindler, C. Ph.*, Gründung und Sitzverlegung, 2005, S. 314.
[3] Das Schrifttum beschreitet vereinzelt den Weg über Art. 15 SE-VO. Vgl. beispielsweise *Schröder, A.*, in: Europäische Aktiengesellschaft, Kommentar, 2005, Art. 37, Rn. 67.

schrift keine zwingenden Vorgaben zum Inhalt des Gründungsplans zu entnehmen. Die SE-VO macht in Art. 35, 36 gleichfalls keine Vorgaben.

Allerdings verweist Art. 36 SE-VO für die Gründung einer Tochter-SE ausdrücklich auf das nationale Recht. Maßgebend ist daher in erster Linie, welche Informationen die Gesellschafter der beteiligten nationalen Gesellschaften im Fall der Gründung einer Tochtergesellschaft zu beanspruchen haben. Im deutschen Recht ist die Gründung einer Tochtergesellschaft in aller Regel eine Maßnahme der Geschäftsleitung, über die kein Beschluss der Gesellschafter herbeigeführt werden muss. Der Gründungsplan zur Gründung einer Tochter-SE wird in diesen Fällen nicht den Gesellschaftern zur Beschlussfassung vorgelegt. Seine vorrangige Bedeutung liegt dann darin, den Beginn der Verhandlungen mit den Arbeitnehmern zu markieren. An diesem Sinn und Zweck müssen sich auch die Informationspflichten orientieren. Da es in zu diesem Zeitpunkt allein darum geht, das besondere Verhandlungsgremium zu konstituieren, genügen Informationen über die an der Gründung beteiligten Gesellschaften und die wichtigsten Angaben über die künftige SE, insbesondere deren Sitz. Weitere, speziell für die Arbeitnehmerschaft relevante Informationen kann das besondere Verhandlungsgremium im Zuge der Verhandlungen einfordern,[1] sie müssen daher nicht zwingend bereits im Gründungsplan enthalten sein.

Handelt es sich hingegen um Konstellationen, in denen der Vorstand einer Aktiengesellschaft nach den Entscheidungen in Sachen „Holzmüller" und „Gelatine" die Zustimmung der Hauptversammlung einholen muss[2], gewinnt der Gründungsplan eine andere Qualität. Er dient dann der Information der Hauptversammlung und muss entsprechend fundierte Informationen über die geplante Transaktion bieten.[3]

b. Verfahren der internen Willensbildung

ba. Bestimmung des anwendbaren Rechts

Der Gründung einer SE geht zumeist ein Gesellschafterbeschluss in den Ausgangsgesellschaften voraus. Die Verschmelzung erfordert einen Verschmelzungsbe-

---

[1] Gemäß Art. 3 Abs. 3 SE-RL ist das besondere Verhandlungsgremium über das Vorhaben der Gründung einer SE und den Verlauf des Verfahrens bis zu deren Eintragung zu unterrichten.

[2] Die Tragweite der Entscheidung in Sachen „Holzmüller" (BGHZ 83, 122) wurde jüngst durch zwei „Gelatine"-Urteile (BGH, II ZR 154/02 und II ZR 155/02, veröffentlicht in ZIP 25 (2004), S. 993-999, 1001-1003) modifiziert. Vgl. aus der Fülle der Besprechungsliteratur nur die Beiträge von *Habersack, M.*, Mitwirkungsrechte, 2005, S. 137-149; *Liebscher, Th.*, Hauptversammlungszuständigkeiten, 2005, S. 1-33; *Reichert, J.*, Mitwirkungsrechte, 2005, S. 150-160.

[3] Nach der Holzmüller-Entscheidung war streitig, ob und inwieweit der Vorstand einen Bericht vorlegen müsse (vgl. Nachweise bei *Hüffer, U.*, Aktiengesetz, Kommentar, 2004, § 119, Rn. 19). Soweit ablehnende Stimmen sich darauf stützten, dass es lediglich um eine Geschäftsführungsmaßnahme im Sinne des § 119 Abs. 2 AktG gehe, lässt sich dies nach den Gelatine-Entscheidungen nicht mehr halten. Denn die Rückbindung an den § 119 Abs. 2 AktG hat der BGH dort aufgegeben.

schluss,[1] die Gründung der Holding-SE einen Gesellschafterbeschluss über den Gründungsplan[2] und die Umwandlung einen Beschluss über den Umwandlungsplan[3]. In dieser Phase sind die Ausgangsgesellschaften noch Gesellschaften nationalen Rechts, die interne Willensbildung folgt also den Regeln des nationalen Gesellschaftsrechts. Dies ist aus Perspektive der Anteilsinhaber der Ausgangsgesellschaften auch geboten. Denn sie sind einer Gesellschaft beigetreten, für die ein bestimmtes Gesellschaftsstatut gilt. Die Änderung dieses Rechtsrahmens muss unter den Bedingungen beschlossen werden, zu denen die Anteilsinhaber der Gesellschaft beigetreten sind. Andernfalls würde man sie der Rechtspositionen und Verfahrenssicherungen berauben, auf die sie sich beim Erwerb des Anteils verlassen durften.

Für die Verschmelzung regelt Art. 18 SE-VO ausdrücklich die Willensbildung nach nationalem Recht. Für die Holding-SE kann nichts anderes gelten; hier besteht in der SE-VO eine Regelungslücke, die im Sinne einer Verweisung auf das nationale Gesellschaftsrecht zu schließen ist.[4] Bei der Umwandlung verweist Art. 37 Abs. 7 Satz 2 SE-VO auf die einzelstaatlichen Durchführungsbestimmungen zu Art. 7 der Verschmelzungsrichtlinie. Dieser regelt allerdings nur das Erfordernis einer qualifizierten Beschlussmehrheit und nicht die Modalitäten der Einberufung und Durchführung der Hauptversammlung. Diese Lücke ist sinnvollerweise durch Anwendung des nationalen Aktienrechts zu schließen. In der Regelung über die Gründung einer Tochter-SE tritt diese Systematik wieder deutlicher hervor: Nach Art. 36 SE-VO finden auf die an der Gründung beteiligten Gesellschaften die Vorschriften über deren Beteiligung an der Gründung einer Aktiengesellschaft nationalen Rechts Anwendung.

Nach alledem bleibt festzuhalten: Fragen der internen Willensbildung der an der SE-Gründung beteiligten nationalen Gesellschaften richten sich nach deren Gesellschaftsstatut, soweit nicht die SE-VO ausnahmsweise eine speziellere Regelung trifft (was insbesondere den Inhalt des Verschmelzungsplans und den Inhalt des Gründungsplans bei der Holding-SE betrifft). Die allgemeinen Verfahrensregeln zur Einberufung und Abhaltung der Gesellschafterversammlung sind also bei Planung einer SE-Gründung mit dem ausländischen Partner abzustimmen.

bb. Einzelfragen

Bei Verschmelzung, Holding-SE und Umwandlung in eine SE müssen die an der Gründung beteiligten Gesellschaften einen Gesellschafterbeschluss herbeiführen. Maßgeblich hierfür ist, wie unter ba. erläutert, das nationale Gesellschaftsrecht. Zu

---

[1] S. Art. 23 Abs. 1 SE-VO.
[2] S. Art. 32 Abs. 6 SE-VO.
[3] S. Art. 37 Abs. 7 SE-VO.
[4] Vgl. *Teichmann, C.*, Minderheitenschutz, 2003, S. 388-390.

beachten sind insbesondere Einberufungsfristen, Regularien der Versammlungsdurchführung und Mehrheitserfordernisse. Daneben ist auch an besondere Formerfordernisse zu denken, wie in *Deutschland* die Diskussion über die Notwendigkeit der notariellen Beurkundung des Gesellschafterbeschlusses zur Gründung einer SE gezeigt hat.[1] Diese und andere Formalitäten des ausländischen Rechts sind schon bei der Planung zu berücksichtigen, da sie den Zeitplan der Transaktion beeinflussen können.

Ein Beispiel: Das Aktienrecht in *Frankreich* unterscheidet die ordentliche Hauptversammlung und die außerordentliche Hauptversammlung (assemblée extraordinaire; Art. L. 225-96 Code de commerce). Der Beschluss über eine Verschmelzung ist in einer außerordentlichen Hauptversammlung zu fassen. Diese Versammlung ist nur beschlussfähig, wenn mindestens ein Drittel der Stimmrechte vertreten sind. Andernfalls ist sie ein zweites Mal einzuberufen; es genügt dann ein Quorum von einem Viertel der Stimmrechte. Für die Beschlussfassung ist sodann eine Mehrheit von zwei Dritteln des anwesenden oder vertretenen Kapitals erforderlich. Der Zeitplan einer SE-Gründung muss die Notwendigkeit einer zweiten Einberufung der außerordentlichen Hauptversammlung von vornherein einkalkulieren.

Bei der Gründung einer *Tochter-SE* kann sich die Frage stellen, ob die Gesellschafterversammlung überhaupt beteiligt werden muss oder ob die SE-Gründung nicht eine reine *Geschäftsführungsmaßnahme* ist, die von den Leitungs- oder Verwaltungsorganen eigenständig betrieben werden kann. Die SE-VO sieht dafür nichts vor, es gilt also das Gesellschaftsstatut der beteiligten Gesellschaften. Im deutschen Recht wird es sich bei GmbH und AG zumeist um eine Geschäftsführungsmaßnahme handeln. In der AG kann eine Beteiligung der Hauptversammlung geboten sein, wenn die Grundsätze der „Holzmüller-" und „Gelatine"-Entscheidung einschlägig sein sollten.[2] Eine vergleichbare Rechtslage besteht in *Österreich*.[3] Ob in anderen ausländischen Rechtsordnungen derartige Rechtsgedanken existieren, sollte vor der Gründung der Tochter-SE geklärt werden.

c. Schutz von Minderheitsgesellschaftern

Eine besondere Erschwernis des Gründungsvorgangs geht häufig von opponierenden Minderheitsgesellschaftern aus. Soweit die Gesellschafterversammlung an der Entscheidung über die Gründung einer SE beteiligt ist, bedarf die Frage, welche Rechtsbehelfe Minderheitsgesellschafter haben, die der Gründung ablehnend gegenüber stehen, gründlicher Prüfung, um vor Überraschungen im Durchführungsstadium gefeit zu sein. Regelungsort der Minderheitsrechte können das nationale SE-

---

[1] Vgl. hierzu den Beitrag von *Neun* in diesem Band.
[2] Dazu bereits oben unter a. ac.
[3] Vgl. *Kalss, S.*, in: Europäische Aktiengesellschaft, Kommentar, 2004, Vor § 17 SEG, Rn. 28.

Ausführungsgesetz, aber auch das allgemeine Gesellschaftsrecht der Gründungsgesellschaften sein.

Für die Verschmelzung und die Holding-SE ermächtigt die SE-VO den nationalen Gesetzgeber, Regelungen zum Schutz von Minderheitsgesellschaftern zu erlassen. Hier sind also zunächst die nationalen Ausführungsgesetze daraufhin zu überprüfen, ob sie von der Ermächtigung Gebrauch gemacht haben. Das Ausführungsgesetz in *Deutschland* hat für die Verschmelzungs-SE und für die Holding-SE eine Überprüfung des Umtauschverhältnisses und – unter bestimmten Voraussetzungen – ein Recht auf Austritt gegen Barabfindung geregelt.[1] Der Rechtsstreit hierüber wird im Spruchverfahren ausgetragen. Auch die Ausführungsgesetze anderer Staaten haben von der Ermächtigung Gebrauch gemacht, zumeist aber nur für den Fall der Verschmelzung.

Österreich verfolgt einen dem deutschen Recht vergleichbaren Weg:[2] Wenn die aus der Verschmelzung hervorgegangene SE ihren Sitz im Ausland haben soll, können widersprechende Minderheitsaktionäre den Austritt gegen Zahlung einer Barabfindung verlangen; das österreichische Recht kennt hierzu ein dem deutschen Spruchverfahren vergleichbares Prozedere.[3] Bei den österreichischen Vorschriften zur Barabfindung fällt aber auf, dass das SEG das „Vetorecht" des Art. 25 Abs. 3 SE-VO – anders als im Fall des § 22 SEG zur Überprüfung des Umtauschverhältnisses – nicht in die §§ 17 und 21 SEG inkorporiert. Die Erläuterungen begründen dies damit, dass Art. 25 Abs. 3 SE-VO teleologisch zu reduzieren und daher nicht auf die Barabfindung anwendbar sei.[4] Dies liege daran, dass sich die Festlegung einer Barabfindung nicht in gleicher Weise auf die Rechte der Aktionäre einer ausländischen Gesellschaft auswirke, wie dies bei Festlegung des Umtauschverhältnisses der Fall sei.[5]

In diesem Punkt ist dem österreichischen Gesetzgeber nicht zu folgen, was der einhelligen Auffassung in *Deutschland* entspricht.[6] Zum einen dient die Gewährung eines Austrittsrechts nicht vorrangig der Vermeidung von Anfechtungsklagen,[7] sondern dem Schutz der Aktionäre. Zum anderen sind der Anspruch auf das Austrittsrecht und der Anspruch auf Überprüfung der hierfür gewährten Barabfindung (im Wege eines besonderen – die Anfechtungsklage ausschließenden – Verfahrens) zu unterscheiden. Wenn es überhaupt einer teleologischen Reduktion bedarf, dann hin-

---

[1] Vgl. den Beitrag von *Teichmann* zum deutschen Ausführungsgesetz in diesem Band.
[2] Zum Minderheitenschutz bei Gründung einer SE aus österreichischer Sicht vgl. auch *Kalss, S.*, Minderheitenschutz, 2003, S. 593-649.
[3] Näher *Schindler, C. Ph.*, Gründung und Sitzverlegung, 2005, S. 294-295 m. w. N.
[4] Ebenso *Kalss, S.*, Minderheitenschutz, 2003, S. 612.
[5] ErläutRV GesRÄG 2004, S. 17.
[6] Vgl. *Brandt, U.*, Diskussionsentwurf, 2003, S. 1213-1214; *DAV*, Diskussionsentwurf, 2004, S. 78; *Ihrig, H.-C. / Wagner, J.*, Diskussionsentwurf, 2003, S. 972-973; *Neye, H.-W. / Teichmann C.*, Entwurf, 2003, S. 172; *Teichmann, C.*, Einführung, 2002, S. 428-429; *ders.*, Minderheitenschutz, 2003, S. 385-387.
[7] Vgl. *Kalss, S.*, Minderheitenschutz, 2003, S. 626-627.

sichtlich der Frage, ob auch die Barabfindung selbst dem Vetorecht des Art. 25 Abs. 3 SE-VO unterliegt.[1] Die Worte „zur Kontrolle und Änderung" beziehen sich nämlich nur auf das Umtauschverhältnis, während die zweite Fallgruppe des Art. 25 Abs. 3 SE-VO „Verfahren [...] zur Abfindung von Minderheitsgesellschaftern" betrifft. Dies macht die erneute Verwendung des Wortes „zur" deutlich.[2] Man wird aber zu dem Schluss kommen müssen, dass auch bei der Barabfindung nur dessen Überprüfung (und allfällige Korrektur) gemeint sein kann.[3] *Ratio* des Art. 25 Abs. 3 SE-VO ist schließlich, Aktionäre ausländischer Gesellschaften nicht dadurch zu benachteiligen, dass österreichische Aktionäre *nachträglich* einen Zuschlag bekommen und sich hierdurch das Vermögen der SE mindert. Eine Schutzbedürftigkeit der Aktionäre ausländischer Gesellschaften ist aber nicht ersichtlich, weil sie in Kenntnis der angebotenen Barabfindung – die zwingend in den Verschmelzungsvertrag aufzunehmen ist – über die Verschmelzung beschließen.

Anders ist dies freilich bei deren nachgelagerter Überprüfung, die das Korrelat zur Überprüfung des Umtauschverhältnisses darstellt. Eine Verbesserung des Umtauschverhältnisses oder der Barabfindung[4] schmälert das Vermögen der SE – und in weiterer Folge das ihrer Aktionäre – nämlich *nach* dem Verschmelzungsbeschluss. Man wird daher zum Ergebnis kommen müssen, dass zwar nicht die mit dem Austrittsrecht verbundene und im Verschmelzungsvertrag angebotene Barabfindung, wohl aber deren Überprüfung und Änderung dem Zustimmungserfordernis des Art. 25 Abs. 3 SE-VO unterliegt.[5] Das SEG sollte in diesem Punkt an die entsprechende Regelung bei der Sitzverlegung angepasst werden und die Anfechtungsklage nur insoweit ausschließen, als den Minderheitsaktionären das außerstreitige Überprüfungsverfahren als alternativer Rechtsbehelf zur Verfügung steht. Diese Änderung wäre aber wohl nur klarstellender Natur, da verfassungsrechtliche Überlegungen[6] zum selben Ergebnis führen.[7]

Im Gegensatz zum deutschen Ausführungsgesetz macht der österreichische Gesetzgeber von der Ermächtigung des Art. 34 SE-VO nur eingeschränkten Gebrauch und verzichtet im Fall der Holding Gründung auf ein der (grenzüberschreitenden) Ver-

---

[1] Laut *DAV*, Diskussionsentwurf, 2004, S. 78, soll der *Anspruch* auf Barabfindung unter dem Vorbehalt des Art. 25 Abs. 3 SE-VO stehen.
[2] Noch deutlicher die englische Fassung: „If the law of a Member State [...] provides for a procedure to scrutinise and amend the share-exchange ratio, or a procedure to compensate minority shareholders".
[3] Vgl. *Kroat-Reder, H.*, Gründung, 2003, S. 201.
[4] Offenbar a. A. *Kalss, S.*, Minderheitenschutz, 2003, S. 612, wonach durch die Barabfindung nur eine Gesellschaft betroffen wäre und daher keine Zustimmung von Aktionären anderer Gesellschaften erforderlich sei.
[5] Vgl. *Schindler, C. Ph.*, Ausführungsgesetz, 2004, S. 260-261; ebenso *Hügel, H.*, in: Europäische Aktiengesellschaft, Kommentar, 2004, §§ 21, 22 SEG, Rn. 8.
[6] Umfassend zur Stellung des Aktionärs im Verfassungsrecht vgl. *Schön, W.*, Aktionär, 2003, S. 1359-1392.
[7] Vgl. *Schindler, C. Ph.*, Gründung und Sitzverlegung, 2005, S. 296-298.

schmelzung entsprechendes Schutzniveau.¹ So ist bei der Holding-Gründung ein Austrittsrecht auch dann nicht vorgesehen, wenn der Sitz der SE im Ausland liegt.² Um dem austrittswilligen Aktionär überdies die Möglichkeit zu geben, deren Aktien am freien Markt zu einem höheren Preis veräußern zu können, setzt § 21 i. V. m. § 12 Abs. 3 SEG satzungsmäßige Vinkulierungen der betroffenen Aktien außer Kraft.

Dänemark gewährt widersprechenden Aktionären im Fall der Verschmelzung das Recht, ihre Anteile der Gesellschaft zum Kauf anzubieten (§ 5 DK-SE-AG). Können sich Gesellschaft und Aktionäre über den angemessenen Preis nicht einigen, wird dieser von einem gerichtlich bestellten Sachverständigen festgelegt. Gegen die Wertfestsetzung des Sachverständigen ist für beide Seiten der Rechtsweg eröffnet. Die zur Fortsetzung der Verschmelzung nötige Bescheinigung nach Art. 25 Abs. 2 SE-VO wird nur ausgestellt, wenn die Gesellschaft für die zu erwartenden Ansprüche von Minderheitsaktionären eine angemessene Sicherheit stellt.³ Aktionäre, die nicht austreten wollen, können nach den Regeln des allgemeinen dänischen Aktienrechts Schadenersatz verlangen, wenn die für die Aktien gewährte Gegenleistung nicht angemessen ist (§§ 134 f. dän. Aktiengesetz).⁴ Eine hierzu angestrengte Klage berührt die Wirksamkeit der Verschmelzung nicht. *Werlauff* erwägt daher – wohl zu Recht – dass dieses Verfahren des dänischen Verschmelzungsrechts unter Art. 25 Abs. 3 SE-VO fällt und somit der Zustimmung der Gesellschafter aus Rechtsordnungen bedarf, die Derartiges nicht kennen.⁵

In *Polen* wird opponierenden Aktionären gleichfalls ein Austrittsrecht gewährt, sofern die aus der Verschmelzung entstehende SE ihren Sitz im Ausland hat. Die Aktien der austretenden Aktionäre können von anderen Aktionären, von der Gesellschaft oder von Dritten gekauft werden. Die Gesellschaft fungiert, wenn sie die Aktien nicht selbst erwirbt,⁶ als Vermittlerin des Kaufs. Ist die Gesellschaft börsennotiert, bemisst sich der Wert der Aktien nach dem durchschnittlichen Börsenpreis der letzten drei Monate vor der Beschlussfassung; ist die Gesellschaft nicht börsennotiert,

---

[1] Kein Austrittsrecht vorzusehen, entspricht der im Schrifttum überwiegend geäußerten Empfehlung: Vgl. *DAV*, Diskussionsentwurf, 2003, S. 78; *DNotV*, Diskussionsentwurf, 2003, S. 98-99; *Kübler, F.*, Barabfindung, 2003, S. 631; *Schindler, C. Ph.*, Ausführungsgesetz, 2003, S. 8. Davon abweichend *Ihrig, H.-C. / Wagner, J.*, Diskussionsentwurf, 2003, S. 971, die ein Austrittsrecht für sachgerecht halten, die Notwendigkeit einer Kontrolle des Umtauschverhältnisses hingegen bezweifeln.

[2] *Schindler, C. Ph.*, Ausführungsgesetz, 2004, S. 263. Zumindest in diesem Fall hält *Teichmann, C.*, Gründung, 2004, S. 74, 77, das Austrittsrecht für erforderlich.

[3] Textziffer 5 des dänischen Gesetzes zur Einführung der SE; abrufbar über www.se-network.org. Weiterhin zum dänischen Ausführungsgesetz vgl. *Friis Hansen, S.*, Denmark, 2004, S. 73; *Nørgaard, O. / Salje, E.*, Dänemark, 2005, S. 583-603.

[4] Vgl. *Nørgaard, O. / Salje, E.*, Dänemark, 2005, S. 585.

[5] Vgl. *Werlauff, E.*, European Company, 2003, S. 50-51.

[6] Der Erwerb eigener Aktien ist allerdings, einschließlich eventueller bereits zuvor erworbener eigener Aktien, an eine Obergrenze von insgesamt 25 % des Grundkapitals geknüpft (Art. 18 Abs. 2 poln. SE-Einführungsgesetz).

ermittelt ein vom Gericht auf Vorschlag des Vorstands ernannter Sachverständiger den Wert der Anteile.

Umstritten ist die Situation in *Großbritannien*. Das Ausführungsgesetz enthält keine ausdrücklichen Regelungen zum Schutz der Minderheitsaktionäre, es ist jedoch wahrscheinlich, dass eine SE-Gründung im Wege der Verschmelzung nach dem sog. „scheme of arrangement" erfolgen wird. Letzteres ist ein vertragliches Verfahren gem. Section 425 des Companies Act 1985, wonach die Gesellschaft mit ihren Gesellschaftern und u. U. auch mit ihren Gläubigern eine Vereinbarung oder einen Kompromiss schließen muss und dies vom High Court zu bewilligen ist. Als Voraussetzung der Bewilligung könnte der High Court festlegen, dass die anderen Aktionäre den Kauf der Anteile der widersprechenden Aktionäre anbieten, sodass ein dem Austrittsrecht ähnlicher Schutzmechanismus auch im britischen Gesellschaftsrecht vorkommen kann.[1]

Auch in *Liechtenstein* enthält die Vernehmlassungsvorlage für ein FL-SE-AG keine Bestimmungen zum Schutz von Minderheitsaktionären bei Gründung einer SE im Wege der grenzüberschreitenden Verschmelzung.

Wenngleich die Einschränkung des Barabfindungsangebotes auf SE-Gründungen mit Sitz im Ausland vom überwiegenden Schrifttum für zweckmäßig erachtet wird, ergibt sich hieraus etwa im Fall der Verschmelzung eine unterschiedliche Behandlung der Gründung einer ausländischen SE gegenüber der Gründung einer inländischen SE. Dies stößt in der Literatur auf Bedenken im Hinblick auf die gemeinschaftsrechtliche *Niederlassungsfreiheit* (Art. 43, 48 EG-Vertrag). Die Regelungen des österreichischen Gesetzgebers über das Austrittsrecht und die Barabfindung bei der Verschmelzung hält *Hügel* daher für gemeinschaftsrechtswidrig.[2] Fraglich ist allerdings, ob diese Sichtweise, die sich vor allem auf einen Vergleich mit der innerstaatlichen Verschmelzung stützt, dem Kern der Problematik gerecht wird. Dass gerade die Verschmelzung auf eine SE im Ausland, ebenso wie eine Sitzverlegung ins Ausland, mit der Änderung des subsidiär anwendbaren Rechts auch die Rechtsstellung der Minderheitsgesellschafter – gegen ihren Willen – substantiell verändert, lässt sich nicht bestreiten. Anders als bei einer natürlichen Person, deren Recht zum behinderungsfreien Wegzug der EuGH bestätigt hat,[3] entstehen in einer Gesellschaft interne Konflikte über die Sinnhaftigkeit und die Durchführung einer grenzüberschreitenden Transaktion und entscheidet die dominierende Gesellschaftermehrheit nicht nur über ihr eigenes Schicksal, sondern auch über das der opponierenden Minderheit.

---

[1] Näher dazu *Oliphant, R.,* Großbritannien, 2005, S. 677-678.
[2] Vgl. *Hügel, H.*, in: Europäische Aktiengesellschaft, Kommentar, 2004, § 17 SEG, Rn. 26.
[3] Vgl. *EuGH*, Urteil v. 11.3.2004, Rs. C-9/02 *(Hughes de Lasteyrie du Saillant)*, ZIP 25 (2004), S. 662-666.

Ob die Niederlassungsfreiheit einer Gesellschaftermehrheit tatsächlich das Recht gewährt, kompensationslos in die Rechtsstellung der Gesellschafterminderheit einzugreifen, erscheint zweifelhaft. Einem Mitgliedstaat, der bei derartigen Konflikten schon im innerstaatlichen Bereich Schutzinstrumente wie das Austrittsrecht immer dann einsetzt, wenn die rechtliche Ausgestaltung der Anteile der Minderheit gegen deren Willen verändert werden soll, kann nicht ohne weiteres eine Ungleichbehandlung vorgeworfen werden, wenn er dieselben Gedanken auf grenzüberschreitende Konstellationen überträgt. Andererseits darf der Minderheitenschutz in grenzüberschreitenden Transaktionen nicht zur faktischen Blockade führen; ob – und, wenn ja: welche – konkreten Aussagen sich hierzu aus der EG-vertraglichen Niederlassungsfreiheit ableiten lassen, bedarf jedoch einer tiefer gehenden Analyse, die an dieser Stelle nicht geleistet werden kann.

Neben den speziell in den Ausführungsgesetzen geregelten Instrumenten gelten für den Schutz von Minderheitsgesellschaftern die Vorschriften des *allgemeinen Gesellschaftsrechts*. Der Aktionär einer deutschen Aktiengesellschaft kann also in der Hauptversammlung, die über die SE-Gründung beschließen soll, beispielsweise von seinem Frageecht gemäß § 131 AktG Gebrauch machen und bei Verletzung des Fragerechts gegebenenfalls Anfechtungsklage erheben. Auch in den ausländischen Rechtsordnungen sind die allgemeinen Regeln zur Anfechtung von Gesellschafterbeschlüssen zu beachten. Weiterhin kennen viele ausländische Rechtsordnungen generalklauselartige Rechtsbehelfe gegen den Missbrauch von Mehrheitsmacht, die in Abwesenheit spezieller Regelungen, wie der soeben erwähnten Austrittsrechte, möglicherweise gegen die SE-Gründung in Position gebracht werden könnten.[1]

Bei der *Umwandlung* in die SE ist, soweit ersichtlich, in keinem europäischen Land ein spezieller Minderheitenschutz vorgesehen. Es gelten aber auch hier die allgemeinen aktienrechtlichen Instrumentarien, insbesondere können einzelne Aktionäre über ihr Fragerecht gemäß § 131 AktG und eine anschließende Anfechtungsklage den Prozess der Gründung möglicherweise behindern, wenn nicht gar scheitern lassen. Ebenso ist vor Beginn der Transaktion die Rechtslage bezüglich der ausländischem Recht unterworfenen Gründungsgesellschaften zu klären.

d. Schutz der Gläubiger

Nach strenger Auslegung fehlt eine Regelungsermächtigung für Vorschriften zum Schutz der Gläubiger. Anders als im Falle des Aktionärsschutzes verweist Art. 24 Abs. 1 SE-VO nämlich direkt auf das innerstaatliche Verschmelzungsrecht.[2] Das jeweils zuständige Gericht muss die nationalen Schutzvorschriften – auf Grund des Hinweises „unter Berücksichtigung des grenzüberschreitenden Charakters" – jedoch

---

[1] Z.B. Abus de majorité in Frankreich. Vgl. auch den unfair prejudice in *Großbritannien*.
[2] Vgl. *Schindler, C. Ph.*, Ausführungsgesetz, 2003, S. 7; auch *Scheifele, M.*, Gründung, 2004, S. 226-228.

mutatis mutandis anwenden. Hieraus könnte sich im Einzelfall ein Anspruch auf vorgelagerte Sicherheitsleistung ergeben, da es anders als bei der Sitzverlegung zum Untergang der Gesellschaft kommen kann und auch keine dem Art. 8 Abs. 16 SE-VO vergleichbare Bestimmung hinsichtlich der Beibehaltung des inländischen Gerichtsstands existiert. Auf der anderen Seite bietet die VO 44/2001 eine gemeinschaftsweite Regelung hinsichtlich der gerichtlichen Zuständigkeit sowie der Anerkennung und Vollstreckung von Entscheidungen in Zivil- und Handelssachen.[1]

Der deutsche und österreichische Gesetzgeber haben dennoch Vorschriften zu Gläubigerschutz vorgesehen: Gläubiger einer deutschen Aktiengesellschaft können sich auf die allgemeine Regelung des § 22 UmwG stützen, sofern die SE ihren Sitz in *Deutschland* nimmt, und auf die spezielle Regelung des § 8 SE-AG, wenn der künftige Sitz der SE im Ausland liegt.[2] Die vom österreichischen Gesetzgeber in § 23 SEG vorgesehene Vorschrift normiert im Wesentlichen nur die sinngemäße Anwendung des § 14 SEG, der den Gläubigerschutz bei der Sitzverlegung regelt.[3] In *Liechtenstein* sollen der Vernehmlassungsvorlage entsprechend ebenfalls Maßnahmen zum Schutz der Gläubiger bei Gründung einer SE im Wege der grenzüberschreitenden Verschmelzung vorgesehen werden; dabei soll allerdings nicht darauf abgestellt werden, ob die SE ihren künftigen Sitz im In- oder Ausland nimmt, sondern primär auf die Glaubhaftmachung der Gefährdung der jeweiligen Forderung (Art. 11 FL-SE-AG-E).

Vorgesehen ist jeweils ein vorgelagerter Gläubigerschutz: Anders als im nationalen Verschmelzungsrecht ist die Einhaltung des Gläubigerschutzes somit Eintragungsvoraussetzung. Nach dem Vorbild des § 226 öAktG soll der Gläubigerschutz aber nur dann eingreifen, wenn eine durch die Verschmelzung bedingte Gefährdung der Forderung glaubhaft gemacht wird. Hinsichtlich der Gefährdung ist der Fall der Verschmelzung zweifellos anders gelagert als jener der Sitzverlegung: Es sind zumindest zwei Gesellschaften betroffen, wobei zumindest eine Gesellschaft durch die Verschmelzung untergeht. Stets verbunden mit der Verschmelzung ist auch ein Vermögenstransfer zwischen übertragenden Rechtsträgern und der übernehmenden oder neu zu gründenden Gesellschaft. Aber auch ein durch die Verschmelzung bewirkter kapitalherabsetzenden Effekt, also ein Fall, in dem das Nennkapital der

---

[1] Vgl. *Schindler, C. Ph.*, Ausführungsgesetz, 2004, S. 261. Dass grenzüberschreitende Sachverhalte dennoch immer wieder unerwartete Probleme aufwerfen können, zeigt der Fall einer gescheiterten Urteilszustellung im deutsch-dänischen Rechtsverkehr (hierzu *Fogt, M. / Schack, H.*, Urteilszustellung, 2005, S. 118-124).

[2] Vgl. hierzu den Beitrag von *Teichmann* zum deutschen Ausführungsgesetz in diesem Band.

[3] Der in § 23 SEG vorgesehene Schutz ist somit auf Gläubiger jener Gesellschaften beschränkt, die ihr Vermögen auf eine SE mit Sitz im Ausland übertragen. Liegt hingegen – aus Sicht der österreichischen Gesellschaft – eine rein nationale Maßnahme vor, erhalten die Gläubiger keinen über das nationale Verschmelzungsrecht hinausgehenden Schutz, es greift vielmehr § 226 öAktG. Ebenso vgl. *Kalss, S. / Greda, C.*, Ministerialentwurf, 2004, S. 98. Mit gemeinschaftsrechtlichen Bedenken gegen diese Ungleichbehandlung *Hügel, H.*, in: Europäische Aktiengesellschaft, Kommentar, 2004, § 23 SEG, Rn. 8.

übernehmenden Gesellschaft niedriger ist als jenes der übertragenden Gesellschaft, ist von der Rechtsprechung als schutzwürdige Gläubigergefährdung angesehen worden.[1] Weiterhin ist eine Gefährdung in jenen Fällen denkbar, in denen das Ergebnis der Verschmelzung ein insolvenzreifes Gebilde wäre, weil etwa die übertragende Gesellschaft bereits vor der Verschmelzung realiter überschuldet war.[2] Wiewohl an dieser Stelle nicht näher darauf eingegangen werden kann, ist doch auf das mögliche Spannungsverhältnis dieser Entscheidung mit der Rechtsprechung des EuGH in der Rs. *Inspire Art* hinzuweisen. Im Unterschied zu der dort entschiedenen Fallkonstellation handelt es sich hier allerdings nicht um künftige Gläubiger, sondern um bereits existierende,[3] denen nicht entgegengehalten werden kann, sie hätten in Kenntnis des Personalstatuts der Gesellschaft von einem Vertragsschluss Abstand nehmen können, die vielmehr ganz im Gegenteil mit einigem Recht darauf verweisen können, dass sie den Vertrag gerade mit einer Gesellschaft nationalen Rechts abschließen wollten.

Das SE-Ausführungsgesetz in *Frankreich* regelt für die grenzüberschreitende Verschmelzung keinen speziellen Gläubigerschutz. Allerdings ist zu berücksichtigen, dass die Gläubiger einer französischen Gesellschaft bereits nach nationalem Verschmelzungsrecht ein Einspruchsrecht haben.[4] Dies findet gemäß Art. 24 Abs. 1 SE-VO auch im Falle einer SE-Gründung Anwendung.

Vergleichbar ist die Lage in *Dänemark*. Dort findet sich im SE-Gesetz keine gläubigerschützende Regelung. Gläubiger können sich aber auf die Vorschriften des allgemeinen Gesellschaftsrechts stützen.[5] Dies verlangt eine Stellungnahme der Verschmelzungsprüfer zu der Frage, ob die Forderungen der Gläubiger auch nach der Verschmelzung als hinreichend gesichert anzusehen sind (§ 134 c Abs. 4 dän. Aktiengesetz). Äußern die Prüfer Vorbehalte, können die Gläubiger fälliger Forderungen Erfüllung, die Gläubiger nicht fälliger Forderungen Sicherheiten verlangen (§ 134 g dän. Aktiengesetz).

Auch in *Großbritannien* wurden keine eigenständigen Gläubigerschutzvorschriften in das Ausführungsgesetz aufgenommen, es kann das oben unter c) erwähnte „scheme of arrangement-Verfahren" dazu führen, dass die Gesellschaft eine Gläubigerversammlung einberufen muss, um deren Zustimmung einzuholen. Hierfür wäre eine Mehrheit von 75 % der vertretenen Gläubigerforderungen erforderlich.[6]

---

[1] Vgl. *OGH*, Beschluss v. 11.11.1999 (6 Ob 4/99b), abrufbar unter http://www.ris.bka.gv.at/jus/.
[2] Vgl. *OGH*, Beschluss v. 26.3.2003, (6 Ob 70/03t), abrufbar unter http://www.ris.bka.gv.at/jus/.
[3] Zu diesem für die Rechtfertigungsebene möglicherweise entscheidenden Unterschied die Ausführungen in *Teichmann, C.*, Gesellschaftsrecht, 2005, Teil 2, Abschnitt 1, zur Dogmatik der gemeinschaftsrechtlichen Grundfreiheiten.
[4] Art. L. 236-14 Code de commerce.
[5] Hierzu vgl. *Nørgaard, O. / Salje, E.*, Dänemark, 2005, S. 586.
[6] Näher dazu *Oliphant, R.*, Großbritannien, 2005, S. 678.

e. Einspruchsrecht öffentlicher Stellen

Die SE-Verordnung eröffnet den Mitgliedstaaten die Möglichkeit, im Fall der Verschmelzung ein Einspruchsrecht öffentlicher Stellen vorzusehen (Art. 19 SE-VO). Deutschland hat von dieser Ermächtigung keinen Gebrauch gemacht. Andere Mitgliedstaaten sehen ein solches Einspruchsrecht aber zum Teil – wenn auch in unterschiedlicher Ausprägung – vor.

Recht allgemein formuliert dies das Ausführungsgesetz von *Großbritannien*: Wenn eine zuständige Behörde im öffentlichen Interesse Einspruch gegen die Verschmelzung einlegt, kann die betroffene britische Gesellschaft nicht an der Verschmelzung teilnehmen.[1]

Auch in *Frankreich* hat die öffentliche Hand ein zumindest formal gesehen recht großes Einflusspotenzial: Der „Procureur de la République" hat die allgemeine Zuständigkeit, gegen eine Verschmelzung oder Sitzverlegung Einspruch aus Gründen des öffentlichen Interesses einzulegen.[2] Weiterhin haben die Aufsichtsbehörden im Finanzsektor (Kreditinstitute, Versicherungen, Investmentgesellschaften) ein Einspruchsrecht, wenn eines der ihrer Aufsicht unterliegenden Unternehmen eine grenzüberschreitende Verschmelzung oder Sitzverlegung plant.[3]

Dänemark gewährt dem Wirtschaftsminister ein Einspruchsrecht, wenn an der Verschmelzung eine Gesellschaft beteiligt ist, die der dänischen Finanzaufsicht unterliegt (§ 19 DK-SE-AG).

In *Polen* kann ein solcher Einspruch drohen (Art. 19 PL-SE-AG), wenn es sich um ein Finanzinstitut handelt (definiert in Art. 4 Abs. 1 Nr. 7 poln. Gesetz der Handelsgesellschaften) und die im Zuge der Verschmelzung entstehende SE ihren Sitz im Ausland haben soll. Die zuständige Aufsichtsbehörde ist spätestens am Tag der Bekanntmachung des Verschmelzungsplanes von dem Vorhaben zu unterrichten und kann innerhalb von zwei Monaten Einspruch einlegen; hiergegen ist ein Rechtsmittel zulässig.

Bemerkenswert ist die Rechtslage in *Österreich*, weil dort der Gesetzgeber im Fall der Verschmelzung auf ein Einspruchsrecht verzichtet hat, hingegen von der Regelungsermächtigung des Art. 8 Abs. 14 SE-VO im Fall der Sitzverlegung Gebrauch gemacht: Ein neuer Abs. 6 zu § 10 des Versicherungsaufsichtsgesetzes soll der ös-

---

[1] Statutory Instrument 2004 No. 2326, Textziffer 60: "A company of a type specified in relation to the United Kingdom in Annex 1 to the EC Regulation may not take part in the formation of an SE, whether or not it is to be registered in Great Britain, by merger if any of the competent authorities oppose it before the issue of the certificate referred to in Article 25(2) on public interest grounds."
[2] Art. L. 229-4 Code de commerce.
[3] Art. L. 511-13-1, Art. L. 532-3-2 und Art. L. 532-9-2 Code monétaire et financier; Art. L. 322-29 Code des assurances.

terreichischen Finanzmarktaufsicht ein derartiges Widerspruchsrecht einräumen, wenn die Interessen der Versicherten nicht ausreichend gewahrt sind.[1]

In *Liechtenstein* soll in Anlehnung an die nationalen Bestimmungen zur grenzüberschreitenden Sitzverlegung inländischer Verbandspersonen, die bewilligungspflichtig ist,[2] sowohl der Steuerverwaltung als auch den weiteren Behörden des Landes ein Einspruchsrecht aus Gründen des öffentlichen Interesses gewährt werden, sofern an der Gründung einer SE im Wege der grenzüberschreitenden Verschmelzung eine inländische Aktiengesellschaft beteiligt ist (Art. 12 FL-SE-AG-E); dies soll unabhängig davon gelten, ob die SE künftig ihren Sitz im In- oder Ausland nehmen wird.

f. Bescheinigung über ordnungsgemäße Durchführung des Gründungsverfahrens

Entsprechend der Aufteilung des Gründungsverfahrens in zwei Phasen[3] ist auch die Rechtmäßigkeitskontrolle der Verschmelzung zweigeteilt: Die Rechtmäßigkeit der Verschmelzung wird, was die die einzelnen sich verschmelzenden Gesellschaften betreffenden Verfahrensschritte angelangt, nach deren Gesellschaftsstatut geprüft und von der nach nationalem Recht zuständigen Behörde bestätigt (Art. 25 Abs. 1 und 2 SE-VO). In *Deutschland* ist für die beteiligte Aktiengesellschaft deutschen Rechts das Handelsregister zuständig, in dem die AG geführt wird (§ 4 SE-AG). Es prüft, ob die Verfahrensschritte, für die nach Art. 18 SE-VO weitgehend das deutsche Aktien- und Umwandlungsrecht gilt, ordnungsgemäß durchgeführt worden sind. Für die Eintragung der neu entstehenden SE ist wiederum das Handelsregister zuständig; die SE wird dort nach denselben Vorschriften eingetragen, wie sie für Aktiengesellschaften geltend (§ 3 SE-AG). Das Handelsregister prüft dabei die Rechtmäßigkeit der Verschmelzung in der Vollzugsphase und lässt sich hierfür insbesondere die Rechtmäßigkeitsbescheinigungen der ausländischen Gründungsgesellschaften und den Verschmelzungsplan vorlegen (Art. 26 Abs. 1 und 2 SE-VO).

In *Polen* stellt das für die betroffene Aktiengesellschaft zuständige Registergericht die gemäß Art. 25 Abs. 2 SE-VO bei einer Verschmelzung nötige Legalitätsbescheinigung aus. Im Unterschied zu den meisten anderen SE-Gesetzen enthält das polnische – wie auch das österreichische – Einführungsgesetz einen Katalog derjenigen

---

[1] Vgl. *Schindler, C. Ph.*, Ausführungsgesetz, 2004, S. 258. Zu beachten ist auch § 7a Abs. 1a VAG, wonach die Sitzverlegung eines Versicherungsunternehmens *ex lege* zum Verlust der österreichischen Konzession führt; vgl. *Kalss, S.*, in: Europäische Aktiengesellschaft, Kommentar, 2004, Vor § 6 SEG, Rn. 11.

[2] S. Art. 234 Personen- und Gesellschaftsrecht; Art. 1 Verordnung über die Sitzverlegung einer inländischen Verbandsperson ins Ausland.

[3] Ausführlich dazu *Scheifele, M.*, Gründung, 2004, S. 37-40, der als erste Phase Vorbereitung und Beschlussfassung in den Gründungsgesellschaften und als zweite Phase den Vollzug der Verschmelzung nennt. Kritisch zu dieser Terminologie *Hügel, H.*, in: Europäische Aktiengesellschaft, Kommentar, 2004, Vor § 17 SEG, Art. 15 SE-VO, Rn. 5 mit Fn. 3.

Unterlagen, die dem Registergericht zur Prüfung vorzulegen sind. Die Arbeit des Gerichts soll hierdurch erleichtert und beschleunigt werden. Wurde der Verschmelzungsbeschluss angefochten, kann die Bescheinigung nur dann ausgestellt werden, wenn glaubhaft gemacht werden kann, dass die Anfechtung offensichtlich unbegründet ist. Erweist sich die Anfechtungsklage anschließend doch als begründet, haben die klagenden Aktionäre einen Schadensersatzanspruch, der sich nun aber, nach vollzogener Verschmelzung gegen die SE richtet. Dies kann Probleme bereiten, wenn die SE ihren Sitz im Ausland hat und das dortige Recht einen derartigen Schadensersatzanspruch nicht kennt. Es handelt sich um eine Konstellation, die derjenigen des Art. 25 Abs. 3 SE-VO vergleichbar ist. In beiden Fällen geht es um ein über den Zeitpunkt des Wirksamwerdens der Verschmelzung hinaus andauerndes Gerichtsverfahren, dessen Ergebnis anschließend für die SE bindend sein soll. Allerdings ist der Fall der Anfechtungsklage mit anschließendem Schadensersatzanspruch in Art. 25 Abs. 3 SE-VO nicht geregelt. Sieht man die Vorschrift als abschließend an, könnte man argumentieren, dass allein in den von Art. 25 Abs. 3 SE-VO ausdrücklich geregelten Fällen Ansprüche aus früherem Gesellschaftsverhältnis gegen die SE geltend gemacht werden können. Richtigerweise wird man aber wohl nach dem Grundsatz der Universalsukzession (Art. 29 Abs. 1 SE-VO) davon ausgehen müssen, dass die SE in derartige schwebende Verfahren automatisch eintritt, diese weiterhin nach dem auf das ursprüngliche Rechtsverhältnis anwendbaren Recht entschieden und anschließend auch der SE entgegengehalten werden können.

In *Dänemark* ist das Gewerbe- und Gesellschaftsamt für die Ausstellung der Legalitätsbescheinigung zuständig (§ 16 dän. SEG). Nähere Regelungen zum Vorgang der Rechtsmäßigkeitsprüfung trifft das dänische Ausführungsgesetz nicht. Zum Erlass der näheren Bestimmungen wird das Gewerbe- und Gesellschaftsamt ermächtigt.

In *Großbritannien* ist nach offizieller Auffassung der High Court die für die Überprüfung des Verschmelzungsverfahren und die Ausstellung der Bescheinigung zuständige Behörde. Die diesbezügliche Rechtsgrundlage ist aber umstritten, sodass mit entsprechenden Erschwernissen bei der Beteiligung von britischen Gesellschaften gerechnet wird.[1] Auffallend ist zudem, dass für ebendiese Aufgaben im Fall der Sitzverlegung formal der Secretary of State for Trade and Industry zuständig ist (Art. 75 GB-SE-AG), der sich hierfür regelmäßig des Registrar of Companies bedienen wird.

Das österreichische Ausführungsgesetz enthält nur für die Anmeldung der SE mit Sitz im Ausland eigenständige Vorschriften. In *Österreich* wird die Bescheinigung über die ordnungsgemäße Durchführung sämtlicher einer Verschmelzung vorangehender Rechtshandlungen und Formalitäten durch das Firmenbuchgericht auszustellen sein.[2] Da die Rechtmäßigkeitsbescheinigung die übertragende Gesellschaft be-

---

[1] Vgl. *Oliphant, R*, Großbritannien, 2005, S. 677-678.
[2] Vgl. *Schindler, C. Ph.*, Europäische Aktiengesellschaft, 2002, S. 29.

trifft, sind dem Gericht auch nur Unterlagen der übertragenden Gesellschaft vorzulegen.[1] § 24 SEG sieht ein zweistufiges Verfahren vor: Zunächst wird die beabsichtigte Verschmelzung unter Hinweis auf den geplanten neuen Sitz, das hierfür zuständige Register und die Ausstellung der Bescheinigung in das Firmenbuch eingetragen. Erst in einem zweiten Schritt wird die Gesellschaft aus dem österreichischen Firmenbuch gelöscht. Zu diesem Zwecke hat der Vorstand, sobald die SE in das neue Register eingetragen wurde, gem. § 24 Abs. 5 SEG die Durchführung der Verschmelzung und die Löschung der Gesellschaft zur Eintragung in das Firmenbuch anzumelden. Die Anmeldung der beabsichtigten Verschmelzung auf eine SE mit Sitz in einem anderen Mitgliedstaat hat gem. § 24 Abs. 1 SEG durch sämtliche Mitglieder des Vorstands zu erfolgen.[2] Dieser Anmeldung sind alle für die Verschmelzung wesentlichen (und in Abs. 1 leg cit aufgezählten) Unterlagen in Urschrift, Ausfertigung oder beglaubigter Abschrift anzuschließen. Die in § 21 i.V.m. §§ 12 und 22 SEG vorgeschriebenen Nachweise der Sicherstellung geltend gemachter Barabfindungsansprüche und gefährdeter Gläubigerforderungen verlangen eine der Verschmelzung vorgelagerte Sicherheitsleistung. Nach § 24 Abs. 1 Nr. 8 SEG ist auch eine gem. § 25 Abs. 3 SE-VO allenfalls erforderliche Zustimmung der Gesellschaften mit Sitz in anderen Mitgliedstaaten vorzulegen. Gem. § 24 Abs. 2 SEG haben die Mitglieder des Vorstands zu erklären, dass keine Anfechtungs- oder Nichtigkeitsklagen gegen den Verschmelzungsbeschluss anhängig sind, und nähere Angaben über geltend gemachte Barabfindungsansprüche zu machen.[3]

In *Liechtenstein* soll nach der Vernehmlassungsvorlage das Grundbuch- und Öffentlichkeitsregisteramt für die Ausstellung der Rechtmäßigkeitsbescheinigung zuständig sein; erforderlich hierfür ist allerdings, dass insbesondere gefährdete Forderungen angemessen sichergestellt sind, bestimmte Rechnungslegungs- und Prüfungserfordernisse eingehalten wurden und weder die Steuerverwaltung noch die anderen Behörden des Landes einen rechtmäßigen Einspruch erhoben haben (Art. 10 FL-SE-AG-E).

2. Laufende Tätigkeit einer in Deutschland ansässigen SE

Nach der Gründung einer SE mit Sitz in *Deutschland* richtet sich der gesellschaftsrechtliche Rahmen nach der SE-VO (a.), den Bestimmungen des SE-AG (b.) sowie

---

[1] Vgl. ErläutRV GesRÄG 2004, S. 19. Zudem soll (in *Österreich*) eine Rechtmäßigkeitsbescheinigung nur dann ausgestellt werden, wenn eine inländische Gesellschaft über die Grenze verschmolzen wird. I. d. S. auch *Kalss, S. / Greda, C.*, Ministerialentwurf, 2004, S. 97. Wie *Hügel, H.*, in: Europäische Aktiengesellschaft, Kommentar, 2004, § 24 SEG, Rn. 24, zutreffend bemerkt, entspricht dies zwar der *ratio legis*, weil das Registergericht im Zuge der Eintragung der SE mit Sitz im Inland auch die Rechtmäßigkeit des Gründungsvorgangs in Bezug auf die inländischen Gründungsgesellschaften prüfen kann, widerspricht aber dem Wortlaut des Art. 26 Abs. 2 SE-VO.
[2] Bei nationalen Verschmelzungen reicht nach § 225 öAktG indes die Unterfertigung der Anmeldung in vertretungsbefugter Zahl.
[3] Näher *Schindler, C. Ph.*, Gründung und Sitzverlegung, 2005, S. 304-305.

– vermittelt über die zahlreichen Verweisungsnormen der SE-VO – in weiten Bereichen nach dem nationalen Aktienrecht (c.).

a. SE-Verordnung

Auf die einmal gegründete SE findet gemäß der Verweisungsnormen der SE-VO (aa.) vielfach das im Sitzstaat für Aktiengesellschaften geltende Recht Anwendung. Etwas anderes gilt nur, soweit die SE-VO selbst eine Regelung trifft (ab.), was aber nur in wenigen Bereichen der Fall ist (Leitungssystem, punktuell auch zur Hauptversammlung).

aa. Rechtsanwendungsnormen

Die Verbindung zwischen dem Recht der SE-VO und dem in vielen Bereichen lückenfüllend heranzuziehenden nationalen Recht stellen die Rechtsanwendungsnormen der SE-VO her, die zur Regelung der Verhältnisse der ausdrücklich das nationale Aktienrecht zur Anwendung berufen. Im Zentrum steht die Vorschrift des Art. 9 SE-VO, die in Abs. 1 lit. c ii) für alle in der Verordnung nicht oder nur teilweise geregelten Bereiche ergänzend verweist auf die „Rechtsvorschriften der Mitgliedstaaten, die auf eine nach dem Recht des Sitzstaats der SE gegründete Aktiengesellschaft Anwendung finden würden". Im Ergebnis wird die SE daher weitgehend gleich behandelt wie eine Aktiengesellschaft mit Sitz in demselben Mitgliedstaat.

Nach weit überwiegender Auffassung führt dieser Verweis ohne Zwischenschaltung des mitgliedstaatlichen Kollisionsrechts unmittelbar zum Aktienrecht des Sitzstaates der SE.[1] Dafür spreche der Wortlaut („das auf eine nach dem Recht des Sitzstaates gegründete Aktiengesellschaft anwendbare Recht") und der Sinn und Zweck der Verweisungen, nämlich die Praktikabilität der supranationalen Rechtsform, und die andernfalls drohende Gefahr uneinheitlicher Rechtsanwendung. Nach anderer Auffassung liegt in der zentralen Rechtsanwendungsnorm des Art. 9 SE-VO ein Verweis auf nationales Recht, der das Kollisionsrecht einschließt.[2] Der Wortlaut des Art. 9 SE-VO steht dieser Ansicht nicht entgegen; denn das Kollisionsrecht zählt ohne Zweifel zu dem auf eine Aktiengesellschaft anwendbaren Recht. Auch die von der herrschenden Meinung zu Recht angestrebte einheitliche Rechtsanwendung steht bei einer Zwischenschaltung des Kollisionsrechts nicht in Frage. Es gilt allein das Kollisionsrecht im Sitzstaat der SE; und der Begriff des Sitzes ist in der SE-VO eindeutig als Ort des Registersitzes definiert.[3] Schließlich ist auch allein die Zwischen-

---

[1] Vgl. *Brandt, U.*, Hauptversammlung, 2004, S. 42 ff.; *Hommelhoff, P.*, Normenhierarchie, 2005, S. 5, 19; *Lächler, C. / Oplustil, K.*, Regelungsbereich, 2005, S. 381, 383 f.; *Lind, M.*, Rechtsanwendungsvorschriften, 2004, S. 62; *Scheifele, M.*, Gründung, 2004, S. 31.
[2] So demnächst *Teichmann, C.*, Gesellschaftsrecht, 2005, Teil 2, Abschnitt 3.
[3] Vgl. hierzu bereits *Schwarz, G. C.*, Statut, 2001, S. 1849.

schaltung des Kollisionsrechts sachgerecht; denn internationale Sachverhalte bedürfen nun einmal der kollisionsrechtlichen Würdigung am Einzelfall.

Im praktischen Ergebnis dürfte der Streit kaum relevant werden.[1] Da gemäß Art. 7 SE-VO Sitz und Hauptverwaltung in demselben Mitgliedstaat liegen müssen, wird der Tätigkeitsschwerpunkt der SE zumeist in dem Staat liegen, in dem sie registriert ist, so dass in allen gesellschaftsrechtlichen Fragen auch bei Zwischenschaltung des Kollisionsrecht am Ende stets das Sachrecht des Sitzstaates zur Anwendung gelangt. Dennoch ist die grundsätzliche Bedeutung der Streitfrage nicht zu unterschätzen. Die herrschende Meinung durchbricht nämlich gerade in der zentralen Frage der Rechtsanwendungsnormen den fundamentalen Grundsatz der Gleichbehandlung der SE und der Aktiengesellschaft nationalen Rechts. Bei Sachverhalten mit Auslandsbezug – für eine supranationale Rechtsform geradezu der Normalfall – würde eine SE *anders* behandelt als die in demselben Staat ansässige nationale Aktiengesellschaft; denn für letztere bleibt die Zwischenschaltung des Kollisionsrechts selbstverständlich auch nach herrschender Auffassung gültig. Diese Ungleichbehandlung ist sachlich nicht zu rechtfertigen. Sie widerspricht auch dem Grundgedanken der SE-VO, die SE in allen europäisch nicht geregelten Fragen gleich zu behandeln wie eine Aktiengesellschaft im Sitzstaat der SE. Diese Gleichstellung ist in Art. 10 SE-VO ausdrücklich geregelt und zugleich tragender Gedanke der Verweisungsnorm des Artikels 9 SE-VO.

Neben der allgemeinen Rechtsanwendungsnorm des Art. 9 SE-VO finden sich zahlreiche spezielle Verweisungsnormen zu so bedeutsamen Einzelfragen wie dem Kapital (Art. 5 SE-VO), der Haftung der Organmitglieder (Art. 51 SE-VO), Organisation und Ablauf der Hauptversammlung (Art. 53 SE-VO), Rechnungslegung (Art. 61 SE-VO), Auflösung und Liquidation (Art. 63 SE-VO) der Societas Europaea, für die durchgehend auf das Aktienrecht des SE-Sitzstaates verwiesen wird.

ab. Materiell-inhaltliche Regelungen der SE-Verordnung

Nach Gründung der SE tritt die Bedeutung des Gemeinschaftsrecht vom Umfang her gesehen deutlich in den Hintergrund gegenüber der – durch die Verweisungsnormen vermittelten – Anwendung des nationalen Aktienrechts. Nur in wenigen Bereichen liefert die SE-VO selbst eigenständige Regelungen. Dazu zählt vor allem das *Leitungssystem*, für welches die Verordnung ein Wahlrecht zwischen dem monistischen

---

[1] Unterschiede könnten sich im Bereich des internationalen Konzernrechts ergeben. Nach der herrschenden Theorie der Sachnormverweisung müsste eine SE mit Sitz in Deutschland einen Beherrschungsvertrag mit einer AG im Ausland abschließen können – selbst wenn das ausländische Recht dies Instrument nicht kennt – weil auf die SE kraft europäischer Anordnung das deutsche Sachrecht anwendbar sein soll. Schaltet man hingegen das deutsche Kollisionsrecht zwischen, gilt das Personalstatut der ausländischen Gesellschaft. Dass dies im Ergebnis richtig sein muss, erkennen auch Vertreter der herrschenden Auffassung; sie nehmen daher zumeist das Konzernrecht von ihrer Grundthese aus (vgl. *Lächler, C. / Oplustil, K.*, Regelungsbereich, 2005, S. 385-386 m. w. N.).

und dem dualistischen Modell eröffnet (Art. 38 SE-VO) und zugleich die Grundpfeiler der jeweiligen Modelle festlegt. Das in Art. 39 ff. SE-VO geregelte dualistische System entspricht nahezu dem Modell des deutschen Aktiengesetzes: Leitungsorgan und Aufsichtsorgan sind streng getrennte Funktionsbereiche zugewiesen; und zwischen beiden darf es keine personellen Überschneidungen geben. Im monistischen System hingegen steht ein Verwaltungsorgan an der Spitze des Unternehmens (Art. 43 Abs. 1 Satz 1 SE-VO). Mitgliedstaaten, deren Aktienrecht das monistische System nicht kennt, können hierzu Vorschriften in Bezug auf die SE erlassen (Art. 43 Abs. 4 SE-VO). Der deutsche Gesetzgeber hat hiervon umfassend Gebrauch gemacht in den §§ 20 ff. SE-AG.[1]

Sodann finden sich in der Verordnung einzelne Vorschriften zur *Hauptversammlung*. Hier sind insbesondere die Minderheitenrechte zu nennen, wonach eine Aktionärsminderheit von 10% die Einberufung der Hauptversammlung und die Ergänzung der Tagesordnung verlangen kann (Art. 55, 56 SE-VO). Die Mitgliedstaaten können niedrigere Prozentsätze festlegen. *Deutschland* hat hiervon Gebrauch gemacht und die Geltendmachung der Minderheitenrechte an ein Quorum von 5% der Anteile (für die Ergänzung der Tagesordnung auch: den anteiligen Betrag von 500.000 Euro) geknüpft (§ 50 SE-AG). Im Übrigen gelten aber für Organisation und Ablauf der Hauptversammlung die aktienrechtlichen Vorschriften im Sitzstaat der SE (Art. 53 SE-VO), also für eine in *Deutschland* ansässige SE das deutsche Aktiengesetz.

Art. 64 SE-VO schreibt ein Verfahren vor, welches die Regelung des Art. 7 Satz 1 SE-VO, wonach *Sitz und Hauptverwaltung* der SE sich in demselben Mitgliedstaat befinden müssen, absichern soll. Liegen Hauptverwaltung und Registersitz nicht mehr in demselben Mitgliedstaat, muss der Sitzstaat geeignete Maßnahmen ergreifen, um die SE zu verpflichten, den vorschriftswidrigen Zustand zu beenden. In letzter Konsequenz droht die Auflösung. Die Mitgliedstaaten müssen die Ausgestaltung dieses Verfahrens näher regeln. *Deutschland* hat hierzu in § 52 SEAG ein Verfahren eingeführt, das sich an die Amtslöschung nach § 144a FGG anlehnt.[2]

b. SE-Ausführungsgesetz

Die Regelungsaufträge und -optionen der SE-VO hat *Deutschland* in seinem SE-AG umgesetzt. Wegen der Einzelheiten sei auf den Beitrag von *Teichmann* in diesem Band verwiesen. Im Gegensatz zur SE-VO bedurfte die SE-RL einer originären Transformation in nationales Recht; dies ist in *Deutschland* mit dem SE-BG geschehen, das im Beitrag von *Köstler* in diesem Band näher erläutert wird.

---

1 Vgl. hierzu der Beitrag zum Ausführungsgesetz von *Teichmann* in diesem Band.
2 Vgl. den Beitrag zum Ausführungsgesetz von *Teichmann* in diesem Band.

c. Allgemeines deutsches Aktienrecht

Der negative Saldo all dessen, was in der SE-VO *nicht* geregelt ist, führt über die Verweisungsnormen der Verordnung in das allgemeine Aktienrecht. Hierzu zählen so wichtige Fragen wie die Kapitalaufbringung- und -erhaltung[1], das dualistische Leitungssystem mit Vorstand und Aufsichtsrat,[2] Organisation und Ablauf der Hauptversammlung,[3] und die Rechnungslegung.[4] Diese Bereiche können hier nicht näher dargestellt werden; insoweit ist auf das allgemeine Schrifttum zum Aktienrecht zu verweisen.

3. Sitzverlegung der SE ins Ausland

Ein Spezifikum der SE ist die Möglichkeit, den satzungsmäßigen Sitz ins Ausland zu verlegen. Das Verfahren ist im Wesentlichen von Art. 8 SE-VO vorgeformt und wird im Beitrag von *Wenz* in diesem Band dargestellt. Die nationalen Ausführungsgesetze treffen hier zumeist ergänzende Regelungen zum Schutz von Minderheitsaktionären und Gläubigern. Das deutsche SE-AG regelt in § 12 ein Austrittsrecht der widersprechenden Minderheitsaktionäre und in § 13 einen Anspruch der Gläubiger auf Sicherheitsleistung, sofern sie eine besondere Gefährdung ihrer Forderungen glaubhaft machen können.[5]

Mit der Sitzverlegung ändert sich auch der Bezugspunkt der Rechtsanwendungsnormen der SE-VO. Das auf die SE zur Lückenfüllung anwendbare Aktienrecht ist dann nicht mehr das deutsche Aktiengesetz, sondern das Aktienrecht des neuen Sitzstaates. Wegen des mit der Sitzverlegung verbundenen Wechsels des ergänzend anwendbaren nationalen Aktienrechts wird häufig eine Anpassung der *Satzung* der SE an das neue rechtliche Umfeld erforderlich sein.

V. SE mit Sitz im Ausland

Beteiligt sich eine deutsche Gesellschaft an der Gründung einer SE, deren Sitz im Ausland liegen soll, stellen sich die in Kapitel IV. beschriebenen Rechtsanwendungsfragen gewissermaßen aus der umgekehrten Perspektive: Das deutsche SE-AG erlangt Bedeutung allein im Gründungsverfahren (1.), während die laufende Tätigkeit der SE (2.) wesentlich von der SE-VO, vom ausländischen Gesellschaftsrecht und dem dort erlassenen SE-AG bestimmt wird. Im Hinblick auf eine spätere Sitz-

---

[1] S. Art. 5 SE-VO.
[2] S. Art. 9 Abs. 1 lit. c ii., sowie Umkehrschluss aus Art. 39 Abs. 5 SE-VO.
[3] S. Art. 53 SE-VO.
[4] S. Art. 61 SE-VO.
[5] Vgl. dazu den Beitrag zum Ausführungsgesetz von *Teichmann* in diesem Band.

verlegung (3.) stellt sich insbesondere die Frage, ob und inwieweit der Sitzstaat der SE Vorschriften zum Schutz der Gläubiger und Minderheitsaktionäre erlassen hat.

1. Gründungsverfahren

Bezüglich der Rechtsfragen im Stadium der Gründung kann weitgehend auf die Ausführungen in Kapitel IV.1. verwiesen werden. Auch hier gilt das zweistufige System der Rechtsanwendung: Vorbereitungs- und Beschlussphase in den Gründungsgesellschaften richten sich nach deren Personalstatut; in der Vollzugsphase gilt über Art. 15 SE-VO bereits das Recht im Sitzstaat der SE.

Beteiligt sich eine deutsche Aktiengesellschaft an einer SE-Gründung durch *Verschmelzung* und soll deren Sitz im Ausland liegen, haben widersprechende Minderheitsaktionäre der deutschen Gesellschaft ein Recht auf Austritt gegen Barabfindung (§ 7 SE-AG).[1] Gläubiger der Gesellschaft können sich in diesem Fall auf § 8 SE-AG stützen und genießen wegen des grenzüberschreitenden Charakters der Verschmelzung einen zeitlich vorgelagerten Schutz, während der im innerstaatlichen Bereich anwendbare § 22 UmwG einen nachgelagerten Schutz vorsieht.[2] Bei Gründung einer *Holding-SE* mit Sitz im Ausland können Gesellschafter der beteiligten deutschen Gesellschaft eine Überprüfung des Umtauschverhältnisses verlangen (§ 11 SE-AG); ist eine Aktiengesellschaft an der Gründung beteiligt, haben die Aktionäre ein Austrittsrecht gegen Barabfindung, wenn die Holding ihren Sitz im Ausland hat oder ihrerseits abhängige Gesellschaft im Sinne des § 17 AktG ist (§ 9 SE-AG).[3]

Die anderen hier betrachteten Mitgliedstaaten haben – mit Ausnahme von *Liechtenstein* – besondere Schutzrechte der Minderheitsaktionäre nur für den Fall vorgesehen, in dem die nationale Gesellschaft im Wege der Verschmelzung in einer SE mit Sitz in einem anderen Mitgliedstaat aufgehen soll; dagegen sind in *Liechtenstein* – der Vernehmlassungsvorlage entsprechend – auch für diesen Fall generell keine derartigen gesonderten Maßnahmen zum Schutz der Minderheitsaktionäre vorgesehen. Soweit der eigene Staat Sitz der künftigen SE ist, beschränkt sich der Aktionärsschutz in allen hier betrachteten Mitgliedstaaten auf das allgemeine Instrumentarium des Gesellschaftsrechts; denkbar sind insbesondere Anfechtungs- oder Schadensersatzklagen von Minderheitsaktionären, die sich durch die Bedingungen der Gründung benachteiligt sehen.

---

1 Vgl. den Beitrag zum Ausführungsgesetz von *Teichmann* in diesem Band.
2 Vgl. zum Gläubigerschutz nach dem Ausführungsgesetz den Beitrag von *Teichmann* in diesem Band.
3 Vgl. jeweils den Beitrag von *Teichmann* in diesem Band zum deutschen Ausführungsgesetz.

2. Laufende Tätigkeit der SE mit Sitz im Ausland

a. SE-Verordnung und allgemeines Gesellschaftsrecht

Die laufende Tätigkeit einer SE mit Sitz im Ausland ist, ebenso wie oben für die in *Deutschland* ansässige SE beschrieben, nur in geringem Umfang von der SE-VO geprägt (vgl. die Ausführungen in Kapitel IV.2.). Weitaus wichtiger ist das im Sitzstaat auf Aktiengesellschaften anwendbare Recht. Insoweit ist für die Einzelheiten auf die einschlägigen Darstellungen zum ausländischen Gesellschaftsrecht zu verweisen.

b. SE-Ausführungsgesetze (Schwerpunkt: Leitungssystem)

Die SE-AG der verschiedenen Mitgliedstaaten sind insbesondere wegen ihrer Regelungen zum Leitungssystem der Gesellschaft von Interesse. *Dänemark* verdient hier schon deshalb Aufmerksamkeit, weil es ebenso wie die anderen skandinavischen Staaten ein Modell kennt, das Elemente von Dualismus und Monismus kombiniert.[1] Es gibt zwar ein oberstes Verwaltungsorgan, in größeren Gesellschaften ist aber für das Tagesgeschäft zusätzlich ein geschäftsführender Ausschuss zu bilden. Anlässlich der SE-Einführung stellte sich die Frage, ob dieses System begrifflich dem monistischen oder dem dualistischen Modell zuzuordnen ist; da die SE-VO für die Modelle jeweils verschiedene Regelungen trifft und eine Regelungsermächtigung für den nationalen Gesetzgeber nur hinsichtlich desjenigen Modells besteht, das im nationalen Recht *nicht* geregelt ist (vgl. Art. 39 Abs. 5 bzw. Art. 43 Abs. 4 SE-VO), war eine eindeutige Zuordnung des dänischen Mischsystems unumgänglich. Der dänische Gesetzgeber hat sich dafür entschieden, das eigene System als „monistisch" einzustufen. Maßgebend dafür sind folgende Gründe: Der geschäftsführende Ausschuss ist den Weisungen des obersten Verwaltungsorgans unterworfen; Mitglieder des Verwaltungsorgans können zugleich dem geschäftsführenden Ausschuss angehören; die Vertretungsmacht steht grundsätzlich dem Verwaltungsorgan zu, der Ausschuss vertritt die Gesellschaft nur im Rahmen seiner Geschäftsführungsbefugnisse. Dies alles unterscheidet das skandinavische Modell recht deutlich vom dualistischen Modell des deutschen Aktienrechts, das weitgehend in die Art. 39 ff. SE-VO Eingang gefunden hat.

Folglich musste *Dänemark* eine Regelung treffen, damit sich eine dort ansässige SE für das dualistische System i. S. d. SE-VO entscheiden könne. Regelungsort ist § 8 des dänischen SE-Gesetzes. Darin wählt der Gesetzgeber eine besondere Regelungstechnik, er verweist nämlich überwiegend auf Vorschriften des dänischen Aktienrechts, die er je nach Sachlage entweder dem Leitungsorgan oder dem Aufsichtsor-

---

[1] Vgl. dazu *Lau Hansen, J.*, Company Law, 2003, S. 109-134.

gan zuweist. Das Leitungsorgan nimmt im Wesentlichen sowohl die Aufgaben des Verwaltungsorgans und des geschäftsführenden Ausschusses wahr, während das Aufsichtsorgan sich auf eine Aufsicht im engeren Sinne zu beschränken hat, also insbesondere keinen eigenen Anteil an der Geschäftsführung hat.

Polen kennt im nationalen Aktienrecht nur das dualistische System mit Vorstand und Aufsichtsrat. Bemerkenswert ist aber, dass der Hauptversammlung ein größeres Gewicht zukommt als in *Deutschland*: In einer dualistisch strukturierten SE mit Sitz in Polen kann neben dem Aufsichtsrat auch die Hauptversammlung Vorstandsmitglieder abberufen oder von ihrer Tätigkeit suspendieren (Art. 24 Abs. 1 PL-SE-AG). Darüber hinaus kann die Satzung ausdrücklich vorsehen, dass überhaupt nur die Hauptversammlung für die Bestellung und Abberufung des Vorstandes zuständig ist (Art. 24 Abs. 2 PL-SE-AG). Die Delegation von Aufsichtsratsmitgliedern in den Vorstand ist auf einen Zeitraum von drei Monaten beschränkt (Art. 25 PL-SE-AG). Der Aufsichtsrat hat regulär drei, in Publikumsgesellschaften fünf Mitglieder. Die Zahlen sind vor dem Hintergrund einer weiteren Besonderheit des polnischen Aktienrechts zu sehen: über das Gruppenwahlrecht können nämlich auch die Minderheitsaktionäre eine Person ihres Vertrauens in den Aufsichtsrat wählen. Soweit die Satzung nichts anderes bestimmt, kann jedes Aufsichtsratsmitglied von Vorstandsmitgliedern oder Mitarbeitern verlangen, dass dem Aufsichtsrat bestimmte Unterlagen vorgelegt werden (Art. 26 Abs. 2 PL-SE-AG).

Das monistische Leitungsmodell bedurfte in *Polen* einer neuen eigenständigen Regelung. Entscheidet sich die SE für das monistische Modell, steht an ihrer Spitze ein Verwaltungsrat, der die Geschäfte der SE führt, sie im Rechtsverkehr vertritt und ihre Tätigkeit beaufsichtigt (Art. 28 Abs. 1 PL-SE-AG). Im Zweifel finden auf den Verwaltungsrat die Vorschriften des dualistischen Modells über den Vorstand entsprechende Anwendung (Art. 29 Abs. 1 PL-SE-AG). Zur Entlastung des Verwaltungsrats kennt das polnische Gesetz die Delegation von Kompetenzen auf ausführende Direktoren (Art. 40 ff. PL-SE-AG) oder die Übertragung von Entscheidungsbefugnissen auf Ausschüsse des Verwaltungsrats (Art. 32 PL-SE-AG). Ausführende Direktoren werden vom Verwaltungsrat bestellt und können jederzeit wieder abberufen werden. Ihre Anzahl und ihre Kompetenzen bestimmt der Verwaltungsrat, soweit die Satzung nichts anderes vorsieht. Ausführende Direktoren können aus der Mitte des Verwaltungsrats bestellt werden, solange dessen Mehrheit weiterhin aus nicht ausführenden Mitgliedern besteht. Ein ausführender Direktor kann nur dann zugleich Vorsitzender des Verwaltungsrats sein, wenn die Satzung dies ausdrücklich zulässt. Der Verwaltungsrat kann den Direktoren bindende Vorgaben zur Geschäftsführung erteilen; die Hauptversammlung hat diese Kompetenz nicht. Die Vertretungsmacht der Direktoren beschränkt sich auf den Bereich der ihnen zugewiesenen Geschäfte.

Wurde eine Angelegenheit auf einen Ausschuss übertragen, kann dieser in der Sache anstelle des Verwaltungsrats beschließen. Da hierin eine Abweichung vom Kollegialitätsprinzip liegt, bedarf die Übertragung einer Ermächtigung in der Satzung (Art. 32 Abs. 3 PL-SE-AG). Gesetzlich festgelegt ist ein Katalog von Geschäften, die nicht übertragen werden können und vom Verwaltungsrat als Organ entschieden werden müssen (Art. 31 PL-SE-AG). Dazu gehört etwa die Feststellung des Jahresabschlusses sowie die Bestellung und Abberufung ausführender Direktoren. Die Satzung kann diesen Katalog noch erweitern.

Frankreich kennt für die société anonyme schon seit vielen Jahren ein Wahlrecht zwischen dem monistischen Modell („conseil d'administration") und dem dualistischen Modell („directoire" und „conseil de surveillance"). Es konnte sich daher anlässlich der SE-Einführung darauf beschränken, auf die entsprechenden Regelungen des code de commerce zu verweisen (so geschehen in Art. L. 229-7 Abs. 1 code de commerce). Die Regelungen zum Leitungssystem einer französischen SE sind daher weitgehend[1] dem allgemeinen französischen Aktienrecht zu entnehmen.

Anders gelagert ist die Ausgangssituation in *Großbritannien*, wonach die Satzungsfreiheit nach nationalem Recht so weitgehend ist, dass statt dem regelmäßig gewählten monistischem System grundsätzlich auch das dualistische System gewählt werden könnte.[2] Die in vielen Mitgliedstaaten neuartige Wahlmöglichkeit bringt somit für *Großbritannien* keine Unterschiede zur nationalen Rechtslage. Ausdrücklich geregelt ist das dualistische System in *Großbritannien* indessen nicht, sodass entsprechende Bestimmungen im Ausführungsgesetz zulässig gewesen wären. Hierauf hat man in *Großbritannien* aber verzichtet.[3] Somit obliegt die nähere Ausgestaltung der Satzungsgestaltung, was freilich auch zu Abgrenzungsschwierigkeiten führen kann, wenn sich Fragen der Kompetenzverteilung stellen. Zudem bleibt offen, wer bestimmte gesetzliche Pflichten zu übernehmen hat, die das englische Recht ausdrücklich den „directors" oder dem „board" zuweist und wie die für das monistische Modell entwickelten duties of loyalty and care auf ein dualistisches System zu übertragen sind.[4] Die wenigen Bestimmungen der SE-Verordnung zu den beiden Leitungssystemen helfen hierbei nicht viel weiter. Es wird also nach Möglichkeit in der Satzung Vorsorge zu treffen sein und im Übrigen die Rechtsentwicklung den Gerichten überlassen bleiben.

Ähnlich der Ausgangslage in *Deutschland* wird das monistische System auch in *Österreich* umfassend geregelt. Dessen Organ heißt „Verwaltungsrat" und übernimmt Funktion von Aufsichtrat und Vorstand im dualistischen System. Anders als in *Deutschland* kann die Zahl der Organmitglieder nicht unter drei Personen liegen, so-

---

[1] Abgesehen von der Ausübung der eher unbedeutenden einzelnen Wahlrechte der Art. 39 ff. SE-VO; hierzu Art. L. 229-7, Abs. 2-6 code de commerce.
[2] Vgl. *Edbury, M.*, United Kingdom, 2004, S. 320.
[3] Vgl. *Oliphant, R.*, Großbritannien, 2005, S. 681.
[4] Zu diesen Fragen hat *Davies, P.*, Great Britain, 2004, S. 17 f., eine Regelung im SE-AG angeregt, ohne dass dies jedoch aufgegriffen worden wäre.

dass eine „Einpersonenleitung" nicht möglich ist. Die Höchstzahl der Mitglieder des Verwaltungsrats liegt – mit Ausnahme der Arbeitnehmervertreter – bei zehn Personen. Die Mitglieder des Verwaltungsrats werden von der Hauptversammlung bestellt, dies bewirkt einen direkten Einfluss auf die Unternehmensleitung. Die im Schrifttum vertretene Auffassung, wonach der Hauptversammlung ein dem GmbH-Recht vergleichbares Weisungsrecht an den Verwaltungsrat zukommen soll,[1] überzeugt nicht. Aus dem Umstand, dass die Mitglieder des Verwaltungsrats vorzeitig durch die Hauptversammlung abberufen werden können – ohne dass hierfür ein wichtiger Grund oder ein Misstrauensvotum erforderlich ist – ergibt sich aber eine sehr weitgehende Einflussmöglichkeit, sofern diese Möglichkeit nicht in der Satzung ausgeschlossen worden ist.

Zur Führung der laufenden Geschäfte der Gesellschaft sind zwingend ein oder mehrere geschäftsführende Direktoren zu bestellen. Es ist keine Höchstzahl vorgeschrieben. Grundsätzlich können hierzu auch Mitglieder des Verwaltungsrats bestellt werden, jedoch darf die Mehrheit der Verwaltungsratsmitglieder nicht gleichzeitig die Funktion eines geschäftsführenden Direktors innehaben, in börsennotierten Gesellschaften ist eine derartige Doppelfunktion überhaupt untersagt. Auch die Personalunion des Vorsitzenden der geschäftsführenden Direktoren und des Vorsitzenden des Verwaltungsrats ist in *Österreich* nicht zulässig. Die geschäftsführenden Direktoren werden vom Verwaltungsrat bestellt und können jederzeit durch Beschluss des Verwaltungsrats wieder abberufen werden, ohne dass hierfür ein wichtiger Grund oder ein Misstrauensvotum erforderlich ist. Wie zuvor ausgeführt, obliegen den geschäftsführenden Direktoren die laufenden Geschäfte sowie jene Aufgaben, die ihnen vom Verwaltungsrat zugewiesen werden. Die Grenze der Übertragbarkeit bilden hierbei jene Aufgaben, die gesetzlich dem Verwaltungsrat zugewiesen sind, wie z. B. die Wahrnehmung der Unternehmensoberleitung oder etwa die Bestellung und Abberufung der geschäftsführenden Direktoren. Die geschäftsführenden Direktoren unterliegen den Weisungen des Verwaltungsrats, wobei letzterer hierauf – für den Bereich der laufenden Geschäfte – durch Beschluss verzichten kann.

Sowohl die Mitglieder des Verwaltungsrats als auch die geschäftsführenden Direktoren können für eine Funktionsperiode von maximal 5 Jahren bestellt werden, wobei eine Wiederbestellung zulässig ist. Der österreichische Gesetzgeber schöpft den Zeitraum des Art. 46 Abs. 2 SE-VO von maximal 6 Jahren nicht aus, was gegen Gemeinschaftsrecht verstoßen könnte. Sowohl der Verwaltungsrat als auch die geschäftsführenden Direktoren sind gesetzliche Vertreter der Gesellschaft, beiden kommt somit die uneingeschränkte Vertretungsbefugnis zu (die Vertretungsbefugnis der geschäftsführenden Direktoren ist insbesondere nicht auf die laufenden Geschäfte beschränkt).

---

[1] Vgl. *Kalss, S. / Greda, C.*, in: Europäische Aktiengesellschaft, Kommentar, 2004, § 39 SEG, Rn. 36-47.

Da in *Liechtenstein* die Verwaltung inländischer Verbandspersonen grundsätzlich nach dem monistischen Verwaltungsratsmodell, ggf. mit einer davon verschiedenen Geschäftsführung,[1] erfolgt, sind – ungeachtet der umfassenden Satzungsfreiheit – nach der Vernehmlassungsvorlage zahlreiche Regelungen zum alternativ wählbaren dualistischen Leitungs- und Überwachungssystem einer liechtensteinischen SE geplant (Art.18-36 FL-SE-AG-E),

3. Sitzverlegung der SE

Die Sitzverlegung in einen anderen Mitgliedstaat der EU oder des EWR steht jeder SE offen (Art. 8 SE-VO). Das Verfahren hierzu ist an anderer Stelle bereits beschrieben worden.[2] Hinzuweisen bleibt auf die denkbaren Abweichungen der nationalen Rechtssysteme bezüglich des Verfahrens der Sitzverlegung. Die SE-VO ermächtigt die Mitgliedstaaten zum Erlass von Regelungen zum Schutz der Gläubiger (a.) und der Minderheitsaktionäre (b.). Weiterhin kann ein Einspruchsrecht öffentlicher Stellen (c.) geregelt werden.

a. Gläubigerschutz

Typisches Instrument zum Schutz der Gläubiger ist der Anspruch auf Gewährung einer Sicherheitsleistung. Er findet sich nicht nur im deutschen SE-AG (§ 13 SE-AG)[3], sondern auch in zahlreichen anderen Rechtsordnungen. Unterschiede gibt es allerdings in der materiellen und verfahrenstechnischen Ausgestaltung.

Dänemark ermöglicht den Gläubigern fälliger Forderungen, diese noch vor der Sitzverlegung einzufordern. Gläubiger, deren Forderungen noch nicht fällig sind, können Sicherheiten verlangen (§ 7 DK-SE-AG). Die für die Sitzverlegung erforderliche Bescheinigung wird erst ausgestellt, nachdem die fälligen Forderungen beglichen und für nicht fällige Forderungen die verlangte Sicherheit gewährt wurde. Im Streitfall ist gerichtlich zu klären, ob und in welcher Höhe die Gesellschaft Sicherheit leisten muss.

Die Gläubiger einer in *Frankreich* ansässigen SE können gegen die Sitzverlegung Widerspruch anmelden (Art. L. 229-2, Abs. 6, Code de commerce). Dieser Widerspruch hat indessen nicht zur Folge, dass das Verfahren der Sitzverlegung gestoppt werden müsste. Die Rechtsfolgen sind vielmehr differenzierter zu betrachten. Über den Widerspruch entscheidet das zuständige Gericht, das zu folgenden Ergebnissen gelangen kann: Es kann den Widerspruch zurückweisen; es kann aber auch die Zah-

---

[1] S. Art. 348 Personen- und Gesellschaftsrecht. Dazu vgl. auch *Marxer & Partner* (Hrsg.), Gesellschaften, 2003, S. 56-58.
[2] Siehe den Beitrag von *Wenz* in diesem Band.
[3] Siehe den Beitrag von *Teichmann* in diesem Band.

lung der Forderung oder die Gewährung einer Sicherheit anordnen. Solange die angeordnete Zahlung oder Sicherheitsleistung nicht erfolgt ist, kann die Sitzverlegung den Gläubigern nicht entgegengehalten werden. Anhand welcher Kriterien das Gericht entscheidet, ist der gesetzlichen Regelung nicht zu entnehmen. Die Regelung ist jedoch derjenigen bei der Verschmelzung nachgebildet (Art. L. 236-14 Code de commerce), so dass gegebenenfalls auf die Erfahrungen mit diesem Vorbild zurückgegriffen werden kann.

Die Gläubiger einer SE mit Sitz in *Polen* haben im Fall der Sitzverlegung ein Recht auf Befriedigung oder Sicherheitsleistung, wenn sie glaubhaft machen können, dass die Sitzverlegung die Befriedigung ihrer Ansprüche gefährdet. Dieses Recht steht all denjenigen Gläubigern zu, deren Forderungen bis zum Zeitpunkt der Bekanntmachung des Sitzverlegungsvorhabens entstanden sind (Art. 50 PL-SE-AG).

Auch in *Österreich* sind Gläubigerschutzbestimmungen zu beachten. Im Gegensatz zum nationalen Verschmelzungs- oder Spaltungsrecht handelt es sich um einen der Sitzverlegung vorgelagerten Gläubigerschutz; er orientiert sich an § 56 öGmbHG, der Gläubigerschutzvorschrift bei der Kapitalherabsetzung. Nach dem Vorbild des § 226 öAktG soll der Gläubigerschutz nur dann eingreifen, wenn eine durch die Sitzverlegung bedingte Gefährdung der Forderung glaubhaft gemacht wird. Hierzu soll nach den Gesetzeserläuterungen ausreichen, dass mit der Sitzverlegung bedeutende Vermögensverlagerungen vorgenommen werden oder zu befürchten sind, was freilich problematisch ist und im Schrifttum heftig kritisiert worden ist.[1]

Die Einführung einer vergleichbaren Regelung zum Schutz der Gläubiger ist auch in *Liechtenstein* entsprechend der Vernehmlassungsvorlage geplant (Art. 45 FL-SE-AG-E). Dadurch sollen einerseits die berechtigten Schutzbedürfnisse der Gläubiger gewahrt und andererseits dem Interesse der SE nach einem möglichst beschränkungsfreien Vollzug der grenzüberschreitenden Sitzverlegung im Europäischen Binnenmarkt ausgewogen Rechnung getragen werden.

In *Großbritannien* hat der Secretary of State for Trade and Industry die Gläubigerinteressen zu waren und bedient sich hierfür regelmäßig des Registrar of Companies. Letzterer wird den angemessenen Schutz der Gläubiger nur dann als erfüllt ansehen, wenn alle Mitglieder des Leitungs- oder Verwaltungsorgans eine Erklärung über die Zahlungsfähigkeit der Gesellschaft in den folgenden zwölf Monaten abgeben (Art. 72 GB-SE-AG). Berücksichtigt werden müssen hierbei alle gegenwärtigen, alle voraussichtlichen und auch eventuelle Verbindlichkeiten. Derartige Erklärungen sollten nicht leichtfertig abgegeben werden, da als Sanktionen neben Geld- auch Gefängnisstrafen drohen.[2]

---

1 Vgl. *Schindler, C. Ph.*, Gründung und Sitzverlegung, 2005, S. 280-282.
2 Näher *Oliphant, R.*, Großbritannien, 2005, S. 692.

b. Aktionärsschutz

Das SE-Ausführungsgesetz von *Polen* regelt für die grenzüberschreitende Sitzverlegung einer polnischen SE einen Aktionärsschutz, der demjenigen bei der sitzverlegenden Verschmelzung entspricht. Widersprechende Minderheitsaktionäre haben also das Recht, den Ankauf ihrer Aktien zu verlangen und damit aus der Gesellschaft auszutreten (Art. 48 PL-SE-AG). Auch in *Frankreich* können widersprechende Minderheitsaktionäre den Ankauf ihrer Anteile verlangen (Art. L. 229.2 Code de commerce). Dasselbe gilt für *Dänemark*. Dort ist auf eine Sitzverlegung die bereits zur Verschmelzung erläuterte Austrittsregelung entsprechend anwendbar (§ 6 DK-SE-AG). Gleiches gilt für *Österreich*, wo ebenfalls ein dem Austrittsrecht bei der Verschmelzung auf eine SE mit Sitz im Ausland entsprechendes Austrittsrecht zur Anwendung kommt (§ 6 i. V. m. § 12 SEG).[1] Gesetzestechnisch ist das Austrittsrecht bei der grenzüberschreitenden Sitzverlegung Vorbild des Austrittsrechts bei der Verschmelzung. Erwähnenswert erscheint, dass im Falle der Sitzverlegung auch allfällige Vinkulierungen aufgehoben werden, dem Aktionär nach dem österreichischen Ausführungsgesetz also auch die Möglichkeit offen steht, seine Aktien am freien Markt zu veräußern. Dagegen sieht die Vernehmlassungsvorlage in *Liechtenstein* – der europäischen Konzeption entsprechend – keine vergleichbaren Bestimmungen zum Schutz von Minderheitsaktionären vor.

c. Einspruchsrecht öffentlicher Stellen

Art. 8 Abs. 14 SE-VO gibt den Mitgliedstaaten die Möglichkeit, öffentlichen Stellen ein Einspruchsrecht gegen die Sitzverlegung einzuräumen. *Dänemark* hat davon für Gesellschaften Gebrauch gemacht, die der dänischen Finanzaufsicht unterliegen (§ 19 DK-SE-AG). Möchte eine SE mit Sitz in *Polen* ihren Sitz verlegen, die im Sinne des Art. 4 Abs. 1 Nr. 7 poln. Gesetz der Handelsgesellschaften als Finanzinstitut gilt, hat die Aufsichtsbehörde ein ebensolches Einspruchsrecht, wie es im Zusammenhang mit der sitzverlegenden Verschmelzung (siehe Kapitel IV.1.e.) bereits dargestellt wurde. In *Frankreich* hat der Procureur de la République das Recht, Einspruch zu erheben (Art. 229-4 Code de commerce); nähere Voraussetzungen, unter denen der Einspruch erteilt werden kann, nennt das Gesetz nicht. Ebenso können die Aufsichtsbehörden bei Kreditinstituten, Investmentgesellschaften und Versicherungen Einspruch erheben (siehe hierzu die Ausführungen zur Verschmelzung unter siehe Kapitel IV.1.e.). Weitgehend ist auch das Einspruchsrecht in *Großbritannien*. Gemäß Art. 58 GB-SE-AG kann der Secretary of State der Sitzverlegung aus Gründen des öffentlichen Interesses widersprechen, wogegen der SE ein Rechtsmittel an den High Court zusteht.[2] Wenngleich mit beschränktem Anwendungsbereich, hat auch *Österreich* ein Einspruchsrecht umgesetzt: Ein neuer Abs. 6 zu § 10 des Versiche-

---

[1] Dazu *Schindler, C. Ph.*, Gründung und Sitzverlegung, 2005, S. 278-280.
[2] Vgl. *Oliphant, R.*, Großbritannien, 2005, S. 691.

rungsaufsichtsgesetzes gewährt der österreichischen Finanzmarktaufsicht ein derartiges Widerspruchsrecht, wenn die Interessen der Versicherten nicht ausreichend gewahrt sind. In *Liechtenstein* soll in Anlehnung an die nationalen Bestimmungen zur grenzüberschreitenden Sitzverlegung inländischer Verbandspersonen, die bewilligungspflichtig ist,[1] sowohl der Steuerverwaltung als auch den weiteren Behörden des Landes ein Einspruchsrecht aus Gründen des öffentlichen Interesses gewährt werden, sofern eine inländische SE ihren Sitz grenzüberschreitend ins Ausland verlegen möchte (Art. 45 FL-SE-AG-E).

VI. Ergebnis

Das auf eine SE anwendbare Recht setzt sich zusammen aus der SE-VO, den nationalen SE-(Ausführungs-)Gesetzen und dem allgemeinen nationalen Gesellschaftsrecht. Je nach Mitgliedstaat kann sich ein und dieselbe Vorschrift in unterschiedlichen Rechtstexten befinden, also entweder im SE-AG oder im allgemeinen Gesellschaftsrecht. Es ergibt sich daraus ein kompliziertes Normengemenge, welches in der Praxis zu erheblichen Schwierigkeiten führen kann.

Die erste Aufgabe des Rechtsanwenders besteht darin, die Schnittstellen zwischen den Rechtsordnungen der einzelnen Mitgliedstaaten untereinander sowie mit jenen des Gemeinschaftsrechts zu ermitteln. Je nach betroffenen Mitgliedstaaten sind die Rechtsgrundlagen unterschiedlich ausgestaltet, eine entsprechende Detailkenntnis der jeweiligen Rechtsordnung ist somit unbedingt erforderlich.

Eine Bewertung, welcher Sitz für die SE günstig sein könnte, muss alle Aspekte des anwendbaren Rechts einbeziehen, also neben der SE-VO und den Ausführungsgesetzen auch das allgemeine Gesellschaftsrecht. Da sich die laufende Tätigkeit der SE regelmäßig nach dem Recht des Sitzstaats bestimmt, ergibt sich hieraus aber – wenn auch eingeschränkt – die Möglichkeit „company law shopping" zu betreiben.

Komplexität und inhaltliche Unterschiede im Rechtskleid der SE von Land zu Land spiegeln die weiterhin bestehenden Unterschiede der nationalen Rechtssysteme wider. Dies ist der wohl kaum vermeidbare Preis dafür, dass SE die Grenzen zwischen den Rechtsordnungen überwinden kann. Trotz dieser komplexen Rechtslage wird die Flexibilität der Unternehmen durch die SE zweifellos erhöht. Gegenüber nationalen Rechtsformen unterscheidet sich die SE vor allem dadurch, dass sie für die Durchführung grenzüberschreitender Transaktionen wie etwa der grenzüberschreitenden Sitzverlegung oder Verschmelzung einen gemeinschaftsrechtlich abgesicherten Rechtsrahmen bietet; dasselbe gilt für ihr Anrecht auf die Wahl des gewünschten Leitungssystems.

---

[1] S. Art. 234 Personen- und Gesellschaftsrecht; Art. 1 Verordnung über die Sitzverlegung einer inländischen Verbandsperson ins Ausland.

Wesentliche Unterschiede zwischen den Mitgliedstaaten bestehen in den Bereichen des Gläubiger- bzw. des Aktionärsschutzes. Während manche Mitgliedstaaten auf diesbezügliche Vorschriften zur Gänze verzichtet haben, verweisen andere die betreffenden Personengruppen auf das geltende nationale Recht, während wieder andere im SE-AG umfassende Schutzvorschriften vorsehen. Hier ist ein Vergleich der jeweiligen Rechtsordnungen unbedingt erforderlich, da mit den teilweise vorgesehenen Sicherungsansprüchen von Gläubigern oder Austrittsrechten von Minderheitsaktionären eine erhebliche Verzögerung und Liquiditätsbelastung der Transaktion verbunden sein kann.

Manche Mitgliedstaaten haben immer noch kein Ausführungsgesetz erlassen, was in der Praxis erhebliche Probleme aufwirft. Ohne nationale Rechtsgrundlage ist die Skepsis gegenüber der SE groß, deren Vorteile werden durch Nachteile in der Rechtsanwendung absorbiert. Die meisten Mitgliedstaaten haben ihre Ausführungsgesetze auf das Notwendigste beschränkt und hierin vor allem die in der SE-VO enthaltenen Wahlrechte und Regelungsaufträge umgesetzt. Andere Mitgliedstaaten haben zusätzliche Regelungen vorgesehen, die sie regelmäßig auf Art. 68 SE-VO gestützt haben.

Die Wahlmöglichkeit zwischen dem dualistischen und dem monistischen System ist für viele Mitgliedstaaten neu, demnach finden sich hierzu regelmäßig umfangreiche Bestimmungen in den jeweiligen Ausführungsgesetzen. Andere Mitgliedstaaten, die auch im nationalen Aktienrecht weitgehende Satzungsfreiheit gewähren, haben hingegen auf eine Detailregelung verzichtet und die nähere Ausgestaltung der Satzung überlassen.

Anhang I

**Verordnung (EG) Nr. 2157/2001 des Rates vom 8. Oktober 2001
über das Statut der Europäischen Gesellschaft (SE)
(SE-VO: ABl. Nr. L 294 vom 10. November 2001, S. 1)**

DER RAT DER EUROPÄISCHEN UNION –

gestützt auf den Vertrag zur Gründung der Europäischen Gemeinschaft, insbesondere auf Artikel 308,

auf Vorschlag der Kommission,[1]

nach Stellungnahme des Europäischen Parlaments,[2]

nach Stellungnahme des Wirtschafts- und Sozialausschusses,[3]

in Erwägung nachstehender Gründe:

(1) Voraussetzung für die Verwirklichung des Binnenmarkts und für die damit angestrebte Verbesserung der wirtschaftlichen und sozialen Lage in der gesamten Gemeinschaft ist außer der Beseitigung der Handelshemmnisse eine gemeinschaftsweite Reorganisation der Produktionsfaktoren. Dazu ist es unerlässlich, dass die Unternehmen, deren Tätigkeit sich nicht auf die Befriedigung rein örtlicher Bedürfnisse beschränkt, die Neuordnung ihrer Tätigkeiten auf Gemeinschaftsebene planen und betreiben können.

(2) Eine solche Umgestaltung setzt die Möglichkeit voraus, das Wirtschaftspotential bereits bestehender Unternehmen mehrerer Mitgliedstaaten durch Konzentrations- und Fusionsmaßnahmen zusammenzufassen. Dies darf jedoch nur unter Beachtung der Wettbewerbsregeln des Vertrags geschehen.

(3) Die Verwirklichung der Umstrukturierungs- und Kooperationsmaßnahmen, an denen Unternehmen verschiedener Mitgliedstaaten beteiligt sind, stößt auf rechtliche, steuerliche und psychologische Schwierigkeiten. Einige davon konnten mit der Angleichung des Gesellschaftsrechts der Mitgliedstaaten durch aufgrund von Artikel 44 des Vertrags erlassene Richtlinien ausgeräumt werden. Dies erspart Unternehmen, die verschiedenen Rechtsordnungen unterliegen, jedoch nicht die Wahl einer Gesellschaftsform, für die ein bestimmtes nationales Recht gilt.

(4) Somit entspricht der rechtliche Rahmen, in dem sich die Unternehmen in der Gemeinschaft noch immer bewegen müssen und der hauptsächlich von innerstaatlichem Recht bestimmt

---

[1] ABl. C 263 vom 16.10.1989, S. 41, und ABl. C 176 vom 8.7.1991, S. 1.
[2] Stellungnahme vom 4. September 2001 (noch nicht im Amtsblatt veröffentlicht).
[3] ABl. C 124 vom 21.5.1990, S. 34.

wird, nicht mehr dem wirtschaftlichen Rahmen, in dem sie sich entfalten sollen, um die Erreichung der in Artikel 18 des Vertrags genannten Ziele zu ermöglichen. Dieser Zustand ist geeignet, Zusammenschlüsse zwischen Gesellschaften verschiedener Mitgliedstaaten erheblich zu behindern.

(5) Die Mitgliedstaaten sind verpflichtet, dafür zu sorgen, dass die Bestimmungen, die auf Europäische Gesellschaften aufgrund dieser Verordnung anwendbar sind, weder zu einer Diskriminierung dadurch führen, dass die Europäischen Gesellschaften ungerechtfertigterweise anders behandelt werden als die Aktiengesellschaften, noch unverhältnismäßig strenge Auflagen für die Errichtung einer Europäischen Gesellschaft oder die Verlegung ihres Sitzes mit sich bringen.

(6) Die juristische Einheitlichkeit der europäischen Unternehmen muss ihrer wirtschaftlichen weitestgehend entsprechen. Neben den bisherigen Gesellschaftsformen nationalen Rechts ist daher die Schaffung von Gesellschaften vorzusehen, deren Struktur und Funktionsweise durch eine in allen Mitgliedstaaten unmittelbar geltende gemeinschaftsrechtliche Verordnung geregelt werden.

(7) Dadurch werden sowohl die Gründung als auch die Leitung von Gesellschaften europäischen Zuschnitts ermöglicht, ohne dass die bestehenden Unterschiede zwischen den für die Handelsgesellschaften geltenden einzelstaatlichen Rechtsvorschriften und ihr räumlich begrenzter Geltungsbereich dafür ein Hindernis darstellten.

(8) Das Statut der Europäischen Aktiengesellschaft (nachfolgend „SE" genannt) zählt zu jenen Rechtsakten, die der Rat gemäß dem Weißbuch der Kommission über die Vollendung des Binnenmarkts, das der Europäische Rat von Mailand im Juni 1985 angenommen hat, vor dem Jahre 1992 erlassen musste. 1987 äußerte der Europäische Rat auf seiner Tagung in Brüssel den Wunsch, dass ein solches Statut rasch geschaffen wird.

(9) Seit der Vorlage des Kommissionsvorschlags für eine Verordnung über das Statut der Europäischen Aktiengesellschaften im Jahre 1970 und der Vorlage des 1975 geänderten Vorschlags sind bei der Angleichung des nationalen Gesellschaftsrechts beachtliche Fortschritte erzielt worden, so dass in Bereichen, in denen es für das Funktionieren der SE keiner einheitlichen Gemeinschaftsregelung bedarf, auf das Aktienrecht des Sitzmitgliedstaats verwiesen werden kann.

(10) Das wichtigste mit der Rechtsform einer SE verfolgte Ziel erfordert jedenfalls – unbeschadet wirtschaftlicher Erfordernisse, die sich in der Zukunft ergeben können –, dass eine SE gegründet werden kann, um es Gesellschaften verschiedener Mitgliedstaaten zu ermöglichen, zu fusionieren oder eine Holdinggesellschaft zu errichten, und damit Gesellschaften und andere juristische Personen aus verschiedenen Mitgliedstaaten, die eine Wirtschaftstätigkeit betreiben, gemeinsame Tochtergesellschaften gründen können.

(11) Im gleichen Sinne sollte es Aktiengesellschaften, die ihren satzungsmäßigen Sitz und ihre Hauptverwaltung in der Gemeinschaft haben, ermöglicht werden, eine SE durch Umwandlung ohne vorherige Auflösung zu gründen, wenn sie eine Tochtergesellschaft in einem anderen Mitgliedstaat als dem ihres Sitzes haben.

(12) Die für öffentlich zur Zeichnung auffordernde Aktiengesellschaften und für Wertpapiergeschäfte geltenden einzelstaatlichen Bestimmungen müssen auch dann, wenn die Gründung

der SE durch eine öffentliche Aufforderung zur Zeichnung erfolgt, gelten sowie für SE, die diese Finanzierungsinstrumente in Anspruch nehmen möchten.

(13) Die SE selbst muss eine Kapitalgesellschaft in Form einer Aktiengesellschaft sein, die sowohl von der Finanzierung als auch von der Geschäftsführung her am besten den Bedürfnissen der gemeinschaftsweit tätigen Unternehmen entspricht. Um eine sinnvolle Unternehmensgröße dieser Gesellschaften zu gewährleisten, empfiehlt es sich, ein Mindestkapital festzusetzen, das die Gewähr dafür bietet, dass diese Gesellschaften über eine ausreichende Vermögensgrundlage verfügen, ohne dass dadurch kleinen und mittleren Unternehmen die Gründung von SE erschwert wird.

(14) Es ist erforderlich, der SE alle Möglichkeiten einer leistungsfähigen Geschäftsführung an die Hand zu geben und gleichzeitig deren wirksame Überwachung sicherzustellen. Dabei ist dem Umstand Rechnung zu tragen, dass in der Gemeinschaft hinsichtlich der Verwaltung der Aktiengesellschaften derzeit zwei verschiedene Systeme bestehen. Die Wahl des Systems bleibt der SE überlassen, jedoch ist eine klare Abgrenzung der Verantwortungsbereiche jener Personen, denen die Geschäftsführung obliegt, und der Personen, die mit der Aufsicht betraut sind, wünschenswert.

(15) Die Rechte und Pflichten hinsichtlich des Schutzes von Minderheitsaktionären und von Dritten, die sich für ein Unternehmen aus der Kontrolle durch ein anderes Unternehmen, das einer anderen Rechtsordnung unterliegt, ergeben, bestimmen sich gemäß den Vorschriften und allgemeinen Grundsätzen des internationalen Privatrechts nach dem für das kontrollierte Unternehmen geltenden Recht, unbeschadet der sich für das herrschende Unternehmen aus den geltenden Rechtsvorschriften ergebenden Pflichten, beispielsweise bei der Aufstellung der konsolidierten Abschlüsse.

(16) Unbeschadet des sich möglicherweise aus einer späteren Koordinierung des Rechts der Mitgliedstaaten ergebenden Handlungsbedarfs ist eine Sonderregelung für die SE hier gegenwärtig nicht erforderlich. Es empfiehlt sich daher, sowohl für den Fall, dass die SE die Kontrolle ausübt, als auch für den Fall, dass die SE das kontrollierte Unternehmen ist, auf die allgemeinen Vorschriften und Grundsätze zurückzugreifen.

(17) Wird die SE von einem anderen Unternehmen beherrscht, so ist anzugeben, welches Recht anwendbar ist; hierzu ist auf die Rechtsvorschriften zu verweisen, die für Aktiengesellschaften gelten, die dem Recht des Sitzstaates der SE unterliegen.

(18) Es muss sichergestellt werden, dass jeder Mitgliedstaat bei Verstößen gegen Bestimmungen dieser Verordnung die für die seiner Rechtsordnung unterliegenden Aktiengesellschaften geltenden Sanktionen anwendet.

(19) Die Stellung der Arbeitnehmer in der SE wird durch die Richtlinie 2001/86/EG des Rates vom 8. Oktober 2001 zur Ergänzung des Statuts der Europäischen Gesellschaft hinsichtlich der Beteiligung der Arbeitnehmer[1] auf der Grundlage von Artikel 308 des Vertrags geregelt. Diese Bestimmungen stellen somit eine untrennbare Ergänzung der vorliegenden Verordnung dar und müssen zum gleichen Zeitpunkt anwendbar sein.

---

[1] Siehe Anhang II.

(20) Andere Rechtsbereiche wie das Steuerrecht, das Wettbewerbsrecht, der gewerbliche Rechtsschutz und das Konkursrecht werden nicht von dieser Verordnung erfasst. Die Rechtsvorschriften der Mitgliedstaaten und das Gemeinschaftsrecht gelten in den oben genannten sowie in anderen nicht von dieser Verordnung erfassten Bereichen.

(21) Mit der Richtlinie 2001/86/EG soll ein Recht der Arbeitnehmer auf Beteiligung bei den den Geschäftsverlauf der SE betreffenden Fragen und Entscheidungen gewährleistet werden. Die übrigen arbeits- und sozialrechtlichen Fragen, insbesondere das in den Mitgliedstaaten geltende Recht auf Information und Anhörung der Arbeitnehmer, unterliegen hingegen den einzelstaatlichen Vorschriften, die unter denselben Bedingungen für die Aktiengesellschaften gelten.

(22) Das Inkrafttreten dieser Verordnung muss zeitlich aufgeschoben erfolgen, um alle Mitgliedstaaten in die Lage zu versetzen, die Richtlinie 2001/86/EG in innerstaatliches Recht umzusetzen und die für die Gründung und den Geschäftsbetrieb von SE mit Sitz in ihrem Hoheitsgebiet notwendigen Verfahren rechtzeitig einzuführen, dergestalt, dass die Verordnung und die Richtlinie gleichzeitig zur Anwendung gebracht werden können.

(23) Eine Gesellschaft, deren Hauptverwaltung sich außerhalb der Gemeinschaft befindet, kann sich an der Gründung einer SE beteiligen, sofern die betreffende Gesellschaft nach dem Recht eines Mitgliedstaats gegründet wurde, ihren Sitz in diesem Mitgliedstaat hat und in tatsächlicher und dauerhafter Verbindung mit der Wirtschaft eines Mitgliedstaats im Sinne der Grundsätze des allgemeinen Programms zur Aufhebung der Beschränkungen der Niederlassungsfreiheit von 1962 steht. Eine solche Verbindung besteht, wenn die Gesellschaft in dem Mitgliedstaat eine Niederlassung hat, von dem aus sie ihre Geschäfte betreibt.

(24) Die SE sollte ihren Sitz in einen anderen Mitgliedstaat verlegen können. Ein angemessener Schutz der Interessen der Minderheitsaktionäre, die sich gegen die Verlegung ausgesprochen haben, sowie der Interessen der Gläubiger und der sonstigen Forderungsberechtigten sollte in einem ausgewogenen Verhältnis stehen. Vor der Verlegung entstandene Ansprüche dürfen durch eine solche Verlegung nicht berührt werden.

(25) Bestimmungen, die die zuständige Gerichtsbarkeit im Falle der Sitzverlegung einer Aktiengesellschaft von einem Mitgliedstaat in einen anderen betreffen und die in das Brüsseler Übereinkommen von 1968 oder in einen Rechtsakt der Mitgliedstaaten oder des Rates zur Ersetzung dieses Übereinkommens aufgenommen werden, werden von dieser Verordnung nicht berührt.

(26) Für die Tätigkeiten von Finanzinstituten gelten Einzelrichtlinien, und das einzelstaatliche Recht zur Umsetzung dieser Richtlinien sowie ergänzende einzelstaatliche Vorschriften zur Regelung der betreffenden Tätigkeiten finden auf eine SE uneingeschränkt Anwendung.

(27) In Anbetracht des spezifischen und gemeinschaftlichen Charakters der SE lässt die in dieser Verordnung für die SE gewählte Regelung des tatsächlichen Sitzes die Rechtsvorschriften der Mitgliedstaaten unberührt und greift der Entscheidung bei anderen Gemeinschaftstexten im Bereich des Gesellschaftsrechts nicht vor.

(28) Der Vertrag enthält Befugnisse für die Annahme dieser Verordnung nur in Artikel 308.

(29) Da die Ziele der beabsichtigten Maßnahme – wie oben ausgeführt – nicht hinreichend von den Mitgliedstaaten erreicht werden können, weil es darum geht, die SE auf europäischer Ebene zu errichten, und da die Ziele daher wegen des Umfangs und der Wirkungen der Maß-

nahme besser auf Gemeinschaftsebene erreicht werden können, kann die Gemeinschaft im Einklang mit dem Subsidiaritätsprinzip nach Artikel 5 des Vertrags Maßnahmen ergreifen. Im Einklang mit dem Verhältnismäßigkeitsprinzip nach jenem Artikel geht diese Verordnung nicht über das für die Erreichung dieser Ziele erforderliche Maß hinaus

– **HAT FOLGENDE VERORDNUNG ERLASSEN:**

TITEL I

ALLGEMEINE VORSCHRIFTEN

Artikel 1

(1) Handelsgesellschaften können im Gebiet der Gemeinschaft in der Form europäischer Aktiengesellschaften (Societas Europaea, nachfolgend „SE" genannt) unter den Voraussetzungen und in der Weise gegründet werden, die in dieser Verordnung vorgesehen sind.

(2) Die SE ist eine Gesellschaft, deren Kapital in Aktien zerlegt ist. Jeder Aktionär haftet nur bis zur Höhe des von ihm gezeichneten Kapitals.

(3) Die SE besitzt Rechtspersönlichkeit.

(4) Die Beteiligung der Arbeitnehmer in der SE wird durch die Richtlinie 2001/86/EG geregelt.

Artikel 2

(1) Aktiengesellschaften im Sinne des Anhangs I, die nach dem Recht eines Mitgliedstaats gegründet worden sind und ihren Sitz sowie ihre Hauptverwaltung in der Gemeinschaft haben, können eine SE durch Verschmelzung gründen, sofern mindestens zwei von ihnen dem Recht verschiedener Mitgliedstaaten unterliegen.

(2) Aktiengesellschaften und Gesellschaften mit beschränkter Haftung im Sinne des Anhangs II, die nach dem Recht eines Mitgliedstaats gegründet worden sind und ihren Sitz sowie ihre Hauptverwaltung in der Gemeinschaft haben, können die Gründung einer Holding-SE anstreben, sofern mindestens zwei von ihnen

a) dem Recht verschiedener Mitgliedstaaten unterliegen oder

b) seit mindestens zwei Jahren eine dem Recht eines anderen Mitgliedstaats unterliegende Tochtergesellschaft oder eine Zweigniederlassung in einem anderen Mitgliedstaat haben.

3) Gesellschaften im Sinne des Artikels 48 Absatz 2 des Vertrags sowie juristische Personen des öffentlichen oder privaten Rechts, die nach dem Recht eines Mitgliedstaats gegründet worden sind und ihren Sitz sowie ihre Hauptverwaltung in der Gemeinschaft haben, können eine Tochter-SE durch Zeichnung ihrer Aktien gründen, sofern mindestens zwei von ihnen

a) dem Recht verschiedener Mitgliedstaaten unterliegen oder

b) seit mindestens zwei Jahren eine dem Recht eines anderen Mitgliedstaats unterliegende Tochtergesellschaft oder eine Zweigniederlassung in einem anderen Mitgliedstaat haben.

(4) Eine Aktiengesellschaft, die nach dem Recht eines Mitgliedstaats gegründet worden ist und ihren Sitz sowie ihre Hauptverwaltung in der Gemeinschaft hat, kann in eine SE umgewandelt werden, wenn sie seit mindestens zwei Jahren eine dem Recht eines anderen Mitgliedstaats unterliegende Tochtergesellschaft hat.

(5) Ein Mitgliedstaat kann vorsehen, dass sich eine Gesellschaft, die ihre Hauptverwaltung nicht in der Gemeinschaft hat, an der Gründung einer SE beteiligen kann, sofern sie nach dem Recht eines Mitgliedstaats gegründet wurde, ihren Sitz in diesem Mitgliedstaat hat und mit der Wirtschaft eines Mitgliedstaats in tatsächlicher und dauerhafter Verbindung steht.

Artikel 3

(1) Die SE gilt als Aktiengesellschaft, die zum Zwecke der Anwendung des Artikels 2 Absätze 1, 2 und 3 dem Recht des Sitzmitgliedstaats unterliegt.

(2) Eine SE kann selbst eine oder mehrere Tochtergesellschaften in Form einer SE gründen. Bestimmungen des Sitzmitgliedstaats der Tochter-SE, gemäß denen eine Aktiengesellschaft mehr als einen Aktionär haben muss, gelten nicht für die Tochter-SE. Die einzelstaatlichen Bestimmungen, die aufgrund der Zwölften Richtlinie 89/667/EWG des Rates vom 21. Dezember 1989 auf dem Gebiet des Gesellschaftsrechts betreffend Gesellschaften mit beschränkter Haftung mit einem einzigen Gesellschafter[1] angenommen wurden, gelten sinngemäß für die SE.

Artikel 4

(1) Das Kapital der SE lautet auf Euro.

(2) Das gezeichnete Kapital muss mindestens 120000 EUR betragen.

(3) Die Rechtsvorschriften eines Mitgliedstaats, die ein höheres gezeichnetes Kapital für Gesellschaften vorsehen, die bestimmte Arten von Tätigkeiten ausüben, gelten auch für SE mit Sitz in dem betreffenden Mitgliedstaat.

Artikel 5

Vorbehaltlich des Artikels 4 Absätze 1 und 2 gelten für das Kapital der SE, dessen Erhaltung und dessen Änderungen sowie die Aktien, die Schuldverschreibungen und sonstige vergleichbare Wertpapiere der SE die Vorschriften, die für eine Aktiengesellschaft mit Sitz in dem Mitgliedstaat, in dem die SE eingetragen ist, gelten würden.

Artikel 6

Für die Zwecke dieser Verordnung bezeichnet der Ausdruck „Satzung der SE" zugleich die Gründungsurkunde und, falls sie Gegenstand einer getrennten Urkunde ist, die Satzung der SE im eigentlichen Sinne.

---

[1] ABl. L 395 vom 30.12.1989, S. 40. Zuletzt geändert durch die Beitrittsakte von 1994.

Artikel 7

Der Sitz der SE muss in der Gemeinschaft liegen, und zwar in dem Mitgliedstaat, in dem sich die Hauptverwaltung der SE befindet. Jeder Mitgliedstaat kann darüber hinaus den in seinem Hoheitsgebiet eingetragenen SE vorschreiben, dass sie ihren Sitz und ihre Hauptverwaltung am selben Ort haben müssen.

Artikel 8

(1) Der Sitz der SE kann gemäß den Absätzen 2 bis 13 in einen anderen Mitgliedstaat verlegt werden. Diese Verlegung führt weder zur Auflösung der SE noch zur Gründung einer neuen juristischen Person.

(2) Ein Verlegungsplan ist von dem Leitungs- oder dem Verwaltungsorgan zu erstellen und unbeschadet etwaiger vom Sitzmitgliedstaat vorgesehener zusätzlicher Offenlegungsformen gemäß Artikel 13 offen zu legen. Dieser Plan enthält die bisherige Firma, den bisherigen Sitz und die bisherige Registriernummer der SE sowie folgende Angaben:

a) den vorgesehenen neuen Sitz der SE,

b) die für die SE vorgesehene Satzung sowie gegebenenfalls die neue Firma,

c) die etwaigen Folgen der Verlegung für die Beteiligung der Arbeitnehmer,

d) den vorgesehenen Zeitplan für die Verlegung,

e) etwaige zum Schutz der Aktionäre und/oder Gläubiger vorgesehene Rechte.

(3) Das Leitungs- oder das Verwaltungsorgan erstellt einen Bericht, in dem die rechtlichen und wirtschaftlichen Aspekte der Verlegung erläutert und begründet und die Auswirkungen der Verlegung für die Aktionäre, die Gläubiger sowie die Arbeitnehmer im Einzelnen dargelegt werden.

(4) Die Aktionäre und die Gläubiger der SE haben vor der Hauptversammlung, die über die Verlegung befinden soll, mindestens einen Monat lang das Recht, am Sitz der SE den Verlegungsplan und den Bericht nach Absatz 3 einzusehen und die unentgeltliche Aushändigung von Abschriften dieser Unterlagen zu verlangen.

(5) Die Mitgliedstaaten können in Bezug auf die in ihrem Hoheitsgebiet eingetragenen SE Vorschriften erlassen, um einen angemessenen Schutz der Minderheitsaktionäre, die sich gegen die Verlegung ausgesprochen haben, zu gewährleisten.

(6) Der Verlegungsbeschluss kann erst zwei Monate nach der Offenlegung des Verlegungsplans gefasst werden. Er muss unter den in Artikel 59 vorgesehenen Bedingungen gefasst werden.

(7) Bevor die zuständige Behörde die Bescheinigung gemäß Absatz 8 ausstellt, hat die SE gegenüber der Behörde den Nachweis zu erbringen, dass die Interessen ihrer Gläubiger und sonstigen Forderungsberechtigten (einschließlich der öffentlich-rechtlichen Körperschaften) in Bezug auf alle vor der Offenlegung des Verlegungsplans entstandenen Verbindlichkeiten im Einklang mit den Anforderungen des Mitgliedstaats, in dem die SE vor der Verlegung ihren Sitz hat, angemessen geschützt sind.

Die einzelnen Mitgliedstaaten können die Anwendung von Unterabsatz 1 auf Verbindlichkeiten ausdehnen, die bis zum Zeitpunkt der Verlegung entstehen (oder entstehen können).

Die Anwendung der einzelstaatlichen Rechtsvorschriften über das Leisten oder Absichern von Zahlungen an öffentlich-rechtliche Körperschaften auf die SE wird von den Unterabsätzen 1 und 2 nicht berührt.

(8) Im Sitzstaat der SE stellt das zuständige Gericht, der Notar oder eine andere zuständige Behörde eine Bescheinigung aus, aus der zweifelsfrei hervorgeht, dass die der Verlegung vorangehenden Rechtshandlungen und Formalitäten durchgeführt wurden.

(9) Die neue Eintragung kann erst vorgenommen werden, wenn die Bescheinigung nach Absatz 8 vorgelegt und die Erfüllung der für die Eintragung in dem neuen Sitzstaat erforderlichen Formalitäten nachgewiesen wurde.

(10) Die Sitzverlegung der SE sowie die sich daraus ergebenden Satzungsänderungen werden zu dem Zeitpunkt wirksam, zu dem die SE gemäß Artikel 12 im Register des neuen Sitzes eingetragen wird.

(11) Das Register des neuen Sitzes meldet dem Register des früheren Sitzes die neue Eintragung der SE, sobald diese vorgenommen worden ist. Die Löschung der früheren Eintragung der SE erfolgt erst nach Eingang dieser Meldung.

(12) Die neue Eintragung und die Löschung der früheren Eintragung werden gemäß Artikel 13 in den betreffenden Mitgliedstaaten offen gelegt.

(13) Mit der Offenlegung der neuen Eintragung der SE ist der neue Sitz Dritten gegenüber wirksam. Jedoch können sich Dritte, solange die Löschung der Eintragung im Register des früheren Sitzes nicht offen gelegt worden ist, weiterhin auf den alten Sitz berufen, es sei denn, die SE beweist, dass den Dritten der neue Sitz bekannt war.

(14) Die Rechtsvorschriften eines Mitgliedstaats können bestimmen, dass eine Sitzverlegung, die einen Wechsel des maßgeblichen Rechts zur Folge hätte, im Falle der in dem betreffenden Mitgliedstaat eingetragenen SE nicht wirksam wird, wenn eine zuständige Behörde dieses Staates innerhalb der in Absatz 6 genannten Frist von zwei Monaten dagegen Einspruch erhebt. Dieser Einspruch ist nur aus Gründen des öffentlichen Interesses zulässig.

Untersteht eine SE nach Maßgabe von Gemeinschaftsrichtlinien der Aufsicht einer einzelstaatlichen Finanzaufsichtsbehörde, so gilt das Recht auf Erhebung von Einspruch gegen die Sitzverlegung auch für die genannte Behörde.

Gegen den Einspruch muss ein Rechtsmittel vor einem Gericht eingelegt werden können.

(15) Eine SE kann ihren Sitz nicht verlegen, wenn gegen sie ein Verfahren wegen Auflösung, Liquidation, Zahlungsunfähigkeit oder vorläufiger Zahlungseinstellung oder ein ähnliches Verfahren eröffnet worden ist.

(16) Eine SE, die ihren Sitz in einen anderen Mitgliedstaat verlegt hat, gilt in Bezug auf alle Forderungen, die vor dem Zeitpunkt der Verlegung gemäß Absatz 10 entstanden sind, als SE mit Sitz in dem Mitgliedstaat, in dem sie vor der Verlegung eingetragen war, auch wenn sie erst nach der Verlegung verklagt wird.

Verordnung über das Statut der Europäischen Gesellschaft (SE)

Artikel 9

(1) Die SE unterliegt

a) den Bestimmungen dieser Verordnung,

b) sofern die vorliegende Verordnung dies ausdrücklich zulässt, den Bestimmungen der Satzung der SE,

c) in Bezug auf die nicht durch diese Verordnung geregelten Bereiche oder, sofern ein Bereich nur teilweise geregelt ist, in Bezug auf die nicht von dieser Verordnung erfassten Aspekte

   i) den Rechtsvorschriften, die die Mitgliedstaaten in Anwendung der speziell die SE betreffenden Gemeinschaftsmaßnahmen erlassen,

   ii) den Rechtsvorschriften der Mitgliedstaaten, die auf eine nach dem Recht des Sitzstaats der SE gegründete Aktiengesellschaft Anwendung finden würden,

   iii) den Bestimmungen ihrer Satzung unter den gleichen Voraussetzungen wie im Falle einer nach dem Recht des Sitzstaats der SE gegründeten Aktiengesellschaft.

(2) Von den Mitgliedstaaten eigens für die SE erlassene Rechtsvorschriften müssen mit den für Aktiengesellschaften im Sinne des Anhangs I maßgeblichen Richtlinien im Einklang stehen.

(3) Gelten für die von der SE ausgeübte Geschäftstätigkeit besondere Vorschriften des einzelstaatlichen Rechts, so finden diese Vorschriften auf die SE uneingeschränkt Anwendung.

Artikel 10

Vorbehaltlich der Bestimmungen dieser Verordnung wird eine SE in jedem Mitgliedstaat wie eine Aktiengesellschaft behandelt, die nach dem Recht des Sitzstaats der SE gegründet wurde.

Artikel 11

(1) Die SE muss ihrer Firma den Zusatz „SE" voran- oder nachstellen.

(2) Nur eine SE darf ihrer Firma den Zusatz „SE" hinzufügen.

(3) Die in einem Mitgliedstaat vor dem Zeitpunkt des Inkrafttretens dieser Verordnung eingetragenen Gesellschaften oder sonstigen juristischen Personen, deren Firma den Zusatz „SE" enthält, brauchen ihre Namen jedoch nicht zu ändern.

Artikel 12

(1) Jede SE wird gemäß Artikel 3 der Ersten Richtlinie 68/151/EWG des Rates vom 9. März 1968 zur Koordinierung der Schutzbestimmungen, die in den Mitgliedstaaten den Gesellschaften im Sinne des Artikels 58 Absatz 2 des Vertrages im Interesse der Gesellschafter sowie Dritter vor-

geschrieben sind, um diese Bestimmungen gleichwertig zu gestalten,[1] im Sitzstaat in ein nach dem Recht dieses Staates bestimmtes Register eingetragen.

(2) Eine SE kann erst eingetragen werden, wenn eine Vereinbarung über die Beteiligung der Arbeitnehmer gemäß Artikel 4 der Richtlinie 2001/86/EG geschlossen worden ist, ein Beschluss nach Artikel 3 Absatz 6 der genannten Richtlinie gefasst worden ist oder die Verhandlungsfrist nach Artikel 5 der genannten Richtlinie abgelaufen ist, ohne dass eine Vereinbarung zustande gekommen ist.

(3) Voraussetzung dafür, dass eine SE in einem Mitgliedstaat, der von der in Artikel 7 Absatz 3 der Richtlinie 2001/86/EG vorgesehenen Möglichkeit Gebrauch gemacht hat, registriert werden kann, ist, dass eine Vereinbarung im Sinne von Artikel 4 der genannten Richtlinie über die Modalitäten der Beteiligung der Arbeitnehmer – einschließlich der Mitbestimmung – geschlossen wurde oder dass für keine der teilnehmenden Gesellschaften vor der Registrierung der SE Mitbestimmungsvorschriften galten.

(4) Die Satzung der SE darf zu keinem Zeitpunkt im Widerspruch zu der ausgehandelten Vereinbarung stehen. Steht eine neue gemäß der Richtlinie 2001/86/EG geschlossene Vereinbarung im Widerspruch zur geltenden Satzung, ist diese – soweit erforderlich – zu ändern.

In diesem Fall kann ein Mitgliedstaat vorsehen, dass das Leitungs- oder das Verwaltungsorgan der SE befugt ist, die Satzungsänderung ohne weiteren Beschluss der Hauptversammlung vorzunehmen.

Artikel 13

Die die SE betreffenden Urkunden und Angaben, die nach dieser Verordnung der Offenlegungspflicht unterliegen, werden gemäß der Richtlinie 68/151/EWG nach Maßgabe der Rechtsvorschriften des Sitzstaats der SE offen gelegt.

Artikel 14

(1) Die Eintragung und die Löschung der Eintragung einer SE werden mittels einer Bekanntmachung zu Informationszwecken im Amtsblatt der Europäischen Gemeinschaften veröffentlicht, nachdem die Offenlegung gemäß Artikel 13 erfolgt ist. Diese Bekanntmachung enthält die Firma der SE, Nummer, Datum und Ort der Eintragung der SE, Datum, Ort und Titel der Veröffentlichung sowie den Sitz und den Geschäftszweig der SE.

(2) Bei der Verlegung des Sitzes der SE gemäß Artikel 8 erfolgt eine Bekanntmachung mit den Angaben gemäß Absatz 1 sowie mit denjenigen im Falle einer Neueintragung.

(3) Die Angaben gemäß Absatz 1 werden dem Amt für amtliche Veröffentlichungen der Europäischen Gemeinschaften innerhalb eines Monats nach der Offenlegung gemäß Artikel 13 übermittelt.

---

[1] ABl. L 65 vom 14.3.1968, S. 8. Zuletzt geändert durch die Beitrittsakte von 1994.

TITEL II

GRÜNDUNG

Abschnitt 1

Allgemeines

Artikel 15

(1) Vorbehaltlich der Bestimmungen dieser Verordnung findet auf die Gründung einer SE das für Aktiengesellschaften geltende Recht des Staates Anwendung, in dem die SE ihren Sitz begründet.

(2) Die Eintragung einer SE wird gemäß Artikel 13 offen gelegt.

Artikel 16

(1) Die SE erwirbt die Rechtspersönlichkeit am Tag ihrer Eintragung in das in Artikel 12 genannte Register.

(2) Wurden im Namen der SE vor ihrer Eintragung gemäß Artikel 12 Rechtshandlungen vorgenommen und übernimmt die SE nach der Eintragung die sich aus diesen Rechtshandlungen ergebenden Verpflichtungen nicht, so haften die natürlichen Personen, die Gesellschaften oder anderen juristischen Personen, die diese Rechtshandlungen vorgenommen haben, vorbehaltlich anders lautender Vereinbarungen unbegrenzt und gesamtschuldnerisch.

Abschnitt 2

Gründung einer SE durch Verschmelzung

Artikel 17

(1) Eine SE kann gemäß Artikel 2 Absatz 1 durch Verschmelzung gegründet werden.

(2) Die Verschmelzung erfolgt

a) entweder nach dem Verfahren der Verschmelzung durch Aufnahme gemäß Artikel 3 Absatz 1 der Richtlinie 78/855/EWG[1]

b) oder nach dem Verfahren der Verschmelzung durch Gründung einer neuen Gesellschaft gemäß Artikel 4 Absatz 1 der genannten Richtlinie.

---

[1] Dritte Richtlinie 78/855/EWG des Rates vom 9. Oktober 1978 gemäß Artikel 54 Absatz 3 Buchstabe g des Vertrages betreffend die Verschmelzung von Aktiengesellschaften (ABl. L 295 vom 20.10.1978, S. 36). Zuletzt geändert durch die Beitrittsakte von 1994.

Im Falle einer Verschmelzung durch Aufnahme nimmt die aufnehmende Gesellschaft bei der Verschmelzung die Form einer SE an. Im Falle einer Verschmelzung durch Gründung einer neuen Gesellschaft ist die neue Gesellschaft eine SE.

Artikel 18

In den von diesem Abschnitt nicht erfassten Bereichen sowie in den nicht erfassten Teilbereichen eines von diesem Abschnitt nur teilweise abgedeckten Bereichs sind bei der Gründung einer SE durch Verschmelzung auf jede Gründungsgesellschaft die mit der Richtlinie 78/855/EWG in Einklang stehenden, für die Verschmelzung von Aktiengesellschaften geltenden Rechtsvorschriften des Mitgliedstaats anzuwenden, dessen Recht sie unterliegt.

Artikel 19

Die Rechtsvorschriften eines Mitgliedstaates können vorsehen, dass die Beteiligung einer Gesellschaft, die dem Recht dieses Mitgliedstaates unterliegt, an der Gründung einer SE durch Verschmelzung nur möglich ist, wenn keine zuständige Behörde dieses Mitgliedstaats vor der Erteilung der Bescheinigung gemäß Artikel 25 Absatz 2 dagegen Einspruch erhebt.

Dieser Einspruch ist nur aus Gründen des öffentlichen Interesses zulässig. Gegen ihn muss ein Rechtsmittel eingelegt werden können.

Artikel 20

(1) Die Leitungs- oder die Verwaltungsorgane der sich verschmelzenden Gesellschaften stellen einen Verschmelzungsplan auf. Dieser Verschmelzungsplan enthält

a) die Firma und den Sitz der sich verschmelzenden Gesellschaften sowie die für die SE vorgesehene Firma und ihren geplanten Sitz,

b) das Umtauschverhältnis der Aktien und gegebenenfalls die Höhe der Ausgleichsleistung,

c) die Einzelheiten hinsichtlich der Übertragung der Aktien der SE,

d) den Zeitpunkt, von dem an diese Aktien das Recht auf Beteiligung am Gewinn gewähren, sowie alle Besonderheiten in Bezug auf dieses Recht,

e) den Zeitpunkt, von dem an die Handlungen der sich verschmelzenden Gesellschaften unter dem Gesichtspunkt der Rechnungslegung als für Rechnung der SE vorgenommen gelten,

f) die Rechte, welche die SE den mit Sonderrechten ausgestatteten Aktionären der Gründungsgesellschaften und den Inhabern anderer Wertpapiere als Aktien gewährt, oder die für diese Personen vorgeschlagenen Maßnahmen,

g) jeder besondere Vorteil, der den Sachverständigen, die den Verschmelzungsplan prüfen, oder den Mitgliedern der Verwaltungs-, Leitungs-, Aufsichts- oder Kontrollorgane der sich verschmelzenden Gesellschaften gewährt wird,

h) die Satzung der SE,

i) Angaben zu dem Verfahren, nach dem die Vereinbarung über die Beteiligung der Arbeitnehmer gemäß der Richtlinie 2001/86/EG geschlossen wird.

(2) Die sich verschmelzenden Gesellschaften können dem Verschmelzungsplan weitere Punkte hinzufügen.

Artikel 21

Für jede der sich verschmelzenden Gesellschaften und vorbehaltlich weiterer Auflagen seitens des Mitgliedstaates, dessen Recht die betreffende Gesellschaft unterliegt, sind im Amtsblatt dieses Mitgliedstaats nachstehende Angaben bekannt zu machen:

a) Rechtsform, Firma und Sitz der sich verschmelzenden Gesellschaften,

b) das Register, bei dem die in Artikel 3 Absatz 2 der Richtlinie 68/151/EWG genannten Urkunden für jede der sich verschmelzenden Gesellschaften hinterlegt worden sind, sowie die Nummer der Eintragung in das Register,

c) einen Hinweis auf die Modalitäten für die Ausübung der Rechte der Gläubiger der betreffenden Gesellschaft gemäß Artikel 24 sowie die Anschrift, unter der erschöpfende Auskünfte über diese Modalitäten kostenlos eingeholt werden können,

d) einen Hinweis auf die Modalitäten für die Ausübung der Rechte der Minderheitsaktionäre der betreffenden Gesellschaft gemäß Artikel 24 sowie die Anschrift, unter der erschöpfende Auskünfte über diese Modalitäten kostenlos eingeholt werden können,

e) die für die SE vorgesehene Firma und ihr künftiger Sitz.

Artikel 22

Als Alternative zur Heranziehung von Sachverständigen, die für Rechnung jeder der sich verschmelzenden Gesellschaften tätig sind, können ein oder mehrere unabhängige Sachverständige im Sinne des Artikels 10 der Richtlinie 78/855/EWG, die auf gemeinsamen Antrag dieser Gesellschaften von einem Gericht oder einer Verwaltungsbehörde des Mitgliedstaats, dessen Recht eine der sich verschmelzenden Gesellschaften oder die künftige SE unterliegt, dazu bestellt wurden, den Verschmelzungsplan prüfen und einen für alle Aktionäre bestimmten einheitlichen Bericht erstellen.

Die Sachverständigen haben das Recht, von jeder der sich verschmelzenden Gesellschaften alle Auskünfte zu verlangen, die sie zur Erfüllung ihrer Aufgabe für erforderlich halten.

Artikel 23

(1) Die Hauptversammlung jeder der sich verschmelzenden Gesellschaften stimmt dem Verschmelzungsplan zu.

(2) Die Beteiligung der Arbeitnehmer in der SE wird gemäß der Richtlinie 2001/86/EG festgelegt. Die Hauptversammlung jeder der sich verschmelzenden Gesellschaften kann sich das Recht vorbehalten, die Eintragung der SE davon abhängig zu machen, dass die geschlossene Vereinbarung von ihr ausdrücklich genehmigt wird.

Artikel 24

(1) Das Recht des Mitgliedstaats, das jeweils für die sich verschmelzenden Gesellschaften gilt, findet wie bei einer Verschmelzung von Aktiengesellschaften unter Berücksichtigung des grenzüberschreitenden Charakters der Verschmelzung Anwendung zum Schutz der Interessen

a) der Gläubiger der sich verschmelzenden Gesellschaften,

b) der Anleihegläubiger der sich verschmelzenden Gesellschaften,

c) der Inhaber von mit Sonderrechten gegenüber den sich verschmelzenden Gesellschaften ausgestatteten Wertpapieren mit Ausnahme von Aktien.

(2) Jeder Mitgliedstaat kann in Bezug auf die sich verschmelzenden Gesellschaften, die seinem Recht unterliegen, Vorschriften erlassen, um einen angemessenen Schutz der Minderheitsaktionäre, die sich gegen die Verschmelzung ausgesprochen haben, zu gewährleisten.

Artikel 25

(1) Die Rechtmäßigkeit der Verschmelzung wird, was die die einzelnen sich verschmelzenden Gesellschaften betreffenden Verfahrensabschnitte anbelangt, nach den für die Verschmelzung von Aktiengesellschaften geltenden Rechtsvorschriften des Mitgliedstaats kontrolliert, dessen Recht die jeweilige verschmelzende Gesellschaft unterliegt.

(2) In jedem der betreffenden Mitgliedstaaten stellt das zuständige Gericht, der Notar oder eine andere zuständige Behörde eine Bescheinigung aus, aus der zweifelsfrei hervorgeht, dass die der Verschmelzung vorangehenden Rechtshandlungen und Formalitäten durchgeführt wurden.

(3) Ist nach dem Recht eines Mitgliedstaats, dem eine sich verschmelzende Gesellschaft unterliegt, ein Verfahren zur Kontrolle und Änderung des Umtauschverhältnisses der Aktien oder zur Abfindung von Minderheitsaktionären vorgesehen, das jedoch der Eintragung der Verschmelzung nicht entgegensteht, so findet ein solches Verfahren nur dann Anwendung, wenn die anderen sich verschmelzenden Gesellschaften in Mitgliedstaaten, in denen ein derartiges Verfahren nicht besteht, bei der Zustimmung zu dem Verschmelzungsplan gemäß Artikel 23 Absatz 1 ausdrücklich akzeptieren, dass die Aktionäre der betreffenden sich verschmelzenden Gesellschaft auf ein solches Verfahren zurückgreifen können. In diesem Fall kann das zuständige Gericht, der Notar oder eine andere zuständige Behörde die Bescheinigung gemäß Absatz 2 ausstellen, auch wenn ein derartiges Verfahren eingeleitet wurde. Die Bescheinigung muss allerdings einen Hinweis auf das anhängige Verfahren enthalten. Die Entscheidung in dem Verfahren ist für die übernehmende Gesellschaft und ihre Aktionäre bindend.

Artikel 26

(1) Die Rechtmäßigkeit der Verschmelzung wird, was den Verfahrensabschnitt der Durchführung der Verschmelzung und der Gründung der SE anbelangt, von dem/der im künftigen Sitzstaat der SE für die Kontrolle dieses Aspekts der Rechtmäßigkeit der Verschmelzung von Aktiengesellschaften zuständigen Gericht, Notar oder sonstigen Behörde kontrolliert.

(2) Hierzu legt jede der sich verschmelzenden Gesellschaften dieser zuständigen Behörde die in Artikel 25 Absatz 2 genannte Bescheinigung binnen sechs Monaten nach ihrer Ausstellung sowie eine Ausfertigung des Verschmelzungsplans, dem sie zugestimmt hat, vor.

(3) Die gemäß Absatz 1 zuständige Behörde kontrolliert insbesondere, ob die sich verschmelzenden Gesellschaften einem gleich lautenden Verschmelzungsplan zugestimmt haben und ob eine Vereinbarung über die Beteiligung der Arbeitnehmer gemäß der Richtlinie 2001/86/EG geschlossen wurde.

(4) Diese Behörde kontrolliert ferner, ob gemäß Artikel 15 die Gründung der SE den gesetzlichen Anforderungen des Sitzstaates genügt.

Artikel 27

(1) Die Verschmelzung und die gleichzeitige Gründung der SE werden mit der Eintragung der SE gemäß Artikel 12 wirksam.

(2) Die SE kann erst nach Erfüllung sämtlicher in den Artikeln 25 und 26 vorgesehener Formalitäten eingetragen werden.

Artikel 28

Für jede sich verschmelzende Gesellschaft wird die Durchführung der Verschmelzung nach den in den Rechtsvorschriften des jeweiligen Mitgliedstaats vorgesehenen Verfahren in Übereinstimmung mit Artikel 3 der Richtlinie 68/151/EWG offen gelegt.

Artikel 29

(1) Die nach Artikel 17 Absatz 2 Buchstabe a vollzogene Verschmelzung bewirkt ipso jure gleichzeitig Folgendes:

a) Das gesamte Aktiv- und Passivvermögen jeder übertragenden Gesellschaft geht auf die übernehmende Gesellschaft über;

b) die Aktionäre der übertragenden Gesellschaft werden Aktionäre der übernehmenden Gesellschaft;

c) die übertragende Gesellschaft erlischt;

d) die übernehmende Gesellschaft nimmt die Rechtsform einer SE an.

(2) Die nach Artikel 17 Absatz 2 Buchstabe b vollzogene Verschmelzung bewirkt ipso jure gleichzeitig Folgendes:

a) Das gesamte Aktiv- und Passivvermögen der sich verschmelzenden Gesellschaften geht auf die SE über;

b) die Aktionäre der sich verschmelzenden Gesellschaften werden Aktionäre der SE;

c) die sich verschmelzenden Gesellschaften erlöschen.

(3) Schreibt ein Mitgliedstaat im Falle einer Verschmelzung von Aktiengesellschaften besondere Formalitäten für die Rechtswirksamkeit der Übertragung bestimmter von den sich verschmelzenden Gesellschaften eingebrachter Vermögensgegenstände, Rechte und Verbindlichkeiten gegenüber Dritten vor, so gelten diese fort und sind entweder von den sich verschmelzenden Gesellschaften oder von der SE nach deren Eintragung zu erfüllen.

(4) Die zum Zeitpunkt der Eintragung aufgrund der einzelstaatlichen Rechtsvorschriften und Gepflogenheiten sowie aufgrund individueller Arbeitsverträge oder Arbeitsverhältnisse bestehenden Rechte und Pflichten der beteiligten Gesellschaften hinsichtlich der Beschäftigungsbedingungen gehen mit der Eintragung der SE auf diese über.

Artikel 30

Eine Verschmelzung im Sinne des Artikels 2 Absatz 1 kann nach der Eintragung der SE nicht mehr für nichtig erklärt werden.

Das Fehlen einer Kontrolle der Rechtmäßigkeit der Verschmelzung gemäß Artikel 25 und 26 kann einen Grund für die Auflösung der SE darstellen.

Artikel 31

(1) Wird eine Verschmelzung nach Artikel 17 Absatz 2 Buchstabe a durch eine Gesellschaft vollzogen, die Inhaberin sämtlicher Aktien und sonstiger Wertpapiere ist, die Stimmrechte in der Hauptversammlung einer anderen Gesellschaft gewähren, so finden Artikel 20 Absatz 1 Buchstaben b, c und d, Artikel 22 und Artikel 29 Absatz 1 Buchstabe b keine Anwendung. Die jeweiligen einzelstaatlichen Vorschriften, denen die einzelnen sich verschmelzenden Gesellschaften unterliegen und die für die Verschmelzungen von Aktiengesellschaften nach Artikel 24 der Richtlinie 78/855/EWG maßgeblich sind, sind jedoch anzuwenden.

(2) Vollzieht eine Gesellschaft, die Inhaberin von mindestens 90 %, nicht aber aller der in der Hauptversammlung einer anderen Gesellschaft Stimmrecht verleihenden Aktien und sonstigen Wertpapiere ist, eine Verschmelzung durch Aufnahme, so sind die Berichte des Leitungs- oder des Verwaltungsorgans, die Berichte eines oder mehrerer unabhängiger Sachverständiger sowie die zur Kontrolle notwendigen Unterlagen nur insoweit erforderlich, als dies entweder in den einzelstaatlichen Rechtsvorschriften, denen die übernehmende Gesellschaft unterliegt, oder in den für die übertragende Gesellschaft maßgeblichen einzelstaatlichen Rechtsvorschriften vorgesehen ist.

Die Mitgliedstaaten können jedoch vorsehen, dass dieser Absatz Anwendung auf eine Gesellschaft findet, die Inhaberin von Aktien ist, welche mindestens 90 % der Stimmrechte, nicht aber alle verleihen.

Abschnitt 3

Gründung einer Holding-SE

Artikel 32

(1) Eine SE kann gemäß Artikel 2 Absatz 2 gegründet werden.

Die die Gründung einer SE im Sinne des Artikels 2 Absatz 2 anstrebenden Gesellschaften bestehen fort.

(2) Die Leitungs- oder die Verwaltungsorgane der die Gründung anstrebenden Gesellschaften erstellen einen gleich lautenden Gründungsplan für die SE. Dieser Plan enthält einen Bericht, der die Gründung aus rechtlicher und wirtschaftlicher Sicht erläutert und begründet sowie darlegt, wel-

che Auswirkungen der Übergang zur Rechtsform einer SE für die Aktionäre und für die Arbeitnehmer hat. Er enthält ferner die in Artikel 20 Absatz 1 Buchstaben a, b, c, f, g, h und i vorgesehenen Angaben und setzt von jeder die Gründung anstrebenden Gesellschaft den Mindestprozentsatz der Aktien oder sonstigen Anteile fest, der von den Aktionären eingebracht werden muss, damit die SE gegründet werden kann. Dieser Prozentsatz muss mehr als 50 % der durch Aktien verliehenen ständigen Stimmrechte betragen.

(3) Der Gründungsplan ist mindestens einen Monat vor der Hauptversammlung, die über die Gründung zu beschließen hat, für jede der die Gründung anstrebenden Gesellschaften nach den in den Rechtsvorschriften der einzelnen Mitgliedstaaten gemäß Artikel 3 der Richtlinie 68/151/EWG vorgesehenen Verfahren offen zu legen.

(4) Ein oder mehrere von den die Gründung anstrebenden Gesellschaften unabhängige Sachverständige, die von einem Gericht oder einer Verwaltungsbehörde des Mitgliedstaats, dessen Recht die einzelnen Gesellschaften gemäß den nach Maßgabe der Richtlinie 78/855/EWG erlassenen einzelstaatlichen Vorschriften unterliegen, bestellt oder zugelassen sind, prüfen den gemäß Absatz 2 erstellten Gründungsplan und erstellen einen schriftlichen Bericht für die Aktionäre der einzelnen Gesellschaften. Im Einvernehmen zwischen den die Gründung anstrebenden Gesellschaften kann durch einen oder mehrere unabhängige Sachverständige, der/die von einem Gericht oder einer Verwaltungsbehörde des Mitgliedstaats, dessen Recht eine der die Gründung anstrebenden Gesellschaften oder die künftige SE gemäß den nach Maßgabe der Richtlinie 78/855/EWG erlassenen einzelstaatlichen Rechtsvorschriften unterliegt, bestellt oder zugelassen ist/sind, ein schriftlicher Bericht für die Aktionäre aller Gesellschaften erstellt werden.

(5) Der Bericht muss auf besondere Bewertungsschwierigkeiten hinweisen und erklären, ob das Umtauschverhältnis der Aktien oder Anteile angemessen ist, sowie angeben, nach welchen Methoden es bestimmt worden ist und ob diese Methoden im vorliegenden Fall angemessen sind.

(6) Die Hauptversammlung jeder der die Gründung anstrebenden Gesellschaften stimmt dem Gründungsplan für die SE zu.

Die Beteiligung der Arbeitnehmer in der SE wird gemäß der Richtlinie 2001/86/EG festgelegt. Die Hauptversammlung jeder der die Gründung anstrebenden Gesellschaften kann sich das Recht vorbehalten, die Eintragung der SE davon abhängig zu machen, dass die geschlossene Vereinbarung von ihr ausdrücklich genehmigt wird.

(7) Dieser Artikel gilt sinngemäß auch für Gesellschaften mit beschränkter Haftung.

Artikel 33

(1) Die Gesellschafter der die Gründung anstrebenden Gesellschaften verfügen über eine Frist von drei Monaten, um diesen Gesellschaften mitzuteilen, ob sie beabsichtigen, ihre Gesellschaftsanteile bei der Gründung der SE einzubringen. Diese Frist beginnt mit dem Zeitpunkt, zu dem der Gründungsplan für die SE gemäß Artikel 32 endgültig festgelegt worden ist.

(2) Die SE ist nur dann gegründet, wenn die Gesellschafter der die Gründung anstrebenden Gesellschaften innerhalb der in Absatz 1 genannten Frist den nach dem Gründungsplan für jede Gesellschaft festgelegten Mindestprozentsatz der Gesellschaftsanteile eingebracht haben und alle übrigen Bedingungen erfüllt sind.

(3) Sind alle Bedingungen für die Gründung der SE gemäß Absatz 2 erfüllt, so hat jede der die Gründung anstrebenden Gesellschaften diese Tatsache gemäß den nach Artikel 3 der Richtlinie 68/151/EWG erlassenen Vorschriften des einzelstaatlichen Rechts, dem sie unterliegt, offen zu legen.

Die Gesellschafter der die Gründung anstrebenden Gesellschaften, die nicht innerhalb der Frist nach Absatz 1 mitgeteilt haben, ob sie die Absicht haben, ihre Gesellschaftsanteile diesen Gesellschaften im Hinblick auf die Gründung der künftigen SE zur Verfügung zu stellen, verfügen über eine weitere Frist von einem Monat, um dies zu tun.

(4) Die Gesellschafter, die ihre Wertpapiere im Hinblick auf die Gründung der SE einbringen, erhalten Aktien der SE.

(5) Die SE kann erst dann eingetragen werden, wenn die Formalitäten gemäß Artikel 32 und die in Absatz 2 genannten Voraussetzungen nachweislich erfüllt sind.

Artikel 34

Ein Mitgliedstaat kann für die eine Gründung anstrebenden Gesellschaften Vorschriften zum Schutz der die Gründung ablehnenden Minderheitsgesellschafter, der Gläubiger und der Arbeitnehmer erlassen.

Abschnitt 4

Gründung einer Tochter-SE

Artikel 35

Eine SE kann gemäß Artikel 2 Absatz 3 gegründet werden.

Artikel 36

Auf die an der Gründung beteiligten Gesellschaften oder sonstigen juristischen Personen finden die Vorschriften über deren Beteiligung an der Gründung einer Tochtergesellschaft in Form einer Aktiengesellschaft nationalen Rechts Anwendung.

Abschnitt 5

Umwandlung einer bestehenden Aktiengesellschaft in eine SE

Artikel 37

(1) Eine SE kann gemäß Artikel 2 Absatz 4 gegründet werden.

(2) Unbeschadet des Artikels 12 hat die Umwandlung einer Aktiengesellschaft in eine SE weder die Auflösung der Gesellschaft noch die Gründung einer neuen juristischen Person zur Folge.

(3) Der Sitz der Gesellschaft darf anlässlich der Umwandlung nicht gemäß Artikel 8 in einen anderen Mitgliedstaat verlegt werden.

(4) Das Leitungs- oder das Verwaltungsorgan der betreffenden Gesellschaft erstellt einen Umwandlungsplan und einen Bericht, in dem die rechtlichen und wirtschaftlichen Aspekte der Umwandlung erläutert und begründet sowie die Auswirkungen, die der Übergang zur Rechtsform einer SE für die Aktionäre und für die Arbeitnehmer hat, dargelegt werden.

(5) Der Umwandlungsplan ist mindestens einen Monat vor dem Tag der Hauptversammlung, die über die Umwandlung zu beschließen hat, nach den in den Rechtsvorschriften der einzelnen Mitgliedstaaten gemäß Artikel 3 der Richtlinie 68/151/EWG vorgesehenen Verfahren offen zu legen.

(6) Vor der Hauptversammlung nach Absatz 7 ist von einem oder mehreren unabhängigen Sachverständigen, die nach den einzelstaatlichen Durchführungsbestimmungen zu Artikel 10 der Richtlinie 78/855/EWG durch ein Gericht oder eine Verwaltungsbehörde des Mitgliedstaates, dessen Recht die sich in eine SE umwandelnde Aktiengesellschaft unterliegt, bestellt oder zugelassen sind, gemäß der Richtlinie 77/91/EWG[1] sinngemäß zu bescheinigen, dass die Gesellschaft über Nettovermögenswerte mindestens in Höhe ihres Kapitals zuzüglich der kraft Gesetzes oder Statut nicht ausschüttungsfähigen Rücklagen verfügt.

(7) Die Hauptversammlung der betreffenden Gesellschaft stimmt dem Umwandlungsplan zu und genehmigt die Satzung der SE. Die Beschlussfassung der Hauptversammlung erfolgt nach Maßgabe der einzelstaatlichen Durchführungsbestimmungen zu Artikel 7 der Richtlinie 78/855/EWG.

(8) Ein Mitgliedstaat kann die Umwandlung davon abhängig machen, dass das Organ der umzuwandelnden Gesellschaft, in dem die Mitbestimmung der Arbeitnehmer vorgesehen ist, der Umwandlung mit qualifizierter Mehrheit oder einstimmig zustimmt.

(9) Die zum Zeitpunkt der Eintragung aufgrund der einzelstaatlichen Rechtsvorschriften und Gepflogenheiten sowie aufgrund individueller Arbeitsverträge oder Arbeitsverhältnisse bestehenden Rechte und Pflichten der umzuwandelnden Gesellschaft hinsichtlich der Beschäftigungsbedingungen gehen mit der Eintragung der SE auf diese über.

TITEL III

AUFBAU DER SE

Artikel 38

Die SE verfügt nach Maßgabe dieser Verordnung über

---

[1] Zweite Richtlinie 77/91/EWG des Rates vom 13. Dezember 1976 zur Koordinierung der Schutzbestimmungen, die in den Mitgliedstaaten den Gesellschaften im Sinne des Artikels 58 Absatz 2 des Vertrages im Interesse der Gesellschafter sowie Dritter für die Gründung der Aktiengesellschaft sowie für die Erhaltung und Änderung ihres Kapitals vorgeschrieben sind, um diese Bestimmungen gleichwertig zu gestalten (ABl. L 26 vom 31.1.1977, S. 1). Zuletzt geändert durch die Beitrittsakte von 1994.

a) eine Hauptversammlung der Aktionäre und

b) entweder ein Aufsichtsorgan und ein Leitungsorgan (dualistisches System) oder ein Verwaltungsorgan (monistisches System), entsprechend der in der Satzung gewählten Form.

Abschnitt 1

Dualistisches System

Artikel 39

(1) Das Leitungsorgan führt die Geschäfte der SE in eigener Verantwortung. Ein Mitgliedstaat kann vorsehen, dass ein oder mehrere Geschäftsführer die laufenden Geschäfte in eigener Verantwortung unter denselben Voraussetzungen, wie sie für Aktiengesellschaften mit Sitz im Hoheitsgebiet des betreffenden Mitgliedstaates gelten, führt bzw. führen.

(2) Das Mitglied/die Mitglieder des Leitungsorgans wird/werden vom Aufsichtsorgan bestellt und abberufen.

Die Mitgliedstaaten können jedoch vorschreiben oder vorsehen, dass in der Satzung festgelegt werden kann, dass das Mitglied/die Mitglieder des Leitungsorgans von der Hauptversammlung unter den Bedingungen, die für Aktiengesellschaften mit Sitz in ihrem Hoheitsgebiet gelten, bestellt und abberufen wird/werden.

(3) Niemand darf zugleich Mitglied des Leitungsorgans und Mitglied des Aufsichtsorgans der SE sein. Das Aufsichtsorgan kann jedoch eines seiner Mitglieder zur Wahrnehmung der Aufgaben eines Mitglieds des Leitungsorgans abstellen, wenn der betreffende Posten nicht besetzt ist. Während dieser Zeit ruht das Amt der betreffenden Person als Mitglied des Aufsichtsorgans. Die Mitgliedstaaten können eine zeitliche Begrenzung hierfür vorsehen.

(4) Die Zahl der Mitglieder des Leitungsorgans oder die Regeln für ihre Festlegung werden durch die Satzung der SE bestimmt. Die Mitgliedstaaten können jedoch eine Mindest- und/oder Höchstzahl festsetzen.

(5) Enthält das Recht eines Mitgliedstaats in Bezug auf Aktiengesellschaften mit Sitz in seinem Hoheitsgebiet keine Vorschriften über ein dualistisches System, kann dieser Mitgliedstaat entsprechende Vorschriften in Bezug auf SE erlassen.

Artikel 40

(1) Das Aufsichtsorgan überwacht die Führung der Geschäfte durch das Leitungsorgan. Es ist nicht berechtigt, die Geschäfte der SE selbst zu führen.

(2) Die Mitglieder des Aufsichtsorgans werden von der Hauptversammlung bestellt. Die Mitglieder des ersten Aufsichtsorgans können jedoch durch die Satzung bestellt werden. Artikel 47 Absatz 4 oder eine etwaige nach Maßgabe der Richtlinie 2001/86/EG geschlossene Vereinbarung über die Mitbestimmung der Arbeitnehmer bleibt hiervon unberührt.

(3) Die Zahl der Mitglieder des Aufsichtsorgans oder die Regeln für ihre Festlegung werden durch die Satzung bestimmt. Die Mitgliedstaaten können jedoch für die in ihrem Hoheitsgebiet

eingetragenen SE die Zahl der Mitglieder des Aufsichtsorgans oder deren Höchst- und/oder Mindestzahl festlegen.

Artikel 41

(1) Das Leitungsorgan unterrichtet das Aufsichtsorgan mindestens alle drei Monate über den Gang der Geschäfte der SE und deren voraussichtliche Entwicklung.

(2) Neben der regelmäßigen Unterrichtung gemäß Absatz 1 teilt das Leitungsorgan dem Aufsichtsorgan rechtzeitig alle Informationen über Ereignisse mit, die sich auf die Lage der SE spürbar auswirken können.

(3) Das Aufsichtsorgan kann vom Leitungsorgan jegliche Information verlangen, die für die Ausübung der Kontrolle gemäß Artikel 40 Absatz 1 erforderlich ist. Die Mitgliedstaaten können vorsehen, dass jedes Mitglied des Aufsichtsorgans von dieser Möglichkeit Gebrauch machen kann.

(4) Das Aufsichtsorgan kann alle zur Erfüllung seiner Aufgaben erforderlichen Überprüfungen vornehmen oder vornehmen lassen.

(5) Jedes Mitglied des Aufsichtsorgans kann von allen Informationen, die diesem Organ übermittelt werden, Kenntnis nehmen.

Artikel 42

Das Aufsichtsorgan wählt aus seiner Mitte einen Vorsitzenden. Wird die Hälfte der Mitglieder des Aufsichtsorgans von den Arbeitnehmern bestellt, so darf nur ein von der Hauptversammlung der Aktionäre bestelltes Mitglied zum Vorsitzenden gewählt werden.

Abschnitt 2

Monistisches System

Artikel 43

(1) Das Verwaltungsorgan führt die Geschäfte der SE. Ein Mitgliedstaat kann vorsehen, dass ein oder mehrere Geschäftsführer die laufenden Geschäfte in eigener Verantwortung unter denselben Voraussetzungen, wie sie für Aktiengesellschaften mit Sitz im Hoheitsgebiet des betreffenden Mitgliedstaates gelten, führt bzw. führen.

(2) Die Zahl der Mitglieder des Verwaltungsorgans oder die Regeln für ihre Festlegung sind in der Satzung der SE festgelegt. Die Mitgliedstaaten können jedoch eine Mindestzahl und erforderlichenfalls eine Höchstzahl festsetzen.

Ist jedoch die Mitbestimmung der Arbeitnehmer in der SE gemäß der Richtlinie geregelt, so muss das Verwaltungsorgan aus mindestens drei Mitgliedern bestehen.

(3) Das Mitglied/die Mitglieder des Verwaltungsorgans wird/werden von der Hauptversammlung bestellt. Die Mitglieder des ersten Verwaltungsorgans können jedoch durch die Satzung bestellt werden. Artikel 47 Absatz 4 oder eine etwaige nach Maßgabe der Richtlinie 2001/86/EG geschlossene Vereinbarung über die Mitbestimmung der Arbeitnehmer bleibt hiervon unberührt.

(4) Enthält das Recht eines Mitgliedstaats in Bezug auf Aktiengesellschaften mit Sitz in seinem Hoheitsgebiet keine Vorschriften über ein monistisches System, kann dieser Mitgliedstaat entsprechende Vorschriften in Bezug auf SE erlassen.

Artikel 44

(1) Das Verwaltungsorgan tritt in den durch die Satzung bestimmten Abständen, mindestens jedoch alle drei Monate, zusammen, um über den Gang der Geschäfte der SE und deren voraussichtliche Entwicklung zu beraten.

(2) Jedes Mitglied des Verwaltungsorgans kann von allen Informationen, die diesem Organ übermittelt werden, Kenntnis nehmen.

Artikel 45

Das Verwaltungsorgan wählt aus seiner Mitte einen Vorsitzenden. Wird die Hälfte der Mitglieder des Verwaltungsorgans von den Arbeitnehmern bestellt, so darf nur ein von der Hauptversammlung der Aktionäre bestelltes Mitglied zum Vorsitzenden gewählt werden.

Abschnitt 3

Gemeinsame Vorschriften für das monistische und das dualistische System

Artikel 46

(1) Die Mitglieder der Organe der Gesellschaft werden für einen in der Satzung festgelegten Zeitraum, der sechs Jahre nicht überschreiten darf, bestellt.

(2) Vorbehaltlich in der Satzung festgelegter Einschränkungen können die Mitglieder einmal oder mehrmals für den gemäß Absatz 1 festgelegten Zeitraum wiederbestellt werden.

Artikel 47

(1) Die Satzung der SE kann vorsehen, dass eine Gesellschaft oder eine andere juristische Person Mitglied eines Organs sein kann, sofern das für Aktiengesellschaften maßgebliche Recht des Sitzstaats der SE nichts anderes bestimmt.

Die betreffende Gesellschaft oder sonstige juristische Person hat zur Wahrnehmung ihrer Befugnisse in dem betreffenden Organ eine natürliche Person als Vertreter zu bestellen.

(2) Personen, die

a) nach dem Recht des Sitzstaats der SE dem Leitungs-, Aufsichts- oder Verwaltungsorgan einer dem Recht dieses Mitgliedstaats unterliegenden Aktiengesellschaft nicht angehören dürfen oder

b) infolge einer Gerichts- oder Verwaltungsentscheidung, die in einem Mitgliedstaat ergangen ist, dem Leitungs-, Aufsichts- oder Verwaltungsorgan einer dem Recht eines Mitgliedstaats unterliegenden Aktiengesellschaft nicht angehören dürfen, können weder Mitglied eines Organs der SE noch Vertreter eines Mitglieds im Sinne von Absatz 1 sein.

(3) Die Satzung der SE kann für Mitglieder, die die Aktionäre vertreten, in Anlehnung an die für Aktiengesellschaften geltenden Rechtsvorschriften des Sitzstaats der SE besondere Voraussetzungen für die Mitgliedschaft festlegen.

(4) Einzelstaatliche Rechtsvorschriften, die auch einer Minderheit von Aktionären oder anderen Personen oder Stellen die Bestellung eines Teils der Organmitglieder erlauben, bleiben von dieser Verordnung unberührt.

Artikel 48

(1) In der Satzung der SE werden die Arten von Geschäften aufgeführt, für die im dualistischen System das Aufsichtsorgan dem Leitungsorgan seine Zustimmung erteilen muss und im monistischen System ein ausdrücklicher Beschluss des Verwaltungsorgans erforderlich ist.

Die Mitgliedstaaten können jedoch vorsehen, dass im dualistischen System das Aufsichtsorgan selbst bestimmte Arten von Geschäften von seiner Zustimmung abhängig machen kann.

(2) Die Mitgliedstaaten können für die in ihrem Hoheitsgebiet eingetragenen SE festlegen, welche Arten von Geschäften auf jeden Fall in die Satzung aufzunehmen sind.

Artikel 49

Die Mitglieder der Organe der SE dürfen Informationen über die SE, die im Falle ihrer Verbreitung den Interessen der Gesellschaft schaden könnten, auch nach Ausscheiden aus ihrem Amt nicht weitergeben; dies gilt nicht in Fällen, in denen eine solche Informationsweitergabe nach den Bestimmungen des für Aktiengesellschaften geltenden einzelstaatlichen Rechts vorgeschrieben oder zulässig ist oder im öffentlichen Interesse liegt.

Artikel 50

(1) Sofern in dieser Verordnung oder der Satzung nichts anderes bestimmt ist, gelten für die Beschlussfähigkeit und die Beschlussfassung der Organe der SE die folgenden internen Regeln:

a) Beschlussfähigkeit: mindestens die Hälfte der Mitglieder muss anwesend oder vertreten sein;

b) Beschlussfassung: mit der Mehrheit der anwesenden oder vertretenen Mitglieder.

(2) Sofern die Satzung keine einschlägige Bestimmung enthält, gibt die Stimme des Vorsitzenden des jeweiligen Organs bei Stimmengleichheit den Ausschlag. Eine anders lautende Satzungsbestimmung ist jedoch nicht möglich, wenn sich das Aufsichtsorgan zur Hälfte aus Arbeitnehmervertretern zusammensetzt.

(3) Ist die Mitbestimmung der Arbeitnehmer gemäß der Richtlinie 2001/86/EG vorgesehen, so kann ein Mitgliedstaat vorsehen, dass sich abweichend von den Absätzen 1 und 2 Beschlussfähigkeit und Beschlussfassung des Aufsichtsorgans nach den Vorschriften richten, die unter denselben Bedingungen für die Aktiengesellschaften gelten, die dem Recht des betreffenden Mitgliedstaats unterliegen.

Artikel 51

Die Mitglieder des Leitungs-, Aufsichts- oder Verwaltungsorgans haften gemäß den im Sitzstaat der SE für Aktiengesellschaften maßgeblichen Rechtsvorschriften für den Schaden, welcher der SE durch eine Verletzung der ihnen bei der Ausübung ihres Amtes obliegenden gesetzlichen, satzungsmäßigen oder sonstigen Pflichten entsteht.

Abschnitt 4

Hauptversammlung

Artikel 52

Die Hauptversammlung beschließt über die Angelegenheiten, für die ihr

a) durch diese Verordnung oder

b) durch in Anwendung der Richtlinie 2001/86/EG erlassene Rechtsvorschriften des Sitzstaats der SE

die alleinige Zuständigkeit übertragen wird.

Außerdem beschließt die Hauptversammlung in Angelegenheiten, für die der Hauptversammlung einer dem Recht des Sitzstaats der SE unterliegenden Aktiengesellschaft die Zuständigkeit entweder aufgrund der Rechtsvorschriften dieses Mitgliedstaats oder aufgrund der mit diesen Rechtsvorschriften in Einklang stehenden Satzung übertragen worden ist.

Artikel 53

Für die Organisation und den Ablauf der Hauptversammlung sowie für die Abstimmungsverfahren gelten unbeschadet der Bestimmungen dieses Abschnitts die im Sitzstaat der SE für Aktiengesellschaften maßgeblichen Rechtsvorschriften.

Artikel 54

(1) Die Hauptversammlung tritt mindestens einmal im Kalenderjahr binnen sechs Monaten nach Abschluss des Geschäftsjahres zusammen, sofern die im Sitzstaat der SE für Aktiengesellschaften, die dieselbe Art von Aktivitäten wie die SE betreiben, maßgeblichen Rechtsvorschriften nicht häufigere Versammlungen vorsehen. Die Mitgliedstaaten können jedoch vorsehen, dass die erste Hauptversammlung bis zu 18 Monate nach Gründung der SE abgehalten werden kann.

(2) Die Hauptversammlung kann jederzeit vom Leitungs-, Aufsichts- oder Verwaltungsorgan oder von jedem anderen Organ oder jeder zuständigen Behörde nach den für Aktiengesellschaften im Sitzstaat der SE maßgeblichen einzelstaatlichen Rechtsvorschriften einberufen werden.

Artikel 55

(1) Die Einberufung der Hauptversammlung und die Aufstellung ihrer Tagesordnung können von einem oder mehreren Aktionären beantragt werden, sofern sein/ihr Anteil am gezeichneten Kapital mindestens 10 % beträgt; die Satzung oder einzelstaatliche Rechtsvorschriften können un-

ter denselben Voraussetzungen, wie sie für Aktiengesellschaften gelten, einen niedrigeren Prozentsatz vorsehen.

(2) Der Antrag auf Einberufung muss die Punkte für die Tagesordnung enthalten.

(3) Wird die Hauptversammlung nicht rechtzeitig bzw. nicht spätestens zwei Monate nach dem Zeitpunkt, zu dem der in Absatz 1 genannte Antrag gestellt worden ist, abgehalten, so kann das am Sitz der SE zuständige Gericht oder die am Sitz der SE zuständige Verwaltungsbehörde anordnen, dass sie innerhalb einer bestimmten Frist einzuberufen ist, oder die Aktionäre, die den Antrag gestellt haben, oder deren Vertreter dazu ermächtigen. Hiervon unberührt bleiben einzelstaatliche Bestimmungen, aufgrund deren die Aktionäre gegebenenfalls die Möglichkeit haben, selbst die Hauptversammlung einzuberufen.

Artikel 56

Die Ergänzung der Tagesordnung für eine Hauptversammlung durch einen oder mehrere Punkte kann von einem oder mehreren Aktionären beantragt werden, sofern sein/ihr Anteil am gezeichneten Kapital mindestens 10 % beträgt. Die Verfahren und Fristen für diesen Antrag werden nach dem einzelstaatlichen Recht des Sitzstaats der SE oder, sofern solche Vorschriften nicht vorhanden sind, nach der Satzung der SE festgelegt. Die Satzung oder das Recht des Sitzstaats können unter denselben Voraussetzungen, wie sie für Aktiengesellschaften gelten, einen niedrigeren Prozentsatz vorsehen.

Artikel 57

Die Beschlüsse der Hauptversammlung werden mit der Mehrheit der abgegebenen gültigen Stimmen gefasst, sofern diese Verordnung oder gegebenenfalls das im Sitzstaat der SE für Aktiengesellschaften maßgebliche Recht nicht eine größere Mehrheit vorschreibt.

Artikel 58

Zu den abgegebenen Stimmen zählen nicht die Stimmen, die mit Aktien verbunden sind, deren Inhaber nicht an der Abstimmung teilgenommen oder sich der Stimme enthalten oder einen leeren oder ungültigen Stimmzettel abgegeben haben.

Artikel 59

(1) Die Änderung der Satzung bedarf eines Beschlusses der Hauptversammlung, der mit der Mehrheit von nicht weniger als zwei Dritteln der abgegebenen Stimmen gefasst worden ist, sofern die Rechtsvorschriften für Aktiengesellschaften im Sitzstaat der SE keine größere Mehrheit vorsehen oder zulassen.

(2) Jeder Mitgliedstaat kann jedoch bestimmen, dass die einfache Mehrheit der Stimmen im Sinne von Absatz 1 ausreicht, sofern mindestens die Hälfte des gezeichneten Kapitals vertreten ist.

(3) Jede Änderung der Satzung wird gemäß Artikel 13 offen gelegt.

Artikel 60

(1) Sind mehrere Gattungen von Aktien vorhanden, so erfordert jeder Beschluss der Hauptversammlung noch eine gesonderte Abstimmung durch jede Gruppe von Aktionären, deren spezifische Rechte durch den Beschluss berührt werden.

(2) Bedarf der Beschluss der Hauptversammlung der Mehrheit der Stimmen gemäß Artikel 59 Absätze 1 oder 2, so ist diese Mehrheit auch für die gesonderte Abstimmung jeder Gruppe von Aktionären erforderlich, deren spezifische Rechte durch den Beschluss berührt werden.

TITEL IV

JAHRESABSCHLUSS UND KONSOLIDIERTER ABSCHLUSS

Artikel 61

Vorbehaltlich des Artikels 62 unterliegt die SE hinsichtlich der Aufstellung ihres Jahresabschlusses und gegebenenfalls ihres konsolidierten Abschlusses einschließlich des dazugehörigen Lageberichts sowie der Prüfung und der Offenlegung dieser Abschlüsse den Vorschriften, die für dem Recht des Sitzstaates der SE unterliegende Aktiengesellschaften gelten.

Artikel 62

(1) Handelt es sich bei der SE um ein Kreditinstitut oder ein Finanzinstitut, so unterliegt sie hinsichtlich der Aufstellung ihres Jahresabschlusses und gegebenenfalls ihres konsolidierten Abschlusses einschließlich des dazugehörigen Lageberichts sowie der Prüfung und der Offenlegung dieser Abschlüsse den gemäß der Richtlinie 2000/12/EG des Europäischen Parlaments und des Rates vom 20. März 2000 über die Aufnahme und Ausübung der Tätigkeit der Kreditinstitute[1] erlassenen einzelstaatlichen Rechtsvorschriften des Sitzstaats.

(2) Handelt es sich bei der SE um ein Versicherungsunternehmen, so unterliegt sie hinsichtlich der Aufstellung ihres Jahresabschlusses und gegebenenfalls ihres konsolidierten Abschlusses einschließlich des dazugehörigen Lageberichts sowie der Prüfung und der Offenlegung dieser Abschlüsse den gemäß der Richtlinie 91/674/EWG des Rates vom 19. Dezember 1991 über den Jahresabschluss und den konsolidierten Abschluss von Versicherungsunternehmen[2] erlassenen einzelstaatlichen Rechtsvorschriften des Sitzstaats.

---

[1] ABl. L 126 vom 26.5.2000, S. 1.
[2] ABl. L 374 vom 31.12.1991, S. 7.

TITEL V

AUFLÖSUNG, LIQUIDATION, ZAHLUNGSUNFÄHIGKEIT UND ZAHLUNGSEINSTELLUNG

Artikel 63

Hinsichtlich der Auflösung, Liquidation, Zahlungsunfähigkeit, Zahlungseinstellung und ähnlicher Verfahren unterliegt die SE den Rechtsvorschriften, die für eine Aktiengesellschaft maßgeblich wären, die nach dem Recht des Sitzstaats der SE gegründet worden ist; dies gilt auch für die Vorschriften hinsichtlich der Beschlussfassung durch die Hauptversammlung.

Artikel 64

(1) Erfüllt eine SE nicht mehr die Verpflichtung nach Artikel 7, so trifft der Mitgliedstaat, in dem die SE ihren Sitz hat, geeignete Maßnahmen, um die SE zu verpflichten, innerhalb einer bestimmten Frist den vorschriftswidrigen Zustand zu beenden, indem sie

a) entweder ihre Hauptverwaltung wieder im Sitzstaat errichtet

b) oder ihren Sitz nach dem Verfahren des Artikels 8 verlegt.

(2) Der Sitzstaat trifft die erforderlichen Maßnahmen, um zu gewährleisten, dass eine SE, die den vorschriftswidrigen Zustand nicht gemäß Absatz 1 beendet, liquidiert wird.

(3) Der Sitzstaat sieht vor, dass ein Rechtsmittel gegen die Feststellung des Verstoßes gegen Artikel 7 eingelegt werden kann. Durch dieses Rechtsmittel werden die in den Absätzen 1 und 2 vorgesehenen Verfahren ausgesetzt.

(4) Wird auf Veranlassung der Behörden oder einer betroffenen Partei festgestellt, dass sich die Hauptverwaltung einer SE unter Verstoß gegen Artikel 7 im Hoheitsgebiet eines Mitgliedstaats befindet, so teilen die Behörden dieses Mitgliedstaats dies unverzüglich dem Mitgliedstaat mit, in dem die SE ihren Sitz hat.

Artikel 65

Die Eröffnung eines Auflösungs-, Liquidations-, Zahlungsunfähigkeits- und Zahlungseinstellungsverfahrens und sein Abschluss sowie die Entscheidung über die Weiterführung der Geschäftstätigkeit werden unbeschadet einzelstaatlicher Bestimmungen, die zusätzliche Anforderungen in Bezug auf die Offenlegung enthalten, gemäß Artikel 13 offen gelegt.

Artikel 66

(1) Eine SE kann in eine dem Recht ihres Sitzstaats unterliegende Aktiengesellschaft umgewandelt werden. Ein Umwandlungsbeschluss darf erst zwei Jahre nach Eintragung der SE oder nach Genehmigung der ersten beiden Jahresabschlüsse gefasst werden.

(2) Die Umwandlung einer SE in eine Aktiengesellschaft führt weder zur Auflösung der Gesellschaft noch zur Gründung einer neuen juristischen Person.

(3) Das Leitungs- oder das Verwaltungsorgan der SE erstellt einen Umwandlungsplan sowie einen Bericht, in dem die rechtlichen und wirtschaftlichen Aspekte der Umwandlung erläutert und begründet sowie die Auswirkungen, die der Übergang zur Rechtsform der Aktiengesellschaft für die Aktionäre und die Arbeitnehmer hat, dargelegt werden.

(4) Der Umwandlungsplan ist mindestens einen Monat vor dem Tag der Hauptversammlung, die über die Umwandlung zu beschließen hat, nach den in den Rechtsvorschriften der einzelnen Mitgliedstaaten gemäß Artikel 3 der Richtlinie 68/151/EWG vorgesehenen Verfahren offen zu legen.

(5) Vor der Hauptversammlung nach Absatz 6 ist von einem oder mehreren unabhängigen Sachverständigen, der/die nach den einzelstaatlichen Durchführungsbestimmungen zu Artikel 10 der Richtlinie 78/855/EWG durch ein Gericht oder eine Verwaltungsbehörde des Mitgliedstaates, dem die sich in eine Aktiengesellschaft umwandelnde SE unterliegt, bestellt oder zugelassen ist/sind, zu bescheinigen, dass die Gesellschaft über Vermögenswerte mindestens in Höhe ihres Kapitals verfügt.

(6) Die Hauptversammlung der SE stimmt dem Umwandlungsplan zu und genehmigt die Satzung der Aktiengesellschaft. Die Beschlussfassung der Hauptversammlung erfolgt nach Maßgabe der einzelstaatlichen Bestimmungen im Einklang mit Artikel 7 der Richtlinie 78/855/EWG.

TITEL VI

ERGÄNZUNGS- UND ÜBERGANGSBESTIMMUNGEN

Artikel 67

(1) Jeder Mitgliedstaat kann, sofern und solange für ihn die dritte Stufe der Wirtschafts- und Währungsunion (WWU) nicht gilt, auf die SE mit Sitz in seinem Hoheitsgebiet in der Frage, auf welche Währung ihr Kapital zu lauten hat, dieselben Bestimmungen anwenden wie auf die Aktiengesellschaften, für die seine Rechtsvorschriften gelten. Die SE kann ihr Kapital auf jeden Fall auch in Euro ausdrücken. In diesem Fall wird für die Umrechnung zwischen Landeswährung und Euro der Satz zugrunde gelegt, der am letzten Tag des Monats vor der Gründung der SE galt.

(2) Sofern und solange für den Sitzstaat der SE die dritte Stufe der WWU nicht gilt, kann die SE jedoch die Jahresabschlüsse und gegebenenfalls die konsolidierten Abschlüsse in Euro erstellen und offen legen. Der Mitgliedstaat kann verlangen, dass die Jahresabschlüsse und gegebenenfalls die konsolidierten Abschlüsse nach denselben Bedingungen, wie sie für die dem Recht dieses Mitgliedstaats unterliegenden Aktiengesellschaften vorgesehen sind, in der Landeswährung erstellt und offen gelegt werden. Dies gilt unbeschadet der der SE zusätzlich eingeräumten Möglichkeit, ihre Jahresabschlüsse und gegebenenfalls ihre konsolidierten Abschlüsse entsprechend der Richtlinie 90/604/EWG[1] in Euro offen zu legen.

---

[1] Richtlinie 90/604/EWG des Rates vom 8. November 1990 zur Änderung der Richtlinie 78/660/EWG über den Jahresabschluss und der Richtlinie 83/349/EWG über den konsolidierten Abschluss hinsichtlich der Ausnahme für kleine und mittlere Gesellschaften sowie der Offenlegung von Abschlüssen in Ecu (ABl. L 317 vom 16.11.1990, S. 57).

TITEL VII

SCHLUSSBESTIMMUNGEN

Artikel 68

(1) Die Mitgliedstaaten treffen alle geeigneten Vorkehrungen, um das Wirksamwerden dieser Verordnung zu gewährleisten.

(2) Jeder Mitgliedstaat benennt die zuständigen Behörden im Sinne der Artikel 8, 25, 26, 54, 55 und 64. Er setzt die Kommission und die anderen Mitgliedstaaten davon in Kenntnis.

Artikel 69

Spätestens fünf Jahre nach Inkrafttreten dieser Verordnung legt die Kommission dem Rat und dem Europäischen Parlament einen Bericht über die Anwendung der Verordnung sowie gegebenenfalls Vorschläge für Änderungen vor. In dem Bericht wird insbesondere geprüft, ob es zweckmäßig ist,

a) zuzulassen, dass sich die Hauptverwaltung und der Sitz der SE in verschiedenen Mitgliedstaaten befinden,

b) den Begriff der Verschmelzung in Artikel 17 Absatz 2 auszuweiten, um auch andere als die in Artikel 3 Absatz 1 und Artikel 4 Absatz 1 der Richtlinie 78/855/EWG definierten Formen der Verschmelzung zuzulassen,

c) die Gerichtsstandsklausel des Artikels 8 Absatz 16 im Lichte von Bestimmungen, die in das Brüsseler Übereinkommen von 1968 oder in einen Rechtsakt der Mitgliedstaaten oder des Rates zur Ersetzung dieses Übereinkommens aufgenommen wurden, zu überprüfen,

d) vorzusehen, dass ein Mitgliedstaat in den Rechtsvorschriften, die er in Ausübung der durch diese Verordnung übertragenen Befugnisse oder zur Sicherstellung der tatsächlichen Anwendung dieser Verordnung auf eine SE erlässt, Bestimmungen in der Satzung der SE zulassen kann, die von diesen Rechtsvorschriften abweichen oder diese ergänzen, auch wenn derartige Bestimmungen in der Satzung einer Aktiengesellschaft mit Sitz in dem betreffenden Mitgliedstaat nicht zulässig wären.

Artikel 70

Diese Verordnung tritt am 8. Oktober 2004 in Kraft.

Diese Verordnung ist in allen ihren Teilen verbindlich und gilt unmittelbar in jedem Mitgliedstaat.

Geschehen zu Luxemburg am 8. Oktober 2001.

Im Namen des Rates

Der Präsident

L. Onkelinx

ANHANG I

AKTIENGESELLSCHAFTEN GEMÄSS ARTIKEL 2 ABSATZ 1

BELGIEN:

la société anonyme / de naamloze vennootschap

DÄNEMARK:

aktieselskaber

DEUTSCHLAND:

die Aktiengesellschaft

GRIECHENLAND:

αυώυυμη εταιρία

SPANIEN:

la sociedad anónima

FRANKREICH:

la société anonyme

IRLAND:

public companies limited by shares

public companies limited by guarantee having a share capital

ITALIEN:

società per azioni

LUXEMBURG:

la société anonyme

NIEDERLANDE:

de naamloze vennootschap

ÖSTERREICH:

die Aktiengesellschaft

PORTUGAL:

a sociedade anónima de responsabilidade limitada

FINNLAND:

julkinen osakeyhtiö / publikt aktiebolag

SCHWEDEN:

publikt aktiebolag

VEREINIGTES KÖNIGREICH:

public companies limited by shares

public companies limited by guarantee having a share capital

ANHANG II

AKTIENGESELLSCHAFTEN UND GESELLSCHAFTEN MIT BESCHRÄNKTER HAFTUNG GEMÄSS ARTIKEL 2 ABSATZ 2

BELGIEN:

la société anonyme / de naamloze vennootschap,

la société privée à responsabilité limitée / besloten vennootschap met beperkte aansprakelijkheid

DÄNEMARK:

aktieselskaber,

anpartselskaber

DEUTSCHLAND:

die Aktiengesellschaft,

die Gesellschaft mit beschränkter Haftung

GRIECHENLAND:

ανώνυμη εταιρία

εταιρία περιοριομένης ευδυνης

SPANIEN:

la sociedad anónima,

la sociedad de responsabilidad limitada

FRANKREICH:

la société anonyme

la société à responsabilité limitée

IRLAND:

public companies limited by shares,

public companies limited by guarantee having a share capital,

private companies limited by shares,

private companies limited by guarantee having a share capital

ITALIEN:

società per azioni,

società a responsabilità limitata

LUXEMBURG:

la société anonyme,

la société à responsabilité limitée

NIEDERLANDE:

de naamloze vennootschap,

de besloten vennootschap met beperkte aansprakelijkheid

ÖSTERREICH:

die Aktiengesellschaft,

die Gesellschaft mit beschränkter Haftung

PORTUGAL:

a sociedade anónima de responsabilidade limitada,

a sociedade por quotas de responsabilidade limitada

FINNLAND:

osakeyhtiö / aktiebolag

SCHWEDEN:

aktiebolag

VEREINIGTES KÖNIGREICH:

public companies limited by shares,

public companies limited by guarantee having a share capital,

private companies limited by shares,

private companies limited by guarantee having a share capital.

Richtlinie zur Ergänzung des Statuts der Europäischen Gesellschaft (SE)

Anhang II

Richtlinie 2001/86/EG des Rates vom 8. Oktober 2001 zur Ergänzung des Statuts der Europäischen Gesellschaft hinsichtlich der Beteiligung der Arbeitnehmer (SE-RL: ABl. EG Nr. L 294 vom 10. November 2001, S. 22)

DER RAT DER EUROPÄISCHEN UNION –

gestützt auf den Vertrag zur Gründung der Europäischen Gemeinschaft, insbesondere auf Artikel 308,

auf der Grundlage des geänderten Vorschlags der Kommission,[1]

nach Stellungnahme des Europäischen Parlaments,[2]

nach Stellungnahme des Wirtschafts- und Sozialausschusses,[3]

in Erwägung nachstehender Gründe:

(1) Zur Erreichung der Ziele des Vertrags wird mit der Verordnung (EG) Nr. 2157/2001 des Rates[4] das Statut der Europäischen Gesellschaft (SE) festgelegt.

(2) Mit jener Verordnung soll ein einheitlicher rechtlicher Rahmen geschaffen werden, innerhalb dessen Gesellschaften aus verschiedenen Mitgliedstaaten in der Lage sein sollten, die Neuorganisation ihres Geschäftsbetriebs gemeinschaftsweit zu planen und durchzuführen.

(3) Um die Ziele der Gemeinschaft im sozialen Bereich zu fördern, müssen besondere Bestimmungen – insbesondere auf dem Gebiet der Beteiligung der Arbeitnehmer – festgelegt werden, mit denen gewährleistet werden soll, dass die Gründung einer SE nicht zur Beseitigung oder zur Einschränkung der Gepflogenheiten der Arbeitnehmerbeteiligung führt, die in den an der Gründung einer SE beteiligten Gesellschaften herrschen. Dieses Ziel sollte durch die Einführung von Regeln in diesen Bereich verfolgt werden, mit denen die Bestimmungen der Verordnung ergänzt werden.

(4) Da die Ziele der vorgeschlagenen Maßnahme – wie oben ausgeführt – nicht hinreichend von den Mitgliedstaaten erreicht werden können, weil es darum geht, eine Reihe von für die SE geltenden Regeln für die Beteiligung der Arbeitnehmer zu erlassen, und da die Ziele daher wegen des Umfangs und der Wirkungen der vorgeschlagenen Maßnahme besser auf Gemeinschaftsebene erreicht werden können, kann die Gemeinschaft im Einklang mit dem Subsidiaritätsprinzip nach Artikel 5 des Vertrags Maßnahmen ergreifen. Im Einklang mit dem Ver-

---

1 ABl. C 138 vom 29.5.1991, S. 8.
2 ABl. C 342 vom 20.12.1993, S. 15.
3 ABl. C 124 vom 21.5.1990, S. 34.
4 Siehe Anhang I.

hältnismäßigkeitsprinzip nach jenem Artikel geht diese Richtlinie nicht über das für die Erreichung dieser Ziele erforderliche Maß hinaus.

(5) Angesichts der in den Mitgliedstaaten bestehenden Vielfalt an Regelungen und Gepflogenheiten für die Beteiligung der Arbeitnehmervertreter an der Beschlussfassung in Gesellschaften ist es nicht ratsam, ein auf die SE anwendbares einheitliches europäisches Modell der Arbeitnehmerbeteiligung vorzusehen.

(6) In allen Fällen der Gründung einer SE sollten jedoch Unterrichtungs- und Anhörungsverfahren auf grenzüberschreitender Ebene gewährleistet sein.

(7) Sofern und soweit es in einer oder in mehreren der an der Gründung einer SE beteiligten Gesellschaften Mitbestimmungsrechte gibt, sollten sie durch Übertragung an die SE nach deren Gründung erhalten bleiben, es sei denn, dass die Parteien etwas anderes beschließen.

(8) Die konkreten Verfahren der grenzüberschreitenden Unterrichtung und Anhörung der Arbeitnehmer sowie gegebenenfalls der Mitbestimmung, die für die einzelnen SE gelten, sollten vorrangig durch eine Vereinbarung zwischen den betroffenen Parteien oder – in Ermangelung einer derartigen Vereinbarung – durch die Anwendung einer Reihe von subsidiären Regeln festgelegt werden.

(9) Angesicht der unterschiedlichen Gegebenheiten bei den nationalen Systemen der Mitbestimmung sollte den Mitgliedstaaten die Anwendung der Auffangregelungen für die Mitbestimmung im Falle einer Fusion freigestellt werden. In diesem Fall ist die Beibehaltung der bestehenden Mitbestimmungssysteme und -praktiken, die gegebenenfalls auf der Ebene der teilnehmenden Gesellschaften bestehen, durch eine Anpassung der Vorschriften für die Registrierung zu gewährleisten.

(10) Die Abstimmungsregeln in dem besonderen Gremium, das die Arbeitnehmer zu Verhandlungszwecken vertritt, sollten – insbesondere wenn Vereinbarungen getroffen werden, die ein geringeres Maß an Mitbestimmung vorsehen, als es in einer oder mehreren der sich beteiligenden Gesellschaften gegeben ist – in einem angemessenen Verhältnis zur Gefahr der Beseitigung oder der Einschränkung der bestehenden Mitbestimmungssysteme und -praktiken stehen. Wenn eine SE im Wege der Umwandlung oder Verschmelzung gegründet wird, ist diese Gefahr größer, als wenn die Gründung im Wege der Errichtung einer Holdinggesellschaft oder einer gemeinsamen Tochtergesellschaft erfolgt.

(11) Führen die Verhandlungen zwischen den Vertretern der Arbeitnehmer und dem jeweils zuständigen Organ der beteiligten Gesellschaften nicht zu einer Vereinbarung, so sollten für die SE von ihrer Gründung an bestimmte Standardanforderungen gelten. Diese Standardanforderungen sollten eine effiziente Praxis der grenzüberschreitenden Unterrichtung und Anhörung der Arbeitnehmer sowie deren Mitbestimmung in dem einschlägigen Organ der SE gewährleisten, sofern und soweit es eine derartige Mitbestimmung vor der Errichtung der SE in einer der beteiligten Gesellschaften gegeben hat.

(12) Es sollte vorgesehen werden, dass die Vertreter der Arbeitnehmer, die im Rahmen der Richtlinie handeln, bei der Wahrnehmung ihrer Aufgaben einen ähnlichen Schutz und ähnliche Garantien genießen, wie sie die Vertreter der Arbeitnehmer nach den Rechtsvorschriften und/oder den Gepflogenheiten des Landes ihrer Beschäftigung haben. Sie sollten keiner Diskriminierung infolge der rechtmäßigen Ausübung ihrer Tätigkeit unterliegen und einen angemessenen Schutz vor Kündigung und anderen Sanktionen genießen.

(13) Die Vertraulichkeit sensibler Informationen sollte auch nach Ablauf der Amtszeit der Arbeitnehmervertreter gewährleistet sein; dem zuständigen Organ der SE sollte es gestattet werden, Informationen zurückzuhalten, die im Falle einer Bekanntgabe an die Öffentlichkeit den Betrieb der SE ernsthaft stören würden.

(14) Unterliegen eine SE sowie ihre Tochtergesellschaften und Niederlassungen der Richtlinie 94/45/EG des Rates vom 22. September 1994 über die Einsetzung eines Europäischen Betriebsrats oder die Schaffung eines Verfahrens zur Unterrichtung und Anhörung der Arbeitnehmer in gemeinschaftsweit operierenden Unternehmen und Unternehmensgruppen,[1] so sollten die Bestimmungen jener Richtlinie und die Bestimmungen zu ihrer Umsetzung in einzelstaatliches Recht weder auf die SE noch auf ihre Tochtergesellschaften und Niederlassungen anwendbar sein, es sei denn, das besondere Verhandlungsgremium beschließt, keine Verhandlungen aufzunehmen oder bereits eröffnete Verhandlungen zu beenden.

(15) Die Regeln dieser Richtlinie sollten andere bestehende Beteiligungsrechte nicht berühren und haben nicht notwendigerweise Auswirkungen auf andere bestehende Vertretungsstrukturen aufgrund gemeinschaftlicher oder einzelstaatlicher Rechtsvorschriften oder Gepflogenheiten.

(16) Die Mitgliedstaaten sollten geeignete Maßnahmen für den Fall vorsehen, dass die in dieser Richtlinie festgelegten Pflichten nicht eingehalten werden.

(17) Der Vertrag enthält Befugnisse für die Annahme dieser Richtlinie nur in Artikel 308.

(18) Die Sicherung erworbener Rechte der Arbeitnehmer über ihre Beteiligung an Unternehmensentscheidungen ist fundamentaler Grundsatz und erklärtes Ziel dieser Richtlinie. Die vor der Gründung von SE bestehenden Rechte der Arbeitnehmer sollten deshalb Ausgangspunkt auch für die Gestaltung ihrer Beteiligungsrechte in der SE (Vorher-Nachher-Prinzip) sein. Dieser Ansatz sollte folgerichtig nicht nur für die Neugründung einer SE, sondern auch für strukturelle Veränderungen einer bereits gegründeten SE und für die von den strukturellen Änderungsprozessen betroffenen Gesellschaften gelten.

(19) Die Mitgliedstaaten sollten vorsehen können, dass Vertreter von Gewerkschaften Mitglied eines besonderen Verhandlungsgremiums sein können, unabhängig davon, ob sie Arbeitnehmer einer an der Gründung einer SE beteiligten Gesellschaft sind oder nicht. In diesem Zusammenhang sollten die Mitgliedstaaten dieses Recht insbesondere in den Fällen vorsehen können, in denen Gewerkschaftsvertreter nach ihrem einzelstaatlichen Recht stimmberechtigte Mitglieder des Aufsichts- oder des Leitungsorgans sein dürfen.

(20) In mehreren Mitgliedstaaten werden die Beteiligung der Arbeitnehmer sowie andere Bereiche der Arbeitgeber/Arbeitnehmer-Beziehungen sowohl durch einzelstaatliche Rechtsvorschriften als auch durch Gepflogenheiten geregelt, wobei die Gepflogenheiten im vorliegenden Zusammenhang in der Weise zu verstehen sind, dass sie auch Tarifverträge auf verschiedenen Ebenen – national, sektoral oder unternehmensbezogen – umfassen

– HAT FOLGENDE RICHTLINIE ERLASSEN:

---

[1] ABl. L 254 vom 30.9.1994, S. 64. Zuletzt geändert durch die Richtlinie 97/74/EG (ABl. L 10 vom 16.1.1998, S. 22).

TEIL I

ALLGEMEINE BESTIMMUNGEN

Artikel 1

Gegenstand

(1) Diese Richtlinie regelt die Beteiligung der Arbeitnehmer in der Europäischen Aktiengesellschaft (Societas Europaea, nachfolgend „SE" genannt), die Gegenstand der Verordnung (EG) Nr. 2157/2001 ist.

(2) Zu diesem Zweck wird in jeder SE gemäß dem Verhandlungsverfahren nach den Artikeln 3 bis 6 oder unter den in Artikel 7 genannten Umständen gemäß dem Anhang eine Vereinbarung über die Beteiligung der Arbeitnehmer getroffen.

Artikel 2

Begriffsbestimmungen

Für die Zwecke dieser Richtlinie bezeichnet der Ausdruck

a) „SE" eine nach der Verordnung (EG) Nr. 2157/2001 gegründete Gesellschaft,

b) „beteiligte Gesellschaften" die Gesellschaften, die unmittelbar an der Gründung einer SE beteiligt sind,

c) „Tochtergesellschaft" einer Gesellschaft ein Unternehmen, auf das die betreffende Gesellschaft einen beherrschenden Einfluss im Sinne des Artikels 3 Absätze 2 bis 7 der Richtlinie 94/45/EG ausübt,

d) „betroffene Tochtergesellschaft oder betroffener Betrieb" eine Tochtergesellschaft oder einen Betrieb einer beteiligten Gesellschaft, die/der bei der Gründung der SE zu einer Tochtergesellschaft oder einem Betrieb der SE werden soll,

e) „Arbeitnehmervertreter" die nach den Rechtsvorschriften und/oder den Gepflogenheiten der einzelnen Mitgliedstaaten vorgesehenen Vertreter der Arbeitnehmer,

f) „Vertretungsorgan" das Organ zur Vertretung der Arbeitnehmer, das durch die Vereinbarung nach Artikel 4 oder entsprechend dem Anhang eingesetzt wird, um die Unterrichtung und Anhörung der Arbeitnehmer der SE und ihrer Tochtergesellschaften und Betriebe in der Gemeinschaft vorzunehmen und gegebenenfalls Mitbestimmungsrechte in Bezug auf die SE wahrzunehmen,

g) „besonderes Verhandlungsgremium" das gemäß Artikel 3 eingesetzte Gremium, das die Aufgabe hat, mit dem jeweils zuständigen Organ der beteiligten Gesellschaften die Vereinbarung über die Beteiligung der Arbeitnehmer in der SE auszuhandeln,

h) „Beteiligung der Arbeitnehmer" jedes Verfahren – einschließlich der Unterrichtung, der Anhörung und der Mitbestimmung –, durch das die Vertreter der Arbeitnehmer auf die Beschlussfassung innerhalb der Gesellschaft Einfluss nehmen können,

i) „Unterrichtung" die Unterrichtung des Organs zur Vertretung der Arbeitnehmer und/oder der Arbeitnehmervertreter durch das zuständige Organ der SE über Angelegenheiten, die die SE selbst oder eine ihrer Tochtergesellschaften oder einen ihrer Betriebe in einem anderen Mitgliedstaat betreffen oder die über die Befugnisse der Entscheidungsorgane auf der Ebene des einzelnen Mitgliedstaats hinausgehen, wobei Zeitpunkt, Form und Inhalt der Unterrichtung den Arbeitnehmervertretern eine eingehende Prüfung der möglichen Auswirkungen und gegebenenfalls die Vorbereitung von Anhörungen mit dem zuständigen Organ der SE ermöglichen müssen,

j) „Anhörung" die Einrichtung eines Dialogs und eines Meinungsaustauschs zwischen dem Organ zur Vertretung der Arbeitnehmer und/oder den Arbeitnehmervertretern und dem zuständigen Organ der SE, wobei Zeitpunkt, Form und Inhalt der Anhörung den Arbeitnehmervertretern auf der Grundlage der erfolgten Unterrichtung eine Stellungnahme zu den geplanten Maßnahmen des zuständigen Organs ermöglichen müssen, die im Rahmen des Entscheidungsprozesses innerhalb der SE berücksichtigt werden kann,

k) „Mitbestimmung" die Einflussnahme des Organs zur Vertretung der Arbeitnehmer und/oder der Arbeitnehmervertreter auf die Angelegenheiten einer Gesellschaft durch

– die Wahrnehmung des Rechts, einen Teil der Mitglieder des Aufsichts- oder des Verwaltungsorgans der Gesellschaft zu wählen oder zu bestellen, oder

– die Wahrnehmung des Rechts, die Bestellung eines Teils der oder aller Mitglieder des Aufsichts- oder des Verwaltungsorgans der Gesellschaft zu empfehlen und/oder abzulehnen.

TEIL II

VERHANDLUNGSVERFAHREN

Artikel 3

Einsetzung eines besonderen Verhandlungsgremiums

(1) Wenn die Leitungs- oder die Verwaltungsorgane der beteiligten Gesellschaften die Gründung einer SE planen, leiten sie nach der Offenlegung des Verschmelzungsplans oder des Gründungsplans für eine Holdinggesellschaft oder nach der Vereinbarung eines Plans zur Gründung einer Tochtergesellschaft oder zur Umwandlung in eine SE so rasch wie möglich die erforderlichen Schritte – zu denen auch die Unterrichtung über die Identität der beteiligten Gesellschaften und der betroffenen Tochtergesellschaften oder betroffenen Betriebe sowie die Zahl ihrer Beschäftigten gehört – für die Aufnahme von Verhandlungen mit den Arbeitnehmervertretern der Gesellschaften über die Vereinbarung über die Beteiligung der Arbeitnehmer in der SE ein.

(2) Zu diesem Zweck wird ein besonderes Verhandlungsgremium als Vertretung der Arbeitnehmer der beteiligten Gesellschaften sowie der betroffenen Tochtergesellschaften oder betroffenen Betriebe gemäß folgenden Vorschriften eingesetzt:

a) Bei der Wahl oder der Bestellung der Mitglieder des besonderen Verhandlungsgremiums ist Folgendes sicherzustellen:

i) die Vertretung durch gewählte oder bestellte Mitglieder entsprechend der Zahl der in jedem Mitgliedstaat beschäftigten Arbeitnehmer der beteiligten Gesellschaften und der betroffenen Tochtergesellschaften oder betroffenen Betriebe in der Form, dass pro Mitgliedstaat für jeden Anteil der in diesem Mitgliedstaat beschäftigten Arbeitnehmer, der 10 % der Gesamtzahl der in allen Mitgliedstaaten beschäftigten Arbeitnehmer der beteiligten Gesellschaften und der betroffenen Tochtergesellschaften oder betroffenen Betriebe entspricht, oder für einen Bruchteil dieser Tranche Anspruch auf einen Sitz besteht;

ii) im Falle einer durch Verschmelzung gegründeten SE die Vertretung jedes Mitgliedstaats durch so viele weitere Mitglieder, wie erforderlich sind, um zu gewährleisten, dass jede beteiligte Gesellschaft, die eingetragen ist und Arbeitnehmer in dem betreffenden Mitgliedstaat beschäftigt und die als Folge der geplanten Eintragung der SE als eigene Rechtspersönlichkeit erlöschen wird, in dem besonderen Verhandlungsgremium durch mindestens ein Mitglied vertreten ist, sofern

– die Zahl dieser zusätzlichen Mitglieder 20 % der sich aus der Anwendung von Ziffer i ergebenden Mitgliederzahl nicht überschreitet und

– die Zusammensetzung des besonderen Verhandlungsgremiums nicht zu einer Doppelvertretung der betroffenen Arbeitnehmer führt.

Übersteigt die Zahl dieser Gesellschaften die Zahl der gemäß Unterabsatz 1 verfügbaren zusätzlichen Mitglieder, so werden diese zusätzlichen Mitglieder Gesellschaften in verschiedenen Mitgliedstaaten in absteigender Reihenfolge der Zahl der bei ihnen beschäftigten Arbeitnehmer zugeteilt.

b) Die Mitgliedstaaten legen das Verfahren für die Wahl oder die Bestellung der Mitglieder des besonderen Verhandlungsgremiums fest, die in ihrem Hoheitsgebiet zu wählen oder zu bestellen sind. Sie ergreifen die erforderlichen Maßnahmen, um sicherzustellen, dass nach Möglichkeit jede beteiligte Gesellschaft, die in dem jeweiligen Mitgliedstaat Arbeitnehmer beschäftigt, durch mindestens ein Mitglied in dem Gremium vertreten ist. Die Gesamtzahl der Mitglieder darf durch diese Maßnahmen nicht erhöht werden.

Die Mitgliedstaaten können vorsehen, dass diesem Gremium Gewerkschaftsvertreter auch dann angehören können, wenn sie nicht Arbeitnehmer einer beteiligten Gesellschaft oder einer betroffenen Tochtergesellschaft oder eines betroffenen Betriebs sind.

Unbeschadet der einzelstaatlichen Rechtsvorschriften und/oder Gepflogenheiten betreffend Schwellen für die Einrichtung eines Vertretungsorgans sehen die Mitgliedstaaten vor, dass die Arbeitnehmer der Unternehmen oder Betriebe, in denen unabhängig vom Willen der Arbeitnehmer keine Arbeitnehmervertreter vorhanden sind, selbst Mitglieder für das besondere Verhandlungsgremium wählen oder bestellen dürfen.

(3) Das besondere Verhandlungsgremium und das jeweils zuständige Organ der beteiligten Gesellschaften legen in einer schriftlichen Vereinbarung die Beteiligung der Arbeitnehmer in der SE fest.

Zu diesem Zweck unterrichtet das jeweils zuständige Organ der beteiligten Gesellschaften das besondere Verhandlungsgremium über das Vorhaben der Gründung einer SE und den Verlauf des Verfahrens bis zu deren Eintragung.

(4) Das besondere Verhandlungsgremium beschließt vorbehaltlich des Absatzes 6 mit der absoluten Mehrheit seiner Mitglieder, sofern diese Mehrheit auch die absolute Mehrheit der Arbeitnehmer vertritt. Jedes Mitglied hat eine Stimme. Hätten jedoch die Verhandlungen eine Minderung der Mitbestimmungsrechte zur Folge, so ist für einen Beschluss zur Billigung einer solchen Vereinbarung eine Mehrheit von zwei Dritteln der Stimmen der Mitglieder des besonderen Verhandlungsgremiums, die mindestens zwei Drittel der Arbeitnehmer vertreten, erforderlich, mit der Maßgabe, dass diese Mitglieder Arbeitnehmer in mindestens zwei Mitgliedstaaten vertreten müssen, und zwar

– im Falle einer SE, die durch Verschmelzung gegründet werden soll, sofern sich die Mitbestimmung auf mindestens 25 % der Gesamtzahl der Arbeitnehmer der beteiligten Gesellschaften erstreckt, oder

– im Falle einer SE, die als Holdinggesellschaft oder als Tochtergesellschaft gegründet werden soll, sofern sich die Mitbestimmung auf mindestens 50 % der Gesamtzahl der Arbeitnehmer der beteiligten Gesellschaften erstreckt.

Minderung der Mitbestimmungsrechte bedeutet, dass der Anteil der Mitglieder der Organe der SE im Sinne des Artikels 2 Buchstabe k geringer ist als der höchste in den beteiligten Gesellschaften geltende Anteil.

(5) Das besondere Verhandlungsgremium kann bei den Verhandlungen Sachverständige seiner Wahl, zu denen auch Vertreter der einschlägigen Gewerkschaftsorganisationen auf Gemeinschaftsebene zählen können, hinzuziehen, um sich von ihnen bei seiner Arbeit unterstützen zu lassen. Diese Sachverständigen können, wenn das besondere Verhandlungsgremium dies wünscht, den Verhandlungen in beratender Funktion beiwohnen, um gegebenenfalls die Kohärenz und Stimmigkeit auf Gemeinschaftsebene zu fördern. Das besondere Verhandlungsgremium kann beschließen, die Vertreter geeigneter außenstehender Organisationen, zu denen auch Gewerkschaftsvertreter zählen können, vom Beginn der Verhandlungen zu unterrichten.

(6) Das besondere Verhandlungsgremium kann mit der nachstehend festgelegten Mehrheit beschließen, keine Verhandlungen aufzunehmen oder bereits aufgenommene Verhandlungen abzubrechen und die Vorschriften für die Unterrichtung und Anhörung der Arbeitnehmer zur Anwendung gelangen zu lassen, die in den Mitgliedstaaten gelten, in denen die SE Arbeitnehmer beschäftigt. Ein solcher Beschluss beendet das Verfahren zum Abschluss der Vereinbarung gemäß Artikel 4. Ist ein solcher Beschluss gefasst worden, findet keine der Bestimmungen des Anhangs Anwendung.

Für den Beschluss, die Verhandlungen nicht aufzunehmen oder sie abzubrechen, ist eine Mehrheit von zwei Dritteln der Stimmen der Mitglieder, die mindestens zwei Drittel der Arbeitnehmer vertreten, erforderlich, mit der Maßgabe, dass diese Mitglieder Arbeitnehmer in mindestens zwei Mitgliedstaaten vertreten müssen.

Im Fall einer durch Umwandlung gegründeten SE findet dieser Absatz keine Anwendung, wenn in der umzuwandelnden Gesellschaft Mitbestimmung besteht.

Das besondere Verhandlungsgremium wird auf schriftlichen Antrag von mindestens 10 % der Arbeitnehmer der SE, ihrer Tochtergesellschaften und ihrer Betriebe oder von deren Vertretern frühestens zwei Jahre nach dem vorgenannten Beschluss wieder einberufen, sofern die Parteien nicht eine frühere Wiederaufnahme der Verhandlungen vereinbaren. Wenn das besondere Verhandlungsgremium die Wiederaufnahme der Verhandlungen mit der Geschäftsleitung beschließt, in diesen

Verhandlungen jedoch keine Einigung erzielt wird, findet keine der Bestimmungen des Anhangs Anwendung.

(7) Die Kosten, die im Zusammenhang mit der Tätigkeit des besonderen Verhandlungsgremiums und generell mit den Verhandlungen entstehen, werden von den beteiligten Gesellschaften getragen, damit das besondere Verhandlungsgremium seine Aufgaben in angemessener Weise erfüllen kann.

Im Einklang mit diesem Grundsatz können die Mitgliedstaaten Regeln für die Finanzierung der Arbeit des besonderen Verhandlungsgremiums festlegen. Sie können insbesondere die Übernahme der Kosten auf die Kosten für einen Sachverständigen begrenzen.

Artikel 4

Inhalt der Vereinbarung

(1) Das jeweils zuständige Organ der beteiligten Gesellschaften und das besondere Verhandlungsgremium verhandeln mit dem Willen zur Verständigung, um zu einer Vereinbarung über die Beteiligung der Arbeitnehmer innerhalb der SE zu gelangen.

(2) Unbeschadet der Autonomie der Parteien und vorbehaltlich des Absatzes 4 wird in der schriftlichen Vereinbarung nach Absatz 1 zwischen dem jeweils zuständigen Organ der beteiligten Gesellschaften und dem besonderen Verhandlungsgremium Folgendes festgelegt:

a) der Geltungsbereich der Vereinbarung,

b) die Zusammensetzung des Vertretungsorgans als Verhandlungspartner des zuständigen Organs der SE im Rahmen der Vereinbarung über die Unterrichtung und Anhörung der Arbeitnehmer der SE und ihrer Tochtergesellschaften und Betriebe sowie die Anzahl seiner Mitglieder und die Sitzverteilung,

c) die Befugnisse und das Verfahren zur Unterrichtung und Anhörung des Vertretungsorgans,

d) die Häufigkeit der Sitzungen des Vertretungsorgans,

e) die für das Vertretungsorgan bereitzustellenden finanziellen und materiellen Mittel,

f) die Durchführungsmodalitäten des Verfahrens oder der Verfahren zur Unterrichtung und Anhörung für den Fall, dass die Parteien im Laufe der Verhandlungen beschließen, eines oder mehrere solcher Verfahren zu schaffen, anstatt ein Vertretungsorgan einzusetzen,

g) der Inhalt einer Vereinbarung über die Mitbestimmung für den Fall, dass die Parteien im Laufe der Verhandlungen beschließen, eine solche Vereinbarung einzuführen, einschließlich (gegebenenfalls) der Zahl der Mitglieder des Verwaltungs- oder des Aufsichtsorgans der SE, welche die Arbeitnehmer wählen oder bestellen können oder deren Bestellung sie empfehlen oder ablehnen können, der Verfahren, nach denen die Arbeitnehmer diese Mitglieder wählen oder bestellen oder deren Bestellung empfehlen oder ablehnen können, und der Rechte dieser Mitglieder,

h) der Zeitpunkt des Inkrafttretens der Vereinbarung und ihre Laufzeit, die Fälle, in denen die Vereinbarung neu ausgehandelt werden sollte, und das bei ihrer Neuaushandlung anzuwendende Verfahren.

(3) Sofern in der Vereinbarung nichts anderes bestimmt ist, gilt die Auffangregelung des Anhangs nicht für diese Vereinbarung.

(4) Unbeschadet des Artikels 13 Absatz 3 Buchstabe a muss in der Vereinbarung im Falle einer durch Umwandlung gegründeten SE in Bezug auf alle Komponenten der Arbeitnehmerbeteiligung zumindest das gleiche Ausmaß gewährleistet werden, das in der Gesellschaft besteht, die in eine SE umgewandelt werden soll.

Artikel 5

Dauer der Verhandlungen

(1) Die Verhandlungen beginnen mit der Einsetzung des besonderen Verhandlungsgremiums und können bis zu sechs Monate andauern.

(2) Die Parteien können einvernehmlich beschließen, die Verhandlungen über den in Absatz 1 genannten Zeitraum hinaus bis zu insgesamt einem Jahr ab der Einsetzung des besonderen Verhandlungsgremiums fortzusetzen.

Artikel 6

Für das Verhandlungsverfahren maßgebliches Recht

Sofern in dieser Richtlinie nichts anderes vorgesehen ist, ist für das Verhandlungsverfahren gemäß den Artikeln 3 bis 5 das Recht des Mitgliedstaates maßgeblich, in dem die SE ihren Sitz haben wird.

Artikel 7

Auffangregelung

(1) Zur Verwirklichung des in Artikel 1 festgelegten Ziels führen die Mitgliedstaaten unbeschadet des nachstehenden Absatzes 3 eine Auffangregelung zur Beteiligung der Arbeitnehmer ein, die den im Anhang niedergelegten Bestimmungen genügen muss.

Die Auffangregelung, die in den Rechtsvorschriften des Mitgliedstaats festgelegt ist, in dem die SE ihren Sitz haben soll, findet ab dem Zeitpunkt der Eintragung der SE Anwendung, wenn

a) die Parteien dies vereinbaren oder

b) bis zum Ende des in Artikel 5 genannten Zeitraums keine Vereinbarung zustande gekommen ist und

– das zuständige Organ jeder der beteiligten Gesellschaften der Anwendung der Auffangregelung auf die SE und damit der Fortsetzung des Verfahrens zur Eintragung der SE zugestimmt hat und

– das besondere Verhandlungsgremium keinen Beschluss gemäß Artikel 3 Absatz 6 gefasst hat.

(2) Ferner findet die Auffangregelung, die in den Rechtsvorschriften des Mitgliedstaats festgelegt ist, in dem die SE eingetragen wird, gemäß Teil 3 des Anhangs nur Anwendung, wenn

a) im Falle einer durch Umwandlung gegründeten SE die Bestimmungen eines Mitgliedstaats über die Mitbestimmung der Arbeitnehmer im Verwaltungs- oder Aufsichtsorgan für eine in eine SE umgewandelte Aktiengesellschaft galten;

b) im Falle einer durch Verschmelzung gegründeten SE

– vor der Eintragung der SE in einer oder mehreren der beteiligten Gesellschaften eine oder mehrere Formen der Mitbestimmung bestanden und sich auf mindestens 25 % der Gesamtzahl der Arbeitnehmer aller beteiligten Gesellschaften erstreckten oder

– vor der Eintragung der SE in einer oder mehreren der beteiligten Gesellschaften eine oder mehrere Formen der Mitbestimmung bestanden und sich auf weniger als 25 % der Gesamtzahl der Arbeitnehmer aller beteiligten Gesellschaften erstreckten und das besondere Verhandlungsgremium einen entsprechenden Beschluss fasst;

c) im Falle einer durch Errichtung einer Holdinggesellschaft oder einer Tochtergesellschaft gegründeten SE

– vor der Eintragung der SE in einer oder mehreren der beteiligten Gesellschaften eine oder mehrere Formen der Mitbestimmung bestanden und sich auf mindestens 50 % der Gesamtzahl der Arbeitnehmer aller beteiligten Gesellschaften erstreckten oder

– vor der Eintragung der SE in einer oder mehreren der beteiligten Gesellschaften eine oder mehrere Formen der Mitbestimmung bestanden und sich auf weniger als 50 % der Gesamtzahl der Arbeitnehmer aller beteiligten Gesellschaften erstreckten und das besondere Verhandlungsgremium einen entsprechenden Beschluss fasst.

Bestanden mehr als eine Mitbestimmungsform in den verschiedenen beteiligten Gesellschaften, so entscheidet das besondere Verhandlungsgremium, welche von ihnen in der SE eingeführt wird. Die Mitgliedstaaten können Regeln festlegen, die anzuwenden sind, wenn kein einschlägiger Beschluss für eine in ihrem Hoheitsgebiet eingetragene SE gefasst worden ist. Das besondere Verhandlungsgremium unterrichtet das jeweils zuständige Organ der beteiligten Gesellschaften über die Beschlüsse, die es gemäß diesem Absatz gefasst hat.

(3) Die Mitgliedstaaten können vorsehen, dass die Auffangregelung in Teil 3 des Anhangs in dem in Absatz 2 Buchstabe b vorgesehenen Fall nicht Anwendung findet.

TEIL III

SONSTIGE BESTIMMUNGEN

Artikel 8

Verschwiegenheit und Geheimhaltung

(1) Die Mitgliedstaaten sehen vor, dass den Mitgliedern des besonderen Verhandlungsgremiums und des Vertretungsorgans sowie den sie unterstützenden Sachverständigen nicht gestattet wird, ihnen als vertraulich mitgeteilte Informationen an Dritte weiterzugeben.

Das Gleiche gilt für die Arbeitnehmervertreter im Rahmen eines Verfahrens zur Unterrichtung und Anhörung.

Diese Verpflichtung besteht unabhängig von dem Aufenthaltsort der betreffenden Personen und auch nach Ablauf ihres Mandats weiter.

(2) Jeder Mitgliedstaat sieht vor, dass das Aufsichts- oder das Verwaltungsorgan einer SE oder einer beteiligten Gesellschaft mit Sitz in seinem Hoheitsgebiet in besonderen Fällen und unter den Bedingungen und Beschränkungen des einzelstaatlichen Rechts Informationen nicht weiterleiten muss, wenn deren Bekanntwerden bei Zugrundelegung objektiver Kriterien den Geschäftsbetrieb der SE (oder gegebenenfalls der beteiligten Gesellschaft) oder ihrer Tochtergesellschaften und Betriebe erheblich beeinträchtigen oder ihnen schaden würde.

Jeder Mitgliedstaat kann eine solche Freistellung von einer vorherigen behördlichen oder gerichtlichen Genehmigung abhängig machen.

(3) Jeder Mitgliedstaat kann für eine SE mit Sitz in seinem Hoheitsgebiet, die in Bezug auf Berichterstattung und Meinungsäußerung unmittelbar und überwiegend eine bestimmte weltanschauliche Tendenz verfolgt, besondere Bestimmungen vorsehen, falls das innerstaatliche Recht solche Bestimmungen zum Zeitpunkt der Annahme dieser Richtlinie bereits enthält.

(4) Bei der Anwendung der Absätze 1, 2 und 3 sehen die Mitgliedstaaten Verfahren vor, nach denen die Arbeitnehmervertreter auf dem Verwaltungsweg oder vor Gericht Rechtsbehelfe einlegen können, wenn das Aufsichts- oder das Verwaltungsorgan der SE oder der beteiligten Gesellschaft Vertraulichkeit verlangt oder die Informationen verweigert.

Diese Verfahren können Regelungen zur Wahrung der Vertraulichkeit der betreffenden Informationen einschließen.

Artikel 9

Arbeitsweise des Vertretungsorgans und Funktionsweise des Verfahrens zur Unterrichtung und Anhörung der Arbeitnehmer

Das zuständige Organ der SE und das Vertretungsorgan arbeiten mit dem Willen zur Verständigung unter Beachtung ihrer jeweiligen Rechte und Pflichten zusammen.

Das Gleiche gilt für die Zusammenarbeit zwischen dem Aufsichts- oder dem Verwaltungsorgan der SE und den Arbeitnehmervertretern im Rahmen eines Verfahrens zur Unterrichtung und Anhörung der Arbeitnehmer.

Artikel 10

Schutz der Arbeitnehmervertreter

Die Mitglieder des besonderen Verhandlungsgremiums, die Mitglieder des Vertretungsorgans, Arbeitnehmervertreter, die bei einem Verfahren zur Unterrichtung und Anhörung mitwirken, und Arbeitnehmervertreter im Aufsichts- oder im Verwaltungsorgan der SE, die Beschäftigte der SE, ihrer Tochtergesellschaften oder Betriebe oder einer der beteiligten Gesellschaften sind, genießen bei der Wahrnehmung ihrer Aufgaben den gleichen Schutz und gleichartige Sicherheiten wie die

Arbeitnehmervertreter nach den innerstaatlichen Rechtsvorschriften und/oder Gepflogenheiten des Landes, in dem sie beschäftigt sind.

Dies gilt insbesondere für die Teilnahme an den Sitzungen des besonderen Verhandlungsgremiums oder des Vertretungsorgans an allen sonstigen Sitzungen, die im Rahmen der Vereinbarung nach Artikel 4 Absatz 2 Buchstabe f stattfinden, und an den Sitzungen des Verwaltungs- oder des Aufsichtsorgans sowie für die Lohn- und Gehaltsfortzahlung an die Mitglieder, die Beschäftigte einer der beteiligten Gesellschaften oder der SE oder ihrer Tochtergesellschaften oder Betriebe sind, für die Dauer ihrer zur Wahrnehmung ihrer Aufgaben erforderlichen Abwesenheit.

Artikel 11

Verfahrensmissbrauch

Die Mitgliedstaaten treffen im Einklang mit den gemeinschaftlichen Rechtsvorschriften geeignete Maßnahmen, um zu verhindern, dass eine SE dazu missbraucht wird, Arbeitnehmern Beteiligungsrechte zu entziehen oder vorzuenthalten.

Artikel 12

Einhaltung der Richtlinie

(1) Jeder Mitgliedstaat trägt dafür Sorge, dass die Leitung der Betriebe einer SE und die Aufsichts- oder die Verwaltungsorgane der Tochtergesellschaften und der beteiligten Gesellschaften, die sich in seinem Hoheitsgebiet befinden, und ihre Arbeitnehmervertreter oder gegebenenfalls ihre Arbeitnehmer den Verpflichtungen dieser Richtlinie nachkommen, unabhängig davon, ob die SE ihren Sitz in seinem Hoheitsgebiet hat oder nicht.

(2) Die Mitgliedstaaten sehen geeignete Maßnahmen für den Fall der Nichteinhaltung dieser Richtlinie vor; sie sorgen insbesondere dafür, dass Verwaltungs- oder Gerichtsverfahren bestehen, mit denen die Erfüllung der sich aus dieser Richtlinie ergebenden Verpflichtungen durchgesetzt werden kann.

Artikel 13

Verhältnis dieser Richtlinie zu anderen Bestimmungen

(1) SE und Tochtergesellschaften einer SE, die gemeinschaftsweit operierende Unternehmen oder herrschende Unternehmen in einer gemeinschaftsweit operierenden Unternehmensgruppe im Sinne der Richtlinie 94/45/EG oder im Sinne der Richtlinie 97/74/EG[1] zur Ausdehnung der genannten Richtlinie auf das Vereinigte Königreich sind, unterliegen nicht den genannten Richtlinien und den Bestimmungen zu deren Umsetzung in einzelstaatliches Recht.

Beschließt das besondere Verhandlungsgremium jedoch gemäß Artikel 3 Absatz 6, keine Verhandlungen aufzunehmen oder bereits aufgenommene Verhandlungen abzubrechen, so gelangen die

---

1 ABl. L 10 vom 16.1.1998, S. 22.

Richtlinie 94/45/EG oder die Richtlinie 97/74/EG und die Bestimmungen zu ihrer Umsetzung in einzelstaatliches Recht zur Anwendung.

(2) Einzelstaatliche Rechtsvorschriften und/oder Gepflogenheiten in Bezug auf die Mitbestimmung der Arbeitnehmer in den Gesellschaftsorganen, die nicht zur Umsetzung dieser Richtlinie dienen, finden keine Anwendung auf gemäß der Verordnung (EG) Nr. 2157/2001 gegründete und von dieser Richtlinie erfasste Gesellschaften.

(3) Diese Richtlinie berührt nicht

a) die den Arbeitnehmern nach einzelstaatlichen Rechtsvorschriften und/oder Gepflogenheiten zustehenden Beteiligungsrechte, die für die Arbeitnehmer der SE und ihrer Tochtergesellschaften und Betriebe gelten, mit Ausnahme der Mitbestimmung in den Organen der SE,

b) die nach einzelstaatlichen Rechtsvorschriften und/oder Gepflogenheiten geltenden Bestimmungen über die Mitbestimmung in den Gesellschaftsorganen, die auf die Tochtergesellschaften der SE Anwendung finden.

(4) Zur Wahrung der in Absatz 3 genannten Rechte können die Mitgliedstaaten durch geeignete Maßnahmen sicherstellen, dass die Strukturen der Arbeitnehmervertretung in den beteiligten Gesellschaften, die als eigenständige juristische Personen erlöschen, nach der Eintragung der SE fortbestehen.

Artikel 14

Schlussbestimmungen

(1) Die Mitgliedstaaten erlassen die erforderlichen Rechts- und Verwaltungsvorschriften, um dieser Richtlinie spätestens am 8. Oktober 2004 nachzukommen, oder stellen spätestens zu diesem Zeitpunkt sicher, dass die Sozialpartner die erforderlichen Bestimmungen durch Vereinbarungen einführen; die Mitgliedstaaten treffen alle erforderlichen Vorkehrungen, um jederzeit gewährleisten zu können, dass die durch diese Richtlinie vorgeschriebenen Ergebnisse erzielt werden. Sie setzen die Kommission unverzüglich davon in Kenntnis.

(2) Wenn die Mitgliedstaaten diese Vorschriften erlassen, nehmen sie in den Vorschriften selbst oder durch einen Hinweis bei der amtlichen Veröffentlichung auf diese Richtlinie Bezug. Die Mitgliedstaaten regeln die Einzelheiten der Bezugnahme.

Artikel 15

Überprüfung durch die Kommission

Die Kommission überprüft spätestens zum 8. Oktober 2007 im Benehmen mit den Mitgliedstaaten und den Sozialpartnern auf Gemeinschaftsebene die Anwendung dieser Richtlinie, um dem Rat gegebenenfalls erforderliche Änderungen vorzuschlagen.

Artikel 16

Inkrafttreten

Diese Richtlinie tritt am Tag ihrer Veröffentlichung im Amtsblatt der Europäischen Gemeinschaften in Kraft.

Artikel 17

Adressaten

Diese Richtlinie ist an die Mitgliedstaaten gerichtet.

Geschehen zu Luxemburg am 8. Oktober 2001.

Im Namen des Rates

Der Präsident

L. Onkelinx

ANHANG

AUFFANGREGELUNG

(nach Artikel 7)

Teil 1: Zusammensetzung des Organs zur Vertretung der Arbeitnehmer

Zur Verwirklichung des Ziels nach Artikel 1 wird in den in Artikel 7 genannten Fällen ein Vertretungsorgan gemäß folgenden Regeln eingesetzt:

a) Das Vertretungsorgan setzt sich aus Arbeitnehmern der SE und ihrer Tochtergesellschaften und Betriebe zusammen, die von den Arbeitnehmervertretern aus ihrer Mitte oder, in Ermangelung solcher Vertreter, von der Gesamtheit der Arbeitnehmer gewählt oder bestellt werden.

b) Die Mitglieder des Vertretungsorgans werden gemäß den einzelstaatlichen Rechtsvorschriften und/oder Gepflogenheiten gewählt oder bestellt.

Die Mitgliedstaaten sorgen durch entsprechende Vorschriften dafür, dass Änderungen innerhalb der SE und ihrer Tochtergesellschaften und Betriebe durch Anpassung der Zahl der Mitglieder des Vertretungsorgans und der Zuteilung der Sitze in diesem Organ Rechnung getragen wird.

c) Sofern die Zahl der Mitglieder des Vertretungsorgans es rechtfertigt, wählt das Vertretungsorgan aus seiner Mitte einen engeren Ausschuss mit höchstens drei Mitgliedern.

d) Das Vertretungsorgan gibt sich eine Geschäftsordnung.

e) Die Mitglieder des Vertretungsorgans werden entsprechend der Zahl der in jedem Mitgliedstaat beschäftigten Arbeitnehmer der beteiligten Gesellschaften und der betroffenen Tochtergesellschaften oder betroffenen Betriebe gewählt oder bestellt, so dass pro Mitgliedstaat für jeden Anteil der in diesem Mitgliedstaat beschäftigten Arbeitnehmer, der 10 % der Gesamtzahl der in allen Mitgliedstaaten beschäftigten Arbeitnehmer der beteiligten Gesellschaften und der betroffenen Tochtergesellschaften oder betroffenen Betriebe entspricht, oder für einen Bruchteil dieser Tranche Anspruch auf einen Sitz besteht.

f) Die Zusammensetzung des Vertretungsorgans wird dem zuständigen Organ der SE mitgeteilt.

g) Vier Jahre nach seiner Einsetzung prüft das Vertretungsorgan, ob die Vereinbarung nach den Artikeln 4 und 7 ausgehandelt werden oder die in Übereinstimmung mit diesem Anhang angenommene Auffangregelung weiterhin gelten soll.

Wird der Beschluss gefasst, eine Vereinbarung gemäß Artikel 4 auszuhandeln, so gelten Artikel 3 Absätze 4 bis 7 und Artikel 4 bis 6 sinngemäß, wobei der Ausdruck „besonderes Verhandlungsgremium" durch das Wort „Vertretungsorgan" ersetzt wird. Wenn am Ende des für die Verhandlungen vorgesehenen Zeitraums keine Vereinbarung zustande gekommen ist, findet die Regelung, die ursprünglich gemäß der Auffangregelung angenommen worden war, weiterhin Anwendung.

Teil 2: Auffangregelung für die Unterrichtung und Anhörung

Für die Zuständigkeiten und Befugnisse des Vertretungsorgans in einer SE gelten folgende Regeln:

a) Die Zuständigkeiten des Vertretungsorgans beschränken sich auf die Angelegenheiten, die die SE selbst oder eine ihrer Tochtergesellschaften oder einen ihrer Betriebe in einem anderen Mitgliedstaat betreffen oder über die Befugnisse der Entscheidungsorgane auf der Ebene des einzelnen Mitgliedstaats hinausgehen.

b) Unbeschadet etwaiger Zusammenkünfte gemäß Buchstabe c hat das Vertretungsorgan das Recht, auf der Grundlage regelmäßig von dem zuständigen Organ erstellter Berichte über die Entwicklung der Geschäftslage und die Perspektiven der SE unterrichtet und dazu gehört zu werden und zu diesem Zweck mindestens einmal jährlich mit dem zuständigen Organ der SE zusammenzutreten. Die örtlichen Geschäftsleitungen werden hiervon in Kenntnis gesetzt.

Das zuständige Organ der SE übermittelt dem Vertretungsorgan die Tagesordnung aller Sitzungen des Verwaltungsorgans oder gegebenenfalls des Leitungs- und des Aufsichtsorgans sowie Kopien aller Unterlagen, die der Hauptversammlung der Aktionäre unterbreitet werden.

Diese Unterrichtung und Anhörung bezieht sich insbesondere auf die Struktur der SE, ihre wirtschaftliche und finanzielle Situation, die voraussichtliche Entwicklung der Geschäfts-, Produktions- und Absatzlage, auf die Beschäftigungslage und deren voraussichtliche Entwicklung, auf die Investitionen, auf grundlegende Änderungen der Organisation, auf die Einführung neuer Arbeits- oder Fertigungsverfahren, auf Verlagerungen der Produktion, auf Fusionen, Verkleinerungen oder Schließungen von Unternehmen, Betrieben oder wichtigen Teilen derselben und auf Massenentlassungen.

c) Treten außergewöhnliche Umstände ein, die erhebliche Auswirkungen auf die Interessen der Arbeitnehmer haben, insbesondere bei Verlegungen, Verlagerungen, Betriebs- oder Unternehmensschließungen oder Massenentlassungen, so hat das Vertretungsorgan das Recht, darüber unterrichtet zu werden. Das Vertretungsorgan oder – wenn das Vertretungsorgan dies, insbesondere bei Dringlichkeit, beschließt – der engere Ausschuss hat das Recht, auf Antrag mit dem zuständigen Organ der SE oder den Vertretern einer geeigneteren mit eigenen Entscheidungsbefugnissen ausgestatteten Leitungsebene innerhalb der SE zusammenzutreffen, um über Maßnahmen, die erhebliche Auswirkungen auf die Interessen der Arbeitnehmer haben, unterrichtet und dazu gehört werden.

Wenn das zuständige Organ beschließt, nicht im Einklang mit der von dem Vertretungsorgan abgegebenen Stellungnahme zu handeln, hat das Vertretungsorgan das Recht, ein weiteres Mal mit dem zuständigen Organ der SE zusammenzutreffen, um eine Einigung herbeizuführen.

Findet eine Sitzung mit dem engeren Ausschuss statt, so haben auch die Mitglieder des Vertretungsorgans, die von diesen Maßnahmen unmittelbar betroffene Arbeitnehmer vertreten, das Recht, daran teilzunehmen.

Die Sitzungen nach Absatz 1 lassen die Vorrechte des zuständigen Organs unberührt.

d) Die Mitgliedstaaten können Regeln für den Vorsitz in den Sitzungen zur Unterrichtung und Anhörung festlegen.

Vor Sitzungen mit dem zuständigen Organ der SE ist das Vertretungsorgan oder der engere Ausschuss – gegebenenfalls in der gemäß Buchstabe c Absatz 3 erweiterten Zusammensetzung – berechtigt, in Abwesenheit der Vertreter des zuständigen Organs zu tagen.

e) Unbeschadet des Artikels 8 unterrichten die Mitglieder des Vertretungsorgans die Arbeitnehmervertreter der SE und ihrer Tochtergesellschaften und Betriebe über den Inhalt und die Ergebnisse der Unterrichtungs- und Anhörungsverfahren.

f) Das Vertretungsorgan oder der engere Ausschuss können sich durch Sachverständige ihrer Wahl unterstützen lassen.

g) Sofern dies zur Erfüllung ihrer Aufgaben erforderlich ist, haben die Mitglieder des Vertretungsorgans Anspruch auf bezahlte Freistellung für Fortbildungsmaßnahmen.

h) Die Ausgaben des Vertretungsorgans gehen zulasten der SE, die die Mitglieder dieses Organs mit den erforderlichen finanziellen und materiellen Mitteln ausstattet, damit diese ihre Aufgaben in angemessener Weise wahrnehmen können.

Insbesondere trägt die SE die Kosten der Veranstaltung der Sitzungen einschließlich der Dolmetschkosten sowie die Aufenthalts- und Reisekosten für die Mitglieder des Vertretungsorgans und des engeren Ausschusses, soweit nichts anderes vereinbart wurde.

Die Mitgliedstaaten können im Einklang mit diesen Grundsätzen Regeln für die Finanzierung der Arbeit des Vertretungsorgans festlegen. Sie können insbesondere die Übernahme der Kosten auf die Kosten für einen Sachverständigen begrenzen.

Teil 3: Auffangregelung für die Mitbestimmung

Für die Mitbestimmung der Arbeitnehmer in der SE gelten folgende Bestimmungen:

a) Fanden im Falle einer durch Umwandlung gegründeten SE Vorschriften eines Mitgliedstaats über die Mitbestimmung der Arbeitnehmer im Verwaltungs- oder im Aufsichtsorgan vor der Eintragung Anwendung, so finden alle Komponenten der Mitbestimmung der Arbeitnehmer weiterhin Anwendung. Buchstabe b gilt diesbezüglich sinngemäß.

b) In den Fällen der Gründung einer SE haben die Arbeitnehmer der SE, ihrer Tochtergesellschaften und Betriebe und/oder ihr Vertretungsorgan das Recht, einen Teil der Mitglieder des Verwaltungs- oder des Aufsichtsorgans der SE zu wählen oder zu bestellen oder deren Bestellung zu empfehlen oder abzulehnen, wobei die Zahl dieser Mitglieder sich nach dem höchsten maßgeblichen Anteil in den beteiligten Gesellschaften vor der Eintragung der SE bemisst.

Bestanden in keiner der beteiligten Gesellschaften vor der Eintragung der SE Vorschriften über die Mitbestimmung, so ist die SE nicht verpflichtet, eine Vereinbarung über die Mitbestimmung der Arbeitnehmer einzuführen.

Das Vertretungsorgan entscheidet über die Verteilung der Sitze im Verwaltungs- oder im Aufsichtsorgan auf die Mitglieder, die Arbeitnehmer aus verschiedenen Mitgliedstaaten vertreten, oder über die Art und Weise, in der die Arbeitnehmer der SE Mitglieder dieser Organe empfehlen oder ablehnen können, entsprechend den jeweiligen Anteilen der in den einzelnen Mitgliedstaaten beschäftigten Arbeitnehmer der SE. Bleiben Arbeitnehmer aus einem oder mehreren Mitgliedstaaten bei der anteilmäßigen Verteilung unberücksichtigt, so bestellt das Vertretungsorgan eines der Mitglieder aus einem dieser Mitgliedstaaten, und zwar vorzugsweise – sofern angemessen – aus dem Mitgliedstaat, in dem die SE ihren Sitz haben wird. Jeder Mitgliedstaat hat das Recht, die Verteilung der ihm im Verwaltungs- oder im Aufsichtsorgan zugewiesenen Sitze festzulegen.

Alle von dem Vertretungsorgan oder gegebenenfalls den Arbeitnehmern gewählten, bestellten oder empfohlenen Mitglieder des Verwaltungsorgans oder gegebenenfalls des Aufsichtsorgans der SE sind vollberechtigte Mitglieder des jeweiligen Organs mit denselben Rechten (einschließlich des Stimmrechts) und denselben Pflichten wie die Mitglieder, die die Anteilseigner vertreten.

Anhang III

Gesetz zur Einführung der Europäischen Gesellschaft (SEEG) vom 22. Dezember 2004[1], Bundesgesetzblatt Jahrgang 2004 Teil I Nr. 73, ausgegeben zu Bonn am 28.12.2004, S. 3675 ff.

Der Bundestag hat das folgende Gesetz beschlossen:

Artikel 1

Gesetz zur Ausführung der Verordnung (EG) Nr. 2157/2001 des Rates vom 08.10.2001 über das Statut der Europäischen Gesellschaft (SE)
(SE-Ausführungsgesetz – SE-AG)

Abschnitt 1 Allgemeine Vorschriften

§ 1 Anzuwendende Vorschriften

Soweit nicht die Verordnung (EG) Nr. 2157/2001 des Rates vom 8. Oktober 2001 über das Statut der Europäischen Gesellschaft (SE) (ABl. EG Nr. L 294 S. 1) (Verordnung) gilt, sind auf eine Europäische Gesellschaft (SE) mit Sitz im Inland und auf die an der Gründung einer Europäischen Gesellschaft beteiligten Gesellschaften mit Sitz im Inland die folgenden Vorschriften anzuwenden.

§ 2 Sitz

Die Satzung der SE hat als Sitz den Ort zu bestimmen, wo die Hauptverwaltung geführt wird.

§ 3 Eintragung

Die SE wird gemäß den für Aktiengesellschaften geltenden Vorschriften im Handelsregister eingetragen.

§ 4 Zuständigkeiten

Für die Eintragung der SE und für die in Artikel 8 Abs. 8, Artikel 25 Abs. 2 sowie den Artikeln 26 und 64 Abs. 4 der Verordnung bezeichneten Aufgaben ist das nach § 125 Abs. 1 und 2 des Gesetzes über die Angelegenheiten der freiwilligen Gerichtsbarkeit bestimmte Gericht zuständig. Das zuständige Gericht im Sinne des Artikels 55 Abs. 3 Satz 1 der Verordnung bestimmt sich nach § 145 Abs. 1 des Gesetzes über die Angelegenheiten der freiwilligen Gerichtsbarkeit.

---

[1] Artikel 2 dieses Gesetzes dient der Umsetzung der Richtlinie 2001/86/ EG des Rates vom 8. Oktober 2001 zur Ergänzung des Statuts der Europäischen Gesellschaft hinsichtlich der Beteiligung der Arbeitnehmer (ABl. EG Nr. L 294 S. 22).

Abschnitt 2 Gründung einer SE

Unterabschnitt 1 Verschmelzung

§ 5 Bekanntmachung

Die nach Artikel 21 der Verordnung bekannt zu machen- den Angaben sind dem Register bei Einreichung des Verschmelzungsplans mitzuteilen. Das Gericht hat diese Angaben zusammen mit dem nach § 61 Satz 2 des Umwandlungsgesetzes vorgeschriebenen Hinweis bekannt zu machen.

§ 6 Verbesserung des Umtauschverhältnisses

(1) Unter den Voraussetzungen des Artikels 25 Abs. 3 Satz 1 der Verordnung kann eine Klage gegen den Verschmelzungsbeschluss einer übertragenden Gesellschaft nicht darauf gestützt werden, dass das Umtauschverhältnis der Anteile nicht angemessen ist.

(2) Ist bei der Gründung einer SE durch Verschmelzung nach dem Verfahren der Verordnung das Umtauschverhältnis der Anteile nicht angemessen, so kann jeder Aktionär einer übertragenden Gesellschaft, dessen Recht, gegen die Wirksamkeit des Verschmelzungsbeschlusses Klage zu erheben, nach Absatz 1 ausgeschlossen ist, von der SE einen Ausgleich durch bare Zuzahlung verlangen.

(3) Die bare Zuzahlung ist nach Ablauf des Tages, an dem die Verschmelzung im Sitzstaat der SE nach den dort geltenden Vorschriften eingetragen und bekannt gemacht worden ist, mit jährlich 2 Prozentpunkten über dem Basiszinssatz zu verzinsen. Die Geltendmachung eines weiteren Schadens ist nicht ausgeschlossen.

(4) Macht ein Aktionär einer übertragenden Gesellschaft unter den Voraussetzungen des Artikels 25 Abs. 3 Satz 1 der Verordnung geltend, dass das Umtauschverhältnis der Anteile nicht angemessen sei, so hat auf seinen Antrag das Gericht nach dem Spruchverfahrensgesetz vom 12. Juni 2003 (BGBl. I S. 838) eine angemessene bare Zuzahlung zu bestimmen. Satz 1 findet auch auf Aktionäre einer übertragenden Gesellschaft mit Sitz in einem anderen Mitgliedstaat der Europäischen Union oder in einem anderen Vertragsstaat des Abkommens über den Europäischen Wirtschaftsraum Anwendung, sofern nach dem Recht dieses Staates ein Verfahren zur Kontrolle und Änderung des Umtauschverhältnisses der Aktien vorgesehen ist und deutsche Gerichte für die Durchführung eines solchen Verfahrens international zuständig sind.

§ 7 Abfindungsangebot im Verschmelzungsplan

(1) Bei der Gründung einer SE, die ihren Sitz im Ausland haben soll, durch Verschmelzung nach dem Verfahren der Verordnung hat eine übertragende Gesellschaft im Verschmelzungsplan oder in seinem Entwurf jedem Aktionär, der gegen den Verschmelzungsbeschluss der Gesellschaft Widerspruch zur Niederschrift erklärt, den Erwerb seiner Aktien gegen eine angemessene Barabfindung anzubieten. Die Vorschriften des Aktiengesetzes über den Erwerb eigener Aktien gelten entsprechend, jedoch ist § 71 Abs. 4 Satz 2 des Aktiengesetzes insoweit nicht anzuwenden. Die Bekanntmachung des Verschmelzungsplans als Gegenstand der Beschlussfassung muss den Wortlaut dieses Angebots enthalten. Die Gesellschaft hat die Kosten für eine Übertragung zu tragen. § 29 Abs. 2 des Umwandlungsgesetzes findet entsprechende Anwendung.

(2) Die Barabfindung muss die Verhältnisse der Gesellschaft im Zeitpunkt der Beschlussfassung über die Verschmelzung berücksichtigen. Die Barabfindung ist nach Ablauf des Tages, an dem die Verschmelzung im Sitzstaat der SE nach den dort geltenden Vorschriften eingetragen und bekannt

gemacht worden ist, mit jährlich 2 Prozentpunkten über dem Basiszinssatz zu verzinsen. Die Geltendmachung eines weiteren Schadens ist nicht ausgeschlossen.

(3) Die Angemessenheit einer anzubietenden Barabfindung ist stets durch Verschmelzungsprüfer zu prüfen. Die §§ 10 bis 12 des Umwandlungsgesetzes sind entsprechend anzuwenden. Die Berechtigten können auf die Prüfung oder den Prüfungsbericht verzichten; die Verzichtserklärungen sind notariell zu beurkunden.

(4) Das Angebot nach Absatz 1 kann nur binnen zwei Monaten nach dem Tage angenommen werden, an dem die Verschmelzung im Sitzstaat der SE nach den dort geltenden Vorschriften eingetragen und bekannt gemacht worden ist. Ist nach Absatz 7 dieser Vorschrift ein Antrag auf Bestimmung der Barabfindung durch das Gericht gestellt worden, so kann das Angebot binnen zwei Monaten nach dem Tage angenommen werden, a dem die Entscheidung im Bundesanzeiger bekannt gemacht worden ist.

(5) Unter den Voraussetzungen des Artikels 25 Abs. 3 Satz 1 der Verordnung kann eine Klage gegen die Wirksamkeit des Verschmelzungsbeschlusses einer übertragenden Gesellschaft nicht darauf gestützt werden, dass das Angebot nach Absatz 1 zu niedrig bemessen oder dass die Barabfindung im Verschmelzungsplan nicht oder nicht ordnungsgemäß angeboten worden ist.

(6) Einer anderweitigen Veräußerung des Anteils durch den Aktionär stehen nach Fassung des Verschmelzungsbeschlusses bis zum Ablauf der in Absatz 4 bestimmten Frist Verfügungsbeschränkungen bei den beteiligten Rechtsträgern nicht entgegen.

(7) Macht ein Aktionär einer übertragenden Gesellschaft unter den Voraussetzungen des Artikels 25 Abs. 3 Satz 1 der Verordnung geltend, dass eine im Verschmelzungsplan bestimmte Barabfindung, die ihm nach Absatz 1 anzubieten war, zu niedrig bemessen sei, so hat auf seinen Antrag das Gericht nach dem Spruchverfahrensgesetz vom 12. Juni 2003 (BGBl. I S. 838) die angemessene Barabfindung zu bestimmen. Das Gleiche gilt, wenn die Barabfindung nicht oder nicht ordnungsgemäß angeboten worden ist. Die Sätze 1 und 2 finden auch auf Aktionäre einer übertragenden Gesellschaft mit Sitz in einem anderen Mitgliedstaat der Europäischen Union oder in einem anderen Vertragsstaat des Abkommens über den Europäischen Wirtschaftsraum Anwendung, sofern nach dem Recht dieses Staates ein Verfahren zur Abfindung von Minderheitsaktionären vorgesehen ist und deutsche Gerichte für die Durchführung eines solchen Verfahrens international zuständig sind.

§ 8 Gläubigerschutz

Liegt der künftige Sitz der SE im Ausland, ist § 13 Abs. 1 und 2 entsprechend anzuwenden. Das zuständige Gericht stellt die Bescheinigung nach Artikel 25 Abs. 2 der Verordnung nur aus, wenn die Vorstandsmitglieder einer übertragenden Gesellschaft die Versicherung abgeben, dass allen Gläubigern, die nach Satz 1 einen Anspruch auf Sicherheitsleistung haben, eine angemessene Sicherheit geleistet wurde.

Unterabschnitt 2 Gründung einer Holding - SE

§ 9 Abfindungsangebot im Gründungsplan

(1) Bei der Gründung einer Holding-SE nach dem Verfahren der Verordnung, die ihren Sitz im Ausland haben soll oder die ihrerseits abhängig im Sinne des § 17 des Aktiengesetzes ist, hat eine die Gründung anstrebende Aktiengesellschaft im Gründungsplan jedem Anteilsinhaber, der gegen den Zustimmungsbeschluss dieser Gesellschaft zum Gründungsplan Widerspruch zur Nie-

derschrift erklärt, den Erwerb seiner Anteile gegen eine angemessene Barabfindung anzubieten. Die Vorschriften des Aktiengesetzes über den Erwerb eigener Aktien gelten entsprechend, jedoch ist § 71 Abs. 4 Satz 2 des Aktiengesetzes insoweit nicht anzuwenden. Die Bekanntmachung des Gründungsplans als Gegenstand der Beschlussfassung muss den Wortlaut dieses Angebots enthalten. Die Gesellschaft hat die Kosten für eine Übertragung zu tragen. § 29 Abs. 2 des Umwandlungsgesetzes findet entsprechende Anwendung.

(2) § 7 Abs. 2 bis 7 findet entsprechende Anwendung, wobei an die Stelle der Eintragung und Bekanntmachung der Verschmelzung die Eintragung und Bekanntmachung der neu gegründeten Holding-SE tritt.

§ 10 Zustimmungsbeschluss; Negativerklärung

(1) Der Zustimmungsbeschluss gemäß Artikel 32 Abs. 6 der Verordnung bedarf einer Mehrheit, die bei einer Aktiengesellschaft mindestens drei Viertel des bei der Beschlussfassung vertretenen Grundkapitals und bei einer Gesellschaft mit beschränkter Haftung mindestens drei Viertel der abgegebenen Stimmen umfasst.

(2) Bei der Anmeldung der Holding-SE haben ihre Vertretungsorgane zu erklären, dass eine Klage gegen die Wirksamkeit der Zustimmungsbeschlüsse gemäß Artikel 32 Abs. 6 der Verordnung nicht oder nicht fristgemäß erhoben oder eine solche Klage rechtskräftig abgewiesen oder zurückgenommen worden ist.

§ 11 Verbesserung des Umtauschverhältnisses

(1) Ist bei der Gründung einer Holding-SE nach dem Verfahren der Verordnung das Umtauschverhältnis der Anteile nicht angemessen, so kann jeder Anteilsinhaber der die Gründung anstrebenden Gesellschaft von der Holding-SE einen Ausgleich durch bare Zuzahlung verlangen.

(2) § 6 Abs. 1, 3 und 4 findet entsprechende Anwendung, wobei an die Stelle der Eintragung und Bekanntmachung der Verschmelzung die Eintragung und Bekanntmachung der Gründung der Holding-SE tritt.

Abschnitt 3 Sitzverlegung

§ 12 Abfindungsangebot im Verlegungsplan

(1) Verlegt eine SE nach Maßgabe von Artikel 8 der Verordnung ihren Sitz, hat sie jedem Aktionär, der gegen den Verlegungsbeschluss Widerspruch zur Niederschrift erklärt, den Erwerb seiner Aktien gegen eine angemessene Barabfindung anzubieten. Die Vorschriften des Aktiengesetzes über den Erwerb eigener Aktien gelten entsprechend, jedoch ist § 71 Abs. 4 Satz 2 des Aktiengesetzes insoweit nicht anzuwenden. Die Bekanntmachung des Verlegungsplans als Gegenstand der Beschlussfassung muss den Wortlaut dieses Angebots enthalten. Die Gesellschaft hat die Kosten für eine Übertragung zu tragen. § 29 Abs. 2 des Umwandlungsgesetzes findet entsprechende Anwendung.

(2) § 7 Abs. 2 bis 7 findet entsprechende Anwendung, wobei an die Stelle der Eintragung und Bekanntmachung der Verschmelzung die Eintragung und Bekanntmachung der SE im neuen Sitzstaat tritt.

§ 13 Gläubigerschutz

(1) Verlegt eine SE nach Maßgabe von Artikel 8 der Verordnung ihren Sitz, ist den Gläubigern der Gesellschaft, wenn sie binnen zwei Monaten nach dem Tag, an dem der Verlegungsplan offen gelegt worden ist, ihren Anspruch nach Grund und Höhe schriftlich anmelden, Sicherheit zu leisten, soweit sie nicht Befriedigung verlangen können. Dieses Recht steht den Gläubigern jedoch nur zu, wenn sie glaubhaft machen, dass durch die Sitzverlegung die Erfüllung ihrer Forderungen gefährdet wird. Die Gläubiger sind im Verlegungsplan auf dieses Recht hinzuweisen.

(2) Das Recht auf Sicherheitsleistung nach Absatz 1 steht Gläubigern nur im Hinblick auf solche Forderungen zu, die vor oder bis zu 15 Tage nach Offenlegung des Verlegungsplans entstanden sind.

(3) Das zuständige Gericht stellt die Bescheinigung nach Artikel 8 Abs. 8 der Verordnung nur aus, wenn bei einer SE mit dualistischem System die Mitglieder des Leitungsorgans und bei einer SE mit monistischem System die geschäftsführenden Direktoren die Versicherung abgeben, dass allen Gläubigern, die nach den Absätzen 1 und 2 einen Anspruch auf Sicherheitsleistung haben, eine angemessene Sicherheit geleistet wurde.

§ 14 Negativerklärung

Das zuständige Gericht stellt die Bescheinigung nach Artikel 8 Abs. 8 der Verordnung nur aus, wenn die Vertretungsorgane einer SE, die nach Maßgabe des Artikels 8 der Verordnung ihren Sitz verlegt, erklären, dass eine Klage gegen die Wirksamkeit des Verlegungsbeschlusses nicht oder nicht fristgemäß erhoben oder eine solche Klage rechtskräftig abgewiesen oder zurückgenommen worden ist.

Abschnitt 4 Aufbau der SE

Unterabschnitt 1 Dualistisches System

§ 15 Wahrnehmung der Geschäftsleitung durch Mitglieder des Aufsichtsorgans

Die Abstellung eines Mitglieds des Aufsichtsorgans zur Wahrnehmung der Aufgaben eines Mitglieds des Leitungsorgans nach Artikel 39 Abs. 3 Satz 2 der Verordnung ist nur für einen im Voraus begrenzten Zeitraum, höchstens für ein Jahr, zulässig. Eine wiederholte Bestellung oder Verlängerung der Amtszeit ist zulässig, wenn dadurch die Amtszeit insgesamt ein Jahr nicht übersteigt.

§ 16 Zahl der Mitglieder des Leitungsorgans

Bei Gesellschaften mit einem Grundkapital von mehr als 3 Millionen Euro hat das Leitungsorgan aus mindestens zwei Personen zu bestehen, es sei denn, die Satzung bestimmt, dass es aus einer Person bestehen soll. § 38 Abs. 2 des SE-Beteiligungsgesetzes bleibt unberührt.

§ 17 Zahl der Mitglieder und Zusammensetzung des Aufsichtsorgans

(1) Das Aufsichtsorgan besteht aus drei Mitgliedern. Die Satzung kann eine bestimmte höhere Zahl festsetzen. Die Zahl muss durch drei teilbar sein. Die Höchstzahl beträgt bei Gesellschaften mit einem Grundkapital bis zu 1 500 000 Euro neun, von mehr als 1 500 000 Euro fünfzehn, von mehr als 10 000 000 Euro einundzwanzig.

(2) Die Beteiligung der Arbeitnehmer nach dem SE-Beteiligungsgesetz bleibt unberührt.

(3) Für Verfahren entsprechend den §§ 98, 99 oder 104 des Aktiengesetzes ist auch der SE-Betriebsrat antragsberechtigt. Für Klagen entsprechend § 250 des Aktiengesetzes ist auch der SE-Betriebsrat parteifähig; § 252 des Aktiengesetzes gilt entsprechend.

(4) § 251 des Aktiengesetzes findet mit der Maßgabe Anwendung, dass das gesetzeswidrige Zustandekommen von Wahlvorschlägen für die Arbeitnehmervertreter im Aufsichtsorgan nur nach den Vorschriften der Mitgliedstaaten über die Besetzung der ihnen zugewiesenen Sitze geltend gemacht werden kann. Für die Arbeitnehmervertreter aus dem Inland gilt § 37 Abs. 2 des SE- Beteiligungsgesetzes.

§ 18 Informationsverlangen einzelner Mitglieder des Aufsichtsorgans

Jedes einzelne Mitglied des Aufsichtsorgans kann vom Leitungsorgan jegliche Information nach Artikel 41 Abs. 3 Satz 1 der Verordnung, jedoch nur an das Aufsichtsorgan, verlangen.

§ 19 Festlegung zustimmungsbedürftiger Geschäfte durch das Aufsichtsorgan

Das Aufsichtsorgan kann selbst bestimmte Arten von Geschäften von seiner Zustimmung abhängig machen.

Unterabschnitt 2 Monistisches System

§ 20 Anzuwendende Vorschriften

Wählt eine SE gemäß Artikel 38 Buchstabe b der Verordnung in ihrer Satzung das monistische System mit einem Verwaltungsorgan (Verwaltungsrat), so gelten an- stelle der §§ 76 bis 116 des Aktiengesetzes die nachfolgenden Vorschriften.

§ 21 Anmeldung und Eintragung

(1) Die SE ist bei Gericht von allen Gründern, Mitgliedern des Verwaltungsrats und geschäftsführenden Direktoren zur Eintragung in das Handelsregister anzumelden.

(2) In der Anmeldung haben die geschäftsführenden Direktoren zu versichern, dass keine Umstände vorliegen, die ihrer Bestellung nach § 40 Abs. 1 Satz 4 entgegenstehen und dass sie über ihre unbeschränkte Auskunftspflicht gegenüber dem Gericht belehrt worden sind. In der Anmeldung ist anzugeben, welche Vertretungsbefugnis die geschäftsführenden Direktoren haben. Der Anmeldung sind die Urkunden über die Bestellung des Verwaltungsrats und der geschäftsführenden Direktoren sowie die Prüfungsberichte der Mitglieder des Verwaltungsrats beizufügen. Die geschäftsführenden Direktoren haben ihre Namensunterschrift zur Aufbewahrung beim Gericht zu zeichnen.

(3) Das Gericht kann die Anmeldung ablehnen, wenn für den Prüfungsbericht der Mitglieder des Verwaltungsrats die Voraussetzungen des § 38 Abs. 2 des Aktiengesetzes gegeben sind.

(4) Bei der Eintragung sind die geschäftsführenden Direktoren sowie deren Vertretungsbefugnis anzugeben.

(5) In die Bekanntmachung der Eintragung sind die Zahl der Mitglieder des Verwaltungsrats und der geschäftsführenden Direktoren oder die Regeln, nach denen diese Zahl festgesetzt wird, sowie Name, Beruf und Wohnort der Mitglieder des ersten Verwaltungsrats aufzunehmen.

§ 22 Aufgaben und Rechte des Verwaltungsrats

(1) Der Verwaltungsrat leitet die Gesellschaft, bestimmt die Grundlinien ihrer Tätigkeit und überwacht deren Umsetzung.

(2) Der Verwaltungsrat hat eine Hauptversammlung einzuberufen, wenn das Wohl der Gesellschaft es fordert. Für den Beschluss genügt die einfache Mehrheit. Für die Vorbereitung und Ausführung von Hauptversammlungsbeschlüssen gilt § 83 des Aktiengesetzes entsprechend; der Verwaltungsrat kann einzelne damit verbundene Aufgaben auf die geschäftsführenden Direktoren übertragen.

(3) Der Verwaltungsrat hat dafür zu sorgen, dass die erforderlichen Handelsbücher geführt werden. Der Verwaltungsrat hat geeignete Maßnahmen zu treffen, insbesondere ein Überwachungssystem einzurichten, damit den Fortbestand der Gesellschaft gefährdende Entwicklungen früh erkannt werden.

(4) Der Verwaltungsrat kann die Bücher und Schriften der Gesellschaft sowie die Vermögensgegenstände, namentlich die Gesellschaftskasse und die Bestände an Wertpapieren und Waren, einsehen und prüfen. Er kann damit auch einzelne Mitglieder oder für bestimmte Auf- gaben besondere Sachverständige beauftragen. Er erteilt dem Abschlussprüfer den Prüfungsauftrag für den Jahres- und Konzernabschluss gemäß § 290 des Handelsgesetzbuchs.

(5) Ergibt sich bei Aufstellung der Jahresbilanz oder einer Zwischenbilanz oder ist bei pflichtmäßigem Ermessen anzunehmen, dass ein Verlust in der Hälfte des Grundkapitals besteht, so hat der Verwaltungsrat unverzüglich die Hauptversammlung einzuberufen und ihr dies anzuzeigen. Bei Zahlungsunfähigkeit oder Überschuldung der Gesellschaft gilt § 92 Abs. 2 und 3 des Aktiengesetzes entsprechend.

(6) Rechtsvorschriften, die außerhalb dieses Gesetzes dem Vorstand oder dem Aufsichtsrat einer Aktiengesellschaft Rechte oder Pflichten zuweisen, gelten sinngemäß für den Verwaltungsrat, soweit nicht in diesem Gesetz für den Verwaltungsrat und für geschäftsführende Direktoren besondere Regelungen enthalten sind.

§ 23 Zahl der Mitglieder des Verwaltungsrats

(1) Der Verwaltungsrat besteht aus drei Mitgliedern. Die Satzung kann etwas anderes bestimmen; bei Gesellschaften mit einem Grundkapital von mehr als 3 Millionen Euro hat der Verwaltungsrat jedoch aus mindestens drei Personen zu bestehen. Die Höchstzahl der Mitglieder des Verwaltungsrats beträgt bei Gesellschaften mit einem Grundkapital bis zu 1 500 000 Euro neun, von mehr als 1 500 000 Euro fünfzehn, von mehr als 10 000 000 Euro einundzwanzig.

(2) Die Beteiligung der Arbeitnehmer nach dem SE- Beteiligungsgesetz bleibt unberührt.

§ 24 Zusammensetzung des Verwaltungsrats

(1) Der Verwaltungsrat setzt sich zusammen aus Verwaltungsratsmitgliedern der Aktionäre und, soweit eine Vereinbarung nach § 21 oder die §§ 34 bis 38 des SE- Beteiligungsgesetzes dies vorsehen, auch aus Verwaltungsratsmitgliedern der Arbeitnehmer.

(2) Nach anderen als den zuletzt angewandten vertraglichen oder gesetzlichen Vorschriften kann der Verwaltungsrat nur zusammengesetzt werden, wenn nach § 25 oder nach § 26 die in der Bekanntmachung des Vorsitzenden des Verwaltungsrats oder in der gerichtlichen Entscheidung angegebenen vertraglichen oder gesetzlichen Vorschriften anzuwenden sind.

§ 25 Bekanntmachung über die Zusammensetzung des Verwaltungsrats

(1) Ist der Vorsitzende des Verwaltungsrats der Ansicht, dass der Verwaltungsrat nicht nach den maßgeblichen vertraglichen oder gesetzlichen Vorschriften zusammengesetzt ist, so hat er dies unverzüglich in den Gesellschaftsblättern und gleichzeitig durch Aushang in sämtlichen Betrieben der Gesellschaft und ihrer Konzernunternehmen bekannt zu machen. Der Aushang kann auch in elektronischer Form erfolgen. In der Bekanntmachung sind die nach Ansicht des Vorsitzenden des Verwaltungsrats maßgeblichen vertraglichen oder gesetzlichen Vorschriften anzugeben. Es ist darauf hinzuweisen, dass der Verwaltungsrat nach diesen Vorschriften zusammengesetzt wird, wenn nicht Antragsberechtigte nach § 26 Abs. 2 innerhalb eines Monats nach der Bekanntmachung im Bundesanzeiger das nach § 26 Abs. 1 zuständige Gericht anrufen.

(2) Wird das nach § 26 Abs. 1 zuständige Gericht nicht innerhalb eines Monats nach der Bekanntmachung im Bundesanzeiger angerufen, so ist der neue Verwaltungsrat nach den in der Bekanntmachung angegebenen Vorschriften zusammenzusetzen. Die Bestimmungen der Satzung über die Zusammensetzung des Verwaltungsrats, über die Zahl der Mitglieder des Verwaltungsrats sowie über die Wahl, Abberufung und Entsendung von Mitgliedern des Verwaltungsrats treten mit der Beendigung der ersten Hauptversammlung, die nach Ablauf der Anrufungsfrist einberufen wird, spätestens sechs Monate nach Ablauf dieser Frist insoweit außer Kraft, als sie den nunmehr anzuwendenden Vorschriften widersprechen. Mit demselben Zeitpunkt erlischt das Amt der bisherigen Mitglieder des Verwaltungsrats. Eine Hauptversammlung, die innerhalb der Frist von sechs Monaten stattfindet, kann an Stelle der außer Kraft tretenden Satzungsbestimmungen mit einfacher Stimmenmehrheit neue Satzungsbestimmungen beschließen.

(3) Solange ein gerichtliches Verfahren nach § 26 anhängig ist, kann eine Bekanntmachung über die Zusammensetzung des Verwaltungsrats nicht erfolgen.

§ 26 Gerichtliche Entscheidung über die Zusammensetzung des Verwaltungsrats

(1) Ist streitig oder ungewiss, nach welchen Vorschriften der Verwaltungsrat zusammenzusetzen ist, so entscheidet darüber auf Antrag ausschließlich das Landgericht (Zivilkammer), in dessen Bezirk die Gesellschaft ihren Sitz hat. Die Landesregierung kann die Entscheidung durch Rechtsverordnung für die Bezirke mehrerer Landgerichte einem der Landgerichte übertragen, wenn dies der Sicherung einer einheitlichen Rechtsprechung dient. Die Landesregierung kann die Ermächtigung auf die Landesjustizverwaltung übertragen.

(2) Antragsberechtigt sind

1. jedes Mitglied des Verwaltungsrats,

2. jeder Aktionär,

3. die nach § 98 Abs. 2 Satz 1 Nr. 4 bis 10 des Aktiengesetzes Antragsberechtigten,

4. der SE-Betriebsrat.

(3) Entspricht die Zusammensetzung des Verwaltungsrats nicht der gerichtlichen Entscheidung, so ist der neue Verwaltungsrat nach den in der Entscheidung angegebenen Vorschriften zusammenzusetzen. § 25 Abs. 2 gilt entsprechend mit der Maßgabe, dass die Frist von sechs Monaten mit dem Eintritt der Rechtskraft beginnt.

(4) Für das Verfahren gilt § 99 des Aktiengesetzes entsprechend mit der Maßgabe, dass die nach Absatz 5 der Vorschrift vorgesehene Einreichung der rechtskräftigen Entscheidung durch den Vorsitzenden des Verwaltungsrats erfolgt.

§ 27 Persönliche Voraussetzungen der Mitglieder des Verwaltungsrats

(1) Mitglied des Verwaltungsrats kann nicht sein, wer

1. bereits in zehn Handelsgesellschaften, die gesetzlich einen Aufsichtsrat oder einen Verwaltungsrat zu bilden haben, Mitglied des Aufsichtsrats oder des Verwaltungsrats ist,

2. gesetzlicher Vertreter eines von der Gesellschaft abhängigen Unternehmens ist oder

3. gesetzlicher Vertreter einer anderen Kapitalgesellschaft ist, deren Aufsichtsrat oder Verwaltungsrat ein Vorstandsmitglied oder ein geschäftsführender Direktor der Gesellschaft angehört.

Auf die Höchstzahl nach Satz 1 Nr. 1 sind bis zu fünf Sitze in Aufsichts- oder Verwaltungsräten nicht anzurechnen, die ein gesetzlicher Vertreter (beim Einzelkaufmann der Inhaber) des herrschenden Unternehmens eines Konzerns in zum Konzern gehörenden Handelsgesellschaf- ten, die gesetzlich einen Aufsichtsrat oder einen Verwaltungsrat zu bilden haben, inne hat. Auf die Höchstzahl nach Satz 1 Nr. 1 sind Aufsichtsrats- oder Verwaltungsratsämter im Sinne der Nummer 1 doppelt anzurechnen, für die das Mitglied zum Vorsitzenden gewählt worden ist.

(2) § 36 Abs. 3 Satz 2 in Verbindung mit § 6 Abs. 2 bis 4 des SE-Beteiligungsgesetzes oder eine Vereinbarung nach § 21 des SE-Beteiligungsgesetzes über weitere persönliche Voraussetzungen der Mitglieder der Arbeitnehmer bleibt unberührt.

(3) Eine juristische Person kann nicht Mitglied des Verwaltungsrats sein.

§ 28 Bestellung der Mitglieder des Verwaltungsrats

(1) Die Bestellung der Mitglieder des Verwaltungsrats richtet sich nach der Verordnung.

(2) § 101 Abs. 2 des Aktiengesetzes gilt entsprechend.

(3) Stellvertreter von Mitgliedern des Verwaltungsrats können nicht bestellt werden. Jedoch kann für jedes Mitglied ein Ersatzmitglied bestellt werden, das Mitglied des Verwaltungsrats wird, wenn das Mitglied vor Ablauf seiner Amtszeit wegfällt. Das Ersatzmitglied kann nur gleich- zeitig mit dem Mitglied bestellt werden. Auf seine Bestellung sowie die Nichtigkeit und Anfechtung seiner Bestellung sind die für das Mitglied geltenden Vorschriften anzuwenden. Das Amt des Ersatzmitglieds erlischt spätestens mit Ablauf der Amtszeit des weggefallenen Mitglieds.

§ 29 Abberufung der Mitglieder des Verwaltungsrats

(1) Mitglieder des Verwaltungsrats, die von der Hauptversammlung ohne Bindung an einen Wahlvorschlag gewählt worden sind, können von ihr vor Ablauf der Amtszeit abberufen werden. Der Beschluss bedarf einer Mehrheit, die mindestens drei Viertel der abgegebenen Stimmen umfasst. Die Satzung kann eine andere Mehrheit und weitere Erfordernisse bestimmen.

(2) Ein Mitglied des Verwaltungsrats, das auf Grund der Satzung in den Verwaltungsrat entsandt ist, kann von dem Entsendungsberechtigten jederzeit abberufen und durch ein anderes ersetzt werden. Sind die in der Satzung bestimmten Voraussetzungen des Entsendungsrechts weggefallen, so kann die Hauptversammlung das entsandte Mitglied mit einfacher Stimmenmehrheit abberufen.

(3) Das Gericht hat auf Antrag des Verwaltungsrats ein Mitglied abzuberufen, wenn in dessen Person ein wichtiger Grund vorliegt. Der Verwaltungsrat beschließt über die Antragstellung mit einfacher Mehrheit. Ist das Mitglied auf Grund der Satzung in den Verwaltungsrat entsandt worden, so können auch Aktionäre, deren Anteile zusammen den zehnten Teil des Grundkapitals oder den anteiligen Betrag von 1 Million Euro erreichen, den Antrag stellen. Gegen die Entscheidung ist die sofortige Beschwerde zulässig.

(4) Für die Abberufung eines Ersatzmitglieds gelten die Vorschriften über die Abberufung des Mitglieds, für das es bestellt ist.

§ 30 Bestellung durch das Gericht

(1) Gehört dem Verwaltungsrat die zur Beschlussfähigkeit nötige Zahl von Mitgliedern nicht an, so hat ihn das Gericht auf Antrag eines Mitglieds des Verwaltungsrats oder eines Aktionärs auf diese Zahl zu ergänzen. Mitglieder des Verwaltungsrats sind verpflichtet, den Antrag unverzüglich zu stellen, es sei denn, dass die rechtzeitige Ergänzung vor der nächsten Sitzung des Verwaltungsrats zu erwarten ist. Hat der Verwaltungsrat auch aus Mitgliedern der Arbeitnehmer zu bestehen, so können auch den Antrag stellen

1. die nach § 104 Abs. 1 Satz 3 des Aktiengesetzes Antragsberechtigten,

2. der SE-Betriebsrat.

Gegen die Entscheidung ist die sofortige Beschwerde zulässig.

(2) Gehören dem Verwaltungsrat länger als drei Monate weniger Mitglieder als die durch Vereinbarung, Gesetz oder Satzung festgelegte Zahl an, so hat ihn das Gericht auf Antrag auf diese Zahl zu ergänzen. In dringenden Fällen hat das Gericht auf Antrag den Verwaltungsrat auch vor Ablauf der Frist zu ergänzen. Das Antragsrecht bestimmt sich nach Absatz 1. Gegen die Entscheidung ist die sofortige Beschwerde zulässig.

(3) Das Amt des gerichtlich bestellten Mitglieds erlischt in jedem Fall, sobald der Mangel behoben ist.

(4) Das gerichtlich bestellte Mitglied hat Anspruch auf Ersatz angemessener barer Auslagen und, wenn den Mitgliedern der Gesellschaft eine Vergütung gewährt wird, auf Vergütung für seine Tätigkeit. Auf Antrag des Mitglieds setzt das Gericht die Vergütung und die Auslagen fest. Gegen die Entscheidung ist die sofortige Beschwerde zulässig. Die weitere Beschwerde ist ausgeschlossen. Aus der rechtskräftigen Entscheidung findet die Zwangsvollstreckung nach der Zivilprozessordnung statt.

§ 31 Nichtigkeit der Wahl von Verwaltungsratsmitgliedern

(1) Die Wahl eines Verwaltungsratsmitglieds durch die Hauptversammlung ist außer im Fall des § 241 Nr. 1, 2 und 5 des Aktiengesetzes nur dann nichtig, wenn

1. der Verwaltungsrat unter Verstoß gegen § 24 Abs. 2, § 25 Abs. 2 Satz 1 oder § 26 Abs. 3 zusammengesetzt wird;

2. durch die Wahl die gesetzliche Höchstzahl der Verwaltungsratsmitglieder überschritten wird (§ 23);

3. die gewählte Person nach Artikel 47 Abs. 2 der Verordnung bei Beginn ihrer Amtszeit nicht Verwaltungsratsmitglied sein kann.

(2) Für die Parteifähigkeit für die Klage auf Feststellung, dass die Wahl eines Verwaltungsratsmitglieds nichtig ist, gilt § 250 Abs. 2 des Aktiengesetzes entsprechend. Parteifähig ist auch der SE-Betriebsrat.

(3) Erhebt ein Aktionär, ein Mitglied des Verwaltungsrats oder ein nach Absatz 2 Parteifähiger gegen die Gesellschaft Klage auf Feststellung, dass die Wahl eines Verwaltungsratsmitglieds nichtig ist, so gelten § 246 Abs. 2, 3 Satz 1, Abs. 4, die §§ 247, 248 Abs. 1 Satz 2 und § 249 Abs. 2 des Aktiengesetzes entsprechend. Es ist nicht ausgeschlossen, die Nichtigkeit auf andere Weise als durch Erhebung der Klage geltend zu machen.

§ 32 Anfechtung der Wahl von Verwaltungsratsmitgliedern

Für die Anfechtung der Wahl von Verwaltungsrats- mitgliedern findet § 251 des Aktiengesetzes mit der Maßgabe Anwendung, dass das gesetzwidrige Zustandekommen von Wahlvorschlägen für die Arbeitnehmervertreter im Verwaltungsrat nur nach den Vorschriften der Mitgliedstaaten über die Besetzung der ihnen zugewiesenen Sitze geltend gemacht werden kann. Für die Arbeitnehmervertreter aus dem Inland gilt § 37 Abs. 2 des SE-Beteiligungsgesetzes.

§ 33 Wirkung des Urteils

Für die Urteilswirkung gilt § 252 des Aktiengesetzes entsprechend.

§ 34 Innere Ordnung des Verwaltungsrats

(1) Der Verwaltungsrat hat neben dem Vorsitzenden nach näherer Bestimmung der Satzung aus seiner Mitte mindestens einen Stellvertreter zu wählen. Der Stellvertreter hat nur dann die Rechte und Pflichten des Vorsitzenden, wenn dieser verhindert ist. Besteht der Verwaltungsrat nur aus einer Person, nimmt diese die dem Vorsitzenden des Verwaltungsrats gesetzlich zugewiesenen Aufgaben wahr.

(2) Der Verwaltungsrat kann sich eine Geschäftsordnung geben. Die Satzung kann Einzelfragen der Geschäftsordnung bindend regeln.

(3) Über die Sitzungen des Verwaltungsrats ist eine Niederschrift anzufertigen, die der Vorsitzende zu unterzeichnen hat. In der Niederschrift sind der Ort und der Tag der Sitzung, die Teilnehmer, die Gegenstände der Tagesordnung, der wesentliche Inhalt der Verhandlungen und die Beschlüsse des Verwaltungsrats anzugeben. Ein Verstoß gegen Satz 1 oder Satz 2 macht einen Beschluss nicht unwirksam. Jedem Mitglied des Verwaltungsrats ist auf Verlangen eine Abschrift der Sitzungsniederschrift auszuhändigen. Die Sätze 1 bis 4 finden auf einen Verwaltungsrat, der nur aus einer Person besteht, keine Anwendung.

(4) Der Verwaltungsrat kann aus seiner Mitte einen oder mehrere Ausschüsse bestellen, namentlich, um seine Verhandlungen und Beschlüsse vorzubereiten oder die Ausführung seiner Beschlüsse zu überwachen. Die Aufgaben nach Absatz 1 Satz 1 und nach § 22 Abs. 1 und 3, § 40 Abs. 1 Satz 1 und § 47 Abs. 3 dieses Gesetzes sowie nach § 68 Abs. 2 Satz 2, § 203 Abs. 2, § 204 Abs. 1 Satz 1, § 205 Abs. 2 Satz 1 und § 314 Abs. 2 und 3 des Aktiengesetzes können einem Ausschuss nicht an Stelle des Verwaltungsrats zur Beschlussfassung überwiesen werden. Dem Verwaltungsrat ist regelmäßig über die Arbeit der Ausschüsse zu berichten.

§ 35 Beschlussfassung

(1) Abwesende Mitglieder können dadurch an der Beschlussfassung des Verwaltungsrats und seiner Ausschüsse teilnehmen, dass sie schriftliche Stimmabgaben überreichen lassen. Die schriftlichen Stimmabgaben können durch andere Mitglieder überreicht werden. Sie können auch durch Personen, die nicht dem Verwaltungsrat angehören, übergeben werden, wenn diese nach § 109 Abs. 3 des Aktiengesetzes zur Teilnahme an der Sitzung berechtigt sind.

(2) Schriftliche, fernmündliche oder andere vergleichbare Formen der Beschlussfassung des Verwaltungsrats und seiner Ausschüsse sind vorbehaltlich einer näheren Regelung durch die Satzung oder eine Geschäftsordnung des Verwaltungsrats nur zulässig, wenn kein Mitglied diesem Verfahren widerspricht.

(3) Ist ein geschäftsführender Direktor, der zugleich Mitglied des Verwaltungsrats ist, aus rechtlichen Gründen gehindert, an der Beschlussfassung im Verwaltungsrat teilzunehmen, hat insoweit der Vorsitzende des Verwaltungsrats eine zusätzliche Stimme.

§ 36 Teilnahme an Sitzungen des Verwaltungsrats und seiner Ausschüsse

(1) An den Sitzungen des Verwaltungsrats und seiner Ausschüsse sollen Personen, die dem Verwaltungsrat nicht angehören, nicht teilnehmen. Sachverständige und Auskunftspersonen können zur Beratung über einzelne Gegenstände zugezogen werden.

(2) Mitglieder des Verwaltungsrats, die dem Ausschuss nicht angehören, können an den Ausschusssitzungen teilnehmen, wenn der Vorsitzende des Verwaltungsrats nichts anderes bestimmt.

(3) Die Satzung kann zulassen, dass an den Sitzungen des Verwaltungsrats und seiner Ausschüsse Personen, die dem Verwaltungsrat nicht angehören, an Stelle von verhinderten Mitgliedern teilnehmen können, wenn diese sie in Textform ermächtigt haben.

(4) Abweichende gesetzliche Bestimmungen bleiben unberührt.

§ 37 Einberufung des Verwaltungsrats

(1) Jedes Verwaltungsratsmitglied kann unter Angabe des Zwecks und der Gründe verlangen, dass der Vorsitzende des Verwaltungsrats unverzüglich den Verwaltungsrat einberuft. Die Sitzung muss binnen zwei Wochen nach der Einberufung stattfinden.

(2) Wird dem Verlangen nicht entsprochen, so kann das Verwaltungsratsmitglied unter Mitteilung des Sachverhalts und der Angabe einer Tagesordnung selbst den Verwaltungsrat einberufen.

§ 38 Rechtsverhältnisse der Mitglieder des Verwaltungsrats

(1) Für die Vergütung der Mitglieder des Verwaltungsrats gilt § 113 des Aktiengesetzes entsprechend.

(2) Für die Gewährung von Krediten an Mitglieder des Verwaltungsrats und für sonstige Verträge mit Mitgliedern des Verwaltungsrats gelten die §§ 114 und 115 des Aktiengesetzes entsprechend.

§ 39 Sorgfaltspflicht und Verantwortlichkeit der Verwaltungsratsmitglieder

Für die Sorgfaltspflicht und Verantwortlichkeit der Verwaltungsratsmitglieder gilt § 93 des Aktiengesetzes entsprechend.

§ 40 Geschäftsführende Direktoren

(1) Der Verwaltungsrat bestellt einen oder mehrere geschäftsführende Direktoren. Mitglieder des Verwaltungsrats können zu geschäftsführenden Direktoren bestellt werden, sofern die Mehrheit des Verwaltungsrats weiterhin aus nicht geschäftsführenden Mitgliedern besteht. Die Bestellung ist zur Eintragung in das Handelsregister anzumelden. Werden Dritte zu geschäftsführenden Direktoren bestellt, gilt für sie § 76 Abs. 3 des Aktiengesetzes entsprechend. Die Satzung kann Regelungen über die Bestellung eines oder mehrerer geschäftsführender Direktoren treffen. § 38 Abs. 2 des SE-Beteiligungsgesetzes bleibt unberührt.

(2) Die geschäftsführenden Direktoren führen die Geschäfte der Gesellschaft. Sind mehrere geschäftsführende Direktoren bestellt, so sind sie nur gemeinschaftlich zur Geschäftsführung befugt; die Satzung oder eine vom Verwaltungsrat erlassene Geschäftsordnung kann Ab- weichendes bestimmen. Gesetzlich dem Verwaltungsrat zugewiesene Aufgaben können nicht auf die geschäftsführenden Direktoren übertragen werden. Soweit nach den für Aktiengesellschaften geltenden Rechtsvorschriften der Vorstand Anmeldungen und die Einreichung von Unterlagen zum Handelsregister vorzunehmen hat, treten an die Stelle des Vorstands die geschäftsführenden Direktoren.

(3) Ergibt sich bei der Aufstellung der Jahresbilanz oder einer Zwischenbilanz oder ist bei pflichtgemäßem Ermessen anzunehmen, dass ein Verlust in der Hälfte des Grundkapitals besteht, so haben die geschäftsführenden Direktoren dem Vorsitzenden des Verwaltungsrats unverzüglich darüber zu berichten. Dasselbe gilt, wenn die Gesellschaft zahlungsunfähig wird oder sich eine Überschuldung der Gesellschaft ergibt.

(4) Sind mehrere geschäftsführende Direktoren bestellt, können sie sich eine Geschäftsordnung geben, wenn nicht die Satzung den Erlass einer Geschäftsordnung dem Verwaltungsrat übertragen hat oder der Verwaltungsrat eine Geschäftsordnung erlässt. Die Satzung kann Einzelfragen der Geschäftsordnung bindend regeln. Beschlüsse der geschäftsführenden Direktoren über die Geschäftsordnung müssen einstimmig gefasst werden.

(5) Geschäftsführende Direktoren können jederzeit durch Beschluss des Verwaltungsrats abberufen werden, sofern die Satzung nichts anderes regelt. Für die Ansprüche aus dem Anstellungsvertrag gelten die allgemeinen Vorschriften.

(6) Geschäftsführende Direktoren berichten dem Verwaltungsrat entsprechend § 90 des Aktiengesetzes, sofern die Satzung oder die Geschäftsordnung nichts anderes vorsieht.

(7) Die §§ 87 bis 89 des Aktiengesetzes gelten entsprechend.

(8) Für Sorgfaltspflicht und Verantwortlichkeit der geschäftsführenden Direktoren gilt § 93 des Aktiengesetzes entsprechend.

(9) Die Vorschriften über die geschäftsführenden Direktoren gelten auch für ihre Stellvertreter.

§ 41 Vertretung

(1) Die geschäftsführenden Direktoren vertreten die Gesellschaft gerichtlich und außergerichtlich.

(2) Mehrere geschäftsführende Direktoren sind, wenn die Satzung nichts anderes bestimmt, nur gemeinschaftlich zur Vertretung der Gesellschaft befugt. Ist eine Willenserklärung gegenüber der Gesellschaft abzugeben, so genügt die Abgabe gegenüber einem geschäftsführenden Direktor.

(3) Die Satzung kann auch bestimmen, dass einzelne geschäftsführende Direktoren allein oder in Gemeinschaft mit einem Prokuristen zur Vertretung der Gesellschaft befugt sind. Absatz 2 Satz 2 gilt in diesen Fällen entsprechend.

(4) Zur Gesamtvertretung befugte geschäftsführende Direktoren können einzelne von ihnen zur Vornahme bestimmter Geschäfte oder bestimmter Arten von Geschäften ermächtigen. Dies gilt entsprechend, wenn ein einzelner geschäftsführender Direktor in Gemeinschaft mit einem Prokuristen zur Vertretung der Gesellschaft befugt ist.

(5) Den geschäftsführenden Direktoren gegenüber vertritt der Verwaltungsrat die Gesellschaft gerichtlich und außergerichtlich.

§ 42 Zeichnung durch geschäftsführende Direktoren

Die geschäftsführenden Direktoren zeichnen für die Gesellschaft, indem sie der Firma der Gesellschaft ihre Namensunterschrift mit dem Zusatz „Geschäftsführender Direktor" hinzufügen.

§ 43 Angaben auf Geschäftsbriefen

(1) Auf allen Geschäftsbriefen, die an einen bestimmten Empfänger gerichtet werden, müssen die Rechtsform und der Sitz der Gesellschaft, das Registergericht des Sitzes der Gesellschaft und die Nummer, unter der die Gesellschaft in das Handelsregister eingetragen ist, so- wie alle geschäftsführenden Direktoren und der Vorsitzende des Verwaltungsrats mit dem Familiennamen und mindestens einem ausgeschriebenen Vornamen angegeben werden. § 80 Abs. 1 Satz 3 des Aktiengesetzes gilt entsprechend.

(2) § 80 Abs. 2 bis 4 des Aktiengesetzes gilt entsprechend.

§ 44 Bechränkungen der Vertretungs- und Geschäftsführungsbefugnis

(1) Die Vertretungsbefugnis der geschäftsführenden Direktoren kann nicht beschränkt werden.

(2) Im Verhältnis zur Gesellschaft sind die geschäftsführenden Direktoren verpflichtet, die Anweisungen und Beschränkungen zu beachten, die im Rahmen der für die SE geltenden Vorschriften die Satzung, der Verwaltungsrat, die Hauptversammlung und die Geschäftsordnungen des Verwaltungsrats und der geschäftsführenden Direktoren für die Geschäftsführungsbefugnis getroffen haben.

§ 45 Bestellung durch das Gericht

Fehlt ein erforderlicher geschäftsführender Direktor, so hat in dringenden Fällen das Gericht auf Antrag eines Beteiligten das Mitglied zu bestellen. § 85 Abs. 1 Satz 2, Abs. 2 und 3 des Aktiengesetzes gilt entsprechend.

§ 46 Anmeldung von Änderungen

(1) Die geschäftsführenden Direktoren haben jeden Wechsel der Verwaltungsratsmitglieder unverzüglich in den Gesellschaftsblättern bekannt zu machen und die Bekanntmachung zum Handelsregister einzureichen. Sie haben jede Änderung der geschäftsführenden Direktoren oder der Vertretungsbefugnis eines geschäftsführenden Direktors zur Eintragung in das Handelsregister anzumelden. Sie haben weiterhin die Wahl des Verwaltungsratsvorsitzenden und seines Stellvertreters sowie jede Änderung in der Person des Verwaltungsratsvorsitzenden oder seines Stellvertreters zum Handelsregister anzumelden.

(2) Die neuen geschäftsführenden Direktoren haben in der Anmeldung zu versichern, dass keine Umstände vorliegen, die ihrer Bestellung nach § 40 Abs. 1 Satz 4 entgegenstehen und dass sie über ihre unbeschränkte Auskunftspflicht gegenüber dem Gericht belehrt worden sind. § 37 Abs. 2 Satz 2 des Aktiengesetzes ist anzuwenden.

(3) § 81 Abs. 2 und 4 des Aktiengesetzes gilt für die geschäftsführenden Direktoren entsprechend.

§ 47 Prüfung und Feststellung des Jahresabschlusses

(1) Die geschäftsführenden Direktoren haben den Jahresabschluss und den Lagebericht unverzüglich nach ihrer Aufstellung dem Verwaltungsrat vorzulegen. Zugleich haben die geschäftsführenden Direktoren einen Vorschlag vorzulegen, den der Verwaltungsrat der Hauptversammlung für die Verwendung des Bilanzgewinns machen soll; § 170 Abs. 2 Satz 2 des Aktiengesetzes gilt entsprechend.

(2) Jedes Verwaltungsratsmitglied hat das Recht, von den Vorlagen und Prüfungsberichten Kenntnis zu nehmen. Die Vorlagen und Prüfungsberichte sind auch jedem Verwaltungsratsmitglied oder, soweit der Verwaltungsrat dies beschlossen hat und ein Bilanzausschuss besteht, den Mitgliedern des Ausschusses auszuhändigen.

(3) Für die Prüfung durch den Verwaltungsrat gilt § 171 Abs. 1 und 2 des Aktiengesetzes entsprechend.

(4) Absatz 1 Satz 1 und Absatz 3 gelten entsprechend für einen Einzelabschluss nach § 325 Abs. 2a Satz 1 des Handelsgesetzbuchs sowie bei Mutterunternehmen (§ 290 Abs. 1, 2 des Handelsgesetzbuchs) für den Konzernabschluss und den Konzernlagebericht. Der Einzelabschluss nach § 325 Abs. 2a Satz 1 des Handelsgesetzbuchs darf erst nach Billigung durch den Verwaltungsrat offen gelegt werden.

(5) Billigt der Verwaltungsrat den Jahresabschluss, so ist dieser festgestellt, sofern nicht der Verwaltungsrat beschließt, die Feststellung des Jahresabschlusses der Hauptversammlung zu überlassen. Die Beschlüsse des Verwaltungsrats sind in den Bericht des Verwaltungsrats an die Hauptversammlung aufzunehmen.

(6) Hat der Verwaltungsrat beschlossen, die Feststellung des Jahresabschlusses der Hauptversammlung zu überlassen, oder hat der Verwaltungsrat den Jahresabschluss nicht gebilligt, so stellt die Hauptversammlung den Jahresabschluss fest. Hat der Verwaltungsrat eines Mutterunternehmens (§ 290 Abs. 1, 2 des Handelsgesetzbuchs) den Konzernabschluss nicht gebilligt, so entscheidet die Hauptversammlung über die Billigung. Für die Feststellung des Jahresabschlusses oder die Billigung des Konzernabschlusses durch die Hauptversammlung gilt § 173 Abs. 2 und 3 des Aktiengesetzes entsprechend.

§ 48 Ordentliche Hauptversammlung

(1) Unverzüglich nach der Zuleitung des Berichts an die geschäftsführenden Direktoren hat der Verwaltungsrat die Hauptversammlung zur Entgegennahme des festgestellten Jahresabschlusses und des Lageberichts, eines vom Verwaltungsrat gebilligten Einzelabschlusses nach § 325 Abs. 2a Satz 1 des Handelsgesetzbuchs sowie zur Beschlussfassung über die Verwendung des Bilanzgewinns, bei einem Mutterunternehmen (§ 290 Abs. 1, 2 des Handelsgesetzbuchs) auch zur Entgegennahme des vom Verwaltungsrat gebilligten Konzernabschlusses und des Konzernlageberichts, einzuberufen.

(2) Die Vorschriften des § 175 Abs. 2 bis 4 und des § 176 Abs. 2 des Aktiengesetzes gelten entsprechend. Der Verwaltungsrat hat der Hauptversammlung die in § 175 Abs. 2 des Aktiengesetzes angegebenen Vorlagen vorzulegen. Zu Beginn der Verhandlung soll der Verwaltungsrat seine Vorlagen erläutern. Er soll dabei auch zu einem Jahresfehlbetrag oder einem Verlust Stellung nehmen, der das Jahresergebnis wesentlich beeinträchtigt hat. Satz 4 ist auf Kreditinstitute nicht anzuwenden.

§ 49 Leitungsmacht und Verantwortlichkeit bei Abhängigkeit von Unternehmen

(1) Für die Anwendung der Vorschriften der §§ 308 bis 318 des Aktiengesetzes treten an die Stelle des Vorstands der Gesellschaft die geschäftsführenden Direktoren.

(2) Für die Anwendung der Vorschriften der §§ 319 bis 327 des Aktiengesetzes treten an die Stelle des Vorstands der eingegliederten Gesellschaft die geschäftsführenden Direktoren.

Unterabschnitt 3 Hauptversammlung

§ 50 Einberufung und Ergänzung der Tagesordnung auf Verlangen einer Minderheit

(1) Die Einberufung der Hauptversammlung und die Aufstellung ihrer Tagesordnung nach Artikel 55 der Verordnung kann von einem oder mehreren Aktionären beantragt werden, sofern sein oder ihr Anteil am Grundkapital mindestens 5 Prozent beträgt.

(2) Die Ergänzung der Tagesordnung für eine Hauptversammlung durch einen oder mehrere Punkte kann von einem oder mehreren Aktionären beantragt werden, sofern sein oder ihr Anteil 5 Prozent des Grundkapitals oder den anteiligen Betrag von 500 000 Euro erreicht.

§ 51 Satzungsänderungen

Die Satzung kann bestimmen, dass für einen Beschluss der Hauptversammlung über die Änderung der Satzung die einfache Mehrheit der abgegebenen Stimmen aus- reicht, sofern mindestens die Hälfte des Grundkapitals vertreten ist. Dies gilt nicht für die Änderung des Gegenstands des Unternehmens, für einen Beschluss gemäß Artikel 8 Abs. 6 der Verordnung sowie für Fälle, für die eine höhere Kapitalmehrheit gesetzlich zwingend vorgeschrieben ist.

Abschnitt 5 Auflösung

§ 52 Auflösung der SE bei Auseinanderfallen von Sitz und Hauptverwaltung

(1) Erfüllt eine SE nicht mehr die Verpflichtung nach Artikel 7 der Verordnung, so gilt dies als Mangel der Satzung im Sinne des § 262 Abs. 1 Nr. 5 des Aktiengesetzes. Das Registergericht fordert die SE auf, innerhalb einer bestimmten Frist den vorschriftswidrigen Zustand zu beenden, indem sie

1. entweder ihre Hauptverwaltung wieder im Sitzstaat errichtet oder

2. ihren Sitz nach dem Verfahren des Artikels 8 der Verordnung verlegt.

(2) Wird innerhalb der nach Absatz 1 bestimmten Frist der Aufforderung nicht genügt, so hat das Gericht den Mangel der Satzung festzustellen.

(3) Gegen Verfügungen, durch welche eine Feststellung nach Absatz 2 getroffen wird, findet die sofortige Beschwerde statt.

SE-Einführungsgesetz (SEEG)

Abschnitt 6 Straf- und Bußgeldvorschriften

§ 53 Straf- und Bußgeldvorschriften

(1) Die Strafvorschriften des § 399 Abs. 1 Nr. 1 bis 5 und Abs. 2, des § 400 und der §§ 402 bis 404 des Aktiengesetzes, der §§ 331 bis 333 des Handelsgesetzbuchs und der §§ 313 bis 315 des Umwandlungsgesetzes sowie die Bußgeldvorschriften der §§ 405 und 406 des Aktiengesetzes und des § 334 des Handelsgesetzbuchs gelten auch für die SE im Sinne des Artikels 9 Abs. 1 Buchstabe c Doppelbuchstabe ii der Verordnung. Soweit sie

1. Mitglieder des Vorstands,

2. Mitglieder des Aufsichtsrats oder

3. Mitglieder des vertretungsberechtigten Organs einer Kapitalgesellschaft betreffen, gelten sie bei der SE mit dualistischem System in den Fällen der Nummern 1 und 3 für die Mitglieder des Leitungsorgans und in den Fällen der Nummer 2 für die Mitglieder des Aufsichtsorgans. Bei der SE mit monistischem System gelten sie in den Fällen der Nummern 1 und 3 für die geschäftsführenden Direktoren und in den Fällen der Nummer 2 für die Mitglieder des Verwaltungsrats.

(2) Die Strafvorschriften des § 399 Abs. 1 Nr. 6 und des § 401 des Aktiengesetzes gelten im Sinne des Artikels 9 Abs. 1 Buchstabe c Doppelbuchstabe ii der Verordnung auch für die SE mit dualistischem System. Soweit sie Mitglieder des Vorstands betreffen, gelten sie für die Mitglieder des Leitungsorgans.

(3) Mit Freiheitsstrafe bis zu drei Jahren oder mit Geldstrafe wird bestraft, wer

1. als Vorstandsmitglied entgegen § 8 Satz 2,

2. als Mitglied des Leitungsorgans einer SE mit dualistischem System oder als geschäftsführender Direktor einer SE mit monistischem System entgegen § 13 Abs. 3,

3. als geschäftsführender Direktor einer SE mit monistischem System entgegen § 21 Abs. 2 Satz 1 oder § 46 Abs. 2 Satz 1 oder

4. als Abwickler einer SE mit monistischem System entgegen Artikel 9 Abs. 1 Buchstabe c Doppelbuchstabe ii der Verordnung in Verbindung mit § 266 Abs. 3 Satz 1 des Aktiengesetzes eine Versicherung nicht richtig abgibt.

(4) Ebenso wird bestraft, wer bei einer SE mit monistischem System

1. als Mitglied des Verwaltungsrats entgegen § 22 Abs. 5 Satz 1 die Hauptversammlung nicht oder nicht rechtzeitig einberuft oder ihr den Verlust nicht, nicht richtig, nicht vollständig oder nicht rechtzeitig anzeigt oder

2. a) als Mitglied des Verwaltungsrats entgegen § 22 Abs. 5 Satz 2 in Verbindung mit § 92 Abs. des Aktiengesetzes oder

b) als Abwickler entgegen Artikel 9 Abs. 1 Buchstabe c Doppelbuchstabe ii der Verordnung in Verbindung mit § 268 Abs. 2 Satz 1, dieser in Verbindung mit § 92 Abs. 2 des Aktiengesetzes, die Eröffnung des Insolvenzverfahrens nicht oder nicht rechtzeitig beantragt.

(5) Handelt der Täter in den Fällen des Absatzes 4 fahrlässig, so ist die Strafe Freiheitsstrafe bis zu einem Jahr oder Geldstrafe.

Artikel 2

Gesetz über die Beteiligung der Arbeitnehmer in einer Europäischen Gesellschaft (SE-Beteiligungsgesetz – SE-BG)

Teil 1 Allgemeine Vorschriften

§ 1 Zielsetzung des Gesetzes

(1) Das Gesetz regelt die Beteiligung der Arbeitnehmer in einer Europäischen Gesellschaft (SE), die Gegenstand der Verordnung (EG) Nr. 2157/2001 des Rates vom 8. Oktober 2001 über das Statut der Europäischen Gesellschaft (ABl. EG Nr. L 294 S. 1) ist. Ziel des Gesetzes ist, in einer SE die erworbenen Rechte der Arbeitnehmer (Arbeitnehmerinnen und Arbeitnehmer) auf Beteiligung an Unternehmensentscheidungen zu sichern. Maßgeblich für die Ausgestaltung der Beteiligungsrechte der Arbeitnehmer in der SE sind die bestehenden Beteiligungsrechte in den Gesellschaften, die die SE gründen.

(2) Zur Sicherung des Rechts auf grenzüberschreitende Unterrichtung, Anhörung, Mitbestimmung und sonstige Beteiligung der Arbeitnehmer wird eine Vereinbarung über die Beteiligung der Arbeitnehmer in der SE getroffen. Kommt es nicht zu einer Vereinbarung, wird eine Beteiligung der Arbeitnehmer in der SE kraft Gesetzes sichergestellt.

(3) Die Vorschriften dieses Gesetzes sowie die nach Absatz 2 zu treffende Vereinbarung sind so auszulegen, dass die Ziele der Europäischen Gemeinschaft, die Beteiligung der Arbeitnehmer in der SE sicherzustellen, gefördert werden.

(4) Die Grundsätze der Absätze 1 bis 3 gelten auch für strukturelle Änderungen einer gegründeten SE sowie für deren Auswirkungen auf die betroffenen Gesellschaften und ihre Arbeitnehmer.

§ 2 Begriffsbestimmungen

(1) Der Begriff des Arbeitnehmers richtet sich nach den Rechtsvorschriften und Gepflogenheiten der jeweiligen Mitgliedstaaten. Arbeitnehmer eines inländischen Unternehmens oder Betriebs sind Arbeiter und Angestellte einschließlich der zu ihrer Berufsausbildung Beschäftigten und der in § 5 Abs. 3 Satz 2 des Betriebsverfassungsgesetzes genannten leitenden Angestellten, unabhängig davon, ob sie im Betrieb, im Außendienst oder mit Telearbeit beschäftigt werden. Als Arbeitnehmer gelten auch die in Heimarbeit Beschäftigten, die in der Hauptsache für das Unternehmen oder den Betrieb arbeiten.

(2) Beteiligte Gesellschaften sind die Gesellschaften, die unmittelbar an der Gründung einer SE beteiligt sind.

(3) Tochtergesellschaften sind rechtlich selbstständige Unternehmen, auf die eine andere Gesellschaft einen beherrschenden Einfluss im Sinne von Artikel 3 Abs. 2 bis 7 der Richtlinie 94/45/EG des Rates vom 22. September 1994 über die Einsetzung eines Europäischen Betriebsrats oder die Schaffung eines Verfahrens zur Unterrichtung und Anhörung der Arbeitnehmer in gemeinschaftsweit operierenden Unternehmen und Unternehmensgruppen (ABl. EG Nr. L 254 S. 64) ausüben kann. § 6 Abs. 2 bis 4 des Europäische Betriebsräte- Gesetzes vom 28. Oktober 1996 (BGBl. I S. 1548, 2022) ist anzuwenden.

(4) Betroffene Tochtergesellschaften oder betroffene Betriebe sind Tochtergesellschaften oder Betriebe einer beteiligten Gesellschaft, die zu Tochtergesellschaften oder Betrieben der SE werden sollen.

(5) Leitung bezeichnet das Organ der unmittelbar an der Gründung der SE beteiligten Gesellschaften oder der SE selbst, das die Geschäfte der Gesellschaft führt und zu ihrer Vertretung berechtigt ist. Bei den beteiligten Gesellschaften ist dies das Leitungs- oder Verwaltungsorgan, bei der SE das Leitungsorgan oder die geschäftsführenden Direktoren.

(6) Arbeitnehmervertretung bezeichnet jede Vertretung der Arbeitnehmer nach dem Betriebsverfassungsgesetz (Betriebsrat, Gesamtbetriebsrat, Konzernbetriebsrat oder eine nach § 3 Abs. 1 Nr. 1 bis 3 des Betriebsverfassungsgesetzes gebildete Vertretung).

(7) SE-Betriebsrat bezeichnet das Vertretungsorgan der Arbeitnehmer der SE, das durch eine Vereinbarung nach § 21 oder kraft Gesetzes nach den §§ 22 bis 33 eingesetzt wird, um die Rechte auf Unterrichtung und Anhörung der Arbeitnehmer der SE, ihrer Tochtergesellschaften und Betriebe und, wenn vereinbart, Mitbestimmungsrechte und sonstige Beteiligungsrechte in Bezug auf die SE wahrzunehmen.

(8) Beteiligung der Arbeitnehmer bezeichnet jedes Verfahren - einschließlich der Unterrichtung, Anhörung und Mitbestimmung-, durch das die Vertreter der Arbeitnehmer auf die Beschlussfassung in der Gesellschaft Einfluss nehmen können.

(9) Beteiligungsrechte sind Rechte, die den Arbeitnehmern und ihren Vertretern im Bereich der Unterrichtung, Anhörung, Mitbestimmung und der sonstigen Beteiligung zustehen. Hierzu kann auch die Wahrnehmung dieser Rechte in den Konzernunternehmen der SE gehören.

(10) Unterrichtung bezeichnet die Unterrichtung des SE-Betriebsrats oder anderer Arbeitnehmervertreter durch die Leitung der SE über Angelegenheiten, welche die SE selbst oder eine ihrer Tochtergesellschaften oder einen ihrer Betriebe in einem anderen Mitgliedstaat betreffen oder die über die Befugnisse der zuständigen Organe auf der Ebene des einzelnen Mitgliedstaats hinausgehen. Zeitpunkt, Form und Inhalt der Unterrichtung sind so zu wählen, dass es den Arbeitnehmervertretern möglich ist, zu erwartende Auswirkungen eingehend zu prüfen und gegebenenfalls eine Anhörung mit der Leitung der SE vorzubereiten.

(11) Anhörung bezeichnet die Einrichtung eines Dialogs und eines Meinungsaustauschs zwischen dem SE- Betriebsrat oder anderer Arbeitnehmervertreter und der Leitung der SE oder einer anderen zuständigen mit eigenen Entscheidungsbefugnissen ausgestatteten Leitungsebene. Zeitpunkt, Form und Inhalt der Anhörung müssen dem SE-Betriebsrat auf der Grundlage der erfolgten Unterrichtung eine Stellungnahme zu den geplanten Maßnahmen der Leitung der SE ermöglichen, die im Rahmen des Entscheidungsprozesses innerhalb der SE berücksichtigt werden kann.

(12) Mitbestimmung bedeutet die Einflussnahme der Arbeitnehmer auf die Angelegenheiten einer Gesellschaft durch

1. die Wahrnehmung des Rechts, einen Teil der Mitglieder des Aufsichts- oder Verwaltungsorgans der Gesellschaft zu wählen oder zu bestellen, oder

2. die Wahrnehmung des Rechts, die Bestellung eines Teils oder aller Mitglieder des Aufsichts- oder Verwaltungsorgans der Gesellschaft zu empfehlen oder abzulehnen.

§ 3 Geltungsbereich

(1) Dieses Gesetz gilt für eine SE mit Sitz im Inland. Es gilt unabhängig vom Sitz der SE auch für Arbeitnehmer der SE, die im Inland beschäftigt sind sowie für beteiligte Gesellschaften, betroffene Tochtergesellschaften und betroffene Betriebe mit Sitz im Inland.

(2) Mitgliedstaaten im Sinne dieses Gesetzes sind die Mitgliedstaaten der Europäischen Union und die anderen Vertragsstaaten des Abkommens über den Europäischen Wirtschaftsraum.

Teil 2 Besonderes Verhandlungsgremium

Kapitel 1 Bildung und Zusammensetzung

§ 4 Information der Leitungen

(1) Das besondere Verhandlungsgremium ist auf Grund einer schriftlichen Aufforderung der Leitungen zu bilden. Es hat die Aufgabe, mit den Leitungen eine schriftliche Vereinbarung über die Beteiligung der Arbeitnehmer in der SE abzuschließen.

(2) Wenn die Leitungen die Gründung einer SE planen, informieren sie die Arbeitnehmervertretungen und Sprecherausschüsse in den beteiligten Gesellschaften, betroffenen Tochtergesellschaften und betroffenen Betrieben über das Gründungsvorhaben. Besteht keine Arbeitnehmervertretung, erfolgt die Information gegenüber den Arbeitnehmern. Die Information erfolgt unaufgefordert und unverzüglich nach Offenlegung des Verschmelzungsplans, des Gründungsplans für eine Holdinggesellschaft, des Umwandlungsplans oder nach Abschluss der Vereinbarung eines Plans zur Gründung einer Tochtergesellschaft.

(3) Die Information erstreckt sich insbesondere auf

1. die Identität und Struktur der beteiligten Gesellschaften, betroffenen Tochtergesellschaften und betroffenen Betriebe und deren Verteilung auf die Mitgliedstaaten;

2. die in diesen Gesellschaften und Betrieben bestehenden Arbeitnehmervertretungen;

3. die Zahl der in diesen Gesellschaften und Betrieben jeweils beschäftigten Arbeitnehmer sowie die daraus zu errechnende Gesamtzahl der in einem Mitgliedstaat beschäftigten Arbeitnehmer;

4. die Zahl der Arbeitnehmer, denen Mitbestimmungsrechte in den Organen dieser Gesellschaften zustehen.

(4) Maßgeblicher Zeitpunkt für die Ermittlung der Zahl der Arbeitnehmer ist der Zeitpunkt der Information nach Absatz 2

§ 5 Zusammensetzung des besonderen Verhandlungsgremiums

(1) Für die in jedem Mitgliedstaat beschäftigten Arbeitnehmer der beteiligten Gesellschaften, betroffenen Tochtergesellschaften und betroffenen Betriebe werden Mitglieder für das besondere Verhandlungsgremium gewählt oder bestellt. Für jeden Anteil der in einem Mitgliedstaat beschäftigten Arbeitnehmer, der 10 Prozent der Gesamtzahl der in allen Mitgliedstaaten beschäftigten Arbeitnehmer der beteiligten Gesellschaften und der betroffenen Tochtergesellschaften oder betroffenen Betriebe oder einen Bruchteil davon beträgt, ist ein Mitglied aus diesem Mitgliedstaat in das besondere Verhandlungsgremium zu wählen oder zu bestellen.

(2) Wird die SE durch Verschmelzung gegründet, sind so viele zusätzliche Mitglieder in das besondere Verhandlungsgremium zu wählen oder zu bestellen, wie erforderlich sind, um zu gewährleisten, dass jede beteiligte Gesellschaft, die eingetragen ist und Arbeitnehmer in dem betreffenden Mitgliedstaat beschäftigt und die als Folge der geplanten Eintragung der SE als eigene Rechtspersönlichkeit erlöschen wird, in dem besonderen Verhandlungsgremium durch mindestens

ein Mitglied vertreten ist. Dies darf nicht zu einer Doppelvertretung der betroffenen Arbeitnehmer führen.

(3) Die Zahl der zusätzlichen Mitglieder darf 20 Prozent der sich aus Absatz 1 ergebenden Mitgliederzahl nicht überschreiten. Kann danach nicht jede nach Absatz 2 besonders zu berücksichtigende Gesellschaft durch ein zusätzliches Mitglied im besonderen Verhandlungsgremium vertreten werden, so werden diese Gesellschaften in absteigender Reihenfolge der Zahl der bei ihnen beschäftigten Arbeitnehmer berücksichtigt. Dabei ist zu gewährleisten, dass ein Mitgliedstaat nicht mehrere zusätzliche Sitze erhält, solange nicht alle anderen Mitgliedstaaten, aus denen die nach Absatz 2 besonders zu berücksichtigenden Gesellschaften stammen, einen Sitz erhalten haben.

(4) Treten während der Tätigkeitsdauer des besonderen Verhandlungsgremiums solche Änderungen in der Struktur oder Arbeitnehmerzahl der beteiligten Gesellschaften, der betroffenen Tochtergesellschaften oder der betroffenen Betriebe ein, dass sich die konkrete Zusammensetzung des besonderen Verhandlungsgremiums ändern würde, so ist das besondere Verhandlungsgremium entsprechend neu zusammenzusetzen. Über solche Änderungen haben die zuständigen Leitungen unverzüglich das besondere Verhandlungsgremium zu informieren. § 4 Abs. 2 bis 4 gilt entsprechend.

§ 6 Persönliche Voraussetzungen der auf das Inland entfallenden Mitglieder des besonderen Verhandlungsgremiums

(1) Die persönlichen Voraussetzungen der Mitglieder des besonderen Verhandlungsgremiums richten sich nach den jeweiligen Bestimmungen der Mitgliedstaaten, in denen sie gewählt oder bestellt werden.

(2) Zu Mitgliedern des besonderen Verhandlungsgremiums wählbar sind im Inland Arbeitnehmer der Gesellschaften und Betriebe sowie Gewerkschaftsvertreter. Frauen und Männer sollen entsprechend ihrem zahlenmäßigen Verhältnis gewählt werden. Für jedes Mitglied ist ein Ersatzmitglied zu wählen.

(3) Gehören dem besonderen Verhandlungsgremium mehr als zwei Mitglieder aus dem Inland an, ist jedes dritte Mitglied ein Vertreter einer Gewerkschaft, die in einem an der Gründung der SE beteiligten Unternehmen vertreten ist.

(4) Gehören dem besonderen Verhandlungsgremium mehr als sechs Mitglieder aus dem Inland an, ist mindestens jedes siebte Mitglied ein leitender Angestellter.

§ 7 Verteilung der auf das Inland entfallenden Sitze des besonderen Verhandlungsgremiums

(1) Die Wahl oder Bestellung der Mitglieder des besonderen Verhandlungsgremiums nach § 5 erfolgt nach den jeweiligen Bestimmungen der Mitgliedstaaten.

(2) Bei der Wahl der auf das Inland entfallenden Mitglieder des besonderen Verhandlungsgremiums sollen alle an der Gründung der SE beteiligten Gesellschaften mit Sitz im Inland, die Arbeitnehmer im Inland beschäftigen, durch mindestens ein Mitglied im besonderen Verhandlungsgremium vertreten sein.

(3) Ist die Anzahl der auf das Inland entfallenden Mitglieder des besonderen Verhandlungsgremiums geringer als die Anzahl der an der Gründung der SE beteiligten Gesellschaften mit Sitz im

Inland, die Arbeitnehmer im Inland beschäftigen, so erhalten die Gesellschaften in absteigender Reihenfolge der Zahl der Arbeitnehmer jeweils einen Sitz.

(4) Ist die Anzahl der auf das Inland entfallenden Mitglieder des besonderen Verhandlungsgremiums höher als die Anzahl der an der Gründung der SE beteiligten Gesellschaften mit Sitz im Inland, die Arbeitnehmer im Inland beschäftigen, so sind die nach erfolgter Verteilung nach Absatz 2 verbleibenden Sitze nach dem d'Hondtschen Höchstzahlenverfahren auf die beteiligten Gesellschaften zu verteilen.

(5) Sind keine Gesellschaften mit Sitz im Inland an der Gründung der SE beteiligt, sondern von ihr nur Betriebe ausländischer Gesellschaften betroffen, gelten die Absätze 2 bis 4 entsprechend.

Kapitel 2 Wahlgremium

§ 8 Zusammensetzung des Wahlgremiums; Urwahl

(1) Die nach diesem Gesetz oder dem Gesetz eines anderen Mitgliedstaats auf die im Inland beschäftigten Arbeitnehmer der an der Gründung der SE beteiligten Gesellschaften, betroffenen Tochtergesellschaften und betroffenen Betriebe entfallenden Mitglieder des besonderen Verhandlungsgremiums werden von einem Wahlgremium in geheimer und unmittelbarer Wahl gewählt. Im Fall des § 6 Abs. 3 ist jedes dritte Mitglied auf Vorschlag einer Gewerkschaft zu wählen, die in einem an der Gründung der SE beteiligten Unternehmen vertreten ist. Wird nur ein Wahlvorschlag gemacht, muss dieser mindestens doppelt so viele Bewerber enthalten wie Vertreter von Gewerkschaften zu wählen sind. Jeder Wahlvorschlag einer Gewerkschaft muss von einem Vertreter der Gewerkschaft unterzeichnet sein. Im Fall des § 6 Abs. 4 ist jedes siebte Mitglied auf Vorschlag der Sprecherausschüsse zu wählen; Satz 3 gilt entsprechend. Besteht in einem beteiligten Unternehmen oder in einer beteiligten Unternehmensgruppe kein Sprecherausschuss, können die leitenden Angestellten Wahlvorschläge machen; ein Wahlvorschlag muss von einem Zwanzigstel oder 50 der wahlberechtigten leitenden Angestellten unterzeichnet sein.

(2) Ist aus dem Inland nur eine Unternehmensgruppe an der SE-Gründung beteiligt, besteht das Wahlgremium aus den Mitgliedern des Konzernbetriebsrats oder, sofern ein solcher nicht besteht, aus den Mitgliedern der Gesamtbetriebsräte, oder, sofern ein solcher in einem Unternehmen nicht besteht, aus den Mitgliedern des Betriebsrats. Betriebsratslose Betriebe und Unternehmen einer Unternehmensgruppe werden vom Konzernbetriebsrat, Gesamtbetriebsrat oder Betriebsrat mit vertreten.

(3) Ist aus dem Inland nur ein Unternehmen an der Gründung einer SE beteiligt, besteht das Wahlgremium aus den Mitgliedern des Gesamtbetriebsrats, oder, sofern ein solcher nicht besteht, aus den Mitgliedern des Betriebsrats. Betriebsratslose Betriebe eines Unternehmens werden vom Gesamtbetriebsrat oder Betriebsrat mit vertreten.

(4) Ist aus dem Inland nur ein Betrieb von der Gründung einer SE betroffen, besteht das Wahlgremium aus den Mitgliedern des Betriebsrats.

(5) Sind an der Gründung der SE eine oder mehrere Unternehmensgruppen oder nicht verbundene Unternehmen beteiligt oder sind von der Gründung unternehmensunabhängige Betriebe betroffen, setzt sich das Wahlgremium aus den jeweiligen Arbeitnehmervertretungen auf Konzernebene, Unternehmensebene oder Betriebsebene zusammen. Die Absätze 2 bis 4 gelten entsprechend. Ist in den Fällen des Satzes 1 eine entsprechende Arbeitnehmervertretung nicht vorhanden, werden diese Mitglieder des Wahlgremiums von den Arbeitnehmern in Urwahl gewählt. Die Wahl wird von einem Wahlvorstand eingeleitet und durchgeführt, der in einer Versammlung der Arbeitnehmer ge-

wählt wird, zu der die inländische Konzernleitung, Unternehmensleitung oder Betriebsleitung einlädt. Es sind so viele Mitglieder des Wahlgremiums zu wählen, wie eine bestehende Arbeitnehmervertretung in den Fällen der Absätze 2 bis 4 an gesetzlichen Mitgliedern hätte; für das Wahlverfahren gilt Absatz 7 Satz 3 bis 5 entsprechend.

(6) Das Wahlgremium besteht aus höchstens 40 Mitgliedern. Würde diese Höchstzahl überschritten, ist die Anzahl der Mitglieder in dem Wahlgremium entsprechend ihrem zahlenmäßigen Verhältnis nach dem d'Hondtschen Höchstzahlverfahren zu verringern.

(7) Besteht in den Fällen der Absätze 2 bis 5 keine Arbeitnehmervertretung, wählen die Arbeitnehmer die Mitglieder des besonderen Verhandlungsgremiums in geheimer und unmittelbarer Wahl. Die Wahl wird von einem Wahlvorstand eingeleitet und durchgeführt, der in einer Versammlung der Arbeitnehmer gewählt wird, zu der die inländische Konzernleitung, Unternehmensleitung oder Betriebsleitung einlädt. Die Wahl der Mitglieder des besonderen Verhandlungsgremiums erfolgt nach den Grundsätzen der Verhältniswahl. Sie erfolgt nach den Grund- sätzen der Mehrheitswahl, wenn nur ein Wahlvorschlag eingereicht wird. Jeder Wahlvorschlag der Arbeitnehmer muss von mindestens einem Zwanzigstel der wahlberechtigten Arbeitnehmer, mindestens jedoch von drei Wahlberechtigten, höchstens aber von 50 Wahlberechtigten unterzeichnet sein; in Betrieben mit in der Regel bis zu 20 wahlberechtigten Arbeitnehmern genügt die Unterzeichnung durch zwei Wahlberechtigte. § 8 Abs. 1 Satz 2 bis 6 gilt entsprechend.

§ 9 Einberufung des Wahlgremiums

(1) Auf der Grundlage der von den Leitungen erhaltenen Informationen hat der Vorsitzende der Arbeitnehmervertretung auf Konzernebene oder, sofern eine solche nicht besteht, auf Unternehmensebene oder, sofern eine solche nicht besteht, auf Betriebsebene

1. Ort, Tag und Zeit der Versammlung des Wahlgremiums festzulegen;

2. die Anzahl der Mitglieder aus den jeweiligen Arbeitnehmervertretungen nach § 8 Abs. 6 festzulegen;

3. zur Versammlung des Wahlgremiums einzuladen.

(2) Bestehen auf einer Ebene mehrere Arbeitnehmervertretungen, treffen die Verpflichtungen nach Absatz 1 den Vorsitzenden der Arbeitnehmervertretung, die die meisten Arbeitnehmer vertritt.

§ 10 Wahl der Mitglieder des besonderen Verhandlungsgremiums

(1) Bei der Wahl müssen mindestens zwei Drittel der Mitglieder des Wahlgremiums, die mindestens zwei Drittel der Arbeitnehmer vertreten, anwesend sein. Die Mitglieder des Wahlgremiums haben jeweils so viele Stimmen, wie sie Arbeitnehmer vertreten. Die Wahl erfolgt mit einfacher Mehrheit der abgegebenen Stimmen.

(2) Im Wahlgremium vertreten die Arbeitnehmervertretungen und die in Urwahl gewählten Mitglieder jeweils alle Arbeitnehmer der organisatorischen Einheit, für die sie nach § 8 Abs. 2 bis 5 zuständig sind. Nicht nach Satz 1 vertretene Arbeitnehmer werden den Arbeitnehmerver-tretungen innerhalb der jeweiligen Unternehmensgruppe zu gleichen Teilen zugerechnet.

(3) Sind für eine Arbeitnehmervertretung mehrere Mitglieder im Wahlgremium vertreten, werden die entsprechend der von ihnen vertretenen Arbeitnehmer bestehenden Stimmenanteile gleichmäßig aufgeteilt. Dies gilt auch für die nach § 8 Abs. 5 Satz 3 gewählten Mitglieder des Wahlgremiums.

Kapitel 3 Verhandlungsverfahren

§ 11 Information über die Mitglieder des besonderen Verhandlungsgremiums

(1) Die Wahl oder Bestellung der Mitglieder des besonderen Verhandlungsgremiums soll innerhalb von zehn Wochen nach der in § 4 Abs. 2 und 3 vorgeschriebenen Information erfolgen. Den Leitungen sind unverzüglich die Namen der Mitglieder des besonderen Verhandlungsgremiums, ihre Anschriften sowie die jeweilige Betriebszugehörigkeit mitzuteilen. Die Leitungen haben die örtlichen Betriebs- und Unternehmensleitungen, die dort bestehenden Arbeitnehmervertretungen und Sprecherausschüsse sowie die in inländischen Betrieben vertretenen Gewerkschaften über diese Angaben zu informieren.

(2) Das Verhandlungsverfahren nach den §§ 12 bis 17 findet auch dann statt, wenn die in Absatz 1 Satz 1 genannte Frist aus Gründen, die die Arbeitnehmer zu vertreten haben, überschritten wird. Nach Ablauf der Frist gewählte oder bestellte Mitglieder können sich jederzeit an dem Verhandlungsverfahren beteiligen. $

§ 12 Sitzungen; Geschäftsordnung

(1) Die Leitungen laden unverzüglich nach Benennung der Mitglieder oder im Fall des § 11 nach Ablauf der in § 11 Abs. 1 Satz 1 genannten Frist zur konstituierenden Sitzung des besonderen Verhandlungsgremiums ein und informieren die örtlichen Betriebs- und Unternehmensleitungen. Das besondere Verhandlungsgremium wählt aus seiner Mitte einen Vorsitzenden und mindestens zwei Stellvertreter. Es kann sich eine schriftliche Geschäftsordnung geben.

(2) Der Vorsitzende kann weitere Sitzungen einberufen.

§ 13 Zusammenarbeit zwischen besonderem Verhandlungsgremium und Leitungen

(1) Das besondere Verhandlungsgremium schließt mit den Leitungen eine schriftliche Vereinbarung über die Beteiligung der Arbeitnehmer in der SE ab. Zur Erfüllung dieser Aufgabe arbeiten sie vertrauensvoll zusammen.

(2) Die Leitungen haben dem besonderen Verhandlungsgremium rechtzeitig alle erforderlichen Auskünfte zu erteilen und die erforderlichen Unterlagen zur Verfügung zu stellen. Das besondere Verhandlungsgremium ist insbesondere über das Gründungsvorhaben und den Verlauf des Verfahrens bis zur Eintragung der SE zu unterrichten. Zeitpunkt, Häufigkeit und Ort der Verhandlungen werden zwischen den Leitungen und dem besonderen Verhandlungsgremium einvernehmlich festgelegt.

§ 14 Sachverständige und Vertreter von geeigneten außenstehenden Organisationen

(1) Das besondere Verhandlungsgremium kann bei den Verhandlungen Sachverständige seiner Wahl, zu denen auch Vertreter von einschlägigen Gewerkschaftsorganisationen auf Gemeinschaftsebene zählen können, hinzuziehen, um sich von ihnen bei seiner Arbeit unterstützen zu lassen. Diese Sachverständigen können, wenn das besondere Verhandlungsgremium es wünscht, an den Verhandlungen in beratender Funktion teilnehmen.

(2) Das besondere Verhandlungsgremium kann beschließen, die Vertreter von geeigneten außenstehenden Organisationen vom Beginn der Verhandlungen zu unterrichten.

§ 15 Beschlussfassung im besonderen Verhandlungsgremium

(1) Die Mitglieder des besonderen Verhandlungsgremiums, die in einem Mitgliedstaat gewählt oder bestellt werden, vertreten alle in dem jeweiligen Mitgliedstaat beschäftigten Arbeitnehmer. Solange aus einem Mitgliedstaat keine Mitglieder in das besondere Verhandlungsgremium gewählt oder bestellt sind (§ 11 Abs. 2), gelten die betroffenen Arbeitnehmer als nicht vertreten.

(2) Das besondere Verhandlungsgremium beschließt vorbehaltlich des Absatzes 3 und § 16 Abs. 1 mit der Mehrheit seiner Mitglieder, in der zugleich die Mehrheit der vertretenen Arbeitnehmer enthalten sein muss. Jedes auf das Inland entfallende Mitglied vertritt gleich viele Arbeitnehmer.

(3) Hätten die Verhandlungen eine Minderung der Mitbestimmungsrechte zur Folge, so ist für einen Beschluss zur Billigung einer solchen Vereinbarung eine Mehrheit von zwei Dritteln der Mitglieder des besonderen Verhandlungsgremiums erforderlich, die mindestens zwei Drittel der Arbeitnehmer in mindestens zwei Mitgliedstaaten vertreten. Dies gilt

1. im Fall einer SE, die durch Verschmelzung gegründet werden soll, sofern sich die Mitbestimmung auf mindestens 25 Prozent der Gesamtzahl der Arbeitnehmer der beteiligten Gesellschaften und der betroffenen Tochtergesellschaften erstreckt oder

2. im Fall einer SE, die als Holding-Gesellschaft oder als Tochtergesellschaft gegründet werden soll, sofern sich die Mitbestimmung auf mindestens 50 Prozent der Gesamtzahl der Arbeitnehmer der beteiligten Gesellschaften und der betroffenen Tochtergesellschaften erstreckt.

(4) Minderung der Mitbestimmungsrechte bedeutet, dass

1. der Anteil der Arbeitnehmervertreter im Aufsichts- oder Verwaltungsorgan der SE geringer ist als der höchste in den beteiligten Gesellschaften bestehende Anteil oder

2. das Recht, Mitglieder des Aufsichts- oder Verwaltungsorgans der Gesellschaft zu wählen, zu bestellen, zu empfehlen oder abzulehnen, beseitigt oder eingeschränkt wird.

(5) Wird eine SE durch Umwandlung gegründet, kann ein Beschluss nach Absatz 3 nicht gefasst werden.

§ 16 Nichtaufnahme oder Abbruch der Verhandlungen

(1) Das besondere Verhandlungsgremium kann beschließen, keine Verhandlungen aufzunehmen oder bereits aufgenommene Verhandlungen abzubrechen. Für diesen Beschluss ist eine Mehrheit von zwei Dritteln der Mitglieder erforderlich, die mindestens zwei Drittel der Arbeitnehmer in mindestens zwei Mitgliedstaaten vertreten. Die Vorschriften für die Unterrichtung und Anhörung der Arbeitnehmer, die in den Mitgliedstaaten gelten, in denen die SE Arbeitnehmer beschäftigt, finden Anwendung.

(2) Ein Beschluss nach Absatz 1 beendet das Verfahren zum Abschluss der Vereinbarung nach § 21. Ist ein solcher Beschluss gefasst worden, finden die Regelungen der §§ 22 bis 33 über den SE-Betriebsrat kraft Gesetzes und der §§ 34 bis 38 über die Mitbestimmung kraft Gesetzes keine Anwendung.

(3) Wird eine SE durch Umwandlung gegründet, kann ein Beschluss nach Absatz 1 nicht gefasst werden, wenn den Arbeitnehmern der umzuwandelnden Gesellschaft Mitbestimmungsrechte zustehen.

§ 17 Niederschrift

In eine Niederschrift, die vom Vorsitzenden und einem weiteren Mitglied des besonderen Verhandlungsgremiums zu unterzeichnen ist, ist aufzunehmen

1. ein Beschluss über den Abschluss einer Vereinbarung nach § 13 Abs. 1,

2. ein Beschluss über die Nichtaufnahme oder den Abbruch der Verhandlungen nach § 16 Abs. 1 und

3. die jeweiligen Mehrheiten, mit denen die Beschlüsse gefasst worden sind.

Eine Abschrift der Niederschrift ist den Leitungen zu übermitteln.

§ 18 Wiederaufnahme der Verhandlungen

(1) Frühestens zwei Jahre nach dem Beschluss nach § 16 Abs. 1 wird auf schriftlichen Antrag von mindestens 10 Prozent der Arbeitnehmer der SE, ihrer Tochtergesellschaften und Betriebe oder von deren Vertretern ein besonderes Verhandlungsgremium erneut gebildet, mit der Maßgabe, dass an die Stelle der beteiligten Gesellschaften, betroffenen Tochtergesellschaften und betroffenen Betriebe die SE, ihre Tochtergesellschaften und Betriebe treten. Die Parteien können eine frühere Wiederaufnahme der Verhandlungen vereinbaren.

(2) Wenn das besondere Verhandlungsgremium die Wiederaufnahme der Verhandlungen mit der Leitung der SE nach Absatz 1 beschließt, in diesen Verhandlungen jedoch keine Einigung erzielt wird, finden die §§ 22 bis 33 über den SE-Betriebsrat kraft Gesetzes und die §§ 34 bis 38 über die Mitbestimmung kraft Gesetzes keine Anwendung.

(3) Sind strukturelle Änderungen der SE geplant, die geeignet sind, Beteiligungsrechte der Arbeitnehmer zu mindern, finden auf Veranlassung der Leitung der SE oder des SE-Betriebsrats Verhandlungen über die Beteiligungsrechte der Arbeitnehmer der SE statt. Anstelle des neu zu bildenden besonderen Verhandlungsgremiums können die Verhandlungen mit der Leitung der SE einvernehmlich von dem SE-Betriebsrat gemeinsam mit Vertretern der von der geplanten strukturellen Änderung betroffenen Arbeitnehmer, die bisher nicht von dem SE- Betriebsrat vertreten werden, geführt werden. Wird in diesen Verhandlungen keine Einigung erzielt, sind die §§ 22 bis 33 über den SE-Betriebsrat kraft Gesetzes und die §§ 34 bis 38 über die Mitbestimmung kraft Gesetzes anzuwenden.

(4) In den Fällen der Absätze 1 und 3 gelten die Vorschriften des Teils 2 mit der Maßgabe, dass an die Stelle der Leitungen die Leitung der SE tritt.

§ 19 Kosten des besonderen Verhandlungsgremiums

Die durch die Bildung und Tätigkeit des besonderen Verhandlungsgremiums entstehenden erforderlichen Kosten tragen die beteiligten Gesellschaften und nach ihrer Gründung die SE als Gesamtschuldner. Insbesondere sind für die Sitzungen in erforderlichem Umfang Räume, sachliche Mittel, Dolmetscher und Büropersonal zur Verfügung zu stellen sowie die erforderlichen Reise- und Aufenthaltskosten der Mitglieder des besonderen Verhandlungsgremiums zu tragen.

§ 20 Dauer der Verhandlungen

(1) Die Verhandlungen beginnen mit der Einsetzung des besonderen Verhandlungsgremiums und können bis zu sechs Monate dauern. Einsetzung bezeichnet den Tag, zu dem die Leitungen zur konstituierenden Sitzung des besonderen Verhandlungsgremiums eingeladen haben.

(2) Die Parteien können einvernehmlich beschließen, die Verhandlungen über den in Absatz 1 genannten Zeitraum hinaus bis zu insgesamt einem Jahr ab der Einsetzung des besonderen Verhandlungsgremiums fortzusetzen.

Teil 3 Beteiligung der Arbeitnehmer in der SE

Kapitel 1 Beteiligung der Arbeitnehmer kraft Vereinbarung

§ 21 Inhalt der Vereinbarung

(1) In der schriftlichen Vereinbarung zwischen den Leitungen und dem besonderen Verhandlungsgremium wird, unbeschadet der Autonomie der Parteien im Übrigen und vorbehaltlich des Absatzes 6, festgelegt:

1. der Geltungsbereich der Vereinbarung, einschließlich der außerhalb des Hoheitsgebietes der Mitgliedstaaten liegenden Unternehmen und Betriebe, sofern diese in den Geltungsbereich einbezogen werden;

2. die Zusammensetzung des SE-Betriebsrats, die Anzahl seiner Mitglieder und die Sitzverteilung, einschließlich der Auswirkungen wesentlicher Änderungen der Zahl der in der SE beschäftigten Arbeitnehmer;

3. die Befugnisse und das Verfahren zur Unterrichtung und Anhörung des SE-Betriebsrats;

4. die Häufigkeit der Sitzungen des SE-Betriebsrats;

5. die für den SE-Betriebsrat bereitzustellenden finanziellen und materiellen Mittel;

6. der Zeitpunkt des Inkrafttretens der Vereinbarung und ihre Laufzeit; ferner die Fälle, in denen die Vereinbarung neu ausgehandelt werden soll und das dabei anzuwendende Verfahren.

(2) Wenn kein SE-Betriebsrat gebildet wird, haben die Parteien die Durchführungsmodalitäten des Verfahrens oder der Verfahren zur Unterrichtung und Anhörung festzulegen. Absatz 1 gilt entsprechend.

(3) Für den Fall, dass die Parteien eine Vereinbarung über die Mitbestimmung treffen, ist deren Inhalt festzulegen. Insbesondere soll Folgendes vereinbart werden:

1. die Zahl der Mitglieder des Aufsichts- oder Verwaltungsorgans der SE, welche die Arbeitnehmer wählen oder bestellen können oder deren Bestellung sie empfehlen oder ablehnen können;

2. das Verfahren, nach dem die Arbeitnehmer diese Mitglieder wählen oder bestellen oder deren Bestellung empfehlen oder ablehnen können und

3. die Rechte dieser Mitglieder.

(4) In der Vereinbarung soll festgelegt werden, dass auch vor strukturellen Änderungen der SE Verhandlungen über die Beteiligung der Arbeitnehmer in der SE aufgenommen werden. Die Parteien können das dabei anzuwendende Verfahren regeln.

(5) Die Vereinbarung kann bestimmen, dass die Regelungen der §§ 22 bis 33 über den SE-Betriebsrat kraft Gesetzes und der §§ 34 bis 38 über die Mitbestimmung kraft Gesetzes ganz oder in Teilen gelten.

(6) Unbeschadet des Verhältnisses dieses Gesetzes zu anderen Regelungen der Mitbestimmung der Arbeitnehmer im Unternehmen muss in der Vereinbarung im Fall einer durch Umwandlung gegründeten SE in Bezug auf alle Komponenten der Arbeitnehmerbeteiligung zumindest das gleiche Ausmaß gewährleistet werden, das in der Gesellschaft besteht, die in eine SE umgewandelt werden soll. Dies gilt auch bei einem Wechsel der Gesellschaft von einer dualistischen zu einer monistischen Organisationsstruktur und umgekehrt.

Kapitel 2 Beteiligung der Arbeitnehmer kraft Gesetzes

Abschnitt 1 SE-Betriebsrat kraft Gesetzes

Unterabschnitt 1 Bildung und Geschäftsführung

§ 22 Voraussetzung

(1) Die Regelungen der §§ 23 bis 33 über den SE- Betriebsrat kraft Gesetzes finden ab dem Zeitpunkt der Eintragung der SE Anwendung, wenn

1. die Parteien dies vereinbaren oder

2. bis zum Ende des in § 20 angegebenen Zeitraums keine Vereinbarung zustande gekommen ist und das besondere Verhandlungsgremium keinen Beschluss nach § 16 gefasst hat.

(2) Absatz 1 gilt entsprechend im Fall des § 18 Abs. 3.

§ 23 Errichtung des SE-Betriebsrats

(1) Zur Sicherung des Rechts auf Unterrichtung und Anhörung in der SE ist ein SE-Betriebsrat zu errichten. Dieser setzt sich aus Arbeitnehmern der SE, ihrer Tochtergesellschaften und Betriebe zusammen. Für die Errichtung des SE-Betriebsrats gelten § 5 Abs. 1, § 6 Abs. 1 und 2 Satz 2 und 3, die §§ 7 bis 10 und 11 Abs. 1 Satz 2 und 3 entsprechend mit der Maßgabe, dass an die Stelle der beteiligten Gesellschaften, betroffenen Tochtergesellschaften und betroffenen Betriebe die SE, ihre Tochtergesellschaften und Betriebe treten. Im Fall des § 22 Abs. 1 Nr. 2 ist für die Feststellung der Zahl der beschäftigten Arbeitnehmer das Ende des in § 20 angegebenen Zeitraums maßgeblich. Die Mitgliedschaft im SE-Betriebsrat beginnt mit der Wahl oder Bestellung. Die Dauer der Mitgliedschaft der aus dem Inland kommenden Mitglieder beträgt vier Jahre, wenn sie nicht durch Abberufung oder aus anderen Gründen vorzeitig endet. Für die Abberufung gelten die §§ 8 bis 10 entsprechend mit der Maßgabe, dass an die Stelle der beteiligten Gesellschaften, betroffenen Tochtergesellschaften und betroffenen Betriebe die SE, ihre Tochtergesellschaften und Betriebe treten.

(2) Die Leitung der SE lädt unverzüglich nach Benennung der Mitglieder zur konstituierenden Sitzung des SE- Betriebsrats ein. Der SE-Betriebsrat wählt aus seiner Mitte einen Vorsitzenden und dessen Stellvertreter.

(3) Der Vorsitzende oder im Fall seiner Verhinderung der Stellvertreter vertritt den SE-Betriebsrat im Rahmen der von ihm gefassten Beschlüsse. Zur Entgegennahme von Erklärungen, die dem SE-Betriebsrat gegenüber abzugeben sind, ist der Vorsitzende oder im Fall seiner Verhinderung der Stellvertreter berechtigt.

(4) Der SE-Betriebsrat bildet aus seiner Mitte einen Ausschuss von drei Mitgliedern, dem neben dem Vorsitzenden zwei weitere zu wählende Mitglieder angehören. Der Ausschuss führt die laufenden Geschäfte des SE- Betriebsrats (geschäftsführender Ausschuss).

§ 24 Sitzungen und Beschlüsse

(1) Der SE-Betriebsrat soll sich eine schriftliche Geschäftsordnung geben, die er mit der Mehrheit seiner Mitglieder beschließt.

(2) Vor Sitzungen mit der Leitung der SE ist der SE- Betriebsrat oder der geschäftsführende Ausschuss - gegebenenfalls in der nach § 29 Abs. 3 erweiterten Zusammensetzung -- berechtigt, in Abwesenheit der Vertreter der Leitung der SE zu tagen. Mit Einverständnis der Leitung der SE kann der SE-Betriebsrat weitere Sitzungen durchführen. Die Sitzungen des SE-Betriebsrats sind nicht öffentlich.

(3) Der SE-Betriebsrat ist beschlussfähig, wenn mindestens die Hälfte seiner Mitglieder anwesend ist. Die Beschlüsse des SE-Betriebsrats werden, soweit in diesem Gesetz nichts anderes bestimmt ist, mit der Mehrheit der anwesenden Mitglieder gefasst.

§ 25 Prüfung der Zusammensetzung des SE-Betriebsrats

Alle zwei Jahre, vom Tage der konstituierenden Sitzung des SE-Betriebsrats an gerechnet, hat die Leitung der SE zu prüfen, ob Änderungen der SE und ihrer Tochtergesellschaften und Betriebe, insbesondere bei den Arbeitnehmerzahlen in den einzelnen Mitgliedstaaten eingetreten sind. Sie hat das Ergebnis dem SE-Betriebsrat mitzuteilen. Ist danach eine andere Zusammensetzung des SE-Betriebsrats erforderlich, veranlasst dieser bei den in den jeweiligen Mitgliedstaaten zuständigen Stellen, dass die Mitglieder des SE-Betriebsrats in diesen Mitgliedstaaten neu gewählt oder bestellt werden. Mit der neuen Wahl oder Bestellung endet die Mitgliedschaft der bisherigen Arbeitnehmervertreter aus diesen Mitgliedstaaten.

§ 26 Beschluss zur Aufnahme von Neuverhandlungen

(1) Vier Jahre nach seiner Einsetzung hat der SE- Betriebsrat mit der Mehrheit seiner Mitglieder einen Beschluss darüber zu fassen, ob über eine Vereinbarung nach § 21 verhandelt werden oder die bisherige Regelung weiter gelten soll.

(2) Wird der Beschluss gefasst, über eine Vereinbarung nach § 21 zu verhandeln, so gelten die §§ 13 bis 15, 17, 20 und 21 entsprechend mit der Maßgabe, dass an die Stelle des besonderen Verhandlungsgremiums der SE-Betriebsrat tritt. Kommt keine Vereinbarung zustande, findet die bisherige Regelung weiter Anwendung.

Unterabschnitt 2 Aufgaben

§ 27 Zuständigkeiten des SE-Betriebsrats

Der SE-Betriebsrat ist zuständig für die Angelegenheiten, die die SE selbst, eine ihrer Tochtergesellschaften oder einen ihrer Betriebe in einem anderen Mitgliedstaat betreffen oder die über die Befugnisse der zuständigen Organe auf der Ebene des einzelnen Mitgliedstaats hinausgehen.

§ 28 Jährliche Unterrichtung und Anhörung

(1) Die Leitung der SE hat den SE-Betriebsrat mindestens einmal im Kalenderjahr in einer gemeinsamen Sitzung über die Entwicklung der Geschäftslage und die Perspektiven der SE unter

rechtzeitiger Vorlage der erforderlichen Unterlagen zu unterrichten und ihn anzuhören. Zu den erforderlichen Unterlagen gehören insbesondere

1. die Geschäftsberichte,

2. die Tagesordnung aller Sitzungen des Leitungsorgans und des Aufsichts- oder Verwaltungsorgans,

3. die Kopien aller Unterlagen, die der Hauptversammlung der Aktionäre vorgelegt werden.

(2) Zu der Entwicklung der Geschäftslage und den Perspektiven im Sinne von Absatz 1 gehören insbesondere

1. die Struktur der SE sowie die wirtschaftliche und finanzielle Lage;

2. die voraussichtliche Entwicklung der Geschäfts-, Produktions- und Absatzlage;

3. die Beschäftigungslage und ihre voraussichtliche Entwicklung;

4. Investitionen (Investitionsprogramme);

5. grundlegende Änderungen der Organisation;

6. die Einführung neuer Arbeits- und Fertigungsverfahren;

7. die Verlegung von Unternehmen, Betrieben oder wesentlichen Betriebsteilen sowie Verlagerungen der Produktion;

8. Zusammenschlüsse oder Spaltungen von Unternehmen oder Betrieben;

9. die Einschränkung oder Stilllegung von Unternehmen, Betrieben oder wesentlichen Betriebsteilen;

10. Massenentlassungen.

(3) Die Leitung der SE informiert die Leitungen über Ort und Tag der Sitzung.

§ 29 Unterrichtung und Anhörung über außergewöhnliche Umstände

(1) Über außergewöhnliche Umstände, die erhebliche Auswirkungen auf die Interessen der Arbeitnehmer haben, hat die Leitung der SE den SE-Betriebsrat rechtzeitig unter Vorlage der erforderlichen Unterlagen zu unterrichten. Als außergewöhnliche Umstände gelten insbesondere

1. die Verlegung oder Verlagerung von Unternehmen, Betrieben oder wesentlichen Betriebsteilen;

2. die Stilllegung von Unternehmen, Betrieben oder wesentlichen Betriebsteilen;

3. Massenentlassungen.

(2) Der SE-Betriebsrat hat das Recht, auf Antrag mit der Leitung der SE oder den Vertretern einer anderen zuständigen, mit eigenen Entscheidungsbefugnissen ausgestatteten Leitungsebene innerhalb der SE zusammenzutreffen, um zu den außergewöhnlichen Umständen angehört zu werden.

(3) Auf Beschluss des SE-Betriebsrats stehen die Rechte nach Absatz 2 dem geschäftsführenden Ausschuss (§ 23 Abs. 4) zu. Findet eine Sitzung mit dem geschäftsführenden Ausschuss statt, so

haben auch die Mitglieder des SE-Betriebsrats, die von diesen Maßnahmen unmittelbar betroffene Arbeitnehmer vertreten, das Recht, daran teilzunehmen.

(4) Wenn die Leitung der SE beschließt, nicht entsprechend der von dem SE-Betriebsrat oder dem geschäftsführenden Ausschuss abgegebenen Stellungnahme zu handeln, hat der SE-Betriebsrat das Recht, ein weiteres Mal mit der Leitung der SE zusammenzutreffen, um eine Einigung herbeizuführen.

§ 30 Information durch den SE-Betriebsrat

Der SE-Betriebsrat informiert die Arbeitnehmervertreter der SE, ihrer Tochtergesellschaften und Betriebe über den Inhalt und die Ergebnisse der Unterrichtungs- und Anhörungsverfahren. Sind keine Arbeitnehmervertreter vorhanden, sind die Arbeitnehmer zu informieren.

Unterabschnitt 3 Freistellung und Kosten

§ 31 Fortbildung

Der SE-Betriebsrat kann Mitglieder zur Teilnahme an Schulungs- und Bildungsveranstaltungen bestimmen, soweit diese Kenntnisse vermitteln, die für die Arbeit des SE-Betriebsrats erforderlich sind. Der SE-Betriebsrat hat die Teilnahme und die zeitliche Lage rechtzeitig der Leitung der SE mitzuteilen. Bei der Festlegung der zeitlichen Lage sind die betrieblichen Notwendigkeiten zu berücksichtigen.

§ 32 Sachverständige

Der SE-Betriebsrat oder der geschäftsführende Ausschuss können sich durch Sachverständige ihrer Wahl unterstützen lassen, soweit dies zur ordnungsgemäßen Erfüllung ihrer Aufgaben erforderlich ist. Sachverständige können auch Vertreter von Gewerkschaften sein.

§ 33 Kosten und Sachaufwand

Die durch die Bildung und Tätigkeit des SE-Betriebsrats und des geschäftsführenden Ausschusses entstehenden erforderlichen Kosten trägt die SE. Im Übrigen gilt § 19 Satz 2 entsprechend.

Abschnitt 2 Mitbestimmung kraft Gesetzes

§ 34 Besondere Voraussetzungen

(1) Liegen die Voraussetzungen des § 22 vor, finden die Regelungen über die Mitbestimmung der Arbeitnehmer kraft Gesetzes nach den §§ 35 bis 38 Anwendung

1. im Fall einer durch Umwandlung gegründeten SE, wenn in der Gesellschaft vor der Umwandlung Bestimmungen über die Mitbestimmung der Arbeitnehmer im Aufsichts- oder Verwaltungsorgan galten;

2. im Fall einer durch Verschmelzung gegründeten SE, wenn

a) vor der Eintragung der SE in einer oder mehreren der beteiligten Gesellschaften eine oder mehrere Formen der Mitbestimmung bestanden und sich auf mindestens 25 Prozent der Gesamtzahl der Arbeitnehmer aller beteiligten Gesellschaften und betroffenen Tochtergesellschaften erstreckten oder

b) vor der Eintragung der SE in einer oder mehreren der beteiligten Gesellschaften eine oder mehrere Formen der Mitbestimmung bestanden und sich auf weniger als 25 Prozent der Gesamtzahl der Arbeitnehmer aller beteiligten Gesellschaften und betroffenen Tochtergesellschaften erstreckten und das besondere Verhandlungsgremium einen entsprechenden Beschluss fasst;

3. im Fall einer durch Errichtung einer Holding-Gesellschaft oder einer Tochtergesellschaft gegründeten SE, wenn

a) vor der Eintragung der SE in einer oder mehreren der beteiligten Gesellschaften eine oder mehrere Formen der Mitbestimmung bestanden und sich auf mindestens 50 Prozent der Gesamtzahl der Arbeitnehmer aller beteiligten Gesellschaften und betroffenen Tochtergesellschaften erstreckten oder

b) vor der Eintragung der SE in einer oder mehreren der beteiligten Gesellschaften eine oder mehrere Formen der Mitbestimmung bestanden und sich auf weniger als 50 Prozent der Gesamtzahl der Arbeitnehmer aller beteiligten Gesellschaften und betroffenen Tochtergesellschaften erstreckten und das besondere Verhandlungsgremium einen entsprechenden Beschluss fasst.

(2) Bestanden in den Fällen von Absatz 1 Nr. 2 und 3 mehr als eine Form der Mitbestimmung im Sinne des § 2 Abs. 12 in den verschiedenen beteiligten Gesellschaften, so entscheidet das besondere Verhandlungsgremium, welche von ihnen in der SE eingeführt wird. Wenn das besondere Verhandlungsgremium keinen solchen Beschluss fasst und eine inländische Gesellschaft, deren Arbeitnehmern Mitbestimmungsrechte zustehen, an der Gründung der SE beteiligt ist, ist die Mitbestimmung nach § 2 Abs. 12 Nr. 1 maßgeblich. Ist keine inländische Gesellschaft, deren Arbeitnehmern Mitbestimmungsrechte zustehen, beteiligt, findet die Form der Mitbestimmung nach § 2 Abs. 12 Anwendung, die sich auf die höchste Zahl der in den beteiligten Gesellschaften beschäftigten Arbeitnehmer erstreckt.

(3) Das besondere Verhandlungsgremium unterrichtet die Leitungen über die Beschlüsse, die es nach Absatz 1 Nr. 2 Buchstabe b und Nr. 3 Buchstabe b und Absatz 2 Satz 1 gefasst hat.

§ 35 Umfang der Mitbestimmung

(1) Liegen die Voraussetzungen des § 34 Abs. 1 Nr. 1 (Gründung einer SE durch Umwandlung) vor, bleibt die Regelung zur Mitbestimmung erhalten, die in der Gesellschaft vor der Umwandlung bestanden hat.

(2) Liegen die Voraussetzungen des § 34 Abs. 1 Nr. 2 (Gründung einer SE durch Verschmelzung) oder des § 34 Abs. 1 Nr. 3 (Gründung einer Holding-SE oder Tochter- SE) vor, haben die Arbeitnehmer der SE, ihrer Tochtergesellschaften und Betriebe oder ihr Vertretungsorgan das Recht, einen Teil der Mitglieder des Aufsichts- oder Verwaltungsorgans der SE zu wählen oder zu bestellen oder deren Bestellung zu empfehlen oder abzulehnen. Die Zahl dieser Arbeitnehmervertreter im Aufsichts- oder Verwaltungsorgan der SE bemisst sich nach dem höchsten Anteil an Arbeitnehmervertretern, der in den Organen der beteiligten Gesellschaften vor der Eintragung der SE bestanden hat.

§ 36 Sitzverteilung und Bestellung

(1) Der SE-Betriebsrat verteilt die Zahl der Sitze im Aufsichts- oder Verwaltungsorgan auf die Mitgliedstaaten, in denen Mitglieder zu wählen oder zu bestellen sind. Die Verteilung richtet sich nach dem jeweiligen Anteil der in den einzelnen Mitgliedstaaten beschäftigten Arbeitnehmer der SE, ihrer Tochtergesellschaften und Betriebe. Können bei dieser anteiligen Verteilung die Arbeit-

nehmer aus einem oder mehreren Mitgliedstaaten keinen Sitz erhalten, so hat der SE-Betriebsrat den letzten zu verteilenden Sitz einem bisher unberücksichtigten Mitglied- staat zuzuweisen. Dieser Sitz soll, soweit angemessen, dem Mitgliedstaat zugewiesen werden, in dem die SE ihren Sitz haben wird. Dieses Verteilungsverfahren gilt auch in dem Fall, in dem die Arbeitnehmer der SE Mitglieder dieser Organe empfehlen oder ablehnen können.

(2) Soweit die Mitgliedstaaten über die Besetzung der ihnen zugewiesenen Sitze keine eigenen Regelungen treffen, bestimmt der SE-Betriebsrat die Arbeitnehmervertreter im Aufsichts- oder Verwaltungsorgan der SE.

(3) Die Ermittlung der auf das Inland entfallenden Arbeitnehmervertreter des Aufsichts- oder Verwaltungsorgans der SE erfolgt durch ein Wahlgremium, das sich aus den Arbeitnehmervertretungen der SE, ihrer Tochtergesellschaften und Betriebe zusammensetzt. Für das Wahlverfahren gelten § 6 Abs. 2 bis 4, § 8 Abs. 1 Satz 2 bis 5, Abs. 2 bis 7 und die §§ 9 und 10 entsprechend mit der Maßgabe, dass an die Stelle der beteiligten Gesellschaften, betroffenen Tochtergesellschaften und betroffenen Betriebe die SE, ihre Tochtergesellschaften und Betriebe treten. Das Wahlergebnis ist der Leitung der SE, dem SE-Betriebsrat, den Gewählten, den Sprecherausschüssen und Gewerkschaften mitzuteilen.

(4) Die nach den Absätzen 2 und 3 ermittelten Arbeitnehmervertreter werden der Hauptversammlung der SE zur Bestellung vorgeschlagen. Die Hauptversammlung ist an diese Vorschläge gebunden.

§ 37 Abberufung und Anfechtung

(1) Ein Mitglied oder ein Ersatzmitglied der Arbeitnehmer aus dem Inland im Aufsichts- oder Verwaltungsorgan kann vor Ablauf der Amtszeit abberufen werden. Antragsberechtigt sind

1. die Arbeitnehmervertretungen, die das Wahlgremium gebildet haben;

2. in den Fällen der Urwahl mindestens drei wahlberechtigte Arbeitnehmer;

3. für ein Mitglied nach § 6 Abs. 3 nur die Gewerkschaft, die das Mitglied vorgeschlagen hat;

4. für ein Mitglied nach § 6 Abs. 4 nur der Sprecherausschuss, der das Mitglied vorgeschlagen hat.

Für das Abberufungsverfahren gelten die §§ 8 bis 10 entsprechend mit der Maßgabe, dass an die Stelle der beteiligten Gesellschaften, betroffenen Tochtergesellschaften und betroffenen Betriebe die SE, ihre Tochtergesellschaften und Betriebe treten; abweichend von § 8 Abs. 5 und § 10 Abs. 1 Satz 3 bedarf der Beschluss einer Mehrheit von drei Vierteln der abgegebenen Stimmen. Die Arbeitnehmervertreter sind von der Hauptversammlung der SE abzuberufen.

(2) Die Wahl eines Mitglieds oder eines Ersatzmitglieds der Arbeitnehmer aus dem Inland im Aufsichts- oder Verwaltungsorgan kann angefochten werden, wenn gegen wesentliche Vorschriften über das Wahlrecht, die Wählbarkeit oder das Wahlverfahren verstoßen worden und eine Berichtigung nicht erfolgt ist, es sei denn, dass durch den Verstoß das Wahlergebnis nicht geändert oder beeinflusst werden konnte. Zur Anfechtung berechtigt sind die in Absatz 1 Satz 2 Genannten, der SE-Betriebsrat und die Leitung der SE. Die Klage muss innerhalb eines Monats nach dem Bestellungsbeschluss der Hauptversammlung erhoben werden.

§ 38 Rechtsstellung; Innere Ordnung

(1) Die Arbeitnehmervertreter im Aufsichts- oder Verwaltungsorgan der SE haben die gleichen Rechte und Pflichten wie die Mitglieder, die die Anteilseigner vertreten.

(2) Die Zahl der Mitglieder des Leitungsorgans (§ 16 des SE-Ausführungsgesetzes) oder der geschäftsführenden Direktoren (§ 40 des SE-Ausführungsgesetzes) beträgt mindestens zwei. Einer von ihnen ist für den Bereich Arbeit und Soziales zuständig.

(3) Besteht in einer der beteiligten Gesellschaften das Aufsichtsorgan aus derselben Zahl von Anteilseigner und Arbeitnehmervertretern sowie einem weiteren Mitglied, so ist auch im Aufsichts- oder Verwaltungsorgan der SE ein weiteres Mitglied auf gemeinsamen Vorschlag der Anteilseigner- und der Arbeitnehmervertreter zu wählen.

Abschnitt 3 Tendenzschutz

§ 39 Tendenzunternehmen

(1) Auf eine SE, die unmittelbar und überwiegend

1. politischen, koalitionspolitischen, konfessionellen, karitativen, erzieherischen, wissenschaftlichen oder künstlerischen Bestimmungen oder

2. Zwecken der Berichterstattung oder Meinungsäußerung, auf die Artikel 5 Abs. 1 Satz 2 des Grundgesetzes anzuwenden ist, dient, findet Abschnitt 2 keine Anwendung.

(2) Eine Unterrichtung und Anhörung beschränkt sich auf die Gegenstände des § 28 Abs. 2 Nr. 5 bis 10 und des § 29 und erfolgt nur über den Ausgleich oder die Milderung der wirtschaftlichen Nachteile, die den Arbeitnehmern infolge der Unternehmens- oder Betriebsänderung entstehen.

Teil 4 Grundsätze der Zusammenarbeit und Schutzbestimmungen

§ 40 Vertrauensvolle Zusammenarbeit

Die Leitung der SE und der SE-Betriebsrat oder die Arbeitnehmervertreter im Rahmen eines Verfahrens zur Unterrichtung und Anhörung arbeiten zum Wohl der Arbeitnehmer und des Unternehmens oder der Unternehmensgruppe vertrauensvoll zusammen.

§ 41 Geheimhaltung; Vertraulichkeit

(1) Informationspflichten der Leitungen und der Leitung der SE nach diesem Gesetz bestehen nur, soweit bei Zugrundelegung objektiver Kriterien dadurch nicht Betriebs- oder Geschäftsgeheimnisse der an der Gründung beteiligten Gesellschaften, der SE oder deren jeweiliger Tochtergesellschaften und Betriebe gefährdet werden.

(2) Die Mitglieder und Ersatzmitglieder eines SE- Betriebsrats sind unabhängig von ihrem Aufenthaltsort verpflichtet, Betriebs- oder Geschäftsgeheimnisse, die ihnen wegen ihrer Zugehörigkeit zum SE-Betriebsrat bekannt geworden und von der Leitung der SE ausdrücklich als geheimhaltungsbedürftig bezeichnet worden sind, nicht zu offenbaren und nicht zu verwerten. Dies gilt auch nach dem Ausscheiden aus dem SE-Betriebsrat.

(3) Die Pflicht zur Vertraulichkeit des SE-Betriebsrats nach Absatz 2 gilt nicht gegenüber den

1. Mitgliedern des SE-Betriebsrats;

2. Arbeitnehmervertretern der SE, ihrer Tochtergesellschaften und Betriebe, wenn diese auf Grund einer Vereinbarung nach § 21 oder nach § 30 über den Inhalt der Unterrichtung und die Ergebnisse der Anhörung zu informieren sind;

3. Arbeitnehmervertretern im Aufsichts- oder Verwaltungsorgan der SE sowie

4. Dolmetschern und Sachverständigen, die zur Unterstützung herangezogen werden.

(4) Die Pflicht zur Vertraulichkeit nach Absatz 2 gilt entsprechend für

1. die Mitglieder und Ersatzmitglieder des besonderen Verhandlungsgremiums;

2. die Arbeitnehmervertreter der SE, ihrer Tochtergesellschaften und Betriebe;

3. die Arbeitnehmervertreter, die in sonstiger Weise an einem Verfahren zur Unterrichtung und Anhörung teilnehmen;

4. die Sachverständigen und Dolmetscher.

(5) Die Ausnahme von der Pflicht zur Vertraulichkeit nach Absatz 3 Nr. 1 gilt für den Personenkreis nach Absatz 4 Nr. 1 bis 3 entsprechend. Die Pflicht zur Vertraulichkeit gilt ferner nicht für

1. die Mitglieder des besonderen Verhandlungsgremiums gegenüber Dolmetschern und Sachverständigen;

2. die Arbeitnehmervertreter nach Absatz 4 Nr. 3 gegen- über Arbeitnehmervertretern im Aufsichts- oder Verwaltungsorgan der SE, gegenüber Dolmetschern und Sachverständigen, die vereinbarungsgemäß zur Unterstützung herangezogen werden und gegenüber Arbeitnehmervertretern der SE, ihrer Tochtergesellschaften und Betriebe, sofern diese nach der Vereinbarung (§ 21) über den Inhalt der Unterrichtungen und die Ergebnisse der Anhörung zu unterrichten sind.

§ 42 Schutz der Arbeitnehmervertreter

Bei der Wahrnehmung ihrer Aufgaben genießen die

1. Mitglieder des besonderen Verhandlungsgremiums;

2. Mitglieder des SE-Betriebsrats;

3. Arbeitnehmervertreter, die in sonstiger Weise bei einem Verfahren zur Unterrichtung und Anhörung mitwirken;

4. Arbeitnehmervertreter im Aufsichts- oder Verwaltungsorgan der SE; die Beschäftigte der SE, ihrer Tochtergesellschaften oder Betriebe oder einer der beteiligten Gesellschaften, betroffenen Tochtergesellschaften oder betroffenen Betriebe sind, den gleichen Schutz und die gleichen Sicherheiten wie die Arbeitnehmervertreter nach den Gesetzen und Gepflogenheiten des Mitgliedstaats, in dem sie beschäftigt sind. Dies gilt insbesondere für

1. den Kündigungsschutz,

2. die Teilnahme an den Sitzungen der jeweiligen in Satz 1 genannten Gremien und

3. die Entgeltfortzahlung.

§ 43 Missbrauchsverbot

Eine SE darf nicht dazu missbraucht werden, den Arbeitnehmern Beteiligungsrechte zu entziehen oder vorzuenthalten. Missbrauch wird vermutet, wenn ohne Durchführung eines Verfahrens nach § 18 Abs. 3 innerhalb eines Jahres nach Gründung der SE strukturelle Änderungen stattfinden, die bewirken, dass den Arbeitnehmern Beteiligungsrechte vorenthalten oder entzogen werden.

§ 44 Errichtungs- und Tätigkeitsschutz

Niemand darf

1. die Bildung des besonderen Verhandlungsgremiums, die Errichtung eines SE-Betriebsrats oder die Einführung eines Verfahrens zur Unterrichtung und Anhörung nach § 21 Abs. 2 oder die Wahl, Bestellung, Empfehlung oder Ablehnung der Arbeitnehmervertreter im Aufsichts- oder Verwaltungsorgan behindern oder durch Zufügung oder Androhung von Nachteilen oder durch Gewährung oder Versprechen von Vorteilen beeinflussen;

2. die Tätigkeit des besonderen Verhandlungsgremiums, des SE-Betriebsrats oder der Arbeitnehmervertreter nach § 21 Abs. 2 oder die Tätigkeit der Arbeitnehmervertreter im Aufsichts- oder Verwaltungsorgan behindern oder stören oder

3. ein Mitglied oder Ersatzmitglied des besonderen Verhandlungsgremiums, des SE-Betriebsrats oder einen Arbeitnehmervertreter nach § 21 Abs. 2 oder einen Arbeitnehmervertreter im Aufsichts- oder Verwaltungsorgan wegen seiner Tätigkeit benachteiligen oder begünstigen.

Teil 5 Straf - und Bußgeldvorschriften; Schlussbestimmung

§ 45 Strafvorschriften

(1) Mit Freiheitsstrafe bis zu zwei Jahren oder mit Geldstrafe wird bestraft, wer

1. entgegen § 41 Abs. 2, auch in Verbindung mit Abs. 4, ein Betriebs- oder Geschäftsgeheimnis verwertet oder

2. entgegen § 43 Satz 1 eine SE dazu missbraucht, Arbeitnehmern Beteiligungsrechte zu entziehen oder vorzuenthalten.

(2) Mit Freiheitsstrafe bis zu einem Jahr oder mit Geldstrafe wird bestraft, wer

1. entgegen § 41 Abs. 2, auch in Verbindung mit Abs. 4, ein Betriebs- oder Geschäftsgeheimnis offenbart,

2. entgegen § 44 Nr. 1 oder 2 eine dort genannte Tätigkeit behindert, beeinflusst oder stört oder

3. entgegen § 44 Nr. 3 eine dort genannte Person benachteiligt oder begünstigt.

(3) Handelt der Täter in den Fällen des Absatzes 2 Nr. 1 gegen Entgelt oder in der Absicht, sich oder einen anderen zu bereichern oder einen anderen zu schädigen, so ist die Strafe Freiheitsstrafe bis zu zwei Jahren oder Geldstrafe.

(4) Die Tat wird nur auf Antrag verfolgt. In den Fällen des Absatzes 1 Nr. 2 und des Absatzes 2 Nr. 2 und 3 sind das besondere Verhandlungsgremium, der SE-Betriebsrat, die Mehrheit der Arbeitnehmervertreter im Rahmen eines Verfahrens zur Unterrichtung und Anhörung, jedes Mitglied

des Aufsichts- oder Verwaltungsorgans, eine im Unternehmen vertretene Gewerkschaft sowie die Leitungen antragsberechtigt.

§ 46 Bußgeldvorschriften

(1) Ordnungswidrig handelt, wer

1. entgegen § 4 Abs. 2 oder § 5 Abs. 4 Satz 2, jeweils auch in Verbindung mit § 18 Abs. 4, eine Information nicht, nicht richtig, nicht vollständig oder nicht rechtzeitig gibt oder

2. entgegen § 28 Abs. 1 Satz 1 oder § 29 Abs. 1 Satz 1 den SE-Betriebsrat nicht, nicht richtig, nicht vollständig, nicht in der vorgeschriebenen Weise oder nicht rechtzeitig unterrichtet.

(2) Die Ordnungswidrigkeit kann mit einer Geldbuße bis zu zwanzigtausend Euro geahndet werden.

§ 47 Geltung nationalen Rechts

(1) Dieses Gesetz berührt nicht die den Arbeitnehmern nach inländischen Rechtsvorschriften und Regelungen zustehenden Beteiligungsrechte, mit Ausnahme

1. der Mitbestimmung in den Organen der SE;

2. der Regelung des Europäische Betriebsräte-Gesetzes, es sei denn, das besondere Verhandlungsgremium hat einen Beschluss nach § 16 gefasst.

(2) Regelungen und Strukturen über die Arbeitnehmervertretungen einer beteiligten Gesellschaft mit Sitz im Inland, die durch die Gründung der SE als eigenständige juristische Person erlischt, bestehen nach Eintragung der SE fort. Die Leitung der SE stellt sicher, dass diese Arbeitnehmervertretungen ihre Aufgaben weiterhin wahrnehmen können.

Autorenverzeichnis

Dr. Michael Hölzl, Dipl.-Kfm., MBR, studierte Betriebswirtschaftslehre an der Ludwig-Maximilians-Universität München. Während seiner Promotion war er wissenschaftlicher Mitarbeiter am Lehrstuhl für Betriebswirtschaftliche Steuerlehre und Steuerrecht von Prof. Dr. Dr. Theisen. Parallel dazu absolvierte er ein postgraduales Masterstudium. Im Jahr 2003 war er im Auftrag einer großen Wirtschaftsprüfungs- und Steuerberatungsgesellschaft beim International Bureau of Fiscal Documentation (IBFD) in Amsterdam tätig. Nach seiner Steuerberaterprüfung nahm Dr. Hölzl seine aktuelle Tätigkeit in der Steuerabteilung der Siemens AG auf. Sein Aufgabenbereich umfasst dort u. a. die weltweite strategische Steuerplanung und steuerpolitische Themenstellungen. Zudem setzt er sich intensiv mit europarechtlichen Steuerfragen auseinander.

Dr. Roland Köstler, Rechtsanwalt, ist seit 1978 Referatsleiter für (Wirtschafts-) Recht in der Hans-Böckler-Stiftung in Düsseldorf und hat 1987 an der Johann Wolfgang Goethe-Universität Frankfurt am Main promoviert. In dieser Eigenschaft beschäftigt er sich u. a. mit Fragen der Beratung und Qualifizierung von Arbeitnehmervertretern in Aufsichtsräten. Hierzu sowie generell zum Themengebiet der Arbeit in Aufsichtsräten hat Dr. Köstler zahlreiche Publikationen verfasst, u. a. das Handbuch zur Aufsichtsratswahl (zusammen mit Fuchs), 2005 in 3. Auflage erschienen, sowie das Handbuch zur Aufsichtsratspraxis (zusammen mit Kittner / Zachert / Müller), dessen 7. Auflage 2003 erschienen ist. Seit 1982 ist Dr. Köstler Mitglied in mehreren Aufsichtsräten. Derzeit besitzt er ein Aufsichtsratmandat bei der Vodafone Deutschland GmbH. Sein besonderes Engagement zeigt sich zudem durch die Mitarbeit in der Regierungskommission Corporate Governance und der dazugehörigen Kodexkommission. Darüber hinaus ist er Mitglied im DGB-Arbeitskreis Mitbestimmung und im EGB-Arbeitskreis Demokratisierung der Wirtschaft.

Dr. Silja Maul, DEA, DESS, ist Rechtsanwältin mit Tätigkeitsschwerpunkt Gesellschaftsrecht in einer internationalen Kanzlei. Sie war als nationale Expertin für Gesellschafts- und Bilanzrecht in der Generaldirektion Binnenmarkt der Europäischen Kommission in Brüssel tätig. Ihr Aufgabenbereich umfasste dort u. a. die Reform des Europäischen Gesellschaftsrechts sowie die takeover-Richtlinie und die Richtlinie für grenzüberschreitende Verschmelzungen. Zuvor war Dr. Maul Assistentin bei Prof. Dr. Dr. h.c. Peter Hommelhoff an der Ruprecht-Karls-Universität Heidelberg und promovierte über die faktisch abhängige SE. Sie war Lehrbeauftragte für Internationales Handels- und Gesellschaftsrecht an der Universität Paris III-Sorbonne Nouvelle. Dr. Maul hat zahlreiche Veröffentlichungen auf dem Gebiet des Gesellschaftsrechts und des europäischen Rechts verfasst und eine Vielzahl von Vorträgen gehalten.

Dr. Josef Neun, Dipl.-Kfm., ist seit 1994 Rechtsanwalt, Gründungsgesellschafter der AuditJurTaxGroup, München, und geschäftsführender Gesellschafter der Dr. Neun & Kollegen Corporate Finance and Invest Consult GmbH. Von 1994 bis 1998 war Dr. Neun bei Ernst & Young München in den Bereichen M&A, Restrukturierung und internationales Steuerrecht tätig, von 1998 bis 2001 in denselben Bereichen bei Nörr, Stiefenhofer und Lutz, München. Von 2001 bis 2004 arbeitete Dr. Neun als Prokurist bei KPMG in Frankfurt am Main im Bereich National Tax & Legal, u. a. in der Grundsatzabteilung für die Bereiche der gesellschafts- und europarechtlichen Grundlagen des nationalen und internationalen Steuerrechts. Zu seinen Aufgaben gehörten dabei auch die Betreuung der gesellschafts- und steuerrechtlichen Entwicklung sowie die Einführung der Europäischen Aktiengesellschaft. Dr. Neun ist Autor zahlreicher Publikationen auf dem Gebiet des Steuer- und Gesellschaftsrechts und hat verschiedene Vorträge über Unternehmenskäufe, Umwandlungen, Nachfolgeplanung und über die Gründung der Europäischen Aktiengesellschaft gehalten.

Dipl.-Kfm. Michael Niehues, Wirtschaftsprüfer und Steuerberater, ist Partner von Deloitte & Touche in Düsseldorf und hat an der Universität Würzburg Betriebswirtschaft studiert. Nach langjährigen Erfahrungen in der Abschlussprüfung von Konzerngesellschaften multinationaler Unternehmen war Herr Niehues von 1999 bis 2001 als abgeordneter nationaler Experte in der Generaldirektion Binnenmarkt der Europäischen Kommission tätig; hier hat er u. a. die Entwicklung der EU-Rechnungslegungsstrategie begleitet sowie an den Kommissionsempfehlungen zur Abschlussprüfung in der EU mitgewirkt. Seit Ende 2001 im National Office von Deloitte & Touche, beschäftigt sich Herr Niehues mit den internationalen Entwicklungen in Berufsrecht und Corporate Governance sowie deren Auswirkungen auf die deutsche Unternehmens- und Prüfungspraxis. Er wirkt in verschiedenen Projektausschüssen des Instituts der Wirtschaftsprüfer und der Wirtschaftsprüferkammer mit, die sich mit der Regulierung des Berufsstands befassen.

Prof. Dr. Dietmar Nolting, Rechtsanwalt, Steuerberater und Fachanwalt für Steuerrecht, ist geschäftsführender Gesellschafter der Gehrke Bodmann Nolting Rechtsanwaltsgesellschaft mbH in Hannover. Er lehrt Zivilrecht mit Schwerpunkten in Handels- und Gesellschaftsrecht sowie im Insolvenzrecht an der privaten staatlich anerkannten Fachhochschule Nordhessen. Dort leitet er auch die Forschungsstelle für Wirtschaftsrecht. Professor Nolting studierte deutsches und englisches Recht an der Universität Passau und am King´s College in London. Er wurde bei Prof. Dr. Hans-Joachim Musielak mit einer Arbeit zum Erbrecht promoviert. Die Zulassung zur Rechtsanwaltschaft erfolgte 1995, die Zulassung als Steuerberater im Jahr 2000. Professor Nolting ist für eine vorwiegend mittelständische Mandantschaft sowohl beratend als auch forensisch tätig. Ein weiter Tätigkeitsschwerpunkt ist die wirtschaftsrechtliche Fortbildung von Steuerberaterkollegen und Wirtschaftsprüfern.

Dr. Martin Plendl, Dipl.-Kfm., Wirtschaftsprüfer und Steuerberater, ist Geschäftsführender Partner von Deloitte & Touche in München. Er verfügt über 20 Jahre Erfahrung in der Durchführung von Abschlussprüfungen bei multinationalen Konzernen nach deutschen und internationalen Rechnungslegungs- und Prüfungsstandards. Weitere Tätigkeitsschwerpunkte liegen in der Beratung bei Konzernumstrukturierungen und der Unternehmensbewertung. Dr. Plendl ist als langjähriges Mitglied des Hauptfachausschusses des Instituts der Wirtschaftsprüfer in Deutschland mit der Fortentwicklung der Prüfungs- und Rechnungslegungsstandards befasst. Darüber hinaus widmet er sich als Mitglied des WP-Prüfungsausschusses des Landes Bayern der Qualifikation des Berufsnachwuchses. Seit 1992 ist er ständiger Mitarbeiter des Wirtschaftsprüfer-Handbuchs, Abschnitt Prüfungsergebnis. Dr. Plendl hat seit 2001 einen Lehrauftrag an der Ludwig-Maximilians-Universität München am Seminar für Rechnungswesen und Prüfung von Prof. Dr. Dr. h. c. Wolfgang Ballwieser inne.

MMag. Dr. Clemens Philipp Schindler, LL.M., ist wissenschaftlicher Mitarbeiter des Max-Planck-Instituts für Geistiges Eigentum, Wettbewerbs- und Steuerrecht in München sowie Steuerberater und Mitarbeiter der Kanzlei Haarmann Hemmelrath in den Büros München und Wien. Er studierte Betriebswirtschaftslehre an der Wirtschaftsuniversität Wien sowie Rechtswissenschaften an der Universität Wien und absolvierte ein LL.M. Programm zum Internationalem Steuerrecht an der New York University. Im Rahmen seiner akademischen Tätigkeit widmet er sich Fragen des internationalen Gesellschafts- und Steuerrechts und ist Vortragender des LL.M. Programms „master of the international business & tax law" am Management Center Innsbruck. Zum Thema „Europäische Aktiengesellschaft" hat er zahlreiche Publikationen verfasst und auf Fachtagungen sowie Seminaren referiert. In der Beratungspraxis liegen seine Tätigkeitsschwerpunkte in der gesellschafts- sowie steuerrechtlichen Beratung international tätiger Unternehmen bei Umstrukturierungen und M&A-Transaktionen.

PD Dr. Christoph Teichmann ist als Hochschuldozent an der Juristischen Fakultät der Ruprecht-Karls-Universität Heidelberg tätig. Nach der Ausbildung zum Bankkaufmann studierte er Rechtswissenschaften in Saarbrücken und Heidelberg. Bei Prof. Dr. Dr. h.c. Peter Hommelhoff promovierte er über das französische Konzernarbeitsrecht. Nach dem juristischen Vorbereitungsdienst in Darmstadt und Frankfurt war er zwei Jahre lang im Frankfurter Büro der Kanzlei Feddersen Laule Scherzberg & Ohle Hansen Ewerwahn (heute: White & Case, Feddersen) als Rechtsanwalt tätig, bevor er im Jahre 1999 an die Universität Heidelberg zurückkehrte. Dort widmet er sich insbesondere dem deutschen und europäischen Gesellschaftsrecht sowie der anwaltsorientierten Juristenausbildung. Im Dezember 2004 habilitierte er mit der Schrift „Binnenmarktkonformes Gesellschaftsrecht" und erhielt die venia legendi für Bürgerliches Recht, Handels-, Gesellschafts-, und Wirtschaftsrecht sowie Rechtsvergleichung.

Univ.-Prof. Dr. Dr. Manuel René Theisen ist seit 1987 Universitätsprofessor für Allgemeine Betriebswirtschaftslehre, Betriebswirtschaftliche Steuerlehre und Steuerrecht, bis 1991 an der Universität Oldenburg, von 1991 bis 1998 an der Universität Mannheim und seit April 1998 an der Ludwig-Maximilians-Universität München; 2001 hat er einen Ruf an die Wirtschaftsuniversität Wien abgelehnt. Professor Theisen beschäftigt sich in der Theorie u. a. seit über zwanzig Jahren mit Fragen der Aufsichtsratsarbeit in nationalen und internationalen Unternehmen. Er ist zudem Verfasser des Standardwerks „Die Überwachung der Unternehmungsführung" sowie der 2003 in 6. Auflage erschienenen Schrift „Das Aufsichtsratsmitglied – Ein Handbuch der Aufgaben, Rechte und Pflichten". Zu den genannten Themenbereichen ist Professor Theisen auch seit Jahren gutachterlich in der Praxis sowie für verschiedene Gerichte tätig. Darüber hinaus leitet er seit Jahren Aufsichtsrats-Tagungen und -Veranstaltungen im In- und Ausland. Von 1991 bis 2000 war er Aufsichtsratsvorsitzender der CentralTreuhand AG-Wirtschaftsprüfungsgesellschaft, München, und von 2001 bis 2004 war er stellvertretender Aufsichtsratsvorsitzender der ARRI AG, München. Zuletzt arbeitete Professor Theisen 2000 / 2001 als Sachverständiger für die Regierungskommission Corporate Governance. Seit 2004 ist er geschäftsführender Herausgeber der ersten Fachinformation für Mandatsträger „Der Aufsichtsrat".

Dr. Otmar Thömmes, Rechtsanwalt, ist seit 1984 in der Steuerabteilung von Deloitte & Touche in München tätig, seit 1995 als Geschäftsführender Partner. Er hat an den Universitäten Trier und München Jura studiert und im Dezember 1990 an der Universität Bielefeld promoviert. In der Zeit von 1989 bis 1991 war Dr. Thömmes als Nationaler Experte bei der EG-Kommission (Generaldirektion IV, Direkte Steuern) tätig. Hier hat er u. a. an der Entwicklung der EG-Mutter-Tochter-Richtlinie und der EG-Fusionsrichtlinie mitgewirkt. Seit der Rückkehr nach München liegen die Schwerpunkte seiner Beratungstätigkeit auf dem Gebiet des Körperschaftsteuerrechts sowie bei Verschmelzungen, Umstrukturierungen, Privatisierungen und Unternehmenskäufen. Dr. Thömmes ist Mit-Herausgeber und Verfasser von „EC Corporate Tax Law – Commentary on the EC Direct Tax Measures and Member States' Implementation", International Bureau of Fiscal Documentation (IBFD), Amsterdam, 1991. Regelmäßig ist er zudem als Referent und Autor zu EG-rechtlichen Sachverhalten tätig und hat den § 23 UmwStG betreffend die „Einbringung in der Europäischen Union" in Flick / Wassermeyer / Baumhoff kommentiert. Dr. Thömmes ist Mitglied des Advisory Council des IBFD, des Vorstandes der International Fiscal Association (IFA, Sektion Bayern), der Faculty des Postgraduate Program in International Tax Law der Wirtschaftsuniversität Wien sowie Lehrbeauftragter der Universität Augsburg.

Prof. Dr. Martin Wenz, Dipl.-Kfm., habilitiert an der Ludwig-Maximilians-Universität München und hat die Professur für Betriebswirtschaftliche Steuerlehre, Internationales und liechtensteinisches Steuerrecht an der Hochschule Liechtenstein in Vaduz inne. Er hat an den Universitäten Bayreuth und Mannheim Betriebswirtschaft studiert und zudem an der Universität Mannheim zur Besteuerung transnationaler Unternehmensmischformen promoviert; in diesem Zusammenhang hat er auch zahlreiche Forschungsaufenthalte an den Universitäten Cambridge und Oxford sowie der London School of Economics absolviert. In den Jahren 2001 bis 2002 war Dr. Wenz in der Praxis als Prokurist bei KPMG in Frankfurt am Main im Bereich National Tax & Legal tätig. Dabei war er insbesondere mit der steuerlichen Behandlung strukturierter und hybrider Finanzierungsinstrumente, der grenzüberschreitenden Umstrukturierung von Unternehmen, der internationalen Konzernsteuerplanung sowie der Wegzugsbesteuerung befasst. Im Jahr 2002 war er ferner Referent des Postgraduate Program in International Tax Law der Wirtschaftsuniversität Wien. Mit der Europäischen Aktiengesellschaft beschäftigt sich Dr. Wenz seit über zehn Jahren; hierzu hat er zahlreiche Vorträge im In- und Ausland gehalten und Tagungen geleitet sowie auch das Grundlagenwerk: „Die Societas Europaea (SE)", Berlin 1993, publiziert. Zu seinen Forschungsgebieten gehören neben Fragen der nationalen, internationalen und europäischen Unternehmensbesteuerung und deren Reform v. a. die Entwicklung einer Europäischen Steuerrechts- und Steuerwettbewerbsordnung sowie die Einführung und Besteuerung der Europäischen Aktiengesellschaft in den Mitgliedstaaten der EU und des EWR. Er ist ferner Mitglied des europäischen Netzwerkes *SEEurope* in Brüssel, das aktiv von der Europäischen Kommission gefördert wird.

Dr. Gerhard Widmayer, Dipl.-Kfm., ist seit 2002 als Steuerberater bei Linklaters Oppenhoff & Rädler in München tätig. Seine Tätigkeitsschwerpunkte sind die steuerliche Beratung bei Umstrukturierungen und M&A-Transaktionen sowie bei Fragen der Konzernbesteuerung, des Internationalen Steuerrechts und der Grunderwerbsteuer. Zuvor war er als wissenschaftlicher Mitarbeiter am Lehrstuhl für Allgemeine Betriebswirtschaftslehre, Betriebswirtschaftliche Steuerlehre und Steuerrecht von Prof. Dr. Dr. Theisen an der Ludwig-Maximilians-Universität München tätig.

Stichwortverzeichnis

Abhängigkeitsbericht, s. Faktische
    Unternehmensverbindung,
    Gemeinschaftsunternehmen
Abschreibungsumfang 349, 351
Agio, s. Aktie
Aktie 389
- Agio 388
- Aufgeld 388
- Inhaberaktie 390
- Namensaktie 390
- Nennbetragsaktie 390
- Stückaktie 390
- vinkulierte Namensaktie 390
Aktionär 399, 401, 403
- Minderheitsaktionär 404
Amtlicher Handel, s. Kapitalmarkt
Anfechtungsklage 710
Anfechtungsmöglichkeit, s. Verschmelzung
Anleihe, s. Schuldverschreibung
Anteilstausch, s. Besteuerung
Anwendbares Recht, s. SE
a priori-Schutz 220, s. a. Holding-SE,
    Umwandlung in SE, Verschmelzung
Arbeitnehmerbeteiligung, s. Holding-SE,
    Umwandlung in SE, Verschmelzung 590 ff.
Arbeitnehmerschutz, s. Mitbestimmung
Arbeitsverhältnisse 646
Auffangregelung, s. Mitbestimmung
Aufgeld, s. Aktie
Auflösung 735 ff.
Aufnahme, s. Verschmelzung
Aufsichtsorgan, s. Unternehmensverfassung, SE,
    Verschmelzung
Aufsichtsrats-Verfassung, s. Corporate
    Governance, SE
Ausführungsgesetz 35, 45, 697 ff., 784 ff.
- in anderen Mitgliedstaaten der EU des EWR
    739 ff.
    - Dänemark 758
    - Frankreich 758
    - Großbritannien 759
    - Liechtenstein 760 f.
    - Österreich 759 f.
    - Polen 760
- Rahmenbedingungen 750
    - allgemeines Aktienrecht 752
    - Ausübung von Wahlrechten 754
    - nationales Aktienrecht 752
    - Sonderregeln 750

Ausgleichsleistungen, s. Gemeinschaftsunternehmen, Verschmelzung, Vertragskonzern
Außenfinanzierung, s. Finanzierung

Bankkredit, s. Finanzierung
Barabfindung
- Holding-SE 143, 712 ff.
- Sitzverlegung 232, 242
- Verschmelzung 707 ff.
Berichtspflicht 641
Besonderes Verhandlungsgremium, s.
Mitbestimmung
Besteuerung 505
- Allgemeine Missbrauchsvorschrift des § 42
    AO 555
- AMID-Entscheidung 588
- Anteilstausch 561, 584
- Aufdeckung stiller Reserven 532
- Ausländische Betriebsstättengewinne 553
- Bareinlage 567
- Becker-Entscheidung 557
- Belastungsunterschiede, steuerliche 517
- Betriebsstätte
    - der aufnehmenden Gesellschaft 550
    - ausländische Gewinne und Verluste 553
    - Betriebsstättenbesteuerung 533
    - Bilanz 550
    - inländische 539
    - steuerliche 549
    - der übernehmenden Gesellschaft 548
- Buchwert
    - Verknüpfung über die Grenze 565, 570
    - Fortführungsprinzip 546, 550, 563
- Centros-Entscheidung 574
- Denkavit-Entscheidung 593
- Doppelbesteuerungsabkommen 547
- Effektive Steuersätze 520
- EG-Körperschaftsteuer 526
- Einbringung eines (Teil-) Betriebs 570
- Einbringung von Unternehmensteilen 567
- EU-Kapitalgesellschaft 564
- Europäisches Gemeinschaftsrecht, s. dort
- Europäische Gewinnermittlungsregelung 526
- European Passport 586
- Fusionsrichtlinie (FRL)
    - Anwendbarkeit 544
    - Umsetzung 544

- unmittelbare Anwendung bei unvollständiger bzw. nicht fristgerechter Umsetzung 557
- Futura-Singer-Entscheidung 591
- Gesamtrechtsnachfolge 539
- Gesellschaftsteuer 560
- Gewinnabgrenzung 586
- Gleichstellung der SE 585
- Grenzüberschreitende Sitzverlegung 576
- Gründungsformen 529 ff., s. a. Gründung
- Grunderwerbsteuerpflicht 561
- Identitätswahrende Sitzverlegung 576
- Inländische Personengesellschaft ist Gründungsgesellschafterin 595
- Körperschaftsteuersysteme 519
   - Anrechnungssystem 519
   - Klassisches System 519
- Laufende Besteuerung 585
- Leur-Bloem-Entscheidung 566, 570
- Liquidationsbesteuerung 576
- Missbrauch
   - Bekämpfung 570
   - Klausel 554
   - Regelung 566
- Mitbestimmungsbeibehaltungsgesetz 555
- Richtlinienvorschläge 523
- Rückstellungen und Rücklagen 551
- Ruding 525
- Sachauskehrung 536, 578
- Sachauskehrungszufluss 541
- Sachgründung 560
- Schlussbesteuerung 553
- Sicherstellung der Steuerneutralität 553
- Steuerfreiheit eines etwaigen Veräußerungsgewinns 561
- Steuerharmonisierung 422
- Steuerneutralität der Verschmelzung 548
- Steuerpolitik 522
- System der aufgeschobenen Besteuerung 546
- Tauschpartner beim Anteilstausch 584
- Teilbetrieb 551
- Übernahmeverlust 552
- Umstrukturierungsmaßnahme 583
- Unentgeltlicher Erwerb 539
- Unilaterale Regelung 591
- Veräußerungsgewinn 542
- Verdeckte Einlage 568
- Verluste 527
   - Besteuerung im Verlustfall 587
   - Richtlinienvorschlag 588
   - Steuerlicher Verlustvortrag 552
   - Übernahmeverlust 552
- Weiterveräußerungssperre, 7-jährige 570
- Weltgewinnbesteuerung mit Anrechnung 570

- Wert
   - Gemeiner 547
   - Steuerlicher 547
   - Tatsächlicher 547
Besteuerung im Verlustfall, s. Besteuerung
Beteiligungsfinanzierung, s. Finanzierung
Betriebsstätte, s. Besteuerung
Beweislastregelung 241
Bewertung 638
Bewertungsstichtag, s. Verschmelzung
Bewertungsverfahren, s. Verschmelzung
Bezugsrecht, s. Kapitalerhöhung
Bilanz, s. Besteuerung, Schlussbilanz, Verschmelzung
Bilanzgewinn 394
Bilanzrichtlinien 423
Binnenmarkt, s. Europäischer Binnenmarkt
Board-Verfassung, s. Corporate Governance, SE
Börsengang, s. Kapitalerhöhung
Börsenhandel, s. Kapitalmarkt
Börsenkurs, s. Verschmelzung
Buchwert, s. Besteuerung

Centros-Entscheidung, s. Besteuerung, Europäisches Gemeinschaftsrecht
Corporate Governance
- 10-Punkte-Programm 325
   - AnSVG 326
   - APAG 326
   - BilKoG 326
   - BilReG 326
   - KapInHaG 326
   - UMAG 326
   - VorstOG 326
- Aufsichtsrats-Verfassung, s. SE
- Begriff 278
- Board-Verfassung, s. SE
- Deutsche Lösungsansätze und -konzepte 319
- Deutscher Corporate Governance-Kodex (DCGK) 320 ff.
- Grundsatzkommission Corporate Governance 289
- Hierarchie – Verfassungslösung 317
- Internationalisierung 312
- Kommission 320
- Konvergenztheorie 313
- Transparenz- und Publizitätsgesetz (TransPuG) 323
- Wettbewerb – Marktlösungen 316

Dänemark s. EuInsVO
Davignon-Kommission, s. Mitbestimmung, SE

Dingliche Sicherungsrechte 645
Dreiwochenfrist 642
Drittaat s. EuInsVO
Dualistisches System, s. Faktische Unternehmensverbindung, Mitbestimmung, Unternehmensverfassung

Effektiver Verwaltungssitz, s. Sitz
Eigenkapital, s. Finanzierung
Einsatzmöglichkeiten 634, 655 ff.
– Acquisition SE 634, 671 ff.
– Cross Border SE 686 f.
– European Group SE 681 ff.
– Holding SE 634, 661
– Joint Venture SE 635, 674 f.
– Merger-SE 634, 662 ff.
– Reengineering SE 684 f.
– Reorganisation SE 634, 676 ff.
– Subsidiary SE 635
Eintragungsvoraussetzung, s. Sitzverlegung, SE, Mitbestimmung
Entstehungsgeschichte, s. SE
Eröffnungszuständigkeit 651
EuInsVO 628
– Dänemark 629
– Drittstaat 629
– Internationale Zuständigkeit 635
– Mittelpunkt der hauptsächlichen Interessen 629, 635, 648
Europäische Gewinnermittlungsregelung, s. Besteuerung
Europäische Marktrechtsordnung 24 ff., 36 ff.
Europäischer Binnenmarkt 24 ff., 31 ff., 36 ff.
– Freiheitsgrade 25 ff., 36 ff., 46 f.
– Integration durch Wettbewerb 25, 36, 47
– Gemeinsamer Markt 36
– Vollendung 36 ff.
    – anwendungsbezogen 39
    – funktional 39
    – institutionell 39
    – wettbewerbsbezogen 39
Europäische Unternehmensrechtsordnung 24 ff., 37 f.
– Grundfreiheiten 24 f.
– Niederlassungsfreiheit 24
Europäischer Gewerkschaftsbund, s. Mitbestimmung
Europäisches Gemeinschaftsrecht 216
– Centros-Entscheidung 218
– Daily-Mail-Entscheidung 217
– Niederlassungsfreiheit 216 f.
– Seegers-Entscheidung 218
Europäisierung 21 ff., s. a. Internationalisierung

EWR 746 ff.
Existenzvernichtender Eingriff 500
– Voraussetzungen 501

Faktische Unternehmensverbindung 469
– §§ 311 ff. AktG, System der 470
    – Anwendung auf herrschende SE 477
– Abhängigkeitsbericht 471, 474
    – dualistisches System 474
    – Eigenverantwortlichkeit 474
    – monistisches System 474
    – Prüfung durch Abschlussprüfer und Aufsichtsrat 472 f., 474
    – Sonderprüfung 472
– Abhängigkeitsverhältnis 469
– Eigenverantwortlichkeit des Tochtervorstands 473 f.
    – Abberufbarkeit 476
– Gerichtsstand 483
– Grenzüberschreitung
    – Anwendbares Recht 478
Fallstudien, s. Einsatzmöglichkeiten
Finanzierung 381 ff.
– aus Abschreibungen 396
– Außenfinanzierung 384, 386, 399
    – konzerninterne 402
– Bankkredit 391
– Beteiligungsfinanzierung 387 f., 402 f., 405
– Eigenkapital 387
– Finanzierungsfreiheit 387
– Fremdkapital 391
– Hybride Finanzierungsinstrumente 386, 392, 402, 405
– Industrieobligation 392
– Innenfinanzierung 381, 386, 392 ff., 399, 401
– Kreditfinanzierung 384 f., 391, 400, 403
– offene Selbstfinanzierung 392
– aus Rückstellungen 396
– Schuldverschreibung, s. Schuldverschreibung
– Selbstfinanzierung 392
– stille Selbstfinanzierung 393
Finanzierungsfreiheit, s. Finanzierung
Finanzwirtschaft
– dezentral 400 f.
– Konzernfinanzwirtschaft 400
– zentral 400
Firma der SE, s. Verschmelzung
Floating Rate Note, s. Schuldverschreibung
Formwechsel, s. Umwandlung
Freiverkehr, s. Kapitalmarkt
Fremdkapital, s. Finanzierung

Geheimschutz, s. Verschmelzungsbericht
Gemeinsamer Markt, s. Binnenmarkt
Gemeinsamer Markt vs. Europäischer Binnenmarkt 36
Gemeinschaftsunternehmen, 502
- Abhängigkeit 503 f.
  - mehrfache 503
    - Rechtsfolgen 503
- Abhängigkeitsbericht 504
- Haftung 503
  - Ausgleich und Abfindung 504
  - Muttergesellschaften haften gesamtschuldnerisch 504
  - Verlustausgleich 504
Genussrecht 391 f.
Genussschein 391
Geregelter Markt, s. Kapitalmarkt
Gerichtsstand, s. Faktische Unternehmensverbindung, Vertragskonzern
Gesamtnormverweisung 466, 623
Geschichte, s. SE, Entstehungsgeschichte
Gesellschafterdarlehen
Gesellschaftsteuer, s. Besteuerung
Gesellschaftsrecht 25 f., 45 ff.,
Gesellschaftsversammlung, s. Hauptversammlung
Gesellschaftsvertrag, s. SE
Gewerkschaftsbund, Europäischer, s. Mitbestimmung
Gewinnabführungsvertrag 498
Gewinnberechtigungszeitpunkt, s. Verschmelzung
Gewinnermittlungsregelung, Europäische, s. Besteuerung
Gewinnschuldverschreibung, s. Schuldverschreibung
Gläubiger 397, 399, 401 f.
Gläubigerschutz 595 ff., 772 ff.
Gläubigerversammlung 640
Globalisierung 21 ff.
- Globalisierungstreiber 21 f.
  - Konvergenz der Kundenbedürfnisse 21
  - Konvergenz der rechtlichen Rahmenbedingungen 21
  - Konvergenz und Öffnung der nationalen Volkswirtschaften 21
  - Konvergenz der politischen Rahmenbedingungen 21
  - Konvergenz der gesellschaftlichen Rahmenbedingungen 21
  - Konvergenz der technologischen Rahmenbedingungen 21
- Deregulierung 22
- Globalisierungsvorteile 23

- Größenvorteile 22
  - Economies of scale 22
  - Economies of scope 22
  - Economies of speed 22
- internationale Arbeitsteilung 21
- Liberalismus 23
- Lokalisierungserfordernisse 23
- Lokalisierungsvorteile 23
- Politische Räume 22
- Privatisierung 23
- strategische Lücke 23
- strategische Neuausrichtung von Unternehmen 23 ff.
- strategisches Dreieck 23
- Währungsräume 23
- Weltmarkt 22
- Wettbewerbsposition 23 f.
- Wirtschaftsräume 22
Going Public, s. Kapitalerhöhung
Grenzüberschreitende Sitzverlegung, s. Sitzverlegung
Grenzüberschreitende Unternehmensverbindung 478
- Herrschende SE Sitz Inland/Tochter Sitz Ausland 496
- Mutter Sitz Ausland/Tochter Sitz Inland 478
- Mutter Sitz Inland/Tochter Sitz Ausland 480
- Mutter Sitz Ausland/Tochter-SE Sitz Inland 494
Grenzüberschreitung, s. Verschmelzung, Vertragskonzern, Faktische Unternehmensverbindung, Internationales Gesellschaftsrecht
Grunderwerbsteuerpflicht, s. Besteuerung
Grundkapital 388
Gründung 57 ff.
- Holding-SE, s. dort
- Umwandlung, s. a. dort
- Tochter-SE, s. a. Tochtergesellschaft
- Verschmelzung, s. dort
Gründungs-
- bericht, s. Holding-SE, Umwandlungs-SE
- möglichkeiten, s. Numerus clausus 66, 383
- plan, 762, s. auch Holding-SE
- planinhalt, s. Holding-SE
- prüfung, s. Holding-SE, Umwandlungs-SE
- recht 70
- theorie 530, 593
- verfahren 761, 776, s. auch Umwandlung in SE
- voraussetzungen 66

Hauptversammlung, s. Holding-SE,
  Umwandlungs-SE, Verschmelzung
Holding 383
- Bericht, s. Holding-SE
- Gesellschaft 355
- Gründung, s. Holding-SE
- Prüfung, s. Holding-SE
Holding-SE 142, 515, 587 ff.
- Barabfindung, s. dort
- Gründung 142, 484, 587 ff., 762
  - Angemessenheit der Leistungen für Sacheinlagen 167
  - Anteilseinbringung 162
  - Anteilseinbringung nach Gründung 163
  - a priori-Schutz 146, 151
  - Arbeitnehmerbeteiligung 155, 159
  - Bericht 144, 153, 158
  - Berichtsschwerpunkte 147
  - Bestellung der Gesellschaftsorgane 161
  - Bestellung des Abschlussprüfers 161
  - Eintragungsverfahren 171
  - Gesellschafterversammlung, s. Hauptversammlung
  - Gründerbegriff 167
  - Gründungsbericht 167 ff.
    - Adressat der Berichtspflicht 167
    - Inhalt 167
  - Gründungsplan 143, 149, 155, 158
    - Anerkennung von Spruchstellenverfahren 160
    - Aufsichtsrat 159
    - Begründung 149
    - Beschlussgegenstand und Form 158
    - Beschlussmehrheit 158
    - Erläuterung 149
    - Inhalt, s. Gründung
    - Mindestangaben, s. Holding- SE
    - Offenlegung 155
    - Zustimmung 158
    - Zustimmungsvorbehalt der Arbeitnehmerbeteiligung 159
  - Gründungsplaninhalt 147
  - Gründungsprüfung 166, 169
    - Adressat 169
    - Prüfungsumfang 170
  - Hauptversammlung 156
    - Durchführung 158
    - Einberufung 156
    - Vorber67
  - Holdingbericht 146, 155, 158, 166
  - Holdingprüfung 151, 166
    - Angemessenheitsprüfung 152
  - bare Zuzahlungen 152
  - Bericht der Leitungsorgane 152
  - Besondere Bewertungsschwierigkeiten 153
  - Bestandteile des Gründungsplans 152
  - Bestellungsverbot 152
  - gemeinsame Prüfung 151
  - getrennte Prüfung 151
  - Gründungsprüfung 166
  - Holdingprüfer 151 f.
  - Methoden 153
  - Prüferbefähigung 151
  - Prüferbestellung 151
  - Prüfungsbericht 153
  - Prüfungsberichtsaufbau und -inhalt 153
  - Prüfungsgegenstand 152
    - Prüfungsumfang 152
    - Umtauschverhältnis 152
    - Zweckmäßigkeit der Holdinggründung 152
  - Mindestangaben im Gründungsplan 145, 152
  - Obligatorischer Sachverständigenbericht 155
  - Prüfungsbericht 169
  - Rechtmäßigkeitsprüfung 170 f.
  - Rechtsform 148
  - Umtauschverhältnis 147, 150, 160
  - Unternehmensbewertung 143
  - Vorabinformation, schriftliche 146
  - Voraussetzung 162
  - Zweckmäßigkeit 147
- Minderheitsgesellschafter 588 ff.
  - Schutz der 160
- Verschmelzungsbeschlüsse, Kontrolle der 171
Hybride Finanzierungsinstrumente, s. Finanzierung

Industrieobligation, s. Finanzierung
Inhaberaktie, s. Aktie
Initial Public Offering (IPO), s. Kapitalerhöhung
Innenfinanzierung, s. Finanzierung
InsO 635
Insolvenz 622 ff.
- Antragspflicht 640
- der SE 628
- internationales Recht 627 ff.
- grenzüberschreitende Insolvenzverfahren 628
Insolvenzfähigkeit und Eröffnungsgründe 637
- drohende Zahlungsunfähigkeit 638
- Überschuldung 638, 640

- Zahlungsunfähigkeit 637, 640, 652
Insolvenzplanverfahren 652
Insolvenzrecht 629, 653
- materielles 629
- lex fori concursus 629
    - Gläubigerschutz 630
    - insolvenzrechtliche Qualifikation 630
- Wirkungserstreckung 630
Insolvenzverfahren 632
- Eröffnung 636, 639
    - Sicherungsmaßnahmen 639
- Grenzüberschreitende 632
    - Formwechselnde Umwandlung 633
    - Holding SE 633
    - Tochtergesellschaft 633
    - Verschmelzung 632
    - Zweigniederlassungen 634
- Hauptinsolvenzverfahren 632, 636, 642, 647, 650
    - Zuständigkeitskonflikt 636, 650
- Sekundärinsolvenzverfahren 643, 645, 647, 650, 652
- Partikularinsolvenzverfahren 632, 643
Insolvenzverwalter 639
- Befugnisse 644
    - Verbringungs- und Verwertungsbefugnisse 644
- Verfügungsverbot 639
- Verwaltungs- und Verfügungsbefugnis 639
Insolvenzverschleppung 640
Integration durch Wettbewerb, s. Europäischer Binnenmarkt
Internationales Gesellschaftsrecht, s. Sitzverlegung
- Anknüpfungstheorien und Anknüpfungskriterien 207 ff.
    - Gründungstheorie, s. dort 208
    - Sitztheorie, s. Sitz 209
- Grenzüberschreitende Mobilität 210 ff.
    - Verlegung des effektiven Verwaltungssitzes 210 f.
    - Verlegung des effektiven Verwaltungs- und Satzungssitzes 213 f.
    - Verlegung des Satzungssitzes 212 f.
- Regelungsgegenstand 207
Internationalisierung 186 ff.
- Anforderungen an die Unternehmensrechtsordnung 187 f.
- Economies of scale 22, 203
- Economies of scope 22, 203
- Economies of speed 22, 203

- der statutarischen Organisationsstruktur 187
- Strategie 23
- von Unternehmen 203 ff.
    - aktive 203
    - Operationale Organisationsstruktur 203 f.
    - passive 103

Jahresabschluss, s. Rechnungslegung, Konzernabschluss
Jahresüberschuss 394

Kapital
- genehmigtes 389
- gezeichnetes 384, 387
- Kapitalerhöhung, s. dort
- der SE 384
Kapitalerhöhung 387 f.
- bedingte 388
- Bezugsrecht 388
- Börsengang 390
- gegen Einlagen 388
- aus Gesellschaftsmitteln 389
- Going Public 390
- Initial Public Offering (IPO) 390
Kapitalisierungszinssatz, s. Verschmelzung
Kapitalmarkt 390, 393
- Amtlicher Handel 390
- Börsenhandel 390
- Freiverkehr 390
- Geregelter Markt 390
- Neuer Markt 390
Kapitalrichtlinie 387
Kapitalrücklage 388
Kapitalwertmethode, s. Verschmelzung
Konkursbeschlag 644
Konkursrecht 622
Konzernabschluss, s. Rechnungslegung, Jahresabschluss
Konzernfinanzwirtschaft, s. Finanzwirtschaft
Konzerninsolvenzen 646, 651
Konzerninsolvenzrecht 646
Konzernrecht 731 ff.
- Heranziehung des deutschen 468
- Faktische Unternehmensverbindung, s. dort
- Gemeinschaftsunternehmen, s. dort
- Qualifiziert faktischer Konzern, s. dort
- Regelungslücke 468
- Vertragskonzern, s. dort
Konzernsanierung 652
Konzernverschmelzung, s. Verschmelzung

Körperschaftsteuerpflicht 396
Körperschaftsteuersysteme, s. Besteuerung
Kooperationspflichten 647
Kreditfinanzierung, s. Finanzierung

Lagebericht, s. Jahres- und Konzernabschluss, Rechnungslegung
Laufende Besteuerung, s. Besteuerung
Leitungsorgan, s. Unternehmensverfassung, SE
Liquidation 638
- Fortführungswerte 638
- Liquidationsbilanz 637
- Liquidationslücke 637
- Liquidationswerte 638
Liquidationsbesteuerung, s. Besteuerung

Massebestandteil 645
Mehrstaatlichkeitsprinzip 66
- Umgehungsmöglichkeiten 67
- zeitlicher Aspekt 68
Minderheitsaktionär, s. Aktionär
Minderheitsgesellschafter 708 ff., 712 ff., 718 f., 767 ff.
- Holding-SE, s. dort
- Sitzverlegung, s. Sitz
- Verschmelzung, s. dort
Mindestangaben, s. Holding-SE, Verschmelzungsplan
Mitbestimmung 331 ff., 714 f., 730
- der Arbeitnehmer 27
- Arbeitnehmerschutz 365
- Arbeitnehmervertretung 336, 356
    - Mitgliederbestellung 355
    - Mitgliederwahl 355
    - Zusammensetzung 357
- Auffangregelung 34, 216, 352 ff.
    - Anhörung 356, 358
    - dualistisches System 360
    - keine Anwendung 360
    - Mitbestimmungsrecht 362 ff.
    - monistisches System 360, 361
    - Systemwahl 360
    - Umwandlung 360
    - Unternehmensmitbestimmung 353
    - Unterrichtung 356, 358
    - Wahlvorschriften 362
- Begriff 354
- Besonderes Verhandlungsgremium 340 ff.
    - Auffangregelung, s. Mitbestimmung
    - Autonomie der Parteien 349
    - Beschlussfassung 344
    - Gewerkschaftsvertreter 341

- Kosten 343
- Minderung der Mitbestimmungsrechte 344 f.
- Rechtsformwechsel 349
- Sachverständige 343
- Umwandlungsfall 360
- Vereinbarungslösung 347
- Vereinbarungsinhalt 348 f.
- Verhandlungen 347
- Zusammensetzung 340
- Davignon-Kommission 34, 336, 352
- Eintragungsvoraussetzung der SE
    - Vereinbarung 338
- Europäischer Gewerkschaftsbund, Stockholm (6. Kongress) 336
- grenzüberschreitende Unterrichtung und Anhörung 337
- Holdings-SE, s. dort
- Option-out, s. dort
- Umwandlung in SE, s. dort
- Verschmelzung, s. dort
- Verhältnis SE-RL zu anderen, insbesondere nationalen Beteiligungsformen 365
- Verhandlungslösung 216
- Verschwiegenheitspflicht 364
- Vorher-Nachher-Prinzip 34, 352
Monistisches System, s. Faktische Unternehmensverbindung, Internationales Gesellschaftsrecht, Unternehmensverfassung

Namensaktie, s. Aktie
Nennbetragsaktie, s. Aktie
Neue Institutionenökonomik 15 ff.
- Anspruchsgruppen 16
- Handels- und Verfügungsrechte 17
- Netz von Verträgen 17
- Organisationskosten 17
- property rights 17
- Ressourcenallokation 15
- Ressourceneigner 17
- Transaktionskosten-Ansatz 17
Neuer Markt, s. Kapitalmarkt
Neugründung, s. Verschmelzung
Nullkuponanleihe, s. Schuldverschreibung
Numerus clausus der Gründungsarten 62

Opting-out, s. Mitbestimmung 27, 35, 355, 360
Optionsanleihe, s. Schuldverschreibung
Organisationsformplanung 19
Organisationsstruktur
- statutarische 23, 42 f.
- operationale 23

- rechtlich einheitliche 42
- zentrale 42

Organisationsverschulden 642

Pensionsrückstellung, s. Rückstellung
Prioritätsprinzip 636
Prognosezeitraum 639
pseudo-foreign-SE 208 f.

Rechnungslegung 405 ff., 414
- Abschlussprüfer 441
  - Unabhängigkeit 446
- Abschlussprüfung 436 ff.
- Berichterstattung 443, 445
- Bestätigungsvermerk 444, 445
- Gemeinschaftsrechtliche Grundlagen 438
- Prüfungsgegenstand 443
- Prüfungspflicht 440
- Prüfungsumfang 443
- Jahres- und Konzernabschluss 411 f.
  - IAS-Verordnung 424
- Kapitalmarktorientierte Unternehmen 424
- Kredit- und Finanzinstitute 417
  - Bankbilanzrichtlinie 419
  - Verhältnis SE-VO und IAS-VO 417
- Offenlegung 446
  - Modernisierung der Ersten Richtlinie 453
  - SLIM-Initiative 454
  - Umfang 447
  - Verfahren 451
  - Währung und Sprache 450
  - Zweigniederlassungen 449, 453
- SE-VO 414
- Sitzstaat, s. Sitz
- Standards 415, 445
- Versicherungsunternehmen 419
  - Versicherungsbilanzrichtlinie 419
- Währung 420
- Zwischenberichterstattung 416

Rechtmäßigkeits-
- bescheinigung, s. Sitzverlegung
- prüfung, s. Holding-SE, Umwandlung in SE, Verschmelzung

Rechtsformen 14 ff.
- Allokationseffizienz 20
- Numerus clausus der Rechtsformen 16, 42
- Gestaltungs- und Vertragsfreiheit 16
- Grundtypen 16 f., 19
- Innovation 21, 50
  - Metaentscheidung 18
  - Privatautonomie 16

- Innovationsprozess 21
- Kriterien 16
- Handlungs- und Verfügungsrechte 17
- Mehrmalsausprägungen 17
- Neueinführung 20
- Rechtsanwendung 20
- Rechtsgestaltung 20
- Rechtspolitik 20
- Rechtsformzwang 16, 19
- Rechtsnormanalyse 20
- Rechtsnorminterpretation 20
- Rechts- und Vertragsbündel 17
- Strategische Rechtsformplanung 19
- Typenfreiheit 16
- Typenzwang 16
- Unternehmenswahlrecht 37
- Verfassung von Unternehmen 15
- Vertragsbeziehungen 17
- Wahl 19
- Wettbewerb 43 ff.

Rechtsquellen, s. SE
Regelungsgehalt, s. Verschmelzungsplan
Regelungslücke 466
Rückstellung 397
- Bildung 394
- Pensionsrückstellung 398

Rückstellungsbildung, s. Rückstellung

Sachnormverweisung 624
Sachrecht 629
- Eigenantrag 631

Sanierung 651 ff.
- Eigenverwaltung 651
- Insolvenzplan 651
- Liquidationsplan 652

Satzung der SE, s. Verschmelzung
Satzungsänderung 591 f.
Satzungsautonomie, s. Verschmelzung
Satzungssitz, s. Internationales Gesellschaftsrecht, Sitz
Schlussbesteuerung, s. Besteuerung
Schlussbilanz 78, 80
Schuldscheindarlehen, s. Schuldverschreibung
Schuldverschreibung 389 f.
- Floating Rate Note 390
- Gewinnschuldverschreibung 391 f.
- Nullkuponanleihe 390
- Optionsanleihe 391 f.
- Schuldscheindarlehen 389
- Wandelanleihe 391 f.
- Wandelschuldverschreibung 386, 391
- Zero Bond 390

SE, Societas Europaea
- Abhängige Gesellschaft 475
  - eigenverantwortliche Leitung 476
- Anwendbares Recht 257
- Anwendund der §§ 311 AktG 475
- Aufsichtsorgan 290, 625 ff.
  - Binnenorganisation 291
  - Drittgeschäft 272
  - Haftung 295
  - Informationsrecht 293
  - Sorgfaltspflicht 295
  - Überwachungsaufgabe 290
  - Vergütung 272
  - Zustimmungspflicht 267
  - Zustimmungspflichtige Geschäfte 294
- Aufsichtsrats-Verfassung 285
  - Leitungsorgan 286
    - Binnenorganisation 286
    - Haftung 289
    - Kompetenzen 288
    - Vergütung und Drittgeschäfte 290
    - Willensbildung 288
- Board-Verfassung 298
  - Abberufung 304
  - Binnenorganisation 277
  - CEO-Modell 287
  - Geschäftsführende Direktoren 302
  - Geschäftsführung 277
  - Haftung 306
  - Sorgfaltspflicht 306
  - Vergütung 305
  - Vertretung 277
  - Verwaltungsrat 280
- Charakteristika, s. a. Wettbewerb 38, 42 f.
- Corporate Governance 278
- Einführung 48
- Einsatzmöglichkeiten, s. Einsatzmöglichkeiten
- Eintragung 705 f.
- Eintragungsvoraussetzung, s. Mitbestimmung
- Entstehungsgeschichte 24 ff.
  - Ciampi-Bericht 33 f.
  - Davignon-Bericht 33 f.
  - Europarat 28
  - Forderung nach Schaffung einer SE 28 f.
  - Richtlinienvorschläge 32
  - Sanders-Sachverständigengruppe 30
  - Verabschiedung 33
  - Verordnungsvorschläge 30 f.
  - Vorentwürfe 29
  - Vorher-Nachher-Lösung 31
  - Vorläufige Entwicklungen 28
  - Vorüberlegungen 28
- Fallstudien, s. Einsatzmöglichkeiten
- Gesellschaftervertrag 284
- Geschichte, s. SE, Entstehungsgeschichte
- Grundkonzeption 42
- Hauptversammlung 281, 393, 591 f.
  - Anfechtbarkeit und Nichtigkeit von Beschlüssen 285
  - Beurkundung 283
  - Einberufung 283
  - Leitung 283
  - Teilnahme 283
  - Zuständigkeit 281 f.
- Kritik, s. SE, Vor- und Nachteile
- Leitungsorgan 265
  - Binnenorganisation 265
  - Drittgeschäft 268
  - Haftung 267
  - Kompetenzen 267
  - Vergütung 268
  - Willensbildung 267
  - Zustimmungspflicht 267
- Niederlassung 636
- Plattform für Unternehmen 49 f.
- Rechtsgrundlage 50
- Rechtsquellen 50
  - Rechtsquellenpyramide 50 f., 631
  - anwendbares Recht 50 f.
  - Ermächtigungsnormen 50 f.
- Regelungsrahmen 747 ff.
- Verweisungsnormen 50 f.
- Spitzenverfassung 278
  - Anwendbares Recht 278
- Statut
  - Verordnungsvorschläge 30 f.
  - Verabschiedung 33 f.
- Wahlrecht zur Unternehmensverfassung 258
- Ziele 39 ff, s. SE, Vor- und Nachteile
- Zielsystem 39 ff.
SE-VO, Grundkonzeption 42, 203 ff.
- abgeleitete Zielsetzung 41
- konkrete Zielsetzung 41
- Paradigmenwechsel 38
-
- Regelungen 622 ff., 627, 779 ff.
  - Abwicklung 625
  - Beendigung 625 f.
  - Liquidation 625
  - Löschung 625
  - Rückumwandlung 627
  - Vollbeendigung 627
  - Rückumwandlung 627
- übergeordnete Zielsetzung 41 f.
- Ziele des EG-Vertrags 39

Selbstfinanzierung, offene, stille, s. Finanzierung
Sitz 203 ff., 385, 593 ff., 782 ff.
- Auseinanderfallen des Verwaltungs- und Satzungssitzes 205 f.
- Bedeutung des Satzungssitzes 206 f., 636
- Bedeutung des Verwaltungssitzes 206 f.
- Bestimmung des Satzungssitzes 203 f.
- Bestimmung des Verwaltungssitzes 203 f.
- Herrschendes Unternehmen 486
- Identitätswahrung 207
- Satzungsmäßiger Sitz 383, 529
- Sitztheorie 529, 579, 593
- Verlegung 220 ff., 403, 593 ff.
    - Gläubigerschutz 220 ff., 595 ff.
    - Minderheitenschutz 220 ff., 594 f.
- der SE bei Verschmelzung 81
Sitzverlegung, grenzüberschreitende, s. a. Sitz 207 ff., 403, 529, 532
- Abbau der gegenwärtigen Beschränkung 220 f.
- Bedeutung 203 ff.
- Eingeschränktes Formwechselmodell 230 f.
- Maßnahmen im Wegzugstaat 229 f., 235 ff.
    - Einsichtsrecht 238
    - Einspruchsrecht einer Behörde 245 f.
    - Löschung der Eintragung im Register des Wegzugstaates 250
    - Offenlegung der Löschung im bisherigen Sitzstaat 251
    - Rechtmäßigkeitsbescheinigung 246 ff.
    - Schutz von Arbeitnehmern 234 f.
    - Schutz von Gläubigern 232 f., 241 ff.
    - Schutz widersprechender Minderheitsaktionäre 232, 240 f.
    - Verlegungsbericht 238
    - Verlegungsbeschluss 238 ff.
    - Verlegungsplan 236 ff.
- Maßnahmen im Zuzugstaat 229 f., 252 ff.
    - Anmeldung zur Eintragung 254 f.
    - Eintragung 258 f.
    - Erfüllung der Eintragungsvoraussetzungen 251 ff.
    - Meldung der Eintragung durch den neuen Sitzstaat 259
    - Offenlegung 259
    - Prüfung der Eintragungsvoraussetzungen 255 ff.
- Maßnahmen bei grenzüberschreitendem Umzug 262 ff.
    - Anmeldung 263 f.
    - Anwendbares Recht 262
    - Eintragung 265
    - Offenlegung 265
    - Prüfung 264 f.

- Sitzverlegungsrichtlinie 575, 579
- Umzug 229
- Verlegung des Satzungssitzes 226 f.
- Verlegung des Verwaltungssitzes 226
- Verlegung des Verwaltungs- und Satzungssitzes 227
- Wegzug 228
- Zuzug 228 f.
Sonderrechte, s. Verschmelzung
Stakeholder 17
Steuerharmonisierung, s. Besteuerung
Steuerliche Betriebsstätte, s. Besteuerung
Steuerpolitik, s. Besteuerung
Stichtag, s. Verschmelzung
Strategische Rechts- und Organisationsformplanung 19 f.
Stückaktie, s. Aktie
Subsidiaritätsprinzip 38
System der aufgeschobenen Besteuerung, s. Besteuerung

Tochtergesellschaft
- Begriff beim Mehrstaatlichkeitsprinzip 64
- Einsatz der SE als Tochter-SE 338, 764
- Gründungsplan 186
- Gründungsverfahren 186
- Hauptversammlungsbeteiligung 186
Transparenz- und Publizitätsgesetz (TransPuG), s. Corporate Governance

Überleitung der Rechnungslegung, s. Verschmelzung
Übertragung von Aktien, s. Verschmelzung
Umgehungsmöglichkeiten, s. Mehrstaatlichkeitsprinzip
Umtauschverhältnis, s. Gründung, Holding-SE, Verschmelzung 706 ff.
Umwandlung 171 ff., 403, 589 f.
- einer Aktiengesellschaft 171 ff., 383, 571, 582
- Gründung 171 ff., 578 f.
Umwandlung in SE
- Abschlussprüfer 182
- a priori-Schutz 180
- Arbeitnehmerbeteiligung 179, 181
    - Mitwirkung der Arbeitnehmervertreter 179
    - Verhandlungsverfahren 179
    - Vorbehaltsmöglichkeit 181
- Beschluss 181
    - Anfechtungsmöglichkeiten 185
    - notarielle Beurkundung 181

Stichwortverzeichnis

- Beschlussfassung 181
  - Mehrheit 181
- Eintragung 185
- Gesellschaftsorgane
  - Bestellung 182
- Gründer 183
- Gründungsbericht 183
- Gründungsprüfung 183
- Gründungsverfahren 174
  - Planungsphase 174
  - Vorbereitungsphase 174
- Gründungsvorschriften 183
- Hauptversammlung
  - Durchführung 181
  - Einberufung 180
  - Vorbehaltsmöglichkeit über Arbeitnehmerbeteiligung 181
  - Vorbereitung 180
- Leitungs- und Sachverständigenberichte 180
- Minderheitenschutz 185
- Rechtmäßigkeitskontrolle 185
- Spruchstellenverfahren 185
- Umwandlungsbericht 176 ff.
  - Auswirkungen auf die Aktionärsrechte 177
  - Sachverständigenprüfung 179
  - Verzichtsmöglichkeit 178
- Umwandlungsplan 174, 180 f.
  - Aufstellung 174
  - Mindestbestandteile 175
  - Offenlegung 179
- Vorabinformation, schriftliche 146, 176
- Werthaltigkeitsprüfung 178
  - Bestellungsverbot 179
  - Prüferbefähigung 179
  - Reinvermögensdeckung 178
  - Sachverständige 178
- Zustimmungsbeschluss 181
- Zweckmäßigkeit 176

Umwandlungsbericht, s. Umwandlung in SE
Unternehmens-
- bewertung, s. Holding-SE, Verschmelzung
- rechtsordnung, Europäische 26 f., 37 ff.
- umfeld 15, 19
- verbindung, Faktische, s. dort
- verfassung 15, 258, 598 ff.
  - Aufsichtsorgan 269 ff., 599 ff.
  - dualistisches Modell 264, 598 ff.
  - Leitungsorgan 265 ff., 599 ff.
  - monistisches Modell, s. SE, Board-Verfassung 275, 602 ff.
- wert, s. Verschmelzung

Unternehmensvertrag 495
- Anwendbares Recht 495

Verfahrensmissbrauch, s. Mitbestimmung
Vergünstigung, s. Verschmelzung
Verhandlungslösung 30, 306 ff., s. a. Mitbestimmung
Verlegungsbericht, s. Sitzverlegung
Verlegungsbeschluss, s. Sitzverlegung
Verlegungsplan, s. Sitzverlegung
Verluste, s. Besteuerung, Betriebsstätte
Verschmelzung 75 ff.
- als solche 101
- Anfechtungsmöglichkeit, Ausschluss der 140
- Anmeldung bei zuständigen Kartellbehörden 117
- a priori-Schutz 108
- durch Aufnahme 75, 93, 129, 132, 490, 498
  - Kapitalerhöhung 129 f., 132
  - Kapitalerhöhungsbeschluss 132
  - Nachgründung 119
  - Nachgründungsprüfung 118
- Aufsichtsorgan 118
- Ausgleichsleistungen 87
- Auslandsverschmelzung 499
- Arbeitnehmerbeteiligung 94 f., 123, 131
  - Aufsichtsrat 133
  - Besonderes Verhandlungsgremium 89, 122
  - Entscheidungsbefugnis 133
  - Verfahren 94
  - Verhandlungen 94
  - Zustimmungsvorbehalt 132
- Barabfindung, s. dort
- Betriebsrat 120 f.
- Bewertungsstichtag 82
- Bewertungsverfahren 81
- Bilanz 80
- Börsenkurs 81
- Eintragung 138
- Firma der SE 87
- Gewinnberechtigungszeitpunkt 89
- Grenzüberschreitung 383, 398, 534, 543
- Gründung der SE
  - Bestellung des Abschlussprüfers 135
  - Bestellung der Gesellschaftsorgane 134
- Gründung 486, 490, 582 ff.
- Hauptversammlung
  - Abschrift 130
  - Auskunftsrecht der Aktionäre 132
  - Durchführung 131
  - Einberufung 130
  - Zustimmungspflicht 132
- Hinausverschmelzung 535
- Hineinverschmelzung 538
- Holding-SE, s. dort
- Kapitalisierungszinssatz 82

- Kapitalwertmethode 82
- Konzernverschmelzung 583 f.
- Minderheitenschutz 584 ff.
- durch Neugründung 75, 93, 112, 398, 490
- Planungsphase 77
- Prüfungsbericht 110
    - Mindestangaben 111
    - Mindestinhalt 110
- Publikation 138
- Rechtmäßigkeit
    - Anfechtungsklage, -verfahren 140
    - Bescheinigung 140
    - erste Stufe der Prüfung 139
    - Gründungsgesellschaft 141
    - Kontrolle des Verfahrensabschnitts der Verschmelzungsdurchführung 141
    - Kontrolle 141
    - Kontrollverfahren 140
    - Prüfung 73, 139
        - der Verfahrensabschnitte 139
        - der verschmelzenden Gesellschaften 139
    - Prüfungsgegenstand 141 f.
    - registerrechtliche Kontrolle 140
    - Verschmelzungsbeschluss 140
- Satzung 93, 137
- Satzungsautonomie 93
- Sitz der SE 87
- Sonderrechte 91
- Spruchstellenverfahren
    - Abfindung von Minderheitsaktionären 133
    - Änderung des Umtauschverhältnisses 133
    - Anerkennung 133
    - Anwendung mitgliedsstaatlicher Verfahren 133
    - Ausschluss 140
    - Kontrolle des Umtauschverhältnisses 133
- Stichtag 90
    - unterschiedlicher 91
    - variabler Beginn des Dividendenrechts 89 f.
- transnational 75
- Überleitung der Rechnungslegung 90
- Übertragung von Aktien 88
- Umtauschverhältnis 81, 87
    - der Aktien 104
- Unternehmensbewertung 81, 104, 143
    - allgemeine Bewertungsschwierigkeiten 107
    - Aufwendungsprognose 106
    - Begriff der Methode 111
- besondere Bewertungsschwierigkeiten 107
- Bewertungsoperationen 105
- Ertragsprognose 106
- Erwartungen 106
- Fakten 106
- Methoden 104
- Methodenwahl 104
- Plandaten 105, 106
- Planung 106
- Plausibilitätsprüfung 106
- Prognose 106
- Unternehmenswert 104 f.
- Unternehmensziele, s. Ziele des Unternehmens
- Verfahren 77
- Vergünstigung 92
- Verschmelzungsbericht 95, 99, 144
    - Adressat der Berichtspflicht 100
    - Erläuterung des Verschmelzungsplans 98
    - Form 101
    - Geheimschutz 112
    - Inhalt 101
    - Schriftform 101
- Verschmelzungsplan 76, 84, 86, 95 f., 103, 120, 144
    - Bekanntmachung 120
    - Beurkundung im Ausland 97
    - Grundlage der Publizitätspflicht 121
    - inhaltliche Identität der Pläne 84
    - Mindestinhalt, -angaben 86, 110
    - öffentliche Beurkundung 95
    - Publizität 120
    - Regelungsgehalt 84
    - Substitutionsfähigkeit der ausländischen Beurkundung 97 f.
- Verschmelzungsprüfung 108, 113
    - Angemessenheitsprüfung barer Zuzahlungen 110
    - Angemessenheitsprüfung des Umtauschverhältnisses 110
    - Auskunftsrecht 115 f.
    - a priori-Schutz, s. Verschmelzung
    - Bestellungsverbot 112 f.
    - Gegenstand 109
    - gemeinsam 109
    - gemeinsame Prüferbestellung 109
    - getrennt 109
    - getrennte Prüferbestellung 109
    - Prüferbefähigung 112 f.
    - Prüferbestellung 112
    - Prüfungsbericht 110
    - Verantwortlichkeit 115 f.

Stichwortverzeichnis

- Verschmelzungsprüfer 113
- Vollständigkeit des Verschmelzungsplans 110
- Vollständigkeitsprüfung 110
- Wirtschaftsprüfer 113
- Wirtschaftsprüfungsgesellschaften 113
- Zweckmäßigkeit der Verschmelzung 109 f.
- Verschmelzungsrichtlinie 486
- Verschmelzungs-SE 75
- Verschmelzungsvertrag 85
    - Erläuterung und Begründung 106
- Verschmelzungswertrelation 119
- Vorbereitungsphase 77
- Wettbewerbsrecht 117
- Zwischenbilanz 118

Verschmelzungs-
- bericht, s. Verschmelzung
- beschluss, s. Holding-SE
- plan, s. Verschmelzung
- prüfung, s. Verschmelzung
- SE, s. Verschmelzung
- stichtag, s. Verschmelzung
- verfahren, s. Verschmelzung
- vertrag, s. Verschmelzung
- wertrelation, s. Verschmelzungsprüfung

Vertragskonzern 486
- Begründung 492
- Beherrschungsvertrag 487
    - dualistisches Verwaltungsmodell 490
    - monistisches System 490
    - Verlustausgleich und Sicherheitsleistung 490, 495
    - Weisungsrecht 489
- Gewinnabführungsvertrag 488, 491, 500
- Gerichtsstand 499
- Grenzüberschreitung
    - Anspruch auf Ausgleich- bzw. Abfindung 498
    - Anspruch auf Sicherheitsleistung 498
    - Anspruch auf Verlustausgleich 498
    - Anwendbares Recht 493
    - Weisungsrecht 497
- Organschaftsverhältnis 488

Verwaltungssitz, s. Internationales Gesellschaftsrecht, Sitz

Verweisung
- dynamische 71
- international privatrechtliche 468
- Verweisungsnormen 70

Verweisungsnormen, s. Verweisung
Vorbereitungsphase, s. Verschmelzung

Wandelanleihe, s. Schuldverschreibung
Wandelschuldverschreibung, s. Schuldverschreibung
Werthaltigkeitsprüfung, s. Umwandlung
Wettbewerb der
- Eigenverantwortlichkeit 49
- climb to the top 48
- Gesellschaftsrechtssysteme 45 ff.
- market for incorporation 48
- race to the bottom 48
- Rechtsformen 45 ff.
- Regelungsautonomie 49
- Standards 46 ff.
- Systeme 47

Wunder von Nizza 13, 27, 35

Zahlungsstockung 637
Zeitlicher Aspekt, s. Mehrstaatlichkeitsprinzip
Zeitpunkt der Gewinnberechtigung, s. Verschmelzung, Gewinnberechtigungszeitpunkt
Zero Bond, s. Schuldverschreibung
Ziele des Unternehmens 19, 24
Zielsystem der SE, s. SE, Zielsystem
Zweistufiges Rechtmäßigkeitskontrollverfahren, s. Rechtmäßigkeitskontrollverfahren

St